郭齐勇 主编

中国哲学通史

宋元卷

学术版

田文军
文碧芳 等

著

A
HISTORY
OF
CHINESE
PHILOSOPHY

江苏人民出版社

图书在版编目(CIP)数据

中国哲学通史.宋元卷/田文军,文碧芳著.—南京:江苏人民出版社,2021.6(2021.12重印)

ISBN 978-7-214-24861-9

Ⅰ.①中… Ⅱ.①田…②文… Ⅲ.①哲学史-中国-宋元时期 Ⅳ.①B2

中国版本图书馆 CIP 数据核字(2020)第 072562 号

中国哲学通史

郭齐勇　主编

宋元卷

田文军　文碧芳　等著

策　　　　划	府建明	
责 任 编 辑	金书羽	
特 约 编 辑	孟　璐	
装 帧 设 计	周伟伟	
责 任 监 制	王　娟	
出 版 发 行	江苏人民出版社	
地　　　　址	南京市湖南路 1 号 A 楼,邮编:210009	
照　　　　排	江苏凤凰制版有限公司	
印　　　　刷	苏州市越洋印刷有限公司	
开　　　　本	652 毫米×960 毫米　1/16	
印　　　　张	62.75　插页 4	
字　　　　数	843 千字	
版　　　　次	2021 年 6 月第 1 版	
印　　　　次	2021 年 12 月第 2 次印刷	
标 准 书 号	ISBN 978-7-214-24861-9	
定　　　　价	238.00 元(精装)	

(江苏人民出版社图书凡印装错误可向承印厂调换)

目　录

导　论

　　中国哲学的发展,有两个历史时期受到学术界普遍关注:其一是先秦时期,其二是宋元时期。先秦时期,诸子蜂起,以儒、墨、道、法、名家以及阴阳家为代表的诸子百家,各自建构自己的理论系统,形成了其后中国哲学历史发展的基点与源头;宋元时期,道学兴起,其理论融摄儒、释、道三家之学,思想系统升华到了更高的理论层次与认识层次,使中国哲学发展进入了一个新的历史时期。因此,在中国哲学史研究中,人们对宋元哲学的研究倾注了极大的热情,学术成果丰硕繁富。但是,如何研究宋元哲学,怎么样理解宋元哲学的衍生发展、学派分化、学术旨趣、历史价值等方法学层面的问题,仍然是需要继续探讨的课题。这里记下一些我们对这类问题的思考,以为本卷导论。

一、宋元时期的儒学与道学

　　在中国社会历史的演进发展中,唐代以后曾经历短暂的分裂局面。公元960年北宋王朝建立,结束了中国历史上"五代""十国"的局面。从北宋王朝的建立到南宋王朝的覆亡,其间经历三百多年时间。公元1275年,蒙古民族建立元朝。九十多年以后,元朝又为明王朝所取代。宋元两代在中国历史上存续的时间长达四百多年。宋元时期,中国的社会历史文化得到了长足的进步与发展。社会历史文化的进步与发展使得宋元时期的哲学也得到了拓展与更新,形成了独特的理论形态与思想系统。

宋元时期的哲学,不论是其学术追求还是理论形态,主要是以更新与拓展儒学的形式来完成的。这种更新与拓展,既涵括哲学家们对儒学自身发展的历史总结,又涵括哲学家们对佛学、道家、道教的批判、借鉴与吸纳。北宋时期,道学的兴起即是这种以融会儒、佛、道之学为特征的儒家哲学形成的标志。梁启超考察儒家哲学,曾经指出东、西方哲学在理论意趣方面存在的差异,认为研究儒家哲学应具备自身的方法意识。他说:

> 单用西方治哲学的方法,研究儒家,研究不到儒家的博大精深处。最好的名义,仍以"道学"二字为宜。先哲说:"道者,非天之道,非地之道,人之所谓道也。"又说:"道不远人,远人不可以为道。"道学只是做人的学问,与儒家内容最吻合。但是《宋史》有一个《道学传》,把道学的范围,弄得很窄,限于程朱一派。现在用这个字,也易生误会,只好亦不用他。①

基于这样的观念,梁启超主张将儒家哲学表述为"儒家道术"。在梁启超看来,这样的表述更符合儒家哲学的实际。

在梁启超的这种论述中,有两点值得我们在考察宋元哲学的时候留意与参考:其一是他以中国传统的学术观念考察儒学,将儒家哲学称为"儒家道术"。这表明他在考察儒家哲学时,意识到应将一般意义上的儒学与儒家哲学进行区别。梁启超的这种方法意识在中国哲学史研究中是值得借鉴的。因为,在现代学术研究中,对于儒学,我们可以从哲学的角度进行考察,也可以从伦理、政治、经济等其他学科的角度进行考察,

---

① 梁启超:《儒家哲学》,第 5 页,长沙,岳麓书社,2010。

具体视角可有所不同。其二是梁启超虽然认为宋代所谓的道学范围"限于程朱一派",主张不以道学概指儒家哲学,但他所理解的"宋儒道学",不论在何种意义上皆在宋代儒家哲学的范围,而且在梁启超看来,道学本来即是一个最适宜指称儒家哲学的概念。由此可见,梁启超考察儒家哲学,不仅对儒学与儒家哲学进行区别,对宋代儒学与宋代儒家哲学也进行了区别。他肯定儒学与儒家哲学的联系与区别,将儒学与儒家哲学置于不同的视域中进行考察,为我们考察宋元时期中国哲学的历史发展提供了具体的方法学启示:对儒家哲学的考察应有别于一般的考察儒学,用中国传统的学术术语来表达对儒家哲学的考察,其内容与范围主要在"儒家道术";在儒家哲学的系统中,作为其重要组成部分的宋代儒家哲学自成格局,建构了自身独特的理论系统,而道学这一概念则典型地概括了宋代儒家哲学的理论特征,实是对宋代儒家哲学最合理的指称。从中国哲学发展的历史进程来看,正是北宋道学的兴起,使得中国哲学的发展进入了一个新的历史阶段,其后元代哲学乃至于明代哲学的演绎与发展实际上都是以北宋时期兴起的道学为起点和根基的。

道学是对宋代儒家哲学最合理的指称。但在现实的中国哲学史研究中,道学能否作为一个概指宋代中国哲学的概念,学术界实际上对此存在对立的观念和理解。其具体表现是:有一派学者主张,宋明哲学只宜称为"理学",不能称为道学。这派学者认为:

> 道学之名虽早出于理学之名,但道学的范围比理学要相对来得小。北宋的理学当时即称为道学,而南宋时理学的分化,使得道学之称只适用于南宋理学中的一派。至明代,道学的名称就用得更少了。所以总体上说,道学是理学起源时期的名称,在整个宋代它是理学主流派的特称,不足以囊括理学的全部。①

另一派学者则认定以道学概指宋代哲学更为合理。冯友兰晚年在其《中

---

① 陈来:《宋明理学》,第 8 页,北京,生活・读书・新知三联书店,2011。

国哲学史新编》中仍在重述自己的这种观点：

> 近来的研究中国哲学史的同志们，有用理学这个名称代替道学这个名称的趋势。这两个名称从清朝以来是可以互用的。理学这个名称出现比较晚，大概出现在南宋。我们做历史工作的人，要用一个名称，最好是用出现最早的、当时的人习惯用的名称。照这个标准说，还是用道学这个名称比较合适。这也就是"名从主人"。而且用理学这个名称还使人误以为就是与心学相对的那种理学，因而，不容易分别道学中的程朱和陆王两派的同异。只有用道学才能概括理学和心学。①

针对学术界这两种不同的学术观点，曾有学者对中国学术史上的道学与"理学"概念进行系统的考察研究。在这类研究成果中，人们不仅考察道学与"理学"概念的形成，也辨析道学与"理学"概念意涵的演变。通过这种考察，学者们意识到在中国学术文化史中，道学的概念出现较早。北宋以前，中国的经、史典籍如《礼记》《隋书·经籍志》中即已经存在道学这一概念。只不过《礼记·大学》中所谓的道学，其意为讲论学问，而不是指称专门的思想理论。《隋书·经籍志》中的道学概念，其意为道家之学，与北宋时期人们所论道学的意涵并不完全相同。宋明时期，学术界对道学和"理学"概念的使用也有一个发展过程。北宋道学早期的代表人物程颢、程颐、张载等人都曾论及道学。"理学"概念的出现晚于道学。南宋陆象山、张南轩等人的著作中都曾使用"理学"概念，其意都指宋代的儒家哲学。关于"心学"，有学者认为，明代才有学者在道学中"分理学与心学为二"，标明道学内部存在具体学派的差异。学者们考察道学与"理学"以及"心学"概念历史演变的这些认识成果对于促进与深化宋元哲学的研究具有重要的理论意义与学术价值。②

----

① 冯友兰：《三松堂全集》第 10 卷，第 27 页，郑州，河南人民出版社，2000。
② 姜广辉的《宋代道学定名缘起》一文曾系统考察道学概念的形成与发展。徐宏兴的《两宋道学概论及主题考论》一文对道学与理学概念的关联及其意涵也有过系统的考察与论析。

但是,对于道学与"理学"概念的演变与发展,有一些问题仍有待继续深入考察。譬如,有学者认定明代学者才使用"心学"这一概念,其依据是阳明后学邓元锡作《皇明书》,书中以《心学纪》《心学述》记述王阳明及其后学的学术活动,以《理学》记述吴与弼、罗钦顺等人的学术活动,使得"理学"与"心学"壁垒分明。这种观念即有必要再行探讨。① 因为,南宋时期,人们不仅已经开始使用"理学"这一概念,实际上也已经出现"心学"概念。黄震论及宋代学术,曾有"本朝理学,发于周子,盛于程子"之说。但黄震也意识到程门后学涉及"识心见性"之学时有陷于佛学者。因此,黄震注意分辨二程后学的演绎流变与思想异同,以确定自己的学术追求:

> 程门高弟如谢上蔡、杨龟山,末流皆不免略染禅学,惟尹和靖坚守不变。其后龟山幸三传而得朱文公,始裒萃诸家而辨析之,程门之学,因以大明。故愚所读先儒诸书,始于濂溪,终于文公所传之勉斋,以究正学之终始焉。次以龟山、上蔡,以见其流虽异而源则同焉。又次以和靖,以见其源虽异而其流有不变者焉。次以横浦、三陆,以见其源流之益别焉。然上蔡、龟山虽均为略染禅学,而龟山传之罗仲素,罗仲素传之李延平,延平亦主澄心静坐,乃反能救文公之几陷禅学,一转为大中至正之归,致知之学,毫厘之辨,不可不精,盖如此,故又次延平于此,以明心学虽易流于禅,而自有心学之正者焉。②

黄震将张横浦、陆九渊兄弟的学说归为一类,既认定"心学""易流于禅",同时也强调"心学之正者"有别于禅学。黄震所谓"心学"乃"识心见性"之学。这样的"心学",辨析"人心"与"道心",其中也有"直谓即心是道

---

① 姜广辉的《宋代道学定名缘起》一文认为,明代邓元锡才以"理学"与"心学"区别道学内部的不同学派,并以黄宗羲、全祖望的《留别海昌同学序》中所说"盖未几而道学之中又有同异,邓潜谷又分理学、心学为二"为据,论定以"心学"概指陆王之学,以"理学"概指程朱之学为明代后期才出现的学术观念。
② 黄宗羲原本,全祖望修定:《东发学案》,《宋元学案》第4册,第2899页,北京,中华书局,1986。

者","即心是道"与"心即理"之说在意涵方面不无相通之处。因此,黄震所谓心学虽与后来人们所持"心学"概念的意涵不能完全等同,但也已触及"心学"的基本趣向与特征,大体上也可视为一种哲学学说。除黄震的《日钞》之外,王应麟在《困学纪闻》中曾明确地将司马光的《潜虚》视为"心学":

> 《潜虚》,心学也,以元为首,心法也。人心其神乎,潜天而天,潜地而地。温公之学,子云之学也。《先天图》皆自中起,万化万事生乎心,岂惟先天哉!《连山》始《艮》,终而始也。《归藏》先《坤》,阖而辟也。《易》之《乾》,太极之动也。《玄》之中,一阳之初也。皆心之体,一心正而万事正,谨始之义在其中矣。邵子曰:"《玄》其见天地之心乎?"愚于《虚》亦云:"《虚》之元,即《乾》《坤》之元,即《春秋》之元,一心法之妙也。"[1]

王应麟家学深受陆九渊心学的影响,后来又推崇朱熹的理学。他对于朱、陆之学的对立与区别可谓了然于心。因此,从王应麟"万化万事生乎心""一心正而万事正"之类的断语来看,他所理解的"心学"也十分接近与"理学"对立的"心学"。由此可见,早在南宋时期,实即有学者开始使用"心学"概念辨析宋代哲学了。

同时,人们考察道学与"理学"概念形成演变的思想方法也需要更新。这种更新要求人们强化从哲学的角度考察道学概念形成演变的问题意识与方法意识。在中国现代哲学史上,冯友兰始终主张以道学概称宋代哲学,这值得肯定。但是,冯友兰在论析道学概念时,对于作为表述宋代儒家哲学的道学概念同与儒家道统相联系的道学概念,以及作为整个宋代学术概称的道学概念并未多作具体的分梳与解析。在冯友兰看来,二程兄弟以韩愈所认定的儒家道统的继承人自居,将自己的思想理论谓之道学。"道学这个道,就是韩愈《原道》的那个道。"[2]其实,韩愈所

---

[1] 王应麟:《困学纪闻》,第 203 页,沈阳,辽宁教育出版社,1998。
[2] 冯友兰:《三松堂全集》第 10 卷,第 26 页。

说之"道"与二程所理解的"道",在意涵上有其同也有其异。从中国哲学的历史发展来看,在宋代以前,儒家哲学中所使用的"道"这一概念,其意涵多在伦理道德原则的范围,对作为形而上者的"道"还缺乏理论的规定和解析。在儒家哲学的系统中,从形而上的层面特别是本体的层面来理解并界定"道"这一概念,主要是从宋儒开始的。因此,我们考论道学与"理学"概念,学术视角也应当有所不同。当我们以考察宋代哲学的形成及其发展为学术目标的时候,应当且只能将道学与"理学"的概念纳入哲学这个特定的视域和范围来进行考察与解析。实际上,我们也只有将道学与"理学"的概念纳入哲学的范围来进行考察,才有可能正确地理解北宋早期道学代表人物所谓道学的真实意涵。

冯友兰在其《新编中国哲学史》中考论道学,曾以二程的《程氏文集》、朱熹的《论语集注》《中庸章句序》,以及《陈亮集》等典籍中有关道学的论述作为自己理解道学的论据。实际上,北宋时期,最早使用道学概念的学者为王开祖。清代学者赵一清在其《浙学源流考》中对此曾有明确的论述:

> 永嘉之儒,王开祖倡道学于伊洛未出之先,林石讲《春秋》于王氏新学之际。确乎不拔,真人豪也![1]

王开祖字景山,人称"儒志先生",林石字介夫,人称"奥塘先生"。赵一清肯定王开祖"倡道学于伊洛未出之先",林石"讲《春秋》于王氏新学之际",在同"伊洛"之学的比较中肯定王开祖的学术贡献,在同王安石新学的比较中肯定林石的学术勇气,目的在表彰浙江学者的学术成就。其实,认定王开祖"倡鸣"道学四十多年以后才出现所谓的"伊洛儒宗",这种观念南宋学者陈谦在其《儒志先生学业传》中也曾有过绍述。但王开祖所谓道学与北宋早期道学代表人物所理解并倡导之道学在意涵方面还不能完全等同。王开祖在宋代道学建构过程中的历史作用也远不能

---

[1] 赵一清撰,罗仲辉点校:《东潜文稿》,第74页,沈阳,辽宁教育出版社,1998。

与北宋早期道学主要代表人物的学术贡献比肩。

在宋元哲学史上,程颢、程颐为北宋道学的建构做出过重要的理论贡献,被视为北宋时期创建道学的主要代表人物,这是学术界多数人所认同的一种观点。因此,我们今天要从哲学的角度考察北宋道学的代表人物对道学这一概念的论述,尤应注意二程兄弟的道学观念,特别是要注意程颐对道学的论述。其原因,一是程颐曾明确地将自己与其兄程颢的哲学称为道学;二是在北宋时期,程颐应是较早对"道"概念的内涵从哲学的角度做出清晰规定的道学代表人物。程颐肯定自己与程颢的学说为道学,以其在《明道先生门人朋友叙述序》《祭李端伯文》《祭朱公掞文》三篇文献中的论述最为清晰、具体。这三篇文献中论及道学的文字分别是:

> 先兄明道之葬,颐状其行,以求志铭,且备异日史氏采录。既而门人朋友为文以叙其事迹、述其道学者甚众。其所以推尊称美之意,人各用其所知,盖不同也;而以为孟子之后,传圣人之道者,一人而已,是则同。[1]
>
> 呜呼! 自予兄弟倡明道学,世方惊疑,能使学者视效而信从,子与刘质夫为有力矣。[2]
>
> 呜呼! 道既不明,世罕信者。不信则不求,不求则何得? 斯道之所以久不明也。自予兄弟倡学之初,众方惊异,君时正少,独信不疑⋯⋯不幸七八年之间,同志共学之人,相继而逝⋯⋯使予踽踽于世,忧道学之寡助。则予之哭君,岂特交朋之情而已?[3]

在这些论述中,程颐所说的道学,大体上都可以理解为其对自己与其兄程颢哲学的概括或者说指称。

---

[1] 程颢、程颐:《河南程氏文集·明道先生门人朋友叙述序》,《二程集》上册,第 639 页,北京,中华书局,2004 年版。
[2] 程颢、程颐:《河南程氏文集·祭李端伯文》,《二程集》上册,第 643 页。
[3] 程颢、程颐:《河南程氏文集·祭朱公掞文》,《二程集》上册,第 644 页。

程颐之所以将自己与程颢的哲学称为道学,与他对于"道"概念的理解与界定应当是联系在一起的。在程颐的著作中,论及"道"概念的地方不少,其中也有三种最为明晰的论说,这三种论说分别是:

> "一阴一阳之谓道",道非阴阳也,所以一阴一阳道也;如一阖一辟谓之变。①

> "一阴一阳之谓道",此理固深,说则无可说。所以阴阳者道,既曰气,则便是二。言开阖,已是感,既二则便有感。所以开阖者道,开阖便是阴阳。②

> 离了阴阳更无道,所以阴阳者是道也。阴阳,气也。气是形而下者,道是形而上者。形而上者则是密也。③

程颐对"道"概念的这种理解与论释,既有对儒家思想与道家思想的继承与借鉴,也有自己的独立思考与创新。这种创新集中体现在他对"道"的一般、本体、根源层面的意涵做出了十分明确的解释。程颐以"所以一阴一阳道也""所以阴阳者道""所以阴阳者是道也"这三种判断所肯定的"道",都可视为形而上者,也是对"道"最明确的哲学规定。程颐如此规定"道",目的在论释阴阳、气以及阴阳"开阖"何以存有或何以形成。这种论释,不论其论述的明晰度还是其理论层面,在儒家哲学发展史上皆有发前人所未发之处。

程颐对"道"的意涵从哲学的角度做出了规定,程颢则将"道"与性联结,肯定"道即性",反对"道外寻性"或"性外寻道"。程颢曾说:

> 道即性也。若道外寻性,性外寻道,便不是。④

在程颢看来,言"道"言"性"正确与否,知其一便知其二。能正确地言"道"者亦可以正确地言"性",反之亦然;言"性"不当者,亦不可能正确地

---

① 程颢、程颐:《河南程氏遗书·拾遗》,《二程集》上册,第67页。
② 程颢、程颐:《河南程氏遗书·入关语录》,《二程集》上册,第160页。
③ 同上书,第162页。
④ 程颢、程颐:《河南程氏遗书·端伯传师说》,《二程集》上册,第1页。

言"道"。所以他说:"道即性也,言性已错,更何所得?"①可以说程颢"道即性也"这一断语在另一个层面上为宋元道学的演生与发展奠定了理论基石。从宋元哲学的历史发展来看,程颢、程颐的"天理"观念实即是基于其"所以阴阳者是道也"与"道即性也"这样的观念建构起来的。因为,二程既肯定"性即理""所谓理,性是也"②,也强调"道即性"。气学家论"气",目的在于"以清虚一大"之气为"万物之源";心学家认定"心即理",则实为主张以"心"为"性"。不论气学还是心学,其基本哲学观念的形成,实际上都受到了程颢、程颐"所以阴阳者是道也"以及"性即理"与"道即性"等思想观念的影响。可以说,宋代的哲学家们,正是基于二程兄弟的"道"观念,提炼出和确立起了"理""气""心""性"之类的范畴,形成了各自不同的哲学思想系统。这些思想系统,内容涉及"天道",也涉及"人道"。人们常依"天道"理解"人道",论析"道体"。因此,就宋代不同哲学流派成型的思想根源而言,实际上都与哲学家们探寻、论释作为事物"所以者"的"道"存在直接或间接的联系。在哲学的视域中,可以说这一时期的哲学家们主要的学术追求都在于各以特殊的哲学范畴和哲学系统言"道"与释"道",言"性"与释"性"。因此,就宋代哲学发展的历史实际而言,以道学指称宋代儒家哲学确实是比较合理的。

但是,当我们肯定宋代儒家哲学实为道学时,还必须注意:宋代哲学家们的道学观念与《宋史·道学传》作者所持的道学观念实有所不同。《宋史·道学传》总论道学:"'道学'之名,古无是也。三代盛时,天子以是道为政教,大臣百官以是道为职业,党、庠、术、序师弟子以是道为讲习,四方百姓日用是道而不知。是故盈覆载之间,无一民一物不被是道之泽,以遂其性。"这样的道学与程颐所谓的道学在内容方面虽有相通之处,但《宋史》作者区别道学与"儒林",将列入道学范围的人物基本上限于周、程、张、朱及其后学。邵雍、张栻等人得以入传,则是因为《宋史》作

---

① 程颢、程颐:《河南程氏遗书·端伯传师说》,《二程集》上册,第7页。
② 程颢、程颐:《河南程氏遗书·伊川杂录》,《二程集》上册,第292页。

者认为"邵雍高明英悟,程氏实推重之","张栻之学,亦出程门,既见朱熹,相与博约又大进焉"。这种入传原则表明《宋史》作者推崇程朱之学,力图通过凸显程朱学以肯定自己所理解的文化传承与学术道统。《宋史》作者将道学范围限于周、程、张、朱及其后学,未能全面地反映宋代哲学的发展;将陆象山排除在道学之外而归于"儒林",更是不符合宋代哲学发展的历史实际。陆象山认定"心即理",程、朱主张"性即理"。两者在思想理论与学术趣向方面虽呈现对立,但两者的学术追求都在于从形上学的层面论释人的道德行为根据。因此,陆象山实当为宋元哲学史上道学的重要代表人物。《宋史》作者道学观念的形成大概与宋元时期理学的传播与影响盛于心学有关。《宋史》作者对陆象山的学术定位也从另一个侧面表明其所理解的道学并不能完全等同于作为宋元哲学概称的道学。在中国哲学史上,作为宋元哲学的道学强调"仁"为"善之本",主张"仁者,浑然与物同体"。这样的"仁",其理论意涵与"道""理"在同一个层面,已经具备本原、本体的意义。可以说,正是因为道学在"道"与"理"的层面上诠释儒家哲学中的"仁、义、礼、智、信"等范畴,才改变了一般儒家哲学中"仁、义、礼、智、信"等观念的意涵多在伦理道德原则范围的状况,使得儒家的伦理观念升华到了本原、本体的形而上学层面。这是宋元时期道学之所以称为道学的重要历史缘由,也是宋元道学对于儒家哲学在理论方面划时代的创发与贡献。

因此,在宋元哲学研究中,以道学指称宋元哲学,应当得到肯定。这种指称既能够涵括宋元哲学中的多种学术派别,也便于我们对宋元儒学的考察能够相对集中于一个具体的学科领域,达到较高的认识层次。当然,以道学指称宋元哲学,并不意味着绝对排斥其他有关宋元哲学的总括或概称。学术界既有从整体上称宋元哲学为道学者,也有从整体上称宋元哲学为"理学"者。人们对宋元哲学指称不同,学术趣向与理论追求也不无区别,但就其指向与研究对象而言,大体上又是同一的。在学术研究中,一致百虑,殊途同归,以不同的视角解析同一个研究对象,对于全面地解析这一对象的形态与特征也是有益的。同时,当我们从哲学的角度研究宋元时期的儒家学说时,也不宜忽略宋元时期儒学与儒家哲学之间的内在联系。在哲学史研究中,对二者有所区隔与分疏是必要的。但忽略其重合、交叉及联系,也有碍于我们全面地把握宋元哲学的历史发展。在儒学的视域中,陆九渊学说与朱熹思想在理论意趣与追求方面很难说存在本质的差异。但在哲学的视阈中,朱熹与陆九渊对于人们道德根性的论释则完全不同。这种差异所表明的实为二人对于作为事物"所以者"之"道"理解的对立,以及二人所推崇和肯定的道德根性有所不同。因此,只有在正确地理解与处理儒学与儒家哲学即道学关系的基础上,多侧面地考察宋元哲学,才有助于我们从总体上理解宋元哲学的理论特征,厘清与评断宋元哲学在中国哲学史上的演变发展及其历史地位。

二、宋元哲学的学术流派

后世学者将宋代儒学谓之新儒学。其中一个重要原因,是人们认定儒家哲学在宋代出现了新的理论形态,得到了全新的发展。道学的形成即是这种新形态与新发展的标志。在道学兴起与发展的过程中,哲学家们依据不同的学术视角与学术趣向论"道",建立各自的道学,其学术思想的活跃与开放,远非汉、唐时期的哲学家们所能相比。这使得道学中,不同学术派别之间思想对立,特色鲜明,辩难不断;道学理论的传承演变纷繁复杂、互为源流。因此,要全面地了解宋元哲学的历史发展,对宋元哲学的学术派别从总体上做一些思考与论析也是十分必要的。

如何梳理、区划宋元哲学的学术派别,历史上与现实中均存在视角与理趣的差异。历史上对宋元哲学的考察,自朱熹的《伊洛渊源录》问世以后,曾先后出现过多种理学史或道学史性质的研究成果。其中尤以黄宗羲、全祖望等人以学案体的方法先后考察宋元哲学而编撰的《宋元学案》影响最为深远。黄宗羲、全祖望等人在《宋元学案》中,多依地域或人名来标示与区分宋元哲学中不同的代表人物和学术派别,以清理宋元哲学发展的历史线索。这样的研究方法对后来研探宋元哲学的学者影响很大。在中国现代哲学史上,吕思勉的《理学纲要》概述宋元哲学的源流派别,始于胡瑗、孙复、石介,兼及同时代之范仲淹、戚同文、李觏、欧阳修、司马光、申颜、侯可及其门人;再论周敦颐、程颢、程颐、张载、邵雍、朱熹、陆九渊诸人及其后学。这种考察大体上以时间为序,同时照顾到地域、人物之别,以再现宋代哲学发展的历史线索与派别源流。

陈钟凡作《两宋思想述评》,其考察宋代哲学派别源流的方法与吕思勉稍有不同。陈钟凡将"两宋思潮"纳入"近代思想之趋势"中进行考察。其所谓"近代思想"既涵括"启蒙思潮""两宋思潮""金元思潮",也涵括"明代思潮"与"清代思潮"。其中"启蒙思潮""两宋思潮""金元思潮"都涉及宋元哲学的历史发展及其学术派别。陈钟凡在这种论析中,将胡瑗、孙复、周敦颐、邵雍等人的学术活动纳入"启蒙思潮":

> 唐室既衰,兵戈四起,穷理之风,阒无嗣响,讲学之涂,泯焉歇绝;世道之敝,乃不堪言。宋代继兴,暴乱日戢,士大夫伤人心之陷溺,念祸乱之浸寻,乃薄词翰为末技,思践德于圣门,由是戚同文、胡瑗、孙复诸儒,群起筑室取徒,明伦讲学,天下书院自此兴。及周敦颐崛起湘中,著《太极图说》及《通书》四十篇,以自然为教,主静为宗,虽缘饰《周易》《中庸》,而归本于道家之旨。邵雍受学李之才,精研数理;溯其师承,与周敦颐同出陈抟,并道家之流裔。此近代思想界之启蒙思潮也。[①]

其后,陈钟凡视程颢、程颐、张载等人的思想理论为"北宋思潮之中坚",概述二程、张载及其门人后学的思想源流与理论贡献:

> 河南二程闻道于濂溪,观摩于康节,更出入于释老之言,推其绪余,因发明以叙孔孟之旨意。复各尊所闻,印证同异,学派遂分。程颢言定性、识仁,主惟理论,程颐言持敬、致知,主经验论;张载讲学

---

① 陈钟凡:《两宋思想述评》,第 2 页,上海,东方出版社,1996。

于二程之间,敦厚崇礼,说近伊川;而程门高弟,如谢良佐、游酢、吕大临多本明道,终流于禅。至杨时晚年,亦稍入禅去。此北宋思潮之中坚也。①

论及南宋,陈钟凡辨析朱、陆之学异同,认为陆九渊"说多近于明道",朱熹中年以后"乃宗伊川",二人宗旨不一,"门庭各别",但朱熹为集宋代"诸家之大成"者:

> 九渊以诠心乐道为宗,重涵养而轻省察,由简易而极高明,直捷径情,颖悟超卓,说多近于明道。朱熹早年,泛滥于释老;后从李侗游,侗语以默坐澄观,以悟未发之真;至四十以后,乃宗伊川,以主敬为持志之要,致知为下学下功,似主经验论;然涵养之说,未尽涤除,故注《大学》首章,仍有"虚灵不昧,明善复初"之言;注《论语》子在川上章,予欲无言章,亦颇采二氏之说;熹盖折衷两派,集诸家之大成者也。②

论及元代哲学的发展流变,陈钟凡则仅将其视为"宋人理学之余波":

> 关洛陷于完颜,百年不闻学统;垂晚乃有赵秉文、李纯甫,援儒入释,推释入儒,其传并不能大。元主中夏,赵复脱南冠之囚,讲学燕京,洛闽之传,赖以不绝。许衡为其大宗,刘因为其别系;最后吴澄、郑玉颇思和会朱陆,以调和派自居。而元世陆学终非朱敌。斯宋人理学之余波耳。③

陈钟凡将"宋初三先生"以及周敦颐、邵雍等人的思想学说归于"启蒙思潮",视程、张、朱、陆之学为"两宋思潮"的主干,认定金元时期赵复、许衡等人的哲学思想皆"宋人理学之余波"。这种论述既归纳了宋元哲

---

① 陈钟凡:《两宋思想述评》,第 2 页,上海,东方出版社,1996。
② 陈钟凡:《两宋思想述评》,第 2—3 页。
③ 同上书,第 3 页。

学的学术派别,也论析了宋元哲学的思想源流,言语畅达、文字精练,其结论与思想方法皆有自己的独到之处。

吕思勉、陈钟凡一类学者,论及宋元哲学,注意"分源别派",并能引进吸纳一些现代哲学观念作为考察宋元哲学的参照,其认识成果对于厘清宋元哲学历史发展的源流、推进宋元哲学的研究无疑有其学术价值。但从吕思勉、陈钟凡等学者对宋元哲学中不同学术派别的论述中,我们也可以看到此类学者考察宋元哲学时或多或少都受到过黄宗羲、全祖望等人思想方法的影响。譬如,吕思勉认定宋学先河当推胡瑗、孙复、石介三位学者的说法即源自《宋元学案》。全祖望《宋元儒学案序录》中有"宋世学术之盛,安定、泰山为之先河"①之说。陈钟凡论及元代哲学,其"关洛陷于完颜,百年不闻学统"之说实际上也是全祖望《宋元儒学案序录》中的文字。吕思勉、陈钟凡一类学者之所以借鉴黄宗羲、全祖望等人考察宋元哲学派别源流的方法,首先,是因为黄宗羲、全祖望等人从宋元哲学演生发展的实际出发,在考察中再现了宋元哲学发展的历史。钱穆论及"两宋学术",曾说"全谢山为《宋元学案》,首安定、次泰山、高平,又次庐陵,盖得之矣"②。此即肯定黄宗羲、全祖望等人编撰《宋元学案》,在第一、二、三、四卷中考察胡瑗、孙复、范仲淹、欧阳修等人的学术活动,既顾及了北宋哲学发展的时间顺序,也顾及了北宋哲学发展的历史进程与思想轨迹。其次,则是因为《宋元学案》这类学案体学术史著作以案主之名或与案主生活相关的地域、环境之名分辨、标示学术派别与思想源流,方便简捷,便于行文与记忆。由于黄宗羲、全祖望等人的这种学术史研究方法的影响,后世学者言及宋元哲学,也多以濂、洛、关、闽,或周、程、张、朱、陆等诸家之学来表述宋元哲学中的主要学术派别与思想源流。此外,学术界也有学者依据《宋元学案》中所述各家之学,将其直接名为具体的学术派别。譬如,称以胡瑗为代表的学说为"安定学派",称以孙复

① 全祖望:《宋元儒学案序录》,《宋元学案》第 1 册,第 1 页。
② 钱穆:《中国近三百年学术史》上册,第 4 页,北京,商务印书馆,1997。

为代表的学说为"泰山学派",称以程颢为代表的学说为"明道学派",称以程颐为代表的学说为"伊川学派",称以司马光为代表的学说为"涑水学派",称以邵雍为代表的学说为"百源学派",称以胡宏为代表的学说为"五峰学派",称以陆九渊为代表的学说为"象山学派",等等。这种以《宋元学案》中具体案主为据区划出来的学术派别也能为人们留下清晰的思想线索,有助于人们从一个侧面了解宋元哲学的丰富内容。

但是,这种以地域、人名区划、标示宋元哲学发展中学术派别的方法也有其局限与不足。因为这种"分源别派"的方法虽注意到了学术思想的源流,但毕竟不是基于现代学科观念区划同一个学科内部不同学术派别的方法。依照这种方法概括出来的一些学术派别,严格说来,并非独立成型的学术派别。因此,在中国现代哲学史上,曾有学者认为:

> 中国前贤对于品题人物极有高致,而对于义理形态之欣赏与评诂则显有不及,此固由于中国前贤不甚重视义理系统,然学术既有渊源,则系统无形中自亦随之。《宋元学案》对于各学案之历史承受,师弟关系,耙疏详尽,表列清楚,然而对于义理系统则极乏理解,故只堆积材料,选录多潦草,不精当,至于诠表,则更缺如。[①]

人们这种"中国前贤不甚重视义理系统"的看法,实是对《宋元学案》一类学术史著作的作者们"分源别派"方法的一种批评。

学派应当是在同一学科中,因为学说、观点不同而形成的派别。我们考察宋元哲学,应当在哲学的范围内,以思想理论的差异来区分与判定其内部出现的不同的学术派别。随着时代的进步,在现代哲学史研究中,从哲学的角度考察宋元哲学中不同的学术派别已经愈来愈为人们所重视并付诸实践。但在这样的考察中,人们的视角与理趣仍然存在一些差异。譬如,在现代新儒家的代表人物中,牟宗三认为宋明时期儒家之学的"中点与重点"皆在于探索人们生活中"道德实践所以可能之先天根

[①] 牟宗三:《心体与性体》上册,第46页,上海,上海古籍出版社,1999。

据"。因此,宋明儒学本质上乃"心性之学"。基于这样的观念,牟宗三对宋明儒学"分源别派",虽强调"义理",但言"系"而不言派,将宋明儒学的发展区划为"三系":

(一)五峰、蕺山系:此承由濂溪、横渠而至明道之圆教模型(一本义)而开出。此系客观地讲性体,以《中庸》《易传》为主,主观地讲心体,以《论》《孟》为主。特提出"以心著性"义以明心性所以为一之实以及一本圆教所以为圆之实。于工夫则重"逆觉体证"。

(二)象山、阳明系:此系不顺"由《中庸》《易传》回归于《论》《孟》"之路走,而是以《论》《孟》、摄《易》《庸》而以《论》《孟》为主者。此系只是一心之朗现,一心之伸展,一心之遍润;于工夫,亦是以"逆觉体证"为主者。

(三)伊川、朱子系:此系是以《中庸》《易传》与《大学》合,而以《大学》为主。于《中庸》《易传》所讲之道体性体只收缩提炼而为一本体论的存有,即"只存有而不活动"之理。于孔子之仁亦只视为理,于孟子之本心则转为实然的心气之心,因此,于工夫特重后天之涵养("涵养须用敬")以及格物致知之认知的横摄("进学则在致知"),总之是"心静理明",工夫的落实处全在格物致知,此大体是"顺取之路"。①

在牟宗三看来,这"三系"儒学的形成,既标志着宋明儒学的历史发展,同时也可以反映出"三系"儒学在宋明儒学发展中不同的历史地位与理论价值。因此,他的结论是:

由《中庸》《易传》回归于《论》《孟》,直下通而一之而言"一本",以成圆教之模型,是明道学;由此开五峰之"以心著性"义,此为五峰、蕺山系。直从孟子入,只是一心之伸展,则是象山之圆教,此为象山阳明系。北宋自伊川开始转向,不与濂溪、横渠、明道为一组,

---

① 牟宗三:《心体与性体》上册,第42—43页。

朱子严格遵守之,此为伊川、朱子系。伊川是《礼记》所谓"别子",朱子是继别子为宗者。五峰、蕺山是明道之嫡系。濂溪、横渠、明道为一组,是直就《论》《孟》《中庸》《易传》通而一之,从客观面入手以成其为调适上遂之"新"者;象山、阳明是直以《论》《孟》摄《易》《庸》,是从主观面入手以成其为调适上遂之"新"者。此是宋明儒之大宗,亦是先秦儒家之正宗也。①

牟宗三的宋明儒学"三系"论,理论意趣在道德哲学,尤其是道德的形上学基础。其对于宋明儒学"三系"的区划与理解,实际上也是其对宋明哲学学术派别的一种区划与理解。这种区划与理解,有其独特的视角,也有其独特的思路与理据,其结论自成一家之言,为海内外学术界广泛关注。

但是,从哲学的角度考察宋元时期的儒学与从道德哲学的角度考察宋元时期的儒学,其视角并不完全相同。专从道德哲学的角度考察宋元哲学并不能代替从广义的哲学角度考察宋元哲学。哲学的考察,视野应当更为广阔。在宋元哲学研究中,陈钟凡将程、张、朱、陆的学说称为两宋哲学的"主动思潮",将永康学派、永嘉学派的理论视为"主动思潮"的对立面,谓之"反动思潮";把"主动思潮"的理论旨趣与思想特色归结为"阐发性与天道",并认为"言道欲探宇宙之始终,言性在求人生之真义,其高者欲穷神知化,或邻于玄言;其下者旁稽名数质力,或契其微旨"。②所谓"言道欲探宇宙之始终,言性在求人生之真义"这种理论旨趣与思想内容,似乎就不是道德哲学所能够完全融摄的。因此,从哲学的角度区划宋元哲学的学术派别,似不宜囿于道德哲学的范围。历史上和现实中,也有学者将二程、朱熹一派的学说称为"理学",将陆九渊及其后学的思想称为"心学",将张载为代表的关学称为"气学"。应当肯定,这种学派的区分才是从哲学的角度对宋元道学内部学术派别的正确辨析与区

---

① 牟宗三:《心体与性体》上册,第47页。
② 陈钟凡:《两宋思想述评》,第3页。

划。这种区划既揭示了道学内部主要学术派别的理论特色，又集中地展示了道学中具体的理论系统。

当然，从宋元哲学发展的实际来看，"理学""气学"与"心学"虽为宋元哲学内部最基本的学术派别，但这三派哲学也并未涵盖道学的全部内容。在道学的范围内，一些哲学家所建构的思想系统实际上并不能完全归于这三派哲学之中。譬如，邵雍的"象数之学"即很难归于严格意义上的"理学""心学"或"气学"，而是自为系统，并对道学的形成产生过重要影响的一种哲学理论。司马光的学说同样如此。司马光的学术贡献主要在史学，但是，司马光注《太玄》《法言》，作《潜虚》《迂书》，哲学著述十分丰富。王应麟曾认定司马光的《潜虚》为"心学"，但司马光的《疑孟》批评孟子，并曾支持二程的"理学"。因此，可以肯定司马光学说在道学范围之内，但其学派归属则需要具体辨析和考释。又譬如，以胡安国、胡宏、张栻为代表的湖湘之学和以吕祖谦为代表的金华之学，与朱熹所代表的理学有同也有异；陈亮代表的永康之学和叶适代表的永嘉之学都对理学有所批评，但在学术渊源上又与理学存在联系。这些思想家的学说都应当是宋元道学涵括的重要内容，但其学派归属则需具体考辨。王安石的"新学"也是如此。王安石的"新学"与二程、张载的学说都有对立的地方。但王安石的"新学"同样是宋元道学重要的组成部分，值得深入探究。因此，我们考察评断宋元道学中的学术派别时，既要借鉴现代哲学观念，又需兼顾宋元道学的实际。只有将传统与现代结合起来，才可能对宋元道学中的学术派别予以现代性的解析，真实地展现宋元哲学中存在的不同哲学派别。

三、宋元哲学的理论旨趣

宋元哲学涵括多种学术派别，不同学派的思想系统各不相同，其思想理论价值也存在差异。但是，宋元哲学内部不同的学术派别，因其同属道学，在学术旨趣和理论追求方面不乏相同之处。这种共同的学术旨趣激发了宋元道学演生发展的思想动力，也为宋元道学中不同学术派别自成系统奠定了思想基础。因此，对于如何理解宋元道学的理论旨趣，也需要我们从总体上做一些探讨与思考。

在关涉道学理趣的探讨中，侯外庐、邱汉生一类学者认为：

> 宋明理学讨论的，主要是以"性与天道"为中心的哲学问题，也涉及政治、教育、道德、史学、宗教等方面的问题。性，指人性，但是理学家也讲物性。天道即理或天理。性与天道，是孔门大弟子子贡所不可得而闻的高深的哲理，但是在理学家那里却成为经常探讨的问题。①

他们将对"性与天道"问题的探讨理解为宋明哲学的"中心问题"，表明了侯外庐等学者对宋元道学理论旨趣的一种理解。在学术界也有学者认为宋明儒学实为一种道德哲学或讨论道德的哲学，牟宗三等学者即持这种观念。这类学者解析宋明儒学，将探讨人在道德活动中的"先验根据"以及人在道德活动中的工夫进路问题理解为宋明儒学的理论课题。牟宗三曾说：自宋明儒观之，"就道德论道德，其中心问题首在讨论道德实践所以可能之先验根据（或超越的根据），此即心性问题是也。由此进而复讨论实践之下手问题，此即工夫入路问题是也。前者是道德实践所以可能之客观根据，后者是道德实践所以可能之主观根据。宋、明儒心性之学之全部即是此两问题。以宋、明儒词语说，前者是本体问题，后者是工夫问题"②。牟宗三所肯定的宋明儒学的"中心问题"，实际上也从一个侧面揭示了宋明儒学的理论旨趣。在道学研究中，还有一类学者认为，道学或说"新儒学"，实为一种关于人的学问。"新儒学"所探讨的问题都是关于人的问题。讨论人的问题，需要思考、探讨多方面的内容，譬如人与自然的关系、人与人之间的关系，人在宇宙中的地位与任务，人性问题与人的幸福问题等等。道学家们探讨这些问题，目的是要使人正确地处

---

① 侯外庐、邱汉生、张岂之主编：《宋明理学史》上册，第9页，北京，人民出版社，1984。
② 牟宗三：《心体与性体》上册，第7页。

理人生中面临的各种对立,在对立中求取统一,达到人生中的"至乐"境界,获取人生的圆满与幸福。这种观点,实际上也蕴含着对道学理论旨趣的一种理解。持这种观点的代表性人物首推冯友兰。[①] 从这几种有关道学课题或旨趣的主要观念来看,人们对道学的课题或旨趣的理解可谓大同小异。其同者在于人们都肯定道学的对象主要在人与人生;其异者则因为人们的学术视野和学术追求不同,使得人们对道学内容的关注有所差异。将宋明道学的"中心课题"理解为"本体"与"工夫"问题的学者,学术视野与学术追求集中在道德实践的"客观根据"与"主观根据"。肯定宋明道学讨论的是以"性与天道"为中心的哲学问题的学者,以及认定作为人学的道学探讨人生中的各种关系的学者,实际上也不否定道德问题在道学中的重要地位。因为,道学探讨"性与天道"问题或探讨人与人的关系、人与自然的关系问题,实际上都与探讨人的道德实践的"客观根据"与"主观根据"关联。所不同者只在于这两派学者除了肯定道德实践的"客观根据"与"主观根据"乃道学关注的重要问题之外,也肯定政治、经济、教育、历史、宗教方面的问题同样为道学所关注。

从上述几种有关道学课题与理论旨趣的观念来看,人们对道学旨趣的理解出现差异,原因在人们考察道学时,学术兴趣有异,理论追求重点不同。从中国哲学发展史的角度考察宋元道学,在有关道学旨趣的理解中,取诸家之长十分重要。梁启超论及儒家哲学时曾经认为:

> 儒家哲学,范围广博。概括说起来,其用功所在,可以《论语》"修己安人"一语括之。其学问最高目的,可以《庄子》"内圣外王"一语括之。做修己的功夫,做到极处,就是内圣,做安人的功夫,做到极致,就是外王。至于条理次第,以《大学》上说得最简明。《大学》所谓"格物致知诚意正心修身",就是修己及内圣的功夫;所谓"齐家治国平天下",就是安人及外王的功夫。[②]

---

① 参见冯友兰:《三松堂全集》第 10 卷,第 16 页。
② 梁启超:《儒家哲学》,第 3 页。

梁启超对儒家哲学内容的概括反映了儒家哲学的实际。在中国哲学史上,儒家哲学的内容既涵括其"内圣"之学,也涵括其"外王"之学。儒家哲学的真实追求在于"内圣"与"外王"的统一,这种追求是儒家哲学的基本传统。

在儒家哲学发展的历史进程中,宋元道学对于儒家的"内圣"之学曾特别关注。这种关注源于这样的思想观念:"善言治天下者,不患法度之不立,而患人材(才,下同)之不成。善修身者,不患器质之不美,而患师学之不明。人材不成,虽有良法美意,孰与行之? 师学不明,虽有受道之质,孰与成之?"[1]道学家们对"内圣"之学的关注,目的在于为国家社会的治理培养人才。正是这样的关注使得宋元道学为儒家哲学的发展做出了独特的理论贡献。但宋元道学的理论旨趣同一般儒家哲学的传统仍然是一致的。"外王"之学同样是宋元时期道学家们重要的学术追求与人生目标。因此,将宋元道学的理论旨趣仅限于"内圣"之学,并不符合道学内容的实际。

明清时期的学者论及道学理趣,对宋元道学曾有过激烈的批评。在这派学者中,颜习斋当是思想最为激进的代表者之一。颜习斋青年时期也曾研习并服膺程颢、程颐以及张载与朱熹等人的思想理论,但后来对汉唐以来的儒学代表人物的思想学说皆取严厉的批评态度。颜元曾说:

> 迫于秦火之后,汉儒掇拾遗文,遂误为训诂之学。晋人又诬为清谈,汉、唐又流为佛、老,至宋人而加甚矣。仆尝有言,训诂、清谈、禅宗、乡愿,有一皆足以惑世诬民,而宋人兼之,乌得不晦圣道,误苍生至此也! 窃谓其祸甚于杨、墨,烈于嬴秦。[2]

在颜元一派学者看来,宋元道学所论皆为离事离物的"心口悬空之道","纸墨虚华之学"。他们将汉、唐、宋、元,以及明代儒学的代表人物都视为惑民乱道的罪人:

---

① 程颢、程颐:《河南程氏遗书·游定夫所录》,《二程集》上册,第69页。
② 颜元:《寄桐乡钱生晓城》,《颜元集》下册,第439页,北京,中华书局,1987。

而至于秦火之余,如董仲舒、郑康成、文中子、韩昌黎、程明道、张横渠、朱晦庵、王阳明,其于学术,皆襫此蹄彼,甚至拾沈捉风,侵淫虚浮,以乱圣道。①

至于宋元道学的理论旨趣,颜元一派学者更是明确地将其归结为"空谈心性"。颜元曾说:

> 宋元来儒者却习成妇女态,甚可羞。无事袖手谈心性,临危一死报君王,即为上品矣。②

这种观念使得颜元一派的学者断言:

> 杨、墨之道行,无君无父,程、朱之道行,无臣无子。③

这种评断曾经广为流传。颜元"无事袖手谈心性,临危一死报君王"的断语也成了人们批评道学的名言。学术乃天下公器。后世学者将宋元道学的理论意趣归结为无视习行的重要,一味"空谈心性",认定道学的形成导致了社会国家的动荡衰败。这些思想观念的形成,都有其具体的时代原因与特殊的学术环境,在学术研究方面,见仁见智,无可厚非。但应当肯定的是,人们对道学的这种批评不无思想上的片面。因为,断言宋元时期的道学家们唯知"空谈心性"、思想迂阔,实已离开宋元道学的实际,并非对宋元道学理趣的真实理解与反映。钱穆曾经认为:"北宋学术,不外经术、政事两端。"虽然南宋时期,"心性之辨愈精,事功之味愈淡",但儒家学者主张"启迪主心",使人有"尊德乐道之诚"乃"今日要务",其目的仍然在于使"为治之具"次第可举。因此,在钱穆看来,南宋儒家虽"心性之辨愈精,事功之味愈淡",但并不是决然无意于北宋儒家"一新天下之法令以返三代之上"的政治抱负。基于对宋代学术发展的这种理解,钱穆对脱离宋学实际的学术研究提出过批评:

---

① 李塨、王源:《颜习斋先生年谱·卷下》,转引自《颜元集》下册,第795页。
② 颜元:《存学编·卷一》,《颜元集》上册,第51页。
③ 李塨、王源:《颜习斋先生年谱·卷上》,转引自《颜元集》下册,第748页。

> 近世论宋学者,专本濂溪《太极图》一案,遂谓其导源方外,与道、释虚无等类并视,是岂为识宋学之真哉![1]

钱穆的批评值得我们思考。宋元时期的道学代表人物对于"空谈心性"实际上也持否定的态度。程颢、程颐即在反对人们陷溺于禅佛之学的同时否定"清谈"。北宋张横渠有"存,吾顺事,殁,吾宁也"之说,此说概括了一种至上的人生境界。"存,吾顺事"的具体内容,张横渠概述为"为天地立心,为生民立命,为往圣继绝学,为万世开太平"。在张横渠概述的这种儒家理趣与志向中,"修己"与"安人","内圣"与"外王"当是有机联系,内在统一的。若说"横渠四句"也为空谈心性,实在是厚污古人。同时,宋元时期道学的代表人物们大都曾踏入仕途,为官一方,而且都表现出不俗的政治活动能力。周敦颐"为广东转运判官,提点刑狱,以洗冤泽物为己任。行部不惮劳苦,虽瘴疠险远,亦缓视徐按"[2],政声颇著。陆九渊"知荆门军","政行令修,民俗为变,诸司交荐"[3],周必大曾大加赞赏。张载、朱熹等人的政绩在史籍中也多有记述。王应麟在《困学纪闻》中曾说:"先儒论本朝治体云:'文治可观而武绩未振;名胜相望而干略未优。'然考之史策,宋与契丹八十一战,其一胜者,张齐贤太原之役也,非儒乎?一韩一范使西贼骨寒胆破者,儒也。宗汝霖、李伯纪不见沮于耿、汪、黄三奸,则中原可复,雠耻可雪。采石却敌,乃眇然幅巾缓带一参赞之功。儒岂无益于国哉?"[4]王氏记述的史实值得借鉴。两宋时期的文治武功大多系儒者所为。不深究宋元道学代表人物所生活的时代条件,不理解宋元道学代表人物所面临的学术课题,简单而不加分析地将宋元道学对心性问题的关注归于空谈,并不符合历史的真实。因此,从宋元道学的实际出发,全面理解宋元道学的理论旨趣将有助于我们更深入地理解宋元哲学的历史发展、正确地评断宋元道学在儒家哲学发展中的理论贡献。

---

① 钱穆:《中国近三百年学术史》上册,第6页。
②《宋史·周敦颐传》卷四二七,第12711页,北京,中华书局,1977。
③《宋史·陆九渊传》卷四三四,第12882页。
④ 王应麟:《考史》,《困学纪闻》卷一五,第300页。

四、宋元哲学的形成与思想源流

宋元道学作为中国哲学史上最具特色的哲学理论,其思想系统是融摄整合多种思想资源的结果,其形成途径也是多样的而非单一的。多视角、多层面、多途径地考察与探索宋元道学的形成及其思想源流,当是正确的思想取向。在这种考察中,可以专探儒、释、道三家之学的"融通",也可以探讨中国学术的南北交会。同时,还可以解析道学内部学术思想的传承与拓展。但这种考察,首先必须注意的当是早期道学代表人物对于儒、释、道三家之学的"融通"与整合。梁启超曾经指出:

> 儒家道术,很有光彩,可谓三教融通时代,也可谓儒学成熟时代。①

又说:

> 宋儒无论那一家,与佛都有因缘,但是表面排斥。宋儒道学,非纯儒学,亦非纯佛学,乃儒佛混合后,另创的新学派。②

梁启超认为宋代为儒、佛、道"三教融通的时代",肯定宋代的儒家哲学为"融通"儒、佛、道三家之学以后形成的新学派,这种理解从一个侧面表明了道学的特征,反映了道学演生发展的实际,也代表了学术界有关宋代道学思想源流的一种较为普遍的观点。当然,梁启超以"混合"表述道学对儒、佛、道三家之学"融通"的结果也不尽当。因为"混合"实不同于"融通"。道学内部的不同学派大都注重思想的系统与理论的谨严,并力图以这样的方式建构各自的思想学说。在宋代道学中,任一学术派别的思想学说都绝非不同思想理论简单拼凑或剪裁之后的杂拌体或"混合"物。宋元道学的形成,有其特定的社会历史背景与具体的文化思想资源,也

---

① 梁启超:《儒家哲学》,第49页。
② 同上书,第61页。

有其整合不同思想资源的途径与方式。"融通"与整合儒、释、道三家之学,当是早期道学家们建构道学思想系统的最为重要的途径与方式。从中国哲学发展的历史来看,道学作为一种较为精致的哲学理论形态,本身确为儒、释、道三家之学整合的结果,而以"融通"整合儒、释、道三家之学的方式建构道学,实是由周敦颐、程颢、程颐、张载等早期道学代表人物共同完成的。

周敦颐、程颢、程颐、张载等早期道学代表人物为什么要"融通"整合儒、释、道三家之学? 这些道学代表人物如何"融通"整合儒、释、道三家之学? 这是两个既有区别又相互联系的问题。宋元时期,早期道学代表人物"融通"整合儒、释、道三家之学,同他们对中国学术历史发展的了解关联,也与他们对自己生活的时代学术发展的现实需要的理解关联。就其对中国学术历史发展的了解而言,道学早期的代表人物大都认同唐代韩愈宣扬的儒学道统,认定儒学经过周公、孔子、曾参、子思、孟子的传承,得到了极大的丰富与发展;但自孟子去世以后,儒学的传承出现断裂,真正的儒学已成绝学。因为,两汉以来,儒者对于以六经与孔、孟为代表的儒学,或"察焉而弗精",或"语焉而弗详",所传承的儒学已非真正的儒学。这种理解,催发了周敦颐、程颢、程颐、张载一类早期道学代表人物强烈的学术担当意识。他们基于自己的道统观念,服膺自己所理解的儒学,追求儒学的复兴,对其他学术派别(包括汉唐以来的儒学)均持排拒与批判的态度。这种学术批判态度曾使张载断言:

> 不悟一阴一阳范围天地、通乎昼夜、三极大中之矩,遂使儒、佛、老、庄混然一涂。[1]

在张载看来,不理解"一阴一阳"或说"一物两体"这一律则的普遍性作用,是佛、道之学以及汉唐以来的儒者在有关"天道性命"的理论上陷入荒谬的思想根源。程颢同样认为,在中国学术史上,除了他自己所肯定

---

[1] 张载:《正蒙·太和篇》,《张载集》,第 8 页,北京,中华书局,1978。

并服膺的儒学以外，其他思想理论，不论自创者还是外来者，皆为"惑世之学"。因此，在程颢看来，要重建儒家学说、恢复儒家道统，学术上既需要批判"杨、墨之学"，也需批判"申、韩之学"与佛、老之学。在这种批判中，锋芒尤应集中于佛、老之学。

张载、程颢一类道学代表人物主张将学术批判的锋芒集中于佛、老之学，是因为他们意识到佛、老之学"其言近理"，"为害尤甚"。程颢曾说：

> 杨、墨之害，甚于申、韩；佛、老之害，甚于杨、墨。杨氏为我，疑于仁。墨氏兼爱，疑于义。申、韩则浅陋易见。故孟子只辟杨、墨，为其惑世之甚也。佛、老其言近理，又非杨、墨之比，此所以为害尤甚。①

后来，朱熹作《中庸章句》，在《中庸章句·序》中曾论及全书的宗旨："则吾道之所寄，不越乎言语文字之间，而异端之说，日新月盛，以至于老、佛之徒出，则弥近理而大乱真矣。然而尚幸此书之不泯，故程夫子兄弟者出，得有所考，以续夫千载不传之绪；得有所据，以斥夫二家似是而非。"朱熹继承伊川之学，曾使道学中理学一派的发展出现一个历史高峰。朱熹认定老、佛之学"弥近理而大乱真"，将否定佛、老"二家似是而非"作为《中庸章句》的学术追求，再现了程颢有关"佛、老之害"的观点。应当说，程颢对佛、老之学的危害的理解，实际上代表了早期道学代表人物对佛、老之学的一种共同看法。

在张载、程颢一类道学代表人物看来，佛、老之学对世人极具欺骗性，当是其"为害尤甚"的重要表现。张载曾说：自佛教"炽传中国，儒者未容窥圣学门墙，已为引取，沦胥其间，指为大道。乃其俗达之天下，至善恶、知愚、男女、臧获，人人著信。使英才间气，生则溺耳目恬习之事，长则师世儒宗尚之言，遂冥然被驱。因谓圣人可不修而至，大道可不学

---

① 程颢、程颐：《河南程氏遗书·亥八月见先生于洛所闻》，《二程集》上册，第138页。

而知。故未识圣人心,已谓不必求其迹;未见君子志,已谓不必事其文"①。张载这种论述,生动而具体地描述了汉唐以来佛教在中国的广泛流传及其负面的社会影响。在张载看来,不同时代的人们之所以不分善、恶与智、愚,不别男、女与奴仆、婢女,对佛教趋之若鹜,原因之一即在于佛教"其言近理"。因为,佛教讲缘起性空,本觉真心,虚构生死轮回,宣扬脱离"无明"与苦难的彼岸生活,迎合了人们在现实苦难面前的精神需求。

张载、程颢等人认定佛、老之学"为害尤甚"的另一个原因,是他们意识到佛教的流传从根本上否定了儒家伦理的基本原则,动摇了中国传统社会的生活伦常与秩序。在张载、程颢等人看来,佛教对于中国传统社会生活秩序与伦理原则的破坏,比道家、道教的理论更为剧烈。《河南程氏遗书》中有一则涉及谈禅的记述:

> 昨日之会,大率谈禅,使人情思不乐,归而怅恨者久之。此说天下已成风,其何能救!古亦有释氏,盛时尚只是崇设像教,其害至小。今日之风,便先言性命道德,先驱了智者,才愈高明,则陷溺愈深。在某,则才卑德薄,无可奈何佗。然据今日次第,便有数孟子,亦无如之何。只看孟子时,杨、墨之害能有甚?况之今日,殊不足言。此事盖也系时之污隆。清谈盛而晋室衰。然清谈为害,却只是闲言谈,又岂若今日之害道?②

这一记述中"清谈"之害只是"闲言谈",谈禅则已危及大道的说法,反映了程颢、程颐一类道学代表人物在比较中对于佛、道之学危害的认识,突出了他们对于佛教现实危害性的理解与担忧。张载也曾将汉唐以来"异言满耳","诐、淫、邪、遁之辞"泛滥,以及"人伦所以不察,庶物所以不明,治所以忽,德所以乱"的主要原因归于佛教的流传与泛滥。在张载看来,

---

① 张载:《正蒙·乾称篇》,《张载集》,第64页。
② 程颢、程颐:《河南程氏遗书·元丰己未吕与叔东见二先生语录》,《二程集》上册,第23页。

正是佛教的流传与泛滥，才使得"上无礼以防其伪，下无学以稽其弊"①，造成了社会生活的无序与人们思想的混乱。因此，可以说，早期道学的代表人物之所以要"融通"儒、佛、道三家之学，除了其认定汉唐以来真正的儒学已成绝学这一原因之外，另一个重要原因即是其对于佛、道之学在理论方面的危害性较前人有了更为深入的理解。

早期道学代表人物对于佛、道之学危害认识的深化，与其长年出入佛、道之学的学术经历是联系在一起的。程颐论及其兄长程颢的学术活动时曾说："先生为学，自十五六岁时，闻汝南周茂叔论道，遂厌科举之业，慨然有求道之志。未知其要，泛滥于诸家，出入于老、释者几十年，返求诸六经而后得之。明于庶务，察于人伦。知尽性至命，必本于孝悌，穷神知化，由通于礼乐。辨异端似是之非，开百代未明之惑，秦、汉而下，未有臻斯理者。"②程颢为学，数十年间"出入于老、释"，而后"返求诸六经"，终至学有所成。张载的学术道路同样如此。《宋史·张载传》中说张载"少自孤立，无所不学"且"喜谈兵"，后因范仲淹劝导始读《中庸》。据史籍记述："载读其书，虽爱之，犹以为未足也。又访诸释老，累年究极其说，知无所得，反而求之六经。"结果"尽弃异学"，创建了关学或说气学这一重要的学术流派，为宋元道学的创立作出了巨大贡献。程颢与张载的学术活动在道学形成的过程中颇具代表性。这种出入释、老之学而后返求六经，回归儒学的学术经历，既为道学的先驱者们批判佛、道之学，尤其是批判佛教理论，在学理方面进行了准备，也为道学的先驱者们在"融通"儒、佛、道三家之学的基础上建构自己的思想系统奠定了基础。

早期道学的代表人物出入释、老，返求六经的学术经历，深化了其对于佛、老之学危害性的认识，也增加了其对批判佛、老之学在理论方面的紧迫性的认识。道学早期的代表人物大都认为，佛教理论"毁人伦""去四大"，其思想学说本来已经远"外于道"。但是，这样的理论虽"以六根

① 张载：《正蒙·乾称篇》，《张载集》，第 64 页。
② 程颐：《明道先生行状》，《二程集》上册，第 638 页。

之微因缘天地","妄意天性而不知范围天用",但其所涉及的问题既在"极高明"的思想层面,也涉及形上学的理论范围。道家、道教的理论实际上也表现出这种思想特征。因此,在中国学术史上,儒、佛、道之学虽然长期对立,儒家对佛教理论的批判历时久远,但在这种对立与批判中,儒学始终未能从理论的层面真正否定佛、道之学,阻止其兴盛与流传。其原因即在于,儒学自身的理论尚不足以在与佛、道之学的对峙中所向披靡,"正立其间"。唐代韩愈在其《进学解》中说自己"觝排异端,攘斥佛、老,补苴罅漏,张皇幽眇。寻坠绪之茫茫,独旁搜而远绍;障百川而东之,回狂澜于既倒"。韩愈肯定自己对于儒学的复兴"有劳"。但韩愈否定佛教的理据仍停留在"佛本夷狄之人……不知君臣之义、父子之情"这样的思想层次。这样的批判不足以真正地从理论的层面与佛教"较是非、计得失"。因此,张载等早期道学的代表人物一登上学术舞台即意识到,要批判佛、道之学,除了拥有"独立不惧,精一自信"的理论勇气,具备超凡的理论思辨能力即有"大过人之才",还必须建构起超越佛、道之学的理论系统。这种学术追求与目标,增加了早期道学代表人物在理论上"融通"与整合儒、释、道三家之学的学术自觉,也使得"融通"与整合儒、释、道三家之学成了早期道学代表人物在建构自己思想系统的过程中不能不采取的思想方式与学术进路。

早期道学的代表人物"融通"与整合儒、释、道三家之学,建构自己的思想理论,是在批判儒、释、道三家之学的过程中完成的。这种批判实为其承袭、借鉴与吸纳儒、释、道三家之学的一种方式。关于对儒家思想的承袭,早期道学代表人物大都声称其内容限于六经、孔、孟以及《大学》《中庸》等著作的范围。但是,汉唐以来,儒学仍在发展之中,作为儒学主体的伦理原则、纲常理念都得到了强化。因此,宋元道学的形成,实际上也受到过汉唐以来儒家学者研究成果的影响。江藩考察清代宋学,著《国朝宋学渊源记》。达三在《国朝宋学渊源记·序》中即认定,道学的形成曾得益于汉唐以来的儒学研究成果:"自宋儒'道统'之说起,谓二程心传直接邹鲁,从此心性、事功分为二道,儒林、道学判为两途;而汉儒之传经,唐儒之卫道,均不啻糟粕视之矣。殊不思洛、闽心学源本六经,若非汉唐诸儒授受相传,宋儒亦何由而心悟!且详言诚、正,略视治、平,其何以诋排二氏之学乎?"达三的观念值得肯定。道学作为儒学发展中的一种理论形态,除了借鉴吸纳老、释之学的思想理论,也是儒学自身积累发展的结果。这种积累发展实际上涵括汉唐时期儒学的研究成果。当代学者杨向奎即十分看重孔颖达等人的《五经正义》对于道学形成的影响:

> 在五经的注解中可以看到"道"和"气"的问题,这在汉以前儒家著作中是没有的,而是道家思想和儒家思想的结合。何晏、王弼谈"道"谈"无"而少说"气",汉儒谈"气"而少谈"无"。"道"和"气"的结合,正是孔颖达《正义》的新发挥,这一发挥给后来的理学开辟了广阔的天地。①

杨说是合理的。在有关道学思想资源的问题上,忽略或轻视汉唐儒学包括汉唐经学的影响,除了突出道学代表人物的道统观念,实际上并未反映道学演生历史的真实。

早期道学的代表人物对道家思想的吸纳,主要表现在借鉴道家著作中有关自然、有、无、道、德等范畴的意涵,以提炼、形成道学的基本范畴。其中尤以道家的道观念对道学的影响最大。《韩非子·解老》中肯定"道者,万物之所以成也",程颐有"所以阴阳者是道也"之说。道学家以物或阴阳之"所以者"规定理解道,显然是受到了道家一系的思想学说的影响。陆九渊也曾认为,理学家所持的"天理人欲"之说源自道家:

> 天理人欲之言,亦自不是至论。若天是理,人是欲,则是天人不同矣。此其原盖出于老氏。《乐记》曰:"人生而静,天之性也;感于物而动,性之欲也,物至知知,而后好恶形焉。不能反躬,天理灭矣。"天理人欲之言盖出于此。《乐记》之言亦根于老氏。②

---

① 杨向奎:《宗周社会和礼乐文明》,第460页,北京,人民出版社,1997。
② 陆九渊:《语录上》,《陆九渊集》卷三四,第395页,北京,中华书局,1980。

吸纳道家的思想理论，以助宋元道学理论系统的成型，可说是中国学术史上除玄学之外，儒、道之学交融互补的又一范例。

早期道学代表人物批判佛教，以其对于禅宗与华严宗的批判最为具体。这使得禅宗与华严宗的理论学说与思想方法都曾对早期道学代表人物建构道学产生重要影响，其中尤以华严宗的理论学说与思想方法的影响最为深远。任继愈总主编的《佛教史》在考察华严宗的宗教理论体系时认为：

> 华严宗对于中国哲学史的影响很大，这在程朱理学中尤为明显。程颐认为，华严宗所谓"理事无碍""事事无碍"，"一言以蔽之，不过曰万理归于一理"。这"万理归于一理"之说，反映了理学家和华严宗在理事关系问题上的逻辑联系。事实上，程朱理学建立之初，无论是论题的提出，还是范畴应用以及思维方式等，都曾从华严宗那里得到启示。①

任继愈总主编的《佛教史》所引用的程颐论述见于《二程遗书》卷一八，原文是：

> 问："某尝读《华严经》，第一真空绝相观，第二事理无碍观，第三事事无碍观，譬如镜灯之类，包含万象，无有穷尽，此理如何?"曰："只为释氏要周遮，一言以蔽之，不过曰万理归于一理也。"又问："未知所以破佗处。"曰："亦未得道他不是。百家诸子个个谈仁谈义，只为他归宿处不是。只是个自私。"②

从原文来看，程颐认为华严宗主张"事理无碍""事事无碍"，是要肯定"万理归于一理"；而"亦未得道他不是"的说法表明程颐对于华严宗的"理事"观并未持全面否定的态度，由此可以看到华严宗对于早期道学代表人物的具体影响。应当肯定，任继愈等学者有关华严宗与程朱理学关

---

① 任继愈总主编，杜继文主编：《佛教史》，第263页，南京，江苏人民出版社，2006。
② 程颢、程颐：《河南程氏遗书·刘元承手编》，《二程集》上册，第195页。

系的判断反映了道学发展的实际。在程颢、程颐的著作中,批评禅宗的具体记述也很多。譬如,程颐认为,"今之学禅者,平居高谈性命之际,至于世事,往往直有都不晓者,此只是实无所得也"①。程颢也曾批判佛教:

唯务上达而无下学,然则其上达处,岂有是也?②

认定佛教的"上达"并非真正的"上达"。程颐指斥禅宗"高谈性命"而"实无所得",与程颢对佛教的批判有相通之处。值得注意的是,程颐在对禅宗的批判中仍然肯定其"唯务上达"或说"高谈性命"的理论特色。应当说,禅宗与华严宗尤其是华严宗自身的理论特色,是其能够影响程颢、程颐一类早期道学代表人物重要的前提条件。

冯友兰在其《新编中国哲学史》中曾经认为,华严宗五祖宗密的"《原人论》所说的一乘显性教已为宋明道学提供了一个基本的内容"③。冯说也有其据。在一般专治佛教史的学者看来,专重宣讲诠释佛教经典的法师与注重禅行实践的禅师之间,自南北朝即开始出现分歧,后发展到两者之间的长期对立。在佛教内部,使这两派的对立得以消解,并使佛教内部的学风得到转变、统一的正是作为华严五祖的宗密。④ 在中国佛教史上,唐代的宗密既为华严五祖,又是造诣深厚的禅宗学者。宗密的佛教理论集中在他的《原人论》中。宗密在《原人论序》中曾说:"万灵蠢蠢皆有其本,万物芸芸各归其根。未有无根本而有枝末者也,况三才中之最灵而无本源乎?"在宗密看来,探讨人的问题,需要从理论上阐释人的本源。孔、老虽皆为圣人,儒、道之学也具有社会治理方面的功能,但就在"原人"中"会通本末""至于本源"而言,佛学却远胜儒、道之学。宗密在《原人论》中的表述是:"然孔、老、释迦皆是至圣,随时应物设教殊途,内外设教共利群庶。策勤万行,明因果始终;推究万法,彰生起本末。虽

---

① 程颢、程颐:《河南程氏遗书・刘元承手编》,《二程集》上册,第196页。
② 程颢、程颐:《河南程氏遗书・亥八月见先生于洛所闻》,《二程集》上册,第139页。
③ 冯友兰:《三松堂全集》第9卷,第551页。
④ 参见任继愈总主编,杜继文主编:《佛教史》,第259页。

皆圣意而有实有权。二教唯权,佛兼权实。策万行,惩恶劝善,同归于治,则三教皆可遵;推万法,穷理尽性,至于本源,则佛教方为决了。"在宗密看来,儒、道之学在理论上之所以不能够"穷理尽性,至于本源",原因在于儒、道之学以自然、元气解释人、物之生成,认定"愚智贵贱贫富苦乐皆禀于天"。这样的理论看重"依身立行",不探究"身之元由"。依据这样的理论,人生中的许多问题,譬如"无德而富,有德而贫""逆吉义凶,仁夭暴寿"等实际上都无法得到理论的解释。宗密在《原人论》中曾就这类问题多层面地诘难儒、道之学,特别是诘难儒学。他说:"既皆由天,天乃兴不道而丧道?何有福善益谦之赏,祸淫害盈之罚焉?又既祸乱反逆皆由天命,则圣人设教,责人不责天,罪物不罪命,是不当也。然则诗刺乱政,书赞王道,礼称安上,乐号移风,岂是奉上天之意,顺造化之心乎?"这种诘难的结论是儒学"未能原人"。宗密将儒、释、道三教的理论中心与重心归结为人的本源,通过自己的《原人论》全面否定儒家所崇奉的圣人以及儒学所依据的经典。这样的否定与诘难,实际上突出了道学所急需探究解决的理论课题,促进了道学思想主体与理论框架的确立。在《原人论》中,宗密不仅认为"儒道二教""未能原人",而且认定佛教内部的"人天教""小乘教""大乘法相教""大乘破相教"等各派理论同样"未能原人"。在宗密看来,"儒道二教"失于"谜执","人天教""小乘教""大乘法相教""大乘破相教"等则失于"偏浅"。唯有他自己所持的"一乘显性教"能够"说一切有情,皆有本觉真心,无始以来,常住清净,昭昭不昧,了了常知,亦名佛性,亦名如来藏",克服"谜执"与"偏浅","会通本末","直显真源",圆满地论释人的本源。宗密否定儒、道之学以及佛教内部各派理论的方法,是先持包容的态度,再"节节斥之"。这样的否定,既保持了一种强烈的教派意识,又显露出十分圆融的判教方法。《宋高僧传》卷六论及宗密的著作,将其著述方法概括为"皆本一心而贯诸法,显真体而融事理,超群有于对待,冥物我而独运"。宗密的这种著述方法实际上也体现在其否定儒、道之学以及其他佛教派别的方法之中。宗密的思想方法及其佛教理论,对唐代韩愈批判佛学与李翱复兴儒学曾有过重要影响。

宋元道学在其形成过程中，不论理论追求还是思想方法，更是受到了宗密及其所代表的华严宗理论的影响。这种影响不仅表现在早期道学表人物借鉴佛教有关心、识、性、命、理、事、顿、渐等观念提炼道学的基本范畴，建立自己的理论系统，也表现在早期道学表人物借鉴佛教特别是华严宗的思辨方法，力求思想的缜密与系统。宋代学者范育在为张载《正蒙》所写的序言中曾论及《正蒙》的理论追求与学术方法：

> 语上极乎高明，语下涉乎形器，语大至于无间，语小入于无朕，一有窒而不通，则于理为妄……天之所以运，地之所以载，日月之所以明，鬼神之所以幽，风云之所以变，江河之所以流，物理以辨，人伦以正，造端者微，成能者著，知德者崇，就业者广，本末上下贯乎一道，过乎此者淫遁之狂言也，不及乎此者邪诐之卑说也。①

范育所阐释的张载的思想方法与理论追求，实即反映了佛教理论意识与思想方法的潜在影响。应当肯定，佛教思辨方法的影响，当是张载一类早期道学代表人物能够各自建构独立的思想学说的重要原因。当然，我们考察宋元道学的思想源流，很难将道学中无极、太极、天、道、理、气、阴、阳、心、性、德、命、真、实等主要范畴的意涵直接、简单地等同于传统的儒学、佛学或道家之学中的概念范畴。但这些范畴的形成乃至于整个道学思想系统的建构，对儒学、佛学、道家学说中相关思想都有所借鉴与吸纳，当是历史的事实。因此，可以说，不论道学形成的途径，还是道学的思想内容，都表明儒、释、道三家之学皆为道学重要的思想资源。

在现代学术史上，除了从"融通"儒、释、道之学这种视角考察宋元道学的形成与思想源流，也有学者从南北学术交会的角度考察道学的形成与发展。刘师培是这派学者的代表。刘师培认为，中国学术，自晚周以来日渐繁荣，但南方与北方，或山国，或泽国，地域特色有别，学术发展也各具特色。北方学术，修身力行近儒，坚忍不拔近墨，显现出北方学术源

---

① 范育：《正蒙·序》，转引自《张载集》，第5—6页。

于山国之地的特征。南方"楚国之壤,北有江汉,南有潇湘,地为泽国,故老子之学起于其间"①。但是,学术虽因地而殊,随着社会的发展,交通的便利,南方与北方,山国与泽国之间的交往却日渐频繁,在这种交往中,南北学术也在不断地相互渗透与融会。这种渗透与融会,促进了南北方之诸子学、经学、考证学、文学的发展,也促进了南北方理学的发展。在刘师培看来,宋明理学的兴起与演变即可展现南北学术的交会融合。

在具体辨析南北理学差异的时候,刘师培认为,周敦颐的思想"以易简为宗",以"无言垂教",以"主敬为归";就思想资源而言,虽与《周易》《中庸》有关,但"溯厥渊源,咸为道家之绪论"②。因为,依刘师培的理解,周敦颐的"知几通神"之论,实为老子的"赞玄之说",而周敦颐的"存诚窒欲"之论,则为"庄生复性之说"。因此,周敦颐所承续的学术思想,实乃作为"南方学派之正宗"的道家学说。濂溪之后,道学在北方得到了发展。程颢、程颐兄弟建构了完整的理学思想系统。二程兄弟受业于周敦颐,并在学术思想方面受到过王通、韩愈、孙复等人的影响。因此,二程学说的形成,实为南北学术交会的标志。这种交会使得"南学渐杂北学",也使得"程门弟子立说多近禅宗"。在二程理学形成的同时,张载创立了关学。关学极具北方学术的思想特色。但在刘师培看来,张载的学术思想既受到了二程思想的影响,也受到过周敦颐学说的影响。刘师培将张载在《参两篇》《天道篇》中阐释的思想既视为"老、释之绪余",也看作"濂溪之遗教",并以此为"南学北行之证"。

北宋覆亡以后,北学式微,南方理学开始得到新的发展,刘师培将南方理学的兴盛归因于程门弟子的"传道南归"。在刘师培看来,杨时、谢良佐等人的学术活动是南方理学兴起的重要原因,实际上也标志着北学南传。因为,自杨时、谢良佐开始,南方理学的代表人物胡安国、胡宏、张南轩等人的思想学说,实际上延续了二程的理学;其后朱熹理学的形成,将二程创立

---

① 刘师培:《刘申叔遗书》上册,第 549 页,南京,江苏古籍出版社,1997。
② 刘师培:《刘申叔遗书》上册,第 551 页。

的理学推展到一个高峰。朱熹理学虽也曾受到佛、老影响,但其学理趣向仍在北方理学的范围之内。用刘师培的语言表述即是:"盖朱子虽崇实学,然宅居南土,渐摩濡染,易与虚学相融,故立学流入玄虚(如言'洒然证悟'是),与佛老之言相近,较周、程之学大抵相符。"①朱子之学兴起的同时,陆象山创立心学。其学术旨趣与朱熹大相径庭。但象山心学"立志高超","学求自得","不立成心"。刘师培对象山心学的评价是:

综斯三美,感发齐民,顽廉懦立,信乎百世之师矣。②

在论及象山心学的同时,刘师培也曾论及浙江金华学派、永嘉学派以及永康学派,以证南方学术之盛。其后,刘师培论及元、明理学,也肯定了南北理学,或南学北输,或北学南传;学术旨趣、思想路数,或"归心王学",或"守程朱子矩",或调停朱陆。南北学术的不同旨趣与路径实际上都在某种程度上促进了理学的发展转化。刘师培对南北理学异同与传播的具体论释,不论其方法还是其结论,都值得我们在考察宋元道学的形成与思想源流时参考。因为,从南北学术交会这种角度考察宋元道学的形成与思想源流,学术视野广阔,历史感极为厚重。这样的考察,既有助于人们了解道学对不同地域学术文化的融会,也有助于人们了解道学的形成与整体的中国学术发展的历史统一,全面理解宋元道学的思想资源及其形成途径。

关注道学内部不同学派之间在思想理论与学术方法方面的相互影响,也是考察宋元道学的形成及其思想源流的重要途径。在宋元哲学史上,早期道学代表人物之间学术交往频繁。程颢、程颐早年师从周敦颐,后在学术方面与张载、邵雍、司马光的交往也十分密切。二程曾高度赞扬张载的《西铭》,也曾尖锐地批判张载的"清虚一大"说。认为张载所理解的"气"只是形而下者,并非形而上者。二程对王安石的"新学"也多有批评。其后,周敦颐、程颢、程颐、张载的思想理论对朱熹理学的形成都

---

① 刘师培:《刘申叔遗书》上册,第552页。
② 同上书,第552页。

有所影响。清代学者谢甘棠曾有濂、洛、关、闽"皆互相师友,渊源一脉"之说。濂、洛、关、闽之间"皆互相师友"这种学术现象表明,道学的发展,不论其思想资源还是其思想方法,实际上都有一个自身演绎拓展的过程。因此,自南宋开始,直至现代都有学者考察解析道学自身的这种演绎拓展。在这种考察中,人们关注洛学的发展,不少学者认为陆九渊心学实即是洛学分化发展的结果。吕思勉即认为:

> 洛学明道、伊川,性质本有区别。学于其门者,亦因性之所近,所得各有不同。故龟山之后为朱,而上蔡、信伯,遂启象山之绪。①

吕思勉肯定二程后学谢良佐、王蘋之学"启象山之绪",实际上是肯定陆九渊心学源于洛学。冯友兰则明确地认定朱熹理学源自伊川,象山心学源自明道。冯友兰晚年曾忆及自己的中国哲学史研究及学术贡献:

> 就我的《中国哲学史》这部书的内容说,有两点我可以引以自豪。第一点是,向来的人都认为先秦的名家就是名学,其主要的辩论,就是"合同异,离坚白"……我认为其实辩者之中分两派,一派主张"合同异",一派主张"离坚白"。前者以惠施为首领,后者以公孙龙为首领(《中国哲学史》二六八页)。第二点是,程颢和程颐两兄弟,从来都认为,他们的思想是完全一致的,统称为"程门"。朱熹引用他们的话,往往都统称为"程子曰",不分别哪个程子。我认为他们的哲学思想是不同的,"故本书谓明道乃以后心学之先驱,而伊川乃以后理学之先驱也。兄弟二人开一代思想之两大派,亦可谓罕有者矣"(《中国哲学史》八七六页)……这两点我认为都是发前人所未发,而后来也不能改变的。②

冯友兰有关朱熹理学、象山心学与洛学关系的观点很难说"都是发前人所未发"。因为,历史上有学者考察道学内部思想的分化发展,也曾肯定

---

① 吕思勉:《理学纲要》,第30页,北京,东方出版社,2012。
② 冯友兰:《三松堂全集》第1卷,第191—192页。

象山心学与洛学的关系。全祖望在为《宋元学案·震泽学案》所写的《序录》中即认为：

> 信伯极为龟山所许，而晦翁最贬之，其后阳明又最称之。予读《信伯集》，颇启象山之萌芽。其贬之者以此，其称之者亦以此。象山之学，本无所承，东发以为遥出于上蔡，予以为兼出于信伯。盖程门已有此一种矣。①

按照全祖望的理解，宋代学者黄震认为陆九渊心学"遥出于上蔡"，还未能完全指明象山心学的思想来源，因此，他认为象山心学也"兼出于信伯"，肯定宋代学者王蘋的思想实际上也是象山心学的源头之一。全祖望在为《宋元学案·象山学案》所写《序录》中也曾指出：

> 象山之学。先立乎其大者，本乎孟子，足以贬末俗口耳支离之学……程门自谢上蔡以后，王信伯、林竹轩、张无垢至于林艾轩，皆其前茅。及象山而大成，而其宗传亦最广。②

全祖望的这些论述同样肯定了象山心学与洛学分化发展的联系。

　　冯友兰有关象山心学与洛学关系的观点，也很难说是"后来也不能改变的"。在现代哲学史上，牟宗三即明确地否定象山心学与洛学的联系：

> 夫象山之学本无师承，乃读《孟子》而自得之。象山自己表明如此，全祖望已知之矣，而又谓其源出于上蔡、信伯，何耶？象山对于北宋四家并未多加钻研工夫，亦不走"由《中庸》《易传》回归于《论》《孟》"之路，故象山不由明道开出，明道亦不开象山。③

　　在牟宗三看来，古人认定象山"遥出于上蔡""兼出于信伯"，以及"信伯、竹轩、艾轩皆其前茅"，实际上是"强拉关系"。至于现代学者肯定程明道思想为象山心学的先驱，在牟宗三看来，更是不合实际：

① 黄宗羲原本，全祖望修定：《震泽学案》，《宋元学案》第 2 册，第 1047 页。
② 黄宗羲原本，全祖望修定：《象山学案》，《宋元学案》第 3 册，第 1884 页。
③ 牟宗三：《心体与性体》上册，第 47 页。

> 近人或有谓明道开象山，其同处是混形而上下不分，只是一个
> 世界。此皆门外恍惚之妄言。①

牟宗三对现代学者"明道开象山"说的批评可谓严厉之至。但牟宗三关
于象山心学思想资源的观念自成一家之言，也值得我们在考察宋元道学
的思想资源时思考。因为，肯定明道思想为象山心学前驱，确需更深入、
更具体的论证。但是，在宋元道学形成的过程中，同时代的学者之间、道
学内部不同理论派别之间，"互相师友"的历史事实不宜被全面否定。清
代学者李丕则论及李觏学说时即认为：

> 其学本于礼，此横渠之知礼成性也。其道本于性，此开明道之
> 定性体仁也。②

明确地肯定李觏思想与其后出现的张载、程颢思想之间的联系。

学术界还有一种观点值得注意，即理学这一学术流派是在程颢、程
颐逝世之后，由他们的及门弟子和私淑弟子们宣扬其师说才出现的。邓
广铭即认为：

> 是在南宋前期，亦即在十二世纪的中叶，才形成了理学家这一
> 学术流派的。③

如果持这种观念的学者所说的"理学家这一学术流派"仅表示一个学术
群体，那么，认定南宋前期才形成这一学术群体的观念也可以成立。但
若从理论的角度来看，否定北宋道学中已经存在理学这一派别，论据并
不充分。因为，当程颢、程颐的思想系统完成时，理学作为一个具体的学
术派别，不论基本范畴还是理论架构实际上都已经建构起来了。同理，
张载思想系统完成也意味着关学或说气学的成形。因此，将朱熹的理学
理解为源于洛学而形成的一个独立学派，实不如将朱熹理学理解为对洛

---

① 牟宗三：《心体与性体》上册，第47页。
② 李丕则：《盱江先生文集原序》，转引自《李觏集》，第532页，北京，中华书局，1981。
③ 邓广铭：《宋史十讲》，第189页，北京，中华书局，2008。

学特别是伊川之学的继承、丰富与发展。在这样的意义上,人们将程颐视作朱熹理学的前驱,将朱熹理解为理学在宋代发展的一个历史高峰,并未背离道学发展的实际。当然,考察朱熹理学的形成,也不能忽略周敦颐学说、张载学说及其他思想理论的影响。

总之,在道学的历史发展中,道学内部也存在不同学者、不同学派之间在思想理论方面的相互影响。这种影响同样关系到道学的整体发展。因此,考察宋元道学的形成及其思想源流,既需要肯定道学为儒、释、道三家之学"融通"整合的结果,也应当肯定道学形成过程中,在思想资源方面的南北学术交会与道学自身的分化演变。唯有如此,才可能真实地了解宋元哲学的形成及其赖以形成的思想资源与途径。

五、宋元哲学研究的历史与现状

在中国学术史上,有关道学的第一部学术史著作应当是朱熹编纂的《伊洛渊源录》。此后,谢铎、程瞳、朱衡、周汝登、孙夏峰、冯从吾、黄宗羲、全祖望等不同时代的学者曾先后编撰自己的学术史著作。这些著作或重理学的思想源流,或重心学的发展历史,或重关学的历史演变,在内容方面都程度不等地涉及宋元哲学。黄宗羲、全祖望等人编撰的《宋元学案》,更是以 100 卷的篇幅系统地考察宋元学术的发展,成为中国历史上规模最为宏阔的断代学术史著作。这些以学案体形式写成的学术史著作,对后世学者的学术史研究影响深远。但是,由于这些著作的研究方法局限于中国传统的学术史方法之内,还谈不上现代学科意义的宋元哲学研究。自 20 世纪二三十年代开始,中国哲学史作为一个现代学科门类基本定型。此后,宋元哲学不仅开始成为各类通史性中国哲学史著作中的重要内容,在断代史、专人、专题、学派、思潮等研究形式中,宋元哲学研究同样硕果累累。但是,如何在新的时代条件深入研探宋元哲学,在方法的范围仍有一些问题需要思考。美籍学者余英时从政治文化的角度解析"朱熹的历史世界",曾从道学研究的角度论及现代哲学史研究方法。他说：

> 现代哲学史家研究道学，正如金岳霖所说，首先"是把欧洲哲学的问题当作普通的哲学问题"，其次是将道学"当作发现于中国的哲学"（见他为冯友兰《中国哲学史》所写的《审查报告》）。至于各家对道学的解释之间的重大分歧，则是由于研究者所采取的欧洲哲学系统，人各不同。在这一去取标准之下，哲学史家的研究必然集中在道学家关于"道体"的种种论辩，因为这是唯一通得过"哲学"尺度检查的部分。我们不妨说："道体"是道学的最抽象的一端。而道学则是整个宋代儒学中最具创新的部分。哲学史家关于"道体"的现代诠释虽然加深了我们对于中国哲学传统的理解，但就宋代儒学的全体而言，至少已经历了两度抽离的过程：首先是将道学从儒学中抽离出来，其次再将"道体"从道学中抽离出来。至于道学家与他们的实际生活方式之间的关联则自始便未曾进入哲学史家的视野。今天一般读者对于道学的认识大致都假途于哲学史的研究。他们如果对本书的题旨感到困惑，无法想象朱熹的历史世界中如何能容下"政治文化"，那将是一个非常自然的反应。①

余英时论及自己写作《朱熹的历史世界》的方法时又说：

> 本书的重点在研究宋代儒学的整体动向与士大夫政治文化的交互影响……但是与哲学史或思想史的取径不同，这里不把道学当作一个与外在世界绝缘的自足系统。相反的，道学只是整体儒学的一部分，而儒学则自宋初以来便随着时代的要求而跃动。②

余英时的论述为我们思考宋元哲学研究，带来了多层面的方法学启示。但是，这种论述也反映出在哲学史范围之内，对于道学研究方法的理解有所不同。现实的宋元哲学研究，存在两种主要的研究方式，一是

---

① 余英时：《史学、史家与时代》，第191页，桂林，广西师范大学出版社，2004。
② 同上书，第212页。

思想史范围的研究,一是哲学史范围的研究。思想史范围的研究,其长在于研究对象较为宽泛,宋元时期的政治、经济、历史、哲学、文化、教育、科学等与现代学术门类相近的思想内容皆可以成为其研究对象。但思想史形式的研究,在整体上显得现代学科意识较为淡薄,解析具体思想理论又不能不参照现代学术门类,考察内容只能因人而异,重心各有其别。这使得思想史虽也重视哲学思想的研究,但对哲学家思想的考察辨析实际上很难达到哲学史研究所要求的理论层次。因此,哲学史范围的宋元哲学研究,不论问题意识还是理论追求,与思想史形式的宋元哲学研究都应有所不同。这种不同集中表现在前者可谓思想史形式的哲学史研究,后者可谓哲学史形式的思想史研究。思想史形式的哲学史研究,虽注意以哲学凸显思想,但思想的内容不限于哲学。换言之,哲学思想研究只是思想史中的一个组成部分,思想史研究不可能专注于哲学。哲学史形式的思想史研究,重心在哲学,哲学也在思想的范围。在哲学史范围之内研探宋元道学,哲学史研究与思想史研究得到了具体的统一。在哲学史范围之内考察宋元道学,不能不对西方的哲学观念有所借鉴。但是,并不是因为借鉴西方的哲学观念,或说将"欧洲哲学的问题当作普通的哲学问题",宋元道学才成为宋元时期的哲学。同时,也不能将道学"当作发现于中国的哲学"。因为,道学本来即是中国传统哲学的理论形态之一。在哲学史范围之内考察宋元道学,需要对"道体"的辨析。但对"道体"的辨析并不能代替对道学中其他思想内容的考辨。朱熹记述《近思录》的编辑方法时说过:

> 《近思录》逐篇纲目:一、道体;二、为学大要;三、格物穷里;四、存养;五、改过迁善,克己复礼;六、齐家之道;七、出处、进退、辞受之义;八、治国平天下之道;九、制度;十、君子处事之方;十一、教学之道;十二、改过及人心疵病;十三、异端之学;十四、圣贤气象。[1]

---

[1] 朱杰人等主编:《朱子全书》第17册,第3450页,上海,上海古籍出版社;合肥,安徽教育出版社,2002。

这种记述,区别的虽是《近思录》的内容,实际上也勾勒出了道学的思想系统。在道学的思想系统中,道体占有突出的理论地位。但道体之外的内容同样是道学的重要组成部分。在哲学史范围内考察这些内容,尽管还需要选择与归类,但考察宋元道学,内容不可能仅限于"道体"。依照道学自身的构成,确立道学的考察范围,应成为考察宋元哲学基本的方法学原则。以往的宋元哲学研究,片面强化西方哲学参照,主观地限制考察范围,这种现象需要改变。同时,道学作为一种哲学理论,反映了道学家们的生活理念,论释了道学家们向往的生活方式。因此,在对宋元道学的研究中,"道学家与他们的实际生活方式之间的关联""自始便未曾进入哲学史家的视野"这种结论不能成立。因为,解析道学形成的社会时代环境,考察道学家们的生活理念与学术生活道路,历来为宋元哲学研究在理论方面的重要目标与追求。由于道学家们的实际生活方式也在哲学史家的视野之内,在宋元哲学研究中,也不可能出现"把道学当作一个与外在世界绝缘的自足系统"的状况。发掘道学赖以形成的历史文化资源,考察道学对于整个宋元时期学术文化发展的影响,始终是哲学史范围之内的道学研究最为重要的学术目标之一。同时,任何时代的学术文化都是一个统一的发展中的系统,宋元时期的学术文化也是如此。在哲学史范围之内研究宋元道学,不可能割断道学与儒学乃至于整体的宋元学术文化之间的联系。揭示道学的演生与发展,实际上也会从一个侧面论释宋元时期儒学面临的时代要求及其发展,展现宋元时期学术文化的精神风貌。

总之,在新的时代条件下,研究宋元哲学,既需要我们继承以往研究工作中已经形成的学术成果,总结以往研究工作中选择的学术方法,又需要我们关注时代的变迁与学术方法的更新,不断地完善在哲学史范围之内研究宋元道学的方法系统,推进宋元哲学研究。唯有如此,我们才可能在新的时代条件下更好地发掘、整理,并继承、弘扬宋元哲学这份珍贵的历史文化遗产。

第一章　道学的先驱：韩愈与李翱

在中唐儒学的复兴运动中，韩愈可谓这场儒学复兴运动的主将，他在佛门强势、佛风劲吹的中唐挺身亮出儒学的大旗倡导儒学，开启了宋代新儒学的序幕，被视为宋代新儒学的先驱，故钱穆在其《中国近三百年学术史》中称："治宋学必始于唐，而以昌黎韩氏为之率。"[1]

李翱与韩愈齐名，后世将韩、李并称。相较于韩愈，李翱在人性论和修养论上有更具原创性的思考，对宋明理学有深刻影响。

第一节　韩愈与佛教

韩愈(768—824)，字退之，邓州南阳(今河南省孟州市)人，古文名家，其诗后来也大受推崇。在思想史上，韩愈因表彰儒学而占有重要地位。

一、倡儒与排佛

在佛风强盛的中唐，面对佛教的冲击，韩愈不仅以倡导儒学著称，而且以排斥佛教而名世。实际上，他的倡导儒学、排斥佛教可谓一体两面，

---

[1] 钱穆：《中国近三百年学术史》，第1页。

也就是说,他一方面通过排斥佛教来倡导儒学,另一方面又通过倡导儒学来排斥佛教。正因为如此,这位倡导儒学的健将也就与佛教有了某种关系。何为儒学的核心价值? 应该重视哪一种儒学经典? 究竟通过何种方式来倡导儒家思想? 对于诸如此类的问题,处于儒学传统几近中断时期的韩愈,开始时并没有完全自觉的理论意识,可以说他后来所推尊和宣扬的儒家思想是在佛教思想的刺激与启发下逐渐形成的,他建立道统、阐扬《大学》即充分显示了这一点。

历史学家陈寅恪在《论韩愈》①一文中曾指出:韩愈的道统说受佛教的传法世系的影响而建立。他从外因方面列举历史事实说明道:韩愈幼年时生活于新禅宗的发祥地韶州,正值新禅宗学说宣传极盛之时,幼年颖悟的韩愈无疑受到了新禅宗学说浓厚的环境气氛的影响,故后来他借鉴禅宗教外别传之说建立儒家道统说。陈寅恪此说应当是合乎历史事实的看法。并且,依陈寅恪之见,在儒学衰微的中唐时期,韩愈在倡导儒学时之所以能"直指人伦,扫除章句之繁琐",是因为他受新禅宗启发,效仿其"直指人心见性成佛"的方法。陈寅恪这一看法也是有其合理性的,因为从韩愈学儒的经历与渊源来看,无非是"沉潜乎训义,反复乎句读"②,这种训义注疏的章句之学,是两汉以来的学儒之传统,如果不是受到了新的刺激与启发,深受这一学儒传统训练熏陶的韩愈不仅难以对此流行近千年的烦琐支离的章句之学生出质疑,更不会发出振聋发聩的"春秋三传束高阁,独抱遗经究终始"③的呼唤。从内因方面来看,如果对韩愈那两篇著名的排佛文章《原道》《论佛骨表》作一分析,那么,亦可见出韩愈所推尊、宣扬的儒家思想与佛教的关系。

汤用彤曾把唐代士大夫反佛所持的理由归纳为四种:(一)佛教害政;(二)佛法无助于延长国祚;(三)当以高祖沙汰僧徒为法;(四)僧尼

---

① 陈寅恪:《论韩愈》,《历史研究》1954 年第 2 期,第 105—114 页。
② 韩愈:《上兵部李侍郎书》,《韩昌黎文集》卷二,《韩昌黎文集校注》,第 160 页,上海,上海古籍出版社,2014。
③ 韩愈:《寄卢仝》,《韩昌黎诗系年集释》,第 782 页,上海,上海古籍出版社,1984。

受戒不严,佛寺沦为贸易之场、逋逃之薮。① 韩愈当然也不例外,其《送灵师》诗中所谓"佛法入中国,尔来六百年。齐民逃赋役,高士著幽禅,官吏不之制,纷纷听其然。耕桑日失隶,朝署时遗贤"②即如此;其《原道》中所谓"古之为民者四,今之为民者六;古之教者处其一,今之教者处其三。农之家一,而食粟之家六;工之家一,而用器之家六;贾之家一,而资焉之家六。奈之何民不穷且盗也"③亦如此。但在《原道》《论佛骨表》中,韩愈则似乎更多是以夷夏之异为切入点来辟佛和倡导儒学的,进而言之,《原道》《论佛骨表》二文是通过揭橥夷夏之道之法的不同来排佛反佛的,例如:"'斯道也,何道也?'曰:'斯吾所谓道也,非向所谓老与佛之道。'"④"伏以佛者,夷狄之一法耳,自后汉时流入中国,上古未尝有也。"⑤"夫佛本夷狄之人,与中国言语不通,衣服殊制,口不言先王之法言,身不服先王之法服。"⑥然而,正是在佛老特别是佛教之道之法的刺激与启发下,韩愈以佛之道之法为参照,比照其道其法,一步步提出了与之相抗衡的儒家之道之法。

比照佛教之典籍,韩愈声称儒家也有自己的典籍,此即"《诗》《书》《易》《春秋》"⑦;比照佛教之法度,韩愈认为儒家之法度为"礼、乐、刑、政"⑧;比照佛教之僧尼及其关系,韩愈认为儒家所主张是"其民,士、农、工、贾;其位,君臣、父子、师友、宾主、昆弟、夫妇"⑨;比照佛教徒之食素、衣僧服、居寺庙,韩愈认为儒家所赞同的是"其服,麻丝;其居,宫室;其食,粟米、果蔬、鱼肉"⑩等等,而这一切皆源于"斯吾所谓道也,非向所谓老与佛之道也"⑪。"斯吾所谓道"究竟为何? 比照佛老之道,韩愈揭示与

---

① 汤用彤:《隋唐佛教史略》,第33—39页,北京,中华书局,1982。
② 韩愈:《送灵师》,《韩昌黎诗系年集释》,第202页。
③ 韩愈:《原道》,《韩昌黎文集》卷一,《韩昌黎文集校注》,第17页。
④ 同上书,第20页。
⑤ 韩愈:《论佛骨表》,《韩昌黎文集》卷八,《韩昌黎文集校注》,第684页。
⑥ 同上书,第686页。
⑦⑧⑨⑩ 韩愈:《原道》,《韩昌黎文集》卷一,《韩昌黎文集校注》,第19页。
⑪ 同上书,第20页。

概括道:"夫所谓先王之教者,何也? 博爱之谓仁;行而宜之之谓义;由是而之焉之谓道;足乎己无待于外之谓德。"①这表明韩愈是以仁义道德为儒家之道的核心内容的。不仅如此,韩愈还比照佛教传法世系建立道统,来说明以仁义道德为核心内容的儒家之道的传授渊源,他称:"尧以是传之舜,舜以是传之禹,禹以是传之汤,汤以是传之文武周公,文武周公传之孔子,孔子传之孟轲;轲之死,不得其传焉。"②尽管《孟子》中已有儒家"道统"的雏形,但如此明确建立儒家"道统"者则为韩愈。对韩愈而言,这种从尧、舜、禹、汤、文、武、周公、孔子到孟轲一代一代传下来的儒家道统不仅源远流长,而且在时间上比佛教传法世系更久远,更为历史所检验,故韩愈慨然以道自任,宣称"使其道由愈而粗传,虽灭死万万无恨"③。

在排佛反佛的过程中,韩愈对佛教最为耿耿于怀的是"不知君臣之义,父子之情"④,"外天下国家,灭其天常;子焉而不父其父,臣焉而不君其君,民焉而不事其事"⑤。在佛教这种刺激下,为了对抗佛教的"外天下国家"和"必弃而君臣,去而父子,禁而相生养之道"⑥,韩愈特意把《大学》提揭出来加以阐发:"'古之欲明明德于天下者,先治其国;欲治其国者,先齐其家;欲齐其家者,先修其身;欲修其身者,先正其心;欲正其心者,先诚其意。'然则古之所谓正心而诚意者,将以有为也。"⑦《大学》的"齐家治国平天下"可谓与佛教的"不知君臣之义,父子之情"⑧ 和"外天下国家,灭其天常"⑨真正针锋相对,这就为韩愈排佛反佛提供了真正的理论依据和经典依据。《大学》原为《礼记》中的一篇,秦汉以来并不为人们所重视,如果没有佛教的刺激以及与佛教的行事比照,韩愈断不可能提揭和重视作为《礼记》之一篇的《大学》。

---

① 韩愈:《原道》,《韩昌黎文集》卷一,《韩昌黎文集校注》,第 19 页。
② 同上书,第 20 页。
③ 韩愈:《与孟尚书书》,《韩昌黎文集》卷三,《韩昌黎文集校注》,第 241 页。
④⑧ 韩愈:《论佛骨表》,《韩昌黎文集》卷八,《韩昌黎文集校注》,第 686 页。
⑤⑨ 韩愈:《原道》,《韩昌黎文集》卷一,《韩昌黎文集校注》,第 19 页。
⑥ 同上书,第 17—18 页。
⑦ 同上书,第 18 页。

　　唐代的佛学较之儒学,心性之学无疑是其胜场,但佛教明心见性的结果却与儒家所期望的截然相反,韩愈也深深认识到这一点,故他称:"古之所谓正心而诚意者,将以有为也。今也欲治其心,而外天下国家,灭其天常。"①如何将"正心诚意"与"有为"、"治心"与"齐家治国平天下"结合起来,将二者一以贯之? 这显然也是韩愈所着力要解决的问题,在佛教特别是禅宗的"明心见性""见性成佛"等思想的影响与启迪下,韩愈在阐扬《大学》之"齐家治国平天下"的同时,亦致力于儒家心性之学的发掘和探讨,力图为儒家的"仁义"以及"齐家治国平天下"提供心性论的基础与根据,《原性》篇即他对"性"所作的儒家式的探究。在《原性》篇中,韩愈不仅视"性"为"与生俱生",而且认为"其所以为性者五:曰仁、曰礼、曰信、曰义、曰智"②,这表明韩愈是以人之先天内在本有之"性"作为儒家仁义等核心价值的依据的,他在《答陈生书》中也论及这一点:"盖君子病乎在己而顺乎在天,待己以信而事亲以诚。所谓病乎在己者,仁义存乎内,彼圣贤者能推而广之,而我蠢焉为众人。"③仁义内在,确切说,"仁义"内在于"性"或"性"具"仁义",具"仁义"之"性"无疑与禅宗"无相""无住"之性迥然有别。正因为此,朱子称赞道,"韩文《原性》人多忽之,却不见他好处。如言'所以为性者五:曰仁、义、礼、智、信',此言甚实"④,"退之说性,只将仁义礼智来说,便是识见高处"⑤,"韩子《原性》曰:'人之性有五。'最识得性分明"⑥。当然,韩愈《原性》一文在理学家看来还相当粗疏,特别是他的性三品说。他试图对儒家的人性论作一总结以对抗佛教的人性论,但实质上与董仲舒的三品说没有什么本质的区别。韩愈《原性》一文对儒家心性之学的发掘与发明尽管粗疏简陋,但这毕竟是他在佛学在此领域有着极大的发言权的氛围下的孤明先发,他之所以能独得

---

① 韩愈:《原道》,《韩昌黎文集》卷一,《韩昌黎文集校注》,第18—19页。

② 同上书,第22页。

③ 韩愈:《答陈生书》,《韩昌黎文集》卷三,《韩昌黎文集校注》,第197页。

④ 朱熹:《朱子语类》卷一三七,《朱子全书》第18册,第4257页。

⑤ 同上书,第4258页。

⑥ 同上书,第4297页。

先机,显然也与佛教心性之学的刺激和启迪分不开。

韩愈之前的士大夫排佛反佛,仅仅是为排佛而排佛、为反佛而反佛,只破而不立;韩愈的排佛反佛与他们不同的是:在排佛反佛的过程中,他不仅获得了一个看待儒家经典的新的视野,而且还通过借鉴与比照佛教思想来倡导和宣扬与之相对的儒家思想,破中有立,从而使排斥佛教与倡导儒学结合为一体,发人之所未发,开启了宋明新儒学的先河。因此,陈寅恪认为韩愈乃"唐代文化学术史上承先启后转旧为新关捩点之人物也"①。

二、韩愈与文僧

在《原道》和《论佛骨表》中,韩愈不仅要求把佛骨"投诸水火,永绝根本"②,而且还主张对佛教"人其人,火其书,庐其居"③,其排佛斥佛态度之决绝、言辞之激烈、手段之粗暴,可谓无以复加。当好友柳宗元对僧徒文畅礼遇有加时,韩愈即作《送浮屠文畅师序》来表达他的不满:"今吾与文畅,安居而暇食,优游以生死,与禽兽异者,宁可不知其所自邪? 夫不知者,非其人之罪也;知而不为者,惑也;悦乎故不能即乎新者,弱也;知而不以告人者,不仁也;告而不以实者,不信也。"④依韩愈之见,作为儒者应对佛徒告之以圣人之道、施之以圣人之教,否则就是知而不为,不仁不信,未尽儒者之责。

尽管韩愈对柳宗元礼遇和友善僧徒颇有微词,但在佛风大盛的唐代,韩愈自己也无法避免与佛教徒往来,事实上他与佛教徒亦屡有交往。《朱子语类》中曾云:"退之虽辟佛,也多要引接僧徒。"⑤检观韩愈文集,韩愈有诗或文相赠的僧人先后有 15 人:澄观、惠师、灵师、盈上人、僧约、文

① 陈寅恪:《论韩愈》,《历史研究》1954 年第 2 期,第 114 页。
② 韩愈:《论佛骨表》,《韩昌黎文集》卷八,《韩昌黎文集校注》,第 687 页。
③ 韩愈:《原道》,《韩昌黎文集》卷一,《韩昌黎文集校注》,第 20 页。
④ 韩愈:《送浮屠文畅师序》,《韩昌黎文集》卷四,《韩昌黎文集校注》,第 283 页。
⑤ 朱熹:《朱子语类》卷一三九,《朱子全书》第 18 册,第 4297 页。

畅、无本、广宣、颖师、秀师、澹师、高闲、令纵、大颠、译经僧等。如果对韩愈这些诗或文作一简约分析,也可以对韩愈与佛教的关系有所了解和把握。

在韩愈作序赋诗相赠的僧人中,澄观可以说是最早得韩愈赋诗相赠者,所赠诗即著名的《送僧澄观》。此诗前半段云:"浮屠西来何施为,扰扰四海争奔驰。构楼架阁切星汉,夸雄斗丽止者谁。僧伽后出淮泗上,势到众佛尤恢奇。越商胡贾脱身罪,珪璧满船宁计资。清淮无波平如席,栏柱倾扶半天赤。火烧水转扫地空,突兀便高三百尺。影沉潭底龙惊遁,当昼无云跨虚碧。"①《送僧澄观》诗这一部分对佛教信徒修建寺塔时的穷奢极侈与劳民伤财严加斥责。此诗中间一部分云:"道人澄观名籍籍。愈昔从军大梁下,往来满屋贤豪者。皆言澄观虽僧徒,公才吏用当今无。后从徐州辟书至,纷纷过客何由记? 又言澄观乃诗人,一座竞吟诗句新。向风长叹不可见,我欲收敛加冠巾。"②从诗的这一部分来看,僧人澄观既有吏才又有诗才,可惜遁入空门,但韩愈表示"我欲收敛加冠巾",也就是说,我要对其授之以圣人之道,劝其弃佛还俗用世。《送僧澄观》诗中对佛教的大加斥责以及对僧徒的"我欲收敛加冠巾",可以说是韩愈的其他赠佛僧的诗文中也屡屡出现的两大主题。前文所提及的《送灵师》诗即如此,此诗的前一部分云:"佛法入中国,尔来六百年。齐民逃赋役,高士著幽禅。官吏不之制,纷纷听其然。耕桑日失隶,朝署时遗贤。"③这一部分可以说对佛教所造成的"齐民逃赋役,高士著幽禅"局面和危害作了毫不留情的抨击与谴责。中间一部分云:"灵师皇甫姓,胤胄本蝉联。少小涉书史,早能缀文篇。中间不得意,失迹成延迁。逸志不拘教,轩腾断牵挛……材调真可惜,朱丹在磨研。方将敛之道,且欲冠其颠。"④灵师早年博览书史善文章,但因不得志而遁入佛门,韩愈惜其才,

---

① 韩愈:《送僧澄观》,《韩昌黎诗系年集释》,第 127—128 页。
② 同上书,第 128 页。
③ 韩愈:《送灵师》,《韩昌黎诗系年集释》,第 202 页。
④ 同上书,第 202—203 页。

欲以圣人礼义教化他弃佛从儒,因此,韩愈在诗中称:"方将敛之道,且欲冠其颠。"

对于频交僧徒并常常对其"我欲收敛加冠巾""方将敛之道,且欲冠其颠"的原因,韩愈在《送浮屠文畅师序》中有一说明。他在此序中称:"人固有儒名而墨行者,问其名则是,校其行则非,可以与之游乎? 如有墨名而儒行者,问之名则非,校其行而是,可以与之游乎? 扬子云称:'在门墙则挥之,在夷狄则进之。'吾取以为法焉。"①这表明:韩愈之所以如此对待僧徒,是因为他所效法和采取的是扬雄所谓的"在门墙则挥之,在夷狄则进之"的原则。

对韩愈而言,"佛者,夷狄之一法耳",浮屠无非夷狄,故需"进之"。因此,他在《送浮屠文畅师序》中对浮屠文畅如此"进之"道:"浮屠师文畅喜文章,其周游天下,凡有行,必请于缙绅先生以求咏歌其所志。贞元十九年春,将行东南,柳君宗元为之请。解其装,得所得叙诗累百余篇,非至笃好,其何能致多如是耶? 惜其无以圣人之道告之者,而徒举浮屠之说赠焉。夫文畅,浮屠也。如欲闻浮屠之说,当自就其师而问之,何故谒吾徒而来请也? 彼见吾君臣父子之懿,文物事为之盛,其心有慕焉,拘其法而未能入,故乐闻其说而请之。如吾徒者,宜当告之以二帝三王之道,日月星辰之行,天地之所以著,鬼神之所以幽,人物之所以蕃,江河之所以流而语之,不当又为浮屠之说而渎告之也。民之初生,固若夷狄禽兽然;圣人者立,然后知宫居而粒食,亲亲而尊尊,生者养而死者藏。是故道莫大乎仁义,教莫正乎礼乐刑政。施之于天下,万物得其宜;措之于其躬,体安而气平。尧以是传之舜,舜以是传之禹,禹以是传之汤,汤以是传之文武,文武以是传之周公、孔子,书之于册,中国之人世守之。今浮屠者,孰为而孰传之耶?"②在韩愈看来,浮屠文畅之所以与我辈有诗文交往,是他对"吾君臣父子之懿,文物事为之盛"心有慕焉,既然他乐闻我圣

---

① 韩愈:《送浮屠文畅师序》,《韩昌黎文集》卷四,《韩昌黎文集校注》,第281页。
② 同上书,第282—283页。

人之道、愿学我圣人之道,那么,我们就"宜当告之以二帝三王之道",告诉他"道莫大乎仁义,教莫正乎礼乐刑政",因为此道此教源远流长,是"中国之人世守之"者。尽管这些话语是韩愈的一面之词,亦是他的一厢情愿,但韩愈确实是这么想也是这样做的。每当他见到僧徒中多才多艺、才华出众者,他便只惜其才调而完全忘记了其佛徒之身份,并情不自禁地欣赏之、赞誉之,或视其为友,或欲招之为徒,或规之劝之循循诱导之。他在《送浮屠令纵西游序》中亦将他这种爱才惜才之情表现得淋漓尽致:"其行异,其情同,君子与其进,可也。令纵,释氏之秀者,又善为文,浮游徜徉,迹接天下。藩维大臣,文武豪士,令纵未始不褰衣而负业,往造其门下。其有尊行美德,建功树业,令纵从而为之歌颂,典而不谀,丽而不淫,其有中古之遗风与!乘间致密,促席接膝,讥评文章,商较人士,浩浩乎不穷,惜惜乎深而有归。于是乎吾忘令纵之为释氏之子也。"①韩愈在此对令纵的好学善文、见识过人可谓赞誉有加,他甚至称"其行异,其情同,君子与其进可也","吾忘令纵之为释氏之子也",其爱才惜才之心跃然纸上。

正是在韩愈这种爱才惜才之心的感召下,既是僧人也是诗人的贾岛终于弃佛还俗,这是韩愈多年来用心良苦的成果,亦是他循循善诱地劝说下最为成功的范例,但亦仅此一例而已。实际上,无论韩愈是多么苦口婆心地劝之、用心良苦地告之,那些僧侣们仍然是乐而不返,依然故我。既然"孺子不可教""朽木不可雕",韩愈对那些本应"进之"的夷狄之徒有时也就只好采取"挥之"的态度。他在《送惠师》中曾愤怒地与元惠划清界线道:"吾言子当去,子道非吾遵。江鱼不池活,野鸟难笼驯。吾非西方教,怜子狂且醇;吾嫉惰游者,怜子愚且谆。去矣各异趣,何为浪沾巾。"②我与你"道不同不相与谋",你何须纠缠。他在《赠译经僧》中对译经僧更是严加斥责道:"万里休言道路赊,有谁教汝度流沙。只今中国

---

① 韩愈:《送浮屠令纵西游序》,《韩昌黎文外集》上卷,《韩昌黎文集校注》,第752—753页。
② 韩愈:《送惠师》,《韩昌黎诗系年集释》,第194页。

方多事,不用无端更乱华。"①韩愈在此可谓义正词严,不稍假借。

三、韩愈与大颠

安史之乱前,在盛唐的八面威风中,士人们尚能在建功立业的外在事功中寄托其豪情和身心,安史之乱后,那盛极一时的大唐帝国竟然一蹶不振、暮气沉沉,"白头宫女在,闲话说玄宗"。既然那盛唐的气象、盛唐的荣光、盛唐的辉煌不再,那些从建功立业、外在事功之中退身下来的士人们除了向内来安顿身心已别无他途,于是,逃佛尤其是逃禅者甚多,那些久困于章句的文人更是如此。

柳宗元曾在《送僧浩初序》中称:"儒者韩退之与余善,尝病余嗜浮图,訾余与浮图游。近陇西李生础自东都来,退之又寓书罪余,且曰:'见《送元生序》,不斥浮图。'浮图诚有不可斥者,往往与《易》《论语》合,诚乐之,其于性情奭然,不与孔子异道。"②柳宗元面对好友韩愈对自己的一次次责怪与不满,不仅毫不掩饰自己"嗜浮图",而且还声称"浮图诚有不可斥者"。为何柳宗元认为"浮图诚有不可斥者"? 他在《送僧浩初序》中如此说明道:"吾之所取者与《易》《论语》合,虽圣人复生不可得而斥也。退之所罪者其迹也,曰:'髡而缁,无夫妇父子,不为耕农蚕桑而活乎人。'若是,虽吾亦不乐也。退之忿其外而遗其中,是知石而不知韫玉也。吾之所以嗜浮屠之言以此……今浩初闲其性,安其情,读其书,通《易》《论语》,唯山水之乐,有文而文之;又父子咸为其道,以养而居,泊焉而无求,则其贤于为庄、墨、申、韩之言,而逐逐然唯印组为务以相轧者,其亦远矣。"③对柳宗元而言,他之"嗜浮图"全然不在其对社会义务所持的那种否定态度,更不是向往僧侣的那种寺庙生活,而是僧徒那种"闲其性,安其情""泊焉而无求"的身心修养与精神境界,此亦即他所谓的"且凡为其

---

① 韩愈:《赠译经僧》,《韩昌黎诗系年集释》,第 1289 页。
② 柳宗元:《送僧浩初序》,《柳宗元集》二,第 673 页,北京,中华书局,1979。
③ 同上书,第 674 页。

道者,不爱官,不争能,乐山水而嗜闲安者为多,吾病世之逐逐然唯印组为务以相轧也,则舍是其焉从"。这表明他已强烈地感受到了佛教在精神生活和境界方面的吸引力以及其自身心灵的需求。依柳宗元之见,韩愈只知罪浮图之"迹",而完全忽视浮图那种使人"性情奭然""闲其性,安其情""泊焉而无求"的身心修养与精神境界,是"忿其外而遗其中,是知石而不知韫玉也"。不仅如此,柳宗元借助佛教这种身心修养与精神境界的观照,发现儒家的经典《易》《论语》中也有着与此相合,能使人"性情奭然"的修养和境界,故益增其自信道:"其于性情奭然,不与孔子异道。""吾之所取者与《易》《论语》合,虽圣人复生不可得而斥也。"

在中唐时与"韩柳"齐名,亦是他们的友人的刘禹锡也同样宣称:"儒以中道御群生,罕言性命,故以世衰而寖息。佛以大悲救诸苦,广启因业,故劫浊而益尊。"[1]"以中道御群生"的儒家因"罕言性命",故致"世衰而寖息";而佛教之所以"劫浊而益尊",即在于其有此"性命"之本,刘禹锡在此无疑是以此"性命"之学来作为衡量与判别儒佛高下的标准。正因为如此,注重"性命"之学的刘禹锡晚年便一头扎进佛典之中乐而忘返,他在述说自己这段早年习儒书晚读佛典的经历时称:"曩予习《礼》之《中庸》,至不勉而中,不思而得,悚然知圣人之德,学以至于无学。然而斯言也,犹示行者以室庐之奥耳,求其经术而布武未易得也。晚读佛书,见大雄念物之普,级宝山而梯之。高揭慧火,巧镕恶见,广疏便门,旁束邪径,其所证入,如舟沿川,未始念于前而日远矣,夫何勉而思之邪!是余知突奥于《中庸》,启键关于内典,会而归之,犹初心也。"[2]刘禹锡早年读《中庸》时虽强烈地感受到那种"不勉而中,不思而得"的圣人境界的吸引力,却因找不到登堂入室的路径,故不得不放弃。晚年读佛书时,他不仅发现佛典"高揭慧火,巧熔恶见,广疏便门,旁束邪径",而且自己还亲身体证到了那种"如舟沿川,未始念于前而日远矣,夫何勉而思之邪"之

---

[1] 刘禹锡:《袁州萍乡县杨岐山故广禅师碑》,《刘禹锡集笺证》,第 118 页,上海,上海古籍出版社,1989。
[2] 刘禹锡:《赠别君素上人》,《刘禹锡集笺证》,第 942 页。

境,这表明晚年的刘禹锡似乎通过读佛书找到了自己的安身立命之处。

柳宗元、刘禹锡早年皆习儒,踔厉风发,奋发进取,后在坎坷的人生途中都被佛之身心修养与精神境界所吸引而沉溺于佛。既然韩愈与他们俩生活于同一个时代又彼此相交相识而为友,那么,一生"困厄悲愁"而又不遗余力"攘斥佛老"的韩愈,是否同他们一样也有过被佛之修养境界的魅力所吸引而有所迷恋的经历呢? 答案是肯定的。那是在他的晚年,在他向唐宪宗上他那封著名的《论佛骨表》后。"一封朝奏九重天,夕贬潮阳路八千"①,他由刑部侍郎被贬为潮州刺史,在历经三个多月的艰辛跋涉后到达了去京长安路八千的蛮荒之地潮州。当时他的身心状况与处境如何,且看他在《潮州刺史谢上表》中的自述:"臣所领州,在广府极东界上,去广府虽云才二千里,然来往动皆经月。通海口,下恶水;涛泷壮猛,难计程期,飓风鳄鱼,患祸不测;州南近界,涨海连天;毒雾瘴氛,日夕发作。臣少多病,年才五十,发白齿落,理不久长;加以罪犯至重,所处又极远恶,忧惶惭悸,死亡无日。单立一身,朝无亲党,居蛮夷之地,与魑魅为群。苟非陛下哀而念之,谁肯为臣言者?""臣负罪婴衅,自拘海岛,戚戚嗟嗟,日与死迫,曾不得奏薄伎于从官之内、隶御之间,穷思毕精,以赎罪过。怀痛穷天,死不闭目,瞻望宸极,魂神飞去。"②从韩愈这一谢表的文字来看,处于偏僻而又险恶之环境下的韩愈此时不仅满目萧然、怀痛穷天、孤立无助,而且在忧惶惭悸、戚戚嗟嗟中频感理不久长、日与死迫、死亡无日。韩愈对死亡的这种恐惧与无助,并非他谢表上的一时夸张之语,在他刚踏上贬谪之途时那首《左迁至蓝关示姪孙湘》中即已有之,所谓"知汝远来应有意,好收吾骨瘴江边"③。即使后来他离开了潮州,但每当忆及其所贬之途、所贬之地的情景,他内心深处那种对死亡的恐惧与无助仍挥之不去、心有余悸。例如:"前岁之春,愈以罪犯黜守潮州。惧以谴死,且虞海山之波雾瘴毒为灾以殒其命,舟次祠下,是用有

---

① ③ 韩愈:《左迁至蓝关示姪孙湘》,《韩昌黎诗系年集释》,第 1097 页。
② 韩愈:《潮州刺史谢上表》,《韩昌黎文集》卷八,《韩昌黎文集校注》,第 690、691 页。

祷于神。"①"元和十四年春，余以言事得罪，黜为潮州刺史。其地于汉为南海之揭阳，厉毒所聚，惧不得脱死，过庙而祷之。"②"惧以谴死""惧不得脱死"，毫无疑问，从韩愈踏上贬潮之途起，死亡的阴影与恐惧即如魅相随，此确确实实是他当时的真实心态和处境。

面对生还无日、日与死迫的处境，韩愈虽平日宣称"事佛求福，乃更得祸"，但贬谪途中的他也不得不"有祷于神""过庙而祷之"，以求神护佑；抵潮之后，韩愈尽管驱鳄兴学、勤于政事、尽其职守，但政事之余，他所着力的无疑是如何排遣和化解那怀痛穷天、死亡无日的恐惧与无望，如何慰藉和平衡自己那百无聊赖、生意几尽的心境。就在此孤独无助、无可告语之际，韩愈听说并见到了一个人，此即僧人大颠。关于大颠，据顺治《吴府志》卷一〇记载："释宝通，号大颠，潮阳县人。与药山惟俨同师惠照于西岩，既复游南岳，参石头希迁。后入罗浮瀑布岩……贞元五年(789)开白牛岩以居……七年(791)建灵山院……长庆四年(824)年九十有三，无疾而逝。"由此可见，大颠为禅宗六祖惠能的四传弟子，潮州灵山禅院的创立者。直接涉及韩愈与大颠交往的文字，现存有韩愈的《与孟尚书书》和《与大颠师书》三封，由于韩愈的这三封《与大颠师书》真伪难辨，历史上即已聚讼不已，故撇开不论，下面我们只就韩愈的《与孟尚书书》作一分析与讨论。

在《与孟尚书书》中，韩愈对自己与大颠的交往如此记述道："潮州时，有一老僧号大颠，颇聪明，识道理，远地无可与语者，故自山召至州郭，留十数日，实能外形骸，以理自胜，不为事物侵乱。与之语，虽不尽解，要自胸中无滞碍；以为难得，因与来往。及祭神至海上，遂造其庐；及来袁州，留衣服为别。"③从韩愈的这一叙述来看，他在潮州时听说了老和尚大颠之后，把他从灵山禅院招请到了州府衙署，韩愈也就与大颠相处了十数日，通过这十数日的相处，韩愈觉得这一老僧诚为难得和可贵。

---

① 韩愈：《祭湘君夫人文》，《韩昌黎文集》卷五，《韩昌黎文集校注》，第363页。
② 韩愈：《黄陵庙碑》，《韩昌黎文集》卷七，《韩昌黎文集校注》，第555页。
③ 韩愈：《与孟尚书书》，《韩昌黎文集》卷三，《韩昌黎文集校注》，第237—238页。

感佩之余,韩愈后来曾两次亲自去灵山禅院造访大颠,一次是在祭神于海上时借道灵山与其相会;另一次是在量移为袁州刺史即将离开潮州之际,他特意又亲往灵山禅院访大颠并"留衣服为别"。韩愈在潮州仅七个月,但就是在这短短的七个月里,他不仅留大颠在衙署十数日,而且竟连连造访大颠,这似乎与他平日所作所为大相径庭,因为他以往遇僧徒不是教之以圣人之道,就是严词斥责不假颜色,何以唯独对一蛮荒之地的老僧既敬且佩礼遇有加? 对于韩愈与大颠的交往及其关系,朱熹曾有过许多分析与探讨。朱熹作为宋代理学的集大成者,不仅对宋代理学开创者们的思想做过全面的综合与整理,而且对那些理学形成过程中发挥过作用的文人与学者的思想也有过深入的探讨。朱熹对公认为理学先驱者的韩愈极为重视,他研究韩愈的文字达 84 篇①之多,大大超出他前后的任何学者。以朱熹对韩愈的用力之勤、了解之全、探讨之深,历史上应无有任何学者能出其右,故下面主要依据朱熹的这些分析与探讨对韩愈与大颠的关系做进一步的说明与把握。

在《朱子语类》卷一三七中,朱子在与门人讨论韩愈与大颠的关系时曾有过一个说明:"退之晚来觉没顿身己处,如招聚许多人博塞为戏,所与交如灵师、惠师之徒,皆饮酒无赖。及至海上,见大颠壁立万仞,自是心服。其言'实能外形骸,以理自胜,不为事物侵乱',此是退之死款。"②朱子的这一说明显然是顺韩愈自己所谓大颠"实能外形骸,以理自胜,不为事物侵乱。与之语,虽不尽解,要自胸中无滞碍"③的说法而来,这应符合事实。在韩愈所交接的僧徒中,大颠之前都只是一些饮酒吟诗有文才的无赖和尚,无德更无行;大颠与他们不同,他不仅"颇聪明,识道理",而且是一位躬身践履、有德有行、具极高修养境界之高僧。综合韩愈与朱子的说明,我们完全可以说:处于生死困穷之际的韩愈,此时不仅为大颠德行兼备的人格魅力倾倒,而且更为大颠"胸中无滞碍"的修养境界深深

---

① 吴文治:《韩愈资料汇编》,第 399—424 页,北京,中华书局,1983。
② 朱熹:《朱子语类》卷一三七,《朱子全书》第 18 册,第 4260—4261 页。
③ 韩愈:《与孟尚书书》,《韩昌黎文集》卷三,《韩昌黎文集校注》,第 237—238 页。

折服。

对于韩愈之所以"心服"大颠的原因,朱子也作了进一步的分析:"他也是不曾去做工夫。他于外面皮壳子上都见得,安排位次是恁地。于《原道》中所谓'寒而后为之衣,饥然后为之食,为宫室,为城郭'等,皆说得好。只是不曾向里面省察,不曾就身上细密做工夫。只从粗处去,不见得原头来处。如一港水,他只见得是水,却不见那原头来处是如何。把那道别做一件事。道是可以行于世,我今只是恁地去行。故立朝议论风采,亦有可观,却不是从里面流出。平日只以做文吟诗,饮酒博戏为事。及贬潮州,寂寥,无人共吟诗,无人共饮酒,又无人共博戏,见一个僧说道理,便为之动。如云'所示广大深迥,非造次可喻',不知大颠与他说个什么,得恁地倾心信向。韩公所说底,大颠未必晓得;大颠所说底,韩公亦见不破。但是他说得恁地好后,便被他动了。"①"佛学自前也只是外面粗说,到梁达磨来,方说那心性。然士大夫未甚理会做工夫。及唐中宗时有六祖禅学,专就身上做工夫,直要求心见性。士大夫才有向里者,无不归他去。韩公当初若早有向里底工夫,亦早落在中去了。"②从上述朱子对韩愈"心服"大颠原因的分析来看,其原因概而言之有三点:首先,韩愈只是一个做文吟诗、饮酒博戏的文士而已;其次,韩愈既无内在的身心修养,也无践履功夫;再次,韩愈对儒学只有粗浅表面的认识和知识,并"不见得原头来处"。当然,这三点之间是相互联系、相互影响、相互制约的。

对于韩愈的文人习气这一点,朱子在研读韩愈诗文的过程中曾屡屡提及。例如,他在研读韩愈的文集后认为:"今读其(韩愈)书,则出于诡谲、戏豫、放浪而无实者,自不为少。"③他在研读韩愈的诗后指出:"然考其(韩愈)平生意向之所在,终不免于文士浮华放浪之习,世俗富贵利达之求。他当初本只是要讨官职做,始终只是这心。他只是要做得言语似

---

① 朱熹:《朱子语类》卷一三七,《朱子全书》第 18 册,第 4259—4260 页。
② 同上书,第 4260 页。
③ 朱熹:《读唐志》,《朱子全书》第 23 册,第 3375 页。

六经,便以为传道。至其每日功夫,只是做诗博弈,酣饮取乐而已,观其诗便可见。"①其实,韩愈仅是一未脱文人之习的文士这一观点,从北宋初僧人契嵩开始就已出现,就是当时颇为推崇韩愈的欧阳修也觉得无法否认这一点:"每见前世有名人,当论事时,感激不避诛死,真若知义者。及到贬所,则戚戚怨嗟,有不堪之穷愁形于文字。其心欢戚,不异庸人。虽韩文公不免此累。"②契嵩、欧阳修之后,人们一般都认同这一看法。可见,视韩愈为一未脱文人之习的文士并非朱子之私见,而是历史上人们的共识。

关于韩愈既无内在的身心修养也无践履功夫这一点,显然,从韩愈为一未脱文人之习的文士即可以推出。因为一个终日把时间精力消磨与耗费在做文戏豫、吟诗博弈、酣饮取乐的文士,绝不可能从事那种艰辛的日复一日、年复一年的身心修养与锻炼,当然也不可能真正去践履与实践自己的理念和思想。实际上,作为理学家的朱熹与作为文士的韩愈,其最主要的区别就在于朱子终其一生有着持之以恒的"践履功夫",而韩愈则无。而判别理学家与文士的标准可以说正在于此,故有此"践履功夫"的朱子在研究韩愈其人其学时自然极易见出这一点。当然,从韩愈本身的思想来看,他既没有为人之身心修养提供理论上的依据,也没有为人之身心修养提供任何具体可行的方法。就以其与人之身心修养最有关的性三品来论,韩愈称:"性之品有上中下三:上焉者,善焉而已矣;中焉者,可导而上下也;下焉者,恶焉而已矣。"③"上之性,就学而愈明;下之性,畏威而寡罪。是故上者可教,而下者可制也。其品则孔子谓不移也。"④在韩愈看来,上品人性纯善无恶,下品人性恶而无善,中品人性或为善或为不善,并且每个人生来属何种品类是固定的,不可改变。

---

① 吴文治:《韩愈资料汇编》,第 401 页。
② 欧阳修:《与尹师鲁第一书》,《文忠集》卷六七,《景印文渊阁四库全书》第 1102 册,第 537 页,台北,台湾商务印书馆。
③ 韩愈:《原性》,《韩昌黎文集》卷一,《韩昌黎文集校注》,第 22 页。
④ 同上书,第 24 页。

既然此三种品类的人性是固定而不可变的，那么，生而性善的上品人性之人其实无须修身进德亦自然是圣人，而生而性恶的下品人性之人则无论多么努力去修身进德仍还是恶人。对生来即圣的上品人性之人而言，韩愈所谓"就学而愈明""上者可教"显然是多此一举之赘言；对生来即恶的下品人性之人而言，由于无法提升其道德，故除了"制之""畏威而寡罪"别无他途。至于中品之性，因其既不是指纯善无恶之性也不是指恶而无善之性，故无疑是指善恶相混之性，这就与扬雄所主张的"性善恶混"的观点并无不同。扬雄认为："人之性也，善恶混。修其善则为善人，修其恶则为恶人。气也者，所以适善恶之马也与？"①司马光颇赞同扬雄的这一观点，故在注释扬雄这段话时称："夫性者，人之所受于天以生者也，善与恶必兼有之，犹阴之与阳也。"②对"善恶混"的中品人性之人而言，因为其兼有天生的善与恶两性，若依此善恶相混之两性来从事其自身的身心修养，那么为善的可能性显然只有一半而已，故主张"性善恶混"的观点的人并没有为人之自身的修身进德提供理论上的依据，也可以说他们不重视人之自身的道德提升。扬雄所谓的"人之性也，善恶混。修其善则为善人，修其恶则为恶人"实际上是指：人同时具有天生的善性和恶性，在外在的环境的影响和教育的型塑下，可以为善，可以为不善。韩愈所谓的"中焉者，可导而上下也"亦显然指："善恶混"的中品人性之人在外在的环境和教育的影响下或为善或为不善。一个"导"字也表明了"中焉者"的为善或为不善是外在的环境和教育的引导所致。正因为韩愈在人之自身的修身进德上既没有提供理论根据，又没有提供践履之方，故他在《原道》中所反复强调的是"有圣人者立，然后教之以相生养之道……如古之无圣人，人之类灭久矣"③，"明先王之道以道之"④。依韩愈之见，人类之所以能世代绵延、相生相养，全赖圣人之教与先王之道。毫无疑问，韩愈所推崇的"圣人""先王"决非人们修身进德的榜样与楷

①② 汪荣宝：《修身篇》，《法言义疏》卷三，第 85 页，北京，中华书局，1987。
③ 韩愈：《原道》，《韩昌黎文集》卷一，《韩昌黎文集校注》，第 17 页。
④ 同上书，第 20—21 页。

模,而是人类的救主和教化芸芸众生的教主。由此可见,韩愈不仅自身缺乏内在的身心修养和践履功夫,而且从根本上就不关注个人的修身进德和从身心上做工夫。

关于韩愈对儒学只有粗浅表面的认识和知识,并"不见得原头来处"这一点,其实也与前面两点大有关系。韩愈作为一个终日吟诗饮酒博戏的文士,并不关注个人的身心修养与修身进德,更没有为其提供理论上的根据和践履之方,这就使得韩愈不仅不重视儒学自身的理论建设,而且对儒家思想也只停留在粗浅表面的认识上,并没有进一步的推进和发展。如果说他早年"穷究于经传史记百家之说,沉潜乎训义,反复乎句读"①是儒学的传统习惯使然,那么,他后来倡导道统、推崇孟子、阐扬《大学》则主要是出于他当时在现实政治伦理上排击佛老的考虑和需要,此无疑是一种以工具性、政治性为主导来标榜儒学、宣扬儒学的思维和做法。在这种出自现实政治需要的工具性思维主导下,韩愈显然不会真正去关心儒学自身的理论建设,当然更谈不上从"原头来处"去推进和发展儒学。实际上他所提倡的儒学只是一种简单而浅陋的口号与宣言而已,因此,他所宣扬的儒学不仅在佛老那系统完备的理论面前缺乏理论上的说服力,而且在现实生活中也无法满足人们的需要从而真正与佛老抗衡。对韩愈来说,既然批判的武器不能让对手心悦臣服,那么他坚决主张采用武器的批判,将对手的一切形而下的东西完全、彻底、干净地消灭。"人其人,火其书,庐其居。"②"乞以此骨付之有司,投诸水火,永绝根本,断天下之疑,绝后代之惑。"③何等干净利落!又何等粗暴野蛮!此可谓那种政治性、工具性思维的登峰造极。

作为一个以道自任的儒者,韩愈的儒家立场不容怀疑;作为一个毫无身心修养戚戚怨嗟的文士,韩愈心服并向往老僧大颠"胸中无滞碍"之

---

① 韩愈:《上兵部李侍郎书》,《韩昌黎文集》卷二,《韩昌黎文集校注》,第160页。
② 韩愈:《原道》,《韩昌黎文集》卷一,《韩昌黎文集校注》,第20页。
③ 韩愈:《论佛骨表》,《韩昌黎文集》卷八,《韩昌黎文集校注》,第687页。

境也应是无可否认的事实。如何兼顾协调此两者,其实正是后来七八百年里理学家们一直关注并致力解决的问题,作为理学先驱者的韩愈在面对此问题时的尴尬与困扰则可想而知,当他与大颠游以致人们误以为他信奉佛教时,他只好对天地鬼神发誓以自证道:"天地鬼神,临之在上,质之在傍,又安得因一摧折,自毁其道以从于邪也!"①"胸中无滞碍"究竟何义? 何以令激进排佛的韩愈竟如此倾倒与向往? "胸中无滞碍"就是在任何情况下、任何环境中都不为外在的诱惑冲击所牵引、侵乱,不为内在的情感情绪所干扰、破坏,时时保持心境的平静和自得,此即《金刚经》所谓"应无所住而生其心",这意味着已不受感性自然法则的支配与制约,可谓摆脱了自然因果性的自由之境。这一无滞无碍的境界显然超出了社会伦理意义,是一种具有人之生存意义的超越之境,换言之,这一无滞无碍之境所涵有的生存意义上的智慧和境界,已超出了纯粹伦理之意义,而与宗教之境相通。对一个儒者来说,追求这一境界并不是要以放弃儒家的生活态度与伦理道德之境为条件,而是为了更好地成就此伦理道德之境,真正达到道德的至善。具体就韩愈而言,尽管这一境界对遭受了巨大人生变故的韩愈有一种精神的震撼和发自心灵的强烈吸引,但其并不影响他的儒家立场,他也无须放弃自己的儒家信念。毫无疑问,这一无滞无碍之境需要长期的身心修养与精神锻炼才能达至和实现,而非靠某种社会伦理实践的方式即可获得。正是有见于佛道这一生存意义上的境界与智慧,后来王阳明曾感慨系之道:"人生动多牵滞,反不若他流外道之脱然也。"②因此,陈来先生指出:"佛老对儒家的挑战,从根本上来说,不在于如何对待伦理关系,而在于面对人的生存情景及深度感受方面的问题提供给人以安身立命的答案。"③"如果说中唐儒者对'无'的境界的向往多出于满足自己在坎坷的人生旅途中安心立命的心灵需要,那么,宋儒则是力图从根本上把佛教的这种境界及实现此种境界的

---

① 韩愈:《与孟尚书书》,《韩昌黎文集》卷三,《韩昌黎文集校注》,第 241 页。
② 王守仁:《与黄宗贤》七,《王阳明全集》,第 172 页,上海,上海古籍出版社,2011。
③ 陈来:《有无之境:王阳明哲学的精神》,第 241—242 页,北京,人民出版社,1991。

工夫扬弃到儒家内部来。"①"在这个意义下,整个宋明理学发展的一个基本主题就是:如何在儒家有我之境的立场上消化吸收佛教(也包括道家文化)的无我之境。"②

第二节　李翱之《复性书》

李翱(774—836),字习之,陇西成纪(今甘肃秦安东)人,卒后谥"文",后人称"李文公",有《李文公集》18卷传于世,《复性书》是最能代表他思想的重要著作。

《复性书》4300字,是李翱二十九岁时所撰写。凡研究中国思想史特别是宋明理学者,都无法绕开李翱,不可不提其《复性书》。李翱之所以能凭年轻时这篇篇幅不长的文字在中国思想史上占有一席之地,是因为李翱的《复性书》在中国思想史上具有开创儒学"新范式"的作用与意义。在此,所谓"新范式"借鉴了库恩《科学革命的结构》中"范式"的说法,依库恩之见,范式通过对科学中关键性问题的解决,对科学发展有着极为重要的作用,范式的变动不是个别概念的转换,而是世界观的根本转变。一个科学理论成为新范式必须具备两个条件:第一,它解决了旧范式所不能解决的问题,开拓了新的认识领域;第二,它留下了有待解决的问题和疑点,为科学界集中力量攻克难关准备了条件。③ 比照并进一步引申库恩的这种"范式"理论,李翱的《复性书》堪称开创唐宋时期儒学"新范式"的典范。如果说与李翱亦师亦友亦亲的韩愈是中唐儒学复兴运动的主将,那么,可以说李翱是开创儒学"新范式"、开启宋明理学先声的先行者。

① 陈来:《有无之境:王阳明哲学的精神》,第237—238页。
② 同上书,第236页。
③ 赵敦华:《现代西方哲学新编》,第234页,北京,北京大学出版社,2010。

一、李翱与韩愈

从李翱学儒的经历来看,他投身儒学既有其自身因素,同时也与韩愈的影响有关。《旧唐书·李翱传》称:"翱幼勤于儒学,博雅好古,为文尚气质。"李翱也曾自称:"翱自十五已后即有志于仁义,见孔子之论高弟,未尝不以及物为首。"[①]这表明李翱幼时即勤于儒学,十五岁后有志于孔孟的仁义之道,逐渐形成了对儒学的信念和信仰。李翱二十三岁时得遇韩愈,韩愈与李翱的相识相交可谓是对中国思想史与文学史有一定影响的事件,他们两人后来都有追忆。李翱回忆道:"贞元十二,兄在汴州,我游自徐,始得兄交。"[②]韩愈在《与冯宿论文书》中称:"近李翱从仆学文,颇有所得,然其人家贫多事,未能卒其业。"[③]从文学史来看,韩愈作为文起八代之衰的唐代古文运动领袖,对李翱的为文无疑有其影响,李翱曾称:"思我友韩愈,非兹世之文,古之文也,非兹世之人,古之人也。其词与其意适,则孟子既没,亦不见有过于斯者。"[④]"建武以还,文卑质丧,气萎体败,剽剥不让,俪花斗叶,颠倒相上。及兄之为,思动鬼神,拨去其华,得其本根,开合怪骇,驱涛涌云,包刘越嬴,并武同殷。六经之风,绝而复新,学者有归,大变于文……兄名之垂,星斗之光。"[⑤]依李翱之见,韩愈一改建武以还文卑质丧、气萎体败之文风,以复几近断绝的六经之古风,使得他们学者有所依归,从而大变其文。《新唐书·李翱传》称:"翱始从昌黎韩愈,为文章辞致浑厚,见推当时。"宋代的苏洵认为"惟李翱之文,其味黯然而长,其光油然而幽,俯仰揖让,有执事[⑥]之态"[⑦]。可见韩愈对李翱的为文有着极为重要影响。从思想史来看,作为中唐儒学

---

① 李翱:《与淮南节度使书》,《李文公集》卷八,《景印文渊阁四库全书》第 1078 册,第 138 页。
②⑤ 李翱:《祭吏部韩侍郎文》,《李文公集》卷一六,《景印文渊阁四库全书》第 1078 册,第 180 页。
③ 韩愈:《与冯宿论文书》,《韩昌黎文集校注》卷三,第 221 页。
④ 李翱:《与陆傪书》,《李文公集》卷七,《景印文渊阁四库全书》第 1078 册,第 134 页。
⑥ 指欧阳修。
⑦ 苏洵:《上欧阳内翰第一书》,《嘉祐集》卷一二,《景印文渊阁四库全书》第 1104 册,第 934 页。

复兴主将的韩愈，他的倡儒排佛对李翱影响甚深。在佛风强盛的中唐，面对佛教的冲击与刺激，韩愈不仅以倡导儒学著称，而且以排斥佛教而名世，韩愈的倡导儒学与排斥佛教乃一体两面。一方面，他痛斥佛教："夫佛本夷狄之人，与中国言语不通，衣服殊制；口不言先王之法言，身不服先王之法服……不知君臣之义、父子之情。"[①]"外天下国家，灭其天常；子焉而不父其父，臣焉而不君其君，民焉而不事其事。"[②]另一方面，他特意将《礼记》中《大学》篇提揭出来加以阐发："'古之欲明明德于天下者，先治其国；欲治其国者，先齐其家；欲齐其家者，先修其身；欲修其身者，先正其心；欲正其心者，先诚其意。'然则古之所谓正心而诚意者，将以有为也。"[③]李翱对韩愈的这种倡儒排佛大加赞同，称颂道："呜呼！孔氏去远，杨朱恣行，孟轲距之，乃坏于成，戎风混华，异学魁横，兄尝辨之，孔道益明。"[④]而且，他还进一步追随与呼应韩愈的这种倡儒排佛。他称："佛法之染流于中国也，六百余年矣。始于汉，浸淫于魏、晋、宋之间，而澜漫于梁萧氏，遵奉之以及于兹。盖后汉氏无辨而排之者，遂使夷狄之术，行于中华，故吉凶之礼谬乱，其不尽为戎礼也无几矣。"[⑤]李翱在此效仿韩愈从华夷之辨的角度斥佛教为与圣人之道、儒家之礼相悖的"夷狄之术"和"戎礼"。"故其徒也，不蚕而衣裳具，弗耨而饮食充，安居不作，役物以养己者，至于几千百万人。推是而冻馁者几何人可知矣。于是筑楼殿宫阁以事之，饰土木铜铁以形之，髡良人男女以居之，虽璇室、象廊、倾宫、鹿台、章华、阿房弗加也，是岂不出乎百姓之财力欤……然则不知其心，无害为君子，而溺于其教者，以夷狄之风而变乎诸夏，祸之大者也。其不为戎乎幸矣。"[⑥]李翱在此效仿韩愈从佛教徒不事生产受人供养、修庙造寺糜费财力等方面来斥责佛教害政。"君臣、父子、夫妇、兄弟、朋友，存有

---

① 韩愈：《论佛骨表》，《韩昌黎文集校注》卷八，第 686 页。
② 韩愈：《原道》，《韩昌黎集》卷一，第 19 页。
③ 同上书，第 18 页。
④ 李翱：《祭吏部韩侍郎文》，《李文公集》卷一六，《景印文渊阁四库全书》第 1078 册，第 180 页。
⑤⑥ 李翱：《去佛斋》，《李文公集》卷四，《景印文渊阁四库全书》第 1078 册，第 117 页。

所养,死有所归,生物有道,费之有节,自伏羲至于仲尼,虽百代圣人,不能革也。故可使天下举而行之无弊者,此圣人之道,所谓'君臣、父子、夫妇、兄弟、朋友,而养之以道德仁义'之谓也,患力不足而已。向使天下之人,力足尽修身毒国之术,六七十岁之后,虽享百年者亦尽矣,天行乎上,地载乎下,其所以生育于其间者,畜兽、禽鸟、鱼鳖、蛇龙之类而止尔,况必不可使举而行之者耶? 夫不可使天下举而行之者,则非圣人之道也。"①"善理其家者,亲父子,殊贵贱,别妻妾、男女、高下、内外之位,正其名而已矣。古之善治其国者,先齐其家,言自家之刑于国也。欲其家之治,先正其名而辨其位之等级,名位正而家不治者有之矣,名位不正而能治其家者,未之有也。"②李翱在此效仿韩愈以儒家的道德仁义和君臣、父子、夫妇、兄弟、朋友等人伦之道来对抗佛教的"外天下国家,灭其天常"。依他之见,道德仁义和君臣、父子、夫妇、兄弟、朋友等人伦之道是举天下行之而无弊、百世行之不能革的常道,只有行此圣人之常道才能名正家齐国治。

李翱在与韩愈相识相交后志于道者的四年里,已深刻认识到儒学衰微乃习儒业者或陷溺于功名利禄,或沉湎于烦琐的节文章句之学所致。他称:"近代以来,俗尚文字,为学者以钞集为科第之资,曷尝知不迁怒不贰过为典学之根乎? 入仕者以容和为贵富之路,曷尝以仁义博施之为本乎? 由是经之旨,弃而不求,圣人之心,外而不讲。干办者为良吏,适时者为通贤,仁义教育之风,于是乎扫地而尽矣。"③"其教授者,惟节文、章句、威仪、击剑之术相师焉。"④于是,他与韩愈决心一反儒学自两汉以来那种烦琐支离的章句训诂之解经范式,韩愈声称:"春秋三传束高阁,独抱遗经究终始。"⑤李翱宣称:"彼以事解者也,我以心通者也。"⑥为此他

---

① 李翱:《去佛斋》,《李文公集》卷四,《景印文渊阁四库全书》第 1078 册,第 117 页。

② 李翱:《正位》,《李文公集》卷四,《景印文渊阁四库全书》第 1078 册,第 119 页。

③ 李翱:《与淮南节度使书》,《李文公集》卷八,《景印文渊阁四库全书》第 1078 册,第 138 页。

④ 李翱:《复性书上》,《李文公集》卷二,《景印文渊阁四库全书》第 1078 册,第 108 页。

⑤ 韩愈:《寄卢仝》,《韩昌黎诗系年集释》卷七,第 782 页。

⑥ 李翱:《复性书中》,《李文公集》卷二,《景印文渊阁四库全书》第 1078 册,第 109 页。

们两人曾合撰《论语笔解》，北宋人许勃认为："昌黎文公著《笔解论语》一十卷，其间'翱曰'者，盖李习之同与切磨，世所传率多讹舛。始愈笔大义则示翱，翱从而交相明辨，非独韩制此书也。噫！齐鲁之门人所记善言既有同异，汉魏学者注集繁阔，罕造其精，今观韩李二学，勤拳渊微，可谓窥圣人之堂奥矣，岂章句之技所可究极其旨哉！"①由此可见，韩愈、李翱合撰的《论语笔解》不仅表现出他们对传统汉学解经范式的抛弃，更是标志着他们那种"以心通"解经亦即以义理解经范式的确立。

二、复兴儒家性命之道

从李翱上述的为学为文所思所为来看，李翱的为学为文所思所为显然与韩愈没有什么两样，李翱在为学为文上可谓对韩愈亦步亦趋。实际上，李翱对韩愈的亦步亦趋也就到此为止，他在追随韩愈为学为文的同时，逐渐形成和发展出他自己独特的想法与观点，他曾称："吾自六岁读书，但为词句之学，志于道者四年矣，与人言之，未尝有是我者也。"②这表明李翱在追随韩愈学儒的几年里，尽管对儒学有着自己的心得与见解，但他周围的人甚至包括韩愈都不认同他的见解。李翱对儒学究竟有何新见解？他自称："性命之书虽存，学者莫能明，是故皆入于庄、列、老、释。不知者谓夫子之徒不足以穷性命之道，信之者皆是也。有问于我，我以吾之所知而传焉，遂书于书，以开诚明之源，而缺绝废弃不扬之道，几可以传于时，命曰《复性书》，以理其心，以传乎其人。"③在李翱看来，尽管儒家也有自己的性命之书，但当时的学者们不仅不了解，反而认为儒学不能穷性命之道，故他们也就转向佛老来探求性命之道。李翱与当时的学者包括亦师亦友的韩愈不同的是：他在有志于儒学的几年里，不仅重新发现了儒家的性命之书，认识到了它们的价值，而且还形成了一套对儒家本有的性命之道的看法与见解。依李翱之见，他的《复性书》继

---

① 韩愈、李翱：《论语笔解》，《景印文渊阁四库全书》第196册，第3页。
②③ 李翱：《复性书上》，《李文公集》卷二，《景印文渊阁四库全书》第1078册，第108页。

承和重新发掘了儒家废弃不扬的性命之道,通过《复性书》,儒家本有的性命之道则可"传于时""传乎其人"了。

在韩愈、李翱倡导儒学以义理解经的过程中,如果说韩愈是"直指人伦,扫除章句之繁琐"①,那么李翱可以说是"直指性命,扫除章句之繁琐"。李翱之所以能在扫除繁琐的章句之学的基础上超越韩愈而直指性命,毫无疑问与他深受佛道深究心性之学的刺激和启迪分不开。有唐一代,佛老的心性之学不仅居于上风,而且还深深影响了那个时代学者的为学为人,柳宗元称:"儒者韩退之与余善,尝病余嗜浮图,訾余与浮图游……浮图诚有不可斥者,往往与《易》《论语》合,诚乐之,其于性情奭然,不与孔子异道。"②刘禹锡也同样宣称道:"儒以中道御群生,罕言性命,世衰而演息;佛以大悲救诸苦,广启因业,故劫浊而益尊。"③为了对抗佛老的性命之学,韩愈在《原性》中就曾力图通过对儒家心性之学的发掘与探讨,为儒家的"仁义"以及"齐家治国平天下"提供心性论的基础与根据,但他所提出的性三品说仍是因袭汉代以来"以气论性"的传统,与董仲舒的三品说没有什么区别,不仅在佛道系统完备的心性之学面前缺乏理论上的说服力,而且在现实生活中也无法真正满足人们的需要,从而与佛老抗衡。在佛道系统完备的心性之学及其咄咄逼人的攻势面前,李翱深深认识到:"排之(佛教)者不知其心,虽辩而当,不能使其徒无哗而劝来者,故使其术若彼具炽也。"④依李翱之见,如果不知佛之心性之学,那么,任何论辩与斥责根本就不能使佛教徒心服。李翱还进一步认为:"佛法害人,甚于杨墨,论心术虽不异于中土,考教迹实有蠹于生灵,浸溺人情,莫此之甚。"⑤"天下之人以佛理证心者寡矣,惟土木铜铁,周于四

---

① 陈寅恪:《论韩愈》,《历史研究》1954年第2期,第106页。
② 柳宗元:《送僧浩初序》,《柳宗元集》二,第673页。
③ 刘禹锡:《袁州萍乡县杨岐山故广禅师碑》,《刘禹锡集笺证》,第118页。
④ 李翱:《去佛斋》,《李文公集》卷四,《景印文渊阁四库全书》第1078册,第118页。
⑤ 李翱:《再请停率修寺观钱状》,《李文公集》卷一〇,《景印文渊阁四库全书》第1078册,第151页。

海,残害生人,为逋逃之薮泽。"①尽管李翱认为佛教教迹有蠹于生灵、浸溺人情、残害生人、为逋逃之薮泽,但在他看来,佛教之心术则"不异于中土",只是很少有人使佛理与心术相验证。这一切表明李翱强烈地感受到了佛教的心性之学的吸引力,并在一定程度上认同与赞赏佛教的心性之学。虽然这种认同与赞赏并不意味着李翱就一定深究与信仰佛教的心性之学,然而正是李翱这种对佛教心性之学在一定程度上的认同与赞赏,不仅使得他在将目光重新投向儒家传统时获得了一个对儒家经典的新的诠释视野,而且使得他深刻地认识到儒家传统内部原本就有与佛之心性之学相抗衡的精神资源。李翱在《复性书》中对他这种新的认识与发现进行了详细的说明:"昔者圣人以之传于颜子,颜子得之,拳拳不失,不远而复其心,三月不违仁。子曰:'回也其庶乎屡空。'其所以未到于圣人者一息耳,非力不能也,短命而死故也。其余升堂者,盖皆传也,一气之所养,一雨之所膏,而得之者各有浅深,不必均也。子路之死也,石乞孟以戈击之,断缨,子路曰:'君子死,冠不免。'结缨而死。由非好勇而无惧也,其心寂然不动故也。曾子之死也,曰:'吾何求焉,吾得正而毙焉,斯已矣。'此正性命之言也。子思,仲尼之孙,得其祖之道,述《中庸》四十七篇,以传于孟轲。轲曰'我四十不动心',轲之门人达者公孙丑、万章之徒,盖传之矣。遭秦灭书,《中庸》之不焚者,一篇存焉。于是此道废缺,其教授者,惟节文、章句、威仪、击剑之术相师焉,性命之源,则吾弗能知其所传矣。道之极于剥也必复,吾岂复之时耶!吾自六岁读书,但为词句之学,志于道者四年矣,与人言之,未尝有是我者也。南观涛江入于越,而吴郡陆傪存焉,与之言之,陆傪曰:'子之言,尼父之心也。东方如有圣人焉,不出乎此也,南方如有圣人焉,亦不出乎此也。惟子行之不息而已矣。'"②依李翱之见,儒家的性命之道源自孔子,颜子最得孔子此性命之道之传,其他弟子则所得不一,各有浅深,孔子之孙子思亦甚得其祖

---

① 李翱:《与本使杨尚书请停修寺观钱状》,《李文公集》卷一〇,《景印文渊阁四库全书》第 1078 册,第 151 页。
② 李翱:《复性书上》,《李文公集》卷二,《景印文渊阁四库全书》第 1078 册,第 107—108 页。

此传,并且子思还将其祖所传撰述为《中庸》四十七篇,后传之于孟子,孟子传之于弟子公孙丑、万章,遭秦焚书后仅剩《中庸》一篇,从此儒家的性命之道湮灭无闻。相较于韩愈的从尧、舜、禹、汤、文、武、周公、孔子到孟轲一代代传下来的儒家之道统的传授系统,李翱所谓的儒家的性命之道的传授系统显然有所不同,李翱更注重心性之言之道的传授及其实践。李翱对自己的这一发现与认识有着无比强烈的自信,故借陆修"子之言,尼父之心也。东方如有圣人焉,不出乎此也,南方如有圣人焉,亦不出乎此也"表明这一点。对此性命之道,李翱还宣称"道之极于剥也必复,吾岂复之时耶!"可见,他不仅有着先知先觉者的自觉自信,而且深具以道自任复兴儒家性命之道的宏愿与担当。

三、《复性书》之论性

李翱的《复性书》开宗明义称:"人之所以为圣人者性也,人之所以惑其性者情也。"简短的二十个字,李翱即把人之为圣的根据与妨碍人之为圣的原因作了扼要的说明。并且,李翱宣称:"性者天之命也。"依李翱之见,人之所以能为圣,是因为人本具"天之命"之性。这表明李翱是以"天之命"来说明人之性与人之普遍本质的。在李翱对先秦儒家的性命之道进行重新发掘与阐发之前,汉唐近千年间的儒家学者在人性论上主要持下列三种看法与观点。

第一种观点是"性无善"。这种观点认为善恶不出于性,不是由性所决定,故性无善,告子的"生之谓性"可以说是这种观点的典型代表。"性无善"否定人具有天生的善性与恶性,把"性"看成"天生的材质"或"生物学的固有"(牟宗三语),故"性"与"生"通用。此"性"乃自然性的人性,无所谓善不善,其为善为恶,乃外在的环境和教育造成。

第二种观点是"性可以为善,可以为不善"。这种观点指人同时具有天生的善性和恶性,在外在的习俗环境的影响和教育的型塑下,性可以为善,可以为不善。其与第一种观点"性无善"的差别在于:"性无善"指人性自然无所谓善与不善,而这种观点指人性天生兼具善恶。扬雄所主张的"性善恶混说"可以说是这种"性可以为善，可以为不善"观点的典型代表，他认为："人之性也，善恶混。修其善则为善人，修其恶则为恶人。气也者，所以适善恶之马也与？"①依扬雄之见，每一个人都兼有天生的善性和恶性，在外在的环境、教育的影响和型塑下，"性可以为善，可以为不善"。王充曾认为扬雄的"性善恶混说"，只适用于"中人"，却不适用于中人以上的善人和中人以下的恶人。②

第三种观点是"有性善，有性不善"。这种观点指人之性的善与不善是由气禀的厚薄造成的，亦即指禀其厚者性为善，禀其薄者性为恶。这种观点也肯定了人天生的善性和恶性，与第二种观点有一致之处。董仲舒和韩愈的人性观是这种观点的代表，他们各自提出的"性三品说"在本质上颇为一致。他们认为：圣人之性（上品人性）纯善无恶，斗筲之性（下品人性）恶而无善，中民之性（中品人性）则由环境和教育影响他们的善恶，并且每个人生来属何种品类是固定的，不可改变。

毫无疑问，上述这三种人性论观点都是"以气为性"，尽管是先验的，但仍是后天的（人生之后）。汉唐儒学的这种"以气为性"的人性论可以说根本无法抗衡佛道那套成熟完备的心性之学，故汉唐儒学在心性—形上学领域几乎完全失去话语权。唐代时，尽管儒家在经世外王之学方面占有优势，但在佛道学者看来，佛道才是本，儒家只是"迹"而已，故"佛以修心、道以修身、儒以治国"成了唐代士大夫兼治儒释者多喜用之语。"性者天之命也。"李翱以"天之命"来规定与说明人之性与人之普遍本质，可谓一反两汉以来近千年儒学"以气为性"的传统，直承《中庸》与孟子，从超越的"天之命"层面来规定人的内在之性，截断了汉唐各种"以气为性"人性论之众流，极具"新范式"的革命性。并且，李翱在"性者天之命"的基础上，以《孟子》为据，开创性地提出"人之性皆善""人之性犹圣人之性"。人之性皆善、凡圣之性无别，这不仅从超越的"天之命"层面规

---

① 汪荣宝：《修身篇》，《法言义疏》卷三，第 85 页。
② 王充：《本性篇》，《论衡》卷三，《论衡校释》，第 143 页，北京，中华书局，1990。

定了人的内在之性,而且为每个人的修身进德以及人皆可成圣提供了理论上的依据。

李翱慨然以继承孟子后无所传的性命之道自任,标举"人之性皆善""人之性犹圣人之性",这无疑与他对孟子道"性善"的立场和目的的认同分不开。孟子道"性善"的目的是说明仁义为人之性所内在具足、具仁义之性的人原本就有为善的能力,否则,视人并不内具仁义之性、仁义并非发于人的内在之性,这将使人的仁义之行失去内在根基与价值保证。可见,孟子道"性善"是为了揭示与说明"仁义内在"。宋明理学家标榜正统、正学,正是以"仁义内在"与人性本善一贯为最基本的立场和标准,否则往往被斥为"学不见道,其学无本"。韩愈尽管标举"性三品"而无人性皆善的看法,但他对"性"却作了孟子式的探究与说明。他称:"其所以为性者五:曰仁、曰礼、曰信、曰义、曰智。"①"所谓病乎在己者,仁义存乎内,彼圣贤者能推而广之,而我蠢焉为众人。"②这表明在韩愈看来,人之性之为性在于其内具仁义礼智信,圣贤之为圣贤、不同于众人,在于能把其性所内具的仁义推而广之。朱子曾对韩愈这种"仁义之性"的看法大加称道:"韩文《原性》人多忽之,却不见他好处。如言'所以为性者五,曰仁义礼智信',此语甚实。""退之说性,只将仁、义、礼、智来说,便是识见高处。""韩子《原性》曰:'人之性有五。'最识得性分明。"③李翱对"性"内具仁义的看法也不例外,他曾称:"夫性于仁义者,未见其无文也;有文而能到者,吾未见其不力于仁义也。由仁义而后文者性也,由文而后仁义者习也。"④李翱不仅自称"自十五已后,即有志于仁义",而且对他来说,"性"具"仁义"或"仁义"发于"性",本是"性"或"仁义"题中应有之义。如果从"仁义内在"这一点来看,韩愈和李翱确如他们所自许,是孟子千年后的真正继承者。

---

① 韩愈:《原性》,《韩昌黎集》卷一,《韩昌黎文集校注》,第22页。
② 韩愈:《答陈生书》,《韩昌黎集》卷三,《韩昌黎文集校注》,第197页。
③ 朱熹:《战国汉唐诸子》,《朱子语类》卷一三七,《朱子全书》第18册,第4257页。
④ 李翱:《寄从弟正辞书》,《李文公集》卷八,《景印文渊阁四库全书》第1078册,第141页。

　　孟子一方面道性善,用性善之"性"亦即仁义之性来说明道德的根源和人之道德能力,另一方面他把道德的根源推于天,声称尽心知性知天,认为人的道德能力乃"天之所与我者"。但他所说的"性"与"天"之间尚有一定距离,保持着一定的张力,牟宗三先生曾指出过这一点:"孟子言尽心知性知天,心性是一,但未显明地表示心性与天是一。"①"孟子虽从道德自觉上只道德实践地言'仁义内在',言本心即性,言'我固有之',似未客观地从天命、天定言起。"②李翱的"性者天之命"用"天之命"来规定与说明人的仁义之性,这一客观地从天命、天定来言人的仁义之性的说法,正是言孟子之所未言,道孟子之所未道,这表明李翱在继承孟子性善论的同时,又借助《中庸》的"天命之谓性"对孟子的尽心知性知天做了开拓性的推进。李翱将《孟子》与《中庸》结合起来所做的创造性诠释,可谓为整个宋明理学奠定了规模与基础,换言之,"天道性命相贯通"这一宋明理学之拱心石的奠定,即从李翱合《孟子》与《中庸》为一体以互释始。

四、《复性书》之论情与功夫

　　尽管对李翱来说,人人皆具仁义之性,人人依仁义之性行即可成圣。一个"由仁义"行"力于仁义"的仁义世界无疑是一个"善"的世界,但现实世界中不仁不义之"恶"的存在又是一个无可否认的事实,不仁不义之"恶"何以形成? 这使得李翱不仅要对"性善"有所说明,而且还需对"恶"有所交代,换言之,"人生而静天之性"没有涉及恶,但要在现实经验的世界中推扩仁义之性,必然牵涉各种妨碍仁义之性落实实行的因素,故需说明。在《复性书》中,一如上述,李翱是以"情"作为妨碍人之为圣的原因的,那么,李翱所谓"情"为何物? 这应是李翱有所说明与交代的。

　　在《复性书》中,李翱自问自答道:"曰:'为不善者非性耶?'曰:'非

---

① 牟宗三:《心体与性体》上册,第15页。
② 同上书,第25页。

也,乃情所为也。'"①依李翱之见,性无不善,不善是"情所为"。"喜怒哀惧爱恶欲,七者皆情之所为也。情既昏,性斯匿矣。非性之过也,七者循环而交来,故性不能充也。水之浑也,其流不清,火之烟也,其光不明,非水火清明之过,沙不浑,流斯清矣,烟不郁,光斯明矣。"②对李翱而言,"情之所为"表现为喜、怒、哀、惧、爱、恶、欲七情,人往往被交替循环的七情所支配主宰,故反而使自身本具的仁义之性匿而不显、隐而不彰,如同烟妨碍了火之明、沙妨碍了流水之清,七情妨碍了人对自身本具的仁义之性的扩充推扩。这表明李翱颇能正视与承认:人不仅是具仁义之性的道德之人,而且还是具喜、怒、哀、惧、爱、恶、欲七情的感性的自然之人,人的这一感性自然之特质使得人不能依仁义之性行。于是,李翱在他这种人兼具道德性与感性的看法的基础上对二者之间的关系展开了独特的分析与说明:"性者天之命也,圣人得之而不惑者也;情者性之动也,百姓溺之而不能知其本者也。圣人者岂其无情耶? 圣人者,寂然不动,不往而到,不言而神,不耀而光,制作参乎天地,变化合乎阴阳,虽有情也,未尝有情也。然则百姓者,岂其无性耶? 百姓之性与圣人之性弗差也,虽然,情之所昏,交相攻伐,未始有穷,故虽终身而不自睹其性焉。"③人之道德性与感性在李翱的《复性书》中即他所谓的"性"与"情"。依他之见,"未尝有情"的圣人与"不自睹其性"的百姓皆既具性又具情,性与情二者于他们缺一不可,不可能只具性也不可能仅具情。依天所命的仁义之性而行的圣人亦同样具情,溺于情的百姓亦同样具性。具情之圣人之所以能由其仁义之性行,"参乎天地""合乎阴阳",是因为其完全不为情所扰、所支配。溺于情的百姓之所以"虽终身而不自睹其性",是因为其彻底被情所支配、所主宰。正因为如此,李翱对性与情有一辩证说明:"性与情不相无也,虽然,无性则情无所生矣。是情由性而生,情不自情,因性而

---

① 李翱:《复性书中》,《李文公集》卷二,《景印文渊阁四库全书》第 1078 册,第 110 页。
② 李翱:《复性书上》,《李文公集》卷二,《景印文渊阁四库全书》第 1078 册,第 106 页。
③ 同上书,第 106—107 页。

情,性不自性,由情以明。"①有些学者就这段话的字面意思认为,李翱所谓情源于性,是由性产生的,但善之性何以产生恶之情,他们又觉得非常困惑不可理解。实际上,李翱只是为了说明性与情的相互依存相互影响,也就是说,一方面"性与情不相无",性与情相互依存,所谓性是相对情而言,所谓情是相对性而言,性之所以称为性是因为伴随有情,情之所以称为情是因为伴随有性;另一方面性与情相互影响,性影响情,情亦影响性。并且,细绎这段话可发现,尽管性与情相互依存相互影响,但性相对于情处于主导支配地位,故有"是情由性而生"之说。《复性书》中其他几处的文字也说明了这一点:"情者性之邪也,知其为邪,邪本无有。"②"情者妄也,邪也。邪与妄则无所因矣。"③依李翱之见,那些邪情与妄情,既无因也非本有,故称之为邪与妄。这说明《复性书》中那些被视为"恶"的邪情与妄情并不是善性本体之外另一个与之对立的"恶"本体。对李翱而言,既然情并非本体论的存有,情与作为善本体的"性"不处于同一层次,故作为本体的"性"相对于情始终处于主导支配地位。并且,李翱之所以称这种非本体论存有的情为"性之邪"为"妄",是因为在他看来,"性之邪"可以去其邪复其本性,此"性之邪"之情"无所因""本无有"为"妄"为"邪",故完全可以消除。也就是说,尽管现实生活中的人时时有着产生妄情、邪情的可能,但具本善之性的人也有着去除这种妄情、邪情的能力。

究竟如何来去除此既无因也非本有的妄情、邪情来复其性?用理学的话语来说,这将涉及功夫问题。李翱在《复性书》中篇中以自问自答的形式对此复性功夫作了重点探讨与说明,这也是他将《复性书》名之以"复性"的意旨。在《复性书》这一篇章中,李翱是从性与情关系的角度来一步步展开对复性功夫的讨论与说明的。

　　　　或问曰:"人之昏也久矣,将复其性者,必有渐也,敢问其方。"

---

① 李翱:《复性书上》,《李文公集》卷二,《景印文渊阁四库全书》第 1078 册,第 106 页。
② 李翱:《复性书中》,《李文公集》卷二,《景印文渊阁四库全书》第 1078 册,第 108 页。
③ 同上书,第 110 页。

曰:"弗虑弗思,情则不生,情既不生,乃为正思。正思者,无虑无思也。《易》曰:'天下何思何虑。'又曰:'闲邪存其诚。'《诗》曰:'思无邪。'"曰:"已矣乎?"曰:"未也,此斋戒其心者也,犹未离于静焉。有静必有动,有动必有静,动静不息,是乃情也。《易》曰:'吉凶悔吝,生于动者也。'焉能复其性耶?"曰:"如之何?"曰:"方静之时,知心无思者,是斋戒也。知本无有思,动静皆离,寂然不动者,是至诚也。《中庸》曰:'诚则明矣。'《易》曰:'天下之动,贞夫一者也。'"①

依李翱之见,"弗虑弗思"是"复其性"的第一步,此"弗虑弗思"功夫亦即"斋戒其心",通过这种"弗虑弗思"亦即"斋戒其心"的功夫,人可无虑无思,杜绝惑性之情;第二步是让人觉悟"本无有思,动静皆离",摆脱情之惑以复"本性清明"之"性"。

问曰:"不虑不思之时,物格于外,情应于内,如之何而可止也?以情止情,其可乎。"曰:"情者性之邪也,知其为邪,邪本无有。心寂然不动,邪思自息。惟性明照,邪何所生?如以情止情,是乃大情也,情互相止,其有已乎?《易》曰:'颜氏之子,其殆庶几乎?有不善未尝不知,知之未尝复行也。'《易》曰:'不远复,无祗悔,元吉。'"问曰:"本无有思,动静皆离。然则声之来也,其不闻乎?物之形也,其不见乎?"曰:"不睹不闻,是非人也,视听昭昭而不起于见闻者,斯可矣。无不知也,无弗为也。其心寂然,光照天地,是诚之明也。《大学》曰:'致知在格物。'《易》曰:'易无思也,无为也,寂然不动,感而遂通天下之故。非天下之至神,其孰能与于此?'"曰:"敢问'致知在格物'何谓也?"曰:"物者万物也,格者来也,至也。物至之时,其心昭昭然明辨焉,而不应于物者,是致知也,是知之至也。知至故意诚,意诚故心正,心正故身修,身修而家齐,家齐而国理,国理而天下平。此所以能参天地者也。《易》曰:'与天地相似,故不违;知周乎

---

① 李翱:《复性书中》,《李文公集》卷二,《景印文渊阁四库全书》第 1078 册,第 108 页。

> 万物，而道济天下，故不过；旁行而不流，乐天知命，故不忧；安土敦
> 乎仁，故能爱；范围天地之化而不过，曲成万物而不遗，通乎昼夜之
> 道而知，故神无方而易无体。一阴一阳之谓道。'此之谓也。"[1]

这一段长长的文字无疑是对上述复性功夫讨论与说明的进一步深化，主要探讨了人在实行"不虑不思""动静皆离"的复性功夫时，如何来应对和处理外在之事物与内在之七情的问题。李翱在此解释《大学》的"格物"时释"格"为"来"、为"至"，"格物"即事物之来、万物之至，李翱这种"格物"解释与小程、朱子同但又远远早于他们，这也说明李翱已深深认识到现实生活中的人不可能不接触外在之万事万物。对李翱而言，事物之来万物之至，"不睹不闻是非人也"，人则必有见有闻，有见有闻则生内在之情，内在之情为"性之邪"，复性功夫就是去此"本无有"的邪情以复"明照"之性。

既然李翱承认人必有所见闻、必生内在之七情，他又何以视人内在之七情为"本无有"的"性之邪"？"邪"者恶也，也就是说他何以要视人内在之七情为恶？事实上，作为现实生活中具有感性生命的人，人内在之七情只是由人之感性生命而生的一些自然好恶，人之感性生命及自然好恶显然是中性的，其本身并无所谓道德性的"善"与"恶"。从《复性书》中所谓"桀纣之性，犹尧舜之性也。其所以不睹其性者，嗜欲好恶之所昏也"来看，李翱之所以视人的感性及自然好恶之七情为恶，是因为在他看来：人的感性及自然好恶之七情使得人"不睹其性"，不依自身本有之善性亦即仁义之性而行。如果我们追问李翱，人何以会形成这种"嗜欲好恶"之障碍呢？他会将其原因归诸人有所见闻时其意念为外物所触动所致，而人又不可不睹不闻。若继续追问下去，无疑会陷于一种循环论证。并且，他亦曾自问自答道："问曰：'人之性本皆善，而邪情昏焉，敢问圣人之性，将复为嗜欲所浑乎？'曰：'不复浑矣。情本邪也，妄也，邪妄无因，人不能复。圣人既复其性矣，知情之为邪，邪既为明所觉矣，觉则无邪，邪何由生也？伊尹曰："天之道，以先知觉后知，先觉觉后觉者也。予天

---

[1] 李翱：《复性书中》，《李文公集》卷二，《景印文渊阁四库全书》第1078册，第108—109页。

民之先觉者也,予将以此道觉此民也,非予觉之而谁也?'"①就李翱《复性书》这段文字,我们还可追问李翱,凡人之性犹圣人之性,何以凡人一再为嗜欲好恶所昏,而圣人能先知先觉不"复为嗜欲所浑"? 我何以为凡人,彼何以为圣人? 李翱只可能用"我们每个人天生就不同"来回答,这无疑又会陷于一种命定论。视人的感性及自然好恶之七情为道德之恶不是陷于循环论就是陷于命定论,显然有其致命的缺点,后来重视"气质之性"的宋明理学家也同样陷此泥潭无法自圆其说,深研道德学说的康德曾深刻地认识到这一点:人之感性及自然好恶只是一种"自然之缺陷",并不能解释"道德之恶"。

尽管李翱视感性及自然好恶之情为邪为妄,但李翱又不得不承认"情有善有不善"。"圣人者岂其无情耶? 圣人者,寂然不动,不往而到,不言而神,不耀而光,制作参乎天地,变化合乎阴阳,虽有情也,未尝有情也。""圣人至诚而已矣。尧舜之举十六相,非喜也。流共工,放驩兜,殛鲧,窜三苗,非怒也。中于节而已矣。"②对李翱来说,情也有善之情,作为"道成肉身"的圣人因其感性生命亦有其情,只是圣人之情是"中于节"亦即合乎仁义之情。可见,李翱并非完全视情为"恶"。毫无疑问,李翱之所以声称"情者性之邪也""情者妄也,邪也",并不是因为感性及自然好恶之情本身即恶,他只是出于说明复性功夫的需要,因为感性及自然好恶之情妨碍了人依自身仁义之性而行,故被李翱视为邪为妄。并且,李翱还指出:"心寂然不动,邪思自息。惟性明照,邪何所生? 如以情止情,是乃大情也,情互相止,其有已乎?"对李翱而言,不仅邪情妄情妨碍人依自身仁义之性而行,即使人之善情对人的复性功夫也完全无补,因为这种人之善情也是一种感性自然之情,仍受制于感性自然法则,故不能充当道德的普遍根据。因此,李翱认为只有寂然不动之心、明照之性才能作为道德的普遍根据。

---

①② 李翱:《复性书中》,《李文公集》卷二,《景印文渊阁四库全书》第 1078 册,第 110 页。

在《复性书》中，李翱虽没有明确说"天之道"即"天之命"之性即"寂然不动"之心即"明照"之性亦即"至诚"，但从他反复将此几者在同一意义上来言说来看，李翱所谓"天之道"、"天之命"之性、"寂然不动"之心、"至诚"、"明照"之性，虽名不同，显然是同一所指，这是他论说复性功夫时所不言而喻的信念及前提。正因为如此，李翱所谓"复性"之"性"不仅具"天之道""天之命"的超越性，而且还具"本心"那种"明照""昭昭然明辨""视听昭昭而不起于见闻""寂然不动，感而遂通"之内在性、明觉性和感通性。《复性书》中一些有关圣人的描述如"是故诚者，圣人性之也，寂然不动，广大清明，照乎天地，感而遂通天下之故，行止语默，无不处于极也"，就是以心即性即天即诚为前提，否则，将不可思议、难以理解。在《复性书》中，尽管李翱反复宣称"然则百姓者，岂其无性耶？百姓之性与圣人之性弗差也"，也就是说人皆具超越而内在、明觉而又感通之"心""性"，但他也强调：除了先知先觉的圣人在觉之本性复其本性后不再为"嗜欲好恶"所惑所昏，其他人的"复性"并非通过一时的"弗虑弗思"功夫就能永远去除感性之情一觉即明，而是需要"止而不息必诚，诚而不息则明，明与诚终岁不违，则能终身矣。造次必于是，颠沛必于是，则可以希于至矣"[1]。可见，李翱所说的"复性"是一个漫长而艰难的"修"之过程。在《复性书》中篇最后有一段讨论"生死观"的文字，似乎与中篇对复性功夫探讨的主题不类。其实，生死观也是复性题中应有之义，复性乃复人之天命之性，此性既为"天之命"，显然是超越的、普遍的、永恒的。终究有一死的人本具超越的、普遍的、永恒的"天之命"之性，故"复性"是何等令人向往、值得人追求的伟大事业。当然，这段讨论"生死观"的文字或许也可以视为李翱对当时佛教所热衷于谈论的"生死事大无常迅速"的回应，在这段文字中，李翱基本上是采用先秦儒家对生死问题的经典论说作出说明和回应，此外他还声称："此非所急也，子修之不息，其自知

---

[1] 李翱：《复性书中》，《李文公集》卷二，《景印文渊阁四库全书》第 1078 册，第 109 页。

之,吾不可以章章然言且书矣。"①面对善谈"生死轮回"的佛教,李翱对生死观的说明又回到了先秦儒家的原点,除了原地踏步似乎贡献不大,也许是先秦儒家在生死观问题上的理论资源原本就不多。

五、《复性书》之道德意识觉醒

研究《复性书》者,往往因《复性书》下篇的文字与复性的整个主题关系不大,而轻忽了这一篇章。实际上,这一篇章在《复性书》中极为重要,《复性书》上篇中篇可以说立足于其上,因为这一篇章的主旨是人生天地间、生不满百唯专于道力于道才不负此生。此主旨既是李翱的夫子自道,同时亦确实是李翱一生为学为人的写照。气质上颇似韩愈的欧阳修曾对韩愈与李翱两人的为学为人有所评论:"每见前世有名人,当论事时,感激不避诛死,真若知义者。及到贬所,则戚戚怨嗟,有不堪之穷愁形于文字。其心欢戚,无异庸人。虽韩文公不免此累。"②"读《幽怀赋》,然后置书而叹,叹已复读,不自休。恨翱不生于今,不得与之交,又恨予不得生翱时,与翱上下其论也。凡昔翱一时人有道而能文者莫若韩愈,愈尝有赋矣,不过羡二鸟之光荣,叹一饱之无时尔。此其心使光荣而饱则不复云矣。若翱独不然,其赋曰'众嚣嚣而杂处兮,咸叹老而嗟卑。视余心之不然兮,虑行道之犹非',又怪神尧以一旅取天下,后世子孙不能以天下取河北,以为忧。呜呼! 使当时君子皆易其叹老嗟卑之心为翱所忧之心,则唐之天下岂有乱与亡哉。"③欧阳修一生视韩愈为楷模,以学韩自居,但他读韩文后,发现自己极为景仰的"有道而能文"的韩愈竟"不过羡二鸟之光荣,叹一饱之无时尔""戚戚怨嗟""无异庸人",其失望之心溢于言表;当他读李翱夫子自道的《幽怀赋》后,竟"恨翱不生于今,不得与之交,又恨予不得生翱时,与翱上下其论也",其叹服仰慕之情跃然纸上。

---

① 李翱:《复性书中》,《李文公集》卷二,《景印文渊阁四库全书》第 1078 册,第 111 页。
② 欧阳修:《与尹师鲁第一书》,《文忠集》卷六七,《景印文渊阁四库全书》第 1102 册,第 537 页。
③ 欧阳修:《读李翱文》,《文忠集》卷七三,《景印文渊阁四库全书》第 1102 册,第 573 页。

在读韩愈、李翱文后有欧阳修这种看法的绝非他一人,朱熹曾说:"然考其(韩愈)平生意向之所在,终不免于文士浮华放浪之习,时俗富贵利达之求。"[①]"他当初本只是要讨官职做,始终只是这心。他只是要做得言语似六经,便以为传道。至其每日功夫,只是做诗博弈,酣饮取乐而已,观其诗便可见。"[②]胡应麟称:"读翱集斥异端,崇圣道,词义凛如,在唐人柔靡仙佛中,可谓卓然不惑者。"[③]

何以韩愈与李翱在后人心目中的看法如此悬殊?其实自有其因。面对佛老的冲击,韩愈所推尊和提倡的儒学无非是一种出于现实政治考虑的政治性、工具性儒学,他作为一个未脱文人之习的文士,不仅毫无践履功夫,而且也不重视儒学自身的理论建设,"只是要做得言语似六经",故韩愈只是一个"能文"者,而非"有道"者。而李翱则不然,他一生确实能卓然而立,"志于道""专于道",绝无嗟卑叹老之心,唯忧己不能力行于道,言为心声,文如其人,有《李文公集》18 卷之文为证,故李翱可以说是真正的"有道而能文者"。李翱的"有道而能文",既表现在理论上为人之修身进德提供了理论根据与践履之方,同时还表现在现实生活中对自己与他人之修身进德的真正关心以及真做实行,这一切则源于他道德意识的真正觉醒。

在《复性书》下篇中,李翱对自己这一觉醒的道德意识作了如此表述:"人之不力于道者,昏不思也。天地之间,万物生焉,人之于万物,一物也,其所以异于禽兽虫鱼者,岂非道德之性全乎哉?受一气而成形,一为物而一为人,得之甚难也。生乎世,又非深长之年也。以非深长之年,行甚难得之身,而不专专于大道,肆其心之所为,则其所以自异于禽兽虫鱼者亡几矣。昏而不思,其昏也终不明矣。"天地之间,人与万物皆受气而有其形,并生并存,有所始有所终,人乃万物中一物,然而,天地之间人

---

① 朱熹:《王氏续经说》,《朱子全书》第 23 册,第 3283 页。
② 朱熹:《战国汉唐诸子》,《朱子语类》卷一三七,《朱子全书》第 18 册,第 4243 页。
③ 胡应麟:《题李习之集》,《少室山房集》卷一〇五,《景印文渊阁四库全书》第 1290 册,第 763 页。

为贵,人为万物之灵,原本万物中一物的人何以贵于万物、灵于万物? 只因为人具道德之性,具仁义礼智之性之全,否则,受气成形有生有死之人与禽兽无别。我与万物同为一气所生所成,而我竟成仁义礼智之性俱全之人,此是何等尊贵! 何等幸运! 何等难得! 何等来之不易! 我当全心全意用生命来珍惜此道德之性,尽一生之力来"力于道""专于大道",无愧为人不负此生;人若终日浑浑噩噩,罔顾道德之性,肆其欲所为,为嗜欲好恶支配,听凭口腹情欲摆布,人与禽兽何异! 人即禽兽也。李翱对自己觉醒的道德意识的表述可谓真切而又透彻。"吾之生二十有九年矣,思十九年时如朝日也,思九年时亦如朝日也。人之受命,其长者不过七十、八十年、九十年,百年者则稀矣。当百年之时,而视乎九年时也,与吾此日之思于前也,远近其能大相悬耶? 其又能远于朝日之时耶? 然则人之生也,虽享百年,若雷电之惊相激也,若风之飘而旋也,可知矣。况千百人而无一及百年之年者哉! 故吾之终日志于道德,犹惧未及也。彼肆其心之所为者,独何人耶!"①人生天地间,生不满百,人生匆促,如风之飘旋,如雷电之相激,转眼就是百年身;我今二十有九,觉得自己九岁、十九岁时的岁月犹如朝日一样刚过去。年华易逝,时不我待,我若不志于道德,何以为人,何以不负此生? 故岂敢肆意妄为,终日只惧自己未能志于道德。李翱唯恐人不能觉悟自身之道德之性、唯恐人不专于此道德之性,故他不得不将自己切身之体验与体会来告之于人劝之于人。正因为有此真切而清澈的道德意识,李翱才如先知般地宣称:"性命之书虽存,学者莫能明,是故皆入于庄、列、老、释。不知者谓夫子之徒不足以穷性命之道,信之者皆是也。有问于我,我以吾之所知而传焉,遂书于书,以开诚明之源,而缺绝废弃不扬之道,几可以传于时,命曰《复性书》,以理其心,以传乎其人。於戏! 夫子复生,不废吾言矣。"②亦正因为有此真切而清澈的道德意识,李翱才如此真诚、如此强烈、如此急切地疾呼人之性

①李翱:《复性书下》,《李文公集》卷二,《景印文渊阁四库全书》第 1078 册,第 111 页。
②李翱:《复性书上》,《李文公集》卷二,《景印文渊阁四库全书》第 1078 册,第 108 页。

犹圣人之性、人皆可复性为圣尽性命之道。由此可见,整个《复性书》即立于李翱这一真切而清澈的道德意识上,《复性书》下篇实为整个《复性书》不可或缺的部分。

傅斯年曾指出:"儒家书中,谈此虚高者(指性命问题),仅有《孟子》《易·系》及《戴记》之《乐记》《中庸》《大学》三篇,在李氏前皆不为人注意,自李氏提出,宋儒遂奉为宝书,于是将此数书提出,合同其说,以与二氏相角。""北宋新儒学发轫之前,儒家惟李氏有巍然独立之性论。"[①]陈弱水也认为:"在九世纪前后,除了李翱,还有其他文士对儒家的心性思想——或儒家对心性问题可能有的看法,展现了兴趣。但无论就论述的完整,探讨的深度,或观念的创新而言,《复性书》都明显是出乎其类,拔乎其萃。傅斯年称李翱为'儒学史上一奇杰'确是恰当的评价。"[②]《复性书》作为唐宋之际儒家心性之学的重要著作,其不仅以义理解经范式取代两汉以来那种章句训诂之解经范式,直承先秦儒家之心性之学,而且下启宋明理学,为宋明理学所探讨的两大中心问题——本体与功夫问题奠定了基本的规模与基础,它是中国思想发展过程中的重要转捩点和走向巨大变化的开端。因此,李翱《复性书》在中国思想史上的开拓作用与"范式"意义毋庸置疑。

[①] 傅斯年:《附论李习之在儒家性论发展中之地位》,《傅斯年集》,第468页,广州,花城出版社,2010。

[②] 陈弱水:《〈复性书〉思想渊源再探》,《唐代文士与中国思想的转型》,第290页,桂林,广西师范大学出版社,2009。

第二章　北宋早期道学

宋元哲学的发展,经历了一个由衍生到成型的历史过程。这个历史过程涵括北宋早期道学的形成,也涵括周敦颐代表的濂学,程颢、程颐代表的洛学,张载代表的关学,朱熹代表的闽学等主要学术派别的成型、分化、发展,以及元代儒家哲学的复兴等诸多历史环节。因此,我们考察宋元哲学的历史发展,应始于考察北宋早期的道学。

第一节　北宋道学的兴起

从中国哲学发展史的角度来看,北宋道学的兴起,当是隋唐哲学发展的继续。但是,道学作为中国哲学发展史上出现的一种独具特色的理论系统,形成于北宋时期,也有其具体的历史机缘。在中国历史上,北宋王朝是一个以兵变的方式窃取后周政权、逐步消灭唐代以后的分裂割据势力,然后建立起来的统一的封建政权。为了巩固政权,北宋建国以后,自宋太祖开始,即一方面注意"释藩镇兵权,绳赃吏重法"以便"塞浊乱之源",另一方面又注意"务农兴学,慎罚薄敛,与世休息,迄于丕平"。力图通过努力发展社会的经济文化,恢复正常的社会生活秩序,以求国家政权的巩固。因此,在北宋立国的国策中,提倡"兴学",鼓励发展教育,始终是一个重要的原则。从宋太祖赵匡胤开始,即鼓励臣下多读经书,通过读经书,以"知为治之道"。坚持"兴学"这一国策,当是道学得以在北宋兴起的一个重要历史条件。

但是,道学的兴起,也有一个具体的历史发展过程。一般而言,北宋建国以后,在宋真宗以前,哲学的发展还体现为一般的儒学复兴,理论特色并不显著。按照现在学术界通行的观念,道学作为一种独具特色的哲学理论,实际上是从宋仁宗庆历年间开始兴起的。道学兴起于宋仁宗庆历年间,有两个重要的历史机缘:一是庆历新政的推行,一是北宋书院教育的进一步发展。

庆历三年(1043),宋仁宗启用韩琦、富弼、范仲淹一类主张革新政治的人物推行新政。到庆历五年(1045)初,韩琦、富弼、范仲淹一类主张新政的人物先后受到排斥,新政措施即遭废止。庆历新政的推行时间很短。但是,庆历新政的推行与北宋书院教育的进一步发展是有一定关系的。因为在韩琦、富弼、范仲淹等人主张的新政中有一项名为"精贡举"的政策,其具体内容即涵括兴办学校、发展教育。这项新政的推行实际上推进了这一历史时期的书院教育。

北宋时期的书院教育并非始于庆历年间,但就对道学兴起产生过重要影响的书院教育而言,大都出现在庆历前后。全祖望考察宋代学术,即曾强调庆历新政与其时书院教育兴盛的关联,以及书院教育对于道学形成的影响。他在《庆历五先生书院记》中说:

> 有宋真、仁二宗之际,儒林之草昧也。当时濂、洛之徒方萌芽而未出,而睢阳戚氏在宋,泰山孙氏在齐,安定胡氏在吴,相与讲明正学,自拔于尘俗之中。亦会值贤者在朝,安阳韩忠献公、高平范文正公、乐安欧阳文忠公皆卓然有见于道之大概,左提右携,于是学校遍于四方,师儒之道以立。[1]

---

[1] 黄宗羲原本,全祖望修定:《高平学案》,《宋元学案》第1册,第134页。

全祖望这种论述,既肯定戚同文讲学睢阳、孙复讲学泰山、胡瑗讲学湖州对于道学兴起的先导作用,又肯定韩琦、范仲淹、欧阳修一类主张新政的人物对孙复、胡瑗一类民间学人的支持、举荐与提携推动了书院教育的发展。

　　肯定庆历新政及其前后盛行的书院教育对于北宋道学兴起的重要影响,并非始于全祖望。冯梓材认为,全祖望《庆历五先生书院记》中的观念始源于南宋袁燮的《四明教授厅壁续记》。袁燮曾说:

　　　　国朝庠序之设,遍于寓内。自庆历始,其卓然为后学师表者,若南都之戚氏,泰山之孙氏,海陵之胡氏,徂徕之石氏,集一时俊秀,相与讲学,涵养作成之功,亦既深矣。[1]

袁燮的论述既明确地肯定庆历新政对于书院教育的促进,又明确地肯定戚同文、孙复、胡瑗、石介主持的书院教育及其人品学问对于北宋道学兴起的影响。从袁燮对庆历年间书院教育的论述来看,冯梓材认定全祖望对庆历年间的书院教育与道学兴起联系的理解受到了袁燮的影响不无根据。但作为后世学者,全祖望对庆历年间书院教育对于道学兴起的影响的理解,与袁燮《四明教授厅壁续记》中所说内容也有所不同。他将陈襄等人在闽中的讲学活动也视为道学兴起的前导。他说:

　　　　宋仁之世,安定先生起于南,泰山先生起于北,天下之士从者如云,而正学自此造端矣。闽海古灵先生于安定盖稍后,其孜孜讲道,则与之相埒。安定之门,先后至一千七百余弟子,泰山弗逮也,而古灵亦过千人。安定之门如孙莘老、管卧云辈,皆兼师古灵者也。于时濂溪已起于南,涑水、横渠、康节、明道兄弟亦起于北,直登圣人之堂。古灵所得虽逊之,然其倡道之功,则固安定、泰山之亚,较之,张、程为前茅焉。[2]

全祖望认为,陈襄在福建一带讲学,时间略晚于孙复、胡瑗的讲学活动,

---

① 黄宗羲原本,全祖望修定:《高平学案》,《宋元学案》第1册,第134页。
② 黄宗羲原本,全祖望修定:《古灵四先生学案》,《宋元学案》第1册,第228页。

较之周敦颐、张载、程颢、程颐的学术成就,陈襄在理论创获方面也稍显逊色。若就对北宋道学兴起的影响而言,陈襄的讲学活动则应视为"安定、泰山之亚",实为张载、程颢程颐等人之"前茅"。全祖望对陈襄讲学活动历史影响的认可实际上更加全面地肯定了北宋庆历年间书院教育对于道学兴起的影响。正是遍及全国的书院教育使得人们在不同的地域相与"讲明正学",共同倡导儒家学说的普遍价值,引发了社会学术风气的转变,促进了道学的兴起与成型。

戚同文、孙复、胡瑗、石介,以及陈襄一类学者主持的书院教育,注重传介儒家经典,倡导儒家学说的普遍价值,对于道学的兴起各有其历史的贡献。但是,就这几位学者在道学兴起的过程中具体的理论贡献而言,又有所不同。一般而言,学术界大都以孙复、胡瑗、石介三人为北宋道学先驱,肯定孙复、胡瑗、石介对于道学兴起的重要贡献。南宋时期,朱熹考论北宋学术,即十分注意解析道学的演生流变。朱熹编纂的《伊洛渊源录》一书,考辨"伊洛渊源",实即是考释道学源流。但朱熹的《伊洛渊源录》首卷为《濂溪先生》,全书并未论及孙复、胡瑗、石介等人的学术活动。朱熹论及孙复、胡瑗、石介等人的言行,是在其编纂的另一部史学著作《五朝名臣言行录》中。此书卷一〇内容分别为:《希夷陈先生抟》《安定胡先生瑗》《泰山孙先生复》《徂徕石先生介》《老苏先生洵》。朱熹编纂此书最后一卷的思想方法值得注意。因为,陈抟、胡瑗等人若从政绩与官阶层级的角度来看,实难与朱熹此书所涉及的范仲淹一类名臣同列。朱熹之所以在《五朝名臣言行录》中辑录有关陈抟、胡瑗等人言行的文字,立意似多在肯定陈抟、胡瑗等人的言行对于北宋学术文化发展的影响。

朱熹在《五朝名臣言行录》中虽辑录了有关陈抟、胡瑗等人言行的文字,但也尚未具体论及胡瑗、孙复、石介等人的学术活动对于北宋道学形成的影响。朱熹肯定胡瑗、孙复、石介为北宋道学前驱,是在与人具体讨论道学发展源流时明确表达的。据《朱子语类》记载,朱熹与人论及北宋道学时认为,道学的成型"亦有其渐",即有自身的历史发展过程。他说:

自范文正以来,已有好议论,如山东有孙明复,徂徕有石守道,湖州有胡安定。到后来遂有周子、程子。张子出。①

清代学者全祖望在《宋元儒学案序录》中说:"宋世学术之盛,安定、泰山为之先河。程、朱二先生皆以为然。"这表示他自己认同程颐、朱熹考察宋代哲学发展源流的结论,肯定胡瑗与孙复在宋代儒家哲学发展中的历史贡献。朱熹等人肯定胡瑗与孙复在宋代儒家哲学发展中的历史贡献,表明了其对道学演生流变历史行程的理解;全祖望认同程颐、朱熹对胡瑗与孙复学术贡献的肯定,同样是要明确道学演生与流变的历史起点。应当说程颐与朱熹以及黄宗羲、全祖望等人对于胡瑗、孙复以及石介学术贡献的肯定都有其历史的根据。今天,我们考察宋元哲学或说道学的发展,也应当首先考察胡瑗、孙复、石介的学术活动对于道学兴起的影响。

第二节　胡瑗与道学

胡瑗(993—1059),字翼之,海陵如皋人。关于胡瑗的家世与生平,以蔡襄《太常博士致仕胡君墓志》中的记述较为具体。按蔡襄的记述,胡瑗祖居长安,世代为官。胡瑗的父亲胡讷,"博学善属文",曾为宁海节度推官。胡瑗为胡讷长子。胡瑗祖居陕西安定堡,世称安定先生。胡瑗少年时代聪明颖悟,志向高远。《宋元学案·安定学案》中说他"七岁善属文,十三通五经,即以圣贤自期许"。青年时期的胡瑗愈加钟情于学术事业,尤其"颛意经学"。胡瑗一生中,由于范仲淹举荐,曾"拜秘书校书郎,辟丹州军事推官,改密州观察推官";"为光禄寺丞,国子监直讲",主持太学;后"以太常博士致仕,归老其家"。由于长期从事教学活动,讲授儒家经典,胡瑗著述繁富,但多已散佚。现存的胡瑗著作主要是《周易口义》与《洪范口义》。

黄宗羲、全祖望一类史家何以视胡瑗为道学先驱,肯定胡瑗对于道学兴起的历史贡献,这是我们考察宋元哲学发展时仍然需要具体思考的

---

① 朱杰人等主编:《朱子全书》第18册,第4026页。

一个问题。胡瑗一生虽曾于不同的历史时期在地方或朝廷为官,但他"以经术教授吴中,年四十余"[1]。其主要活动是兴办教育,传授儒家学说。我们考察胡瑗对道学的影响,也应当注意胡瑗学术活动的这种特色。

胡瑗的学术影响首在其教育理念与教学方法。胡瑗青年时期,曾"往泰山,与孙明复,石守道同学,攻苦食淡,终夜不寝,一坐十年不归"[2]。泰山十年,心无旁骛,勤苦攻读,终使胡瑗博通经史,成为学问大家。但是,胡瑗在泰山苦读十年之后,未能步入中国传统知识分子期待的仕途,而是回到自己的家乡,为年轻学子传道授业,开始了自己的教学生涯。由于胡瑗"教人有法",其新颖的教学方式与渊博的学识,既受到学生欢迎,也受到范仲淹一类有识之士的赞赏与推崇。范仲淹任职苏州时,曾礼聘胡瑗为苏州州学教授。景祐三年(1036),由于范仲淹的举荐,胡瑗"白衣对政崇政殿",以平民身份入朝参与"更定雅乐"。庆历二年(1042),滕宗谅主政湖州,也礼聘胡瑗为湖州州学教授。胡瑗在苏、湖二州的教学方法与办学理念,曾经受到社会的广泛关注与推崇。

胡瑗认为,教育的目的在"倡明正学"。要达到这样的目的,首先必须"严师弟子之礼"。史籍中曾具体记述胡瑗践行自己这种教育理念:"滕宗谅知湖州,聘为教授。先生倡明正学,以身先之。虽盛暑,必公服坐堂上,严师弟子之礼。视诸生如子弟,诸生亦爱敬如父兄。"[3]胡瑗办学,主张"倡明正学""严师弟子之礼",实际上是在倡导与实践传统的儒家教育思想。儒家经典《礼记·学记》中说:"凡学之道,严师为难,师严然后道尊,道尊然后民知敬学。"在儒家学者看来,办学活动最为困难的事情是使教师受到尊重。只有教师受到尊重,他所传授的知识才会受到尊重;教师传授的知识受到尊重,人们才会尊重知识,重视学习。胡瑗在办学活动中"严师弟子之礼",追求的正是儒家主张的"师严然后道尊"这种教学目标。胡瑗在教学活动中注意尊重学生,使得学生也敬重胡瑗,

---

①《宋史·胡瑗传》卷四三二,第12837页。
②③ 黄宗羲原本,全祖望修定:《安定学案》,《宋元学案》第1册,第24页。

乐于跟随胡瑗学习。胡瑗为湖州州学教授时，曾出现"弟子去来常数百人"的盛况。其后，胡瑗主持太学，"其徒益众，太学至不能容，取旁官舍处之。礼部所得士，瑗弟子十常居四五，随材高下，喜自修饰，衣服容止，往往相类，人遇之虽不识，皆知其瑗弟子也……既而疾不能朝，以太常博士致仕，归老于家。诸生与朝士祖饯东门外，时以为荣"①。胡瑗在太学受到学生敬重，更典型地体现了他在教学活动中"严师弟子之礼"所取得的"师严然后道尊"的教学效果。

胡瑗具体的教学方法也有自己的独到之处。后世学者认为，胡瑗的教学方法值得肯定的首在分科教学：

> 其教人之法，科条纤悉具备。立"经义""治事"二斋：经义则选择其心性疏通、有器局、可任大事者，使之讲明"六经"。治事则一人各治一事，又兼摄一事，如治民以安其生，讲武以御其寇，堰水以利田，算历以明数是也。②

胡瑗在教学活动中"立'经义''治事'二斋"，实际上是以分科或说分类的形式组织教学。"经义"斋的教学内容为讲明"六经"，"治事"斋的教学内容为武备、水利、历算之法等。前者可说是注重义理，后者则偏重实学。学科不同，教学内容也有所不同。但是，不论是"经义"斋的教学内容，还是"治事"斋的教学内容，其目标都在学以致用，使人们学有所获。这种分科教学的方法，应当是胡瑗的教学活动深受学生欢迎的一个重要原因。

胡瑗在实行分科教学的同时，也注意因材施教：

> 先生初为直讲，有旨专掌一学之政。遂推诚教育多士，亦甄别人物。故好尚经术者，好谈兵战者，好文艺者，好尚节义者，使之以类群居讲习。先生亦时时召之，使论其所学，为定其理。或自出一义，使人人以对，为可否。或即当时政事，俾之折中。故人人皆乐

---

① 《宋史·胡瑗传》卷四三二，第 12837 页。
② 黄宗羲原本，全祖望修定：《安定学案》，《宋元学案》第 1 册，第 24 页。

从而有成效。①

胡瑗因材施教的教学方法不仅可以使学习兴趣相同的学生"以类群居讲习",而且可以组织"以类群居讲习"的学生围绕相同的议题切磋探讨,针对时政论析评断;通过学生的相互交流,相互促进,使学生"乐从而有成",引发学生的学习兴趣,获得学业上的进步。欧阳修在《胡先生墓表》中曾说:"先生为人师,言行而身化之,使诚明者达,昏愚者励,而顽傲者革。"胡瑗的教学活动之所以能够使不同类型的学生都学有所获,与他在教学中注意区别学生的兴趣爱好,注意发挥学生的主体性作用,使学生乐于接受具体的学问知识这种教学方法是有内在联系的。

胡瑗在教学活动中坚持的另一重要原则方法是"以明体达用之学授诸生"。宋神宗曾问胡瑗的学生刘彝:"胡瑗与王安石孰优?"刘彝在回答中言及胡瑗主张的"明体达用之学":

> 臣闻圣人之道,有体、有用、有文。君臣父子,仁义礼乐,历世不可变者,其体也。《诗》《书》史传子集,垂法后世者,其文也。举而措之天下,能润泽斯民,归于皇极者,其用也。国家累朝取士,不以体用为本,而尚声律浮华之词,是以风俗偷薄。臣师当宝元、明道之间,尤病其失。遂以明体达用之学授诸生。夙夜勤瘁,二十余年,专切学校,始于苏、湖,终于太学,出其门者无虑数千余人。故今学者明夫圣人体用,以为政教之本,皆臣师之功,非安石比也。②

按刘彝所述,北宋自开国以来,沿袭汉唐时期"尚声律浮华之词"的学风,国家取士用人皆"不以体用为本"。胡瑗在教学活动中之所以坚持"以明体达用之学授诸生",即是因为他不满宋仁宗明道、宝元年间盛行的这种取士方法和社会风气,力图通过自己的教学实践,改变这种社会风气所导致的"风俗偷薄"的社会弊端。从刘彝的论述来看,胡瑗理解的

---

① 黄宗羲原本,全祖望修定:《安定学案》,《宋元学案》第1册,第28页。
② 同上书,第25页。

"体",实为儒家经典《诗》《书》《易》《礼》《春秋》中所阐发的社会伦理与道德原则。胡瑗在长期的教学活动中,坚持"以明体达用之学授诸生",要求学生"明体",实即是要帮助学生把握儒家学说"列君臣父子之礼,序夫妇长幼之别"的价值取向与理论追求,改变社会上"尚文词而遗经业,苟趋禄利"的不良士风。欧阳修《胡先生墓表》中说胡瑗在湖州办学,"弟子去来常数百人,各以其经转相传受,其教学之法最备。行之数年,东南之士莫不以仁义礼乐为学"。所谓"东南之士莫不以仁义礼乐为学",应当是胡瑗在教学活动中要求学生"明体",即把握儒家学说基本的价值取向与理论追求所取得的重要实践成果。

胡瑗"以明体达用之学授诸生",既要求学生"明体",也要求学生"达用",注意"明体"与"达用"的统一。《宋元学案》中曾引用薛季瑄《浪语集》中的文字,论析胡瑗在教学活动中的这种追求:

> 尝谓翼之先生所以教人,得于古之"洒扫、应对、进退"。知其说者,徐仲车尔……成人成己,众人未足以知之。且君子道无精粗、无小大,是故致广大者必尽精微,极高明者必道中庸。①

"广大"与"精微"的统一,"高明"与"中庸"的契合,在某种意义上可以说正是胡瑗追求的"明体"与"达用"的统一。

胡瑗在长期的教学实践中,"以明体达用之学授诸生",这种独特的教学理念与教学方法,其影响并不限于胡瑗办学的苏、湖地区。据欧阳修《胡先生墓表》记述:"庆历四年,天子开天章阁,与大臣讲天下事,始慨然诏州县皆立学。于是建大学于京师,而有司请下湖州,取先生之法,为太学之法,至今着为令。"朝廷扩建太学,吸纳胡瑗在湖州的办学理念与教学方法,以之为太学的办学规则,这表明了胡瑗的教育实践在当时广泛的社会影响。应当说,胡瑗的教育理念与教学实践对于改变北宋时期士人"以博文强记、巧文丽辞为工"的学术观念与社会风气、形成有益于

---

① 黄宗羲原本,全祖望修定:《安定学案》,《宋元学案》第1册,第30页。

道学兴起的学术文化背景是作出过历史贡献的。

胡瑗"以明体达用之学授诸生",通过讲授儒家经典,为北宋道学的兴起培养优秀学术人才,乃后世学者肯定胡瑗为道学前驱的另一个重要根据。胡瑗在长期的教学实践中,为学生讲解的儒家经典很多。他的不少著作即是由学生记述他对儒家经典的解释,以"口义"的形式存世的。现存的胡瑗著作,以《周易口义》的内容最为完整。如果从经学的角度来看,胡瑗解《易》"以义理为宗",在学术上也极有价值。从道学的角度来看,胡瑗解《易》虽注意"以义理为宗",但在"义理"的层面,又尚未达到周敦颐、程颐、张载等早期道学代表人物的解《易》著作中所达到的理论层次。胡瑗解释儒家经典与北宋道学兴起的联系,主要是以自己解经的方法影响学生,为道学的兴起培养学术人才。胡瑗的学生蔡襄在《太常博士致仕胡君墓志》中曾说:胡瑗"解经至有要义,恳恳为诸生言其所以治己而后治乎人者。学徒千数,日月括劘为文章,皆传经义,必以理胜,信其师说"。注重诠释经典的"要义",是胡瑗解释儒家经典的基本方法。胡瑗解经,正是因其能帮助学生了解儒家经典的"要义",所以才使得学生"信其师说"。史籍中所记胡瑗的解经方法以其讲《易》的方法最为具体:

> 先生在太学,其初人未信服。使其徒之已仕者盛侨、顾临辈分置执事,又令孙觉说《孟子》,中都士人稍稍从游。日升堂讲《易》,音韵高朗,旨意明白,众皆大服。《五经》异论,弟子记之,目为《胡氏口义》。①

胡瑗在太学讲"易",能够使众人"大服",原因在其对《易》理的讲解"旨意明白"。"旨意明白"也可谓"解经至有要义"。信服胡瑗"解经至有要义",使得学生们乐于记录胡瑗对不同的儒家经典的解释,这也是胡瑗因解经而有《胡氏口义》存世的重要原因。胡瑗解释儒家经典的这种方法,

① 黄宗羲原本,全祖望修定:《安定学案》,《宋元学案》第 1 册,第 28 页。

不仅使学生们诚心信服,也使学生们在学问历练与身心修养方面终身受益。胡瑗的学生徐积曾说:

> 吾于安定之门,所得多矣。言之在耳,一字不违也。①

由此可见胡瑗讲授儒家经典对学生的影响。

在胡瑗的学生中,学术成就最为卓著者无疑当数为道学的形成作出过重要贡献的程颐。因此,可以说胡瑗对程颐的影响,更为集中地体现了胡瑗对于道学兴起的贡献。胡瑗对程颐的影响,主要表现在两个方面,一是对儒家学说的学术旨趣与理论的追求,一是解释儒家经典的思想方法。程颐青年时期游太学,遇胡瑗以"颜子所好何学"为题问诸生,成《颜子所好何学论》。程颐认为,孔门弟子三千,独称颜子为好学,根据在于颜回主张"学以至圣人之道"。程颐在回答"颜子所好何学"的基础上,也肯定"圣人可学而至",并将"正心""养性"理解为"学以至圣人"的具体途径。他说:

> 圣人之门,其徒三千,独称颜子为好学。夫《诗》《书》、六艺,三千子非不习而通也,然则颜子所独好者,何学也? 学以至圣人之道也。圣人可学而至与? 曰:然。学之道如何? 曰:天地储精,得五行之秀者为人。其本也真而静,其未发也五性具焉,曰仁义礼智信……凡学之道,正其心,养其性而已。中正而诚,则圣矣。君子之学,必先明诸心,知所养,然后力行以求至,所谓自明而诚也。故学必尽其心。尽其心,则知其性,知其性,反而诚之,圣人也。②

程颐在《颜子所好何学论》中的这些观念,既精炼地论述了传统儒学的基本理趣,也体现胡瑗在儒学理论方面对程颐的影响。胡瑗读完程颐的《颜子所好何学论》后,之所以"大惊异之",则是因为程颐对孔门弟子中"独称颜子为好学"的回答与胡瑗对儒学主旨的理解高度一致。程颐

---

① 黄宗羲原本,全祖望修定:《安定学案》,《宋元学案》第 1 册,第 41 页。
② 程颢、程颐:《河南程氏文集·杂著》,《二程集》上册,第 577 页。

后来正是基于自己早年对儒学旨趣的这种理解，认定"性即理"，以理本论论释人的道德根性，使传统儒学中的道德观念自然化、客观化、本体化，为作为新儒学的道学的形成作出重要的理论贡献。

胡瑗解释儒家经典的方法，特别是解《易》的思想方法对程颐也产生过重要影响。从胡瑗的《周易口义》来看，胡瑗解《易》，不仅力求"旨意明白"，而且注意从不同的层面诠释《周易》基本范畴的意涵。譬如，胡瑗对《周易》中"道"这一范畴的解释即采用过这样的方法：

> 道者，自然之谓也，以数言之，则谓之一；以体言之，则谓之无；以开物通务言之，则谓之通；以微妙不测言之，则谓之神；以应机变化(言之)，则谓之易。总五常言之，则谓之道也。[1]

程颐在《周易程氏传》中对乾卦的解释，实曾沿用胡瑗的这种方法：

> 乾，天也。天者天之形体；乾者天之性情。乾，健也，健而无息之谓乾。夫大，专言之则道也，天且弗违是也；分而言之，则以形体谓之天，以主宰谓之帝，以功用谓之鬼神，以妙用谓之神，以性情谓之乾。乾者万物之始，故为天，为阳，为父，为君。[2]

从程颐对乾卦的解释来看，程颐解《易》也注重对文本中概念、范畴的解释，在具体解释中，又特别注意阐发概念、范畴意涵的丰富性与层次性。应当肯定，程颐对乾卦的解释，不论思想的密度还是厚度都有超越前人的地方，体现了道学作为义理之学的思想特色。但从思想源头来说，程颐解《易》的思想方法实际上深受胡瑗解《易》方法的影响。从这种影响，我们亦可以发现胡瑗的学术活动与道学兴起的联系。

总之，北宋道学的兴起，与胡瑗的学术活动是联系在一起的。

宋神宗曾评价胡瑗一生的教育实践与学术追求：

> 先生之道，得孔孟之宗，先生之教，行苏、湖之中。师任而专，如

---

[1] 胡瑗：《系辞上》，《周易口义》，《景印文渊阁四库全书》第 8 册，第 466 页。
[2] 程颐：《周易程氏传·周易上经上》，《二程集》下册，第 695 页。

泰山屹峙于诸峰;法严而信,如四时迭运于无穷。辟居太学,动四欣
慕,不远千里而翕从,召入天章,辅先帝日侍,启沃万言而纳忠。经
义治事,以适士用,议礼定乐,以迪朕躬。敦尚本实,还隆古之谆风;
倡明正道,开来学之颛蒙。①

这种论述,不论是在学统的层面还是在治统的层面,都对胡瑗的教育思
想与教育实践作出了肯定性评价。胡瑗以自己的教育思想"倡明正道",
为北宋形成有益于道学兴起的学术氛围提供了重要的思想资源;通过自
己的教学实践"开来学之颛蒙",改变北宋"尚文词而遗经业,苟趋禄利"
的士风,为道学的兴起培养优秀的学术人才;开启道学的先声。这当是
胡瑗在道学发展史上真实的历史地位。

第三节　孙复与道学

考察北宋道学的兴起,孙复也是一个必须关注的人物。孙复(992—
1057),字明复,晋州平阳人。孙复早年即谙熟周、孔之道,并立志步入仕
途,以周、孔之道"利天下""润万物"。但是,孙复的科举之路却极为不
顺,"四举进士"皆落第。直到"鬓发皆皓白",无奈之下"退而筑居于泰山
之阳,聚徒著书"。孙复的学生石介曾在《明隐》一文中记述孙复早年的
人生抱负与生活坎坷:

> 孙明复先生,学周公、孔子之道而明之者也。周、孔之道,非独
> 善一身而兼利天下者也。先生蓄周、孔之道于其身,苟蓄而不施,徒
> 自膏润肥硕而已。万物则悴枯瘵病,而自膏润肥硕,岂周公、孔子之
> 道欤?是以先生凡四举进士,则是先生非苟蓄其道以膏润肥硕于其
> 身,将以利天下也,润万物也。四举而不得一官,鬓发皆皓白,乃退
> 而筑居于泰山之阳,聚徒著书,种竹树果,盖有所待也。且以谓尧、
> 舜在上,必不使贤人布褐而糟糠干馁以死,兹先生有所待之意也。

---

① 黄宗羲原本,全祖望修定:《安定学案》,《宋元学案》第 1 册,第 29 页。

《礼》曰:"君子居易以俟命。"斯之谓欤![1]

孙复退居泰山,表明他"欲仕而未得其方"。但是,孙复并非真正的"隐者"。他聚徒著书,"居易以俟命",实际上仍在等待展示自己才学的时机,以周、孔之道为国家社会效力。孙复在《上孔给事书》中即曾表达自己的这种学术志向:

> 复名晦迹沉。学夫子之道三十年。虽不为世之所知,未尝以此摇其心,敢一日而叛去。[2]

自己探究儒家学说的志向与追求虽未得到世人的了解与肯定,但自己"学夫子之道"的脚步不会停止,自己对儒家学说的信仰不会改变。孙复的这种生活态度以及他的"道德经术"都曾受到世人的景仰。后来由于范仲淹、富弼等人的举荐,孙复终于在晚年被朝廷"召拜校书郎、国子监直讲","官至殿中丞"。翰林学士赵概等人曾以"行为世法,经为人师"八字肯定孙复的人品与学问。

孙复在长期的学术活动中著述很多。据史籍记载,孙复的著作有《易说》、《春秋尊王发微》以及《睢阳子集》等。石介在《泰山书院记》中曾论及孙复的学术著述:"先生尝以谓尽孔子之心者大《易》,尽孔子之用者《春秋》,是二大经,圣人之极笔也,治世之大法也。故作《易说》六十四篇,《春秋尊王发微》十二卷。疑四凶之不去,十六相之不举,故作《尧权》,防后世之篡夺,诸侯之僭偪,故作《舜制》。辨注家之误,正世子之名,故作《正名解》。美出处之得,明传嗣之嫡,故作《四皓论》。先生述作,上宗周、孔,下拟韩、孟,是以为泰山先生,孰少之哉![3] 石介述及的孙复著作中,除《易说》《春秋尊王发微》外,《尧权》《舜制》《四皓论》等文以及《宋元学案·泰山学案》所收录的《睢阳子补》中之《董仲舒》《书汉元帝

---

[1] 石介:《明隐》,《徂徕石先生文集》,第 95 页,北京,中华书局,1984。

[2] 孙复:《上孔给事书》,《孙明复先生小集》,舒大刚主编:《宋集珍本丛刊》第 3 册,第 26 页,北京,线装书局,2004。

[3] 石介:《泰山书院记》,《徂徕石先生文集》,第 223—224 页。

赞后》《与范天章书》《与张洞书》《儒辱》等文都大体保存在后人辑成的《孙明复先生小集》中。传世的《春秋尊王发微》与《孙明复先生小集》是我们考察孙复道学思想的重要文献。

孙复对于道学的影响,首在其乐周、孔之道,以自己的学术兴趣与人生追求影响士人,恢复、弘扬儒家提倡的师道,营造有利于儒学发展的社会风气。南宋魏鹤山在《徂徕石先生祠堂记》中曾说:

> 先是,天圣以前,师道久废,自先生从孙明复氏,执礼甚恭,东诸生始知有师弟子。①

魏鹤山在记述中认为石介师从孙复,"执礼甚恭",才使山东士子"始知有师弟子",实际上也高度肯定了孙复在北宋时期为恢复与弘扬儒家倡导的师道所作出的重要贡献。

孙复在北宋时期为弘扬师道、"严师弟子之礼"所作的贡献,其具体情形与胡瑗有所不同。胡瑗通过自身垂范以"严师弟子之礼",孙复则是因学生的敬重体现儒家的师道。欧阳修在《孙明复先生墓志铭》中曾说,孙复退居泰山聚徒著书之时,"鲁多学者,其尤贤而有道者石介,自介而下,皆以弟子事之"。石介师从孙复时,已进士及第,因"贤而有道"在鲁地负盛名。但是,在石介理解的儒学谱系中,孙复是自唐代韩愈之后,最值得敬佩的儒家学者:

> 自周以上观之,贤人之达者,皋陶、傅说、伊尹、吕望、召公、毕公是也。自周以下观之,贤人之穷者,孟子、杨子、文中子、吏部是也。然较其功业德行,穷不必易达。吏部后三百年,贤人之穷者,又有泰山先生。②

因此,石介尊孙复为师,不仅声称自己"乐先生之道",而且表示自己要"大先生之为",立志光大孙复的学问与事业。在石介尊孙复为师的同

① 魏了翁:《徂徕石先生祠堂记》,转引自《徂徕石先生文集》,第 287 页。
② 石介:《泰山书院记》,《徂徕石先生文集》,第 222 页。

时，与石介同为山东名人的孔道辅也开始与孙复来往。孔道辅为孔子四十五代孙，官至御史中丞。欧阳修在《孙明复先生墓志铭》中对孔道辅与石介同孙复的交往也有具体记述："孔给事道辅，为人刚直严重，不妄与人，闻先生之风，就见之。介执杖屦侍左右，先生坐则立，升降拜则扶之，及其往谢也，亦然。鲁人既素高此两人，由是始识师弟子之礼，莫不叹嗟之。"这段文字具体地记述了孔道辅同孙复的交往与石介对孙复的礼敬之恭，以及石介、孔道辅同孙复的交往在当时对于山东士风的正面影响。人们重新重视儒家学说的理论价值与实践价值的学术氛围，是北宋道学兴起的一个重要原因。这种学术氛围的形成，与北宋庆历以来，士风的转变是联系在一起的。因此，应当肯定，孙复在泰山聚徒著书，与胡瑗在苏、湖地区的讲学活动一样，也曾自觉地以儒家的师道观念引发人们教育观念与学术风气的转变，为形成道学兴起的学术氛围作出了历史的贡献。

孙复高度肯定儒学价值，批评杨、墨、申、韩之论与佛、道之学，专注于对儒学价值的阐释与发掘，是他对道学兴起的另一具体贡献。

考察孙复在理论层面对儒学价值的肯定和维护，后世学者辑成的《孙明复先生小集》当是重要的文献根据。《孙明复先生小集》中共辑录孙复佚文 19 篇。分别为：《尧权论》《舜制议》《文王论》《辨四皓》《董仲舒论》《辨杨子》《书汉元帝赞后》《书贾谊传后》《罪平津》《无为指上》《无为指下》《寄范天章书一》《寄范天章书二》《上孔给事书》《答张洞书》《兖州邹县建孟庙记》《信道堂记》《儒辱》《世子蒯聩论》等。孙复在这些文献中"上宗周、孔，下拟韩、孟"，从不同的角度诠释了儒学的基本价值，阐述了自己肯定与维护儒学价值的学术追求。

孙复认为，周、孔之道或说"夫子之道"乃"治天下，经国家"的"大中之道"。这种"大中之道"载于儒家的"六经"之中，其具体内容则是儒家主张的"仁义礼乐"之学。因此孙复又强调"仁义礼乐"乃"治世之本"。在孙复看来，作为"治天下，经国家"之根本原则的儒家理论，其形成经历了一个历史的过程：

> 所谓夫子之道者,治天下,经国家,大中之道也。其道基于伏羲,渐于神农,著于黄帝、尧、舜,章于禹、汤、文、武、周公。然伏羲而下,创制立度,或略或繁。我圣师夫子,从而益之损之,俾协厥中,笔为六经。由是治天下,经国家,大中之道焕然而备。此夫子所谓大也。①

因此,舍弃儒家学说,实为丧失治世经国之本,即无法真正达成"治天下,经国家"的目标。孙复曾说:

> 舍六经而求虞、夏、商、周之治,犹泳断潢污渎之中,望属于海也。其可至矣哉?②

又说:

> 夫仁义礼乐,治世之本也,王道之所由兴,人伦之所由正。舍其本,则何所为哉?③

孙复这两种论述的主旨皆在强调儒学对于"治天下,经国家"的重要价值。孙复高度肯定儒学价值,这与后来道学早期代表人物周敦颐、二程兄弟及张载的学术趣向是完全一致的。孙复对儒学形成的历史行程的总结,实际上也表达了他对于儒学道统的理解。这种理解虽与其后周敦颐、二程、张载等人的具体理解有别,但就其通过儒学谱系与道统的考察,以突显儒学价值的思想方法而言,孙复实为周敦颐、二程、张载等道学代表人物的先驱。

　　孙复在肯定儒学价值的同时所表达的对儒学衰落的忧患,也表现出其道学前驱的思想特色。孙复认为,宋代立国八十年来,儒学衰落,矢志于践行"圣贤之阃奥者百无一二",这既是儒者的耻辱,也有其历史的原因:

① 孙复:《上孔给事书》,《孙明复先生小集》,舒大刚主编:《宋集珍本丛刊》第3册,第26页。
② 孙复:《寄范天章书二》,《孙明复先生小集》,舒大刚主编:《宋集珍本丛刊》第3册,第23页。
③ 孙复:《儒辱》,《孙明复先生小集》,舒大刚主编:《宋集珍本丛刊》第3册,第34页。

> 仁义不行,礼乐不作,儒者之辱欤……儒者之辱,始于战国,杨朱墨翟乱乎之于前,申不害韩非杂之于后。汉、魏而下,则又甚焉。佛、老之徒横于中国,彼以死生祸福、虚无报应为事,千万其端,始我生民绝灭仁义,屏弃礼乐,以涂塞天下之耳目。天下之人,愚众贤寡,惧其死生祸福报应人之若彼也,莫不争奉而兢趋之。观其相与为群,纷纷扰扰,周乎天下,于是其教与儒齐驱并驾,峙而为三。吁,可怪也!①

这种论述表明,在孙复看来,战国时期杨朱、墨翟、申不害、韩非理论的流行,以及汉、魏以后佛、老之学的兴盛皆为导致儒学衰落的历史原因。因此,真正的儒者,面对儒学的衰落,绝不能"不知其辱",而只能以极大的理论勇气展开对佛、道之学以及墨家、法家思想的理论批判,通过这种批判促使儒学复兴。他说:

> 去君臣之礼,绝父子之戚,灭夫妇之义,以之为国则乱矣;以之使人贼作矣。儒者不以仁义礼乐为心则已,若以为心,得不鸣鼓而攻之乎?凡今之人,与人争詈,小有所不胜,尚以为辱,矧以夷狄诸子之法乱我圣人之教耶,其为辱也大矣哉。噫,圣人不生,怪乱不平……后之章甫其冠,逢掖其衣,不知其辱,而反从之而尊之者,得不为罪人乎?②

从这种论述来看,孙复不满儒学式微,主张通过批判佛、道之学及墨家、法家的理论以复兴儒学的立场是十分鲜明的。在孙复看来,作为儒者,面对危及儒学生存发展的诸家之学,不能"鸣鼓而攻之",展开理论的批判,只会沦为儒学的罪人。因此,孙复既将对佛、道之学及墨家、法家思想的批评视为儒学复兴的重要条件,也把批判佛、道之学及墨家、法家思想看作真正的儒者在理论上应当肩负的责任。从关系儒学存亡绝续的

① 孙复:《儒辱》,《孙明复先生小集》,舒大刚主编:《宋集珍本丛刊》第3册,第34页。
② 同上书,第34—35页。

高度看待儒学与佛、道之学及其他学说的思想对立,以"独立不惧,精一自信"的大无畏精神与佛、道之学在理论上"较是非,计得失",是北宋道学成型的内在的历史要求。作为道学前驱,孙复通过批判佛、道之学以求儒学复兴的主张,与道学形成的这种历史要求是一致的。

同时,孙复认为,要改变宋初"仁义不行,礼乐不作"的现实,除了儒者对佛、道之学以及墨家、法家理论作出批判,更为重要的是国家改变"以文垂世""专以辞赋取人"的用人制度。因为,北宋建国以后推行的这种用人制度,使得"天下之士皆致力于声病对偶之间",人们多追求"妖艳邪侈之辞"。现实利益使得人们在"文"与"道"之间多选择重"文"轻"道",舍弃了对"治世之本"的追求与践行。而要改变这样的社会风气,既要从理论上辨明"文者,道之用也,道者,教之本也"①,又必须改变国家的用人制度,为儒学的振兴与发展提供制度保证。应当说,孙复对儒学价值的肯定,对儒学衰落的忧患,以及他通过对佛、道之学及其他各家理论的批判以复兴儒学的主张,对于后来道学的兴起都产生过积极影响,发挥过正面作用。

孙复作为道学前驱,尊孟也是其学术活动的特点之一。孙复认为,孔子之后,维护儒家主张的人伦纲常而又厥功至伟者当推孟子:

> 孔子既没千古之下,驾邪怪之说,肆奇险之行,侵轶我圣人之道者,众矣!杨墨为之魁,故其罪剧。孔子既没千古之下,攘邪说怪之说,夷奇险之行,夹辅我圣人之道者,多矣!而孟子为之首。故其功钜。昔者二竖去孔子之世未百年也,以无父无君之教行乎天下,天下惑而归之。嗟乎!君君臣臣,父父子子,邦国之大经也,人伦之本大本也。不可斯须去矣。而彼皆无之。是驱天于之民,舍中国之夷狄也。祸孰甚焉。非孟子莫能救之。故孟子慨然奋起,大陈尧舜禹汤文武周公孔之法,躯除之以绝其后,拔天下之民于夷狄之中,而复置之中国。俾我圣人之道炳焉不坠。故扬子云有言曰:"古者杨墨

---

① 孙复:《答张洞书》,《孙明复先生小集》,舒大刚主编:《宋集珍本丛刊》第3册,第28页。

塞路,孟子辞而辟之廓如也。"韩退之有言曰:"孟子之功,予以为不在禹下。"然子云述孟子之功不若退之之言深且至也。何哉? 泽水横流,大禹不作,则天下之民鱼鳖矣。杨墨暴行,孟子不作,则天下之民禽兽矣。谓诸此也。①

孙复生活的时代,孟子学在儒学系统中的地位尚未获得人们的普遍认同。孙复肯定韩愈对孟子学价值的理解高于扬雄对孟子学价值的理解,认同韩愈儒学史上"孟子之功""不在禹下"的评断,实是要表明自己对孟子学的高度肯定。所谓"泽水横流,大禹不作,则天下之民鱼鳖矣。杨墨暴行,孟子不作,则天下之民禽兽矣",实即是孙复自己对于孟子学价值的具体评价。肯定孟子对于儒学发展的巨大贡献,在理论上认同孟子学的价值,对于后来道学的兴起是具有重要意义的。因为,北宋时期《孟子》《论语》《大学》《中庸》"四书",曾为道学的形成与拓展提供重要的思想资源,而孙复则应是北宋时期较早重视并明确地肯定孟子学巨大理论价值的学者之一。

孙复在自己的学术活动中,反对将儒家经典传注价值绝对化,主张全面地把握儒学的理论系统,也体现出其作为道学前驱的思想特色。孙复的这种学术思想特色,既体现在他从理论的层面反对将儒学经典传注的学术价值固化与僵化,也体现在解释儒家经典时"不惑传注"的解经方法。孙复认为,儒家经典传注的价值被绝对化,同北宋的"取士"方法是联系在一起的:

> 国家之以王弼、韩康伯之易,左氏、公羊、谷梁、杜预、何休、范甯之春秋,毛苌、郑康成之诗,孔安国之尚书,镂版藏于太学,颁于天下,又每岁礼闱,设科取士,执为准的。多士较艺之际,有一违戾于注说者,即皆驳放而斥逐之。②

---

① 孙复:《兖州邹县建孟庙记》,《孙明复先生小集》,舒大刚主编:《宋集珍本丛刊》第 3 册,第 36 页。

② 孙复:《寄范天章书二》,《孙明复先生小集》,舒大刚主编:《宋集珍本丛刊》第 3 册,第 24 页。

北宋开国以后,以汉、魏以来的学者对儒家经典的"注说"为"准的",作为"取士"的依据。但是,在孙复看来,因"有违戾于注说者"而"驳放"与"斥逐"士子,有可能会埋没与浪费对国家有用的人才。因为,汉、魏以来的学者对儒家经典的"注说",并没有也不可能穷尽对儒家经典的解释;在科考中"违戾于注说者",并不一定即是错解经义者。因此,孙复主张走出旧有的儒学经典传注的藩篱,在新的时代条件下重新注释儒家经典。为此,孙复曾建议朝廷"广诏天下鸿儒硕老,置于太学",重新注释儒家经典。在孙复看来,只有对儒家经典"重为注解",且超越汉、魏以来名家对儒家经典的"注解",使儒家经典"廓然莹然",为学者学习、理解儒家学说提供正确的导向与帮助,才有可能恢复儒家理想中的"虞、夏、商、周之治"。

孙复解经"不惑传注",也体现在他对具体儒家经典的解释中。传世的孙复注释儒家经典的著作以《春秋尊王发微》影响为著。欧阳修《孙明复先生墓志铭》中说:"先生治《春秋》,不惑传注,不为曲说以乱经,其言简易,明于诸侯大夫功罪,以考时之盛衰,而推见王道之治乱,得于经之本义为多。"《宋史》中则说孙复"著《尊王发微》十二篇,大约本于陆淳,而增新意"①。欧阳修谓孙复"治《春秋》,不惑传注",与《宋史》中所说孙复"著《尊王发微》十二篇,大约本于陆淳"之意是相通的。陆淳有《春秋集传纂例》《春秋微旨》《春秋集传辨疑》等著作。后世学者认为陆淳的著作,其过在"生臆断之弊",其功在"破附会之失",实也是肯定陆淳治《春秋》在方法上具有"不惑传注"的特色。《宋史》中所说孙复解析《春秋》"本于陆淳",实是对欧阳修所谓孙复治《春秋》,不惑传注"的改述。程伊川曾说,后世多以《春秋》为史,不了解《春秋》所蕴含的"经世之大法":"《春秋》大义数十,其义虽大,炳如日星,乃易见也。惟其微辞隐义,时措从宜者,为难知也;或抑或纵,或与或夺,或进或退,或微或显,而得乎义理之安,文质之中,宽猛之宜,是非之公,乃制事之权衡,揆道之模范

---

① 《宋史·孙复传》卷四三二,第 12832 页。

也……故学《春秋》者,必优游涵泳,默识心通,然后能造其微也。"①就孙复与道学的关系而言,与《春秋尊王发微》的内容实无多少直接联系。但孙复治《春秋》"不惑传注",目的正在于通过自己的独立思考,以发掘《春秋》"明于诸侯大夫功罪""推见王道之治乱"的"微辞隐义",凸显儒家学说的价值。这种旨趣与方法,同程伊川一类道学代表人物理解的《春秋》的"隐义"以及领会这种"隐义"的方法确有相同之处。因此,孙复治《春秋》"不惑传注",可谓开宋儒怀疑经传的风气之先,其思想方法与理论追求对于北宋道学的兴起同样是具有重要影响的。

孙复作为道学先驱,虽然未能像二程、张载一类道学代表人物在哲学的层面建构起自己的思想系统,但孙复学术活动的思想方法与理论旨趣与二程、张载一类道学代表人物是相通的。朱熹曾论及孙复等道学前驱的思想理论:

> 说话虽粗疏,未尽精妙,却尽平实。②

又说:

> 本朝孙、石辈忽然出来,发明一个平正底道理自好。前代亦无此等人。如韩退之已自五分来,只是说文章。若非后来关、洛诸公出来,孙、石便是第一等人。③

朱熹的评论是公允的。这种评论揭示了孙复一类学者学术活动的思想特色,也肯定了孙复一类学者在道学形成过程中的历史贡献。

第四节　石介与道学

石介(1005—1045),字守道,兖州奉符人,与胡瑗、孙复齐名,是道学先驱中又一代表人物。石介的家世与早年的生活道路和胡瑗、孙复有所

---

① 程颐:《春秋传序》,《二程集》下册,第1125页。
②③ 朱杰人等主编:《朱子全书》第18册,第4027页。

不同。石介祖辈"世为农家",直到石介的父亲石丙"始以仕进,官至太常博士"。与祖辈的生活不同,石介二十六岁即进士及第,开始步入仕途,先后为郓州观察推官、南京留守推官。石介也曾被御史台辟为主簿,后因故未能到任。宋仁宗宝元元年(1038),石介因父亲年迈,代父亲"官于蜀",任嘉州军事判官。石介代父入蜀为官是他仕途中的一次重要经历。但石介赴嘉州任职不久,即因母亲病故离开了嘉州。一年多以后,石介的父亲也病故了。史籍中所说石介"丁父母忧,耕徂徕山下,葬五世之未葬者七十丧"①,记述的即是石介离开嘉州之后在家乡的生活。石介在家乡生活几年以后,于宋仁宗庆历二年(1042)被召任国子监直讲。

"笃学有志尚,乐善疾恶,喜声名,遇事奋然敢为。"②史籍中这种记载概述了石介为学、为人与为官的个性与追求。石介青年时期即步入仕途,在政治活动中力主"退奸进贤",革新政治,是"庆历新政"坚定的支持者。宋仁宗庆历三年(1043),吕夷简被罢相,夏竦被罢枢密使,范仲淹、富弼、韩琦等同时执政,欧阳修、蔡襄等人并为谏官。石介视"庆历新政"为"盛事",曾作《庆历圣德颂》。诗中有"众贤之进,如矛斯拔。大奸之去,如距斯脱"之说。石介所谓"众贤",肯定了范仲淹、富弼、韩琦等新政推行者的人品,石介所谓"大奸",则直接表达了对夏竦等人的不满。石介对范仲淹、富弼、韩琦等人的推崇,受到了后世学者的肯定。朱熹曾引录王辟之对石介《庆历圣德颂》的评价:

> 《渑水燕谈》云:《圣德诗》云:"维仲淹、弼,一夔一皋。"又曰"琦器魁磊,岂视庖楔。可属大事,重厚如勃。"其后,富、范为宋名臣,而魏公定策两朝,措天下于泰山之安,人始叹先生之知人。③

王辟之认定石介推崇范仲淹、富弼、韩琦等为"知人",朱熹引述王辟之的论述,表明朱熹也认同王辟之对石介的评价。石介为人处世,"是是非

---

① ②《宋史·石介传》卷四三二,第12833页。
③ 朱杰人等主编:《朱子全书》第12册,第325页。

非"，爱憎分明；政治上"指切当时，无所讳忌"。这样的人生态度，使得他的仕途生活充满了曲折与艰难。欧阳修在《徂徕石先生墓志铭》中曾记述石介任太学直讲以后的仕途经历："先生直讲岁余，杜祁公荐之天子，拜太子中允。今丞相韩公又荐之，乃直集贤院。又岁余，始去太学，通判濮州。"石介能够"拜太子中允""直集贤院"，是因为杜衍、韩琦的举荐；石介自求外放"通判濮州"，则是因为政敌的攻击使他无法在朝中继续供职，不得不离开太学。石介的人生态度与政治理想，决定了他在自己的人生中只能够遂意与失意交织，擢升与沉沦并存。石介离开太学"通判濮州"，实际上并未到任。庆历五年（1405），石介病逝于家中，年仅四十一岁。

石介一生，不论政治还是学术，都自许甚高，但生活上却清廉自守，始终践行儒道。这使得石介病逝之后，妻儿靠友人接济才免受冻馁之苦。欧阳修在《徂徕石先生墓志铭》中曾记述石介家中的这种生活状况："先生既殁，妻子冻馁不自胜，今丞相韩公与河阳富公分俸买田以活之。后二十一年，其家始克葬先生于某所。"欧阳修与石介同年进士及第，过从甚密。其在《徂徕石先生墓志铭》中所记石介病逝以后，家中生活靠韩琦、富弼等人的接济才得以勉强维持的窘境，当为石介家中生活的实际情状。欧阳修的这种记述，向人们描述了石介另一面向的人生，也从另一侧面为人们展示了石介的操守。

石介一生，学术著述十分丰富。欧阳修在《徂徕石先生墓志铭》中论及石介学术著述时说："其所为文章曰某集者若干卷，曰某集者若干卷。其斥佛、老、时文，则有《怪说》《中国论》。曰：'去此三者，然后可以有为。'其戒奸臣、宦、女，则有《唐鉴》。曰：'吾非为一世鉴也。'其余喜、怒、哀、乐必见于文，其辞博辨雄伟而忧思深远。"据史籍记载，石介在易学方面的著作有《易解》5卷、《易口义》10卷，另有《唐鉴》6卷、《三朝圣政录》4卷、《徂徕先生文集》20卷。这些著作多有散佚。宋代学者论及石介的易学著作时曾有"亦无大发"之说，似是认定石介易学著作新意不多。石介为《唐鉴》与《三朝圣政录》所写的《序言》，以及欧阳修论及的《怪说》《中国论》等文皆收入《徂徕石先生文集》中。20世纪80年代,由中华书局出版的《徂徕石先生文集》,是我们今天考察石介道学思想的重要文献。

石介与道学的联系,首先也表现在其尊师重教,热心于传授儒家经术。同胡瑗、孙复一样,石介也认定在自己生活的年代,人们不践行儒家所主张的师道,耻于问学,乃"学者之大蔽"。朱熹的《五朝名臣言行录》曾经摘录王辟之《渑水燕谈录》中有关石介重视师道的记述:

> 徂徕石守道常语学者曰:"古之学者,急于求师。孔子,大圣人也,犹学礼于老聃,学官于郯子,学琴于师襄,矧其下者乎!后世耻于求师,学者之大蔽也。"乃为《师说》以喻学者。是时,孙明复先生居泰山之阳,道纯德备,深于《春秋》,守道率张洞北面而师之,访问讲解,日夕不息。明复行则从,升降拜起则执杖屦以待。二人者为鲁人所高,因二人而明复之道愈尊。于是学者始知有师弟子之礼。[1]

石介是儒家师道的推崇者,也是儒家学说的践行者。在石介看来,要践行儒家学说,首先须笃信儒家学说。欧阳修《徂徕石先生墓志铭》中说石介:"其为言曰:'学者,学为仁义也。惟忠能忘其身,惟笃于自信者,乃可以力行也。'"欧阳修认为,石介的一生,始终"以是行于己,亦以是教育人"。石介践行儒家师道,向孙复问学"日夕不息"。同时,自己也聚徒讲学,热心于教育。石介为父母守丧期间,即曾"以《易》教授于家"。庆历二年(1402),石介进入太学讲学。在北宋道学先驱中,石介虽尊孙复为师,但孙复与石介进入太学讲学都在庆历二年。胡瑗于宋仁宗嘉祐年间进入太学讲学,时间上比石介与孙复要晚。石介进入太学讲学,对传授儒家经术倾注了满腔热情。欧阳修在《徂徕石先生墓志铭》中说:石介在太学"益以师道自居,门人弟子从之者甚重。太学之兴,自先生始"。欧阳修认定北宋"太学之兴",始于石介入太学讲学,表明了石介在太学讲学的广泛影响。南宋魏了翁在《徂徕石先生祠堂记》中也曾写道:"先

---

[1] 朱杰人等主编:《朱子全书》第12册,第323—324页。

是,天圣以前,师道久废,自先生从孙明复氏,执礼甚恭,东诸生始知有师弟子。自先生覃思六经,排抵二氏,东诸生始知有正学。"这种记述更加简洁地概述了石介一生践行儒家师道与诠释儒家学说两者之间的联系及其正面的社会效应。应当肯定,石介提倡与实践儒家主张的师道,以及他在太学的讲学活动,同孙复、胡瑗的教育实践一样,不论是其讲解儒家经典的思想方法,还是其讲解儒家经典的理论追求,对于北宋道学的兴起都是产生过重要影响的。

石介对"孔子之道"的推崇,也是其为道学先驱重要的思想特征。作为道学前驱,胡瑗与孙复在自己的学术活动中都力倡"周孔之道",肯定儒家学说的价值。但是,相比较而言,石介对"周孔之道"的推崇与肯定更加具备理论的色彩。这体现在石介将"周孔之道"或说儒家学说的理论系统更集中地归结为"孔子之道";其对"孔子之道"的推崇又以对"道""义"观念的理解为思想前提。石介认为:

> 夫所谓道者,亲而不可离者也。夫所谓义者,合而不可解者也。[1]

在石介看来,"道""义"都是人们在生活中处理人伦关系时所必须遵循的基本律则。他以"亲而不可离者"谓"道",是就处理父子、兄弟关系的律则说;以"合而不可解者"谓"义",是就处理君师、朋友关系的律则说。石介对"道""义"的这种区分,规定了"道""义"原则具体适用的对象与范围。但是,在石介对"道""义"的理解中,"道"的适用范围要大于"义","义"实为"道"之体现。因此,石介也将处理师友关系的人伦原则统称为"道义":

> 夫父子兄弟以亲爱,君师朋友以义合也。入则事父兄,出则事君师、朋友。君臣之际,犹有爵禄之贪,得与其利焉,师友之分,非道

---

[1] 石介:《朋友解》,《徂徕石先生文集》,第91页。

义不合。①

石介强调"师友之分,非道义不合",实即肯定"义"亦为"道"。石介肯定"道"为"亲而不可离者","义"为"合而不可解者",又将"道""义"合称为"道义",实际上表明了他对"道"的普遍性的理解。在石介看来,正是因为"道"对于人们生活秩序的规制与导引是普遍的,所以"道"才成为人们生活中的"不可离"者与"不可解"者。

石介以"道"对于人们生活的"不可离"与"不可解"来肯定"道"的普遍性,同时也肯定了"道"具备"常行"与"不可易"的特质。他说:

> 夫天地、日月、山岳、河、洛,皆气也。气浮且动,所以有裂、有缺、有崩、有竭。吾圣人之道,大中至正,万世常行,不可易之道也,故无有亏焉。②

从这种论述来看,石介不仅将"圣人之道"的特征理解为"大中至正",而且由肯定"圣人之道,大中至正",进而肯定"圣人之道""万世常行",乃"不可易"者。这种观念实际上肯定了"道"的绝对性与恒常性。过去学术界考察石介的哲学思想,多依据这段文字解析石介的"气"论。然而就思想层面说,石介论"气"并没有多少超越前人思想的地方。但石介通过比对"天地、日月、山岳、河、洛"的"裂""缺""崩""竭"变化,来肯定"圣人之道"的"不可易"和"无有亏",倒是极大地升华了其对"道"的理解的思想层次。

石介还曾探讨所谓"时"之"浇淳"与"道"之"升降"问题。在石介看来,"时治则淳,时乱则浇,非时有浇淳也。圣人存则道从而隆,圣人亡则道从而降,非道有升降也"③。因此,石介的结论是:"时有浇淳,非谓后之时不淳于昔之时也;道有升降,非谓今之道皆降乎古之道也。"④石介这

---

① 石介:《朋友解》,《徂徕石先生文集》,第 91 页。
② 石介:《宋城县夫子庙记》,《徂徕石先生文集》,第 221 页。
③④ 石介:《汉论下》,《徂徕石先生文集》,第 114 页。

种"时"之"浇淳"决定于时之治乱,"道"之"升降"决定于圣人之有无;"时"自身无所谓"浇淳","道"自身无所谓"升降"的观念,实际上也从一个侧面透露了他对"道"之恒常性的理解与肯定。从石介对"道"的这些规定与诠释来看,可以说石介的"道"论实际上已具备一个思想的系统。尽管这个系统在理论上还不是十分完备,但是,石介对"孔子之道"的论释,正是以自己的"道"论为思想前提的:

> 孔子之道,君臣也,父子也,夫妇也,朋友也,长幼也。天下不可一日无君臣,不可一日无父子,不可一日无夫妇,不可一日无朋友,不可一日无长幼。万世可以常行,一日不可废者,孔子之道也。离孔子之道而言之,其行虽美,不致于远,其言虽切,无补于用。①

石介在肯定君臣、父子、夫妇、朋友、长幼等人伦关系存在的客观现实性的基础上,进而肯定作为调适这些人伦关系基本原则的"孔子之道",为"万世可以常行,一日不可废者";认定人们在日常生活中背离"孔子之道",其结果只能是"其行虽美,不致于远,其言虽切,无补于用"。这种观念确实从较高的思想层面上肯定了儒家学说的理论价值与实践价值。以对"道"的一般诠释作为肯定儒家学说的思想基础,进而将儒家的伦理观念自然化、客观化,升华为事物的本体,构建道德形上学系统,是宋代道学的重要标志。应当肯定,从道学发展的角度来看,不论是石介对"道"的理解,还是对"孔子之道"的阐释与推崇,其思想方法都体现了宋代早期道学代表人物的理论追求。

推崇与维护"孔子之道"的理论趣向,使石介在学术理论方面表现出一种强烈的批判精神。这种理论批判精神也是石介作为道学前驱的重要思想特征。史籍中说:

> 介为文有气,尝患文章之弊、佛、老为蠹,著《怪说》《中国论》,言

---

① 石介:《辨私》,《徂徕石先生文集》,第88页。

去此三者,乃可以有为。①

按这种记述,石介之所以高举学术批判的旗帜,一是"患文章之弊",二是患"佛、老为蠹"。因此,石介学术批判的对象,除了以杨亿的文体为代表的"时弊",多为佛、道之学。史籍中这样记述石介学术批判的对象,大体上符合石介学术活动的实际。石介在自己的学术活动中,虽也曾批判、否定杨朱、墨翟、韩非、庄周的思想学说,但其从理论上所要集中批判者确为佛、道之学与"杨亿之道"。

杨亿是北宋的文学大家,是所谓"西昆体"的主要代表人物,也是一名虔诚的佛教徒。杨亿参与编定的禅宗灯录,对禅宗在北宋的流传曾发挥重要作用。石介批判杨亿,根源于其对"文"的追求、理解与杨亿有别。石介深受《周易》《春秋》等著作中"文"的观念的影响,将"文"理解为规范调适社会秩序的政治、司法、教育制度以及道德领域的普遍原则:

> 文之时义大矣哉!　故《春秋传》曰:"经纬天地曰文。"……故两仪,文之体也;三纲,文之象也;五常,文之质也;九畴,文之数也;道德,文之本也;礼乐,文之饰也;孝悌,文之美也;功业,文之容也;教化,文之明也;刑政,文之纲也;号令,文之声也;圣人,职文者也。②

从这种论述来看,石介肯定"文"为"两仪之体""三纲之象""五常之质""九畴之数",目的正是要强调"文"的实质乃社会的"尊卑"之法与人伦之纪,或说"文"即儒家所主张的"王道"。这样的"文",实际上涵括整个社会的纲常制度与伦理原则。而在石介看来,"杨亿之道"之所以为"时弊",原因正在其对"文"的理解与追求,仅停留在文体、文风或说为文形式的层面。石介曾这样归纳杨亿为代表的"文"的特征:

---

① 《宋史·石介传》卷四三二,第 12833—12834 页。
② 石介:《上蔡副枢书》,《徂徕石先生文集》,第 143—144 页。

今夫文者,以风云为之体,花木为之象,辞华为之质,韵句为之数,声律为之本,雕镂为之饰,组绣为之美,浮浅为之容,华丹为之明,对偶为之纲,郑、卫为之声,浮薄相扇,风流忘返,遗两仪、三纲、五常、九畴而为之文也,弃礼乐、孝悌、功业、教化、刑政、号令而为之文也。[①]

在这种归纳中,石介明确地指出:"杨亿之道"离开了"文"的应有之义,实际上否定了"文"的本质内容。因此,在石介看来,如果推行"杨亿之道",片面"崇尚雕镂,掇拾藻丽","遗两仪、三纲、五常、九畴而为之文","弃礼乐、孝悌、功业、教化、刑政、号令而为之文",那么"君臣何由明?父子何由亲?夫妇何由顺?尊卑何由纪?贵贱何由叙?内外何由别?"[②]其结果不仅会使人们在思想理论的层面背离"正学",而且会导致社会的混乱与无序,危及人们正常的现实生活。

石介认为,如果认同并推行儒家所理解的"文",其结果则完全不同。因为,在现实生活中,对于儒家所理解的"文",若能做到"君子章之,庶人由之,具两仪之体,布三纲之象,全五常之质,叙九畴之数,道德以本之,礼乐以饰之,孝悌以美之,功业以容之,教化以明之,刑政以刚之,号令以声之"[③],其结果则将是"尊卑有法,上下有纪,贵贱不乱,内外不卖,风俗归厚"[④]。而这样的结果正是儒家所追求与向往的"王道"。因此,石介将"杨亿之道"理解为北宋社会"化日以薄,风日以淫,俗日以僻"的一个原因。这也是石介将"杨亿之道"与佛、道之学并列,视其为必须去弃的"三弊"之一的重要缘由。

石介否定"杨亿之道"的另一个重要原因,是他认定杨亿不仅否定"文"的本质内容,而且力图以己之"文"替代"周孔之道":

昔杨翰林欲以文章为宗于天下,忧天下未尽信己之道,于是盲天下人目,聋天下人耳,使天下人目盲,不见有周公、孔子、孟轲、扬

---

①②③④ 石介:《上蔡副枢书》,《徂徕石先生文集》,第144页。

雄、文中子、韩吏部之道；使天下人耳聋，不闻有周公、孔子、孟轲、扬
雄、文中子、韩吏部之道。俟周公、孔子、孟轲、扬雄、文中子、韩吏部
之道灭，乃发其盲，开其聋，使天下唯见己之道，唯闻己之道，莫知
有他。[1]

因此，在石介看来，只有通过理论的批判，使人"不见杨亿之道""不
闻杨亿之道"，人们才能重新推崇与践行儒家学说所阐明的"三才、九畴、
五常之道"。由此可见，石介对"杨亿之道"的批判，表面在不满杨亿所代
表并推崇的文风与文体，实质则是要通过批判"杨亿之道"，维护与肯定
儒家学说的价值。

石介对佛、道之学的批判，目的同样在维护与推崇儒家学说。石介
认为，佛、道之弊，本质上也在其使人们背离了"孔子之道"，无视儒学的
普遍价值。在石介看来，人们因佛、道之学的流行而背离"孔子之道"，其
结果也只能是"乱天常""易地理""悖人道"。"乱天常""易地理"会导致
华、夷不分，"悖人道"则将使中国不成为中国。他在《中国论》中曾具体
地论述自己的这种观念：

> 仰观于天，则二十八舍在焉；俯观于地，则九州分野在焉；中观
> 于人，则君臣、父子、夫妇、兄弟、宾客、朋友之位在焉。非二十八舍、
> 九州分野之内，非君臣、父子、夫妇、兄弟、宾客、朋友之位，皆夷狄
> 也。二十八舍之外干乎二十八舍之内，是乱天常也；九州分野之外
> 入乎九州分野之内，是易地理也；非君臣、父子、夫妇、兄弟、宾客、朋
> 友之位，是悖人道也。苟天常乱于上，地理易于下，人道悖于中，国
> 不为中国也。[2]

石介将佛、道之学的危害上升到破坏正常的自然秩序与社会秩序，
危及民族国家存亡的层面。这种思想观念，在整个宋代批判佛、道之学

---

[1] 石介：《怪说中》，《徂徕石先生文集》，第 62 页。
[2] 石介：《中国论》，《徂徕石先生文集》，第 116 页。

的思想理论中都是十分有特色的。

石介对人们信奉佛、道之学的痛心与忧患,是其对佛、道之学持坚定的批判态度的另一重要原因,也是其在批判佛、道之学的过程中,凝聚成的另一种思想动力。在石介看来,佛、道之学在理论上危及民族、国家的存亡,但在现实中人们不仅不以其为害,反倒迷恋、崇奉佛、道之学。这既是人们生活中存在的一大乱象,也是国家社会面临的深层次的思想文化危机。这种信仰危机对于国家民族的危害更为深重。石介曾具体论述自己对于人们信仰错位的忧虑:

> 彼其灭君臣之道,绝父子之亲,弃道德,悖礼乐,裂五常,迁四民之常居,毁中国之衣冠,去祖宗而祀夷狄,汗漫不经之教行,妖诞幻惑之说满,则反不知其为怪,既不能禳除之,又崇奉焉。时人见一狐媚、一鹊噪、一枭鸣、一雉入,则能知其为人之怪也,乃启咒祈祭以厌胜焉。彼其孙、其子、其父、其母,忘而祖宗,去而父母,离而常业,裂而常服,习夷教,祀夷鬼,则反不知其为怪,既不能厌胜之,又尊异焉,愈可怪也。[1]

应当说,正是因为石介既能理解佛、道之学的理论危害,又能意识到佛、道之学的流行加深了人们在信仰层面的思想文化危机,所以他坚定地举起了批判佛、道之学的旗帜。

同时,在石介看来,不论是佛、道之学,还是"杨亿之道",都从根本上危及"孔子之道"。如果不能对"三弊"从理论上进行彻底清算,"孔子之道"即始终难免其害。因此,石介认同韩愈"不塞不流,不止不行"的思想观念,声言自己的理论追求即是要"直斥"侵害"孔子之大道"的异端之学:

> 孔子之大道,为异端侵害,不容于世实三千年……维之持之,道不绝矣。不去其害,道终病矣。韩文公所谓"不塞不流,不止不行"

---

[1] 石介:《怪说上》,《徂徕石先生文集》,第61页。

是也。予不自揆度,乃奋独力,直斥其人而攻之。①

石介政治上拥护庆历新政,学术上对危害"孔子之道"的异端之学采取坚定的批判态度,使他曾受到政敌与论敌的强力反击:

> 反攻予者日以千数,视予之肉,虎动吻而狼磨牙。②

但石介无惧无悔。石介曾表示自己虽年仅三十有七即鬓发半白,"然心益壮而气不衰",绝不动摇自己维护"孔子之大道","直斥"异端之学的学术立场与理论信念。石介为维护"孔子之大道",在学术批判方面可以说是宋代道学前驱中旗帜最为鲜明的代表人物。

从石介与道学联系的角度,考察石介对"杨亿之道"、佛、道之学以及其他学术派别的批判,其思想方法以及与此相关的一些思想观念也值得关注。就思想方法而言,石介不仅始终坚持从"道"的层面批判"杨亿之道",批判佛、道之学以及杨朱、墨翟等人的思想理论,而且注意揭示两者对立的认识原因,认定"孔子之道"与"杨亿之道"、佛、道之学以及其他异端之学存在对立,根本原因在于人们对自然理则与社会理则的把握与理解存在差异。石介曾与人讨论"文之旨",并在讨论中论述"文"与"识"的关系:

> 夫与天地生者,性也;与性生者,诚也;与诚生者,识也。性厚则诚明矣,诚明则识粹矣,识粹则其文典以正矣。然则,文本诸识矣。圣人不思而得,识之至也;贤人思之而至,识之几也。《诗》《易》《书》《礼》《春秋》,言而为中,动而为法,不思而得也。孟、荀、杨、文中子、吏部,勉而为中,制而为法,思之而至也。至者,至于中也,至于法也。至于中,至于法,则至于孔子也。至于孔子而为极焉,其不至焉者,识杂之也,甚者为杨、墨,为老、庄,为申、韩,为鬼佛。识杂之害

---

① 石介:《送张绩李常序》,《徂徕石先生文集》,第215—216页。
② 同上书,第216页。

也如此。①

在这一论述中,石介肯定"文本诸识",并认定"诚明则识粹"。所谓"诚明则识粹",实际上肯定了人的德性有助于人对事物认识的纯正与真实。基于这样的观念,他进而认为孔子与其他儒家学说的代表人物把握事物理则的方法与认识事物的能力虽然存在差异,但其为"文"的目的皆在"至于中""至于法",正确地把握天道与人道。而儒家学说之所以为"万世可以常行"之道,一个重要原因即在于以孔子为代表的儒家学者或"不思而得",或"思之而至",或"勉而为中",正确地把握了自然与社会的理则。儒家典籍之所以能"言而为中,动而为法",前提在儒家学者"识粹"。因为,"识粹则其文典以正"。而与儒家学说对立的异端之学之所以在理论上陷于荒谬,原因则在于异端之学的代表人物"识杂",其对事物理则的认识未能"至于中""至于法"。石介将儒家学说与佛、道之学及其他异端学说的对立归结于"识粹"与"识杂",力图揭示两者对立的认识原因,这在早期道学代表人物批判佛、道之学及其他异端学说的理论中也是极具思想特色的。

石介在《与杨侍讲书》中还曾认为:

> 万象森然纷错,观诸天则见其序焉;百川支然流离,观诸地则见其会焉。群子之言,蔓引淆乱,观诸圣则见其宗焉。夫《书》之典、谟、训、诰、誓、命,《诗》之风、雅、颂,《春秋》之经,《易》之卦、爻、彖、象,周公之典、礼,皆圣人之书也。圣人没,七十子散,微言绝,异端出,群子纷纷然,以白黑相渝,是非相淆,学者不知所趋。②

在这一论述中,石介既肯定世界上"万象森然纷错","百川支然流离",观诸天可"见其序",观诸地可"见其会";又认为在思想领域虽有"群子之言,蔓引淆乱"的现象,但只要"观诸圣则见其宗",通过圣人之书即可找

---

① 石介:《送龚鼎臣序》,《徂徕石先生文集》,第213—214页。
② 石介:《与杨侍讲书》,《徂徕石先生文集》,第154—155页。

到这些思想言论的错误根源。石介的这种论述,将孔子之后,人们在思想上"白黑相渝,是非相淆",出现严重分歧的原因归结于人们离开了儒家经典,未能正确地把握自然理则与社会的理则。这也是从认识的角度肯定儒家经典的重要性,解析儒学的发展中异端之学兴起的缘由。石介肯定"万象森然纷错"可"见其序","百川支然流离"可"见其会",这种思想对于北宋道学的发展实有重要的引发作用。程伊川释"理",即认定"冲漠无朕,万象森然已具"。石介既强调世界事物纷繁复杂,其中有"理",又肯定与多样的现实世界相对应地存在一个先在的且多样的"理"世界,并基于这种基本观念建构了自己的理学。

在道学前驱代表人物的思想理论中,石介的"民本"思想也较有特色。石介认为,有民才有天下、国家。离开民,国家只是一个"名号"。他说:

> 人皆曰:"天下国家。"孰为天下? 孰为国家? 民而已。有民则有天下,有国家;无民则天下空虚矣,国家名号矣。空虚不可居,名号不足守,然则民其与天下存亡乎! 其与国家衰盛乎![1]

有民才有天下、国家。这种观念使石介明确地肯定民为天下、国家的根本。在石介看来,一个政治人物若善于治理天下、国家,不应表层地观察天下、国家的治乱状况,而应深入地审视民心的向背。一个国家,生活秩序混乱,只要"民心未离",就仍有得到治理的可能。一个国家表面上生活有序,实际上已失去民心,则前景暗淡、危险,难以长治久安。因为,一个国家失去了民心,实即失去了国家的根本,"未有根本亡而枝叶存者"。因此,石介的结论是:

> 民者,国之根本也。天下虽乱,民心未离,不足忧也。天下虽治,民心离,可忧也。[2]

石介在政治上是北宋庆历新政的坚定支持者,他的民本思想同他的政治追求不无联系。应当肯定,在道学前驱人物的思想理论中,石介的民本

---

① ② 石介:《根本》,《徂徕石先生文集》,第248页。

思想也有自身的特色与价值。

在北宋道学前驱人物中，石介的思想理论较为丰富。但是，石介的思想，相较于后来周敦颐、张载、程颢、程颐等人的思想，在理论上仍存在多方面的差异。朱熹在论及石介、孙复、胡瑗等人与周敦颐、张载、程颢、程颐等人思想的异同时曾认为，石介、孙复、胡瑗等人理论上"知尊王黜霸，明义去利。但只是如此便了。于理未见，故不得中"①。朱熹有关"石守道只是粗""胡安定于义理不分明"等议论，也是要明确地肯定石介等人作为道学前驱，在理论上还不成熟，只能是道学前驱。清代学者全祖望的《读徂徕集》也认定石介学术上"析理"不精："徂徕先生严气正性，允为泰山第一高座。独其析理有未精者：其论学统则曰'不作符命，自投于阁'，以美扬雄，而不难改窜《汉书》之言以讳其丑。是一怪也。其论治统则曰'五代大坏，瀛王救之'，以美冯道，而竟忘其'长寿老人'之谬。是一怪也。"②全祖望对石介学术的这种批评，内容更为具体：这就是在对学统的理解方面，周敦颐、张载、程颢、程颐一类学者断自孟子，认定自孟轲没，圣学失传，儒家理论的发展即中断了；但在石介理解的儒学发展中，并未排斥扬雄、王通、韩愈等人的理论贡献。而在全祖望一类学者看来，扬雄对待王莽新政的行为实不应是儒者所为，而石介在肯定扬雄时却对扬雄的此类行为视而不见。全祖望对石介从治统的角度肯定冯道也持异议。因为，在儒家学者看来，冯道的一生实是"不知廉耻"，根本不合儒者的行为规范。朱熹、全祖望一类学者虽指出石介在学术方面或"于理未见"，或"析理未精"，但并未从根本上否定石介在北宋道学的形成发展中的历史贡献。这类学者通过具体解析石介的思想理论特征，肯定石介在思想理论方面与周敦颐、张载、程颢、程颐一类学者存在差异，力求真实地评断石介在北宋道学形成过程中的历史地位，这是值得肯定的。

---

① 朱杰人等主编：《朱子全书》第 18 册，第 4026 页。
② 全祖望：《读徂徕文集》，转引自《徂徕石先生文集》，第 285 页。

第三章　李觏的哲学思想

在北宋早期的儒家哲学发展中,李觏是一位曾经作出重要学术贡献的历史人物。李觏不仅人生经历奇特坎坷,且勤于学术著述,其学术思想也构成了一个内容丰富的理论系统。我们考察北宋儒家哲学的形成发展,须重视对李觏的人生经历的考察,正确地解析与评断由《易》学与《礼》学构成的李觏的哲学思想的理论价值。

第一节　李觏的生平与著述

李觏(1009—1059),字泰伯,北宋建昌军南城(今江西省南城县)人,曾创办盱江书院讲学,人称盱江先生。[1] 李觏是北宋早期学术文化领域中的代表人物之一,被后人誉为"一代之名儒,后学之师表"[2]。在后世学人对李觏人品学问的评介中,以明人陈鉴的《建昌新建李泰伯祠堂记》中的论述最具代表性:"盱江宋儒泰伯李先生,存心高古,履行刚方。竭力养亲,不求荣达。倡立盱江书院,讲明正学,从而师之者,恒数十百人。范文正公称其讲论《六经》,辩博明达,释然圣人之旨。著书立言,有孟轲

---

[1] 参见《宋史·李觏传》卷四三二,第 12839 页。
[2] 左赞:《乞修李觏墓状》,转引自《李觏集》,第 490 页。

扬雄之风。今草泽中未见其比。并上其所业《礼论》《明堂定制图序》《平土书》《易论》凡二十四篇。"①陈鉴的《建昌新建李泰伯祠堂记》写于明成化六年(1470),文中对于李觏的肯定,一是其"存心高古,履行刚方";二是其"竭力养亲,不求荣达";三则是其"著书立言""讲明正学"。在陈鉴写成《建昌新建李泰伯祠堂记》后两年即明成化八年(1472),一位名为罗伦的学者写成了《建昌府重修李泰伯先生墓记》。《建昌府重修李泰伯先生墓记》中不仅肯定李觏"以文辞自立,其言大而正",而且特别讲到了圣贤与"众人"的生死之别,认为人有生必有死,此为自然律则,人人皆然,圣贤与众人无异。罗伦还以古人言论论定圣贤与众人的差别仅在于其生命与事业"不依形而立,不恃力而行,不待生而存,不随死而亡"②。在罗伦看来,圣贤之谓圣贤,在于其言其行"死而不亡,与天地并久,日月并明"③。而李觏的人生已经达到这样的境界。因此,李觏也当在圣贤之列。李觏辞世数百年之后,人们仍是如此论定其人品学问,怀念这位儒者,由此可见李觏其人其学在中国学术史上的深远影响。

李觏的学术经历颇为奇特,他曾自谓"南城贱民""邑外草莱之民",声称自己"身不被一命之宠,家不藏担石之谷"。④ 李觏一生,既无显赫的政治地位,也无丰饶的田园产业。但其人品学问却长期为人们所称道,其人生经历与学术活动都值得深入探讨。李觏曾多次在与人的书信往来中自述其求学经历、学术志向以及生计的艰难:

> 觏,南城贱民。自以家世儒素,生长好学,由六七岁时,调声韵,习字书,勉勉不忘,逮于今兹,年二十七矣。其间染采薰香,附合时律外,尤存心于古学、沉酣鼓舞,其志不甚眇小。然而进不得州郡举,退不得乡曲誉。饥寒病瘁,日就颠仆。抱其空文,四顾而无所之。⑤

> 觏十岁知声律,十二近文章,思虑猖狂,耳目病困者既十年矣。

---

① 陈鉴:《建昌新建李泰伯祠堂记》,转引自《李觏集》,第488页。
②③ 罗伦:《建昌府重修李泰伯先生墓记》,转引自《李觏集》,第491页。
④ 李觏:《上孙寺丞书》,《李觏集》,第296页。
⑤ 李觏:《上苏祠部书》,《李觏集》,第297—298页。

而公不举于州郡,私不信于闾里,梯天莫见明主,穷海未遇知己。朝谈仁义,暮学计策,云云虽多,徒取笑怪。老母坐堂,亲爱盈屋,未耕不供升斗之食,桑麻不足一带之衣。尘埃四走,乞丐无地,此也立节丈夫所宜叹息者也。[①]

从李觏的自述中我们可以看到,李觏从小即好学深思,聪颖博学,受到过良好的传统文化熏陶。和传统的儒家学者一样,李觏也希望通过读书应试来博取功名,踏入仕途,报效国家。但是,李觏的应试之路却极其不顺。他二十九岁时乡举不利,三十四岁时应试仍然"不第"而归。李觏曾以"踽踽而来,恓恓而返,士林不鉴其道,有位不知其名。背仕进之门,而复入于寒饿之水火"[②]来形容和描述自己多次应试不顺的苦闷、沮丧的心情。作为一个生活在北宋年间的知识分子,仕途不顺不仅使李觏"未获用于一时",报国无门,心境凄凉,也使李觏的家庭生活极端清贫与困苦。李觏论及自己生活清贫,除前述所谓"尘埃四走,乞丐无地"之外,还有"家贫亲老,弗获禄仕。或怒其介,或笑其迂。左排右挤,沟壑是虞"[③]之说。多次应试不中,也使李觏意识到了自己的"介"与"迂",他曾说自己"家世贫乏,幼孤无兄弟,老母年近六十,饥焉而无田,寒焉而无桑。喔喔科举,求不可望之禄以为养,抑疏阔也矣"[④]。他开始反省自己的生活道路,决定不再企求由应试才能获得的仕途生活。他在《上江职方书》中说:

> 不幸少年缪计,屡乞乡举,求而不得,祇自秽污。今兹行年三十余,固知非矣。方将削迹尘路,屏居林薮,张皇本心,洗涤外虑。未明者明之,未备者备之。使三代之道,珠连玉积,尽在掌上,所大愿也。若夫毁誉用舍,计之已熟。誉邪,惟天下自誉之,觏不求誉也。用邪,惟天下自用之,觏不求用也。[⑤]

---

① 李觏:《上余监丞书》,《李觏集》,第 296 页。
② 李觏:《上叶学士书》,《李觏集》,第 288 页。
③ 李觏:《上宋舍人书》,《李觏集》,第 291 页。
④ 李觏:《上范待制书》,《李觏集》,第 294 页。
⑤ 李觏:《上江职方书》,《李觏集》,第 283 页。

"不求誉""不求用",对李觏来说,只不过是在无奈之中自己所能给予自己的一种慰藉。因为,在李觏看来,宋代的考试本身即不是一种完备的选拔人才的制度。通过这样的考试,"浮华浅陋之辈"完全可能因为偶然的应试成功而"率为可用"。反之,"虽有仁如伯夷,孝如曾参,直如史鱼,廉如于陵,一语不中,则生平委地"①。一个德才兼备的考生,可能因为考试中偶然性的失误而失去报效社会国家的机会与权利。所以李觏断言,这样的考试"偶失偶得,如弈棋耳",充满偶然性因素,并不能将有真才实学的人选拔出来,以为国家社会所用。换言之,在李觏看来,屡试不第者,并不即意味着其学问浅陋。因此,他在自己"屡乞乡举,求而不得"的情况下,虽表示要"削迹尘路,屏居林薮,张皇本心,洗滁外虑",但实未放弃对学问的追求。恰恰相反,"使三代之道,珠连玉积,尽在掌上",仍然是他的"大愿"。正是这样的人生态度与学术追求,使得李觏在极其艰苦的生活环境中仍然坚持学术著述,形成了大量学术研究成果。据《直讲李先生年谱》记载:李觏二十三岁时著《潜书》15 篇;二十四岁时著《礼论》7 篇;二十八岁前后修《明堂定制图并序》,著《平土书》;三十岁时著《广潜书》15 篇;三十一岁时著《富国强兵安民三十策》;三十五岁时著《庆历民言》30 篇、《周礼致太平论》51 篇;三十九岁著《礼论后语》《删定易图序论》;四十五岁时著《常语》上中下 3 卷。此外,李觏还著有其他多种文稿,直到晚年仍不辍著述,且以未能完成《三礼论》而感到遗憾。

从李觏的著述情况来看,他主要的学术著作大体上完成于四十岁之前,而这一时期又是李觏人生中最不得志、生活最为艰难的时期。由于李觏的学术活动特色及其学术成果的影响,他的人品学问在他四十岁左右开始为人们所称道。李觏三十七岁时,开始有人向朝廷举荐,希望朝廷能够任用他。范仲淹也曾在李觏四十一岁和四十二岁时连续向朝廷举荐,希望朝廷任用他"以劝儒林"。但李觏以太学助教"充太学直讲",赴太学任职已是他四十九岁时的事了。李觏五十一岁时,曾"因胡瑗以

---

① 李觏:《上范待制书》,《李觏集》,第 293 页。

病告假"而受命"权同管勾太学",但他因"祖母未附先劳形茔,请假归迁",不久即卒于家。因此,李觏在京城的生活时间极其短暂,他的人生基本上是在民间教育与民间的学术活动中度过的。

李觏在民间能够长期坚持自己的学术活动,并获得丰硕的学术成就,就其思想动力而言,一是他关心社会现实,具有宏大的政治抱负;二是他追求真理的学术精神以及他对于学术价值的深切理解。远大的政治抱负使得李觏在自己的学术活动中没有停留于纯粹的学术研究,而是力图通过自己的学术研究,寻求"康国济民"的道路。李觏在《上孙寺丞书》中即曾说自己:"鸡鸣而起,诵孔子、孟轲群圣人之言,纂成文章,以康国济民为意。余力读孙吴书,学耕战法,以备朝廷犬马驱指。肤寒热,腹饥渴,颠倒而不变。非独人之云云,坐而自叹且自笑者也。"①政治方面的抱负与追求,也使得李觏充满了对于"邦国政教有玷缺不完者,下民疾害有酸楚未复者"的忧患。他曾经尖锐地揭露当时统治者对民众疾苦的漠视和下层社会民众在困苦中无处申诉、求告无门的社会现实:"自政不得人,二三年来,尤为昏乱。公庭攘攘,塞耳不闻怨声,民钱狱理,交手为市。刺史弗之恤,廉使弗之问。裹粮北走,路宿一月,然后至京师。天门沈沈,虎士交戟,朝无亲党,袖无金贝,有能自达其冤者乎?是以穷夫细人,拷棒且死,噤不得言,唯仰首拜天,以愿雪活耳!"②李觏能够如此直率地揭露北宋社会严酷的生活现实,原因在于下层社会的生活使得他对于北宋社会危机有着自己独特的关切与理解。民间学者的身份使他生活艰难、报国无门,也促使他在痛斥社会腐败的同时,不断向世人诉说自己的政治抱负。李觏对自己不能步入仕途从而为国为民效力的处境十分不满。他曾表示自己"视阙政如己之疾,视恶吏如己之仇",痛恨自己"无斗水以洗濯瑕秽",只能"四顾悲歌,时或涕洟"。③ 但怀才不遇并没有使李觏消极地面对人生,他仍然不断地求索,不断地自荐,希望获得展示自

---

① 李觏:《上孙寺丞书》,《李觏集》,第296页。
② 同上书,第295页。
③ 李觏:《上范待制书》,《李觏集》,第293页。

己才学的机会,参与治理社会国家,使自己"就尺寸之效,以章其身。千载之后,不与碌碌者同泯没,为凡鬼于地下"①。因此,李觏愈是自觉仕途无望,愈是勤奋向学。这种失望与希望交织的状况,当是李觏在学术研探中理论日臻成熟并最终获得多方面学术成就的重要原因。

随着学术上的进步与成熟,李觏对北宋学术领域中现实状况的思考日渐深入,对当时学术领域中儒学不兴,佛、道盛行的状况尤为不满。他曾通过对中国学术文化发展的历史回顾,尖锐地批评魏晋以来的学术演变:"至于汉初,老师大儒,未尽凋落,嗣而兴者,皆知称先圣,本仁义。数百年中,其秉笔者,多有可采。魏晋之后,涉于南北,斯道积赢,日剧一日。高冠立朝,不恤治具而相高老佛;无用之谈,世主储王而争夸。奸声乱色,以为才思,虚荒巧伪,灭去义理。"②在李觏看来,儒学的衰落已影响到社会的正常秩序。他所谓"不恤治具"即是批评人们忽略儒学对于国家社会的治理功能;"相高老佛"则是对人们争相礼佛、崇道的批评;而他所谓"奸声乱色,以为才思,虚荒巧伪,灭去义理。俾元元之民,虽有耳目弗能复视听也"的论断,既概括了魏晋以来人们专注于佛、道之学,崇尚清谈的结果,也指出了魏晋以来社会现实生活中的危机。与批评魏晋学术的态度相反,李觏对唐代学者排斥佛教、复兴儒学的学术活动则大加赞赏:"赖天相唐室,生大贤以维持之。李杜称兵于前,韩柳主盟于后。诛邪赏正,方内向服。尧舜之道,晦而复明;周孔之教,枯而复荣。逮于朝家,文章之懿,高视前古者,阶于此也。"③在这种论述中,我们可以看到李觏不仅肯定唐代学者的学术成就,实际上也把唐代韩愈、柳宗元等人的学术活动视为后世学者学术活动的基础与起点。但是,李觏对北宋建国以来学术文化的发展却十分不满。在李觏看来,北宋学术界盛行"不求经术而摭小说以为新,不思理道而专雕镂以为丽"的学风。学者为学,专尚文辞而忽略义理,结果是"儒失其守,教化坠于地"。民众在日常

---

① 李觏:《上吴舍人书》,《李觏集》,第 280 页。
②③ 李觏:《上宋舍人书》,《李觏集》,第 290 页。

生活中"修身正心,养生送死",思想中需要有所依凭;儒者为学却"不求经术""不思理道",这正是北宋时期佛、道之学仍能得以广泛流传的原因。因此,李觏认为要改变北宋学术界这种状况,首先需要儒者自身改变学风。他说:"今之学者,谁不为文? 大抵摹勒孟子,劫掠昌黎,若为文之道止此而已,则但诵得古文十数篇,拆南补北,染旧作新,尽可为名士矣。何工拙之辨哉? 觏之施为,异于是矣。"①这种观念,使得李觏在自己的学术活动中,既"责儒者",又"排佛屠",诠释儒家经典,注意"讲明正学",强调凡涉"性命之趣","吾儒自有至要",力图以自己的学术著述,为人们"修身正心,养生送死"提供思想基础,同时也为国家富强太平提供理论根据。李觏的《易论》《礼论》《周礼致太平论》《潜书》《常语》等学术著作集中体现了他的这种学术追求。李觏对北宋学术文化发展的观察理解,以及他自己的学术追求与学术成就,实际上构成了北宋道学发展的一个环节。其后,道学的早期代表人物张载、程颢、程颐等人也是以批判佛、道之学,回归儒学的方式建构自己的思想理论的。

第二节　李觏的《易》学思想

李觏一生,勤于著述,在易学方面曾先后写成两部著作,其一为《易论》,其二为《删定易图序论》。李觏治《易》,对宋代象数学派代表人物刘牧的易学有所批评,赞赏王弼解《易》的思想方法。但是,李觏易学与刘牧易学有不同之处也有相同之处,同王弼易学有相同之处也有不同之处。李觏论及自己的治《易》方法时曾说:"京房、马季长、荀爽之释,吾无取焉耳。至于郑康成、姚信、董遇以为天地之数五十有五,减五而用之,刘氏亦同此说,吾有取焉耳。"②这种论述,表明李觏在自己的易学著作中,对京房、马融、荀爽等人的解《易》方法不曾借鉴,而对郑玄、姚信、董遇等人的解《易》方法则有所吸纳,并肯定刘牧解《易》的方法与郑玄等人

---

① 李觏:《答黄著作书》,《李觏集》,第 324 页。
② 李觏:《删定易图序论》,《李觏集》,第 59 页。

解《易》的方法也有相同之处。同时，李觏主张《易》如明亮的秋阳，广阔的大道，包载"万事之理"，将易学创立的目的理解为帮助人们了解宇宙生化的根源、实践人生的基本原则、应对人生中面临的各种关系与矛盾。他曾说："包牺画八卦而重之，文王、周公、孔子系之辞，辅嗣之贤，从而为之注，炳如秋阳，坦如大逵。君得之以为君，臣得之以为臣，万事之理，犹辐之于轮，靡不在其中矣。"①基于对《易》学价值的这种理解，李觏反对在《易》学研究中"忽其常道，竞习异端"。他将以这种方法研习《易》学的学者谓为"鄙儒"，认为只有"鄙儒"才会"疲心于无用之学"。李觏也反对以卜筮"疑众"。《礼记·王制》中有"四诛"之说："析言破律，乱名改作，执左道以乱政，杀。作淫声、异服、奇技、奇器以疑众，杀。行伪而坚，言伪而辩、学非而博、顺非而泽以疑众，杀。假于鬼神、时日、卜筮以疑众，杀。此四诛者，不以听。凡执禁以齐众，不赦过。"②李觏曾以《礼记·王制》中这种"四诛"说为据，批判以"卜筮"之名"缘饰邪说"者：

> 古之龟筮，虽质诸神明，必参以行事。南蒯将乱，而得"黄裳元吉"；穆姜弃位，而遇"元、亨、利、贞"。德之不称，知其无益。后之儒生，非史非巫，而言称运命，矫举经籍，以缘饰邪说，谓存亡得丧，一出自然，其听之者亦已荒矣。《王制》曰："执左道以乱政，杀；假于鬼神时日卜筮以疑众，杀。"为人上者，必以《王制》从事，则《易》道明而君道成矣。③

在李觏看来，只有实施《礼记·王制》所主张的"四诛"原则，引领与规范《易》学的研究方向，杜绝易学研究中"假于鬼神时日卜筮以疑众"的现象，才有可能明《易》道，成"君道"，展现《易》学真实的理论价值与实践价值。李觏基于这样的易学观念写成自己的易学著作，在《易论》中论释自己所理解的"君道""臣道"以及其他社会生活的原则，在《删定易图序论》

---

① 李觏：《易论十三篇》，《李觏集》，第27页。
② 王文锦：《礼记译解》上，第183页，北京，中华书局，2001。
③ 李觏：《删定易图序论》，《李觏集》，第66页。

中,通过对刘牧易学思想的批评,论述自己对于宇宙事物存有根据的理解。李觏的《删定易图序论》成书于《易论》之后。但从李觏两部易学著作的基本内容来看,在哲学史的视域之内,应当先考察其在《删定易图序论》中论述的《易》学思想。

李觏的《删定易图序论》是对刘牧易学思想的批评。在北宋易学中,刘牧推崇《河图》《洛书》,是图书学派的代表人物。黄宗羲、全祖望等人在《宋元学案·泰山学案》中曾附论刘牧的学术活动,认为刘牧"受易学于范谔昌,谔昌本于许坚,坚本于种放,实与康节同所自出"①。但这种记述十分简略。《宋元学案·汉上学案》考论朱震的易学思想,肯定朱震"经学深醇",并引述了朱震在《汉上易解》中论述宋代易学传承的文字:

> 先生经学深醇,有《汉上易解》,云:"陈抟以《先天图》传种放,种放传穆修,穆修传李之才,之才传邵雍,放以《河图》《洛书》传李溉,李溉传许坚,许坚传范谔昌,谔昌传刘牧。修以《太极图》传周敦颐,敦颐传程颢、程颐。是时张载讲学于程、邵之间。故雍著《皇极经世书》,牧陈天地五十有五之数,敦颐作《通书》,程颐述《易传》,载造《太和》《参两》等篇。臣今以《易传》为宗,和会雍、载之论,上采汉、魏、吴、晋,下逮有唐及今,包括异同,庶几道离而复合。"盖其学以王弼尽去旧说,杂以老、庄,专尚文辞为非,故其于象数加详焉。其论《图》《书》授受源委亦如此。盖莫知其所自云。②

黄宗羲、全祖望等人论及朱震易学,认为朱震易学"以王弼尽去旧说,杂以老、庄,专尚文辞为非",重视象数;但对于朱震所述"《图》《书》授受源委"则存疑,未加肯定。全祖望曾明确指出,朱震肯定"周、程、张、刘、邵氏之学出于一师,其说恐不可信"③。朱震认定北宋易学中邵雍、刘牧一派的易学与与周敦颐、程颐、张载等人的易学"出于一师",目的在肯定自

---

① 黄宗羲原本,全祖望修定:《泰山学案》,《宋元学案》第1册,第114页。
② 黄宗羲原本,全祖望修定:《汉上学案》,《宋元学案》第2册,第1252—1253页。
③ 同上书,第1253页。

己的易学"和会雍、载之论",取诸家之长,为宋代易学的集大成者。但在全祖望看来,朱震的这种思想动机实为其易学学说中存在晁公武"所讥舛错者"的原因。但从朱震的论述中,我们可以看到,刘牧的河洛之学作为北宋易学中一个学术派别,其学术地位是人们所认同的。刘牧的易学著作主要是他的《易数勾隐图》。刘牧吸纳汉代以来象数学派解易的方法,推重《河图》《洛书》,通过对《河图》《洛书》的辨析来建构自己的易学系统。李觏的《删定易图序论》,即是在删定刘牧《易图》的过程中写成的。《系辞》中本有"是故天生神物,圣人则之。天地变化,圣人效之。天垂象,见吉凶,圣人象之。河出图,洛出书,圣人则之"的说法。因此,李觏论《易》,取《易传》所说,并不否定《河图》《洛书》。在《删定易图序论》中,李觏曾明确肯定"《洛书》五十有五,协于《系辞》天地之数。《河图》四十有五,虽于《易》无文,然其数与其位,灼有条理;不可移易,非妄也"①。李觏肯定《河图》《洛书》,又何以要批评刘牧的河洛之学? 李觏曾具体论述自己写成《易论》之后,删定刘牧《易图》,批评刘牧易学的原因:

> 觏尝著《易论》十三篇,援辅嗣之注以解义,盖急乎天下国家之用,毫析幽微,所未暇也。世有治《易》根于刘牧者,其说日不同。因购牧所为《易图》五十五首,观之则甚复重,假令其说之善,犹不出乎《河图》《洛书》《八卦》三者之内,彼五十二图皆疣赘也。而况力穿凿以从傀异,考之破碎,鲜可信用。大惧诖误学子,坏隳世教,乃删其图而存之者三焉:所谓《河图》也,《洛书》也,《八卦》也。于其序解之中,撮举而是正之。②

从这种论述来看,李觏删定刘牧的《易图》,批评刘牧易学,一是因为刘牧《易图》繁杂重复,其《易图》55首中,除了《河图》《洛书》《八卦》,余者皆为"疣赘"。二是因为刘牧将《河图》《洛书》"合而为一",既认定《易》之八卦源于河图之象,又说《易》之八卦源于《洛书》之形,以象、形分离论释八卦

---

① 李觏:《删定易图序论》,《李觏集》,第53页。
② 同上书,第52页。

的起源，其论有"过"，难自圆其说。用李觏的语言表述即是："刘氏以河、洛图书合而为一，但以《河图》无十，而谓水、火、木、金不得土数，未能成形，乃谓之象。至于《洛书》有十，水、火、木、金，附于土而成形矣，则谓之形。以此为异耳。其言四象生八卦，则取《河图》之七、八、九、六，以其有象字，不可用《洛书》之形故也。其下文又引水六、金九、火七、木八而生八卦，于此则通取《洛书》之形矣。噫！何其自相违也。"①李觏认为，物之象、形乃阴阳二气交合的结果，阴阳交合而后有象，有象而后有形。刘牧解《易》，既不了解象、形的意涵，也不了解象、形形成的根源。为此，李觏曾具体论述阴阳五行与象、形的关系，批评刘牧对《河图》之数与《洛书》之数理解的失误。他说：

> 夫物以阴阳二气之会而后有象，象而后有形。象者，胚胎是也；形者，耳目鼻口手足是也。《河图》之数，二气未会，而刘氏谓之象，悖矣！若夫《洛书》之数，五位既合，则五行有象且有形矣。象与形相因之物也，其一、二、三、四、五为生数，六、七、八、九、十为成数者，徒以先后分之耳。其实二者合而后能生，生则成矣，盖非一生之待六而后成也。假令《河图》是象，《洛书》是形，则取《洛书》而为八卦者，亦非酌水燃火，伐木锻金而成之也。直取其象耳。以法象而言之不亦可乎？何其固执形象之象也。其曰：天五驾一、二、三、四而生六、七、八、九者，愈乖远矣！且阴阳会合而后能生，今以天五驾天一、天三，乃是二阳相合，安能生六生八哉？天降阳，地出阴，阴阳合而生五行，此理甚明白，岂有阳与阳合而生阴哉？②

在对刘牧的这种批评中，李觏肯定"阴阳二气之会而后有象，象而后有形"，坚持《易》以天数为奇数，地数为偶数，以天为阳，以地为阴的基本观念。因为，《系辞》中论及天数、地数时本来即有"天一，地二；天三，地四；天五，地六；天七，地八；天九，地十。天数五，地数五，五位相得而各有

---

① 李觏：《删定易图序论》，《李觏集》，第54页。
② 同上书，第55页。

合。天数二十有五,地数三十,凡天地之数五十有五。此所以成变化而行鬼神"的说法。在李觏看来,刘牧所谓"天五驾一、二、三、四而生六、七、八、九者",实际出现了"阳与阳合而生阴"的情况。这违背了《易》理,也违背了事物生成变化之理。从易学的角度来看,刘牧的《易图》以及李觏对刘牧《易图》的辩证与批评,都涉及对《系辞》中"易有太极,是生两仪,两仪生四象,四象生八卦"说的理解。从哲学的角度来看,李觏在对刘牧的批评中,实际上表达了他对事物存有的源头或说根据的理解。在这种理解中,李觏以"太极"为阴阳未分之气,"两仪"为阴阳之气,肯定阴阳交合产生五行万物。李觏所谓天地之气,实也是阴阳之气。在李觏看来,若天地之气不能交合,则五行万物皆无从形成。他曾以设问的形式,表达自己的这种观念:"厥初太极之分,天以阳高于上,地以阴卑于下,天地之气,各兀所处,则五行万物何从而生?"①又说:"天气虽降,地气虽出,而犹各居一位,未之会合,亦未能生五行矣!譬诸男未冠,女未笄,昏姻之礼未成,则何孕育之有哉?"②这样的论述同样是要强调阴阳相合而形成五行万物。在李觏看来,刘牧虽也吸纳阴阳五行观念以解《易》,但其对《易图》中数、位的辨析之所以多乖违处,根本原因即在于刘牧未能坚持"夫物以阴阳二气之会而后有象,象而后有形"这种观念,而是将《易图》天地之数的设定理解为天地之象形成的前提。李觏对刘牧的这种批评,既指出了刘牧易学在理论方面的特色与失误,也为自己的易学思想确立了最基本的理论基础。李觏通过解《易》,实际上对事物存有的根据作出了哲学的解释。

李觏的另一部易学著作是《易论》,共 13 篇。李觏在《易论》中,通过引用、解释不同爻位的爻辞来论述人在社会生活中的行为原则。这些原则涉及"君臣之交",也涉及"同志之会",内容十分丰富。在传统的易学中,有所谓卦象、爻象之说,也有所谓爻性、爻位之说。卦象由卦形表现。

① 李觏:《删定易图序论》,《李觏集》,第 54 页。
② 同上书,第 54—55 页。

八卦或六十四卦的卦象可以表示不同的事物,也可以表示不同事物的属性。爻象分别为"—"与"- -",前者为阳爻,后者为阴爻。阳爻与阴爻的分别,实即爻性的分别。传统易学在一、二、三、四、五、六、七、八、九、十这十个数中以最大的奇数九表示阳爻,以偶数的中间数六表示阴爻。因此,在易学中,六与九也可表示爻性。爻位表示组成一卦的各爻所处的具体位置。历史上易学家们对于具体卦象中的爻性与爻位十分重视,常根据爻性与爻位的差异来理解事物的发展,解释人们在社会生活中所面临的问题。一般而言,人们以卦中第五爻为尊位,其爻辞人们也极为重视。李觏在《易论》中,分别引损卦、贲卦、既济卦、益卦、屯卦、比卦、同人卦、夬卦、家人卦中"六五"或"九五"的爻辞,以解释自己所主张的君道,即体现了这样的易学观念。李觏对自己所引爻辞的解释,则主要援用王弼《周易注》中的解释。但是,李觏选引《周易》中不同的爻辞,援用王弼《周易注》中的相关解释,并非完全没有自己对爻辞的理解。他选引不同的爻辞,对不同的爻辞加以解释,目的在于论释自己理解的《周易》中涵括的"万事之理",以导引人们现实的社会生活。譬如,李觏对"君道"的论释与他对爻辞的选引与解释的结合就十分紧密。在李觏看来,为君者身居高位,担负着治理国家的重任。因此,"以柔居尊"应是君道的重要内容。他说:"夫用贵莫若恭,用富莫若俭。恭则众归焉,俭则财阜焉。恭俭者,先王所以保四海也。《损》六五曰:'或益之十朋之龟,弗克违。元吉。'龟可决疑,喻明智也。以柔居尊,而为损道,明智之士,皆乐为用矣。非徒人助,天且福之。故《象》曰:'六五元吉,自上佑也。'恭之得众也如此。"[①]李觏解释中的"以柔居尊,而为损道"说,实为王弼《周易注》中的语言。但是,李觏主张"以柔居尊",并非完全沿袭道家或玄学家的思想,而是以"损道"来论释为君者在国家的治理中,要践行"恭""俭"之道。在李觏看来,国君在治理国家的活动中,"用恭"可以获得人心,其结果是"众归",得到民众的拥戴;"用俭"理财,其结果是"财阜",使国家财富的

---

① 李觏:《易论十三篇》,《李觏集》,第 27 页。

积累更加丰厚。所以"恭俭"之道应是治理国家的重要原则。而践行这样的原则实际上也可以理解为用"柔",践行"损道"。

李觏引用《贲》卦六五爻的爻辞也是要表达自己的这种理解:"《贲》六五曰:'贲于丘园,束帛戋戋,吝,终吉。'丘园为质素之地也。处得尊位,为饰之主,而每事质素与丘园相似,则费财务束帛乃戋戋众多也,俭之足用也如此。非徒俭于身也,祭祀鬼神尚可菲薄。《既济》九五曰:'东邻杀牛,不如西邻之禴祭,实受其福。'禴,祭之薄者也。谓修德以祭,虽薄而受福也。夫上之利民,以财则不足也,百姓安堵而不败其业,利之大者也。"[1]贲为饰,丘园乃丘墟、园圃,为质素之地,非繁华之所。王弼《周易注》中释此爻爻辞说:"故贲于束帛,丘园乃落。贲于丘园,帛乃戋戋。用莫过于俭泰而能约,故必吝焉,乃得终吉也。"李觏的解释基本上也是援用王弼注,通过对"贲于丘园"的解释,肯定"俭之足用",并以此论释自己理解的君道。对《既济》卦九五爻爻辞的解释,其意也在于此。李觏所谓"修德以祭,虽薄而受福",是肯定"薄"祭反而会获得好的结果,同样是要强调"俭"当为君道。

李觏论释君道,除了主张"以柔居尊",也提倡"执刚体柔"。他引用《比》卦九五爻的爻辞并附加解释,即是要论述自己的这种主张:

> 《比》九五曰:"显比,王用三驱,失前禽,邑人不诫,吉。"谓为比之主,而有应在二,显比者也。不能无私于物,唯贤是与,爱于来而恶于去,用三驱之道者也。伐不加邑,动必讨叛,虽得乎显比之吉,而可以为上之使,非为上之道。故《象》曰:"邑人不诫,上使中也。"夫执刚莫如体柔,责人莫如自修,尚力取胜亦已劳矣。[2]

《比》卦之"比"意为"亲近"。《比》卦九五爻的爻辞中所说"三驱"为古代狩猎的一种礼制,内容是狩猎时驱赶禽兽,依禽兽向背,然后决定射猎与不射猎。李觏对于爻辞的解释虽然基本上也是援用王弼的注,但"夫执

---

① 李觏:《易论十三篇》,《李觏集》,第 27—28 页。
② 同上书,第 28 页。

刚莫如体柔,责人莫如自修"说,却是李觏引用《比》卦九五爻爻辞及王弼的解释后自己得出的结论。这种结论也表明李觏将"体柔"作为君道所应包含的重要内容。如前所述,李觏主张"以柔处尊""执刚体柔",并非完全以道家、玄学家的观念解易,他所谓"以柔处尊""执刚体柔"的内容为"恭""俭"之道,这样的内容实在儒家主张的德行的范围。李觏还曾引《家人》卦以论释自己所理解的君道:"《家人》九五曰:'王假有家,勿恤,吉。'谓居于尊位,而明家道,则下莫不化矣。父父子子、兄兄弟弟,夫夫妇妇,六亲和睦,交相爱乐,而家道正。正家而天下定,故勿恤而吉也。凡此皆为君之道也。"①李觏对此爻爻辞的解释虽仍援用王弼注,但"凡此皆为君之道也"这种结论,同样表明李觏主张的君道内容在传统的儒家学说范围。李觏在《易论》中论及君道,还涉及"任官""救弊""通变""利民""溥爱"等具体内容。李觏对这些问题的论释,同样以易说为据,再辅以自己的理解;其内容也大都在儒家所主张的德性、德行的范围。

论及臣道,李觏的基本观念是主张为臣者当"尽礼""致恭""以谦为本"。他曾引《随》卦爻辞说明臣道:"《随》九四曰:'随有获,贞凶,有孚在道,以明,何咎。'谓居于臣地,以擅其民,失于臣道,违正者也。体刚居说,而得民心,能干其事,而成其功者也。虽违常义,志在济物,著信在道,以明其功,何咎之有哉!夫权之所在,众之所附,不守以正,速祸而已矣。"②李觏对此爻爻辞的解释基本上也是援用王弼《周易注》中的文字,但"夫权之所在,众之所附,不守以正,速祸而已矣"却是李觏自己的观念。李觏认为,为臣者"不守以正",结果会给自己带来祸患,实际上是强调"守正"乃臣道的重要内容。在某种意义上可以说,"守正"实为主张为臣者应正确地行使自己手中的权力,而"尽礼""致恭""以谦为本"也可以视作为臣者"守正"的具体表现。这样的"守正",同儒家的"修身"说不无联系。在《易论》中,李觏正是在论释自己对君臣之道的理解之后,开始

---

① 李觏:《易论十三篇》,《李觏集》,第29页。
② 同上书,第32页。

论释"治身"问题的。李觏认为,"性不能自贤,必有习也;事不能自知,必有见也。习之是,而见之广,君子所以有成也"①,十分看重通过"习之是"与"见之广"把握事物的性质与理则,对于君子"所以有成"的作用。

李觏在《易论》中还曾论及"时""常"方面的问题。他说:"时乎时,智者弗能违矣。先时而动者,妄也;后时而不进者,怠也。妄者过之媒,怠者功之贼也。"②在李觏看来,人生活中的"吉凶悔吝",皆与其行为相关。人在面对艰难时,只有行为合符时宜,才有可能化险为夷,避免"悔吝"。所以他强调"时乎时,智者弗能违矣"。论及常、变问题,李觏一方面肯定"天有常,故四时行,地有常,故万物生。人有常,故德行成"③,同时也强调"道不以权,弗能济矣",主张守"常"与用"权"统一。总之,李觏认为,人在社会中生活,会面临各种生存问题;人与人之间的关系繁杂多样,涉及不同利益,存在多种矛盾。人在应对各种生活问题、处理各种人事关系时,应当把握易理,"遵道而行"。他曾具体表述自己的这种见解:

> 或曰:独阴孰始,独阳孰生,万事云为,未有不因人以成。故大则有君臣之交,小则有同志之会,变故非一,愿闻其详。曰:人事之变,或远而相应,或近而相得。远而相应,君臣之分定也,近而相得,以各无应同志者也。然而应于远者,或为近所困;承于上者,或为下所逼,臣欲应君,而寇难阻之;君欲应臣,而谗邪制之。惟其明哲,决所去就,秉心不回,乃无过也。④

在李觏看来,"圣人作《易》,本以教人"。他所谓"惟其明哲,决所去就",实际上是说只有明了前贤在易学中为了"教人"而阐述的各种做人的原则、道理,才能正确地应对生活中面临的各种问题,解决生活中需要解决

---

① 李觏:《易论十三篇》,《李觏集》,第 33 页。
② 同上书,第 37 页。
③ 同上书,第 41 页。
④ 同上书,第 39 页。

的各种矛盾,使自己的人生获得成功。从李觏在《易论》中所论释的这些内容来看,李觏在不同的篇章中引述易说,目的皆在于论释儒家所主张的人生哲学。这种依据易学理论,系统地论述儒家所提倡的人生哲学的学术方法,升华了儒家人生哲学的理论层次,体现了李觏易学思想的特色,也为后来北宋道学的发展提供了思想方法的启示。

第三节　李觏的"礼"学思想

在李觏的著述中,《礼论》7 篇与《周礼致太平论》51 篇皆可视为其论释"礼"学思想的重要著作。《周礼致太平论》涵括《内治》《国用》《军卫》《刑禁》《官人》《教道》等篇章内容。李觏认同刘歆、郑玄《周礼》为"周公致太平之迹"的观念,他撰著《周礼致太平论》,目的不在学术范围内的"解经",而在社会政治活动中的"有为",其追求不在"文学"方面的创获,而在"天下国家"的治理。他在《寄周礼致太平论上诸公启》中曾表明自己的这种目的与追求:"世之儒者,以异于注疏为学,以奇其词句为文。而觏此书于注疏则不异,何足谓之学? 于词句则不奇,何足谓之文? 惟大君子有心于天下国家者,少停左右,观其意义所归,则文学也者,筌蹄而已。"①从这种论述中,我们可以看到,李觏写作《周礼致太平论》51 篇,与其写作《富国策》10 首在追求方面有相似之处,即注重对社会国家治理的具体思考,论释自己所理解的治理国家的大政方略。与《周礼致太平书》相比较,《礼论》成书在前,在理论追求方面也有所不同。李觏虽也认定《礼论》7 篇乃"邦国之龟筮,生民之耳目"②,但他强调自己撰写《礼论》的目的在"推其本以见其末,正其名以责其实。崇先圣之遗制,攻后世之乖缺"③。这使得他在《礼论》中更加注重从理论的层面论释自己所理解的"礼"及"礼"学的内容与系统。因此,我们在哲学的视域中考察李觏的"礼"学思想,视角应多集中于其《礼论》的思想内容。

---

① 李觏:《寄周礼致太平论上诸公启》,《李觏集》,第 276 页。
②③ 李觏:《礼论七篇》,《李觏集》,第 5 页。

李觏的"礼"学思想自成系统。这个系统是"始得之于心",还是因"闻圣人之言及此者"而后成? 李觏在《礼论》中曾以设问的形式提出过这样的问题。他的回答是:"闻诸圣人矣。"李觏认同《礼记·礼运》所记孔子关于"禹、汤、文、武、成王、周公,此六君子者,未有不谨于礼者也"[①]这种论断。在李觏看来,历史上"圣人之所以作,贤者之所以述,天子之所以正天下,诸侯之所以治其国,卿大夫士之所以守其位,庶人之所以保其生,无一物而不以礼也"[②]。"礼""不可须臾而去",应当是"圣人"重礼的基本缘由,也是李觏传承"圣人""礼"学的重要缘由。但是,李觏的"礼"学具备自身的特色,创发的内容很多。这种内容首先表现在李觏一反秦汉以来儒家学者以"仁""义""礼""智""信"五者并提的做法,多着眼于从伦理层面讲"礼"的思想传统,强调"礼"为"法制之总名",认定"礼、乐、刑、政"与"仁""义""礼""智""信"一统于"礼"。李觏在《礼论》中曾以问答的形式论述自己的这种观念:

> 曰:尝闻之,礼、乐、刑、政,天下之大法也。仁、义、礼、智、信,天下之至行也。八者并用,传之者久矣,而吾子一本于礼,无乃不可乎?
>
> 曰:是皆礼也。饮食,衣服,宫室,器皿,夫妇,父子,长幼,君臣,上下,师友,宾客,死丧,祭祀,礼之本也。曰乐,曰政,曰刑,礼之支也。而刑者,又政之属矣。曰仁,曰义,曰智,曰信,礼之别名也。是七者,盖皆礼矣。[③]

李觏在实用的层面以"礼"为"人道之准,世教之主",在理论的层面则认定传统观念中的"乐、刑、政"与"仁、义、智、信"实皆为"礼"。这种观念,以"礼"为"法制之总名",实际上是将人类社会制度层面的文化与社会意识层面的文化皆归为"礼"。因此,论及"礼"的构成,他将"乐、刑、政"视

---

① 李觏:《礼论七篇》,《李觏集》,第 19 页。
② 同上书,第 19—20 页。
③ 同上书,第 5—6 页。

为"礼之三支","仁、义、智、信"谓作"礼之四名"。他认为"礼之三支"与"礼之四名""一本于礼",都是"礼"的重要组成部分。但是,李觏认为,"礼之三支"与"礼之四名"的功用有所不同,"礼之四名"实内存于"礼之三支",两者统一,才能使"礼"成为"人道之准,世教之主":

> 三支者,譬诸手足焉,同生于人而辅于人者也。手足不具,头腹岂可动哉？手足具而人身举,三支立而礼本行。四名者,譬诸筋骸之类焉,是亦同生于人而异其称者也。言乎人,则手足筋骸在其中矣；言乎礼,则乐、政、刑、仁、义、智、信在其中矣。故曰：夫礼,人道之准,世教之主也。圣人之所以治天下国家,修身正心,无他,一于礼而已。①

从李觏"手足具而人身举,三支立而礼本行"这种论述来看,在李觏的"礼"学中,"乐、政、刑"的形成当是"礼"得以践行的基础；但是,他也强调"仁、义、智、信"同为"礼"不可或缺的组成部分；"乐、政、刑"与"仁、义、智、信"七者在"礼"的系统中皆有其不可替代的功用。李觏秉持这样的观念,同他对于"礼"的形成或说起源的理解是关联在一起的。李觏曾说："夫所谓礼者,为而节之之谓也。"②李觏所说的"为"可以理解为人们生活中出于自身需要而有的自觉行为,"节"则是指人们在生活中出于自身需要对自身行为的调适与节制。这样的"为"与"节",皆出于人们社会生活的需要。因此,在李觏看来,就"礼之本"而言,或说就"礼"产生的根据而言,实为人们社会生活的需要,是人们总结与升华自身生活经验的结果。这种观念使得李觏探讨"礼"之形成时,除了肯定"礼"与人们的生活关联,尤为强调人们生活中的自觉行为,以及对自身行为的节制与调适对于"礼"之形成的重要作用。在李觏看来,"礼"非"自成"者,亦非"自治"者,离开人们生活中自觉的"为"与"节",不可能有"礼"；或者说,人们在生活中不"为",不"节",即无所谓"礼"。

---

① 李觏：《礼论七篇》,《李觏集》,第7页。
② 同上书,第8页。

李觏不仅重视人的行为以及人对自身行为的调适与节制对于"礼"的形成所具有的重要作用,将人自身的生活视为"礼"之本源,而且将人们自身生活中的"为"与"节"同人自身的本性与欲求紧密联系,肯定人对自身生活状态与生存需求的理解,以及与此相联系的"礼"的形成有一个历史的发展过程。在这个过程中,人之"为"与"节"首先表现为其应对自身的物质生活需求,他说:

> 人之始生,饥渴存乎内,寒暑交乎外。饥渴寒暑,生民之大患也。食草木之实、鸟兽之肉,茹其毛而饮其血,不足以养口腹也。被发衣皮,不足以称肌体也。圣王有作,于是因土地之宜,以植百谷;因水火之利,以为炮燔烹炙。治其犬豕牛羊及酱酒醴酏,以为饮食;艺麻为布,缲丝为帛,以为衣服。夏居橧巢,则有颠坠之忧;冬入营窟,则有阴寒重腿之疾,于是为之栋宇。取材于山,取土于地,以为宫室,手足不能以独成事也,饮食不可以措诸地也,于是范金斲木,或为陶瓦,脂胶丹漆,以为器皿。[①]

这种论述表明,李觏认为人由"茹毛饮血""被发衣皮"的生活方式,演进到"炮燔烹炙""缲丝为帛",以"宫室"取代"巢""窟"的生活方式,所要解决的主要是自身生存所需要的物质生活条件问题。因此,李觏特别强调"夫礼之初,顺人之性欲而为之节文者也"[②]。在李觏看来,作为涵括"乐、政、刑"与"仁、义、智、信"的"礼"的形成,以人们依靠自身的行为脱离自然的生活状态、创造基本的生活条件为前提。当人们依靠自己的行为使自身的生活获得基本的保障之后,才会意识到生活中伦常的重要,进一步节制、调适自身的行为,逐步建立起基本的伦常原则与行为规范。人的这种"为"与"节",使得"礼"的形成进入到新的历史阶段:

---

①② 李觏:《礼论七篇》,《李觏集》,第6页。

夫妇不正,则男女无别;父子不亲,则人无所本;长幼不分,则强弱相犯,于是为之婚姻,以正夫妇。为之左右奉养,以亲父子。为之伯仲叔季,以分长幼。君臣不辨,则事无统;上下不列,则群党争,于是为之朝觐会同,以辨君臣。为之公、卿、大夫、士、庶人,以列上下。人之心不学则懵也,于是为之庠序讲习,以立师友。人之道不接则离也,于是为之宴享苞苴,以交宾客。死者人之终也,不可以不厚也,于是为之衣衾棺椁,衰麻哭踊,以奉死丧。神者人之本也,不可以不事也,于是为之禘尝郊社,山川中霤,以修祭祀。①

人通过自身的“为”与“节”,在满足自身生存所需要的物质生活条件的基础上,进而在生活中“正夫妇”“亲父子”“分长幼”“辨君臣”“立师友”“交宾客”“奉死丧”“修祭祀”,建立起基本的伦常原则和行为规范,并践行这样的原则与规范,使人们在社会生活中“丰杀有等,疏数有度。贵有常奉,贱有常守。贤者不敢过,不肖者不敢不及”②,终于使“天下大和”,形成了和谐、稳定的生活秩序。形成和谐、稳定的社会生活秩序,正是人在自身生活中的“为”与“节”所要达成的重要目标,也是“礼”学追求的“大本”。但是,人们在生活中达成“天下大和”的目标,并不意味着“礼”成型演进过程的终结。在“礼”的形成过程中,“天下大和”为“礼”的演进与发展提供了新的条件、新的契机。在李觏看来,作为“礼”的重要组成部分,“乐、政、刑”的出现,正是人们在解决基本的物质生活条件问题与形成基本的社会生活原则以后,进一步节制、调适自身行为的结果:

人之和必有发也,于是因其发而节之。和久必息也,于是率其息而行之。率之不从也,于是罚其不从以威之。是三者,礼之大用也,同出于礼而辅于礼者也。不别不异,不足以大行于世。是故节其和者,命之曰乐;行其息者,命之曰政;威其不从者,命之曰刑。此

---

①② 李觏:《礼论七篇》,《李觏集》,第6页。

礼之三支也。①

李觏肯定"礼之三支"的形成源于人们自身生活的需要,是人们在生活中进一步对自身行为进行"为"与"节"的结果,同时认为,作为"礼之大旨"的"仁""义""智""信"也是"礼"不可缺少的重要内容,这种内容的出现,同样与人们的生活需要相联系。李觏认为,人们虽然将"仁""义""智""信"视为"天下之至行",实际上"仁""义""智""信"只是"礼之四名"。"礼之四名"分别以各自具体的意涵指称"礼"四个方面的内容,即"礼"所涵括的"温厚而广爱者"、"断决而从宜者"、"疏达而能谋者"以及"固守而不变者"。这样的"礼之四名",不仅同样与人们自身的"为"与"节"相联系,而且也是人们对"礼"之内容进一步"别而异之"的结果:

> 在礼之中,有温厚而广爱者,有断决而从宜者,有疏达而能谋者,有固守而不变者。是四者,礼之大旨也,同出于礼而不可缺者也。于是乎又别而异之。温厚而广爱者,命之曰仁;断决而从宜者,命之曰义;疏达而能谋者,命之曰智;固守而不变者,命之曰信。此礼之四名也。②

李觏将"礼"区别为"礼之三支"与"礼之四名",将"礼"的形成归结于人为了自身的生存而有的"为"与"节",并将这种"为"与"节"理解为一个历史的演进过程,这种思想是有其理论特色的。有海外华裔学者研究李觏的学术思想,论及李觏思想对儒家学说的贡献,认为李觏的《礼论》"在描述礼从远古一直发展到宋朝历史时,提出了自己的文明演进史"③。但是,李觏的"文明演进史"既受到了柳宗元、韩愈一类儒家学者相关思想的影响,同时也受到了法家学者韩非相关思想的影响,而就儒家学者论释民族文明演进史而言,也并非李觏首创。因此,"李觏的文明演进史主

---

① ② 李觏:《礼论七篇》,《李觏集》,第 7 页。
③ 谢善元:《李觏之生平及思想》,第 64 页,北京,中华书局,1988。

要是引用了别人的作品"①。如此理解李觏《礼论》的学术价值,实际上是
不够全面的。李觏回溯民族文明的历史演进,目的是解析人们在不同历
史阶段对自身行为之"为"与"节"的差异,论释"礼之三支"与"礼之四名"
的出现与形成。这种将"礼"的形成归结于人们在生活中自身的"为"与
"节"的观念,与传统的儒家礼学观念有所不同,实为李觏在《礼论》中追
求"崇先圣之遗制,攻后世之乖缺"的具体表现。

李觏将"礼"的内容区分为"礼之三支"与"礼之四名",将"礼之三支"
理解为"礼之大用",将"礼之四名"理解为"礼之大旨",肯定"礼之四名"
体现在"礼之三支"的建构与践行之上,这也是李觏《礼论》的理论特色。
他说:

> 圣人率其仁、义、智、信之性,会而为礼,礼成而后仁、义、智、信
> 可见矣。仁、义、智、信者,圣人之性也。礼者,圣人之法制也。性蓄
> 于内,法行于外,虽有其性,不以为法,则暧昧而不章……温厚可以
> 为仁,断决可以为义,疏达可以为智,固守可以为信。不以为礼,则
> 滞于心之内,与无识同,安得谓之仁、义、智、信也?②

这种论述使我们可以看到李觏也肯定"仁""义""智""信"乃圣人之性。
这样的圣人之性实为圣人的德性。圣人依循与融会自己的德性,通过
"为"与"节"而成"礼","礼"成之后才可体现圣人之性。若没有形成制度
层面的"礼",圣人的"仁""义""智""信"之性只能"蓄于内","滞于心",
"暧昧而不章"。

所以李觏又强调圣人"仁则忧之,智则谋之,谋之既得,不可以不节
也,于是乎义以节之。节之既成,不可以有变矣,于是乎信以守之。四者
大备,而法制立矣"③。李觏论及"仁""义""智""信"之"四名"对于作为
"礼"之组成部分的"法制"的形成的作用,还有一个更具体的说法,即以

---

① 谢善元:《李觏之生平及思想》,第115页。
② 李觏:《礼论七篇》,《李觏集》,第11页。
③ 同上书,第15页。

法制为"物","仁""义""智""信"为性:"有仁、义、智、信,然后有法制,法制者,礼乐刑政也。有法制,然后有其物。无其物,则不得以见法制。无法制,则不得以见仁、义、智、信。备其物,正其法,而后仁、义、智、信炳然而章矣。"①在李觏看来,不"备其物",不"正其法",无以见"仁、义、智、信";而不依循"仁、义、智、信"之性,则不可能"备其物,正其法",建构起理想的"乐、政、刑"。"礼"的建构只能是"礼之三支"与"礼之四名"的统一与融合。李觏认为,在现实社会生活中,人们"欲为仁、义、智、信而不知求之于礼",故有"非礼之仁""非礼之义""非礼之智""非礼之信";不依循"仁、义、智、信"之性而有"乐""政""刑",则为"非礼之乐""非礼之政""非礼之刑"。究其原因,皆在于人们不能以"礼"为本,不理解"礼"乃"礼之三支"与"礼之四名"的内在统一。李觏这种依循"仁、义、智、信"之性,以使"乐、政、刑"符合儒家之"礼",保证"法制"之善,又以"乐、政、刑"体现"仁、义、智、信"之美的思想,是具有重要理论价值的。

"礼之四名"涉及儒家人性善恶的理论。在儒学内部,关于性善恶有着不同的理解,并因此形成了不同的学术派别。孟子的性善论即是重要流派之一。

李觏在《礼论》中论及"仁、义、智、信之美",不可能回避其对儒学内部关于人性善恶不同理论的选择与态度。他肯定"仁、义、智、信之美",表明他肯定儒家的性善说。他肯定"仁、义、智、信"乃圣人之性,又表明他并不认同孟子的性善论。在《礼论》中,李觏曾以设问的形式明确地肯定韩愈的性三品说,排拒孟子的性善说:

> 或问:孟子曰:"恻隐之心,人皆有之;羞恶之心,人皆有之;辞让之心,人皆有之;是非之心,人皆有之。""恻隐之心,仁之端也;羞恶之心,义之端也;辞让之心,礼之端也;是非之心,智之端也。"孟子既言人皆有仁义之性,而吾子之论独谓圣人有之,何如?
>
> 曰:孟子以为人之性皆善,故有是言耳。古之言性者四:孟子谓

---

① 李觏:《礼论七篇》,《李觏集》,第16页。

之皆善，荀卿谓之皆恶，扬雄谓之善恶混，韩退之谓性之品三：上焉者善也，中焉者善恶混也，下焉者恶而已矣。今观退之之辩，诚为得也，孟子岂能专之？①

李觏曾在《常语》中集中非孟，认为孟子"名学孔子而实背之"，因此在儒学道统中，"孔子死而不传"，孟子不能占一席之地。这种批评理论色彩不浓。李觏与孟轲思想在理论上的对立，当主要在其对人性善恶的理解。道学的主要代表人物大都持人性本善论，认同孟子的性善说。李觏不认同孟子的性善论，否定普遍的人性本善说，实际上否定了下愚之人向善的可能。这样的人性论与道学主要代表人物的理论趣向有所不同，在其后道学的发展中影响有限。但李觏对"仁、义、智、信之美"的理解也从另一角度体现了他独立思考的学术精神。清代学者李丕论及李觏的学术思想，曾认为李觏"为守礼君子，首接孔孟道统之传者也。其学本于礼，此横渠之知礼成性也，其道本于性，此开明道之定性体仁也"②，对李觏的礼学给予了很高的评价。李觏的"礼论"以"乐""政""刑"为"礼之三支"，以"仁、义、智、信"为"礼之四名"，肯定"礼之三支"与"礼之四名"的区别与联结；强调"天地阴阳者，礼乐之象也，人事者，礼乐之实也。言其象，止于尊大其教；言其实，足以轨范于人"③。以人自身生活中的"为"与"节"解释"礼"的建构，其理论确实具备自身的特色与价值。

历史上也有学者全面肯定李觏学说与周敦颐、程颢、程颐、张载等人学术思想的联系，认为李觏"先于周、程、张、朱数十年，尝与范希文诸先辈上下论议，畅发乎尧、舜以来相传之旨，于是理学大明，儒风蔚起，识者谓濂、关、闽、洛之学，皆先生有以启其绪焉"④。这种论说中所肯定的李觏哲学的历史影响，与历史的实际存在距离。因为，从北宋道学发展的实际来看，不论是李觏的"礼学"还是李觏的"易学"，对于周、程、张、朱各

---

① 李觏：《礼论七篇》，《李觏集》，第18页。
② 李丕则：《盱江先生文集原序》，转引自《李觏集》，第532页。
③ 李觏：《礼论七篇》，《李觏集》，第17—18页。
④ 陆瑶林：《李泰伯先生文集原序》，转引自《李觏集》，第524页。

家学说的具体影响都十分有限。但是,就李觏力图通过对"易""礼"之学的独立思考,诠释与建构"邦国之龟筮,生民之耳目"的学术追求而言,确实与道学主要代表人物的思想趣向是一致的。因此,不论是李觏的"礼学"还是李觏的"易学",都是北宋早期道学的重要组成部分。

第四章　邵雍的象数易学

宋元时期的易学研究成果是宋元哲学一个重要的组成部分。在北宋易学家中,邵雍师从李之才,"受河图、洛书"以及伏羲"八卦六十四卦图像",然后"探赜索隐,妙悟神器",创立了自己的先天象数易学。邵雍以先天象数易学论释宇宙本体,在宋元哲学中另辟蹊径,独树一帜,极大地丰富了宋元哲学的内容和体系,也为我们今天研究宋元哲学留下了一个重要的理论课题。

第一节　邵雍的学术活动与理论著作

邵雍(1011—1077),字尧夫,谥康节,北宋时期著名思想家、易学家、史学家和诗人。他生活在北宋前期,当时中央集权的封建专制统治相对稳定;农业生产由于推广从国外引入的水稻新品种,产量提高,粮食丰富;手工业生产空前发达,海上和陆上丝绸之路畅通,国内和海外商业十分繁荣;没有严重外患;科学技术突飞猛进,涌现出火药、罗盘指南针、活字印刷术三大世界发明。北宋进入后期的封建社会,仍显示了一派繁荣景象。无论政治、科技、人文诸方面,都是英才辈出,范仲淹、王安石、沈括、李诫、苏轼、黄庭坚、司马光、欧阳修以及思想家周敦颐、张载、程颢、程颐、邵雍都是这一群星璀璨时期的风云人物。

邵雍出生于普通知识分子家庭,生活并不富裕。幼年刻苦好学,志存高远。曾离家远游数年,饱览世俗风情,眼界开阔。三十岁时母亲去世,他守孝于共城(今河南省辉县)苏门山,善尽孝道,闻名乡里。偶然的机缘,他受到一位名人赏识,这改变了他的志趣,影响其终生。

这位名人是李之才(? —1045),字挺之,时为共城县令。他听说青年邵雍躬耕苦读,有才华,尽孝道,对其十分赞赏,就亲自到苏门山去访问他。二人一见如故,谈得很融洽。几次见面后,邵雍对李之才十分钦佩,就拜他为师,从原来热心儒学,转而向李之才学习道家所传承的象数之学。李之才原是一位进士,后从他的老师道教学者穆修那里学来一套象数之学,这种学问是从道教祖师陈抟传下来的。陈抟传与种放,种放传与穆修,穆修传与李之才。邵雍为陈抟的四传弟子。这套学问,后人称之为先天象数易学。因其与传统易学思想体系趣向大异,朱熹称之为"《易》外别传"。

邵雍从李之才那里得到秘传。李之才离开共城,调职河阳,邵雍亦随去。邵雍跟随李之才学习时间共有六年,第六年(1045)李之才就去世了。那时邵雍三十五岁,尚未结婚。邵雍从老师那里得到的只是言传,并非先天象数的系统著作。老师去世后,他潜心钻研,"三年不设榻,昼夜危坐以思"[1],主要专心钻研陈抟秘传的一幅《先天图》。从此邵雍思想发生巨变,自称"儒风一变至于道"[2]。他十分自负,扬言:"欲为天下屠龙手,肯读人间非圣书。"[3]还说:"若得天理真乐,何书不可读?何坚不可破?何理不可精?"[4]他正是从"非圣书"中终于悟透一套别出心裁的"先天象数易学"思想体系。

皇祐元年(1049),邵雍举家迁居洛阳,因为认定洛阳为"天下之中,

---

① 杜成娴等编著:《邵康节先生外纪》卷一,《易学大师邵康节》,第183页,石家庄,花山文艺出版社,1994。
② 邵雍:《安乐窝中吟》,《邵雍集》,第340页,北京,中华书局,2010。
③ 邵雍:《闲行吟》,《邵雍集》,第276页。
④ 邵雍:《观物外篇》,《邵雍集》,第168页。

可以观四方之士"。从此，他的学术生涯大有发展。邵雍起初借庙宇开馆授徒，深受学生欢迎。皇祐五年(1053)，有学生将自家妹妹嫁与邵雍，两年后喜生贵子。邵雍写诗纪兴："我今行年四十五，生男方始为人父。"①最初，邵雍耕种友人的田地，仅给衣食。后名气日增，朋友日众，不少学生家长是著名官绅，常与他交往。他教育的学生，有的也成了有用人才，邵雍从而名声大震。退居洛阳的达官贵人对他十分敬重，与他结为至交好友。以原任宰相富弼为首的二十余家富户，共同为邵雍在洛阳建了新居——安乐窝，让他安享晚年，静心思考，从事著述。邵雍写诗答谢富弼、司马光等好友："重谢诸公为买园，买园城里占林泉。七十来步平流水，二十余家争出钱。"②从此"年行五十二，老去复何忧"③，"朝袖清风，夜迎浩月"，满腹经纶而清闲自在。经达官鼎力推荐，朝廷先后三次下诏，征邵雍入朝作官，他都一一婉谢，抱定宗旨"生平不作皱眉事，世上应无切齿人"④。

邵雍隐居不仕，专心教育弟子，从事著述，留下三部主要作品。第一，代表作《皇极经世》。此书表述其"《易》外别传"的先天易学思想，包括宇宙观、历史观、政治思想、人生哲学，在中国哲学史、文化史上产生重要影响，至今受到推崇。这位哲人的开拓创新精神主要表现在创立了与传统易学不同的象数思维方法和思想体系。由于此书别开生面，《四库全书》未予正确评价，将其列入"术数类"。第二，《渔樵问对》。此书采用渔翁和樵夫对话的形式，提出并回答一些哲学问题。如天何依、地何附？水与火既能相济，又可相息，其用如何？天下将治，人必尚行，将乱，人必尚言，何也？何谓命？太极何物也？"复"(卦)，何以见天地之心？负薪百斤，无伤身，加十斤遂伤身，何故？不少问题涉及王霸、义利、心性、祸福、鬼神、动静、体用等。其对话诙谐开朗，没有书生气。第三，《击壤集》。此书是其诗歌总集，共有诗三千余首。其中有玄思易理的哲理诗、评说古史的咏史诗，还有遁

---

① 杜成娴等编著：《邵康节先生外纪》卷一，《易学大师邵康节》，第 182 页。
② 同上书，第 184 页。
③ 邵雍：《弄笔》，《邵雍集》，第 228 页。
④ 邵雍：《诏三下答乡下人不起之意》，《邵雍集》，第 270 页。

世取乖的隐逸诗、寄兴山林的林泉诗、嘤鸣求和的酬唱诗。前两类诗均有丰富的思想内涵。因其出身寒微,志在畎亩,与村夫野老感情深厚,故名《击壤集》。诗韵平白如话,少有雕琢,人称"康节体",有别于名家雅韵。

第二节　宇宙生成论

邵雍所创立的先天象数易学探讨了传统易学未曾探讨过的许多问题,在易学史上独树一帜。其基本内容有三。

首先,宇宙本体及其运化规律。先天易学思想体系,建立在陈抟传下的《先天图》(又称《伏羲八卦图》)的基础上。这幅图显现了《易传·系辞上》所谓"《易》有太极,是生两仪,两仪生四象,四象生八卦"的原理。图中的八卦次序是乾一、兑二、离三、震四、巽五、坎六、艮七、坤八,以乾坤离坎为"四正卦"。其卦序与四正卦都与《后天八卦图》(又称《文王八卦图》)不同。《先天图》的特点为:(1) 其生成次序自然而然。太极分一阴一阳而成两仪,两仪之上再生一阴一阳而成四象,四象之上,生一阴一阳而成八卦。(2)按此次序构成的八卦方位,正如《易传·说卦》所谓"天地定位,山泽通气,雷风相薄,水火不相射",呈现阴阳对称互补格式。(3) 图分左右两半,左四卦为阳,为天;右四卦为阴,为地。正如《易纬》所谓"天左旋,地右转"。(4) 图中乾、坤、坎、离四卦定四方。邵雍谓:"乾坤定上下之位,坎离列左右之门。"[1]乾为天,坤为地,乾上坤下,一南一北。离为日,东升;坎为月,西起。正是乾正南、坤正北、离正东、坎正西。(5) 邵雍云:"乾遇巽时观月窟,地逢雷处识天根。"[2]右半圈,乾巽之交,一阴始生,故名"月窟";左半圈,坤(地)震(雷)之交,一阳始生,故名"天根"。天根月窟最为道教修炼所重视。以上诸特点,《后天八卦图》均不具备。

以《先天太极图》为基础,邵雍解释太极说:"生天地之始者,太极

---

[1] 邵雍:《观物外篇》,《邵雍集》,第 112 页。
[2] 邵雍:《观物吟》,《邵雍集》,第 435 页。

也。"①又称"太极,道之极也"②。"道为天地之本,天地为万物之本。"③
"天由道而生,地由道而成,物由道而形,人由道而行。"④由此形成"太极"
宇宙本体学说。

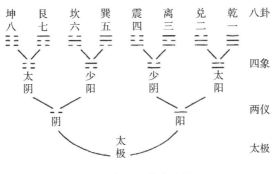

（一）先天八卦次序图

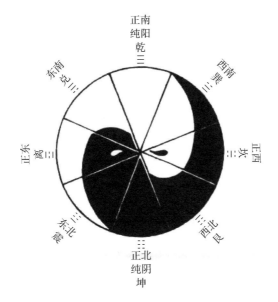

（二）先天太极图（简称先天图）

① 邵雍:《观物外篇》,《邵雍集》,第163页。
② 同上书,第164页。
③ 邵雍:《观物内篇》,《邵雍集》,第9页。
④ 同上书,第33页。

其次,邵雍称太极是"一阴一阳之间者",即阴阳未分之前元气混而为一的本然状态,是阴阳未分的不动状态。《易传·系辞上》指出"阴阳不测之谓神",邵雍认为"神"就是变化的意思,非指神仙。故他说:"太极一也,不动,生二,二则神也。神生数,数生象,象生器。"①又说:"太极不动,性也;发则神,神则数,数则象,象则器,器则变,复归于神也。"②邵雍说的"神",是指宇宙本体——太极的变化。太极未分化时不动,一经发动则显现为神。"神生二",指太极分化为阴阳二端,即两仪,故"二则神也"。两仪生四象、四象生八卦。如此将"阴阳不测之谓神"的思想具体化。"神"成为宇宙本体自我分化的内在动因。

邵雍依此"神生数,数生象,象生器"的原理,进一步阐发其先天象数学思想体系。他写道:"天生于动者也,地生于静者也。一动一静交,而天地之道尽之矣。动之始则阳生焉,动之极则阴生焉,一阴一阳交,而天之用尽之矣。静之始则柔生焉,静之极则刚生焉,一刚一柔交,而地之用尽之矣。"③一动一静为太极神化之始,生天生地之几。天地之道,不外一动一静、一刚一柔的交感作用。阴与阳、刚与柔成为邵雍构建其思想体系的四大基石。邵雍的象数思想体系中,言必称四。"立天之道,曰阴与阳",派生四象乃"日、月、星、辰";"立地之道,曰柔与刚",派生四象乃"水、火、土、石"。④由日月星辰导生昼、夜、寒、暑,由水火土石导生走、飞、草、木,宇宙间的千变万化无不由阴阳刚柔所主导。由此天地四象,日月星辰、水火土石,成为奠定邵雍易学思想中宇宙衍化的八大支柱。八者无非一气,均"乘气而变化"。他说:"气一而已,主之者乾也。神亦一而已,乘气而变化,能出入于有无、生死之间,无方而不测者也。"⑤

邵雍先天易学的基本特征,在于将"数"看作决定事物本质的东西,并特别注重"四"这个数,认为它是解开众妙之门的钥匙,把"数"无限神

①② 邵雍:《观物外篇》,《邵雍集》,第 162 页。
③ 邵雍:《观物内篇》,《邵雍集》,第 1 页。
④ 同上书,第 40 页。
⑤ 邵雍:《观物外篇》,《邵雍集》,第 150 页。

秘化。这同希腊毕达哥拉斯学派颇有相似之处。毕达哥拉斯学派"以数目为第一原理,为生存的物质之因"。正如列宁批评的,"在它们那里,实体、物和世界的'规定',是'枯燥的、没有过程(运动)的、非辩证的'"①。不过,邵雍用"加一倍法"构造的象数图式同韩康伯的有生于无说、孔颖达的太极元气说是大异其趣的;他的理论同周敦颐改造陈抟的《无极图》而大讲"无极而太极"所阐发的一套象学也截然不同。邵雍在《先天图》中不只讲象学,更特意发挥数学。周邵二人共同开创了宋明时期的图书学派,为易学象数学开拓了新的历史时期。

邵雍着意阐发《易传》所讲天地之数②、"成变化而行鬼神"的原理,张扬其"合一衍万"法则。其子邵伯温写道:"数者何也? 道之运也,理之会也,阴阳之度也,万物之纪也。定于幽而验于明,藏于微而显于著,所以成变化而行鬼神者也。"③北宋中期易学家刘牧也说:"夫《易》者,阴阳气交之谓也……卦者,圣人设之,观于象也。象者,形上之应。原其本,则形由象生,象由数设。舍其数,则无以见四象所由之宗矣。"④

神生之"数",究竟如何成变化而行鬼神? 邵雍提出"合一衍万"的法则。他写道:"太极既分,两仪立矣。阳下交于阴,阴上交于阳,四象生矣。阳交于阴,阴交于阳,而生天之四象;刚交于柔,柔交于刚,而生地之四象,于是八卦成矣。八卦相错,然后万物生焉……犹根之有干,干之有枝,枝之有叶,愈大则愈少,愈细则愈繁。合之斯为一,衍之斯为万。"⑤学者蔡元定对此法则作了深入阐述,指出:天之四象日月星辰,衍生雨风露雷,及寒暑昼夜,进而影响物的性情形体;地之四象水火土石,衍生走飞草木,亦受雨风露雷之影响,各有其性情形体。邵雍用阴与阳、刚与柔,演化出从一(太极)到万(走飞草木等)的无穷变化,对易学而言,是一重要发展。

---

① 《列宁全集》第 38 卷,第 273 页,北京,人民出版社,1959。

② 指《河图》之数。

③ 邵伯温:《皇极经世系述》,《邵雍全集》第 3 册,上海,上海古籍出版社,2015。

④ 刘牧:《易数钩隐图·自序》,转引自冯友兰:《三松堂全集》第 3 卷,第 271 页。

⑤ 邵雍:《观物外篇》,《邵雍集》,第 107—108 页。

朱熹称许道:"自有《易》以来,只有康节说一个物事如此齐整。"①尽管邵雍对"加一倍法"(或"一分为二"法)的阐发有所贡献,但其思维方法是形式主义的,力图将宇宙万物的千变万化纳入主观设计的一套图式中。值得肯定的是,其"一分为二"法客观上符合事物变化的矛盾转化规律,尤其是他所创制的《先天六十四卦圆图》,其排列次序,同德国哲学家、数学家莱布尼茨所创立的二进位制原理巧相吻合,故受到莱布尼茨的称赞。

再次,元会运世的宇宙演化进程。邵雍按先天易学原理,对人们生活的这个世界的来龙去脉作了深入探讨。他将自己创制的《伏羲六十四卦圆图》(又称《先天六十四卦圆图》)作为宇宙万物发生发展的总图式、总规律,依照它描绘了宇宙进化的具体程序,从而编制了一份前所未有的世界历史年谱。他为编制年谱自行设立了几条基本准则。

其一,年谱以数字运算为准;规定年谱遵守四级运算方法,四级即元、会、运、世;规定一元有 12 会,一会有 30 运,一运有 12 世,一世有 30 岁。不难看出,元会运世的数量规定,是按年月日辰的数量变化,一年 12 月,一月 30 日,一日 12 辰,一辰 30 分。按此计算一元之年数如下:一元 = 12 会 × 30 运 × 12 世 × 30 岁 = 129600 岁。

其二,邵雍将 12 会按 12 地支顺序命名,即子、丑、寅、卯、辰、巳、午、未、申、酉、戌、亥。认定天生于子会,地生于丑会,人生于寅会。

其三,采用汉代推行的十二消息卦的卦象,标定每会的阴阳消长之数。12 会中阴阳消长的顺序是:子会为复卦(一阳五阴),丑会为临卦(二阳四阴),寅会为泰卦(三阳三阴),卯会为大壮卦(四阳二阴),辰会为夬卦(五阳一阴),巳会为乾卦(六阳无阴),午会为姤卦(一阴五阳),未会为遁卦(二阴四阳),申会为否卦(三阴三阳),酉会为观卦(四阴二阳),戌会为剥卦(五阴一阳),亥会为坤卦(六阴无阳)。

这说明第一子会与第二丑会,天地开辟,尚无人类,第三寅会,三阳三阴,天地交泰,人类乃生。往后相当长时期,尚未开化,无可表述。直

---

① 黎靖德编:《朱子语类》卷一○○,第 2546 页,北京,中华书局,1986。

到第六巳会,乾卦主事,纯阳无阴,一元的前半期至此阳气极盛,世界大为开化,涵涉中国历史上自三皇至唐尧的传说时代。又过很久,到第七午会,姤卦主事,一阴五阳,进入中国历史上的夏商周三代。从午会起,阳始消退,阴始生长,进入秦汉魏晋隋唐五代时期。到了第十一戌会剥卦(五阴一阳)之末,一阳剥尽,就达到纯阴无阳的坤卦境况,称作"闭物"时期,人类与生物均失去生存条件,世界近于消亡。然后再过10800年(一会之数),到第十二亥会坤卦(六阴无阳)之末年,天地亦归消亡,至此一元即告终结。邵雍编绘的世界演化历史进程,借用汉代十二消息卦阴阳消长的渐进规律,阐述世界历史长河中阴阳消长的过程。当阳初长、阴尚盛之时,天地开辟,未有人类,待泰卦主事(三会),阴阳对等调和,人物乃出现,以至有中国唐尧盛世,从第一会到第六会,阳日长、阴日消,世界居于上升发展阶段;第七午会到第十二亥会,阳日消,阴日长,世界日渐衰退,亥会之末,纯阳无阳,最后天地毁灭,一元告终,然后,新的一元开始。从其思维方法上看,邵雍坚持了世界历史不断变化的观点,变化的过程不是永远向上,先是日益上升,上升到极点,然后日益下降,降到极点,世界末日到来,天地毁灭。宇宙与人物一样,有生必有死,不会永恒存在。

邵雍编制宇宙历史衍化年谱,其初衷不止在说明宇宙衍化的规律,同时也以中国历史为例,探讨了人类历史治乱兴废的规律性。这一观点,在他编制"中间三千年"的中国历史年表中有更详细的论述。但他力图将自然史与人类史打通,找出二者衍化的共同规律,正如他自己所说,先天易学的核心价值,在于"弥纶天地,出入造化,进退古今,表里人物"[1]。因此他编完世界历史年谱后十分得意,写《皇极经世一元吟》自我评价说:"且以一元言,其理尚可识。一十有二万,九千余六百。中间三千年,迄今之陈迹。治乱与兴废,著见于方策。吾能一贯之,皆如身所历。"[2]

---

[1] 邵雍:《渔樵问答》,《邵雍集》,第561页。
[2] 邵雍:《皇极经世初探》,《邵雍集》,第591页。

邵雍大胆地肯定天地有始必有终,他说:"或曰,天地亦有终始乎?曰:既有消长,岂无终始。天地虽大,是亦形气,乃二物也。"①他认为天地毁灭之后,新的一元又将开始,这一观点有可取处。冯友兰先生指出,佛教《俱舍论》讲世界成住坏空之说,"康节之世界年表,盖亦取佛学中所说之意"②。

对于邵雍先天易学,当持科学分析态度,其僵化凝固的"象数"模式、"四块八段"、乘除增减没有生气,无助于对宇宙变化客观规律的探讨,这种形式主义思维方法应当扬弃。抛开其形式,仍能发现邵雍从易学辩证思维中汲取到阴阳有消长、万物有盛衰,旧过程消亡、新过程开端的可取思想,敢于大胆创新,为易学作出新贡献。不难发现,邵雍的宇宙生成论既不同于邹衍的大九州论,也不同于西方的上帝创世说。他第一次提出崭新的东方宇宙模型和独具特色的宇宙衍化层次论及渐进过程论,肯定宇宙衍化的原因不是盘古氏开天辟地,也不是上帝的主宰,其动因在于内部固有的一阴一阳。邵雍认为,宇宙万物的多样性,乃天之四象与地之四象交会互动衍化的结果,从而建立万物皆变的变易观,并用阴阳递变的象数显示宇宙衍化、循序渐进的漫长过程。凡此对传统易学思维方法都有所丰富与发展。

第三节　中国社会历史演变理论

《皇极经世》是一部"通古今之变"的经邦济世著作,虽然所讲是历史,然亦透露邵雍的社会政治思想要领。邵雍创立了一套评议中国历史的皇帝王伯(通霸)史观,概述中国五千年的历史演变、政治兴衰,这在中国思想史上尚无先例。这套历史观较之邹衍的"五德终始论"和董仲舒的"三统循环论"都更为精细。

邵雍认为中国历史中,自唐尧开始,下至五代这中间三千年,社会政

① 邵雍:《观物外篇》,《邵雍集》,第160页。
② 冯友兰:《三松堂全集》第3卷,第284页。

治的变化存在皇、帝、王、伯四种政治模式,代表四个发展阶段。他用道、德、功、力四字,突出每种模式的基本特征或政治倾向。

皇以上古传说的三皇为典范。三皇即伏羲、女娲、神农。三皇之世的特征是"以道化民",行"无为"之治。"以道化民者,民亦以道归之,故尚自然。夫自然者,无为无有之谓也……所以圣人有言曰:'我无为而民自化,我无事而民自富,我好静而民自正,我无欲而民自朴。'"①上以道化民,故人民乐于无为、无事、无欲。

帝以上古五帝为典范。五帝即黄帝、颛、帝喾、唐尧、虞舜。五帝之世,"以德教民",行"禅让"之政。他说:"让也者,先人后己之谓也……能知其天下之大,非己之天下者,其唯五帝乎?……所以圣人有言曰:'垂衣裳而天下治。'"②上能垂拱而治天下,则下民以礼让为俗,人无贪鄙之心。

王以夏商周三代之王夏禹、商汤、周文王、周武王为典范。其特征是"以功劝民",故尚政。"政者,正也,以正正夫不正之谓也。"③王以事功劝民,民以正直从事,兴利除害,杀伐不生,盗贼不起,共享升平。

伯以春秋时代"五霸"为典型。五霸即齐桓、晋文、楚庄、宋襄、秦穆。其特点在"以力率民",崇尚智力。他说尚智力者必尚争,"夫争也者,争乎利者也。取以利不以义,然后谓之争"④。五伯尚力,拥兵自强,尔虞我诈,尊王攘夷,争城夺国,无有宁日,民受其害。

邵雍认为皇帝王伯之政在后世并非单纯存在,往往道德功力并用。故皇道之下,必有帝道、王道、伯道并存。邵雍指出历史上必存在多种模式,提出皇之皇、皇之帝、皇之王、皇之伯……王之皇、王之帝、王之王、王之伯,共十六种模式。

邵雍以无为、礼让、公正、智力作为四种政治模式的核心内容,并不尽然。"无为",只是一种理想,远古时期虽无阶级划分,仍有氏族之间的残酷斗争;"礼让",亦乃美化之言,黄帝伐蚩尤,舜逐三苗,斗争亦激烈;

---

① 邵雍:《观物内篇》,《邵雍集》,第13页。
②③ 同上书,第14页。
④ 同上书,第15页。

奴隶制社会,对奴隶施行野蛮统治,有何"公正"? 相较之下,"智力"未必尽是坏事。按邵雍的历史观,社会愈向后发展,道德风气则日益退化,这样总结历史,不能不带有很大片面性。

尽管如此,邵雍的皇帝王伯史观也含有某些合理因素。首先,研究社会历史当注重人心的向背,上行下效,不可忽视。他强调"以道化民者,民亦以道归之","以德教民者,亦以德归之","以功劝民者,民亦以功归之","以力率民者,民亦以为归之"。其次,他用十六种政治模式评断历史形势,褒贬政治兴衰,臧否历史人物,写了许多咏史诗,引导人们"通古今之变",对人们评史论政有启迪之功。无可讳言,五千年中国历史,的确充满着无为与有为、礼让与争夺、暴力与文德、尚义与争利等政治路线、社会风气的冲突,邵雍的社会政治倾向是鲜明的。这一历史观为宋明理学中天理人欲之辩、王道霸道之辩、义利之辩开了先河。

邵雍意识到影响历史发展的,必有某种积极因素与消极因素,即推动历史进步的正面力量(阳)与阻碍历史前进的反面力量(阴),他统称为一阴一阳。这无疑为人们观察历史提供了一种新的参照系统,比用神秘的天命决定历史、圣人的天才决定历史,或神秘的运气决定历史,有更为可取的成分。邵雍设定一种标准来检验历史盛衰,这一标准是主观的,不可取,但诱导了人们跳出天命史观、天才史观、运气史观的窠臼,去做新的探索。尽管其结论并不正确,仍是开拓了探索人类历史发展的一个新思路。

邵雍还用他那先天象数图式,为从唐尧到五代三千年的中国社会编制了一份洋洋大观的中国历史年表,这一年表打破王朝史体系,一律以三百六十年为一个单元划分。现在看来,邵雍费了极大工夫,但这份年表对于总结历史发展的客观规律没有多少参考价值。这是他过分迷信"神生数"的先天易学而堕入的思想误区。邵雍未能发现历史发展规律,但不可苛求古人之理论思想,这正表明历代哲人都难以摆脱历史局限性的制约。

第四节　人生哲学

邵雍的人生相当奇特。他赋有身居畎亩、心怀天下的儒者风范,程颢称赞他内圣外王之学"淳一不杂"①。明朝诏准将他入祀孔庙,清康熙赠予匾额"学达性天"。但他同时具有风月情怀的道家气象,是陈抟的第四代传人,其著作、诗集均被编入《道藏》。故其人生哲学颇具二重性。

邵雍无愧为淹博儒门经典的一代鸿儒,其理论著作标名《皇极经世》,显示其初衷颇具经邦济世宏愿,倾心王道,贬斥霸道,意向鲜明。他写的长诗《君子吟》,实以儒家思想为标准界定君子与小人。诗中写道:"君子与义,小人与利;与义日兴,与利日废。君子尚德,小人尚力;尚德树恩,尚力树敌。君子作福,小人作威;作福福至,作威祸随。君子乐善,小人乐恶;乐恶恶至,乐善善归。"②他竭力劝导世人勉作君子,莫作小人。

邵雍自许一生是"诚明"见性,此乃《中庸》思想的核心。其《诚明吟》写道:"孔子生知非假习,孟轲先觉亦须修。诚明本属吾家事,自是今人好外求。"③邵雍以其仁者心胸,十分同情劳动人民的疾苦。在《题黄河》中代世人发出"不平声":"谁言为利多于害? 我谓长浑未始清。西至昆仑东至海,其间多少不平声!"④这说的是黄河浑浊不清,贬斥的是人世昏乱不平。在《感雪吟》中,他揭示豪门歌舞升平、流民夜宿露天的社会现象:"旨酒佳肴与管弦,通宵鼎沸乐丰年。侯门深处还知否? 百万流民在露天。"⑤《答人言》中邵雍痛陈与自己相同的寒门儒生们的生活境况:"卿相一岁俸,寒儒一生费。"⑥作为寒儒的邵雍有内圣外王的经世之心,内修圣道,涵养仁德,与人相交,忠孝仁义不离口;外希王道,乐施仁政,对社

---

① 程颢:《邵尧夫先生墓志铭》,《二程集》上册,第 503 页。
② 邵雍:《君子吟》,《邵雍集》,第 450 页。
③ 邵雍:《诚明吟》,《邵雍集》,第 236 页。
④ 邵雍:《题黄河》,《邵雍集》,第 192 页。
⑤ 邵雍:《感雪吟》,《邵雍集》,第 411 页。
⑥ 邵雍:《答人言》,《邵雍集》,第 230 页。

会丑恶不平,用心鞭挞。作为儒者,入祀孔庙,名正言顺。

邵雍虽有经世之道,却无治世之志,故朝廷三次下诏,征其入官,均表谢绝,宁愿作一个隐士,以遂其道家志趣。他看穿社会的丑恶现实,决不与世俗官吏同流合污。甘当隐者,无为不争,淡泊名利,清闲自在。邵雍用四首诗表白平日与"四物"最相亲:"安乐窝中诗一编,自歌自咏自怡然。"①"安乐窝中一部书,号云皇极意何如?"②"安乐窝中一炷香,凌晨焚意岂寻常。"③"安乐窝中酒一樽,非唯养气又颐真。"④一编诗吟花弄月,一部书评古论今,一炷香静坐养神,一樽酒养气颐神,自寻其乐,与世无争。他所坚持的道者处世准则是,"不作风波于世上,自无冰炭到胸中"⑤。

邵雍不是道士,但胜似道士,不惹俗气,尽得逍遥,晚年过着神仙般的生活。这在《后园即事》中有生动刻画:"太平身老复何忧? 景爱家园自在游。几树绿杨阴乍合,数声幽鸟语方休。竹侵旧径高低进,水满春渠左右流。借问主人何所乐? 答云殊不异封侯。"⑥绿杨葱笼,林鸟啁啾,幽径曲折,流水叮咚,主人漫步于诗情画意的后园,胜似神仙,胜过王侯。

邵雍出门必着道装,持麈尾,乘小车。《道装吟》中写道:"安车麈尾道衣装,里巷过从乃是常。闻说洞天多似此,吾乡殊不异仙乡。"⑦他对这种神仙般的隐者生活深感心满意足。

邵雍是一位诗人,诗集中有不少诗表露他的隐者情怀。《南园赏花》中现出一副酒仙气派:"花前把酒花前醉,醉把花枝仍自歌。花见白头人莫笑,白头人见好花多。"⑧此诗曾受到法国东方学家里奈的称赞,认为可

---

① 邵雍:《安乐窝中诗一编》,《邵雍集》,第 318 页。
② 邵雍:《安乐窝中一部书》,《邵雍集》,第 318 页。
③ 邵雍:《安乐窝中一炷香》,《邵雍集》,第 319 页。
④ 邵雍:《安乐窝中酒一樽》,《邵雍集》,第 319 页。
⑤ 邵雍:《安乐窝中自贻》,《邵雍集》,第 292 页。
⑥ 邵雍:《后园即事三首》,《邵雍集》,第 240 页。
⑦ 邵雍:《道装吟》,《邵雍集》,第 401 页。
⑧ 邵雍:《南园赏花》,《邵雍集》,第 291 页。

与法国 19 世纪象征派诗人魏尔兰的名诗媲美。

邵雍特别注重调理天根月窟的静养功夫,既为运气养生,也为利于静思。他在《何处是仙乡》中写道:"何处是仙乡?仙乡不离房。眼前无冗长,心下有清凉。静处乾坤大,闲中日月长。若能安得分,都胜别思量。"①独处室中,抛却一切杂念,静坐养神,形神双忘,心旷神飞,自如仙乡。朱熹称许邵雍这种养神静虑的方法说:"邵康节,看这人极会处置事,被他神闲气定,不动声气……若不是养得至静之极,如何见得道理如此精明。"②

总之,邵雍的人生,亦儒亦道,而非儒非道。其思想行为赋有二重性格,以儒应世,以道安神。他是一位诗人哲学家,也是一位哲理诗人。安乐窝中,既谈笑有鸿儒,亦往来有白丁。他常与上层人物富弼、司马光等吟诗唱和,交情深厚。洛阳城中有其"行窝"(官绅府第为他特备的住房)二十家,主人与奴婢都称他"家先生",姑嫂的纷争,儿女的隐私,未可向外人道者,都可向他坦露,求其开导。如此哲人堪称儒道兼综文化熏陶下成长的典型,在中国哲学史上实为少见。朱熹称许邵雍的思想人品,曾写有《康节先生赞》:"天挺人豪,英迈盖世。驾风鞭霆,历览无际。手探月窟,足蹑天根。闲中今古,醉里乾坤。"③

① 邵雍:《何处是仙乡》,《邵雍集》,第 391 页。
② 黎靖德编:《朱子语类》卷一○○,第 2543 页。
③ 朱杰人等主编:《朱子全书》第 24 册,第 4002 页。

第五章　周敦颐的哲学思想

在宋元哲学的演进发展中,周敦颐揉合儒、道之学,利用道家的哲学观念与儒家的哲学观念,较早对宇宙万物何以存有作出了理论阐释,其思想理论对宋元时期的哲学家建构各自的哲学系统影响深远,尤其对朱熹理学的成型提供了重要的思想资源。因此,后世学人认为周敦颐是在宋元哲学的历史发展中"不由师授,默契道体,上接邹、鲁之传,而下以启洛、闽之绪"①的重要哲学家。周敦颐的这种历史影响,使得考察周敦颐的生活道路与学术著述、解构周敦颐的哲学系统、揭示周敦颐哲学思想真实的理论价值历来为人们考察宋元哲学时所特别留意与关注。

第一节　周敦颐的生平与著述

周敦颐(1017—1073),字茂叔,北宋道州营道人。周敦颐原名敦实,后因避宋英宗旧讳更名敦颐。朱熹曾在周敦颐好友潘兴嗣《周敦颐墓志铭》和周敦颐妻兄浦宗孟《周敦颐墓碣铭》的基础上写成《周敦颐事状》,肯定周敦颐"襟怀飘洒,雅有高趣,尤乐佳山水,遇适意处,或徜徉终日"②。这样

---

① 张伯行:《周濂溪先生全集序》,转引自《周敦颐集》,第 127 页,北京,中华书局,2009。
② 朱熹:《周敦颐事状》,转引自《周敦颐集》,第 98 页。

的襟怀与情趣,使周敦颐深爱庐山,并在晚年定居庐山。度正《周敦颐年谱》所记周敦颐定居庐山的原因更为具体:"先生常寓浔阳,爱庐山之胜,贫不能归,遂卜居其下。因溪流以寓故乡之名,筑室其上,名曰濂溪书堂,示不忘父母之邦之意。"①濂溪本为周敦颐故乡河流名。周敦颐在庐山所名濂溪,发源于庐山莲花峰下。朱熹对此溪有具体记述:"庐山之麓,有溪焉,发源于莲花峰下,洁清绀寒,下合于溢江。先生濯缨而乐之,因寓以濂溪之号,而筑书堂于其上。"②周敦颐故乡有河流名濂溪,他晚年又将自己住地的小溪命名为濂溪,建濂溪学堂,这是后世学者称周敦颐为濂溪先生,并将周敦颐学说称为濂学的缘由。

周敦颐的祖辈世居道州营道,但周家并非身世显赫的家族。周敦颐的曾祖父、祖父皆不曾入仕,直到周敦颐的父亲这一辈人才开始通过科举道路踏入仕途。周敦颐父亲名辅成,曾为贺州桂岭县令。从周敦颐父亲为官的情况来看,周敦颐实出身于一个下层官僚家庭。生活在这样的家庭,周敦颐少儿时代对下层社会生活应有所接触与了解。周敦颐母亲郑氏的家庭境况优于周家。其父过世较早,周敦颐十五岁时随母亲离开道州营道,入京师随舅父郑向生活。郑向为龙图阁直学士。周敦颐少时"养于舅家",又使得少儿时代的周敦颐有过上层官僚家庭生活的经历。郑向对周敦颐后来的生活道路影响很大,周敦颐二十岁时即步入仕途,实得力于郑向的器重与举荐。

周敦颐步入仕途之后,曾先后任洪州分宁县主簿、南安军司理参军、湖南郴县令、桂阳令、洪州南昌县令、广南东路转运判官等职。周敦颐所任职务虽多为地方下层官吏,但他"自其穷时,慨然欲有所施,以见于世。故仕而必行其志,为政必有能名"③,其政绩多为人们所称道。潘兴嗣在《周敦颐墓志铭》中也曾说周敦颐"博学力行,遇事刚果,有古人风,众口

---

① 度正:《周敦颐年谱》,转引自《周敦颐集》,第99—100页。
② 朱熹:《周敦颐事状》,转引自《周敦颐集》,第98页。
③ 浦宗孟:《周敦颐墓碣铭》,转引自《周敦颐集》,第92页。

交称之"①。周敦颐为官为人们所称道者首为其遇事果决,办事干练。《宋史·周敦颐传》中说周敦颐为洪州分宁主簿,有狱案久断不决,周敦颐到任后,迅速处理此案,使得邑人惊叹其胜过经验丰富的官吏。周敦颐为洪州分宁主簿时年仅二十四岁,以这样的年龄迅速处理久拖不决的狱案,确实表现了他出色的刑事工作能力。其后,周敦颐调任多方地方官吏,始终自觉保持这种果决的工作作风。蒲宗孟《周敦颐墓碣铭》中说:周敦颐"知洪之南昌。南昌人见君来,咸曰:'是能辨分宁狱者,吾属得所诉也。'君益思以奇自名,屠奸剪弊,如快刀健斧,落手无留。富家大姓,黠胥恶少,惴惴怀恐,不独以得罪于君为忧,而又以污善政为耻也。江之南九十余邑,如君比者无一二"②。蒲宗孟为周敦颐妻兄,对周敦颐为官行事的风格应有实际的了解。其"屠奸剪弊,如快刀健斧,落手无留"之说,当是对周敦颐办事果决、干练风格的真实反映。周敦颐这种行事风格不仅惩治了地方的邪恶势力,也极大地影响了社会风气。

周敦颐为官正直,力求公正执法,这也是其受人称道的重要原因。周敦颐为南安军司理参军时,有"南安囚,法不当死,转运使欲深治之"。周敦颐据理力争,因力争不胜,结果"投其司理参军告身以去",并愤怒表示:"如此尚可仕乎! 杀人以媚人,吾不为也。"③作为地方官吏,周敦颐反对草菅人命,为公正执法,宁可不仕,也要抗争,确实难能可贵。据史籍记载,这次争论,以转运使王逵最终感悟,"南安囚"得不死结束。周敦颐为官勤勉也深为人们所称道。据蒲宗孟《周敦颐墓碣铭》中记述,周敦颐提点广南东路刑狱,"不惮出入之勤,瘴毒之侵,虽荒崖绝岛,人迹所不至处,皆缓视徐按,务以洗冤泽物为己任"④。这种"以洗冤泽物为己任"的原则与追求,当是周敦颐为官既能使同事感佩,也能获民众感念的重要原因。由于志在"洗冤泽物",不求名利地位,周敦颐生活十分清廉。挚

---

① 潘兴嗣:《周敦颐墓志铭》,转引自《周敦颐集》,第90页。
② 蒲宗孟:《周敦颐墓碣铭》,转引自《周敦颐集》,第92—93页。
③ 同上书,第92页。
④ 同上书,第93页。

友潘兴嗣曾言及周敦颐的生活："君奉养至廉，所得俸禄，分给宗族，其余以待宾客。不知者以为好名，君处之裕如也。在南昌时，得疾暴卒，更一日一夜始苏。视其家，服御之物，止一敝箧，钱不满百，人莫不叹服。此予之亲见也。"①多年为官，家中"钱不满百"，衣物仅装满一个破旧的小箱，让人难以置信，但这确是潘兴嗣亲见的周敦颐家的生活情形。周敦颐为官勤勉正直、清正廉洁，不同史籍中多有记述。《宋史·周敦颐传》曾综合黄庭坚《濂溪诗》序言中的语言，肯定周敦颐"人品甚高，胸怀洒落，如光风霁月。廉于取名，而锐于求志；薄于徼福，而厚于得民；菲于奉身，而燕及茕嫠；陋于希世，而尚友千古"②。这些语言虽难免溢美，但绝非全无事实依据。周敦颐为官重视事功，生活中"以名节自励"，重"仲尼、颜子之所乐"。这样的人生观念，正是其承袭弘扬儒家传统的重要表征。周敦颐多年奔波于仕途之中，学术上仍能成就卓著，为北宋道学的兴起作出自己的贡献，这与他承袭儒家的人生价值观念是有内在联系的。

　　周敦颐存世的学术著述，主要是《太极图说》与《通书》。文学作品另有《爱莲说》《拙赋》等。有关周敦颐著述的记述较早见于潘兴嗣的《周敦颐墓志铭》。潘志中曾说周敦颐"尤善谈名理，深于易学。作《太极图》《易说》《易通》数十篇，《诗》十卷，今藏于家"③。按潘志所记周敦颐著作，除《太极图》外尚有《易说》与《易通》。但存世的周子著作主要为《太极图说》与《通书》，与潘志所记有别。朱熹论及周敦颐的著作，曾认为《易说》"久已不传于世"④，但朱熹怀疑《通书》即是《易通》。在当代学术界，侯外庐一派学者曾详考周敦颐的著作，认为存世的《太极图说》实为潘志所记《太极图》《易说》。这派学者将自己的这种观点表述为："周敦颐的著作，应依潘志，首《太极图·易说》。所谓《太极图》并说一篇，即是《太极图·易说》，说即《易说》。非《太极图》并说之外，别有所谓《易说》。既无

①　潘兴嗣：《周敦颐墓志铭》，转引自《周敦颐集》，第91页。
②　《宋史·周敦颐传》，转引自《周敦颐集》，第87页。
③　潘兴嗣：《周敦颐墓志铭》，《周敦颐集》，第91页。
④　朱熹：《再定太极通书后序》，转引自《周敦颐集》，第46页。

《易说》，则朱熹所谓'易说，久矣不传于世'者，非真是'久矣不传于世'，而是实未尝有此《易说》，故无怪其于世无传。《太极图说》盖即以《易》说图，文中'太极''阴阳''动静'云云，都根据《易传》。文末又引《易》以作结曰：'故曰，立天之道，曰阴与阳，立地之道，曰柔与刚，立人之道，曰仁与义。又曰，原始反终，故知死生之说。大哉易也，斯其至矣！'证据昭著，不可移易。"①关于《通书》，这派学者则认定存世的《通书》，实即潘志所记《易通》，他们的结论是："《易通》即是世所传《通书》，朱熹谓'《易通》疑即《通书》'，疑得是。潘志明说《易通》，未说《通书》，《通书》乃后人去易字加书字后的名称，朱熹谓不知始于何时，则在南宋时已无从考定。（据祁宽跋文，出于程门，说见下。）今应恢复原名，称为《易通》。至于傅耆所见的《姤说》《同人说》，是周敦颐所作的个别的卦说，并非系统《易说》中的两卦之说。"②在这派学者看来，在周敦颐的著作中，《太极图·易说》与《易通》两书是互有联系的。朱熹认定《通书》的内容也是对《太极图》所含意蕴的阐发，其纲领实际上也在《太极图》中，这种观点值得参考。侯外庐一派学者对于周敦颐学术著作的这种考订辨析，有理有据，恢复了周敦颐著述名称的本来面貌，应当成为我们今天了解周敦颐学术著述的定论。

20世纪80年代，北京中华书局出版理学丛书，周敦颐的著作以《周敦颐集》刊行。其中卷一收录《太极图》《太极图说》；卷二收录《通书》；卷三收录杂著类著述，包括《爱莲说》《拙赋》等；另收录有多种与周敦颐学术思想相关的历史文献。《周敦颐集》中所收周敦颐学术著作，仍沿用传世的周著书名，但其内容并不妨碍我们对周敦颐学术思想的真实了解。因此，本文涉及周敦颐著作，为引用方便，亦用传世的周敦颐著作中所使用的书名。

第二节　"阴阳一太极，太极本无极"的宇宙生成论

中国历史上，儒家哲学在形上学理论方面相对薄弱的局面得到改观

---

① 侯外庐、邱汉生、张岂之主编：《宋明理学史》上卷，第50页。
② 同上书，第50—51页。

是以北宋道学的兴起为标志的；而在北宋道学中，从理论的层面首先改变这种局面的人物当推周敦颐。因为，在北宋道学代表人物中，是周敦颐通过其《太极图说》率先建构了完整的宇宙生成理论。朱熹在《太极通书后序》中曾说：周敦颐的学说，"其妙具于太极一图。《通书》之言，皆发此图之蕴"①。朱熹此说有合理之处，《太极图》确实可以引伸出周敦颐在《通书》中阐释的思想学说。但朱熹此说也有未尽然处。因为周敦颐除了《太极图》，尚有《太极图说》，《太极图说》当是周敦颐对《太极图》更为直接的解说。周敦颐的《通书》，"言诚、言几、言性安、言复执"②，被后世学者认为是"直揭日月而昭云汉"，从一个层面代表了周敦颐的哲学思想。但周敦颐以"无极之真，二五之精，形生神发之理，推极奥蕴"论释宇宙事物的生成演化，主要是通过《太极图说》进行的。因此，考察周敦颐哲学，首先应解析《太极图说》，然后解析《通书》，以这两部著作的内容再现周敦颐哲学的思想系统。

周敦颐的《太极图说》，文字简练，仅三百多字。但周敦颐通过《太极图说》描述了一幅完整的宇宙演化图式，尤其是他对"形生神发"的理解，在儒家的宇宙生成论中承先启后，形成了新的理论系统：

> 无极而太极。太极动而生阳，动极而静；静而生阴，静极复动。一动一静，互为其根；分阴分阳，两仪立焉。阳变阴合，而生水、火、木、金、土。五气顺布，四时行焉。五行，一阴阳也；阴阳，一太极也；太极，本无极也。五行之生也，各一其性。无极之真，二五之精，妙合而凝。"乾道成男，坤道成女"，二气交感，化生万物。万物生生，而变化无穷焉。惟人也，得其秀而最灵。形既生矣，神发知矣，五性感动，而善恶分，万事出矣。圣人定之以中正仁义，而主静，立人极焉。故"圣人与天地合其德，日月合其明，四时合其序，鬼神合其吉凶"。君子修之吉，小人悖之凶。故曰："立天之道，曰阴与阳。立地

---

① 朱熹：《太极通书后序》，转引自《周敦颐集》，第 44 页。
② 张伯行：《周濂溪先生全集序》，转引自《周敦颐集》，第 127 页。

之道,曰柔与刚。立人之道,曰仁与义。"又曰:"原始反终,故知死生之说。"大哉《易》也,斯其至矣!①

从《太极图说》全文来看,周敦颐把《老子》中的"无极"观念与《易传》中的"太极"观念熔为一炉,将分属于道家和儒家两个系统的哲学范畴巧妙地联结起来,阐发自己对于宇宙事物生成演化的理解,并使这种理解形成了思想的系统。在周敦颐看来,宇宙的演化始于"无极"。由"无极"这个动静未分、"阴阳"未判的混沌体产生出"太极";"太极"由于自身的"动""静"而区划出"阴阳",这是宇宙演化的第一个阶段。周敦颐肯定"太极"产生"阴阳",实际上是肯定"太极"蕴含"阴阳"。他顺着"太极"产生"阴阳"的思路,认为"阴变阳合",即"阴阳"交互作用,产生"水、火、木、金、土""五行";"五行"即"五气"的顺序展开,有了春、夏、秋、冬四时的运行,从而论述了他所理解的宇宙演化的又一阶段。"五行"产生之后,由于"各一其性"而有别于"阴阳"。周敦颐在以"水、火、木、金、土"规定并表述"气"的多样性的基础上,再肯定"阴阳""五行"相互作用,化生万物,形成一个无限多样的世界。周敦颐的《通书·理性命章》也曾讲道:"二气五行,化生万物。五殊二实,二本则一。是万为一,一实万分。"②这种说法与他在《太极图说》中,将"五行"归本于"阴阳",将"阴阳"归本于"太极";通过对"阴阳""五行""太极"与"万物"关系的论述,肯定"阴阳""五行"的交互作用,形成宇宙间多样事物这种观念是一致的。基于这样的观念,周敦颐进而认为,在阴阳二气交合凝聚的过程中,"无极之真,二五之精,妙合而凝","得其秀"者则为人,将宇宙中人的形成与物的形成理解为一个统一的过程。周敦颐所谓"秀"意指优异,所谓"灵"意为灵巧","得其秀"是说人的形成使得作为本源的"无极"与"气"之精华合为一体。"形既生矣,神发知矣。五性感动而善恶分,万事出矣",是说人类出现之后,不仅有男女之别,且人具备喜、怒、欲、惧、忧五种性情,有自己的情感

---

① 周敦颐:《太极图说》,《周敦颐集》,第3—8页。
② 周敦颐:《通书·理性命》,《周敦颐集》,第32页。

活动;与人的情感相联系的行为有善有恶,出现与人的性情相关的各种事情。因此,圣人以中正、仁义为人们确立基本的行为规范与伦理准则;提倡"静"的生活方式,从而维系社会生活的基本秩序。这样一来,周敦颐即从宇宙本源及原始物质实体开始,论及天地、四时、万物的产生;从宇宙万物的演化论及人类社会的形成,以及人类自身的生成演化和伦理道德观念的出现;同时以"二气交感,化生万物,万物生生而变化无穷焉"这样的论断,肯定宇宙万物的生成演化既是一个前后联系、循序渐进的自然过程,也是一个统一的无限过程。从而使儒家在中国哲学史上第一次建构起了自己系统的宇宙生成论。

在中国哲学史上,对于宇宙事物生成演化的解释,有神话的,也有哲理的。神话方面有关于盘古开天地的传说,哲理方面先是老子提出了"道生天地万物"的思想,但其思想十分简略。汉唐以来,较为系统地论述过宇宙生成理论的著作当推《淮南子》。《淮南子·天文训》中说:"道始于虚霩,虚霩生宇宙,宇宙生气,气有涯垠。清阳者,薄靡而为天;重浊者,凝滞而为地……天地之袭精为阴阳,阴阳之专精为四时,四时之散精为万物。积阳之热气生火,火气之精者为日。积阴之寒气为水,水气之精者为月。"[1]《淮南子·天文训》中的这种论述,概念、层次含混,充满神秘色彩,与周敦颐的宇宙生成论比较,其条理性与哲理性都要逊色得多。北宋时期,李觏曾著《易论》,引王弼注以解《易》,提出过"厥初太极之分,天以阳高于上,地以阴卑于下。天地之气,各亢所处,则五行万物何从而生"[2]的问题。李觏的具体回答为:"夫物以阴阳二气之会而后有象,象而后有形。象者,胚胎是也;形者,耳目口鼻手足是也……天降阳,地出阴,阴阳合而生五行。"[3]李觏涉及宇宙事物生成的理论,是为批评刘牧的易学,就其对宇宙万物形成的理解而言,也远不及周敦颐宇宙生成论系统缜密。周敦颐的宇宙生成论在中国哲学史上第一次为人们展示了一幅

---

[1] 何宁:《淮南子集释》,第165—167页,北京,中华书局,1998。
[2] 李觏:《删定易图序论》,《李觏集》,第54页。
[3] 同上书,第55页。

由单一到多样，由简单到复杂，由低级到高级的宇宙万物生成演化的图景，使中国哲学史上传统的宇宙生成演化论达到了新的认识层次。

周敦颐宇宙生成论在理论上的拓展与特色，首先表现在其利用《老子》的"无极"概念与《易传》的"太极"概念，在儒家的宇宙生成论中形成了"无极而太极""阳阳一太极，太极本无极"的论断，为宇宙演化确立了形上之源。关于"无极"，《老子》中曾说"常德不忒，复归于无极"（第二十八章），又说"无名，天地之始，有名，万物之母"（第一章）。在《老子》的思想系统中，"无极"即"无"，亦即"先天地生"的"道"。这样的"无"或"道"，既无外在形态，也不具备清晰的内在规定性，却是产生天地万物的本源，其对立面为"有"。周敦颐正是在这种意义上吸纳道家"无极"概念的。关于"太极"，《易传》中的说法是："易有太极，是生两仪。"汉唐以来不少哲学家将"太极"理解为至高无上，肯定其为万物形成之本始。周敦颐肯定"无极"产生"太极"，"太"不等于"无"，"太极"已不是"无极"，而是有"极"。这种规定使"太极"成了最原初的存在物。在周敦颐的哲学系统中，这样的"太极"实为物质性的实体"气"。周敦颐肯定"阴阳"源于"太极"，"太极"源于"无极"；"无极"不同于"太极"，"太极"有别于"阴阳"；使"无极""太极""阴阳"构成了其宇宙生成论中三个层次不同、既相互区别又相互联系的重要范畴。

但是，由于周敦颐对"无极"概念并无明确的界定与论析，学术界解析周敦颐哲学，多以朱熹对周敦颐《太极图说》的相关论说为据，认为在"无极而太极"这一论述中，"无极"是要肯定"太极""无方所""无形状"，乃"造化之枢纽，品汇之根柢"[1]，并非肯定"太极"之外尚有"无极"。实际上，以朱熹的论说为据解析周敦颐的《太极图说》，并不完全符合周敦颐哲学的本意。因为，朱熹所言"太极"为"理"，而周敦颐所言"太极"为"气"。朱熹言及宇宙的生成演化，对"理""气"关系的论析已具有本体论色彩，其与陆象山兄弟围绕周敦颐"无极而太极"说的论争，以及他对周

---

[1] 朱熹：《太极图书说解》，转引自《周敦颐集》，第 4 页。

敦颐《太极图说》的解说，实际上都是在论释自己的"理"学。朱子言
"理"，理趣主要在解析宇宙间的事物是什么与何以是什么，而不在论析
宇宙事物何以生成存有。周敦颐《太极图说》的主旨并非言"理"，其"无
极而太极"说基本上在宇宙生成论的范围之内。正是论释宇宙事物何以
生成演化的趣向，使得周敦颐在断言"无极而太极"的基础上，进而肯定
"阴阳一太极，太极本无极"。"阴阳一太极"是说"阴阳"统一于"太极"；
"太极本无极"是说"太极"根源于"无极"。在周敦颐哲学中，"无极而太
极"说与"太极本无极"这一断语的意涵实是一致的。但就"无极而太极"
这种文字表述而言，其语意又似有歧义。这涉及周敦颐《太极图说》中首
句的文字问题。据朱熹《记濂溪传》[①]记述，朱熹自己曾从洪迈处借阅国
史，国史周敦颐传中"尽载《太极图说》"，但首句为"自无极而为太极"，而
非"无极而太极"。朱熹认为，国史周敦颐传中所载文字，既"为前贤之
累"，又"启后学之疑"，应"改之"。但是，通观《太极图说》全文，将"自无
极而为太极"这一断语置于《太极图说》之首，与其后"阴阳一太极，太极
本无极"这种断语在文意上却是十分顺畅的。因此，侯外庐一派学者研
究周敦颐哲学，认为《太极图说》中的文字应以洪迈国史中所载为准，首
句当为"自无极而为太极"，而非"无极而太极"；并认为"'自无极而为太
极'，意思是从无而为有，有生于无。无极是无，太极是有"[②]。应当肯定
侯派学者这种结论道出了周敦颐"无极而太极"说的真实意涵。按朱熹
对"无极而太极"的理解，实难以解释《太极图说》中"阴阳一太极，太极本
无极"这样的断语。刘师培在其《南北理学不同论》中也曾认为，周敦颐
学说，以"易简为宗"，"以自然为主"，"以主静为归"。"虽缘饰《中庸》《大
易》，然溯厥渊源，咸为道家之绪论。"[③]刘师培这种结论最为集中的证据，
也可归为"无极而太极"（实为"自无极而为太极"）这一断语。在北宋道
学中，周敦颐虽没有通过"无极"与"太极"的概念提炼出理学的"理"这一

---

① 朱熹：《记濂溪传》，转引自《周敦颐集》，第 89 页。
② 侯外庐、邱汉生、张岂之主编：《宋明理学史》上卷，第 61 页。
③ 刘师培著，劳舒编：《刘师培学术论著》，第 139 页，杭州，浙江人民出版社，1998。

范畴,但是,他在儒家的宇宙生成论中引进道家的"无极"概念,以"无极而太极"(实为"自无极而为太极")"阴阳一太极,太极本无极"这样的论断,为儒家的宇宙生成演化论确立起一个形而上的源头或说本源,使儒家的宇宙生化论更具哲学的色彩,这仍然是重要的历史贡献。

其次,周敦颐在其宇宙生成论中将宇宙演化中事物"动""静"的终极原因归结于宇宙演化的形上本源,对事物的"动""静"之源作出了新的理论阐释。周敦颐把宇宙看作一个无穷的演化过程,肯定万物有"动"有"静"。在周敦颐看来,"动"是事物的变化,"静"相对于事物的"动"而言,并非绝对静止。这样的"静"同"动"一样,也是事物形成的一种途径或形式。在《太极图说》中,周敦颐所谓"太极动而生阳""静而生阴",即是肯定"阴阳"这两种性质相反的气由"太极"本身的"动"与"静"区划而成。"太极""静而生阴"说,则是要以"太极"生阴阳的途径之一来规定"静"这一范畴的内涵。依照周敦颐"太极静而生阴"的讲法,"静"实际上是"动"的一种形式。"太极"有"动"有"静","动极而静,静极复动","动"与"静""互为其根"。周敦颐这种观念实际上已经为宇宙间万物何以"生生不已"提供了一种理论的解释。

但是,周敦颐在终极的层面解释宇宙间万物何以"生生不已"时,没有停留在"动"与"静""互为其根"这种理论层次,而是将其原因归于作为宇宙生成演化本源的"无极"。周敦颐在《通书·动静章》中曾说:"动而无静,静而无动,物也。动而无动,静而无静,神也。动而无动,静而无静,非不动不静也。物则不通,神妙万物。"[1]从这一论述来看,周敦颐肯定在宇宙演化中,既存在"动而无静,静而无动"者,又存在"动而无动,静而无静"者。他认定前者为"物",后者为"神",即是要从"动""静"问题的角度显示宇宙演化中万物与本源的区别,肯定"神"对于贯通"物"之动静的终极作用。周敦颐曾说:"发微不可见,充周不可穷之谓神。"[2]又说:

---

① 周敦颐:《通书·动静》,《周敦颐集》,第 27 页。
② 周敦颐:《通书·诚几德》,《周敦颐集》,第 17 页。

"大顺大化,不见其迹,莫知其然之谓神。"①这是从性能、功用的含义方面论说"神"。当周敦颐以"动而无动,静而无静"者为"神"的时候,"神"实际上又是"无极"。肯定"无极""动而无动,静而无静",又"非不动不静",实际上是肯定不同形式的"动"与"静"在"无极"中的统一。由于"动"与"静"在自身中的统一,"无极"无须凭借外力使自己"动""静"贯通。而这样的"无极"既是"物"得以生成演化的本源,也是使"物"之"动""静"贯通的终极原因和力量。因此,《通书》中"物则不通,神妙万物"的说法,与《太极图说》中"阴阳一太极,太极本无极"的说法在理论上是统一的。两说视角有所不同,但都表明了周敦颐对宇宙演化中形而上者对于形而下者的根源性作用的肯定。

周敦颐宇宙生成论在理论上的拓展与求新,另一重要表现是他将儒家伦理的形成纳入其宇宙生成演化的理论系统。周敦颐在《太极图说》认为,人形具"无极之真"与"二五之精",心具"中正仁义"之德。前者为宇宙演化的自然结果,后者虽直接获益于圣人的作为,但实际上也是宇宙演化的自然结果。《易传》之所以说圣人的德性与天地相符,智慧像日月一样光明,行为像四时一样有序,对吉凶祸福的把握如同气的屈伸往来一样准确,君子遵循圣人确立的做人标准会有良好的收获,小人背离这种标准所以受到惩罚,就是因为人形与人性的形成都是宇宙演化的结果。周敦颐的宇宙生成论,以道家的"无极"观念为宇宙演化的本源,归宿则在论释儒家伦理的形成。这样的理论追求,实际上是要在宇宙生成论中为儒家伦理确立起一种自然的形而上的根据,这也从另一侧面表明了周敦颐对儒家宇宙生成论的拓展。但是,周敦颐的《太极图说》,主旨在论释宇宙事物的生成演化,他将儒家伦理原则升华为宇宙本体的思想,主要是在《通书》中论述的。考察《通书》,我们会更清楚地看到周敦颐的这种理论追求。

---

① 周敦颐:《通书·顺化》,《周敦颐集》,第24页。

第三节 "五常之本,百行之源"的"诚"本说

周敦颐在哲学方面的理论追求,除了通过《太极图说》建构系统的宇宙生成论,还在于他力图使儒家的伦理原则升华为宇宙本体,论定他所理解的道德根性为人的道德行为的基础和根据。周敦颐的这种追求主要是在《通书》中以诠释儒家经典《易传》与《中庸》的形式来展现的。黄百家曾引用朱熹论周敦颐《通书》的文字:"以纲纪道体之精微,决道义、文辞、利禄之取舍,以振起俗学之卑陋。至论所以入德之方,经世之具,又皆亲切简要,不为空言。顾其宏纲大用,既非秦、汉以来诸儒所及;而其条理之密,意味之深,又非今世学者所能骤窥也。"①周敦颐在《通书》中对儒家伦理即所谓"入德之方"与"经世之具"的理解,确"非秦、汉以来诸儒所及",也非两宋时期的儒者所"所能骤窥"。因为,周敦颐力图将儒家伦理的根据与宇宙演化的本源统一起来,使儒家的伦理原则升华为宇宙万物的本体。周敦颐的这种追求集中体现于他在《通书》中融会易、庸之学,从本源或说本体的角度规定、论释儒家的"诚"这一范畴。《通书·诚上》说:

> 诚者,圣人之本。"太哉乾元,万物资始",诚之源也。"乾道变化,各正性命",诚斯立焉。纯粹至善者也。故曰:"一阴一阳之谓道,继之者善也,成之者性也。"元、亨,诚之通;利、贞,诚之复。大哉《易》也,性命之源乎!②

从这段文字的内容看,周敦颐是要从天道的角度论释"诚"。南宋学者黄震论及周敦颐《通书·诚上》的文字时曾说:"周子《通书·诚上章》主天而言,故曰'诚者,圣人之本',言天之诚即人之所得以为圣者也。"③黄震所谓"主天而言",也可理解为周敦颐从天道的角度论释"诚"。因为,只

---

① 黄宗羲原本,全祖望修定:《濂溪学案》,《宋元学案》第1册,第494页。
② 周敦颐:《通书·诚上》,《周敦颐集》,第13—14页。
③ 黄宗羲原本,全祖望修定:《濂溪学案》,《宋元学案》第1册,第494页。

有将"诚"归于天道,"诚"才可以为"圣人之本"。周敦颐肯定"诚者,圣人之本",目的正在于肯定"天之诚"乃人"之所得以为圣者"的条件或根据。当周敦颐将"诚之源"归于"乾元",肯定"诚之立"有待于"乾道变化"的时候,确实已将"诚"与天道置于同一个层次,是在"言天之道","诚"已经成为一个具有本源、本体意涵的范畴。

周敦颐注意从天道的角度论释"诚",也未忽略从人道的角度对"诚"的论释。黄震认为,《通书·诚下》即是"主人而言"①。《通书·诚下》的原文是:

> 圣,诚而已矣。诚,五常之本,百行之原也。静无而动有,至正而明达也。五常百行,非诚,非也,邪暗,塞也。故诚则无事矣。至易而行难。果而确,无难焉。故曰:"一日克己复礼,天下归仁焉。"②

所谓"主人而言",可理解为周敦颐以"诚"释"圣",或说从人道的角度论释"诚"。从人道的角度释"诚","圣"即"诚",也即周敦颐说的人之所以能够成"圣"是因为"诚而已矣"。因此,在周敦颐看来,"诚"当是"五常之本,百行之原"。在社会生活中,人的德性与德行,如果离开"诚"这一道德根性,即不是儒家所主张的真正的德性与德行。所以周敦颐在肯定"诚"为"五常之本,百行之原"的基础上,还要强调"五常百行,非诚,非也,邪暗,塞也",反对人们为"邪暗"所"塞"而导致的对"诚"本的不正不明的错误理解。周敦颐肯定"诚"为"五常之本",是肯定"诚"为德性之源;肯定"诚"为"百行之原",是肯定"诚"乃德行之据。因此,当周敦颐主张"诚"为"五常之本,百行之原"的时候,可以说他更加明确地肯定了"诚"的道德本体作用。作为道德本体,"诚"既是人的美德的源头,也是使人的行为成为道德行为的形上根据。

在肯定"诚"既为天道,又为人道的基础上,周敦颐在《通书》中将"诚"与"几""神"对应起来加以论释,进一步凸显"诚"的本源、本体特性。

---

① 黄宗羲原本,全祖望修定:《濂溪学案》,《宋元学案》第 1 册,第 494 页。
② 周敦颐:《通书·诚下》,《周敦颐集》,第 15—16 页。

《通书·诚几德》与《通书·圣》中都曾具体论及"诚""几""神"等范畴：

> 诚，无为，几，善恶。德：爱曰仁，宜曰义，理曰礼，通曰智，守曰信。性焉安焉之谓圣，复焉执焉之谓贤，发微不可见、充周不可穷之谓神。①

> 寂然不动者，诚也。感而遂通者，神也。动而未形，有无之间者，几也。诚精故明，神应故妙，几微故幽。诚、神、几，曰圣人。②

朱熹在《通书解》中对"诚，无为"的解释是："实理自然，何为之有！即'太极'也。"③朱熹将周敦颐所主张的"诚"理解为"理"，并将周敦颐主张的"诚"等同于周敦颐所理解的"太极"，这不太符合周敦颐哲学的实际。因为，在周敦颐的哲学系统中，"太极""动而生阳"，"静而生阴"，并非"无为"，而是有为。就《通书》中这段文字而言，周敦颐明确地肯定："德：爱曰仁，宜曰义，理曰礼，通曰智，守曰信。""理曰礼"这种观念也表明周敦颐在《通书》中既未从总体上肯定"诚"为"理"，也未在具体的层面肯定仁、义、智、信为"理"。当然，周敦颐不以"诚"为"理"并不影响他以"诚"为天道，或说以"诚"为德性之源。在周敦颐看来，具有本体意义的"诚"，乃纯粹的至善之性，其重要特征是"无为"。"无为"本为道家用语。道家所说"无为"即是自然，自然乃自然而然。道家以"无""自然"之类的语言规定"道"，是要论定"道"为事物的本根。周敦颐肯定"诚，无为"，表明他要吸纳道家的观念，以自然、真实、"寂然不动"等语言来表述"诚"的特性，以"诚"为体，肯定"诚"为人的道德行为自然的、本有的根据。

"几"与"诚"不同。"诚"作为道德本体，乃"寂然不动者"，"静无而动有，至正而明达"。"几"则表示"动而未形，有无之间"。朱熹在《通书解》中对"几，善恶"的解释是"几者，动之微。善恶之所由分也"④，这种解释可以借鉴。周敦颐肯定"几，善恶"，是要肯定人们生活中最细微的行为

---

① 周敦颐：《通书·诚几德》，《周敦颐集》，第16—17页。
② 周敦颐：《通书·圣》，《周敦颐集》，第17—18页。
③④ 朱熹：《通书解·诚几德》，转引自《周敦颐集》，第16页。

已经蕴含善恶的区别。"几"也不同于"神"。在《通书》中,周敦颐对"神"有过多方面的论释。相对于作为道德本体的"诚"而言,周敦颐肯定"神"乃"感而遂通者"。相对于"动而无静,静而无动"的"物"而言,周敦颐认为"神""动而无动,静而无静",但"神"又"非不动不静",而是能使"物"动静贯通的形上本体。从周敦颐对"神"的这些论释来看,"神"实际上既体现了作为道德本体的"诚"的功用与特性,也体现了作为宇宙演化本源的"无极"的功用与特性。朱熹在《通书解》中对"寂然不动者,诚也。感而遂通者,神也。动而未形,有无之间者,几也"的解释是:"本然而未发者,实理之体,善应而不测者,实理之用。动静体用之间,介然有顷之际,则实理发见之端,而众事吉凶之兆也。"①如前所述,朱熹以"诚"为理,是依自己的理学观念来诠释周敦颐哲学,但朱熹将"神"理解为"诚"的功用与特性又是符合周敦颐对"神"的理解的。周敦颐对"神"范畴的使用,确实是与他对作为德性之源的"诚"的特性与功用的理解相联系的。依照周敦颐对"诚""几""神"的理解,人要成圣,需要守"诚",识"几",也需要穷"神"。守"诚",是要固守人所本有的道德根性。周敦颐所谓"性焉安焉之谓圣,复焉执焉之谓贤",即是说圣人之所以被称为圣人,就在其具有"诚"这种纯善的道德根性并安于持守这样的道德根性;贤人之为贤人,则在于其能够恢复"诚"这样的道德根性并保持这样的道德根性。周敦颐在《通书·道》这一章中说:"圣人之道,仁义中正而已矣。守之贵,行之利,廓之配天地。岂不易简,岂为难知,不守不行不廓耳。"②肯定"仁义中正"为"圣人之道",也是肯定"圣,诚而已";主张对"仁义中正""守之贵,行之利",实也是主张守"诚",即固守人本有的道德根性。

识"几"实际上是要慎动,即谨慎自己的行为,以自身的德性支配自身的行为。周敦颐在《通书·慎动》中,曾以"匪仁、匪义、匪礼、匪智、匪信,悉邪也"③为由,来强调君子必须"慎动"。在周敦颐看来,否定中正仁

---

① 朱熹:《通书解·圣》,转引自《周敦颐集》,第 17 页。
② 周敦颐:《通书·道》,《周敦颐集》,第 19 页。
③ 周敦颐:《通书·慎动》,《周敦颐集》,第 18 页。

义的行为实为"邪动",人生中的"邪动",不仅无助于人成圣成贤,反倒会让人自取其辱,给自己和他人带来危害。因此,"动而正"才是有"道","用而和"才算有"德"。人在自己的生活中唯有慎动,才能守"诚"。守"诚"与慎动可以互为因果。《通书·乾损益动》曾说:"君子乾乾,不息于诚,然必惩忿窒欲,迁善改过而后至。乾之用其善是,损益之大莫是过。圣人之旨深哉!'吉凶悔吝生乎动。'噫,吉一而已,动可不慎乎?"①《通书·乾损益动》这种论说也表明了周敦颐肯定慎动对于守"诚"的重要作用。穷"神",则是要深刻地理解作为道德本体的"诚"的功用及其特性,以便更好地守"诚"、识"几"或说慎动。周敦颐之所以要强调"诚精故明,神应故妙,几微故幽。诚、神、几,曰圣人",即是因为在他看来,只有能将"诚""神""几"三者统一起来的人才是圣人。周敦颐对"诚""神""几"以及成圣成贤的论说,实际上都凸显了"诚"的作用,或者说都在不同的层面上肯定了"诚"作为道德本体的重要性。一个具有儒家认定的道德操守的人,唯有"乾乾不息于诚",才有可能不断地完善自我、成就自我、获取人生的意义、实现人生的价值。

周敦颐在肯定"诚"为德性之源或说道德本体的同时,也主张人在自己的生活中,以守"诚"成圣为人生的志向与目标。《通书·志学》中说:"圣希天,贤希圣,士希贤。伊尹、颜渊,大贤也。伊尹耻其君不为尧、舜,一夫不得其所,若挞于市。颜渊不迁怒,不贰过,三月不违仁。志伊尹之所志,学颜子之所学,过则圣,及则贤,不及则亦不失于令名。"②这种论述中所表明的即是周敦颐对人生志向与目标的具体理解。周敦颐所谓"圣希天"是说圣人以仰慕天道、敬畏天道、固守作为道德本性的"诚"作为自己人生的目标;所谓"贤希圣,士希贤"则是说贤人希望成为圣人,士人希望成为贤人。周敦颐对人生志向与目标的这种理解对于后世儒家学者的影响很大。朱熹、吕祖谦等人编辑《近思录》,其中的《为学》一篇即以

---

① 周敦颐:《通书·乾损益动》,《周敦颐集》,第 38 页。
② 周敦颐:《通书·志学》,《周敦颐集》,第 22—23 页。

周敦颐《通书·志学》中的文字为首。周敦颐认为,伊尹、颜渊都是历史上的成名人物。伊尹感到耻辱的是不能使自己的君主成为尧、舜那样的圣君,只要有人在社会生活中未能被置于适合自己的位置,伊尹也会觉得像自己在街市上被人鞭挞一样耻辱;颜渊不迁怒于人,不犯同样的错误,长时间内不违背仁这种美德。他们的成名,都在于他们长期自觉地践行儒家道德。因此,一个人在生活中,只要能够"志伊尹之所志,学颜子之所学",即有可能成圣成贤,实现自己的人生价值;不能成圣成贤,也会青史留名,具备自己的人生意义。

从周敦颐的论述看,他所肯定的人生志向与人生目标,不在事功,而在道德理想与道德价值。周敦颐理解的这种人生志向与目标,也可谓"孔颜乐处"。这种"孔颜乐处",乃德性与快乐的统一。因为,在周敦颐看来,一个人在自己的生活中,若能"志伊尹之所志,学颜子之所学",其人生不仅具备道德的价值,而且会充满快乐。周敦颐对"孔颜乐处"的理解,在《通书·颜子》中有更为具体的论说:

> 颜子"一箪食,一瓢饮,在陋巷,人不堪其忧,而不改其乐"。夫富贵,人所爱也,颜子不爱不求,而乐乎贫者,独何心哉? 天地间有至贵至富可爱可求而异乎彼者,见其大、而忘其小焉尔。见其大则心泰,心泰则无不足,无不足则富贵贫贱处之一也。处之一则能化而齐。故颜子亚圣。[1]

颜回之所以能"一箪食,一瓢饮,在陋巷","而不改其乐",原因即在于颜回具有与常人截然不同的人生志向与人生目标,矢志于践履儒家主张的"仁"德,从道德的层面追求自我的完善、圆满与实现。正是这样的追求,使颜回对于财富与地位不爱不求而"乐乎贫者"。换言之,在周敦颐看来,颜回在生活中不求富贵、安于贫简,是因为颜回能"见其大而忘其小",意识到人生中存有比财富与地位更值得追求的生活方式与生活目

---

[1] 周敦颐:《通书·颜子》,《周敦颐集》,第32—33页。

标,发现了人生真实的意义与价值。周敦颐所主张的"孔颜乐处",实际上涉及人生的幸福问题。在道德哲学中,人们对幸福有多种理解。一般说来,幸福是人对于快乐的一种心理体验。但是,在人的生活中,并非所有的快乐皆可谓之幸福。古希腊哲学家亚里士多德认为,幸福是灵魂的某种合乎完满德性的实现活动。将德性与快乐联系起来理解幸福,是幸福论中重要的理论派别之一。周敦颐所主张的"孔颜乐处",大体上即可归于这种类型的幸福论。在西方哲学中,也有哲学家强调理性和意志对于获取幸福的重要性,认为只有理性和意志才能引导人们走向幸福,而感觉和欲望只是把人们引向快乐。周敦颐提倡"孔颜乐处",将"圣希天,贤希圣,士希贤"视为人生的理想与目标,也十分强调"思"的作用。《通书·思》中说:

> 《洪范》曰:"思曰睿,睿作圣。"无思,本也;思通,用也。几动于彼,诚动于此,无思而无不通,为圣人。不思,则不能通微;不睿,则不能无不通。是则无不通,生于通微,通微,生于思。故思者,圣功之本,而吉凶之几也。《易》曰:"君子见几而作,不俟终日。"又曰:"知几,其神乎!"①

朱熹曾将周敦颐认定"思"为"圣功之本"的理据,概括为"思"才能"通微""知几""尽神""体诚"。这样的"思"实际上可归于理性的范围。周敦颐主张以"思"来达到"通微""知几""尽神""体诚"的目的,在某种意义上也可以说是主张以理性求取"孔颜乐处",追求人生的幸福。因为,周敦颐所主张的求"孔颜乐处",与他主张的"圣希天,贤希圣,士希贤"这种人生理想是一致的。人们求"孔颜乐处",在人生中"希天""希圣""希贤"的过程,本质上都是存"诚"与求仁的过程。而要正确地理解、应对这一过程,都离不开"思",或说离不开人的理性。只有通过"思"的作用,或说在理性的支配下,人们才会理解求"孔颜乐处"的过程,是一个为人生理

---

① 周敦颐:《通书·思》,《周敦颐集》,第21—22页。

想奋斗的过程,并在这一过程中体验到理想实现时的快乐。因此,可以说,周敦颐求"孔颜乐处"的主张,实际上基于儒家的道德观念,为人们确立了一种具体而又高远的人生理想,阐释了一种幸福理论。

　　总之,周敦颐在《通书》中,不仅通过对"诚""几""神"等范畴的辨析,将"诚"确立为道德本体,而且基于"诚"体的观念,肯定颜回不爱财富、不求显达、乐于清贫的人生趣向;主张"圣希天,贤希圣,士希贤",求"孔颜乐处";从道德的角度或说在价值的范围,论释了人生的幸福与追求。周敦颐的这套"诚"本学说与人生观念,对于儒家的道德哲学在理论上确有拓新之处。在儒家典籍中,"诚"的本意为自然、真实、无妄。《大学》中有"诚意"之说,"诚意"即"诚其意"。"所谓诚其意者,毋自欺也。"(《大学·诚意章》)"毋自欺"实即真实、无妄。《大学》中所论之"诚",实际上主要是一个表述人的意念状态的范畴。《孟子》《中庸》等儒家典籍中曾认定"诚者,天之道也,诚之者,人之道也"(《中庸·问政》)。这类儒家典籍肯定"诚"为天道,理论追求虽也在以"诚"为性,肯定"诚者"为"圣人",将"诚之者"理解为"择善而固执之者",以"诚者"与"诚之者"确立"圣"与非"圣"的界限。但这类儒家典籍都不曾明确地指出"诚之源",也不曾论释"诚"何以立,更不曾明确地肯定"诚"为"五常之本,百行之源",以"诚"为中心,建立起一个道德哲学的系统。周敦颐的《通书》则相反。黄百家在《宋元学案·濂溪学案》的案语中曾引明代学者薛瑄的话说:周子《通书》一'诚'字括尽"①。周敦颐在两千多字的《通书》中,确实以"诚"范畴为中心,建构了一个道德哲学的系统。刘宗周也曾认为:"《通书》一编,将《中庸》道理又翻新谱,只是勺水不漏。"②诚如其言。《通书》对《中庸》中所论之"诚"确有拓展。因为,在这个系统中,周敦颐不仅论释了"诚之源"与"诚"何以立,将"诚"升华为道德本源,且基于"诚"本的观念,广泛地论释了儒家道德哲学所涉及的"圣""道""师""幸""思""志学""治""礼

①　黄宗羲原本,全祖望修定:《濂溪学案》,《宋元学案》第1册,第483页。
②　同上书,第482—483页。

乐""爱敬"等不同层面的理论问题。全书虽文字简略,但各章之间有起承转合,前后衔接,思维清晰缜密,在不同的层面上对儒家的道德哲学都有所创发,实际上为后来道学的发展提供了多方面的思想资源与理论借鉴。

第四节　周敦颐哲学的历史地位

《四库全书》在介绍明代学者吕柟编撰的《周子钞释》时曾认为:"宋五子中,惟周子著书最少。而诸儒辨论,则惟周子之书最多。无极太极之说,朱、陆两家,断断相轧。至今五六百年,门户之分,甚于冰炭。"[1]此说指出了周敦颐著述在后世学人中引发的歧异与对立。从道学发展的历史来看,不但周敦颐的著述曾引发人们理解的歧异与对立,对于周敦颐哲学在道学发展史上的地位,学人中也是存在不同看法的。历史上有学者认为,周敦颐继孟轲之后,在北宋时期最先接续了儒家道统,建构了自己的哲学。这种观念以黄百家在《宋元学案》案语中的表述最为集中:

> 孔孟而后,汉儒止有传经之学。性道微言之绝久矣。元公崛起,二程嗣之,又复横渠诸大儒辈出,圣学大昌。故安定、徂徕卓乎有儒者之矩范,然仅可谓有开之必先。若论阐发心性义理之精微,端数元公之破暗也。[2]

依黄百家的这种说法,是周敦颐、程颢、程颐、张载等人的学术活动使得北宋时期儒学得以复兴,而在周、程、张诸儒中,周敦颐又是最先"阐发心性义理之精微"的代表人物。因此,在道学发展史上,周敦颐开启了北宋道学的端绪,占据重要的学术地位。

但是,历史上也有学者质疑周敦颐哲学的历史地位。对于这派学者的观点,全祖望在为《宋元学案》所写案语中也有具体表述:

> 濂溪之门,二程子少尝游焉。其后伊洛所得,实不由于濂溪,是在

---

[1]《四库全书总目提要》,第2396—2397页,石家庄,河北人民出版社,2000。
[2] 黄宗羲原本,全祖望修定:《濂溪学案》,《宋元学案》第1册,第482页。

高弟荣阳吕公已明言之,其孙紫微又申言之,汪玉山亦云然。今观二程子终身不甚推濂溪,并未得与马、邵之列,可以见二吕之言不诬也。晦翁、南轩始确然以为二程子所自出,自是后世宗之,而疑者亦踵相接焉。然虽疑之,而皆未尝考及二吕之言以为证,则终无据。予谓濂溪诚入圣人之室,而二程子未尝传其学,则必欲沟而合之,良无庸矣。①

全祖望的案语围绕周敦颐哲学的历史地位,透露了更多的历史信息。其一,指出了两宋时期即有学者认定,程颢、程颐幼时虽从周敦颐学,但二程之学实为自创,故伊洛之学并非出自濂溪之学。譬如,北宋时期,吕希哲即认定:"二程初从濂溪游,后青出于蓝。"吕本中也认为:"二程始从茂叔,后更自光大。"②南宋时期,汪应辰更是直接怀疑朱熹对濂学与洛学关系的理解,认为"濂溪先生高明纯正。然谓二程受学,恐未能尽"③。其二,指出自朱熹、张栻肯定二程传周敦颐之学始,这种观念也为不少学者所沿袭。但朱熹、张栻对周敦颐哲学历史地位的理解也非定论,后世学人中仍有质疑周敦颐哲学历史地位的学者。

全祖望的案语颇具历史学家的眼光与洞察力。关于对周敦颐哲学的历史地位的看法,时至今日仍存歧异,当代学术界也有学者不赞成朱熹、张栻一类学者对周敦颐哲学历史地位的理解。在这类学者中,冯友兰与邓广铭同为重要代表。冯友兰在其晚年写成的《中国哲学史新编》中,提出了"谁是道学的创立者"的问题。按照冯友兰的理解,道学的创立者当为程颢、程颐,周敦颐并非道学的创始人。冯友兰之所以持这样的观念,论据有二。其一,人们误读朱熹的《伊洛渊源录》。朱熹的《伊洛渊源录》首提周敦颐,给人以周敦颐是道学创立者的印象,实际上《伊洛渊源录》的书名已经表明其重点在"伊洛",在"伊洛"即在二程,而非其他。其二,在《中章句序》和《大学章句序》中,"朱熹明确地说,直接传孟轲道统的

---

① 黄宗羲原本,全祖望修定:《濂溪学案》,《宋元学案》第 1 册,第 480 页。
② 同上书,第 520 页。
③ 同上书,第 521 页。

人是二程。他对于二程,尊称为'二程子',他对于别人,都没有这种称谓"①。冯友兰的这种观点集中地表明了他对于周敦颐学术地位的理解。

邓广铭在《关于周敦颐的师承和传授》一文中曾系统考察周敦颐在学术方面的师承与传授。邓广铭认为,在学术师承方面,朱震《进书表》中所论周敦颐的学术师承不能成立,因为朱震所说"穆修以太极图传周敦颐之说"②有违历史的真实;度正《濂溪先生年谱》中有关周敦颐与胡宿"同师润州鹤林寺僧寿涯"的记述也属"无稽之谈"③,因为周敦颐与胡宿年龄悬殊,不可能有机缘同门受学。在学术授受方面,程颢、程颐之学也非周敦颐所传授。通过考察,邓广铭从三个方面概述了自己的这些观念:

(1)周敦颐的《太极图》和《通书》都是他本人深造自得的著作,而决非受之于穆修。从他的著作的内容看,知其学术思想所受道家的影响必甚大,但他与陈抟、种放等人之间也不存在直接或间接的传授关系。至于他究竟受学于何人,则于史无征。

(2)二程绝非周敦颐的学业的传人。二程以外,在北宋人的文献记载当中也找不到有任何人曾经受学于周敦颐。所以在北宋一代,并未见有人对其学业加以称述和表彰。到南宋孝宗时候,胡宏、张栻,特别是朱熹才揭出其人其书而大加表扬,使之著称于世。

(3)在宋人的记载当中,也找不到周敦颐与其同时代的主要学人互相商讨、切磋学术问题的痕迹。④

基于这些理解,邓广铭对周敦颐学术的总体评价是:"如果专就北宋时期内的学术界来说,周敦颐在其时的儒家学派当中是根本不曾占有什么地位的。"⑤

冯友兰和邓广铭都是中国现代史上的学术大家。冯友兰曾为现代

---

① 冯友兰:《三松堂全集》第 10 卷,第 51 页。
② 邓广铭:《宋史十讲》,第 204 页。
③ 同上书,第 205 页。
④ 同上书,第 214—215 页。
⑤ 同上书,第 215 页。

中国哲学史学科的创设作出过重要贡献,邓广铭则因宋史研究方面的成就而蜚声中外。两位学术前辈对周敦颐哲学历史地位的理解,各有其据,自成一家。尤其是邓广铭以历史学家的眼光与方法对周敦颐学术师承与传授的考论,史料翔实,历史线索清晰,一般哲学史工作者实难望其项背。但是,周敦颐的学术地位是一个长期存在歧异的历史问题。冯友兰和邓广铭对周敦颐哲学历史地位的理解,也难说即是历史的定论。因为,就冯友兰与邓广铭有关周敦颐哲学历史地位的结论而言,仍存在继续辨析的空间。首先,冯友兰的《伊洛渊源录》重在"伊洛"说与二程为道学"创立者"说即值得再思考。朱熹的《伊洛渊源录》,乃中国学术史上的第一部理学史著作。说《伊洛渊源录》重在"伊洛"不无道理,但是,以《伊洛渊源录》重在"伊洛"而否定周敦颐为道学创始人之一的观点则难以成立。考论周敦颐哲学的历史地位,对道学与理学应有所区别。道学可以概指整个宋元时期或宋明时期的哲学,理学则只是道学所涵括的具体哲学派别之一。因此,广义的道学的创立者实为一个群体,而非排他的单个历史人物。从宋元哲学发展的实际来看,准确地说,二程当是理学的创立者。因为,二程哲学确立了理学的核心范畴"理"。程颢即认为"天理"二字是他"自家体贴出来"的。若广义地理解道学,肯定二程是道学的创立者也未尝不可,因为,理学实为道学涵括的哲学派别之一。但肯定二程是道学的创立者,并不能否定周敦颐为创立道学所作的历史贡献。周敦颐哲学也是道学所涵括的哲学形态之一。在这样的意义上,我们同样可以认定周敦颐是道学的创立者。进而言之,北宋五子中的张载、邵雍也可以视作道学的创立者。因为,张、邵的哲学理论同样是道学的重要组成部分。同时,冯友兰以朱熹明确肯定"直接传孟轲道统的人是二程"为据,肯定二程为道学的创立者,也值得思考。朱熹在《中庸章句序》中肯定二程兄弟用自己的学说"以续夫子千载不传之绪"[①],有其具体的语境与需要。这种论说,并不意味着他要否定周敦颐、张载等道学

---

① 朱熹:《中庸章句序》,《四书章句集注》,第 15 页,北京,中华书局,1983。

代表人物的学说也可以"续夫子千载不传之绪",将其他道学代表人物排除在道学创立者之外。实际上,周敦颐、张载一类道学代表人物,同样认同韩愈所定的儒家道统,以"为往圣继绝学"自期,并为道学的形成作出了自己的贡献。

邓广铭认为,周敦颐受学于何人"于史无征","二程决非周敦颐的学业的传人",只是由于"朱熹等几次三番地力加论证之后,伊洛渊源于濂溪之说"才为"理学家们的徒众所普遍接受,形成了一种一定不易之论"。① 这些观念也宜再作辨析。依据周敦颐受学于何人"于史无征"而断言周敦颐学无师承,这有助于人们了解周敦颐的学思历程。但周敦颐学无师承,并不表明周敦颐在北宋学术界"不曾占什么学术地位"。同理,"二程决非周敦颐的学业的传人",也不能表明周敦颐在北宋学术界"不曾占什么学术地位"。因为,论定周敦颐在北宋学术界的地位,依据只能是他的学术成就,而不应仅依据其学术授受。邓文中认定周敦颐学术地位的确立得力于朱熹等人对其学术地位的肯定,这是历史的事实。但是,朱熹等人为什么要高度肯定周敦颐的学术地位呢? 深思这一问题,倒是有益于我们全面地理解周敦颐哲学在道学发展史上的学术地位。在宋元道学中,朱熹是理学一派的集大成者。朱熹在建构其理学系统的过程中,对周敦颐哲学的看重,不仅表现在其曾系统地解说周敦颐的《通书》与《太极图说》,也表现在朱熹对理学发展源流的理解。邓广铭《关于周敦颐的师承和传授》一文认为,"朱熹于宋孝宗乾道初年编撰《伊洛渊源录》,把《濂溪先生事状》列于卷首,分明等于佛家各宗派中之'定祖'"。② 朱熹在《伊洛渊源录》中首论周敦颐,确实体现了其对周敦颐学术地位的理解。朱熹与吕祖谦合编《近思录》,将周敦颐的《太极图说》置于《道体》篇之首,同样表明了他对周敦颐学术地位的理解。朱熹在《韶州州学濂溪先生祠记》中说周敦颐之学"上接洙泗千岁之统,下启河、洛

---

① 邓广铭:《宋史十讲》,第 208 页。
② 同上书,第 206 页。

百世之传"①,则是以文字的形式明确肯定周敦颐的学术地位。朱熹肯定周敦颐的学术地位以其对周敦颐思想理论的肯定为前提。因为,在朱熹看来,周敦颐"不繇师傅,默契道体,建图属书,极根领要"②,在北宋学者中,最先建构了"探圣贤之奥,疏观造化之原"③的理论系统。这个系统"阐发幽秘,词义虽约"④,但对"天人性命之微,修己治人之要,莫不毕举"⑤;理论上"其高极乎无极太极之妙,而其实不离乎日用之间;其幽探乎阴阳五行造化之赜,而其实不离乎仁义礼智、刚柔善恶之际"⑥,既能"明天理之根源,究万物之终始",又能使"天下之为中正仁义者,得以知其所自来"⑦,达到了将天道与人道内在统一的理论目的。

　　如前所述,周敦颐哲学并非一个理学色彩浓郁的思想系统,且表现出北宋早期道学代表人物融合儒、道之学的思想特色。那么,朱熹何以要在理论上对其评价如此之高呢? 合理的解释只能是周敦颐哲学中存在道学其他派别,特别是理学可以借鉴、利用的丰富资源。朱熹理学的建构即是如此。朱熹主张周敦颐《太极图说》的首句为"无极而太极",反对《太极图说》的首句为"自无极而为太极",即是发现了"无极而太极"说对于理学理论建构具备巨大的借鉴价值。朱熹在与陆九渊兄弟的论辩中,曾高度肯定周敦颐"无极而太极"说的理论意义:"只如《太极》篇首一句,最是长者所深排。然殊不知不言无极,则太极同于一物,而不足为万化之根;不言太极,则无极沦于空寂,而不能为万化之根。只此一句,便见其下语精密,微妙无穷。"⑧在朱熹看来,周敦颐以"无极""太极"观念建构自己的哲学理论,既表现出了前无古人的理论勇气,也作出了划时代的理论贡献:"若论'无极'二字,乃是周子灼见道体,迥出常情,不顾旁人是非,不计自己得失,勇往直前,说出人不敢说底道理,令后之学者晓然

---

① 朱杰人等主编:《朱子全书》第 24 册,第 3769 页。
② 同上书,第 3740 页。
③④⑤ 同上书,第 3743 页。
⑥ 同上书,第 3748 页。
⑦ 同上书,第 3768 页。
⑧ 朱杰人等主编:《朱子全书》第 21 册,第 1560 页。

见得太极之妙不属有无,不落方体。"①朱熹的这些评断,"推本周子之意",并不完全符合周敦颐的本意。但当朱熹认定"太极乃天地万物本然之理",以"无极"表述"理"的形上特征,以"太极"表述"理"的实在性、普遍性特征,从无、有两个方面规定"理",肯定"理"为"万化之根"时,"无极而太极"说确实已成为朱熹规定"理"范畴时最具理论色彩的思想内容。朱熹理学与周敦颐哲学之间的这种内在关联,从一个侧面体现了周敦颐哲学的价值。但周敦颐哲学中潜存的这种可能被发掘的思想资源,并未为人们所普遍理解。朱熹在给汪应辰的书信中即有"大抵近世诸公知濂溪甚浅"②之说。陆九渊兄弟虽与朱熹围绕周敦颐的《太极图说》反复辩难,但对于周敦颐哲学中"微妙无穷"的思想资源并没有深入的了解。朱熹理学的建构倒是充分地利用了这一思想资源。朱熹对周敦颐《太极图说》与《通书》的解说,实际上是他对自己的理学思想最为集中的论述之一。概而言之,朱熹对周敦颐学术地位的肯定,前提是他对周敦颐哲学理论的肯定。这种肯定虽以其鲜明的理学家立场为前提,但从这种肯定中,我们仍然可以发现周敦颐哲学真实的时代价值与理论价值。周敦颐在北宋道学家中,率先建构起宇宙生成论,并在儒家的宇宙生成论系统中确立了形上本源;肯定儒家的道德观念"诚"为"五常之本,百行之源",将"诚"确立为道德本体。这种致思趣向与理论追求反映了早期道学家的思想理论特色;其思想方法与理论本身皆为后世学者提供了借鉴与拓新的可能。因此,历史上人们认定在道学的发展中,"若论阐发心性义理之精微,端数元公之破暗也",这样的结论是可以成立的。即使今天,我们也不宜简单地否定这种结论。因为这样的结论有其历史的依据,反映了道学发展的历史进程。

---

① 朱杰人等主编:《朱子全书》第 21 册,第 1568 页。
② 同上书,第 1306 页。

第六章　张载的哲学思想

在北宋道学家中,张载为关中"士人宗师",乃关学的开创者。张载"学古力行",志道精思,也是在哲学理论方面创获较多的一位哲学家。张载的哲学,肯定"凡象皆气",认为"气之外无神","神之外无化",通过对"天""道""神""化"等基本范畴的界定与诠释,建构了自己的哲学理论系统。这一理论系统不同于周敦颐的哲学,也有别于程颢、程颐的哲学,在论释世界万物何以存有以及批判佛、道哲学方面均达到了较高的理论层次。清理宋元哲学的历史发展,论析宋元哲学的历史地位与理论特色,考察张载哲学是一个重要的理论环节。

第一节　张载的生平与学术著作

张载(1020—1077),字子厚,祖籍大梁(河南开封),其父张迪曾为官涪州,后卒于任上。其时,张家"诸孤皆幼",无力回归故里,举家徙居郿县横渠镇(今陕西眉县)。后张载长期居于横渠,人称横渠先生。

张载为北宋五子之一,是关学的创立者。张载的人生志向与学术成就,同他的家庭环境与人生经历不无联系。张载小时候随教师读书即"志气不群",为其父所器重。父亲早逝,少自孤立,使张载更加勤奋好学,且喜谈兵。吕大临曾说张载"年十八,慨然以功名自许,上书谒范文正公。公一见知其远器,欲成就之,乃责之曰:'儒者自有名教,何事于兵!'因劝读《中庸》"①。范仲淹劝读《中庸》,使张载走上了学术研究的道路。但《中庸》并未使张载在理论上得到满足,他转而研探佛、道之学。"访诸释、老之书",不仅使张载对佛、道二家的学说有了系统而深入的了解,也让张载意识到佛、道之学无助于自己的学术追求。这样的学术意识促使张载回归儒学,重新研读《诗》《书》《礼》《乐》《周易》等儒家经典,走上了学术创新之路。朱熹曾将张载的这种为学路径概述为"早悦孙、吴,晚逃佛老,勇撤皋比,一变至道"②。由儒学转向佛、道之学,再由佛、道之学回归儒学,长期的学术磨砺,终于使张载学有所成。宋仁宗嘉祐初年,张载开始在京师讲论《周易》。《宋史·张载传》记载,张载"尝坐虎皮讲《易》京师,听从者甚众"③。这种记述,表明张载在京师讲《易》时,已经具有相当广泛的学术影响。吕大临也曾记述张载步入仕途之前的讲学活动:"方未第时,文潞公以故相判长安,闻先生名行之美,聘以束帛,延之学宫,异其礼际,士子矜式焉。"④张载步入仕途之前,文彦博主政长安,因张载"名行之美"而延聘其讲学,这表明张载在故乡也有着广泛的学术影响。

宋仁宗嘉祐二年(1057),张载进士及第,开始步入仕途,先后任祁州司法参军,云岩县令等职。宋神宗熙宁二年(1069),御史中丞吕本中以"张载学有本原,四方之学者皆宗之"为由向朝廷举荐张载,授崇文院校书。后来,张载因为自己与弟张戬皆与王安石政见不合,回归故里。宋神宗熙宁九年(1076),吕大防以"善法圣人之遗意,其术略可措之以复古"⑤为由举荐张载,使张载入朝"知太常礼院"。张载也因为"与有司议礼不合,复以疾归"⑥。归乡途中,张载因病结束了自己五十八年的人生旅程。

---

① 吕大临:《横渠先生行状》,转引自《张载集》,第 381 页。
② 朱杰人等主编:《朱子全书》第 24 册,第 4003 页。
③《宋史·张载传》,转引自《张载集》,第 386 页。
④ 吕大临:《横渠先生行状》,转引自《张载集》,第 382 页。
⑤ 同上书,第 384 页。
⑥《宋史·张载传》,转引自《张载集》,第 386 页。

　　张载步入仕途时,已经三十七岁,第一次被举荐入朝时已年近五十。由于长年研读儒家经典,张载步入仕途时早已形成自己的政治理念。吕大临曾说张载"慨然有意三代之治,望道而欲见"①。张载主张的"三代之治",基本内容乃"复三代之礼"。张载为官,始终希望将自己仰慕的"三代之治"变成现实。张载任云岩县令时,"政事大抵以敦本善俗为先,每以月吉具酒食,召乡人高年会于县庭,亲为劝酬,使人知养老事长之义,因问民疾苦及告所以训诫子弟之意"②。"敦本善俗""养老事长",这正是儒家礼制的基本要求。张载处理一县政务,"以敦本善俗为先","使人知养老事长义",实体现了其为"复三代之礼"所作的主观努力。张载第一次被举荐入朝,对宋神宗所问治道的回答也是:"为政不法三代者,终苟道也。"③张载主张"法三代",亦即主张"复三代之礼"。张载由吕大防举荐入朝时曾说,"吾是行也,不敢以疾辞,庶几有遇焉"④,表明他带病再次入朝,也是希望获得新的机遇,推行自己的政治主张。

　　张载至都城之后,因其学术影响,朝廷官员"闻风慕之"。但对于张载"复三代之礼"的政治理念,人们却"多未之信"。张载"复以疾归"的主要原因即在于礼官们以"古今异俗"为由,"安习故常",不能践行他所理解的礼制。张载曾设想在一乡之内"正经界","分宅里,立敛法,广储蓄,兴学校,成礼俗,救灾恤患,敦本抑末"⑤,"推先王之遗法",践行"三代之治"。但这样的设想也未能成为现实。清代学者黄百家曾论及张载的政治主张:"先生覃测阴阳造化,其极深至精处,固多先儒所未言,而其凭心臆度处,亦颇有后学所未安者。至于好古之切,谓《周礼》必可行于后世,此亦不能使人无疑。夫《周礼》之的为伪书,姑置无论。圣人之治,要不在制度之细。窃恐《周官》虽善,亦不过随时立制,岂有不度世变之推移,

---

① 吕大临:《横渠先生行状》,转引自《张载集》,第 384 页。
② 吕大临:《横渠先生行状》,转引自《张载集》,第 382 页。
③《宋史·张载传》,转引自《张载集》,第 386 页。
④⑤ 吕大临:《横渠先生行状》,转引自《张载集》,第 384 页。

可——泥其成迹哉!"①这种论述指出了张载政治理念的思想局限。张载推重古代礼制,"不度世变之推移","——泥其成迹",确为其一生之中"有意三代之治"而又难获实绩的重要原因。

但是,张载在学术研究方面却卓然成家。黄震《日钞》论及张载的学术成就,曾说"横渠先生精思力践,毅然以圣人之事为己任,凡所议论,率多超卓"②。"率多超卓"四字符合张载学术思想特别是张载哲学思想的实际。张载哲学"穷神化,一天人,立大本,斥异学"③,不论理论创发还是对佛、道之学的批判,在北宋道学家中,皆独树一帜,多发前贤之所未发,达到了很高的理论层次。张载能够获取"率多超卓"的学术成就,与他宏大的学术志向与文化担当意识是联系在一起的。张载曾以"为天地立心,为生民立道,为往圣继绝学,为万世开太平"④概述自己的人生抱负与学术志向。这样的志向与抱负,为张载数十年间潜心于学术研究不断提供思想动力。吕大临曾说张载居家时,"终日危坐一室,左右简编,俯而读,仰而思,有得则识之,或中夜坐起,取烛以书,其志道精思,未始须臾息,亦未尝须臾忘也"⑤。这应是对张载日常勤学苦读生活的真实写照。张载为学,"志道精思",勇于创发,但并不排斥学术交流。张载与程颢、程颐切磋学术,即互有启发。但"志道精思"确为张载学术上自成一家的主要缘由。程颐曾认为,张载为学,多"迫切气象",少"宽舒之气"。朱熹也曾比较张载与程颢的为学之方:"明道之学,从容涵泳之味合,横渠之学,苦心力索之功深。"⑥其实,张载为学,虽以勤学苦读为先,具"迫切气象",但在勤学苦读之后也不无"宽舒之气"。张载也常因此而感到充实与快乐,曾说:"吾学既得于心,则修其辞命,辞无差,然后断事,断事无

---

① 黄宗羲原本,全祖望修定:《横渠学案》,《宋元学案》第1册,第665页。
② 黄宗羲原本,全祖望修定:《横渠学案》,《宋元学案》第1册,第776页。
③ 吕大临:《横渠先生行状》,转引自《张载集》,第383页。
④ 张载:《近思录拾遗》,《张载集》,第376页。
⑤ 吕大临:《横渠先生行状》,转引自《张载集》,第383页。
⑥ 朱杰人等主编:《朱子全书》第17册,第3111页。

失,吾乃沛然。精义入神者,豫而已矣。"①所谓"沛然""豫"皆为精神状态。勤学苦读换来的思想领悟与学术成就,带给张载的也有愉悦与欢乐。黄宗羲曾说:"横渠气魄甚大,加以精苦之功,故其成就不同。伊川谓其多迫切而少宽舒,考亭谓其高处太高,僻处太僻,此在横渠已自知之。尝言:'吾十五年学个"恭而安"不成',所谓宽舒气象即安也。然'恭而安'自学不得,正以迫切之久而后能之。若先从安处学起,则荡而无可持守,早已入漆园篱落。"②黄宗羲"若先从安处学起,则荡而无可持守"之说,应是对"精苦之功"与"宽舒气象"关系的正确理解,有助于我们理解张载的学思特色。

张载致力于儒家哲学的创发,也注意对儒家学说的践行。他"治家接物",注意"反躬自治","正己以感人"。教育学生,则要求学生"学必如圣人而后已"。张载自己践行儒道,也乐意帮助他人践行儒道。史籍中说张载"闻人之善,喜见颜色。答问学者,虽多不倦,有不能者,未尝不开其端。其所至必访人才,有可语者,必丁宁以诲之,惟恐其成就之晚"③。又说张载因"患近世丧祭无法,期功以下未有衰麻之变,祀先之礼袭用流俗,于是一循古礼为倡"④,使得关中一带"风俗一变而至于古"。这些记述都体现了张载成己成人的儒者情怀。

践行儒家学说,也使得张载不计清贫,追求孔颜之乐。横渠镇地方偏僻,物产不丰。张载家中田产仅够维持生计。张载不以为忧,仍乐善好施。学生为生计所困时,"虽粝蔬亦共之",总会施以援手。但张载病逝时,"惟一甥在侧,囊中索然"⑤,在学生们的帮助下,才得以"奉柩归殡以葬"。史籍中的这些记述都具体地再现了张载清贫乐道的仁者人格与德行操守。

---

① 吕大临:《横渠先生行状》,转引自《张载集》,第383页。
② 黄宗羲原本,全祖望修定:《横渠学案》,《宋元学案》第1册,第777页。
③ 吕大临:《横渠先生行状》,转引自《张载集》,第383—384页。
④ 黄宗羲原本,全祖望修定:《横渠学案》,《宋元学案》第1册,第663—664页。
⑤ 吕大临:《横渠先生行状》,转引自《张载集》,第385页。

张载为学"以《易》为宗,以《中庸》为的,以《礼》为体,以孔、孟为极"①。学术成果丰硕,著述十分繁富。南宋学者晁公武的《郡斋读书志》和陈振孙的《直斋书录解题》,都有对张载学术著述的记述;朱熹、吕祖谦编撰《近思录》,也曾涉及张载的学术著作。现存的张载学术著作主要有《易说》《正蒙》《经学理窟》《语录》《文集》等。张岱年先生曾考察各种史籍中所记张载著作的异同,认为张载的著作在元、明时期散佚很多。明代学者吕柟编辑的《张子抄释》当是较早形成的张载著作辑本,通行本《张子全书》成书于《张子抄释》之后,是沈自彰在明代万历年间编纂的。②1978 年,中华书局出版的《张载集》全面地收集整理了张载存世的学术著作,并附录多种有关张载学术著作的《序》与《提要》,是今天人们深入研探张载学术思想最有价值的文献史料。

第二节 "太虚即气"与"天道神化"

全祖望在《宋元学案·横渠学案序录》中认为,"横渠先生勇于造道,其门户虽微有殊于伊洛,而大本则一也"③。这种论断肯定张载学术上"勇于造道",合于张载学术活动的实际;认定张载所代表的关学"门户虽微有殊于伊洛,而大本则一",似不尽然。人们论及北宋道学,常将张载与周敦颐、程颢、程颐、邵雍并称为"北宋五子"。若在儒学的范围,张载与程颢、程颐以及周敦颐、邵雍皆可谓"大本"趋同;但在哲学的范围,张载与程颢、程颐以及周敦颐、邵雍的学术趣向实存在差异。张载的哲学系统主要是围绕"气"范畴建构起来的。他以"气化"论批判佛、道之学,论析事物何以存有,拓展儒家的心性理论。在由气学、理学、心学等主要学术流派构成的宋代道学中,张载属于气学的代表人物。

从哲学的层面论析事物存有的根基或说本原,是宋元道学重要的理

---

① 黄宗羲原本,全祖望修定:《横渠学案》,《宋元学案》第 1 册,第 663 页。
② 张岱年:《关于张载的思想和著作》,转引自《张载集》,第 17 页。
③ 黄宗羲原本,全祖望修定:《横渠学案》,《宋元学案》第 1 册,第 662 页。

论追求。在张载看来,客观现实世界存在的基础既非佛教所谓的"心识",也不是道家所主张的虚无,而是客观实有的"气"。张载将自己的这种哲学观念概述为:"凡可状,皆有也;凡有,皆象也;凡象,皆气也。"① 为了论释"凡象皆气","气"为万有之源,张载从哲学的层面对"气"的属性进行了多层面的考察与论析。在这种考察论析中,张载认为,"气本之虚则湛一无形"②。因此,作为事物存有的本原,"气"的特点首先即表现为"至虚"。"至虚"是说"气"可以"无形"而有,或说"气"可以无形的状态存在。这种"至虚"的观念,使张载将"气"称为"太虚"。"太虚"一词除了表示"气"无形的存在状态,也可以表示广袤的太空或说"虚空",这两种含义是统一的。在张载哲学中,"凡象皆气"与"太虚即气"或"虚空即气",都是关于世界本原问题方面最基本的命题。

张载认定有形有象的万物本原于"气",无形的"太虚"亦是"气"存有的形态。"气"凝聚时形成有形的万物,万物消散时则回归"太虚",回归"太虚"乃万物还原为"气"。张载曾以"太虚无形,气之本体;其聚其散,变化之客形尔"③这样的论断来表达自己"太虚即气"的观点。但是,学术界对于张载这一论断的解读存有歧异。有学者依西方哲学观念认定张载主张"太虚"为"气"之"本体"。张岱年先生则认为,将张载这一论述中的"本体"视同西方哲学中的"本体",并不符合张载哲学的本意,张载所谓"本体"实谓本然或本来状况。张岱年先生否定那种以"太虚"为本体,以"气"为现象的学术观念,肯定张载哲学的"气"本趣向,④ 这种观念影响很大。但张岱年先生对于张载"太虚无形,气之本体"说的诠释仍值得再思考。因为,如果我们细析张载这一论断,会发现这一断语中所谓"本体"之"体",实非形体之"体",而是形性之"体"。张载使用"本体"概念,目的不在肯定"太虚无形"是"气"存在的本来状况,而是要肯定"太虚无形"乃"气"的本有之"性"。这样理解文中的"本体"概念,似更符合张著的原意。因为,在原文中,"太虚无形,气之本体"之后的文字是"其聚其散,变化之客形尔"。从文意来看,张载肯定"气"之聚、散皆为"气化"的暂时形态(客形),这实际上也肯定了"太虚"乃"气化"的状态之一。这种状态也在暂时形态或说"客形"的范围。如果将"太虚无形,气之本体"说理解为张载肯定"太虚"乃"气"存在的本来状况的话,那么,对后面的"其聚其散,变化之客形尔"这一断语的解释,即很难与前面文字的语意一致。因为,"气"存在的本来状况当是一种常态,这与"气"存在的暂时形态不可同日而语。若以本有之性诠释张载所谓的"本体",则不存在这种理论困难。张载在本有之性的意义上使用"本体"范畴,把"太虚"或"无形"视为"气"的本有属性,是要将作为事物本原的"气"与由"气化"而成的实物区别开来。在张载看来,作为事物本原的"气",兼具有形与无形两态。在"气化"中,"聚亦吾体,散亦吾体"[1]。这样的"气"既可以实物展示其有与存在,也可以无形的状态体现其有与存在。因此,"气"聚为物或者物散为"气"都只是"气化"的暂时状态,"气"之聚、散两态的统一,才是"气"本然的存有状态。正是这样的状态,使"气"得以成为万有之源。

张载认为,就"气"可无形而存有来说,可谓"太虚"或说"至虚",与由气化而成的实物有别。但就"气"存在的普遍性、永恒性及其对于世界存有的根源性而言,"至虚"之"气"又是"至实",或说"气"乃至上的实在。张载对"气""至实"特性的理解,也同他对"气化"的理解相联系。在张载看来,作为万有之源的"气",虽然也有聚散的变化,但这种聚散并不是成毁或生灭的差别,因为"气之为物,散入无形,适得吾体;聚为有象,不失吾常"[2]。在"气化"的过程中,具体实物的消散,是物还原为"气";"气"聚为物,同样体现"气"聚散的常则。这样的聚散,使"气"的存在状态出现差别,但"气"本身的实在性并未受到影响。"金铁有时而腐,山岳有时

---

①② 张载:《正蒙·太和篇》,《张载集》,第7页。

而摧，凡有形之物即易坏，惟太虚处无动摇，故为至实"①，张载这种论述，即是要肯定"太虚"之"气"至上的实在性。在张载看来，虚实统一的特性，是"气"能够成为世界本原的重要条件。人们只有基于这样的"气"观念，从理论上理解"虚空即气""太虚即气"，才能正确地认识宇宙间事物的生成演化，否定佛、道之学有关世界本原的错误理论。张载曾说："知虚空即气，则有无、隐显、神化、性命通一无二，顾聚散、出入、形不形，能推本所从来，则深于易者也。"②又说："气之聚散于太虚，犹冰凝释于水，知太虚即气，则无无。故圣人语性与天道之极，尽于参伍之神变易而已。诸子浅妄，有有无之分，非穷理之学也。"③张载强调现实世界不论处于什么状态，本质上都源于"气"，在现实中没有离开"气"的"物"与"有"，也不存在离开"气"的"虚"与"无"，即是要否定佛、道之学有关事物本原的观念。在张载看来，佛、道之学正是因为不了解"虚空即气""太虚即气"这样的道理，才在探讨有关"有无""幽明""隐显"一类问题的时候陷入思想的片面、浅薄与臆断。

张载肯定"气"为"至虚之实"，也肯定"气"之"至静之动"，强调"气"自身的动静统一。在张载看来，"气"之"至静之动"，正因其为"至虚之实"："至虚之实，实而不固；至静之动，动而不穷。实而不固，则一而散；动而不穷，则往且来。"④张载肯定"气"动静统一，实际上肯定了"气"自含能动之性。为了肯定"气"自含能动之性，张载又将"气"称为"太和"。他说："太和所谓道，中涵浮沉、升降、动静、相感之性，是生纲缊、相荡、胜负、屈伸之始。其来也几微易简，其究也广大坚固。起知于易者乾乎！效法于简者坤乎！散殊而可象为气，清通而不可象为神。不如野马、纲缊，不足谓之太和。"⑤王夫之在《张子正蒙注》中有"太和，和之至也"⑥之

---

① 张载：《语录中》，《张载集》，第 325 页。
② 张载：《正蒙·太和篇》，《张载集》，第 8 页。
③ 同上书，第 8—9 页。
④ 张载：《正蒙·乾称篇》，《张载集》，第 64 页。
⑤ 张载：《正蒙·太和篇》，《张载集》，第 7 页。
⑥ 王夫之：《张子正蒙注》，第 1 页，北京，中华书局，1975。

说。作为至上之和的"太和",实为"气"原初的统一状态。在张载看来，正是处于原初统一状态的"气"自身蕴含的"浮沉、升降、动静、相感之性"，引发了"气""絪缊、相荡、胜负、屈伸"等多种形式的运动变化。为了从理论上更深入地论释"太和"内含的"浮沉、升降、动静、相感之性"，张载又肯定"气"自身包含阴阳，将"气"谓之"太极"。他说："有两则有一，是太极也。若一则有两，有两亦一在，无两亦一在。然无两则安用一？不以太极，空虚而已，非天参也。"①又说："一物两体，其太极之谓与。"②张载以"气"为"太极"，肯定"气"自身包含阴阳，乃"一物两体"，突出了"气"的"合两"之性。肯定"气"为"一物两体"，辨析"一""两"关系，使张载从更抽象的理论层面论释了"气"的动静统一。在张载的哲学中，"一"即统一体，"两"为对立面。张载肯定"一"中涵"两"，"两"在"一"中，"两不立则一不可见，一不可见则两之用息"③，强调"一""两"之间的内在联结。在张载看来，正是因为"气"自身包含对立面，对立面之间相互作用，所以能形成无穷的"气化"，通过"气化"形成不同的事物。这种观念，又促使张载更深入地论析"气"的运动变化，对中国传统哲学长期探讨的"天""道""神""化"等问题进行理论的论析。

张载认为，"天"乃无限的宇宙空间。这样的"天"实际上也是"气"在运动变化中存在的一种形态，离开了"气"的运动变化，则无所谓"天"。张载用"天惟运动一气"④这样的断语表达了自己对"天"的理解。在张载哲学中，"道"常被用来表述"气"运动变化的过程，可说是由"气化"而得名。而"神"表明"气"所包含的对立面之间"相感相应"的相互作用不易观测。这种观念，使张载有时候也直接用"神"这一范畴来表述"气"自身所具有的能动之性，认为"神则主乎动"。"化"表明"气"所包含的对立面

---

① 张载:《横渠易说》,《张载集》,第233—234页。
② 张载:《正蒙·大易篇》,《张载集》,第48页。
③ 张载:《正蒙·太和篇》,《张载集》,第9页。
④ 张载:《横渠易说》,《张载集》,第185页。

之间"推行有渐"①。张载认为,"化"与"道"是相互联系的,二者都指"气化"的过程,但"化"更具体地表明了"气化"过程的渐进性。同时,张载认为"化"不同于"变"。"化"是渐变的过程,"变"是"以著显微",是"化而裁之"②。在"气化"过程中,"化"与"变"相联系,"气化"过程是一个不断地由"化"到"变"的过程。张载曾经把"气化"过程区分为"对""反""仇""和"四个阶段。他说:"有象斯有对,对必反其为,有反斯有仇,仇必和而解。"③"有对"是说"气"包含阴阳,"一"中含"两";"一"中之"两"性能各异,相兼相制,故"有反";性能相反的对立面之间相互排斥谓之"仇";对立面之间的相互排斥达到一定的阶段又会形成新的统一,这便是"和"。张载所谓"和",并非指简单地以均衡排除对立面之间的对立,而是指"气化"中从"有对"开始,经过"反""仇"而达到新的统一。这样的"和",实为"气化"中的一个具体阶段。在张载看来,无穷的"气化"过程,就是由"对""反""仇""和"这种具体的"气化"过程构成的。

同时,张载认为,在"气化"中"神"与"化"也是相互联系的。"神"是因为"两"在"一"中"合一不测","化"是由于"一"中之"两""推行有渐"。张载曾以"一物两体,气也。一故神(自注:两在故不测),两故化(自注:推行于一),此天之所以参也"④这样的论述来表述自己的这种观念。在张载看来,"神"作为"气"的能动之性,是内在的本质,是"化"的根据,是谓"天德";"化"是自然的变化过程,乃"神"的外在表现,可谓"天道"。"神,天德;化,天道。神,其体;道,其用,一于气而已。"⑤"神""化"都统一于"气化"之中,或说与"气化"相联系。因此,以"气"为万有之源,即必须肯定"气"之外无"神","神"之外无"化"。基于这样的观念,张载进一步指出:"语其推行,故曰道;语其不测,故曰神;语其生生,故曰易;其实一

---

① ② 张载:《正蒙·神化篇》,《张载集》,第16页。
③ 张载:《正蒙·太和篇》,《张载集》,第10页。
④ 张载:《正蒙·参两篇》,《张载集》,第10页。
⑤ 张载:《正蒙·神化篇》,《张载集》,第15页。

物,指事而异名尔。"①他认为"天""道""神""化"等范畴实际上从不同的层面进一步论释了"气化"的特性与形式。因此,在张载看来,若非基于对"气化"形式与特征的理解而形成的关于"有""无""隐""显"与"天""道""神""化"的理论"皆非穷理之学",只能是"浅妄"之论。

总之,张载通过多层面地规定"气"之属性,论释了"太虚即气""虚空即气",肯定了"凡象皆气";将"气化"根源理解为"一"中之"两"的相互作用,具体论释"天""道""神""化",则进一步论析了"气"的性能,肯定了"气"为万有之源。这种"气化"论,不论是对"气"与"气化"的解析,还是对"气"与"气化"何以为万有之源的论释,在中国哲学史上都达到了很高的理论层次。

第三节 "见闻之知"与"大心体物"

儒家学说中,有所谓"至善"问题,也有所谓"知之至"问题。"至善"问题属于道德学说,"知之至"问题关联知识理论。历史上,儒学常将这两个问题联系起来进行论释。但是,在哲学史研究中,可将儒学所谓"至善"问题与"知之至"问题置于不同理论领域分别加以考察。通过这样的考察,更深入地清理儒学的思想传统,有益于多层面、全方位地揭示儒学的理论价值。考察张载哲学也是如此。张载的哲学系统既涉及道德问题,也涉及知识问题。在知识理论方面,张载通过对"见闻之知"与"德性所知"的考察,反对"止于闻见之狭",主张"大心体物",实际上形成了自己的思想系统。这一思想系统作为其哲学体系的重要组成部分,值得具体地探讨与解析。

张载的知识理论以"气化"论为基础。张载曾说:"至静无感,性之渊源;有识有知,物交之客感尔。客感客形与无感无形,惟尽性者一之。"②"至静无感"指"太和"之"气"处于原初的统一状态,"性之渊源"是说"太

---

① 张载:《正蒙·乾称篇》,《张载集》,第65—66页。
② 张载:《正蒙·太和篇》,《张载集》,第7页。

和"之"气"内含的对立面相感之性乃"气"能动之性的渊源。"有识有知"指人对事理具有的认识与知识，是主体通过与外物的交感来完成的。王夫之在《张子正蒙注》中认为，主体与外物交感是"自外至"[①]，"自外至曰客"，故谓"客感"。"客感"是人与外物的交感，"客形"是"气化"的具体形态，"无感"是主体未与外物相感，"无形"是"气"散而未聚。"客感客形与无感无形"都与"气化"的不同形式与具体阶段相联系。唯有了解"气化"过程与本性的人，才能将"客感客形与无感无形"统一起来。这种论断表明张载对知识问题的思考，总体上即与其"气化"论联系在一起。张载"合虚与气，有性之名，合性与知觉，有心之名"[②]这一断语更是明确地以"气"之性与知觉的统一来具体解释人心。在张载看来，"气"是万物之源，人则为"物中一物"。因此，作为认识的主体，人自身即是"气化"所成。同时，在张载看来，人的认识对象乃客观外在的事物，这种对象也是"气化"所成。"气化"所成之物纷繁复杂，形质万殊，是造成人的认识内容丰富多彩的根源。他曾用"心所以万殊者，感外物为不一也"[③]这样的论述来表达自己的这种观念。张载论及知识对象时，还曾明确地肯定人、物皆在认识对象的范围。他说："理不在人皆在物，人但物中之一物耳，如此观之方均。"[④]又说："明庶务，察人伦，皆穷理也。"[⑤]张载对于知识对象的这种理解是极具理论价值的。

论及知识的获得，张载首先肯定的是感觉经验的作用。在张载看来，人的认识是主体同外在的认识对象交感的产物，这种主体与客体之间的交感始于人的"耳目有受"。他说："人谓己有知，由耳目有受也；人之有受，由内外之合也。"[⑥]因"耳目有受"而获得对于事物的认识，张载谓之"见闻之知"。在张载看来，"见闻之知"不仅架起了沟通主体与外物的

① 王夫之：《张子正蒙注》，第4页。
② 张载：《正蒙·太和篇》，《张载集》，第9页。
③ 同上书，第10页。
④ 张载：《语录上》，《张载集》，第313页。
⑤ 张载：《语录下》，《张载集》，第329页。
⑥ 张载：《正蒙·大心篇》，《张载集》，第25页。

桥梁,而且在一定的范围内也可以"穷理""尽性"。他说:"穷理亦当有渐,见物多,穷理多,如此可尽物之性。"[1]从这些论述中,我们可以看到张载对"见闻之知"在认识活动中作用的重视与肯定。张载所谓"由耳目有受"而有的"见闻之知",在现代知识理论中当在直接经验的范围。张载也曾指出:"若以闻见为心,则止是感所闻见。亦有不闻不见自然静生感者,亦缘自昔闻见,无有勿事空感者。"[2]从这种论述中,我们看到张载实际上也曾意识到"见闻之知"的间接性,肯定间接经验在认识活动中的重要作用。张载的知识理论在重视直接经验的同时肯定间接经验,目的都在于肯定人的感觉经验必须具备客观外在的感觉对象。"感亦须待有物,有物则有感,无物则何所感!"[3]张载这种论述表达的即是自己对"见闻之知"与客观事物之间必然联系的理解。从张载对"见闻之知"多侧面的论析来看,他对"见闻之知"在人的认识活动中的作用具有多方面的理解,这使得他关于"见闻之知"的理论也显得较为全面、系统。

张载肯定"见闻之知"的作用,也意识到了"见闻之知"的局限。张载认为,人的耳目感官由于"为性累"[4],自身的功能或说能力是有限的。因此,耳目感官所能感知的事物也十分有限。他说:"今盈天地之间者皆物也。如只据己之闻见,所接几何? 安能尽天下之物?"[5]在张载看来,如果一个人的认识仅限于"见闻之知",则不可能完全地把握人伦物理,或说"穷理""尽性"。因此,张载反对人的认识活动"止于闻见之狭",提倡"大心体物",以求全面地了解宇宙人生。他说:

> 大其心则能体天下之物,物有未体,则心为有外。世人之心,止于闻见之狭。圣人尽性,不以见闻梏其心,其视天下无一物非我,孟子谓尽心则知性知天以此。天大无外,故有外之心不足以合天心。

---

[1] 张载:《语录上》,《张载集》,第 312 页。
[2][3] 张载:《语录上》,《张载集》,第 313 页。
[4] 张载:《正蒙·大心篇》,《张载集》,第 25 页。
[5] 张载:《语录下》,《张载集》,第 333 页。

　　见闻之知,乃物交而知,非德性所知;德性所知,不萌于见闻。①

深入理解张载"大其心则能体天下之物"这一断语的理论价值,有必要重新解析张载的"德性所知"这一概念。在以往的中国哲学史研究中,人们常将张载提出的"德性所知"理解为"关于内在德性的认识"。譬如,有的中国哲学史著作中明确地肯定张载的"德性所知""是人们关于内在德性的认识",并认为这种认识"合内外于耳目之外","不萌于见闻",也不是见闻之知所能积累出来的。② 又譬如学术界有学者认为,"见闻之知"与"德性之知"是宋明理学中探讨认识论问题时经常使用的一对范畴。前者指经验知识,通过耳目见闻获得,"属于形而下的知识论",后者"指先验的道德知识,即关于人性的自我认识,它通过自我反思而发明,属于形而上的道德论",而"正式提出这对范畴的是张载"③。在这两种观念中,前者肯定张载的"德性所知"为"关于内在德性的认识",但未明确地将这种"关于内在德性的认识"归于道德理论;后者以"德性之知"等同于"德性所知",认定"德性之知"指"先验的道德知识",肯定张载最先提出"德性之知",并将"德性之知"归于"形而上的道德论"。就两者对张载提出的"德性所知"的理解而言,后者与前者实有所不同。应当肯定,对于张载"德性所知"说的这两种解读,在张载哲学研究中都是较具代表性的认识成果,学术界不乏认同者。但是,张载提出的"德性所知"能否等同于"德性之知"?"德性所知"是否只宜理解为"关于内在德性的认识"或"先验的道德知识"呢?"德性所知"说是否只能归属于"形而上的道德论"呢? 这类问题的存在,都需要我们在新的时代条件下研探张载哲学时进行更加深入的思考。

　　对于如何解读张载"德性所知"的意涵,理解张载"德性所知"说的理论归属,冯友兰、张岱年一类前辈学者的观念值得我们借鉴。冯友兰认

---

① 张载:《正蒙·大心篇》,《张载集》,第24页。
② 参见《中国哲学史》编写组:《中国哲学史》下册,第40页,北京,人民出版社、高等教育出版社,2012。
③ 潘富恩、徐洪兴主编:《中国理学》第4卷,第42页,上海,东方出版中心,2002。

为,张载的"德性所知"是相对于"见闻之知"来说的。"见闻之知"在见闻的范围之内,相当于感性认识;"德性所知"是人的认识的又一次飞跃,可谓之"哲学认识"。① 张岱年则认为张载的"德性所知"是由心的直觉而有的知识。他说:

> 张子分知为二,一德性所知,二见闻之知。见闻之知,即由感官经验得来的知识。德性所知,则是由心的直觉而有之知识;而此种心的直觉,以尽性功夫或道德修养为基础……见闻之知,以所经验的事物为范围,德性所知则是普遍的,对于宇宙之全体的知识。如对于神、化、性、道的知识,便都是德性所知。②

冯友兰、张岱年一类学者论释张载提出的"德性所知",都没有将"德性所知"简单地理解为"关于内在德性的认识"或"先验的道德知识",也没有将张载的"德性所知"说直接归于"形而上的道德论",而是将"德性所知"理解为有别于"见闻之知"的另一种认识活动与认识结果。应当肯定,冯、张一类前辈学者的理解较为符合张载哲学的本意。在张载哲学中,"德性所知"的确是相对于"见闻之知"而言的。"德性所知"中的"德性"实为一种有别于"见闻"的认识能力,而非道德意义上的"德性"。作为认识能力的"德性",其意涵可理解为人由于自然禀赋而具备的属性或能力。《辞源》中对"德性"的解释是"儒家指人的自然禀性"。这种解释是合理的,因为这种解释没有将儒家理解的"德性"仅限于人的道德品质方面的"自然禀性",而是肯定人的"德性"中含括道德属性之外的其他"自然禀性"。在儒家看来,人的耳目感官与心的认知能力实际上也在人的"自然禀性"范围。《荀子·解蔽》中有"凡以知,人之性也;可以知,物之理也"之说。荀子肯定"凡以知,人之性也",即是肯定人的认知能力为"自然禀性"。在这样的意义上可以说张载主张的"德性所知"实际上是作为人的"自然禀性"的心知。这样的心知有别于"见闻之知",当在理性

---

① 冯友兰:《三松堂全集》第 10 卷,第 133—134 页。
② 张岱年:《中国哲学大纲》,第 728 页,北京,商务印书馆,2015。

认识能力的范围。这样理解张载主张的"德性所知",不论于文字还是文意都更有理据。

在以往的张载哲学研究中,人们之所以常将张载主张的"德性所知"理解为"关于内在德性的认识"或"先验的道德知识",学理方面辨析不够是一个重要原因。古希腊哲人亚里士多德曾经考察人的情感、能力、品质,辨析"德性",认为"德性"既不是情感,也不是能力,只能与品质相联系。这样的"德性"表示品质的优秀。亚里士多德理解的作为优秀品质的"德性"不限于道德品质,儒家学者则有所不同。儒家学者理解的道德意义上的优秀品质,是善的品质,这种优秀品质仅在道德的范围。明确地肯定道德意义上的"德性"为一种品质,这样的品质表现为一种状态,一种选择,不在情感与能力的范围,这对于我们解读张载"德性所知"的意涵是极富助益的。因为,不论是将"德性所知"理解为由"德性"开始的认识活动,还是由"德性"把握事理而形成的认识成果,都表明张载"德性所知"中的"德性"概念是在作为"自然禀性"的心知能力的意义上使用的,而非道德品质意义上的"德性"。因此,将张载肯定的"德性所知"解读为"关于内在德性的认识"或"先验的道德知识",理论上是不太严谨与周全的。

在文献解读方面忽略张载著作中的具体语境,直接将"德性"或"德"理解为道德意义上的"德性",也是造成以往人们对张载"德性所知"的解读不够全面的原因。在张载的著作中,有时将人的善的品质称为"德性"或"德",有时也在人或物的自然禀性的意义上使用"德性"或"德"的概念。当张载肯定"己德性充实,人自化也,正己而物正也"①时,"德性"指人的善的品质,当张载肯定"有德者必有言"②时,"德"也指人的善的品质;但当张载肯定"德性所知,不萌于见闻"或"神,天德;化,天道"时,"德性"与"德"所指则实为人或天的自然属性,而非人的善的品质。在以往的哲学史研究中,人们将"德性所知"与"德性之知"等同,肯定"德性之

---

① 张载:《语录上》,《张载集》,第 312 页。
② 张载:《正蒙·有德篇》,《张载集》,第 44 页。

知"最早由张载提出,也是不太注意"德性"概念在不同语境中意涵有别的结果。北宋道学早期代表人物的著作中,确曾出现过"德性之知"这种用语,如果将"德性之知"中的"德性"理解为道德品质,"德性之知"确可解读为"关于内在德性的知识"。但张载的用语是"德性所知","德性所知"似不宜直解为"关于内在德性的知识"。因为,张载主张的"德性所知"既表示由人的心知能力所进行的认识活动,也表示由人的心知能力所获得的认识成果。这种认识或认识成果皆不限于人的道德行为,而是对张载所理解的"天""道""神""化"的全面理解与把握。张载之所以将"德性所知"区别于由耳目有受而有的"见闻之知",反对人们在认识活动中"止于闻见之狭",或说反对"以见闻梏其心",正是因为要通过"德性所知"来追求与获得对于宇宙全体的认识。

张载主张"大心体物","大心"当是"体物"的前提。对于为何"大心",如何"大心",张载也有自己的论释。在张载看来,要理解为何"大心",即为何要充分发挥心知的作用,首先需要了解在人的认识活动中,心知与感觉经验不同。张载曾说:"化不可言难知,可以言难见,如日景之行则可知之,其所以行则难见也。"①从知识理论的角度来看,张载这种论述实际上深刻地论释了理性思维与感觉经验的差别,突出了理性思维或说心知在认识中的重要作用。在张载看来,事物内在的性质与理则,仅凭见闻是很难把握与理解的,凭经验可见"日景之行",难见"其所以行","日景之行"的根源与律则只能通过心知或说理性思维去把握。张载论及对"日景之行"的"可知"与"难见",实际上是主张通过对感觉之外的事物的思考,形成超越"见闻"的认识,以理性思维的作用克服"见闻之知"的局限。张载所谓"不以见闻梏其心,其视天下无一物非我",也在于肯定"不以见闻之知"限制人的理性思维的作用,认为人可以通过理性使所有事物成为人的认识对象,形成对事物的全面认识,达至"穷理"的目标。在张载看来,穷尽对事物之理的认识需要一个渐进的过程,"穷理"

---

① 张载:《横渠易说》,《张载集》,第219页。

不能一蹴而就，"当下理会"。他提出："须是穷理，便能尽得己之性，则推类又尽人之性；既尽得人之性，须是并万物之性一齐尽得，如此然后至于天道也。其间煞有事，岂有当下理会了？学者须是穷理为先，如此则方有学。"①张载由肯定"见闻之狭"而提倡"大心"，主张以心"体天下之物"，穷尽对事物之理的认识，并将这种认识理解为一个过程，这种思想在知识理论的范围也是具有合理成分的。

如何"大心体物"，张载主张"正心""尽心"与"虚心"。在张载看来，人在认识活动中，只有"正心""尽心"与"虚心"，才有可能"大心体物"。张载曾说："正心之始，当以己心为严师，凡所动作则知所惧。如此一二年间，守得牢固则自然心正矣。"②在认识问题的范围，以"凡所动作则知所惧"为"正心"，由"正心"而达至"心正"，确实是"大心体物"的重要方法与途径。"尽心"则是要充分发挥人的理性思维在认识事理中的作用。张载理解的"尽心"以"尽物"为前提。他说：

> 言尽物者，据其大总也。今言尽物且未说到穷理，但恐以闻见为心则不足以尽心。人本无心，因物为心，若只以闻见为心，但恐小却心。今盈天地之间者皆物也，如只据己之闻见，所接几何，安能尽天下之物？所以欲尽其心也。穷理则其间细微甚有分别，至如偏（礼）乐，其始也但知其大总，更去其间比较，方尽其细理。若便谓推类，以穷理为尽物，则是亦但据闻见上推类，却闻见安能尽物！今所言尽物，盖欲尽心耳。③

"大心体物"需要"尽心"，"尽心"需与"尽物"统一。因为"尽物"才能使"万物皆备于我"，或说"其视天下无一物非我"。所以，"尽心"需要"尽物"，"尽物"则是为了"尽心"。只有"尽心"与"尽物"统一，才有可能"穷理"；不以"尽物"为前提的"穷理"，仍是"以闻见为心"而非"尽心"，不可

---

① 转引自程颢、程颐：《二程集》上册，第115页。
② 张载：《经学理窟·学大原上》，《张载集》，第280页。
③ 张载：《语录下》，《张载集》，第333页。

能"穷理"。张载的这种"尽物"与"尽心"统一的观念,实际上是主张以整全的世界为认识对象,乃人在认识活动中"大心体物"的基础和前提。

张载将"虚心"理解为"大心体物"的又一重要途径。张载认为,"大心体物"目的在于求是,求是则需要"虚心":"人私意以求是未必是,虚心以求是方为是。夫道,仁与不仁,是与不是而已。"[1]张载的"虚心"说实源于《周易》,《周易·咸》有"君子以虚受之"之说。张载所谓"虚心"的具体意涵可谓在"大心体物"的过程中拒斥"私意",或说反对偏见与主观臆断。"私意"实为"成心"。人有"成心"或说"私意",在认识活动中难免"意、必、固、我"。《论语·子罕》中说:"子绝四:毋意,毋必,毋固,毋我。"杨伯峻《论语译注》中对"毋意,毋必,毋固,毋我"的意释是"不悬空揣测,不绝对肯定,不拘泥固执,不唯我独是。"[2]这种解释符合文本原意。"揣测""肯定""固执""独是"之类涉及是非、真假问题,当在认识问题的范围。张载沿袭《论语》的传统,反对"意、必、固、我",意识到了人对事理的认识,如果不能避免"意、必、固、我",则不可能"得虚":"今人自强自是,乐己之同,恶己之异,便是有固、必、意、我,无由得虚。"[3]如果说张载提倡"尽心"是主张充分发挥理性思维的认识功能和作用,那么,他主张"虚心"则是要提倡正确地发挥理性思维的认识功能和作用。"虚心然后能尽心"[4],这样的"虚心"实际上是"尽心"的重要前提。因为,只有正确地发挥理性思维的认识功能,才有可能充分地发挥理性思维的认识功能。应当肯定,张载的"尽心"说与"虚心"说进一步论释了自己对于如何"大心体物"的理解。在张载看来,"虚心则无外以为累"。人在认识活动中,只有"虚心"才能"尽心","尽心"才能达到"大心体物""知周万物而道济天下"的目的。

在张载的著作中,有关人的志趣、学业方面的论述也可归入其"大心体物"理论的系统。张载认为,一个人在认识活动中,要充分发挥理

---

① 张载:《经学理窟·学大原上》,《张载集》,第 279 页。
② 杨伯峻:《论语译注》,第 87—88 页,北京,中华书局,1980。
③ 张载:《经学理窟·义理》,《张载集》,第 272 页。
④ 张载:《语录中》,《张载集》,第 325 页。

性思维的作用,必须志存高远,善于学习。"人若志趣不远,心不在焉,虽学无成。"①一个人志趣高远,矢志于学,不断解除疑虑,才能提高自己的心知能力。"释己之疑,明己之未达,每见每知所益,则学进矣,于不疑处有疑,方是进矣。"②有疑是因为自己缺乏对事理的认识,"释己之疑"是由学而达至对事理的认识。这种认识既谓之"心悟",也谓之"心解"。"学贵心悟,守旧无功。"③"心悟"需弃旧求新,把握事理。"心解则求义自明,不必字字相校。"④由"心解"而求义理,重在理解。在张载看来,"心悟""心解"虽属学习的范围,其实也是"大心体物"的重要内容。因为,张载主张的"大心体物",既追求对事理的全面把握,也追求对事理的真实把握,求真与求是乃张载"大心体物"的具体目标。张载曾说:"有言经义须人人说得别,此不然。天下义理只容有一个是,无两个是。"⑤在"是""非"的问题上,只能非此即彼,容不得模糊含混。论及对事理的求真,张载还曾以"虚"中求"实"来表达自己的理解。他说:"天地之道无非以至虚为实,人须于虚中求出实。"⑥"虚中求出实"也可以理解为追求对事理真实的把握。人要于"虚中求出实",条件同样是"不以见闻为心",或说不"止于闻见之狭",充分发挥心知的作用。总之,在张载看来,人在认识活动中,只要"大心""尽心""虚心",即可以全面地把握事物的理则。张载这种"大其心则能体天下之物"的观念,涉及一些重要的知识理论问题,其重要的理论价值值得我们深入地解读与辨析。

第四节　"中正""至当""民胞物与"

关注人伦道德是儒家哲学的重要传统,也是张载哲学的一大理论特

---

① 张载:《经学理窟·义理》,《张载集》,第 273 页。
② 同上书,第 275 页。
③ 同上书,第 274 页。
④ 同上书,第 276 页。
⑤ 同上书,第 275 页。
⑥ 张载:《语录中》,《张载集》,第 325 页。

色。张载曾说："学者当须立人之性。仁者人也，当辨其人之所谓人，学者学所以为人。"①这样的学术见解与理论追求，使张载极为重视对人性问题的探讨，注意从理论的层面论释道德规范与人生境界，在道德理论方面也形成了自己的思想系统。

张载的人性理论同样以他的"气化论"为基础。张载认为，"气"为世界万物的本原，人则为物中一物。人同天地万物一样，不论形、性的存有都与"气"或"气化"相联系。张载曾说："一物两体，其太极之谓与；阴阳天道，象之成也；刚柔地道，法之效也；仁义人道，性之立也。三才两之，莫不有乾坤之道。"②这一论述认定"天道""地道""人道"皆体现"乾坤之道"，实涵括对人的本性与"气化"联系的肯定。张载在《西铭》中也曾指出："乾称父，坤称母；予兹藐焉，乃混然中处。故天地之塞，吾其体；天地之帅，吾其性。"③虽然张载在论及《西铭》的写作时表示："《订顽》之作，只为学者而言，是所以订顽。天地更分甚父母？只欲学者忠心于天道，若语道则不须如是言。"④表明自己"乾称父，坤称母"的提法只是为了方便学者的一种比喻性论述。但"天地之塞，吾其体；天地之帅，吾其性"这种论断却集中地表明了他关于天地人物同源、天地之性即人之性的观念。张载认为，天地"无心"，但天地自然地生成万物，这种现象体现了天地的美德，或说至善的仁德。他曾以"天本无心，及其生成万物，则须归功于天，此天地之仁也"⑤这样的论述来肯定天地的德性。当张载肯定"天地之性"乃人之性时，实际上也肯定了仁德乃人自然具有的德性，或者说肯定了人性本善。张载探讨人的本性，不是直接地肯定人性本善，而是基于自己的"气化论"肯定天地人物同源于"气"，进而肯定"天地之性"即人之性，以"天地之性"表述人本有的至善的德性，为人的道德行为确立起

① 张载：《语录中》，《张载集》，第 321 页。
② 张载：《正蒙·大易篇》，《张载集》，第 48—49 页。
③ 张载：《正蒙·乾称篇》，《张载集》，第 62 页。
④ 张载：《语录上》，《张载集》，第 313 页。
⑤ 张载：《经学理窟·气质》，《张载集》，第 266 页。

内在的人性基础。这样的人性论既沿袭了儒学"天人合一"的传统，又建立在一种哲学本体论的基础之上，在儒家的性善论中是颇具思想特色的。

张载以"天地之性"为人的本性，肯定人性本善，但张载并不否认现实中的人性存在善恶之别。他在肯定人的"天地之性"的前提下，也肯定人的"气质之性"。张载认为，人的"气质之性"与气禀关联。他说："人之刚柔、缓急、有才与不才，气之偏也。"①这种论述即明确地把人在才性方面的差异，归结于气禀的差异。在张载看来，由于人的"气质之性"与气禀有关，这样的"气质之性"可能偏离人的至善本性。因此，由"气质之性"回复到"天地之性"，当是人在道德实践中面临的一道重要课题。但张载也明确地肯定人的"气质之性"的可变性，认为人"为学"的目的即在于"自求变化气质"，或说由"气质之性"回复到"天地之性"。他说："形而后有气质之性，善反之则天地之性存焉。故气质之性，君子有弗性者焉。"②在张载看来，人能够克服"气质之性"，回复到"天地之性"，是因为人的"天地之性"乃天命之性，是人自然具有的至善本性。因此，张载认为，善于从"气质之性"回复到"天地之性"的人，都必须顺从天地之化，遵从天所赋于人者。他说："性于人无不善，系其善反不善反而已，过天地之化，不善反者也；命于人无不正，系其顺与不顺而已，行险以侥幸，不顺命者也。"③人若能顺从天地之化，遵从天所赋于人者，善于由"气质之性"回复到"天地之性"，即能够"居仁由义""心和体正"，恢复自己至善的道德本性，为自己的道德行为确立内在的形上基础。但是，张载认为，人在由"气质之性"回复到"天地之性"的过程中，个人的主体性作用也是十分重要的。他曾说："天能（为）［谓］性，人谋（为）［谓］能。大人尽性，不以天能为能而以人谋为能，故曰'天地设位，圣人成能。'"④这里所谓"大人尽性，不以天能为能而以人谋为能"，即是对于有德之人在保持与发挥道德本性时自身作用的肯定。

①② 张载：《正蒙·诚明篇》，《张载集》，第 23 页。
③ 同上书，第 22 页。
④ 同上书，第 21 页。

人具有优秀的道德品质,这是人的行为能够成为道德行为的内在基础。但是,德性并不能简单地等同于德行。张载曾认为:"汉儒极有知仁义者,但心与迹异。"①这种论断所表明的即是道德意识与道德行为不同。由于在道德问题上意识到了"心""迹"之别,张载十分重视德性与德行的统一,提倡以人的德行展现人的"天地之性"。因此,张载对道德问题的思考,既重视德性,强调人需要克服"气质之性",回复"天地之性",同时也重视探讨道德规范,论析人的道德行为,并在探讨道德规范与道德行为的过程中集中地探讨了"中正"与"至当"问题。

在张载的道德学说中,"中正"是一个重要的原则。在早期儒家经典中,"中正"的观念多见于《周易》,且与卦爻的位次相联系。当人文《易》成为《易》学发展中的重要学术流派之后,"中正"观念逐步演变成了儒家用以论释人的社会生活行为的重要范畴。张载利用儒家的"中正"观念,肯定"大中"即是"天地之道",同时也强调"中正"是一个重要的人道原则。在张载看来,作为人道原则的"中正"兼含"中"与"正"两个方面的意涵。"中"是不偏不倚,"正"是公平正直。人在生活中"行必中正",是对自身行为的基本要求。在这种意义上,张载理解的"中正"首先是一个规范人的行为的道德原则。但是,张载所理解的"中正",也是人的"天地之性"的具体体现。在这样的意义上,"中正"又是人的美德,是人的内在的德性。张载认为,人能够保持"中正"这一美德,并在生活中以"中正"这一原则规范自身的行为,是其能够"大居正"的基础与前提。他说:"中正然后贯天下之道,此君子之所以大居正也。盖得正则得所止,得所止则可以弘而至于大。"②又说:"学者中道而立,则有(位)〔仁〕以弘之。无中道而弘,则穷大而失其居,失其居则无地以崇其德,与不及者同。"③这两种论述都表明了张载对于"中正"原则的重视。

张载所肯定的"大居正",是指人在社会生活中完全地"居仁由义",

① 张载:《经学理窟·学大原上》,《张载集》,第280页。
② 张载:《正蒙·中正篇》,《张载集》,第26页。
③ 同上书,第27页。

真正地"居天下之广居,立天下之正位"。张载认为,人在生活中能够"大居正",即能够在生活中"得所止",通过践履"中正"原则,达至自己的道德目标。反之,一个人若不能立于"中道",践行"中正"原则,则不可能在生活中立于正道,具备美好的德性,也不可能正确地规范自己的行为,达至远大的生活目标。用张载的语言表述,前者为"穷大而失其居",后者乃不"得所止"。《礼记·大学》中有"为人君,止于仁;为人臣,止于敬;为人子,止于孝;为人父,止于慈;与人国交,止于信"之说。有学者注解张载著作,以《礼记》中的这种论述为据,认定张载"得所止"说中的"所止"二字意为"所向,归向"①。这种解释实非张载"所止"说的全部意涵。《礼记·大学》论及"止",除了"为人君,止于仁"等论述之外,最为重要者当属"大学之道,在明明德,在亲民,在止于至善"之说。朱熹在《四书章句集注》中释"止于至善"之"止"为"必至于是而不迁"②。这样的"止",即非"所向,归向"之意所能完全涵盖。张载论及"中正"时,其"得正则得所止,得所止则可以弘而至于大"之说中的"得所止",实是主张由践行"中正"而达至至善。张载曾说:"颜子好学不倦,合仁与智,具体圣人。独未至圣人之止尔。"③张载断言颜渊"独未至圣人之止",即是认定颜渊的道德活动尚未能完全地践履"中正"原则,达至圣人的境界。因此,张载论及人的道德活动,特别注意突出"中正"原则的功用,认为"知德以大中为极,可谓知至矣"④,强调人只有充分地理解中道,发挥自己的本性,才可能持守"中正"之德,同时又使自己的行为达至"中正"。用张载的语言表述即是"极其大而后中可求,止其中而后大可有"⑤。一个人在生活中,如果能安于"大中",完全持守"中正"之德,又能做到"至正",圆满地践行"中正"之道,那么,此人即一定可以"得所止",达至至善的道德之境。

---

① 喻博文:《正蒙注译》,第 106 页,注(3),兰州,兰州大学出版社,1990。
② 朱熹:《大学章句》,《四书章句集注》,第 3 页。
③ 张载:《正蒙·中正篇》,《张载集》,第 26—27 页。
④ 同上书,第 27 页。
⑤ 同上书,第 28 页。

张载提倡"大中至正",实际上也是主张人在生活中,追求自己行为的"至当"。张载理解的"至当",其意涵首先是"当为而为"。一个人在生活中,"不得已而后为,至于不得为而止"①,乃是人生的大智慧。"当为而为"在某种意义上也可以说是"大中至正之极",即践行"大中至正"原则的极致或说最高标准。人在生活中的行为达到了这样的标准,即是最道德的行为。

其次,"至当"的行为当是据时量宜,最为合理的行为。张载曾说:"大率时措之宜者即时中也。时中非易得,谓非时中而行礼义为非礼之礼、非义之义。"②不能把握"时措之宜",人们的生活中会出现"非礼之礼、非义之义"的行为。因此,张载强调"时中之义甚大"③。在张载看来,人在生活中不能把握"时中之义",即不能使自己的行为达至"至当"。同时,张载认为,一个人的行为能够达到"至当",是其德盛仁熟的标志。因此,"至当"的行为实为一种自觉与自然的行为。张载曾说:"不得已,当为而为之,虽杀人皆义也,有心为之,虽善皆意也。正己而物正,大人也;正己而正物,犹不免有意之累也。"④能够达到最高道德标准的人,其道德行为一定是自然的行为,而非故意的行为。这样的行为是儒家主张的"由仁义行",而非儒家否定的"行仁义"。"由仁义行"之所以是自觉的、自然的行为,是因为这样的行为出于人的本性;"行仁义"之所以是一种故意的行为,是因为这样的行为隐含自利。这是张载论及"当为而为"时,区别"正己而物正"与"正己而正物"的重要原因。张载曾说,"有意为善,利之也,假之也。无意为善,性之也,由之也"⑤。在张载看来,人在生活中,"正己而正物","有意为善",实际上皆非"当为而为",不符合"至当"的标准或原则。一个人的行为不能达至"至当",也表明其尚不具备"中正"的美德。

---

① 张载:《正蒙·中正篇》,《张载集》,第28页。
②③ 张载:《语录下》,《张载集》,第328页。
④⑤ 张载:《正蒙·中正篇》,《张载集》,第28页。

在张载的道德学说中,"至当"这一范畴与"中正"这一范畴是紧密联系在一起的。如果说"中正"是一个既表示德性又表示规范的范畴,"至当"则主要是一个表示德行或说表示规范的范畴。但是,张载认为,保持"中正"德性、践行"中正"原则,最为集中的标准与标志皆为"至当"。所以张载认定:"至当之谓德,百顺之谓福,德者福之基,福者德之致,无入而非百顺,故君子乐得其道。"①张载肯定"至当"的行为既是道德的行为,也是获取幸福的基础。这是他倡导人们正确地理解德、福关系,在生活行为中追求与践行"至当"这一规范重要的思想基础,也是张载重视道德学说的实践价值的重要表征。

张载的人生境界理论正是建立在他的"中正""至当"观念基础之上。在张载看来,人通过持守"中正"美德与践行"中正"原则,使自己在生活中的行为达到"至当"的标准,即可以正确地处理人在生活中面对的各种关系,圆满地实现自己的人生价值,达到理想的人生境界。人生境界是一个标志人的生活态度、价值取向、道德意识、审美意识等精神活动状态与层次的概念。在中国传统哲学中,儒、道、释三家实际上都有自己的境界理论。突出人的道德意识与追求崇高的道德境界是儒家人生境界论的一大特征。通过对儒家人生境界论的继承与发展,张载的人生境界论也形成了自己的理论系统。这一理论系统,主要涵括两个层面的思想内容:一是其"民胞物与"说,二是其"存顺没宁"说。前者论释儒家至上的仁德之境,后者则从总体上表明了张载对人生的理解。

张载"民胞物与"的观念是在《西铭》中提出来的。他说:"民吾同胞,物吾与也。大君者,吾父母宗子;其大臣,宗子之家相也。尊高年,所以长其长;慈孤弱,所以幼其幼。圣其合德,贤其秀也。凡天下疲癃残疾,惸[茕]独鳏寡,皆吾兄弟之颠连而无告者也。于时保之,子之翼也;乐且不忧,纯乎孝者也。违曰悖德,害仁曰贼;济恶者不才,其践形,唯肖者

---

① 张载:《正蒙·至当篇》,《张载集》,第32页。

也。知化则善述其事,穷神则善继其志,不愧屋漏为无忝,存心养性为匪懈。"①张载的这些论述概括了其"民胞物与"说的基本内容。程门高足杨时曾致书程伊川,怀疑张载的《西铭》"言体而不及用,恐流于兼爱"。杨时担心《西铭》"流于兼爱",实即是对张载"民胞物与"说的质疑。程颐的回应是:"《西铭》理一而分殊,墨氏则二本而无分,子比而同之,过矣。"②程伊川虽肯定"《西铭》理一而分殊",是"推理以存义,扩前圣所未发",但对"《西铭》理一而分殊"的具体论说实不如程明道。程颢在他的《识仁篇》中曾认为,"仁者,浑然与物同体。义、礼、知、信皆仁也。识得此理,以诚敬存之而已,不须防检,不须穷索"③。又说:"《订顽》意思,乃备言此体。以此意存之,更有何事?"④程颢所谓《订顽》"备言此体",实即肯定张载的《西铭》全面地论释了儒家主张的仁德,而张载的论释实集中在其"民胞物与"这一观念。南宋张栻也曾论及张载的《西铭》,认为张载在《西铭》中"以乾为父,坤为母,有生之类,无不皆然,所谓理一也。而人物之生,血脉之属,各亲其亲,各子其子,则其分亦安得而不殊哉!是则然矣。然即其理一之中,乾则为父,坤则为母,民则为同胞,物则为吾与,若此之类,分固未尚不具焉?"⑤张栻以"有生之类"无不为天地所生为"理一",肯定"人物之生,血脉之属"乃至"乾为父""坤为母""民为同胞""物为吾与"则都体现了"理一之中"的"分殊"。这种观念对张载的"民胞物与"说实际上也有所肯定。南宋时期对张载"民胞物与"说的理论旨趣作出明确判定的学者当推朱熹。朱熹认为,张载在《西铭》中"不是说孝,是将这孝来形容这仁。事亲底道理,便是事天底的样子"⑥。朱熹肯定《西铭》的追求不在于"说孝",而在于通过"说孝"释"仁"道出了《西铭》的理论旨趣,实际上也揭示了张载"民胞物与"说的真实的理论价值。因为,

① 张载:《正蒙·乾称篇》,《张载集》,第 62 页。
② 黄宗羲原本,全祖望修定:《横渠学案》,《宋元学案》第 1 册,第 773 页。
③《二程集》上册,第 16—17 页。
④ 同上书,第 17 页。
⑤⑥ 黄宗羲原本,全祖望修定:《横渠学案》,《宋元学案》第 1 册,第 775 页。

仁为天地之性,也是人的自然本性。孝、悌、礼、义、智、信等皆为仁的具体体现。一个人完满地实现其至善本性,才能达至"民胞物与"的境界。一个人达到这种境界,既能仁民爱物,侍亲事天,体现天地之仁;同时,又能注意到"血脉之属"有所"分殊",使自己的行为有别于墨家的兼爱,正确地践行儒家的仁德。应当肯定,张载的"民胞物与"说以"天地之性"为至善的人性,把"穷神""知化"视为弘扬人至善本性的前提,以"天人合一"的观念论证了自己"尊高年""慈孤弱""爱必兼爱,成不独成"的道德理想与人生情怀,确实使儒家的人生境界理论发展到了新的历史阶段与新的思想理论层次。

　　"存顺没宁"说在张载的人生境界论中,论释的是张载对于人生的理解与态度。张载认为,人的生死同其他器物的成毁一样,也源于"气化"。人有生死实为其本有的特性。全面地了解人生的这种特性,"知生无所得则死无所丧"[①],即可以做到"死不足忧而生不可罔"[②],理性地了解人生,现实地面对的人生。张载在《西铭》中曾说:"富贵福泽,将厚吾之生也;贫贱忧戚,庸玉汝于成也。存,吾顺事,没,吾宁也。"这种论述,即是主张人在社会生活中正确地理解人之生死,既不为生死寿夭所苦,也不为贫贱忧戚所累,而是以自己有限的人生,持守天地之性,践行天地之仁,担负起自己对天地父母及社会大众应尽的责任与义务,达到"存顺没宁"的人生境界,圆满地获取自己的人生意义,实现自己的人生价值。从儒家哲学的发展来看,张载的"民胞物与"说与"存顺没宁"说,既论释了人之生死的自然与必然,又肯定了仁德乃人的至善本性。在张载看来,"尊高年""慈孤弱"之类的道德践履不过是人展现人之仁德、达至人生最高境界的功夫与方法。这样的人生境界论"体用兼备",不论其理论价值还是其实践价值,都对后世儒家哲学的发展带来了深远影响。

---

① 张载:《正蒙·诚明篇》,《张载集》,第 21 页。
② 王夫之:《张子正蒙注序论》,转引自《张载集》,第 408 页。

第五节　张载哲学的理论贡献与历史地位

张载哲学在北宋道学中自成一系,其理论贡献与历史地位都值得专门探讨。张载哲学的理论贡献首先表现在他以"气"为万有之源,对佛教与道家本体论的批判达到了新的理论高度。

张载建构"气化"论,尤为重视以"太虚"论"气"。"太虚"实为道家学派的用语。《庄子·知北游》中即有"是以不过乎昆仑,不游乎太虚"的说法。清代学者王植在其《正蒙初议·臆说十有七条》中曾认为:"张氏言'太虚',不若周子言'太极'之妙,故程、朱皆有所不满。"①但王植肯定,张载"必以太虚立言"实有其故。依王植的理解,张载言"太虚",是因其早年"访诸释老",孰知佛、道二家的"虚无之旨",回归儒学之后,"仍从熟处思量,以见吾道之精与虚无之谬"②。这种理解不无合理性。但张载言"太虚"的根本原因,当是其建构"气化"论与批判佛、道哲学的双重需要。因为,张载对佛、道哲学本体观念的否定,除了利用儒家经典的"太和""太极"观念规定"气"范畴之外,主要是在论释"气""虚"意涵,辨析"气""虚"关系的过程中进行的。

在张载看来,要否定道家哲学的虚、无观念,首先即须肯定"气"作为事物存在的本原,有形无形皆为其存在的状态。就"气"以有形的状态存在而言,可谓之"有",就"气"以无形的状态存在而言则可谓之"无",或谓之"虚"。"虚"实为"气"重要的属性之一。但是,道家却不懂得"有""无"皆为表征"气"存在状态的范畴,离开"气"或由"气化"而成的事物的存在变化思考"有""无"问题,结果割裂"物"与"虚"或说"有"与"无"之间的联系,主张"有生于无",使"无"变成了一种离开事物的独立存在,形成了一种错误的本体观念。实际上,"无"只是表明事物不以有形的状态存有,而非表明事物不存在,世界上并没有离开事物存在变化的绝对的"虚"

---

① ② 转引自喻博文:《正蒙注译》,第 347 页,兰州,兰州大学出版社,1990。

"无"。应当肯定,张载对道家哲学的这种批评,相较于北宋道学早期代表人物对道家的批判,是最具理论深度的。同时,对道家哲学的这种批评,也使得张载在理论上更强调"形性相待""物虚相资""有无混一",反对将"形"与"性"、"物"与"虚"、"有"与"无"绝对对立,明确地否定"虚"能生"气":"若谓虚能生气,则虚无穷,气有限,体用殊绝,入老氏'有生于无'自然之论,不识所谓有无混一之常。"①在张载看来,不坚持"物虚相资""有无混一",不仅难以从理论的层面否定"虚能生气"说,没有与道家"有生于无"的观念划清界线,实际上也背离了事物的常则与本性。

　　"物虚相资""有无混一"的观念也是张载批判佛教哲学的理论武器。佛教哲学讲缘起性空,其本体观念同道家的虚无观念有相通之处。但是,佛教哲学不是简单地把事物存在的本原归于空无,而是认为"万象为太虚中所见(现)之物",并"以人见之小因缘天地",将客观事物存在的根源归于人们主观的"见病"。张载认为,佛教的这种观念也不能认同。因为,"若谓万象为太虚中所见(现)之物,则物与虚不相资,形自形,性自性,形性、天人不相待而有,陷于浮屠以山河大地为见病之说"②。在张载看来,佛教哲学的错误同样在于割裂"形"与"性"、"物"与"虚"之间的联系,把本体与现象、事物与事物的属性对立起来。与道家不同的是佛教意识到了本体的抽象性,强调本体为没有自性的虚空。但是,佛教哲学同样不理解"太虚即气",不知道依据事物生成演化的自然过程和法则去了解事物与事物属性之间的真实联系,这是佛教哲学主张"以心为法",不能正确理解事物本原的真正原因。张载在批判佛教时曾说:"此道不明,正由懵者略知体虚空为性,不知本天道为用,反以人见之小因缘天地。明有不尽,则诬世界乾坤为幻化。幽明不能举其要,遂躐等妄意而然。不悟一阴一阳范围天地、通乎昼夜、三极大中之矩,遂使儒、佛、老、庄混然一途。"③张载这种论述,实为进一步强调如果不理解"一阴一

---

①②③　张载:《正蒙·太和篇》,《张载集》,第8页。

阳"的变化是存在于天、地、人三大领域的普遍法则,不通过"气"的聚散变化来辨析理解"有"与"无"、"幽"与"明"的关系,儒学也无法确立正确的本体观念,而只能与佛、道哲学"混然一途"。

同时,张载认为,由于佛教哲学和道家哲学不了解"一阴一阳"的变化是"范围天地"的法则,所以佛道哲学对于人的生死的理解也是违背事理的。佛教主张人生即"苦",把人生之"苦"的原因归于"有生",主张将人生的希望寄托于死后,寄托于超越生死的"寂灭"。在道家思想基础上发展起来的道教宣扬修炼成仙,企求"长生久视"。在张载看来,佛教"厌生",道教惧死,两者都未能正确地理解人的生死变化。他说:"浮屠明鬼,谓有识之死受生循环,遂厌苦求免,可谓知鬼乎? 以人生为妄(见),可谓知人乎? 天人一物,辄生取舍,可谓知天乎? 孔孟所谓天,彼所谓道。惑者指游魂为变为轮回,未之思也。"[①]依张载的理解,人为物中一物,其生死也是"气"运行变化的表现。与人的生死关联,鬼神实为"归""伸",是"气化"的形式。就"气化"的过程而言,"气"之聚散无穷;就"气化"的形式而言,则有始有终,有往有返。佛教厌生,实是追求"往而不反"。只"往"不"反","动"会"有穷",这违背"气"运行不息的本性。道教追求长生,表面与佛教观念相"反"。但追求长生,实为"徇生执有",追求"物而不化",同样违背事物运行不息的本性。因此,在张载看来,佛道哲学在生死问题上观念虽有其别,但就思想根源而言则有其同:这就是二者都不了解人的生死变化必受"气化"法则的制约。用张载的语言表述即是:"太虚不能无气,气不能不聚而为万物,万物不能不散而为太虚。循是出入,是皆不得已而然也。然则圣人尽道其间,兼体而不累者,存神其至矣。彼语寂灭者往而不反,徇生执有者物而不化,二者虽有间矣,以言乎失道则均焉。"[②]张载对于佛道二家生死观念的这种批判,同样达到了很高的理论层次。

---

① 张载:《正蒙·乾称篇》,《张载集》,第64页。
② 张载:《正蒙·太和篇》,《张载集》,第7页。

　　批判佛道之学是北宋道学早期代表人物共同的理论追求。但是，从理论的层面对佛道哲学作出过系统批判的哲学家实为张载。张载之所以能够对佛道哲学作出系统的理论批评，又是因为得益于他的"气化"论。因此，不论是张载以"气化"论析事物的本源，还是对佛道哲学进行理论的批判，都为中国哲学的历史发展作出了重要贡献。

　　张载哲学的理论贡献还体现在他有关知识问题的理论与有关伦理道德的理论。关于知识问题，张载不仅对心知在人探究事物理则过程中的重要作用具有自己的理解，而且将自己的理解系统化、理论化，形成了自己的"大心体物"说。这种"大其心则能体天下之物"的理论，既标志着北宋早期道学中有关知识问题的理论已达到很高的认识层次，同时也沿袭并拓展了儒家哲学的一种重要传统。儒家哲学主张通过心知探究事物的真实，揭示事物的深层本质。这种传统用现代语言表述，实际上是一种理性主义。儒家的理性主义传统主要是通过对学思关系的辨析逐步建立起来的。孔子曾有"学而不思则罔、思而不学则殆"之说（《论语·为政》）。有学者释孔子所说之"思"为"自我反省"，也有学者将孔子所说之"思"理解为"思考"。应当说后一种理解更为全面。因为，反省也是一种思考。孔子主张"学而不思则罔"，虽然不能说即是强调人们的认识需由感性升华为理性，但其对"思"的理解表明他对理性在认识中作用的肯定。孔子之后，儒家学者在知识问题上的观念有所不同，但各派学者对于孔子的"学""思"观念都有所继承与拓展。强调思考、重视心知的价值始终是儒家哲学中被长期沿袭的传统之一。沿袭这种传统的儒家学者，重视道德的价值，肯定良好的道德品质对于人们认识活动具有导引与规制的作用。另外，这派学者也强调知识对于人们养成良好的道德品质的作用。《周易·系辞传》中"穷神知化，德之盛也"这种论断，即是将深刻地把握事物的内在本性、知晓事物的运行变化作为人之修为的重要标志。《礼记·大学》中在将"止于至善"理解为人生的最高追求的同时，强调"知止而后有定"，认为知晓人生中"修身"的重要性即是"知本"，即是"知之至"；一个人在生活中，只有"知本"，才能够达成"止于至善"的理想追求与人生目标。

儒家哲学强调知识，重视理性的传统，在张载哲学中得到了进一步的发展。作为儒门后学，张载同样关注人伦，重视人的道德修养。对"至善"或说"德盛仁熟"的论释与追求在张载的理论中始终占据重要地位。同时，"至知"问题或说"穷神知化"问题也是张载哲学重要的关注点。在张载看来，"穷神知化"当是"德盛仁熟"的前提与标志，"德盛仁熟"则有助于人们"穷神知化"。但是，两者当分属于不同的理论领域，不宜互相替代，混为一谈。因此，张载在具体论及两者的关系时，一方面强调"存虚明，久至德，顺变化，达时中，仁之至，义之尽也。知微知彰，不舍而继其善，然后可以成人性矣"①，同时又肯定"《易》谓'穷神知化'，乃德盛仁熟之致，非智力能强也"②。这两种论述，前者肯定的是"知微知彰"对于成人之性的作用，后者肯定的则是"德盛仁熟"有助于"穷神知化"。人要能够"穷神知化"，除了依凭"心知"或说"智力"，还需辅以优秀的道德品质。

依照现代人们对于德性与知识关系的理解，道德品质虽非认识能力，但优秀的道德品质实有助于人们确定认识事物的方向，为人们认识事物提供思想的动力。张载有关"穷神知化"与"德盛仁熟"关系的论述，实际上已涵括这样的思想成分。因此，张载有关"穷神知化"与"德盛仁熟"关系的思想观念，从知识理论的角度来看，也是具有重要理论价值的。张载对"穷神知化"与"德盛仁熟"关系的理解，既表明了他对道德价值的肯定，也表明了他对知识价值的肯定。张载虽然肯定优秀的道德品质对于"穷神知化"的重要作用，但并不主张人的道德品质可以等同于人的认识能力或替代人的认识能力。在张载看来，人们要穷究事物的神妙，理解事物的变化，最根本的途径是"大心"。人在认识活动中，只要能够"大其心"，即可以"体天下之物"，达到穷究事物的本质与变化的认识目的，并促进伦理德性的养成。因此，可以说，张载称道"德盛仁熟"，表

----

① ② 张载：《正蒙·神化篇》，《张载集》，第17页。

明他继承了儒家学派重视人伦道德的传统,认为人"大其心则能体天下之物"。肯定"穷神知化"的可能与价值,则表明他继承并拓展了儒家学派的理性主义传统。

　　在道德哲学的范围,张载追求"至当"与"中正",主张"民胞物与",其思想也达到了相当高的理论层次,对道学在后来的发展产生了深远影响,具有其重要的历史地位与理论价值。总之,张载哲学是一个包含多种理论成分的思想系统,也是一个体现多种价值与传统的思想系统。不论他的气化论还是他的道德哲学与知识理论,都是我们民族重要的历史遗产,值得我们深入地去发掘、研究与继承。

第七章　程颢与道学

程颢(1032—1085),字伯淳,世称明道先生。程颐(1033—1107),字正叔,世称伊川先生(详下章)。二人是亲兄弟,由于他们兄弟俩不仅是河南洛阳人,而且长期在洛阳讲学,故他们所创立的学派被称为"洛学"。二程的思想虽有重大差异,但仍大体相合,其门弟子记录的讲学语录,甚至存在不少难判归属的情况。二程的言论和著作,后人编为《二程全书》,现有中华书局 2004 年出版的校勘本《二程集》。

第一节　"天理"与"性"

二程所创立的新儒学称为"理学",是两宋理学的主流和典型形态。"天理"或"理"是二程整个学说的核心与基础,他们的天理观是与他们对心性问题的探讨紧密相连的。在此问题的探讨过程中,为了给人的道德心性提供一个新的解释与说明,他们以先秦儒家经典《中庸》《易传》《孟子》为依据,把人的道德之"性"与天道、天理联系起来,视此"性"为在人之天道、天理。

盖上天之载,无声无臭,其体则谓之易,其理则谓之道,其用则谓之神,其命于人则谓之性。①

所以谓万物一体者,皆有此理,只为从那里来。"生生之谓易",生则一时生,皆完此理。②

天地之化育是一个生生流行、浑然无间的总体过程,人与万物同为大化流行中之物,皆从"生生之理"而来,此理在天为天之道,在物为物之理,在人为人之性。故此理既是一又是多,自其为创造之源是一,自其为人与万物所具是多,而所谓易、道、神、性乃天理的内容和呈现;所谓物我一体、天人一贯者,即是因为人与万物"皆完此理"。

天理云者,这一个道理,更有甚穷已? 不为尧存、不为桀亡。人得之者,故大行不加,穷居不损。这上头来,更怎生说得存亡加减? 是它元无少欠,百理具备。③

"万物皆备于我",不独人尔,物皆然。都自这里出去。只是物不能推,人则能推之。虽能推之,几时添得一分? 不能推之,几时减得一分? 百理俱在,平铺放着。几时道尧尽君道,添得些君道多;舜尽子道,添得些孝道多? 元来依旧。④

依二程之见,天理之所以为天理的原因,在于其大行不加、穷居不损、不为尧存、不为桀亡、无存亡加减,具绝对性、普遍性、恒常性。并且,在他们看来,同具此理的人与万物的不同在于物不能推而人能推之,也就是说,尽管人与万物皆禀此理而具性,但"物则气昏",无法自觉其理其性,而人则不仅能自觉其理其性,而且能尽其理其性。这亦表明此具绝对性、普遍性、恒常性的天理实际上是通过作为万物之"灵"的人来体现的。

对二程来说,他们所谓的"性"即人之仁义或仁义礼智信之性。

---

① 程颢、程颐:《二程遗书》卷一,《二程集》上册,第4页。
② 程颢、程颐:《二程遗书》卷二上,《二程集》上册,第33页。
③ 同上书,第31页。
④ 同上书,第34页。

自性而行皆善也。圣人因其善也,则为仁义礼智信以名之。①

"立人之道曰仁与义。"据今日,合人道废则是。今尚不废者,犹只是有那些秉彝,卒殄灭不得。②

在二程看来,人之仁义或仁义礼智信之性是不可殄灭的人之"秉彝",此"秉彝"之所以不可废不可殄灭,是因为其乃在人之天理;而天理之所以名为天理的原因,既在于其不为尧存、不为桀亡、大行不加、穷居不损;也在于其"尊严与崇高、恒常自存与遍在"③"是绝对的、最后的。此是一切价值之标准,是最高的价值,是价值自己,一切事业因它而可能,亦因它而有价值"④。毫无疑问,这种随性体的肯定而肯定人之仁义或仁义礼智信之性与天理同一的认定,或者说,视人之仁义或仁义礼智信之性乃内在于人的超越的天理之认定和信念,可以说最能凸显出人之仁义或仁义礼智信之性作为道德法则的神圣性、绝对性、永恒性。因此,"恢复天理的尊严,才可恢复道德的尊严,换句话说:先立天道之尊,人道之尊才得以立"⑤。这应该就是二程如此重视天理,宣称"天理二字却是自家体贴出来"的原因。

当然,对二程而言,人之超越又内在的仁义或仁义礼智信之性尽管具先验性、普遍性和恒常性,但其又并不只是高高孤悬着的"天理",更是能发用流行、能见之于用的"天理"。他们说:

人伦者,天理也。⑥

父子君臣,天下之定理,无所逃于天地之间。⑦

---

① 程颢、程颐:《二程遗书》卷二五,《二程集》上册,第318页。
② 程颢、程颐:《二程遗书》卷二上,《二程集》上册,第25页。
③ 牟宗三:《心体与性体》二,《牟宗三先生全集》第6卷,第84页,台北,联经出版事业股份有限公司,2003。
④ 牟宗三:《心体与性体》二,《牟宗三先生全集》第6卷,第75页。
⑤ 牟宗三:《宋明儒学综述》,《牟宗三先生全集》第30卷,第91页。
⑥ 程颢、程颐:《河南程氏外书》卷七,《二程集》上册,第394页。
⑦ 程颢、程颐:《二程遗书》卷五,《二程集》上册,第77页。

视听言动，非理不为，即是礼，礼即是理也。①

依二程之见，作为"天理"的人之仁义或仁义礼智信之性是通向和落实于他人、社会与天地万物的，至于在社会生活中，则体现为君臣、父子、兄弟、夫妇、朋友之人伦，其具体表现也就是礼。正因为君臣、父子、兄弟、夫妇、朋友之人伦以及礼，本于作为"天理"的人之仁义或仁义礼智信之性，故君臣、父子、兄弟、夫妇、朋友之人伦以及礼亦即具天理的意义。并且，由于他们认为"有道有理，天人一也，更不分别"②，所以在他们看来，当人真正自觉依此君臣、父子、兄弟、朋友之间的孝悌忠信之道实践时，即能体会到孝悌忠信之人事乃人自身性体中的本分，乃人责无旁贷、义不容辞的责任和义务；亦能觉悟到天人之道归一无二，天道人事皆为一理，尽孝悌忠信之人道即事天奉天，即体现天道、天理，从而使达于父子、君臣、兄弟、朋友之间的孝悌忠信之行为具有了绝对的价值和无限圆满的意义，即亦道德亦宗教的意义。

程颐在其《明道先生行状》中曾如此称赞其兄道："明于庶物，察于人伦。知尽性至命，必本于孝悌；穷神知化，由通于礼乐。辨异端似是之非，开百代未明之惑，秦、汉而下，未有臻斯理也。"③后来程颐在其晚年对门人张绎说："我昔状明道先生之行，我之道盖与明道同。异时欲知我者，求之于此文可也。"④这表明程颢、程颐兄弟二人的为学宗旨是一致的，他们所一致的这种为学宗旨为察伦明物、通礼乐、尽孝悌之人事，即穷神知化、尽性至命。可见，二程所明所传之道乃本末一贯、内外合一、体用兼赅、内圣与外王贯通、极高明而道中庸之道，而非佛道那种遗人伦、弃家国天下、仅求一己之逍遥清静成仙成佛之道。

---

① 程颢、程颐：《二程遗书》卷一五，《二程集》上册，第 144 页。
② 程颢、程颐：《二程遗书》卷二上，《二程集》上册，第 20 页。
③ 程颐：《明道先生行状》，《河南程氏文集》卷一一，《二程集》上册，第 638 页。
④ 朱熹：《伊川先生年谱》，《河南程氏遗书》附录，《二程集》上册，第 346 页。

第二节　"识仁"与"以天地万物为一体"

一、天、理、道性、心相通一致的一本论

程颢曾称:"吾学虽有所受,天理二字却是自家体贴出来。"①"自家体贴出来"表明他对"天理"有真切的理会,实有所得。大程的天理观可以说是与北宋伊始着眼于《中庸》《易传》来对"性与天道"问题探讨的浓厚学风的影响有关。大程正是在这样一种阔大的本体宇宙论式"天理"观的背景下来表达他对"性""心""仁"的理解和看法的。他称:

> 盖上天之载,无声无臭,其体则谓之易,其理则谓之道,其用则谓之神,其命于人则谓之性。②

> 所以谓万物一体者,皆有此理,只为从那里来。"生生之谓易",生则一时生,皆完此理。人则能推,物则气昏,推不得,不可道他物不与有也。人只为自私,将自家躯壳上头起意,故看得道理小了它底。放这身来,都在万物中一例看,大小大快活。③

程颢在此把天地之化育看成一个生生流行、浑然无间的总体过程。而所谓易、道、神、性乃为天理的内容和呈现;所谓物我一体、天人一贯者,乃指"一于此道、一于此理"。由此他称:"道即性也。若道外寻性,性外寻道,便不是。圣贤论天德,盖谓自家元是天然完全自足之物。"④天人物我之性虽一体贯通,无所差别,本来即一,但人因自私,从"自家躯壳上头起意",故不识此性,不知"物我一体,性无内外"之理。因此,他在《定性书》中认为:"苟以外物为外,牵己而从之,是以己性为有内外也。且以性为随物于外,则

---

① 程颢、程颐:《河南程氏外书》卷一二,《二程集》上册,第 424 页。
② 程颢、程颐:《二程遗书》卷一,《二程集》上册,第 4 页。未注明谁语,《宋元学案·明道学案》录有此条,故作大程语。
③ 程颢、程颐:《二程遗书》卷二上,《二程集》上册,第 33—34 页。未注明谁语,牟宗三指为大程语,今从。
④ 程颢、程颐:《二程遗书》卷一,《二程集》上册,第 1 页。

当其在外时,何者为在内? 是有意于绝外诱,而不知性之无内外也。"①

在大程看来,天、理、性、道又与心是一致的:

> 尝喻以心知天,犹居京师往长安,但知出西门,便可到长安。此犹是言作两处。若要诚实,只在京师,便是到长安,更不可别求长安。只心便是天,尽之便知性,知性便知天,当处便认取,更不可外求。②

依大程之见,通常所说的以心知天的说法,是"言作两处",故这种说法不对,其实心就是天,天就是心。当然,大程所说的"心"指的是人的道德心。

> 曾子易箦之意,心是理,理是心,声为律,身为度也。③

> 告神宗曰:"先圣后圣,若合符节。非传圣人之道,传圣人之心也。非传圣人之心也,传己之心也。己之心无异圣人之心,广大无垠,万善皆备。欲传圣人之道,扩充此心焉耳"。④

在大程看来,人本具与理为一之心,人只要扩充此与理为一之心,那么,己之心就是圣人之心,"传己之心"即"传圣人之心",也就是"传圣人之道"。故心即道,道即心。朱子在同门人谈及《定性书》时曾说:"'定性'字,说得也诧异。此'性'字,是个'心'字意。"⑤这说明,大程以心为性,不注意对心、性作区分,在他的思想体系中,心即性,性即心。

大程之学主"一本"之论,要求"须是合内外之道,一天人,齐上下,下学而上达,极高明而道中庸"⑥,正是以天、理、道、性、心的相通和一致为前提的。因为在他看来,"心"乃"天道之在我者",人之"心"即天道、天理,并明确宣称:"只心便是天"。因此,他也就反对以外人之"心"去求所

---

① 程颢:《答横渠张子厚先生书》,《二程集》上册,第460页。

② 程颢、程颐:《二程遗书》卷二上,《二程集》上册,第15页。未注明是谁语,《宋元学案·明道学案》录有此条,故作大程语。

③ 程颢、程颐:《二程遗书》卷一三,《二程集》上册,第139页。

④ 黄宗羲原本,全祖望修定:《明道学案》,《宋元学案》第1册,第560页。

⑤ 朱熹:《朱子语类》卷九五,《朱子全书》第17册,第3209页。

⑥ 程颢、程颐:《二程遗书》卷三,《二程集》上册,第59页。

谓"天道""天理"。"道,一本也。或谓以心包诚,不若以诚包心;以至诚参天地,不若以至诚体人物,是二本也。"①大程认为,无论是"以心包诚"还是"以诚包心"都是以天与心分立为前提,从而使得彼此疏离分隔,故是二本。"至诚可以赞天地之化育,则可以与天地参。赞者,参赞之义,'先天而天弗违,后天而奉天时'之谓也,非谓赞助。只有一个诚,何助之有?"②大程认为,人之"心"至诚就是"赞天地之化育",就是"与天地参",言赞助,犹表示"天"与"心"彼此区别,似乎是在外边进行赞助,故无须言赞、言助。"言体天地之化,已剩一体字。只此便是天地之化,不可对此个别有天地。"③大程认为,言"体"似乎说人要去体认外部的天地之化,此乃天人二本,其实我自身就是天地之化。

正因为天道并不在人心之外,故言包、言赞、言助、言体,已属多余,并无必要。"'大人者,与天地合其德,日月合其明',非在外也。"④天地之德、日月之明并不外于大人之心。"'范围天地之化而不过'者,模范出一天地耳,非在外也。如此'曲成万物',岂有遗哉?"⑤天地万物之化并不外于圣人之心。"合天人,已是为不知者引而致之。天人无间。夫不充塞,则不能化育,言赞化育,已是离人而言之。"⑥现实中,常人之心显然并非大人之心、圣人之心,常泪没于利欲之私,感性之杂,不能使天理如实呈现,故天人有间,言"合"是为其"引而致之"。其实人与人无间于贤愚,皆具"大人之心""圣人之心",而此心即天理,人即天,故"天人本无二,不必言合"⑦。大程也就是以他的这种"一本"之论为基础来批评张载的某些观点的:

---

① 程颢、程颐:《二程遗书》卷一一,《二程集》上册,第117页。
② 同上书,第133页。
③ 程颢、程颐:《二程遗书》卷二上,《二程集》上册,第18页。
④ 程颢、程颐:《二程遗书》卷一一,《二程集》上册,第120页。
⑤ 同上书,第118页。
⑥ 程颢、程颐:《二程遗书》卷二上,《二程集》上册,第33页。未注明谁语,《宋元学案·明道学案》录有此条,故作大程语。
⑦ 程颢、程颐:《二程遗书》卷六,《二程集》上册,第81页。未注明谁语,《宋元学案·明道学案》录有此条,故作大程语。

"穷理尽性以至于命"，三事一时并了，元无次序，不可将穷理作知之事。若实穷得理，即性命亦可了。①

理则须穷，性则须尽，命则不可言穷与尽，只是至于命也。横渠昔尝譬命是源，穷理与尽性如穿渠引源。然则渠与源是两物，后来此议必改来。②

大程的天、理、心、性是一致的，理不外于人之性、人之心，命即此理之赋于人，万物一体，性无内外，一切乃自身性分中之事。"穷理"自能尽性至命，无须区分，如果把"穷理"作为学之事、知之事，这就有主体与对象的二元分离，并非天人一体，而是天人二本，故大程认为张载的观点有"二本"之嫌。

强调"一本"之论的大程亦曾作过形上与形下、体与用、道与器的区分，他称：

《系辞》曰："形而上者谓之道，形而下者谓之器。"又曰："立天之道曰阴与阳，立地之道曰柔与刚，立人之道曰仁与义。"又曰："一阴一阳之谓道。"阴阳亦形而下者也，而曰道者，惟此语截得上下最分明，元来只此是道，要在人默而识之也。③

在此，大程认为道与阴阳有着形而上与形而下的区别，尽管如此，在他"一本"之论思想的主导下，不仅道器圆融为一，体用如一，形上形下浑然一体，而且天与人、主体与客体之间的彼此对待和疏离分隔得以泯灭和消失，从而为主观面与客观面的真正通达提供了可能。因此，这种以心性作为本原亦即本体的"一本"之论，无须依赖那种天与人、主与客、内与外、理与气之间的抽象分立来确立本体与工夫之间的关系，只须致力于此心性本原亦即本体的开启即可。

---

① 程颢、程颐：《二程遗书》卷二上，《二程集》上册，第15页，此条下注"明"字，为大程语。
② 同上书，第27页。未注明谁语，牟宗三指为大程语，今从。
③ 程颢、程颐：《二程遗书》卷一一，《二程集》上册，第118页。

二、识仁

识"仁"正是大程开启此心性本原的决定性原则和最直截的门径。因为,在大程看来,"仁"是天与人之间的联结点,直接就是"天人现象"。他称:"'天地之大德曰生','天地氤氲,万物化醇','生之谓性',万物之生意最可观,此元者善之长也,斯所谓仁也。"①天以生为德,以生为道,此生德、生道即生生之理。此生生之理则体现于天地万物的发育流行中,人与万物同为大化流行中之物,同源于此天地生生之理,皆具此生德、生理,天之生德、生理也就是仁,故仁既为天之理、天之德,亦为人之理、人之德,从而使个体的生命之源与宇宙生化之源得以联结和沟通。由于在大程的思想体系中,天之理即人之性、人之心,故仁也即人之性、人之心,人之仁心、仁性乃承自天地的造化之生机,人之仁心、仁性的呈现发用,即天之生生之理的流行。

当然,大程的识"仁"、体"仁"是与他个体的生命修养、道德实践紧密相连的,吕大临曾在程颢去世后为其作《哀词》,其中描述道:"其养之成也,和气充浃,见于声容,然望之崇深,不可慢也;遇事优为,从容不迫,然诚心恳恻,弗之措也。"②可以说大程的气象是从他的思想和修养工夫得来,是他精神境界的表现和显发。

"学者须先识仁。""先识仁"可谓大程之学的"学问头脑",大程的《识仁篇》完全是基于此"先识仁"来展开其论说的。然而,在《识仁篇》中,大程似乎并没有对究竟如何来"识仁"作直截了当、清楚明白的说明,这是因为此贯通天人、既超越又内在的"仁"之"识"不是靠使用某种已有的经验与方法或某套技术性的步骤即可传授与依循的。如前所述,在程颢的"一本"之论中,他所谓的天道、天理、理、心、性、仁异名而同实,均是同一所指,故"先识仁"之"仁"既指"仁心""仁性",又指"仁道""仁理","仁心"

① 程颢、程颐:《二程遗书》卷一一,《二程集》上册,第 120 页。
② 吕大临:《文集佚存·哀词》,《蓝田吕氏遗著辑校》,第 585 页,北京,中华书局,1993。

"仁性""仁道""仁理"具一致性。对大程而言,此"仁心""仁性""仁道"
"仁理"作为宇宙万物的创造根源及道德实践的先天根据,乃超越而内在
的终极实在与最终根据。毫无疑问,此超越而内在的"终极实在"或"最
终根据"乃信仰的对象而非认知的对象,要"先识仁"亦即对此超越而内
在的"终极实在"或"最终根据"有所把握,显然不是一种经验主义的认知
与逻辑上的推理所能达致的,也就是说,经验层面上的认知与知识对此
无能为力。尽管如此,透过《识仁篇》全篇以及大程其他有关"仁"的论
说,仍可以对其"先识仁"有所把握。

三、"诚敬存之"的存养之力

"识得此理,以诚敬存之而已。"大程虽无法对"识仁"作正面的展示
与说明,但对如何存养"仁理"则作出了明确的规定,这就是"诚敬存之"。
"诚"的基本意涵乃真实无妄,以"诚"待"仁理",亦即以真实不虚视"仁
理",这就是要求人真正肯认天地间"仁"之真实不虚,要求人树立起一种
对天地间"仁理"之真实不虚的确信。这种以"仁理"为信仰对象的"诚"
显然不仅是一种存养的工夫,更是一种立"体"的工夫,故以"诚"待"仁
理",即工夫即本体。正因为如此,大程极为强调这种"诚"之工夫的重要
性、优先性:"道之浩浩,何处下手? 惟立诚才有可居之处,有可居之处则
可以修业也。"[1]依大程之见,确立起对真实不虚之"仁道""仁理"的肯信,
是人之立身修业的首要与必要条件。"皆实理也,人知而信者为难。"[2]
"然人只能信道,亦是人之难能也。"[3]"学要信与熟。"[4]在大程看来,尽管
"仁道""仁理"在天地间乃真实不虚,但人却难以做到对其肯认、肯信。
能肯信天地间"仁道""仁理"的真实不虚,以之为信仰对象,当然也就难
能可贵了,"学"就是确立起人对天地间真实不虚之"仁道""仁理"的信念

---

① 程颢、程颐:《二程遗书》卷一,《二程集》上册,第 2 页。
② 程颢、程颐:《二程遗书》卷一一,《二程集》上册,第 123 页。
③ 同上书,第 127 页。
④ 同上书,第 119 页。

与信仰。由此可见，对大程而言，待"仁道""仁理"以"诚"即待"仁道""仁理"以"信"，"诚"即"信"，"信"即"诚"。因此，肯信与肯认作为终极实在的"仁道""仁理"之真实不虚，以之为信仰对象，在大程的"识仁"之方中有着第一位的意义，"学者须先识仁"之"先"不仅仅指时间先后之"先"，更有着价值、实践上的"优先性""根本性"的意义。

当然，对于作为终极实在的"仁道""仁理"，不仅须"诚"且"信"，而且还须无间断地敬守不失。"'中者，天下之大本。'天地之间，亭亭当当，直上直下之正理，出则不是，唯敬而无失最尽。"①作为大本的"中"，即天地间的"仁道""仁理""正理"，乃真实不虚，须"敬而无失"，"敬"守此真实不虚之大本，"敬"亦即工夫即本体。"'天地设位而易行乎其中'，只是敬也。敬则无间断，体物而不可遗者，诚敬而已矣，不诚则无物也。"②此行乎天地之间、体物不遗之"易"亦即生生不已之"仁道""仁理"，天地间有此"仁道""仁理"则有此天地万物，无此"仁道""仁理"则无此天地万物，故须"诚""敬"去持守此真实不虚、生生不已之"仁道""仁理"在天地间随时随处的发用。"如天理底意思，诚只是诚此者也，敬只是敬此者也，非是别有一个诚，更有一个敬也。"③所谓"诚"即诚守此真实不虚之"天理""仁理"，所谓"敬"即敬守此真实不虚之"天理""仁理"，非离此真实不虚之"天理""仁理"去"诚"、去"敬"。正因为大程的"诚敬工夫"并不是外于作为"大本"的"天道""仁理"的工夫，因此，"识得此理，诚敬存之"可谓即工夫即本体。

对大程来说，对作为终极实在的"仁道""仁理"的肯信、肯认，亦即以"仁道""仁理"为信仰对象，又并非对一外在于主体的客观对象或超越者的信仰与膜拜，这在于此作为终极实在的"仁道""仁理"贯通天人，既超越又内在，其在人为人之"仁心""仁性"。也正因为人之"仁心""仁性"乃"仁道""仁理"在人者为人所本有，故大程在《识仁篇》中称："盖良知良能

---

① 程颢、程颐：《二程遗书》卷一一，《二程集》上册，第132页。
② 同上书，第118页。
③ 程颢、程颐：《二程遗书》卷二上，《二程集》上册，第31页。

元不丧失。""须反身而诚。""若反身未诚,则犹是二物有对,以己合彼,终未有之。"人之良知良能之"仁心"尽管易被遮蔽,但此"仁心"却为人内在本有,人如能从外在的追逐中抽身而出,反求诸己,即能把握与体认到此人所本有的"仁心"。对大程而言,此"仁心""仁性"即道德之真我,乃人之超越而又内在的德性主体,故常常为大程所言及:"道在己,不是与己各为一物,可跳身而入者也。"①"学者识得仁体,实有诸己。"②"道即性也。若道外寻性,性外寻道,便不是。圣贤论天德,盖谓自家元是天然完全自足之物,若无所污坏,即当直而行之;若小有污坏,即敬以治之,使复如旧。所以能使如旧者,盖为自家本质元是完足之物。"③天德、道体、仁体即人之所本有的"仁心""仁性",此道德心性超越而又内在,与生俱来、人皆完足,非由外铄。大程之所以反复强调"自家本质元是完足之物""须反身而诚""实有诸己",其目的在于让人自觉其自身内在的道德真我,自信此道德真我,确立起人的道德主体性。实际上,在《识仁篇》中,大程所谓的"先识仁""诚敬存之",不仅仅是要求人确立起对作为终极实在的"仁道""仁理"之真实不虚的肯信与肯认,而且更是要求人确立起对自身超越而又内在的"仁心""仁性"之真实不虚的自觉与自信,因为对人之道德实践而言,自觉、自信此超越的道德实践根据的"仁心""仁性",确立起对此"仁心""仁性"的信念与信仰,这最为本质、最为关键,也最为切要。

四、"与物同体"的真切指定与"义礼智信"的道德实践

在人的道德实践中,如果说自觉、自信人自身所本有的"仁心""仁性"是道德实践之所以可能的本质与关键,那么如何将此"仁心""仁性"在人之具体的生活世界中彰显呈现出来,才可以说是道德实践的鹄的。在《识仁篇》中,大程在强调"学者须先识仁"的基础上,对此"仁心""仁

---

① 程颢、程颐:《二程遗书》卷一,《二程集》上册,第3页。未注明谁语,据庞万里考辨为大程语,今从。
② 程颢、程颐:《二程遗书》卷二上,《二程集》上册,第15页。《宋元学案·明道学案》列有此条。
③ 程颢、程颐:《二程遗书》卷一,《二程集》上册,第1页。

性"的呈现彰显也有一说明,此即"仁者,浑然与物同体。义、礼、知、信皆仁也"。这表明人之"仁心""仁性"的彰显呈现主要体现为两个方面:一方面体现为"浑然与物同体";另一方面体现为生活世界中的义、礼、知、信。

"浑然与物同体"亦即"万物一体",是大程思想的核心观点之一,从《识仁篇》来看,他的这一核心观点有两个来源:一是孟子的"万物皆备于我";一是张载的《订顽》。大程对这二者所蕴含的"万物一体"之义是深有体会的,他曾称:"《订顽》一篇,意极完备,乃仁之体也。"①《西铭》(即《订顽》)某得此意,只是须得佗子厚有如此笔力,佗人无缘做得。孟子以后,未有人及此。得此文字,省多少言语。"②那么,大程所谓的"万物一体"之义究竟为何? 毫无疑问,仅就《识仁篇》的文字来把握大程的"万物一体"思想显然有其困难,故需联系大程其他有关"万物一体"的论说来作了解与把握。"'万物皆备于我',不独人尔,物皆然。都自这里出去,只是物不能推,人则能推之。"③"所以谓万物一体者,皆有此理,只为从那里来。'生生之谓易',生则一时生,皆完此理。"④万物之所以"一体",是因为人与万物都源于天地生生之理,并皆具此生理,这表明大程所谓的"万物一体"是奠定在人与万物同理这一本体宇宙论基础上。并且,因大程所谓的生理、仁、心、性具一致性,异名而同实,故大程的"万物一体"又有着心性论与工夫论的基础,大程所谓"《订顽》立心,便达得天德"⑤"物不能推,人则能推之"所体现的正是这一心性论与工夫论向度。那么,人又是如何通过"立心""推之"来达致"万物一体"的呢? 在大程那些著名的"能近取譬"仁说话语中有着极为具体而又真切的说明:

---

① 程颢、程颐:《二程遗书》卷二上,《二程集》上册,第 15 页。
② 同上书,第 39 页。
③ 同上书,第 34 页。《宋元学案·明道学案》列有此条。
④ 同上书,第 33 页。未注明谁语,牟宗三指为大程语,今从。
⑤ 程颢、程颐:《二程遗书》卷五,《二程集》上册,第 77 页。朱熹《近思录》卷二作大程语。

医家言四体不仁,最能体仁之名也。①

医书言手足痿痹为不仁,此言最善名状。仁者,以天地万物为一体,莫非己也。认得为己,何所不至? 若不有诸己,自不与己相干。如手足不仁,气已不贯,皆不属己。故"博施济众",乃圣之功用。仁至难言,故止曰"己欲立而立人,己欲达而达人,能近取譬,可谓仁之方也已。"欲令如是观仁,可以得仁之体。②

若夫至仁,则天地为一身,而天地之间,品物万形为四肢百体。夫人岂有视四肢百体而不爱者哉? 圣人,仁之至也,独能体是心而已,曷尝支离多端而求之自外乎? 故"能近取譬"者,仲尼所以示子贡以为仁之方也。医书有以手足风顽谓之四体不仁,为其疾痛不以累其心故也。夫手足在我,而疾痛不与知焉,非不仁而何? 世之忍心无恩者,其自弃亦若是而已。③

大程的"万物一体"之"仁",尽管有着存在论的基础与根据,但他并不采取存在论的分析与推论,而是从自身生命实践中那些真切的感受体悟和具体的生活实例来言说与指点"万物一体"之"仁"。牟宗三先生将大程所体悟到的仁之实义称之为"感通无隔、觉润无方"④,可谓得大程言"仁"之精义,大程上述那些仁说话语正是对"仁"亦即人之"仁心""仁性"的"感通无碍"本性的真切说明,而人亦是通过人之"仁心""仁性"的"感通无碍"推及天地万物而成就"万物一体"之"仁"的。在大程这些对"仁"的真切说明中,仁心之跃动,仁心之感通,使得品物万形成了"我"之四肢百体,于是天地万物在"我"这里成了一个生命相接、血脉相连、气息相通的大身体。如果吾人不能反身而诚、"仁心"不能"感通",那么,吾人与天地万物之间就只是一种"二物有对""自不与己相干"的分隔状态,如同人之手足因血气不能流贯表现出一种没有感觉、不知痛痒的风顽麻痹之症状

① 程颢、程颐:《二程遗书》卷一一,《二程集》上册,第120页。
② 程颢、程颐:《二程遗书》卷二上,《二程集》上册,第15页。
③ 程颢、程颐:《二程遗书》卷四,《二程集》上册,第74页,《宋元学案·明道学案》列有此条。
④ 牟宗三:《心体与性体》二,《牟宗三先生全集》第6卷,第234页。

一般,医书把人之手足的这种风顽麻痹之症状称为"不仁",故大程称:"切脉最可体仁。"①

如果说气血不贯、手足麻痹、不识痛痒乃医学上的一种"四体不仁"之病态,那么,人之仁心不能感通、不能推及天地万物而成就"一体之仁"也就是人之自身的一种"不仁"之病态。"人之一肢病,不知痛痒,谓之不仁。人之不仁,亦犹是也。"②正因为仁心感通之无滞无碍无隔无限,故"明道尝谓人曰:'天下事只是感与应耳'"③,并惟恐自身"仁心"之"感通"不能推及众人,即在公廨里大书"视民如伤"四字以自警。因此,仁心之跃动、仁心之感通、仁心之一体不容已之情正是人之"以天地万物为一体"的实践动力与力量。并且,有此"仁心之感通"作为道德实践的真实原动力与力量,故"以天地万物为一体"并不是一种审美的"想像",也不只是主体的一种心灵境界,当然亦非一种神秘体验的结果,而是存在论上本来如此的存在状态,更是人之道德实践所追求的理想与目标。

在《识仁篇》中,大程在强调"仁者浑然与物同体"的同时,又认为"义礼知信皆仁也",这表明对大程而言,仁心之感通不仅无隔无限,能推及天地万物而成就"一体之仁",而且在人之具体的道德实践中,此仁心之感通又体现为义、礼、知、信。"仁、义、礼、知、信五者,性也。仁者,全体;四者,四支。仁,体也。义,宜也。礼,别也。知,知也。信,实也。"④仁是全体,义、礼、知、信是四支,作为"体"之仁包此四德,"仁体"即"仁心"所面对的是有着差序厚薄之不齐以及善恶是非真假虚实之混杂的现实世界,此乃现实生活世界中真实存在的自然次第、条理与境况,故"仁心"的发动感通在遵从这一自然次第、条理与境况时必然体现为义、礼、知、信,可见大程所谓的"仁者浑然与物同体"实际上已内在蕴含义礼知信这些

---

① 程颢、程颐:《二程遗书》卷三,《二程集》上册,第 59 页。
② 程颢、程颐:《河南程氏外书》卷三,《二程集》上册,第 366 页。未注明谁语,陈来指为大程语,今从。
③ 程颢、程颐:《河南程氏外书》卷一二,《二程集》上册,第 440 页。
④ 程颢、程颐:《二程遗书》卷二上,《二程集》上册,第 14 页。未注明谁语,据庞万里考辨为大程语,今从。

面向。"医家以不认痛痒谓之不仁,人以不知觉不认义理为不仁,譬最近。"①从前文可知,大程以人之仁心不能知觉不能感通为"不仁",在此言"不认义理为不仁",正在于他在强调"一体之仁"的同时又视"义礼知信皆仁",如果只注重"一体之仁"的一面,而忽视"义礼知信皆仁"亦即仁包四德具义理的这一面,也同样为"不仁",这些皆说明儒家于具体的道德实践中在以"一体之仁"为理想的同时亦内在地具有现实主义的性格。大程所强调的"仁者浑然与物同体"之所以能与墨之兼爱、道之万物为一、佛之同体大悲区别开来,也正是因为他对"一体之仁"所内在蕴含的义礼知信这一方面的注重:

> 禅者曰:"此迹也,何不论其心?"曰:"心迹一也,岂有迹非而心是者也? 正如两脚方行,指其心曰:'我本不欲行,他两脚自行。'岂有此理? 盖上下、本末、内外,都是一理也,方是道。庄子曰:'游方之内'、'游方之外'者,方何尝有内外? 如此,则是道有隔断,内面是一处,外面又别是一处,岂有此理?"②

> 释氏本怖死生,为利岂是公道? 唯务上达而无下学,然则其上达处,岂有是也? 元不相连属,但有间断,非道也。孟子曰:"尽其心者,知其性也。"彼所谓"识心见性"是也。若"存心养性"一段事则无矣。彼固曰出家独善,便于道体自不足。③

依大程的"一本"之论,理即道、即仁、即心,因仁理、仁道、仁心、仁体内在蕴含义礼知信,义礼知信乃仁心、仁体之所发,故上下、本末、内外、上达与下学相通一贯都是一理,并且,为了使仁心、仁体发之为义礼知信、上达与下学不间断,儒家既强调"尽心知性",同时又要求"存心养性"。可见,对大程而言,义礼知信乃儒家"一体之仁"题中应有之义,换言之,离

---

① 程颢、程颐:《二程遗书》卷二上,《二程集》上册,第33页。未注明谁语,据庞万里考辨为大程语,今从。
② 程颢、程颐:《二程遗书》卷一,《二程集》上册,第3—4页。未注明谁语,据庞万里考辨为大程语,今从。
③ 程颢、程颐:《二程遗书》卷一三,《二程集》上册,第139页。

此义礼知信则不复是儒家的"一体之仁"。在大程看来,佛道与儒家不同的是:尽管佛老亦标举"万物与我一体"[1],但他们的心迹有分、内外有别、上达与下学有间、有"识心见性"而无"存心养性",以致他们所谓的"万物与我一体"离却世事与世无涉,故其道有隔断,其道体也自不足。因此,可以说,正是大程在强调"仁者浑然与物同体"的同时对"义礼知信皆仁也"的注重,不仅使得儒家的"一体之仁"与墨之兼爱、道之万物为一、佛之同体大悲区别开来,而且使得"一体之仁"的儒家性品格真正得以凸显。

五、对《识仁篇》所论识仁工夫的具体辨析

通过上述对《识仁篇》主旨的分析与讨论,我们再来看《识仁篇》中那些对识仁之工夫作说明的文字。毫无疑问,"识得此理,以诚敬存之"为识仁工夫之要,在《识仁篇》中大程又对此"以诚敬存之"进一步说明道:"'必有事焉而勿正,心勿忘,勿助长',未尝致纤毫之力,此其存之之道。"大程的这一说明较之"以诚敬存之"显然是对识仁工夫实践的更为具体的说明,但实践此"存之之道"亦同"以诚敬存之"一样须有一前提条件:即"识得此理"亦即"先识仁"。由上述可知,对大程而言,所谓"先识仁",一言以概之即自觉、自信人之自身所本有的"仁性""仁心",此"先识仁"是人之道德实践中的一种异质的跳跃和生命的转折点,要把握此"先识仁"则有两点尤须注意:其一是此觉此信乃"自"而非"他",对这一点大程曾有所说明:"'予天民之先觉者',谓我乃天生此民中尽得民道而先觉者也。既为先觉之民,岂可不觉未觉者? 及彼之觉,亦非分我之所有以予之,皆彼自有此义理,我但能觉之而已。"[2]"圣贤千言万语,只是欲人将已放之心,约之使反,复入身来。"[3]先觉者的指点、圣贤的话语虽能助人觉

---

[1] 石门慈照禅师有"天地与我同根,万物与我一体"之语,参见赜藏主编集:《古尊宿语录》(上),第146页,北京,中华书局,1994。庄子有"天地与我并生,而万物与我为一"之语,参见《庄子·齐物论》。

[2] 程颢、程颐:《二程遗书》卷一,《二程集》上册,第5页。未注明谁语,据庞万里考辨为大程语,今从。

[3] 同上书,第5页。《宋元学案·明道学案》列有此条。

悟,但"本心""义理"之心在人自身,故最后的觉悟仍须你自己"反身而诚",只有你自己才能"将已放之心,约之使反,复入身来",他人爱莫能助,毫无办法。其二是此觉悟不是外于"仁心""心体"另寻求一个"觉"或"悟""仁心"与"心体"的办法,而是于"仁心""心体"呈露显发时"以诚敬存之",因为对大程而言,"人心常要活,则周流无穷"①。只需在此"活"的"仁心""心体"呈露显发的当下觉悟肯认之并依之而行即可,这也表明:此作为道德实践超越根据的"仁心""心体"不仅自有义理、自有准则,而且其自身即具道德实践的力量,其所不断涌现出来的力量乃道德实践的根源性动力。

大程所谓"'必有事焉而勿正,心勿忘,勿助长',未尝致纤毫之力,此其存之之道",其作为更为具体的存养"仁心""心体"的工夫可以说正是奠定在"仁心""心体"之活动义的基础上的。从大程援引孟子语对这一工夫的说明来看,大程一方面是从正面、积极方面来要求人肯认、存养持守自身所本有的"仁心""心体",此即"必有事焉";另一方面是从反面、消极方面来要求人避免与克服存养操存"仁心""心体"过程之弊,此即"而勿正,心勿忘,勿助长"。所谓"必有事焉",此即大程所谓"敬则无间断",亦是要求人对"仁心""心体"存养无息、持守勿失,使此"仁心""心体"在无间断的自操自存中自然发用并起主宰作用。所谓"而勿正,心勿忘,勿助长"则告诫人在存养"仁心""心体"过程中要避免两种弊病:一种是"正"与"助",另一种是"忘"。对此大程曾有所解释:"孟子谓:'必有事焉,而勿正,心勿忘,勿助长。'正是著意,忘则无物。"②"正""助"指"期之必得""强作之使成",在大程的工夫论中则有著意、著力、过分把持之意;"忘"在大程的工夫论中则有间断之意。"忘"显然正是"必有事焉"的对立面、消极面,故"忘""间断"是"必有事焉"之工夫所必须加以消除的弊病。而大程之所以要求人避免与克服"正""助"之弊病,则正是为了保证

① 程颢、程颐:《二程遗书》卷五,《二程集》上册,第76页。《宋元学案·明道学案》列有此条。
② 程颢、程颐:《二程遗书》卷一一,《二程集》上册,第132页。

人之自身"仁心""心体"呈露发用的自然无滞、流行不息。"执事须是敬，又不可矜持太过。"①敬的工夫应保持顺适自然的状态，否则，成了过分把持。"今学者敬而不见得，又不安者，只是心生，亦是太以敬来做事得重。"②敬若过分著意、著力，则敬之工夫为不得法。"今志于义理而心不安乐者，何也？此则正是剩一个助之长。虽则心操之则存，舍之则亡，然而持之太甚，便是必有事焉而正之也。"③志于义理，操存此"心"，须安且乐，不可持之太甚。

并且，相对于顺应"仁心""心体"的自然呈现、自然发用、流行无滞，在大程看来，任何人为之着意、着力、执着、将迎、造作、过分把持、持之太甚，乃人"自私""用智"的缘故，并导致了"恶"。他称："学者须敬守此心，不可急迫，当栽培深厚，涵泳于其间，然后可以自得。但急迫求之，只是私己，终不足以达道。"④"人之情各有所蔽，故不能适道，大率患在于自私而用智。自私则不能以有为为应迹，用智则不能以明觉为自然。"⑤"谓之恶者非本恶，但或过或不及便如此。"⑥"恶者非本恶"，当表现为过与不及时才为恶，这表明大程所谓的"恶"并没有实体，不能从源头处说，人之本源处只有一个无不善之本体——"仁心""心体"。既然人之本源处只有"仁心""心体"这一至善的本体，那么，何以有恶？何以产生恶？依大程之见，人之"自私""用智"导致了恶，准确地说，人之"自私""用智"所导致的过与不及造成了恶。如何消除"恶"？如何避免过与不及？在大程看来，只有一个途径：此即克服人之"自私""用智"，而圣人则正是这一不"自私用智"的典范。"圣人之喜，以物之当喜；圣人之怒，以物之当怒。是圣人之喜怒，不系于心而系于物也。是则圣人岂不应于物哉？乌得以从外者为非，而更求在内者为是也？今以自私用智之喜怒，而视圣人喜

① 程颢、程颐：《二程遗书》卷三，《二程集》上册，第61页。
② 程颢、程颐：《二程遗书》卷二上，《二程集》上册，第34页。《宋元学案·明道学案》列有此条。
③ 同上书，第42页。《宋元学案·明道学案》列有此条。
④ 同上书，第14页。《宋元学案·明道学案》列有此条。
⑤ 程颢：《答横渠张子厚先生书》，《二程集》上册，第460—461页。
⑥ 程颢、程颐：《二程遗书》卷二上，《二程集》上册，第14页。

怒之正为如何哉?"①圣人不是以自私用智之心应物待物,而是顺应"仁心""心体"的自然发用以应物待物,故不仅其喜怒不是自私用智心之喜怒,而且其喜怒不系于自私用智之心而系于所应之物。"夫天地之常,以其心普万物而无心;圣人之常,以其情顺万事而无情。故君子之学,莫若廓然而大公,物来而顺应。"②圣人非无情亦非不应物,只是无私情不以自私用智应物,其情其应物廓然而大公、物来而顺应。廓然大公乃不自私,物来顺应乃不用智,当人至此,依大程之见,不仅能避免过与不及,而且还能体会到一"活泼泼"之境:"'鸢飞戾天,鱼跃于渊,言其上下察也。'此一段子思吃紧为人处,与'必有事焉而勿正心'之意同,活泼泼地。会得时,活泼泼地;不会得时,只是弄精神。"③谢良佐对大程这一段话解释道:"'鸢飞戾天,鱼跃于渊'。无此私意。'上下察',以明道体无所不在,非指鸢鱼而言也。若指鸢鱼而言,则上面更有天,下面更有地在。知'勿忘,勿助长',则知此。知此,则知夫子与点之意。"④当人无私意时,自能从鸢飞鱼跃间体会到一"道体"自然流行、无所不在的"安乐"活泼之境。上蔡可谓善会明道之意。故后来刘宗周认为:"《识仁》一篇,总只是状仁体合下来如此,当下领取,活泼泼地,不须著纤毫气力,所谓'我固有之'也。"⑤大程所谓"未尝致纤毫之力"亦确实是缩合了"必有事焉"与"心勿忘,勿助长"两方面而顺应人自身固有之"仁心""心体"自然呈现、发用、流行无滞的结果。

在对大程的"识仁之方"有所了解与把握的基础上,我们再来看《识仁篇》中的其他文字。我们知道,《识仁篇》是吕大临东见二程时所记录下来的大程指教他的话语,这也就是说,《识仁篇》原本就是对吕大临所发,更准确地说,《识仁篇》原本就是大程针对吕大临所主张与践行的关

① 程颢:《答横渠张子厚先生书》,《二程集》上册,第461页。
② 同上书,第460页。
③ 程颢、程颐:《二程遗书》卷三,《二程集》上册,第59页。
④ 黄宗羲原本,全祖望修定:《上蔡学案》,《宋元学案》第2册,第924页。
⑤ 黄宗羲原本,全祖望修定:《明道学案》,《宋元学案》第1册,第541页。

学工夫之弊所发,如同《定性书》是大程针对张载的关学工夫之弊所发一般。如前所述,大程主"一本"之学,强调即工夫即本体的"先识仁"之工夫。在《识仁篇》中,大程正是从这一即工夫即本体的"识仁"工夫出发来批评吕大临所主张的关学工夫的。例如,吕大临在强调他所主张的礼之工夫时认为:

> 凡可以外铄者,无不用也:制礼以节其行,而使之齐。①

> "率法而强之",外铄于仁者也。发于性者,诚心感动,无待于外铄也。外铄者,循仁之迹而勉焉者也。②

> 理义者,人心之所同然,屈而不信,私意害之也;理义者,天下之所共由,畔而去之,无法以闲之也。私意害之,不钦莫大焉;无法以闲之,未有不流于不义也。③

依吕大临之见,尽管仁性为人所本具,理义为人心所同然,但若不以礼法"闲之"人之"私意"与"畔而去之"的行为,则人之言行势必流于不仁不义,故他主张通过礼之"外铄"、法之"闲之"来使人"循仁之迹"。吕大临所主张的这种礼法工夫,较之于大程那种即工夫即本体的"先识仁"之积极性的"立体"工夫,显然是一种以本体与工夫的分立为前提的消极性的对治工夫,故有防检之嫌。吕大临所主张的知之工夫也同样如此,从前文可知,这种知之工夫所强调的是:通过对人伦规范之理的认知来达致对人之自身所本有的仁义之性的觉悟,这无疑也是一种以工夫为一事、本体为一事的消极性的对治工夫,故有穷索之嫌。正因为如此,大程在《识仁篇》中称:"识得此理,以诚敬存之而已。不须防检,不须穷索。若心懈,则有防。心苟不懈,何防之有? 理有未得,故须穷索。存久自明,安待穷索?"

如果说大程的《识仁篇》是通过对"先识仁"这一积极性"立体"工夫

---

① 吕大临:《礼记解·表记第三十二》,《蓝田吕氏遗著辑校》,第 319 页。
② 同上书,第 316—317 页。
③ 吕大临:《易章句·坤·六二》,《蓝田吕氏遗著辑校》,第 66 页。

的说明与标举来批评吕大临所主张的关学工夫,那么,他早年答张载"定性未能不动,犹累于外物"的《定性书》,则可以说更多的是通过针砭张载的关学工夫之弊来推阐他那时已形成的积极性的"立体"工夫。张载所谓的"定性未能不动,犹累于外物",无非指其"性"亦即其"心"①为外物所牵引而动荡不宁不定。此"性"此"心"也无非指《识仁篇》中所谓的"习心"。此经验的"习心"在"物交物则引之"的环境下心神不定、六神无主乃常事。如果"习心未除"而只是在念起念灭之际来加以对治,那么,这种对治的工夫不仅要被动地随意念的起灭而处处加以防检,而且还很可能对时起时灭的意念防不胜防,故大程在《定性书》中指出:"苟规规于外诱之除,将见灭于东而生于西也。非惟日之不足,顾其端无穷,不可得而除也。"②既然意念之端无穷,外诱亦"不可得而除",而这种消极的防检对治工夫又使人疲于奔命防不胜防,那么,究竟如何来消除这种"犹累于外物"的心驰神摇,使人心神凝定六神有主呢? 然而,在《定性书》中大程亦似乎没有作出明确回答,只是说了一些"性之无内外"、圣人与君子不"自私用智"能"廓然而大公,物来而顺应"之类的话。这使人觉得高妙固然是高妙,就是有些摸不着头脑。因此,《定性书》也就成了理学中有名的难读难解的篇目之一。其实,如果将《定性书》中这类谈工夫的话语与《识仁篇》中"先识仁"这一积极性的"立体"工夫比照而观之,则这类话语即可易读、易懂、坦然明白,因为《识仁篇》不但明确标立"先识仁"这一积极性的"立体"工夫来反对防检穷索的消极对治工夫,而且要求人直接从"仁心""心体"上用功。从前述可知,对于此贯通天人既超越而又内在之"仁心""心体"而言,其不仅与"自私用智"之"习心"不同,而且"浑然与物同体"无内外、物我、彼此之分隔,故大程在《定性书》中称:"苟以外物为

---

① 朱熹认为:"'定性'字,说得也诧异。此'性'字,是个'心'字义。"参见朱熹:《朱子语类》卷九五,《朱子全书》第 17 册,第 3209 页。冯友兰认为:"《定性书》实际上是以心为性。"参见冯友兰:《三松堂全集》卷一〇,第 114 页。牟宗三认为:"说定心,通顺显明,说定性并不通顺显明。"参见牟宗三:《心体与性体》二,《牟宗三先生全集》第 6 卷,第 249 页。
② 程颢:《答横渠张子厚先生书》,《二程集》上册,第 460 页。

外,牵己而从之,是以己性为有内外也。且以性为随物于外,则当其在外时,何者为在内? 是有意于绝外诱,而不知性之无内外也。既以内外为二本,则又乌可遽语定哉?"①"与其非外而是内,不若内外之两忘也。两忘则澄然无事矣。无事则定,定则明,明则尚何应物之为累哉?"②并且,对大程来说,《定性书》中的圣人正是这一"仁心""心体"的化身,既不"自私用智",又能"廓然而大公,物来而顺应",更是自有义理、自具力量、自作主宰,因此,圣人不仅无"应物之累""外诱之除",而且能"动亦定,静亦定,无将迎,无内外"。

　　大程言仁从天道生生一直推演下来,人秉此天道、生理,为心为性,人之此心此性本具万物一体之仁,故能把天下生民万物看成是与自己息息相关的部分,甚至就是自己的一部分去给予爱。这说明大程所言之仁作为生生之理贯通天人,具有绝对性、普遍性,其作为人之仁心仁性又以天地万物为一体,把爱给予他人和万物,使爱具有周遍人与万物的普遍性,从而把孔子的"仁学"推进到一个新的阶段。大程的这种"新仁学"思想对吕大临、谢良佐影响甚大。郑家栋曾指出:"儒家哲学是仁学,而仁学在本质上乃是'圣'学,圣学即是关于'天人之际'的学问,'天人之际'处理的乃是人与终极存有的关系问题。孔子儒家的'仁'正是在'圣'的意义上而非'爱'的意义上成为宗教的。仁作为'爱'是现实的、具体的,仁作为'圣'则是超越的、普遍的。"③诚然,如果从大程新儒学所具有的绝对性、普遍性、无限性的一面来看,大程所言之仁确实与圣具有同一性,他的这种新仁学是具有明显的宗教精神的。并且,大程的这种"新仁学"主张与强调人之道德实践不应只局限于现实人生之事,也不应仅关心个人一己生命的安顿,而是要与天地之生化相通而不隔,无限地去善化一切存在,把存在界价值化,因为人与天地万物在存在上本来就是"一体"的。

---

① 程颢:《答横渠张子厚先生书》,《二程集》上册,第 460 页。
② 同上书,第 461 页。
③ 参见郑家栋:《断裂中的传统——信念与理性之间》,第 285 页,北京,中国社会科学出版社,2001。

第八章　程颐的心性论与工夫论

与其兄程颢相比,程颐得寿更永,讲学时间更长,且潜心著述,留下了《周易程氏传》这样的经学名作,因而思想资料更丰富。从气质上说,程颐以严肃著称,不但能使人知师道尊严,而且在人格气象上也带有更鲜明的儒家色彩。

第一节　程颐的生平与学问志向

一、生平

程颐(1033—1107),字正叔,程颢之弟,学者尊称为伊川先生。伊川年十四时与明道一起受学于周敦颐(濂溪先生),濂溪教他们"寻颜子仲尼乐处,所乐何事"①。二程后来虽然终身都不甚推崇濂溪,但他们的学问思想和精神修养不得不说确实受到了濂溪的影响。伊川十八岁时就上书宋仁宗②,

---

① 程颢、程颐:《程氏遗书》,《二程集》上册,第 16 页,北京,中华书局,2011。
② 传统记载皆根据朱子《伊川先生年谱》,载"年十八,上书阙下,劝仁宗以王道为心",参见《二程集》上册,第 338 页。而姚名达考证认为伊川《上仁宗皇帝书》题注"皇祐二年"当为"嘉祐二年",此时伊川当为二十五岁。参见姚名达:《程伊川年谱》,第 23 页,北京,知识产权出版社,2013。此处暂依旧说。

劝其以王道为心并推行仁政,他还请求皇帝召对,欲当面自陈所学,但并未得到允许。后来伊川在太学游学,当时胡瑗为主教,以"颜子所好何学论"为题考诸生。伊川作文后,胡瑗惊异其才学出众,马上聘之为学官。吕希哲与之邻斋,首以师礼事伊川,成为伊川最早的弟子。伊川二十七岁时廷试报罢,便不再参加科举,后来其父程珦获得荫任子弟的机会,他也都谦逊地推让给族人。治平、熙宁年间,大臣屡次举荐,伊川都自以为才学不足而不愿为官。哲宗初年,司马光、吕公著共同举荐伊川,称:"河南府处士程颐,力学好古,安贫守节,言必忠信,动遵礼法。年逾五十,不求仕进,真儒者之高蹈,圣世之逸民。"①但伊川依然力辞不仕。至元祐元年(1086),他屡辞不获,任崇政殿说书,负责给年幼的哲宗教学。他屡次上疏要求增加课程,减少休假,还要求太皇太后监督哲宗上课。伊川每次进讲,都要预先斋戒,心存至诚,以期能感动皇帝。而在讲授经典时,他也往往不拘泥于文字,能引申到现实生活中,并反复推明其中道理。伊川入侍之际,容貌表情十分端庄严肃,他自称以布衣进仕,不敢不自重。他以皇帝的老师自居,认为自己有辅导人主的重大使命,因此对许多本非自己职责所辖的事也进行议论,这自然受到许多人的嫉妒与排挤;加上哲宗也不喜欢这位严肃的老师,于是在元祐二年(1087),他被贬谪差管西京国子监。绍圣四年(1097),他因党论被牵连,追毁出身以来文字,放归田里。十一月,诏遣涪州编管。后徽宗即位,追复其官。但崇宁元年(1102)他又被隶于元祐党籍,遭到政治迫害。大观元年(1107),伊川逝世,年七十五岁。疾革时,门人说:"先生平日所学,正今日要用。"伊川用最后的力气回答:"道着用便不是。"②门人还未出寝门,伊川就去世了。在生命的最后时刻,伊川展现了安然自若、不以生死为意的豁达精神气象。

伊川在生活中严格要求自己一言一行都要合乎"礼",以至于有人问:"先生谨于礼四五十年,应甚劳苦。"伊川回答:"吾日履安地,何劳何

---

① 《宋史·道学传》,第 12719 页。
② 朱熹:《伊川先生年谱》,《二程集》上册,第 345 页。

苦？佗人日践危地，此乃劳苦也。"①人们认为伊川一举一动都追求符合义理，那么在生活中必然得处处小心，内心一定会感到勉强和劳苦。但伊川自己认为"烛理明，自然乐循理"②，他其实自得于其间，因此自认为"日履安地"。

伊川与弟子之间更有"程门立雪"的佳话。他曾经闭目静坐，弟子游酢和杨时立侍在旁不敢离去。过了许久伊川睁开眼睛，才说天色已晚，让其回家。两人离开时门外雪已经一尺多深了。这不但表明了弟子们事师的恭敬，也表明了伊川平日的严厉。明道对伊川的性格很了解，早就已经说过："异日能使人尊严师道者，吾弟也。"③

伊川晚年从涪州坐船顺长江而下，中途水流湍急，风浪大作，一舟之人皆哭号不已，唯独伊川正襟危坐，丝毫不为所动。归来后，弟子发现他容貌颜色和精神气象都胜于往昔，便问他何以如此，伊川回答："学之力也。"可见他晚年有着很高的精神境界。欧阳修曾经议论韩愈："每见前世有名人，当论事时，感激不避诛死，真若知义者。及到贬所，则感感怨嗟，有不堪之穷愁形于文字，其心欢戚无异庸人，虽韩文公不免此累。"④韩愈虽然被视为开宋明理学之风气者，但是却缺少修养的工夫，被贬到潮州即嗟怨哀叹，正如朱子评价："只是不曾向里面省察，不曾就身上细密做工夫。"⑤因此终究只能是一个"文士"。相比之下，同样是遭受迁贬，伊川却凭借其笃实的修身功夫而体现出非凡的境界修养。这也许正是"道学家"与"文士"之不同所在。

伊川晚年在政治打压中去世，原本的故旧与门人都因害怕被牵连而不敢送葬，只有张绎、范域、孟厚和尹焞送葬。至夜，邵溥则穿着素衣骑白马赶来，也是畏惧被外人所知。一代大贤去世时竟如此萧条，实在令人唏嘘。

① 程颢、程颐：《程氏遗书》，《二程集》上册，第 8 页。
② 同上书，第 187—188 页。
③ 朱熹：《伊川先生年谱》，《二程集》上册，第 346 页。
④ 欧阳修：《欧阳修诗文集校笺》，第 1793 页，上海，上海古籍出版社，2009。
⑤ 黎靖德编：《朱子语类》，第 3273 页。

明道早卒,也没有留下什么著作,伊川继承其兄钻研义理并讲学授徒,使得洛学得以广传。全祖望说:"大程子早卒,向微小程子,则洛学之统且中衰矣!"①这明确地肯定了伊川在思想史上的重要地位。可以说,没有伊川的努力弘扬,不但洛学会中衰,整个宋明理学的历史都可能会改写。因此,伊川在宋明理学史上的地位应该得到特别的重视。

二、学问志向

伊川思想成熟甚早,早年的《颜子所好何学论》就已经奠定了他后来心性论思想的基调。此文的另一特点则在于表明了其学问的现实关切,也即"修身成圣"的问题。他说:

> 然则颜子所独好者,何学也?学以至圣人之道也。圣人可学而至欤?曰:然。学之道如何?②

对颜子的表彰在当时已经开始成为一种风气,伊川此文原本就是应当时太学主教胡瑗的命题而作的,而他早年的老师周濂溪也曾提出"志伊尹之所志,学颜子之所学"的思想,并教二程"寻孔颜乐处",以至于"孔颜乐处"成为后世理学家探讨的重要问题。

伊川直接点明了颜子所学独高于孔门其他弟子之处就在于"学以至圣人之道",并明确了"圣人之道"是可学而至的,还接着讨论了如何达道的具体工夫。可见,伊川早年就已经明确"学以至于圣人"才是儒学的根本特质,才具有最高的价值,由此他也确立了学圣人之道的目标,并开始探索成圣之道的根据与方法,他说:"人皆可以至圣人,而君子之学必至于圣人而后已。不至于圣人而后已者,皆自弃也。"③他直承孟子"人皆可以为尧舜"的思想,确立了"修身成圣"的最高目标,他的学术与实践正是围绕着这一目标而展开的。

---

① 黄宗羲原本,全祖望修定:《宋元学案》第1册,第558页。
② 程颐:《颜子所好何学论》,《二程集》上册,第577页。
③ 程颢、程颐:《程氏遗书》,《二程集》上册,第318页。

伊川的弟子曾经概括说:"二程之学,以圣人为必可学而至,而己必欲学而至于圣人。"①这就精辟地点出了伊川思想的根本指向。《宋史》也称伊川"动止语默,一以圣人为师,其不至乎圣人不止也"②。伊川之学,即是"学为圣人之学"。

在以"成圣"作为最高目标的思想体系中,如何成圣的问题便是最根本、最应关切的问题,这也是理学家讨论最多的问题。而"心性论"和"工夫论"探讨的便是成圣的依据与成圣的方法,我们只有明确了伊川思想的终极关切,才能在其问题意识之下来考察伊川思想是如何展开的。

第二节　心性论

一、"性"与"心"

所谓的"心性论",最重要的内容即是讨论"心""性""情"之间的相互关系以及与理学思想中的最高范畴"理"的关系问题。通常人们都明确肯定伊川"性即理"的思想,但对于伊川"心"与"性""理"的关系则缺乏明晰的界定与完整的讨论。

从《二程遗书》中,我们可以发现,伊川很少单独谈论心,而是常常将其与性、天、理等概念连在一起进行界定,他说:

> 在天为命,在义为理,在人为性,主于身为心,其实一也。③

> 大抵禀于天曰性,而所主在心。才尽心即是知性,知性即是知天矣。④

> 孟子曰:"尽其心,知其性。"心即性也。在天为命,在人为性,论其所主为心,其实只是一个道。⑤

---

① 程颢、程颐:《程氏外书》,《二程集》上册,第 420 页。
②《宋史·道学传》,第 12720 页。
③ 程颢、程颐:《程氏遗书》,《二程集》上册,第 204 页。
④ 同上书,第 208 页。
⑤ 同上书,第 204 页。

> 伯温又问:"孟子言心、性、天,只是一理否?"曰:"然。自理言之谓之天,自禀受言之谓之性,自存诸人言之谓之心。"①
>
> 孟子曰:"尽其心者知其性也,知其性则知天矣。"心也,性也,天也,非有异也。②

在这些语录中,后三条伊川的论述都有着孟子的"尽心知性知天"的思想的诠释背景,因此牟宗三先生认为这些话都是伊川顺着孟子之言如此解释,而不能视为伊川学之本质,这些话对于伊川的系统不能具有决定性之作用。③ 而韦政通先生则认为伊川这类表述是顺着其兄明道的意思说的,衡之于他自己的思想系统,这些话便是伊川不自知的"夹杂"④。这些论断,完全消解了伊川讲"心性天是一"的思想的价值,将其轻易排除出伊川的思想系统,这不免带有先入为主的成见与武断。

就上述引文而言,虽然确实处于解释《孟子》的语境中,但《孟子》一书被伊川视为传道之书,孟子之言被看作是造道之言,伊川对孟子的研究亦贯穿终身,他的解释绝非一时偶然随兴所发。如果说伊川不能体悟此道理,那么就不应当屡次对此处作出"正确"的解说。否则一方面认为伊川既能"正确"地解说,另一方面又认为这些话语只是无关其思想的解经语,这明显是不能成立的。若如牟先生所说,伊川根本不能体认孟子此说,那么伊川在建构自己体系的过程中,必然会发现这些解经语无法融入自己的体系。如此,他要么就会调整自己的体系,要么就会避而不谈。事实上,伊川对此不但没有避而不谈,反而屡次主动谈起并作出"心性天为一"的论断,因此我们决不应将其仅仅视为解经之语和不起决定作用的话而轻易忽略。

对于建构了完整体系的哲学家来说,其对经典文本的解读必当与自身的体系相融,虽然在追求这种相融的过程中,他们对经典文本的解读

---

① 程颢、程颐:《程氏遗书》,《二程集》上册,第296—297页。
② 同上书,第321页。
③ 参见牟宗三:《心体与性体》中册,第278页。
④ 韦政通:《中国思想史》下册,第806页,长春,吉林出版集团有限责任公司,2009。

常常充满误解和歪曲。但是无法想象的是,有完整体系的哲学家会屡屡提出与自己体系相悖的"解经语"。因为在这种情况下,自己的体系便无法从权威经典中获得支持,这种问题在中国古代,特别是尊崇经典的儒家思想家中将是致命的。伊川是一个自觉建构体系的哲学家,他也具有充分的怀疑精神,敢于疑经疑古①,因此绝不可能发现了自己体系不认同的理论却仍能坦然地加以肯定。但是从伊川整个哲学风格上说,正面主张"心性天是一"的思想确实较少。可见,他的体系中虽然能够容纳此说,但他并没有将其作为自己思想或者讲学的重心。当然这一点还需要更清楚的论证,以下将对此进行探讨。

根据上述引文,伊川认为"心""性""天"在本质上没有差别,"其实只是一个道",而名号不同乃是从不同的角度与层面而言的。"天"自古就是最高的存在,是最高的范畴,因此二程思想中最高的范畴"天理",也是借助于古典文献中"天"的权威而获得其最高的地位。"性"则是"禀于天"而在于人的内在规定,一方面与天理是同质的,另一方面是内在于人的,是"超越而内在"的。伊川主张"性即理",天、性、理的相通是十分明确而没有争议的,关键在于"心"的地位究竟如何。

伊川说"主于身为心""而所主在心""论其所主为心",表明了"心"最主要的特点是具有对意识、情绪、思绪等心理活动进行主宰的能力,这种能力便落在经验性的层次上。但天、性、理却不是经验性后天性的概念。可见"心"与之相通为"一",是有层次上的差别的,未厘清这个层次上的差别,正是历来导致纷争纠葛的原因。而解释清楚"心"在什么层面上与天、性、理相通,正是本文的一个目标。

除了从"主宰"方面来表述"心"之外,上述引文中还有另一种说

---

① 伊川对传统的经典常常具有怀疑精神,怀疑《礼记》中的诸多篇章,如"《儒行》之篇,此书全无义理,如后世游说之士所为夸大之说。观孔子平日语言,有如是者否?"(《二程集》上册,第177页)怀疑《孟子》中的某些部分,如"问:'《孟子》书中有不是处否?'曰:'只是门人录时,错一两字。如"说大人则藐之",夫君子毋不敬,如有心去藐他人,便不是也。更说夷、惠处云"皆古圣人",须错字。若以夷、惠为圣之清、圣之和则可,便以为圣人则不可。'"(《二程集》上册,第255页)

法,即"自存诸人言之谓之心",在其之前的两句是"自理言之谓之天,自禀受言之谓之性"。可见,"心"首先是与"天""性"也即"理"相通的,而就此理在于人、存于人而言乃称"心"。因此,"心"一方面是与"理"相通的,本质是一致的,另一方面是专从人的角度而言的。所以,关于"心"与性理相通的关系本来是没有疑问的,真正的疑问在于,"心"究竟在何种意义上与性理相通,"心"的概念在伊川思想中到底处于什么样的地位和结构,以及为何伊川在认同心性天同一这方面和明道本质似乎没有区别,整个哲学思想结构却与明道看似大不同?唯有解释清楚这些问题,才能把伊川这几句"解经语"在其思想中的地位真正确定下来。

统观《程氏遗书》,可发现真正清晰地把"心"的地位以及与"性"的关系明确地表达出来的就在于这一段:

> 称性之善谓之道,道与性一也。以性之善如此,故谓之性善。性之本谓之命,性之自然者谓之天,自性之有形者谓之心,自性之有动者谓之情,凡此数者皆一也。圣人因事以制名,故不同若此。而后之学者,随文析义,求奇异之说,而去圣人之意远矣。①

这段话同样把"道""天""性""命""心"等概念连在一起界定,但特别之处在于,这段话是明确地以"性"为中心来论述的,借此便可以更清楚地看出"性"与"心"的关系。

他说"自性之有形者谓之心",所谓"有形",在此不是指有形状,而是"有形象",伊川在讨论"志"时指出"如言志,有甚迹,然亦尽有形象"②。"志"即是一种心理活动,心理活动虽然不像一般事物一样直接表现出形体,但是本身是经验性的,是有对象、有感性因素参与其中的,因此是"有形象"的。面对弟子提出"'舍则亡',心有亡,何也?"他还说:"此只是说

---

① 程颢、程颐:《程氏遗书》,《二程集》上册,第318页。
② 同上书,第148页。

心无形体，才主着事时（原注：先生以目视地），便在这里，才过了便不见。"①此皆可见他明确地表达"心"是无形体，而是有形象的。无形体的规定表明了伊川之"心"并非生理上的心，有形象的规定表明了伊川是从意识之活动来把握"心"的。（需要注意的是，他所谓无形体，乃指"心"本身并无一个形体。但是意识的"有形象"活动必然关联着人的一整套感知官能系统，就其与感官性体相连来说，是有着"形体"的"因素"的，因此这里要注意分清两层："心"本身是无形体的，但"心"却包含着"形体"的因素，否则形象也无从产生。）"心"之"有形"的因素一方面表明了意识活动的经验性、对象性、有感性参与其中的特点；另一方面，意味着"形下"。所谓"形而上者谓之道，形而下者谓之器"（《周易·系辞》）。可见"心"在伊川的思想中，作为"有形"者，是形而下的。就此而言，可以说"心"在其体系中，是经验性的，是后天的。

但是，更值得注意的是，"自性之有形者谓之心"这句话中，"自性之有"的字眼表明，在此伊川是从"性"的角度来理解和规定"心"的。在这种界定中，"心""性"在伊川体系中的必然联系就表现出来了。"心"虽然是"有形者"，但是它基于"性"之上来界定的，其本质规定是"性"，只是由于"有形"的因素而被称为"心"。由此可见，"心"与"性"并非并立的两物，否则不能由其中一个来界定另一个。由"心""性"的这种关系可看出，伊川绝非仅从经验、后天的层面来界定和理解"心"。

因此，在"自性之有形者谓之心"一句中，首先，"形"是实然的心的特点，是形容"心"而非"性"的。故不是"性"有形，而是"心"有形。其次，伊川这里的讨论，只是对人性的分析，不涉及宇宙论的生成问题，因此亦不必要追问"形"从哪里来的问题。故这里从"性"来界定"心"，并不表明"性"是生"心"者，或时间在先者，"性"只是"心"之本质规定，毋宁说是逻辑在先者。如此理解，我们才能明白伊川屡次将天、道、心、性等并称并以之为"一"，是在特定层次上的同一，而不是彼此间的

---

① 程颢、程颐：《程氏遗书》，《二程集》上册，第 207—208 页。

完全等同。

然而伊川这一句话表达本身其实有些晦涩,故连朱子都屡次表示怀疑。[1] 而晦涩的原因何在呢? 恐怕在于,伊川这一段话立足于以"性"为中心展开论述,然而有一些概念本身并不直接关联于"性",于是整体上看便有些曲折。如这里的"有形",本来是"心"的特点,与"性"并无直接关系;又如后一句"自性之有动者谓之情"中的"有动"亦然("有动"亦是"心"的特点,并非"性"能动)。正是由于他把焦点落在"性",而单凭"性"无法解释"心"和"情",于是不得不引入"形""动"这些概念。如此,在一句话中便套着两层统属关系,便有了这种曲折晦涩的表示。而我们通过上文的疏解,或许对其中诸多概念的关系能稍微厘清。进一步,我们若把焦点由"性"转移至"心",那么理解起来便相当顺适了。[2] 以"心"为中心整理如上关系,我们便可总结说:第一,"性"是"心"的本质规定。第二,"形"是"心"的实然特点。而如此,我们甚至可以说伊川有一种"心统性形"的思想了。[3]

而伊川对"心"与"性""形"关系的处理有着重要的意义。一方面,"性"是心的本质规定,"形"是心的实然特点,它们都统于"心",那么人的善恶活动便可以通通收摄于"心"来讨论了;另一方面,他又分开了"性"

---

[1] 朱子曰:"若伊川云:'自性而有形者谓之心。'某直理会他说不得! 以此知是门人记录之误也。"见黎靖德编:《朱子语类》,第 1385 页。又曰:"伊川有数语说'心'字皆分明,此一段却难晓。不知'有形'二字合如何说?"见朱熹:《知言疑义》,转引自胡宏:《胡宏集》,第 337 页,北京,中华书局,1987。朱子应是根据一般的文法结构,把这句中的"有形"视为表述"性",因此认为不可解。

[2] 伊川的表达不但晦涩,而且容易引起误解。朱子有弟子即怀疑说:"横渠云:'心统性情者也。'既是'心统性情',伊川何得却云'自性之有形者谓之心,自性之有动者谓之情耶'? 如伊川所言,却是性统心情者也。"见黎靖德编:《朱子语类》,第 1384—1385 页。正因为朱子以"性"为中心展开,他便把伊川论述的结构当作心性论的结构,由此产生误解。

[3] 此处姑且暂称"心统性形",这是模仿朱子后来发扬的横渠的"心统性情"。其实按照伊川的思路(见后文),"情"本与"形"密切相关,"形"正是"情"得以产生的现实基础。因此,伊川亦能认同"心统性情"。朱子己丑之悟后,反对湖湘学,有一个重要原因是湖湘学的"性为未发,心为已发"的结构无法安顿"情",而他之注重"情",则有伊川的重要影响。但是"心统性情"这个命题,主要是从心的作用功能上来说;而这里"心统性形",则是从心的理论结构上说。这里暂时如此表示,比较直观而已。

与"形","形"不由"性"统摄,那么由"形"这一因素而产生的其他可能(如恶)也不由"性"负责。伊川这种心性论结构,也正是解决"恶"的问题的契机。以下我们从他如何分析"恶"的问题进行考察,也能够反证上述所论的他的思想。

早在《颜子所好何学论》中,伊川就提出:

> 其本也真而静,其未发也,五性具焉,曰仁义礼智信。形既生矣,外物触其形而动于中矣。其中动而七情出焉,曰喜怒哀乐爱恶欲。情既炽而益荡,其性凿矣。①

这里"形既生矣"的"形",从文势上看,是泛指个体的感官构成的身体形体,讨论的是个体生成的过程。但是从后文所讨论的范围来看,这里的"形"强调的是由"心"所统摄连接的整套感官系统,因为只有"心"才能够感外物而"动"而发"情",单纯的感官却只有被动接受的能力。值得注意的是,伊川说"外物触其形而动于中",表明了"情"的产生,一方面是由于有"形"作为基础,另一方面是受到外在的刺激。可见"情"有着两个条件,即"形"(心所联结的整套感官形体系统)与"外物"("形"是"外物"因素起作用的必要条件,因此在此意义上也可以说"外物"因素是统摄于"形"的)。

这种结构在伊川自己撰写的《四箴》中的《听箴》也有反映:

> 人有秉彝,本乎天性,知诱物化,遂亡其正。②

人本有秉彝天性,但是由于"知诱物化",便亡失其正。这一句虽然没有"心"这个概念,但是能够在现实中亡失其正而物化,则是"心"运动的特点。③ "知诱物化"文字省略,但其与《颜子所好何学论》的"外物触其形而

---

① 程颐:《颜子所好何学论》,《二程集》上册,第577页。
② 程颐:《听箴》,《二程集》上册,第589页。
③ 且伊川《四箴》序云,"四者,身之用也。由乎中而应乎外,制于外所以养其中也。""心"作为主宰"身"的关键,正是《四箴》论述的重点。又其中《视箴》云"心兮本虚",《言箴》云"人心之动",都在"心"上讨论,因此《听箴》虽然没有"心"字,但可知只是省略而已。引文见程颐:《四箴》,《二程集》上册,第588—589页。

动于中矣"一样,表明人的知觉感官容易受到外物的引诱,而后产生情感,情感无节则亡失其正。陈北溪对此条的解释正合此意,他说:"知指形气之感而言。物欲至而知觉萌,遂为之引去矣。"①

因此,综上可知,在伊川体系中,现实的"心"及其活动实际上包括了三个因素:作为本质规定的"性",作为现实基础的"形",外在机缘刺激的"外物"。三个因素中,"性"决定了"心"具有超越性,"形""外物"决定了"心"的形而下的经验性。"性"在逻辑上是最本质者,而现实的心理活动则包含三者,但后两者则可能导致恶的产生。伊川明确指出:

> 大抵人有身,便有自私之理,宜其与道难一。②

"有身"也即有着有限的形体感官,便自然有不被理所统摄的形气之私,因而会产生不能与道同一的恶。这句也把现实的"恶"归结到了"形"的因素。

更具体来看,关于"性"与"善恶"的关系及"恶"的产生,伊川又有如下论述:

> 性即理也,所谓理,性是也。天下之理,原其所自,未有不善。喜怒哀乐未发,何尝不善?发而中节,则无往而不善。凡言善恶,皆先善而后恶;言吉凶,皆先吉而后凶;言是非,皆先是而后非。③

所谓"原其所自",从文势上看当是"原其本"之义。伊川认为,作为"理"的"性",本身是"未有不善"的。"理""性"必然为善,这应无疑义。伊川进而说在喜怒哀乐之情尚未发生作用时,"何尝不善";而已发之后,则要"发而中节"才是善,若不中节便是恶。伊川类似的表达亦有许多,如他亦说"心本善,发于思虑,则有善有不善"④,"'放心',谓心本善,而流于不

---

① 黄宗羲:《宋元学案》第1册,第639页。
② 程颢、程颐:《程氏遗书》,《二程集》上册,第66页。
③ 同上书,第292页。
④ 同上书,第204页。

善,是放也"①。可以推知,伊川认为"心"在"未发"时,是纯善无恶的,在"已发"时,则可能有善有恶。这表明,"恶"的根据,只能向心之能"发"的这种机能上来寻找,不能追溯到心之本质上。而正如上文已经说明,心有"性""形"与"外物"三个因素,"外物触其形而动于中矣,其中动而七情出焉",情感之发动是"形"与"外物"之因素相作用才产生的。因此"形"与"外物"之因素决定了心能够发动之机能,故"恶"的根据,也即在此处。

而当未发时,此时"形"与"外物"尚未发生作用,此心只凸显"性"的因素。因此在"未发"时,伊川才会说那是"何尝不善"的。对此还有必要展开更详细讨论,下文即围绕"心""性"与"情"的关系进行论述。

二、"心"与"性""情"

讨论心性论,一定要涉及"情"的问题。事实上,上面引述伊川讨论善恶问题时,就已经谈到了"情"的问题了。而"性"与"情"的关系,又关联着《中庸》的"已发""未发"这一对概念。因而,要梳理清楚这些复杂概念的内涵与其相互关系并不容易,以下则力图就此一问题进行疏通。

对于"性"与"情"的关系,伊川指出:

> 只性为本,情是性之动处。②
> 自性之有动者谓之情。③

事实上,对于伊川来说,"性"是要通过"心"的活动才能发挥作用的,这两条引文直接把"性"与"情"关联起来,其实都省略了"心"这一环节。因为"情"只能是"心"感物后才发动产生的,因如伊川自己说:"心本善,发于思虑,则有善有不善。若既发,则可谓之情,不可谓之心。"④而为何此处又能够这样省略呢?因为,"心"具有"性"之本质规定,"性"在逻辑上是

---

① 程颢、程颐:《程氏遗书》,《二程集》上册,第 208 页。
② 同上书,第 33 页。此条虽未注明谁说,但应是伊川之言,考证参见庞万里:《〈二程遗书〉"二先生语"考辨》,《二程哲学体系》,第 362 页,北京,北京航空航天大学出版社,1992。
③ 程颢、程颐:《程氏遗书》,《二程集》上册,第 318 页。
④ 同上书,第 204 页。

在先的,是"本";而情作为"心"之现实活动,是"末"的。在此意义上,"情"可以推论为"性"之动。但这实际上表明伊川想把"心""性""情"三者做更好的贯串和统合,虽然这种省略在某种意义上可以理解,却必定会面临一个严重的理论后果,也即"情"之恶是否能推到"性"来负责的问题。伊川固然绝不可能把情之不善归于"性",但他此处的这种统合和贯串确实会留下这个理论问题。以下我们就一个形象的"水喻"例子进行分析,便能更直观地把握伊川心性论之结构。《程氏遗书》记载:

> 问:"喜怒出于性否?"曰:"固是。才有生识,便有性,有性便有情。无性安得情?"又问:"喜怒出于外,如何?"曰:"非出于外,感于外而发于中也。"问:"性之有喜怒,犹水之波否?"曰:"然。湛然平静如镜者,水之性也。及遇沙石,或地势不平,便有湍激;或风行其上,便为波涛汹涌。此岂水之性也哉? 人性中只有四端,又岂有许多不善底事? 然无水安得波浪,无性安得情也?"①

在这一段中,伊川运用"水"的比喻解释了"恶"的产生,由此可以透显出其心性论的结构(这一条中有可疑处,这或许是他没有讲清楚,或许是弟子记录有误,解释见下)。整体上我们可以看出,这个比喻里有三组对照:第一,"性"与水之"湛然平静之性";第二,"情"与水之"波浪";第三,"心"与"水"自身。第三组对照在文中并没有直接出现,而是隐含着的,需要通过分析才能揭示。

首先,弟子问喜怒这些情感是否"出于""性",伊川做出了肯定的回答。(但没有解释如何"出",只是肯定了"情"是"感于外而发于中"的,"中"在此指的是与外物相对的主体的"心",这与《颜子所好何学论》中的"外物触其形而动于中"完全一致。在这里,实际表示"情"是"心"感物而发。)

---

① 程颢、程颐:《程氏遗书》,《二程集》上册,第 204 页。

接着,弟子承此而问:"性之有喜怒,犹水之波否?"弟子用"水"来比"性",用"波"来比喻"情",就"情出于性"的观点本身来说,这个比喻没有问题。伊川再次进行了肯定,这看似赞同弟子的比喻,那么上段指出的"三组对照"就不能成立了。但仔细比较,会发现伊川后面的回答明显转化了整个比喻。

转化之处在于,伊川并不用"水"来比喻"性"(如"性犹水也"),而是指出"湛然平静如镜者,水之性也"。用"湛然平静如镜"来比喻"性",也即用"水"的趋下并保持平稳的特点来比喻"性"。那么他明显把"水"视为一个一般事物,于是才有"水之性"这样的表达。假若他还是顺着弟子的提问用"水"来比喻"性",就不可能说"水之性",否则就有"性之性"这种问题了。

进而他又说:"及遇沙石……便为波涛汹涌。此岂水之性也哉?"水之"波"是用来比喻"情"的,并且他指出了波浪是由外在的激发引起的。"此岂水之性也哉?"这种否定,一方面,可以表明他否定混淆"情"与"性";另一方面,也可以表明他否定"情"直接来源于"性"。确实,就"水"的情况来看,"湛然平静如镜"之性,并不能直接引起或表现为"波涛"。

这充分表明了,伊川认可"情出于性",想要把"性""情"统合起来,并认为"情"是"性"之动,这都只是一种理论上的推论而已①,而不是直接以"性"统摄"情",不是直接以"性"发而为"情"。引起"波浪"的条件是外物(沙石或地势),"波浪"的基础是"水",这些因素是与"性"不同的。伊川十分自觉地认识到他所说的东西,马上就指出"人性中只有四端,又岂有许多不善底事?"他很清楚如果把"情出于性"直接解释为"情"本于"性"或"情"为"性"之所发,那么"恶"一定会归于"性",这是他不能接受,并自觉提醒弟子的。

问题出在最后一句"无水安得波浪,无性安得情也",这句话却又回

---

① 牟宗三对此"出于"亦有分析,指出"出"只是统御隶属的关系,非能"发出"。本文对此概念的分析与其有相似性,但对全文的分析以及结论则有较大差别。参见牟宗三:《心体与性体》中册,第 242—243 页。

到了弟子把"水"与"性"对照起来的问法中,如此便与其整个思路相矛盾,或许存在记录有误之嫌。

事实上,"水"在这整个比喻中的作用,只能指"心"。从反面来说,"水"在此段中,是会变化的,波浪亦是水。而"性"作为形而上者,是不在现象界中变化的,因此以"水"来比喻"性"并不妥。① 从正面来说,水一方面具有"湛然平静"之性,另一方面其自身是形而下者,能实然地表现为"波浪",故与"心"的特征相近。正如上文所论,伊川思想中,"心"是形而下者,能够实然发而为情,但又具有形上之"性"的本质规定。因此在此比喻中,其实应当说"波浪出于水",也即"情出于心",这便无问题,因为"情"即是基于"心"之动而来的。但是正如上文说的,伊川以"性"为"心"的本质,于是在推论上,"情"便可以推论到"性"上去,这一环节是值得注意的。

但所谓的"推论"并非表明"情"与"性"只是概念上的关系而已,由于"情"不具有确定的意义,是包含善恶的,所以伊川在统合"性情"的过程中不能直接肯认"情"与"性"的必然而直接的关联。但是如果对情进行具体判分,那可以说,"恶"情是无本的,只是与"心"直接关联,这时的"情"与"性"是间接关联的,只是概念的推论上的关联而非实质的。而"善"情虽然也与"心"关联,却是直接源自"性"的,是有实质关联的。更具体来说,正如上文分析,"心"包含着诸多因素,其中"形""外物"的因素对"恶"负责,而"性"的因素对"善"负责。因此严格而言,"情出于性"从善情的角度上看是完全成立的,"心"依其本质规定而本然地作用,即是善情。这一点在这个比喻中也可以清楚地表现出来:水若不遇到外在刺激,就必然会按照"湛然平静之性"表现为"湛然平静"。同理"心"若排除外物的干扰,自然能够依照"性"表现出"善情"。伊川说:"(主一)存此涵养,久之自然天理明。"②主敬涵养就是一种专注、醒觉从而排除外物干扰

---

① 孟子之以"水"喻"性",与伊川并不同。伊川有严格的形上形下的区分,孟子没有这种思路,故可以从整体上以"水"喻"性"。
② 程颢、程颐:《程氏遗书》,《二程集》上册,第169页。

的修身工夫,通过排除外物的干扰,便能够"自然天理明",这与此处比喻完全一致。由此可见,"善情"与"性"的关系是必然而直接的,这是伊川所认可的。① 因此,上文所提出的"推论"也要分析地看待,不能只认为完全是一种概念的推理。

总之,上面的论述表明了伊川思想中的"性""情"与"心"的关系。伊川为了思想的一贯性,通过一种推论("性"是"心"的本质,"情"的产生又基于"心",于是在此推论中,"情"便可以说是出于"性"的)把"性"与"情"关联起来。但是通过分析可知,"情"有善有恶,善情与恶情具有不同的来源以及与"性"有不同关系,由于伊川没有具体分判地说,而只是笼统举一"情"字来说,因此我们说"情出于性"的观点只是一种概念的推论而已。

三、"中""未发"与"性"

明确了这样的关系,我们再考察"性""情""未发""已发"与"中"这些概念的关系问题,便能更清楚地梳理出伊川心性论的结构。事实上,对于后世理学家着重讨论的重要概念"未发""已发",伊川较少主动进行讨论,其观点也不够清晰。他的相关论述主要与对"中"的探讨相联系,并且是在弟子提问后进行解答的。目前的材料主要有两部分,第一部分是《与吕大临论中书》,编者注:"此书其全不可复见,今只据吕氏所录到者编之。"②现存此书中伊川的论述有所缺略,因此难以完整体现其思想。第二部分是《程氏遗书》卷一八与弟子苏季明的讨论,有些地方有较清楚

---

① 有意思的是,我们在后来的朱子与湖湘学之争中看到了类似而更明确的思维方式。朱子批评湖湘学的人性论是"性无善恶论",其中有一个要点是:胡五峰主张"性善"是叹词,与"恶"相对的"善"不足以表称"性"。朱子认为他割断了"性"与一般现象界中的善行。他说:"若善底非本然之性,却那得这善来?"见黎靖德编:《朱子语类》,第 2586 页。因此朱子主张:"极本穷原之善,与善恶末流之善,非有二也。但以其发与未发言之有不同耳。盖未发之善,只有此善,而其发为善恶之善者,亦此善也。既发之后,乃有不善以杂焉,而其所谓善者,即极本穷原之善耳。"见朱熹:《与郭冲晦》,《朱熹集》,第 1656 页,成都,四川教育出版社,1996。他认为未发时的善,与已发时的善是一致的。这种明晰的表达,可视为对伊川这一思路的发展。
② 程颢、程颐:《二程集》上册,第 605 页。

的论断,但依然并不够清晰,在解读上还有一定困难。《与吕大临论中书》发生于元祐元年(1086)[①],而《遗书》卷一八《刘元承手编》编者注"所记有元祐五年遭丧后、绍圣四年迁谪前事"[②],也即是1090到1097年间,时间上后于《论中书》数年,并且讨论中出现了《论中书》的某些内容,可见伊川与苏季明的讨论应是在《论中书》之后,因此有些地方出现说法上的差异时,应以此较晚的说法为准。事实上,伊川的讨论总体来说并未能十分清晰,这也导致后来朱子对此问题感到十分困惑并反复参究,先有丙戌之悟,又有己丑之悟,方才确立其思想体系。此处我们也会借助朱子的看法来帮助理解。

材料较长,我们只能论述要点,即表明在伊川思想中,"中"是什么?"未发""已发"是什么? 由此对上文关于"心""性""情"的关系的观点进行论证与补充。

在《论中书》中,吕大临秉承"心""性""天"是一的思想,把"天命之谓性,率性之谓道"与"喜怒哀之未发谓之中,发而皆中节谓之和,中也者,天下之大本也;和也者,天下之达道也"两句贯通起来,提出"性与道,大本与达道,岂有二乎?"[③]他的基本立场是认为这两句具有一致的含义。由此可以概括为以下对应关系:

$$
\begin{array}{ccc}
性 & \Longleftrightarrow & 中=未发=大本 \\
\downarrow & & \downarrow \quad\;\; \downarrow \quad\;\; \downarrow \\
道 & \Longleftrightarrow & 和=已发=达道
\end{array}
$$

参看此图,吕大临首先借助"率性之谓道",提出"道"出于"性"。进而,他借助"喜怒哀之未发谓之中,发而皆中节谓之和,中也者,天下之大本也;和也者,天下之达道也"一句,得出"已发"之"和"("达道")出于"未发"之"中"("大本")的结构。而"达道"与"道"用词又是一致的,那么相对的,"大本"即与"性"一致;"大本"又是指"中",因此推出"中"与"性"一致,于

---

① 参见文碧方:《关洛之间——以吕大临思想为中心》,第5页,北京,中华书局,2011。
② 程颢、程颐:《二程集》上册,第4页。
③ 程颢、程颐:《与吕大临论中书》,《二程集》上册,第606页。

是就有了"中即性""中者道之所由出"①的观点。从思想史的角度上看，吕大临论"中"的思想背景来自关学传统，"'中'之概念是张载及其关学的中心概念，吕大临受其影响，故对此概念极为重视，无论是他关学阶段的文字，还是他洛学阶段的著述，他都视此'中'为核心概念大加标举"②，而"关学学派之所以如此注重与强调'中'是基于他们'立礼为本'的关学学派立场"③。

当然，伊川并不认同吕大临对"中"的理解，我们先略过吕大临自己的观点与论述，而看伊川的基本主张。

首先，伊川否认了"中者道之所由出"的观点，并认为"中即性也"之言"极未安"，进而他指出：

> 中也者，所以状性之体段（若谓性有体段亦不可，姑假此以明彼）。如称天圆地方，遂谓方圆而天地，可乎？方圆既不可谓之天地，则万物决非方圆之所出。如中既不可谓之性，则道何从称出于中？盖中之为义，无过不及而立名。若只以中为性，则中与性不合，与"率性之谓道"其义自异。性道不可（一作可以）合一而言。中止可言体，而不可与性同德。
>
> 又曰：观此义（一作语），谓不可与性同德，字亦未安。子居对以中者性之德，却为近之。（子居，和叔之子，一云义山之子）
>
> 又曰：不偏之谓中。道无不中，故以中形道。若谓道出于中，则天圆地方，谓方圆者天地所自出。可乎？④

他认为，"中"这个词语，原本是一个形容词（当然将它作为一个独立的概念来讨论的时候，就名词化了），是描述"性"的，"中"在概念上首先就与"性"的性质不同了。正如天圆地方，方圆是描述形容天地的，但是不能

---

① 程颢、程颐：《与吕大临论中书》，《二程集》上册，第 606 页。
② 文碧方：《关洛之间——以吕大临思想为中心》，第 190 页。
③ 同上书，第 191 页。
④ 程颢、程颐：《与吕大临论中书》，《二程集》上册，第 606—607 页。

以方圆为天地,更不能说万物由方圆而出。事实上,在伊川心中,"中"这个形容性的概念,除了在此处形容"性"之外,在其他的地方(如事之时中)也可以使用,正如方圆既可以描述天地,也可以描述眼前的一般事物。因此"中"与"性"除了概念的内涵不同,概念的外延也不同,绝不能将两个概念混同。他进而指出了"中"的内涵,是"无过不及而立名",这也表明了"中"这个概念不与"性"在同一层次,乃是由于"性"之具有"无过不及"的特点而进行的描述,在逻辑上后于"性"的概念。在这里伊川实际上也是追求概念使用的确定性,反对泛泛而言。在指出了"性"与"中"不能混同之后,他便基于此指出了《中庸》"未发""已发"一段所论,"与'率性之谓道'其义自异",这就完全否定了吕大临观点的理论基础了。

他接着提出"中止可言体,而不可与性同德"。这里的"体"并不是与现象对应的本体的体,而是他上文说的"体段"(也即体貌义)的"体"。亦即"中"只能形容"性"的"体段",而不能与"性"同德,不能等同于"性",因此不能混用。他随后又觉得自己"不可与性同德"的话亦不妥,这是因为这样的说法又把"性"与"中"的关系完全割裂了,会使人们以为两者截然无关。于是他又认可了"中者性之德"的思想,这一句就不但把两者的层次区分开来,也充分表现了两者的紧密关系。

在这一段引文中,有一点值得留意,伊川以"中"形容"性",由于"中"这个概念是在"喜怒哀乐之未发谓之中"这句话中的,那么合理的推论当然是,"未发"即是"性"。然而,我们可以发现,从后文来看,伊川实际上并不认可这一点。而在这里之所以留下这一问题,其原因很可能是之前这些讨论全部是围绕着吕大临的思路进行的。伊川在这段答话中,目的和重心乃在于讨论"中"之概念的特点,而尚无暇顾及"中""性"在整个"未发""已发"句子中的位置和结构问题。我们首先要注意这一点,下文再看他如何进一步讨论。

接着吕大临引入了"心"的概念,从而提出:"喜怒哀乐之未发,则赤子之心。当其未发,此心至虚,无所偏倚,故谓之中。以此心应万物之变,无往而非中矣。"①这句话包含了两个要点:一是以"未发"为"赤子之心";二是认为"未发"的状态是"此心至虚,无所偏倚"。接着伊川则针对此指出:

> "喜怒哀乐未发谓之中",赤子之心,发而未远于中,若便谓之中,是不识大本也。②

从下文来看,伊川实际上只对吕大临以"赤子之心"为"中"、为"未发"的观点进行了批评,而对其所描述未发的状态似乎并没有反对,正如吕大临指出"大临以赤子之心为未发,先生以赤子之心为已发。所谓大本之实,则先生与大临之言未有异也,但解赤子之心一句不同尔"③。吕大临明确地表明他与伊川的分歧就只在于"赤子之心"一句。伊川关于"大本之实"的论述已经不得而见,我们只能根据现有的《论中书》中二人的言论进行推测与揣摩。由吕大临此言,以及下文伊川进行的批评全都集中在"赤子之心"的问题上,我们暂且可以推测,对于吕大临描述的"未发"的状态,伊川至少并没有批评和反对。以下即分别讨论这两个观点。

第一点,伊川反对以"赤子之心"为"未发",认为"赤子之心"是"发而未远于中"。从字面上看,"赤子之心"确实能表称儿童纯真善良的内心,但这是一种现实的心理活动与状态,因此即便其没有"恶",也不能认为是"未发"。其作为现实中显著的心理活动或状态,只能是已发的,正如朱子说:"赤子之心动静无常,非寂然不动之谓,故不可谓之中。然无营欲知巧知思,故为未远乎中耳。"④大概是在对此批评的过程中,伊川提出了"凡言心者,皆指已发而言"⑤的观点,这一观点在现存的《论中书》中见于吕大临的复述。而根据上下文,这应当是伊川在反对"赤子之心"为"未发"时粗略概括出来的观点。我们可以推论,伊川认为一般语言中谈

---

① 程颢、程颐:《与吕大临论中书》,《二程集》上册,第 607 页。
② 同上书,第 606 页。
③ 同上书,第 608 页。
④ 朱熹:《已发未发说》,《朱子全书》第 23 册,第 3268 页。
⑤ 程颢、程颐:《与吕大临论中书》,《二程集》上册,第 608 页。

到"心"都是就已发而言的,在经典中如《孟子》的"恻隐之心""羞恶之心"等等都是如此,于是伊川便粗略总结出"凡言心者,皆指已发而言"的观点。但这受到了吕大临的质疑:"然则未发之前,谓之无心可乎? 窃谓未发之前,心体昭昭具在,已发乃心之用也。"[1]伊川于是又改变了自己的说法,提出:

> 凡言心者,指已发而言,此固未当。心一也,有指体而言者,(寂然不动是也。)有指用而言者,(感而遂通天下之故是也。)惟观其所见如何耳。[2]

伊川的改口表明他也认识到了,如果说心都是已发,那么在未发的时候,"心"在何处? 不能说"未发"时无"心",于是他便提出"心"有体用两个不同的维度。这实际上承认了"未发"时也有"心"在,"已发"时也有"心"在,"心"贯通"未发""已发"。然而在这里的调整中,"未发"是被视为"心"作为"体"的"寂然不动","相对的"已发"则是"心"作为"用"的"感而遂通"。因此,关键在于"寂然不动"的"心"之"体"是不是"性",如果是,那么伊川在《论中书》中所讨论的才能一贯,"中"在伊川这里作为形容词所修饰的对象才是统一的(因为"喜怒哀乐之未发谓之中"一句中,"中"是指称"未发"的,而伊川前文已经肯定了"中"是形容"性"的,如果逻辑要统一,那么"未发"之作为"寂然不动"应该就指"性")。但伊川在这里并没有讲清楚,而根据后来与苏季明的谈话来看,显然"寂然不动"并不是指"性"。

第二点,根据吕大临说的"所谓大本之实,则先生与大临之言未有异也",结合吕大临论述"大本之实"乃是指"当其未发,此心至虚,无所偏倚,故谓之中。以此心应万物之变,无往而非中矣"[3],如果伊川真的与吕大临论作为"大本"的"未发"观点一致,那么伊川所认为的"未发"就不能

---

[1] 程颢、程颐:《与吕大临论中书》,《二程集》上册,第 608—609 页。
[2] 同上书,第 609 页。
[3] 同上书,第 607 页。

是形而上的"性"了。因为即便吕大临可以在他自己的"心""性"为一的概念体系中认为这种"未发"就是"中"就是"性"，但是若将吕大临所论的"大本之实"的实际内涵换成伊川思想体系中的概念进行表述，那么可以说他的"大本之实"对于伊川来说就只是在"心"的层面，而不是形上的性理。而由于吕大临描述的"赤子之心"是一种显著的心理活动的状态，我们也可知，对于伊川来说，"未发"就是"心"的一种状态，而不是"性"了。同样的内容在不同的体系中会有不同的定位，会被用不同的概念来表达，这是很正常的。

当然，由于文本的缺略，根据吕大临的这一句话进行推测明显是缺乏证据的。《论中书》中仅存的伊川的言语缺乏足够的清晰性以使我们真切明白他的思想体系，尤其是其中的关键，也即"心""性"与"未发"的概念的关系问题。幸好我们可以借助于后来伊川与苏季明的对话来补充，由此我们可以发现"未发"确实不是指"性"，而是指"心"的某一活动阶段。并且要注意的是，《论中书》中伊川模糊不清的说法与苏季明的对话发生矛盾时，我们有理由认为他进行了重新思考并部分地修改了他的观点，而不能反过来以《论中书》质疑与苏季明谈话时的观点。《程氏遗书》卷一八有一条记载：

> 苏季明问："中之道与喜怒哀乐未发谓之中，同否？"曰："非也。喜怒哀乐未发是言在中之义，只一个中字，但用不同。"或曰："喜怒哀乐未发之前求中，可否？"曰："不可。既思于喜怒哀乐未发之前求之，又却是思也。既思即是已发。（思与喜怒哀乐一般。）才发便谓之和，不可谓之中也。"又问："吕学士言：'当求于喜怒哀乐未发之前。'信斯言也，恐无着摸，如之何而可？"曰："看此语如何地下。若言存养于喜怒哀乐未发之时，则可；若言求中于喜怒哀乐未发之前，则不可。"又问："学者于喜怒哀乐发时固当勉强裁抑，于未发之前当如何用功？"曰："于喜怒哀乐未发之前，更怎生求？只平日涵养便是。涵养久，则喜怒哀乐发自中节。"或曰："有未发之中，有既发之

中。"曰:"非也。既发时,便是和矣。发而中节,固是得中,(时中之类。)只为将中和来分说,便是和也。"①

以下简单分析一下这一段的主要内容:

第一,伊川申明了"中"的用法有多样,因此"中之道"与"喜怒哀乐之未发谓之中"是两回事,这即是前文所论的"中"与"性"不能混同的重要原因。末尾伊川反对弟子说"有未发之中,有既发之中",认为"已发"就要用"和"的概念,这些观点都表明了伊川追求概念的准确性。

第二,"喜怒哀乐未发是言在中之义",所谓"在中",朱子指出:"程子所谓'在中'之义,未发之前,无所偏倚之名也。"②这里朱子所谓"未发之前"即是未发之时之义③,也即"在中"一词依然是一个形容性的词,表述"处于中"之义,也即未发时是处于一种无偏倚的中的状态。

第三,伊川提出了修身过程中,对于"未发"不能思求,只能存养,因为一旦"思"就是已发,不再是"未发"了。而他提出"存养于喜怒哀乐未发之时",说"之时",表明了"未发"具有时间性的性质,表明了这是心理活动的一个阶段。由此可见"未发"不是形而上的"性",否则就不能谈"时"。

第四,关于涵养的修身方法,后文的工夫论再详细讨论。

与苏季明的讨论还有一条:

> 曰:"当中之时,耳无闻,目无见否?"曰:"虽耳无闻,目无见,然见闻之理在始得。"④

弟子问"当中之时,耳无闻目无见"的问题,很明显地表现出苏季明已经

---

① 程颢、程颐:《程氏遗书》,《二程集》上册,第 200—201 页。
② 朱熹:《中庸或问》,《朱子全书》第 6 册,第 548 页。
③ 根据朱子在《中庸或问》中其他处的用法,如"盖未发之时,在中之义,谓之无所偏倚则可,谓之无过不及,则方此之时,未有中节不中节之可言也,无过不及之名,亦何自而立乎?"(《朱子全书》第 6 册,第 561 页)"方其未发,浑然在中,无所偏倚,故谓之中"(《朱子全书》第 6 册,第 558 页),可见"未发之前"的"前"字不能拘泥理解为"未发"之前还有某阶段,这里用字偶有不够精当,但其含义则无问题。
④ 程颢、程颐:《程氏遗书》,《二程集》上册,第 201 页。

把"中"理解为一种心理活动的阶段，因此才说"中之时"，并且能够描述此时的特点。伊川的回答也是在肯定此前提的基础上进行的，可见对"中"的这种理解，已经成为两人的共识。

> 曰："固是所为皆中，然而观于四者未发之时，静时自有一般气象，及至接事时又自别，何也？"曰："善观者不如此，却于喜怒哀乐已发之际观之。"①

> 或曰："先生于喜怒哀乐未发之前下动字，下静字？"曰："谓之静则可，然静中须有物始得，这里便（编者注：一作最。）是难处。学者莫若且先理会得敬，能敬则自知此矣。"②

这与前文伊川认为不能"求中"于未发之前，只能涵养未发的观点一致。只是这里换了一种表述，"观"也属于一种思维活动，因此不能"观"于未发之时。而在未发之时，则只能通过主敬的方式把握。

综上，我们可以发现，伊川在使用"未发"这一概念时，始终对其缺乏明确的界定，因而我们只能通过某些细节进行推理和把握。上文通过分析"时"这个字在讨论"未发"的情况中的使用，我们认为"未发"确实是表明一种心理活动的阶段，而不是指"性"，如果是指形上之"性"，这样的表达就有极大的问题。伊川对此概念的模糊，也间接导致了程门后学在此问题上观点的分化，并成为朱子早年最主要和最严重的困扰。

朱子从学延平时，始终不能契合道南学派"体验未发"的方法。他通过自己的思索，而有"丙戌之悟"，提出"心"为"已发"，"性"为"未发"的观点。他发现这个观点与湖湘学派的思想相契合，于是十分兴奋。有了湖湘学派相印证，他认为"虽程子之言有不合者，亦直以为少作失传而不之信也"③。但随后，"乾道己丑之春，为友人蔡季通言之，问辨之际，予忽自疑斯理也。虽吾之所默识，然亦未有不可以告人者。今析之如此其纷纠

---

① 程颢、程颐：《程氏遗书》，《二程集》上册，第 201 页。
② 同上书，第 201—202 页。
③ 朱熹：《中和旧说序》，《朱子全书》第 24 册，第 3634 页。

而难明也,听之如此其冥迷而难喻也,意者乾坤易简之理,人心所同然者,殆不如是。而程子之言出其门人高弟之手,亦不应一切谬误,以至于此。然则予之所自信者,其无乃反自误乎?则复取程氏书,虚心平气而徐读之。未及数行,冻解冰释,然后知情性之本然,圣贤之微旨,其平正明白乃如此"[1]。朱子在与蔡元定讲学讨论时突感有些地方窒碍不通,这表明先前所"悟"的其实并非真理。于是他马上进行了深刻的反省,重新认真研读了二程之说,写就《已发未发说》。他罗列了伊川《论中书》与《遗书》中二程相关的语录后,提出:

> 右据此诸说,皆以思虑未萌,事物未至之时为喜怒哀乐之未发。当此之时,即是心体流行,寂然不动之处,而天命之性体段具焉。以其无过不及,不偏不倚,故谓之中。然已是就心体流行处见,故直谓之性则不可。[2]

在思想文字相近的《与湖南诸公论中和第一书》中他亦提出:

> 按《文集》《遗书》诸说,似皆以思虑未萌、事物未至之时为喜怒哀乐之未发。当此之时,即是此心寂然不动之体,而天命之性当体具焉。以其无过不及,不偏不倚,故谓之中。及其感而遂通天下之故,则喜怒哀乐之性发焉,而心之用可见。以其无不中节,无所乖戾,故谓之和。[3]

在对二程(主要是伊川)的言论进行详细考察的基础上,朱子指出伊川所谓的"未发"是"思虑未萌、事物未至"的心理活动的阶段,而不是指"性"。朱子这个观点,是由丙戌之悟中挣脱出来获得的新解,并且他直言不讳地表明以往以"未发"为"性"也有受到伊川的影响:"《中庸》未发已发之义,前此认得此心流行之体,又因程子'凡言心者,皆指已发而言',遂目

---

① 朱熹:《中和旧说序》,《朱子全书》第 24 册,第 3634—3635 页。
② 朱熹:《已发未发说》,《朱子全书》第 23 册,第 3267 页。
③ 朱熹:《与湖南诸公论中和第一书》,《朱熹集》,第 3383 页。

心为已发,性为未发。"①可见朱子早年在阅读伊川的相关论述时,也由于伊川言论的模糊而错解,直到重新考察体认,才明确了伊川的"未发"不是"性",而是"思虑未萌"的心理活动阶段。朱子的分析与笔者上文讨论的结论是一致的,朱子虽然还有以"未发"与"已发"分别指"性""情"的思想,但那已经是他后来的发展了。②而朱子在此分析了在这种"未发"状态下"心"与"性"的关系问题,指出"当此之时,即是此心寂然不动之体,而天命之性当体具焉。以其无过不及,不偏不倚,故谓之中"。"未发"时即是"寂然不动"的状态,此时"性"是完具于"心"的,然而由于尚未发动思虑,因此心还是不偏不倚的,所以谓之"中"。这就是朱子对伊川的理解。

上文花了大量的笔墨讨论伊川"中""未发""已发"的思想,其目的是为了对前文的"心""性""情"的分析做论证和补充,到此,我们便可以将其结合起来了。

正如前文所说,"心"在伊川思想中可以分为三个因素:"性"为本质规定,"形"为现实基础,"外物"为外在机缘。正是由于"心"在其体系中具有形下的、经验的因素,所以伊川在《论中书》中尚未完全进行深思就直接提出了"凡言心者,皆指已发而言"的观点。作为现实的经验心,确实是"已发"的,是"外物触其形而动于中"的。然而经过吕大临的质问后,他对"心"的问题在概念上进行了更谨慎的界定和更细微的划分:

> 心一也,有指体而言者,(寂然不动是也。)有指用而言者,(感而遂通天下之故是也。)惟观其所见如何耳。③

作为"已发"的"心"是容易理解的,而"未发"的"心",伊川则指出了它相对于"已发"而言是"体",其表现是"寂然不动"。而正如上文论证的,这种"寂然不动"应当是"思虑未萌、不与物接"的心理状态,可见此时的

---

① 朱熹:《与湖南诸公论中和第一书》,《朱熹集》,第 3383 页。
② 参见陈来:《朱子哲学研究》,第 201—210 页,北京,生活·读书·新知三联书店,2010。
③ 程颐:《与吕大临论中书》,《二程集》上册,第 609 页。

"心"是从排除了"外物"(不仅是外部事物,也包括意识的对象,这些都是引起思虑情感的对象,因此总称外物)因素来把握的。而"形"之作为基础,实际上是与"外物"的因素共同发生作用的。外物之机缘与心之形气相感,才会发生种种思虑与情感。"外物"是我们思虑和情感的对象、客体,人在现实中的心是恒常活动的,这种活动正是因为此心不断与外物或者意识中的对象相交互、相作用,因此成其活动。如果排除掉"外物"机缘的因素,那么"形"的因素实际上也是处于一种隐而不彰的不作用的状态,于是此时(未发)便"思虑未萌",没有任何念虑。这也即是说,"未发"时,"心"排除了"外物"的因素并消解了"形"的因素,而此时所凸显的,就完全是"性"的因素了。由于"性"是形上的,它要通过"心"的现实活动才能表现自身,而"心"之活动基础的"形"的隐而不彰不作用,也使其未能表现为现实的经验活动。这便是"未发"时"心"的情况。

伊川认同"未发"为"天下之大本",而根据上文分析,如果不是"未发"时"心"凸显"性"的因素,那么此"大本"便不可能成立。又因为"未发"时尚未有显著的思虑活动,那么如果称此"未发"时为"善",那么这种"善"所指的,就绝不是思维意识或者现实活动,而只能是心本具有的作为"理"的"性"了。伊川说:

> 喜怒哀乐未发,何尝不善。①
> 心本善,发于思虑,则有善有不善。②

他认为"未发"是"善"的,而"善"的根据一定是来自此作为"理"的"性"。如果只把"心"看作一种彻底的经验心,那么这种对"未发"之善的肯定就无法解释了。

此处再对前文作一更简洁的概括:

1. "未发"在伊川思想中指的是一种心理活动的阶段或状态,是属于"心"的状态,而不是指"性"。

---

① 程颢、程颐:《程氏遗书》,《二程集》上册,第 292 页。
② 同上书,第 204 页。

2. 在伊川思想中,"心"具有"性""形""外物"三个因素,"未发"是一种"思虑未萌、事物未至"的状态,此时"心"尚未与物相接,思虑和情感都未产生。这正是排除了"外物"的因素并且"形"的因素处于不作用的状态,因此"性"的因素便自然凸显出来了。

3. 正是由于"未发"时只凸显"性"的因素,因此"未发"才能够作为"天下之大本",才是"何尝不善""本善"的。

4. 由于"外物"与"形"的因素在此没有发挥作用,"心"在经验界实然活动的能力也没有展现,因此此时"善"还未能完全表现为现实的善行,所以道德实践还未真正完成。

在对伊川带有模糊性的观点进行检讨和分析之后,我们发现,只有在上述所论的这种心性论结构中,才能厘清伊川思想中各概念间的关系,也才能把他的"未发""性""心"等概念妥善地置于一个较为完整的系统中。

伊川的工夫论与心性论紧密相关,可以说,其工夫论乃是建基于心性论之上的。我们通过他的工夫论,也可以反过来更好地理解其心性论。因此在下文讨论工夫论时,以上的观点会再次得到佐证。

综上,在伊川的体系中,只有一个心,但是这个心有不同的维度,也由不同的因素构成。"性"的因素决定了心的形上超越性本质,"形""外物"的因素决定了心的形下经验性。而后两个因素又是恶产生的条件。对于伊川来说,修身成圣的所有困难就在于克服恶而成就善,那么后两个因素便成为伊川修身工夫论所针对的对象。而第一个因素"性",则是成圣的依据与积极因素,然而并没有能够直接针对"性"而进行的工夫。"性"是形而上者,是不能通过形下的工夫直接去把握的,正如伊川一贯反对"求中于喜怒哀乐未发之前"[①]。事实上,对于伊川来说,由于"性"与"心"具有本质而必然的关联,那么只要能够克服产生恶的因素,具有"性"这种本质规定的"心",其活动就会必然发显、呈现出"性"来。这也

---

① 程颢、程颐:《程氏遗书》,《二程集》上册,第 200 页。

可以被视为一种类似于"本心"的呈现的过程,但这种类似只是有助于我们理解的一种类比,伊川并不用这种"本心"的概念。而"性"的呈现,自然通过"心"在现实世界的作用而表现为"合理"的活动。

我们可以发现,伊川确实自觉地针对此两个因素展开他的工夫论,他的"主敬"便是针对"形"的因素的工夫,"格物"便是针对"外物"因素的工夫。而通过"主敬"与"格物"并重的工夫,"性"与"心"真正在现实中得到贯通,"性"真正在现实中"呈现",人方成就其道德天性,修身成圣。下节将分别论述这两种工夫。

第三节　工夫论

一、主敬涵养

"敬"是儒家特别注重的一种道德意识或精神状态,在早期儒家经典中就已经有大量的相关论述,但是在理学兴起之前,"敬"并未成为一种独立的道德修养工夫。而二程(特别是伊川)则对此功夫极其重视,并深入阐发其意涵,朱子指出:"到程子始关聚说出一个'敬'来教人。"[1]他明确地从学术史的角度指出了伊川对这一工夫的注重及其在这一理论问题上的重大贡献。通过伊川的发展,"敬"在修身工夫中获得了独立的意义,其内涵得到了重大的深化,甚至由此成为了理学的修身论思想中最重要的工夫之一。

牟宗三先生曾指出:"宋明儒以六百年之长期,费如许之言词,其所宗者只不过是《论》《孟》《中庸》《易传》与《大学》而已。"[2]这五部书确实是宋明理学家思想创造所依据的最重要的先秦经典。我们即以这些儒家经典为代表,对其中关于"敬"的用法进行简单的考察,通过对比,便可见伊川对"敬"的创造性发展。以下分别摘录这些经典文本中论"敬"的代

---

① 黎靖德编:《朱子语类》,第208页。
② 牟宗三:《心体与性体》上册,第31页。

表性言论。

《大学》：

> 为人君，止于仁；为人臣，止于敬。

《中庸》：

> 敬其所尊，爱其所亲。
>
> 尊贤也，亲亲也，敬大臣也，体群臣也。
>
> 故君子不动而敬，不言而信。

《论语》：

> 道千乘之国，敬事而信，节用而爱人，使民以时。
>
> 今之孝者，是谓能养。至于犬马，皆能有养。不敬，何以别乎？
>
> 季康子问："使民敬忠以劝，如之何？"子曰："临之以庄，则敬；孝慈，则忠；举善而教不能，则劝。"
>
> 居上不宽，为礼不敬，临丧不哀，吾何以观之哉？
>
> 子谓子产："有君子之道四焉：其行己也恭，其事上也敬，其养民也惠，其使民也义。"
>
> 仲弓曰："居敬而行简，以临其民，不亦可乎？居简而行简，无乃大简乎？"子曰："雍之言然！"
>
> 务民之义，敬鬼神而远之，可谓知矣。
>
> 君子敬而无失，与人恭而有礼。
>
> 居处恭，执事敬，与人忠。
>
> 子路问君子。子曰："修己以敬。"
>
> 事君，敬其事而后其食。

《孟子》：

> 父子主恩，君臣主敬。
>
> 不以舜之所以事尧事君，不敬其君者也。
>
> 仁者爱人，有礼者敬人。爱人者，人恒爱之；敬人者，人恒敬之。

> 孩提之童无不知爱其亲者,及其长也,无不知敬其兄也。

《周易》:

> "需于泥",灾在外也。自我致寇,敬慎不败也。
> 上六,入于穴,有不速之客三人来,敬之,终吉。
> 以讼受服,亦不足敬也。
> 初九,履错然,敬之无咎。

以上列出了五部对理学家来说最重要的先秦经典中关于"敬"的主要用法,之所以不厌其烦地枚举其例,目的在于更全面地考察伊川论敬对其所做的继承与发展。从上述引文的用法来看,笼统而言,"敬"都是一种有对象的心理活动,并且对象主要是外在的经验对象,包括"人"与"事"两类。因此,"敬"的内涵通常只是指人在面对外在的他人或事物时,内心抱有一种恭敬之情,或者是怀有一种认真谨慎的态度。"敬人"主要包括臣对君、子对父母、人民对统治者的恭敬、尊敬、敬爱之心;"敬事"除了要求认真谨慎地处理一般事务之外,在祭祀时、面对鬼神时更要有恭敬之心。这种"敬"也同时具有两种意义,其一,可以产生现实的功利效果。对人恭敬则更易处理好人际之间的关系,对事认真谨慎则更易妥善做好事情。如《孟子》的"敬人者,人恒敬之",《易经》的"敬之,终吉""敬之无咎"都表明了行为达成的功利性结果。其二,具有道德意义。敬本身即是一种道德心理,一种道德活动,本身就具有道德价值。由于儒家更强调"反求诸己"的特点,他们更加注重的是行为本身的道德价值而非功利结果,毕竟行为的结果不是必然的,不能由自己决定,而道德则完全取决于自我。比如《论语》中说:"今之孝者,是谓能养。至于犬马,皆能有养。不敬,何以别乎?"在赡养父母的实际行动上,敬与不敬并没有外在行为上的差别,但却有本质上道德与否的差别,"敬"在此正是决定道德价值之有无的关键。对于其他的关于君臣之敬、祭祀之敬等等,儒家更注重的也是其道德价值。

总而言之,在这些先秦典籍中,"敬"主要还是一种对象性的心理活动,这种活动伴随着主体与客体相交、接触而生发,指向的是外在的事物。虽然孟子强调了"恭敬之心"是内在于人的,但是这种心理活动还是要在某种现实的对象性活动中才会表现出来。由于"敬"一定关联着外在对象,所以其作为独立的工夫的意义便不能挺立起来。而二程(特别是伊川)将"敬"真正建立为具有独立意义的修身工夫,首先要做的便是把这种对象性活动的"敬"改造成非对象性活动的工夫,使"敬"成为一种不仅仅是人在与外物接触的情境中才能运用,而是即便不与物接时,人都能主动运用的工夫。

他们的这一努力在当初就已经被注意到了,《朱子语类》中即记载:

> 或曰:"自秦汉以来,诸儒皆不识这'敬'字,直至程子方说得亲切,学者知所用力。"曰:"程子说得如此亲切了,近世程沙随犹非之,以为圣贤无单独说'敬'字时,只是敬亲,敬君,敬长,方着个'敬'字。全不成说话!圣人说'修己以敬',曰'敬而无失',曰'圣敬日跻',何尝不单独说来! 若说有君、有亲、有长时用敬,则无君亲、无长之时,将不敬乎? 都不思量,只是信口胡说!"①

程沙随虽然意在否定二程,但是他确实注意到了二程论"敬"与先秦儒家不同。他指出先秦儒家都不单独把"敬"作为独立的工夫,而是一定要说"敬亲""敬长"之类,这其中的差异正如上文所说,是对象性的工夫与非对象性的工夫的差别,虽然程沙随没有用这样的概念进行区分,但是明显也看出了其中存在的巨大差别。无独有偶,陆象山对此亦已察觉,他说:

> 《书》言:"日严祗敬六德",又言:"文王之敬忌",又曰:"罔不克敬典",《诗》言:"敬天之渝",又言:"敬之敬之",又言:"圣敬日跻",《论语》言:"敬事而信",又言:"修己以敬",孟子言:"敬王""敬兄",未尝有言"持敬"者。观此二字,可见其不明道矣。吾与足下言者,

---

① 黎靖德编:《朱子语类》,第 207—208 页。

> 必因足下之及此而后言其旨,只欲足下知古人事实,而不累于无根
> 之说。①

象山与程沙随一样,列举了"敬"在古书中的用法后,认为圣人说的"敬"
都是有特定的内容的,而根本不曾说"持敬",于是认为"持敬"乃是"无根
之说"。可见,他们都发现先秦之"敬"是有对象的,而"持敬"工夫则无对
象而且成为独立的工夫。

然而,朱子站在维护二程道统地位的立场,自然要反驳他们这种论
调。纵然在实际上二程确实与孔孟有一些不同,但是朱子认为这并非背
离了孔孟之道,他主张二程的相关思想在先秦儒家中已经存在,并试图
论证其说与孔孟之说具有一贯性。而对于我们来说,程沙随和象山的说
法从思想史的角度上看或许更为客观,我们完全可以承认二程有些说法
异于孔孟之说,但这种相异并不是相悖,而是继承和发展,因此这种相异
丝毫不妨碍他们的道统地位。

我们回到上面所举的先秦经典中。事实上,在《论语》和《易传》中确
实已经出现此"非对象"的倾向或可能性,这自然引起了伊川的注意。上
文《论语》中的两条:

> 仲弓曰:"居敬而行简,以临其民,不亦可乎? 居简而行简,无乃
> 大简乎?"子曰:"雍之言然!"
>
> 子路问君子。子曰:"修己以敬。"

其中第二条也正是朱子所举的一个例证。这两条的"敬"单从文本中看
并没有指向具体的对象,属于朱子所谓"单独说"者,好像已经把"敬"作
为了平居时或者修身的独立工夫,正如伊川对第一条进行的解释:

> 居敬则自然简。"居简而行简",则似乎简矣,然乃所以不简。
> 盖先有心于简,则多却一简矣。居敬则心中无物,是乃简也。②

---

① 陆九渊:《与曾宅之》,《陆九渊集》,第 6 页,北京中华书局,2012。
② 程颢、程颐:《程氏遗书》,《二程集》上册,第 294 页。

伊川认为"居敬"是"心中无物",与此相对的"居简"则是刻意"有心"的行为,可见"心中无物"乃是一种内心不执着于某一事物或者意念的状态。显然伊川在这里把"敬"理解为一种非对象性活动的工夫。但是《论语》本来就十分简约,文本具有一定的模糊性,这里的"居敬""修己以敬"虽然在文本上没有指向特定对象,但是可以解释的范围还是十分广阔,很有可能只是对象在其语境中有所省略,并不见得"敬"已经成为非对象性的工夫了。这我们只要考察二程以前的注解就会发现确实如此。对第一条的"居敬",《论语注疏》:

> 何晏注:孔说:"居身敬肃,临下宽略,则可。"
>
> 邢昺正义曰:"仲弓曰:居敬而行简,以临其民,不亦可乎"者,仲弓因辨简之可否,言若居身敬肃,而行宽略以临其下民,不亦可乎?言其可也。①

在两人的解释中,"居敬"被解释为"居身敬肃",原本看似具有非对象活动的可能性的概念,就被坐实为对象性活动的概念了。"敬"的对象成为"身",意即以"敬"的态度去治身,"敬"指向的是自己的生活与行为方式,与后文"行简"对待下民成为一对相对照的结构。

对于第二条的"修己以敬",《论语注疏》:

> 何晏注:孔曰:"敬其身。"
>
> 邢昺正义曰:子曰:"修己以敬"者,言君子当敬其身也。②

同样地,在这一条中,"敬"的对象也被指明出来了,也是"身"。可见,无论是魏晋的何晏还是到了宋初的邢昺,他们在对《论语》的注释中都依然把"敬"当作一种对象性的活动,这种解释与上引伊川"居敬则心中无物"的解释可谓具有天壤之别,这是不言而喻的。因此,《论语》中看似具有独立意义的"敬",或许确实只是由于其文本简约与模糊而表现出来的,

---

① 《论语注疏》,第 77 页,北京,北京大学出版社,2000。
② 同上书,第 231 页。

并不具有确定的意义,甚至伊川以前的那些解释,可能才更贴合《论语》之本义。

伊川似乎也自觉到了《论语》中这些相关言论的模糊性与不可靠性,因此他对《论语》此条仅仅是略加谈及,并没有将这样两句话作为其敬论的理论基础。而他在《易传》中发现了另一处更明显具有此倾向的说法,于是便将其作为新理论的根基,将主敬思想建立于其上。《坤》之《文言》在解释"六二,直方大,不习无不利"中说:

> 直其正也,方其义也。君子敬以直内,义以方外,敬义立而德不孤。"直、方、大,不习无不利",则不疑其所行也。

"敬以直内,义以方外"这一句被二程敏锐地发现,这就是他们论敬最重要的经典基础。从明道开始,他们就反复地引用这一句并进行解释。这一句优于《论语》中两句的地方,可以说在于其非对象性更明显、更明确,并且文义更完备,义理更清晰。然而在二程以前,对这一句话的解释依然是对象性的,孔颖达说:

> 言君子用敬以直内,内谓心也,用此恭敬以直内心。[1]

"用此恭敬以直内心",依然把"敬"理解为对象性的活动,以"敬"的方式去"直""内心","内心"成为"敬"的对象。这种解释,在二程那里是明确反对的,特别是明道直接进行了批评:

> "敬以直内,义以方外",仁也。若以敬直内,则便不直矣。行仁义岂有直乎?[2]

若按照孔颖达的注释,就是"以敬直内",明道之所以反对,是认为如果"以敬直内",就相当于孟子所谓"行仁义"而非"由仁义行"。我们先看看

---

[1]《周易注疏》,第333页,《景印文渊阁四库全书》第7册。"用此恭敬以直内心"一句,中华书局影印本《十三经注疏》作"用此恭敬以直内理"(第19页,2013),北京大学出版社点校本《周易正义》相同(第37页,2000)。然中华书局影印本《宋本周易注疏》亦作"心"而不作"理"(第122页,1988)。统观上下文,作"心"于义较长。

[2] 程颢、程颐:《程氏遗书》,《二程集》上册,第120页。

"敬以直内"和"以敬直内"两句有何差别。明儒罗整庵的相关讨论值得
注意,他也注意到其间之差别:

> 《书》言:"以义制事,以礼制心。"《易》言:"敬以直内,义以方
> 外。"大旨初无异也。但"以"字在"义、礼"上,则人为之主,与理犹
> 二。"以"字在"敬、义"下,则敬义为之主,人与理一矣。其工夫之疏
> 密,造诣之浅深,固当有别。①

他的重点在于"以"字所在的不同位置体现出工夫和造诣上的差别。"敬
以直内"表明了"敬"就是主体本身的一种状态,体现出"人与理一"。在
此状态中,人能不受客体所决定。而"以敬直内"则如他所举《尚书》"以
义制事"的例子一样,表明"敬"的工夫只是针对客体所进行的一项活动,
因此"与理犹二"。并且此时"敬"系于客体,不能完全操之在己。

　　整庵虽然不是直接针对明道之说进行议论,但是通过他的区分我们
也可以看出两者确实有微妙的差别。而明道又将其关联于孟子的思想,
若根据孟子的区分,"由仁义行"不同于"行仁义"。朱子在《孟子集注》中
说:"由仁义行,非行仁义,则仁义已根于心,而所行皆从此出。非以仁义
为美,而后勉强行之,所谓安而行之也。此则圣人之事,不待存之,而无
不存矣。"②朱子强调圣人乃是"仁义已根于心",仁义即是本于此心的内
在原则,由此心而发,其行为是自然而然而不带勉强的,并且其行为表现
的即是天理。相反,如果是以仁义为美,而后勉强去行事,那么仁义便是
外在于此心的,由此勉强去把捉,也不自然,这便是"行仁义"。朱子的解
释已经揭示出两者的巨大差别,但是这里的用语似乎还不够清晰。李明
辉基于康德的思想背景对孟子这对概念进行分析,指出"'由仁义行'是
出于义务而行为;'行仁义'则是只求行为合乎义务"。他区分了"存心伦

---

① 罗钦顺:《困知记》,第34—35页,北京,中华书局,2013。
② 朱熹:《四书章句集注》,第294页。

理学"和"功效伦理学",并指出"由仁义行"是"存心伦理学"的表现。① 这种解释通过使用现代的学术概念,较清楚地从本质上揭示出了孟子所言两种模式的差别。

对明道来说,他同样认可"由仁义行"而反对"行仁义",因此用"行仁义"来比附"以敬直内",认为这并不能真正达到"直"。牟宗三先生指出:"敬是直通'於穆不已'之仁体而自内发,亦如仁义之由中出,并非是外在的东西而可以假借袭取也。不是拿外在的敬去直吾人之内部,若如此,便直不起,至少其直亦是偶然,并无称体而发的必然性。"②牟先生的分析对于明道来说是较为契合的,特别是他揭示出两者分别具有"偶然"与"必然"的特点。

因此,明道基于他对"由仁义行"和"行仁义"之区别的理解,在对"敬以直内"进行解释时,否定了以往的解释。而这个过程也正显露出了"敬"非对象性的特点。可以说"敬"通过明道的阐发,初步具备了独立的工夫论意义。然而,明道论敬虽然多,但言语过于圆融,并没有细致地分析这种"敬"的特点究竟是如何,也没有讨论具体的主敬工夫。事实上,我们也发现他常常把"诚"与"敬"混在一起说,正如陈来指出的,"他说的敬近于诚的意义"③。而真正把"敬"确立为独立的修身工夫的人是伊川,伊川不但将"敬"的非对象性意义更加明确化,也具体讨论了敬的内涵与工夫。④

对于《易传》"敬以直内,义以方外"的解释,伊川在不能把"敬以"理解为"以敬"的方面,与明道立场相同,都认为不能把敬作为一个直内的

---

① 参见李明辉:《孟子与康德的自律伦理学》,《儒家与康德》,第52—53页,台北,联经出版事业股份有限公司,1990。
② 牟宗三:《心体与性体》中册,第188页。
③ 陈来:《宋明理学》,第114页。
④ 明道还有另一著名的说法:"某写字时甚敬,非是要字好,只此是学。"(《二程集》上册,第60页)这也清楚地表明了明道论"敬"的非对象性的特点,敬并不是敬于写字,不是专注此心于写字,而是非对象性的一种精神收敛,这种工夫的就是进学的工夫。此外还有"敬须和乐,只是中心没事也"(《二程集》上册,第31页)也表明了这种非对象性。然而明道虽然心中很明确这种"敬"的特点,但是并不如伊川对"敬"的工夫有具体的讨论。

手段,但是他对这一句的具体理解却与明道不相同。《周易程氏传》对这一段的解释为:

> 直言其正也,方言其义也。君子主敬以直其内,守义以方其外。敬立而内直,义形而外方。义形于外,非在外也。敬义既立,其德盛矣,不期大而大矣,德不孤也。无所用而不周,无所施而不利,孰为疑乎?①

伊川下笔很精审,他提出"君子主敬以直其内,守义以方其外",君子在修身方面要主敬和守义,由此便能使内心正直,使外在行为端方。这里虽然同样强调了"敬"能够达成"直内",但是与旧注根本的区别在于"敬"不以"内"为对象,"敬"是非对象性的活动,"直内"则是其自然的效果。因此伊川是用"主敬"而非"以敬""用敬"这类词,"主敬"作为一个概念,表现了"敬"已经成为一种完整而独立的工夫了。如果是"以敬""用敬"这类概念,则还有把"敬"作为手段而朝向一个目的的意味在其中。接着伊川又说"敬立而内直,义形而外方",能够做到"主敬"的工夫,内心自然能正直,内在的道义能够付诸实践,外在自然能够端方。这种"而"的句型也是充分表现了两者的关系是顺承的,细细体会便能发现与孔颖达的注解有天壤之别。他又说"敬义既立,其德盛矣",这里完全就只提"敬"而不再说"内"了。能够主敬,便是"德盛"。至此,"敬"的独立意义昭然若揭,整段注文清楚地表明"敬"不是以"内"为对象,"敬"具有独立的意义,是非对象性的活动。

事实上,从《程氏遗书》来考察伊川对"敬"的概念的运用,会发现他在绝大多数时候使用的"敬"已经不作为对象性活动的概念了,只有在对经典进行解释和日常谈话时,偶尔还将"敬"作为对象性活动的概念。他甚至还特地区分了"敬"和"恭":

---

① 程颐:《周易程氏传》,第19页,北京,中华书局,2011。

> 敬是持己，恭是接人。与人恭而有礼，言接人当如此也。[1]

通过这种区分，伊川用"恭"的概念作为接人的对象性活动以取代早期经典中的"敬"，而"敬"则转化为"持己"的一种工夫，这种"持己"正是非对象性的活动，下文将进行分析。而伊川虽然有这种区分，但统观他各处的用语，很多时候"恭"也表示人自己的一种"敬"的状貌，也不一定关联着对象，可见他自己的这种区分和界定亦未能得到贯彻。不过，在伊川整个哲学系统中，"恭敬"这类观念确实被改造了，其由原本待人接物时的心理活动变成了完全取决于自己而不受外界因素决定的心理活动了。可以说，这种改造，使得"敬"原本受外在事物影响的非独立性、相对性和偶然性的问题得到克服，变成了具有独立性、绝对性和必然性的道德修身活动。由此，这种工夫就完全操之在我了，人的主体能动性得到了张扬，通过自觉地修身成圣的意义也获得了彰显。并且，他认为他倡导的这种非对象性的"敬"，反而是日常生活中对象性的"敬"的根本，他提出：

> 且如恭敬，币之未将也恭敬，虽因币帛威仪而后发见于外，然须心有此恭敬，然后著见。若心无恭敬，何以能尔。所谓德者得也，须是得己，然后谓之德也。（编者注：币之未将之时，已有恭敬，非因币帛而后有恭敬也。）[2]

> 问："'出门如见大宾，使民如承大祭。'方其未出门、未使民时，如何？"曰："此'俨若思'之时也。当出门时，其敬如此，未出门时可知也。且见乎外者，出乎中者也。使民出门者，事也。非因是事上方有此敬，盖素敬也。如人接物以诚，人皆曰诚人，盖是素来诚，非因接物而始有此诚也。"[3]

---

[1] 程颢、程颐：《程氏遗书》，《二程集》上册，第 184 页。
[2] 同上书，第 206 页。
[3] 同上书，第 184—185 页。

在这两段话中,伊川实际都对经典文本中谈到的对象性的"敬"进行了更深入的阐发,提出了非对象性的"敬"来进行解释。在第一条中,伊川对孟子提出的"恭敬者,币之未将者也"进行解释。孟子认为人应当以恭敬待人,否则就如蓄养犬马一样,而恭敬之心是在致送礼物以前就具备了的。[①] 从全文来看,孟子这里的"恭敬"乃是待人时的恭敬之心,是一种对象性的"恭敬",而伊川则指出了这种"恭敬"是"因币帛威仪而后发见于外"的,也即是在外在机缘情境下产生的道德情感。但是,这种道德情感的产生,必然有一个作为原因或根据的"恭敬",否则便不能产生这种恭敬("须心有此恭敬,然后著见。若心无恭敬,何以能尔。")。这里实际就是把其工夫论的非对象性的"敬"视为一种产生现实恭敬情感的内在原因或根据。第二条中亦然,《论语》中的"出门如见大宾,使民如承大祭"也是处事待人时的对象性的"敬",而伊川也认为其背后还有更高一层的非对象性的"敬",因此说"当出门时,其敬如此,未出门时可知也。且见乎外者,出乎中者也"。且伊川指出了这种恭敬并非处事时才突然产生的,而是"素敬",即内心一向怀有"敬",才能在面对各种事物时都能怀有恭敬。这两段十分清楚地表明了伊川在面对经典文本中的"敬"时,自觉地带入了他所改造的"敬"进行阐发。这种阐发,也可以说与他求其"所以然"的思维方式相符合,此处不再赘言。

以上通过梳理和分析,揭示了二程特别是伊川对传统"敬"的思想的创新;以下就具体讨论伊川的"主敬"工夫的思想内涵,指明何为非对象性的"敬"。

作为修身的工夫,一方面既要使人能够在现实中进行切实的道德实践,另一方面也要为人提供一种自足和乐的超越的精神境界。理学家认为二者是一体两面的,在他们的眼中,圣人不但是最高道德人格的体现,也具有最高的精神愉悦。濂溪提出"孔颜乐处"时就已经深刻地揭示出

[①] 孟子文出自《孟子·尽心上》,原文整段为:"孟子曰:'食而弗爱,豕交之也;爱而不敬,兽畜之也。恭敬者,币之未将者也。恭敬而无实,君子不可虚拘。'"此处翻译参考杨伯峻:《孟子译注》,第295页,北京,中华书局,2010。

这一点了。

而学者之不乐的原因，很大程度来自思虑的纷扰，伊川便指出："学者患心虑纷乱，不能宁静，此则天下公病。"①而如何面对这种思虑纷扰，便成了二程所要解决的棘手问题。此前，由于儒家未能重视并给出解决方法，以至于士人们在精神领域纷纷投向禅门，他们希慕佛教修养工夫所达致的精神境界，甚至连理学先驱韩愈也为大颠和尚所折服。二程要重建儒学的超越性境界的理论，同时也要和佛教的思想相区别。他们基于儒家的立场，不可能选择佛教逃避山林的方法避免与世相接，而强调一定要处事接物：

> 问："恶外物，如何？"曰："是不知道者也。物安可恶？释氏之学便如此。释氏要屏事不问。这事是合有邪？合无邪？若是合有，又安可屏？若是合无，自然无了，更屏什么？彼方外者苟且务静，乃远迹山林之间，盖非明理者也。世方以为高，惑矣。"②

他们认为佛教的修身工夫是"屏事不问"，是一种"静"的工夫，这种工夫不考虑义理对错，仅仅为了追求自我清静安适，不惜逃避人伦事务，因此他们将其视为"自私"：

> 释氏之学，他只是一个自私奸黠，闭眉合眼，林间石上自适而已。③

在反对这种"静"的工夫的基础上，二程强调用"敬"来克服思虑纷扰的问题：

> 才说静，便入于释氏之说也。不用静字，只用敬字。才说着静字，便是忘也。④

---

① 程颢、程颐：《程氏遗书》，《二程集》上册，第147页。
② 同上书，第195页。
③ 同上书，第408页。
④ 同上书，第189页。

> 人心不能不交感万物,亦难为使之不思虑。若欲免此,(编者注:一本无此四字。)唯是心(编者注:一作在人。)有主。如何为主?敬而已矣。①

对于"静"和"敬"的差别,二程认为"静"是"忘",是企图逃避外物,通过否定外物以求内心平静。而"敬"则既不执着于外物,也不逃避与否定外物,反而能够超越之并在更高的层面上统摄之。而对于当时其他人提出的克服思虑纷扰的方法,二程曾经评论:

> 张天祺昔常言"自约数年,自上着床,便不得思量事"。不思量事后,须强把佗这心来制缚,亦须寄寓在一个形象,皆非自然。君实自谓"吾得术矣,只管念个中字",此则又为中系缚。且中字亦何形象?②

张天祺的方法,乃是以一种强制把捉的方式来控制自己的意识。虽然当下能够以此控制自己不胡思乱想,但是这种强制把捉也是一种强力的心理活动,这种活动本身也已经是一种思虑了,因此不但不能让自己免于思虑纷扰,而且也十分勉强。司马光的方法是念一个"中"字,这也是通过让心理活动寄寓在某个对象之上,以压制其他的思虑。两者的特点都是一种对象性的工夫,这是根本无济于事的。伊川对司马光的例子进行了更深刻的评价:

> 君实尝患思虑纷乱,有时中夜而作,达旦不寐,可谓良自苦。人都来多少血气? 若此,则几何而不摧残以尽也。其后告人曰:"近得一术,常以中为念。"则又为中所乱。中又何形? 如何念得佗? 只是于名言之中,拣得一个好字。与其为中所乱,却不如与一串数珠。及与佗数珠,佗又不受。殊不知中之无益于治心,不如数珠之愈也。夜以安身,睡则合眼,不知苦苦思量个甚,只是不与心为主,三更常

---

① 程颢、程颐:《程氏遗书》,《二程集》上册,第168—169页。
② 同上书,第53页。

有人唤习也。①

伊川认为用"中"字不过是挑了一个好字,这种工夫与数佛珠本质是一样的,都是把内心的思虑集中在一个具体的对象上,以此来避免和克制滋生其他思虑,这种方法看似方便有效,但是并不能从根本上解决思虑纷扰,不过是用另一种思虑取代纷扰的思虑罢了。二程的回答都十分清楚地表明了他们对对象性工夫的反对,而认为解决的方法就在于非对象性的工夫。其实早在明道年轻时,横渠就以"定性未能不动,犹累于外物"也即思虑纷扰来信询问明道了,于是明道便写下了著名的《答横渠张子厚先生书》,世称《定性书》。此"性"字依朱子所说,乃是指心②,也即此书主要探讨的是此心如何能不受外物的干扰而保持宁静的问题。明道指出:

> 夫天地之常,以其心普万物而无心;圣人之常,以其情顺万事而无情。故君子之学,莫若廓然而大公,物来而顺应。《易》曰:"贞吉悔亡。憧憧往来,朋从尔思。"苟规规于外诱之除,将见灭于东而生于西也。非惟日之不足,顾其端无穷,不可得而除也……与其非外而是内,不若内外之两忘也。两忘则澄然无事矣。无事则定,定则明,明则尚何应物之为累哉?③

明道反对以心与外物相对立,若如此,此心就一定会陷入与外物的纠葛之中,如此去勉强克服思虑纷扰,一定会"灭于东而生于西也。非惟日之不足,顾其端无穷,不可得而除也"。这正是陷入了对象性活动之中,便无法超脱出来。因此明道主张要"廓然而大公,物来而顺应"。这其实正是超越了自我与外物的对立,以此心为超越主客对立者,此心无有任何

---

① 程颢、程颐:《程氏遗书》,《二程集》上册,第 25 页。在《二程外书》卷一二中,载有一条尹焞的语录,其记载的伊川对司马光的评价与此条基本相同,因此可推知此条为伊川之言。参见《二程集》上册,第 433 页。
② 朱子曰:"'定性'字,说得也诧异。此'性'字,是个'心'字意。"见黎靖德编:《朱子语类》,第2441 页。
③ 程颢:《答横渠张子厚先生书》,《二程集》上册,第 460—461 页。

私心杂念,便随物而发,物来顺应。否则,"是内而非外",以外物为非,以内心为是,在这种对立中,便不可能克服思虑纷扰。因而要"两忘",才能达到"无累"。明道的思想值得进行深刻而细致的探讨,但限于本章的重点,此处只简略地指出他工夫论的基本特点——反对对象性工夫,主张非对象性工夫。在伊川看来(包括后来的朱子),明道的思想十分浑融而难以把握,因此伊川在基本的精神上固然与之相同,但具体的观点却有差别,他更注重切实地进行实践。因此,同样是对于思虑纷扰的问题,他的回答便平实得多:

> 吕与叔尝言,患思虑多,不能驱除。曰:"此正如破屋中御寇,东面一人来未逐得,西面又一人至矣,左右前后,驱逐不暇。盖其四面空疏,盗固易入,无缘作得主定。又如虚器入水,水自然入。若以一器实之以水,置之水中,水何能入来? 盖中有主则实,实则外患不能入,自然无事。"①

> 昔吕与叔尝问为思虑纷扰,某答以但为心无主,若主于敬,则自然不纷扰。譬如以一壶投于水中,壶中既实,虽江湖之水,不能入矣。②

面对吕大临关于思虑纷扰的问题,伊川主张通过主敬的方式应对。吕大临和横渠同样有受到思虑纷扰困扰的生活经历,而伊川则指出了他们的情况如同"破屋中御寇":当一面有贼来时,此身便去追逐,另一面又来一贼,此身就根本无暇应对,只能疲于奔命。这表明,如果用一般克制思虑的方式来解决思虑纷扰,那么当一种念虑要产生时,便用此心着力去克制,此时另一种念虑又将生出,此心又要着力去克制,如此则只是徒劳损耗精神。这种方式,其实就是一种对象性的活动,这种活动把注意力集中在对象上,而对象是繁多的,又可能是瞬息万变的,用有限的精力去面对无限的外物,必然不能解决问题。因此,只有通过非对象性的修身工

---

① 程颢、程颐:《程氏遗书》,《二程集》上册,第 8 页。
② 同上书,第 191 页。

夫,不执着于外在的事物,而是通过切实改变自己,以不变应万变,才能根本解决思虑纷扰。

因此伊川便提出了"中有主则实,实则外患不能入,自然无事"的方法,也即"主一"的工夫。伊川说:

> 闲邪则诚自存,不是外面捉一个诚将来存着。今人外面役役于不善,于不善中寻个善来存着,如此则岂有入善之理? 只是闲邪,则诚自存。故孟子言性善,皆由内出。只为诚便存,闲邪更着甚工夫? 但惟是动容貌、整思(编者注:一作心。)虑,则自然生敬,敬只是主一也。主一,则既不之东,又不之西,如是则只是中。既不之此,又不之彼,如是则只是内。存此,则自然天理明。[1]

"闲邪存其诚"出自《易传》之《文言》,伊川在此处将其与"主一"联系在一起。所谓"主一",是"既不之东,又不之西,如是则只是中。既不之此,又不之彼,如是则只是内",也即,"主一"是一种内心的专注、醒觉状态,这种专注是非对象性的,并非把注意力集中于某一外在对象,否则便会流于"东西""彼此"了;并且这种"主一"也不是把注意力集中在某种思维对象的"一"之上,否则也变成了对象性的活动了。这里的"一",不是表称作为思维对象的"一",而是形容此心之精纯而不杂乱的"一","主一"不是"主于一"(以"一"为对象),而是"主而一"("一"形容此心精纯)。伊川又说:

> 大凡人心,不可二用,用于一事,则他事更不能入者,事为之主也。事为之主,尚无思虑纷扰之患,若主于敬,又焉有此患乎? 所谓敬者,主一之谓敬。所谓一者,无适之谓一……但存此涵养,久之自然天理明。[2]

伊川这段话的表达值得注意。他首先说日常中人们都经历过的情况是

---

① 程颢、程颐:《程氏遗书》,《二程集》上册,第149页。
② 同上书,第169页。

人如果用心于一事，就不会受其他事情所干扰，如前面提到的司马光的例子正是如此。伊川接着说"事为之主，尚无思虑纷扰之患，若主于敬，又焉有此患乎?""尚无"一词表明这种日常中的心理活动尚且有如此的效果，而主敬则更不必多说了。此处要把握这种递进的语气，否则便会怀疑"主一"和"主于事"是相似的了。伊川在这里只是对两种工夫的功效加以对比，而两种工夫在本质上是不同的，一种是对象性工夫，一种是非对象性工夫，其区别上文已经做了清楚的讨论。伊川接着指出"所谓一者，无适之谓一"，这就更加清楚地表明了"一"不是对象，而是形容此心精纯的状态。"无适"正是此心不执着于事物、不指向对象的意思，这种情况就是"一"的状态。

联系到"闲邪存其诚"，伊川认为"敬"的工夫便是"闲邪"的工夫，并且通过"敬"，自然能够达到"诚"，他说："不是外面捉一个诚将来存着。今人外面役役于不善，于不善中寻个善来存着，如此则岂有入善之理?只是闲邪，则诚自存。"①他认为"闲邪"同样不是一种对象性的工夫，不是通过把捉的方式去抓一个"诚"来存着，为善也不是去找个"善"来放着。"闲邪"就是"敬"，就是此心保持专注醒觉精纯，由此便是"诚"。统观其上下文，这个"诚"也即是"一"，正如上文说的"一"是此心精纯，"诚"正是表达此意的最佳字眼，正如他说的：

> 闲邪则固（编者注：一有主字。）一矣，然（编者注：一作能。）主一则不消言闲邪。有以一为难见，不可下工夫。如何（编者注：一作行）一者，无他，只是整齐（编者注：一作庄整。）严肃，则心便一，一则自是无非僻之奸。此意但涵养久之，则天理自然明。②

在此，之前的"闲邪则诚自存"被置换成了"闲邪则固一矣"，"诚"与"一"两者的关系便一目了然了。而伊川又提出"主一则不消言闲邪"，如果能够达到此心的精纯诚一，便无须"闲邪"了。

---

① 程颢、程颐：《程氏遗书》，《二程集》上册，第149页。
② 同上书，第150页。

然而光说这种"主一",毕竟也有些不易把握,于是伊川用更简单的方式表明了如何能"主一",也即他说的"一者,无他,只是整齐严肃,则心便一"。他还说:

> 惟是动容貌、整思(编者注:一作心。)虑,则自然生敬。①
> 俨然正其衣冠,尊其瞻视,其中自有个敬处。②

这些提法绝不是表明"敬"或者"主一"就是外在容貌衣冠的整齐严肃。伊川说:"严威俨恪,非敬之道,但致敬须自此入。"③表明这种方法只是能够引发内在的"敬"的一种外缘辅助性工夫。他甚至还说"视而不见,听而不闻,主于一也……敬其心,乃至不接视听,此学者之事也"④。这就是直接用行动上的不听不闻的方式来指导学者。事实上,这只是由于直接进行"主敬""主一"对初学者来说难以把握,于是伊川便以最简单、最直接的方式指点人,但我们不能将其理解为"主一"本身。伊川的这种指导表现出有规可循、有阶可历、平实具体、循序渐进、严肃笃实的特点。

还有值得注意的一点是,伊川在论"主一"时,常常运用水入瓶中的比喻,但有两种不同的说法:

> 盖中有主则实,实则外患不能入,自然无事。⑤
> 譬如以一壶水投于水中,壶中既实,虽江湖之水,不能入矣。⑥
> "敬以直内",有主于内则虚,自然无非僻之心。如是,则安得不虚?⑦
> 有主则虚,虚谓邪不能入。无主则实,实谓物来夺之。今夫瓶罂,有水实内,则虽江海之浸,无所能入,安得不虚? 无水于内,则停

---

① 程颢、程颐:《程氏遗书》,《二程集》上册,第149页。
② 同上书,第185页。
③ 同上书,第170页。
④ 同上书,第154页。
⑤ 同上书,第8页。
⑥ 同上书,第191页。
⑦ 同上书,第149页。

注之水,不可胜注,安得不实?①

到底能够主敬是"虚"还是"实"呢? 这些话看似相反,实际上只是伊川阐明的角度不同。"有主则实"是从水入壶的比喻来看的,壶中既实,则外来的水就不能进入,如同此心有所"主"而是"实"的,外来的思虑纷扰就不会进入其中。"有主则虚"是从心中有无思虑来说的,此心若能"无适",就没有各种思虑与其对象存于其中,因此是"虚"的;如果此心充满杂多的念虑,就是"实"的,就会产生思虑纷扰。因此这两种看似矛盾的说法,要分别从不同的角度理解才不会混乱,并且如此也才能知晓伊川的真义。

上文讨论了"主一"的内涵,但是,"敬"或"主一"为何在伊川工夫论中具有如此重要的地位呢? 为何由此能够达到"虚"("实")而能够"自是无非僻之奸""外患不能入,自然无事",能够不受思虑纷扰呢? 为何能够达到伊川反复提到的"存此,则自然天理明"呢? 这些问题,我们只有将其与前面提到的心性论综合起来探讨,才能够明白。

前面已经提出,伊川的"心"包含三个因素:性、形、外物。在生活中,思虑纷扰正是"形"与"外物"相交、相接触方才产生的,由于这些思虑并没有体现"性"(即"理"),甚至产生了严重的偏离,所以理学家才如此重视这些"不正"的念头,才要求克服这些杂乱的思虑。而他们所希求的,自然是意念能自然合于"理"。他们认识到了在对象性的工夫中,心是追随在外物上的,所以必然随着与外物的交接而不断产生纷扰的思虑。而要超脱出与外物相对的被动境地,就要采取非对象性的工夫。在伊川这里,就是"主敬""主一"。这种工夫要求此心不黏着于任何事物,不执着于任何对象,由此达到一种专注警觉的精纯心境。这种心境的特点,其实前文就已经讨论到了,也即"未发"的状态。"未发"是一种思虑未萌、不与物接的状态,这与"主一无适"是相近的。通过主敬的工夫,实际上正是能够达致一种"未发"的状态。伊川在与苏季明的讨论中谈道:

---

① 程颢、程颐:《程氏遗书》,《二程集》上册,第169页。

> 或曰："先生于喜怒哀乐未发之前下动字，下静字？"曰："谓之静
> 则可，然静中须有物始得，这里便（编者注：一作最。）是难处。学者
> 莫若且先理会得敬，能敬则自知此矣。"或曰："敬何以用功？"曰："莫
> 若主一。"①

直接谈"未发"对于一般人来说是难以领会的，伊川认为可以先理会
"敬"，做"主敬"的工夫，通过涵养就能够自然明白此境界。也即，"主敬"
是把握和领会"未发"的工夫。伊川甚至说过：

> 君子之学，在于意必固我既亡之后，而复于喜怒哀乐未发之前，
> 则学之至也。②

主敬可以说正是一种克服"意必固我"的方式，而主敬所要达致的境界，
则是一种"未发"的心境。由此，便能从对象交接而产生的纷扰之中超脱
出来，达到心灵的安定。

但克服思虑纷扰尚不是"主敬"的最终目的，"自然天理明"才是"主
敬"工夫最终将达致的。前文说，"主敬"的工夫在伊川的哲学体系中，是
对治"形"的因素的（"对治"并非是指"敬"以"形"为对象，只是说这个工
夫是能够处理"形"的因素产生的弊害的）。"形"表明了一种有限性，人
的现实存在是有限的，这种有限正是因为人由于具有形体而只能存在于
具体的时空中。并且"形"的有限，是在与外物的对立中表现出来的，
"我"之"形"之外的东西，自然不属于"我"，"形"正是"我"的观念产生的
根源，"形"是区别"我"与"非我"的限隔。这样的"形"，必然会导致"私"，
于是所谓的"私欲"也都建基于"形"之"我"的因素之上，这样的"形"，便
对"性"产生了蔽障的作用，限制了与天理相通的"性"对于人的意义。伊
川说：

---

① 程颢、程颐：《程氏遗书》，《二程集》上册，第 201—202 页。
② 同上书，第 317 页。

> 敬则是不私之说也。才不敬,便私欲万端害于仁。①

"敬"在非对象性的活动中,摆脱了自我与外在对象的对立,把自我提升至更高的层面,这一活动在客观上便克服了"形"之因素所产生了"有限"的限制。如果不通过敬的工夫,自我始终处于与外物相对立之中,"形"的因素便会导向"私"。而通过敬的工夫,超越了"形"的限制,那么在心的三个因素中,由于"外物"总是借助与"形"的交互发生作用,自然在敬的过程中被消解了,而"性"的因素则获得了彰显。也即,通过"敬"的工夫,遮蔽"性"的因素得到克服,而"性"自然就会呈现出来,只有这样理解,我们才能明白伊川为什么认为通过"敬"便能够自然"无非僻之奸""自然天理明"。这种观点他几乎每次论及"主一"都要加以重申,可见其重视。这里的"明",不能认为是认知意义上的"明白",而应该是"彰明""昭明"之义,意即"天理自然会彰明、呈现出来","天理"亦即"性"。这样的解释,才是伊川语境中合理的解释。

然而,正如我们在讨论"未发"时曾指出,"未发"消解了"形"的作用,使得其"善"还未能在现实中完全真实地呈现出来,"主敬"亦然。现实的活动一定要通过"形"的作用,并与外物打交道,才能够真实地呈现出来。而"主敬"的工夫,虽然尚未把"性"完整地呈现在现实生活的行动中,但已经具备了最良好的主观条件。伊川倡导"主敬"工夫,正是为了将"性"真正呈现出来而在主体上做好最好的准备。伊川说:

> 敬只是涵养一事。必有事焉,须当集义。只知用敬,不知集义,却是都无事也……敬只是持己之道,义便知有是有非。顺理而行,是为义也。若只守一个敬,不知集义,却是都无事也。②

这就很清楚地表明了"敬"的工夫主要在于"持己",仅仅靠"敬"的工夫对于完整的道德实践来说尚不完整,因此说"都无事"。要真正成就道德,

---

① 程颢、程颐:《程氏遗书》,《二程集》上册,第153页。
② 同上书,第206页。

还需要"集义"。而"集义"实际上基于"格物穷理"。"格物穷理"才是与"主敬涵养"并列的修身方式,其对治的正是心的第三个因素"外物"。因此以下就围绕着"格物穷理"进行讨论,并于其中讨论"集义"的问题。

二、格物穷理

伊川的名言"涵养须用敬,进学则在致知"①可谓人尽皆知,但是人们通常只是按照字面意思将"致知"视为"学习"知识,而把"格物"视为寻求外部知识的活动,这就根本误解了伊川的思想。不可否认"格物致知"的活动伴随着"知识"的增加,但是对于伊川来说,他"格物"工夫的目的并不在于增加客观的知识,作为修身工夫,"格物"指向的依然是成德成圣。

我们可以先考察伊川对"格物"的解释:

问:"如何是格物?"先生曰:"格,至也,言穷至物理也。"②

格,至也,如"祖考来格"之格。凡一物上有一理,须是穷致其理。③

格犹穷也,物犹理也,犹曰穷其理而已也。④

从以上三条可知,"格物"是一个接触事物的过程,由于事物上都有"理",因此"格物"的活动目的就在于穷致其"理",整个"格物"的过程也即"穷理"的过程。这样的解释十分简洁精当。但问题在于,什么是"理"? 只有弄清楚了"理"在伊川思想中究竟指什么,"格物穷理"这个工夫的内涵和意义才能够明确下来。

可以说,伊川所谓的"理"并非主要指作为事物存在之依据的"存在之理"或者事物的具体规律。伊川认为"理"是一种"所以然",虽然"存在之理"或具体规律也可以说是一种"所以然",但这种所以然和伊川注重

---

① 程颢、程颐:《程氏遗书》,《二程集》上册,第 188 页。
② 同上书,第 277 页。
③ 同上书,第 188 页。
④ 同上书,第 316 页。

的作为"所应然""所当然"的"所以然"仍有根本上的区别。伊川较少正面阐明此"理"之义,但我们可以通过他论述"格物穷理"的观点来考察他心中"理"的意义。

伊川认为"穷理"实际就是穷其"所以然",他说:

> 格物穷理,非是要尽穷天下之物,但于一事上穷尽,其他可以类推。至如言孝,其所以为孝者如何……①

> 且如欲为孝,不成只守着一个孝字? 须是知所以为孝之道,所以侍奉当何如,温凊当如何,然后能尽孝道也。②

> 亲亲本合在尊贤上,何故却在下? 须是知所以亲亲之道方得。未致知,便欲诚意,是躐等也。③

> 问:"格物是外物,是性分中物?"曰:"不拘。凡眼前无非是物,物物皆有理。如火之所以热,水之所以寒,至于君臣父子间皆是理。"④

> 物理须是要穷。若言天地之所以高深,鬼神之所以幽显。若只言天只是高,地只是深,只是已辞,更有甚?⑤

以上几条在论格物穷理或者致知时,都指出了要探究事物的"所以然",这种思想表明伊川并不拘泥于现象,因为现象是一般的感官便能够直观把握的。他要探寻现象背后的"所以然",这与其将"一阴一阳之谓道"解释成"道非阴阳也,所以一阴一阳道也"⑥的基本思路是一致的,"道"或"理"绝不是现象界中能被感官把握的对象。但仔细分析上面几条,会发现"所以然"在此其实有两种意义:一是处事的"所以然",包括某种事物中的道德义理与进行某种行为的方式,如"所以亲亲之道"便是"亲亲"之

---

① 程颢、程颐:《程氏遗书》,《二程集》上册,第157页。
② 同上书,第206页。
③ 同上书,第187页。
④ 同上书,第247页。
⑤ 同上书,第157页。
⑥ 同上书,第67页。

义理,"君臣父子间皆是理"是指君臣父子关系的义理;而如"所以为孝之道,所以侍奉当如何"便是孝亲的方式。二是事物的"所以然",指事物背后的原因,如"火之所以热""天地之所以高深"等等。

第一种"所以然",我们能够很清楚地理解其义即是"所应然""所当然",无论是道德义理还是行为的方式,都要求践行出来,他们不是为了解释实际的事物,而是要实现自身。道德的义理本身表明的就是一件事"应当"如何,行为的方式也是指导人在处事中"应当"如何,两者都统归于"所应然""所当然"。但第二种"所以然",好像就变成解释事物的"客观规律"了。对此,我们不能够简单地把两种所以然对立起来。事实上,人在处理各种事物时,必须了解事物本身的规律,以形成某种知识,但是这种知识并不是最终的目的,这种知识是被纳入人的活动之中的,其所指向的是人的实践活动。人们对于事物的知识有了了解之后,才能够在实践中以更好的方式对待它、处理它,理学家喜欢说的"物各付物"亦是建基于此。然而,由于一开始指向的就是实践活动,那么这种知识也就不是科学知识,毋宁说是伦理的知识,它是服务于道德实践的,因此最终还是归结到"所应然""所当然"之中。

值得说明的是,"格物"一词在后来人们的理解中之所以出现了巨大的偏差,实际上与哲学概念的变化情况有关。从语言学的角度来看,词语在历史发展中会出现词义演变的情况,包括"词义扩大""词义缩小"和"词义转移"。同样的,一个哲学概念在历史中也会有这些变化。一个哲学概念最初提出时,往往是有某种具体的含义的,而在后来的历史发展中,则由于该概念具有较强的解释性,加之解释者有意无意(甚至误解)地运用,便会出现含义变化。如"理"字,《说文》曰:"理,治玉也。"段玉裁注:"《战国策》:'郑人谓玉之未理者为璞。'是理为剖析也。玉虽至坚,而治之得其理以成器不难,谓之理。"[1]即"理"表示一种治玉的活动,治玉要顺着其固有的脉络进行,由此引申出有脉络的含义。到了韩非子时,他

---

[1] 段玉裁:《说文解字注》,第 15 页,上海,上海古籍出版社,1988。

对理进行了清楚的界定:"凡理者,方圆、短长、粗靡、坚脆之分也。故理定而后物可得而道也。"①"理"成了事物自身的特性的指称。而到了宋明理学家这里,"理"又被赋予了宇宙万物的最高法则之义,具体又有许多不同的情况。以上的例子表明了哲学概念始终在不断变化之中。回到正题,"格物"的思想也处于这样的变化之中。由于伊川本人没有对"格物"一词进行足够清晰的界定,加上这个概念具有丰富的潜在内涵,于是自然也可以引申出对外寻求知识的意思。这使得伊川自己在使用此概念时,也自觉不自觉地使其含义发生了细微的变化。

那么我们要如何确定在伊川的思想中"格物"的本义(或主要意义)与其变化引申之义呢? 这就要回到文本,追随伊川的问题意识,考察他到底以"格物穷理"来处理什么问题,到底更强调它的什么作用,由此便可以确定他格物思想的真实意旨,并容纳理解其变化引申义。如果执着于一定要把伊川所有涉及"格物"的地方全部用统一的标准去衡量,并由此得出伊川自己对于"格物"本就含糊不清、缺乏确定的说法的结论,那这就是一种平面化、片面化、缺乏历史眼光的研究了。

我们发现,伊川注重的确实是一种"所当然""所应然",他说:

> 穷理亦多端,或读书,讲明义理,或论古今人物,别其是非,或应接事物而处其当,皆穷理也。②

> 凡读史,不徒要记事迹,须要识治乱安危兴废存亡之理。且如读高帝一纪,便须识得汉家四百年终始治乱当如何,是亦学也。③

在第一条中,伊川介绍了穷理的途径,一是通过读书讲明义理,这种义理其实就是经典中寄寓的道理,主要是圣贤所说的道德实践的行为准则;二是讨论古今人物以别是非,所谓"是非",乃是道德领域的正义与否,依然关涉道德实践;三是探究处事时如何处其当、如何合理,这依然是有关

---

① 王先慎:《韩非子集解》,第 148 页,北京,中华书局,1998。
② 程颢、程颐:《程氏遗书》,《二程集》上册,第 188 页。
③ 同上书,第 232 页。

道德的实践问题。这三点伊川认为都是"穷理",而我们发现其中没有一条讨论的是探究外部事物的客观知识,而全都是针对道德实践而言的,都是探究"所应然""所当然"的问题。第二条具体讨论了读史书的问题,伊川指出不能只是徒记事迹,[1]而是要探究"治乱安危兴废存亡之理",这种理也不是客观的知识,而是国家政治之兴衰的原因,本质上也是属于道德实践的领域(理学家都注重君主的道德品质与行为,认为这是国家治理的根本,君主无德,国家衰败),因此探究的依然是"所应然""所当然"。

关于读书穷理,我们可以通过两个例子来看伊川是如何实践"格物穷理"的。

第一个例子,《程氏遗书》记载了伊川读史书:

> 先生每读史到一半,便掩卷思量,料其成败,然后却看,有不合处,又更精思,其间多有幸而成,不幸而败。今人只见成者便以为是,败者便以为非,不知成者煞有不是,败者有是底。[2]

据此,伊川读史读到一半,便开始预想事情之成败,他绝不是根据历史的形势来揣测成败的,而是根据他所认定的"理"来预测。因此当有"不合"时,他便反复思考自己所理解的"理"是否有偏差,而依然发现不合时,他便用"幸"与"不幸"来解释,并认为历史上的成败与是非并没有绝对的关联,历史是存在偶然性的。而这里的道德层面的"是非"正与他思考的"理"相关联。由这个例子我们便可以看出他自己是如何践行"穷理"的,也能发现他所注重的"理"不是历史的客观知识或规律,而是人的"所应

---

[1] 明道亦然,胡安国说过:"谢先生初以记问为学,自负该博,对明道举史书,成篇不遗一字。明道曰:'贤记得许多,可谓玩物丧志。'谢闻此语,汗流浃背,面发赤。及看明道读史,又却逐行看过,不蹉一字,谢甚不服。后来省悟,却将此事做话头接引博学之士。"(见叶采:《近思录集解》,《近思录专辑》第1册,第39—40页,上海,华东师范大学出版社,2014。)明道反对记问之学,但是他自己看史书同样十分认真而引起上蔡的怀疑。事实上,他与伊川一样,注重的是史中之"理"而不是"事"。

[2] 程颢、程颐:《程氏遗书》,《二程集》上册,第258页。标点略有改动。

然""所当然",即便这种"应当"与现实的成败发生了背离,他也并不以成败论英雄。

第二个例子是他教弟子读《孟子》应当注意的重点:

> 学者不泥文义者,又全背却远去;理会文义者,又滞泥不通……又如万章问舜完廪浚井事,孟子只答佗大意,人须要理会浚井如何出得来,完廪又怎生下得来,若此之学,徒费心力。[①]

面对弟子怀疑孟子所说舜的故事的真实性时,伊川的回答十分值得注意。他认为,读书不应拘泥文义,在孟子的那一段中,真正应该注意的是关于人伦的"大意",而不是关心舜完廪浚井是否真实。对于一般人来说,怀疑舜完廪浚井的真实性的原因在于,人们通过日常中获得的生活经验,加以合理的推理,认为舜完廪浚井的故事中有许多情节是用日常经验无法解释的。而这种怀疑,正是一种科学怀疑精神,一种追求客观知识的精神。但是伊川反而不考虑这一点,他所关注的在于舜所体现的人伦之道,这正是一种"所应然""所当然"。可见,在"应当"与客观知识或科学知识两者发生矛盾时,伊川选择了前者,并且对弟子说过分地去考索后者的问题,是"徒费心力"的。到此我们可以明确发现,伊川"格物"思想的着眼点确实不在外物的客观知识,否则他也应当鼓励弟子用怀疑精神去分析这个故事。

以上我们通过对比伊川自己论述"格物"以及教弟子"格物"时所强调之处和轻忽之处,表明了"格物"在伊川思想中,确实关注的是"所应然""所当然"。以下,我们再从反面论证,指出伊川批评别人不能明理时的切入点,由此便能正反两面相结合,更完整地把握伊川的真实思想。

> 问:"前世所谓隐者,或守一节,或惇一行,然不知有知道否?"曰:"若知道,则不肯守一节一行也。如此等人,鲜明理,多取古人一节事专行之……如此等,则放效前人所为耳,于道鲜自得也。是以

---

① 程颢、程颐:《程氏遗书》,《二程集》上册,第205页。

东汉尚名节,有虽杀身不悔者,只为不知道也。"①

　　问:"恶外物,如何?"曰:"是不知道者也。物安可恶? 释氏之学便如此。释氏要屏事不问。这事是合有邪? 合无邪? 若是合有,又安可屏? 若是合无,自然无了,更屏什么? 彼方外者苟且务静,乃远迹山林之间,盖非明理者也。世方以为高,惑矣。"②

在这两段话中,伊川分别对隐者、佛教徒进行了批评,指出他们是"鲜明理""不知道""非明理",而伊川并不是因为那些人不探求客观的知识而批评,乃是因为那些人的生活方式、行为实践不符合儒家的伦理道德规定。伊川批评的着眼点完全在于他们的行为,从这种批评反过来看,伊川思想中的"明理""知道"所指向的确实是人的行为实践,表现为"应当"。这一点其实伊川也是清楚地说明了的:

　　棣问:"学者见得这道理后,笃信力行时,亦有见否?"曰:"见亦不一,果有所见后,和信也不要矣。"又问:"莫是既见道理,皆是当然否?"曰:"然。凡理之所在,东便是东,西便是西,何待信? 凡言信,只是为彼不信,故见此是信尔。孟子于四端不言信,亦可见矣。"③

弟子询问"道理"是否都是"当然",这确实体会到了伊川思想的实义,因此伊川毫不犹豫地认可了,并且还分析说"东便是东,西便是西",而这便是"止"之义:

　　释氏多言定,圣人便言止。且如物之好,须道是好;物之恶,须道是恶。物自好恶,关我这里甚事? 若说道我只是定,更无所为,然物之好恶,亦自在里。故圣人只言止。所谓止,如人君止于仁,人臣止于敬之类是也。④

　　致知,但知止于至善,为人子止于孝、为人父止于慈之类,不须

---

① 程颢、程颐:《程氏遗书》,《二程集》上册,第 194 页。
② 同上书,第 195 页。
③ 同上书,第 296 页。
④ 同上书,第 201 页。

外面,只务观物理,泛然正如游骑无所归也。①

物之当好就须好,物之当恶就须恶,这与"东便是东,西便是西"是一致的。儒家强调的是"止"而不是"定","止"本身就是具有道德价值的活动,"止"就是要按照事物之"应当"而实践之的过程。他引《大学》"为人君止于仁,为人臣止于敬",表明做君主的就应当按君道而仁,臣子应当按臣道而敬,这就是一种道德实践。而要实践,则首先要求知此对象的"应当"即"理",这才是致知的"归"处。伊川反对泛观物理,也即泛滥地外求外部的知识,而以"知止"为"归",也表明了他所重的"理"乃是道德实践之理。伊川在《周易程氏传》中更系统而精练地总结道:

> 夫有物必有则,父止于慈,子止于孝,君止于仁,臣止于敬,万物庶事莫不各有其所,得其所则安,失其所则悖。圣人所以能使天下顺治,非能为物作则也,唯止之各于其所而已。②

有物必有则,"则"即是"理",他点明了"止"这种道德活动基于具有客观性、绝对性的"理"。圣人治理天下,正是要让天下之人各止其所,各自按其理而行。至此,伊川之"理"为"所应然""所当然"的思想已经十分清楚了,"格物穷理"正是要探究"所应然""所当然",这方为其真义。③

明确了这一点,我们便可以略引几条上面提过的内涵有所变化的"格物"的例子:

> 求之性情,固是切于身,然一草一木皆有理,须是察。④
>
> 医者不谙理,则处方论药不尽其性,只知逐物所治,不知合和之

---

① 程颢、程颐:《程氏遗书》,《二程集》上册,第100页。

② 程颐:《周易程氏传》,第299页。

③ 事实上,我们如果考察伊川思想中作为人格典范的圣人的情况,也可以明白其"格物"的真义。伊川说:"生知者,只是他生自知义理,不待学而知。纵使孔子是生知,亦何害于学? 如问礼于老聃,访官名于郯子,何害于孔子? 礼文官名,既欲知旧物,又不可凿空撰得出,须是问他先知者始得。"(《二程集》上册,第152页)伊川的所有工夫本来就是为了达致圣人,而圣人并非对于客观知识无所不知,只是对义理无所不知,因此作为修身的"格物"工夫指向的必然是"义理",因为客观知识对他来说并不是成为圣人的必要条件。

④ 程颢、程颐:《程氏遗书》,《二程集》上册,第193页。

后,其性又如何？……古之人穷尽物理,则食其味,嗅其臭,辨其色,知其某物合某则成何性。①

这两条中,"穷理"似乎已经意在寻求事物的具体规律了,这也就是上文所说的伊川使用"格物"概念的引申变化之义,这是他自觉不自觉地衍生出去的,并不是他"格物思想"的核心意旨。然而这也只是看似而已,由于其言语模糊不清,如果要将其所谓的"理"解释成指向人的实践,也是完全可以的。此处不再赘言。

明白了伊川"格物穷理"思想的真正意旨之后,我们要探讨的是这种道德工夫在其体系中的地位与价值。

伊川主张"有物必有则,一物须有一理"②。而格物的工夫就是要去积极地面对外物,因此不能仅仅限于一事一物:

> 问:"只穷一物,见此一物,还便见得诸理否?"曰:"须是遍求。虽颜子亦只能闻一知十,若到后来达理了,虽亿万亦可通。③
>
> 若只格一物便通众理,虽颜子亦不敢如此道。须是今日格一件,明日又格一件,积习既多,然后脱然自有贯通处。④
>
> 所务于穷理者,非道须尽穷了天下万物之理,又不道是穷得一理便到,只是要积累多后,自然见去。⑤

伊川主张"穷理"要尽量多地去接触外物,去探究对象的"所应然""所当然"。这不是一通百通的,而是一个不断积累的过程,但是这也不意味着要穷遍天下之物而后止。伊川指出,通过一定积累,便能够有朝一日"脱然自有贯通处",这似乎可以说是一种"顿悟"了,但所谓的"贯通"是何种含义呢?

---

① 程颢、程颐:《程氏遗书》,《二程集》上册,第162页。
② 同上书,第193页。
③ 同上书,第247页。
④ 同上书,第188页。
⑤ 同上书,第43页。

问:"观物察己,还因见物,反求诸身否?"曰:"不必如此说。物我一理,才明彼即晓此,合内外之道也。"①

这一条深刻地揭示出了所谓"贯通"的意涵。如果我们单单看伊川论"格物"的文字,便会由于他强调要积累、要格众物、要今日格一件明日格一件,就以为他所谓的"贯通"是指人通过"格"不同事物而获得的"理"之间是相通的,即与自我相对的那些对象之"理"是相通的。这当然是正确的,但是绝不仅仅止于此。这一条就深刻地点出了"贯通"更重要的层次在于"物我"的"贯通",而不仅仅是"物"之"理"的相互贯通。伊川说"物我一理,才明彼即晓此",此言初看难以理解,但是如果顺着上文的分析,便可以迎刃而解了。

上文已经讨论了"格物"之"理"乃是"所应然""所当然",这种"理"指向人的道德实践。人通过格物的工夫,能够明白事物在自我道德实践上的"所应然""所当然",也即明白自己应当以何种方式去对待事物。明白了这种道理,就是"才明彼";而"即晓此"的"此"正是人之"性",伊川早已申明"性即理","性"作为心的本质规定,本身便体现为一种"应然""当然",这种"性"是与道德必然相关的而不是生物意义上的人性。而通过格物,人会深切地发现事物之"理"原本就与自我之"性"相通,这就是"才明彼即晓此"。伊川说:

"致知在格物",非由外铄我也,我固有之也。因物有迁,迷而不知,则天理灭矣,故圣人欲格之。②

"理"作为"性"是人自身所固有的,然而人由于受到外物的引诱迷惑不能明了此性,如此"天理"就湮灭于人欲中了。因此圣人提出"格物"的方法,其实正是要帮助人返回到自己的内心,明白自己固有的"性",进而能够把"性"彰显、实现出来,把"天理"落实。可以说这样的表达已经十分

①程颢、程颐:《程氏遗书》,《二程集》上册,第193页。
②同上书,第316页。

明确地说明了"格物穷理"与"性"的关系了。

前文我们已经提到,"格物"作为道德修身的工夫,针对的是"心"之"外物"因素。"格物"相比于"主敬",其特点就在于积极地去直面事物。这种直面,一方面是使自己与外物相对,由此才能以之为对象而通晓其"理";另一方面是通过积累而贯通明了事物之"理"与自我之"性"相通为一,此时自我之"性"超越物我对立,即超越了格物时的对待关系。可见这种修身的工夫比"主敬"在内在结构上更为复杂,它不像主敬仅仅以一种非对象性的工夫超脱出事物以保持主体的精纯不杂,而是反过来要求回到与对象相对立的状态中去把握对象,并通过贯通对象之理与自我之性在更高的层面上再次超越。由此工夫,"外物"就不再是原本与自我无关并且会干扰自我的外物了,而是成为受到了"性"("理")统摄的外物了,此时的对象可以说完全成为"我"(从"性"的角度说)之"物",由此道德实践便能够充分地在现实世界中展开了。

伊川很清楚地说:

> 入道莫如敬,未有能致知而不在敬者。①

只有先通过"敬"的工夫,才能首先克服"形"的弊害而超脱出来,而后再次通过"致知"(格物)的工夫回到对立中,此时才能真正去进行真实的行动,而不是只停留在"敬"上而"都无事"。并且只有通过行动,才能真正在现实中落实道德实践。此时这种道德实践已经不再是偶然地符合道德的行动(行仁义)了。人能彻悟事"理"与"性"之贯通,使得所有道德活动因为根源于自己之"性"而获得了必然的道德价值(由仁义行)。由此我们才能真正明白伊川这句话:

> 穷理尽性至命,只是一事。才穷理便尽性,才尽性便至命。②

明道也有相同的表达,以至于有人怀疑伊川如此说只是顺着其兄来说而

---

① 程颢、程颐:《程氏遗书》,《二程集》上册,第 66 页。
② 同上书,第 193 页。

已。然而通过我们上文的分析,可以确知伊川此说虽高,但是依然符合其固有的义理脉络。通过"穷理"而彻悟"物我一理",由此"性"的因素自然就被凸显出来而自然呈现在现实生活之中。这是因为,一方面,人依所穷之理而实践,其理即性,这种实践即是"性"的呈现过程;另一方面,在"心"的三个因素中,通过"主敬""格物"的工夫,"形"的"私"之弊与"外物"的杂乱纷扰的问题得到克服,"性"的因素得到彰显便能自然呈现,并伴随着人的行动自然表现出来。这整个过程,就是"尽性",而由此便能够达致"天命",彻证"天命"。

在这个过程中,最后一个要解决的问题是,通过"格物"而"彻悟"后,为什么能够"自然"地把"性"呈现出来。而这个问题,便涉及伊川的"知行合一"与"真知"说了。

伊川曾反复举过一个关于真知的例子:

> 真知与常知异。常见一田夫,曾被虎伤,有人说虎伤人,众莫不惊,独田夫色动异于众。若虎能伤人,虽三尺童子莫不知之,然未尝真知。真知须如田夫乃是。[①]

他认为田夫对虎之可怕的了解是"真知",而普通人对虎之可怕的了解只是"常知",区别在于"真知"是切身之知,并且这种知能够自然引起行动上的反应。这一点十分重要,是判别真知与否的关键。在故事中,"常知"的人对虎之可怕只有一种概念上的了解,明白虎是"可怕"的,却不会引发行动上自然的反应;相反,田夫当谈及虎时,"色动异于众",这种行为是基于其切身之知"自然"产生的,并不是他故意如此。因此在这里,"真知"与"行"有着必然的联系,即知即行,并且这种联系是以一种自然的方式表现出来的;相反,若不行,即非真知。当然,在这个例子中,这种对虎之"知"更多的是一种"感知"层面的"知",而不是伊川"格物"思想中

---

① 程颢、程颐:《程氏遗书》,《二程集》上册,第 16 页。

对"理"的"知"。然而伊川举这个例子,主要着眼点在论述"真知"的特点,而不是讨论"知"的内涵,我们不能拘泥其言。这种"真知"的特点,伊川屡次用坚决的口吻来说:

> 知之深,则行之必至,无有知之而不能行者。知而不能行,只是知得浅。①
>
> 人既能(编者注:一作有。)知见,岂有不能行?②

这明确地表明了真知必然且自然会引出行,知行之间是无间断的。而如果在某种情况中,这种必然且自然的知行活动被迫中断了,就会引起自我内心的强烈不安:

> 凡实理,得之于心自别。若耳闻口道者,心实不见。若见得,必不肯安于所不安。③
>
> 故人知不善而犹为不善,是亦未尝真知。若真知,决不为矣。④

如果能见实理(也即真知),必然"不肯安于所不安",即绝不能安于违背义理的行为。此处便从反面做了补充说明,不但"真知"一定会表现为道德实践,而且"真知"绝对不能容许违背道德实践。

伊川还用了另一个概念把这一必然的过程更生动地表现出来,即"乐"(与上文的"不安"相对,便更鲜明地体现伊川确实善于从正反两面来理解问题):

> 勉强乐不得,须是知得了,方能乐得。⑤
>
> 古人言乐循理之谓君子,若勉强,只是知循理,非是乐也。才到乐时,便是循理为乐,不循理为不乐,何苦而不循理,自不须勉

---

① 程颢、程颐:《程氏遗书》,《二程集》上册,第 164 页。
② 同上书,第 181 页。
③ 同上书,第 147 页。
④ 同上书,第 16 页。
⑤ 同上书,第 187 页。

强也。①

> 学者固当勉强,然不致知,怎生行得?勉强行者,安能持久?除
> 非烛理明,自然乐循理。②

可以说,仅仅强调"真知必然行",在表述上有一种过于客观化的倾向,从而忽略了人的主观感受,人在这个知行的过程中似乎是被动的了。而对"乐"这个概念的使用,恰恰是从人的主观感受层面上把"真知必然行"更加柔和地表达出来。"乐"是一种主观的感受,于是"真知必然行"的过程同时也成了主观感受上的必然。在此人又成为主动的了,人的主体性也得到张扬,人的主观意志的尊严也得以体现。

伊川在此还强调在进学的过程中也应当"勉强",但是如果永远只靠"勉强"是不能长久的,也不是"真知"。因为在"勉强"的道德实践中,"知"与"行"是有间隔的,其中有一个主观的意志强制地把"知"作用于"行",因此知行就不是必然且自然的了。而"乐"则是自然不勉强的,知行之间毫无间隔。

总之,不论是强调"真知必能行"还是"真知则乐循理",其主旨都在于强调"真知"之"知行合一"的维度。而达到"真知",正是要求"明理",也即是上文讨论的"格物穷理"。因此,他在教导弟子时也反复谈及:

> 故人力行,先须要知。③
> 智识明,则力量自进。④

由此可知,伊川的确坚定地主张通过"格物穷理"以获得"真知"而引出必然的道德实践。

但是,未能达到"真知"之前,并非意味着不需要进行道德实践。对于学者来说,要达到豁然贯通的"真知"并非易事。因此在未达到之前,

---

① 程颢、程颐:《程氏遗书》,《二程集》上册,第186页。
② 同上书,第187—188页。
③ 同上书,第187页。
④ 同上书,第188页。

仍须自我勉强。这个过程也就是伊川提出的"集义"思想。"集义"出自孟子所说:"是集义所生者,非义袭而取之也。行有不慊于心,则馁矣。我故曰,告子未尝知义,以其外之也。必有事焉而勿正,心勿忘,勿助长也。"(《孟子·公孙丑上》)伊川把"集义"和"主敬"对举:

> 敬只是涵养一事。必有事焉,须当集义。只知用敬,不知集义,却是都无事也。且如欲为孝,不成只守着一个孝字?须是知所以为孝之道,所以待奉当如何,温凊当如何,然后能尽孝道也。①

他认为所谓的"必有事焉",指的正是人要去努力践行道德,也即去"集义",否则就是全然无事了。②"集义"的这种"行",与"真知"必然引出的"行"的区别在于,"集义"尚不是必然且自然的,而是人须要刻意去努力才能做到的,并且是人们在生活中应该时时提醒自己要去进行的。但这种工夫也基于"格物致知",伊川在这条中说的"须是知所以为孝之道……然后能尽孝道也"正体现此义,通过"格物致知"获得"理",我们努力地去践行它,这个过程便是集义。虽然"格物穷理"了,但是还未至于"贯通"并获得"真知",才需要这样的努力。

伊川接着提出"集义"可以生发"浩然之气":

> 气须是养,集义所生。积集既久,方能生浩然气象。人但看所

---

① 程颢、程颐:《程氏遗书》,《二程集》上册,第 206 页。
② 伊川此观点前后有变化。《程氏遗书》卷一五中谈论到"必有事焉"的问题时,伊川认为:"'必有事焉',须把敬来做件事着。"(《二程集》,第 149 页)"'必有事焉',谓必有所事,是敬也。"(《二程集》,第 171 页)这时是认为"必有事焉"意味要主动去做"敬"的工夫,因此"事"指的是"敬"。卷一五是《入关语录》,是伊川在关中讲学时弟子记录的,编者考证后注"先生元丰庚申、元祐辛未,皆尝至关中。但辛未年吕与叔已卒,此篇尚有与叔名字,疑庚申年也。"(《二程集》,第 3 页)庚申年是元丰三年(1080),此时伊川四十八岁。后在《程氏遗书》卷一八中谈到"集义"时内容则变了,如"问:'必有事焉,当用敬否?'曰:'敬只是涵养一事。必有事焉,须当集义。'"(《二程集》,第 206 页)"敬只是持己之道,义便知有是有非。顺理而行,是为义也。若只守一个敬,不知集义,却是都无事也。"(《二程集》,第 206 页)在这里"事"变成了与"敬"相对的"集义"了,而不再指"主敬"了。卷一八编者注:"所记有元祐五年遭丧后、绍圣四年迁谪前事。"(《二程集》,第 4 页)也即是 1090—1097 年间,伊川五十八岁至六十五岁。虽然不能保证其中所有言论都在这段时间之中,但应当大体接近。因此本卷合理推定来说其内容是后于卷一五的。其中伊川讨论"必有事焉"思想的变化是值得留意的。

养如何，养得一分，便有一分；养得二分，便有二分。只将敬，安能便到充塞天地处，且气自是气体所充，自是一件事，敬自是敬，怎生便合得？①

浩然之气，所养各有渐，所以至于充塞天地，必积而后至。行不慊于心，止是防患之术，须是集义乃能生。②

这种养气的工夫也重在积累，人需要在日常生活中不断进行道德实践。而当道德实践既多既久，整个人的精神气质便会提升，拥有"浩然之气"这种刚强、宏大、正直的精神气象。他说："浩然之气，既言气，则已是大段有形体之物。"③"气"的范畴是形下的，是在现实生活中能够感知到的，也只有在现实中进行道德践履，才能够相应地生发此气貌。

前文说"格物"工夫时，指出通过"贯通"来体会"物我一理"，这偏重于知。在这里伊川实际给了另一条路径来达到这种境界。"浩然之气"乃是通过努力实践的"集义"而生，养成此气，也能够体会到"贯通"，而这偏重于行：

浩然之气是集义所生者，既生得此气，语其体则与道合，语其用则莫不是义。④

配义与道，谓以义理养成此气，合义与道。方其未养，则气自是气、义自是义。及其养成浩然之气，则气与义合矣。本不可言合，为未养时言也。如言道，则是一个道都了。⑤

伊川说"语其体则与道合""气与义合"都表明了"浩然之气"虽然是气，是现实中人的精神气貌，但其本身就是"道"的体现。这意味着通过养气，

---

① 程颢、程颐：《程氏遗书》，《二程集》上册，第207页。
② 同上书，第158页。
③ 同上书，第148页。
④ 同上书，第148页。
⑤ 同上书，第206页。

也可以达到与道为一的境界。

可见，通过"格物"而积累、"贯通"以及获得"真知"，是"知"的向度；通过"格物"而努力实践以培养"浩然之气"，是"行"的向度，这些都能达到"物我一理"、与道为一的境界，而两个向度都要基于"格物"。不过，虽然在此我们能够从学理上对两者进行区分，但在现实生活中，两者是密不可分的，是并行并用的，并非相互对立的。

最后，我们再回到伊川的心性论中来讨论这样的工夫论意味着什么。

前文说"心"包括三个因素"性""形""外物"，"格物"是基于"主敬"而来的，并且是对治"外物"的工夫。"格物"要求积极去面对外在事物，去穷理并进行实践。正如本节说的，如果通过"格物"而获得"真知"，就必然且自然能够引出道德实践；如果在"格物"基础上努力进行道德实践的"集义"从而养成"浩然之气"，也能达到一种至高的道德境界，由此也能引发自然而然的道德实践。这样的工夫实际上就是因为"格物穷理"本身克服了"外物"因素可能的问题后（先行的"主敬"工夫已经克服了"形"的因素可能的问题），"性"的因素被凸显、彰显出来了。也即，当遮蔽"性"的因素得到了克服，"性"本身就必然且自然能够彰显出来。伊川对此没有做清晰的正面讨论，但是从其工夫论的细致讨论中，我们会发现他的理论预设应即如此。"真知"之所以必然且自然能行，正是因为贯通"物我"，彻知"我"之"应当"（性）即是"物"之"应当"（理），所以人的行动必然就是道德的行动；而"集义"产生的"浩然之气"的境界也是贯通了自我与道，在行动中践行"物"之"应当"（理）而合于"我"之"应当"（性），因此人自然处于这种道德境界中。

由此我们也可以发现，"性"在伊川思想中绝不是一个空洞的、死寂的"理"，而是能够在现实中呈现自身的。只不过"性"的呈现不是它自身的主动作用，而是在人克服对其的蔽障后才自然显现出来。而伊川所有的工夫便是围绕着克服其蔽障以彰显此"性"。

三、圣人境界

前文我们主要讨论了伊川的心性论与基于心性论的工夫论。伊川的"心"在其思想体系中具有形下的内涵,指的是现实中具有意识活动的"心";但是这个"心"又不完全沦于现象界,因为它以"性"作为本质规定,"性"是与"天道""天理"相通又内在于人的。我们说伊川所谓的"心"包括"性""形""外物"三个因素,但并不是意味着这三个因素机械地组成"心",而是说伊川是由这三个层面来理解"心"的。在其中,"性"作为与"天理"相通者,是纯然善的,但这种形而上者并不能直接作用在现实中,直接使现实的意识完全合理,因此必然要通过"心"的活动方能使其在现实中呈现出来。然而"心"由于有"形"和"外物"的因素,不可避免地产生对"性"的遮蔽,于是所有修身工夫便围绕着如何克服"形""外物"的遮蔽而进行。这种克服不是对两者的否定,因为"性"需要这些形下的因素才能在现实生活中呈现出来。而"主敬涵养"对治"形"的因素,通过非对象性的工夫,把自我从与对象的对立中超拔出来,达致"未发"之纯然心境以克服"形"之"私";而"格物穷理"对治"外物"的因素,通过积极接触外物,求其"所应然""所当然",并在积累中达到"贯通"而体会"物我一理",达到"真知"并引出必然的道德实践;或者通过基于"格物"之上的"集义"养成"浩然之气",在行动中达致道德境界以体道。由此,便能在更高的层面上以"性"统摄外物,而克服"外物"之干扰。通过两方面的工夫分别克服"形"与"外物"的消极影响而去除对"性"的遮蔽,"性"自然能够在心的活动中呈现出来。此时便是最高的道德境界,也即是圣人境界。

为何伊川采取上述这种思想进路,而不与明道相同呢?这取决于他个人质实的性格气质与其现实关怀。他个人的质实气质使他发觉修身成圣的过程是极其艰难的,明道的进路并不适合只具有普通才能的人。而伊川更能直面现实人生的种种恶与缺陷,能够深知修身成圣的困难,因此不好谈高远,而是注重切实的实践工夫,这便是伊川与明道思想存有差异的一个原因。从伊川的现实关怀来说,他作为宋明理学思潮的真正奠基者之一,面对从魏晋到宋初佛老的盛行以及儒学的衰败,不得不思考如何才能真正挺立和复兴儒家的思想。韦政通在论明道时指出:"从境界上发展儒学,不足以表现出儒学的真精神和它的特征,且不可避免地会与佛道沦为一气,前文提到的圆融无碍,此处所说的内外两忘,即其显例。如果说宋明心性之学中,有一种'三教合一'的趋势,形成这一趋势的思想基础,就是儒者们的境界说。"①明道确实喜欢谈境界,对于著名的《识仁篇》,牟宗三先生就指出:"'仁者浑然与物同体'……此句用佛家词语说,是以人表法,以'仁者'之境界表'仁体'之实义。目的本在说仁,惟借'仁者'之境界以示之耳。"②这就可以清楚地看出明道喜谈境界,具有一种以境界论工夫的倾向。对于伊川来说,这不但不适合初学者,也不能真正将儒学与佛老区别开来,而如果无法区别,就更谈不上建立起可以与佛老相抗衡的儒家理论了。这些都是伊川所关切的问题,而后朱子更是继承了这样的思路建立自己的体系。

但是,伊川虽然不好谈高远的境界,却也有所指点,这就体现在他论圣人境界之处。

> 问:"圣人与天道何异?"曰:"无异。"③
>
> 圣人与理为一,故无过,无不及,中而已矣。④
>
> 圣人之神,与天(编者注:一有地字。)为一,安得有二?至于不勉而中,不思而得,莫不在此。此心即与天地无异,不可小了佗,不可(编者注:一作若或。)将心滞在知识上,故反以心为小。⑤
>
> 圣人之心,未尝有在,亦无不在,盖其道合内外,体万物。⑥

---

① 韦政通:《中国思想史》,第 800 页。
② 牟宗三:《心体与性体》中册,第 233 页。
③ 程颢、程颐:《程氏遗书》,《二程集》上册,第 209 页。
④ 同上书,第 307 页。
⑤ 同上书,第 22 页。
⑥ 同上书,第 66 页。

圣人是人，如何能与"天道"无异呢？正在于圣人一言一行无不体现"道"，其行为本身就是"天理"的直接体现，亦即"性"的体现。因此圣人自然无异于"天道"。作为最高的人格体现，圣人本身已经不再需要修身工夫了，因此其"心"乃完全以"性"为主导，"形""外物"没有产生丝毫负面的蔽障。在这种特殊的情况下，伊川才说"此心即与天地无异"，此心"未尝有在，亦无不在，盖其道合内外，体万物"。而对于常人来说，其工夫不到，境界不至于圣人，伊川就决不会如此说。伊川又说：

> "不勉而中，不思而得"，与勉而中，思而得，何止有差等，直是相去悬绝。"不勉而中"即常中，"不思而得"即常得，所谓从容中道者，指他人所见而言之。若不勉不思者，自在道上行，又何必言中？①

圣人之心所发全然与理同一，因此不需要任何刻意的"思虑"和"勉强"，就能自然且必然中节。这种圣人境界不是一般学者能够达到的，但是毕竟对于伊川来说，是真实的。伊川晚年弟子尹焞说：

> 一日，因读《易》至"敬以直内"处，因问先生，"不习无不利"时，则更无睹，当更无计较也耶？先生深以为然。且曰："不易见得如此，且更涵养，不要轻说。"②

所谓"不习无不利"，出自《周易·坤》之六二，伊川注解："不习谓其自然，在坤道则莫之为而为也，在圣人则从容中道也。"③这与"不勉而中，不思而得"的含义是一致的。这其实就是一种圣人之境界，伊川也认可了这是"更无睹，当更无计较"的。也即，在这种境界中，已经不需要任何的思虑勉强，此心所发自然同于理，因此"无不利"。由此可见，在达到的圣人境界时，此心全然以"性"为主导而发用，因此必然是"与理为一"的。这种"一"不是"心"本身与"理"为一，而是"性"本身与"理"为一，而"心"在

---

① 程颢、程颐：《程氏遗书》，《二程集》上册，第158页。
② 同上书，第444页。
③ 程颐：《周易程氏传》，第15页。

此时全然呈现"性",因此说"为一"的。这种境界十分高妙,伊川劝弟子不要轻易说,更重要的是自己做工夫,谢良佐曾回忆他拜访伊川时的对话:

> 伊川曰:"近日事如何?"某对曰:"天下何思何虑?"伊川曰:"是则是有此理,贤却发得太早在。"伊川直是会锻炼得人,说了又道,恰好着工夫也。①

达到圣人境界固然能够如此,但伊川却不主张用此来教弟子,而是要求注重切实的"工夫",反对高谈和空谈。

以上总结了伊川的心性论与工夫论,并简要分析了伊川的"圣人境界论"。由此,伊川的整个理学体系的基本结构已经得到了较为清楚的梳理。从心性论出发,通过修身工夫,达到最后的圣人境界,伊川的整个体系可谓体大思精。伊川的思想对后世影响巨大,其中仍有许多细节值得继续发掘和研究。

① 程颢、程颐:《程氏外书》,《二程集》上册,第426页。

第九章　司马光的哲学

　　司马光(1019—1086),初字公实,更字君实,号迂夫,晚号迂叟,生于光州光山县(今属河南),原籍陕州夏县涑水乡(今属山西),世称"涑水先生",是北宋著名的思想家、政治家、史学家。他历仕仁宗、英宗、神宗、哲宗四朝,于元丰八年(1085)入京主国政,次年任尚书左仆射,兼任门下侍郎,在数月间罢黜王安石新党、尽废新法,史称"元祐更化"。元祐元年(1086),司马光卒于京师,受哲宗追赠为太师、温国公,谥文正。

　　作为北宋"六先生"之一,司马光的著述颇多,据苏轼记载有:

　　　　《文集》八十卷,《资治通鉴》三百二十四卷,《考异》三十卷,《历年图》七卷,《通历》八十卷,《稽古录》二十卷,《本朝百官公卿表》六卷,《翰林词草》三卷,《注古文孝经》一卷,《易说》三卷,《注系辞》二卷,《注老子道德论》二卷,《集注太元经》八卷,《大学中庸义》一卷,《集注扬子》十三卷,《文中子传》一卷,《河外谘目》三卷,《书仪》八卷,《家范》四卷,《续诗话》一卷,《游山行记》十二卷,《医问》七篇。①

　　此外,还有《类篇》45卷、《涑水纪闻》17卷、《司马温公切韵》2卷,以及《潜

---

① 苏轼:《司马温公行状》,司马光撰,李文泽、雷绍晖校点:《司马光集》附录一,第1823—1824页,成都,四川大学出版社,2010。

虚》一卷等。在这七百余卷著作中，除《大学中庸义》佚失，其余俱存于世，构成了司马光广博幽眚的学术体系，其思想涉及本体论、心性论、认识论、实践论、历史观、伦理观、政治观等诸多方面。

第一节　司马光思想形成的时代背景与学术渊源

司马光作为其时重要的政治家和思想家，面临着双重挑战。在政治上，北宋政府冗兵冗费的传统导致了积贫积弱的社会危机，加之不断受到周边政权的武力威胁，统治阶级内部产生了日益尖锐的政治分歧。以范仲淹、王安石等为代表的改革派通过依附皇权开展了一系列改革运动，激化了新旧两党间围绕变法与反变法的政治斗争，进而在思想领域展开了关于"常变"关系问题的激烈论战。王安石通过"新故相除"的发展观抨击司马光"成不可更"的不变论，促使司马光迫切需要构建一套完整的思想体系来维护他倡导贯通天人、恒常不变的政治模式。所以，为自己的理想政治模式奠定形而上学的基础成为司马光学术开展的重要任务。

同时，唐代以来儒学复兴的思潮和北宋理学的崛起是此时思想发展的主脉络。面对以空无本体论为基础的佛道二家学说的挑战，北宋儒学家对佛道之学进行了强烈的批判和吸收，从而重新构建符合时代需求的儒学思想体系。此时儒者所需面对的主要问题有二：一是要彻底瓦解佛老空无本体论的冲击，必须将儒家传统的伦理道德提升到宇宙论、本体论的层面，重新建构儒家的天道本体；二是要在理论与实践层面达到天道本体与儒家伦理道德的高度统一，从而构建真正体现"天地人之道"的理想图景。所以，以纯儒、朴儒自居的司马光自觉地担当起正统儒学卫道士的责任，以儒家纲常伦理为核心，从时代的发展和政治统治的需要出发建立新的思想体系。

司马光思想的形成首先源于从儒家传统六经中所学习的先王之道。他多次提到自幼勤学儒籍圣道的经历："世家相承、习尚儒素。故自免去

褓褓、初知语言、父兄提携、授以经籍"①,"臣自幼学先王之道"②。他的
文章乃至奏章中,都频频引用六经作为立论根据,《潜虚》中更提出"圣作
六经、万世典刑(型)"③。司马光从六经中吸收最多的是《周易》,相较
于其他只重伦理探讨、忽视形而上问题研究的典籍,《周易》更深层次
地探讨了宇宙本体论问题。司马光致力于为儒家伦理纲常寻找世界的
本原及宇宙运行之道,他不仅通过《易说》注解《周易》,继承并发挥其
关于宇宙形成、万物化生的思想,更准《周易》和《太玄》建立他的气本
论体系。

　　六经而外,《论语》是司马光思想的核心来源。在他看来,六经先王
之道与孔子圣人之道本质一致。司马光对孔子及其思想最为钦叹,言
"必欲求道之真,则莫若以孔子为的而已"④"学者苟志于道,则莫若本之
于天地、考之于先王、质之于孔子"⑤,并大赞孔子光大先王之道的没世
之功:

　　　　及周之衰,先王之道荡覆崩坏,几无余矣,其不绝者,纤若毫芒,
　　自非孔子起而振之、廓而引之,使宏大显融以迄于今,则生民之众几
　　何其不沦而为禽夷也。⑥

　　除了上述儒家经典,还有两部经典也是司马光思想的重要来源,即
《大学》《中庸》。唐代以前,儒家经典主要是传统的六经和《论语》,《中
庸》《大学》并不为人所重,直到唐代才有韩愈、李翱始重二书。这是因为
《大学》《中庸》中探讨了其他儒家经典所缺少的儒家性命之学。鉴于当
时佛道之学昌炽,为摆脱传统儒学不足以应对佛道的窘境,司马光除了
依据《周易》建立宇宙本体论,也重视从《大学》《中庸》中挖掘性命之学。

---

① 司马光:《谢校勘启》,《司马光集》卷五八,第 1218 页。
② 司马光:《陈三德上殿札子》,王云五主编:《司马文正公传家集》卷二〇,第 296 页,上海,商务
　　印书馆,1937。
③ 司马光:《潜虚·徒》,转引自全祖望:《涑水学案》,《宋元学案》第 1 册。
④⑤ 司马光:《答陈秘校充书》,王云五主编:《司马文正公传家集》卷五九,第 708 页。
⑥ 司马光:《乞印行荀子、扬〈法言〉状》,王云五主编:《司马文正公传家集》卷一八,第 276 页。

他率先站在理学阵营作《大学中庸义》，开宋儒重视二书之先河。

此外，司马光还在北宋理学阵营中独树一帜，推荀扬而疑孟。对于孟子，司马光专作《疑孟》一文驳斥其观点，认为孟子虽宣称学习孔子，然所持论点在修身之道和为政之道等方面却与孔子思想不合。对于荀子，司马光给以高度评价，认为荀子挽救了战国礼崩乐坏环境下的圣人之道，赞荀子"排攘众说、张大正术，使后学者坦知去从"①。他广承荀子"隆礼明分""圣人立教""王霸并衡"等学说，是北宋唯一承袭荀子学说的哲学家。对于扬雄，司马光给予了仅次于孔子的尊崇，把他看作孔子后的第一大儒，是圣人之道的发扬光大者："扬子云真大儒者耶！孔子既殁，知圣人之道者，非子云而谁？孟与荀殆不足拟，况其余乎？"②"使圣人复生视《玄》、必释然而笑，以为得己之心矣。"③司马光将扬雄与圣人相提并论，不仅为扬子的《太玄》《法言》作注，且又准《太玄》作《潜虚》，充分显示了他效法扬雄大破汉代神学经学权威、独创全新哲学体系之志，力图在北宋复兴圣人之道。

司马光主张"尊道德礼乐，黜老庄申韩"④，既抨击"老庄贵虚无而贱礼法"⑤，又批判申韩之学只尚刑名之术，不以礼义为本，乃是"奸"的邪佞之道。除了批判法道二家，司马光又重点批判佛学。他是北宋辟佛最得力者，故二程言"某接人多矣，不杂者三人，张子厚、邵尧夫、司马君实"⑥，又言"今日卓然不为此（佛学）者，惟范景仁与君实尔"⑦。苏轼也在《行状》中说司马光："博学无所不通……不喜释、老，曰：'其微言不能出吾书、其诞吾不信也。'"⑧司马光大斥佛老之学"无益治世""害其财用""耗

① 司马光：《乞印行荀子、扬子〈法言〉状》，王云五主编：《司马文正公传家集》卷一八，第276页。
② 司马光：《说玄》，王云五主编：《司马文正公传家集》卷六七，第834页。
③ 同上书，第834—835页。
④ 司马光：《扬子法言集注》卷三，《景印文渊阁四库全书》第696册，第289页。
⑤ 司马光：《文中子补传》，王云五主编：《司马文正公传家集》卷七二，第889页。
⑥ 程颐、程颢：《河南程氏遗书》卷一八，《二程集》上册，第21页。
⑦ 同上书，第25页。
⑧ 苏轼：《司马温公行状》，《司马光集》附录一，第1823页。

蠹良民"的不良社会影响,复又从哲学本体论和认识论角度批判其因果轮回说、天堂地狱说及空无之论。

但司马光在捍卫圣人之道、斥批老释申韩的同时,又一定程度上肯定了后者的某些内容。如他对法家的刑名之学采取了肯定的态度,认为"若以刑名为非道,则何以能禁民使自然而止"①。对佛道之学,司马光虽然驳其"诞",但对部分学说也加以吸收:

> 或问:"老释有取乎?"迂叟曰:"有。"或曰:"何取?"曰:"释取其空,老取其无为自然。舍是无取也。"或曰:"空则人不为善、无为则人不可治,奈何?"曰:"非谓其然也。空取其无利欲之心,善则死而不朽,非空矣;无为取其因任,治则一日万机,有为矣。"②

在这里,司马光改造了佛道"空""无"思想:一方面,司马光将"空"释义为心无利欲,肯定佛学寡欲之人品与慈爱之性品,他还进一步赞扬《心经》中"照见五蕴皆空、度一切苦厄"的思想"似与扬子同指";另一方面,他对道家的自然无为的观点加以引申,形成了重视"无为"的生活态度和治国之策。

第二节 《潜虚》气本论体系的构建

司马光晚年作《潜虚》一书,以气本论为基础,综合图书、象数、义理之学,模仿《周易》《太玄》模式而自创一套反映宇宙万物及人间秩序生成变化的系统,在宋代可谓独创,具有重要意义。

一、虚气一体

《潜虚》首先提出了一个气本论的宇宙化生模式,即"虚(气)"聚而受五行之性化生万物,再散而复归于"虚(气)"。《潜虚》总论关于宇宙生成

---

① 司马光:《扬子法言集注》卷三,《景印文渊阁四库全书》第696册,第295页。
② 司马光:《迂书·释老》,《司马光集》卷七四,第1516页。

的构架：

> 万物皆祖于虚，生于气。气以成体，体以受性，性以辨名，名以
> 立行，行以俟命。故虚者，物之府也；气者，生之户也；体者，质之具
> 也；性者，神之赋也；名者，事之分也；行者，人之务也；命者，时之
> 遇也。①

"万物皆祖于虚，生于气"，则"虚"为万物之祖，"气"为万物生成之原。而作为最高本体的"虚"和"气"实际上乃是同一的关系，即"虚""气"实为一体。因"虚"处于未成形之时，故以"气"作为万物生成的门户，而"虚"可谓是"无形之气"。这可以从以下四方面看出：

首先，《潜虚》仿拟《太玄》《周易》而作，"《玄》以准《易》、《虚》以拟《玄》"②，而在《易》《玄》二书中，宇宙化生模式的六十四卦和八十一首的最高本体"太极"和"玄"在司马光看来都是气。司马光认为太极和阴阳不过是阴阳二气混而为一和分而成二的状态："《易》有太极、一之谓也、分而为阴阳"，"太极者何？阴阳混一……两仪者何？阴阳判也"。③ 他进一步阐明"太极"和"阴阳"的物性："太极者一也，物之合也"，"凡物之未分、混而为一者、皆为太极"。④ 至于《太玄》，"罔""冥"即最高本体之"玄"，也是无形之气，而《潜虚》"元、衰、齐、散、余"的运行模式正是仿拟《太玄》"罔、直、蒙、酋、冥"的事物发展过程而来。所以《潜虚》的"元""余"即最高本体之"虚"，亦当指无形之气。故而在《潜虚》中，"虚""气"实为一体。

其次，《名图》的图序与图式亦集中反映了司马光"虚"即无形之气的思想。如总论中"万物皆祖于虚，生于气，气以成体"一句，与《名图》中"人之生，本于虚，虚然后形"⑤相应，可见先有无形之"虚（气）"，化而为有

---

① 司马光：《潜虚·总论》，转引自全祖望：《涑水学案》，《宋元学案》第1册，第295页。
② 张敦实：《潜虚·附录》，转引自全祖望：《涑水学案》，《宋元学案》第1册，第343页。
③④ 司马光撰：《易说》，第103页，北京，中华书局，1985。
⑤ 司马光：《潜虚·名图》，转引自全祖望：《涑水学案》，《宋元学案》第1册，第299页。

形之气。而在"万物治于元,著于衰,存于齐,消于散,讫于余"①的事物发生发展的模式中,"虚然后形"指"虚"是形之始,也即是"元"。而"业终则返于虚"在《名图》中,即指万物运变经历之业的五名"兴、庸、泯、造、隆"后,通过"消"名至于"余"名。在此,"虚"明显指的是"余"。返于"虚",即指的是返于"余"。因"余"与起初的"元"名性质是一样的,都指无形之气,故可用"返"字。在这里,"衰"为"聚"之意,司马光将"衰"名解为"气聚而物"。显然,"衰"是由无形之气过渡到有形之物的中介。因此,"衰"之前的"元"气即指的是无形混沌之气。而"消于散"之"散"即为消,"散"名指的是"气散而竭",即有形之物由于构成它的聚态之气的发散而消竭衰亡。"散"是使气由有形返回到无形的中介。"散"名后的"余"即是无形之气,从而"虚"也是指无形之气。

再者,"虚"即"气"还可从直接的证据中看出。如《行图》关于"蠢"名指出"阳气潜萌,品汇咸生,充牣乾坤"②之语。在这里,司马光虽以一年岁历为据,即以阳气始于冬至盛于夏至、万物随之以萌生成长之物象论之,但掀去其历象形式,其内在的实质当是揭示了自然界所有事物的产生都始源于阳气,都是在阳气的悄然无形的运动中产生的思想。这里将气明确为宇宙万物的本源,显然此"气"即是"虚"。在此还可看出"潜虚"之"潜"即"阳气潜萌"之"潜","潜虚"当为"无形本原之气"之意。另《变图》关于"造"名指出"太虚测冥、开乾辟坤"③,这里的"太虚"即是"潜虚"之"虚",而"测冥"则指出"太虚"幽冥混沌的状态,亦即"潜"。而这"测冥"之"太虚"最终"开辟"成阴阳二气、乾坤二象,并进而化生出宇宙万物,也阐明了"潜虚"之义以及"虚"乃指阴阳二气未分前的无形之气的事实。

最后,从司马光的其他论著看,除《易说》《太玄集注》外,司马光也在其他论著中体现了其气本论点的思想。其中最有力的证明便是他的诗

---

① 司马光:《潜虚·名图》,转引自全祖望:《涑水学案》,《宋元学案》第 1 册,第 299 页。

② 司马光:《潜虚·蠢》,转引自全祖望:《涑水学案》,《宋元学案》第 1 册,第 315 页。

③ 司马光:《潜虚·造》,转引自全祖望:《涑水学案》,《宋元学案》第 1 册,第 335 页。

文中"四岭中涵一气虚"①一句。"一气虚"三字直接阐明了"虚"与"气"的同一性,"气""虚"不但可以并而为"一","气"更可以置于"虚"之前。"虚"同于"气"的物质性,我们还可以通过司马光对《老子》和魏晋玄学中"贵无"的思想的批判进行反证。如他注"无名天地之始、有名万物之母"为:

> 天地,有形之大者也,其始必因于无,故名天地之始曰无,万物以形相生,其生必因于有,故名万物之母曰有。万物既有,则彼无者宜若无所用矣,然圣人常存无不去,欲以穷神化之微妙也,无既可贵,则彼有者宜若无所用矣,然圣人常存有不去,欲以立万事之边际也。苟专用无而弃有,则荡然流散,无复边际,所谓有之以为利,无之以为用也。②

这里,司马光虽言"有因于无",但已将"无"作与"有形"天地万物相对的"无形"阐释。他还曾高度评价裴頠的《崇有论》,以此对何晏、王衍"天地万物皆以无为本"进行抨击,指出"所谓虚者,非空洞无物之谓也"③。

综上所述,司马光《潜虚》中最高范畴之"虚"类似于同时代的张载《正蒙》之"太虚",指的都是形成有形万物的无形本然之气。张载的"虚者天地之祖"类似于司马光的"万物祖于虚"。但司马光气本论思想所成之年代应早于张载,故温公实为北宋气本论的开创者和奠基者。

二、气运行的内在法则:"中和"

司马光以气本论为基础的宇宙生成变化体系的独创性,在于"气"运行的"中和"之道学说的提出。司马光认为,气构成的宇宙万物要得到生长和发展、社会政治秩序要得到稳定和繁荣,其内在运行应遵循一定的法则而达到各方面矛盾的和谐统一。这种内在协调和谐的状态即为"中

---

① 司马光:《和范条江宿憩鹤寺》,王云五主编:《司马文正公传家集》卷一○,第152页。
② 杜光庭、司马光等注:《道德经集释》上,第165页,北京,中国书店,2015。
③ 司马光:《答韩秉国书》,王云五主编:《司马文正公传家集》卷七二,第766页。

和",是天地万物运行的通则。故《行图》"雍"名言:"雍,和也,天地万物之性,不刚则柔,不晦则明,通而行之,其在和乎",又言"天地融融,万物和也"[1]。

《潜虚》指出,只有保持"中和"的和谐关系,方能促进事物蓬勃发展:

> 天地相友,万汇以生。日月相友,群伦以明。风雨相友,草木以荣。君子相友,道德以成。[2]

相反,若各方不能和谐持中,就难以稳定发展:

> 阴阳不中,则物不生。血气不中,则体不平。刚柔不中,则德不成。宽猛不中,则政不行。中之用,其至矣乎![3]

万事万物皆不可须臾而离"中和"之道,任何事物的产生发展都须依循"中和"而行,这是"气"的内在运行规律,也是宇宙万物产生发展的根本规律。这种"中和"的运动法则,并不受到强大的心体、神体或至理驱动,属于内在于物的自然倾向,万物皆顺之则昌、逆之则亡。由此,司马光不仅架构了一个气本论的宇宙化生模式,而且以"中和"作为"虚(气)"运行、宇宙生化的内在准则。这一理想宇宙化生模式中把天道、自然和人伦联系为一个和谐有序的整体。这一包含"天地人之道"的系统在《潜虚》总论中即已得到了概括体现。《潜虚》前四图的"气""体""性""名"一方面揭示了天地自然万物形体的生成、受性的差异及其发展正名过程,另一方面也揭示了人间社会的相应的产生发展过程。尤其在"名者,事之分"的"名"范畴中,其事之分反映于《行图》《变图》《解图》中,更着重的是人事之分,重点已转移到了"人"的自身。

三、气本论体系下的内圣外王之道

《潜虚》之《行》一图三式的构架,代表司马光义理之学贯彻人间社会

---

① 司马光:《潜虚·雍》,转引自全祖望:《涑水学案》,《宋元学案》第 1 册,第 304 页。
② 司马光:《潜虚·酏》,转引自全祖望:《涑水学案》,《宋元学案》第 1 册,第 324 页。
③ 司马光:《潜虚·齐》,转引自全祖望:《涑水学案》,《宋元学案》第 1 册,第 337 页。

的内圣外王之道的开展。《潜虚》总论曰"名以立行"而成《行图》,以"言人之所行者"。《行变解图》是从"人之所行"的角度去阐述名图的天地人运化的内容和道理,由一图三式构成:一是《行图》,以十一个范畴("形""性""动""情""事""德""家""国""政""功""业")阐述五十五体受性定位所成之五十五名的含义;二是《变图》,展现了五十二名之"七变"(初、二、三、四、五、六、上)的内容;三是《解图》,对《变图》的内容进行进一步的解释。《行图》实质上是对《名图》的解释、补充和深化,《潜虚》之《行图》《变图》《解图》相当于《周易》之卦辞、彖辞和象辞,包含了重要的哲学的内容。这"一图三式"重点在于阐发司马光的义理之学,即其修身之学与为政之道。《潜虚》义理之学的核心在于为其所维护的理想王统政治提供理论基础,《行图》《变图》《解图》大量内容即围绕人间社会的三纲五常,以及修身、齐家、治国、平天下的理论而展开。

三纲者,即君为臣纲、夫为妻纲,父为子纲。《潜虚》中君为臣纲的君臣之道,主要表现于"柔""刚""隶"(臣)、"林"(君)四名中,其中包含了"君为刚矣""臣为柔矣"、君臣相和等内容;夫为妻纲的夫妻之道,主要体现于"特"(夫)、"偶"(妻)二名中,其中包含了"夫和而正,妇听以行""夫刚妇柔"等内容;父为子纲的父子之道,主要体现在"续"(子)、"考"(父)二名中,其中包含了"与其父智,宁若子贤""慈训曲全,尊亲斯备"等内容。五常者,即传统儒家所主张之仁、义、礼、智、信。《潜虚》对此集中阐发于"德之途"的"切、宜、忱、喆、夏"五名中。《行图》言"切,仁也","宜,义也","忱,信也","喆,智也","夏,礼也"。[①] 在仁,要求修"至德"、行"仁道";在义,要求"义以利事"、"循义"而反"利";在信,要求"人君信而号令行,人臣信而邦家荣";在智,要求循"理"而能"经纬天地""行其自然";在礼,要求"尊隆卑杀""男女贵辨",强调"人不知礼,进退无度,手足周措;国不用礼,纪纲不举,惟邻是侮"。[②]

---

① 司马光:《潜虚》,转引自全祖望:《涑水学案》,《宋元学案》第 1 册,第 316—319 页。
② 司马光:《潜虚·夏》,转引自全祖望:《涑水学案》,《宋元学案》第 1 册,第 319 页。

此外，关于齐家的内容，表现在"家之纲"的"特、偶、暱（亲）、续、考"①五名中；关于治国平天下的内容，表现在"范（师）、徒（众）、丑（友）、隶、林"的"国之纪"五名、"禋（祀）、准（法）、资（用）、宾（客）、戎（兵）"②的"政之务"五名、"教、理（治）、绩（功）、育（养）、声（名）"③的"功之具"五名以及"兴、痛（病）、泯（灭）、造（始）、隆（盛）"④的"业之著"五名中。《行图》通过对这二十名的阐释，从政治、军事、刑法、外交、经济、教育、宗教、文化等各方面深入探讨了儒家王治之道。司马光这一套关于儒家理想政治人伦的理论体系，在北宋理学中最为全面和系统。

《潜虚》通过三纲五常、齐家、治国、平天下之说揭示了外王之道，其所需的君子修行内圣之道也有广泛的内容。如关于人的治心之道，在"龢（喜）、憜（怒）、得、罹（忧）、耽（乐）"⑤的言"情之斁"的五名中，论述了"喜怒所以兼爱恶""喜怒以律，爱恶不失分""以礼制心""弗循货色""圣人徇理""知命乐天""以道制欲""去欲从道""形苦心愉"等典型体现宋儒治心修身工夫的重要内容。而在"容"（貌）、"言"、"虑"（思）、"聆"（听）、"觌"（视）的言"动之官"⑥的五名中，论述了"修容有常""言由于德""从容中道""非礼不听"和"非礼不视"等内容。此外，还有如"元"名提出"好学，智之始也；力行，道德之始也"⑦，强调学习与实践的重要性；"范"名提出"圣作六经，万世典刑（型），如见其人"⑧，强调修习六经的重要性等。

至此，司马光通过《潜虚》一书构架出完整和谐的儒家理想"天地人之道"。这种以气本论为基础构建的体系，其系统性与合理性不仅反映在上述从多方面展开的修身治国平天下等内容上，更直接反映在以人自

---

① 司马光：《潜虚》，转引自全祖望：《涑水学案》，《宋元学案》第 1 册，第 319—322 页。
② 同上书，第 326—329 页。
③ 同上书，第 329—332 页。
④ 同上书，第 333—335 页。
⑤ 同上书，第 309—312 页。
⑥ 同上书，第 305—308 页。
⑦ 司马光：《潜虚·元》，转引自全祖望：《涑水学案》，《宋元学案》第 1 册，第 301 页。
⑧ 司马光：《潜虚·徒》，转引自全祖望：《涑水学案》，《宋元学案》第 1 册，第 323 页。

身的发展为线索而概括五十五名内容的十一个范畴,即"形""性""动""情""事""德""家""国""政""功""业"上。这十一个范畴具有前后内在的演化关系,即《名图》图序所云"人之生,本于虚,虚然后形,形然后性,性然后动,动然后情,情然后事,事然后德,德然后家,家然后国,国然后政,政然后功,功然后业,业终则返于虚矣"①,反映了从人的诞生到社会家国的发展等一系列的循环往复。

综上所述,《潜虚》气本论的构架和开展,显示了司马光的伟大创造。其核心在于虚气一元的本体论以及作为虚气运行内在法则的"中和之道",以此形成了一条从天道到人道,将自然、社会、人伦和思想文化结合起来,使天地人融为一体的"天地人之道"总系统,从而为人间统治秩序树立合法性和规范性。司马光所创造的这套以气本论为核心的哲学思想,是北宋理学的重要组成部分,也确立了司马光作为北宋理学的创始人和奠基者的重要地位。

第三节　司马光论性情

一、体先于性与体性不离

司马光在《潜虚》一书中致力于构造气本论的宇宙框架,没有对人的性情学说进行深入的探讨。但《潜虚》总论云"万物皆祖于虚,生于气。气以成体,体以受性,性以辨名"②,这一过程体现到人的形成上,则可理解为物质性的"虚(气)"形成出生时具有外在身体和身份地位的"体",再获得内在的"性"(《潜虚》中主要指五行之性),从而成为完整地作为个体的人,即由气成形体、体先于性,人作为完整的个体体性不离。

"体"与"性"的关系在司马光其他著作中表现为"形"与"神"的关系。在司马光这里,"神"并非天命之神,而主要是指人的思想意识、思维活动

---

① 司马光:《潜虚·名图》,转引自全祖望:《涑水学案》,《宋元学案》第1册,第299页。
② 司马光:《潜虚·总论》,转引自全祖望:《涑水学案》,《宋元学案》第1册,第295页。

以及情感意志等内在状态。他揭示了"天地"自然而不自为的本质,从而否定了传统的天命论思想:"天地者上下之象也"①"天地,有形之大者也"②"天地之功,不自为也"③。他还发扬了前代无神论学说中"形谢神灭"的思想:"死者形神相离。形则入于黄壤、腐朽消灭,与木石等。神则飘若风火,不知何之。"④"有生之终者也,灵已陨矣,则气形各反其本矣"⑤。

司马光指出,民间信仰中的"神"不过是"不知"的产物"心之疾":"(道)出外入内,无所不用,而百姓不知,故谓之神""妖不自兴,由人反德为愚也者,心之疾也。"⑥与"心之疾"对应的是"心之用",即"神"。司马光常以"心""神"并而言之,如"物之神者,莫如心"⑦,"神者,心之用也"⑧,"夫以天地之广大,而人心可以测知之,则心之为用也,神矣"⑨。

关于人的"性"("神")的自然性,司马光在《扬子法言集注》中进行了详细阐述:

> 天地之理,人物之性,皆生于自然,不可强变。智者能知其可以然,则因而导之尔。苟或恃其智巧,欲用所不可用,益所不可益。譬如人之形体,益之则赘,损之则亏矣。⑩

在这里,由自然之气而生的"人物之性"亦具有物质性、"不可强变",唯有由智者"知其可以然",因而能顺应"天地之理,人物之性"来"导之"。

---

① 司马光:《上两宫疏》,《司马温公文集》,第 80 页,北京,中华书局,1985。
② 杜光庭、司马光等注:《道德经集释》上,第 165 页。
③ 司马光:《潜虚·绩》,转引自全祖望:《涑水学案》,《宋元学案》第 1 册,第 331 页。
④ 司马光:《司马氏书仪》,第 54 页,北京,中华书局,1985。
⑤ 扬雄撰,司马光集注:《玄测序》,《太玄集注》卷一,第 7 页,北京,中华书局,1998。
⑥ 扬雄撰,司马光集注:《玄数》,《太玄集注》卷一,第 200 页。
⑦ 司马光:《扬子法言集注》卷三,《景印文渊阁四库全书》第 696 册,第 296 页。
⑧ 扬雄撰,司马光集注:《玄测序》,《太玄集注》卷一,第 5 页。
⑨ 同上书,第 4 页。
⑩ 汪荣宝:《法言义疏》六,第 123 页。

二、"善恶兼有"论与性三品说

司马光认为,人性的"不可强变",在于其善恶兼有。他批驳孟子的"性善"论和荀子的"性恶"论皆偏于一隅:

> 孟子以为人性善,其不善者,外物诱之也。荀子以为人性恶,其善者,圣人教之也。是皆得其偏而遗其大体也。[1]

> 孟子云人无有不善,此孟子之言失也。丹朱、商均自幼及长所日见者尧舜也,不能移其恶,岂人性无不善乎? 而虞舜自幼及长所日见瞽叟及象也,不能移其善,又岂如荀子言人性无不恶乎?[2]

对于人性的善恶问题,司马光继承扬雄的性"善恶混"说,将人从人性中善恶多少的角度区分成"圣人""中人""愚人"三个等级:

> 夫性者,人之所受于天以生者也,善与恶必兼而有之。是故虽圣人不能无恶,虽愚人不能无善。其所受多少之间则殊矣。善至多而恶至少,则为圣人;恶至多而善至少,则为愚人;善恶相半,则为中人。圣人之恶不能胜其善,愚人之善不能胜其恶。不胜,则从而亡矣。故曰:惟上智与下愚不移。[3]

在这里,司马光指出了人性的先天性和自然性,即其气本论的由"虚(气)"而成、"形然后性",人性随人的自然形体而来,故而善恶"兼而有之"。司马光否定纯善无恶和纯恶无善的存在,认为善恶在个人之"性"中的区别只在于"所受多少":"善至多而恶至少"则为"圣人","恶至多而善至少"则为"愚人","圣人"和"愚人"二者不可直接转换,两者间的过渡等级则为"中人"。中人之性"善恶相半",可以为善或为恶。

扬雄关于人性学说的讨论重点,在于"中人"之性,而司马光则注意

---

[1] 司马光:《性辩》,王云五主编:《司马文正公传家集》卷六六,第815页。
[2] 司马光:《性犹湍水》,王云五主编:《司马文正公传家集》卷七三,第896页。
[3] 司马光:《性辩》,王云五主编:《司马文正公传家集》卷六六,第815页。

到了"圣人"的作用。如前文所述,他提出圣人能顺应"天地之理,人物之性"而"导之",这是他对扬子人性论的发展。

在对"情"的讨论上,司马光指出性情为一,情亦是自然而生、善恶兼有:"情,天性也,性,天命也。"①他继承前人的"七情"之说,认为"情"有"喜、怒、哀、乐、爱、恶、惧"。但是"人喜,斯爱之;怒,斯恶之,故喜怒所以兼爱恶也"②,故而司马光认为"情"主要有"喜""怒""哀""乐""惧"五种,都是"受天而生"。

值得注意的是,司马光除一般地将"情"理解为"七情",还将"情"具体为人的"常情",如"人之常情谁不爱富贵而畏刑祸"③"人之情谁肯弃福而取祸,去荣而就辱"④"人好生恶死,苦贫乐富,重贵轻贱,乃其常情"⑤等。在这里,"情"即是"性",是人与生俱来的本性。

三、"道情一体"说

在善恶兼有的性情学说中,司马光还提出"道情一体"的观点,指出:

> 密不可间,情也。成不可更,性也……情则毅而不害,善亲亲也,性则割而不绝,能生生也。⑥

他认为情从本来意义上是表示人与人之间密不可分的"亲亲"之情,有"善亲亲"的积极作用,所以"情"与"道"在一定意义上相辅相成、不可变更。所以他提出:

> 夫情与道一体也,何尝相离哉?始死而悲者,道当然也。久而寝衰者,亦道当然也。故始死而不悲,是豺狼也。悲而伤生,是忘亲

① 扬雄撰,司马光集注:《玄冲》,《太玄集注》卷七,第181页。
② 司马光撰,张敦实论述:《潜虚(及其他二种)》,王云五主编:《丛书集成初编》第697册,第13页,北京,中华书局,1985。
③ 司马光:《乞去新法之病民伤国者》,王云五主编:《司马文正公传家集》卷四六,第588页。
④ 司马光:《应诏言朝政阙失状》,王云五主编:《司马文正公传家集》卷四五,第572页。
⑤ 汪荣宝:《法言义疏》十八,第514页。
⑥ 扬雄撰,司马光集注:《玄冲》,《太玄集注》卷七,第181页。

也。豺狼不可,忘亲也不可。①

失去"情",圣道也就无从体现,得体之情正是表现圣道的必不可缺的正常手段和形式,情是"必不能无"的合理积极因素。当然,"情"的发挥必须得当,也就是说,它如何发挥,体现到什么程度,都须受"道"的制约,要符合"道"的要求。也就是说须以道统情:

> 情者,水也。道者,防也。情者,马也。道者,御也。水不可防则泛滥荡谲,无所不败也。马不御则腾走奔放,无所不之也。防之御之,然后洋洋乎注夫海,骎骎焉就夫道。由此观之,情与道何尝交胜哉!②

司马光主张道与情是统一关系,而非道灭情或情害道的"交胜"关系。尽管"道情一体"建立在以道统情的基础上,但司马光明确肯定了两者的统一性,肯定了人的适当情感的合理性和必要性。

第四节 司马光的史学思想

司马光是具有明显史家自觉的史学家。在其高度的儒家认同之下,史家司马光又将史学限定在儒学门庭之内,以求道作为治史的最高目标,并且高度认同史学的鉴戒价值,以史学实践自觉承担"经之常道落实在具体历史中帝王之一心"的任务。然而,其儒门史学一旦落入实践,便不得不处理理想世界、现实世界和历史世界三个层面的问题,实际蕴含了求道、求治、求真三重价值目标。理想世界、现实世界、历史世界在史学实践中的相互牵涉和彼此限制,也必然造成儒门史学三重价值目标的内在冲突,亦即求道与求治的冲突、求道与求真的冲突。

从司马光的著述领域看,经、史、子、集四部之学都有涉及,其中尤以经、史两类为主。司马光自认为在经、史上有其长处,在文辞上有所不

①② 司马光:《情辩》,王云五主编:《司马文正公传家集》卷六六,第 822 页。

及;而在经、史之间,更为专擅的领域则是史学。他曾说:"光自幼读经书,虽不能钩探微蕴,比之佗人,差为勤苦尽心而已。又好史学,多编缉旧事,此其所长也。至于属文,则性分素薄,尤懒为之。"①又云:"凡百事为,皆出人下,独于前史,粗尝尽心。"②其言外之意,即史学为其所长,水平超出常人。这表明,司马光平生用功最深的是经学和史学两门学术,其中又尤以史学为长才。毋宁说,司马光还是颇以自身的史学长才自负的。

司马光的史学长才并不是偶然的,可以说,其一生志业和学术成就也以史学为主,有明显的史学名家的自我意识。司马光很早就有志于史学撰述,《进通志表》云:"臣少好史学,病其烦冗,常欲删取其要,为编年一书,力薄道悠,久而未就。"③从少年开始,编纂一部精粹的通史就成为司马光的志业,直到取得宋英宗、宋神宗两代皇帝的支持,配备充足人力、物资,耗费十九年时间才编成一部《资治通鉴》,偿其平生凤愿。《资治通鉴》积稿充栋,耗尽司马光一生心血,其所自言"平生精力,尽于此书",绝非虚语。正是以史学作为志业,欲以史学名家,司马光才把一生主要的精力献给了史学。

一、以史求道

《资治通鉴》卷一二三载,宋文帝于元嘉十五年(438)立玄学、史学、文学、儒学四学。司马光评论道:

> 《易》曰:"君子多识前言往行,以畜其德。"孔子曰:"辞达而已矣。"然则史者儒之一端,文者儒之余事;至于老、庄虚无,固非所以为教也。夫学者所以求道;天下无二道,安有四学哉。④

---

① 司马光:《上始平公述不受知制诰启》,《司马光集》卷五九,第1244页。
② 司马光:《进资治通鉴表》,《司马光集·补遗》卷二,第1646页。
③ 司马光:《进通志表》,《司马光集》卷五七,第1197页。
④ 司马光:《资治通鉴》卷一二三,宋文帝元嘉十五年,第3868—3869页,北京,中华书局,1956。

这清楚表明,司马光以求道为最高治学目的,以儒家为正统学术,具有强烈的儒家认同。"学者所以求道"之"道",为道德性范畴,特指儒家之道,非佛老之道。在司马光看来,佛老虽也不无所长,但儒家才是"可以为教"的正统学派,佛家、道家则为异端之学。

在儒家认同之下,司马光与宋代理学家具有一个共识,就是蕴藏道的载体是儒家的六经,道已尽在于儒家六经之中。"史者儒之一端",则表明史学同样为儒学一门,在求道明道这一目标上,与经学并无二致。司马光强调史学为儒学一门,等于说是重申传统观点,再度连接史学与儒家之道的关系。

对于经、史与儒家之道的关系,司马光还有更深入的理解。《文中子补传》云:

> 余窃谓先王之六经不可胜学也,而又奚续焉? 续之庸能出其外乎? 出则非经矣。苟无出而续之,则赘也,奚益哉? 或曰:"彼商周以往,此汉魏以还也。"曰:汉魏以还,迁、固之徒记之详矣,奚待于续经然后人知之? 必也好大而欺愚乎,则彼不愚者孰肯从之哉?[1]

在他看来,道已在儒家六经中充分表现,后代学者求道应该是潜心研究六经,而不是别出心裁,续写新经。至于如何解决因时代变迁而带来的经的适应性问题,司马光则认为这正是史学的功用所在。经之道为恒常的、普遍的,但要落实到具体的时空,则有其条件性。史学所记载的前言往行,都是具体时空中的实人实事,是道在历史世界中落实的具体经验。史学作为一门注重时间和变化的学问,绝对有助于解决经之道在具体时空中的适应性问题。在道的层面讲,经为恒常、普遍之道,而史则容纳千变万化的道的应用环境,体现了经之常道在不断变化的历史条件下的落实。从这个意义上讲,经为常道,史为变道(经

---

[1] 司马光:《文中子补传》,《司马光集·补遗》卷一一,第 1781 页。

之常道在具体历史中的应变之道）。经作为常道主要确立的是道德根本，而社会历史变化中的变道，则需要史学加以弥补。上文所引司马光"汉魏以还，迁、固之徒记之详矣，奚待于续经然后人知之"，正是表达这一含义。司马光能够重视经之常道适用的历史条件，自然也就能肯认史学在求道上面的作用。

二、三重价值目标：求道、求治、求真

尽管司马光声称史学以求道为最高目标，但这只是单纯就史学作为儒门一端的学术而言，儒门史学一旦落入实践层次，便不得不处理现实世界、历史世界、理想世界三个层面的问题。首先，作为现实中的人，史家编纂史书一般都有其现实指向，司马光也完全不能例外，其编纂《资治通鉴》的目的就是提供给皇帝作为治国参考的。因而，求治必然是司马光史学实践的价值目标之一。其次，从编纂的历史文本来看，儒门史学必须建立在充足证据的基础上，尽可能地符合历史世界，在真实性方面经得起严格的检验。求真是司马光史学实践的又一价值目标。再加上求道这一指向理想世界的最高价值目标，儒门史学实际上蕴含了求道（道德）、求治（秩序）、求真（真实）三重价值目标。[①]

求真是史家超越时代的共同追求，中国正统史家很早就以维护信史著称于世。同时，中国正统史家又无不接受史学的鉴戒价值，鉴戒实际上联接了儒门史学求道与求治两大价值目标，司马光对此有清晰的描述。《进通志表》云："臣闻治乱之原，古今同体，载在方册，不可不思。"[②]其中"治乱之原，古今同体"道出了司马光的历史观，即历史虽然永远变

[①] 关于史学的求真、求道、求治观念，可参看刘家和：《史学的求真与致用问题》，《学术月刊》1997 年第 1 期，第 112—118 页；瞿林东：《论读史明道》，《北京师范大学学报》1992 年第 5 期，第 75—81 页；汪高鑫：《中国古代史学的"求道"理念》，《史学史研究》2014 年第 1 期，第 9—12 页。需要说明的是，"致用"是史学对现实问题普遍广泛的观点，其核心精神就是"求治"。对于史学三重价值目标之间的关系，以上论文或多或少有所涉及，但总的来说，论述还较为宽泛，缺少以个案为基础的深入系统的研究。

[②] 司马光：《进通志表》，《司马光集》卷五七，第 1197 页。

化,但影响治乱的因素则为恒定的。这一恒定的因素即是经之常道在帝王之一心的落实。《进修心治国之要札子状》云:"夫治乱、安危、存亡之本源,皆在人君之心。"①《乞令校定资治通鉴所写稽古录札子》又云:"臣闻史者,今之所以知古,后之所以知先,是故人主不可以不观史。善者可以为法,不善者可以为戒,自生民以来,帝王之盛者,无如尧舜。《书》称其德,皆曰'稽古',然则治天下者,安可以不师古哉!"②恒常普遍之道能否在帝王之一心上落实,是决定天下治乱兴衰的核心问题。对司马光而言,史学的鉴戒意义即是在不断变化的历史条件下探究恒常普遍之道的落实,并揭示历史中的善恶供帝王鉴戒,以成就帝王之品德(内圣),进而达致天下大治(外王)。一言以蔽之,史学鉴戒的目的是成德致治,包含求道和求治两层意义。

史学鉴戒有求道与求治的价值目标,而实际上,这两种目标在不同的层面上存在着既相互冲突,又彼此融合的关系。③ 一方面,在对既往的历史人物进行评价时,史家常常要面对一个问题:能够实现善治的人,其用心和手段未必是符合道德的,对这种人应该如何评价? 此种情况极为普遍,涉及求道与求治的冲突。另一方面,在历史编纂方面,求道与求治两种价值目标又融为一体,以鉴戒的名义指导着历史编纂,制约着儒门史学另一价值目标求真。也就是说,作为整体的求道和求治的价值目标,对求真的价值目标在层级上具有一定优先性。

史家常常也要面对另一个问题:历史中有善有恶,善迹固然可供效

---

① 司马光:《进修心治国之要札子状》,《司马光集》卷四五,第 985 页。
② 司马光:《乞令校定资治通鉴所写稽古录札子》,《司马光集》卷五一,第 1077 页。
③ 在儒家内圣外王的理论设定下,内圣与外王具有连续性、一体性,内圣是外王的依据,外王是内圣的归宿。关于求道与求治的关系,当史家在表达一种主观上的理想、愿望之时,即是默认内圣外王的理论前提,求道与求治的关系即相当于内圣与外王连续性、一体性的关系,并且也可以成德、致治二词换用;然而一旦涉及处理客观世界的问题,即进入一个不能自主的境域,求道与求治也不再是儒家内圣外王理论设定下的连续性、一体性关系,往往表现为相互冲突的关系。如在对既往的历史人物的评价上,历史人物已不能被内圣外王的理想所规范和修正,史家能做的只是在求道与求治之间取舍或权衡;而鉴戒则表达了史家对帝王由内圣达致外王的愿望,其中蕴含的求道与求治的意义之间是连续的、一体的关系。

法,恶迹是否也会被效法? 史家在历史编纂过程中,可能担心恶迹被效法,而删除恶的内容,这就涉及求道、求治与求真的冲突。就其外在表现而言,史家删除恶迹的理由常常是"不足为法",是以求道的名义展开的批评,而在由求道达致求治(内圣外王)的实践程序下,求道的背后暗含求治的目标,所以这一冲突可简化为求道与求真的冲突。

三、求道与求治的冲突

求道是儒门史学的道德性的目标,是要求经之恒常普遍之道落实在客观世界之中,做到一切言语举动、凡百政事皆合于道,而求治则是追求合理秩序,实现客观世界的条理化、规整化、秩序化。然而,在具体某一事件中,求道和求治两种价值目标可能无法同时实现,甚至会相互排斥。尽管司马光是在历史语境中表达这两种价值关怀的,但其反映的不仅仅是理想世界与历史世界的关系,历史文本的言外之意还可能折射出理想世界与现实世界的关系;求道与求治的冲突,其实质就是理想世界与历史世界、现实世界的冲突。司马光以求道与求治作为治史目标,自然要面对这一尖锐问题。在这一问题上,司马光与同时代的程颐看法就有所不同。《河南程氏遗书》卷二上载:

> 君实修《资治通鉴》,至唐事。正叔问曰:"敢与太宗、肃宗正篡名乎?"曰:"然。"又曰:"敢辩魏徵之罪乎?"曰:"何罪?""魏徵事皇太子,太子死,遂忘戴天之雠而反事之,此王法所当诛。后世特以其后来立朝风节而掩其罪。有善有恶,安得相掩?"曰:"管仲不死子纠之难而事桓公,孔子称其能不死,曰:'岂若匹夫匹妇之为谅也,自经于沟渎而莫之知也。'与徵何异?"曰:"管仲之事与徵异。齐侯死,公子皆出。小白长而当立,子纠少亦欲立。管仲奉子纠奔鲁,小白入齐,既立,仲纳子纠以抗小白。以少犯长,又所不当立,义已不顺。既而小白杀子纠,管仲以所事言之则可死,以义言之则未可死,故《春秋》书'齐小白入于齐',以国系齐,明当立也;又书'公伐齐纳纠',纠去

子,明不当立也。至'齐人取子纠杀之',此复系子者,罪齐大夫既盟而杀之也。与徵之事全异。"①

《河南程氏外书》卷一二载:

> 司马温公修《通鉴》。伊川一日问:"修至何代?"温公曰:"唐初也。"伊川曰:"太宗、肃宗端的如何?"温公曰:"皆篡也。"伊川曰:"此复何疑?"伊川曰:"魏徵如何?"温公曰:"管仲,孔子与之。某于魏徵亦然。"伊川曰:"管仲知非而反正,忍死以成功业,此圣人所取其反正也。魏徵只是事雠,何所取耶?"然温公竟如旧说。②

司马光修《资治通鉴》自有定见,程颐试图在历史人物评价上予以挑战,结果却不为司马光所认可。唐太宗、肃宗同为篡位,两人之见并无不同,分歧则主要在对魏徵的评价上。在司马光看来,魏徵的选择如同管仲,都是在故主争位失败后投靠新主,后半生在政治上有杰出的表现,对管、魏均予以肯定。程颐则以为不然,他认为魏徵和管仲两人之事完全不同,不能盲目类比。

德国社会学家马克斯·韦伯提出的一组概念——信念伦理与责任伦理——有助于我们理解程颐和司马光两人的主张。③信念伦理认为,一个行为的道德价值完全取决于行为者的愿望,而与该行为可预见的后果毫无关系。也就是说,信念伦理视道德价值为绝对的、无条件的,对于现实中存在的政治与道德之间的紧张关系,持守信念伦理原则的人选择无视。而责任伦理在评断政治行为的价值之时,除了考虑行为者的愿望外,还将该行为可预见的后果纳入考量。韦伯认为,政治生活中无法避免武力的使用,目的和手段、应然与实然之间存在着难以化解的紧张关

---

① 程颢、程颐:《河南程氏遗书》,《二程集》卷二上,第 19 页。
② 程颢、程颐:《河南程氏外书》,《二程集》卷一二,第 438 页。
③ Gesinnung sethik 有多种译法,如信念伦理、意图伦理、存心伦理、良知伦理、心志伦理等,Ver-antwortung sethik 通常译为"责任伦理",较为统一。今采用冯克利先生的译法,将两词分别译为信念伦理、责任伦理,参见马克斯·韦伯:《学术与政治》,冯克利译,第 107 页,北京,生活·读书·新知三联书店,1998。

系,因而政治伦理也与个人伦理不同,对政治活动不能完全以道德评断其合理性。责任伦理的提出,其意正在积极调解道德与政治之间的紧张关系。

很明显,在对魏徵的评价上,程颐采取的是信念伦理原则,而司马光采取的是责任伦理原则。程颐追求的是道德的至上完满,执意于对魏徵进行道德判断,无视其后来良好的政治表现。而司马光则将魏徵的变节与其结果联系在一起进行综合评断,从而对魏徵给予肯定。司马光当然不会有责任伦理的概念,但他在评价管仲、魏徵之时,确实遵循的是责任伦理。韦伯说:"谁也不能教导某个人,他是该按信念伦理行动呢,还是该按责任伦理行动,或者他何时该按此行动,何时该按彼行动。"①程颐作为理学家,坚持道德至上,基本遵循的是信念伦理,其理论主张具有高度一致性。而司马光在评价政治人物时,并没有统一的标准和原则,而是根据客观历史情况和求道、求治的双重价值目标,在道德价值和功效价值之间左右权衡。例如,在魏徵和唐太宗的问题上,尽管二人行迹相似,但司马光经过权衡,却给出了完全不同的评价。对于魏徵,司马光在权衡上以功效价值为重,以道德价值为轻,所以如同孔子宽恕管仲一样,宽恕魏徵背主反事之罪。从程颐信念伦理的立场考虑,司马光对魏徵的肯定,完全是对功业的工具价值的肯定,是道德对现实政治的妥协。这种只重功业不计道德的做法,有使现实政治堕入"权力政治"的深渊之虞。对于唐太宗,如同程颐的评价,司马光也是遵循信念伦理,进行道德判断。尽管唐太宗建立了不世功业,但司马光对其篡位之举并无丝毫宽贷,"皆篡也"已明白表示这种态度。司马光在评价唐太宗之时,是经过一番权衡的:虽然唐太宗对唐王朝有缔造之功,但玄武门之变产生了极其恶劣的长远影响,道德价值的重要性远胜过功效价值,故其对唐太宗的评价和程颐完全相同,皆认为是篡位。

魏徵和唐太宗,同样是在建立功业的同时伴随道德瑕疵,何以司马

① 马克斯·韦伯:《学术与政治》,冯克利译,第115页。

光分别采取责任伦理原则和信念伦理原则？司马光对帝王采取的是信念伦理原则，而对士大夫采取的是责任伦理原则。他对士大夫当然不是没有道德要求，但对帝王的道德要求则更高。对帝王不加宽假，而对普通士大夫的魏徵则有恕词，其缘故仍和他对帝王的看法有关。司马光认为天下治乱兴衰的枢机在于帝王之一心，对帝王的评价自然要比普通士大夫的评价更为严苛。

四、求道与求真的冲突

维护历史的真实性是历史学者的职业道德准则，但若细加区分，真实性实有层级上的差别：言必有据，秉笔直书，是基本的真实；而对历史的重要环节，全面真实地记录，不以个人好恶加以删汰，则可视为高级的真实。作为专业史家，司马光绝对具有基本的史家操守，完全能做到言必有据，秉笔直书，但在历史编纂的高级真实上，却受到理学家朱熹的质疑。

在鉴戒的指导思想下，司马光似乎对依凭己意删汰史事之举视为理所当然，并不遮掩。《史剡序》云："愚观前世之史，有存之不如其亡者，故作《史剡》。"① 这就是说，由于前史之事不足为法，司马光认为与其记录流传此种事，不如让它亡佚为好。如《史剡》"夏桀"条云："桀走鸣条，逐放而死。桀谓人曰：'吾悔不遂杀汤于夏台，使至此。'剡曰：是言也，存为后世之惩劝，其可乎？"② 夏桀之语出自《史记·夏本纪二》，司马迁以实录精神加以记载，而司马光出于夏桀之语不足为法，有违其以史惩劝的目的，显然不主张在史书中将其记录下来。夏桀此语虽不足法，但却属于历史事实（起码在司马迁看来是史实，司马光也未怀疑其真实性），如若不载此语，对历史的完整性来说，无疑是一种损失。尽管司马光对删削重要史实并不讳言，而且视为理所当然，但就其史

---

① 司马光：《史剡序》，《司马光集》卷七四，第 1495 页。
② 司马光：《史剡·夏桀》，《司马光集》卷七四，第 1498 页。

学实践的实质情形而言,求道与求真两种价值目标之间的冲突已昭然无疑。在鉴戒的指导思想下,理想世界(也包括现实世界)制约着历史编纂所要表现的历史世界,亦即求道(也包括求治)的价值目标制约着求真的价值目标。史家一般不会伪造事实,但对一些不足为法的历史记载,他们面临求道与求真两种不同价值目标的选择:求真之心胜于求道之心,则史实被保存;求道之心胜于求真之心,则史实被删削。通过删削史实表达政治立场和道德倾向,是儒门史学内在价值目标冲突的必然结果,尤其是呈献给皇帝、用以"资治"的历史著作《资治通鉴》,司马光自然不得不常常面对求道与求真之间的选择,思考如何更好地发挥史学对皇帝的鉴戒作用。

朱熹如此批评司马光的《资治通鉴》:"温公《通鉴》,凡涉智数险诈底事,往往不载,却不见得当时风俗。如陈平说高祖间楚事,亦不载上一段;不若全载了,可以见当时事情,却于其下论破,乃佳。又如亚夫得剧孟事,《通鉴》亦节去,意谓得剧孟不足道;不知当时风俗事势,剧孟辈亦系轻重。"①又说:"温公《通鉴》不信'四皓'辅太子事,谓只是叔孙通谏得行。意谓子房如此,则是胁其父。曰:'子房平生之术,只是如此……高祖只是识事机,明利害。故见"四皓"者辅太子,便知是得人心,可以为之矣。叔孙通嫡庶之说如何动得他……如子房、剧孟,皆温公好恶所在。然著其事而立论以明之可也,岂可以有无其事为褒贬? 温公此样处议论极纯。'"②又言:"温公不喜权谋,至修书时颇删之,奈当时有此事何? 只得与他存。若每处删去数行,只读着都无血脉意思,何如存之,却别做论说以断之?"③朱熹由于编纂《资治通鉴纲目》,对《资治通鉴》极为熟悉,他指出了司马光《资治通鉴》不载之事:陈平说高祖间楚事、周亚夫得剧孟事都因为涉及智数险诈被司马光删去不载;张良致"四皓",有助汉惠

---

① 黎靖德编:《朱子语类》卷八三,第 2152 页。
② 黎靖德编:《朱子语类》卷一三四,第 3206 页。
③ 同上书,第 3204 页。

帝以子胁父(汉高祖)之嫌,并也不载。① 然而前者不载,不足以知当时"风俗事势",后者不载,不足以知汉惠帝嗣位之曲折,二者并删去不载,如何见当时社会、朝廷之真? 对于删去张良致"四皓"一事,司马光《考异》辩解道:"若四叟实能制高祖使不敢废太子,是留侯(张良)为子立党以制其父也,留侯岂为此哉!"②事实上张良正是战国秦汉间通达权谋的一类人,司马光这种辩解是无力的。司马光显然是不希望"智数险诈"、以子胁父之事为后人所效法,在此诸事上其求道之心又胜于求真之心,故而淹没了历史真实。"却不见得当时风俗""不知当时风俗事势,剧孟辈亦系轻重"等语,正道出了朱熹对司马光删削重要史实、损伤历史完整性的不满,也明白揭示了以司马光为代表的儒门史学在实践中遭遇的求道与求真两种价值目标之间的冲突。

朱熹的求道之心自然不亚于司马光,但何以理学家朱熹更能够注意到历史编纂的真实性,而专业史家司马光反而于此暗昧不解呢? 这是由于二人对史学的功能定位不同:司马光之暗昧,是由于其囿于史学求道明道的价值目标,故常常折中于求真与求道之间,在保证历史基本真实的同时,又通过删汰历史的灰暗记载实现求道的价值目标。而朱熹之所以能重视历史记载的真实性和在真实性上史学的独立性,则是因为他并不将求道明道作为史学的主要功能。朱熹所期待的史家之史,是建立在全面真实的基础上,以保存历史事实为主要目的,明道功能相对次要的史学。从现代观念看,此种史家之史虽然在思想形态上还处在经的笼罩下,但由于不因求道而淹没重要历史环节,在客观真实性上已经是较为独立的。

---

① 今本《资治通鉴》确实不载周亚夫得剧孟、张良致四皓两事,但陈平说高祖间楚事有载,见《资治通鉴》卷一〇,汉高祖三年,第334—335页。
②《资治通鉴》卷一二,汉高祖十一年秋七月,第400页。

第十章　王安石的哲学思想

王安石(1021—1086)，字介甫，号半山，死后被封为荆国公，故世人又称王荆公。北宋抚州临川(今江西临川)人，著名的政治家、思想家与文学家。他担任丞相期间，直接主导了一场著名的变法运动，史称"熙宁变法"。

王安石青年时期始立志于学，泛观博览，于"诸子百家之书，至于《难经》《素问》《本草》诸小说，无所不读，农夫、女工无所不问"[1]。正是通过这一番博文约礼的工夫，"然后于经为能知其大体而无疑"[2]，并且开始注解经典。宋神宗时，"先生提举修撰经义，训释《诗》《书》《周官》，既成，颁之学官，天下号曰'新义'"[3]。《三经新义》立为官学后，"累数十年而始废"，可见其影响之大。《三经新义》在一定程度上为王安石的变法运动提供了理论依据，使他可以大胆地借鉴儒家经典中的精神来治世，推进现实社会的制度改革。

王安石的哲学思想较为复杂，一方面，他以孔孟为归宗，极力尊崇正

---

① 王安石撰，李之亮笺注：《答曾子固书》，《王荆公文集笺注》卷三六，第 1264 页，成都，巴蜀书社，2005。

② 同上书，第 1264 页。

③ 全祖望撰，陈金生、梁运华点校：《荆公新学略》，《宋元学案》第 4 册，第 3239 页。

统儒家思想,从《周礼》等经典中探寻现实社会变法的理论基础,这些集中体现在他的人性论、新经学思想上;另一方面,他又受道家、佛教影响,曾注解《老子》,品评庄子,批荀况,黜杨墨,于诸家之学无不考究。这又影响到他的宇宙论、天人观。故苏轼评价王安石曰:"网罗六艺之遗文,断以己意;秕糠百家之陈迹,作新斯人。"①这可以看作一个比较公允的评价,尤其突出了一个"新"字,彰显了"荆公新学"之旨。

第一节 宇宙论

王安石通过注解《老子》,撰写《洪范传》,阐述了他的宇宙生成论思想。但值得注意的是,他所探讨的并非纯粹的宇宙生成论,同时也是一种存在论。下面分别从本末论、元气论、五行论角度加以分析。

一、有无本末论

老子认为,道为天地万物之本源,源源不断地产生了天地万物,但老子并未确指道生天地万物的过程,这就给注释者很大的诠释空间。王安石注《老子》第一章曰:

> 无者,形之上者也。自太初至于太始,自太始至于太极。太始生天地,此名天地之始,有形之下者也。有天地然后生万物,此名万物母,母者生之谓也。《杂说》:无名者,太始也,故为天地之父;有名者,太极也,故为万物之母。天地,万物之合,万物,天地之离。于父言天地,则万物可知矣;于母言万物,则天地亦可知矣。②

---

① 苏轼:《王安石赠太傅制》,《苏轼文集》卷三八,第 1077 页,北京,中华书局,1986。

② 王安石的老子注,现存仅为辑佚本,主要有蒙文通:《王介甫〈老子注〉佚文》,《道书辑校十种》,《蒙文通文集》第 6 卷,成都,巴蜀书社,2001。容肇祖:《王安石老子注辑本》,北京,中华书局,1979。严灵峰:《辑王安石〈老子注〉》,《无求备斋老子集成初编》,台北,台湾艺文印书馆,1965。本文所引主要参考蒙本,但个别标点稍有改动。王安石:《王介甫〈老子注〉佚文》,蒙文通:《道书辑校十种》,《蒙文通文集》第 6 卷,第 675—676 页。

王安石借用了汉代宇宙生成论中常用的概念和模型,如《易纬·乾凿度》中的思想①,并进行了改造,重新设置了"太初—太始—太极"的宇宙生成阶段。学界通常认为王安石较早地将《老子》第一章中的有、无独立断句,并作为重要的哲学概念加以阐释,殊不知,王安石明显地兼顾了"无""有"与"无名""有名"两种理解。他首先辨析了"有""无",认为"无"是形而上者,超越感官经验。但"无"作为一个名,其实指代的是形而上的没有物的分化、名还未形成的阶段,因而"无"之所指亦即无名者,对应太始阶段,是天地之始。"有"是形而下者,有具体形态可被感知。从太始生天地,"名"产生了,如"天""地"之名,"物"亦开始形成,因而"有"这个形下的阶段就是指有名者,对应太极阶段。由此可知,王安石将"有"与"无"看作是宇宙生成过程中的不同阶段,从生成次序来说,是先后两个不同的阶段。他之所以强调以无名、有名来分别界定这两个阶段,意在表明无与有亦只是名,这实际上表明《老子》第一章中无论以无、有断句还是以无名、有名断句,经义都是融贯的。有了天地形态的出现,则万物已经孕育其中。天地与万物是一体的存在,是分化过程中合与离两种不同状态下的描述。那么"太初"到"太始"的阶段对应着什么呢? 显然,按照王安石的注释进行推测,这一阶段正是道的本体状态,是宇宙之本始,亦即"一"。

> 道,一也,而为说有二;所谓二者何也? 有无是也。无则道之本,而所谓妙者也;有则道之末,所谓徼者也。故道本出于冲虚杳渺之际,而其末也散于形名度数之间。是二者其为道一也。②
>
> 道有本有末。本者,万物之所以生也;末者,万物之所以成也。本者出之自然,故不假乎人之力而万物以生也;末者涉乎形器,故待

---

① 《易纬·乾凿度》:"夫有形生于无形,乾坤安从生? 故曰有太易,有太初,有太始,有太素也。太易者,未见气也。太初者,气之始也。太始者,形之始也。太素者,质之始也。气形质具而未离,故曰混沦。""易始于太极,太极分而为二,故生天地。"《易纬·乾坤凿度》云:"易始著太极成;太极成,乾坤行。"郑玄注曰:"太易,无也;太极,有也。"
② 王安石:《王介甫〈老子注〉佚文》,蒙文通:《道书辑校十种》,第 676 页。

人力而后万物以成也。①

道是一个不可分割的统一体,所谓的"二"是从道的本末角度分析出的"有"与"无"。"无"作为道之本,冲虚杳渺,超越感官经验,不假乎人力,天地万物自然而生,故曰妙。"有"作为道之末,体现为天地万物的现实存在状态,尤其体现在各种形名度数之中,是人力的创造与制作,具体事物之生死边界能被察知,故曰徼。由"无"到"有"即老子所谓的"朴散则为器","朴者,道之本而未散者也"②。但本末均源于道,故无与有一体相连。关于有与无的关系,他进一步解释:

> 有无不能以并存,此所以蔽而不能自全也。夫无者名天地之始,而有者名万物之母,此为名则异,而未尝不相为用也。盖有无者,若东西之相反而不可以相无。故非有则无以见无,而无无则无以出有。③

王安石认为有与无不能并存,这是从形上与形下之别的角度而言,如果将有与无完全放在同一层次考量,则混淆了形上与形下之别。但从"名"的角度来看,"有"与"无"之名虽异,却相以为用,两者不可或缺。"无"是对"有"进行形上推论的结果,故为"有"之本。我们正是通过"有"才能去追溯其形上之本,因而"有"是体察"无"的基础,故曰"非有则无以见无"。而"有"之所以成为"有",其根据乃在于"无","有"不过是形上之"无"的作用与显现,故曰"无无则无以出有"。王安石认为古之圣人分别从本末角度来体察道:

> 有无之变,更出迭入,而未离乎道,此则圣人之所谓神者矣。《易》曰:"无思也,无为也,寂然不动,感而遂通天下之故。"此之谓也。盖昔之圣人常以其无思无为以观其妙,常以感而遂通天下故以

---

① 王安石:《老子》,《王荆公文集笺注》卷三一,第1082页。
② 王安石:《王介甫〈老子注〉佚文》,蒙文通:《道书辑校十种》,第694页。
③ 同上书,第676页。

观其徼。徼妙并得，而无所偏取也，则非至神其孰能与于此哉？然
则圣人之道，亦可见矣。观其妙所以穷神，观其徼所以知化，穷神知
化，则天地之道有复加乎？[1]

王安石借用《易传》中的思想来诠释老子的"两观"。"无思无为"乃是圣
人超越视听言动等经验感知作用，以一种纯粹的形上之思去体知，故能
观天地万物本源于道，以无为本，是谓穷神。"感而遂通"则是借助具体
的感觉器官，通过感觉经验察看天下万物之生灭变化，此便是有之用，是
谓知化。

　　王安石批评学者们通常将有无对立或分割的错误做法，他说："两
者，有无之道，而同出于道也。言有无之体用皆出于道。世之学者，常以
无为精，有为粗，不知二者皆出于道，故云'同谓之玄'。"[2]不管是有还是
无，都本源于道，或曰有与无作为名，其所指乃是道的不同存在状态而
已，圣人能体察道的一体融贯，故能最终不拘于有与无之名，而穷神知
化。但值得指出的是，王安石以"太初—太始—太极"构造了宇宙生成模
式，其宇宙生成论带有明显的阶段论痕迹，而他同时又从形上、形下的角
度阐述"有""无"的观念，以对应宇宙生成的阶段。这样"有"与"无"就不
再是简单的宇宙生成论概念，而是存在论的概念，由此可知，王安石的宇
宙论同时又糅合了存在论[3]。

二、元气论

　　王安石引入元气的观念，从体用角度分析了道生天地万物的思想。

---

① 王安石：《王介甫〈老子注〉佚文》，蒙文通：《道书辑校十种》，第 676 页。
② 同上书，第 677 页。
③ 有学者亦指出这一点，孔令宏认为："'有生于无'谈的是宇宙发生论，'形而上''形而下'这对
　范畴固然也可以用以阐释'有生于无'，但更多地是用在本体论中。"（孔令宏：《宋明理学与道
　家道教》，第 79 页，北京，中华书局，2006）刘成国认为，王安石以"本末""体用"等概念来解释
　"有""无"，明显是受到王弼注老的影响，讨论的是本体论问题，"形式上运用了王弼的'体'
　'用'，内容上却依然属于宇宙的生成论。这样，安石的宇宙论往往与本体论的问题混为一
　谈"（刘成国：《荆公新学研究》，第 134 页，上海，上海古籍出版社，2006）。

> 道有体有用。体者,元气之不动,用者,冲气运行于天地之间……盖冲气为元气所生。①

> 一阴一阳之谓道,而阴阳之中有冲气。冲气生于道,道者,天也,万物之所自生,故"为天下母"。②

王安石借用汉代人的元气论来解析老子之道产生天地万物的过程。他认为道之本体状态为元气,而元气虽然不动,但已包含了一阴一阳两种性质不同的气,阴阳之中就蕴含着冲气,冲气流行于天地之间,此便是道之作用所在。因此王安石所说的"冲气为元气所生"与"冲气生于道"并不矛盾。但他同时指出道不同于具体事物的存在:"道非物也,然谓之道则有物矣,恍惚是也。"③既然给这个"物"命名为"道",则表明"物"确实由此而生。他进而将"道"诠释为"天","天与道合而为一"④。这里的"天"非宗教神学意义上的带有人格意志之天,亦非狭义的物理之天,而是指一种纯自然的存在,即天地万物未分化的混沌状态,本质上是道的元气存在状态。

三、五行论

五行是古代中国人用来解释天地万物生成演化的重要概念,最早出现在《尚书·洪范》中,王安石撰写了一篇《洪范传》,集中阐述了五行生成天地万物的思想。

> 五行,天所以命万物者也。⑤

> 道者,万物莫不由之者也。命者,万物莫不听之者也。⑥

王安石认为五行是天地万物得以形成的物质性元素,直接散布于天地万

---

① 王安石:《王介甫〈老子注〉佚文》,蒙文通:《道书辑校十种》,第680页。
② 同上书,第700页。
③ 同上书,第691页。
④ 同上书,第690页。
⑤ 王安石:《洪范传》,《王荆公文集笺注》卷二八,第991页。
⑥ 同上书,第994页。

物之间。这里的"天"亦即"道"，万物源于道。这里的"命"不是宗教神学意义上的天命，而是指万物根源于道的生命。这一点我们可以从他注解《老子》看出来，他说："命者，自无始以来未尝生、未尝死者也。"①五行是天地万物的构成要素，是万物生命的构成，这种生命自太始生天地以来，循环反复无穷，无所谓生与死，而这正是道运行的恒常规律。如果仅仅将"五行"置于道与万物之间来探讨，显然还只是一种构成论思想，然而王安石进一步阐述道：

> 五行也者，成变化而行鬼神，往来乎天地之间而不穷者也，是故谓之行。②

> 道立于两，成于三，变于五，而天地之数具。③

何谓五行？ 王安石对五行之"行"的解释颇有新意，即"行"是"往来乎天地之间而不穷者"，他认为五行变化不居，没有穷尽，这就为解释天地万物的运动变化提供了依据，并且也超越了简单的五行构成论。他进一步解释："盖五行之为物，其时、其位、其材、其气、其性、其形、其事、其情、其色、其声、其臭、其味，皆各有耦，推而散之，无所不通，一柔一刚，一晦一明……耦之中又有耦焉，而万物之变，遂至于无穷。"④这里的"两""耦"强调了事物在对立运动中发展，在王安石看来，道生天地万物的过程其实是一个运动不息的过程，而五行在万物形成过程中，正是通过复杂的运动变化，才塑造了千姿百态的具体事物。

第二节　天人观

在宇宙论的基础上，王安石对自然与人为的关系亦进行了分辨，阐述了他的天人观。

---

① 王安石：《王介甫〈老子注〉佚文》，蒙文通：《道书辑校十种》，第 689 页。
②③④ 王安石：《洪范传》，《王荆公文集笺注》卷二八，第 993 页。

一、天与人之分

在以道为万物本根的宇宙论基础上，王安石要进一步解决的问题便是道生天地万物之后，天地万物的存在状态又如何呢？他说：

> 道有本有末。本者，万物之所以生也；末者，万物之所以成也。本者出之自然，故不假乎人之力而万物以生也；末者涉乎形器，故待人力而后万物以成也。①

万物之所以能够存在的终极依据是道，因此万物之本源于自然，这是从形而上的角度追溯万物之本。王安石多以"天"来诠释"道"，其实正好是对老子天道观念的准确理解，表明"道"生天地万物是一种纯自然的过程，而非人力所创设。至于在人类社会中呈现的各种具体事物，都是形器之属，即"器者，道之散"②。具体的器物乃是人力的产物，这是从形而下的角度阐述具体事物的形成与发展。对人类的存在状态进行分析，他亦得出相同的结论。他说："夫人莫不有视、听、思，目之能视，耳之能听，心之能思，皆天也。然视而使之明，听而使之聪，思而使之正，皆人也。"③人生而具有基本的感觉器官并且能够视听思，这种能力是一种天赋，即本之于"道"，自然而生。但运用并发挥这种能力从而达到更完美的状态则在于人为，即人能够通过正确地训练与运用感觉器官，从而达到"明""聪""正"的状态。

王安石从本末角度分析道的存在状态，实质上是区分了形上与形下的差异，其意图在于强调现实人事活动中人为的不可或缺。既然从天人相分角度区别了人为与自然，王安石接下来便要对老子的无为思想加以改造。

---

① 王安石：《老子》，《王荆公文集笺注》卷三一，第 1082 页。
② 王安石：《洪范传》，《王荆公文集笺注》卷二八，第 994 页。
③ 王安石：《王介甫〈老子注〉佚文》，蒙文通：《道书辑校十种》，第 703 页。

二、对无为的诠释

王安石批判了老子对人为作用的忽视,他说:

> 老子者独不然,以为涉乎形器者皆不足言也,不足为也,故抵去礼、乐、刑、政,而唯道之称焉,是不察于理而务高之过矣。夫道之自然者,又何预乎? 唯其涉乎形器,是以必待于人之言也,人之为也。①

道之自然则是万物得以存在的基础,这是本体层面的追问,因而我们无法去预测与作为。但万物能够以具体形器的方式存在于现实活动中,则必须依靠人的改造。王安石批评老子只看到道之自然,而忽视了形器之属、抵制礼乐刑政的做法。在他看来,这是"不察于理而务高之过矣"。那么人为究竟体现在哪些方面呢? 他认为:

> 夫其不假人之力而万物以生,则是圣人可以无言也,无为也;至乎有待于人力而万物以成,则是圣人之所以不能无言也,无为也。故昔圣人之在上而以万物为己任者,必制四术焉。四术者,礼、乐、刑、政是也,所以成万物者也。故圣人唯务修其成万物者,不言其生万物者,盖生者尸之于自然,非人力之所得与矣。②

他区分了天地万物的"生"与"成"两个不同的状态。所谓"生"是言万物之本,乃是形上之域,出乎自然,非人力所及,故圣人不言不为。而万物之"成"乃是人为作用的结果,圣人必须参与天地万物的最终成形,主要是通过"四术",即礼、乐、刑、政。很显然,王安石主张积极的人为,而不是完全放任事物的发展。在《拟寒山拾得二十首》中,他也对庄子的天人观念提出了不同的看法:"牛若不穿鼻,岂肯推人磨,马若不络头,随宜而起卧。"③牛马若完全按照其本性发展,则必不能为人所用,穿牛鼻与络马

---

① 王安石:《老子》,《王荆公文集笺注》卷三一,第 1083 页。
② 同上书,第 1082—1083 页。
③ 王安石撰,秦克、巩军点校:《王安石全集》,第 413 页,上海,上海古籍出版社,1999。

首,这些是人类生存发展的必要活动。同理,治理国家,也不能放弃人为。王安石进而对老子的无为思想进行了诠释:

> 爱民者,以不爱爱之乃长;治国者,以不治治之乃长。惟其不爱而爱、不治而治,故曰"无为"。夫无为者,用天下之有为;有余者,用天下之不足。①

> 然无为也,亦未尝不为,故曰无为而无不为。②

无为不是完全不作为,而是方式的选择问题。治理者之所以能够无为乃是因为其他人的各安其职,有所作为。那么如何才能达到老子声称的无为而治的现实效果呢? 王安石认为:"圣人无心,故无思无为。虽然,无思也未尝不思,无为也未尝不为,以'吉凶与民同患'故也。"③他主张治理者仍然需要思考和作为,但总的原则是能够顺应老百姓的生活方式,保持一种常态。

三、天道与人道

天人相分的背后,便是天道与人道的分野。天道对于人道有一种规制作用,可以为人事活动所效法,以天道说人道,是王安石天人观的一个重要方面。他说:"有阴有阳,新故相除者,天也。有处有辨,新故相除者,人也。"④道生天地万物是一个自然的过程,其间阴阳相合,新故相除,这是天道自然。而具体人事活动中的各种变化造作则是人为的作用,人为对天地万物的存在产生积极作用,人道应效法天道,而不是放弃人道,听任天道。由此他认为:"某以谓期于正己而不期于正物,而使万物自正焉,是无治人之道也。无治人之道者,是老、庄之为也。"⑤他认为老庄那种放弃人道顺从天道的做法不可取,人道的作用体现为:"物正焉者,使

---

① 王安石:《王介甫〈老子注〉佚文》,蒙文通:《道书辑校十种》,第 687 页。
②③ 同上书,第 699 页。
④ 王安石:《字说》,转引自杨时:《王氏字说辩》,《龟山集》卷七,第 325 页。
⑤ 王安石:《答王深甫书一》,《王荆公文集笺注》卷三五,第 1221 页。

物取正乎我而后能正,非使之自正也。"①但人的作为不是恣意妄为、违背天道,而是对天道的遵循与效法。基于此,他批判了荀子的"圣人化性起伪"说。他说:

> 故礼始于天而成于人,知天而不知人则野,知人而不知天则伪。圣人恶其野而疾其伪,以是礼兴焉。今荀卿以谓圣人之化性为起伪,则是不知天之过也。②

王安石明确提出"礼始于天而成于人"的命题,指出礼本是符合人之本性的制度设置,荀子只看到礼制的人为创设作用,却没看到礼本于人性,同时也本于自然。在具体的礼制创设中,他通过对天道与人道的分析阐述各种礼制上的差异。

> 天道升降于四时。其降也,与人道交;其升也,与人道辨。冬日,上天与人道辨之时也,先王于是乎以天道事之;秋则犹未辨乎人也,先王于是乎以人道事之。以天道事之,则宜远人,宜以自然,故于郊、于圆丘;以人道事之,则宜近人,宜以人为,故于国、于明堂。始而生之者,天道也;成而终之者,人道也……远而尊者,天道也;迩而亲者,人道也。祖远而尊,故以天道事之,则配以祖;祢迩而亲,故以人道事之,则配以祢。③

自然界有四时更替,人类的活动就在这种时节更替中进行。不同的时节,人类活动与天道之间关系的紧密程度不同。就祭祀而言,远祖已经逝去,融入自然,故礼制多循以天道。现实生活中的人事较为亲近,故各种宗庙之礼多循人道。那么人道与天道是不是截然相分呢? 王安石认为:"所谓天者,果异于人邪? 所谓人者,果异于天邪? 故先王之于人鬼也,或以天道事之。'萧合稷黍,臭阳达于墙屋'者,以天道事之也。"④人

---

① 王安石:《答王深甫书一》,《王荆公文集笺注》卷三五,第 1221 页。
② 王安石:《礼论》,《王荆公文集笺注》卷二九,第 1029 页。
③ 王安石:《郊宗议》,《王荆公文集笺注》卷二五,第 919 页。
④ 同上书,第 920 页。

死为鬼,就融入了天道之中,但活着的人通过各种祭祀活动通达了天道与人道,因而各种人事活动其实也是在与天道相沟通。他进而提出"天人之不相异"①的命题。就现实治理者而言,理想的状态是由人道至于天道,他说:"王者,人道之极也。人道极,则至于天道矣。"②这样,王安石便在天人相分的逻辑起点最终导向了天人合一的终点。

第三节　人性论

王安石的人性论思想主要集中在《性情》《性说》《原性》《性论》《杨孟》等几篇文章中,但这几篇论文又充满着矛盾。

一、性情一也

王安石批判世儒将性情分说,却不知性情本一,他说:

> 世有论者曰"性善情恶",是徒识性情之名而不知性情之实也。喜、怒、哀、乐、好、恶、欲未发于外而存于心,性也;喜、怒、哀、乐、好、恶、欲发于外而见于行,情也。性者情之本,情者性之用,故吾曰性情一也。③

王安石认为喜怒哀乐好恶欲七者既是人之性,同时又是人之情,性情一体相通。既然性情相通,那么如何解释现实中的各种恶呢? 他进一步分析道:"故此七者,人生而有之,接于物而后动焉。动而当于理,则圣也、贤也;不当于理,则小人也。"④由此可知,王安石从经验层面分析性与情,认为情本于性,发之于外,既可能为物所累而入于恶,也可能为物所感而

---

① 王安石:《郊宗议》,《王荆公文集笺注》卷二五,第 920 页。
② 王安石:《王介甫〈老子注〉佚文》,蒙文通:《道书辑校十种》,第 690 页。
③ 王安石:《性情》,《王荆公文集笺注》卷三〇,第 1062 页。
④ 同上书,第 1063 页。

入于善①,判断善恶的标准便是"理":

> 万物莫不有至理焉,能精其理,则圣人也。精其理之道,在乎致
> 其一而已。②

> 为学者穷理也,为道者尽性也。性在物谓之理,则天下之理无
> 不得,故曰"日益"。③

"性在物谓之理","万物莫不有至理焉",对于这个宋明理学中的重要概念,王安石与后来程朱理学的界定有一致的地方,"理"大体上是指事物中客观存在的判断标准。但总的来看,王安石对"理"的解释还很粗浅,"理"还不是他思想中的一个重要概念,这也反映理学初创时期一些重要概念还缺乏明确的界定。

既然善恶是依据情在经验中的体现来判断,那么性之善恶则必须通过情之善恶加以通导。故王安石说:"是以知性情之相须,犹弓矢之相待而用,若夫善恶,则犹中与不中也。""如其废情,则性虽善,何以自明哉?"④性必须通过情来彰显,既然性可以通过情与外物相接,导向善,也可以导向恶,因此,善恶的走向关键还在于主体的修养。"盖君子养性之善,故情亦善;小人养性之恶,故情亦恶。"⑤君子小人是由道德主体自身来决定的,这就赋予主体以道德修养的自觉性与主动性。

从经验角度来看,由于主体的选择,情可以导向善或恶,因而性有善有恶,在这个意义上,王安石似乎赞同扬雄之性善恶混说,并且认为孟子已有类似的思想,如他说:"孟子曰:'养其大体为大人,养其小体为小人。'扬子曰:'人之性善恶混。'是知性可以恶也。"⑥显然,他在调和孟子与扬雄的人性论观点:"孟子之言性,曰'性善';扬子之言性,曰'善恶混'……孟扬之道未尝不同,二子之说,非有异也,其所以异者,其所指者

---

① 由此可知,王安石"并不认为情本身有善恶,而是认为情之所在有善恶"。张祥浩、魏福明:《王安石评传》,第353页,南京,南京大学出版社,2006。
② 王安石:《致一论》,《王荆公文集笺注》卷二九,第1043页。
③ 王安石:《王介甫〈老子注〉佚文》,蒙文通:《道书辑校十种》,第699页。
④⑤⑥ 王安石:《性情》,《王荆公文集笺注》卷三〇,第1063页。

异耳。"①那么所指的差异体现在哪里？王安石认为，"孟子之所谓性者，正性也；扬子之所谓性者，兼性之不正者言之也"②。他对正性与不正性的区分，既为进一步诠释"正性"留下了空间，同时又包含着"程伊川分别义理之性与气质之性的说法了"③。

二、性不可以善恶言

在《原性》一文中，王安石超越了经验之性，区分了性与情的不同，并通过辨析孟荀以及韩愈等人的观点来阐述他的性超善恶说。他说：

> 夫太极者，五行之所由生，而五行非太极也。性者，五常之太极也，而五常不可以谓之性。此吾所以异于韩子……孟子言人之性善，荀子言人之性恶。夫太极生五行，然后利害生焉，而太极不可以利害言也。性生乎情，有情然后善恶形焉，而性不可以善恶言也。此吾所以异于二子……扬子之言为似矣，犹未出乎以习而言性也。④

王安石认为孟子、荀子、韩愈、扬雄等在人性论上的主张都存在一定的问题。他以太极生五行来解析性与五常（仁义礼智信）之间的关系。太极生五行，五行生而有利害之别，然太极本身却不可言利害，因为太极是超验的形上本体。同理，未发为性，此性乃纯正至善，通过已发之情，即与外物相接后见于行的体现，才彰显出善恶，但性本身不能以经验中的善恶加以辨析。他认为诸子之所言，都还只是情与习，即后天经验生活中存在状态，而非性的先验的本真状态。如果仅从经验中去探讨性，则往往显得不足，如他就孟子的观点指出："孟子以恻隐之心人皆有之，因以谓人之性无不仁。就所谓性者如其说，必也怨毒忿戾之心人皆无之，然

---

①② 王安石：《杨孟》，《王荆公文集笺注》卷二七，第 979 页。
③ 贺麟：《王安石的哲学思想》，张学智编：《贺麟选集》，第 208 页，长春，吉林人民出版社，2005。
④ 王安石：《原性》，《王荆公文集笺注》卷三一，第 1089 页。

后可以言人之性无不善,而人果皆无之乎?"①很显然,王安石误读了孟子,将孟子的"四端之心"视为经验之心。

王安石在这里借用太极这一形上概念,将性之本原界定为先验的无善无恶状态。这一本原之性其实与《中庸》所谓的"天命之谓性"相通。他主张经验中的性因情或习而导向恶,既然论及"习",王安石自然有其理论支撑,那就是孔子的人性思想。归根到底,他是比较认同孔子的人性思想的:"吾所安者,孔子之言而已。"②"孔子曰:'性相近,习相远。'吾是以与孔子也。"③

总之,在"性情一也"命题的基础上,王安石从经验层面论性,认为情或习为善则性善,情或习为恶则性恶,主体在善恶导向上可以自决,因而现实经验中的性可善可恶。从形而上角度去追问,他以太极喻性,主张本源之性本无善恶,现实中的善恶都是情或习所致。这样他就将形而上之性与形而下之情割裂,从而导致性情关系的前后矛盾。

三、性才有分,人性本善

面对这些矛盾,王安石在人性论上究竟是什么观点呢? 在《性论》一文中,王安石给出了他的主张:"古之善言性者,莫如仲尼,仲尼圣之粹者也。仲尼而下,莫如子思,子思学仲尼者也。其次莫如孟轲,孟轲学子思者也。"④在他看来,孔子所谓"性相近,习相远",区分了本源之性与经验之习,子思的"天命之谓性,率性之谓道"区分了根源之性和经验中的率性,孟子主张"人无有不善",亦区分了才与性,因而这三家论性是人性论中最正确的。

然而后世学者在人性问题上意见纷呈,原因何在? 王安石认为主要是没有弄清楚孔子的"上智下愚"之说。因此,他仔细辨析了上智下愚和

---

①② 王安石:《原性》,《王荆公文集笺注》卷三一,第 1089 页。

③ 王安石:《性说》,《王荆公文集笺注》卷三一,第 1091 页。

④ 王安石:《性论》,《临川集拾遗》,罗振玉:《罗振玉学术论著集》第 5 集,第 282 页,上海,上海古籍出版社,2010。

人性之善恶的关系问题。但他的分析又明显充满了矛盾。一方面,他认为性之善恶与才之智愚属于不同层面的概念,不宜混用。他说:"此之谓智愚,吾所云者,性与善恶也。恶者之于善也,为之则是;愚者之于智也,或不可强而有也。"①并且他还指出,"其所谓愚智不移者,才也,非性也。性者,五常之谓也。才者,愚智昏明之品也。欲明其才品,则孔子所谓上智下愚不移之说是也。"②智愚是指人之才质而言,非谓性也,人之才质有智愚之别,很难一时改变。换言之,人之出生,其天赋各有不同,最有天赋的与资质最差的人不会发生改变。但实际上这种观点恰好又被他自己所写的一篇《伤仲永》所推翻,即上智之人亦可变得平庸而碌碌无为。

但另一方面,他又将这两类概念关联起来:

> 有人于此,未始为不善也,谓之上智可也;其卒也去而为不善,然后谓之中人可也。有人于此,未始为善也,谓之下愚可也;其卒也去而为善,然后谓之中人可也。惟其不移,然后谓之上智;惟其不移,然后谓之下愚,皆于其卒也命之,夫非生而不可移也。③

这里的上智下愚显然不是指才质上的概念,而是转移到了人性概念上。并且这种上智下愚以及中人都是以其最后的存在状态而命之,上智为恶则趋于中人,而下愚为善亦趋于中人。所谓不移乃是指上智与下愚两极不可互换,但不是说生而不可移。王安石显然对才性之分思考不足,总的来看,他还是主张将上智下愚看作才质上的划分,而将善恶看作人性上的划分,同时也尝试打通这两类概念。并且他也明确主张这两类概念确实有关联。如他说:"夫有性有才之分何也? 曰性者,生之质也,五常是也。虽上智与下愚均有之矣。盖上智得之之全,而下愚得之之微也。夫人生之有五常也,犹水之趋乎下,而木之渐乎上也。谓上智者有

① 王安石:《原性》,《王荆公文集笺注》卷三一,第 1089—1091 页。
② 王安石:《性论》,《临川集拾遗》,罗振玉:《罗振玉学术论著集》第 5 集,第 282 页。
③ 王安石:《性说》,《王荆公文集笺注》卷三一,第 1092 页。

之,而下愚者无之,惑矣。"①

　　为何要区分为性与才呢?王安石认为,性是人之为人的根本,其本质是五常,不管上智还是下愚,人皆生来与俱。但上智下愚之别,除了纯粹才质上的高低之别外,在秉承本性上亦有差别,即上智之人禀赋完整,而下愚之人禀赋微小。他再次强调:"智而至于极上,愚而至于极下,其昏明虽异,然其于恻隐、羞恶、是非、辞逊之端,则同矣。"②而扬雄与韩愈的错误在于混淆了才与性。

第四节　新经学

　　王安石的新学,从颁于学官以及当时的影响力来说,一般指的是《诗》《书》《周礼义》和《字说》③,由此可知,荆公新学集中体现在"经学"上,故我们称之为"新经学"。熙宁六年(1073),朝廷命王安石提举经义局,主持训释《诗》《书》《周官》。熙宁八年(1075),《三经新义》成,进呈宋神宗,并正式颁行于太学,成为科举取士的依据。"自熙宁、元丰以来,士皆宗安石之学,沉溺其说。"④一直到北宋末年,新学作为官学一直占据着重要的位置。然而新经学的主要内容《三经新义》早佚,经历代学者的辑佚工作,现在可以看到的主要是《周官新义》、《诗义钩沉》及《字说》。

　　值得指出来的是,《三经新义》并非全部由王安石作,据《宋元学案》,"《三经新义》,尽出荆公子元泽所述,而荆公门人辈皆分纂之,独《周礼》则亲出于荆公之笔"⑤。而王安石也在《周礼序》中明确道出:"士弊于俗学久矣,圣上闵焉,以经术造之,乃集儒臣,训释厥旨,将播之学校,而臣

_____

① 王安石:《性论》,《临川集拾遗》,罗振玉:《罗振玉学术论著集》第 5 集,第 282 页。
② 同上书,第 283 页。
③ 侯外庐主编:《中国思想通史》第 4 卷,第 441 页,北京,人民出版社,1959。
④ 刘一止:《知枢密院沈公行状》,《苕溪集》卷三〇,《景印文渊阁四库全书》第 1132 册,第 158 页。
⑤ 谢山:《荆公周礼新义题词》,参见《荆公新学略》,《宋元学案》第 4 册,第 3252 页。

安石实董《周官》。"①为何王安石如此重视《周礼》并且亲自为之注解？"盖荆公生平用功此书最深，所自负以为致尧舜者俱出于此，是固熙、丰新法之渊源也，故郑重而为之。"②究其原因，《周礼》是王安石阐扬其变法哲学的根据，他分析道：

> 惟道之在政事，其贵贱有位，其先后有序，其多寡有数，其迟数有时。制而用之存乎法，推而行之存乎人。其人足以任官，其官足以行法，莫盛乎成周之时；其法可施于后世，其文有见于载籍，莫具乎《周官》之书。盖其因习以崇之，赓续以终之，至于后世，无以复加，则岂特文、武、周公之力哉？③

显然，在王安石看来，形而上之"道"下落于政事中，体现为"位""序""数""时"的不同，通过制度来加以区分，通过人事活动来加以执行，这正是《周礼》的意义所在。作为一套完整而又体系化的制度与规范的集结，《周礼》是治理国家的重要经验的积累，也是王安石开展变法运动的理论基础。同时也只有通过完善现实中的各项制度，确立一套规范，才能达到宋神宗所希冀的"一道德""令学者定归一"④。

那么从总体特征来看，新经学新在何处？我们大致可以分析出以下特征。

首先，解经方法上的创新。自唐代五经正义颁布学官，天下取士皆以之为准则。然汉唐以来的注解，多尚辞章考证，于义理发掘不足。王安石有意扭转这一注解经典的潮流，倡导阐发经典中的精神，而不再寻章摘句，因循守旧。这一解经风格影响深远，在此基础上，"义理之学兴，传注之学废，宋学就代替了汉学。宋明理学，应该于此寻源"⑤。"王安石倡导的重义理、轻训诂的治经方法形成了一种不同于'古文经学'的'今

---

① 王安石：《〈周礼义〉序》，《王荆公文集笺注》，第 1610 页。
② 谢山：《荆公周礼新义题词》，参见《荆公新学略》，《宋元学案》第 4 册，第 3252 页。
③ 王安石：《〈周礼义〉序》，《王荆公文集笺注》，第 1610 页。
④ 李焘：《续资治通鉴长编》卷二二九，第 5570 页，北京，中华书局，2004。
⑤ 侯外庐主编：《中国思想通史》第 4 卷，第 436 页。

文经学',它对于义理之学的发展起了开先河之作用。"①

其次,注释内容上的一致性与整体性。如果说"新法试图在现实中建立一个协调一致的体系"②,那么王安石则找到了可以建立这样一个体系的根据,他将儒家的经典看作完整的统一体,强调整体性观念,突出了"秩序的意义"③。《周南诗次解》体现了他的一致性观念。在《周礼》的注释中,他也"试图从《周礼》的结构出发解说各部分内容"④。

再次,据经以治世,推动现实变革。王安石常将《周礼》中的各项制度与规范的设置看作现实制度变革的基础,推动现实变革运动。如在《答曾公立书》中,他指出,"一部《周礼》,理财居其半"⑤,强调《周礼》对国家财政制度有积极作用。但传统的儒家义利观直接影响到很多制度与政策的执行,因而他不得不通过注释《周官》来阐发理财等具体涉及利益方面的变革,正如四库全书《〈周官新义〉提要》指出的:"安石之本意以宋当积弱之后,而欲济之以富强,又惧富强之说必为儒者所排击,于是附会经义以钳儒者之口,实非真信周礼为可行。"王安石是否真信周礼可能并非如四库馆臣所说,但在熙宁变法中,他从《周礼》中找到了很多现实制度变革的根据,并以此来推动变革,则是不争的事实。

最后,注解经文亦有穿凿之处。解经首先要面临的就是字的理解问题,而在如何理解字的问题上,王安石显然没有遵循汉唐经学家们的词章考证的进路,而是独创了他的解字方法,这就是他晚年作《字说》的前期准备⑥,《字说》中至少有相当一部分内容已经在前期注解经文时呈现。就《字说》而言,王安石"既废其五法,而专以会意为言"⑦,认为"其声之抑

---

① 王明荪:《王安石》,第 112 页,台北,台湾东大图书公司,1994。
② 包弼德:《历史上的理学》,王昌伟译,第 66 页,杭州,浙江大学出版社,2010。
③ 郭齐勇主编:《宋明儒学与长江文化》,第 42 页,武汉,湖北教育出版社,2004。
④ 土田健次郎:《道学之形成》,朱刚译,第 323 页,上海,上海古籍出版社,2010。
⑤ 王安石:《答曾公立书》,《王荆公文集笺注》,第 1240 页。
⑥ 张宗祥认为,《周官新义》中"引用《字说》之处至多,则可证此书后虽或有增损,要亦熙宁时早已成书矣,故标其名曰《熙宁字说》,明非熙宁以后始著此书也"。参见张宗祥:《王安石〈字说〉辑》,曹锦炎点校,第 162 页,福州,福建人民出版社,2005。
⑦ 朱熹:《读两陈谏议遗墨》,《朱子全书》第 24 册,第 3383 页。

扬开塞,合散出入;其形之衡从曲直,邪正上下,内外左右,皆有义,皆本于自然,非人私智所能为也"①。王安石认为既然字的结构本于自然,则字形显然不可能脱离象形,这也表明王安石专以会意解字的不足。而以此解经,自然避免不了穿凿的问题,学界已有研究指出②,兹不赘述。

---

① 王安石:《熙宁字说序》,《王荆公文集笺注》,第 1615 页。
② 方笑一:《王安石〈周官新义〉探微》,邓小南主编:《宋史研究论文集(2008)》,第 541—559 页,昆明,云南大学出版社,2009。

第十一章　吕大临的哲学

　　吕大临(1046—1092),字与叔,号芸阁,其祖上是汲郡(今河南汲县)人,因祖父太常博士吕通葬于蓝田(今陕西蓝田县),遂为蓝田人。后人把吕大临与其兄吕大忠、吕大均合称为"蓝田三吕","蓝田三吕"是张载关学中的著名弟子,张载去世后,他们又问学于二程,在二程门下,吕大临与谢良佐、杨时、游酢并称为"四先生"。在宋明理学史上,因吕大临似乎并非理学大家,加之其寿不永,英年早逝,故其往往被人们所忽视,认为其不足道也。例如:元脱脱在修《宋史》时,特立《道学传》,并置于《儒林传》之前,有宋一代道学主要人物周、张、程、邵、朱及其门人等几乎全都在册,却没有吕大临;近代以来,学术界一般视吕大临为二流或三流的理学家,不值得研究,故也几乎没有专门探讨吕大临思想的著作。然而,作为张载关学弟子,吕大临不仅是张载关学弟子中的最为杰出者,而且还是张载关学弟子中唯一有著作传世者,通过吕大临这些传世的作品,则可以对张载著述中那些艰涩难懂令人见仁见智的文字有一恰当的把握;作为二程门人,吕大临不仅是程门举足轻重的"四先生"之一,而且他那些或撰或录于洛学阶段的《中庸解》《东见录》《识仁篇》《论中书》《克己铭》等亦不容轻忽,因为这些篇目既记录着"志于道者"的吕大临的所学、所思、所疑、所惑以及二程对他的"当机指点",同时也记载着他躬身践履验之身心后的会心之得。故他的问题、他的困惑、他的省思与心得以及二程对他的指点,在长达六百年的宋明理学时期一直备受理学家们的关注,发生在宋明时期的许多重要的思想争论几乎都摆脱不了与这些篇目的牵连。因此,吕大临实际上肩负着兼传张程、关洛二学的使命,其思想在宋明理学史上有着极为特殊而又重要的地位。

第一节 吕大临与张载

吕大临父吕蕡,曾为比部郎中,教子六人,五子登科。吕大临兄弟中,今有史可考的有长兄吕大忠(进伯)、仲兄吕大防(微仲)、三兄吕大均(和叔),三人及第后皆任职为官,吕大防曾位居丞相,为一代名臣。因吕大临以门荫入官,故人们一般认为他“不应举”,但其兄称他“登科者二十年而始改一官,居文学之职者七年而逝”①,其兄之说应更为可信。按“与叔年四十七”②推算,吕大临在二十岁时即登进士第,四十岁时以父荫入官,为太学博士、秘书省正字。正因为他既登进士第,却以门荫入官,所以他人问其故,吕大临答道:“不敢掩祖宗之德。”③

吕大临进士及第之后二十年没有任职为官,主要从张载和二程问学。吕大临师事张载的时间当在宋神宗熙宁三年至十年(1070—1077),因这一段时间张载辞官归居横渠故里,讲学关中,吕大临与其兄吕大均、吕大忠问学于张载,遂成为关学中的中坚人物。张载曾称赞道:“吕、范过人远矣,吕与叔资美。”④

吕大临在《横渠先生行状》中称:“学者有问,多告以知礼成性变化气质之道,学必如圣人而后已。”⑤知礼成性、变化气质、学必如圣人,简短的十几个字却勾勒了张载关学为学的工夫、目标、须克服和转化的消极因

①《伊洛渊源录蓝田吕氏兄弟·祭文》,转引自《蓝田吕氏遗著辑校》,第617页。
② 黎靖德编:《朱子语类》卷一〇一,第2557页。
③《伊洛渊源录蓝田吕氏兄弟·遗事》,转引自《蓝田吕氏遗著辑校》附录一,第620页。
④ 张载:《张子语录》下,《张载集》,第329页。
⑤ 吕大临:《横渠先生行状》,张载:《张载集》,第383页。

素。显然，成性、成圣，乃目标；知礼即学，乃工夫；气质，即成性或成圣过程中须通过知礼或学的工夫来加以克制和转化的消极因素。

吕大临自己在为学问题上的观点又如何呢？我们也先且看一段他在《礼记解·中庸第三十一》中的论述：

> 君子所贵乎学者，为能变化气质而已。德胜气质，则柔者可进于强，愚者可进于明；不能胜气质，则虽有志于善，而柔不能立，愚不能明。盖均善而无恶者，性也，人所同也；昏明强弱之禀不齐者才也，人所异也；诚之者，反其同而变其异也。思诚而求复，所以反其同也；人一己百，人十己千，所以变其异也。孟子曰："居移气，养移体。"况学问之益乎？故学至于尚志，以天下之士为未足，则尚论古之人，虽质之柔，而不立者寡矣；学至于致知格物，则天下之理斯得，虽质之愚，而不明者寡矣。夫愚柔之质，质之不美者也。以不美之质，求变而美，非百倍其功，不足以致之。今以卤莽灭裂之学，或作或辍，以求变不美之质，及不能变，则曰"天质不美"，非学所能变，是果于自弃，其为不仁之甚矣。①

吕大临上述这种要求人们自觉为学以变化气质的主张，可以说是典型的张载式的论说，其语言、其词气皆何其相似！这说明吕大临在为学问题上的问题意识、解决方式及主张基本上是承自张载关学之传统，甚至连语汇和思考方式都没有摆脱张载的影响。因此，他同张载一样把人所皆具的均善无恶之性作为人成性成圣的根据，把人之愚柔不美之质作为人须转化的消极因素，人之为学就在于变化此愚柔不美之质以成性成圣。对于张载在为学工夫上所主张的知之工夫、礼之工夫，吕大临也极为重视。在《易章句》《礼记解》中他反复强调：

> 知崇礼卑，至于成性，则道义皆从此出矣。②

---

① 吕大临：《礼记解·中庸第三十一》，《蓝田吕氏遗著辑校》，第297页。
② 吕大临：《易章句·系辞上》，《蓝田吕氏遗著辑校》，第179页。

> 知崇者，所以致吾知也；礼卑者，所以笃吾行也。①

既然如此，吕大临对经典的诠释中，他又是如何来对这种"知礼成性"的主张进行阐发和说明的呢？由于本节主要是讨论"知之工夫"，下一节才讨论"礼之工夫"，故对"礼之工夫"暂且搁置不论。

按人们的一般理解，知作为工夫，无非指人之认知或求知，而张载、吕大临却何以主张知以成性、知以成圣呢？这就让人费解，故人们很自然会质疑道：这当如何解释？显然，要理解张载、吕大临的这种主张，只有把他们的这种主张放在他们的整个思想系统中才能了解和把握。

在张载思想系统中，知之工夫属于"自明诚"之途径，而"自明诚"即"由穷理而尽性也"②。这就表明在张载看来，知之工夫是通过"穷理"来"尽性""成性"的。吕大临也同样如此认为，他称：

> 志学者，致知以穷天下之理，则天下之理皆得，卒亦至于实然不易之地，至简至易，行其所无事，此之谓"明则诚"。③
>
> 大学者，大人之学也，穷理尽性而已。④

由此可见，张载、吕大临所谓的知礼成性、学以成圣，是通过"穷理"之径来实现的。

准上所说，张载、吕大临的"理"又究竟何所指呢？何以能使人由"穷理"以"尽性""成性"？这就须对他们所说之"理"先有所交代。撇开张载所谓的"理"不谈，且看吕大临是如何来说"理"的：

> 诚者，理之实，致一而不可易者也。大而天下，远而万古，求之人情，参之物理，皆所同然，有一无二，虽前圣后圣，若合符节，理本如是，非人私知所能为，此之谓诚，诚即天道也。天道自然，何勉何思，莫非性命之理而已。故"诚者，天之道"，性之者也；"诚之者，人

---

① 吕大临：《礼记解·中庸第三十一》，《蓝田吕氏遗著辑校》，第297页。
② 张载：《正蒙·诚明篇》，《张载集》，第21页。
③ 吕大临：《礼记解·中庸第三十一》，《蓝田吕氏遗著辑校》，第298页。
④ 吕大临：《礼记解·大学第四十二》，《蓝田吕氏遗著辑校》，第371页。

之道"，反之者也。①

> 至于实理之极，则吾生之所固有者，不越乎是。吾生所有，既一
> 于理，则理之所有，皆吾性也。人受天地之中，其生也，具有天地之
> 德，柔强昏明之质虽异，其心之所然者皆同。特蔽有浅深，故别而为
> 昏明；禀有多寡，故分而为强柔；至于理之所同然，虽圣愚有所不异。
> 尽己之性，则天下之性皆然，故能尽人之性。蔽有浅深，故为昏明；
> 蔽有开塞，故为人物。禀有多寡，故为强柔；禀有偏正，故为人物。
> 故物之性与人异者几希，唯塞而不开，故知不若人之明；偏而不正，
> 故才不若人之美。然人有近物之性者，物有近人之性者，亦系乎此。
> 于人之性，开塞偏正，无所不尽，则物之性，未有不能尽也。②

吕大临这两段说"理"的文字，显然是把"理"放在天道性命的构架下来定
位和论述的。在吕大临看来，诚即致一而不可易之理，此诚此理又即天
道、天德，人与万物皆禀天道、天德而具性，此理此性又称为性命之理，此
性命之理体现于人之心，为人心所同然之理，故诚、致一不可易之实理、
天道、性、性命之理、人心所同然之理是一致的，都是同一本体的不同方
面。尽管人与人之间因气禀之多寡而有柔强昏明之分，人与物因气禀之
偏正而有蔽之开塞之不同，但人与人、人与万物所具之性皆一于此天道，
一于此理。

在《大学解》中，吕大临在释"致知在格物"时称：

> "致知在格物"，格之为言至也，致知，穷理也。穷理者，必穷万
> 物之理，同至于一而已，所谓"格物"也。合内外之道，则天人物我为
> 一；通昼夜之道，则生死幽明为一；达哀乐好恶之情，则人与鸟兽鱼
> 鳖为一；求屈伸消长之变，则天地山川草木人物为一。孔子曰："吾
> 道一以贯之。"又曰："天下同归而殊途，一致而百虑。"又曰："天下之
> 动，贞夫一者也。"故知天下通一气，万物通一理。此一也，出于天道

---

① 吕大临：《礼记解·中庸第三十一》，《蓝田吕氏遗著辑校》，第 295 页。
② 同上书，第 298 页。

之自然，人谋不与焉。故《大学》之序，必先致知，致知之本，必知万物同出于一理，然后为至。①

吕大临在此训"格"为"至"，释"致知"为"穷理"，在此基础上，他将"格物致知"规定为必"穷万物之理，同至于一而已""知万物同出于一理"，故吕大临在此所谓万物所同出的"一理"与万物所各具之"理"皆是同一"理"，此"理"显然指作为具有统一性、普遍性的万物之本体，这也表明在吕大临的思想中，事物所具之理并非指事物本身而言的理，也就是说并非事物本身的特殊原则和特殊规律，而是指具有统一性、普遍性的作为万物之本体之"理"的体现。故在此意义上，理都是普遍的，没有特殊的，万物所同出的"一理"和万物所各具之"理"的关系，乃具有统一性的、普遍性的本体之"理"与此"理"在万物上的用之间的关系，而不是一般的"理"和特殊的"理"的关系。② 正因为吕大临对"致知在格物"的诠释是以他的上述认识和看法为前提和基础的，故他不仅要求人"致知以穷天下之理"，而且要求人真正认识和懂得人与万物之性之理同出于作为具有统一性、普遍性的本体之"理"。由此可见，吕大临对"理"有他自己特定的理解和规定。

此外，在吕大临的思想中，此具有统一性、普遍性的本体意义的"理"还具有以下规定：首先，此本体意义的"理"具有客观性，因为他所谓的此"一理""出于天道之自然，人谋不与焉"；其次，此本体意义的"理"为万物存在的根据，因为在他看来，"实有此理，乃有此物"③，物不可离此理，否则"皆无是理，虽有物象接于耳目，耳目犹不可信，谓之非物可也"④。

对吕大临来说，尽管人与物皆禀天道天德而具性具理，此性此理统

---

① 吕大临：《礼记解·大学第四十二》，《蓝田吕氏遗著辑校》，第 373 页。
② 吕大临关于万物所同出的"一理"与万物所各具的"理"的关系与朱熹所讲的"一理"与"万理"的关系颇为类似，彭永捷在他的《朱陆之辩》一书中对与朱熹所讲的"一理"与"万理"的关系已有所辨明，参见彭永捷：《朱陆之辩——朱熹陆九渊哲学比较研究》，第 75—79 页，北京，人民出版社，2002。
③④ 吕大临：《礼记解·中庸第三十一》，《蓝田吕氏遗著辑校》，第 300 页。

人、物而言,并非专乎人而不兼乎物。物不可谓无性,但因其蔽塞而不
开,偏而不正,故不能自觉其性;而人与物却有所不同,禀此性此理的人
是有"心"的,故此性此理也就体现于人之"心"中,为人心所同然之"理"。
他称:

> 君子之学必致一,不致一则二三,二三则异端之言,交入而无
> 间,卒不能以自立也。一者何? 理义而已。①

> 理义者,人心之所同然者也。吾信乎此,则吾德实矣,故曰"诚
> 者自成也";吾用于此,则吾道行矣,故曰"道自道也"。②

吕大临所谓君子之学所必致之"一"即"理义",此"理义"为人心所同然。
既为人心所同然,又何须要"致"呢? 在吕大临看来,原因在于人不能"信
乎此",何谓"信"? 吕大临在《中庸后解》中曾取孟子"有诸己之谓信"③释
之。对吕大临而言,"有诸己""吾信乎此""诚者自成也"无非是要人觉悟
与肯认人自身原本就具有此人心所同然之"理义",否则,人不能自立。
毫无疑问,当具有统一性、普遍性的万物之本体之"理"与人心所同然的
"理义"联系起来并被视为一时,此万物本体之"理"显然只可能是一种价
值、道德意义的理。正因为如此,故吕大临有时也就把"理"或"诚"解释
为"至善"。他称:

> 所谓诚也,善之至者,无以加于此也。"为人君,止于仁;为人
> 臣,止于敬;为人子,止于孝;为人父,止于慈;与国人交,止于信。"所
> 止者,皆善之至者也。所居之位不同,则所止之善不一,其所以止于
> 至善,则一也。盖学至于诚,则天之道也,非有我之得私也,故不勉
> 而中,不思而得,从容中道。虽善不足以明之,然天下之善,何以加
> 此? 故所止者,止于是而已。④

---

① 吕大临:《礼记解·缁衣第三十三》,《蓝田吕氏遗著辑校》,第 350 页。
② 吕大临:《礼记解·中庸第三十一》,《蓝田吕氏遗著辑校》,第 301 页。
③ 吕大临:《中庸后解》,《蓝田吕氏遗著辑校》,第 487 页。
④ 吕大临:《礼记解·大学第四十二》,《蓝田吕氏遗著辑校》,第 371—372 页。

这就表明在吕大临看来,仁、敬、孝、慈、信等"善之至者",既出于人心所同然之"理义",又是"非有我之得私"之"天之道",而人心所同然之"理义""天之道"亦即具有统一性、普遍性的万物之本体之"理"。

> 盖明善则诚,诚则有物,不诚则无物矣。明善者,致知之所及也。及乎知至,则所谓善者,乃吾性之所同有,非思勉之所能及也。反求身而万物皆备,则斯善也知有诸己矣。善而不知有诸己,则虽父子之恩,犹疑出于非性,则所以事乎亲者,或几乎伪矣。如舜之事亲,好色、富贵不足以解忧,惟顺父母可以解忧,则其诚乎身者可知矣。不得乎亲,不可以为人;不顺乎亲,不可以为子,则人之所信于朋友者,岂可以声音笑貌为哉?内诚尽乎父母,内行孚于家人,则朋友者不期信而信之矣。故曰不顺乎亲,不信乎朋友矣。上之所求乎下者,不察乎乡则不得;察乎乡者,不见乎家则不得;苟诚其身矣,则患行之不著,人之不知,未之有也。故曰不信乎朋友,不获乎上矣。①

人对亲人的道德责任和义务,人对朋友的道德责任和义务,人对上级的道德责任和义务,这些道德之善实际上是"吾性之所同有"者。当人通过致知穷理知晓了孝、悌、忠信之理,亦即明了了人自身之性,明了了在人之天道、天理,因为天道人事,皆为一具有统一性的、普遍性的本体之"理",此本体之"理"既不外于也不异于仁义忠孝、亲民爱物等人之所行事和所当行之则。由此可见,吕大临正是基于上述这种对作为本体的"理"与人伦、物理关系的特定理解和看法,来主张和强调"格物致知""穷理尽性"的。

从吕大临上述对"理"的讨论和观点来看,我们可以说:他所谓的万物所同出的"一理"亦即具有统一性、普遍性的万物之本体之"理",实际上是为了给儒家的伦理道德规范和准则提供一个本体论的依据。既然他所谓的"理"是以儒家伦理道德为内容,故他所说的天人物我之理,当

---

① 吕大临:《孟子解·离娄章句上》,《蓝田吕氏遗著辑校》,第 473 页。

然也就不外乎是儒家的伦理道德之理,他所谓的"格物""致知""穷理"也就是"格"儒家伦理道德之"事理"、"致"儒家伦理道德之"知"、"穷"儒家伦理道德之"理",以了解和知晓儒家伦理道德规范、准则以及与其相关的事物,懂得和明白应如何做才符合儒家的伦理道德规范和准则。

对于吕大临而言,尽管具有统一性的本体之"理"无所不在,既普遍地存在于万事万物之中,又存在于人之心中,为人心所同然之"理义",但只有作为"性之者"的圣人才能够对天下之理"如目睹耳闻,不虑而知,不言而喻"①,"由仁义行也,出于自然,从容不迫,不待乎思勉而后中也"②;而那些受气禀之质障蔽的"反之者",因其不能明自身本具之性之理,无法做到循性而行、无勉无思、无不中节,故吕大临也就主张和强调通过"格物""致知""穷理"来使其在日用常行的实践中了解和遵循儒家的伦理道德规范和准则,并使其觉悟和明了自身所本具之性之理以"复乎性"。

在《大学解》中,尽管吕大临把"大学"规定为"大人之学也,穷理尽性而已"③,把"格物致知"规定为"必穷万物之理,同至于一而已"④,然而,如何来格物致知,如何来穷理尽性,亦即如何知以成性? 吕大临在《大学解》中却语焉不详。吕大临之所以在《大学解》中没有对如何来格物致知、穷理尽性的途径作出具体明确的说明,是因为"格物致知""穷理尽性"的途径与"自明诚"的途径具有一致性,而他在《中庸解》中依据《中庸》之意对由明至诚的途径作了详细的解释和阐明,故也就无须对格物致知、穷理尽性的途径详加解说。吕大临所谓的"自明诚"当然也就是由工夫以见本体之诚的"诚之者"或"反之者"。

> 反之者,求复乎性而未至,虽诚而犹杂之伪,虽行而未能无息,则善不可不思而择,德不可不勉而执,不如是,犹不足以至乎诚。故

---

① 吕大临:《礼记解·中庸第三十一》,《蓝田吕氏遗著辑校》,第298页。
② 同上书,第296页。
③ 吕大临:《礼记解·大学第四十二》,《蓝田吕氏遗著辑校》,第371页。
④ 同上书,第373页。

学问思辨，皆所以求之也；行，所以至之也。君子将以造其约，则不可不学；学而不能无疑，则不可不问；未至于精而通之，则不可不思。欲知是非邪正之别，本末先后之序，则不可不辨；欲至乎道，欲成乎德，则不可不行。①

吕大临在此依据《中庸》所论及的"学、问、思、辨"等知之工夫显然与他所谓"格物致知""穷理尽性"的主张是一致的，他对"学、问、思、辨"等知之工夫的解说和阐明实际上也就是对如何"格物致知"、如何"穷理尽性"的说明和规定。并且，由于他对"学、问、思、辨"等知之工夫的说明和规定指向的是"复乎性"这一目标，故"学、问、思、辨"等人之为学活动在"复乎性"这一目标的主导下也就被排除了变成纯粹知识活动的可能性。吕大临的这一说明和规定使得离开德性修养的独立的"为学"或"问学"不被承认，从而使"为学"或"问学"强烈伦理化了。

下面，先且看吕大临是如何对知之工夫中的"学""问"这两项具体工夫和环节作出规定和说明的：

学以聚之，聚不博则约不可得，博学而详说之，将以反说约也。为学之道，造约为功，约即诚也。不能至是，则多闻多见，徒足以饰口耳而已，语诚则未也。故曰："有弗学，学之弗能弗措也。"学者不欲进则已，欲进则不可以有成心；有成心，则不可与进乎道矣。故成心存，则自处以不疑；成心亡，然后知所疑矣。小疑必小进，大疑必大进，盖疑，不安于故而进于新者也。颜渊学为孔子而未得者也，故疑之，"仰之弥高，钻之弥坚；瞻之在前，忽焉在后"，皆疑辞也。孟子学为舜而未得也，故疑之，"舜为法于天下，可传于后世，我犹未免为乡人"，亦疑辞也。所谓疑者，患乎未知也，如问之审，审而知，则进孰御焉？故曰："有弗问，问之弗知弗措也。"②

---

① ② 吕大临：《礼记解·中庸第三十一》，《蓝田吕氏遗著辑校》，第 296 页。

吕大临在此所谓的"造约为功，约即诚"显然与他所谓的"复乎性""成性"有关，因为在吕大临的思想系统中，诚、人之性、人心所同然之理是一致的，故他所谓的"造其约"实际上就是"成其性"，明人心所同然之理。

吕大临在把人之为学规定为"造约为功"的同时，又要求在"造其约"之前必须有一个"博学而详说之""患乎未知也，如问之审，审而知"的为学阶段，否则约不可得，因为吕大临认为：

> 好学非知，然足以破愚。①
>
> 学至于致知格物，则天下之理斯得，虽质之愚，而不明者寡也。②
>
> 性一也，流行之分，有刚柔、昏明者，非性也。有三人焉，皆有目以别乎众色，一居乎密室，一居乎帷箔之下，一居乎广庭之中，三人所见昏明各异，岂目不同乎，随其所居，蔽有厚薄尔。凡学者，所以解蔽去惑，故生知、学知、困知，及其知之一也，安得不贵于学乎？③

人之刚柔昏明之质虽不同，但通过"学"亦即"穷理"则昏者、困知者同样也能解蔽去惑、破愚明性。

尽管对吕大临来说，"万物通一理"④，人之性之理、天之道、万物所各具之理皆为同一理，即具有统一性、普遍性的万物之本体之"理"，但此普遍的本体之"理"体现在万事万物之上作为"用"又毕竟有所不同，故吕大临认为：

> 道之全体者，广大而已，不先充乎此，则所谓精微者，或偏或隘矣。⑤
>
> 征，谓验于民。尊，谓稽于古。上焉者，谓上达之事，如性命道德之本，不验之于民之行事，则徒言而近于荒唐；下焉者，谓下达之

---

① 吕大临：《礼记解·中庸第三十一》，《蓝田吕氏遗著辑校》，第 291 页。
② 同上书，第 297 页。
③ 同上书，第 291—292 页。
④ 吕大临：《礼记解·大学第四十二》，《蓝田吕氏遗著辑校》，第 373 页。
⑤ 吕大临：《礼记解·中庸第三十一》，《蓝田吕氏遗著辑校》，第 304 页。

事,如刑名度数之末,随时变易,无所稽考,则臆见而出于穿凿。二者皆无以取信于民,是以民无所适从。故君子之道必无所不合而后已,有所不合,伪也,非诚也。故于身、于民、于古、于天地、于鬼神、于后,无所不合,是所谓诚也,非伪也,物我、古今、天人之所同然者也。如是,则其动也,行也,言也,不为天下之法则者,未之有也。①

这表明在吕大临看来,此"道"此"理""精微"而又"广大",人对此"道"此"理"的"学"和"问",不可有"成心",须验之于民之行事,稽考于古今,于天、人、物、我、古、今无所不合,这样才能使自己对此道此理的了解和体认致广大而尽精微,而不至于流于荒唐虚诞、穿凿附会、或偏或隘之弊,否则,人对此道此理的了解和体认乃伪非诚。

当然,吕大临要求人通过"验于民""稽于古"的所谓"道"或"理"不外乎是儒家的伦理道德之理,他认为:

> 言有成说,则使于四方,不忧乎不能专对也;事有成业,则千乘之国,摄乎大国之间,加之以师旅,因之以饥谨,不忧乎不能治也;行有成德,则富贵不忧乎能淫,贫贱不忧乎能移,威武不忧乎能屈也;道有成理,则征诸庶民,考诸三王,质诸鬼神,百世以俟圣人,不忧其不合也。②

> 尧、舜、禹、皋陶之书,皆曰"稽古",孔子自道,亦曰"好古,敏以求之"。所谓古者,虽先王之陈迹,稽之好者,必求其所以迹也。制度法象之所寓,圣人之精义存焉,有古今之所同然,百代所不得变者,岂刍狗轮扁之谓哉!③

在吕大临看来,由于"言有成说""事有成业""行有成德""道有成理",当人通过"学、问、闻、见"等知之工夫认知到这些"成说""成业""成德""成理",也就了解了人所应行的当然之则,明白和懂得了儒家的伦理道德的

---

① 吕大临:《礼记解·中庸第三十一》,《蓝田吕氏遗著辑校》,第305页。
② 同上书,第294页。
③ 吕大临:《文集佚存·考古图后记》,《蓝田吕氏遗著辑校》,第591页。

规范、准则以及相关事物。并且，以他之见，这些"成说""成业""成德""成理"乃作为"先知先觉"者的先王、圣人将自身之性命之理赋予其上、寓于其中，而此性命之理，古今所同然，人之所同具，故人之求先王之陈迹之所以迹、究制度法象中所寓之圣人之精义，当然也就能启迪人明自身本具之性之理。

对于学、问、闻、见，吕大临亦认为："学也问也，求之外者也；闻也见也，得之外者。"①这就是说，通过学、问、闻、见其所得之理，尽管能启迪人明"性"成"性"，但学、问、闻、见所得之理毕竟是外在于人的，故他又主张和强调须通过"思"的环节来使学、问、闻、见所得之理反诸身以"达乎高明"：

> 知生乎思，思则得之，故尽致思之功，然后可以达乎高明。②

> 不致吾思以反诸身，则学问闻见，非吾事也。故知所以为性，知所以为命，反之于我何物也；知所以名仁，知所以名义，反之于我何事也。故曰："思则得之，不思则弗得也。"③

> 明善者，能明其善而已，如明仁义，则知凡在我者以何为仁、以何为义；能明其情状而知所从来，则在我者非徒悦之而已。在吾身诚有是善，所以能诚其身也。④

> 人伦、物理，皆吾分之所固有；居仁、由义，皆吾事之所必然。物虽殊类，所以体之则一；事虽多变，所以用之则一。知此，然后谓之明，明则穷理者也；至此，然后谓之诚，诚则尽性者也。⑤

在吕大临看来，人通过"思"的"反诸身"的工夫和环节明了了学、问、闻、见之"人伦""物理"本于人自身之性命之理，懂得了人之居仁、由义无非是循自身之性命之理而行，此即由明至诚、穷理尽性、知以成性。因此，

---

① 吕大临：《礼记解·中庸第三十一》，《蓝田吕氏遗著辑校》，第 296 页。
② 吕大临：《礼记解·冠义第四十三》，《蓝田吕氏遗著辑校》，第 383 页。
③ 吕大临：《礼记解·中庸第三十一》，《蓝田吕氏遗著辑校》，第 296 页。
④ 吕大临：《孟子解·离娄章句上》，《蓝田吕氏遗著辑校》，第 472—473 页。
⑤ 吕大临：《礼记解·大学第四十二》，《蓝田吕氏遗著辑校》，第 371 页。

对吕大临而言,如果说学、问、闻、见是要求人认识人之所行的所当然,那么,"思"作为知之工夫的一个环节则是要求人"达乎高明",亦即明了人之所当行的所以然、所以迹;此所以然、所以迹即人之本具之性命之理,从而使人认识到其所行的当然之则本于自身之性命之理,以自觉遵循和践履之。可见,"思"之环节是知之工夫中一个极为重要的环节,此乃人明"性"成"性""达乎高明"之关键之所在。张载曾主张:

> 人谓己有知,由耳目有受也;人之有受,由内外之合也。知合内外于耳目之外,则其知也过人远矣。[①]
>
> 本立则不为闻见所转,其闻其见,须透彻所从来,乃不眩惑。[②]
>
> 岂惟耳目所闻见,必从一德见其大源,至于尽处,则可以不惑也。[③]

吕大临所强调的通过"思"以真正明了学、问、闻、见之理本出于人自身之性命之理的观点,显然与其师张载的"合内外于耳目之外""其闻其见须透彻所从来""必从一德见其大源"的主张是一致的。

按吕大临的看法,通过"思"之工夫和环节,诚已至,本已立,性已明,但仍须"辨":

> 理有宜不宜,时有可不可,道虽美矣,胶于理则乱;诚虽至矣,失其时则乖,不可不辨也。辨之者,不别则不见,不讲则不明,非精义入神,不足以致用。故曰:"有弗辨,辨之弗明弗措也。"[④]

就吕大临所谓"辨"的看法而言,在"诚至"亦即"明性"之后,之所以仍须"辨",是因为人虽已明"人伦、物理,皆吾分之所固有;居仁、由义,皆吾事之所必然",但在实践中,面对特定的情境,如何推致吾自身之性命之理于具体事为,以决定具体的义务,这就须通过"辨"来做到"理宜""时可"

[①] 张载:《正蒙·大心篇》,《张载集》,第 25 页。
[②][③] 张载:《横渠易说·系辞下》,《张载集》,第 210 页。
[④] 吕大临:《礼记解·中庸第三十一》,《蓝田吕氏遗著辑校》,第 297 页。

"达乎时中"，此亦即由"精义入神"以"致用"。由此可见吕大临的所谓"辨"作为知之工夫的一个环节是与"时""宜""致用"相联系的，这也就表明在他看来，"辨"是为了体现和贯彻"时中"原则。

由于吕大临对学、问、思、辨等知之工夫的诠释和规定依循的是《中庸》的顺序，故其不得不采取上述那种顺序和方式来表达。显然，这种顺序和划分并不是唯一的，因为在人的整个为学实践中，学、问、思、辨等知之工夫的各个环节往往是交替进行的，致知与明性也是交相互发的，且致知且明性，且明性且致知。吕大临当然也清醒地意识到这一点，故他在经典的诠释中，经常采取各种不同的方式来努力揭示之、阐明之，下面且看吕大临在《孟子解·公孙章句上》中对知以成性的另一种说明方式：

> 守约必先博学，穷大必先执中，致一必先合两，用权必先反经。学不博而求守约，则识蔽于小，故言入于诐；中未执而欲穷大，则心陷于大，故言放于淫；两未合而求致一，则守固而道离，故言附于邪；经未正而欲用权，则失守而道穷，故言流于遁。
>
> 蔽者见小而不见大，故其辞诐。如申韩只见刑名，便谓可以治国，此目不见大道，如坐井观天，井蛙不可以语东海之乐。陷者务多不务约，故其辞淫。如司马迁之类，泛滥杂驳，不知统要，盖陷在众多之中不能自出，如人陷入大水，杳无津涯，罔知所济。离者见左而不见右，如杨子为我，墨子兼爱，夷清惠和，皆只是一偏不能兼济，盖将道分离开，故其辞邪。穷者知所避而不知归，故其辞遁。如庄周、浮屠，务欲脱去形迹，殊无归著，故其言惟欲逃避所恶，而不知所向，如人逃难，不知其所，益以穷矣。
>
> 仁者，诚于此者也。智者，明于此者也。反身而诚，知未必尽，如仲弓是也。致知而明，未必能体，如子贡是也。惟以致知之明诚其意，以反身之诚充其知，则将至于不勉而中，不思而得，故曰"仁且智，夫子既圣矣"。①

---

① 吕大临：《孟子解·公孙章句上》，《蓝田吕氏遗著辑校》，第470页。

吕大临这里的"约""中""一""经",显然指他所常说的"万物同出于一理"中的"一理",亦即人自身本有的性命之理,而"博学""穷大""合两""用权"则与各种致知方式有关,吕大临在此把守约与博学、穷大与执中、致一与合两、用权与反经等彼此相对的二者结合起来,认为这些彼此相对的二者之间相互影响、相互作用、相互促进。正因为如此,他一方面要求人"以致知之明诚其意",另一方面要求人"以反身之诚充其知"。在他看来,孔子"仁且智",就在于他既能致知而明,又能反身而诚;而申、韩"只见刑名""不见大道",司马迁之类"泛滥杂驳,不知统要",杨、墨、夷、惠"只是一偏不能兼济",庄周、浮屠"欲脱去形迹,殊无归著",也在于他们或不知立本、不能明自身本有之性命之理,或不能致知穷理。

第二节 礼以成性

张载之学以"立礼为本""以礼为先"而著称,吕大临以"尤邃于礼""礼学甚精博"而名家,"礼"可以说是他们师生俩念兹在兹、心力所萃之处。由于礼的内容广泛,几乎无所不包,而他们对礼的许多方面都有所涉及,为免枝蔓,故现在所关怀的是:吕大临是如何将礼置于本体与工夫的关系中来进行探讨的。

在吕大临所主张的知、礼工夫中,如果说他知之工夫中的"学""问""闻""见"表现出一种认知性的特点,"学也问也,求之外者也;闻也见也,得之外者"[①]。那么,礼之工夫中的"礼",当其作为社会生活中具体的礼仪规定及节文准则时,则显然表现出一种规范性、人为性的特点。对于礼之工夫中"礼"的这种特点,吕大临是有着清醒的认识的,他屡称:

> 事豫则立,不豫则废,先王之制礼,以善养人于无事之际,多为升降之文,酬酢之节,宾主有司有不可胜行之忧,先王未之有改者,盖以养其德意,使之安于是而不惮也。故不安于偷惰,而安于行礼,

---

① 吕大临:《礼记解·中庸第三十一》,《蓝田吕氏遗著辑校》,第 296 页。

不耻于相下,而耻于无礼,则忿争之心,暴慢之气,无所从而作,此天下之乱所以止于未萌也。①

夫先王制礼,岂苟为繁文末节,使人难行哉? 亦曰"以善养人而已"。盖君子之于天下,必无所不中节,然后成德,必力行而后有功。其四肢欲安佚也,苟恭敬之心不胜,则怠惰傲慢之气生;怠惰傲慢之气生,则动容周旋不能中乎节,体虽佚而心亦为之不安;于其所不安,则手足不知其所措,故放辟邪侈,逾分犯上,将无所不至,天下之乱自此始矣。圣人忧之,故常谨于繁文末节,以养人于无所事之时,使其习之而不惮烦,则不逊之行,亦无自而作,至于久而安之,则非法不行,无所往而非义矣。君子敬以直内,义以方外,敬义立而德不孤,则不疑其所行矣。故发而不中节者,常生乎不敬,所存乎内者敬,则所以形乎外者庄矣,内外交修,则发乎事者中矣。②

"先王制礼""常谨于繁文末节"、止"天下之乱",吕大临这些论说可以说正是对礼的规范性、人为性特点的说明。

吕大临的这样一种论说,乍见之下,人们会不自觉地想:这不就是荀子的观点吗? 在《修身篇》中,荀子论道:

凡用血气、志意、知虑,由礼则治通,不由礼则勃乱提僈。食饮、衣服、居处、动静,由礼则和节,不由礼则触陷生疾;容貌、态度、进退、趋行,由礼则雅,不由礼则夷固僻违,庸众而野。故人无礼则不生,事无礼则不成,国家无礼则不宁。③

礼者,所以正身也。④

确实,把荀子的这种观点与吕大临上述那种论说相对照,二者之间简直没有多少差别。然而,他们的这种相同也只能到此为止,实际上,他们的

---

① 吕大临:《礼记解·聘义第四十八》,《蓝田吕氏遗著辑校》,第415页。
② 吕大临:《礼记解·射义第四十六》,《蓝田吕氏遗著辑校》,第400页。
③ 王先谦:《荀子集释·修身篇》,第22—23页,北京,中华书局,1997。
④ 同上书,第33页。

这种相同下面有着内在的、根本的不同,这种内在的、根本的不同即:荀子的所谓礼不是以内在的心性为根据,根据在人之外。他称:

> 今人之性,生而有好利焉,顺是,故争夺生而辞让亡焉;生而有疾恶焉,顺是,故残贼生而忠信亡焉;生而有耳目之欲,有好声色焉,顺是,故淫乱生而礼义文理亡焉。然则从人之性,顺人之情,必出于争夺,合于犯分乱礼而归于暴。故必将有师法之化,礼义之道,然后出于辞让,合于文理,而归于治。用此观之,然则人之性恶明矣,其善者伪也。[1]

> 若夫目好色,耳好声,口好味,心好利,骨体肤理好愉佚,是皆生于人之情性者也,感而自然,不待事而后生之者也。夫感而不能然,必且待事而后然者,谓之生于伪。是性、伪之所生,其不同之征也。故圣人化性而起伪,伪起而生礼义,礼义生而制法度。然则礼义法度者,是圣人之所生也。[2]

> 凡性者,天之就也,不可学,不可事;礼义者,圣人之所生也,人之所学而能,所事而成者也。不可学、不可事而在人者谓之性,可学而能、可事而成之在人者谓之伪。是性、伪之分也。[3]

荀子所说的"性"显然指人的自然属性和本能,人的这种自然本能、感性欲望在现实人生中则表现为恶,故荀子认为,圣人起礼义、制法度就是为了矫治教化人的本性;并且,在他看来,圣人能起礼义、制法度,也并不是因为礼义出自圣人的本性:

> 凡人之性者,尧、舜之与桀、跖,其性一也;君子之与小人,其性一也。[4]

---

[1] 王先谦:《荀子集释·性恶篇》,第434—435页。
[2] 同上书,第437—438页。
[3] 同上书,第435—436页。
[4] 同上书,第441页。

> 凡所贵尧、禹、君子者,能化性,能起伪,伪起而生礼义。①

圣人之本性与桀、跖并没有什么不同,而圣人之所以能起礼义、制法度,只是因为圣人能"化性起伪"而已。由此可见,荀子所谓的礼不是以人的内在之本性为根据,而是圣人"化性起伪"的产物。

吕大临对于礼的根据的看法与荀子不仅根本不同,而且刚好相反。他称:

> 人之血气、嗜欲、视听、食息,与禽兽异者几希,特禽兽之言,与人异耳,然猩猩、鹦鹉亦或能之。是则所以贵于万物者,盖有理义存焉,圣人因理义之同然,而制为之礼,然后父子有亲,君臣有义,男女有别,人道所以立,而与天地参也。②

> 人性均善,其以同然理义而已。③

吕大临认为,人性均善,此善之性体现于人之"心"中,为人心所同然之"理义",圣人就是根据此人心所同然之"理义"来制礼的。既然人性均善,理义为人心所同然,那么,圣人制礼何为? 又何以说圣人能根据此人心所同然之"理义"来制礼呢? 吕大临认为:

> 天下之理义,无所不通,圣之谓也。无所不通,无所不敬,礼之所由制也。礼之行也,不在乎他,在长幼之分而已,性之德也。礼得于身之谓德,由学然后得于身,得于身则与先得人心之所同然者同之,故诚之而至诚,乃天之道,是亦圣人也。④

> 理义者,人心之所同然,唯大人为先得之,德之不明也,以民之未知乎此也;德之不行也,以民之未得乎此也。先知觉后知,先觉觉后觉,则易昏为明,易恶为善,变化气质,如螟蛉之肖蜾蠃,是岂不为

---

① 王先谦:《荀子集释·性恶篇》,第 442 页。
② 吕大临:《礼记解·曲礼上第一》,《蓝田吕氏遗著辑校》,第 192 页。
③ 吕大临:《礼记解·阳货第十七》,《蓝田吕氏遗著辑校》,第 463 页。
④ 吕大临:《礼记解·乡饮酒义第四十五》,《蓝田吕氏遗著辑校》,第 395 页。

新乎？虽然自明明德者亦日新也，合内外之道，故自新然后新
民也。①

在吕大临看来，尽管人之本性皆同，理义皆人心所同然，但在道德实践
中，却有先知与后知、先觉与后觉之不同，圣人是先自觉到此性此人心所
同然之理的先知先觉者，故能依据自身所本有之理义来制礼，使之落实
于生活世界中；而"反之者"或"诚之者"因气禀之障蔽却不能明自身本具
之性之理，当其通过学习和践行圣人所制之"礼"时，则能"易昏为明""易
恶为善""变化气质"，从而达到"礼得于身"，明人心所同然之"理义"亦即
"成性"的目的。

如上所说，由于荀子和吕大临在礼之根据上的看法不同，故荀子强
调礼注重的是礼的教化矫治功能，而吕大临强调礼注重的是礼对人之修
身进德、成性成圣的作用。

既然吕大临对礼的注重是为了发挥礼在人之修身进德、成性成圣过
程中的作用，那么礼作为为学工夫又是如何来发挥其"成性"的作用的
呢？要把握吕大临在此问题上的主张和观点，首先必须对吕大临在礼的
内容和形式上的认识和看法有所了解。

在《礼记》中，礼被区分为"礼义"与"礼数"。《郊特牲》中称："礼之所
尊，尊其义也。失其义，陈其数，祝史之事也。故其数可陈也，其义难知
也。知其义而敬守之，天子所以治天下也。"《礼运》中称："故礼也者，义
之实也。协诸义而协，则礼虽先王未之有，可以义起也。"吕大临在此基
础上也认为：

> 礼之所尊，尊其义也。失其义，陈其数，祝史之事也。知其义，
> 则虽先王未之有，可以义起也；不知其义，则陷于非礼之礼，非义之
> 义，大人弗为也。②

> 礼之所尊，尊其义也。其文是也，其义非也，君子不行也；其义

---

① 吕大临：《礼记解·大学第四十二》，《蓝田吕氏遗著辑校》，第 376 页。
② 吕大临：《礼记解·冠义第四十三》，《蓝田吕氏遗著辑校》，第 382 页。

是也,其文非也,君子行也。①

这里所谓的"礼数",指的是具体的礼仪条文、节目仪节;所谓"礼义",则指蕴含在礼仪形式中的价值原则和准则。"礼数"即礼之形式,"礼义"即礼之内容,内容决定形式,"礼义"决定"礼数","礼义"是"礼数"的根据。从表面上看,吕大临对礼之礼义、礼数之分以及两者间关系的看法与《礼记》中的说法没有什么不同,然而,当吕大临将此"礼义"置于性与天道通而为一的架构下来定位时,则此"礼义"不仅被视为本于人本具之性命之理、人心所同然之理义,同时亦具有天道、天理的意义,故吕大临称:

> 成象之谓"乾",效法之谓"坤",天立是理,地以效之,况于人乎?故人效法于天,不越顺性命之理而已。②

> 天道无私,莫非理义,君所以代天而治者,推天之理义,以治斯人而已。故曰"天叙有典,天秩有礼,天命有德,天讨有罪",莫非天也。③

> 书曰"天叙有典",体也,人伦之谓也;"天秩有礼",用也,冠、昏、丧、祭、射、乡、朝、聘之类也;二者皆本于天,此礼之所由生也。④

这些表明在吕大临看来,先王制礼既是依据人本具之性命之理、人心所同然之理义,又是依据天道、天理。对吕大临而言,如果说依据人本具之性命之理、人心所同然之理义制礼是强调道德自律,那么,依据天道、天理制礼则可以说是为了强调礼之神圣性。张载所谓的"不闻性与天道而能制礼作乐者末矣"⑤也即在此。

在吕大临思想系统中,人道之仁义即人之性命之理、人心所同然之理义,亦即在人之天道、天理。他称:

---

① 吕大临:《礼记解·曲礼上第一》,《蓝田吕氏遗著辑校》,第 190 页。
② 吕大临:《礼记解·中庸第三十一》,《蓝田吕氏遗著辑校》,第 272 页。
③ 吕大临:《礼记解·表记第三十二》,《蓝田吕氏遗著辑校》,第 333 页。
④ 吕大临:《礼记解·丧服四制第四十九》,《蓝田吕氏遗著辑校》,第 419 页。
⑤ 张载:《正蒙·神化篇》,《张载集》,第 18 页。

> 兼天下而体之之谓"仁",理之所当然之谓"义",由仁义而之焉之谓"道",有仁义于己之谓"德",节文乎仁义之谓"礼"。仁、义、道、德,皆其性之所固有,本于是而行之,虽不中不远矣。①
>
> 仁义礼知,人道具矣,人道具则天道具,其实一也。②

吕大临在此所谓的"节文乎仁义之谓'礼'"中的"礼"显然指"礼数",亦即礼之形式;"仁义"则指"礼义",亦即礼之内容,故仁义即礼义,即人之性,即天道、天理。并且,根据吕大临的思想,此仁义之性在现实社会层面则体现为亲亲、长长、贵贵、尊贤之道,亦即君臣、父子、长幼、夫妇之伦。他称:

> 大经,天理也,所谓庸也……是为庸,亲亲,长长,贵贵,尊贤是已。③
>
> 亲亲之中,父子,首足也;夫妻,判合也;昆弟,四体也,其情不能无杀也。尊贤之中,有师也,有友也,有事我者也,其待之不能无等也。因是等杀之别,节文所由生,礼之谓也。故曰"亲亲之杀,尊贤之等,礼所生也"。④
>
> 先王制礼,其本出于君臣、父子、尊卑、长幼之间,其详见于仪章、度数、周旋、曲折之际,皆义理之所当然。⑤

吕大临在此所谓大经、天理、亲亲尊尊之道、君臣父子兄弟夫妇之伦即"礼义",所谓仪章、度数、节文、周旋、曲折之际等即"礼数",在吕大临看来,一方面礼数离不开礼义,礼数是依据礼义制定的;另一方面礼义也离不开礼数,礼数是礼义必不可少的载体和外在表现形式。礼是礼义和礼数的合一,是内容和形式的统一。

---

① 吕大临:《礼记解·曲礼上第一》,《蓝田吕氏遗著辑校》,第191页。
② 吕大临:《礼记解·丧服四制第四十九》,《蓝田吕氏遗著辑校》,第419页。
③ 吕大临:《礼记解·中庸第三十一》,《蓝田吕氏遗著辑校》,第307页。
④ 同上书,第290页。
⑤ 吕大临:《礼记解·冠义第四十三》,《蓝田吕氏遗著辑校》,第382页。

如上所说,吕大临所说的礼既属天,又属人;既内在,又外在;乃天人贯通、内外合一之道。吕大临正是基于对礼的这种理解,来阐明礼在人修身进德、成性成圣过程中的作用的。

在吕大临对礼之工夫的讨论中,他的礼以成性的主张,是以他的这样一种看法为前提的:

> 无意而安行,性也;有意而利行,非性也;有意利行,蕲至于无意,复性者也。尧舜不失其性,汤武善反其性,及其成性则一也。故四圣人者,皆为盛德,由仁义行而周旋中礼也。为生而哀,非真哀也;干禄而不回,非真德也;正行而信,非真信也。仁义,德也;礼,德之法也;真哀、真德、真信,则德出于性矣。德出于性,则法行于己者安;法行于己者安,则得乎天者,尽如是,则天命之至,我何与哉?亦顺受之而已。法由此立,命由此出,圣人也;行法以俟命,君子也。圣人性之,君子所以复其性。①

> 仁、义、道、德,皆其性之所固有,本于是而行之,虽不中不远矣。然无节无文,则过与不及害之,以至于道之不明且不行,此所以"非礼不成"也。先王制礼,教民之中而已,教不本于礼,则设之不当,设之不当,则所以教者不备矣。②

按吕大临的看法,圣人作为"性之者",能够做到礼由性出,无意而安行。而其他人因气禀之蔽,或过或不及,无法达此理想之境,故须"复其性"。所以,要避免过与不及以"复其性",其途径或工夫当然莫过于遵循教人以中的先王之礼。并且,在他看来,尽管"有意而利行,非性也",但"行法以俟命","有意利行",臻于无意或"法行于己者安"时,亦即"复其性"。这说明吕大临既认为礼属于内,礼本于人之内在之性,又主张以礼为工夫来"复其性"。此即吕大临礼以成性主张的理论预设和前提。

如果对吕大临的这一理论预设和前提稍作分析,就可以发现:尽管

---

① 吕大临:《孟子解·尽心章句下》,《蓝田吕氏遗著辑校》,第480页。
② 吕大临:《礼记解·曲礼上第一》,《蓝田吕氏遗著辑校》,第191页。

吕大临强调礼属于内,礼本于性,但礼作为工夫,在人之礼以成性的过程中,实际上是以外在行为规范的方式和途径由外而内来发挥作用的,甚至是作为外在行为规范来防范人之过与不及的言行的。何以至此呢?因为吕大临所主张的礼之工夫,并非就"性之者"的圣人而言,而是针对"复性者"来说的。圣人作为"性之者",循性而行,礼由性出,从容中道,无须以礼之工夫来"复其性"。只有"复性者"因不能礼由性出,无法做到"法由此立,命由此出",才须礼之工夫,而此礼显然不是从"复性者"之内在之性中所出,只可能是先王所制避免人过与不及作为外在行为规范的礼。因此,我们有理由认定:吕大临所说的礼之工夫在整体上具有一种外向性、规范性的性格和特点,甚至有同荀子殊途同归之嫌。

然而,吕大临毕竟是把礼认定为人之本性、人心所同然之理义的外在化、具体化,视其为天理的表现形式,故他也就力图使这种具外向性、规范性的礼之工夫在人的"复其性"亦即"成性"的过程中发挥作用,从吕大临对德礼与政刑的关系的论述中即可见出这一点:

> 德以道其心,使知有理义存焉;礼以正其外,使知有所尊敬而已。知有理义,知所尊敬,则知所以为善为不善,然后其心知止于是,而不欲畔而之他也。不善之名,虽愚不肖者耻之,如使民心知所以为善不善,则畔而之他者,众人之所耻;众人之所耻,虽愚不肖者,亦将不欲为矣。此孔子所谓"有耻且格"。格者,正也。政者,所以禁民为非;刑者,所以惩民之为非。禁也者,非能使之知不善而不为,亦强制之而已;惩也者,非能使之知耻,使之知畏而已。故民非心悦而诚服,欲逃其上而不可得,此所以"有遁心",孔子所谓"免而无耻"者也。德礼所以正其本,本立则末不足治;政刑所以齐其末,苟无其本,则法不足以胜奸。[1]

在吕大临看来,尽管礼与政刑在形式上似乎都表现为一种外在的行为规

---

① 吕大临:《礼记解·缁衣第三十三》,《蓝田吕氏遗著辑校》,第341页。

范,但礼与政刑有所不同的是:礼能使人"知有所尊敬""知所以为善为不善""有耻且格",故礼能促进人之修身进德,启迪人明了自身本具之"性"之"理义";而政刑只是纯粹通过强制性手段禁民之为非、惩民之为非,人之不为不善,乃迫于政令、惧于刑罚而已,故政刑仅能保证人之行为的"合法性",却不能促进人之行为的"道德性"。

那么,吕大临所谓的这种具有外向性、规范性的礼之工夫是如何具体地在人之修身进德、"复其性"亦即"成德""成性"的过程中发挥作用的呢? 在经典的阐释中,吕大临主要是通过对礼之"敬"的功能的阐发来说明这一点的,他称:

> 礼者,敬而已矣,君子恭敬,所以明礼之实也。[1]
> 礼者,敬而已矣,敬者,礼之常也。[2]
> 欲修其身先正其心者,敬之谓也,修身者,正言貌以礼者也。故"毋不敬"者,正其心也。[3]
> 礼卑则无不敬,能有诸己矣。[4]

吕大临在此所谓的"正其心""有诸己"显然与人自身本具之性之"理义"之心有关,对他而言,"敬"乃礼之实、礼之常,作为礼之实、礼之常的"敬"最能发挥"正其心""有诸己"的功能,故当人通过礼之敬来"正其心""有诸己"时,礼也就能起到促进人之修身进德、启迪人明了自身本具之"性"之"理义"的作用。

在《礼记解》中,吕大临对礼之"敬"的功能作了极为具体而详尽的阐发,力图说明其在人之"成德""成性"过程中的作用。

> 贵老,为其近于亲也。敬长,为其近于兄也。自二十而视四十,则与吾父之年相若,此所以父事也;长吾十年,则与吾兄之年相若,

---

[1] 吕大临:《礼记解·曲礼上第一》,《蓝田吕氏遗著辑校》,第 192 页。
[2] 同上书,第 189 页。
[3] 同上书,第 187 页。
[4] 吕大临:《礼记解·中庸第三十一》,《蓝田吕氏遗著辑校》,第 292 页。

此所以兄事也;长吾五年,则与吾年相若,此所以肩随之也,皆敬长之道也。阙党童子,与先生并行,孔子知其欲速成;疾行先长者,孟子知其为不弟,皆不知敬长之义而已。①

尊长近乎事兄,弟也;养老近乎养亲,孝也。入则顺乎父兄,出则顺乎长老,则民德归厚矣。强不犯弱,众不暴寡,人伦既正,教行俗美,薰沐涵濡,迁善而不自知,故曰"非家至而日见之也"。春秋合诸州长而射,冬行党正之正齿位,乡党习见仪容之盛,渐乎礼义之俗,孝弟之行,不肃而成,行礼之效也。②

人生于天地之间,其强足以凌弱,其众足以暴寡,然其群而不乱,或守死而不变者,畏礼而不敢犯也。人君居百姓之上,惟所令而莫之违者,恃礼以为治也。一人有礼,众思敬之,有不安乎;一人无礼,众思伐之,有不危乎,此所以系人之安危而不可不学者。富贵者,人之所共敬者也;贫贱者,人之所共慢者也;礼者自卑而尊人,虽负贩之至贱,犹不敢慢而必有所尊,况人之所共敬者乎?古之君子,不侮鳏寡,不畏强御,苟无礼以节于内,则外物之轻重,足以移其常心矣。故富贵者,知其所当敬,则不骄不淫;贫贱者,知其所自敬,则志不慑。③

吕大临所谓的礼之"敬",不仅能使人"知所尊敬",而且能使人懂得敬"让"敬"顺"。然而对他来说,更主要的是礼之"敬"中"有理义存焉",因为礼之尊长敬长、贵老养老、顺乎父兄、顺乎长老、当敬自敬、自尊尊人所体现的正是亲亲尊尊之道、孝悌忠信之理。并且,此亲亲尊尊之道、孝悌忠信之理本是人自身本有之仁义之性,亦即人心所同然之理义的具体化、外在化,实际上也就是人之仁义之性、人心所同然之理义在道德实践中赋予行为和事物的,因此,吕大临有时也就直接将礼之敬阐释和规定

---

① 吕大临:《礼记解·曲礼上第一》,《蓝田吕氏遗著辑校》,第 197—198 页。
② 吕大临:《礼记解·乡饮酒义第四十五》,《蓝田吕氏遗著辑校》,第 396 页。
③ 吕大临:《礼记解·曲礼上第一》,《蓝田吕氏遗著辑校》,第 193 页。

为"明人伦""敬人之事"。

> 礼者敬而已矣,明则敬于人,礼仪三百,威仪三千,敬人之
> 事也。①
>
> 君臣、父子、长幼之义,皆形见于节文之中。人之所难,我之所
> 安,人之所懒,我之所敬,故能行之者君子也。②
>
> 君臣、父子、长幼、夫妇之伦,吾性之所固有也。君子之所以学,
> 先王之所以教,一出于是而已。故舜明于庶物,察于人伦,三代之
> 学,皆所以明人伦也。人伦之大分,谓之"经",其屈伸、进退、周旋、
> 曲折之变,谓之"纪"。大德敦化,经也;小德川流,纪也。礼仪三百,
> 经也;威仪三千,纪也。③

既然吕大临的所谓礼乃人之本性的具体化,体现的是君臣、父子、长幼、
夫妇之人伦,故当人依礼而行,通过礼之"知所尊敬""敬让""敬顺"体认
到敬长贵老之义、孝悌忠信之理时,对吕大临而言,也就可以"明其性"
"成其性"。

通过以上对吕大临礼之工夫的讨论,可以说:吕大临力图通过礼之
"敬"将"礼义"和"礼数"结合起来,以求达到贯天人、合内外、"礼以成性"
的目的。

在吕大临对礼之敬在人之"成性"过程中所起作用的阐发中,最能反
映和体现他这一思想的莫过于他对少儿"成人"之教的规定和说明。由
于他的这种规定和说明是以他的一些基本预设为前提的,故先将其作一
交代。

在《易章句》中,吕大临在释"蒙以养正,圣功也"时认为:

> 童蒙之质,德性未丧,特未发耳,由是而养之以正,不流于邪,虽

---

① 吕大临:《礼记解·表记第三十二》,《蓝田吕氏遗著辑校》,第 336 页。
② 吕大临:《礼记解·聘义第四十八》,《蓝田吕氏遗著辑校》,第 417 页。
③ 吕大临:《礼记解·燕义第四十七》,《蓝田吕氏遗著辑校》,第 411 页。

圣人之学,不越于是,故曰"圣功也"。"利贞"者,贞则不失其性也。①

这就是说少儿本具有人之为人的德性,但由于尚未自觉其本性,故有待于培养教育,养之以正,从而使其不失其性,不流于邪。在此基础上,吕大临进一步指出:

> 古者自二十而冠,自十九而下,皆为童子。凡为童子,以事长者为之事也。紒而不冠,衣而不裳,名而不字,皆所以别成人,教逊弟也。阙党童子将命,孔子曰:"吾见其居于位也,见其与先生并行也。非求益者也,欲速成者也。"孟子曰:"徐行后长者谓之弟,疾行先长者谓之不弟。夫尧舜之道,孝弟而已。"然弟不弟,在于徐行、疾行之间,皆所以养童子之道,不可不慎也。冠礼一废,童子与先生并行,耻弟于长者矣。盖逊弟之节,不谨于童稚之间,及其成人,则扞格不入,此所以人材之难成,教之所由废也。②

> 《书》曰"兹乃不义,习与性成",则不义非性矣。然以不义成性,则习有以移之,故习不可不慎也。古之教子者,其始生也,择诸母之慈良恭敬,慎而寡言者,使为子师,其次为慈母,其次为保母,教之之慎如此,况可示之诳乎?裘裳与冠,皆成人之服,未成人者,服亦有所未备也。立必正所向之方,或东向西向,或南向北向,不使之偏有所向也。《士相见礼》云"凡燕见于君,必辨君之南面,若不得,正方,疑君","疑君"者,谓斜向之不正方也。不倾听者,头容直。③

这说明吕大临既肯定少儿本具人之为人之本性,同时又极为注重少儿成长阶段所处的环境、所受的教育、所养成的习惯对其"成人""成德"的作用和影响。在他看来,人一旦在这个阶段被不良之习所缠绕、污染,形成了坏的习性,一时将很难改变,"盖逊弟之节,不谨于童稚之间,及其成

---

① 吕大临:《易章句·蒙·彖》,《蓝田吕氏遗著辑校》,第 69 页。
② 吕大临:《礼记解·冠义第四十三》,《蓝田吕氏遗著辑校》,第 383 页。
③ 吕大临:《礼记解·曲礼上第一》,《蓝田吕氏遗著辑校》,第 199 页。标点有改动,《仪礼》"正方,疑君"作"则正方,不疑君","不"字应据补。

人,则扞格不入",故他反复强调少儿"成人"之教不可不慎,"虽圣人之学,不越于是",此即"蒙以养正,圣功也"。

既然少儿阶段的"成人"之教对人的一生至关重要,那么,如何在这一阶段来对少儿进行培养和教育呢? 在《礼记解》中,吕大临依据《礼记·曲礼》对少儿的言行举止、待人接物等各个方面的具体节目仪节作了详细的解释和说明:

> 事先生长者之礼,进退不敢必也。"将适舍",将退也;"将上堂",将进也。虽将退也,先生长者未之许,则退无固也;虽将进也,扬声而警之,不欲掩人之私也。户外有二屦,则并户内一屦为三人矣。以户内有三人,故乃可入,犹以言闻不闻为入不入之节。若户内有二人,则不可入,所谓"离坐离立,毋往参焉"者也。毋践屦踏席,敬其物,所以敬其人也。抠衣趋隅,必慎唯诺,不敢为宾,听役于先生长者。唯,所以应也;诺,所以许也。①

> 侍于君子,视听言动,无所不在于敬。头容欲直,故"毋侧听";声容欲静,故"毋噭应";目容欲端,故"毋淫视";气容欲肃,故"毋怠荒";足容欲重,故"游毋倨";立如齐,故"毋跛";坐如尸,故"毋箕";正其衣冠,故"敛发毋髢,冠毋免,劳毋袒,暑毋褰裳"。②

> 粪除布席,役之至亵者也,然古之童子未冠,为长者役,而其心安焉。盖古教养之道,必本诸孝弟,入则事亲,出则事长;事亲孝也,事长弟也;孝弟之心,虽生于恻隐恭敬之端,孝弟之行,常在于洒扫应对、执事趋走之际。盖人之有血气者,未有安于事人者也,今使知长者之可敬,甘为仆御之役而不辞,是所以存其良心,折其傲慢之气,然后可与进于德矣。加帚箕上,执之以从事也。以袂拘而退,其尘不及长者,虽粪除之际,不敢忘敬也。③

---

① 吕大临:《礼记解·曲礼上第一》,《蓝田吕氏遗著辑校》,第200页。
② 同上书,第204页。
③ 同上书,第201—202页。

从吕大临这些对少儿如何事亲、事长者、事先生、侍君子等礼仪规定的阐述来看,他主要强调的是:如何让少儿把礼之敬贯注于所做的每一件具体之事中。但令人惊异的是:他对少儿所做的每一件具体之事的节目仪节的解释和说明竟是异乎寻常地细密细微、不厌其繁,真可谓"繁文缛节"。人们或许要问:既然少儿本具人所同有的人之本性,何不直接启迪其本性,使其自觉其孝悌之心,这岂不就自然能够选择对应具体情况的适宜的行为方式吗? 何须如此多繁文缛节! 但人们有所不知的是:吕大临的这些规定和说明实际上与他受这样一种理念的影响密不可分。他认为:

> 盖古之学者,有小学,有大学。小学之教,艺也,行也;大学之教,道也,德也。礼乐、射御、书数,艺也;孝友、睦姻、任恤,行也;自致知至于修身,德也;所以治天下国家,道也。古之教者,学不躐等,必由小学,然后进于大学。自学者言之,不至于大学所止则不进;自成德者言之,不尽乎小学之事则不成。子夏之门人,从事乎洒扫应对,在圣人亦莫不然,恂恂便便,曲尽于乡党朝廷之间,勃如躩如,襜如翼如,从容乎进退趋揖之际,盖不如是,不足谓之成德矣。①

古时有"小学"与"大学"之分,小学阶段是艺与行,大学阶段是道与德。吕大临也依据这种区分,认为这两个阶段对人之学礼行礼、进德修业缺一不可,但又须循序渐进、不可躐等。并且,他特别强调人欲成德,必然从小学之事入,从洒扫应对做起,即使圣人也是如此。小学阶段显然就是少儿"成人"阶段,故吕大临正是基于他的这种观念和看法,才对少儿事亲事长的具体礼仪节目作如此细密的规定和说明的。

对少儿之"成人"教育必须从"事"切入这一点,冯达文先生在《简论朱熹之"小学"教育理念》一文中分析指出:朱子强调少儿之"成人"教育必须从"事"切入,固然有认知心理学上的依据,即少儿的抽象思维能力尚低,从感性具体入手易于接受;少儿的模仿能力较强,借具体形象教育

---

① 吕大临:《礼记解·大学第四十二》,《蓝田吕氏遗著辑校》,第 370—371 页。

效果更佳,等等。但其原因主要是这种教育作为"成人"或"成德"教育的两个特点:一个是它的信仰性,因为"成人"或"成德"教育中成就的"人"或"德"是人——主体的一种应然性的认定,不具客观必然性的意义。一个是"成人"或"成德"教育的践行性。因为在"成德"意义上的个别与一般、特殊与普遍的关系,与在知识学意义上的个别与一般、殊相与共相的关系有着根本的差别。在知识学意义上,一般、共相常常被视为"本体",而在"成德"意义上,每一件该做的事(行)才具"本体"的意义。故对人之是否"成人"或"成德"的判定,就见于他所做的一件件具体的"事"上,而非只看他对"理"的认识。① 冯先生这种分析无疑同样适用于吕大临所强调的少儿"成人"或"成德"教育应从具体之事做起的理念。因为吕大临所主张的少儿"成人"教育显然是一种"成德"教育,而作为一种"成德"教育,当然不能采取"成智"教育中那种从个别中抽象出一般、从殊相中抽象出共相的抽象性解悟的方式,所采取的应当是一种具体性解悟的方式,故吕大临主张和强调少儿从容貌辞令、扫洒应对、执事趋走等具体细微的小事做起,并直接规定"应该如此去做""这样做才对"。这正是具体性解悟的表现,也是由"成德"教育中每一件该做的事本身所具有的圆足性、绝对性和本体性的特点所决定的。

在吕大临的思想系统中,尽管"礼数""人伦"是外在的"在彼者",礼义、人之本性、人心所同然之理内在于人,天理乃"非人私知所能为"者,但礼数、礼义、人伦、人之本性、人心所同然之理、天理又有着一致性,故他主张通过礼之敬来贯天人、合内外。他之所以强调少儿必须将"敬"贯注于其所做的每一件具体的事中,是因为在他看来,只有使少儿在其所做之事、所行之礼中真正保有笃实的道德意识和情感,才能使其达到贯天人、合内外、人伦明、礼义立的目的,而人伦明、礼义立亦即明性成性。

在《礼记解》中,吕大临对《冠义》中少儿成人之义的阐发体现的正是少儿"成德"的上述特点。

---

① 参见冯达文:《简论朱熹之"小学"教育理念》,《中国哲学史》1999 年第 4 期,第 52—54 页。

知崇礼卑,崇效天,卑法地,故知礼者,人之天地也,未有天地不具,而能有物者也。此人之所以为人,必在乎礼义也。知生乎思,思则得之,故尽致思之功,然后可以达乎高明;礼主乎行,行则致之,故尽躬行之实,然后可以极乎密察。此礼义之始,所以必在乎正容体、齐颜色、顺辞令也。容体者,动乎四体之容者也;颜色者,生色见乎面目者也;辞令者,发乎语言而有章者也。三者,修身之要,必学而后成,必成人而后备。童子,未成人者也,于斯三者,不可以不学。故古之教子,能食教以右手,能言教唯与俞;七年教之男女不同席,不共食;八年教之出入门户,即席饮食,必后长者;十年学幼仪;十三学舞射御,则养之有素矣;养之久则安,安则成,故至于二十,则三者备矣,然后可以冠而责成人之事矣。君子之容舒迟,见所尊者齐遬,足容重,手容恭,目容端,口容止,声容静,头容直,气容肃,立容德,此"容体正"欤! 衰绖则有哀色,端冕则有敬色,介胄则有不可辱之色,根于心而生色,睟然见于面,此"颜色齐"欤! 长者不及无僭言,毋勦说,毋雷同,必则古昔,称先王;与君言,言使臣;与大夫言,言事君;与老者言,言使子弟;与幼者言,言孝弟于父兄;与众言,言忠信慈祥;与居官者言,言忠信,此"辞令顺"欤! 故唯备此三者,然后可以明人伦;人伦明,然后礼义立,而可以为成人;成人,然后可以有冠有裳而服备。故冠礼者,所以成人之礼。礼之成人,而行礼义自此始矣,故曰"冠者礼之始也"。①

国之所以为国,人道立也;人之所以为人,礼义立也。冠礼者,所以责成人,礼义所由始也。上帝降衷于下民,则所以为人,天命之,神明相之,筮日筮宾于庙门之外,成人之始,质之神而不敢专,敬之至也。敬至则礼重,礼重则人道立,此国之所以为国也,故曰"所以为国本也"。②

① 吕大临:《礼记解·冠义第四十三》,《蓝田吕氏遗著辑校》,第383—384页。
② 同上书,第384页。

　　　　所谓成人者,非谓四体肤革异于童稚也,必知人伦之备焉。亲亲、贵贵、长长,不失其序之谓备,此所以为人子、为人弟、为人臣、为人少者之礼行,孝弟忠顺之行立也,有诸己,然后可以责诸人。故人伦备,然后谓之成人,成人然后可以治人也。①

按吕大临的看法,少儿的"成人"教育必须以"正容体""齐颜色""顺辞令"作为初始入手处,必须从一件件具体而细微的小事做起,因为容貌辞令、具体细微之小事本身体现的就是孝、悌、忠、信等人伦之理。当少儿通过这些孝、悌、忠、信之事的不断重复、长期熏陶,养之有素,即能"养之久则安,安则成"。当然吕大临也主张发挥知之工夫在"成人"教育中的作用,强调通过其中的"致思之功"来"有诸己""达乎高明",这显然是就成人教育的后期阶段亦即大学阶段而言。如果说在"成人"教育的前期阶段亦即小学阶段是为了教育和训练少儿应当如何去做的具体规范,使其知人所当行的当然之则,那么,通过"成人"教育的后期阶段的"尽致思之功"来"有诸己",则可以说是为了使其知应当如此这般去做的当然之则的所以然。知其所当行的人伦之则可以使其行不谬,明了其所当行的人伦之则的所以然则可以使其体认到"人伦、物理,皆吾分之所固有;居仁、由义,皆吾事之所必然"②,觉悟到此人道之人伦礼义乃"上帝降衷于下民""天命之,神明相之",从而发挥其道德自觉性、主动性来尽为人子、为人弟、为人臣、为人少者的责任和义务。

　　通过上述吕大临关于少儿"成人"或"成德"教育的分析和讨论,可以说:吕大临之所以如此注重在少儿的"成人"或"成德"教育中将"敬"贯注于少儿的容貌辞令和所行之事中,是因为在他看来,通过礼之敬的贯天人、合内外的作用能启迪其"明人伦""礼义立",亦即明性成性。当然,"明人伦""礼义立"、明性成性的目的又显然是为了激发人履行人伦之则的内在动力,真正自觉地、主动地去践行人伦之道。

① 吕大临:《礼记解·冠义第四十三》,《蓝田吕氏遗著辑校》,第386页。
② 吕大临:《礼记解·大学第四十二》,《蓝田吕氏遗著辑校》,第371页。

第三节 吕大临与程颢

宋神宗熙宁十年(1077),张载去世,吕大临时年三十一岁。宋神宗元丰二年(1079),吕大临前往扶沟从二程问学,《程氏遗书》中"既重要而分量又最多"[①]的卷二,就是这一年吕大临东见二程时所记录的二程之语。

据《宋元学案·吕范诸儒学案》述:"初学于横渠。横渠卒,乃东见二程先生,故深淳近道,而以防检穷索为学。明道语之以识仁,且以'不须防检,不须穷索'开之,先生默识心契,豁如也。"[②]《识仁篇》全文如下:

> 学者须先识仁。仁者,浑然与物同体。义、礼、知、信皆仁也。识得此理,以诚敬存之而已,不须防检,不须穷索。若心懈则有防,心苟不懈,何防之有? 理有未得,故须穷索。存久自明,安待穷索? 此道与物无对,大不足以名之,天地之用皆我之用。孟子言"万物皆备于我",须反身而诚,乃为大乐。若反身未诚,则犹是二物有对,以己合彼,终未有之,又安得乐?《订顽》意思,乃备言此体。以此意存之,更有何事? "必有事焉而勿正,心勿忘,勿助长",未尝致纤毫之力,此其存之之道。若存得,便合有得。盖良知良能元不丧失,以昔日习心未除,却须存习此心,久则可夺旧习。此理至约,惟患不能守。既能体之而乐,亦不患不能守也。[③]

大程的"识仁"之方要而言之,即自觉、自信人之自身所本有的"仁心",使此先天的道德"仁心"自发自决成为人之道德实践中的立法原则与践履原则。并且,此"识仁"之方,即本体即工夫,直截而简易,一扫工夫中那种时时防检、处处穷索之弊。然而,朱子却说:"明道言'学者须先

---

① 牟宗三语。参见牟宗三:《心体与性体》中册,第1页。
② 黄宗羲原本,全祖望修定:《吕范诸儒学案》,《宋元学案》第2册,第1105页。
③ 程颢,程颐:《二程遗书》卷二上,《二程集》上册,第16—17页。

识仁'一段,说话极好,只是说得太广,学者难入。"①撇开朱子的哲学倾向不论,朱子认为大程的"识仁"之方令学者难入,不能把握其主旨又确实并非无的放矢,这从刘宗周对学者误解此"识仁"之方所作的批评即可见出:"学者极喜举程子识仁,但昔人是全提,后人只是半提。'仁者浑然与物同体,义礼知信皆仁也',此全提也。后人只说得'浑然与物同体',而遗却下句,此半提也。'识得此理,以诚敬存之,不须防检,不须穷索',此全提也。后人只说得'不须'二句,却遗却上句,此半提也。"②何以学者对此"识仁"之方常生误解,偏离其宗旨?这无疑与"识仁"之方本身的难以把握有关。

在大程的"识仁"之方中,尽管"仁心"即吾人不安、不忍、愤悱、不容已之本心③,即四端之心,但"仁心"作为道德实践的先天根据又具有贯通天人、既超越又内在的特点,故对此"视之不见、听之不闻,无声形接乎耳目而可以道也"④的形上心体,如非确信不疑、真修实觉与实有诸己,仅靠恍来一悟、偶然兴会,显然不仅不能真切把握,而且在实践中也难以为继、易失其旨要,故"先识仁"此立体工夫虽最为根本、直截而又简易,却反而使初学者有无所依循、无从下手之感。并且,对此形上心体的把握绝非一种抽象的悬空把捉,而是必须使其在现实生活中体现与落实,尽管此"仁心"能自我觉醒、自有准则、自具力量、自作主宰,但在具体道德生活的现实层面上则是欲根习气缠绕,情识、意见、知解、感性知觉交杂。故如何避免情识欲心、习心与仁心相混,使"仁心"自然呈现、全然做主;如何消除认气作定、玩弄光景、虚见承担、知解意见搀和等弊病,使此"仁心"具体而真实地流行于日用之间,这是"识仁"之方,甚至是宋明理学中心学一派始终面临、无法回避而又亟待解决的问题。

因为"识仁"之方不易把握,为了使那些苦于不得入路的初学者工夫

---

① 黎靖德编:《朱子语类》卷九七,第2484页。
② 黄宗羲原本,全祖望修定:《明道学案》,《宋元学案》第1册,第541页。
③ 牟宗三语。参见牟宗三:《心体与性体》中册,第183页。
④ 吕大临:《礼记解·中庸第三十一》,《蓝田吕氏遗著辑校》,第273页。

有下手处,程颢曾教以静坐之法。静坐原本是佛道二教修行之法门,二程赋予其儒家心性修养的内涵后,将其作为一种正式的工夫教法以教学者。早吕大临一年(宋神宗元丰元年,即 1078 年)从学于程颢的谢良佐,程颢曾教其以静坐之法作为入处:"谢显道习举业,已知名,往扶沟见明道先生受学,志甚笃。明道一日谓之曰:'尔辈在此相从,只是学某言语,故其学心口不相应。盍若行之?'请问焉。曰:'且静坐。'伊川每见人静坐,便叹其善学。"[1]晚吕大临两年(宋神宗元丰四年,即 1081 年)从学于程颢的杨时,曾以强调"学者当于喜怒哀乐未发之际,以心体之,则中之意自见"而著称。据《程氏外书》卷一二《龟山语录》记载:"明道在颍昌,先生(龟山)寻医,调官京师,因往颍昌从学。明道甚喜,每言曰:'杨君最会得容易。'及归,送之出门,谓坐客曰:'吾道南矣。'"[2]杨时"道南一系"的罗从彦、李侗也都是以此"静中体验未发"为基本宗旨,称之为"道南指诀"。朱熹曾说:"李先生教人,大抵令于静中体认大本未发时气象分明,即处事应物自然中节,此乃龟山门下相传指诀。"[3]黄宗羲、全祖望也认为"罗豫章静坐看未发气象,此是明道以来下及延平一条血路也"[4]。吕大临在大程"识仁"之方的指点与引导下,将其曾在理论上探讨过的心性修养工夫真正付诸实践,在他实有所得后,吕大临将此实践工夫表述为"圣人之学,不使人过,不使人不及,立喜怒哀乐未发之中以为之本,使学者择善而固执之,其学固有序矣"[5]。吕大临这一"立喜怒哀乐未发之中以为之本"的说法与杨时一样,虽未提及静坐之法,但显然与杨时道南一系的"静中体验未发"有着一致之处。

"四先生"之一的谢良佐与吕大临、杨时一样,都曾直接受教于大程门下,他对静坐之法看法却与杨时道南一系"静中体验未发"的观点完全

---

① 程颢,程颐:《程氏外书》卷一二,《二程集》上册,第 432 页。
② 同上书,第 428—429 页。
③ 朱熹:《答何叔京》第二书,《朱子全书》第 22 册,第 1802 页。
④ 黄宗羲原本,全祖望修定:《豫章学案》,《宋元学案》第 2 册,第 1277 页。
⑤ 吕大临:《礼记解·中庸第三十一》,《蓝田吕氏遗著辑校》,第 270 页。

不同："问：'一日静坐，见一切事平等，皆在我和气中，此是仁否？'曰：'此只是静中之工夫，只是心虚气平也。'"①由此可见，谢良佐并不重视"静中体验未发"，故也就不以静中所体验到的未发之中为"仁心"或"本心"。吕大临、杨时以及"道南一系"的罗从彦、李侗将大程的"识仁"之方及其静坐之法与《中庸》中的"喜怒哀乐之未发谓之中"联系起来，不仅明确地确立了体认"未发之中"的本体工夫论，还将这一本体工夫真正付诸实践，在他们看来，喜怒哀乐未发之前因无人欲之私，故此"未发之中"即"大本"即"仁心""心体"，此体认"未发之中"的本体工夫无疑与"识仁"之方相通而又一致。这一直接立根于"大本""仁心"之上的立体工夫，不同于谢良佐所说的"静中之工夫"的是：先平复纷作的情感，克己去私以归向未发，其目的在于静复见体，亦即体认"仁心"，使此道德本心全然作主，以期立体以达用、承体以起用，而并非只是为了调摄身心、使心神内敛以达至一种非道德意义的实然的"心虚气平"状态。

尽管吕大临在关学阶段时即已形成与确立了"反求吾心"思想，并于洛学阶段实践此"反求吾心"实有所得后，亦明确地将其表述为"立喜怒哀乐未发之中以为之本"或"求之于喜怒哀乐未发之际而已"②，但因这种体认"仁心"的实践涉及个人内在心性的体认与存养，不仅极为深微，而且主观性亦颇大，故他在洛学阶段真正从事体认"仁心"的实践时亦屡生误解，其认识和看法也经历了一个前后不同阶段的变化过程。在其前期，由于受张载"养气"说的影响，他认为内在心性的体认与存养就是"养其气而成性"，他在《论语解》中释"子曰：'回也，其心三月至焉而矣'"时即表达了他的这种理解和看法：

> 君子之学，必致养其气。养之功有缓有速，则气之守有远近，及其成性，则不系所禀之盛衰。如颜子之所养，苟未成性，其于仁也，至于三月，久之犹不能无违。非欲违之，气有不能守也，则"日月至

① 黄宗羲原本，全祖望修定：《上蔡学案》，《宋元学案》第2册，第924页。
② 吕大临：《论中书》，《蓝田吕氏遗著辑校》，第497页。

焉"者，从何如矣？若夫从心所欲，不逾矩，则其义将与天始终，无有岁月之限。故可久，则贤人之德；如圣人，则不可以"久"言。大而化之，则气与天地一，故其为德，自强不息，至于悠久、博厚、高明，莫之能已也。其次则未至于化，必系所禀所养之盛衰，故其为德或久或不久，孰使之然，非致养之功不能移也。如颜子所禀之厚，所养之勤，苟未至于化，虽与"日月至焉"者有间，然至于三月之久，其气亦不能无衰，虽欲勉而不违仁，不可得也。非仁之有所不足守，盖气有不能任也。犹有力者，其力足以负百钧而日行百里，力既竭矣，虽欲加以一钧之重，一里之远，而力不胜矣。故君子之学，必致养其气而成性，则不系所禀之盛衰，所谓"从心所欲，不逾矩""不勉而中，不思而得"者，安得违仁者哉？可久，贤人之德，颜子其几矣。①

吕大临的这种观点无疑是对张载"志久则气久、德性久，故曰'可久'，又曰'日新'"②以及"君子之道，成身成性以为功者也；未至于圣，皆行而未成之地尔"③之说的继承和发挥。故在他从学于二程之初，为了却除思虑纷扰，他仍认为，养气有助于虚静，养气有助于内在心性的体认与存养。大程对他的这种理解和观点批评道：

与叔所问，今日宜不在有疑。今尚差池者，盖为昔亦有杂学。故今日疑所进有相似处，则遂疑养气为有助。便休信此说。盖为前日思虑纷扰，今要虚静，故以为有助。前日思虑纷扰，又非义理，又非事故，如是则只是狂妄人耳。惩此以为病，故要得虚静。其极，欲得如槁木死灰，又却不是。盖人活物何也？闲邪则诚自存，诚存斯为忠信也。如何是闲邪？非礼而勿视听言动，邪斯闲矣。以此言之，又几时要身如枯木，心如死灰？又如绝四后，毕竟如何，又几时须如枯木死灰？敬以直内，则须君则是君，臣则是臣，凡事如此，大

---

① 吕大临：《论语解》，《蓝田吕氏遗著辑校》，第438—439页。标点有改动。
② 张载：《正蒙·至当篇》，《张载集》，第35页。
③ 张载：《正蒙·中正篇》，《张载集》，第27页。

小大直截也。①

在此，大程不仅批评了吕大临的养气说，而且还批评了他那种以期通过虚静来却除思虑纷扰的做法。尽管大程并不反对"静"修之法，但他担心吕大临将此内在心性的体认与存养误解为只是"要得虚静"，从而导致喜静厌动、流入枯槁之弊。为了纠正吕大临之偏，大程指出，人是"活物"，不可能不接触外物，对外物不可能没有反应，只需闲邪即可，闲邪并非要人如枯木死灰，闲邪则诚体自存，忠信即由此诚体出，此亦即敬以直内。因此之故，大程曾指出："人心常要活，则周流无穷，而不滞于一隅。"②

在吕大临所记的《东见录》中，大程那些话语所表达的虽是他始终一贯的见解与主张，但其中的许多话语又显然是针对吕大临的为学之弊来教他如何恰当地体认与存养内在的心性而发，故对这些话语须具体分析与对待，不可笼统观之。

> 且省外事，但明乎善，惟进诚心，其文章虽不中不远矣。所守不约，泛滥无功。③

> 学者识得仁体，实有诸己，只要义理栽培。如求经义，皆栽培之义。④

吕大临"博极群书，能文章"⑤，有章句之好，大程恐其"所守不约，泛滥无功"，故教他摒弃外事先识"仁体""诚心"，亦即要求他把体认与存养此道德"本心"作为根本与"学问头脑"，真正做到"实有诸己"，在此前提下，求六经经义、诵孔孟嘉言也就是栽培、涵养此心。

> 学者全体此心，学虽未尽，若事物之来，不可不应，但随分限应

① 程颢：《东见录》，转引自《蓝田吕氏遗著辑较》，第 512 页，《宋元学案·明道学案》列有此条。
② 程颢、程颐：《二程遗书》卷五，《二程集》上册，第 76 页，《宋元学案·明道学案》列有此条。
③ 程颢：《东见录》，转引自《蓝田吕氏遗著辑较》，第 506 页，此条原注"明"，为程颢语。
④ 同上书，第 501 页，《宋元学案·明道学案》列有此条。
⑤ 程颢、程颐：《关学篇·与叔吕先生》，转引自《蓝田吕氏遗著辑校》附录一，第 624 页。

之，虽不中，不远矣。①

　　学者须敬守此心，不可急迫，当栽培深厚，涵泳于其间，然后可以自得。但急迫求之，只是私己，终不足以达道。②

吕大临在体认、存养"仁心"时有急迫之毛病，故大程在教他"全体此心""敬守此心""涵泳"此心的同时也指出：体认、敬守此"仁心"不可"急迫"，"急迫求之"则是私。大程还告诫他：体认、存养此"仁心"并不是不接触事物，而是在事物来时依此"心"之"分限"以应物。这也说明大程所说的"且省外事"，不是真要省却外事，而是针对吕大临为学中的用心不近里，教之以切身救病之言而已。

　　学者不必远求，近取诸身，只明人理，敬而已矣，便是约处。易之乾卦言圣人之学，坤卦言贤人之学，惟言"敬以直内，义以方外，敬义立而德不孤"。至于圣人，亦止如是，更无别途。穿凿系累，自非道理。故有道有理，天人一也，更不分别。浩然之气，乃吾气也，养而不害，则塞乎天地；一为私心所蔽，则欿然而馁，却甚小也。"思无邪"，"无不敬"，只此二句，循而行之，安得有差？有差者，皆由不敬不正也。③

大程曾在《识仁篇》中认为吕大临为学有防检、穷索之弊，在此大程所谓"远求""穿凿系累"所指的显然也是一种穷索之弊，对于吕大临为学中的这一穷索之弊，大程在此教他以"敬以直内，义以方外"之法，亦即"无不敬""思无邪"，此"敬以直内""无不敬"所敬的即人所本有的道德"本心"，因"天人一也"，此道德"本心"即在人之天道，故只需敬守、存养此人自身所本有的"本心"并依之而行即可，不必穷索远求，穿凿附会。

　　大程的上述言语无非是教吕大临先自觉与体认此道德"本心"并以此作为"学问头脑"，在此基础上，敬守此本心，存养此本心，用义理栽培

---

① 程颢：《东见录》，转引自《蓝田吕氏遗著辑较》，第500页，此条在《近思录》卷四作程颢语。
② 同上，《宋元学案·明道学案》列有此条。
③ 同上书，第506页，此条原注"明"，为程颢语。

此本心,从而使此本心获得一个恰当处,体贴出一个天理来。由上可见,对于大程此"识仁之方",不仅理解上易生歧义、偏于一端,而且实践中也易发生偏差、失其宗旨。刘蕺山曾认为:"程子首言识仁,不是教人悬空参悟,正就学者随事精察力行之中,先与识个大头脑所在,便好容易下工夫也。"①诚如斯言,大程的"先识仁"不是把"仁体"对象化,以教人悬空参悟、虚空把捉,而是教人"先与识个大头脑所在",在此基础上续之以无间断的自我存养、自我操存的工夫,并于精察力行、实践入微中真正做到实有诸己。罗钦顺也曾指出:"明道尝言:'天理'二字,是自家体贴出来。此所以识仁之方也,然体贴工夫,须十分入细,一毫未尽,即失其真。"②因罗钦顺在其《困知记》中曾自称:"积数十年用心甚苦,年垂六十,始了然有见乎心性之真。"③故他说"体贴工夫,须十分入细,一毫未尽,即失其真"并非妄意如此、只是虚说,而是他"积数十年用心甚苦"的心得与体会。在体认、存养"仁体"上有着长年累月的实践并实有所得的罗念庵亦同样认为:"夫学有可以一言尽者,有不可以一言尽者。如收敛精神并归一处,常令凝聚能为万物万事主宰,此可一言而尽,亦可以一息测识而悟。惟夫出入于酬应,牵引于情思,转移于利害,缠固于计算,则微暖万变,孔窍百出,非坚心苦志,持之岁月,万死一生,莫能几及也。况得以言相度哉?"④现实生活中的"出入于酬应,牵引于情思,转移于利害,缠固于计算,则微暖万变,孔窍百出",道德实践中的"坚心苦志,持之岁月,万死一生",可见他在体认、存养"仁体"上的艰难以及他所付出的心血与艰辛。因此,对于"识仁之方"不仅在理解上要有全面、真切精微的把握,而且在实践中亦须投入全部的心力和长期不懈的努力。

朱熹在评论程门诸弟子时认为:"看道理不可不子细。程门高弟如谢上蔡游定夫杨龟山辈,下梢皆入禅学去。必是程先生当初说得高了,

---

① 黄宗羲原本,全祖望修定:《明道学案》,《宋元学案》第1册,第541页。
② 罗钦顺:《困知记》,第64页,北京,中华书局,1990。
③ 同上书,第34页。
④ 罗洪先:《与萧云皋》,《罗洪先集》卷七,第264页,南京,凤凰出版社,2007。

他们只瞑见一截，少下面着实工夫，故流弊至此。"①朱子认为，谢上蔡、游定夫、杨龟山下梢流入禅学，并把其因归结于大程当初说得太高。由此，朱子曾认为：

> 类聚孔孟言仁处，以求夫仁之说，程子为人之意，可谓深切。然专一如此用功，却恐不免长欲速好径之心、滋入耳出口之弊，亦不可不察也。大抵二先生之前，学者全不知有仁字，凡圣贤说仁处，不过只作爱字看了。自二先生以来，学者始知理会仁字，不敢只作爱说，然其流复不免有弊者。盖专务说仁，而于操存涵泳之功，不免有所忽略，故无复优柔厌饫之味、克己复礼之实，不但其蔽也愚而已；而又一向离了爱字，悬空揣摸，既无真实见处，故其为说恍惚惊怪，弊病百端，殆反不若全不知有仁字而只作爱字看却之为愈也。②

在朱熹看来，在大程之前，人们只是从现实伦理道德的层面来看待"仁"，故"只作爱字看了"；二程"类聚孔孟言仁处"以"天人一也"的视角来看待"仁"，视"仁"为在人之天道，人们始知理会仁并求仁体仁；但又不免有其弊，那就是人们一味"专务说仁"，既无操存涵泳之功，又无克己复礼之实，那么，这种"专务说仁"也就成了悬空揣摸、玩弄光景以至最后"恍惚惊怪，弊病百端"。朱子认为，与其如此"说仁"，反而不如"只作爱字看"而显得平实、具体。朱子的上述看法显然与他注重仁说的工夫意义的立场分不开，但他的评论和看法也并非无的放矢、危言耸听，程门的许多弟子确实不无此嫌疑。谢上蔡因把"仁"字说得玄妙，吕大临长兄吕大忠（进伯）认为："公说'仁'字，正与尊宿门说禅一般。"③游定夫"晚年嗜佛，在江湖居，多有尼出入其门"④。吕大临、杨时所主张的"求之于喜怒哀乐未发之际而已"，也就是去体认喜怒哀乐未发之际的"仁心"，这种静复见

---

① 黎靖德编：《朱子语类》卷一〇一，第2556页。
② 朱熹：《答张敬夫》十六，《朱子全书》第21册，第1335页。
③ 《附录一·遗事十一条》，转引自《蓝田吕氏遗著辑校》，第618页。
④ 黎靖德编：《朱子语类》卷一〇一，第2557页。

体的立体工夫如果不是为了"达用""起用""致用",那么,朱子所指出的那种求仁体仁的弊端极可能成为事实。

在《朱子语类》卷一〇一"程子门人"中,朱子对程门"四先生"的谢良佐、杨时、游酢的不满之意可谓溢于言表,贬抑斥责之处随处可见,但对吕大临却极加推重,不仅在此卷中将其列为程门之首,而且,他与门人在评程门弟子时,也最取吕大临。"蔡云:'上蔡老氏之学多,龟山佛氏之说多,游氏只杂佛,吕与叔高于诸公。'曰:'然。这大段有筋骨,惜其早死!若不早死,也须理会得到。'"①朱子在指责儒家内部一些学者的思想为禅或道时有排斥甚至打压异己之嫌,因为视其为禅或道就是视其为异端,而异端即非法无正当性,尽管如此,朱子在此对程门弟子的评论所关心与考量的重点是,他们在谈心论性、说仁求仁时有无操存涵泳之功与克己复礼之实,更确切地说,他们的谈心论性、说仁求仁是否已自觉地与佛老区别开来,体现出"儒家性格"。朱子之所以推重吕大临,亦正是基于他的这种考量,因为较之谢上蔡的爱说玄妙、游定夫的嗜佛求一己之安顿、杨龟山的专注于个人体验"晚年竟溺于佛氏"②,吕大临确实无论是谈心说性、讲生论仁,还是对一体之仁的言说、对精神生活的关注,都始终以凸显儒家的根本价值原则为鹄的,以坚持儒家的社会关怀和社会实践为前提,以礼法伦常、经世致用为价值取向。

《朱子语类》曾载:"游定夫编明道语,言释氏有'敬以直内',无'义以方外'。吕与叔编则曰:有'敬以直内',无'义以方外',则与直内底也不是。"③在吕大临看来,"内"亦即"本心"自有义理自有准则,"敬"是敬此"理义之心",此"理义之心"、此"本心"所发无非理义,人依此"本心"而行亦自能合乎义,显现为礼,否则所敬之"内"本身就有问题,这说明他所主张的心性修养是以义、以礼为归依的。

朱子在论及吕大临、杨时关于颜子的观点时认为:"吕与叔论颜子等

---

① 黎靖德编:《朱子语类》卷一〇一,第 2558 页。
② 黄震语。见黄宗羲原本,全祖望修定:《龟山学案》,《宋元学案》第 2 册,第 951 页。
③ 黎靖德编:《朱子语类》卷九六,第 2474 页。

处极好。龟山云云，未是。"①吕大临是如何来论颜子的呢？他在《中庸解》中称：

> 陷阱之可避，中庸之可守，人莫不知之，鲜能蹈之，乌在其为知也欤？惟颜子择中庸而守之，此所以为颜子也。众人之不能期月守，闻见之知，非心知也。颜子服膺而弗失，心知而已，此所以与众人异。②

历史上人们一般把颜渊作为儒家自我修养的典范，吕大临在此基础上进一步认为，颜子的"心知""默识""克己"，是为了"择中庸而守之"，使其弗失。由前述可知，吕大临所谓"中"即性即"本心"。何谓"庸"？"庸者，常道也。事父孝，事君忠，事兄弟，交朋友信，庸德也，必行而已。"③故在吕大临看来，中庸之道即人伦常道，人之心性修养须以躬行践履此人伦常道为目的。吕大临所谓的"独立孔门无一事，唯传颜氏得心斋"也显然是为了践行此中庸之道。

朱子曾认为吕大临的《克己铭》"只说得克己一边，却不说得复礼处。须先克己私，以复于礼，则为仁。且仁譬之水，公则譬之沟渠，要流通此水，须开浚沟渠，然后水方流行也"④。"《克己铭》不曾说著本意。"⑤朱子在此也只是就铭文的字面意思论之而已，实际上他有所不知的是：《克己铭》出自吕大临的《论语解》，原本就是吕大临对"克己复礼"一词的赞辞，作为"克己复礼"赞辞的《克己铭》无疑是为了"复礼"，并非如朱子所认为的"只说得克己一边，却不说得复礼处"。不仅如此，吕大临在对《论语》中"颜渊问仁。子曰：'克己复礼为仁。　一日克己复礼，天下归仁焉。为仁由己，而由人乎哉？'颜渊曰：'请问其目。'子曰：'非礼勿视，非礼勿听，非礼勿言，非礼勿动。'颜渊曰：'回虽不敏，请事斯语矣'"进行阐释时，其

---

① 黎靖德编：《朱子语类》卷一○一，第 2562 页。
② 吕大临：《中庸解》,《蓝田吕氏遗著辑校》，第 482—483 页。
③ 吕大临：《礼记解·中庸第三十一》,《蓝田吕氏遗著辑校》，第 282 页。
④ 黎靖德编：《朱子语类》卷四一，第 1067 页。
⑤ 同上书，第 1069 页。

《克己铭》前面一段文字更是对此"克己"作了清楚的说明：

> 仁者以天下为一体，天秩天叙，莫不具存。人之所以不仁，己自己，物自物，不以为同体，胜一己之私，以反乎天秩天叙，则物我兼体，虽天下之大，皆归于吾仁术之中。一日有是心，则一日有是德。有己，则丧其为仁，天下非吾体；忘己，则反得吾仁，天下为一人。故克己复礼，昔之所丧，今复得之，非天下归仁者与？ 安仁者，以天下为一人而已。①

吕大临在这一段话中即清楚地表达了"克己复礼"之意，并且他还明确地指出："仁"既"以天下为一体"，又本具"天秩天叙"；克己去私的"仁者"不仅"以天下为一人"，而且能"反乎天秩天叙"。天秩天叙即礼，因此礼此天秩天叙由"仁心"所出，故当人克己去私，"本心"朗现，自能"复礼"。

程颐在其《雍行录》中回忆道，他曾与吕大临议论某事，最后吕大临就此事发表自己的看法道："诚善矣。然观先生之言，则见其有体而无用也。"②这说明吕大临主张有体须有用，立体、明体是为了致用、达用。当然吕大临所主张与强调的"用"是指儒家那种直面生活和社会现实担待的经世致用。例如，富弼致政于家，为佛氏之学，吕大临对此深为不满，致信给他道：

> 古者三公无职事，惟有德者居之，内则论道于朝，外则主教于乡。古之大人当是任者，必将以斯道觉斯民，成己以成物，岂以爵位进退、体力盛衰为之变哉？ 今大道未明，人趋异学，不入于庄，则入于释，疑圣人为未尽善，轻礼义为不足学，人伦不明，万物憔悴，此老成大人恻隐存心之时。以道自任，振起坏俗，在公之力，宜无难矣。若夫移精变气，务求长年，此山谷避世之士独善其身者之所好，岂世

---

① 吕大临：《论语解·颜渊第十二》，《蓝田吕氏遗著辑校》，第454页。
② 程颐：《雍行录》，转引自《蓝田吕氏遗著辑校》附录一，第618页。

之所以望于公者哉?①

以道自任、明伦察物、成己成物、振起坏俗、内则论道于朝、外则主教于乡、以斯道觉斯民,正是与佛老那种独善其身、移精变气、务求长生的价值取向判然有别的为学为人之道,这也是儒者之所以为儒者的根本标志。正因为如此,"以道自任""成己成物""振起坏俗"始终是吕大临为学为人的主要宗旨,早年他与其兄吕大钧、吕大忠、吕大防一道"率乡人,为《乡约》以敦俗,其略云:'德业相劝;过失相规;礼俗相交;患难相恤。'节文灿然可观。自是关中风俗为之一变"②。这就是后来广播天下、影响深远的《蓝田吕氏乡约》,其可谓是一融社会生活与伦理生活为一体、以伦理范世的典范。吕大临后来在《送刘户曹》诗中虽表示自己已弃章句词章之学,唯愿务养性情,并且"涵养益粹,言如不出口,粥粥若无能者"③,但一旦他任职为政,又积极参政议事,以求有用于世。故黄百家曾认为:"先生论选举,欲'立士规,以养德励行;更学制,以量材进艺;定贡法,以取贤敛才;立试法,以区别能否;修辟法,以兴能备用;严举法,以核实得人;制考法,以责任考功'。其论甚悉,实可施行也。"④对此选举方案,朱子也认为:"其论甚高,使其不死,必有可用。"⑤由此可见,吕大临对心性之学的讲求和注重,不仅仅在于安顿一己的身心性命,离用而言体,更在于明体以达用、合内外之道。

程颐曾认为:"游酢、杨时先知学禅,已知向里没安泊处,故来此,却恐不变也。"⑥朱熹也认为:"游杨谢三君子初皆学禅。后来余习犹在,故学之者多流于禅。游先生大是禅学。"⑦他们的这一看法不可谓只是他们的成见与一偏之见。对于心性之学而言,如果因"向里没安泊处",仅只

①《宋史·吕大临传》,转引自《蓝田吕氏遗著辑校》附录一,第 610 页。
②《关学篇·与叔吕先生》,转引自《蓝田吕氏遗著辑校》附录一,第 622 页。
③ 黄宗羲原本,全祖望修定:《吕范诸儒学案》,《宋元学案》第二册,第 1105 页。
④《附录·宋元学案·吕范诸儒学案案语》,转引自《蓝田吕氏遗著辑校》,第 648 页。
⑤ 黎靖德编:《朱子语类》卷一○一,第 2561 页。
⑥ 程颢、程颐:《二程遗书》卷二上,《二程集》上册,第 38 页。
⑦ 黎靖德编:《朱子语类》卷一○一,第 2556 页。

是为了求一己之身心性命的安顿,而首先并没有确立起对儒家之价值原则的坚定信念和信仰,也不注重儒家的道德实践和现实社会关怀,那么,通过心性修养体验到的"道心"所达致的境界也就显然与佛老的"本体"以及"境界"难以分开、难以划清界线,故其学流于禅本是其题中应有之义。

吕大临与之不同的是,他在早年从学于张载时即已树立起了坚定的儒家信念和信仰,并且在他"通六经,尤邃于礼"①的过程中,对儒家之价值原则有着深入的了解与真切的把握,不仅如此,他更是言行一致,身体力行,人称其"曲礼三千目,躬行四十年"②。正因为如此,尽管他在谈心论性时主张"空""虚心""空空无知",在涵养深醇后又称自己"独立孔门无一事,惟传颜氏得心斋",似乎与佛老的"空""虚""心斋"没有什么两样,但实际上,他所谓的"空""虚心""心斋"只是工夫层面上的"空""虚心""心斋",故与佛老的相似只是工夫层面上的相似,而本体则与佛老绝不同,这在他的《礼记解》中有着极为明确而又清楚的说明:

> 大经,天理也,所谓庸也。大本,天心也,所谓中也。化育,天用也,所谓化也。反而求之,理之所固有而不可易者,是为庸,亲亲,长长,贵贵,尊贤是已,谓其所固有之义,广充于天下,则经纶至矣。理之所自出而不可易者,是为中,赤子之心是已,尊其所自出而不丧,则其立至矣。③

依吕大临之见,亲亲、长长、贵贵、尊贤等儒家价值原则是"大经""天理""理之所固有而不可易者",其源于作为"大本"的"中"亦即"天心"或"赤子之心",换言之,作为"大本"的"天心"或"赤子之心"的发动自能呈现亲亲、长长、贵贵、尊贤等儒家价值原则。由此可见,不仅儒家的"天理"与

---

① 《宋史·吕大临传》,转引自《蓝田吕氏遗著辑校》附录一,第 610 页。
② 黎靖德编:《朱子语类》卷一〇一,第 2561 页。
③ 吕大临:《礼记解·中庸第三十一》,《蓝田吕氏遗著辑校》,第 307 页。

佛老的空理、玄理不同，而且，作为儒家"大本"的"天心"亦即"仁心"亦与释氏的自性清静心、老氏的玄心有别。

> "中者，天下之大本"。自中而发，无不中节，莫非顺性命之理而已，莫非庸言庸行而已。人心之所同然，人道之所共行，不越乎合君臣、父子、昆弟、夫妇、朋友之交而已，故曰"和者，天下之达道"。致中和者，至诚尽性之谓。故与天地合德而通乎神明者，致中者也；察乎人伦，明乎庶物，体信以达顺者，致和者也。惟至诚，为能尽其性；能尽其性，则能尽人之性；能尽人之性，则能尽物之性；能尽物之性，则可以赞天地之化育，可以与天地参矣。人者与天地并立而为三，尽人之性，则人道立；人道立，则经纶天下之大经。①

按吕大临的看法，不仅作为"大本"的"中"之所发即"庸言庸行"，亦即"君臣、父子、昆弟、夫妇、朋友"之间之"人道"，而且那"与天地合德而通乎神明"的人之"至诚尽性"亦无非是"立人道"，亦即"察乎人伦，明乎庶物"。可见，无论是对"大本"的阐发还是对"至诚尽性"的强调，吕大临都始终以儒家的人伦常道为归依。

> 人能弘道，非道弘人。故道虽本于天，行之者在人而已。妙道精义，常存乎君臣、父子、兄弟、朋友之间，不离乎交际、酬酢、应对之末，皆人心之所同然，未有不出于天者也。若绝乎人伦，外乎世务，穷其所不可知，议其所不可及，则有天人之分、内外之别，非所谓大而无外，一以贯之，安在其为道也与？②

在吕大临看来，人之履行"君臣、父子、昆弟、夫妇、朋友之间"之人道之责即为弘天道、体现天理，如果其道"绝乎人伦，外乎世务"，不仅不可以"为道"，而且已隔断天人与内外。因此，完全可以说，吕大临在以天道性命为终极实在与根据的同时，始终都未曾放弃与改变他对儒家人伦价值原

---

① 吕大临：《礼记解·中庸第三十一》，《蓝田吕氏遗著辑校》，第 274 页。
② 同上书，第 282 页。

则的承诺以及其在现实生活中体现与落实的注重。

朱子在与友人、门人讨论"仁"时，对大程以及受他影响的弟子的有关以"一体"与"知觉"为中心的仁说颇为不满，而大程的这种以"一体"与"知觉"来言仁的许多话语本来是他在指点、教导吕大临时所说。对于大程这些仁说话语，吕大临不仅极为相契，而且大加推阐、屡加发挥，那么，吕大临对大程"仁"说的这种推阐与发挥是否有朱子所警惕的那种只弄玄虚、空泛不实、流于佛老之弊？从吕大临这些言仁之语来看，无论是对"仁"的本体宇宙论意义、心性论向度的推阐，还是对一体之仁的标举与阐发，他都将其与现实生活中的落实和践行紧密结合起来，从而使作为普遍性原理和理想之境的仁与现实社会生活层面上儒家所倡导的价值原则连为一体，故并无朱子所说之流弊。

下面且看几例他有关这方面的论述：

> 仁者体天下之公，加之以中心恻怛之意，儒者之学，学此而已尔。孔子曰："何事于仁，必也圣乎！尧舜其犹病诸！"又曰："若圣与仁，则吾岂敢？"故君子之学，非仁无为，欲称其仁，虽圣人有所不敢，则为之难可知矣。质之温良者，可与为仁，故曰"仁之本"；行之敬慎者，可与行礼，故曰"仁之地"；其规摹宽裕，则称仁之动作，其与人逊接，则习仁之能事；威仪中节，敬于仁者也，故为"仁之貌"；出言有章，仁之见于外者也，故为"仁之文"；咏歌之不足，不知手之舞之，足之蹈之，则安于仁而至于和者也；货不为己，则利与人同，与人为善，则善与人同，凡以分散，与物共而不私，则仁术之施不吝也。八者，儒必兼而有之，然后可以尽儒行之实。犹且不敢言仁，则圣人之志存焉；有圣人之志存，则可与入圣人之域矣。[1]

在吕大临看来，儒者应将那种以恻怛之仁心来"体天下之公"的仁者境界作为为学的目标，然而，即使是"非仁无为"的圣人也不自许真正做到了

---

[1] 吕大临：《礼记解·儒行第四十一》，《蓝田吕氏遗著辑校》，第369页。

仁、真正达到了仁者的境界,故要真正实现这种目标达至仁者的境界,儒者既须存圣人之志,又须从平常的一言一行、待人接物做起,使其敬慎合礼,在生活中利与人同、与人为善,这些人伦日用之常无不与仁有关。

> 仁者人之体也,将有为也,将有行也,非仁不可也,故曰"仁者右也",又曰"仁者人也"。道者,天之理也。仁至于不可行,不可不节,则理有所不得已,以助人之所不及者义也,故曰"道者左也",又曰"道者义也"。仁莫隆于父子,父子之道,亲亲也;义莫重于君臣,君臣之道,尊尊也。厚于此则薄于彼,厚于彼则薄于此,唯知其所以为左右,则尊尊亲亲并行而不相悖,无厚薄之间矣。①

对吕大临而言,尽管"仁"即天道,"天之理"具有本体宇宙论的意义,表现为一种普遍性的爱,但在现实社会生活中仁与义又紧密相连、相互协调、相互补充、相互限制、表现为礼,故仁也就是具有义的仁、合乎礼的爱。而那些不合乎义、礼的爱由于不符合儒家的价值原则,当然也就不是仁。"曾子执亲之丧,水浆不入口者七日,高柴泣血三年,未尝见齿,虽本于厚,而灭性伤生,无义以节之也。"②"墨氏兼爱,杨氏为我,原其设心之初,以为道在乎是,天下之善无以易此,岂欲为无父无君之行哉? 然卒至于无父无君者,积靡其敝,不至于是则不止也。"③吕大临在此认为:仁、爱不以义节之,不合乎礼,可以说是不明道,曾子、高柴执亲之丧时的"灭性伤生"即是如此;墨氏的兼爱、杨氏的为我,由于其不明礼义,故兼爱、为我不仅不能算是仁,而且是危害仁。因此,仁中有义,义中有仁,不可分割。

> 仁者,以天下为度者也。天下之所共好者,仁也,吾所以好仁;天下之所同恶者,不仁也,吾所以恶不仁。此所以能爱人、能恶人也,此所以能举贤退不肖也,此所以能好人之好、恶人之恶、不拂人

---

① 吕大临:《礼记解·表记第三十二》,《蓝田吕氏遗著辑校》,第316页。
② 吕大临:《礼记解·中庸第三十一》,《蓝田吕氏遗著辑校》,第277页。
③ 吕大临:《礼记解·缁衣第三十三》,《蓝田吕氏遗著辑校》,第344页。

之性而远夫灾害者也。①

在吕大临看来,人人皆"好仁""恶不仁","以天下为度"的仁者深谙此"好""恶"之道并能真正做到既"爱人"又"恶人"。因此,仁者之仁爱正是那种具有义的仁、合乎礼的爱。这些都说明吕大临所说的那种"无一物非吾体,无一物忘吾爱"的仁者境界并不排斥社会现实生活中仁爱的具体性和差异性。实际上,他所说的这种仁者境界指向的就是社会现实生活中儒家的价值原则的贯彻和落实,因为在他看来,只有在儒家价值原则的贯彻和落实中才能真正达至仁者的境界。

正因为吕大临在心性问题的探讨中所理解和把握的"心""性""仁"在现实生活中体现为儒家的价值原则与人伦规范,故当他真正从事内在心性体认与涵养的实践时,他所体认到的"本心""中"和"仁者"之境界也就显然有别于佛老的"本体"和"境"。他在悼程颢的《哀词》中称:

> 先生负特立之才,知《大学》之要;博闻强识,躬行力究;察伦明物,极其所止;涣然心释,洞见道体。其造于约也,虽事变之感不一,知应以是心而不穷;虽天下之理至众,知反之吾身而自足。其致于一也,异端并立而不能移,圣人复起而不与易。②

这一段话尽管是吕大临对大程之学的概括和说明,但其中又同时蕴含着吕大临自己平生之所学和他践行大程"识仁"之教后的心得与体会,故吕大临也自认为:"门人学者皆以所自得者名先生之德,先生之德未易名也,亦各伸其志尔。"③在此吕大临将大程之学主要概括为两点:一是"洞见道体",一是"知《大学》之要"。所谓"洞见道体",即觉悟与体认到"应以是心而不穷"之"心";所谓"知《大学》之要",则指"博闻强识,躬行力究;察伦明物,极其所止"。毫无疑问,当此"心"与"《大学》之要"联系起来时,此"应以是心而不穷"之"心",即儒家之"仁心",而非释氏之自性清

---

① 吕大临:《礼记解·大学第四十二》,《蓝田吕氏遗著辑校》,第381页。
② 吕大临:《文集佚存·哀词》,《蓝田吕氏遗著辑校》,第585页。
③ 同上书,第586页。

静心,亦非老氏之玄心。依吕大临之见,大程所觉悟与体认到的此"仁心"不仅为人自身所具足,而且具天下之众理,能应万事万物之变,故"其致于一也,异端并立而不能移,圣人复起而不与易"。因此,按吕大临的理解,大程所明所传之道乃本末一贯、内外合一、体用兼赅、"洞见道体"与"察伦明物,极其所止"贯通一致之道,而非佛道那种遗人伦弃物事、仅求一己逍遥清静之成仙成佛之道。程颐在其《明道先生行状》中亦曾如此称赞其兄道:"明于庶物,察于人伦。知尽性至命,必本于孝悌;穷神知化,由通于礼乐。辨异端似是之非,开百代未明之惑,秦、汉而下,未有臻斯理也。"①小程与吕大临的看法可谓完全一致,他们都认为,大程之所以能"明于庶物,察于人伦",正是因为大程的"洞见道体"或"尽性至命""穷神知化"乃"本于孝悌""通于礼乐"。程颐晚年对门人张绎说:"我昔状明道先生之行,我之道盖与明道同。异时欲知我者,求之于此文可也。"②这是程颐为其兄弟二人的为学宗旨所作的晚年定论。由此可见,吕大临所理解的大程之道正是程门学术的根本精神之所在,当然也是他自己一生为学之力萃处。正因为如此,朱子才于程门最取吕大临,认为他"高于诸公",称赞他"大段有筋骨",而这一切又显然是吕大临关学阶段的为学经历与洛学阶段的为学经历所共同促成的。

第四节　理心之间

北宋理学的兴起,开创了一个整整影响七八百年的所谓"理学"的时代。在其理论初建、思想方兴之时,理学的开创者们以"为天地立心,为生民立命,为去圣继绝学,为万世开太平"③自期,可谓朝气蓬勃、规模宏大、才人涌现、大师辈出,而"北宋五子"无疑是儒学这一新风气的开拓者和奠基人。吕大临正好处于北宋理学兴起的时期,并先后从五子中的三

---

① 程颐:《明道先生行状》,《二程集》上册,第 638 页。
② 朱熹:《伊川先生年谱》,转引自《二程集》上册,第 346 页。
③ 张载:《近思录拾遗》,《张载集》,第 376 页。

人问学,成为关学、洛学中举足轻重的杰出弟子,在宋明理学史上有其极为特殊而又重要的地位,这从他所撰所录而为人熟知的《中庸解》《东见录》《识仁篇》《论中书》即可见出。对于吕大临一生的为学为人,其兄曾称:

> 子之学,博及群书,妙达义理,如不出诸口;子之行,以圣贤为法;其临政事,爱民利物,若无能者;子之文章,几及古人,薄而不为。四者皆有以过人,而其命乃不偶于世,登科者二十年而始改一官。①

确实,吕大临一生不以功名为务,潜心于"为己之学",曾精研礼学,博及六经,会通《论》《孟》,深造有得,而又非限于一家一门,从关学到洛学,唯善是从,精进不已,多能吸收融会两家之所长,并于师门义理有贞信、有体悟,行一善而拳拳服膺,身体力行。故后来朱子评价道:

> 吕与叔惜乎寿不永!如天假之年,必所见又别。程子称其"深潜缜密",可见他资质好,又能涵养。某若只如吕年,亦不见得到此田地矣。"五福"说寿为先者,此也。②
>
> 吕与叔本是个刚底气质,涵养得到,所以如此。故圣人以刚之德为君子,柔为小人。若有其刚矣,须除去那刚之病,全其与刚之德,相次可以为学。若不刚,终是不能成。③

朱子是在间隔一段时间距离后所作出的评价,不可谓不公允。

由于吕大临一生先后从学于张载、程颢、程颐,其个人视域、学术承传复杂,当他与其师辈们面对着共同的思想资源,又几乎用同样的话语来讨论同样的问题之时,如果不对他的前后师承以及所撰所录的作品的大致时间有所分辨和厘清,不仅不能弄清其思想发展的阶段性和其思想自身的特点与整体面貌,而且也难以以他的思想为中心来探明和把握张载之关学与二程之洛学的特点、关学与洛学之间的真实关系、关学的洛

---

① 《伊洛渊源录蓝田吕氏兄弟·祭文》,转引自《蓝田吕氏遗著辑校》附录一,第617页。
②③ 《附录三·朱子语类·程子门人·吕与叔》,转引自《蓝田吕氏遗著辑校》,第643页。

学化等问题，故本节也就首先从其生平和著作的考辨入手。

"天道性命相贯通"是宋明儒学学者普遍关注的主题和共同的意识，但首次如此自觉地提出的人为张载，而吕大临对"性与天道"问题的探讨则不仅深受其师张载的影响，甚至可以说是直接以张载这方面的思想为理所当然的前提和出发点。张载、吕大临之所以如此关注"性与天道"问题，显然跟他们与佛老计得失、较是非的问题意识有关。佛老通过一套精致的思辨哲学和系统完备的心性之学，否定世俗生活的价值和意义，严重地冲击了儒家的价值观念和人伦规范。面对佛老的挑战，他们意识到，必须在心性形上学领域有所建树，才能真正肯定和维护儒家的价值原则和人伦规范。因此，他们慨然以道自任，致力此儒家心性形上学领域的探讨。在探讨过程中，他们以儒家经典中对这一领域讨论最为深入集中的《中庸》《易传》《孟子》等为依据，重新发掘了先秦儒家的心性形上学的思想与资源，尤其重构和阐发了孟子性善论之旨，并以此性善之"性"为中介把天道、天理与儒家的道德原则和人伦规范联系起来，从天道性命的高度来重新定位和解释儒家的道德原则和人伦规范的价值、意义，使其获得了一种合理性、必然性、至上性的意义。

在西方哲学中，康德以强调道德的绝对性、普遍性、无条件性而著称，并且，他在说明道德的本质的过程中形成和建立了一套道德形而上学系统，故借康德的道德形而上学的论证策略来分析张载、吕大临在"性与天道"问题上的探讨，显然有助于我们理解和把握他们在此问题上的思考、看法和基本主张。在"性与天道"问题的探讨中，由于张载、吕大临是以性与天道通而为一的视域来看待儒家的价值原则和人伦规范的，故他们既视儒家的价值原则和人伦规范为天道、天理的体现，以维护儒家的人伦道德的绝对性、普遍性和恒常性，同时又视儒家的价值原则和人伦规范出于人自身本有之性命之理，从而使儒家的伦理学亦不失为康德所谓的自律伦理学。

在上述思想的基础上，张载、吕大临师生俩又皆致力于本体与工夫关系的探讨，提出了一套关学所特有的"为学工夫"。吕大临的本体工夫论尽管所依据的基本上是张载的"知礼成性变化气质"①的本体工夫论思想,但他亦作了颇能体现个人特色的阐发和说明。

就关学这种特有的"知礼成性变化气质"的本体工夫论而言,此本体工夫论原本是张载、吕大临针对"自明诚"②者或"反之者"提出的,因为在他们看来,"自明诚"者或"反之者"心中本具的"性",亦即"理""理义",为气禀之质所障蔽,无法像"性之者"③的圣人那样做到"理义皆由此出"④,故须"知以成性""礼以成性""变化气质"。并且,他们还认为,在"自明诚"者或"反之者"凭借知礼工夫来变化气质的过程中,即使礼法未能使人上达,未能使人实现"成性"的目标,但其中"性命之理具焉"⑤的礼法作为一种外在规范力量至少能检束人"弗畔道"⑥,能约束人尽人伦义务。因此可以说,张载、吕大临在这种"知礼成性变化气质"的本体工夫论中,针对"自明诚"者或"反之者",亦即社会中的大多数,他们虽允诺其可以通过知礼工夫"成性",亦即"复乎性"⑦,而获得一道德上的自由之境,但实际上他们所采取的仅是一种现实主义的路向。这种现实主义的路向既表现在他们所主张的"为学工夫"即知礼工夫上,又表现在他们所提供的"成性"的途径上。正因为他们所采取的为学工夫是一种具现实主义性格和理性主义特点的知礼工夫,故保证了"自明诚"者或"反之者"最初与最低的据守,亦正因为他们所提供的"成性"的途径是一种具现实主义性格和理性主义特点的途径,故不仅使"自明诚"者或"反之者"的道德修为立足于社会生活的规范性、普遍有效性上,同时还确认了"自明诚"者或"反之者"道德修为的阶段性、长期性、艰巨性。

---

① 吕大临:《横渠先生行状》,转引自《张载集》,第 383 页。
② 吕大临:《礼记解·中庸第三十一》,《蓝田吕氏遗著辑校》,第 297 页。
③ 同上书,第 296 页。
④ 吕大临:《礼记解·中庸第三十一》,《蓝田吕氏遗著辑校》,第 298 页。
⑤⑥ 吕大临:《礼记解·表记第三十二》,《蓝田吕氏遗著辑校》,第 315 页。
⑦ 吕大临:《礼记解·中庸第三十一》,《蓝田吕氏遗著辑校》,第 296 页。

尽管张载、吕大临所主张和强调的这种具明显的现实主义性格与理性主义特点的知礼工夫和"成性"的途径在认知和遵循儒家的道德原则、人伦规范方面的有效性显而易见，其成就道德人格亦无可怀疑，但要达至道德上的一种自在圆满之境又显然有其困难，故他们在凭借知、礼工夫来追求那种"一天人，合内外"的"成性"理想和目标时也就常常陷入困境。纵使如此，对张载、吕大临而言，"成性"即"成圣"，圣人那种"纵心所欲，由仁义行也；出于自然，从容不迫，不待乎思勉而后中也"①的道德自由之境和"民胞物与"的宏大仁爱又可以说始终是他们追求的理想和目标，故在他们的有关论说和著述中，他们曾对此大加推崇、屡加阐发。不仅如此，在如何来达至这种道德的自由圆满之境上，张载在强调知、礼工夫的同时，亦曾试图通过对心性天为一之"仁心"或"大心"的说明来实现道德上的这种自由圆满之境。当然，张载的这种对心性天为一之"仁心"或"大心"的说明还只是一种理论上的探讨，且在他的整个思想体系中也不显豁，而吕大临却对此颇为注意与重视，故他不仅在"博极群书"②的过程中对儒家经典中有关"本心"的思想极为认同，而且还形成了一种比较完备和成熟的心性天为一、"反求吾心"③的思想。吕大临对"本心"的这种探讨、说明和推阐，可以说使理学早期从《孟子》《中庸》《易传》着眼和入手来探讨此心性天为一之"心"的思想深切著明、充实饱满、内蕴尽出，他的这种思想显然在北宋理学的发展史上有着极为独特而重要的地位。

吕大临之所以如此注重"反求吾心"或"求其本心"，是因为在他看来，此"本心"作为心性天为一之"仁心"，既是理，亦是情，既是未发，又是已发，既是本体，又是发用，既是立法原则，又是践履原则，故当人依此

---

① 吕大临：《礼记解·中庸第三十一》，《蓝田吕氏遗著辑校》，第 296 页。
② 冯从吾在其《关学编》中称吕大临在受教于二程前有一个"博极群书，能文章"的阶段。参见《蓝田吕氏遗著辑校》附录一，第 624 页。
③ 吕大临：《易章句·系辞上》，《蓝田吕氏遗著辑校》，第 181 页。

"本心"亦即"怵怛怵惕之心"而行,自能"无一物非吾体,则无一物忘吾爱"[1],自能亲亲、仁民、爱物,爱有差等,敬有节文,无须勉强,自然而然。因此,对吕大临来说,"反求吾心"或"求其本心"正是实现他所追求的"无勉无思、从容中道"的道德自由之境以及万物一体之仁的最简易直截之途径。

吕大临这种心性天为一、"反求吾心"的思想可谓是促使关学洛学化的关键所在。当张载去世后,他东见二程,从其问学,他之所以能对程颢之"识仁"之语"默识心契",就是因为他这种思想与大程的"识仁"之语相通而又一致。程颢的"一本"之道,以即心即性即天超越与取消了天与人、主与客、内与外、理与气之间的彼此对待和疏离分隔,并不依赖那种二元分立的前提来确立本体与工夫之间的关系,而是直接致力于本心的呈现与彰显,他的"识仁"之方正是呈现与彰显此本心的决定性原则和最直截的门径。吕大临就是在这种"识仁"之方的指点、引导下,开始从唯理的、对立的思考与探讨转向实践的、一体的思考,从对儒学义理的学问式、理论性的探讨真正转向内在心性的体认存养的实践。

正因为吕大临对此"本心"不仅从理论上作过深入的探讨,而且还拥有"独立孔门无一事,惟传颜氏得心斋"的亲身体验和实践,故他对此"本心"及其作用确信无疑。在关于"中"的问题的讨论中,当程颐基于其"圣人本天,释氏本心"[2]的立场反对他以"喜怒哀乐未发之际"的"赤子之心"亦即"本心"为大本时,他反复为自己分辩、辩护,并声称自己对此"本心""自信不疑,拳拳服膺,不敢失坠"[3]。诚然,依理而言,"反求吾心"的本体工夫论较之"知礼成性变化气质"的本体工夫论似乎简易而又省力,但实践中却也委实难以把握,不仅其体认上极易出现主观随意性,而且其所导致的现实的流弊亦甚多。例如:或只弄玄妙,虚泛不实,离却人伦物事,最终导致价值实在的虚无,流为禅者即是;或"意气承当""搀和己私"

---

① 吕大临:《礼记解·缁衣第三十三》,《蓝田吕氏遗著辑校》,第 342 页。
② 程颢、程颐:《二程遗书》卷二一下,《二程集》上册,第 274 页。
③ 吕大临:《论中书》,《蓝田吕氏遗著辑校》,第 497 页。

"情识而肆",滑向意志主义,从而引发个人现实行为的失范,王学末流之失即是。就吕大临的为学历程来看,在关学阶段时,他在其师张载的影响与引导下即已树立坚定的儒家信念和信仰,不仅于"性""理""天道""知礼成性"的探讨中对儒家的价值原则和人伦规范有着全面的了解和深刻的把握,而且极为重视"本心"的观念并将对其的理论探讨与儒家的人伦规范融为一体,这使得他无论是谈心论性,还是对"以天地万物为一体"的仁者境界和"不思而得,不勉而中"的自由境界的阐发,都始终以儒家的价值原则、道德理念为归依,以坚持儒家的社会关怀和道德实践为前提,以礼法伦常、经世致用为价值取向。并且,在关学弟子中,他不仅以对儒家义理之"深潜缜密"[1]的探讨而著称,而且还以"曲礼三千目,躬行四十年"[2]长期而又切实的践履为人所称道。这一切为他在大程"识仁"之方的指点下所真正致力的体"仁"亦即体"心"实践提供了一种铺垫、一种贞定,同时也构成了一种限制、补充,保持一种内在的张力,从而使他为学中的内与外、体与用、高明与笃实两方面逐渐融合和统一起来。可见,正是关学和洛学共同形塑和造就了吕大临一生的为人为学。

如此所述,吕大临所撰所录的《中庸解》《东见录》《识仁篇》《论中书》在长达六百年的宋明理学时期一直备受理学家们的关注,发生在宋明时期的许多重要的思想争论几乎都摆脱不了与这些篇目的牵连,故下面就吕大临思想与宋明理学的几个主要派别的重要代表人物之间的关联略作讨论,以便在此基础上对其思想作一恰当的定位。

理学和心学是宋明理学中最主要和最有影响力的两个派别,朱熹和陆九渊是这两个派别的重要代表人物。先就朱熹来说,由于他私淑二程[3],其思想不仅继承了二程的"理",而且还大力强调并发展了小程"格

---

[1] 程颢、程颐:《二程遗书》卷二上,《二程集》上册,第44页。

[2] 黎靖德编:《朱子语类》卷一一○,第2561页。

[3] 朱熹在《大学章句序》中自称:"宋德隆盛,治教休明。于是河南程氏两夫子出,而有以接乎孟氏之传……虽以熹之不敏,亦幸私淑而与有闻焉。"见朱熹:《四书章句集注》,第2页。

物穷理"的工夫论,故朱熹受二程特别是小程的影响自不待言。同时,朱子对吕大临的思想亦极为重视,如说:"与叔年四十七,他文字大纲立得脚来健,有多处说得好,又切。"①"吕与叔《文集》煞有好处。他文字极是实,说得好处,如千兵万马,饱满伉壮。"②在《朱子语类》中,朱子与其门人几乎对吕大临所撰所录的每一篇作品都作过详细的讨论,在《文集》六十七《已发未发说》中,也曾多次论及吕大临的思想,其中最为朱子所重视的是吕大临的《中庸解》,他不仅对《中庸解》是吕大临作品而非大程著作作过辨析,而且还对其大加称赞:"吕与叔《中庸》,皆说实话也。"③"吕与叔《中庸义》,典实好看。"④"吕《中庸》,文滂沛,意浃洽。"⑤"李先生说:'陈幾叟辈皆以杨氏《中庸》不如吕氏。'先生曰:'吕氏饱满充实。'"⑥"龟山门人自言龟山《中庸》枯燥,不如吕氏浃洽。先生曰:'与叔却似行到,他人如登高望远。'"⑦并且,朱子在他自己的《中庸章句》中,所引他人言语凡十五处,竟有五处为吕大临《中庸解》的内容,此五处即:"吕氏曰:所入之涂虽异,而所至之域则同,此所以为中庸。若乃企生知安行之资为不可几及,轻困知勉行谓不能有成,此道之所以不明不行也。"⑧"吕氏曰:愚者自是而不求,自私者徇人欲而忘反,懦者甘为人下而不辞。故好学非知,然足以破愚;力行非仁,然足以忘私;知耻非勇,然足以起懦。"⑨"吕氏曰:天下国家之本在身,故修身为九经之本。然必亲师取友,然后修身之道进,故尊贤次之。道之所进,莫先其家,故亲亲次之。由家以及朝廷,故敬大臣、体群臣次之。由朝廷以及其国,故子庶民、来百工次之。由其国以及天下,故柔远人、怀诸侯次之。此九经之序也。视群臣犹吾

---

① 黎靖德编:《朱子语类》卷一○一,第 2557 页。
② 同上书,第 2556 页。
③ 同上书,第 2560 页。
④ 同上书,第 2561 页。
⑤ 黎靖德编:《朱子语类》卷六二,第 1485 页。
⑥ 同上书,第 1485 页。
⑦ 同上书,第 1485 页。
⑧ 朱熹:《四书章句集注》,第 29 页。
⑨ 同上书,第 29 页。

四体,视百姓犹吾子,此视臣视民之别也。"①"吕氏曰:君子所以学者,为能变化气质而已。德胜气质,则愚者可进于明,柔者可进于强;不能胜之,则虽有志于学,亦愚不能明,柔不能立而已矣。盖均善而无恶者,性也,人所同也;昏明强弱之禀不齐者,才也,人所异也。诚之者所以反其同而变其异也。夫以不美之质,求变而美,非百倍其功,不足以致之。今以卤莽灭裂之学,或作或辍,以变其不美之质,及不能变,则曰天质不美,非学所能变。是果于自弃,其为不仁甚矣!"②"吕氏曰:三重,谓议礼、制度、考文。惟天子得以行之,则国不异政,家不殊俗,而人得寡过矣。"③

从上述朱子的《中庸章句》中所引吕大临《中庸解》的内容来看,朱子最为重视的是吕大临在《中庸解》中所提出的那些"好学""志于学""困知""力行""勉行""变化气质""修身""齐家""治国""平天下"等见解,朱子所谓"吕氏说'博学、审问、慎思、明辨、笃行'一段煞好,皆是他平日做工夫底"④及"某年十五六时,读《中庸》'人一己百,人十己千'一章,因见吕与叔解得此段痛快,读之未尝不竦然警厉奋发!人若有向学之志,须是如此做工夫方得"⑤之语也说明了这一点。从前文可知,吕大临的这些见解都属于他"知礼成性变化气质"的主张中所强调的内容。吕大临的这种"知礼成性变化气质"的主张是由他的"理"本论所开显出的,而朱子理学最主要的特征,也正在于本体论上的"理"本论以及由此"理"本论所开显出的所谓"格物穷理""变化气质"的工夫论,他们这种在本体论和工夫论上的一致性,使得朱子对吕大临的思想不仅极为关注和推重,而且还力图将吕大临的思想吸收和融入自己庞大的理学体系。

吕大临在本体论上主"理"本论,在工夫论上又强调一种具现实主义性格的知之工夫、礼之工夫,这显然与程朱理学并无二致,既然如此,将

① 朱熹:《四书章句集注》,第 29—30 页。
② 同上书,第 32 页。
③ 同上书,第 36—37 页。
④ 黎靖德编:《朱子语类》卷六四,第 1565 页。
⑤ 黎靖德编:《朱子语类》卷四,第 66 页。

吕大临的思想归属于理学学派应不为过。

我们再来看吕大临思想与心学学派的陆九渊之间的关联。由于陆九渊思想与程颢的思想有某种相似之处，人们一般将他的学术渊源追溯到程颢①，但又似乎缺乏确凿而充足的证据，主要是因为在象山所存文字中，虽有五条材料与程颢有关，但这五条材料都不能说明他们之间有什么学术传承关系，其中一条为论其兄陆九龄与二程之学术渊源："时方揉程氏学，先生独尊其说。"②其他四条则为："塞宇宙一理耳，学者之所以学，欲明此理耳。此理之大，岂有限量？程明道所谓有憾于天地，则大于天地者矣，谓此理也。"③"元晦似伊川，钦夫似明道。伊川蔽固深，明道却通疏。"④"二程见周茂叔，吟风弄月而归，有'吾与点也'之意。后来明道此意却存，伊川已失此意。"⑤"某旧日伊、洛文字不曾看，近日方看，见其间多有不是。"⑥并且，象山曾自称其学乃直承孟子："'先生之学亦有所受乎？'曰：'因读《孟子》而自得之。'"⑦"窃不自揆，区区之学，自谓孟子之后至是而始一明也。"⑧由此看来，在学术传承上确实难以说象山之学来源于程颢，他们思想之间的某种相似之处，应当是学理上的相似，而他们之

---

① 例如，全祖望在《宋元学案》卷五八《象山学案·序》中称："祖望谨案：象山之学'先立乎其大者'，本乎孟子，足以砭末俗口耳支离之学……程门谢上蔡以后，王信伯、林竹轩、张无垢至于林艾轩，皆其前茅，及象山而大成。"现代宋明理学的研究者也有这种看法，例如冯友兰认为："新儒家接着分成两个主要的学派，真是喜人的巧合，这两个学派竟是兄弟二人开创的。他们号称'二程'。弟弟程颐（1033—1108）开创的学派，由朱熹（1130—1200）完成，称为程朱学派，或'理学'。哥哥程颢（1032—1085）开创另一个学派，由陆九渊继续，王守仁（1473—1529）完成，称为陆王学派，或'心学'。在二程的时代，还没有充分认识这两个学派不同的意义，但是到了朱熹和陆九渊，就开始了一场大论战，一直继续到今天。"（冯友兰：《中国哲学简史》，涂又光译，第323页，北京，北京大学出版，1985。）又如张立文认为："目前学术界流行的看法，以程颢被陆、王所继承和发展，程颐被朱熹所继承和发展。"（张立文：《走向心学之路——陆象山思想的足迹》，第13页，北京，中华书局，1992。）仅录以供参考。

② 陆九渊：《全州教授陆先生行状》，《陆九渊集》卷二七，第313页。

③ 陆九渊：《与赵咏道·四》，《陆九渊集》卷一二，第161页。

④ 陆九渊：《语录上》，《陆九渊集》卷三四，第413页。

⑤ 同上书，第401页。

⑥ 陆九渊：《语录下》，《陆九渊集》卷三五，第441页。

⑦ 同上书，第471页。

⑧ 陆九渊：《与路彦彬》，《陆九渊集》卷一〇，第134页。

间在学理上的这种关系，也与吕大临有关，更确切地说是与他的《中庸解》有关，因为有一条材料牵涉到象山之学与吕大临《中庸解》的某种关联，此即朱子在辨明《中庸解》为吕大临所作而非程颢所著时的材料：

> 问：“《明道行状》谓未及著书，而今有了翁所跋《中庸》，何如？”曰：“了翁初得此书，亦疑《行状》所未尝载，后乃谓非明道不能为此。了翁之侄幾叟，龟山之婿也。翁移书曰：‘近得一异书，吾侄不可不见。’幾叟至。次日，翁冠带出此书。幾叟心知其书非是，未敢言。翁问曰：‘何疑？’曰：‘以某闻之龟山，乃与叔初年本也。’翁始觉，遂不复出。近日陆子静力主以为真明道之书。某云：‘却不要与某争。某所闻甚的，自有源流，非强说也。’兼了翁所举知仁勇之类，却是道得著；至子静所举，没意味也。”①

在此所谓的“近日陆子静力主以为真明道之书”表明陆九渊将吕大临的《中庸解》误认为程颢所作，从上面陆九渊所存文字中有关程颢的五条材料来看，这些材料虽不能确切地证明陆九渊与程颢之间有学术传承关系，但完全可以说陆九渊对程颢的思想是赞赏和推崇的，当他力主《中庸解》为程颢之书时，显然也可以说他对此《中庸解》有推重之意。那么，陆九渊推重《中庸解》中的什么呢？从这条材料来看，朱子与陆九渊之间的分歧已见端倪，在此情况下，陆九渊所推重的《中庸解》中的内容显然与朱子所重视和推崇的《中庸解》中有关知礼工夫的内容不同，故陆九渊所推重的只可能是《中庸解》中与自己思想相通和一致的内容。陆九渊思想中最重要和最核心的是“本心”观念②，而吕大临在《中庸解》中也曾屡屡提及此“本心”观念，当陆九渊发现《中庸解》中竟有与自己如此相通相契的思想和观念时，他力主《中庸解》为明道之书并加以推重也就在情理之中了。

---

① 黎靖德编：《朱子语类》卷九七，第 2494—2495 页。
② 陆氏门人袁燮称：“学问之要，得其本心而已。”（《袁燮序》，《陆九渊集》附录一，第 356 页。）另一门人傅季鲁说：“先生之道，精一匪二，揭本心以示人，此学门之大致。”（《年谱》，《陆九渊集》卷三六，第 523 页。）

在陆九渊的心学系统中,作为与"理"完全同一的所谓"本心",既是先验的、超越的,又是完满自足而遍在的,具本体意义①。在此"心"本论的基础上,为了唤起人们"先立乎其大者"确立起道德主体性,为了使人在自觉自信自身本有之"本心"的同时真正依此"本心"践履实行,象山又以"发明本心"的"易简工夫"作为为学宗旨②。从前文可知,陆九渊心学学派的这些最显著的特征,在吕大临的"反求吾心"亦即"求其本心"的主张中也同样具备,还值得一提的是,吕大临在《中庸解》中常以孟子所谓"权,然后知轻重;度,然后知长短。物皆然,心为甚"(《孟子·梁惠王上》)来说明自己的"本心"观念,并在《论中书》中明确表示自己的这种"本心"观念是承孟子的"本心"观念而来,这表明吕大临的"本心"观念同陆九渊一样深受孟子的影响。

鉴于吕大临在《中庸解》中所提出的"求其本心"的主张与陆九渊心学学派"发明本心"的思想几乎没有什么两样,故将吕大临的思想冠以心学之名,也未尝不可。

众所周知,在宋明理学中,朱子为北宋以来理学的集大成者,象山则为心学学派的一代宗师,而这两位大家却都与吕大临思想特别是其《中

---

① 关于"心"与"理"的同一以及此"心"的先验性和绝对自足性,陆九渊称:"盖心,一心也,理,一理也,至当归一,精义无二,此心此理实不容有二。"(《与曾宅之》,《陆九渊集》卷一,第4—5页。)"人皆有是心,心皆具是理,心即理也。故曰'理义之悦我心,犹刍豢之悦我口'。所贵乎学者,为其欲穷此理,尽此心也。"(《与李宰》,《陆九渊集》卷一一,第149页。)"东海有圣人出焉,此心同也,此理同也;西海有圣人出焉,此心同也,此理同也;南海北海有圣人出焉,此心同也,此理同也;千百世之上、至千百世之下有圣人出焉,此心此理亦莫不同也。"(《年谱》,《陆九渊集》卷三六,第483页。)"心只是一个心,某之心,吾友之心,上而千百载圣贤之心,下而千百载复有一圣贤,其心亦只如此。心之体甚大,若能尽我之心,便与天同。"(《语录下》,《陆九渊集》卷三五,第444页。)"宇宙便是吾心,吾心便是宇宙。"(《年谱》,《陆九渊集》卷三六,第483页。)

② 关于"发明本心"之旨,陆九渊称:"人孰无心,道不外索,患在戕贼之耳,放失之耳。古人教人,不过存心、养心、求放心。"(《与舒西美》,《陆九渊集》卷五,第64页。)"既知自立,此心无事时,须要涵养,不可便去理会事。"(《语录下》,《陆九渊集》卷三五,第454页。)故全祖望认为:"陆子之学,近于上蔡,其教人以发明本心为始事,此心有主,然后可以应天地万物之变……故陆子教人以明其本心,在经则本于《孟子》扩充四端之教……心明则本立,而涵养省察之功,于是有施行之地。"(《宋元学案·象山学案·案语》,《陆九渊集》附录三,第567页。)

庸解》中的思想有着某种关联,且吕大临思想又竟然皆可以在这两大学派中得以定位,这不可不谓为宋明理学史上一个极为特殊而又复杂的现象。仅就朱、陆这两个学派的异同来说,朱子和象山在世时就已相争甚烈、相持不下,朱子指责象山一派"全然不曾略见天理仿佛,一味只将私意东作西捺,做出许多诐淫邪遁之说,又且空腹高心,妄自尊大,俯视圣贤,蔑弃礼法,只此一节尤为学者心术之害"①,象山则认为"朱元晦泰山乔岳,可惜学不见道,枉费精神,遂自担搁,奈何"②。朱陆后学争其门户、相互攻伐绵延数百年,"宗朱者诋陆为狂禅,宗陆者以朱为俗学,两家之学各成门户,几如冰炭矣"③,以致后来的理学研究者认为"宋儒有朱陆,千古不可合之同异,亦千古不可无之同异也"④。由此看来,朱陆两学派这种绵延数百年,至今余波未已的争辩似无调和之可能。

然而,朱子学派的理学思想、象山学派的心学思想——这两种似乎相互水火的思想不仅都能在吕大临的思想中找到依据和出处,而且还在吕大临思想中"相安无事""和平共处",甚至竟能在他的一篇《中庸解》中和谐相处、和会为一,这委实有些不可思议。故藏书家晁公武在著录吕大临的著作时也不无惆惑:"与叔虽程正叔之徒,解经不尽用其师说。"⑤这表明在晁公武看来,吕大临虽为小程弟子,但其思想中却又有着与其师的理学思想不同的其他思想,这一切又当如何解释? 其实,只要对吕大临"知礼成性变化气质"和"反求吾心"这两种主张有所了解和把握,那么就不难发现:吕大临的"知礼成性变化气质"的主张和"求其本心"的主张实际上是顾及不同层面的人的成德问题而提出来的。前者主要讨论的是"自明诚"者或"反之者"亦即社会中的大多数如何成德的问题,而他之所以针对社会中的大多数主张这种"知礼成性变化气质"本体工夫论,

---

① 朱熹:《答赵几道》,《朱子全书》第 23 册,第 2574 页。
② 陆九渊:《语录上》,《陆九渊集》卷三四,第 414 页。
③ 《宋元学案·象山学案·案语》,转引自《陆九渊集》附录三,第 564 页。
④ 章学诚:《文史通义·朱陆》。参见叶瑛校注:《〈文史通义〉校注》,北京,中华书局,1994。
⑤ 参见《蓝田吕氏遗著辑校》附录二,第 629 页。

是因为吕大临清醒地认识到,"自明诚"者或"反之者"作为社会中的绝大多数,不仅难以做到像圣人那样"从心所欲""由仁义行",而且也难以一时即能改变其"气禀之杂"、克除其"形气之私""物欲之累"。故他在讨论社会中的大多数人的成德问题时主要考虑的是:如何来保证他们最初与最低的据守,如何来使得他们的道德修为立足于社会生活的规范性、普遍有效性,如何来使他们于日用常行中真正知晓和践履儒家的道德原则和人伦规范。这就是他主张与强调这种具明显的理性主义特点和现实主义性格的本体工夫论的原因所在。至于后者,尽管吕大临并没有像他在主张"知礼成性变化气质"时那样明确指出是针对"自明诚"者或"反之者"亦即社会中的大多数来说的,但他这种"反求吾心"的主张显然并非是针对社会生活中所有人而言,因为"反求吾心"的本体工夫论是以对"本心"的自觉自信和矢志"圣学"为前提的。虽人人皆具此道德之"本心","人皆可以为尧舜",但由于并非所有人都自觉自信此道德之"本心"并胸怀"成圣"的大志,故那些或不能自觉自信此道德之"本心"或无"成圣"之志者也就不可能真正将此"求其本心"作为其道德修养工夫。换言之,只有那些对其自身本有之道德"本心"有着高度自信自觉和立志"成圣"者才可能真正依此"求其本心"的本体工夫论而行。因此,吕大临"求其本心"的主张应是针对那些立志"成圣"的少数"上根之人"而言的,主要讨论他们是如何去体认与彰显自身本有之"本心",如何去追求"无勉无思、从容中道"的自由之境,如何去成就"以天地万物为一体"的"仁者"境界。

　　程朱理学依持"理"本论所发展出的所谓"格物穷理""变化气质"的工夫论,也显然同吕大临"知礼成性变化气质"的主张一样,在讨论人之成德时主要考虑的是如何来使社会中的绝大多数人于日用常行中真正知晓和践履儒家的道德原则和人伦规范,故其"为学工夫"亦立足于社会生活的规范性、普遍有效性上。陈来先生认为:与魏晋时代的贵族社会相比,中唐以后的总的趋势是向平民社会发展,中唐以后的"文化转向"即新禅宗的盛行、古文运动的开展、新儒家的兴起正是和这种"社会变迁"相表里的,由中唐开始而在北宋稳定确立的"近世化"的文化形态,其基本精神是突出世俗性、合理性、平民性。① 面对一个已发生了变迁的世俗性、平民性的社会,如何既正视社会中的绝大多数人作为"形气之私"的个人利欲追求的现实性,又强化社会所需要的价值系统? 程朱理学依持"理"本论所发展出的所谓"格物穷理""变化气质"的工夫论正好配合和适应了这一社会的"近世化"过程,故程朱理学的贡献特表现于它的社会功能上。朱子去世后不久,南宋理宗皇帝就已认识到程朱理学的这种"有补于治道"②的功能,元仁宗皇庆二年(1313),朝廷规定明经科《四书》用朱注,从此,程朱理学成了官方的意识形态。然而,对程朱理学来说,将这种本是针对社会中大多数人的成德标准加之于所有人时,不仅限制了人在道德追求上的主体性和自主自由性,而且也忽视了那些立志"成圣"追求道德的自由之境以及万物一体之仁的少数"上根之人"的成德问题。

象山心学学派对"本心"的确信、对"先立乎其大者"的强调、对道德主体性的高扬、对人之道德实践中的自由之境的肯定,可以说与吕大临的"求其本心"的主张一样,最适合那些立志"成圣"追求道德的自由之境以及万物一体之仁的少数"上根之人",且显然并非适合所有人。因为那种道德的自由之境以及万物一体之仁的追求对社会中大多数人来说毕竟太高,如果不能正视人之"形气之私"而过于乐观地相信"一是即皆是,一明即皆明"③,也就是说人皆专以"发明本心"为务而忽视社会生活的规范性,那么,如何保证"心"之所发不致流于私意? 如何杜绝有些人利用"心"所具有的多方面意义鼓吹"纯任自然""任心率性而行"等所导致的道德狂热? 这些问题正是宋明理学中心学一派长期以来一直面临的问题。

吕大临思想虽不出乎心学、理学思想,甚至亦可冠之以心学或理学

---

① 参见陈来:《宋明理学》,第16—17页。
②《理宗宝庆三年正月赠太师追封信国公制》,道光《婺源县志》卷三一《艺文一·诰制》。
③ 陆九渊:《语录下》,《陆九渊集》卷三五,第469页。

之名,但又显然不能单纯地以心学或单纯地以理学来划定,因为其思想既主"理"本论,又认肯"心"的本体意义;既强调"知礼成性变化气质",又主张"求其本心";既注重规范性道德,又推重道德的自由之境以及万物一体之仁;既关切社会中大多数人的成德问题,又注意到那些立志"成圣"追求道德的自由之境以及万物一体之仁的少数"上根之人"的成德问题。这些使得其思想与程朱理学和象山心学有所不同,从而在宋明理学史上显示出独特而重要的意义。这也说明,不囿于理学与心学的二分模式,跳出理学心学之间宗主之争的藩篱,真正回到吕大临思想本身,直面其思想中的问题来作具体的分析以把握其思想的内在义蕴和整体面貌,是了解吕大临思想在宋明理学史上的地位且恰当为其定位的关键所在。

第十二章　谢良佐的哲学思想

　　谢良佐，字显道，寿春上蔡人（今河南上蔡县），生卒年史传不详，与游酢、吕大临、杨时号称程门四先生。上蔡于二程处问学，笃信恳切，重视实在之践履，故屡为二程兄弟称赞。明道对他诚笃向学的精神大加赞扬，说："谢子虽少鲁，直是诚笃，理会事有不透，其颡有泚。其悱愤如此。"[①]上蔡与伊川相别一年复见，伊川问他期间所作哪些工夫，上蔡回答只是去除了矜夸之病，伊川称赞他是切问近思的学者。在程门，切问近思是二程反复强调的为学的基本态度，称赞学者"切问近思"也非一种容易获得的肯定，而伊川数次这样形容上蔡。[②] 我们翻读《上蔡语录》，一种深入真切作践履工夫的气息越乎纸上。正是因为他刚毅英发的才气，沉潜涵泳的工夫，上蔡对于阐发、继承二程的学问功劳不小，提出了一些著名的学说，对后世影响良多，比如"以活训仁"等等。根据《伊洛渊源录》，上蔡有《论语说》《文集》《语录》行于世。今存的文献有朱子所编纂的《论语精义》中收录的上蔡《论语解》和《上蔡语录》三卷。

[①] 朱熹:《答汪尚书》,《朱子全书》第 21 册,第 1293 页。

[②] 一次二程弟子朱公掞过洛,见伊川,上蔡在坐。伊川指着上蔡,对朱公掞说"此人为切问近思之学"。程颢、程颐:《二程外书》卷一二,《二程集》上册,第 412 页。

第一节 性论

一、性即天理

上蔡为学注重切问近思、身体力行，因此比较而言，他与门人等的问答多讨论工夫修养，论本体的不多。

上蔡顺着孟子"尽心知性知天"的线索论性与天（理）为一。他说：

> （1）仁者，天之理，非杜撰也。故"哭死而哀非为生也，经德不回非干禄也，言语必信非正行也"，天理当然而已矣。当然而为之，是为天之所为也。圣门学者大要以克己为本。克己复礼，无私心焉，则天矣。孟子曰："仁，人心也。"；"尽其心者知其性也，知其性则知天矣"。（原注：语原本作行，人心原本作心人，今据《孟子》改正）①

这里所谓"天之理"是强调理的客观性与真实性，上蔡所谓天理多用此义。② 仁者，客观、真实、当然之理，所以即天之理。上蔡所谓"仁"是指（形上）本心之"活"，③所以"仁，人心也"之"心"是指本心。"尽其心者知其性也"，尽其本心即能知其性，因此性也是形而上的，是"天之理"。"知其性则知天矣"，则至少说明性与天在本质上是一。显然，上蔡是顺孟子的体认线索而论性即天（理）的。

上蔡又以性为体，以本心为性之发用而可见者。作为性之用的本心是天理，是形而上，则性体当然也是天理。他论性体心用说：

> （2）性，本体也。目视耳听手举足运见于作用者，心也。④
>
> （3）问："孟子云知天事天，如何别？"曰："今人莫不知有君，能事

---

① 谢良佐：《上蔡语录》卷一，《景印文渊阁四库全书》第698册，第568页。
② 如下面引文（4）云"所谓天理者，自然底道理，无毫发杜撰"等，此用"天理"即是强调其客观性与真实性。二程亦多有此义。
③ 上蔡之论仁，参见下节。其（形上）本心观念，参见第三节。
④ 谢良佐：《上蔡语录》卷一，《景印文渊阁四库全书》第698册，第567页。

其君者少。存心养性便是事天处。"曰："心、性何别?"曰："心是发用处,性是自性。"①

显然,这里所说的作为性之用的"心"是指良心或本心,而上蔡直接称本心为天理:

> (4) 所谓天理者,自然底道理,无毫发杜撰。今人乍见孺子将入于井,皆有怵惕恻隐之心。方乍见时其心怵惕,所谓天理也。要誉于乡党朋友,内交于孺子父母兄弟,恶其声而然,即人欲耳。②

既然怵惕之心或本心即天理,作为本心之体的性便也是天理。易言之,性天为一。

总之,上蔡是按着"尽心知性知天"的线索,与以心明性的方式说明性天为一的。其实,尽心知性知天的线索也是以心明性,所以上蔡论性天为一的方式,可概言为即用见体。

二、气质与性

顺着前辈的讲法,上蔡也以气质与性来论现实之人。《语录》载:

> (5) "人有智愚之品,不同何也?"曰："无气禀异耳。圣人不恕疾于顽者,悯其所遇气质偏驳,不足疾也。""然则可变软?"曰："其性本一,何不可变之有? 性,本体也。目视耳听手举足运见于作用

---

① 谢良佐:《上蔡语录》卷二,《景印文渊阁四库全书》第 698 册,第 583 页。案,此说有一暗含之义:性为不可见者。另,性体心用的说法当自二程发挥而来。对二程而言,性即天理、道,是形而上者,故仅就其体言之,则"无声无臭",不能见闻。心(无论四端之心、思虑之心、智识之心)显然是可觉知的。二程论心有多种取义,其兄弟之间也不同。牟宗三认为,明道对道体、性体的体认是"即存有即活动"者,心、性是一,如此则道体、性体不失其神用,亦可言体用不二。伊川对道体、性体的体认是"只存有不活动"者,心、性不是一(若说一也是认知的合一),如此则道体、性体丧失其神用。据此可以说,明道的义理系统涵着性体心用之义,但伊川不能以体用言心性关系。虽然性体心用涵于明道之义理系统,但二程子皆未直言"性体心用"之语。又,此段曾本云:"又问:'心与性是如何?'曰:'心是发用处,性是自然。'"
② 谢良佐:《上蔡语录》卷一,《景印文渊阁四库全书》第 698 册,第 569 页。

者,心也。"①

案:"无气禀异耳"之"无",疑当为"夫"字之误。现实之中,人与人的差别是显而易见的,比如智愚的程度便有明显的不同。但是,与前辈学者看法相同,上蔡认为这种差异是因为人生而气禀有异。人生而气禀如何,或清或浊,或偏驳或中正,是偶遇的事情。因其偶遇,故"圣人不忿疾于顽者,悯其所遇之偏驳"。然而气禀虽异,本性则一,乃先天完具、至善无恶之性。也正因此之故,气禀必然可以施以后天之功而改变。

综上所述,上蔡性论是以性、气结合为其大纲,这与前辈相同。不过就现存的文献看,上蔡论性也有自己的特色。性与天道的贯通,可由"天命之谓性"的方式加以说明。而上蔡是用以心明性或即用见体的方式说明性天为一的。这与前辈相比,突出了(形上)本心观念。

第二节 仁论

"仁"为五德之首。若从根本上来说,"义礼智信皆仁也"(明道语),故"求仁"即求道。仁不仅是本体论的对象,也是工夫论的对象(当然,本体与工夫本不可分)。儒家历来就重视对"仁"的探讨,而宋明理学尤见其深刻与丰富,二程及其弟子更是突出之代表。仁论在当时是重要的、讨论得较多的问题,这些讨论对其后的影响异常之深远。在程门之中,上蔡的仁论具有鲜明的特色,引发了后世的层层波澜。他的仁论可以简单概括为:以"活"训仁,或仁是本心之活。本心之"活"包括两个方面,即"觉"与"生"。"觉"是指能觉认义理,或随事生发义理之心。"生"是指本心之无息的道德创生。"觉"偏重于言本心的具体内涵,"生"则偏重于说明本心的形而上性或必然性。上蔡论仁是继承二程,尤其是明道而来。

上蔡以"觉"训仁,云:

(1) 心有所觉谓之仁,仁则心与事为一。草木五谷之实谓之仁,

---

① 谢良佐:《上蔡语录》卷一,《景印文渊阁四库全书》第 698 册,第 567 页。

取名于生也,生则有所觉矣。四肢之偏痹谓之不仁,取名于不知觉也,不知觉则死矣。事有感而随之以喜怒哀乐,应之以酬酢尽变者,非知觉不能也。身与事接,而心漠然不省者,与四体不仁无异也。然则不仁者,虽生,无以异于死;虽有心,亦邻于无心;虽有四体,亦弗为吾用也。故视而弗见,听而弗闻,食而不知其味,此善学者所以急急于求仁也。[①]

（2）仁是四肢不仁之仁。不仁是不识痛痒,仁是识痛痒。[②]

"心有所觉谓之仁",此"觉"非感觉之觉,而是指觉认义理。上蔡以四肢不识痛痒比喻不仁,这是取自明道,极为形象,但须知这是一个妙喻而已,不是说"仁"是有感觉（feeling）之谓。二程说:"医家以不认痛痒谓之不仁,人以不知觉不认义理为不仁,譬最近。"[③]这便是上蔡以觉训仁的义理背景,可见"觉"是义理之"觉"。觉认义理与否,可在接事应物中表现出来。若"与事为一",或"事有感,而随之以喜怒哀乐,应之以酬酢尽变",便说明能觉认义理。但这不是说遇事有反应即是所谓觉认义理。其真实意思显然是说,在接事应物中要肯认义理,要有义理之心。易言之,就是自己在接事之中能自然地生发义理之心,当恻隐则恻隐,当羞恶则羞恶等等。心能觉知义理,或者说能生发义理之心,便是"仁"。

孟子所谓"本心"是指吾人固有的、形而上的至善之心或义理之心。此心不失,则自然当机而发,莫非义理。上蔡既然认为"仁"是心能觉认义理,或有义理之心,则其实他所谓"仁"就是本心之德,或不失本心的境界。他说:

（3）问:"求仁如何下工夫?"谢曰:"如颜子视听言动上做亦得,如曾子颜色容貌辞气上做亦得。出辞气者,犹佛所谓从此心中流

---

① 谢良佐:《论语精义》卷六下,朱熹:《朱子全书》第7册,第419页。
② 谢良佐:《上蔡语录》卷二,《景印文渊阁四库全书》698册,第578页。
③ 程颢、程颐:《二程遗书》卷二上,《二程集》上册,第33页。案,此句未标明为谁语,但当为明道所言。

出。今人唱一喏不从心中出，便是不识痛痒。古人曰：'心不在焉，视而不见，听而不闻，食而不知其味。'不见、不闻、不知味，便是不仁，死汉不识痛痒了。又如仲弓'出门如见大宾，使民如承大祭'，但存得如见大宾、如承大祭底心在，便是识痛痒。"①

（4）仁，操则存，舍则亡。故曾子曰："动容貌，正颜色，出辞气。"出辞气者，从此广大心中流出也，以私意发言岂出辞气之谓乎？②

（5）上章论为学之大体，此一节论求仁之方也。夫仁之为道，非惟举之莫能胜，而行之莫能至，而语之亦难。其语愈博，其去仁愈远。古人语此者多矣，然而终非仁也。如"恭宽信敏惠为仁"，若不知仁，则止知恭宽信敏惠而已。"克己复礼为仁"，若不知仁，则止知克己复礼而已。"出门如见大宾，使民如承大祭"，此特饬身而已，何以见其为仁？"仁者，其言也讱"，此特慎言而已，何以见其为仁？有子之论仁，盖亦如此尔。为孝弟者近仁，然而孝弟非仁也。可以论仁者莫如人心，人心之不伪者莫如事亲从兄。庄子曰："子之事亲，命也，不可解于心。"此可见其良心矣。至于从兄，则自有生以来良心之所未远者。以事亲从兄而充之，则何往而非仁也。夫事亲从兄之心，行之而不著，习矣而不察，终身由之而不知者，尚能不好犯上作乱，况于真积力久，扩而充之者乎？今夫出必告，反必面，冬温夏清，昏定晨省，亦可以为孝矣，闾巷之人亦能之；长幼有序，徐行后长，亦可以为弟矣，闾巷之人亦能之。然而以闾巷之人为有道，不可也；以为终不可以入道，亦不可也。但孝弟可以为仁，可以入道，在念不念之间。盖仁之道，古人犹难言之，其可言者止此而已。若实欲知仁，则在力行、自省，察吾事亲从兄时此心如之何，知此心，则知仁矣。③

---

① 谢良佐：《上蔡语录》卷一，《景印文渊阁四库全书》第 698 册，第 575 页。
② 同上书，第 568 页。
③ 谢良佐：《论语精义》卷一上，朱熹：《朱子全书》第 7 册，第 31 页。案，此为《论语·学而》有子谓孝悌为人之本章解。

求仁的工夫,上蔡特别强调曾子的"动容貌,正颜色,出辞气"。这个工夫的实质则是"从此广大心中流出"。若能如此,便能如前面所说的"知痛痒"。若不能如此,即"心不在焉",便是不仁,不识痛痒。所以,仁的境界就是"从此广大心中流出"。而所谓"从此广大心中流出",就是指不失良心或不伪之心,并扩充良心。换言之,不失本心,顺本心而发,这便是"仁"。当然,此种意义上的"仁"是从境界上说的。但我们也可以说"仁"是本心之德,因为"仁"即说明了本心能觉认义理。既然不失本心便能达于"仁"的境界,或者说"仁"是本心之德,则相对于"仁"而言,本心便更为根本。因此,上蔡认为,虽然孔门弟子论"仁"的言语极多,但必须抓住"本心"这个根本,才能正确了解"仁",否则便会误认这些言论的表面意思为"仁"。总之,上蔡论仁最终将其归于本心,认为"仁"是本心之德。本心不失,能"从此广大心中流出"便是"仁"的境界。若不能存本心,就是"心不在焉",不见不闻,便是不仁,便是不识痛痒。

上蔡又以生训仁,他说:

> (6)心者何也?仁是已。仁者何也?活者为仁,死者为不仁。今人身体麻痹,不知痛痒,谓之不仁。桃杏之核可种而生者,谓之桃仁杏仁,言有生之意。推此,仁可见矣。
>
> 学佛者知此谓之见性,遂以为了,故终归妄诞。圣门学者见此消息,必加功焉,故曰:"回虽不敏,请事斯语矣";"雍虽不敏,请事斯语矣"。仁,操则存,舍则亡,故曾子曰:"动容貌,正颜色,出辞气。"出辞气者,从此广大心中流出也,以私意发言岂出辞气之谓乎?夫人一日间颜色容貌,试自点检何尝正、何尝动?怠慢而已。若夫大而化之,合于自然,则正动出不足言矣。①

前面引文(1)中其实已有"以生训仁",其中"以生论仁"实际上也就是"以觉论仁"。谓之仁,是因为"生",而生则有所觉。谓之不仁,则因为不知

---

① 谢良佐:《上蔡语录》卷一,《景印文渊阁四库全书》第698册,第567—568页。

觉,而不知觉即是死。所以,"以生论仁"就是"以觉论仁",两者本质相同,皆就不觉(义理)而言。引文(6)与此不同。虽然这里也以草木之实为喻(桃杏之核),但取义不同。引文(6)中的"生"就"桃杏之核可种而生"而说"有生之意"(生发,创生之义)。而引文(1)中"生"没有独立的含义,实质上就是"觉"。

以"生意"("有生之意")论仁也是直接源于二程,间接源于二程之前更早的传统。① 明道说:"'天地之大德曰生','天地纲缊,万物化醇','生之谓性',(告子此言是,而谓犬之性犹牛之性,牛之性犹人之性,则非也。)万物之生意最可观,此元者善之长也,斯所谓仁也。人与天地 一物也,而人特自小之,何耶?"②这就是以"生意"训仁,以万物的生意见天地大德之生。天地大德之生,就是道体的生生不已。上蔡以生训仁的说法显然由此而来。但明道论道体、仁体之"生"有其深意,因为他所体悟的道体是"即存有即活动的"③。本体宇宙论地讲,道体的创生(神用)使万物流行,各正性命。因此,自万物的生生不已,正可见道体的神用。仅就人而言,人禀受此"活动的"(能发其神用的)道体以为性,则此性也是能发其神用的。这说明人具有先天的道德动力,比如舜闻善言、见善行,则沛然莫之能御。具体来说,性体的发用或人的先天的道德动力表现为本心的显露。本心必然当机而发,即是理。总而言之,明道的"生"为创生义,创生既就气化运动与成形而言,更就人的道德创造性而言。这是明道以生论仁的背景与真意。

与明道相同,上蔡"以生训仁"的"生"也是指道德的创生或"纯亦不已",不过他这里是专门就人而言的,没有涉及宇宙论。他说"桃杏之核可种而生者,谓之桃仁杏仁,言有生之意。推此,仁可见矣"等等,指出仁

---

① 汉代以来,仁义礼智信五常被配以卦气说中的四正四维的八卦方位,被配以五行。其中仁为震,为木,时为春,主生。参见萧汉明:《儒家伦常思想中的阴阳五行观》,《传统哲学的魅力》,第186—192页,北京,中华书局,2008。
② 程颢、程颐:《二程遗书》卷一一,《二程集》上册,第120页。
③ 此引用牟宗三的分析与论断。以下概述明道皆据牟氏。

有生意,显然是在道德意义上立论。另外,上蔡特别强调恻隐之心,言乍见孺子的心即是天理,释氏欲将其扫除,如何扫除得了? 可见本心是固有的、必然随机显现的。这正说明了本心或本心之仁的"纯亦不已"。总之,虽然上蔡对"生"的论述很少,其所谓"生"之义应该与明道的比较接近。

上蔡既"以觉训仁",又"以生训仁",这两种说法并不相同,但他把这两者统一起来,归诸本心之"活",即本心的"纯亦不已"。引文(6)中,对"仁者何也"的设问,上蔡答道:"活者为仁,死者为不仁。"①随后,他分别从"觉"("今人身体麻痹,不知痛痒,谓之不仁")和"生"("桃杏之核可种而生者,谓之桃仁、杏仁,言有生之意")的角度训仁。显然,"活"能涵盖"觉"与"生"两个意义,另外,"活"也更耐人寻味,具有更深层的含义。因此,相对于"以觉训仁"与"以生训仁"而言,"活者为仁,死者为不仁"正是对仁的总说,是对仁的更深层的界定。或者换言之,上蔡用"以活训仁"来统括"以觉训仁"和"以生训仁"。这是上蔡仁论独具创造性的地方。比较而言,"活"虽然是更概括性的、更深层的,但所谓"活"最终仍然归于人之不伪之心或本心,也就是说,"活"即是不伪之心或本心的"活",是本心的道德的"纯亦不已"。本心的"活"的具体内涵,便是前面所说的"觉"与"生"。"觉"表示本心能觉知义理,"生"则专门说明其道德创造之不已。

上蔡既"以觉训仁",又"以生训仁",最后又将它们统诸"活",这实属义理上的必然。"觉"是能觉知义理,即随事而生发具体的义理之心,正如他说"事有感而随之以喜怒哀乐,应之以酬酢尽变者,非知觉不能也。身与事接而心漠然不省者,与四体不仁无异也"。所以,"觉"是指能当机而生发具体的义理之心,当恻隐则恻隐,当羞恶则羞恶等等。因此,"觉"重在说明本心的具体内容。"生"则指本心的"纯亦不已",即道德的生生不已。本心的"纯亦不已"是根源于性体的生生不已。所以,"生"重在说明本心的形而上性。一者说明具体内容,一者说明其形而上性,两者刚

---

① 谢良佐:《上蔡语录》卷一,《景印文渊阁四库全书》第698册,第567—568页。

好相辅相成。而"活"则能包含这两个含义,因此最后上蔡又将它们统诸本心之"活"。总之,上蔡这样论仁固然受到了传统话语与思想的影响,但从义理上说,这又属于他必然而不得已之推衍与创新。

有学者指出,上蔡不喜"以爱论仁"。① 上蔡云:

> (7)晋伯甚好学。初理会仁字不透。吾因曰:"世人说仁只管著爱上,怎生见得仁? 只如'力行近乎仁',力行关爱甚事? 何故却近乎仁? 推此类具言之。"晋伯因悟曰:"公说仁字,正与尊宿门说禅一般。"②

上蔡说:"世人说仁只管著爱上,怎生见得仁?"极易让人联想到伊川。伊川曾多次明确表示反对说仁即是爱。③ 他之所以反对"以爱训仁"大概有一整套的义理考虑。简言之,以仁是性,是形而上。爱是情,而非性,属气,是形而下者。因此,他明确反对说仁即是爱。④ 就现存的文献来看,上蔡反对只以爱说仁的原因与伊川不同,另外,上蔡之学的义理结构也不同于伊川。⑤ 上蔡为何反对"世人说仁只管著爱上"? 引文(7)所说较为简略,在引文(5)中,上蔡列举了多种说仁之语。他认为,若不知仁,便会误认为仁就是这些说法(恭宽信敏惠、克己复礼等)而已。若要知仁,莫如体察人之不伪之心(即本心)。本心存而不失,则自然能随事生发出"仁"来。上蔡说:"若实欲知仁则在力行,自省察吾事亲从兄时此心如之

---

① 陈来:《中国近世思想史研究》,第64页,北京,商务印书馆,2003。

② 谢良佐:《上蔡语录》卷一,《景印文渊阁四库全书》第698册,第570页。

③ 伊川反对以爱为仁之言较多,关于此参见牟宗三《心体与性体》第二册论程伊川之"性情篇"(牟宗三:《心体与性体》,第228—256页),又参见陈来《论宋代道学话语的形成和转变》(见陈氏著《中国近世思想史研究》第53—63页)。

④ 此为牟宗三的观点。

⑤ 上蔡学问的义理结构不同于伊川,多有学者指出。较有代表性的是牟宗三、蔡仁厚与陈来。牟宗三认为上蔡之学的大纲乃继承与发展明道,而非伊川。其工夫概言之属于"内在的逆觉体证"一路。(见牟氏著《心体与性体》第二册。其中最初提到"超越的体证"与"内在的体证"是在论程伊川之"中和篇"。具体说明明道之论格物是"逆觉体证"在论程伊川之"格物穷理篇"的附论。指明二程后学分"内在的逆觉体证"与"超越的逆觉体证"两路,在论胡五峰之引言)。蔡氏因之,但论述更详细。(见蔡仁厚:《宋明理学·北宋篇》第十八章,台北,学生书局,1977。)陈来之论见陈氏著《宋明理学》第144—145页。

何。知此心则知仁矣。"①事亲从兄之心可见人之本心,能在事亲从兄时体察到此本心,就能体认到仁。易言之,事亲从兄之事固然能见人之仁,但如果专门论仁之为仁,则应该看到事亲从兄之事背后最根本的,即人的本心。事亲从兄只是些表面上的事,养口体者亦能为之,真正可贵的、根源性的是其背后的爱亲、敬亲之心(本心)。因此,上蔡反对以孝悌为仁,因他认为孝悌之心(本心)才是仁。同理,若有人以恭宽信敏惠等为仁,上蔡也必然会表示反对。他反对"只管著爱上"说仁,应该也出于这个原因。他说:"只如力行近乎仁,力行关爱甚事? 何故却近乎仁? 推此类具言之。"②从表面上来看,力行与爱无关,但力行也可说近乎仁,所以"只管著爱上"说仁便是不对的。无论是爱,还是力行,与前面所谓"恭宽信敏惠""克己复礼"等等皆为描述仁心、仁德之外在表现之语,但不能便以此为仁,而是必须透过这些体会到"本心",才算真正了解了"仁"。论仁之语甚多,皆当如此看,所以说:"推此类具言之"。可见上蔡之反对的根据与伊川的根本不同。上蔡也没有性、情(就四端而言的情,即本心)的形上形下之分。本心是形而上的,伊川则没有形上本心观念,心性不是一。

综上所述,上蔡之论仁是将仁归于本心。或者说,仁就是本心之德。本心存而不失,自然能觉知义理(以觉训仁),其道德之创生自然不已(以生训仁)。前者是在本心的具体内容上说,后者是就形而上性而说的,两者可以统一为本心之"活","活"可以概括这两个方面。

第三节　本心论

一、论本心

程门的一些重要的、对后世有较大影响的弟子皆有形上本心观念,而且其中不乏极为鲜明的论述,形成了一个非常显著的现象或趋势。这

---

① 谢良佐:《论语精义》卷一上,朱熹:《朱子全书》第 7 册,第 31 页。
② 谢良佐:《上蔡语录》卷一,《景印文渊阁四库全书》第 698 册,第 570 页。

影响到了后来学派的发展，如湖湘学派等。所谓本心，即是指吾人生而有之的、先天的、形上的至善之心。上蔡论本心简易有力，他直接把恻隐之心称为天理。《语录》载：

(1) 所谓有知识，须是穷物理。只如黄金天下至宝，先须辨认得他体性始得，不然被人将鍮石来唤作黄金，辨认不过便生疑惑，便执不定。故《经》曰："物格然后知至，知至然后意诚。"所谓格物穷理，须是识得天理始得。所谓天理者，自然底道理，无毫发杜撰。今人乍见孺子将入于井，皆有怵惕恻隐之心。方乍见时，其心怵惕，所谓天理也。要誉于乡党朋友，内交于孺子父母兄弟，恶其声而然，即人欲耳。①

(2) 人须识其真心。见孺子将入于井时，是真心也。非思而得也，非勉而中也。②

(3) 余问："佛说直下便是，动念即乖，如何？"谢子曰："此是乍见孺子已前底事。乍见孺子底，吾儒唤做心。他便唤做前尘妄想，当了。是见得大高。吾儒要就上面体认做工夫，他却一切扫除，却那里得地位进步？佛家说大乘顿教一闻便悟，将乍见孺子底心一切扫除。须是他颜雍已上底资质始得。颜子欲要请事斯语，今资质万倍不如他，却便要一切扫除，怎生得？且如乍见孺子底心生出来便有，是自然底天理，怎生扫除得去？佛大概自是为私心。学佛者欲脱离生死，岂不是私？只如要度一切众生亦是为自己发此心愿。且看那一个不拈香礼佛？儒者直是放得下，无许多事。"③

恻隐之心是人必有的，或者说是必然呈现的，所以说"怎生扫除得去"。恻隐之心又是必然之理，是天理自然如此，无丝毫人伪之私。人必有恻隐之心，而此心"生出来便有自然底天理"，所以它便是固有的（inherent）、

---

① 谢良佐：《上蔡语录》卷一，《景印文渊阁四库全书》第 698 册，第 569 页。
② 谢良佐：《上蔡语录》卷二，《景印文渊阁四库全书》第 698 册，第 578 页。
③ 谢良佐：《上蔡语录》卷一，《景印文渊阁四库全书》第 698 册，第 572 页。

形而上的本心，[①]而非经验的心。此心上蔡又称之为"真心"。说"真心"便与"伪心"相对，包含着形上与形下的异层的区分（自然也包含着价值的区分）。人也有私心、私意，但这不是普遍必然的，不是人的"真心"或本心，所以说是"伪心"。[②]

理学中本体与工夫是紧密相关的。从过程上讲，工夫上的摸索，将影响对本体的体认。而对本体的体认反过来也会影响工夫。两者是互相渗透的。就义理而言，对本体的体认如何决定了根本工夫的性质，工夫的性质则能反映对本体的体认。谢上蔡所强调的工夫，正能反映他对本心（即天理）的体认。上蔡以"格物穷理"或为根本的工夫，但他所说的"穷理"指推扩其本心（"恕"），与伊川所说的在本质上不同。伊川所谓"格物穷理"是认知的外求，非反求本心而扩充之。他们的工夫论的不同，正说明了两者对本体体认的根本的不同。上蔡有固有的、形上的本心观念，伊川则无。具体而言，上蔡论"穷理"谓：

> （4）"学者且须是穷理。物物皆有理，穷理则能知天之所为，知天之所为则与天为一，与天为一无往而非理也。穷理则是寻个是处。有我不能穷理，人谁识真我？何者为我？理便是我。穷理之至，自然不勉而中，不思而得，从容中道。"曰："理必物物而穷之乎？"曰："必穷其大者。理一而已，一处理穷，触处皆通。恕，其穷理之本软！"[③]

上蔡论"格物穷理"之重要者，除了上引文（4）外，还有前引文（1），两者须合而观之。《大学》所谓八条目之始是"格物"，伊川因而特别重视"格

---

① 这里所说的"固有"是本质上具有之义，也就是孟子所说"仁义礼智非由外铄我也，我固有之也"的"固有"。此"固有"是本质上的，所以与经验无关，不能以存有论上的有无言。为了防止误解，所以标以相应的英文"inherent"（inherent. adj. existing as an essential constituent or characteristic.），本章后面使用该词，皆取此义。
② 除上述文献外，上蔡之论本心在他论仁的文献中也有反映。上蔡"以觉论仁"与"以生论仁"皆归之于本心。仁即是本心之仁。"觉"是本心能觉彼痛痒，能觉义理。"生"即是此心的道德创生之不已。关于此，请参看前节。
③ 谢良佐：《上蔡语录》卷二，《景印文渊阁四库全书》第698册，第579页。

物"。"格物"是穷极物理。上蔡受伊川的影响也有相同的表述,但上蔡所说的"格物穷理"与伊川所说完全不同。他所谓穷理之本却是"恕",而其所谓"理"或"天理"是可以通过"恻隐之心"见到的。物物皆有理,但理只是一个,所以,"一处理穷,触处皆通"。这些说法与伊川的皆相同。导致根本不同的是,伊川没有形上本心观念,而上蔡有之。所以,上蔡之穷理便从本心上来,而不是走伊川外求格物以集义的路子。[①] 引文(1)中上蔡举鍮石与黄金之喻只是为了说明必须先穷理,不是说穷理必须先求外物之理,求自然之理(the principles of the nature)。当然,外物之理也是此唯一之理。但穷理之本不在这里,而在"恕"。

"穷理之本"是"恕",而"恕"正是推扩本心之谓。上蔡云:

(5) 问:"孟子言尽其心者知其性,如何是尽其心?"曰:"昔有人问明道先生何如斯可谓之恕心。先生曰:'充扩得去则为恕心。''如何是充扩得去底气象?'曰:'天地变化,草木蕃。''充扩不去时如何?'曰:'天地闭,贤人隐。'察此可以见尽不尽矣。"[②]

(6) 问忠恕之别。曰:犹形影也,无忠做恕不出来。恕,如心而已。恕,天道也。[③]

(7) 忠恕之论,不难以训诂解,特恐学者愈不识也。且当以天地之理观之,忠譬则流而不息,恕譬则万物散殊,知此,则可以知一贯之理矣。[④]

---

① 伊川也讲反身,但皆不是反诸本心之意。参见牟宗三《心体与性体》第 2 册论伊川"格物穷理"的部分,第 325—341 页。

② 谢良佐:《上蔡语录》卷一,《景印文渊阁四库全书》第 698 册,第 567 页。

③ 谢良佐:《上蔡语录》卷二,《景印文渊阁四库全书》第 698 册,第 582 页。案,曾本云:问忠恕。曰:"犹形影也,无忠做恕不出来。如'己所不欲,勿施于人','施诸己而不愿,亦勿施诸人',说得自分明。恕,如心而已。恕,天道也。伯淳曰:'天地变化草木蕃,是天地之恕。天地闭,贤人隐,是天地之不恕。'"朱问:"天地何故亦有不恕?"曰:"天无意,天因人者也。若不因人,何故人能与天为一? 故有意必固我则与天地不相似。"

④ 谢良佐:《论语精义》卷二下,朱熹:《朱子全书》第 7 册,第 154 页。

(8)举明道云：忠恕两字要除一个不得。①

上蔡赞同明道的解释，认为"恕"就是"尽心"，即充扩本心，也就是引文(6)所说"如心"。显然，"如心"之"心"也当为至善之本心。所谓"己所不欲，勿施于人"即是"如心"待人，即是推己至善之本心以待人，不以不善加诸人。二程以忠为体，恕为用。② 由引文(7)可见，上蔡也赞同这种说法。所谓自天地之理言之，"忠譬则流而不息，恕譬则万物散殊"，正说明上蔡以体用看待忠恕一贯的关系。这句话本身也与明道之语极相似。上蔡说"恕，天道也"，似与忠为体的观点相矛盾。这是从工夫论的角度说的，说"恕"的工夫是"天道"，相当于说其是天理，表示它是普遍的必须的工夫，不是又认为"恕"是"道"（体）。既然"恕"是扩充本心，"忠"是"恕"之体，则"忠"就应该理解为"本心"。忠恕二字自然缺一不可。③

"穷理"就是扩充本心，上蔡认为这就是为学的根本。他说：

(10)横渠教人以礼为先，大要欲得正容谨节。其意谓世人汗漫无守，便当以礼为地，教他就上面做工夫。然其门人下稍头，溺于刑名度数之间行得来，困无所见处如吃木札相似，更没滋味，遂生厌倦，故其学无传之者。明道先生则不然，先使学者有知识，却从敬入。予问：横渠教人以礼为先，与明道使学者从敬入何故不同？谢曰：既有知识，穷得物理，却从敬上涵养出来，自然是别。正容谨节，

---

① 谢良佐：《上蔡语录》卷三，《景印文渊阁四库全书》第698册，第590页。

② 明道云："'维天之命，於穆不已。'不其忠乎？'天地变化，草木蕃。'不其恕乎？"又云："……忠恕一以贯之，忠者天道，恕者人道。忠者无妄，恕者所以行乎忠也。忠者体，恕者用，大本达道也。"伊川亦云："忠，体也；恕，用也。"谢良佐：《论语精义》卷二下，朱熹：《朱子全书》第7册，第151页。

③ 不过上蔡又说：(9)"诚是无亏欠，忠是实有之理，忠近于诚。"（谢良佐：《上蔡语录》卷二，《景印文渊阁四库全书》第698册，第587页。）忠若指体，指实有之理，则忠即诚体，而不能说"忠近于诚"。此似与前面所说相矛盾。此句记录得太简，不好理解。似应当从工夫论上理解，非言本体。"诚"指工夫上至诚之境界，自然无亏欠。"忠"指工夫论之"忠"。"忠"便能忠实于某理，因此可说是实有之理。此即"不诚无物"之意，若诚则实有物。但"忠"未必尽全体，故只说"忠近于诚"。

外面威仪,非礼之本。①

上蔡认为,为学之序当以明道的"先使学者有知识,却从敬入"为正,而横渠以礼为先则不当。所谓"先有知识",从后面看,就是"穷得物理"。既有知识,穷得物理之后,再从敬上涵养,这是他所赞同的为学之序。显然,上蔡之言的背景是明道的《识仁篇》。《识仁篇》说:"学者须先识仁。仁者,浑然与物同体。义、礼、知、信皆仁也。识得此理,以诚敬存之而已,不须防检,不须穷索……'必有事焉而勿正,心勿忘,勿助长',未尝致纤毫之力,此其存之之道。若存得,便合有得。盖良知良能元不丧失,以昔日习心未除,却须存习此心,久则可夺旧习。"②所谓"以诚敬存之"是指存仁,也就是存吾本有的良知良能,也就是存本心。而所谓"先识仁"也是识此本心的觉与生的特性。识得本心,而后以诚敬存之。上蔡所主张的为学之正道的具体内容便是这些,可见他认为"穷理"(识本心,扩充本心)或识体是为学之先,是工夫之根本。另外,前文曾指出,上蔡认为求仁"如颜子视听言动上做亦得,如曾子颜色容貌辞气上做亦得"③。这两种工夫的实质都是因任本心的流露。由此也可见上蔡以"穷理"(恕,扩充本心)为工夫之根本。

总之,上蔡以"穷理"(扩充本心)为根本工夫,但他论"格物穷理"与伊川有本质的不同。他主张的这种工夫,可反证他对本体的体认,说明他有固有的、形上的本心观念。

二、性、心与意

上面已说明上蔡有固有的、形上的本心观念,此心即是天理。除此以外,就心性关系而言,他又以"性"为不可见之体,"心"为可见之用。但这并不是说"心"相对"性"是形而下的。"心"虽然是可见的"用",但仍是

① 谢良佐:《上蔡语录》卷一,《景印文渊阁四库全书》第698册,第569页。
② 程颢、程颐:《二程遗书》卷二上,《二程集》上册,第16—17页。
③ 谢良佐:《上蔡语录》卷一,《景印文渊阁四库全书》第698册,第575页。

形上的(绝对的普遍的必然的)。另外,形而上的"心"是一,是至善无恶,通常吾人所说有善有恶的是"意"。上蔡云:

> (11) 见前引文(3)。

> (12) 血气之属有阴阳牝牡之性,而释氏绝之,何异也!释氏所谓性乃吾儒所谓天。释氏以性为日,以念为云,去念见性犹披云见日。释氏之所去正吾儒之当事者。①

> (13) 佛之论性如儒之论心,佛之论心如儒之论意。循天之理便是性,不可容些私意。才有意便不能与天为一。(曾本此下云:便非天性。)②

> (14) 心本一,支离而去者乃意尔。③

> (15) "人有智愚之品,不同何也?"曰:"无气禀异耳。圣人不忿疾于顽者,悯其所遇气质偏驳,不足疾也。""然则可变欤?"曰:"其性本一,何不可变之有?性,本体也。目视耳听手举足运见于作用者,心也。自孟子没,天下学者向外驰求,不识自家宝藏,被他佛氏窥见一斑半点,遂将擎拳竖脚底事把持在手,敢自尊大,轻视中国学士大夫。而世人莫敢与之争,又从而信,向归依之。使圣学有传,岂至此乎?"④

上蔡认为,就儒者之论而言,性体"本一",即永恒地是其自身,也即永恒地是至善无恶,而没有经验中多般的善恶。性体也是"无声无臭"的,因为它不是经验之物。相对于性体的"无声无臭","心"却是"可见"的,所以说:"目视耳听手举足运见于作用者,心也。"但这并不是说"心"就是指目视耳听等感官、身体的活动。这只是设喻而已,以此来说明"心"之"可

---

① 谢良佐:《上蔡语录》卷一,《景印文渊阁四库全书》第698册,第575页。
② 谢良佐:《上蔡语录》卷二,《景印文渊阁四库全书》第698册,第584页。
③ 谢良佐:《上蔡语录》卷三,《景印文渊阁四库全书》第698册,第588页。
④ 谢良佐:《上蔡语录》卷一,《景印文渊阁四库全书》第698册,第567页。

见"。伊川以"志"为有"形象",以（心的）喜怒哀乐未发之中为"有个形象",①上蔡可能受到了伊川的影响。此与性对举的"可见的"心是性体之用。此"心"虽然是可见的,仍是形上的。所以他说:"且如乍见孺子底心生出来便有是自然底天理。"②此心也就是吾人固有的、形上的本心。本心虽然"可见",却是形而上的。本心是形而上的,又是性体之用,则这个"用"只能理解为性体的神用或发用,因此,性体也相应地成为能发用的。性体发用,主宰气化,凭借气化而呈现,这便是本心。反过来说,既然由此必然得出性体是能发用的结论,则可以说,正因为本心是性体之用,所以它必然是形而上的。经验之中,人或有不善的心,未必时时呈现本心,上蔡似不欲称"不善的心"为"心",而称之为"意"。所以他说:"心本一,支离而去者乃意尔。"③"心本一"的"本一"之义与"性本一"相同,是说本心是永恒地自如,永恒地是至善无恶,而无经验之中善恶之多般。而有此多般者（支离）,他称为"意",而不称为"心"。

上蔡又认为,对儒者来说,性体无声无臭,不可见,似不易直接就上面作工夫。"心"（本心）是"可见的",正是做工夫的地方,所以他说:"乍见孺子底,吾儒唤做心……要就上面体认做工夫。"④若如释氏所说扫除此心,便没有办法做工夫进步了。但上蔡又同意释氏的看法,认为可以不由本心做工夫,而如释氏所说"直下便是",即直悟本体。但这非常人所能,须颜雍般资质。

根据上述对性、心与意的认定,上蔡与释氏作了比较,并对其有所批评。佛教中有的派别（如禅宗）以为一切众生皆有佛性。因为存在无明妄念,所以人不能识其自性。若能去无明妄念,识得本性,便能成佛。所

---

① 前者如伊川云:"浩然之气,既言气,则已是大段有形体之物。如言志,有甚迹,然亦尽有形象。"（程颢、程颐:《二程遗书》卷一五,《二程集》上册,第 148 页。）后者如伊川云:"……中有甚形体? 然既谓之中,也须有个形象。"（程颢、程颐:《二程遗书》卷一八,《二程集》上册,第 201 页。）

② 谢良佐:《上蔡语录》卷一,《景印文渊阁四库全书》第 698 册,第 572 页。

③ 谢良佐:《上蔡语录》卷三,《景印文渊阁四库全书》第 698 册,第 588 页。

④ 谢良佐:《上蔡语录》卷一,《景印文渊阁四库全书》第 698 册,第 572 页。

以，上蔡认为，释氏之论"性"犹儒者之论"天"与"心"，其论"心"犹儒者之论"意"。因对儒者而言，"天"即指理或道，也是吾人至善之性。儒者所说的"心"也是固有的、形上的本心，所以在本质上与性或天相同。两相比较，可知上蔡说释氏之论"性"如吾儒之论"天"与"心"，有其道理。其实，同样也可以说如吾儒之论"性"（天地之性）。至于上蔡说释氏论"心"如儒者论"意"，则不完全正确。上蔡所谓"意"指经验中有善有恶的意，与固有的至善的本心相对。他认为，释氏所言"心"便指此经验之"意"。他又认为，儒者所说的恻隐之心等形上本心，释氏也皆认为是"前尘妄想"。总之，凡所谓"心"，释氏皆认为是无明妄念。释氏主张扫除此"前尘妄想"（即"心"），才能觉悟。据此理解，他批评释氏的理论使人无法进步，因为恻隐之心等正是做工夫之处，若扫除便无处做工夫。但上蔡对释氏的理解未必正确。释氏所说"心"并非皆指无明妄念，也有所谓"自性清净心"。这便不是他所说的支离的经验之"意"了。必须去除的是无明，而不是要扫除"自性清净心"。

上蔡虽然不赞成释氏扫心的主张，但是他又认为，释氏扫除此心，直悟本体，也有合理的地方。然而这是"乍见孺子已前底事"，没有颜雍的资质是不能做到的。显然，这是认为，若资质极佳，便也可像释氏所说的那样"直下便是"，而不须由本心做工夫了。此一看法后多为人所诟病。[①]

总之，从上面的文献可知，上蔡对性、心与意的区分是非常清楚的。性是天理，就其自身说，是"无声无臭"不可见的。心是性体之用，是"可见的"，虽然如此，它也是形上的，至善的。至于经验中有善恶多般的不同的"心"，他称为"意"，而不称为"心"。在此基础上，与释氏的比较进一步展现了他对性、心与意的看法。至于他对释氏学说的理解与批评，有正确之处，但也有不正确之处。

[①] 如慈溪黄氏曰："此谓天资如孔子，方可学禅。予不晓其然否！"（黄宗羲原本，全祖望修定：《上蔡学案》，《宋元学案》第 2 册，第 936 页。）案，此是严重之误解。上蔡纯是就工夫的资质而言，非指学禅而言。

第十三章　杨时的哲学思想

　　杨时(1053—1135),字行可,改字中立,南剑州将乐县人,因曾居龟山下,学者称龟山先生。杨时自幼聪慧颖异,二十四岁登进士第,不汲汲于功名,一心向学,二十九岁在京师闻程颢之名,遂往颍昌拜见,执师弟子礼。及其南归,程颢目送,有"吾道南矣"之叹,因而后世称杨时在闽中所创学派为"道南学"。程颢死后,杨时又以师礼见程颐于洛,时年四十,有程门立雪之典故,其尊师重道,为学者称叹。后与程颐书信往来,反复辨明张载《西铭》之旨,得理一分殊之说。杨时一生绝大多数时间都沉浮下僚,历知浏阳、余杭、萧山三县,皆有惠政,为当地百姓景仰爱戴,凡事皆以亲民为先,为民争惠,甚至不惜得罪权贵。杨时为官清廉,功名利禄未尝系怀,进退只求合于义而已。常与学者讲学,自政和元年(1111)寓居毗陵,前后共留十八载,至建炎二年(1128)还将乐故居。此间有讲舍在锡邑城东隅,地名东林。后学者建书院为杨时立祠致祭。政和二年(1112),杨时知萧山,罗从彦自延平来学,杨时喜其才学,遂告以心传之秘。后罗从彦往伊川处问学,反复论辩后说:"闻之龟山具是矣。"四方学者愈尊重杨时,道望日著。罗从彦再传得朱熹,道学益光。杨时晚年以七十三岁高龄被召①,任秘书郎,迁著作郎,又除迩英殿说书,侍讲经筵,兼国子监祭酒。向皇帝进言,以诚意为首,"虽未免少迂,而其他排和议、争三镇、请一统帅、罢奄寺守城以及茶务、盐法、籴卖、坑冶、盗贼、边防、军制诸议,皆于时势安危言之凿凿,亦尚非空谈性命,不达世变之论"(《四库提要》)。因上疏论罪王安石新学,请夺王爵、罢配享,而得罪士人,遭到排挤。致仕后,犹著《三经义辩》《日录辩》《字说辩》,详说王氏新学之失。当时学者胡安国在杨时墓志铭中论到,倘若能用杨时言,天下"须救得一半"。晚年居乡,编集《伊川语录》。绍兴五年(1135),终于正寝,享年八十三岁。杨时少时出入庄列,后致力儒经,于四书五经无不精晓义理,尤于《中庸》②《孟子》有所得,尝著有《庄子解》《礼记解义》《周易解义》《中庸解义》,已佚失。《四库全书》收录《龟山集》四十二卷。

第一节 理本论

"理"是中国古代哲学早已有之的概念,但以"理"为本体始自二程。杨时作为二程的高足,其本体论基本上承自二程的天理观,又融合了张载有关"气"的学说。从"本体—工夫"的理论架构来看,标举天理为本体,是为了确立道德伦常及道德修养的形上根据,因而,为了对杨时的修养工夫有一更为精准的把握,必须先厘清其理本论。

程颢曾表示:

> 吾学虽有所受,天理二字却是自家体贴出来。③

---

① 杨时被召一事,一直受质疑,认为杨时附庸奸相蔡京,《文渊阁四库全书·四库提要》:"时受蔡京之荐,虽朱子不能无疑。"
② 胡安国语,胡文定曰:"吾于谢、游、杨三公,义兼师友,实尊信之。若论其传授,却自有来历:据龟山所见在《中庸》,自明道先生所授;吾所闻在《春秋》,自伊川先生所发。"见黄宗羲原本,全祖望修定:《龟山学案》,《宋元学案》第 2 册,第 956 页。
③ 程颢、程颐:《河南程氏外书·传闻杂记》,《二程集》上册,第 424 页。

此言并不为过,"天理"可谓二程兄弟的理论基石,是二程理学思想的核心。① "道"与"理"在二程处实为同一概念,二人并未严加区分,之所以称二程为理学的真正开创者也正是因为他们对"天理"的标举。

要言之,二程认为"天理"即宇宙万物的本体,是第一性的,是有形世界的最终根据,"天理云者,百理具备,元无少欠,故'反身而诚'"。"'万物皆备于我',不独人尔,物皆然。都自这里出去,只是物不能推,人则能推之。"②世界上的一切事物都出自"天理","天理"本身圆足,"元无少欠",是最完满的存在,"天地万事万物包括人类在内,都是理派生出来的"③,人与物的区别在于只有人具备主观能动性可以认识"天理"。"天理"是独立于人的客观存在,"万物皆只是一个天理,己何与焉?"④在二程看来,"天理"绝不是人的思维的产物,不是人的观念,"天理"是独立于人的绝对的"在者",是包括人在内的天地万物的最后根据,是物质世界的本原。"道之外无物,物之外无道,是天地之间无适而非道也。"⑤天地之间,道无处不在,离开道则无物,任何事物都体现着道。道即理,理遍在于天地万物,本体的理当然是无形无象的,是卓然超越于有形世界之上的。所谓"天理",实乃二程对各种特殊理则的高度抽象,是最一般的因而也是最抽象的理,正因此,他们所谓"天理"也就无所不包同时又是最空洞的概念。二程的"天理"本体为杨时直接继承,杨时同样以"道"或"理"为最高本体。

"道"是中国哲学中一个极为重要的范畴,早在先秦之时,"道"就被赋予了丰富的内涵。"道"本义即道路,引申为规则、规范,老子首先将

---

① "天理"本体虽然是二程共同的理论归旨,但二人对"天理"各有规定,限于篇幅不作详论,可参考潘富恩、徐余庆:《程颢程颐理学思想研究》,第207—208页,上海,复旦大学出版社,1988。

② 程颢、程颐:《河南程氏遗书·元丰己未吕与叔东见二先生语录》,《二程集》上册,第32、34页。

③ 潘富恩、徐余庆:《程颢程颐理学思想研究》,第210页。

④ 程颢、程颐:《河南程氏遗书·元丰己未吕与叔东见二先生语录》,《二程集》上册,第30页。

⑤ 程颢、程颐:《河南程氏遗书·游定夫所录》,《二程集》上册,第73页。

"道"抽象而成为天地的本根。① 自此以后,"道"具有了超越性。杨时也以"道"作为宇宙万物的本根,"道"是本体层面的范畴。从现存杨时的文献来看,杨时并没有明确对"道"作出本体意义的规定,但从程朱理学本身而言,以"道"为本体是很自然的。这个"道"也即是二程所谓的"天理"。

杨时在给胡安国的一封回信中说道:

> 夫盈天地之间,孰非道乎? 道而可离,则道有在矣。②

充盈天地之间的,无一不是道。杨时在此并未明言这个充盈天地的"道"究竟是什么,但加以分析,即可推测出,杨时所谓的"道"正是作为本体的"道"。

与释氏以心法起灭天地万物从而认为万有皆是幻相不同,儒家由始至终都坚持天地万物的实在性,张岱年先生在《中国哲学大纲》中指出:

> 中国哲人决不认为本根实而不现,事物现而不实,而以为事物亦实,本根亦实;于现象即见本根,于本根即含现象。③

除了由印度传入的佛教外,中国本土发展起来的一切哲学都将物的实在性作为一个不言而喻的前提。因而可知,"盈天地间皆物"④,应当可说是一个共识,并且杨时自己也曾说"夫盈天地之间皆物也"⑤。以此来理解杨时的这句话,则可得出如下结论:充盈天地之间的物无一不是道,即万物都是道的体现,道正是天地万物包括人在内背后的本原,亦即说道就是宇宙万物的本根。在杨时看来,作为宇宙本原的道并不是离开现实而

---

① 《老子·二十五章》:"有物混成,先天地生,寂兮寥兮,独立而不改,周行而不殆,可以为天下母,吾不知其名,字之曰道,强为之名曰大。"见陈鼓应:《老子注译及评介》,第163页,北京,中华书局,1984。

② 杨时:《书五·答胡康侯其一》,《龟山集》卷二〇,《景印文渊阁四库全书》第1125册,第299页。

③ 张岱年:《中国哲学大纲》,第77页。

④ "盈天地间皆物"只肯定物的实在性而不涉及本根问题。

⑤ 杨时:《经筵讲义·惟天惠民节》,《龟山集》卷五,《景印文渊阁四库全书》第1125册,第137页。

孤悬的本体，而是就在现世当中，他以"四方有定位"来譬喻道不离现实，最后又说，道即"百姓日用而不知"。由此可知，杨时所谓的"道"不仅是本体，更是人们所应当遵循的规范，即"尧舜之道"，因此"道"是本体与道德规范的统一。杨时之所以将"道"提升至本体层面，正是出于为道德规范提供绝对保障的需要，而这也正是整个宋明理学共同的理论目标。

以"道"为宇宙万物的本根，这一思想是继承二程而来，"道"即"天理"。由于杨时十分重视《中庸》，他借《中庸》的核心范畴之一——"中"来论述道。《中庸》之"中"，依程颐的解释"不偏之谓中"①，"中"即不偏不倚，无过无不及之意。从"中"的意思可以看出，"中"本身即包含着价值取向，而杨时以"中"言道，无疑地也使"道"具有了价值意涵。

> 道止于中而已矣。出乎中则过，未至则不及，故惟中为至。夫中也者，道之至极，故中又谓之极。屋极亦谓之极，盖中而高故也。②

杨时认为，中是"道之至极"，从前面的分析已知，"道"是宇宙万物的本原，是一个本体范畴，而在此，杨时又谓"道之至极"，如此则似乎"道"有"至极"，还有"非至极"，于意不通。考虑"中"本身所具有的价值含义，那么"道之至极"就成为一个价值命题，也就是最高的价值。所以说"道止于中"，凡离开"中"的，不是"过"就是"不及"，都是杨时所要否定的。另一方面，杨时以中为道之至极，实质上也赋予"中"以本体义。作为"道之至极"的中不再是一般的不偏不倚、无过无不及，而是成为价值的源泉，一切价值都从"中"流出并且为"中"所规定，"中"是最高的价值，再没有什么可高出"中"而规定"中"的价值。从价值的角度来说，"中"就是"道"，就是本体。

杨时以"中"言道，从而中即道，这是从本体层面上看，而在人，"中"即喜怒哀乐之未发，同样也具有根源性，由此而提出"体中"的工夫，正是要学者直接体认本体，被后人称为"道南指诀"的工夫论正是基于此而提

---

① 朱熹：《中庸章句》，《四书章句集注》，第17页。
② 杨时：《答问·答胡德辉问》，《龟山集》卷一四，《景印文渊阁四库全书》第1125册，第253页。

出的。

二程特将"理"标举,与"天"合而言之,曰"天理","天者理也"①。"天理"或"理"是最高的本原,杨时继承二程关于"天理"的思想,也经常说"天理",如言"事天者,循天理而已"②。杨时同样将"天理"看作天地万物的本原。杨时说:

> 盖天下只是一理,故其所为必同。③

这句话出现在《余杭语录》中,其语境大概是说朝廷作事应当要明道理,才能上下同心同德,而"天下只是一理",如果作事全凭这"一理",当然能上下同心,如果各人都蔽于一己之私,私则万殊,同心同德也就是不可能的了。尽管杨时在此论述似乎是就事论事,但很明显,"天下只是一理"被杨时看作一个不言自明的命题,因而他未费点墨对此加以证明,并且这一命题还是他这段论述的理论基础。"天下只是一理"究竟是何意?依龟山之意,似乎是说,总天下就只是一个理,这个"理"就是他常说的"天理",天下只是这一"理"的流行发用,正因为这样,所以才"所为必同"。这个"理"是天下之"公",是所有人都应当遵循的准则,但绝非日常的特殊的准则,它具有最大的普遍性。如此看来,杨时虽以具体事来论述,但他真正想要说明的并不限于劝人放弃私心,更重要的是揭示出他所标举的"天理"的普遍性和绝对性。不难推测,这个"天理"也就是万事万物的根据,就是"盈天地之间"的"道"。理与道同,都是根据、本体义。从这里还可以看出,"天理"是对一切理则或准则的高度抽象和概括。

"理"不仅具有普遍性,它又是万物之"所以然"。杨时解释《孟子》"形色,天性也"时曾说:

> 形色即天性也,则践形斯尽性矣,故惟圣人为能。④

---

① 程颢、程颐:《河南程氏遗书·师训》,《二程集》上册,第 132 页。
② 杨时:《语录三·余杭所闻》,《龟山集》卷一二,《景印文渊阁四库全书》第 1125 册,第 232 页。
③ 杨时:《语录四·余杭所闻》,《龟山集》卷一三,《景印文渊阁四库全书》第 1125 册,第 241 页。
④ 杨时:《经解·形色天性》,《龟山集》卷八,《景印文渊阁四库全书》第 1125 册,第 176 页。

此处说明比较简单，杨时另有一处解释，与此意同。"形色，天性也。有物必有则也。物即是形色，即是天性，惟圣人然后可以践形。践，履也，体性故也。盖形色必有所以为形色者，是圣人之所履也。"①杨时以《诗经》"天生烝民，有物有则"来解释《孟子》，"物"即"形色"，即"天性"。"天性"在此并不指"天生"，而当指"所以为形色者"，也就是所谓的"则"。"有物必有则"意即有事物就必定有事物的所以然之则，"则"也就是"理"。圣人所践履的正是事物背后作为事物根据的理则。

程颐曾说：

> 天下物皆可以理照，有物必有则，一物须有一理。②

程颐肯定了一事一物背后皆有一理，理即事物之所以为该事物者。这一点，杨时也是赞同的。他在《答李杭》中说道：

> 《诗》曰："天生烝民，有物有则。"凡形色具于吾身者，无非物也，而各有则焉。反而求之，则天下之理得矣。由是而通天下之志，类万物之情，参天地之化，其则不远矣。③

这是杨时指点学者做工夫之语，后文还将有详论，在此，将之与解《孟子》语结合来看，杨时明确肯定了物各有则，他教学者以"反而求之"的工夫则可得"天下之理"，从而"通天下之志""类万物之情""参天地之化"。"反而求之"即前文所说的"圣人可以践形"，都是要究物之则，这里言"反而求之"，包含了理则"具于吾身"的意思。杨时所说的"践形"就是"体性"，并非指一般的经验认识，通过这种工夫，当然也不是要获得一般的知识，而是得"天下之理"，即"至理"，也就是"天下只是一理"之"天理"。可以说，杨时的"理"是最高本体的普遍的天理与一般事物的各个特殊的"所以然之理"的统一，而杨时与程颐论辩的"理一分殊"命题也就蕴于其

① 杨时：《语录四·毗陵所闻》，《龟山集》卷一三，《景印文渊阁四库全书》第 1125 册，第 245 页。
② 程颢、程颐：《河南程氏遗书·刘元承手编》，《二程集》上册，第 193 页。
③ 杨时：《书三·答李杭》，《龟山集》卷一八，《景印文渊阁四库全书》第 1125 册，第 283 页。

中了。总之,在杨时那里,"道"或"理"或"天理"都是同一的,同体而异名,都是指宇宙万物的根源或本体,同时也是价值的源泉。

前文已明,杨时所谓"道"与"理"是同一范畴,杨时以"中"言"道",则"道"本身也具有了价值取向。事实上,杨时十分重视"道""理"的价值意涵,多次以"仁义""忠恕"等价值概念描述"道""理"。

杨时曾与学者说:

> 所谓道理之谈,孟子之仁义是也。①

杨时言此是为了教学者辨明义利。"道"与"理"在此连用,其意涵并非之前所论的宇宙本体义的"道""理",但非常接近"尧舜之道"的"道",即普适的道德规范,是"百姓日用而不知"。此"道理"即孟子所谓"仁义",亦即说,"仁义"是"道理"所具有的内涵。需指出的是,这里的"仁义"并不仅仅指"仁"与"义"两种德行,而是代指孟子所谓的"仁义礼智"等全体德目,或者说是全体德目的总称。

在《答吴仲敢》一信中,杨时曾说:

> 仁义,性所有也,则舍仁义而言道者,固非也。道固有仁义,而仁不足以尽道。②

又说:

> 仁知者,乃道之一隅,果不足以尽道也。③

杨时认为,"仁义"是性所本具的,《中庸》说"率性之谓道"④,"仁义"也是"道"应有之意。这里所谓"道"则是从本体上说的。"道固有仁义,而仁义不足以尽道","仁义"在此应当即指"仁"与"义"两种德目,与"仁知"同,仁、义、知虽然都是"道"所本有的,就包含在"道"中,但又各仅是"道"

---

① 杨时:《语录·荆州所闻》,《龟山集》卷一〇,《景印文渊阁四库全书》第1125册,第197页。
②③ 杨时:《书二·答吴仲敢》,《龟山集》卷一七,《景印文渊阁四库全书》第1125册,第275页。
④ 朱熹:《中庸章句》,《四书章句集注》,第17页。

之"一隅"，并不就是"道"全体，所以才有"仁者见之谓仁，知者见之谓知"①，仁者与知者都蔽于"道之一隅"而不见全体之为道。言下之意即要见道之全体，就应当不蔽于一隅，"一阴一阳之谓道。继之者善也，成之者性也"②。道即"一阴一阳"之"生生不已"，是"天地之大德"，也是人世一切价值的总根源。

> 忠恕固不足以尽道，然其违道不远，由是而求之，则于一以贯之其庶矣乎。③

杨时解释《论语》"一以贯之"之道，指出"忠恕不足以尽道"，亦即说忠恕也是道所固有的，和具体德目的"仁""义""智"一样，都是"道"所本具的内涵，但不直接等同于道。而曾子以"忠恕"为夫子之道，告之门人，按照杨时的理解，是因为各人资质不同，只能语以"忠恕"之浅近亲切。若"至道"之语则语之无益，因为资质有限不能理会体认。

> 道一而已矣，人心之所同然无二致也。圣人先得人心之所同然者。故伊尹曰："予天民之先觉者也。"众特梦而未始觉耳。而伊尹以斯道觉斯民，非外袭而取之以与民也，特觉之而已矣。④

道只是"一"，是人心之所同，所谓"人心之所同然"即"仁之于人无彼己之异"。仁是人所共有的，并无彼此之差别，仁即人心之所同者。道遍在于每个人心中，甚至，道遍在于天地万物，道即仁，无物我、人我之差。所谓圣人与凡人也无甚差别，各各皆禀具"道"，只不过凡人未能察觉吾心本有之道，故称"梦而未始觉"，而圣人则先觉"天民之未觉"，即体察到心中本有的"道"，因而"觉民"亦非取一个所谓"道"安放于民之心中，而是教民体察觉识心中本有的"道"。

---

① 朱熹：《中庸章句》，《四书章句集注》，第 17 页。
② 杨时：《书二·答吴仲敢》，《龟山集》卷一七，《景印文渊阁四库全书》第 1125 册，第 275 页。
③ 杨时：《答问·答胡德辉问》，《龟山集》卷一四，《景印文渊阁四库全书》第 1125 册，第 253 页。
④ 杨时：《经解·予天民之先觉者也》，《龟山集》卷一四，《景印文渊阁四库全书》第 1125 册，第 173 页。

可以说,杨时所谓"道"或"理"不仅是本体,最高的理则,更是价值本源。"道"或"理"不是孤悬于天外的玄之又玄的"物自体",而是本体下贯于人世,作为人类社会的现实的规范,善恶价值的根据正在于"道"。有了"道"作为人伦规范的本体保障,那么,一切人伦道德就具有了先天合理性与必然性。

"气"这一概念起源很早,但对"气"进行详细分疏并以之为根本出发点从而建立起系统化气论哲学的哲学家应首推张载。

张载关学可称为气一元论,他吸收先秦道家以"气"为世界本原的思想,将气看作第一性的,是化生宇宙万物的本原。"气"是极精微的物质实体,"凡可状,皆有也;凡有,皆象也;凡象,皆气也"①。有形有象的客观实在无一不是气。张载提出"太虚"为气之本体,即太虚是气的本然状态,"太虚无形,气之本体;其聚其散,变化之客形尔","气之聚散于太虚,犹冰凝释于水,知太虚即气则无无"。② 气本身无形无象,不生不灭,有形体者的生灭变化是气的聚散运动,气聚为物,气散复归太虚,气是永恒的,因而没有所谓绝对的虚无,从而将世界统一于物质性的"气"。"气"始终处于运动变化之中,"由气化,有道之名"③,在张载看来,"道"并非主宰性的理则、规律,"所谓道就是气的运动变化的过程"④。聚散运动是气本身固有的性质,气的运动变化难以测度故称之为"神"。气涵阴阳,气的运动变化实即阴阳二气的交感作用。阴阳交感当然也遵循一定的规律,即"理",但张载以为"理"不可离开气而单独存在,更不可谓之为万物的本体。

张载与二程关系颇近,双方时有论学,二程承认"气"为宇宙生成的一级,不可说非受张载的影响,但二程明确反对以"气"为本,反对太虚为气之本体:"凡物之散,其气遂尽,无复归本原之理。天地间如洪炉,虽生

---

① 张载:《正蒙·乾称篇》,《张载集》,第63页。
② 张载:《正蒙·太和篇》,《张载集》,第8—9页。
③ 同上书,第9页。
④ 张岱年:《张载:十一世纪中国唯物主义哲学家》,第20页,武汉,湖北人民出版社,1956。

物销铄亦尽,况既散之气,岂有复在?"①他们认为气和有形之物一样,有生有灭,不是永恒存在的实体,既散之后便不复存,只有理才是形而上者。尽管二程与张载各依其理论兴趣分别以"理"与"气"为世界本原,但实际上双方的意图是一样的,都是在应对佛老的挑战下为伦理纲常确立不可动摇的形上基础,以此挽救世道人心。张载所说"为天地立心,为生民立命,为往圣继绝学,为万世开太平"②实为宋以来学者共同的担当。

在二程看来,张载所谓"气"与"太虚"毕竟只是形下之器,而唯有"天理"才是本体的形上之道。但既肯定"器"也就承认了"气"的实存性。二程对张载的批评主要在于道器之别,即孰为根本的问题。理与气的关系,至朱熹时方说得明白。二程及其门人更关注的是"天理"这一本体的建构。但是,"天理"固然可作为世界万物的最终根据,也可成为价值的根源,然而由理如何产生万形万象是横亘在程门学者面前亟待解决的问题。"天理"的本体性、实存性和普遍性并不等于说"天理"亦是一个实体,可以直接地产生出天地万物。杨时借张载的"太虚即气"来解释客观世界的物质性,有融合关洛的倾向。

> 通天下一气耳,合而生,尽而死,凡有心知血气之类无物不然也。知合之非来,尽之非往,则其生也沤浮,其死也冰释,如昼夜之常,无足悦戚者。③

"通天下一气"见于《庄子·知北游》,其目的在于说明"圣人故贵一",杨时在此同样表达了"达生死"的人生态度。生与死只是气之合与尽,合即气之聚,尽即气之散,有"心知血气"之类都是气之聚散,"合之非来,尽之非往",生与死就像沤浮于海,冰释于水,其浮与释并非产生和消灭。这正与张载所谓"气之聚散于太虚,犹冰凝释于水"相似,只不过杨时并不认为有所谓"太虚"为气之本然状态,而是认为"通天下一气",气

---

① 程颢、程颐:《河南程氏遗书·入关语录》,《二程集》上册,第 163 页。
② 黄宗羲原本,全祖望修定:《横渠学案》,《宋元学案》第 1 册,第 664 页。
③ 杨时:《记·蹑息庵记》,《龟山集》卷二四,《景印文渊阁四库全书》第 1125 册,第 332 页。

是形下层面的生物之具,物之生灭变化实是气的聚散运动,气本身无生灭,是永恒存在的。杨时说"凡有心知血气之类无物不然",所谓"心知血气"主要指人与动物而言,然而杨时并不以为只有人与动物才是气之聚散的结果,只不过"悦戚"这种情感功能必为知觉者方能有之。在《归鸿阁记》中杨时明确说道:

> 天地之间,一气而万形,一息而成古今,达观之士会物于己,通昼夜而知,则虽死生之变无怛矣。①

息与气同,"一气万形""一息古今",可知杨时不仅认为客观事物是气化的结果,时间也是气之运动的过程,时间与空间是人的认知范式,是人把握经验世界的方式。当然,杨时不可能也像康德那样将时空作为先天的直观形式②,对于杨时而言,时空毋宁说就是经验世界的代名,他借以想要说明的是经验世界的一致性,即"气"。从而,杨时以"气"为形下之器更为明显。

以人为天下最贵者是中国古代学者的共识。杨时以为,人与万物一样,都是气化所生,然而人毕竟不同于物。杨时在《孟子解》中论道:

> 通天下一气耳。天地其体也,气,体之充也。人受天地之中以生,均一气耳,故至大;集义所生,故至刚。气之刚大以直养而无害,则塞于天地之间,盖气之本体也。气无形声之可名,故难言也,而以道义配之,所以著名之也。③

天地就如橐籥,气充塞于天地之间,其聚散运动不已。人也是禀受气而生。气本身无形无象,有形有象的万物是无形之气的显象。与论物不同,杨时说"人受天地之中以生""故至大","集义所生,故至刚",至大至

---

① 杨时:《记·归鸿阁记》,《龟山集》卷二四,《景印文渊阁四库全书》第 1125 册,第 338 页。
② 参见伊曼努尔·康德:《纯粹理性批判》(第 2 版),李秋零主编:《康德著作全集》第 3 卷,第 68 页,北京,中国人民大学出版社,2004。
③ 杨时:《经解·其为气也至大至刚》,《龟山集》卷八,《景印文渊阁四库全书》第 1125 册,第 172 页。

刚原为孟子所论①，杨时以"至大至刚"言人所禀受之气，并且配以"道义"，则知此气与物之受气而生的纯物质性不同，而是具有了价值意味。在《答胡康侯其一》中杨时表达了同样的观点："通天下一气也，人受天地之中以生，其盈虚常与天地流通，宁非刚大乎?"②很明显，"刚大"具有善的价值取向，气本身固然无善恶可言，"无形声之可名"，然而人禀受气而配以道义则可表现为善，人禀受气，而其盈虚可与天地流通，这是其他物所不具备而人所独有的特性。《象传·剥卦》："君子尚消息盈虚，天行也。"③阴阳之气的消息盈虚是"天行"即"天道"，自然的规律，人可与天地流通盈虚，正是指人具备认知能力，可以体察把握天行，人受气而生，气即人之材质，而人发挥其认知能力把握天道并循之行事，自然若合符节，则可谓之"刚大"。

杨时接受了张载的"气"，但并不以"气"为本体，气虽然是构成物质世界包括人在内的条件，然而气终究是形下的器世界，在其上犹有所谓天理。以气为人之材质也就预示着杨时接受了"气质之性"，同样对人性做了"气质之性"与"天地之性"的区分。

在杨时看来，理并不直接地产生天地万物，而是通过气来成就客观的可感世界，故曰"通天下一气"，《系辞》有形上之道与形下之器的区分，显然气是形下之器。尽管杨时也认为气不生不灭，是永恒的存在，但气毕竟不是最终的根据，唯有天理(或道)才是有形世界的本体。在理与气二者中，理更为根本，理统摄气。

"气无形声之可名，故难言也，而以道义配之，所以著名之也。"④气本身无形无象，故难以言说，而必须配以道义，道、义即理。气不可单独为

---

①《孟子集注·公孙丑上》："其为气也，至大至刚，以直养而无害，则塞于天地之间。"朱熹：《四书章句集注》，第 231 页。

②杨时：《书五·答胡康侯其一》，《龟山集》卷二〇，《景印文渊阁四库全书》第 1125 册，第 300 页。

③唐明邦：《周易评注》(修订版)，第 70 页，北京，中华书局，2009。

④杨时：《经解·其为气也至大至刚》，《龟山集》卷八，《景印文渊阁四库全书》第 1125 册，第 172 页。

言,必须以理来主宰统摄方可有名。从万物之化生来看,气之聚散运动可以形成天地万物,天即气之轻清者,地即气之重浊者,"在天成象,在地成形"①,然而"有物必有则",一物必有一物之为此物之所以然,这就是理,理主宰气之流行变化才能成就天地万物,气之聚散并非无序的,而是受到理的规范支配。气的价值意味也是理所赋予的。离开了理,气无法创生出万形万象。

曾有学者向杨时请教《易》,杨时认为乾坤并非学《易》之门径,"乾坤即易,易即乾坤",杨时所谓"易即乾坤"首先是指一阴一阳之变化的过程,而此过程必然遵循一定的秩序,可谓天下至深至赜的道理,亦即"一阴一阳之谓道"。《易传·系辞》有谓:"乾坤,其《易》之门邪?"②杨时以为这只是圣人之设譬,乾坤即辟阖,亦即一动一静,名之乾坤是为了说明健顺这两种性质。乾坤亦即气之辟阖,气之辟即乾,气之阖即坤,有辟有阖则生变化,有变化从而有万形万象之生灭。因阖辟故有变化而生生不已,生生不已之谓易。阖辟之象是即气而言,理与气相即不离,因而"无乾坤则不见易,非易则无乾坤"③。学者问乾坤是否就是阴阳之气,杨时表示肯定,阴阳与乾坤"体同名异",又天地即气,清者为天,浊者为地,所以杨时说"天地乾坤亦是异名同体,其本一物"。天地是进入感官知觉范围内的阴阳二气,即成形成象者,乾坤则是从阴阳二气的健顺两种性质加以命名,其本都是气,因而阴阳、乾坤、天地都是"异名同体"。乾坤阖辟,变由是生,变化是"神"的妙用,此妙用因成形成象而可被我们所感知,但变化亦有所以变化者,所以变化者非我们的感官所能把握,此即"易"。"易"作为变化不测的根据不可见,是隐藏着的,但其神妙总是通过气化运动得以显现,易不离阴阳,亦即说理气相即不离。

① 杨时:《语录四·南都所闻》,《龟山集》卷一三,《景印文渊阁四库全书》第 1125 册,第 242 页。
② "子曰:'乾坤,其《易》之门邪?'乾,阳物也;坤,阴物也……是故阖户谓之坤,辟户谓之乾,一阖一辟谓之变,往来不穷谓之通。见乃谓之象,形乃谓之器。制而用之谓之法;利用出入,民咸用之谓之神。"见唐明邦:《周易评注》(修订版),第 253 页。
③ 杨时:《语录四·南都所闻》,《龟山集》卷一三,《景印文渊阁四库全书》第 1125 册,第 242 页。

　　在另一段杨时与学者的对话中,杨时肯定了学者所论"易有太极,其便是道之所谓中否?""若是则本无定位,当处即是太极邪?"①由此可知,杨时确实以为易即道,而易与太极也非是两物,其实则一,参考杨时对"道"与"中"的论述,"易有太极"犹谓道之至极即中②,以"当处"言"太极"可知"太极"本身亦具有价值取向。

　　有学者认为杨时所谓易即易体,易同于道。③ 从杨时与学者的对话来看,特地标举出一个"易体"似无必要。诚然,易即杨时所谓道,是本体层面的范畴,易是阴阳二气运动变化的所以然者,由此而论,易确实有本体义,然而,杨时论"易即乾坤"实是针对学者疑问所作的发明,是与学者探讨《易》时道破的指点语,非是特地要说明有所谓"易体"。究其本,杨时以"道"(或天理)为最高本体无疑,与其说杨时确立了所谓"易体",毋宁说他是在即易而言道,易只是道的代名词,以"易"发明道之生生不已,变化不测。

　　总之,在杨时看来,有理本体尚不能直接地产生万形万象,还必须有气这一生物之具,以理主宰气、支配气,方有有形世界。理本体不可见,却可以通过气之变化的神用得以显现。杨时虽然未曾明言理与气孰者为先,但其论述中已然包含理比气更为根本之意。这在后来朱熹的论述中更进一步明确。杨时关于气的论述无疑较多地吸收了张载的气论观点,然而他的根本立足点还是在二程的"天理"处。既然杨时承认了人禀受气而生,因而所谓气质之性以及养气的修养工夫就是必然的了。

　　"理一分殊"可谓杨时对理学的一大贡献,而此哲学命题对于理解杨时的理本论尤其对于了解杨时的理论旨趣非常重要。

　　杨时从学于程颢时,程颢曾命其研读张载之《西铭》,杨时于此用功

---

① 杨时:《语录四·南都所闻》,《龟山集》卷一三,《景印文渊阁四库全书》第1125册,第243页。
② 参见本章第一节。
③ 参见梁巧燕:《杨龟山思想研究》,第58页,台湾政治大学1994年硕士论文。"龟山之所谓'易',一方面是指该周流不息,变动不居之全体宇宙。同时,'易'又具有主宰性、支配性,为一精神实体,此即为'易体'。"

甚多，虽终身佩服，却不能彻然无疑，在明道逝世后，杨时从学于程颐，宋哲宗绍圣三年(1096)杨时寄书程颐表达了其对《西铭》的质疑，杨时的质疑主要在于《西铭》所谓"尊高年，所以长其长；慈孤弱，所以幼其幼……凡天下疲癃残疾惸独鳏寡，皆吾兄弟之颠连而无告者也"①近于墨氏之兼爱，"《西铭》之书，发明圣人微意至深，然而言体而不及用，恐其流遂至于兼爱，则后世有圣贤者出，推本而论之，未免归罪于横渠也"②。杨时承认了张载的"民胞物与"而以为张载只言及体未发明用，故请求程颐"愿得一言推明其用，与之并行"③。程颐回书高度称赞张载之《西铭》："横渠立言，诚有过者，乃在《正蒙》。《西铭》之为书，推理以存义，扩前圣所未发，与孟子性善养气之论同功。（自注：二者亦前圣所未发。）岂墨氏之比哉？《西铭》明理一而分殊，墨氏则二本而无分。（自注：老幼及人，理一也。爱无差等，本二也。）分殊之蔽，私胜而失仁；无分之罪，兼爱而无义。分立而推理一，以止私胜之流，仁之方也。无别而迷兼爱，至于无父之极，义之贼也。子比而同之，过矣。且谓言体而不及用。彼欲使人推而行之，本为用也，反谓不及，不亦异乎？"④程颐以《西铭》直比孟子之论性善养气，其对《西铭》的推崇可见一斑。在程颐看来，墨氏兼爱之说罪在无分，是谓"义之贼"，而《西铭》表面上看来似乎同于兼爱，但实际上则"明理一而分殊"，"理一分殊"这一哲学命题由此而彰明。通观张载《西铭》一篇，实无"理一分殊"四字，此乃程颐对《西铭》的理解与阐发，但这并不表示《西铭》本身不具备"理一分殊"的含义，事实上，程颐以"理一分殊"为《西铭》之大旨，是相当精到的见解，王夫之在《张子正蒙注》中说道：

  程子一本之说，诚得其立言之奥而释学者之疑。⑤

《西铭》一篇的核心即"民，吾同胞；物，吾与也。"程颐以为张载在此发明

---

① 张载：《正蒙·乾称篇》，《张载集》，第 62 页。
② 杨时：《书一·答伊川先生》，《龟山集》卷一六，《景印文渊阁四库全书》第 1125 册，第 267 页。
③ 同上书，第 266 页。
④ 程颢、程颐：《河南程氏文集·答杨时论西铭书》，《二程集》上册，第 609 页。
⑤ 张载著，王夫之注：《乾称上》，《张子正蒙注》，第 229 页，上海，上海古籍出版社，2000。

了"仁之体","民胞物与"即宇宙与我一体的"大仁",即"理一",是伦理的形上基础,墨氏的兼爱也是一种大爱,但爱无差等,以至于孟子批判为无父,于义不合。《西铭》则有分殊之别,推明理一而立分殊,是即体即用,体用不二。

杨时得程颐答书,信其"理一分殊"无疑,并回书详论之,以"称物平施"发明"理一分殊",其后又多与学者反复探讨。可见杨时对此命题的重视,尤其是他对"理一分殊"命题内涵的揭示贯通始终,足见其对此说之服膺拳拳。自杨时与程颐辨明"理一分殊"之后,这一命题更经历代学者阐发,其在有宋以来理学话语系统中的重要性诚不待言,而在程朱之学内部,理一分殊经由李侗传至朱熹而得以更为精深系统地分析,甚至朱熹以之为自己理论体系的架构。若非杨时之功,恐无此理论成就。而杨时之论"理一分殊"虽无朱熹之庞大系统,亦很有自己的特点。

上述已对"理一分殊"命题的缘起作出了说明,杨时与此命题的提出有莫大的关联,他对"理一分殊"的阐扬主要集中于伦理范围,这与朱熹从本体层面揭示"理一分殊"有很大不同。

杨时在给程颐的答书中论道:

> 古之人所以大过人者无他,善推其所为而已。"老吾老以及人之老,幼吾幼以及人之幼",所谓推之也。孔子曰:"老者安之,少者怀之。"则无事乎推矣。无事乎推者,理一故也。理一而分殊,故圣人称物而平施之,兹所以为仁之至、义之尽也。何谓称物? 亲疏远近各当其分,所谓称也。何谓平施? 所以施之,其心一焉,所谓平也。①

老幼及人即所谓"推",推己以及人,则是由近而至于远的推扩,这里面已天然地包含了亲疏远近的差等。"无事乎推"是说不以推为事,也就是不刻意用心于推,这是因为"理一"的缘故。"理一分殊"即"称物而平施",

---

① 杨时:《书一·答伊川先生》,《龟山集》卷一六,《景印文渊阁四库全书》第 1125 册,第 267 页。

"称物"即"分殊"义,要明亲疏远近之分,各得其宜;"平施"即"理一",施用只是出于一心,即"大仁之心",对待一切人一切事,心无有不同,只从"大仁之心"中发用出来,即"一视而同仁"①。"分"在此应读为"份"(fèn),亲疏远近各有差等之意。"称物平施"完全就现实人世而言,是对人伦秩序的规定。

杨时亦直接以"仁义"来阐发"理一分殊":"天下之物,理一而分殊。知其理一,所以为仁;知其分殊,所以为义。"②杨时指明了"理一分殊"的普遍性,天下之物莫不体现着理一分殊,理一即仁,分殊即义。更主要地,杨时是在人伦上言理一分殊,理一分殊可被视为社会人伦的大本大纲。《京师所闻》载杨时与学者的对话:

> 河南先生言"理一而分殊"。知其理一,所以为仁;知其分殊,所以为义。所谓分殊,犹谓孟子言"亲亲而仁民,仁民而爱物"。其分不同,故所施不能无差等。
>
> 或曰:如是则体用果离而为二矣。
>
> 曰:用未尝离体也。且以一身观之,四体百骸皆具,所谓体也。至其用处,则履不可加之于首,冠不可纳之于足,则即体而言分在其中矣。③

君子固然有仁爱之心,放之四海而皆准,由亲到民再到物的这种情感上的亲疏远近也是天然的、客观的,由己及人的推扩,亲疏的差等有别并非出自私心、偏心,相反,这正是义之所在。所谓义即"宜",合宜,义与仁一样都是重要的德性,出于仁爱之心施以博爱,若无合义之差等就流于墨氏之兼爱,必以义配仁而行方合乎天理之自然。有学者认为以仁义分说"理一分殊",则仁是一事,义是一事,析体用为二,杨时以为不然。老幼

---

① 杨时:《答问·答胡德辉问》,《龟山集》卷一四,《景印文渊阁四库全书》第1125册,第255页。
② 杨时:《书五·答胡康侯其一》,《龟山集》卷二〇,《景印文渊阁四库全书》第1125册,第300页。
③ 杨时:《语录二·京师所闻》,《龟山集》卷一一,《景印文渊阁四库全书》第1125册,第214页。

及人,爱人的心是同一的,只是从一个仁心出发,但体中本然有分,仁已然包含义于其中。正如一身具足四体百骸,人伦关系也天然地有亲疏远近的差别,各有其分,所以只要各得其宜。以仁为体,以义为用,用未尝离体,即仁体而言,义本然地具足,体与用相即不离。这也符合程颐所说的"本为用"。

另一方面,我们也可以看出杨时于"理一分殊"更注重"分殊"。杨时认为学者明"理一"易,而晓"分殊"较难。"非明者默识于言意之表,乌知所谓理一而分殊哉?"①《西铭》区别于墨氏兼爱之根本处即在于《西铭》推明分殊,有亲亲之杀。学者多知"仁"为大本,但在实际下手处常蔽于"无义"之罪,"义"之用不明则"仁"之体不立,不明"分殊"则"理一"无法在现实中被实践出来。杨时既是在伦理层面阐明"理一分殊",自然重视其在现世人生的践履,这正反映了他重视实践的理论旨趣。这一点也为李侗所继承:"理不患其不一,所难者分殊。"②并且开展出"理会分殊"的工夫,此工夫的肇端即在杨时。③

以杨时对"理一分殊"的多次论述来看,杨时并不注重阐发该命题的本体意涵,而主要从道德伦理的角度加以解释,基于其理本论思想,尤其是他为人伦道德规范寻找形上根据的意图,杨时对"理一分殊"的分析亦是为其工夫论奠定的理论基础。

第二节　心性论

在"本体—工夫"的理学框架中,心性论是形上与形下之间的中介环节。理学家们对本体的种种建构,对"天"的种种分析规定,最终都要回到现实的个人身上,知天是为了更好地知人,知人才能知天。关于人性

---

① 杨时:《书一·答伊川先生》,《龟山集》卷一六,《景印文渊阁四库全书》第 1125 册,第 267 页。
② 黄宗羲原本,全祖望修定:《豫章学案》,《宋元学案》第 2 册,第 1291 页。
③ 李侗"理会分殊"的工夫可看看侯洁之:《道南学脉观中工夫研究》,第 120—127 页,台北,花木兰文化出版社,2008。

的讨论在先秦时就已十分丰富,并已奠定此后中国哲学发展中人性问题的基本方向。宋代以后,对心性问题的讨论益发精深,心、性、情的关系也成为众学者的主要问题意识之一。杨时从"天命之谓性"出发,以心性为天理本体在人身上的坐实,详细论证了个体的本善之性,通过区分气质之性与天地之性,肯定了道德修养工夫的必要性。杨时的心性论是其独具特色的工夫论的直接依据。

杨时说:"形色,天性也。有物必有则也。物即是形色,即是天性,唯圣人然后可以践形。践,履也。体性故也。盖形色必有所以为形色者,是圣人之所履也。"形色即物,一物必有一物之为此物的根据,即"所以为形色者",圣人的践履就是体察"所以为形色者",亦即体性,所谓性就是物之则,就是形色"所以为形色者"。此意与程颐所谓"性即理也"同。再者,"形色天性"亦还有另一层含义,"天性"之"天"意即天然,天生如此,那么"形色天性"亦是在说物生而即有之资。这层含义与"性即理"并不矛盾,从杨时以理为世界本体来看,万事万物都是一理的派生,而理固有分殊,万物之性莫不是理,但万物禀得性而生又是各个分殊的。

正是基于这种对性的认识,杨时对告子"生之谓性"①给予了部分的肯定。《与杨仲远其一》:"生之谓性,未有过也。告子论生之所以谓之性,则失之矣。"《与杨仲远其四》:"告子知生之谓性而不知生之所以谓之性,故失之非。生之谓性有二说也,特告子未达耳。"②杨时认为告子言"生之谓性"并非一无是处,告子之蔽在于不知"生之所以谓之性"。孟子在与告子的辩论中并未直接否定"生之谓性",而是据以诘问告子"犬之性"与"牛之性""人之性"是否同一。对此,孟子当然持否定的态度,而告子并未作出回应。杨时承认"生之谓性"亦即说性就是天然就有的、与生俱来的东西。每一类事物乃至每一个体都是有所禀受而生,以生谓性并

---

① 《孟子集注·告子上》:"告子曰:'生之谓性。'孟子曰:'生之谓性也,犹白之谓白与?'曰:'然。''白羽之白也,犹白雪之白;白雪之白,犹白玉之白与?'曰:'然。''然则犬之性,犹牛之性;牛之性,犹人之性与?'"朱熹:《四书章句集注》,第 326 页。

② 杨时:《书一·其四》,《龟山集》卷一六,《景印文渊阁四库全书》第 1125 册,第 269 页。

无不可,万物包括人都生而有性。同时,每一事物又有其为此一事物而非彼物者,犹犬、牛、人各有性之不同。从本原上讲,犬之性、牛之性、人之性都源于一理,即生之谓性,但毕竟犬之性非牛之性,牛之性非人之性,三者各有其特殊性,尤其以人为最贵者,这一点是告子未予以注意的。依杨时之意,即理一而未尝离分殊,性之别具足于生之谓性之中。

性即理之在我者,于人身上言则可谓之心。心不是血肉之心,而是认知心,同时又是道德的主体,亦即本心。《余杭所闻》:

> 仲素问:"尽其心者知其性",如何是尽心底道理?
>
> 曰:未言尽心,须先理会心是何物。
>
> 又问。曰:心之为物,明白洞达,广大静一。若体会得了然分明,然后可以言尽,未理会得心,尽个甚? 能尽其心自然知性,不用问人。大抵须先理会仁之为道,知仁则知心,知心则知性,是三者初无异也。①

仲素即罗从彦,他以孟子"尽心知性"问于杨时,杨时回答他要先对心有所认识。罗从彦又问心,杨时以"明白洞达,广大静一"规定心。可见,杨时所谓心并非一般的血肉之心,"明白洞达"主要形容心的认知能力,并且不是一般的经验认知,而是对理的洞彻,对是非善恶的价值判断。杨时曾以镜喻心,镜本来空空如也,物以形来则妍媸自见。此心即"寂然不动""感而遂通"的本心,因其寂然不动故明,不为外物所迁;但又能"感而遂通"与外物相交接而萌生认识。所以杨时说:"正心到寂然不动处方是极致,以此感而遂通天下之故,其于平天下也何有!"②若能如此把握到本心,自然可以知性。而若想识得此本心,又须先体会"仁",知仁、知心、知性三者为一。"仁"非是仁义礼智之仁,在此应指"仁之体"。杨时认为仁是人的本心,亦即本性,因而理会了仁就对本心、本性有所把握。一方面,杨时不以心与性各为一物,而认为仁、心、性三者"初无异",

---

① 杨时:《语录三·余杭所闻》,《龟山集》卷一二,《景印文渊阁四库全书》第1125册,第233页。
② 同上书,第219页。

这与朱熹"心统性情"说绝不相同；另一方面，以仁言心与性，则本心本性之善自然可知。

中国古代哲学一根本的特点即"天人合一"，"命"这一概念即就天人关系而言。唐君毅分析总结中国古代哲人对命的论述，认为"以命之为物，既由天人之际，天人相与之事而见，故外不只在天，内不只在人，而在二者感应施受之交"①。若从人的主体性出发，则诸家所言之命大体不出于两种：命之在我者与命之外在于我者，并且此两种命总是交互在一起而非彼此隔绝。各人论命之不同更主要在于对待命的态度的差异，或顺、或继、或非、或制等等。杨时之论命亦不逃两端，一方面承认有外在于人的力量为主宰，另一方面更强调命之在我者，命即天理，是谓义理之命。

"孟子之遇不遇，治乱兴衰之所系，天实为之，非人所能也。夫何怨尤之有？"②杨时认为，孟子不遇鲁侯是"天"为之，而不是人力所能强勉的，孟子正是因为深知这一点，因而没有怨尤。"天"在此所指不是自然之天，而是命运之天，是一种外在于人的客观力量，这种力量超出人的控制范围，它对人世有支配性、主宰性，以列子的话来说即"不知吾所以然而然是也"③。但它又是盲目的，并非有意为之，它在人世中常表现为"势""时势"，是客观环境和条件对人的限制，是一种不可抗拒的必然性。圣人了解这种必然性就不会怨天尤人。

然而如果只承认这种必然性就容易走向庄子所谓"知其不可奈何而安之若命"④，放弃人的主观能动性。儒家所谓圣人非是如此。"孔子曰：'不知命无以为君子。'知命只是事事循天理而已。"⑤杨时认为孔子所言"知命"就是要事事遵循天理而行，天理是宇宙的大法则，是客观的，如果

---

① 唐君毅：《中国哲学原论·导论篇》，第 322 页，北京，中国社会科学出版社，2005。
② 杨时：《经解·不遇鲁侯天也》，《龟山集》卷八，《景印文渊阁四库全书》第 1125 册，第 172 页。
③ 杨时：《经解·天下之言性》，《龟山集》卷八，《景印文渊阁四库全书》第 1125 册，第 175 页。
④ 王叔岷：《庄子校诠》上册，第 138 页，北京，中华书局，2007。
⑤ 杨时：《语录三·余杭所闻》，《龟山集》卷一二，《景印文渊阁四库全书》第 1125 册，第 229 页。

能遵循天理，那么处理事务就不会有"意必固我"，也就可以做到公正无偏了。

《语录》载杨时与学者徐师川的一段对话，徐师川归洪州，意欲不复供职，以免遭人罗织陷于祸。杨时认为，为仕宦难免遇祸，但要自省自身所为，如果自己的行事都合乎道理，无愧天地，虽然不能免于祸，这亦是富贵生死之命。如果考量自己的行事不依凭道理而仅仅出于避祸的目的，杨时称之为"无义之命"。孔子不免于桓魋，孟子之不遇鲁侯，这都是命合如此，而非桓魋、臧仓之力所致，或者说，是命借桓魋、臧仓之手显示自己，圣人不因此而有所怨尤，也不因此而放弃自己的坚守，依然尽力去做自己应当做的事情，这才是真正的知命。"圣人所谓知命，义常在其中矣。"①甚至，杨时直接说"天理即所谓命"②，可见，杨时所肯定的命更是义理之命。富贵死生固然不能由人决定，而取决于客观的命，不以人的意志为转移，在此天命面前，人何其卑微渺小，但这并不意味着人应当毫无作为，听任命运的安排。以义、以天理言命，则命不再是玄奥不可知之物，而是可以为人的认知心所把握，知天理、循天理而行就是知命，从而在天命面前，人的能动性被高度张扬，人不再是卑微的不知死生的蝼蚁，而是可以顶天立地"与天地参"的大人！

"循天理而已，故曰天之命也。诗曰：'维天之命，於穆不已。'所谓命者，亦诚而已。"③天理之在我者或说我之禀受于天理者，即性，就天之赋予我而言，可称为天命，"於穆不已"的天命就是生生不息、真实无妄的诚，也就是天理。以义、以诚规定命，则"命"不仅是事实层面的实然，更是价值领域的应然，作为道德主体的人所要关注的不是富贵死生的结果，而是合当如此的"义""诚"或"理"，从而命是道德性的，是"天理"颁布在我而为我所谨遵者，所谓"知命"即仿于义而行，以义配命。据此，杨时以性、命、道为一也就不难理解了。

---

① 杨时：《语录三·余杭所闻》，《龟山集》卷一二，《景印文渊阁四库全书》第 1125 册，第 230 页。
② 同上书，第 231 页。
③《合订删补大易集义粹言》卷二九，第 576 页，《景印文渊阁四库全书》第 45 册。

《中庸》开篇"天命之谓性,率性之谓道,修道之谓教"①已然隐含着命、性、道的关系了,杨时之学本于《中庸》《孟子》,他立足于天理流行,将性、命、道直接同一。

"性、命、道三者一体而异名,初无二致也。故在天曰命,在人曰性,率性而行曰道,特所从言之异耳。所谓天道者,率性是也,岂远乎哉?夫子之文章乃所以言性与天道非有二也,闻者自异耳。"②性、命、道三者本即一体,只不过名称相异,道亦即天理,因而可以说性即命,命即天理。《论语》中子贡说:"夫子之文章,可得而闻也;夫子之言性与天道,不可得而闻也!"③杨时对此的解释是:夫子的言语文章都在阐明性与天道为一,听者凭自己的资质去领会,所得各有不同。杨时的结论根于其对天理流行的察识。从第一章对"理"的分析中我们可以得知,杨时实以"天理"为宇宙生生之大本,由天理产生万物并非有如无生有或母子的以类相生,而是说宇宙万物都是天理的流行,天理贯于物质之气并主宰气的运动变化从而成就有形器的世界,尤其是天理赋予万物以各自的价值和意义,其中以人为最贵者。性即天理之在我者,性与天理不可分为二物,性更不是对天理的分有,性即天理。杨时并不以性为人所独有,人与其他万物一样都是天理的流行,是生生大德的体现,从本源上来说,人与万物都本于一理,言之以性则更要明确性是人物的本质规定,即人而言性是人之区别于他物者。而所谓命则是就天理赋予人以规定而言者,所以说"在天曰命,在人曰性"。人之所贵在于唯有人能对天理有所认识,能知是非善恶,若语默动静皆循天理就是"率性",就是"道"。可见天理、天道与人之亲近,道果不远人。需要注意的是,杨时虽然承认有外在于人的"时命",人不能参与"时命",但是他更强调的是"义理之命",人的能动性作为道德主体得以高扬,所谓"知命"不是消极地"知其不可奈何而安之若命",而是要循天理而行,也就是说要在实践中践履天道,天道在人世

---

① 朱熹:《中庸章句》,《四书章句集注》,第 17 页。
② 杨时:《答问·答胡德辉问》,《龟山集》卷一四,《景印文渊阁四库全书》第 1125 册,第 250 页。
③ 朱熹:《论语集注》,《四书章句集注》,第 79 页。

即体现为伦理纲常,因而"知命"可谓道德实践。

"天命之谓性,人欲非性也。率性之谓道,离性非道也。性,天命也,命,天理也,道则性命之理而已。"①所谓"性命之理"并非在性、命之外另立一个理,从本体层面来看,道、性、命只是一样物事,体同而名异,虽然有人不能操控的时命,但在理之外绝无其他主宰,性、命、道三者的同一既坚持了理一本论,同时也保证了价值的一贯性,而人在这种同一中获得了无上的殊荣,即可以作为道德主体"与天地参"。

在人性善恶的问题上,理学家们对孟子的人性论有所继承,普遍持性本善的观点。以善规定本性所面临的一个问题就是现实的恶应如何解释? 这是理学家必须克服的理论难题。此前种种人性论如"性无善无不善""性善恶混""性三品"等等都试图解释现实的善恶并存的原因。出于为道德伦常作形上论证的目的,性本善是理学家必然的选择,张载以"天地之性"与"气质之性"的区分在坚持性本善的基础上解决了善恶并存的问题,这是张载有功于理学心性论者。而此区分也为二程所肯定,与张载本于气不同,二程则是根于理来做出区分。杨时继承师说,同样吸收了张载对天地之性与气质之性的区分。

张载曾说:"合虚与气,有性之名。"②则其所为性是就气化而立言。"形而后有气质之性,善反之则天地之性存焉。"③张载将形器世界看作一气的大化流行,太虚即气之本体,亦是气之纯然粹然,整个宇宙就是一气化流行的过程。"天地之性"是指本于太虚的纯善之性,这是所有人共有的,但在气化万物的过程中,由于禀气有清浊昏明、通蔽开塞的不同,所以各人物亦有善恶混的各各不同的特殊之性,即"气质之性"。气质之性非是本性,是成形之后才有的,此性千差万别,并且是可以变化的,君子不以之为性,而以纯善无已的"天地之性"为本性,从而"天地之性"与"气质之性"分属于形上与形下界,现实的人总是被气质偏

---

① 卫湜:《中庸第三十一》,《礼记集说》卷一二三,《景印文渊阁四库全书》第120册,第120页。
② 张载:《正蒙·太和篇》,《张载集》,第7页。
③ 张载:《正蒙·诚明篇》,《张载集》,第23页。

昏所蔽障，不能体现出"天地之性"，因而有必要通过修养工夫变化气质，返于"天地之性"。"人之刚柔缓急，有才与不才，气之偏也。天本参和不偏。养其气，反之本而不偏，则尽性而天矣。"①天地之性是纯善无偏的，个人的材质、性格、欲求等等对人的本性有所遮蔽，这些都是气质之偏。尽管各人气质有偏，但从本性上看则是一致的，天地之性都可能被遮蔽，并且各人遮蔽的程度会有所不同，这也正是圣凡之别所在。但是天地之性终究存在于每个个体之上，所以张载才说要变化气质，返于天地之性，既言"返"，可知天地之性未尝有失，隐而不彰罢了。然而张载并未以天地之性与气质之性为一性，可以说张载仍持性二元论。杨时虽肯定张载对天地之性与气质之性的划分，但他却有将两者视为一性的倾向。

从前文的分析中我们可以得知，杨时认为性源于天理，是天理之在人物而赋予人物以规定，人和人之外的万物一样，都是天理派生出来的，人与万物其本为一，皆本于理而生，但如何解释现实中人与物、人与人的差异呢？杨时于此撷取张载对"天地之性"与"气质之性"的划分，并加以改造。

> 仲素问：横渠云气质之性如何？
>
> 曰：人所以禀固有不同者，若论其本，则无不善。盖一阴一阳之谓道，阴阳无不善，而人则受之以生故也。然而善者其常也，亦有时而恶矣。犹人之生也，气得其和则为安乐人，及其有疾也，以气不和则反常矣。其常者，性也。此孟子所以言性善也。横渠说气质之性，亦云人之性有刚柔、缓急、强弱、昏明而已，非谓天地之性然也。今夫水，清者其常然也，至于汨浊，则沙泥混之矣。沙泥既去，其清者自若也。是故君子于气质之性必有以变之其澄浊而求清之议欤。②

---

① 张载：《正蒙·诚明篇》，《张载集》，第23页。
② 杨时：《语录三·余杭所闻》，《龟山集》卷一二，《景印文渊阁四库全书》第1125册，第230页。

杨时的这段论述中,大致包含如下几层含义:(1) 肯定有气质之性和天地之性,气质之性出于气禀的不同;(2) 肯定人禀受气而生,是气化的产物,"一阴一阳之谓道",道是所以一阴一阳者,道(天理)纯善无恶,故阴阳二气也无不善,而人受阴阳二气以生,所以其本亦善,人之本即天地之性;(3) 善是人性之本然,但有时人性也表现出恶。这并不意味着恶是人的本性中固有的,现实中的善恶都是后天的,就像人生而后,气和(协调)则平安和乐,气不和就表现出疾病,但气和是本然状态,不和属于反常态,也就是说能够被视为本性的只能是纯善的天地之性,因气禀差异表现出的有善有恶的气质之性不能作为本性;(4) 由于有气质之性所表现出来的不善,君子必须通过道德修养工夫去其不善而返于善。其中,"其常者,性也"中的"常"不仅表示时间上的久和出现频率的经常,在此"常"还有"本"的意思,亦即以纯善之性为本性。另外我们也应当注意到杨时所使用的比喻:天地之性即澄澈之水,混入泥沙后看起来就浑浊了。浊水即气质之性,清水是水之常然,即水之本然,浊水只是在清水中掺入泥沙,并不是另有一水谓之浊水,也就是说天地之性与气质之性本为一性,如清水浊水同为一水,但有渣滓混于水中,故有清浊之分,气质之性即天地之性,因受外物迁引故不全善而表现出恶。君子的道德修养即于性上下工夫,去其浊使之澄清即可。

在《萧山所闻》中,杨时反对学者只就人而言善与性,认为性不独指人而言,万物都是气化的产物,都本源于一理,因而可以说人与万物的性是同一性,"人之性特贵于万物耳,何常与物是两般性?"[①]人与万物只是一性,都是天理之流行,所不同者在于气禀的差异,物的气禀较之人更为昏浊,故以人为最贵者。气禀虽然有偏,但遍在宇宙各处流行不已的天地之性则是无偏的,所以说"性则具足圆成,本无亏欠"[②]。

结合杨时论"生之谓性"或可以得出以下结论:"生之谓性"即就气质

①② 杨时:《语录四·萧山所闻》,《龟山集》卷一三,《景印文渊阁四库全书》第 1125 册,第 247 页。

之性而言，"生之谓性，气质之性也，君子不谓之性"①。是成形之后的性，亦是生而就有的东西，包括材质、性格、欲求等，是后天的，唯有天地之性才是先天的本性，天地之性的纯善是由"天理"保证的，体现的是理一。气质之性是天地之性被后天的气禀污染所表现出来的性，污染越多则偏离本性越远，其恶的程度也就越严重，气质之性的不全善揭示了道德修养的必要性，而天地之性的纯善以及遍在于人与万物则保障了道德实践的现实可能性。

程颢有一段论述与杨时对性的理解相近，或者可以这样认为，杨时的"生之谓性"、气禀差异、清水浊水之喻、"继之者善"等等都从程颢而来。"'生之谓性'，性即气，气即性，生之谓也。人生气禀，理有善恶。然不是性中元有此两物相对而生也……善固性也，然恶亦不可不谓之性也……凡人说性，只是说'继之者善'也，孟子言人性善是也……犹水流而就下也。皆水也，有流而至海，终无所污，此何烦人力之为也？有流而未远，固已渐浊；有出而甚远，方有所浊。有浊之多者，有浊之少者。清浊虽不同，然不可以浊者不为水也。如此，则人不可不加澄治之功。故用力敏勇则疾清，用力缓怠则迟清，及其清也，则却只是元初水也。亦不是将清来换却浊，亦不是取出浊来置在一隅也。水之清，则性善之谓也。"②杨时之论基本上蕴于此段论述之中。

"仁"是儒家最为核心的范畴，由孔子首倡又经孟子扩充，"仁"已成为儒家眼中人之所以立者，然而《论语》中亦有"子罕言利与命与仁"之语。对这句话可有不同理解，杨时则认为孔子每每针对论学者切近人身来说仁，"能近取譬"，因而对仁本身未尝加以说明，这种观点恰恰体现出理学家们对形而上学的追求。

曾有学者问《论语》诸多言仁处，哪一句最为亲切？杨时回答："皆仁之方也。若正所谓仁，则未之尝言也。故曰：'子罕言利与命与仁。'

---

① 杨时：《经解·天下之言性》，《龟山集》卷八，《景印文渊阁四库全书》第1125册，第175页。
② 程颢、程颐：《河南程氏遗书·端伯传师说》，《二程集》上册，第10—11页。对这段话的详细分析可以参考张智：《心学论集》，第54—63页，北京，中国社会科学出版社，2006。

要道得亲切,唯孟子言'仁,人心也'最为亲切。"在杨时看来,孔子说仁处都是对当时所与论学者的提点语,忠恕、爱人、刚毅木讷等等都不是仁本身,而只是从某一个或某几个方面对"仁"的阐释,因而是"仁之方",而不是"仁之体"。孟子所谓"仁,人心也"是诸多论仁之语中最为亲切者,即最接近"仁"又易为人所领会,但毕竟只是亲切,还不能直接以为仁即人心。

"忠恕者,仁之方也;宽裕温柔者,仁之质也;斋庄中正者,仁之守也;发强刚毅者,仁之用也。无迷其方,无毁其质,慎守之,力行之,则仁其庶几乎。"①既然是"仁之方""仁之质""仁之守""仁之用",那么这些就都不是仁本身,却又都涵摄于"仁"之中,依此践行就可以近于仁。杨时无法满足于《论语》《孟子》只在经验的层面对仁做出规定,因为如果只限于经验层面,仁便无法摆脱有限性而获得绝对性,也就是说"仁"缺乏形上本体的保障。那么杨时所谓"仁之体"又是什么呢?

　　李似祖、曹令德问何以知仁。
　　曰:孟子以恻隐之心为仁之端,平居但以此体究,久久自见……孺子将入于井,而人见之者,必有恻隐之心,疾痛非在己也,而为之疾痛何也?
　　似祖曰:出于自然不可已也。
　　曰:安得自然如此? 若体究此理,则仁之道不远矣。
　　二人退,余从容问曰:万物与我为一,其仁之体乎?
　　曰:然。②

李似祖、曹令德问仁于杨时,杨时先是令二人体究孟子的恻隐之心,而后又以疾痛来譬喻恻隐之心之在我而能发显为仁,最后得出万物与我为一即仁之体的结论。以孺子入井为例,"我"与孺子本来似乎是两个毫不相关的个体,但在见到孺子将入于井的一刹那,"我"自然而然地伸手

① 杨时:《序·杨仲远字序》,《龟山集》卷二五,《景印文渊阁四库全书》第1125册,第350页。
② 杨时:《语录二·京师所闻》,《龟山集》卷一一,《景印文渊阁四库全书》第1125册,第209页。

去救,此一瞬间"我"并没有做出任何的利害判断,仿佛完全是一种出于本能的行为,这是因为每个人都天生具有恻隐之心,正是这一恻隐之心使"我"似乎也感受到孺子的恐惧,从而自然地做出行为反应,此一恻隐之心的开显就是仁。但如此说,恻隐之心、疾痛都还只停留在情感的经验层,并不一定具有普遍必然性。再进一步探究则可知,"我"之所以能自然地发显恻隐之心,是因为"我"天然地知道万物与我为一,他人、他物在本性上与我是同一的,正如程颢所言:

> 仁者,浑然与物同体。①

"万物与我为一"才是杨时最终认肯的仁之本体。

为了更好地理解杨时所谓"万物与我为一",我们不妨也参考张载的"民胞物与"。"民胞物与"是《西铭》的主旨,而杨时也多次表示《西铭》只是要学者求仁而已,所以,在杨时看来,张载的"民胞物与"亦是对"仁"的表述。② 民是指自我之外的一切他人,物是指人之外的一切自然界的存在,那么"民胞物与"即在说一切人和一切物都是"我"的同胞和同伴。这种言辞在很多人看来可能仅仅是闪耀着诗意的光辉的比喻,是诗性的语言。但是在张载哲学内部,这一命题与其他思想却是浑圆自洽的。据"性者,万物之一源"③,人与万物都禀受着同一个天性,这个天性内在于我也同样内在于我之外的一切人和物,并且不论人还是物都是一气的化生,气为世界万物提供了统一的物质基础,因而无论从性或从气的角度来看,我与他人、他物都具有本体的同一。但是,张载高扬"民胞物与"的目的不在于肯定宇宙万物形式上的同形同构,而在于突出一切存在都是和自我一样的价值主体。张载眼中的世界不是一个冰冷的物质世界,而是众多价值和意义的有机联合体,

---

① 程颢、程颐:《河南程氏遗书·元丰己未吕与叔东见二先生语录》,《二程集》上册,第16页。
② 程明道也对《西铭》推崇备至:"《订顽》(即《西铭》)一篇,意极完备,乃仁之体也。"见于程颢、程颐:《河南程氏遗书·元丰己未吕与叔东见二先生语录》,《二程集》上册,第15页。
③ 张载:《正蒙·诚明篇》,《张载集》,第21页。

是洋溢着温情的价值世界，由此出发，则有可能构建出大同的理想社会。在张载看来，"民胞物与"不仅揭示着"我"与他人、他物的本然状态，同时也是一种向着一切人敞开的精神境界，所有人都应当通过自己的努力以期进入此境界成就伟大的人格。①

上述对张载"民胞物与"的理解同样适用于杨时所谓"万物与我为一"。"问：所解《论语》'犯而不校'处云'视天下无一物非仁，故虽犯而不校'。此如四海皆兄弟之义看否？曰：然。仁者与物无对，自不见其有犯我者，更与谁校？如孟子言'仁者无敌'亦是此理。"②在仁者眼中，宇宙间自我之外的一切存在与自我的关系是和同而非对立的。所谓对立是指价值的对立、价值的冲突，有对立有冲突，则有争胜之心，有争胜之心则对纯粹的本心有所障蔽。此中的自我与自我之外的存在处于隔绝、紧张的关系中。仁者可以体察到自我与自我之外的存在都源于同一个纯善不已的天地之性，都共享着同一个价值的根源即天理，自我与其他存在不是主体与对象的关系，更不是对立的关系，而是一体的关系，都是宇宙这个整体中的有机构成。仁者对天地万物的关系不是出于私利的目的，而是出于"万物与我为一"的本心。

必须指出的是，不论"民胞物与"还是"万物与我为一"都不同于墨氏兼爱之说。无疑，这种"仁之体"对包括人在内的万物的关切是最广泛的关切与爱护，尽管本体上人与万物都源于一性一理，但是杨时并没有抹杀所有的差别，即理一而分殊在其中，即体而不离乎用，因而"仁"的发用是由内向外的推扩："为仁与体仁者异矣。体仁则无本末之别矣。孔子曰：'老者安之，朋友信之，少者怀之。'此无待乎推之也。孟子曰：'老吾老以及人之老，幼吾幼以及人之幼。'此推之也。推之所谓为仁。"体仁是要体察本心的"仁之体"，知"万物与我为一"，从本体上看，自我与他人、

---

① 彭国翔在《儒家传统：宗教与人文主义之间》一书中对张载《西铭》作出了独到的解释，可供参考。参见彭国翔：《儒家传统：宗教与人文主义之间》，第31—43页，北京，北京大学出版社，2007。

② 杨时：《语录二·京师所闻》，《龟山集》卷一一，《景印文渊阁四库全书》第1125册，第219页。

他物当然不存在本末之别；而为仁则不同，要将仁的本心实现出来只能通过推己及人的方式，亲疏远近、人我物的差别是包含在性分之中的，由己及人及物是合乎理的秩序。

从"万物与我为一"来理解"万物皆备于我"①殊无困难。"万物皆备于我"亦是对自我与自我之外的存在的价值并存关系的说明，因而只要"反身而诚"就可使在我之仁之本心朗现，以此观照天地人物则可进于万物与我为一的形上道德境界。

谢良佐与杨时同为程门高第，其受学于程颢早于杨时三年。后世常以为二人最得程氏洛学之精要。在对"仁"的认识上，谢良佐直接以觉训仁，虽为朱熹所不喜，但实承程颢而来，此已有公论。

> 心者何也？仁是也。仁者何也？活者为仁，死者为不仁。今人身体麻痹，不知痛痒，谓之不仁。桃杏之核，可种而生者，谓之仁，言有生之意。推此，仁可见矣。②

谢良佐认为"仁"充满着生意，人的身体麻痹不能知觉到痛痒就是没有生意，与死者相类，亦即"不仁"。"仁"又是人的本心，如果一个人不能有此知觉，不谓之为人亦可。此处所谓知觉并非感官知觉，而是恻隐之心发动时以他人的痛痒为我自身的痛痒，以此可以察识体会到天地万物一体的大仁之本心。③ 谢良佐以觉训仁，以生意言仁，侧重于强调"生生之理"，即天理是一生生不息流行不已的大生命，人与万物都在此生命之中，都是此生命的流行。那么对天理的体认就不是以"天理"为一客观的认知对象，而是对天理本体、大仁之本心的体察领悟，并存养使之不昧，亦即"觉仁"。

谢良佐以觉训仁出自程颢的"识仁"，据程颢，"仁"是万物之生意，天

---

① 朱熹：《孟子集注·尽心上》，《四书章句集注》，第 350 页。"孟子曰：'万物皆备于我矣。反身而诚，乐莫大焉。强恕而行，求仁莫近焉。'"
② 黄宗羲原本，全祖望修定：《上蔡学案》，《宋元学案》第 2 册，第 917—918 页。
③ 有关谢良佐的以觉论仁及其与程颢"识仁"的关系可参看郭晓东：《识仁与定性：工夫论视域下的程明道哲学研究》，第 148—153 页，上海，复旦大学出版社，2005。

地之生生大德。"医术言手足痿痹为不仁,此言最善名状。仁者,以天地万物为一体,莫非己也。"①手足痿痹故不能知觉痛痒,也就是麻木不仁,这在医学上是一种病态。而人若不能感受到天地万物一体,不能体会到天地万物与自我休戚相关,岂非亦是病态?因而仁者视天地万物无不关乎己身。"仁者,浑然与物同体。"而"识仁"的工夫也由此展开。仁亦是天理,尤其是天理之生生,识仁工夫非是要撇开本体而立一种工夫,而是活泼泼的即本体即工夫。

杨时并未格外地突出"手足痿痹为不仁",虽然他也说"疾痛非在己,而为之疾痛",但其论述重心在于阐发"万物与我为一"的仁之体,以疾痛为言只是为了借助切身的经验事实方便学者理解仁之体。然而杨时与谢良佐对"仁"的理解都未超出程颢之范围,三人论仁德根本处都在于对"万物一体"的把握。杨时同样将仁之体视作即本体即工夫,从而其格物工夫又落在"反身而诚"上,这一点在对其工夫论的详细梳理中可以清楚地发现。

综合前述,在心性问题上,杨时基本上主张性即理,是最高本体天理落入人与物之中,因而性、命、道三者同体而异名,不可别为三物。通过区分气质之性与天地之性,以气质之性为生之谓性,而以天地之性为人与物的本性,从而既保证了人与万物的性之一源(理一),又突出了个体的差异(分殊),同时补充了孟子的性善论,将恶归于气禀对本性的污染,道德修养也就获得了现实可能性与必要性,尤其是在理一本论前提下也表现出性一元论倾向。而"仁之体"则是本性的真实内容,是天地之性纯善价值的体现,以"万物与我为一"的大仁之心为仁之体,即是人的本心本性,因而知仁、知心、知性亦只是一。由此所开展出的工夫自然是合于本体的。杨时所彰著于世的道南工夫可以说全在其本体心性学说的发展理路之中。

---

① 程颢、程颐:《河南程氏遗书·元丰己未吕与叔东见二先生语录》,《二程集》上册,第15页。

第三节　工夫论

从本体到心性，再到工夫，其实质即最高概念"理"的一步步落实。与汉儒乃至魏晋玄学不同，宋明理学不仅要建构一套宇宙本体的学说，更关注现实人生，理学家们真正试图解决的恰恰就是现实中的人如何成圣的问题，本体论与心性论的目的在于为成圣之可能提供最终极的保障。保障一旦确立，接下来就是工夫论的展开了。杨时从天理出发所构建的一套工夫，由于他自己对"理"的体会而极具特色。而之所以称他所传承的理学为"道南学"，除了明道的前谶，更主要也是因为其一脉相传的工夫。

在对杨时的工夫论进行具体分析之前，首先必须辨明所谓工夫是道德修养的工夫，是成就圣人境界的途径。学者的目标不在于仅仅获得广博的知识，更不是为了求得功名利禄，杨时认为，为学应以圣人为师，学圣人之事，晓圣人之道。"以圣人为师犹学射而立的然，的立于彼，然后射者可视之而求中。若其中不中，则在人而已，不立之的，以何为准？"①为学就像射箭，能否射中，固然要视乎技艺之高下，但首先要有一个箭靶立在彼处，没有箭靶，就没有瞄准的方向，也就无所谓"中与不中"。对于学者而言，圣人就是这个靶，就是目标，就是方向。必须先有了这个目标，才能谈进学。否则，即使才高八斗，也只能沦入旁道歧途，或许有一点雕虫小技，但终究不是真正的学问。而圣人是何样人？圣人作为一种理想的人格，其道德是完美的。杨时这里所谓"圣人"与自孔孟以来儒家的"圣人"并无不同，兼具仁、智、勇三达德，合内外之道。圣人举止行处，动静语默，无一不"从容中道，从心不逾矩"②。杨时要求学者学圣人，正是希望学者以圣人为个体成德的楷模。在杨时看来，为学即是一成德的过程。要完成这个过程，实现成德的目标，专注于口耳之学是行不通的，

---

① 杨时：《语录·荆州所闻》，《龟山集》卷一〇，《景印文渊阁四库全书》第 1125 册，第 190 页。
② 杨时：《语录四·萧山所闻》，《龟山集》卷一三，《景印文渊阁四库全书》第 1125 册，第 247 页。

"口耳之学难与进德矣"①。儒家的经典承载的是天下的至道,学习经典
是最重要的掌握道的手段,也是进德的重要方法,因为德是道的体现。
"六经之义,验之于心而然,施之于行事而顺,然后为得。""今之治经者为
无用之文徼幸科第而已,果何益哉?"②在杨时看来,辞章口耳之学根本不
足以达到道,而必须以六经之深义验于心,施于行事,以心契会言象之表
所蕴含的道,光体会了还不行,还要施用出来,在举止动静中遵循着道,
体现出道,这才是"得"。那么,究竟如何才能学至圣人③呢? 为解决这一
问题,实有待工夫论的展开。

自杨时倡道东南,一传罗从彦,二传李侗,三传而有朱熹,海滨圣学
始盛。后世学者称杨时一脉为"道南学派"④。黄宗羲、全祖望在《宋元学
案》中说道:

> 罗豫章静坐看未发气象,此是明道以来,下及延平,一条血
> 路也。⑤

所谓"道南指诀",即此"血路",即"静坐看未发气象"。以杨时的话来说,
即"于喜怒哀乐未发之际,以心体之"⑥"以身体之,以心验之,从容默会于
幽闲静一之中"⑦。

"未发已发"原是《中庸》的范畴,"喜怒哀乐之未发,谓之中;发而皆
中节,谓之和"⑧。在宋代以前,《中庸》并未得到足够的重视,因而这一对

---

① 杨时:《经筵讲义·吾日三省吾身》,《龟山集》卷五,《景印文渊阁四库全书》第1125册,第
　 138页。
② 杨时:《语录·荆州所闻》,《龟山集》卷一〇,《景印文渊阁四库全书》第1125册,第202页。
③ 尽管孔子有"生而知之"之说,然而宋儒普遍认为圣人必经学习修养而成就。如伊川"生而知
　 之固不待学,然圣人必须学"。见程颢、程颐:《河南程氏遗书》卷一九,《二程集》上册,第
　 253页。
④ 有关道南学派的界定,史上有不同说法。本节暂不就此多作论议,而采取较通行之说,由杨
　 时始,传播洛学于东南,传罗从彦、李侗,朱熹后集大成,开创闽学。杨时道南之传亦可视为
　 由洛学至闽学的过渡。
⑤ 黄宗羲原本,全祖望修定:《豫章学案》,《宋元学案》第2册,第1277页。
⑥ 杨时:《书六·答学者其一》,《龟山集》卷二一,《景印文渊阁四库全书》第1125册,第310页。
⑦ 杨时:《语录三·余杭所闻》,《龟山集》卷一二,《景印文渊阁四库全书》第1125册,第233页。
⑧ 朱熹:《中庸章句》,《四书章句集注》,第18页。

范畴也隐而不彰,直至程颐与吕大临、苏季明反复辩明未发、求中,这一对范畴的哲学意涵才得以一时著明起来。"凡言心者,指已发而言,此固未当。心一也,有指体而言者(自注:寂然不动是也),有指用而言者(自注:感而遂通天下之故是也),惟观其所见如何耳。"①未发即心之寂然不动的本然状态。未发之中不可思不可求,才思才求即是已发,不可谓之中。主张存养,"若言存养于喜怒哀乐未发之时,则可;若言求中于喜怒哀乐未发之前,则不可"②。

杨时受二程影响,对《中庸》推崇备至,因而对"未发已发"也多有发明。"喜怒哀乐之未发"是指喜怒哀乐等情感隐而未发用出来,或者说情感思虑的活动尚未萌发。然而既言以"未发"则肯定了人心必有喜怒哀乐,而非无情感思虑。"已发"则指喜怒哀乐等情感一时发显出来,表现出来。如果"未发已发"的含义仅限于此,那么也就不足以引起众多学者的关注了。分别以"中"与"和"来标志"未发"与"已发",则"未发""已发"不仅是经验层面的实然,而且被赋予了道德价值。喜怒哀乐之未发即中,杨时依二程之意也以"中"为"不偏不倚,无过不及",可知在杨时看来,"中"本然地具涵于未发,人在情感思虑活动未萌时的那样一种状态是完全合乎道德价值取向的,如果人自未发之中自然地流露情感、发动思虑,那么这些情感思虑也必然地合乎中道,也就是"和"。实际上,未发就是心寂然不动之本体,已发即心感而遂通的发用。情感思虑都是由外物引起的、在与物交接之后,而心之本然状态是寂然不动的。"赤子之心,发而未离夫本。"③赤子之心纯然粹然、未被污染,近于本心,以之发显则喜怒哀乐无不中节,"未离夫本",故已发之和不离未发之中,即体而即用。"未发"与"已发"所代表的不是时间上的先后,考察人的心理活动可知,经验事实上人总是处于情感思虑活动之中,并且时常可以感受到自己受外物迁累不能发而中节。天地之性是没有偏失的,但总要落入气质

---

① 程颢、程颐:《河南程氏文集·答杨时论西铭书》,《二程集》上册,第 609 页。
② 程颢、程颐:《河南程氏遗书·刘元承手编》,《二程集》上册,第 200 页。
③ 杨时:《经解·不失赤子之心》,《龟山集》卷八,《景印文渊阁四库全书》第 1125 册,第 174 页。

之中，一旦落入气质，就有可能被污染，杨时以"体中"为工夫就是要学者直接契入本体，自见"中"之义，持此勿失就能无不中节。

在前文中已明，中即道之至极，是最高的道，也是天下之大本，一般的道或理都要本于中，失了中，便不能立。《书》云："惟精惟一，允执厥中。"如何才能执中呢？杨时认为执中不能无权。"执中不可以无权，执中无权犹执一也。圣人所谓权者犹权衡之权，量轻重而取中也。"①执一即杨墨之徒。杨氏为我，墨子兼爱都因不知权而未能执守中道，过而偏于一端，所以被孟子称为"贼道"，而禹稷思救天下饥渴，颜回在陋巷而不改其乐，若非知权，亦无异杨墨。只为知权，量轻重而取其中，无过无不及，所以"易地则皆然"。② 有学者以"尽变"释权，中与权两立。杨时不同意："权以中行，中因权立。《中庸》之书，不言权，其曰'君子而时中'，盖所谓权也。"③权即时中。杨时分析道：一尺长之物，五寸处可为中，但这只是长短之中，物体还有厚薄小大之殊，轻重不等，若只以长短之中为中，即是"无权"。如果要去厚薄小大之中，就应当放开长短之中，从轻重上考量。权固然有变的意思，但更要紧处在于"当其可"，即是说该取长短之中就执五寸处为中，该取厚薄小大之中则量其轻重，凡事要在该当如此做的时候做去，才是权，才是时中。这比只言"变"含义要丰富得多。"夫所谓中者，岂执一之谓哉？亦贵乎时中也。时中者，当其可之谓也。"④所以尧舜禹三圣相传，汤放桀，武王伐纣，都不违至道，各当其可而已。落到人身上，中即"喜怒哀乐之未发"。这是思虑未萌的最纯然粹然的状态，完全没有私意私欲的遮蔽，这种状态最是契合"天道"。杨时在给胡安国的信中说道：

> 执中之道，精一是也。夫中者，不偏之谓也。一物不该焉则偏

---

① 杨时：《书五·答胡康侯其八》，《龟山集》卷二〇，《景印文渊阁四库全书》第 1125 册，第 306 页。
② 杨时：《经解·若合符节》，《龟山集》卷八，《景印文渊阁四库全书》第 1125 册，第 174 页。
③ 杨时：《语录·荆州所闻》，《龟山集》卷一〇，《景印文渊阁四库全书》第 1125 册，第 191 页。
④ 杨时：《序·书义序》，《龟山集》卷二五，《景印文渊阁四库全书》第 1125 册，第 346 页。

> 矣。《中庸》曰"喜怒哀乐之未发谓之中",但于喜怒哀乐未发之时以
> 心验之,时中之义自见,非精一乌能执之?①

未发之中是人心的本然状态,是无所偏失的,在喜怒哀乐未发之时,即一切思虑活动之前,加以体验,体验心之本然中道的状态,自然可以明中道,人心与道心合一。又说:

> 学者当于喜怒哀乐未发之际,以心体之,即中之义自见。执而
> 勿失,无人欲之私焉,发必中节矣。发而中节,中固未尝亡也。②

喜怒哀乐未发之际,心处于寂然不动的状态,思虑未起,故无私意无胜心,就像一面尚未接触物的镜子,没有任何影像,一片澄明。这正是契合天道的,所以要加以体验,保持这种澄明不失,遇事,思虑一起,由于没有主观性的前见的遮蔽,思虑发萌依然合于中道,镜子与物相接,映照出的影像只是事物本身的样子,虽有影像,但镜子之明照未尝改变。圣人的情感发动总是当其可,当喜则喜,当怒则怒,无不中节。

由于未发之中契合着精微的"道心",又岂是言语所能把握的?所以,杨时教学者只是体验,超言忘象。杨时曾授罗从彦以读书之法:"以身体之,以心验之,从容默会于幽闲静一之中,超然自得于书言意象之表。"③强调静的工夫,并非始于杨时,早在先秦,荀子就提出了"虚一而静",理学开山周敦颐也提倡"无欲主静"。"虚一而静"只是一种认识方式,荀子认为主思的器官——心容易受外物的蒙蔽而不能正确地认识客观世界,必须通过"虚一而静"解蔽以达到正确认识外界的目的。"心未尝不动也,然而有所谓静,不以梦剧乱知,谓之静。"④冯友兰解释:

---

① 杨时:《书五·答胡康侯其一》,《龟山集》卷二〇,《景印文渊阁四库全书》第1125册,第299页。
② 杨时:《书六·答学者其一》,《龟山集》卷二一,《景印文渊阁四库全书》第1125册,第310页。
③ 杨时:《语录三·余杭所闻》,《龟山集》卷一二,《景印文渊阁四库全书》第1125册,第233页。
④ 王先谦:《荀子集解·解蔽篇》,第396页,北京,中华书局,1997。

心是经常动的，但是不以胡思乱想扰乱正常的思想活动，就是静。①

周敦颐所说"主静"则是一种修养的方法，无欲是虚静的前提，必须心中纯一，没有私欲杂念，才能达至虚静的境界，从而"明通公簿"，使人的思想行动达到仁义中正，符合圣人之道。② 另外，杨时之师二程，尤其程颢也谈及"静"。据《伊洛渊源录》："（杨）廉按：静坐之说明道举以告上蔡，而伊川每见人静坐亦叹其善学。但伊川又谓'才说静坐，便入于释氏之说，不用静字，只用敬字'，则已虑静之为有偏矣。惟明道他日复谓性静者可以为学，则夫朱子独言明道教人静坐者，岂非静在明道则屡言之，在伊川则虽言之而复不以为然乎？ 要之明道言静即敬字之义，伊川恐学者未悟，故加别白焉。其后如龟山、如豫章、如延平一派皆于静中观喜怒哀乐未发气象，而上蔡亦谓多著静不妨，此岂非明道之教乎？ 至和靖始终一个敬字做去，岂非伊川之教乎？"③

杨时所说"静中体验"自是继承程颢而来。他说："夫至道之归，固非笔舌能尽也，要以身体之，心验之，雍容自尽于燕闲静一之中，默而识之，兼忘于书言意象之表，则庶乎其至矣。反是皆口耳诵数之学也。"④至道高深精奥，超越于书言意象之上，而人心之寂然不动的本然状态，是与至道相契合的，由心之本然体验至道，自然可以有得。心有动有静，思虑一起则动，动则易被外物所累，故应保持着心之静一状态，于喜怒哀乐未发之际体贴天道，心领神会。着意于辞章文字的口耳诵数之学只能得道之末，而非至道。"幽闲静一"与"燕闲静一"都是对本心的描述。在杨时看来，"心之为物，明白洞达，广大静一"，即心之寂然不动。最高本体的

---

① 冯友兰：《三松堂全集》第 8 卷，第 601 页。
② 参见郭齐勇主编：《宋明儒学与长江文化》，第 23—26 页。
③ 杨廉：《伊洛渊源录新增》，转引自贾顺先：《退溪全书今注今译》第 1 册，第 929 页，成都，四川大学出版社，1992。
④ 杨时：《书二·寄翁好德其一》，《龟山集》卷一七，《景印文渊阁四库全书》第 1125 册，第 277 页。

"理"是恒常的存在，没有变化，此"天理"赋予人与万物之性，从根本上说，人性亦是静。杨时所谓性静或心静，并非一片死寂，心之本体即寂即感，燕闲静一是心之本然寂静状态，但静又涵摄动，一旦遇物，本寂之心立刻能感而遂通，明白洞达。"于喜怒哀乐未发之际能体所谓中，于喜怒哀乐之后能得所谓和。致中和，则天地可位，万物可育，其于平天下何有？"①于喜怒哀乐等情感未萌发之时体中亦即"雍容自尽于燕闲静一之中"。人生而落入经验现象界，肉体感官生而俱有，故本心时时面临私欲爱好的牵引蒙蔽，唯圣人始终不失本心，一般人则多有私心、胜心之蔽，故有恶的事实。杨时提倡的"体验未发"工夫不同于一般的在已发之后，私心邪念兴起然后一一对治的工夫，而是要人直接于本体上下手，全付心神专注于吾所本有的燕闲静一之本心，此本心亦是大仁之心，万物与我为一之仁之体，体认其不偏不倚、遍物不遗，而血肉之心中之暗浪自然平息，吾本有之不偏不倚、无过不及的与万物一体之仁之本心自然朗现无遗，以此观照天地万物，任其自然流行发用即已发得和，不会掺杂半点私欲。杨时说"静中体验未发之中"也类似于程颢的"识仁"。吕大临曾记程颢语：

> 学者须先识仁。仁者，浑然与物同体。义、礼、知、信皆仁也。识得此理，以诚敬存之而已，不须防检，不须穷索。②

程颢所说的"仁"，是"浑然与物同体"的大仁，是宇宙全体之仁，义、礼、智、信等都是"仁"内具足之义，这个"仁"与"天理"同。人心本然地知道"万物一体之仁"，"识仁"并非要在宇宙某处寻着一个"仁"，然后加以认知，所谓"识仁"，因"仁"已天然在人心中，只需"诚敬存之"即可，不必要有防检穷索的工夫，所以"识仁"实即"体仁"。杨时的"体验"工夫，也是对至道的直接体认，不须有防检穷索的繁杂工夫。

---

① 杨时：《语录三·余杭所闻》，《龟山集》卷一二，《景印文渊阁四库全书》第 1125 册，第 226 页。
② 程颢、程颐：《河南程氏遗书·元丰己未吕与叔东见二先生语录》，《二程集》上册，第 16—17 页。

杨时"静中体验未发"的工夫与程颢"识仁"工夫一样，是即本体即工夫的本体工夫，其特点即在于直接在本体着手，无任何曲折，让本心本性自然呈现于前，"要当以身体之，以心验之，则天地之心日陈露于目前，而古人之大体已在我矣"①。此种工夫的理论前提就是有所谓即寂即感、万物一体的本心本性内在于吾身，从而可以直接从心上体认，不须旁求。本心本性不是经验认知的对象，而是直觉体认的对象，一旦以直觉把握就可以朗现无遗、自然流行。陈来认为所谓体验未发的工夫实质就是一种神秘主义的心理体验②，具有偶发性、主观性，不能成为普遍有效的修养方式。其实对于体验者而言，他们已然确信如此本心具足于吾人，反而那些于已发之后的对治私欲邪念的工夫会因为人的万千私欲邪念此起彼伏而繁杂不堪，修养者常疲于一一对治，最终亦无所获益。而直觉体认工夫则不同，一旦体认得本体朗现无遗则动止语默无不中节，体验者对此本体总怀有无比的虔敬和信任，以此存存不使之消失，自然可省去对治工夫而不致令人疲烦。

杨时虽教人"从容默会于幽闲静一之中"，注重"静"的工夫，但并无明确的让人静坐之语。考查杨时的文集与年谱，都没有"静坐"之说，而他本人也未曾有静坐的经历。杨时自三十一岁赴徐州司法任至七十一岁历任地方小官，七十二岁被召入京，七十三岁任秘书郎，后又任著作郎兼侍经筵，因力排王学遭到排挤，在朝时间不过两年，未得大用。虽如此，杨时一生始终关心朝政，为官勤勉，不辞烦苛。即使偶有闲时，也是读书讲学不辍。倒是其高弟罗从彦，曾入罗浮山静坐，"建炎四年，特科授博罗主簿。官满，入罗浮山静坐"③。李侗也说：

---

① 杨时：《杂著·劝学》，《龟山集》卷二七，《景印文渊阁四库全书》第 1125 册，第 364 页。
② 陈来言："所谓体验未发……都是要求体验者超越一切思维和情感，最大程度地平静思想和情绪，使个体的意识活动转而成为一种直觉状态，在这种高度沉静的修养中，把注意力集中在内心，去感受无思无情无欲无念的纯粹心灵状态。成功的体验者常常会突发地获得一种与外部世界融为一体的浑然感受，或者纯粹意识的光明呈现。因而，道南宗旨在本质上看是直觉主义的，并包含着神秘主义。"见陈来：《有无之境：王阳明哲学的精神》附录，第 405 页。
③ 黄宗羲原本，全祖望修定：《豫章学案》，《宋元学案》第 2 册，第 1270 页。

> 某曩时从罗先生学问,终日相对静坐,只说文字,未尝及一杂
> 语。先生极好静坐,某时未有知,退入室中,亦只静坐而已。①

后李侗也教人静坐。朱熹对静坐的工夫存有怀疑,曾说:

> 罗先生说,终恐有病,如明道亦说静坐可以为学,上蔡亦言多著
> 静不妨,此说终是少偏,才偏便做病。②

朱熹担心静坐终沦入佛道,因此虽一定程度上接受静坐,但更强调"敬"。黄宗羲、全祖望评价:

> 盖所谓静坐者,不是道理只在静处,以学者入手从喘汗未定之
> 中,非冥心至静,何处见此端倪? 久久成熟,而后动静为一,若一向
> 静中担阁,便为有病。故豫章为入手者指示头路,不得不然,朱子则
> 恐因药生病,其言各有攸当也。③

此说颇的当。要之,静坐仅是体验未发工夫的一种形式,在某些情况下静坐可以帮助体验者更快更易于接近本体,但静坐并非唯一的手段,更非修养的目的。杨时虽然因心之本体的即寂即感而重视"静"的工夫,但他并不因此而对动有所偏废。在他看来,日用常行无一非道,在日常生活中对道德践履同样重要。

杨时授人以"静中体验未发之中",此为其最根本的工夫,但此工夫之直接难免不易于学者领会。学者一时难以直契本体,因而也需要有方便之门。在直接体验的工夫而外,杨时也对二程的"格物致知"与"诚敬"之说加以发挥改造,以此补充"静中体验",示以学者实际的进德门路。

格物致知,是《大学》"三纲八条目"中的内容。程颐十分重视这一问题,他视致知为进学门户。致知又在于格物,格物即穷理。学者通过格物致知,不仅可以识物理进而知天理,还可以修身齐家至于治国平天下。

---

① 黄宗羲原本,全祖望修定:《豫章学案》,《宋元学案》第 2 册,第 1285—1286 页。
②③ 同上书,第 1277 页。

朱熹很好地继承了程颐这一思想，并将之发挥得更精细。格物致知在程朱处，不仅是修养的工夫，同时也是非常重要的认识论，而杨时所说的格物致知，其认识论味道则淡薄许多。

杨时也以"极尽物理"解释格物，尽管杨时也肯定经验认知，"古人多识鸟兽草木之名，岂徒识其名哉？深探而力求之，皆格物之道也"[1]。鸟兽草木之名都属于一般性的经验认识，古人对此的认识并不仅限于表面，而是要"深探而力求之"，要穷究名背后隐藏的理，并且古人将自己所获得的认知存于六经文字之中，学者通过对六经的研习就可获得认知。如杨时解释《诗经·关雎》一诗，全要学者于诗之言象体会其中深意，而不停留在言象之表。但杨时特标明"致知格物"的立足点仍在于道德修养，所以他才接着又赞同"蓄德而反约"，也就是说，格物致知最终指向的是个体道德的精进。他说：

> 致知格物盖言致知当极尽物理也。理有不尽，则天下之物皆足以乱吾之知，欲其意诚心正远矣。[2]

所谓"物理"，并非我们今时今日所理解的"自然规律"，而是"伦常之理""道德之理"。极尽物理，即穷识道德伦常，如果不能尽识道德规范，一与物接，就不能守得心定，心不能定则易被物牵引，为物所累，自然无法诚意正心。所以，"学者以致知格物为先，知之未至，虽欲择善而固执之，未必当于道也"[3]。即是说，知有未到处，即使有心向善也会因为未能真正认识道而不能合于道。正如义利之辨，识义未精，极可能就滑入"为利"去了。

如何格物致知呢？杨时主张的是向内的进路，即"反身格物"。

---

① 杨时：《书六·答吕居仁其三》，《龟山集》卷二一，《景印文渊阁四库全书》第 1125 册，第 314 页。

② 杨时：《书五·答胡康侯其一》，《龟山集》卷二〇，《景印文渊阁四库全书》第 1125 册，第 299 页。

③ 杨时：《书六·答胡处梅》，《龟山集》卷二一，《景印文渊阁四库全书》第 1125 册，第 315 页。

为是道者，必先乎明善，然后知所以为善也。明善在致知，致知在格物。号物之多至于万，则物盖有不可胜穷者。反身而诚，则举天下之物在我矣。《诗》曰："天生烝民，有物有则。"凡形色具于吾身者，无非物也，而各有则焉，反而求之，则天下之理得矣。由是而通天下之志，类万物之情，参天地之化，其则不远矣。①

"为是道"，即为尧舜之道，为圣人之道，必须先"明善"，然后才可"为善"。明善，即明达什么是善，要做到明善就必须致知，致知在于格物。举天下之物，多至于以万计，不可能一一穷尽。孟子说：

万物皆备于我矣。反身而诚，乐莫大焉。②

杨时继承这一思想，将格物指向了人自身。他认为格物不必外求，只需从自身着手，就可得天下之理（万事万理），从而"通天下之志""类万物之情""参天地之化"，那么，天理、至道也就不远了。但是反求诸身的可靠性由何保障？为了解决这一问题，我们应回到第一章对"理一分殊"的分析。杨时正是以"理一分殊"之说为反身格物提供了保障。从前文的分析中我们可以了解到杨时以仁义来解释"理一分殊"，以仁为"理一"，以义为"分殊"，将理一分殊坐实于人伦上，理一之体未尝离乎分殊之用，理一已具足分殊之义。天地万物虽各各不同，但无一不是"理一"的流行大用，人与万物之性都源于天理本体，虽有物种乃至个体之间的差别，但以本心观照，自然可知"万物与我为一"的仁之体。此亦为人之贵于物者。"万物与我为一"的"大仁之心"为每个人天然地具足，见到孺子将入井，虽然自己并不处在那种危险的境况当中，但我们会产生同感，这是天然的反应。"知仁"即要体究这个"大仁之心"。这种对本心本性的体究当然不是向外的知识性的追究，而是向内的体验，所谓"知仁"实即"体仁"。"要当遍观而熟味之，而后隐之于心而安，则庶乎有得，非言论所及也。"③

① 杨时：《书三·答李杭》，《龟山集》卷一八，《景印文渊阁四库全书》第1125册，第283页。
② 朱熹：《孟子集注》，《四书章句集注》，第350页。
③ 杨时：《问答·答胡德辉问》，《龟山集》卷一四，《景印文渊阁四库全书》第1125册，第252页。

由"体仁"而推之,即"为仁"。所以,反身格物说到底即是要先体"万物与我为一"的"大仁之心",恰然体会得此心,尔后发用,于天下之理无不得,各随其分,一一做去,举止动静无不合于天道,成己成物,也就能达致圣人的境界了。

"诚"是《中庸》篇中非常重要的一个范畴。"诚者,天之道也;诚之者,人之道也。"①"诚"就是一个打通天人的通道,其本身不仅有宇宙论意义,亦是一种工夫。周敦颐对此范畴做了发挥,以"诚"为《通书》的宗旨。周敦颐明确以"乾元"为"诚之源",赋予"诚"以宇宙本体的意义,同时,诚又是"圣人之本""五常之本""百行之源","诚"坐实于人性修养层面。"诚"即"寂然不动者",是宇宙人心纯粹至善的本然状态。周子认为人生而后常为欲所蔽,受私情私意困扰,所以要通过一番功夫而回复到"诚"的本然状态。②

杨时也认为"诚"是个体道德修养的境界。"诚者,天之道,性之德也。"③直接点明"诚"既是天道又是人的德性,是天道在人身的直接显现。如果说《中庸》的"诚"与"诚之"还体现着从本体到工夫的路径,在杨时这里则即本体即工夫,也正如此,对杨时而言,所谓工夫就只是要体验本然之大心、善性。一旦体验到了,工夫也就完成了。

诚,本义即真实无妄,诚意就是要使个体之心、个体之意达到真实无妄的本然状态。人由于生而有气禀,纯善的天地之性被气禀污染而有气质之性,天地之性不能彰显而常为气质之性所主宰,因而要变化气质以复归天地之性。此一过程即可称为"诚之"。杨时说:

> 心不可无,性不假修。④

所以要操心正心、尽性养性。正心即是要"扩其善心而革其非"⑤,心之本

---

① 朱熹:《中庸章句》,《四书章句集注》,第 31 页。
② 参见郭齐勇主编:《宋明儒学与长江文化》,第 26—28 页。
③ 杨时:《书六·答吕秀才》,《龟山集》卷二一,《景印文渊阁四库全书》第 1125 册,第 313 页。
④ 杨时:《语录·荆州所闻》,《龟山集》卷一〇,《景印文渊阁四库全书》第 1125 册,第 190 页。
⑤ 同上书,第 196 页。

然是纯善无恶的,只因受外物牵累而生出邪心、邪念。如好货好色生于邪心,好即偏好、嗜好,是人欲之偏,故不可令之横行,而要格其非。然而不能强力遏止,应当因势利导,陈古之良善于目前,使人专以学古圣人为事,则邪心自闭,邪念自息,此非谓"有事"(着意为之),所谓"有事"即施以外力,以外力勉强遏止,如此则可能适得其反;若"无事"则自以圣人为师,不动妄念,暗浪自息,发而无不中矩。杨时反对"有事"的工夫,要去除私心、胜心对吾人良善本心本性的遮蔽和污染,应当要直养而无害。所谓直即"尽其诚心而无伪焉",凡事皆一本于吾之真实无妄的本心,不加以机诈智巧。诚意非是至静无动,让心一片死寂,诚亦感物而动,不过由于内心的真实无妄,感物而动,有所发也必真实无妄,无偏无失,无过无不及。杨时说"反身而诚,则常体而足,无所克也"①。只于本心上体验,而无所谓"克",克即胜己之私,胜私则终是待得与物交接后私意起动而后胜之,这样一来,意每起一次就须克一次,这种工夫未得根本,只能从本心上着手,先体验诚意,意诚心正,一切发用亦无不正。如伊尹放太甲之事,以臣放君而人不疑其志,只因伊尹凡事皆本于诚而无私心,行事出于诚意,自然合于道。诚意工夫与前文所论"静中体验"工夫其实是一致的,意诚,"大仁之心"自然显现,未发之中的本然状态也自然明晰,作为天道与道德修养统一的诚,实即一道德之本体,与"仁之体""中道"是相通的,只不过从不同角度来说,各有各的名罢了。

"诚者合内外之道,成己乃所以成物也。"②诚是贯通内外,打通天人的关键,所以《大学》的修齐治平以诚意为本。有学者问杨时,正心诚意如何能平天下? 杨时回答:

> 后世自是无人正心,若正得心,其效自然如此。此心一念之间毫发有差便是不正。要得常正,除非圣人始得。且如吾辈还敢便道

---

① 杨时:《书一·与杨仲远其四》,《龟山集》卷一六,《景印文渊阁四库全书》第 1125 册,第 269 页。
② 杨时:《书四·与刘器之》,《龟山集》卷一九,《景印文渊阁四库全书》第 1125 册,第 291 页。

自己心得其正否？此须是于喜怒哀乐未发之际能体所谓中，于喜怒哀乐之后能得所谓和。致中和，则天地可位，万物可育，其于平天下何有？①

在此，正心和诚意可看作一般，未有严格区分。杨时以为正心诚意从而治国平天下是自然而然的，无须怀疑，只要能实现正心诚意，自然能有平天下的效验。学者应当着意的是如何正心诚意，方法即"致中和"，其实质亦即"体验未发"，直接从本体上体验吾心之真实无妄，一毫无差。如果能"致中和"，就能参赞天地之化育，与道之生生同伟，平天下也就是自然的了。由此可以看出，杨时对于本体的"诚"或"中道"有着近乎虔诚的信赖，这一超越的本体在杨时处成为先天的不证自明的前提，丝毫不容有疑。以禹稷颜渊为例，颜渊虽在陋巷并无禹稷之巍巍功业，但杨时确信颜渊与禹稷易地皆然，颜渊亦能做出禹稷之事业，也就是说禹稷之功在颜渊是一潜在的能，而不是已实现的实。能要转化为现实仍有待于一定的外在条件，杨时并不以此为言说重心，而是强调"能"，令学者多用意于本心，以期进德。

进学主于诚意，为学仍有次第顺序，劈头直接诚意，在杨时看来，犹未当。二程言《大学》示学者以入学之次第，其论"格物、致知、诚意、正心、修身、齐家、治国、平天下"有其定则，不可一步登天。杨时论诚意虽是直接的工夫，直指本心本性，但并非一种当下的工夫。在他看来，"惟圣人与天同德者为能诚"②，诚即天之道，性之德，宇宙本体与道德境界直接同一，而不再经由中间环节，所以"与天同德者"可以直接地当下体认到诚，而一般人由于本性已然昏昧，与天德有差，所以不能当下体认，还要经由其他路径。

> 致知必先于格物，物格而后知至，知至斯知止矣，此其序也。盖格物所以致知，格物而至于物格，则知之者至矣。所谓止者，乃其至

---

① 杨时：《语录三·余杭所闻》，《龟山集》卷一二，《景印文渊阁四库全书》第 1125 册，第 226 页。
② 杨时：《书六·答吕秀才》，《龟山集》卷二一，《景印文渊阁四库全书》第 1125 册，第 313 页。

处也。自修身推而至于平天下，莫不有道焉，而皆以诚意为主。苟无诚意，虽有其道不能行也。故《中庸》论天下国家有九经，而卒曰："所以行之者一"，一者何？诚而已。盖天下国家之大，未有不诚而能动者也。然而非格物致知乌足以知其道哉？《大学》所论诚意、正心、修身、治天下国家之道，其原乃在乎物格，推之而已。①

诚意是修身以至于平天下之本，不能诚意则道不能行，即使行，所行亦会偏离道。但没有格物致知的工夫，就无法体知道，更谈不上行道了。所以，虽以诚意为本，但诚意又必须以格物致知为始。所谓"其原乃在乎物格"之"原"，并非本原之意，而是本始，即是说要以格物致知为工夫的开端，由此而推之。格物致知乃进学入德之门户。物格而后知至，至于止。君子进学必至于其所当止，当止则止，无过不及之蔽。"止"即止于诚意。前文已论及，格物致知并非认知意义上的，而主要是一种修养工夫，杨时虽未直接说"止于诚意"，但诚意在他这里本身就是打通天人的关键，要通过体验由人而天，诚意是核心环节，他多次谈到"诚者合内外之道"，诚意也是由治身到治世的通衢。格物而至于知理、穷理，止于诚意，发而为用，则无不正，施于身家天下，则无不治。

杨时曾应学者之请，写了一篇题跋，《题萧欲仁〈大学篇〉后》，论格物致知诚意，很有总括性：

学始于致知，终于知止而止焉。致知在格物，物固不可胜穷也，反身而诚则举天下之物在我矣。诗曰："天生烝民，有物有则。"凡形色之具于吾身，无非物也，而各有则焉。目之于色，耳之于声，口鼻之于臭味，接乎外物而不得遁焉者，其必有以也。知其体物而不可遗，则天下之理得矣。天下之理得，则物与吾一也。无有能乱吾之知思，而意其有不诚乎？由是而通天下之志，类万物之情，赞天地之化，其则不远矣，则其知可不谓之至矣乎？知至矣，则宜有止也。譬

---

① 杨时：《书六·答学者其一》，《龟山集》卷二一，《景印文渊阁四库全书》第1125册，第311页。

之四方万里之远,苟无止焉,则将焉归乎? 故见其进未见其止,孔子
之所惜也。古之圣人自诚意正心至于平天下,其理一而已,所以合
内外之道也。①

总之,杨时欲以"诚"糅合《大学》与《中庸》,"诚"可上达天,下至于人,合
内外之道。格物致知是入德之门户,通过外向的学习可以明达什么是
善,可以了解圣人之道,但成德或学圣人重在践履,以身体心验,因而关
键工夫在于内向进路的反身格物和反身而诚,二者其实为一,实质亦是
"体验未发"的直接的本体工夫。杨时并不完全否定外向的认知和已发
之后的对治工夫,但他始终以直接的本体工夫为根本。

前文已经论及,杨时教学者"静中体验"并非就是叫人静坐,杨时本
人并没有明确的"静坐"之说。所谓"静中体验",只是要保持心之静一的
本然状态不失,看未发气象,即使在日常的行止动静中,心之本然状态也
不受到外物的影响。所以,杨时所说的"体验",根本不需要某种特定的
时间或境况,而是在行止疾徐之间就能直接体验本心,随处体认天理。
不需要通过禅定的修持方式来直观自性,而是在日常洒扫应对中自然体
贴、体证天道。尽管"仁体""中道"或"诚"都不易描述,但他们就体现在
日用常行之中。圣人之道并没有什么高难之处,只要在寻常事上体认:
"夫圣人,人伦之至也,岂有异于人乎哉? 尧舜之道曰孝弟,不过行止疾
徐而已,皆人所日用而昧者不知也。"②所谓圣人,只不过是将人伦(道德)
实践到极致的人,圣人之事即日用常行。圣人与常人并无什么不同,圣
人所行之事亦不过日用常行,而圣人之有别于常人之处只在于圣人于日
常事也能做到符合中道,无过无不及。所以学者学圣人,不是要于某处
另寻得什么圣人之事,而是于日用常行中学习圣人之举止语默无一不合
于道,只要在行止疾徐之间加以体验即可。"虽行止疾徐之间,有尧舜之

① 杨时:《题跋·题萧欲仁〈大学篇〉后》,《龟山集》卷二六,《景印文渊阁四库全书》第 1125 册,
第 355 页。
② 杨时:《书三·答李杭》,《龟山集》卷一八,《景印文渊阁四库全书》第 1125 册,第 283 页。

道存焉。"①世之人多蔽于耳闻目见，不知日用常行即体现着至道，故不知探求，反而于深涩处说理，释氏老氏把话说得玄而又玄，学者一味追求，结果离道越来越远，而实际上，六经中自有妙理，圣人就平常事而论至道，言语平淡，义理却深远。若能详考之六经，深探其义理，再于日常中加以体证，何愁不能达于至道？"孟子所言皆精粗兼备，其言甚近而妙义在焉。如庞居士云：'神通并妙用，运水与搬柴。'此自得者之言，最为适理。若孟子之言则无适不然。如许大尧舜之道只于行止疾徐之间教人做了。"②孟子言仁心、性善，都切近人伦日常，义理精深而学者易得，后世儒者解经常学释老故作高论，反离了人伦日常，故杨时说："说经义至不可践履处，便非经义。"③经指示学者行圣人之事，学圣人之道，若不能在践履中得以验证施用，则无异于空谈，于学于进德皆无益。"所谓时习者，如婴儿之习书点画，固求其似也。若习之而不似，亦何用习？学者学圣人亦当如此，大概必践履圣人之事，方名为学。"④学圣人亦当如孩童习字，必定要反复练习模拟，以求近似，圣人之事如不践履，而只做文字工夫，也就称不上学了。

　　黄梨洲、全祖望责备杨时"入佛"，理由之一即"行止疾徐"，认为杨时此说近禅。⑤ 其实，杨时强调"行止疾徐"正是要学者不执意于语言文字，而要在日用常行中践履圣人之道，以此指责杨时入佛，似乎不太恰当。儒家的精神由始至终都紧扣着现实人生，其实践意味很浓，杨时教学者于行止疾徐之间体证至道，正是儒家致实精神的体现。而他本人一生也一直践履着自己的学术坚持，不论做地方官还是入朝，他始终都尽着自己的本分，一本于正心诚意，不畏权势，惠泽下民，可以说，杨时自己就是践履工夫的典范。据年谱所载，杨时二十四岁中进士，不赴任，杜门读

---

① 杨时：《书六·答栋质夫》，《龟山集》卷二一，《景印文渊阁四库全书》第 1125 册，第 316 页。
② 杨时：《语录四·萧山所闻》，《龟山集》卷一三，《景印文渊阁四库全书》第 1125 册，第 249 页。
③④ 杨时：《语录二·京师所闻》，《龟山集》卷一一，《景印文渊阁四库全书》第 1125 册，第 213 页。
⑤ 见黄宗羲原本，全祖望修定：《龟山学案》，《宋元学案》第 2 册，第 951 页。

书,后一直出任地方小官,未及大用,沉浮下僚四十余年却从不自认屈才。为政每以民为先念,勤政爱民。知余杭时,宰相蔡京为一己私利欲浚潴西湖,托言欲以便民。杨时亲自询问当地百姓,人人以为不便,于是上书直言其事,使之不得行。以蔡京当时权势,杨时乃敢直言其非,足见杨时为人之正直不阿,不畏强权。① 凡杨时治理之所,政无烦苛,民常不治而自化,在其教化下,民风淳朴,百姓皆感其恩德。至七十一岁乃以秘书郎被召,与执政者言国之大要无一不中,上书罢王爵、排和议、诛奸臣、争三镇及茶盐税法,无不本于诚心,不以私利为念。也正因此,杨时赢得了当时以及后世诸多学者的尊崇。吕本中曾说:

> 本中尝闻于前辈长者,以为明道先生温然纯粹,终身无疾言遽色,(龟山)先生实似之。②

可见杨时气质之温润醇和。清人王孙蕃总结杨时平生为人:

> 先生天资纯粹,襟度旷夷,海阔天空,浩然无际,而道必求诸师,行必求诸礼。立朝则以社稷为重,为政则以亲民为先。当其安于州县,不求闻达,力学不倦,守正不阿。及稍进用,则首排和议,专黜安石。至若撤燕兵、振威望、一统帅、罢奄寺、争三镇、问肃王,卓然正气,炳人耳目。③

通过以上对杨时工夫论的分析,我们可以发现,杨时极为重视对本体的体验和日常的践履,这正是其工夫之特色。杨时教人以格物致知为入德之门,而格物虽亦考之六经以期明善,但首要的是内向的反身格物,通过对良善本心的自返而达于诚意,其实就是要人于喜怒哀乐未发之际身体心验,令“万物与我为一”的仁之本心自然朗现于前,从而就可发而

---

① 事见年谱,张夏补编:《宋杨文靖公龟山先生年谱》“大观元年丁亥,五十五岁,三月十九日到余杭县任”条,转引自于浩辑:《宋明理学家年谱》第2册,第154页,北京,北京图书馆出版社,2005。
② 吕本中:《行状略》,转引自朱熹:《伊洛渊源录》,《朱子全书》第12册,第1061页。
③ 杨时:《杨龟山集·序》,正谊堂全书本,第1页,上海,商务印书馆,1936。

无不中节。杨时虽以"静中体验"为根本工夫,但不以静废动,天道即存于日用常行,因而对天道的体贴不离乎人伦日用,尤其当在日常中实践至道。

第四节 总结

杨时作为二程的高徒,一生严守师说,以弘扬洛学、纠正天下之偏为己任。南渡之后,杨时成为洛学大宗,以致三传而有朱熹之集理学大成,其传道之功不可不谓至伟。杨时的理学思想谨承二程,原创性则稍嫌不足。

在本体论上,杨时既吸收二程的"天理"本体,又兼采张载气化论。在杨时看来,理与道同义,是宇宙万物的本根,世界的本原,同时也是价值的最终源泉。道并不离开现象而处于彼岸世界,道就在现象界中,天地万物无一不是道的发用流行。道即仁义,是人伦道德的形上本体根据。人与万物一样都禀受气而生,气是不生不灭的永恒的实体,其聚散运动产生有形世界的生灭变化。但气只是产生万物的材料,理是更高于气的本体,理与气相即不离,理落入气中,予气以具体的规定性因而产生各各不同的万物。所谓"理一分殊",杨时主要从伦理层面加以阐释,仁即理一,义即分殊,举仁而义在其中。理一为体,分殊为用,体用不二。而其所蕴含的重视分殊的倾向被二传弟子李侗加以阐扬,发展出"理会分殊"的工夫。

本体下落至人而有心性论,天理本体是人与万物的性之源。"天命之谓性,率性之谓道",性、命、道三者初无异,只是从不同层面出发的命名。性是吾人生而即有的,因而可谓之为"生之谓性","生之谓性"亦是气质之性,气禀厚薄清浊的不同导致物种以及个体之间的差异,君子不以之为本性,人之为人的根据在于纯善无恶的天地之性,是天理本体所赋予在吾身者。以天地之性为本性,则吾人之性之良善获得了先天的保障。现实中的恶是由于气禀之偏,常人蔽于气质而不见良善之本心本性,故需要变化气质,以回复天地之性,此有赖于工夫的实现。从本善之性的内容来看,可谓吾人之本心本性实即"万物与我为一"之仁之体,既然天理本体是人与万物的根源,可知于本性上,人与万物都是一性,自我与他人、他物在价值上并无不同,都体现着天地之生生大德。因而整个宇宙就是一温情洋溢的有机的大生命,自我与他人、他物的关系如同手足,痛痒相关、休戚与共。故人应当推己及人,以博大宽厚包容天地万物(包括人在内),但言推就有本末之别,义本然地具足于仁之内,所以区别于墨氏之兼爱。万物一体之仁天然地包含着分殊之义。

为了将吾人之本性实现出来,必须有工夫论之考察。杨时以天理在我为性,性即命即道,以万物一体之仁为本心,开展出即本体即工夫的道南指诀,"于喜怒哀乐未发之际,以心体之,则中之义自见"①。体验未发的工夫直接从本体下手,而不待私心起念再一一对治,这种工夫直截了当,不须多做手脚。并且体验者自身对先天良善本心本性的虔敬使得此一工夫简便平易又行之有效。体验未发工夫类似于程颢"识仁"工夫,而杨时虽肯定"静"对于体认本体有用,却并不以静废动,全要学者静坐。"静坐"在杨时只是一种修养手段,关节点在于体认本体,让"万物与我为一"之本心本性自然呈露无蔽,从而其流行发用就可以若合符节,无任何差爽。格物致知与诚意是杨时为学者提出的方便工夫,体验未发工夫难免高远,恐学者一时难以契会,格物致知和诚意则更易于着手。杨时结合《大学》《中庸》,以格物致知为进学入德之门户,而一本于诚意。致知从而明善,如此方有用力处。然而杨时虽不否认外向的求知有益于进学,但道德修养的要旨乃在内向的工夫,以反身格物阐发格物可见杨时之不同于程颐。反身格物或反身而诚都是教学者于自身着手,其与体验未发的工夫并无二致,亦是直接简易工夫。杨时专以体验为事的工夫实际上高扬了吾人之道德主体性,通过内向体验本心本性,吾人便可达于至道,参赞天地之化育,成就圣人的高绝境界。体验未发工夫并无特定

① 杨时:《书六·答学者其一》,《龟山集》卷二一,《景印文渊阁四库全书》第 1125 册,第 310 页。

时空条件限制,既然圣人之道存于人伦日用之间,故吾人只需随处体认践履,事事循天理即可。

整体上看来,杨时于程颢处继承较多,其思想理趣与程颢更为接近。他沿袭着周程而下,以发明义理的方式解经,将先秦儒家的范畴赋予现实道德伦理的意涵,是对先秦原始儒家创造性的回归。这也正是出于批判汉学、反释老的需要。杨时正处于北宋党争严峻的时代,宋朝由盛转衰,内忧外患,他主要从学术思想角度,将国家积贫积弱的现象归罪于王安石新学,批之不遗余力,最终将新学从正统地位推了下来。杨时批判王安石主要着手处在于义利之辨,在他看来,王氏新学名为王道,实际上是霸业;明说为义,实质上是利字当头。"王氏心术之敝,观其所为,虽名为义,其实为利。"[①]王氏新学实质是挟管商之道而称孔孟,这对于谨克孔孟正学的杨时而言是绝不能姑息的。王学流弊不在杨墨之下,蔽人耳目,坏人心志,"王金陵力学而不知道,妄以私智曲说眩瞀学者耳目"[②]。杨时不仅在兼国子监后即上疏请罢王学,被罢免后仍著《三经义辩》等书,彻底批判王学。杨时对王氏新学的批判为发扬洛学以致程朱理学终成为正统官学肃清了道路。虽然有不少人(如朱熹、黄宗羲、全祖望等)指责杨时滑入佛道,但其思想立根于儒学无疑。有时亦有援佛老入儒、以佛老证儒之语,但他反对释老的立场是十分坚定的,一些话头常是有所指而发,因而考察其受释老影响时应别加注意。

---

① 杨时:《语录二·京师所闻》,《龟山集》卷一一,《景印文渊阁四库全书》第 1125 册,第 213 页。
② 杨时:《书二·与吴国华别纸》,《龟山集》卷一七,《景印文渊阁四库全书》第 1125 册,第 272 页。

第十四章　朱震及其《汉上易传》

朱震(1072—1138),字子发,号汉上,湖北荆门军长林沙洋人(今湖北省荆门市沙洋县),两宋之际著名的易学家。朱震于宋徽宗政和年间进士及第,历仕县州,以廉洁著称。晚年由于精通《春秋》《周易》而被朝廷起用,官至中书舍人兼资善堂翊善、朝散郎、左朝请郎等,死后加赠左中大夫,谥"文定"。《宋史》有传。

第一节　朱震生平与传世著作

一、以经入仕

朱震少时在东山书院读书,通过科举考试取得功名。宋徽宗政和年间登进士第,此后担任过县令、州官,以廉洁著称。北宋灭亡的前一年即靖康元年(1126),朱震因精研《春秋》经传,被召为太学《春秋》博士,朝廷的制词称他"推明三家之同异,与诸生切磨,以求合于圣人之意"(《汉上先生履历》)。南宋绍兴四年(1134),朱震在江西制置史赵鼎的举荐下被高宗召见,由于精通《春秋》《周易》的精要之处而甚得高宗心意。这次被召不久,朱震便擢升为祠部员外郎兼川、陕、荆、襄都督府详议官,朝廷的制词称赞他"涉道精淳,存心乐《易》,强学力行,白首不衰"(《汉上先生履历》)。朱震晚年被朝廷起用,主要是因为他深厚的经学功底,颇得当时的理学家和高宗皇帝的欣赏。任职期间,他把维护辖地的稳定和发展经济作为施政的主要策略,曾向高宗建议:"荆、襄之间,沿汉上下,膏腴之田七百余里,若选良将领部曲镇之,招集流亡,务农种谷,寇来则御,寇去则耕,不过三年,兵食自足。又给茶盐钞于军中,募人中籴,可以下江西之舟,通湘中之粟。观衅而动,席卷河南,此以逸待劳,万全计也。"①这些建议有利于安定生产,增加军备,也适应了高宗建国初以"守"为主的战略选择。

时隔一年,即南宋绍兴五年(1135),朝廷恢复经筵,所讲内容多以《春秋》《周易》为主,此间朱震连续擢升八次,据史书记载:"范冲、朱震为翊善,朝论以二人为极天下之选。上亦尝谓鼎曰:'前日台谏因对,语及资善之建,皆曰如朱震、范冲,天生此二人为今日资善之用,可谓得人矣。'"②朱震能在一年内迅速擢升,主要的原因是他在经筵讲学时的突出表现。

此间,他曾多次向高宗进谏,反对豪强兼并土地、官吏私加税赋、守令政令苛虐,以及连兴大狱伤及无辜等事件。他还非常重视朝廷对于人才的选拔,认为君主有时可以降低自己的身份,选拔出身低贱的人作为臣子。他说:"以君臣言之,以贵下人,卑有时而逾尊矣。得贱臣者,苟利于宗庙社稷,则或出于屠贩、奴隶、夷裔、俘虏,不问其素可也。"③他又借《泰》卦说明君主应该重视人才,提防奸诈小人擅权作乱,祸害天下。纳兰成德在《通治堂经解·汉上易传序》中作了专门的阐述,"子发之传亦云'时已泰矣,苟轻人才,忽远事,植朋党,好恶不中,不足服厌人心,天下复入于否'。又云'天地反复之际,小人必因君子有危惧之心,乘隙而动'。皆切中南渡君臣之病者,吾故表而著之书以为序"④。朱震还曾经

---

① 《宋史·朱震传》卷四三五,第 12907 页。
② 熊克:《中兴小纪》卷一八,《景印文渊阁四库全书》第 313 册,第 979 页。
③ 朱震:《鼎》,《汉上易传》卷五,第 170 页,北京,九州出版社,2012。
④ 纳兰成德:《汉上〈易传〉并〈易图〉丛说》序,康奉、李宏、张志主编:《纳兰成德集》下册,第 610 页,北京,北京出版社、北京古籍出版社,2006。

建议宋高宗,选任官吏应该慈祥仁惠并有治行之功,还希望朝廷编撰《古循吏传》一书,记载古今良吏的实绩,作为赏赐。

军事上,宋朝从太祖开始,就推行"将从中御",防止武将专权而不受制于中央政府,宋高宗遵循祖法,对统兵在长江上游的湖北地区至下游江淮一带的将领岳飞、韩世忠、张俊、刘光世等,不时加以转移调动,这种做法无疑影响到将士们的士气。朱震在《师》卦中说:"古者人君之用将……进止赏罚皆决于外,不从中制,是以出则有功。"又云:"任将不可不重也","自古任将不专,而致覆败者,如晋荀林父邲之战,唐郭子仪相州之败是也"。① 这些都是针对当时的军事形势而发的有价值的言论。

为了维持仓促之间组建的南宋政权,朱震在"德治"与"法治"间,更倾向于"德治"。他反对法家以苛刻残暴的刑律统治百姓,主张君主应该审慎用刑,以德服人,而不是凭借暴力镇压人民,如他解释《噬嗑》卦:

> 夫示之德让,使人安于至足之分则不争,不争则无讼。今物至于噬而后合,德下衰矣。噬之当也,犹愧乎无讼,矧噬之有不当乎?②

《噬嗑》的本义是用刑,而朱震以用刑为道德下衰的表现,这种解释与理学家程颐相悖。程颐解此卦说:"故天下之事不得合也,当用刑罚,小则惩戒,大则诛戮以除去之,然后天下之治得成矣。"③以用刑为正当合理的治理手段。然朱震认为,圣人以德让治理天下,使百姓安居乐业,这样的社会才是儒家理想的德治社会。一旦社会上出现了争斗和诉讼,即便是最终得以妥善处置,也说明社会道德在衰败,至于背离人伦物理的争斗和诉讼,更是祸患无穷,自取覆灭。

二、往来于理学家之间

朱震所处的年代,朝廷内部政治和学术最大的分歧就是以王安石为

---

① 朱震:《师》,《汉上易传》卷一,第 29 页。
② 朱震:《噬嗑》,《汉上易传》卷三,第 76 页。
③ 程颐:《周易程氏易传》卷二,《二程集》下册,第 802 页。

代表的"新学"和以二程为代表的"理学"之间分庭抗争。理学在北宋尚处于弱势,到了南宋初期,形势有所变化,理学势力日益壮大。建炎元年(1127),宋高宗在南逃的过程中,任命时年七十五岁的程门高足杨时为工部侍郎。杨时建议高宗,应以"讲学为先务"。建炎二年(1128),高宗逃到扬州,即开经筵讲《资治通鉴》,由侍讲王宾讲《论语》,并将司马光配享宗庙。高宗读史,推崇司马光,对王安石的学说自然有所疏远。

朱震自称在学术上受宋代理学家影响较大,在《进易表》中称其学"以《易传》为宗,和会雍、载之论"①,这里所说的《易传》是指程颐的《伊川易传》。经统计,朱震于六十四卦注解中,明引程颐《易传》处,就有一百条之多。② 这充分说明了他的易学和理学之间有着一定的联系。

二程后学以谢良佐和杨时最为有名,朱震不及二程之门,但与谢良佐关系密切,全祖望在《汉上学案序录》中云:"上蔡之门,汉上朱文定公最著。"③将朱震列为上蔡门人中之最优者。据《上蔡学案》记载,谢良佐监西京竹木场时,朱震曾携弟朱巽前往拜见。饭余茶罢,谢良佐亲自为其讲解《论语》中的《子见齐衰者》和《师冕见》。其后又写信劝勉朱震宅心道学,持之以恒,以明道先生为榜样。

以上事实说明,朱震与朝廷内理学家往来甚多,其易学思想中的许多理论,都得益于当时的理学家。北宋时理学家对《周易》的阐释,大致可分为两派:一派主要以义理的方式注《易》,这是北宋易学发展的主流,如程颐的《伊川易传》和张载的《横渠易说》;一派是经由易图书学和易象数学来阐发理学思想的,如邵雍的《皇极经世》和周敦颐的《太极图说》。朱震虽以象数为易学研究的基础,但他对理学家以义理注《易》多有所吸收,而且将理学之常用范畴如体、用、神、化、道、性、命等纳入其易学体系,成为诠释易学的方法论和思想来源。

---

① 朱震:《进易表》,《汉上易传》前言,第2页。
② 参见侯外庐、邱汉生、张岂之主编:《宋明理学史》上卷,第264页。
③ 全祖望:《汉上学案·序录》,《宋元学案》第2册,第1252页。

三、主要著作

朱震行世的主要著作是《汉上易传》。"汉上"二字,胡一桂《周易启蒙翼传》主张朱震号"汉上",居蒙泉。《四库提要》以为,其书题为"汉上","盖因所居以为名"。朱震在绍兴六年(1136)秋,将此书进呈高宗。在《进易表》中他说:"起政和丙申终绍兴甲寅,成《周易集传》九卷、《周易图》三卷、《周易丛说》一卷。"[1]这里朱震称《汉上易传》九卷,与晁公武《郡斋读书志》及现存《汉上易传》十一卷不同。若以九卷论,则不包括《序卦》注、《杂卦》注两卷,然这二篇传注从思想内容上看,当属朱震作无疑。陈振孙《直斋书录题解》云:"序称九卷,盖合《说》《序》《杂》为一也。"[2]陈说可信。这三部易学著作合在一起,便是后人所称的《汉上易传》。朱震以十八年心血完成此书,此后历代均以《汉上易传》为其代表作。今存有涵芬楼景宋本(缺《易图》和《丛说》),清初《通志堂经解》本、《湖北先正遗书》本及《四库全书》本。

第二节　朱震易学思想的主要特征

朱震的易学,主要有两个特征:一是以象数易为易学之正统和基础,着重阐发象数易学的理论,但同时又兼顾义理,主张象数为基础和以义理为归宿二者并行不悖;二是广泛采辑并折中各家之学,融汉易象数学与宋代先天河洛学于一炉。具体内容如下:

一、象数易为易学之正统和基础

朱震有感于魏晋以来王弼之流以老庄虚无思想注《易》、象数之学衰退的局面,决心力挽象数易学于危难之中,所以他不遗余力地着力阐发

---

① 朱震:《进易表》,《汉上易传》前言,第1—2页。
② 陈振孙:《直斋书录解题》卷一,第18页,上海,上海古籍出版社,1987。

象数易学思想,而两汉以来的象数易学自然成为他关注的重点。为此,他将象数之学视为易学发展之源,重点阐述象数易学的理论,以凸显其正统性。尽管其易学思想的归旨是义理,但这依然是建立在象数的基础上,这是朱震易学思想的一个突出特点。

(一)结合《周易》经传,朱震提出了易象为《周易》成书基础的理论

从根源讲,《周易》中的象数,源于对阴阳二气变化状况的模拟,但就《周易》本身构成而言,却是以"象"为基础。朱震认为,一部《周易》,就是由象所组成,离开了象则没有《周易》。正是在这个意义上,他提出"《易》者,象也"①,"《易》无非象也"②。

首先,《易经》成书的基础就是卦爻象,易辞不过是后来的圣人为了说明卦爻象而作,从根源看,卦爻象先于易辞而存在,是《易》的基础。朱震解释《系辞》"圣人设卦观象"一节时说:

> 圣人设卦,本以观象,不言而见吉凶。自伏羲至于尧舜文王,近者同时,远者万有千岁,其道如出乎一人,观象而自得也。圣人忧患后世,惧观者,其智有不足以知此,于是系之卦辞,又系之爻辞,以明告之,非得已也,为观象而未知者设也。③

伏羲画卦的时代,只有六十四个卦象而没有卦爻辞,伏羲氏只是教人如何观察卦象,推测吉凶,趋利以避害。到了文王周公之时,因为忧虑后人不能通过观察卦爻象而知吉凶,于是系以卦爻辞,解释卦爻象,所以卦爻辞之作是基于卦象而发。

其次,朱震认为《易传》各篇都是用来阐发易象的,他说:"《易》无非象也,《彖》也,《大象》也,《小象》也。其象各有所宜,不可以一概论。"④他认为《彖传》《大象传》《小象传》分别从各个角度表现和说明易象,三者在

---

① 朱震:《乾》,《汉上易传》卷一,第2页。
② 朱震:《复》,《汉上易传》卷三,第84页。
③ 朱震:《系辞上传》,《汉上易传》卷七,第220—221页。
④ 朱震:《复》,《汉上易传》卷三,第84页。

取象上各有特点，分别适宜不同的情况和场合，不可一概而论，但它们又相互增益，"夫子之《大象》，别以八卦取义，错综而成之，有取两体者，有取互体者，有取变卦者，大概《象》有未尽者，于《大象》申之"①。《大象》的取象体例主要有两体说、互体说和变卦说等，这些体例是对《象传》取象的补充说明。

最后，充分重视《说卦》中八卦所取的物象。朱震在《集传》中对《说卦》中八卦所取的物象详加注解和考证，从汉易到宋儒皆有引述，且文字与注解《系辞》的文字数不相上下，表明他十分重视以八卦所取的物象解释卦爻象和卦爻辞。朱震还在前人研究的基础上，试图对逸象加以理论说明，他说："六爻变化，其象岂能尽摹哉？此凡例也。智者触类而长矣。"②此是说，《说卦》所举的八卦物象，仅是举一隅以作凡例，目的是为了启发人们触类旁通，举一反三。从对八卦物象资取的范围上看，《汉上易传》远远超过了《说卦》，其中有很多来自虞氏逸象。以乾卦为例，朱震取天、帝、圆、君、父、玉、金、寒、冰、大赤、良马、老马、瘠马、驳马、木果，这些象与《说卦》之象基本吻合，至于朱震另外所取的大人、圣人、贤人、君子、宗、龙、衣、直，则与虞氏逸象同。

对于八卦逸象，朱震有一个基本的看法，就是认为这些逸象是《周易》本来就有的，并不是先儒随意附会所成。他说：

　　秦汉之际，易亡《说卦》，孝宣帝时河内女子发老屋，得《说卦》、古文《老子》，至后汉荀爽《集解》又得八卦逸象三十有一。案《集解》坎为狐，《子夏传》曰："坎称小狐。"孟喜曰："坎，穴也，狐穴居。"王肃曰："坎为水，为险，为隐伏，物之在险，穴居隐伏，往来水间者，狐也。"子夏时坎为狐，孟喜王肃止随传解释，不见全书，盖秦汉之际亡之矣。今考之六十四卦，其说若印圈钥，合非后儒所能增也，故校证

①　朱震：《乾》，《汉上易传》卷一，第2页。
②　朱震：《说卦传》，《汉上易传》卷九，第260页。

其误而并释之,以俟后之知者。①

朱震此处所引《子夏传》以坎为狐,刘玉建教授曾进行过详细的考证②。朱震这段话的原意,是逸象本来就为《周易》经文所固有,后人之所以在通行本《说卦》中见不到这些象,是因为《说卦》原文在秦汉之际亡佚,后人无法得以窥见全书之貌。但是,这些佚失了的易象对于理解《周易》六十四卦非常重要,它们乃《周易》一书所固有,并非后儒随意增设。

不仅如此,朱震还对易学史上不取八卦之象的王弼等人提出批评:"王弼曰:'爻苟合顺,何必坤乃为牛。义苟应健,何必乾乃为马。'不知凡健顺者皆乾坤之象,爻有变化,杂而成文,如不以健顺论乾坤之性,则《说卦》为赘矣。辅嗣自《系辞》而下,不释其义,盖于象数穷矣。"③任何卦义都有其象,凡具有健顺之性的,皆有乾坤之象,故《说卦》以健顺解说乾坤两卦象,王弼的失误就在于废止象数易学,势必陷入困境。朱震的努力,就是使几乎禁绝的象数之学发扬光大,这对于北宋以后象数之学的发展是一个极大的促进,不过我们也应当注意到这样一个问题,就是朱震对《说卦》八卦取象的解释过于繁杂以致多有牵合之误。

(二)考察《进易表》和《序》二篇,可以看出他将象数学视为易学正统和基础

朱震在《进易表》中,以象数易学发展为主线,对两汉象数易学传统给予了充分的肯定,认为《京氏易传》所论卦气、纳甲、五行之类,实际上"出于《周易·系辞》和《说卦》",他将《系辞》《说卦》看成京房易学的理论依据,肯定了京氏以象数方法解《易》的合理性和正确性。其后马融、郑玄、荀爽、虞翻等"各自名家,说虽不同,要之去象数之源犹未远也"④,朱震对东汉易学犹有所肯定,认为其大体接续了象数易学的传

---

① 朱震:《说卦传》,《汉上易传》卷九,第261页。
② 参见刘玉建《〈子夏易传〉逸象》,《两汉象数易学研究》,第58—61页,南宁,广西教育出版社,1996。
③ 朱震:《丛说》,《汉上易传》,第396页。
④ 朱震:《进易表》,《汉上易传》前言,第1页。

统。进而,朱震对北魏以来弃象数不论的易学家进行了批评,"独魏王弼与钟会同学,尽去旧说,杂之以庄老之言,于是儒者专尚文辞,不复推原《大传》。天人之道,自是分裂而不合者,七百余年矣"①。直至北宋,以陈抟为核心的图书派授受谱系的确立,带动了象数易学的复兴。与此同时,一批新兴的易学大师,刘牧、周敦颐、张载、邵雍、二程等"或明其象,或论其数,或传其辞,或兼而明之,更唱迭和,相为表里"②,长期以来倍受冷落的象数易学得以发扬。朱震对汉代以来易学发展的评论,完全是站在象数易学的立场,他的态度是很鲜明的:唯有象数易学才是易学正统。

朱震在《序》中还重点考察了象数易学的五种体例。《序》开篇便讲:"圣人观阴阳之变而立卦,效天下之动而生爻。变动之别,其传有五:曰动爻,曰卦变,曰互体,曰五行,曰纳甲。而卦变之中又有变焉。"③这五种体例是朱震对前人以象数注《易》的概括和总结。事实上,这五种方法也对朱震以象数注《易》产生了重要影响,它们贯穿朱震易学思想之始终。不仅如此,朱震还从《周易》经传中为这五种体例寻找理论支持,从而进一步肯定了这五种象数体例在理论上的合理性。林忠军教授评论说,朱震在《序》中提出了象数易学五个学说,并从各个角度反复解说其内容,其目的无非是要说明这五个学说是《周易》理论的基石。④ 此说甚是。

考察《序》最后一段,朱震讲:"凡此五者之变,自一二三四言之谓之数,自有形无形言之谓之象,自推考象数言之谓之占。圣人无不该也,无不遍也,随其变而言之,谓之辞。辞也者,所以明道也。故辞之所指,变也,象数也,占也,无不具焉。是故可以动,可以言,可以制器,可以卜筮,盖不如是,不足以明道之变动而尽夫时中也,故曰:'系辞焉而命之,动在其中矣。'夫《易》广矣大矣,其远不可御矣,然不越乎阴阳二端,其究则一而已矣。一者,天地之根本也,万物之权舆也,阴阳动

①② 朱震:《进易表》,《汉上易传》前言,第1页。
③ 朱震:《序》,《汉上易传》前言,第1页。
④ 林忠军:《象数易学发展史》第二卷,第275页,济南,齐鲁书社,1998。

静之源也,故谓之太极。学至于此止矣。卦可遗也,爻可忘也,五者之变反于一也。是故圣人之辞因是而止矣。"①朱震认为,这五种取象方法就是象数之学,它们作为本于阴阳的五种象,是《周易》系辞的根据,利用它们,可以观象制器、推原筮占、阐明易道,最终达到学至太极。他所言"卦可遗也,爻可忘也"与王弼"得意忘象"不同,他的意思是通过对象数易学这五种方法的研究,就可以达到学《易》的最高境界,即对太极的领悟。

(三)从朱震流传后世的三种易学著作看,他的易学重在阐发与象数易相关的思想

这三种易学著作分别是《汉上易传》十一卷、《卦图》三卷、《丛说》一卷。《汉上易传》是朱震易学思想的主体部分,在这部著作中,朱震从象数易学的角度出发解释《周易》经传。它与后两种著作的不同之处,是除了重点阐述象数易学理论外,也有相当一部分的内容涉及义理易思想,如其多处引用程、张两家言论,以引《伊川易传》最多,但这并不影响朱震易学思想的主体仍然是象数易:其一,朱震着力最多处仍在象数易学,其用以阐发象数易学的文字远远多于义理部分;其二,即使阐发义理思想,朱震也是以象数为理论依据,义理的思想始终不离象数易。《卦图》是朱震对西汉以降至北宋年间的图书之学进行广泛的搜集整理,汇编而成的著作。收入的易图达四十四幅之多,这些图式,集中表达了象数学派的易学观。上卷所收易图共七篇,它们是流行于北宋时期的河洛之图、先后天图、太极图、李挺之卦变图等,对其中每一款图式,朱震都详细介绍其作者、渊源以及图式蕴含的象数易思想;中卷所收图式,是包括李溉卦气图、太玄准易图、乾坤交错成六十四卦图等在内的共十六幅图式,朱震结合天文、历法、音律等自然科学知识解释《周易》中的有关思想,尤其以阐述象数易学中的卦气理论为主;下卷共收二十一幅易图,朱震重点阐述了易学中的纳甲、卦气和易数理论。《丛说》一卷,属于杂论性质,用以

① 朱震:《序》,《汉上易传》前言,第2页。

解说《周易》经传文以及与易学研究相关的问题,也是以象数学派的观点为主。由此可见,朱震流传后世的三种易学著作都与象数易学有着密切的关联,每一种易学著作的重点都在于宣扬象数易学的思想理论。

（四）象数易学的最终旨趣是阐明易理

朱震虽然将象数之学视为易学之基础而详加阐述,但他并不排斥义理学派以人文理解《易》的思路,主张以象数为基础的易学研究,最终的目的是阐明易理。他在《进易表》中声明其学"以《易传》为宗",也就是承认以程颐的《伊川易传》为其易学之宗旨;他在《汉上易传》中阐发的心性修养论,主要受理学家的影响;他对《说卦》"精义入神以致用""穷理尽性以至于命"的解释,表明他深受张载的影响,以穷神知化的天人合一为人生的最高境界。张其成教授曾撰文指出,宋代象数学派继承汉代象数学派的人文情怀,参合天人,避免天学与人学相割裂的弊端,或由太极以立人极,或由物理、自然之理而论心学、性命之学,从而建构了一个宇宙与人文同构同序的理论图式,表达了鲜明的人文价值理想。因此有必要从人道观的角度对象数学派进行深入的研究,以给象数学派一个全面而公正的评价。① 张教授此说极具启发,我们完全可以用此方法来研究朱震。以象数之学为基础和以义理之学为归宿,这在朱震易学思想中是并行不悖的两个方面。

二、广泛采辑并折中各家之学,融汉易象数学与宋代先天河洛学于一体

朱震试图站在象数学派的立场,对汉宋易学作出一次总结,故而其易学广泛吸取先儒之说,但又不是简单地重复前人的思想,而是对这些思想加以折中融汇,借此建立一个无所不包的易学体系,这是朱震易学的另一个重要特征。

朱震在《汉上易传》中,对西汉以来的各家易学均有所吸收,正如《进易表》所言,他的易学是"以《易传》为宗,和会雍、载之论,上采汉魏吴晋

---

① 张其成:《汉代象数学家的人文情怀》,《周易研究》,2000 年第 1 期。

元魏,下逮有唐及今,包括异同,补苴罅漏",就是说他的易学纵贯汉宋,包括异同,对各家之学兼收并蓄。这一点反映在其传世的三部易学著作中,《汉上易传》又名《汉上易集传》,既然以"集传"二字命名,就表明了他的易学思想广集先儒之说;《卦图》主要收集两汉以来图书学派的成果,其中大部分图式为前人所作,少数易图可能是朱震亲作;《丛说》也大量收集两汉以来易学家说《易》的资料。就多方采辑先儒之说这一点,朱震的《汉上易传》与唐李鼎祚《周易集解》相似,但李氏《集解》所收仅限于唐代及唐代之前易学家的《易》注,朱震则不止于此,还收录了北宋以后包括图书学和理学在内的诸多易学家的思想。几乎可以这样说,凡是历史上稍有影响的易学家的易注,朱震皆有所采辑。从内容上看,汉上易所涉及的易学家,既有主象数的,也有主义理的。象数学内部,具体又采用了:(1)占验派,如孟喜、京房、焦延寿等,朱震对此派中的卦气、八宫、五行、世应、飞伏、爵位、象占、太乙、六壬、遁甲等均有吸收;(2)注经派,如郑玄、荀爽、虞翻、崔憬、李鼎祚等,朱震对其卦变、纳甲、五行、互体、升降、之正、太极等象数思想加以吸收;(3)图书派,如宋代李溉、陈抟、刘牧、邵雍、李挺之等人,朱震吸收了此派中的河洛之学、先天后天学、太极图、卦变等。义理学家的思想,朱震对王弼《周易注》中相关思想有所吸收,他引用最多的,要数理学家的《易》注,其中明引程颐《伊川易传》就达一百多条,所引张载的易学思想也甚多,仅次于程颐。

值得注意的是,朱震并不是简单地罗列历史上易学家的《易》注,而是将这些观点融汇到他本人的易学体系中。其易学的逻辑体系,简单地说,就是以太极为易学之最高范畴,将汉唐的元气论与北宋时期的体用论思想结合,不仅坚持以元气解释太极,而且将太极视为《周易》象数之源,万物之祖,将"学至于太极而止"视为学易的最高境界;以象数为易学研究之基础,以"变"为核心,统领古今易学家提出的各种象数体例;以卦图为解释易学的工具,融北宋图书学与汉代象数学于一体;以义理为易学之归宿,吸收传统儒家和北宋新儒学思想。正因为如此,朱震的《汉上易传》不仅具有重要的史料学价值,更是一部用力颇深的易学论著。

第三节　朱震易学之最高范畴——太极

朱震太极观的一个重要思想，就是借助理学常用范畴"体""用"，以阐述其象数易学思想，从而使其太极观不仅具有了象数之学的含义，而且具有了象数之源的功能和作用。

他在《汉上易传》中释"大衍之数五十，其用四十有九"说：

> 一者，体也，太极不动之数。四十有九者，用也，两仪四象分太极之数。总之则一，散之则四十有九，非四十有九之外复有一而其一不用也。方其一也，两仪四象未始不具。及其散也，太极未始或亡，体用不相离也。四十有九者，七也，是故爻用六，蓍用七，卦用八，玄用九，十即五也，十盈数，不可衍也。分之左右而为二，以象两者，分阴阳刚柔也。挂一于小指以象三者，一太极两仪也。揲之四以象四时者，阴阳寒暑即四象也。①

朱震将太极之一与四十九对举，以解释大衍之数与四十九之关系。此"一"为太极不动之数，因其不动，故又为《易》之体。四十九参与揲蓍过程，因其变化而有两仪四象，故为太极之用。两仪四象与太极之数的关系是，"两仪四象分太极之数"。值得注意的是，朱震使用了"分"字，太极乃"一"，按理说是不能被分的，因此，这里的"一"字不能简单地视为数学上的单一的"一"，而是哲学上"合一"的"一"，也就是说，此太极之一乃四十九数合而为一，故"总之则一，散之则四十有九"，"非四十有九之外复有一而其一不用也"，此"一"即是四十九，四十九也即是"一"。此太极之一，当其未散之时，两仪四象已蕴含其中，此即体中有用，当其散开时，两仪四象又分此太极之数，太极并不因此而消亡，此即用中有体，故体用始终不相离。朱震此说蕴含的意义，就是将太极之一视为《周易》象数演变的根源。

---

① 朱震：《系辞上传》，《汉上易传》卷七，第228页。

他解释《系辞》"《易》有太极,是生两仪,两仪生四象,四象生八卦"时又指出:

> 极,中也。太极,中之至欤?《易》有太极,四十有九合而为一乎! 四象八卦具而未动谓之太极,在人则喜怒哀乐之未发者也。阴阳,匹也,故谓之仪。太极动而生阴阳,阳极动而生阴,阴极复动而生阳。始动静者,少也,极动静者,老也,故生四象。乾,老阳也,震坎艮,少阳也,坤,老阴也,巽离兑,少阴也,故四象生八卦。卦有爻,爻有位,刚柔相交有当否,故八卦定吉凶。有吉凶则有利害,人谋用矣,故生大业。①

朱震这段话的主要意思在于说明太极之于《周易》象数学的意义和作用。其总的思想,就是将太极视为四十九数"合而为一"。此太极之一,内含四象八卦之象数,但尚未散开,处于未动之时。"太极动而生阴阳,阳极动而生阴,阴极复动而生阳"一句,与周敦颐《太极图说》"太极动而生阳,动极而静;静而生阴,静极复动"似同而异。周氏《太极图说》以"无极"为最高哲学范畴,无极至静无感,为万物之源,其生成万物必须借助太极一静一动的作用。以无极为"静无",太极就是"动有"。而朱震的易学思想视太极为最高本体,太极乃象数之源,万物之祖。其自身含有两仪、四象、八卦,两仪、四象、八卦就是太极自身的展开。另外,《太极图说》在描述太极生阴阳的具体过程时,主张太极先动,动则生阳,动极则归于静,静则生阴,似有将太极中的动静阴阳分开的意味和倾向。而朱震直言"太极动而生阴阳",阴阳作为两仪同时存在于太极之中,太极就是阴阳的统一。在阴阳动静中,又有"始动静者"和"终动静者"的差别,"始动静者",就是少阳和少阴,"终动静者",就是老阳和老阴,它们从两仪中分有,此即"两仪生四象"。八卦分四象,乾为老阳,震坎艮为少阳,坤为老阴,巽离兑为少阴,故"四象生八卦"。

---

① 朱震:《系辞上传》,《汉上易传》卷七,第 234 页。

从以上分析可知,朱震将两仪、四象、八卦看成是太极自身逻辑的展开,如此所理解的太极,就是《周易》象数之根源。此外,朱震还从易数的角度,说明太极之一是易数产生的根据。他说:

> 一者何? 气之始也。参天者,一太极两仪也。两地者,分阴阳刚柔也。参天两地,五也,五小衍也。天地五十有五之数具而河图洛书大衍之数实倚其中,一与五为六,二与五为七,三与五为八,四与五为九,九与一为十。五十者,河图数也,五十有五者,洛书数也。五十有五即五十数,五十即大衍四十有九数。①

朱震认为,大衍之数、参两之数、天地之数、河洛之数以至策数,五者相互包含,相互摄取,本质上是一致的。参两之数,本于太极之一,此一小衍为五,由此产生五行生成之数,其和为五十有五,即天地之数,其中蕴含河图、洛书、大衍之数。朱震此论,其实就是将太极之一看成参两之数、大衍之数、河洛之数、天地之数产生的根据,而此四数也就是太极之一自身的展开,以此说明《周易》中的数,根源于太极之一。

最后,朱震在《序》中对上述思想进行了总结,他说:

> 夫《易》广矣,大矣,其远不可御矣,然不越乎阴阳二端,其究则一而已矣。一者,天地之根本也,万物之权舆也,阴阳动静之源也,故谓之太极。学至于此止矣,卦可遗也,爻可忘也,五者之变反于一也。是故圣人之辞因是而止矣。②

"权舆",始初也,古人造衡自权始,造车自舆始,此处言"权舆",谓万物造化初始之义。所谓"五者之变",是指象数易学中动爻、卦变、互体、五行、纳甲这五种体例之变化,朱震视这五种变化是《周易》象数学最重要的体例。在他看来,这五种变化,皆源于太极之一。太极就是天地万象之根本,阴阳动静之源泉,懂得了这一点,就达到了易学的最高境界,由此可

---

① 朱震:《说卦传》,《汉上易传》卷九,第 253 页。
② 朱震:《序》,《汉上易传》前言,第 2 页。

知,太极就是朱震象数之学的最高范畴。

以上主要是从象数易学的角度解释太极,其中最重要的一个思想,就是朱震以体用范畴解释不用之一与四十九数的关系,由此得出太极乃四十九数之和的结论,太极自身含有两仪、四象、八卦以至六十四卦,两仪、四象、八卦、六十四卦即太极自身逻辑的展开。此外,朱震还从易数和象数体例的角度讨论太极之一的性质和功能,这些解释,均在于说明太极乃《周易》象数之源。

由于朱震视太极为易学最高范畴,当他以太极解释世界的生成时,必然导出太极为万物本原的思想。他在《丛说》中讲:

> 太极者,阴阳之本也。两仪者,阴阳之分也。四象者,金、木、水、火、土也。八卦者,阴阳五行布于四时而生万物也。故不知八卦则不知五行,不知五行则不知阴阳,不知阴阳则不知太极,人孰知太极之不相离乎,不知太极则不可语《易》矣。[1]

就世界的生成而言,太极是万物的根源,因为它是阴阳二气得以产生的本根。"太极动而生阴阳",所谓两仪,就是指阴阳二气。阴阳二气分化为五行,此即四象。朱震以五行为四象,本于孔疏、胡瑗和李觏。孔疏曰:"'两仪生四象者',谓金木水火,禀天地而有……土则分王四季,又地中之别,故唯四象也。"[2]胡瑗《周易口义·系辞上》亦云:"四象者,即木金水火是也。"阴阳五行之气分布于四季而生万物,此即八卦。按孔疏的解释,"震木、离火、兑金、坎水,各主一时,又巽同震木,乾同兑金,加以坤、艮之上为八卦也"[3],朱震亦取此义。学者由此逆推可知,五行即在八卦之中,故"不知八卦则不知五行",阴阳即在五行之中,故"不知五行则不知阴阳",太极即在阴阳之中,故"不知阴阳则不知太极"。按此说法,万物的生成皆本于阴阳五行之气,而太极即是阴阳之本,故太极是易学的最高范畴,万物之祖,但又不脱离万物而存在,它就在阴阳、五行、八卦或

---

[1] 朱震:《丛说》,《汉上易传》,第404页。
[2][3] 王弼注,孔颖达疏:《周易正义》卷七,第370页。

万物之中。

朱震在《丛说》中对这个问题作了进一步的回答,他说:

> 至隐之中,万象具焉。见而有形是为万物,人见其无形也,以为
> 未始有物焉,而不知所谓物者,实根于此。今有形之初,本于胞胎,
> 胞胎之初,源于一气(而),一气而动,氤氲相感,可谓至隐矣。故圣
> 人画卦以示之,"一"画之微,太极两仪四象八卦无所不备,谓之四象
> 则五行在其中矣。①

"至隐之中,万象具焉"一句,源于程颐"冲漠无朕,万象森然已具"②。程
氏所言,是指理无形兆,但万象皆具备于其中。而朱震则以"至隐"为气,
万象皆在此气之中,由于它尚未分化,故曰"一气"。气动而分阴阳,阴阳
二气氤氲相感,其中虽蕴含万象,但尚未形成有形可见的具体事物,故称
为"至隐"。圣人依此而画卦,所画之"一",虽然细微,但从太极到八卦皆
在其中。朱震此说,其实就是将太极解释为尚未分化的一气,此气中即
含有两仪、四象、八卦乃至万物。朱伯崑评价说:"此种观点,同其易学理
论,即太极不动之一散而为四十有九,成为两仪、四象、八卦是一致的。"③

朱震解释《说卦》"是以立天之道曰阴与阳"时,进一步指出:

> 《易》有太极,太虚也。阴阳者,太虚聚而有气也,柔刚者,气聚
> 而有体也。仁义根于太虚,见于气体而动于知觉者也。自万物一源
> 观之谓之性,自禀赋观之谓之命,自通天地人观之谓之理,三者
> 一也。④

以太极为太虚,这是受到张载的影响。阴阳是太虚凝聚而成的气,刚柔
是气聚所成的体,仁义之类的知觉也根于太虚,性、命、理三者名殊而实
同,也都根源于太虚。

---

① 朱震:《丛说》,《汉上易传》,第404页。
② 程颐:《周易程氏易传》卷一五,《二程集》上册,第153页。
③ 朱伯崑:《易学哲学史》卷二,第359页,北京,华夏出版社,1995。
④ 朱震:《说卦传》,《汉上易传》卷九,第254页。

朱震视太极为易学之最高范畴,象数之源,在以太极解释世界万物的生成时,他继承了汉易和孔疏中的元气说,但又不是简单的重复,而是参照北宋道学家之思想和范畴,在新的历史条件下加以诠释、改造,这是其太极观的主要特色。

第四节　朱震易学之变化观

变易及其法则,这是朱震易学思想的核心。太极"动而生阴阳"后,由此展开了阴阳气化流行的过程。圣人模仿阴阳二气的升降变化而立卦生爻,所以《周易》卦爻的主要性质和特点就是变。从象数学的体例看,其易学思想又表现出以"变"为主体内容,以卦变为基础,统率易学相关条例的特点。

一、对卦变的多种解读

朱震易学思想中体系最为庞杂、最牵强附会,然最能体现其作为象数派易学家的部分,就是他对于"卦变"作出的多种解读。其所谓的卦变,既包括上至春秋时期的变卦思想,《说卦》中的乾坤生六子,又包括西汉以降的乾坤生十二辟卦、十二辟卦生其他卦,以及宋儒李挺之的卦变图等。可以这样说,凡是由一卦变成或者生出另一卦及相关方面的思想,皆可称为卦变。

其一,他以变卦说为卦变说。变卦说,起源于古人的占筮活动,是指一卦中的一爻变或者数爻变而引起的卦体的变化,不变的卦体称为本卦(或遇卦、贞卦),产生变化的卦体称为变卦(或之卦、悔卦)。朱震所说"凡所谓之某卦者皆变而之他卦也","此左氏所记卜筮之言,曰之某卦之说也",就是指这种筮法中的变卦体例。

其二,他将京房八卦相生变成六十四卦视为卦变。京房卦变说主要是指他所创立的八宫六十四卦新卦序,这是一种独具特色的体系完整的卦变说。对于京房的八宫卦变说,朱震注解《系辞》时作了如下发挥:"形

散为气,明而幽也;气聚成形,幽而明也……以八卦观之,一变者,卦之始
也,谓之一世,六变者,卦之终也,谓之游魂,七变而反者,卦体复也,谓之
归魂。始者,生也,终者,死也,反则死而复生。"①他以京房八宫说解释生
死并最终归结为阴阳之气的聚散往复,较为忠实地反映了八宫说所蕴涵
的阴阳消长理论。

其三,他将虞翻等人的旁通说视为卦变。旁通作为一种象数体例,
指两个卦体的阴阳爻象完全相反,由此而形成阴阳爻彼此相应而交通,
明代来知德又称之为"错卦"。朱震将虞翻等人的旁通说视为卦变,说明
他把《周易》中一切涉及爻变的情况均视为卦变。

其四,朱震认为,《彖传》所言刚柔上下往来,讲的也是卦变。严格
意义上的卦变,见于《彖传》。《彖传》言卦变,依据卦中爻象的上下、往
来、行进、内外等的变化关系,推明一卦之所以异于另一卦,是因为其
爻与位有变易。《彖传》讲到的卦变,归纳起来,共有二十三例。其基
本的特征是本卦与卦变不同爻性的爻数对等,爻的上下、往来、行进、
内外等的变迁只能在卦体内不同爻性的两个爻位之间进行。《彖传》
把卦变当作其内在结构的主体部分。《彖传》中的卦变,经汉儒荀爽、
虞翻等进一步发挥,到宋代李挺之集大成,形成体系完备的"六十四卦
相生图"。

其五,朱震将虞翻、陆绩等人的动爻说视为卦变。"动爻",是指爻象
的变化,简称爻变。朱震于《序》中指出,圣人"效天下之动而生爻",又言
"道有变易,有流动,爻则效之,故曰爻"②,意思是《周易》中爻象的生成,
是圣人模拟天地万物运动变化的结果,爻象生成后,亦势必反映天地万
物的种种变化,此即"爻象之变化,象天地,故曰天地变化,圣人效之"③。
因为爻具有变化的属性,故称其为"动爻"。

在象数之学的多种取象体例中,朱震对动爻说是十分关注的。他在

---

① 朱震:《系辞上传》,《汉上易传》卷七,第222页。
② 朱震:《系辞下传》,《汉上易传》卷八,第250页。
③ 朱震:《系辞上传》,《汉上易传》卷七,第226页。

《序》中谈到了五种象数体例,列于第一位的,就是动爻。他之所以关注动爻,是因为动爻是其卦变说的理论依据,在内容上,它与《象传》的卦变、之正、世应、旁通、变卦等取象体例相通。其动爻说,围绕注经和占筮两个方面展开,包括爻象相易、爻象失位(或得位)动变正(或不正)、揲蓍求卦过程中的九六之变等。

其六,朱震视《说卦》乾坤相索生六子为卦变。按《说卦》的本义,是讲经卦的卦变,朱震则以六画的别卦解释此类卦变。他说:"'刚柔相摩,八卦相荡',先儒谓阴阳之气旋转摩荡,《乾》以二五摩《坤》成《震》《坎》《艮》,《坤》以二五摩《乾》成《巽》《离》《兑》,故刚柔相摩,则《乾》《坤》成《坎》《离》,所谓卦变也。八卦相荡,则《坎》《离》卦中互有《震》《艮》《巽》《兑》之象,所谓互体也。"[1]朱震认为,《乾》二五同时摩《坤》二五,如此可得一个六画的《坎》卦,同样,《坤》二五同时摩《乾》二五,可得一个六画的《离》卦。《乾》《坤》相交生出六画之《坎》《离》,此谓卦变。其后,虞翻又采用互体说,认为《坎》《离》中又含有其余四子:《坎》卦互体得《震》《艮》,《离》卦互体得《巽》《兑》。

其七,朱震卦变说的内容,还包括李挺之的变卦反对图和六十四卦相生图。李挺之的易学已经失传,后人所能见到的最早关于李挺之卦变思想的资料,便是朱震《汉上易传》。关于李氏卦变图的渊源,朱震说:"右李挺之六十四卦相生图一篇,通变卦反对图为九篇。康节之子伯温传之于河阳陈四丈,陈传之于挺之。"[2]因此,此图当由李挺之所创经陈四丈而传于邵氏父子。朱震不仅在《易图》中列有李挺之卦变图,而且在《集传》及《丛说》中多次运用此图注解《周易》,可见他对李氏卦变图非常重视。李氏卦变图的思想源于虞翻,朱震推崇两汉象数之学,对易学大师虞翻的观点多有继承,对其卦变说更是推崇备至。

其八,朱震还以卦气为卦变。朱震将卦变与西汉以来的卦气思想结

---

① 朱震:《丛说》,《汉上易传》,第399页。
② 朱震:《卦图》,《汉上易传》,第314页。

合,以卦气为卦变,进而又以卦气说作为其阐述卦变思想的内在依据。他在《序》中说:

> 乾生三男,坤生三女。乾交乎坤,自姤至剥,坤交乎乾,自复至夬,十有二卦谓之辟卦。坎离震兑谓之四正,四正之卦,分主四时,十有二卦各主其月。乾贞于子而左行,坤贞于未而右行,左右交错,六十卦周天而复。阴阳之升降,四时之消息,天地之盈虚,万物之盛衰,咸系焉。其在《易》之复曰"七日来复",《象》曰"至日",在《革》曰"先王以治历明时"。在《说卦》曰:"震,东方也,巽,东南也,离,南方之卦也,兑,正秋也,乾,西北之卦也,坎,正北方之卦也,艮,东北之卦也。"此见于卦变者也。①

这段话实质上就是以卦气为卦变。卦气和卦变,本来分别是易学研究的两个重要领域。卦气说的特点是将《周易》卦爻与历法融为一体,揭示《周易》中阴阳消长的变化与节气转换的一致性,所以它非常重视阴阳二气在四季更替中的运动变化。卦变说则以卦爻象本身的变化为基础,它所强调的是阴阳二爻的变动所引起的整个卦体的改变。卦气说盛行于西汉,其作用主要在于以卦气为根据,建立起推天道明人事的象数筮占体例。卦变说虽本之于《彖传》,但直至东汉才得以完备。惠栋《易汉学》指出:"卦变之说本于《彖传》,荀慈明、虞仲翔、姚元直及蜀才、卢氏、侯果等注详矣,而仲翔之说尤备。"卦变说的作用主要在于注释《周易》经传。

朱震以卦气说为根据解释卦变,重要的原因是为其卦变说寻找理论根据。朱震的易学思想以太极之气为最高范畴,并主张有气而后有象,这就决定了他必然以阴阳二气解释《周易》中相关的体例,而卦气说就在于揭示《周易》六十四卦与阴阳二气消长变化及节气转化的一致性,以卦气为根据解释卦变,与他以气化的思想解释《周易》象数学的思维是相通

---

① 朱震:《序》,《汉上易传》前言,第1页。

的,这正反映了朱震以"变"为主体内容的卦变观。

二、卦变以爻象的变易为基础

朱震的卦变说,体系庞杂,貌似混乱,其实是有一条主线贯穿于其中的,这就是强调爻象之"变"。时贤研究朱震的卦变思想,都忽视了这一点。朱震提出:

> 《易》之为书,明天地之用,其用不过乎六爻,不可远也,远此而求之,则违道远矣。其道也屡迁,有变有动,不居其所,升降往来,循环流转于六位之中,位谓之虚者,虚其位以待变动也……或自上而降,或自下而升,上下无常也。刚来则柔往,柔来则刚往,刚柔相易也。无常则不可为典,相易则不可为要,流行散徙,唯变所适,然亦不过乎六爻,不过者,以不可远也。其出入云者,以一卦内外言之,两体也,出则自内之外,往也,入者自外之内,来也,以是度外内之际而观消息盈虚之变……盖不可远者,《易》之体也,而有用焉。为道也屡迁者,《易》之用也,而有体焉。能知卦象合一,体用同源者乎?斯可以言《易》之书矣。①

这段话是对《系辞》"变动不居,周流六虚,上下无常,刚柔相易,不可为典要,唯变所适"一句的诠释,集中反映了朱震的易象观。所谓"道",这里意指易象的变化之道;"用",是指爻象的升降变易;"体",是指卦象之体质。朱震将《周易》视为一本关于易象变化之道的书籍,而易象的变化法则,必须借助爻象在卦体内的升降变易方可表现出来。由于爻象处在这样一个不断变化的过程之中,故其位置为"虚"。因其为"虚",所以又具有灵活多变的象征意义,"或自上而降,或自下而升,上下无常也。刚来则柔往,柔来则刚往,刚柔相易也",此即爻象之"用"。《周易》的变化之道,正是通过这六位爻象的变化而得以体现。爻象无论如何变化,都不

---

① 朱震:《系辞传下》,《汉上易传》卷八,第248页。

能离开卦象这一个整体，所谓"然亦不过乎六爻"，是指《易》中的卦象原始于初爻，要终于上爻，上下共六位以成其体质，这是不变的易之"体"。然此卦体又是通过六位爻象的变易而呈现出来的，所以卦象与爻象，通过这种体和用的变动与调适，达到"卦象合一，体用同源"。朱震的目的，在于说明易道变化无穷，其中的每一卦作为整体，其内部在爻与爻之间都是一种动态的关系，他总结说："信斯言也，则《易》之为书，无非变也。"[1]卦爻象的这种变化，以象数体例的形式表现出来，就是以爻变为基础而发生的卦变。

第五节　朱震卦图及对北宋图书学传承之考察

易学图象，是易学家为了直观地揭示《周易》象数和义理之学而绘制的一系列图象。北宋以来的易学发展，虽然主流表现为义理之学，但是从治《易》的方法和探讨的内容来看，宋易内部也分为象数和义理两大派。其中象数学派，除继承汉唐传统的注疏学风外，更为突出的特点是，提出各种图式解说《周易》原理，尤其是经过朱熹的确认和提倡后，以图书之学为主的象数之学成为宋易的重要组成部分，融合到占主导地位的义理之学中。图书学之所以能在宋代产生并迅速流行，首先是与道教的兴盛分不开。宋代从太祖赵匡胤始，就十分崇信道教，而道教的理论与《周易》关系十分密切。东汉魏伯阳作《周易参同契》，援《易》入道，凭借易理建立了炼丹的理论体系，其中最具影响的就是月体纳甲。宋初陈抟的《太极先天图》《龙图》等，皆以《易》印道，以道发《易》。正是由于统治者的扶植和道教的兴起，与道教相关的融修炼与易学为一体的图书之学也流行开来。其次，象数易学在历经魏晋隋唐发展之低谷后，内在的弊端也已暴露无遗，而图书学的兴起，正好符合这一时期象数易学发展的需要，所以它一产生，立即引起了诸多易学家尤其是像朱震这样的象数

---

[1] 朱震：《丛说》，《汉上易传》，第 394 页。

易学家的关注。最后,图书之学的产生也与北宋时期自然科学的进一步发展有着直接的关系。图书之学作为一种内含数理及其推演和变化的思潮,离不开当时自然科学所取得的成果,如刘牧对河洛之数的解释,邵雍对先天之数的推算,皆依赖数学和历法。

当图书之学发展到一定阶段而初具规模时,就必然需要对这些资料加以整理和收集,以便使图书学在新的历史条件和背景下进一步发展,朱震是易学史上第一个将这些易图加以汇编和整理的易学家,他的《卦图》三卷中,共列有四十四幅图式。这些图式从不同角度对《周易》一书的原理加以阐述。朱震在卷首有一句非常重要的话:

> 卦图,所以解剥《彖》《象》,推广《说卦》,断古今之疑,发不尽之意,弥缝《易传》之阙者也。①

这句话阐明了《卦图》三卷在朱震易学中的地位。《易经》作为上古圣人遗留给后人的一部神秘之书,蕴含了无尽的奥秘,虽有孔圣人作《易传》以阐述其精蕴,但语言文字毕竟有其局限,故《易传》作为文字解释系统,还有缺憾之处。而易图的作用,就在于进一步解说《彖》《象》二传,推广《说卦》思想,断古今人们所疑,阐发语言所未尽之意,从而弥缝《易传》欠缺不周处。简言之,就是通过卦图以尽《易传》未尽之意,由图以尽意。这一说法,与朱熹评价周敦颐《太极图》时所言"太极图,立象以尽意,剖析幽微,周子盖不得已而作也"(《文集·答张敬夫》),意思颇相类似,均强调卦图的重要性,认为只有凭借卦图,方能表达易学中的象数和义理。

从北宋图书学讨论的内容来看,其主要包括太极图、先后天图、河洛之图,故而朱震在《卦图》篇中首列这几幅图式,并在《进易表》中详细地阐述这几幅图式的传授谱系。他说:

> 国家龙兴,异人间出,濮上陈抟以先天图传种放,放传穆修,修

---

① 朱震:《卦图》,《汉上易传》,第292页。

传李之才,之才传邵雍。放以《河图》《洛书》传李溉,溉传许坚,坚
传范谔昌,谔昌传刘牧。修以《太极图》传周敦颐,敦颐传程颐、
程颢。①

朱震是历史上第一位推思北宋图书之学传授谱系的易学家。他的
这段话表达了这样的传授次第:

《先天图》:陈抟—种放—穆修—李之才—邵雍

《河图》《洛书》:种放—李溉—许坚—范谔昌—刘牧

《太极图》:穆修—周敦颐—程颢、程颐

这里,朱震只是指出,仅《先天图》始传自陈抟,至于《河图》《洛书》《太极
图》是否亦始自陈抟,朱震并没有指出。然而,后世许多易学家却妄加揣
测,认为朱震在这段叙述中,把包括《河图》《洛书》《太极图》在内的图书
学统统归于陈抟所传。不过,考《汉上易传卦图》之《河图》一篇,朱震倒
是指出《河图》传自陈抟,"右《河图》,刘牧传于范谔昌,谔昌传于许坚,坚
传于李溉,溉传于种放,放传于希夷",则在刘牧之前加入陈抟。然而朱
震阐述《洛书》的传授,仅言"右《洛书》,刘牧传之",并未言传自陈抟。按
黑白点的《河图》《洛书》在思想和表达形式上的同一性,这两种图式的作
者绝对为同一人。而朱震在言《洛书》的传授时,仅言刘牧一人,并不言
及陈抟,这就给后人留下一个疑问,《河图》《洛书》是陈抟所作,还是刘牧
所作。李觏《删定易图论序》言:"世有治《易》根于刘牧者,其说日不同。
因购牧所为《易图》五十五首,观之则甚重复。假令其说之善,犹不出乎
《河图》、《洛书》、八卦三者之内,彼五十二皆疣赘也。"②这里,李觏直接认
为《河图》《洛书》为刘牧作,故言"根于刘牧"。又《易学启蒙》在《河图》
《洛书》后有蔡元定之语:"惟刘牧意见,以九为《河图》,十为《洛书》,托言
出于希夷……"③此也只是认为《河图》《洛书》乃刘牧自己的思想,最多也

---

① 朱震:《进易表》,《汉上易传》前言,第1页。
② 李觏:《删定易图论序》,《李觏集》,第52页。
③ 朱熹:《易学启蒙》,《朱子全书》第1册,第211页。

不过是托言陈抟而已。或许正是出于上述这一误解，朱震认为《河图》传于陈抟。但是，对此他也可能心存疑忌，故在言《洛书》的传授时，仅提到刘牧一人。

再来考察《太极图》。朱震在叙述《太极图》的传授时，仅说此图传自穆修，并没有说传自陈抟。但先儒包括朱熹在内，都误认为朱震的意思是《太极图》由陈抟传给穆修，再由穆修传给周敦颐。如朱熹在《周子太极通书后序》中说："熹又尝读朱内翰震《进易说表》，谓此图之传，自陈抟、种放、穆修而来。"①又陆九渊说："朱子发谓濂溪得《太极图》于穆伯长。伯长之传，出于陈希夷。其必有考。"②然考朱震《进易表》，他始终没有明言《太极图》由陈抟三传而至周敦颐，包括他在对《太极图》的注释中都只是说，"右《太极图》，周敦实茂叔传二程先生"③，并没有言及陈抟。由此可见，把《太极图》的渊源上溯至陈抟的说法，是后人的误解，并非朱震的原意。

然而，朱震在《进易表》中，虽没有说《太极图》传自陈抟，但明言此图由穆修传至周敦颐。他的这个说法后来遭到一些人的反对，其中就包括朱熹。朱熹始终怀疑朱震的说法，直到后来，他看到了潘兴嗣为周敦颐所作的墓志铭，更加确认此图是周敦颐亲作。潘兴嗣在《濂溪先生墓志铭》中写道："（周敦颐）尤善谈名理，深于易学，作《太极图》、《易说》、《易通》数十篇、诗十卷，今藏于家。"④潘兴嗣是周敦颐的友人，相互间应该是很熟悉的，因此他的这一说法具有参考价值。在此基础上，朱熹又经过多方考证，认为周敦颐有可能通过张咏，接受了陈抟的某些思想⑤，然而《太极图》是周敦颐亲作："至于先生，然后得之于心，而天地万物之理，巨细幽明、高下粗精，无所不贯，于是始为此图，以发其秘

---

① 朱熹：《太极通书后序》，《周敦颐集》，第45页。
② 陆九渊：《与朱元晦》，《陆九渊集》，第24页。
③ 朱震：《卦图》，《汉上易传》，第300页。
④ 潘兴嗣：《濂溪先生墓志铭》，《周敦颐集》，第91页。
⑤ 可参考李申：《周氏太极图源流考》，《易图考》，第3—12页，北京，北京大学出版社，2001。

而。"①这是确认了《太极图》是周敦颐所自作。到了元代，刘因著《记太极图说后》，对太极图的授受源流作了进一步的考察。他说：

> 《太极图》，朱子发谓周子传于穆伯长，而胡仁仲因之，遂亦谓穆特周子学之一师。陆子静因之，遂亦以朱录为有考而潘志之不足据也。盖胡氏兄弟于希夷不能无少讥议，是以谓周子非止为种、穆之学者。陆氏兄弟以为老氏之学而欲其当，谬加无极之责，而有所顾藉于周子也。②

这是从学术考察前人的态度。接着，刘因又指出了一个非常重要，但一直被人们所忽略的问题："然其实，则穆死于明道元年，而周子时年十四矣。是朱氏、胡氏、陆氏不惟不考乎潘志之过，而又不考乎此之过也。"③既如此，周敦颐不太可能从穆修处学到《太极图》。胡适进一步提出异议：

> 今读穆集，无一语及陈抟，可怪。朱震之说必是瞎说。因为穆修死时（1032）周敦颐（生 1017）只有 15 岁，无传授之理。邵雍生于1011，比周敦颐大六岁，尚且是穆的再传弟子，何况周呢？④

看来刘因的考证可信度较大，朱震之说却有失误。但是有一点是可以肯定的，那就是朱震提出的《太极图说》是周敦颐所作。他在解说《太极图》时说："右《太极图》，周敦实茂叔传二程先生。茂叔曰……"后面便是引用的《太极图说》全文。

综上所论，若仅就图式而言，周子太极图确实参照了道教的修炼图，但是，他将道家的修炼图置于儒家文化体系之下，以《易传》和《中庸》思想为依托，变逆则成丹的道教图式为儒学的宇宙生成图式，阐发了《系辞》"易有太极"章之大义，并提出"立人极"的道德伦理思想，这些又是他

---

① 朱熹：《再定太极通书后序》，《周敦颐集》，第 48 页。
② 刘因：《记太极图说后》，《静修集》，《景印文渊阁四库全书》第 1198 册，第 537—538 页。
③ 同上书，第 538 页。
④ 转引自李申《易图考》，第 29 页。

本人的创造和心得,也是《太极图》和道教修炼图的本质区别。所以,古人言太极图非周子自作,是专就图式而言;而主张是周子自作如朱熹等人,是就图式所阐发的义理而言。

以上是对朱震《进易表》所陈北宋图书之学传授谱系作的一些考察。从中可以看出,朱震的叙述确实存在一些失误,但他所叙述的三支易图的传授谱系大体符合北宋时期图书学派发展的情况。这三支传授谱系的共同特点是,都以图式解说《周易》原理。北宋时期,图书之学十分流行,成为学术界的一大思潮,北宋道学家周敦颐和邵雍,都是从图书学派中分化出来的哲学家,在一定程度上可以说宋明哲学史从图书学派开始。朱震能够意识到图书学派在宋明哲学和易学发展中的重要地位,这是其重要贡献。此外,他毕竟是中国易学史上对图书之学的传授进行系统整理的第一人,如果没有他的整理,后人对图书之学的研究就不会如此丰富。如果进一步就他对这些图式本身所包含的思想内容的议论看,朱震的思想确实具有时代价值。

第六节　朱震象数之学的义理归宿

朱震的易学思想有一个显著特点,就是认为《周易》是以象数之学为源流和出发点的,但是他同时又认为,以象数为基石的易学,其目的是阐明易道,这是他易学思想中并行不悖的两个方面。反映在他的易学著作中,朱震注解经文时,常常在论象之余阐明义理,儒家的人道观、价值观与道家的天道观,儒家的道德修养论与道家的宇宙精神被巧妙地贯通在"易"理之中,其主要思想在很大程度上受到理学家尤其是张载气化派思想的影响。

一、"得意忘象"的言意之辨

魏晋时期产生了一种新的思辨方法,这就是"言""意""象"之辨。对于这三个概念,朱震作了简单却精辟的界定,他说:"乾健也,坤顺也,健

顺者,意也,谓之乾坤者,名也,乾奇坤偶者,象也。"①象指卦爻奇偶之象,
名或言指卦爻辞,意指卦爻象和卦爻辞蕴含的意义和义理。易学史上最
初从哲学方法论的角度阐发此问题的易学家当属王弼。他从取义说出
发,以义理为第一性的东西,象和名作为显义的工具,居于次要的地位,
为卦义服务。朱震并没有从象数学派的立场出发批评玄学派和程氏易
学的言意观,而是对其思想多有吸收。他解释《系辞》"子曰书不尽言"一
段时说:

> 言之难,论者不能尽形之于书,意之难,传者不能尽见之于言。
> 然圣人之意终不可见于天下后世乎? 夫有意斯有名,有名斯有象。
> 意至赜也,圣人于无形之中建立有象,因象而得名,因名而得意,则
> 言之所不能尽见者尽矣。②

朱震的这段话有两个含义:其一,从卦爻象和卦爻辞的起源看,它们
都是用来表达圣人之意或卦义的,因此,先有圣人之意而后才有卦名和
卦爻象,此即"有意斯有名,有名斯有象"。圣人依此心意设立卦名,有卦
名之后再设立与此相应的卦象,此即"圣人于无形之中建立有象",朱震
认为,这是伏羲画卦时的情形。其二,就《周易》一书的具体成书过程言,
文王因伏羲之象而定之以六十四卦卦名,此即"因象而得名",之后文王
又系之以卦辞,周公作爻辞,到孔子时又作《彖》《象》《文言》《系辞》《说
卦》等篇,这样,六十四卦之名皆有其意,如《乾》为健,《坤》为顺,健顺就
是意,此即"因名而得意"。

朱震结合《周易》一书形成及演变的历史,探讨象言的由来和意象言
的关系,确实是一条新的思路和方法。不过这一思想的理论来源,当为
王弼。王弼以取义说为根本,提出"言生于象""象生于意",而朱震亦认
为圣人之意先于卦爻象和卦爻辞而存在,这显然是受了王弼思想
的影响。

---

① 朱震:《系辞上传》,《汉上易传》卷七,第235—236页。
② 朱震:《系辞上传》,《汉上易传》卷七,第235页。

朱震的"言""意""象"之辨，是围绕"尽意"而展开的。对于如何"尽意"，朱震吸收玄学易的观点，认为仅凭借卦爻辞，不能尽圣人之意，此即"言之难，论者不能尽形之于书，意之难，传者不能尽见之于言"。简言之，就是书不尽言，言不尽意。朱震认为，尽意必须通过观象，所谓"言不能尽意，须观象乃默然而自喻"①。又说："象成而著者，形也。形而上者谓之道，变通也；形而下者谓之器，执方也。然则变通者，易之道；执方者，易之器。是故语道而至于不可象则名言亡矣。"②认为不能脱离卦爻象探讨易道，舍象则名言亦随之消亡。朱震注《咸》卦时指出："尽感之义者，其唯去其所志，虚中无我，万物自归乎？故圣人立象，尽意又系之辞以明之也。"③朱震虽然主张通过观象来尽意，但他是以玄学的方式解释如何观象而尽意的。其所谓的观象，就是去除成见，虚中无我，与万物融为一体。

不仅如此，朱震的"言""意""象"之辨是以"得意"为中心的，若"得意"，则"象"可忘，他曾说："易至于存乎德行则得意忘象，我与圣人一也。"④"得意"也就是提高道德修养，它是学《易》的最高境界，唯"得意者"才能与圣人合而为一。

可以看出，在言意象关系上，朱震受玄学和理学以穷理尽意为目的的影响较大。这种思维与他的易学思想兼宗象数和义理，并且以象数为基础解释易理相关联。但是，他在这里过分强调了得意的重要性，以至于提出"得意忘象"，又与他力挽象数之学于凋敝的初衷相违背。可见他在探讨意象关系时，吸收了玄学和理学的观点，希望在卦爻象辞之上寻找更根本的东西，从而得出"易至于存乎德行则得意忘象"的结论，这也说明了他将理学家的德行培养视为其象数易学的最终归宿。

---

① 朱震：《丛说》，《汉上易传》，第 398 页。
② 朱震：《系辞上传》，《汉上易传》卷七，第 236 页。
③ 朱震：《咸》，《汉上易传》卷四，第 109 页。
④ 朱震：《系辞上传》，《汉上易传》卷七，第 236 页。

二、人性善论与传统儒家的修养论

围绕德行培养的问题，朱震探讨了他的人性观和修养论。朱震人性论的基本思路沿着孟子所开创的人性善论发展，同时又因为受胡瑗、周敦颐、张载、二程等的影响，而具有其自身的独特性。

首先，从性的起源上看，朱震提出性禀天道流行之气而成，所谓"性源同而分异，命禀异而归同"①。万物之性皆为天道之气流行所致，故"源同"；然物物各有其性，所谓"万物散殊，各正性命"。命则因刚柔之气有所偏滞，所以具体事物之命不同，然从它们皆归于天，无所作为来看则同。他说"性者，万物之一源"②，即是从性出于气，统一于气而言。此说源于张载，张载说："性者，万物之一源，非有我之得私也。"③张子所谓的"一源"，是指天命之性和气质之性都出于气，统一于气，与朱震并不完全相同。

其次，朱震认为人性之现实意义上的善，并不是天给定的，而是从人对天的生育长养、成己成物的功能的仰慕与认同中引出的，所谓"知一阴一阳之道则继之而不已者，善也"。他解释《系辞》"一阴一阳之谓道，继之者善也，成之者性也"说：

> 知一阴一阳之道则继之而不已者，善也。君子昼有为，宵有得，息有养，瞬有存，矗矗焉，孜孜焉，不敢须臾舍也。夫性无有不善，不善非天地之性。刚柔之气或得之偏乃有不善，有不善然后善之名立，善不善相形而后命之也，善反其初者，不善尽去，则善名亦亡，故舍曰善而成之者性也。性，自成也，岂人为哉？性即天地也，所谓诚也。④

① 朱震：《乾》，《汉上易传》卷一，第2页。
② 朱震：《系辞上传》，《汉上易传》卷七，第223页。
③ 张载：《正蒙·诚明篇》，《张载集》，第21页。
④ 朱震：《系辞上传》，《汉上易传》卷七，第223—224页。

因此,人性是自成自为的,它继天之善,以至诚为性,从这个角度说,人性是道德主体的认知心、体认心、感悟心,不是强力所致和人为的结果。朱震此解源自张载。张载释《系辞》此句谓:"一阴一阳是道也,能继继体此而不已者,善也。善,犹言能继此者也;其成就之者,则必俟见性,是之谓圣。"①人应该承继宇宙本源、阴阳天地生生不已的功能而助万物之化育,此即"能继继体此而不已者,善也",人各以善之积累而成就自己的"性",在这个意义上说,现实中的人性是修得的,朱震所说的"性,自成也,岂人为哉",即是指性乃承继天道之善而修得。

最后,当朱震解释为什么会出现恶的一面时,不是简单照搬孟荀的欲利之辩,而是采用理学"刚柔之气"的观念,提出"刚柔之气或得之偏乃有不善"。朱震虽然接受了二程和张子"刚柔之气"的说法,并将它与天地之性对立,但他并没有像二程和张子那样将此刚柔之气规定为人性的另一面,即气质之性。也就是说,张子和二程所主张的是"天地之性"和"气质之性"的两重人性论。如张子说:"合虚与气,有性之名。"②人性包括源于太虚之气的天地之性和源于刚柔之气的气质之性两方面。"形而后有气质之性,善反之则天地之性存焉。"③气质之性是人形成以后禀阴阳之气而有的,它与先于人身的天地之性都是人生来具有的两重人性。二程一方面主张:"性即是理,理则自尧、舜至于涂人,一也。"④另一方面又提出:"'生之谓性',性即气,气即性,生之谓也。"⑤这就把性界定为:一源于天理的天地之性;二源于气秉的气质之性,两方面并行不悖,"论性不论气,不备;论气不论性,不明。二之则不是"⑥。在谈论人性的问题时,天地之性和气质之性都要谈到,并且二者不可分。在二程和张子那里,天生的性(天性)和本然的性(本性)是有区别的。天性包括天地之性

---

① 张载:《横渠易说·系辞上》,《张载集》,第187页。
② 张载:《正蒙·太和篇》,《张载集》,第9页。
③ 张载:《正蒙·诚明篇》,《张载集》,第26页。
④ 程颢、程颐:《河南程氏遗书》卷一八,《二程集》上册,第204页。
⑤ 程颢、程颐:《河南程氏遗书》卷一,《二程集》上册,第10页。
⑥ 程颢、程颐:《河南程氏遗书》卷六,《二程集》上册,第81页。

和气质之性两方面,而人之本性就是"无不善"的善性,他们谈论较多的是"天性"而非"本性",这一点在张子那里表现得更为突出。反观朱震的人性论,由于他并没有将此刚柔之气视为天性,故他在人性论上主要还是持性善的一元论,并且专言本然之性。他说:

> 善者,天地之性而人得之,性之本也。不善非性也,习也。不远而复者,修为之功也,故曰不善未尝弗知,知之未尝复行。知之者,觉也,自性也。或曰鲋椒之恶岂习乎? 曰知修为之功则复其本矣。由其习之不已,迷而不复矣。人之生有气之质,有性之本,刚柔不齐者,气也,性之本则一而已矣。①

这里朱震明确提出"不善非性",那么凡言性者,就应该是善性。善性、天地之性、人的本性,在朱震看来具有同一性。朱震虽然提出"人之生有气之质",但是并未将此生来具有的气质归结为人性,而仅将它归结为"刚柔不齐"之"气"。在朱震看来,人人皆有本于乾元之气而产生的"善端",他说:"乾坤之道,观乎天地万物之变化,其道较然著见矣。然反观吾身,乾坤安在哉? 盖善端初起者,乾也,身行之而作成其事者,坤也。人皆有善端不亦易知乎? 行其所知不亦简能乎? ……然不过健顺而已,而健顺者在乎反求诸身而已,岂不至易至简哉? 知此则天尊地卑,八卦相荡在乎其中矣。古之传此者,唯曾子、子思、孟子则然。"②由此可见,朱震人性论的源头,是在思孟学派,思孟主张人人皆有善端,只要反求诸己,扩而充之,就能以诚通天,所谓"尽性知命以至于天"。

与善相对的不善是不能称之为性的,但它确实存在,朱震认为,这是后天积习所致。通过克己和修为,不善是可以改变的。但是改变的并不是人性,人性是天生"自成自为"且至善的,即所谓"性,自成也,岂人为哉?"故这里说的"修为之功",并不是改变人性,而是自我的内在觉醒、通过内省之功寻找失去的本性。

---

① 朱震:《系辞下传》,《汉上易传》卷八,第 244 页。
② 朱震:《丛说》,《汉上易传》,第 396—397 页。

从人性论出发探讨修养论,这是朱震易学合乎逻辑的进程。其修养论,基本上恪守传统的儒家思想,特别是《大学》《中庸》的思想,同时又吸收了理学家二程、张载的言论。归纳起来,就是正中存诚、守正无欲、谦恭缜密、修己自重。然与二程不同的是,朱震的修养论主要是以象数之学为基础进行阐发的。

第七节　总结

朱震一生致力于易学研究,"游宦西洛,获观遗书","问疑请益,遍访师门","起政和丙申,终绍兴甲寅",历经十八年之久,终于完成了传世名著《汉上易传》。其目的在于通过运用大量汉宋易学家的《易》注,对易学的发展进行一次总结,重新确立象数易学的地位。魏晋以来,由于义理易学的盛行,两汉易学陷入低谷,虽经李鼎祚等人整理辑佚,积累了一定的象数易学资料,但仍然缺乏理论上的系统阐述。宋初道家易师承传授,象数易以新的形式——图书易再度兴盛,然而北宋以二程为代表的义理之学却极力排斥象数解《易》。在这种背景下,作为程门后学的朱震,探究易学发展之源流,揭示王弼易学之弊,折中前人研究成果,阐明易学之大义,将象数易学确定为易学之正统,其意义是不言而喻的。

其一,恢复并丰富了两汉象数易学的内容。为了重新确立两汉易学的正统地位,朱震在《序》中重点阐述了象数易学的五种体例,并从各个角度反复加以解说,目的就是对遗留下来的象数易资料进行系统的整理,作一次全面的总结,以便为象数易学提供一套理论体系。

其二,开启了易学研究的新方向,使《周易》象数学焕发了生机。朱震以象数之学为易学之源,这对于恢复《周易》一书的本来面貌是有积极帮助的。易学自魏晋以来,主要是义理一统天下的局面,北宋易学家虽然也主张不废弃象数,然而易学中的义理易是主导、主流,象数学只居辅助和屈从的地位。若从《周易》一书的本来面貌上看,《周易》本为卜筮而作。因此，义理之学虽然丰富了易学理论和思想内涵，却脱离了《周易》筮占的基本功能。宋儒朱震正是在这一认识的前提下，提出恢复象数易学的传统，使象数易从辅助、屈从的地位上升到大易之源、易学基石的地位，正如陈振孙所言："其学以王弼尽去旧说，杂以庄、老，专尚文辞为非是，故其于象数加详焉。"（朱彝尊《经义考》卷二十三）又如《四库提要》所言："其说以象数为宗，推本源流，包括异同，以救老庄虚无之失。"朱震的纠正，对于及时调整易学发展的大方向起到了重要的作用，为朱熹易学思想的形成起到了承上启下的作用。同时，由于朱震的推动，宋元明清图书之学得到了充分的发展。

其三，以太极之气解释世界的本原，从而推动了气学派理论的发展。宋明哲学的气本论，由张载发其端，其后经过朱震、薛瑄、蔡清、罗钦顺、方以智、王夫之等人的阐发而趋向完善。朱震的贡献就在于受理学体用论的启发解读太极之气，他以太极之"一"为体，散开四十九数为用，提出太极之"一"未散之时，蕴含着两仪、四象、八卦以至于天地万物，散开后，两仪、四象、八卦、万物又分有太极之"一"，其潜在的义涵，就是将太极视为《周易》象数之源和万物产生的本原。

其四，朱震以象数为易学之基础，以义理为易学之旨趣，将象数与义理统一，表达了宋代象数易学家的人文关怀。近人研究朱震，多强调其易学中的象数，而忽略了其象数是以义理为归宿和旨趣的，其实，这正是朱震对两汉象数易学家的超越之处。从学理上考察，汉末象数学派的易学家们，虽然执着于"象数"，但是，并没有真正理解"象数"在《周易》中的固有意义，也就是说，囿于象数而不能超越之。朱震将象数视为易学之源，反对脱离象数专言义理的王弼等人，这是因为，《周易》作为一门学问，是以象数为基础和前提而产生的。然《周易》之所以能够成为一门学问，是因为其内部蕴含着丰富的哲理。《周易》中的象数和义理，是不可分割的。朱震在《进易表》中声明，其学"以《易传》为宗"，并在著作中表达了其作为宋代象数易学家的社会政治理想与人生境界追求。正如王应麟所评价的，"然义理象数一以贯之乃为尽善，故李鼎祚独宗康成之学，朱子发兼取程邵之说"①，肯定了朱震兼取象数与义理的方法。

其五，从史料学的角度看，《汉上易传》保留了一些珍贵的易学资料。朱震试图对汉易和北宋的象数之学作一次总结，所以该书汇集了两汉以来诸家学说，其中未收入《周易集解》中的资料更显得弥足珍贵。如"此（指卦变）虞氏、蔡景君、伏曼容、蜀才所谓自某卦来之说也"，"此虞翻、蔡景君、伏曼容旁通之说也"②，这些资料对于研究汉易中卦变与旁通发展的线索十分珍贵。该书还保留了宋人的许多图式，如李溉的《卦气图》、李挺之的《卦变图》、邵雍的先后天图、周敦颐的《太极图》等，并作了介绍和评论。总言之，朱震对于象数学派观点的整理和介绍有重要的史料价值，对清代汉学家研究汉易和图书学派的演变有很大的影响。

朱震能够取得上述这些成就，客观上与他晚年始仕，此前有大量的时间和精力投身于象数易学的研究有关，主观上则取决于他个人的勤奋和努力。然而，他毕竟是象数易学发展史上较早的整理者和总结者，故而其易学也存在不足之处，归纳起来，有以下几点：

其一，总体来看，他对于象数学派的整理只是初步的，尚缺乏明确的条理性和系统的阐述，故而在论述的过程中有繁杂之弊。其二，在整合和折中各派象数易学思想时，提出的一些观点牵强附会，甚至相互矛盾。如将变卦、旁通、反对与卦变等同；将《易纬》的爻辰说与郑玄爻辰说等同；将京房八宫阴阳卦视为《易纬》爻辰中的阴阳卦；以五行生成数解释虞氏纳甲中"乾甲乙坤相得合木"。这些失误遭到了后世易学家的诘难。其三，从南宋的社会和政治背景看，朱震大力倡导的象数之学，与理学家以义理注《易》相比，偏离现实，故很难广为流传。全祖望说："上蔡之门，汉上朱文定公最著。三《易》象数之说，未尝见于上蔡之口，而汉上独详之。尹和靖、胡文定、范元长以洛学见用于中兴，汉上实连茹而出，顾世之传其学者稍寡焉。"③朱震死后，同仕于朝廷的友人在祭文中描写了他

---

① 王应麟：《易》，《困学纪闻》卷一，第 14 页。
② 朱震：《丛说》，《汉上易传》，第 395 页。
③ 全祖望：《汉上学案·序录》，《宋元学案》第 2 册，第 1252 页。

的一生：

> ……惟公老于田亩，困于州县，白首穷经，意则不倦。视彼世人，奚贵奚贱？不义而得，吾亦不愿。一昨召来，遇知明主，金马玉堂，四涉寒暑。以经决事，随事有补，位高职卑，亦莫公侮。不传之要，自得之妙，惟公知之，固世所笑。彼笑何伤，公亦自强，愈老愈壮，虽死不亡。（《汉上先生履历》）

其中"以经决事"，说明他恪守儒家经典，"固世所笑"，说明他的思想不合时务，为世人所讥笑。但是，朱震一生"白首穷经，意则不倦"，在经学特别是易学研究上所作出的贡献是不可磨灭的。

第十五章　胡安国的哲学思想

胡安国(1074—1138)，字康侯，号青山，谥号文定，世称"武夷先生"，亦称"胡文定公"，建州崇安县(今福建武夷山市)人。两宋之际，面对动荡不安的社会局势以及道学日渐衰微的严峻现实，胡安国"强学力行，以圣人为标的，志于康济时艰"①。无论身处朝堂为政治国，还是退居山野为学求道，他都对国运民生表现出强烈的忧患意识和担当精神。就为政方面来说，从登第到谢事，胡安国一生在官四十年，虽因仗义忠耿、直言劝谏而屡遭排挤、贬谪，以致实际任职不及六载，其爱民忧国之心却历久弥坚，"每有君命，即置家事不问"②，真可谓鞠躬尽瘁，死而后已。就为学方面而言，胡安国承续孔孟道统，私淑二程洛学，开创湖湘学派，为宋室南渡以来昌明洛学的大功臣。

胡安国生逢两宋"奸佞用事，大义不立，苟存偏安，智勇扼腕，内修之未备，外攘之无策"③的危难之际。他慨然以济世救民为己任，其学问重心并不在内圣方面(本体论与工夫论)的建构，而在于外王学的开拓。他

---

① ②《宋史·胡安国传》卷四三五，第 12915 页。
③ 虞集：《虞集春秋胡传纂疏序》，胡安国：《序跋著录》，《春秋胡氏传》附录二，第 554 页，杭州，浙江古籍出版社，2010。

全心致力于《春秋》大经的研治,耗费三十年的工夫成就《春秋传》,就是希冀能以此挺立为政之本和显明治国之道,从而为当朝君臣的行事提供直接的借鉴和指导,以至于实现其拨乱反正、复兴中原的经世理想。所以对胡安国来说,为学与为治是内在统一、不可分割的,前者在于立本明体以为后者提供根本原则和指导方向,而后者则在于经世致用以使前者得以付诸实施。胡安国理学的内在理路展示为:首先标明明体致用的为学旨趣,其次确立正心明道为致用之本,进而展示正心明道之法——穷理致知与察识持养,然后再根据所明之本心仁道而行,以达至经世致用的目的,即依循所见之道对当时所面临的现实问题提供有效的解决方案,从而指引现实政治的开展。

第一节　明体致用的为学旨趣

胡安国的为学旨趣在于"明体以致用"[①],即以经世致用作为根本目标,以正心明道作为前提条件。对于如何正心明道,胡安国力主穷理致知与持养扩充的下学工夫。落实到胡氏自身的为学经历上来说,这一工夫则主要表现在通过对《春秋》经的诠释以阐明和标举儒家的根本大义。胡安国并不以本体论、工夫论问题的探讨或性命之学的理论建构为其治学的重心,而是津津于《春秋》经的研究,着力于经世之道的开拓,尤其注重即事以明理和依理以治事。这在当时儒者们积极推动儒学哲理化的思想大潮流中是较为突出的。究其原因,主要有三:

其一,青年时修习洛学与春秋学的从学经历。根据胡寅《先公行状》记载,元祐五年(1090),胡安国十七岁时,即进入太学修习德业。当时正值反对王安石新政的旧党当政,王氏新学遭到贬抑,而与新学相对的二程洛学则获得了较为宽松的发展环境。所谓"是时元祐盛际,师儒多贤彦",即可体现出这一点。这为胡安国接触并研习洛学提供了一个良好

---

① 胡安国本人并没有提出"明体以致用"的说法,此是笔者根据其儒学既坚持经世致用的追求指向,同时又力主明道存心为经世致用之本的特点概括而成。

的时机和环境,而当时他所从游的"师儒"正是程颐的讲友朱长文与靳裁之。① 朱长文,字伯原,吴县(今属江苏苏州)人,人称乐圃先生,一生以著书立言为事,曾从泰山先生孙复学习《春秋》,深明其《春秋尊王发微》之意旨,《宋元学案》将他列为孙复的门人和程颐的学友。② 靳裁之,颍昌(今属河南许昌)人,年少时即已闻知"伊洛程氏之学",《宋元学案》将其归为"明道(程颢)私淑"。③ 靳裁之"才识高迈",胡安国进入太学时即拜他为师,并深得他的器重,经常"与论经史大义"④。朱、靳二先生,一位深谙孙复的春秋学,一位熟知二程的洛学,胡安国得以受教于两位贤师,并孜孜以求、勤学不倦,这为其以后整个学问和人生的展开确定了基本的方向,奠定了初步的基础。

当然,胡安国追随朱、靳二师游学只是为其日后阐扬洛学精神和发明《春秋》大义奠定了一个初步的基础,他对二程的学问有更为深入的了解,则主要得益于与杨时、谢良佐、游酢等程门高足的交游。绍圣四年(1097),胡安国中进士第,首授常州军事判官,改授江陵府观察推官,辞不赴任,又除江陵府(荆南府,今荆州)府学教授。黄宗羲在《宋元学案·武夷学案》中指出:"先生为荆门教授,龟山代之,因此识龟山。因龟山方识游、谢,不及识伊川。"⑤绍圣五年(1098),胡安国担任提举湖北路学事,通过杨时(当时任湖北荆南府教授)的引见,与时任湖北应城宰的谢良佐正式结识。此时胡安国虽居于上位,但他丝毫未把自己当作官长,而是

---

① 胡寅《先公行状》载:"越两年(元祐五年—引者注),与计偕,既而报闻,遂入太学。修懋德业,不舍昼夜。""是时元祐盛际,师儒多贤彦,公所从游者,伊川程先生之友朱长文及颍川靳裁之。裁之才识高迈,最奇重公,与论经史大义。"(胡寅:《先公行状》,《斐然集》卷二五,第518—519页,北京,中华书局,1993。)

② "朱长文,字伯原,吴县人,人称乐圃先生。嘉祐进士,累升秘书省正字,兼枢密院编修文字。伤足不果仕,以著书立言为事。从泰山学《春秋》,得《发微》深旨。"(《泰山学案》,《宋元学案》卷二,第118页。)

③ "靳裁之,颍昌人。少闻伊洛程氏之学。胡文定入太学时,以师事之。"(《明道学案下》,《宋元学案》卷一四,第582页。)

④ 胡寅:《先公行状》,《斐然集》卷二五,第519页。

⑤ 黄宗羲原本,全祖望修定:《武夷学案》,《宋元学案》第2册卷三四,第1172页。

亲赴应城谒见谢良佐，"质疑访道，礼之甚恭。来见而去，必端笏正立目送之"，这令其身边的僚属和当地的吏民都十分惊叹。时贤邹浩听闻此事之后由衷地感慨道："将军北面帅师降敌，此事人间久寂寂。"①由此足见胡安国的谦卑恭逊与尊贤重道。自从与杨、谢、游定交以后，胡安国便同他们展开了比较频繁的交际往来，②尤其是在学问方面，多有切磋互动，彼此相互请益、相互砥砺，这对胡安国进一步深化对洛学和春秋学的认识产生了很大的影响。胡安国曾明确指出："吾于谢、游、杨三公，皆义兼师友，实尊信之。"③由此充分肯定他与二程洛学之间具有一种学统和师承关系。④

深入到胡安国的思想本身来看，他在本体上对天理、仁心的标举，在工夫上对穷理致知的强调，明显是对二程理学的继承，而他对《春秋》大义的发明更是深受程颐的影响。胡安国曾对胡宏表明："若论其传授，却自有来历。据龟山所见在《中庸》，自明道先生所授；吾所闻在《春秋》，自伊川先生所发。"⑤这就明确肯定自己的春秋学源于程颐，以他所著的《春秋传》来说，即是指"微词多以程氏之说为证"这一点。⑥

其二，世衰道微、国危民难的现实处境，明道经世、救国济民的迫切需要。两宋祸乱之际，儒学的开展与现实政治有着十分密切的关联，胡安国的春秋学乃至其整个儒学即是因应社会现实问题而建构。作为胡安国一生学问的结晶，《春秋传》既是对两宋之交社会境况的一种隐射，也是为解决现实问题所制作的法典。可以说，胡安国整个学术的展开主要根源于当时内忧外患的社会环境以及由此而产生的救世济民的需要。

---

① 胡寅:《先公行状》,《斐然集》卷二五,第558页。
② 王立新:《开创时期的湖湘学派》,第111—129页,长沙,岳麓书社,2003。
③ 胡安国:《龟山志铭辩》,《春秋胡氏传》附录三,第611页。
④ 侯外庐等主编的《宋明理学史》指出:"从学统看,胡安国上宗二程,尤其是'程颐之学',下接'程门高弟'谢、杨、游,尤其是谢良佐;从师承看,胡安国与谢、杨、游之间是师友关系。"(侯外庐、邱汉生、张岂之主编:《宋明理学史》上卷,第228页。)
⑤ 胡安国:《龟山志铭辩》,《春秋胡氏传》附录三,第611页。
⑥ 胡安国:《叙传授》,《春秋胡氏传》,第14页。

胡安国虽"自少留心此经"①,但他正式开始研治《春秋》是在崇宁四年(1105)三十二岁之时,而最终完成《春秋传》则在绍兴四年(1134)六十一岁时,历时达三十年之久。② 而他苦心钻研春秋学的这三十年,也正是朝廷日益腐败、国势日趋衰微、金人逐渐内侵的时期,这样一种危难的国家情势对其春秋学产生了直接而深刻的影响。随着胡氏春秋学研治工作的层层展开和步步深入,内忧外患的社会局势也变得越来越严峻。靖康元年(1126),金国大势进军中原,直捣京都汴梁,举国陷入空前的危机之中。面对金人的入侵,朝廷不但不竭力抗击,反而令"亲王出质"与之言和、结盟,应允对方割地赔款等一切无理要求,"堂堂大宋,万里幅陨,奚至陵藉如此其甚哉"③! 对此,胡安国痛心疾首、忧虑不已,以《春秋》大义为根据,写信给时任大谏的杨时,痛斥朝廷主和派的软弱无能,强烈表达抗金的立场。④

朝廷的软弱退缩助长了金人的威势,靖康二年(1127),金兵再度围攻京师汴梁,终至国都陷落,宋徽宗和宋钦宗被俘,整个中原沦入敌手,宋室被迫南渡。同年五月一日,宋徽宗第九子康王赵构于南京(今河南商丘)即位,称高宗,改元建炎,南宋自此开始。胡安国"见中原沦没,遗黎涂炭,常若痛切于其身"⑤,汲汲于解救国难和复兴中原,于是乘宋高宗登基之时即上书直陈时弊及救治之方。⑥ 在他看来,北宋的种种政治弊

---

① 胡寅:《先公行状》,《斐然集》卷二五,第552页。
② 胡安国"潜心刻意,自壮年即服膺于此(《春秋》——引者注),至年六十一而书(《春秋传》——引者注)始就"(《武夷学案》,《宋元学案》卷三四,第1177—1178页)。由此可知《春秋传》当完成于绍兴四年(1134)。又,胡安国曾对朱震讲述其春秋学的研治历程,他指出:初学时"用功十年,遍览诸家",又十年"集众传,附以己说",又五年"去者或取,取者或去",又五年"书成"(胡寅:《斐然集》卷二五《先公行状》,第553页)。可见他完成《春秋传》总共耗时三十年,再根据《宋元学案》的记载,即可推知胡安国开始研究《春秋》是在崇宁四年(1105)。关于胡安国《春秋传》的成书过程,早在侯外庐等主编的《宋明理学史》(上卷)中就有详细论析,参看该著第230—231页。
③ 胡寅:《先公行状》,《斐然集》卷二五,第522页。
④ 胡寅:《先公行状》,《斐然集》卷二五,第521—522页。
⑤《宋史·胡安国传》卷四三五,第12915页。
⑥ 胡寅:《先公行状》,《斐然集》卷二五,第527—528页。

失及中原沦丧的原因主要在于"崇宁以来,事不稽古,奸臣擅朝,浊乱天下"①,即为政不以古(确指《春秋》大法)为鉴②,朝中奸佞擅权,从而道义不明、法度废弛。而这又源于当时官方推行王安石的新学,对《春秋》经"曲加防禁",以致经世大道不明于天下。③ 所以,胡安国要通过研治《春秋》来推明经邦济世之道,从而为纠正时弊、为南宋君臣的行事提供切实有益的指导。因此,当高宗把《左传》交付给他"点句正音"时,他便说道:"《春秋》……实经世大典,见诸行事,非空言比也。义精理奥,尤难窥测。今方思济艰难,岂宜虚费光阴,耽玩文采……陛下必欲削平僭暴,克复宝图,使乱臣贼子惧而不作,莫若储心仲尼之经,则南面之术尽在是矣。"④这充分表明胡安国研治《春秋》完全出于现实的关怀,是为了明识《春秋》大义以助于救治时弊、经世济民,而不在玩弄文采、虚度光阴。

其三,《春秋》经本身具有融事理为一体的性质和明道经世的作用。胡安国的学问固然与其时代关怀密不可分,具有极强的经世取向,然而他为何独独选择以《春秋》之学经世,而不倾心于《大学》《论语》《孟子》《中庸》《周易》等儒家经典? 这显然与《春秋》经本身的特点有很大的关系。

胡安国在《春秋传》的序言中指出,《春秋》本来只是一部记载春秋时期鲁国二百四十二年历史的普通史书,但经过孔子的笔削之后,便成为承载儒家义理的重要典籍,以及对于后世为政治国具有重要借鉴和指导意义的经世法典。⑤ 对胡安国而言,孔子笔削《春秋》是在周道衰微,乱臣

---

① 胡寅:《先公行状》,《斐然集》卷二五,第527页。
② 对胡安国而言,"事不稽古"中的"古"主要是指《春秋》大法,这可以从他依据《春秋》大义对治崇宁以来出现的种种问题得到确证。又,"崇宁以来,事不稽古,奸臣擅朝,浊乱天下。论其大者,凡有九失",即是《上高宗皇帝书》中的起始语,根据上下文也可以推知"古"当指《春秋》所载的史事及由此所呈现的道义、法度,因为胡安国在奏文下半部分就是根据《春秋》大法来应对时弊的。
③ 胡安国:《进表》,《春秋胡氏传》,第7页。
④ 胡寅:《先公行状》,《斐然集》卷二五,第550页。
⑤ 在胡安国看来,《春秋》既是"史外传心之要典",亦是"经世大典"。参见胡安国《春秋胡氏传·春秋传序》,第1—2页。

贼子当政，人欲横流而天理丧灭的历史背景下发生的，其目的即在于"假鲁史以寓王法，拨乱世反之正"①。孔子为何不直接阐明天理、王法，而要通过笔削《春秋》、假借鲁史来表达？在胡安国看来，这主要是因为"空言独能载其理，行事然后见其用"，也就是孔子所认为的"载之空言，不如见诸行事之深切著明"②。这一点既是孔子笔削《春秋》的重要原因，同时也是胡安国倾注于《春秋》而未用心于其他经典的根本动机。可以说，孔子对《春秋》的笔削，主要在于根据儒家的基本价值理念对相关历史人物和历史事件的是非得失作出评判，即通过对历史的富有批判性的叙述来彰显儒家的根本义理，并借此对现实政治的开展提供借鉴和指引。体现在方法与形式上，孔子主要借助于对历史材料的剪裁、处置，以及描述历史人物和事件时对文辞的特殊使用来实现他的目的。经过孔子笔削后的《春秋》，融摄理事为一体，其所述之"事"不再只是简单的历史陈迹，而是儒家精神理念的表达与呈现，其所载之"理"因为寓于具体的历史人物事件之中而变得更加鲜活，此"理"所蕴含的经世之大用亦由此而得以历史性地显现与落实。既然《春秋》是即人事以明天理，用天理以处人事，那么我们就可以通过《春秋》所述之事来把握天理及其对人生行事的规范、引导作用，并以此为依据来反省和指引当下的人生实践。当然，《春秋》所载主要是天子之事，因而对于现实政治的开展具有更为重要的借鉴和指导意义。

正因为《春秋》经具有即事以明理和依理以处事的特性，而其中所涉及的事又主要是天子之事，所以能够给君臣行事提供直接的鉴戒与指引，这就是它的明道经世之作用。基于此，胡安国才尤其倾心于春秋学的研究。他曾明确、坚定地指出其研习《春秋》的原因，他说："《春秋》，天子之事，圣人之用，拨乱反正之书。考诸三王而不缪，建诸天地而不悖，质诸鬼神而无疑，百世以俟圣人而不惑。其于格物修身，齐家治国，施诸天下，无所求而不得，亦无所处而不当，何莫学夫《春秋》？故君子诚有乐

---

①② 胡安国：《春秋传序》，《春秋胡氏传》，第1页。

乎此也。"①《春秋》显示出圣人即人事以明天理、依天理以治人事,从而对于人生修齐治平之事无不处理得当、应对合宜。由此可以充分显示出圣人开物成务之大用,并昭明修身齐家和为政治国的法度、准绳,从而对于一切人生行事具有重要的规范和指示作用。胡安国尽心研治《春秋》,极力推明《春秋》大义,就是希望南宋君臣能够以此为鉴、以此为法,从而实现勘定内乱、扫除仇敌、恢复中兴的救世理想。

总之,对于胡安国而言,《春秋》既是"传心之要典",又是"经世大典",融摄"传心"(明体)与"经世"(致用)两面于一体,具有即用以明体和因体以致用的特点,这对于解决当时因"体"不"明"而导致"用"不能"致"的现实问题无疑具有重要的指导意义。因此,胡安国孜孜用力于《春秋》三十余年,就是希望能够明体以致用,其整个儒学的建构也是围绕这一目标而逐步展开的。

第二节 正心明道为致用之本

胡安国的学问针对的是两宋之际朝政腐败、外敌入侵、社会动乱等现实问题,其目的在于救治时弊、济世经邦。在他看来,当时诸种社会问题的症结在于当政者不明或不行为政治国之正道,以致君上昏庸无能、奸臣擅权乱国。因此,要解决当时出现的各种问题,首先必须明王道以正朝纲,从而达到救国济民的目的。这就意味着,明道为经世之本。胡安国所谓"经世安民,视道之得失,不倚城郭沟池以为固也"②,即是在点明此意。可见,"明道为致用之本"或"致用必先明道"乃是胡安国处理经世问题的基本理念,也即是其外王学的核心主张。

一、经世大用本乎一心

胡安国为学志在经世致用,对于如何经世致用,他主张以正心明道

① 胡安国:《哀公下》,《春秋胡氏传》卷三〇,第502页。
② 胡安国:《成公下》,《春秋胡氏传》卷二〇,第321页。

为本。这一主张既源于他对为政者道义沦丧之严重危害的深刻认识,也有其本体论上的根据,即承认体用之间的内在统一性以及体为用的本原。胡安国说:

> 即位之一年必称元年者,明人君之用也。"大哉乾元,万物资始",天之用也;"至哉坤元,万物资生",地之用也;成位乎其中,则与天地参。故体元者人主之职,而调元者宰相之事。元即仁也,仁,人心也。《春秋》深明其用当自贵者始,故治国先正其心,以正朝廷与百官,而远近莫不一于正矣。[1]

> 元者何? 仁是也。仁者何? 心是也。建立万法,酬酢万事,帅驭万夫,统理万国,皆此心之用也。尧、舜、禹以天下相授,尧所以命舜,舜亦以命禹,首曰"人心唯危,道心唯微",周公称乃考文王"惟克厥宅心,乃克立兹常事",故一心定而万物服矣。[2]

在这两段引文中,胡安国通过对《春秋》中"元"义的发挥来阐明治国平天下的根本在于仁心、仁道,并由此强调为政治国应当以正心、明道为本为先。他主要是从本体的意义上来解释"元",而且是在天人一体的视域当中来对之加以把握。引文中的"大哉乾元"与"至哉坤元"是就天道本体而言,"万物资始"与"万物资生"则是指天道本体的流行发用。胡安国又明确指出这一天道本体(元)即是"仁",并进一步认为"仁"即是"心"。这就意味着,仁心既是宇宙生化之本(天道),也是道德创造之本(人道),无论是宇宙万物,还是人生的道德实践及其所依循的道德法则等一切都根源于此。胡安国在此无疑是要凸显出仁心对于经邦治国的根本性意义,以及为政者正心体仁的重要性。既然仁心为万法之源、"万事之宗"[3],那么一切人道法则及一切合理正当的人生实践都由此生发,这些法则与实践也就是仁心本体的流行大用,亦即本心仁体随时、随处、

---

[1] 胡安国:《隐公上》,《春秋胡氏传》卷一,第2页。
[2] 胡安国:《隐公下》,《春秋胡氏传》卷三,第37—38页。
[3]《宋史·胡安国传》卷四三五,第12909页。

随事之具体而真实的呈现。所谓"建立万法，酬酢万事，帅驭万夫，统理万国，皆此心之用"，既充分彰显出仁心本即具有的经世大用，也表明经世大用生发的根源即在于此仁心大本。显然，仁心之所以能生起万事万法之大用，乃是因为它本身就是普遍法则，就是依法行事的源动力。仁心自立法则、自作主宰、自定方向，从而能自我决定和指引吾人的行事作为，使一切行为皆本于仁心仁道而发。若"不昧本心"，并依循此心立身行事，则"自修身至于天下国家无所处而不当矣"①，由此即可以成就内圣成德与外王经世之大用。所谓"一心定而万物服"，正昭示出此意。于是，胡安国力主治国必须先正心，强调人君应当以躬行仁道为本分天职，应当先正其心以率先垂范。

正是基于以上认识，胡安国在其外王论中主张经邦济国之大用根发于本心仁体。他说："夫良知不虑而知，良能不学而能，此爱亲敬长之本心也。儒者扩而充之达于天下，立万世之大经，经正而庶民兴、邪慝息矣。"②在他看来，良知良能即是人皆固有的爱亲敬长之本心，儒者将此道德本心推行、充扩至整个天下，从而挺立起大本正道，便可以安邦兴民、平治天下。这就充分体现出本心仁体对于为政治国的根本性意义，真可谓经世大用本乎一心。

二、平治天下须先正心明道

胡安国主张以本心仁道为经世致用之本，强调治国平天下必先正心明道，这既是对两宋之际世道人心衰颓尤其是朝政腐败等现实问题的深切反思与积极应对，同时也有上述的本体论作为坚实的理据。从思想渊源上来说，胡安国显然受到了孟子以仁心行仁政的治国理念以及《大学》格致诚正、修齐治平的思想理路和架构的影响，而且也是对程颐所主张

---

①② 胡寅：《先公行状》，《斐然集》卷二五，第 557 页。

的治道以正心(即"格君心之非")为本这一观念的直接继承。① 胡安国的《春秋传》便是"大纲本孟子,而微词多以程氏之说为证"②,并明确指出其春秋学乃是"自伊川先生所发"③。所以他对孟子与程颐思想的继承是显而易见的。他早年在殿试策问中即"推明《大学》格物、致知、正心、诚意、修身、齐家、治国、平天下,以渐复三代为对"④,这又可以体现出他对《大学》思想的服膺。从其外王经世学的核心义理来说,他力主治国必先正心体仁。这便是胡安国对孟子、《大学》和程颐之为政思想的继承与发挥。

胡安国的正心论主要针对君王而言,这一方面是因为他充分认识到居于最高权位的君王之思想言行影响重大,关系到政治的清明与否、国家的兴衰成败以及人民的生死安危;另一方面则是由于他深刻注意到君心能否得正,对于君王的行事作为具有根本性的影响。据此,他强调人君治国必须先正其心,并认为人臣也应当"引其君当道,正心以正朝廷"⑤。他一有机会即上书陈示正心的重要性,并规劝君主作正心的工夫。如靖康元年(1126),金人入侵中原,国家情势十分危急,在此生死存亡之际,"朝廷促旨沓降",胡安国"幡然有复仕意"⑥,于是六月赶赴京师,准备为国效劳,但不久又因病而告假。一日中午,宋钦宗在后殿召见胡安国,对其劳问甚厚,胡安国趁此向钦宗进言道:

> 明君以务学为急,圣学以正心为要。心者,事物之宗。正心者,揆事宰物之权也。自王迹既熄,微旨载于《易》《诗》《书》《春秋》,时

---

① 程颐曰:"治道亦有从本而言,亦有从事而言。从本而言,惟从格君心之非、正心以正朝廷,正朝廷以正百官。"(《伊川先生语一》,《河南程氏遗书》卷一五,《二程集》上册,第165页。)

② 胡安国:《叙传授》,《春秋胡氏传》,第14页。

③ 胡安国:《龟山志铭辩》,《春秋胡氏传》附录三,第611页。

④ 胡寅:《先公行状》,《斐然集》卷二五,第519页。

⑤ 胡安国:《宣公下》,《春秋胡氏传》卷一八,第293页。

⑥ 再度出仕之前较长一段时间中,胡安国因不满官场的黑暗、腐败而屡屡辞退朝廷的任官,并未正式担任官职。参见胡寅:《先公行状》,《斐然集》卷二五,第520—523页;陈谷嘉、朱汉民《湖湘学派源流》,第53—54页,长沙,湖南教育出版社,1992;王立新:《开创时期的湖湘学派》,第6页。

> 君虽或诵说,而得其传者寡矣……今正位宸极,代天理物,则于古训
> 不可不考。若夫分章析句,牵制文义,无益心术者,非帝王之学也。
> 愿慎择名儒,明于治国平天下之本者,虚怀访问,以深发独智,则天
> 下之幸。①

在他看来,贤明的君主往往以修习圣人之学为急务,而圣学以正心为本。因此,明君务学就应当以正心为根本。究其原因即在于,"心"为万事万物的本原("天理根于人心"②),一切事物的权度(理)皆内在于本心,故而能够统摄、主宰万事万物。唯有使心得正,即令本心呈现,才能发挥其治事宰物的大用,所以治国平天下必先正心。至于如何正心,胡安国主张人君应当勤修圣人之学,研习《易》《诗》《书》《春秋》等古代典籍,深究其中的微言大义,由此以明道识理、涵养心性、蓄积德行。既然君王务学是为了明德正心以平治天下,那么对这些圣典的学习就不能只停留于文辞章句的表面,而必须体究其中的根本义理,以切实有益于端正心术。基于此,君主就应当谨慎择取那些真正明通治国之本的大儒来加以指导,向其虚心求教,以明大本正道,从而能够正其心而治其国。

又如绍兴元年(1131)十二月,胡安国就如何救治时弊以复兴中原提出建议和解决方案,向高宗进献《时政论》十六篇,其中就有《正心论》专门讨论君主正心的问题。他说:

> 心者,身之本也;身者,家之本也;家者,国之本也;国者,天下之
> 本也。能正其心,则朝廷百官万民莫不一于正,安与治所由兴也;不
> 正其心,则朝廷百官万民皆习于不正,危与乱所由致也……盖勘定
> 祸乱虽急于戎务,而裁决戎务必本于方寸。不学以致知,则方寸乱
> 矣,何以成帝王之业乎……愿更选正臣多闻识、有智虑、敢直言者,
> 置之左右,日夕讨论,以克厥宅心。表正于上,则内外远近将各归于

---

① 胡寅:《先公行状》,《斐然集》卷二五,第523页。
② 胡安国:《僖公上》,《春秋胡氏传》卷一一,第160页。

正。奚乱之不息乎！①

在此，胡安国通过由"身之本"到"家之本""国之本"，再到"天下之本"的层层推进，充分凸显出"心"对于个人、家庭和整个社会的根本性意义，并由此进一步阐发正心对于君主为政治国的重要性，然后再点明正心之方。在他看来，身、家、国、天下的根本即在于人之一心，而君王位最高、权最重，故其心如何必关系到国家的治乱存亡和人民的安危祸福。若君心得正，则朝廷百官以至万民皆可归于正，国家的安定繁荣便因之而兴起；若君心不正，则朝廷百官以至万民都会随之而不正，国家的危险动乱即由此而产生。因此，君主治国平天下就必须先正其心。对于如何正心，胡安国主张君主应当学以致知，即通过为学工夫来加强道德心性修养，这是内在的自我修习和自我约束的方面。除此之外，还需要加强外在的约束，即择取那些正直敢言、博闻多识、颇有智慧的臣子常伴随于左右，以督促和劝导其正心。只要君主能够正其心，则朝野上下及远近内外都将会归于正道，国家的危乱便可平息。当然，胡安国对君主正心的强调，绝不只是因为他注重君主的典范或表率作用，还有更为深刻的原因。在他看来，能否平治天下的关键在于为政者仁与不仁，此即"三代之得失天下，仁与不仁而已矣。苟无仁心，甚则身弑国亡，不甚则身危国削"②。对他而言，唯有仁道才是为政治国的根本原则，唯有仁心才是一切经世大用之所以可能生发的根源，仁心仁道之体与经邦济国之用是相互统一、不可分离的。所以要使国家得治、天下得平，就必须开显仁心、明通仁道。

第三节　穷理致知、察识持养以正心明道

胡安国以正心明道为治国平天下之本，其实质即在于明识和挺立人

---

① 胡寅：《先公行状》，《斐然集》卷二五，第547页。
② 胡安国：《昭公下》，《春秋胡氏传》卷二六，第436页。

皆固有的本心仁体。于是,经世致用的关键便落在如何发明本心、开显仁体的问题上。对此,胡安国既强调穷理致知实践,又颇重察识和持养工夫。在他看来,本心即是天理,天理遍在于万事万物,通过穷究事物之理以至于融贯相通就可以明识本心。而明得本心之后,又须对本心加以操存涵养,以使本心持存而勿丧失。胡安国主张通过穷理致知以明识本心,并由察识和涵养以持存本心。

首先,就穷理致知方面来说,胡安国在论及君王应当如何正心的问题时指出:"正心之道,先致其知而诚其意,故人主不可不学也。"[1]此直接点明正心之道在于先致知以诚意,并据此劝导人君必须务学,由学以致其知。这显然是对《大学》"欲正其心者,先诚其意;欲诚其意者,先致其知"这一观点的直接吸收。不过胡安国几乎不讲"诚意"这一环节,而主要探讨"致知"的问题。他说:

> 穷理尽性,乃圣门事业。物物而察,知之始也;一以贯之,知之至也。无所不在者,理也;无所不有者,心也。物物致察,宛转归己,则心与理不昧。故知循理者,士也。物物皆备,反身而诚,则心与理不违。故乐循理者,君子也。天理合德,四时合序,则心与理一,无事乎循矣。故一以贯之,圣人也。[2]

据此可知,胡安国所理解的"致知"有四个要点:其一,"致知"即穷理尽性的道德修养工夫,而并非纯粹追求客观知识的认知活动。"穷理"侧重于从致知的过程与手段来说,指即事即物而穷究其所以然和所当然之理;"尽性"侧重于从致知的目的和结果来说,指透彻地了解或充分地发挥人所固有的道德本性。其二,"致知"的关键在于"穷理",即"物物致察",也就是体察万物、穷究万理。而所要体究之"物"的内容广泛,大凡客观外在的事物和主观内在的心性等都包括在内。胡安国曰:

---

① 胡寅:《先公行状》,《斐然集》卷二五,第 547 页。
② 同上书,第 556 页。

> 物物而察，则智益明，心益广，道可近矣。又岂逐物而不自反
> 哉？又岂以己与物为二哉？察于天行以自强也，察于地势以厚德
> 也，察于云雷以经纶也，察于山泉以果行也，察于尺蠖明屈信也：远
> 察诸物，其略如此；察于辞气颜色尊德性也，察于洒扫应对兼本末
> 也，察于心性四辞养浩然之气也：近察诸身，其要如此。①

可见，察物穷理的工夫主要包括体察外物与省察己身两个方面的内容，
其所察事物涵盖甚广，涉及自然现象、社会事物及道德心性等方面。而
投身于万事万物体究其所以然之理，会不会使人沉溺其中而不知反求诸
己呢？胡安国在此特别指出，对万事万物加以体察、考究并不会令人陷
溺于事物之中而不知自反，亦不会导致己物统一关系的割裂，而只会让
人更加地通达事理，心量更加的宽广，从而日益接近大道本原。胡安国
正是在深刻体认到己物本来统一及心本即是理的前提下，才尤其强调
"物物致察"的，其力主察物穷理的根本目的也就在于明识"心即理"，从
而挺立人之本心善性。其三，"致知"既是穷究事物之理的过程，同时也
是体认本心所固有之理，即发明本心的过程。因为在胡安国看来，"天理
根于人心"②，"心者，事物之宗"③，即人心本来就涵具天理，万事万物之
理皆统摄于、内在于人之本心，都是本心天理流行发用之体现，所以对具
体事物之理的穷究也就是一个体察和明识本心的过程。当然，穷理致知
只是明天理、显本心的一个重要的方便法门，其最终目的乃在于达到那
一切心思念和施为举动都是天理之流行、本心之呈现的境界，也就是
臻于"心与理一"或"心即理"的圣人境界。④ 其四，"致知"是一个始终有
序、渐次升进的修养过程。就一事一物而穷究其理（分殊之用），从而逐
渐把握到特殊的、有差异性的具体事物之理，这是致知的开始。而致知
的最终目的在于贯通所明得的具体事物之理，从而上达具有普遍性和统

---

① 刘荀：《明本释》卷上，《景印文渊阁四库全书》第703册，第170页。
② 胡安国：《僖公上》，《春秋胡氏传》卷一一，第160页。
③ 胡寅：《先公行状》，《斐然集》卷二五，第523页。
④ 同上书，第556—557页。

一性的本体之理（理一之体）。这也就是要明通万事万物之理的根源——天理本体，亦即挺立人所固有的道德本心，人生修养至此便臻于"心与理一"，即彻底领会"心即是理"的圣人境界，而整个致知的过程亦得以最终完成。显然，这绝非一蹴而就，而是一个步步践履、循序渐进甚至无有穷尽的修养过程。从知道应该遵循天理行事的士，到乐于依循天理而为的君子，再到自然而然由天理而行的圣人，这既是致知工夫所造就的三种不同的人格修养境界，也是致知实践本身三个不同的阶段。这三个阶段或步骤环环相扣、密切关联，从而使致知活动成为一个逐步展开、渐次升进、层层深入的过程。

胡安国十分注重致知活动的过程性，强调即事即物穷理的践履实行和逐步积累，以及由士至君子再到圣人的循序渐进，反对空谈性命之理与"一超直入"。其弟子曾几认为："四端五典每事扩充，亦未免物物致察，犹非一以贯之之要。"①这即是说，若事事物物都加以穷究，则未免太繁琐、滞碍，此并非一以贯之的关键。胡安国批评这种看法"是欲不举足而登泰山，犹释氏所谓不假证修而语觉地也"，并指出"四端固有非外铄，五典天叙不可违。在人则一心也，在物则一理也。充四端可以成性，惇五典可以尽伦，性成而伦尽，斯不二矣"。②在他看来，四端之心内在于人的本性，为人性所固有，五常作为先天的道德伦理法则不可违逆。充扩四端之心，可以成就人的本性，即将人的本性充分地、具体而真实地呈现出来；笃行五常，可以克尽伦常之道。唯有尽性尽伦，才能达到"心与理一"的境界。可见，胡安国在这里所强调的是，唯有通过"物物致察"的下学工夫，才能"一以贯之"地上达本体。也就是说，只有通过切实的修养工夫，才能够真正地明识、体证本心天理。胡安国把尽心成性也视为穷理致知的内容，这一方面说明他所理解的致知主要是一种道德修养工夫，另一方面则表明致知在他这里是内外兼修的工夫。无论是外求还是

---

① 胡寅：《先公行状》，《斐然集》卷二五，第 556 页。
② 同上书，第 556—557 页。

内推,其最终指向都是内在的道德本心(或道德本性),并且在实现方式上都是即用以求其体。

胡安国对这样一种具有"即用求体"特点的穷理致知工夫的推崇,表明他颇为注重践履实行,强调由下学而上达。在他看来,主张通过穷理致知的下学工夫以上达本心天理本体,这正是儒家圣学的基本特质与优长所在。他指出:"圣门之学,则以致知为始,穷理为要。知至理得,不昧本心,如日方中,万象毕见,则不疑其所行而内外合也。故自修身至于天下国家无所处而不当矣。"①这就是认为,儒学强调以穷理致知为先,一旦识得天理而显明本心,则所行必合于本心天理,即一切行事作为皆是本心天理的流行发用,无论修身齐家,还是治国平天下,都能如理得当。由此可知,胡安国是以穷理致知作为明识本心的前提条件,而又将明识本心视为修齐治平的关键。

对于如何发明本心、挺立本心,胡安国除十分注重穷理致知的工夫外,还比较重视察识与持养的工夫。穷理致知主要通过穷究事物之理的方式来明识本心,而察识与持养则着重于对本心的直接体认与存养。这两者绝非可以截然分割,而是相辅相成、互促互发的。穷理致知中的"充四端可以成性"与察识涵养工夫有交叉融合之处,其"物物致察"之"察"的观念也体现在察识涵养工夫上。就存养本心的问题,胡安国指出:

> 能操而常存者,动亦存,静亦存,虽百起百灭,心固自若也。放而不知求者,静亦亡,动亦亡,燕居独处,似系马而止也。事至物来,视而不见,听而不闻矣。是以善学者,动亦察,静亦察,无时而不察也。持之以敬,养之以和,事至物来,随感而应,燕居独处,亦不坐驰,不必言致其精明以待事物之至也。②

在他看来,人若能持存自己的本心而勿失,则无论应事接物,还是静居独处,本心都如如常在;若放失其本心而不知寻求,则无论是静处之时,还

---

①② 胡寅:《先公行状》,《斐然集》卷二五,第 557 页。

是动为(或施为)之际,本心都是被遮蔽的,以致事物至于跟前却麻木不仁。因此,善学者应当时时注意体察自己的本心,并对之加以持养保任而勿令其丧失,从而能够在遇事接物之际随心应对,而闲居独处之时也不至于心思杂乱。在这里,胡安国强调"察识"与"持养"的工夫,所谓"察识"是指在本心之流行发见处(心之用)体认本心(心之体),而"持养"则指持守、涵养本心以使之常存不失,持养之道在于主敬。[①] 从胡安国的论述来看,这两者之间有一个先后次第的问题,即先察识而后持养:先察识本心之发见,并就此发见处体证心体,然后再对本心加以操存涵养。这一先察识后涵养的工夫显然也是要开显、挺立人所固有的本心善性。

总之,在如何正心明体的工夫上,胡安国强调躬行践履和循序渐进,力主穷理致知与察识持养兼修。这两个方面的工夫是相互作用、相互影响的,皆具有即用以明体的特点,其根本目的都在于吾人内在心性的显明与挺立。

第四节　总结

胡安国的经世理学以程颐的"体用一源,显微无间"之论作为基本架构,充分吸收了孟子的本心观念及其以仁心行仁政的思想,这既是对孔、孟、二程等先贤之思想的继承与发挥,也是对当时世衰道微、内外交困之社会情势的深切反思,蕴含着强烈的担当精神与现实关怀。具体而言,其理学思想主要体现在三点:其一,儒者之学旨在"明体以致用",即挺立仁心之体以开出仁政之用;其二,"明体"为"致用"之本,要"致用"就必须先"明体",也就是说,欲治国平天下,则必当先明识仁道、挺立本心。其三,一旦明晓经世致用的根本在于"明体",就应当"即用以明体",即从本体发用流行之表现处来体认本体并存养本体。这主要落实于穷理致知与察识持养的工夫,前者在于"物物致察",后者在于先就本心之发见处

---

① 胡寅云:"士子问学,公(胡安国——引者注)教之,大抵以立志为先,以忠信为本,以致知为穷理之门,以主敬为持养之道。"(胡寅:《先公行状》,《斐然集》卷二五,第556页。)

体证本心,再对本心加以操存涵养。二者相辅相成、相互促发,其目的皆在于明识本心仁道,且都具有"即用以明体"的特征。而之所以须如此做工夫,乃是因为本心仁道是通过其发用来表现的,并非离于其流行发用而在。当然,"明体"以后,还必须根据所体认到的"体",在当下所处的历史情境之中针对相应问题提出切实的解决方案,并将其付诸实施。这就是要依循本心仁道来为政治国,将其贯彻落实于经世实践当中,尤其是要通过一系列的具体举措来使其潜在的经世大用实现出来。唯有做到这一步,才能真正"致用"。也只有如此,本心仁道之体才能得到充分显现和彻底落实。

显然,胡安国是站在体用统一的立场上来解决经世问题的。他强调体用之间的圆融性,且既贵体又重用。正因为如此,他才力主天人不二、形上与形下不二,始终坚持本体与工夫的统一、为学与为治或内圣与外王的统一,亦即坚持超越追求与现实关怀的统一。这就为整个湖湘学派的理学确定了一个基本方向和框架,对湖湘儒学无疑具有撑开规模、奠立纲维的作用。在他之后,无论是胡寅的"道物一体""心迹不二"说,还是胡宏的"体用合一"论以及张栻的"体用相须"观,都是在这一基础上的充实、开拓与发展。尤其是胡安国对于"用"的重视与强调,更是深深地影响了整个湖湘学派的学风,使湖湘学派的儒学呈现出强烈的经世性格与务实特征。

第十六章　胡寅的哲学思想

　　胡寅(1098—1156),字明仲,一字仲虎,又字仲刚,号致堂,建州崇安县(今福建武夷山市)人,本系胡安国堂兄之子,但因家境贫寒、生计艰难而被胡安国收养并认作长子。由于深受胡安国之学行志业的影响,以及处身于世衰道微、动荡不安的两宋之交,胡寅慨然以倡明道学和救世济民为己任。他既立身朝廷,积极参与现实政治,为对治朝政腐败、抗击外敌入侵而竭心尽力,以期复兴中原、实现统一;同时又发奋治学、勤勉修为,力辟异端邪说以扶持儒家正道,并由此为救治时弊、经邦济国指示大道良方。胡寅自少即闻过庭之训,广泛诵习儒家经典,深受儒学的熏陶,尤其是年轻时通过胡安国而得以研习二程理学和春秋学,这对他的学问致思更是产生了深刻的影响。胡寅吸收程颐"体用一源,显微无间"的观念来建构其理学,并对佛、道、玄诸家学说的弊病展开批评,《崇正辩》即是其辟佛崇儒的力作。另外,胡寅辟异端的根本立场及其为学与为治的基本主张也散见于他的文集——《斐然集》之中。而他通过对《资治通鉴》所载历史人物和历史事件的评议来阐发儒家义理及昭明为政治国之道,著成《读史管见》一书,这显然又继承了胡安国《春秋传》所体现出的"即事以明理"和"依理以处事"的务实学风。

　　胡寅作为湖湘学派的代表人物,其儒学建构的一个重要特点即是始终一贯而又十分灵活地运用了儒家的中道观念。无论是通过对异端邪说的批判来昭显儒家正道，还是借助对历史的品评来指责时弊和阐发为政思想，他都是立足于中道观念来展开的。易言之，他的整个理学思想即是在中道观的基础上建构起来的。这可以体现在其道物一体说和心迹不二论之中。在道物说中，胡寅认为，"道"是万事万物存在及运化的根据，具有绝对性、普遍性、真实性，且"道"必是能够济人利物、开物成务的有用之道；"物"是天地间客观存在的万事万物，必具有真实性及其作用和价值。道物之关系为：万事万物皆以道为本原，道就体现并内在于万事万物之中，道与物一体不离。而在胡寅的心迹论中，"心"主要是指道德本心，有时亦就经验意义之心而言；"迹"是指人的一切行事作为及其产生的结果。心迹之关系为：心是迹的根源，迹是心的显现，心与迹圆融不二。显然，这些主张都蕴含着中道的理念。胡寅之所以如此推重儒家的中道思想，主要是因为在他看来，中道乃是究极圆满之道，具有不偏不倚、无过不及、大公至正、纯粹精一、赅摄万有、圆融一切的特征，可以充分体现出儒家的根本精神；同时，中道融摄道、理、心、性诸本体性范畴之义涵，既是万事万物存在及运行的根本法则和一切价值的来源，也是人生修养的终极理想和最高境界。正是因为这种中道观念的贯彻和运用，所以其整个理学充满了圆融辩证的色彩。

第一节　胡寅的"中道观"

一、何为"中道观"

胡寅作为湖湘学派的代表人物，其儒学建构的一个重要特点即始终一贯而又十分灵活地运用了儒家的中道观念。无论是对异端邪说的批判，还是指责时弊和阐发为政思想，他都立足于儒家的中道观念。

"中"或"中道"源自先秦儒家学说，基本含义是不偏不倚、无过不及。《尚书》《易经》《论语》《中庸》等先秦儒典中都蕴含着颇为丰富的中道思想。如《论语·雍也》:"中庸之为德也,其至矣乎。"将中庸之道视为儒家最高的道德标准。《礼记·中庸》:"中也者,天下之大本也。"则以"中"为宇宙万有之本原。胡寅继承和发挥了先秦儒家以"中"为至德、为大本的思想,将中庸之道标举为宇宙、社会和人生之至道。

在胡寅看来:

1. 中道为天下之大本。胡寅认为"中者,道之至也,性之尽也,理之全也,心之公也"①,这显然是从本体的意义上来把握"中",将其直接等同于道体、理体、心体、性体。此即意味着,对胡寅而言,中道即是宇宙万有的本原根据,天地间的万事万物皆根源于此,皆以此为其存在及运行的根本法则。

2. 中道赅摄万有、圆融一切。胡寅云:"中者……无不该也,无不遍也。"②这就是认为,"中"作为宇宙万有的根本法则,必然统摄万事万物,并普遍地存在于万事万物之中,因而是无所不包、无处不在的。他又指出:"道至于大中,则无过不及,内外本末,天人上下,该举而无遗,通行而无弊。"③即是说,大中至正之道必然无过与不及的偏失,从而内与外、本与末、天与人、形上与形下皆得以赅举无遗,而且这些对举的双方皆并行不悖、圆融无碍。这也就意味着,如果站在中道的立场上来看待或处理内外、本末等一切具有对比性的关系,那么就可以充分认识到对比双方不可分割的内在统一性,从而做到不偏不倚、无过无不及。

3. 中道必是大公至正、纯粹精一之道。胡寅认为"中者"即是"心之公也",并指出:"中故大,大故正,正故粹,粹故一。彼狭小、偏私、僻邪、驳杂为道者,失也。其所以失,或由师传,或由鉴智,或由气禀,故殊途各出,惊而不返,道无是也。"④在他看来,"中道"必具有大公无私、至正无邪、精纯不杂的特征。人们往往将狭小、偏私、邪僻、驳杂者视为道,显然是不明中道的错误看法。人之所以不得中道,或者是师传的缘故,或者

---

①② 胡寅:《崇正辩》卷三,第123页,北京,中华书局,1993。
③ 同上书,第140页。
④ 胡寅:《鲁语详说序》,《斐然集》卷一九,第403页。

是由于智识、禀赋的问题。然而,无论人们体悟中道与否,道体本身都是如如常在的,其所固有的"中""大""正""粹"等性质亦必然是永恒不变的。

4. 中道为至极圆满之道。所谓"中者,道之至也,性之尽也",即在于凸显中道作为至道的完满性、终极性与绝对性。胡寅之所以强调儒家的中道为究极圆满之道,主要是针对佛、道、玄等诸家思想或过或不及的偏失来说的。若只就儒家之道而言,则无所谓至或不至、尽或不尽,因为儒道本身是终极完满、绝对至善的,"道一而已",并不存在"中偏大小正邪粹驳之不同"。①

5. 中道难以把握、难以执守。胡寅说:"中道之难执也,自圣人以降皆然……"②又说:"中之难执也……非至精至一,穷极道心,不足以得之。"既然中道是究极圆满之道,那么要体悟中道、执守中道就绝非易事。在胡寅看来,唯有至为专精地实下功夫以充分开显人的本心,才能明识中道、坚守中道。

总之,对于胡寅而言,儒家的中道乃是完满至善之道,具有不偏不倚、无过不及、大公至正、精纯不二、赅贯万有、圆通无碍的特征,道、理、心、性之义涵无不统摄于此。同时在他看来,中道既是万事万物存在及运行的根本法则和一切价值、意义的来源,也是人生修养的最终理想与最高境界。因此,无论是辟异端、立儒学,还是救治时弊、经邦治国,他都十分强调中道观念的贯彻与运用。

二、据中道观以辟异端、立儒学

胡寅对异端的批评着力甚多,其儒学思想的阐发在很大程度上就是通过对异端的批评,或者说在与异端学说的对比当中来展开的。如《崇正辩》洋洋洒洒数万言,就是其专门辟佛的力作;另外,在《读史管见》和

---

① 胡寅:《鲁语详说序》,《斐然集》卷一九,第 403 页。
② 胡寅:《读史管见》卷九,第 313 页,长沙,岳麓书社,2011。

《崇正辩·斐然集》两部著作中,胡寅也有大量批判佛、道、玄等诸家的论说。胡寅不遗余力地辟异端,既源于其振兴儒学的根本需要,同时也是为了救治时弊、经世济民。① 他在《杨时赠四官》一文中指出,自圣学失传以来,道无统纪,世风衰颓,佛、老之学猖獗,以致聪慧明敏之人陷溺于空虚寂灭之地而不知安身立命之本,猥琐愚昧之士安于卑陋而不思进取,于是高明、中庸被割裂为二,儒家大中至正之教堕坏不堪。学术(道统之象征)既已败坏,则国家的衰亡亦随之而至。② 因此,为了复兴儒学、昌明正道,胡寅力辟异端邪说。

他又在《上皇帝万言书》中分析时政的弊失时指出,本朝自熙宁以来,官方推行王安石的新学,而王氏的学说乃是"以佛老之似,乱周孔之实,绝灭史学,倡说虚无",当时的士人因受到这种虚浮之学的长期熏染,以致"以空言相高而不适于实用,以行事为粗迹,曰不足道也",士人们皆"纷纷肆行",面对"二帝屈辱,羿、莽擅朝",竟"以为是适然",在国家危难之际能够挺身而出、"伏节死难"者也只不过一二人,如此浮华轻薄的士风最终必然导致国家的败亡。③ 因此,为了救亡图存、经邦济世,必须辟异端、立儒学。胡寅批驳异端邪说的重要根据就是儒家的中道思想,这主要体现在他始终秉持中道原则来批判佛、道、玄等诸家的学说。

胡寅辟佛,一方面是从"体"的层面批评其"谓理为障,谓心为空"④"以天性为幻妄"⑤;另一方面则是从"用"的层面批评其"离亲毁形"⑥"沦三纲,绝四端"⑦"以天下事物无非幻妄"⑧。在胡寅看来,这两个方面是根本一致的,天理、本心、本性与三纲、四端、万物乃是体用不二的关系:

---

① 参见陈谷嘉、朱汉民:《湖湘学派源流》,第170—172页。
② 胡寅:《杨时赠四官》,《斐然集》卷一三,第286—287页。
③ 胡寅:《上皇帝万言书》,《斐然集》卷一六,第347页。
④⑥ 胡寅:《崇正辩》卷二,第69页。
⑤ 同上书,第72页。
⑦ 胡寅:《致堂先生崇正辩序》,《崇正辩》,第1页。
⑧ 胡寅:《崇正辩》卷三,第120页。

前者是后者的根源,后者则是前者发用流行的表现。所以,佛教否定儒家之理体、心体、性体的客观真实性,则必然将以此为根据的万事万物视为幻妄;而它取消现实经验世界之一切的真实存在性,也就必定会否弃掉作为其本原的理体、心体、性体。胡寅立足于儒家的中道观念,对佛教在"体""用"两个方面所存在的问题都作了批判,并尤为注重批评其超越意识发达而现实关怀缺乏的弊病。如他说:

> 天地万物无不有自然之中,中者,道之至也,性之尽也,理之全也,心之公也,无不该也,无不遍也。佛自以为识心见性,而以人伦为因果,天地万物为幻妄,洁然欲以一身超乎世界之外,则其心不公、其理不全、其性不尽,而其道不至。知有极高明,而无见于道中庸;徒说形而上者,而不察形而下者;慕斋戒,洗心退藏于密,而不知吉凶与民同患;欲无思无为,寂然不动,而不能感通天下之故……正所谓过之者也。孔子之立教曰:"敬以直内,易以方外。"子思传之曰:"成己,仁也;成物,知也。"孟子传之曰:"仁,人心也;义,人路也。"本末、内外、精粗、隐显,其致无二。中国有道者明之曰:"体用一源,显微无间。"[1]

在这里,胡寅首先指出,天地万物皆有其自然之中,"中"即是道之极致、性之穷尽、理之纯全、心之大公,故而无所不包、无处不在。由此,胡寅即凸显出中道的终极圆满性,同时确立了判别儒、释的最高标准。接下来,他就以此中道原则为根据来批评佛教离用言体、体用两橛的弊失。在他看来,佛家虽自以为识心见性,但因其否弃天地万物、人伦日用而超脱于现实世界之外,以致陷溺于空虚寂灭之地而昧于大道全体,所以实际上其心并不公、其理并不全、其性并未穷尽、其道亦未臻于至极。因此,佛家虽有见于极高明却无见于道中庸,只论及形而上者却不体察形而下者,倾慕于斋戒清心、退藏修己却不知吉凶与民同患,心欲无思无为、寂

---

[1] 胡寅:《崇正辩》卷三,第 123 页。

然不动却不能感应通达天下万事。此即认为,佛教否弃人伦日用,虽然有极其发达的超越追求、本体意识,却不能济人利物、经世致用,因而有体无用、体用相离,这就违背了中道原则,从而无法成为大中至正的完满之教。这就是胡寅所谓:"虽清净寂灭,不著根尘,而大用大机,不足以开物成务。特以擎拳植拂,扬眉瞬目,遂为究极,则非天地之纯全,中庸之至德也。"①可见,对胡寅而言,佛教的缺失是过于中道,即过分偏重于"体"而不能正视"用"的重要性,以至于"用"这一面被消解,从而造成"体""用"的两离。胡寅破斥佛教贵体贱用和体用分离的弊失,正是要彰显儒学体用一如的圆满性。他进而指出,儒家乃是本与末、内与外、精与粗、隐与显赅举无遗、一体不二的大中至正之教,并借用程颐"体用一源,显微无间"之说来总结儒学这种彻上彻下、圆融无碍的精神。

胡寅对老庄道学的批评大体同于其辟佛之论,主要也是斥责其否弃儒家的纲常伦理、清静虚无而不能经世致用的弊病。他在《崇正辩》中指出:"礼乐固不可绝,释、老皆绝之,仁义固不可弃,释、老皆弃之,其得罪于圣人均尔!"②这就是批评道家弃绝作为人生日用之常的道德伦理法则。胡寅还分析了道家之所以产生这种弊失的原因,他说:

> 老、庄之学,见周末文胜,人皆从事于仪物度数,而不复有诚信为之主,故欲扫除弊迹,以趣乎本真。而矫枉太过,立言有失,玄虚幽眇,不切事情,遂使末流遗略礼法,忽弃实德,浮游波荡。其为世害,更甚于文之灭质也,故孔子曰:"中庸之为德,其至矣乎! 民鲜能久矣。"③

在他看来,老、庄之学主要针对周文疲弊的问题而发。周朝末年,人们一味沉溺于仪物度数这些表面的虚文,却不能将礼法制度的实质精神真正贯彻于自己的生命之中,以致周礼失去了客观的有效性,进而演变成一

---

① 胡寅:《传灯玉英节录序》,《斐然集》卷一九,第 399 页。
② 胡寅:《崇正辩》卷一,第 11 页。
③ 胡寅:《读史管见》卷七,第 227 页。

套空有形式而无实际的虚文。老、庄道学即是要扫除当时那样一种虚浮不实的风气,破斥已经失去实际效用的周文之虚伪,从而回归于生命之本真。然而它矫枉过正,将周代之礼乐法制的根本精神(质)连同其表现形式(文)一并否弃掉,舍离人伦之本、日用之常,超拔于现实人世之上,玄远虚无而不切实用,以致其末流毁弃道德礼法,行为放肆、浪荡不羁,对社会造成了严重的弊害,这较之于以文灭质的后果只有过之而无不及。胡寅说:"老庄之学,虽或过或不及,不得中道……"①又说:"老子之言,其害非若释氏之甚也,然弃仁义、捐礼乐以为道,则其道亦不从事于务,遗物离人,趋于冲泊,而生人之治忽矣……老、佛者,皆畔夫中庸者也。畔中庸,则为己为人同归于弊。"②这就明确指出道家与佛教的根本问题均在于悖逆中道原则,一旦违背中道,不论为己还是为人,都会产生严重弊端。

魏晋玄论本于老、庄之学,其弊病即是由老庄的问题所引发。胡寅指出:"老有庄、列翼之,其说浸漫,足以悦人耳目而动其心,故其后为王、何启清虚空旷、华而不实之祸。"③他认为玄学也具有与老庄相同的"清虚空旷、华而不实"的弊病。众所周知,魏晋玄学家主要以《老子》《庄子》《周易》三大经典为依托来阐发思想,主张以老庄道学为根据来诠释《周易》。胡寅认为这种做法严重背离了《周易》的意旨,对此大加批驳。在他看来,《周易》一书的宗旨乃在于开示中正得失之理,表明吉凶悔吝之故,让人知道如何修身处事、趋吉避凶,其根本精神即是推演天道以明人事,绝非无益于人世的玄谈。魏晋人士却执迷于以道释《易》,将《周易》归于虚无缥缈、不涉世用,以致其行为处事皆违理背义,身陷凶悔之地而不能自拔。他们的根本缺失就在于割裂了《周易》所载之道与人事之间的统一性,不能明晓这两者本来就是不可分割的:《易》道是人事的根据、原则和方向,人事是《易》道的体现与落实。因此,胡寅说:"为清谈者,以

---

① 胡寅:《读史管见》卷一〇,第 343 页。
② 胡寅:《读史管见》卷一四,第 503 页。
③ 胡寅:《读史管见》卷八,第 280 页。

心与迹二,道与事殊,形器法度皆刍狗之陈,视听言动非性命之理,此其
所以大失而不自知也。"①这就明确指出魏晋玄学的弊失在于将本来统一
的心迹关系、道事关系断然分割为二,以致行事作为不能合于道,道亦成
为空疏无用之道。依胡寅之见,无论是王弼、何晏的"贵无论",还是裴頠
的"崇有论",都存在这样一种体用分离的弊失。他说:

> 何晏之论见于无,遂以虚空为宗,而遗夫形而下者;裴頠之论见
> 于有,遂以形器为执,而遗夫形而上者。皆不知理之言也。诚知理
> 矣,宜有则有,乌能强之使无? 宜无则无,乌能强之使有? 形器森
> 列,不足为空虚之累;空虚寥廓,未尝为形器之拘。虽无思无为,而
> 天下之故未尝不应也;虽开物成务,而寂然之易未尝有扰也。此则
> 圣人之正道也。②

胡寅指出,何晏之论崇尚"无",以虚无为本,却遗弃了形而下的具体事
物;裴頠之论推重"有",执泥于形下事物,却遗弃了形而上的本体。可
见,"贵无论"的问题是有体而无用,"崇有论"的弊失则在于有用而无体,
二者都是过分地偏向于某一端而毁弃了另一端,以致体用分离、两不相
干。这显然违背了儒家的中道原则。对于儒家而言,形上本体与形下事
物是相依不离、圆融无碍的:虽无思无为、寂然不动,却能够感通天下万
事;虽酬酢万事、开物成务,寂然之体却始终一如、恒常不变。这就是寂
感一如、体用不二。唯有如此,才是圣人大中至正之教,才合于儒家正
道。由此可知,胡寅颇为重视儒家的中道观念,强调体用之间的统一性、
圆融性。

三、主中道观以经世治国

胡寅生活在两宋祸乱之际,其大部分的为政与治学经历是在南宋王
朝初步建立的时期。当时金国继续大举入侵、不断向南扩张,大有侵吞

---

① 胡寅:《读史管见》卷七,第235页。
② 同上书,第227页。

南宋半壁江山之势,统治者却偏安一隅、不思进取,朝廷腐败不堪、软弱无能,一味卑躬屈膝、主和罢战,以致整个社会深陷内外交困的境地,形势极其严峻。① 面对这样一种内忧外患的国家局势,胡寅作为一个颇有担当精神的儒者忧心不已,汲汲于探求救世济民之道。如在《上皇帝万言书》中,他深刻检讨自建炎以来国政的种种弊失,力主抗金、反对议和,强调务实用而去虚文,为救治弊政、扫除仇敌、复兴中原而积极出谋划策,提出了一系列改革弊政的切实举措。在《崇正辩》中对异端邪说空谈高论而不切实际、无益世用的批评,在《读史管见》中借助对历史的评议来指摘弊政和阐明治道,也无不蕴含着强烈的现实关怀。可见,其学问的探求仍旨在经世致用、救国济民。对于如何为政治国,胡寅继承和发挥了孟子的仁政思想,主张为政者应当本仁心以推行仁政,并十分强调以中道观念来治理国事。

在胡寅看来,中道乃是内圣成德与外王经世的根本原则,人能够成己又成物的关键即在于对中道的执守。他说:"皇极者,大中之谓也。道至于大中,则无过不及,内外本末,天人上下,赅举而无遗,通行而无弊。此乃尧、舜、禹、汤、文、武、周公、孔、孟之所以成己成物,时措从宜,大庇生民,泽及四海,其效可事据而指数也。"②这就是认为,大中之道无过无不及,内外本末及天人上下皆包举无遗、并行不悖,古代圣人能够立身成德与济人利物的根本原因就在于其为人处事能得中道。此即意味着,要实现"修、齐、治、平"的理想,必须本于中道而行。胡寅曾通过对魏世祖废佛事件的评析,来强调执守中道对于为政治国的重要性。太平真君七年(446),魏世祖率兵赴杏城(陕西黄陵)镇压胡人盖吴起义,到达长安时,一次在佛寺中休憩,竟然见到沙门畅饮官酒,并发现寺院内藏有财宝、兵器以及州郡长官和富人所托寄的物品数以万计,便怀疑沙门与盖吴通谋,又因认为其违背佛理、触犯法纪而罪不可赦,于是下诏诛尽长安

---

① 参见尹业初:《胡寅历史政治哲学研究——以〈致堂读史管见〉为中心》,第25—29页,北京,中国社会科学出版社,2013。
② 胡寅:《崇正辩》卷三,第140页。

沙门，彻底销毁佛像、佛经及寺庙，由此开始在全国范围内大举开展灭佛行动。对于魏世祖这一灭佛之举，胡寅评论道：

> 自有天地以来，必饮酒，圣人教人使不乱耳。自有天地以来，必食肉，圣人教人勿纵耳。男女必配合，教之使有理耳。有生必有杀，教之使用恕耳。利用不可缺，教之使尚义耳。此中庸之道，通万世而无弊者也……魏世祖因沙门之罪而行废斥，美政也。然于其间亦有过举焉，焚其书、销其像、毁其器、人其人，则可矣。不以有罪无罪悉坑之，则滥刑也。凡处事立制，必得中道，则人不骇而政可行。不然，未有不激而更甚者。此亦明君贤相之来鉴也。[①]

在他看来，饮酒、食肉、男女交合、适当杀生、利用安身等都是人生的基本需求，不可或缺，圣人立教并不是要去禁绝人的这些正常欲求，而是为了让人之欲求的实现能够有所节制，可以合乎理义。所以圣人之教既非禁欲主义，亦非纵欲主义，而是圆满至善的大中至正之教，其所奉行的乃是通行于万世而无弊的中庸之道。魏世祖因沙门有罪而对之加以处罚，如焚烧其书、销毁其像、毁坏其器，这固然是美政，但是对于沙门中人不论其有罪无罪，都一律坑杀之，此则是滥用刑罚的严重过当之举。为政者处事立制，必须合于中道，才能够真正赢得民心，从而使其政治可得以实行。否则，只会适得其反。后世的明君贤相都应当以此为鉴。这就是告诫为政者要以儒家的中庸之道作为根本理念来治国理政。胡寅说："某尝历考在昔隐约成德之士，与进为辅世之人，其建立光明盛大，不胶一曲者，未有不立于中道，无过无不及者也。"[②]又说："夫理有中正，无往不然，为文者华则失之轻浮，质则近于俚俗，华而不浮，质而不俗，以之事上谕下，治道所贵也。"[③]这显然是在强调中道原则对于修身成德与经邦治国的重要性，由此足见其对儒家中道观念的深切服膺。

---

① 胡寅：《崇正辩》卷三，第 125 页。
② 胡寅：《代人上广帅书》，《斐然集》卷一七，第 372 页。
③ 胡寅：《读史管见》卷一五，第 545 页。

第二节　道物一体说

胡寅是以中道观来建构其内圣成德之教与外王经世之学的,这种中道观落在其道物论上来说,则表现为道物一体的思想,即在坚持以道为本的前提下,同时强调道必有用和道不离物。

一、道:致用之源

胡寅论"道",既从本体意义上来讲,也从具体的方法和原则意义上来讲。对于"道体"的内涵与特征,胡寅主要从以下四个方面来加以把握:

其一,道为生物之本、万化之源。胡寅曰:"天生蒸民,自一而二、自二而三、自三而不可胜穷。致用有源,起数有祖,岂可贰哉? 贰则生物之功息矣。"①在他看来,万事万物的产生必然有其根源,而根源只有一个,不可能有二;若有二本,则不已的宇宙生化之功用便被止息,从而不可能产生天地间的万事万物。此正是其所云:"天之生物,无非一本。"②"天生万物,皆一本也,岂有二本者乎?"③这主要是在强调一本论,反对二本论,同时也表明宇宙万有的存在都有其根源,而这一根源也就是"天"或"天道",天道具有生生不已的功用。胡寅说:"天地万物本末终始,皆一道所以生生化化而无终穷……今春夏秋冬之序,雷霆风雨霜雪惨舒之变,是皆万物所以生成,而造化所以不息者。"④他指出,天地万物都是由道所化生,道即是天地万物产生的根源。既然万事万物皆以道为本原,那么它们就不可离于道而存在。

其二,道为日用事物所当行之理。胡寅既把"道"看作是万事万物存

---

① 胡寅:《崇正辩》卷二,第 104 页。
② 同上书,第 73 页。
③ 胡寅:《读史管见》卷二九,第 1058 页。
④ 胡寅:《崇正辩》卷三,第 163—164 页。

在的根据,同时也将其视为一切事物合理运行的基本法则,即人之用物处事的根本原则。他说:"物无不可用,用之尽其理,可谓道矣乎?"①又说:"盈天地之间无不可用者,用而当其理,是则道也。"②这就是认为,天地万物都可以被运用,对物的运用能够合乎其本有之理即是道。此处的"道"当是指人能够合理正当地用物处事的根本原则。胡寅以人之用物合于理来界定"道",正体现出"道"的内在性,即"道"并不离于天地万物、人生日用,而是存在于万事万物之中的特征。

其三,道必具有绝对性、恒常性、普遍性。胡寅曰:"道一而已,亘万古而无弊。得之者,或先百世而生,或后百世而出,其言得行,若合符契。盖至当归一而精义无二也。"③他认为,无论百世以前,还是百世之后,古往今来,道始终只有一个,此道永恒常在,贯通万世而无弊。这就彰显出"道"的绝对性与恒常性。同时,胡寅也十分强调"道"的普遍性,认为不具有普适性的"道"就不是真正意义上的"道"。他说:

> 道者,共由之路也。④

> 非人可共由,行之而有弊,则不谓之道。道者,天下所共由,万世而无弊者也。此儒、释之辩也。⑤

> 若夫道则以天下共由而得名,犹道路然,何适而非道哉? 得道而尽,惟尧、舜、文王、孔子而已。黄帝之言无传矣,老聃八十一篇,概之孔业,固难以大成归之,自其所见而立言,不可与天下共由也。独善其身,不可与天下共由,而名之曰道,此汉以来浅儒之论,以启后世枝流分裂之弊,岂可用也?⑥

---

① 胡寅:《衡岳寺新开石渠记》,《斐然集》卷二〇,第416页。
② 胡寅:《读史管见》卷一七,第638页。
③ 胡寅:《崇正辩》卷二,第66页。
④ 胡寅:《致堂先生崇正辩序》,《崇正辩》,第5页。
⑤ 胡寅:《崇正辩》卷二,第89页。
⑥ 胡寅:《读史管见》卷二五,第927页。

在他看来，"道"必定是天下之人都可以共同遵循而行者，唯有如此，才能被视为真正意义上的"道"。若只能独善其身，而不能为天下之人所共同依循，则必然是有弊端者，故而不可称之为"道"。此处将"天下所共由"视为"道"的本质性特征，旨在凸显"道"的普遍性。当然，由此也可以体现出"道"的内在性。因为"道"是能够为天下人所共同依循而行者，所以"道"并不在人事之外，而是寓于人事之中的，必当是有用之道。若离世绝俗，不能济人利物，则不可谓之为"道"。依胡寅之见，显然只有儒家之道才可以称得上是真正的"道"，而佛、老之道都是不能为天下所共有的。因而根据这一点，就可以将儒与佛、老从根本上区分开来。所谓"此儒、释之辩也""老聃八十一篇，概之孔业，固难以大成归之，自其所见而立言，不可与天下共由也"，即是根据"天下所共由"之"道"来分判儒与佛、老。

其四，道必是有用之道。这是胡寅颇为强调的一点。他指出："道者，用之不穷者也。无用之道，圣人不行也。"[1]此是说，"道"具有无穷无尽的功用，乃是一切用得以生发的根源，所以道必定是有用之道，而无用之道，圣人并不会兴行。这就旨在表明儒家之道必有用。对胡寅而言，道之用可从以下两方面来把握：一方面，从天道的角度来说，道具有不已的宇宙生化之作用，能够产生天地万物。所谓"天地万物本末终始，皆一道所以生生化化而无终穷"与"天地之道，养万物而已"[2]，即指明了道具有生成和长养天地万物之大用。另一方面，从人道的角度来说，道对于人的行事作为具有统摄、规范和指引的作用，能够成就人间万事。胡寅曰："夫道固以济物为用，大丈夫用道者也。可求田问舍则求田问舍，可经营四方则经营四方，心岂有大小远近之限哉？"[3]这里的"物"是就人事而言。在他看来，道本来就是以济人利物为用的，而大丈夫乃由道而行者，可独善其身便独善其身，能兼济天下就兼济天下，心志并无大小远近

---

① 胡寅：《读史管见》卷一七，第638页。
② 胡寅：《读史管见》卷一，第9页。
③ 胡寅：《读史管见》卷五，第168页。

的限制。由此可知,儒家之道必能安身立命和经世致用,能够成就修、齐、治、平之人事。

总之,胡寅对"道体"的把握,一方面是要表明"道体"的超越性,即认为道是万事万物产生的根源,是一切事物存在及运行的基本法则,亦是人们应物处事的根本原则,必具有绝对性、普遍性与恒常性。另一方面则是要彰显"道体"的内在性,即主张道必是能经世致用、济人利物的有用之道,是天下之人皆可以共同遵循而行者,它并非超离于现实世界之外,而是存在并体现于天地万物、人伦日用之中的。

二、物:客观真实且必有用

"物"在胡寅的思想体系中是一个十分宽泛的概念。凡天地间(即现实世界中)存在的一切具体事物皆涵括在内,甚至本体意义上的"天""道"有时也被胡寅称为"物",如所谓"惟天曰'天斯昭昭之多',夫昭昭果何物哉"①及"道果何物哉"②,即是如此。这里,本文着重从其具体事物的意义上来说。关于"物"的内涵与特征,胡寅主要强调以下两点:

一者,物必客观真实存在。依胡寅之见,天地之间的万事万物都是客观真实存在者。他说:"天地之内,事物众矣。其所以成者,诚也。实有是理,故实有是心;实有是心,故实有是事;实有是事,故实有是物;实有是物,故实有是用。"③在他看来,天地间的万事万物都产生于"诚"本体,而诚体具有真实无妄的特征,由此真实无妄之本体所产生的事物必然也是真实无妄的,所以"事"必是"实有是事","物"必是"实有是物",天地间的一切事物都是客观真实存在者,绝非虚妄。胡寅之所以强调天下事物及其本原根据(诚或理)的客观真实性,主要是为了驳斥佛教的"缘起性空"之论。针对佛教"以理为障""以心为空"及"以天下事物无非幻

---

① 胡寅:《读史管见》卷一〇,第362页。
② 胡寅:《读史管见》卷二三,第837页。
③ 胡寅:《衡岳寺新开石渠记》,《斐然集》卷二〇,第417页。

妄"的说法,他批评道:"凡人世实理与事物之迹,皆指为幻化不真,而无形色名声如天堂地狱轮转、无稽之言,反指为真实不诬,是可信乎?"①此即是说,佛氏把本来真实无妄的人世实理与事事物物皆视为虚幻,而将天堂地狱轮转等虚妄不实者反倒看作是真实,这显然是荒谬的。他又指出:

> 佛之道以空为至,以有为幻,此学道者所当辩也。今日月运乎天,山川著乎地,人物散殊于天地之中,虽万佛并生,亦不能消除磨灭而使无也。日昼而月夜,山止而川流,人生而物育,自有天地以来,至今而不可易,未尝不乐也。此物虽坏而彼物自成,我身虽死而人身犹在,未尝皆空也。②

在这里,胡寅对于佛教以空为本从而将宇宙万有视为虚幻的看法加以驳斥。他认为,日月运行于天,山川显著于地,人、物存在于天地之中,即使是万佛并生,这些事物也都不能被消除磨灭。而日昼月夜、山止川流、人生物育这些亘古即有的自然法则,亦是恒常一如、不可更易的。天地之间的事物,此物虽已消亡,但彼物又会产生;我身虽已死去,但人身依然存在。显然,整个世界绝非空幻。因此,佛之道以空为至、以有为幻,必是违背常道、常理的。这就是通过对天地间万事万物之客观实在性的肯定来批驳佛教的万有皆空论。由此他充分肯定了现实世界,或者说宇宙万有存在的真实性与客观性。

二者,物必有用。对胡寅而言,不仅天地万物都是真实存在者,而且真实存在的事物必然都是有用者,事物的真实存在性与其有用性乃是互涵互摄的。他说:"实有是物,故实有是用。"③又云:"凡物必有用,物而无用,天地不生也。"④这就明确指出,天地间的事物必都是有其作用和价值

---

① 胡寅:《致堂读史管见》卷一二,第450页。
② 胡寅:《崇正辩》卷一,第42—43页。
③ 胡寅:《衡岳寺新开石渠记》,《斐然集》卷二〇,第417页。
④ 胡寅:《读史管见》卷一七,第638页。

的,不可能存在无用之事物。在胡寅看来,即便是"禀赋偏浊,如虎狼虺蝎、野葛乌喙",也"各有益于人";甚至是"污秽之甚,如矢如溺,如粪壤蛲蛕",亦"有已病起死之功"。① 由此,他坚持认为"物无不可用"②"盈天地之间无不可用者"③。当然,胡寅又指出:"夫物虽皆可用,非人莫能用之。人为至灵,圣贤又其灵之尤者也。其功至于弥纶天地,赞助化育,使天地日月、山川动植各得其所,而其本则由阴阳施受而生。"④ 在他看来,物所具有的作用和价值只有通过人才能得以充分发挥,因为人为万物之至灵,而圣贤又是人之中最为灵秀者,能够经天纬地、参赞化育,从而使天地间的万事万物皆各得其所、各尽其用。可见,胡寅所强调的物的有用性主要是就物对于人的作用而言的,并且人也是万物中的一物,只不过是万物之至灵而已,而人之至灵正体现在其具有经天纬地之大才大用。显然,对于胡寅来说,天地间存在的事物必都是有用者,而物之用唯有通过人才能充分实现。

总之,胡寅对于"物"的理解,一方面是要强调"物"的真实存在性,另一方面是要突出"物"的有用性。由此表明,胡寅对"物"的价值和地位亦给予了充分的肯定和重视。

三、道物之间:内在一体,相依不离

对于道物之关系,胡寅吸收了程颢"道之外无物,物之外无道,是天地之间无适而非道也"⑤的道物一体思想,既坚持以"道"为本,又颇为重视"物",强调道即在物中、道不离于物,亦即道与物相依不离、圆融不二。这一点可从以下两个方面来体现:

一方面,道为物之本原,物不离于道。在胡寅看来,道乃宇宙万有之本原,天地间的万事万物皆根源于道,皆由道所产生,故物不可离于道。

①③④ 胡寅:《读史管见》卷一七,第638页。
② 胡寅:《衡岳寺新开石渠记》,《斐然集》卷二〇,第416页。
⑤ 程颢、程颐:《河南程氏遗书·二先生语四》,《二程集》上册,第73页。

道的这种本原性意义可从天道与人道两个层面上来讲。首先就天道论而言,道是天地万物创生的根源,天地万物皆以道为其存在及运化的根据,不可离于道而存在。胡寅曰:

> 仲尼之言天地山川也,皆以自微至著明之……惟天曰"天斯昭昭之多",夫昭昭果何物哉?及其无穷也。日月星辰系焉,万物覆焉,而不离于昭昭之多。故昔人言天,未有亲切显白如仲尼者也……天果远乎哉?故自赋予而言则曰天命,自禀受而言则曰天性,自无息而言则曰天道,自不惑而言则曰天理,自发用而言则曰天心……①

他指出,日月星辰等天地万物皆不可离于"昭昭之多",而"昭昭之多"即是指生生不已、流行不息的天道。这也就是说,天地万物都是本于天道而产生的,所以不可离于天道而存在。再就人道论而言,道是一切合理正当的人生实践(如修齐治平等)之根据、原则和方向,故而人的日用常行亦不可离于道。胡寅云:"夫道非有一物可把玩而好之也,百姓日用而不能离,亦犹鸟之有翼、鱼之有水,顾不自知耳。"②他把人与道的关系比作鸟与翼、鱼与水的关系,这就充分表明,道对于人具有不可或缺的重要性,乃是人生日用一刻也不能离者,只不过寻常百姓并不自知自觉而已。此即意味着,一切人生实践都应当以道为根本原则,绝不可悖离于道。胡寅又云:"儒书之要,莫过乎《五经》、邹鲁之语,是七书者,上下关千五百余岁,非一圣贤所言,总集百有余卷而已。既经仲尼裁正,理益明,道益著,三才以立,万世无弊,违之则与人道远焉。未尝丁宁学者收藏夸眩,以私心是之。而所以至于今存而不废者,盖人生所共由,自不可离故也。"③在他看来,那些经过孔子裁定的儒家经典之所以能传承不衰、亘古

---

① 胡寅:《读史管见》卷一〇,第 362 页。
② 胡寅:《读史管见》卷一七,第 618 页。
③ 胡寅:《桂阳监永宁寺轮藏记》,《斐然集》卷二〇,第 413 页。

不绝,主要原因在于它们都是载道之书,而道乃人生实践的根本法则,是人人都必须遵循而行者,人生自不可离于道而存在。可见,胡寅充分肯定了道的本原性地位。正因为道是天地间万事万物之本原,即其存在及运行的根本法则,万事万物才不可离于道而存在。

另一方面,道即体现并内在于物之中,道不离于物。胡寅在肯定道为万事万物之本原的前提下,又强调道就体现并存在于事物之中,并不离于事物而别有所在。他说:"道无不在,离世绝俗则不谓之道。故先正程公曰:'道外无物,物外无道。'"①在他看来,道即内在于现实世界之中,而并不在现实世界之外,若外在于现实生活世界,则不可谓之为道。他又指出:

> 父子君臣之伦,礼乐刑政之具,以至取予之一介,交际之一言,加帝于箕之仪,捧席如桥之习,无非性与天道也。谓此非性与天道,则人所以行乎父子君臣、礼乐刑政者,是皆智巧伪设、土苴秕糠之迹,而性与天道茫昧杳冥,无预乎人事,此岂《五经》所载、孔孟所教耶?②

这就是说,性与天道就体现并存在于父子君臣之伦、礼乐刑政之具,以及取予之一介、交际之一语、加帝于箕之仪、捧席如桥之习这些日用伦常的事事物物当中。如果说这些并非性与天道,或者说性与天道外在于人伦日用,那么人在日用常行中所遵循的法则就只是些智巧伪设的糟粕,而性与天道也就沦为与人事无涉的虚无空洞之物,这显然是违背儒家之根本教义的。可见,胡寅在这里乃是要表明,人伦日用即是性与天道之所在,道就体现并内在于人伦日用之中,而并非超离于人伦日用之外,凡外在于人伦日用者,就不是儒家所谓之道。胡寅曰:"盖死生之说、鬼神之情状,即性命道德之理,非有二致。"③又曰:"饥而食,渴而饮,动静皆然,

---

① 胡寅:《崇正辩》卷三,第 144 页。
② 胡寅:《读史管见》卷三,第 115 页。
③ 胡寅:《读史管见》卷一六,第 596 页。

天理之自然也。"①这些都是在点明道即在物、日用即道之意。由此也表明，道之所以不离于日常生活世界，乃是因为道须通过日用伦常之事物来体现、落实，人伦日用中的事事物物即是道体发用流行之表现。

显然，在道物关系上，胡寅既坚持以道为本原，认为物不可离于道；又强调道就体现并内在于物之中，主张道不可离于物。这不仅肯定了"道"的根本性地位，也凸显出"物"的重要性。可见，胡寅颇为强调道物之间的统一性、圆融性，并充分正视二者的地位和作用。而在当时佛老盛行与内忧外患之时局的双重刺激下，为了应对佛老思想的挑战以及救治时弊、经世济民，他尤为注重发明道即在物、道不离物之义，以强调一种积极入世的精神和敢于担当现实的情怀。

第三节　心迹不二论

胡寅的中道观不仅体现在其道物论中，而且也可以通过其心迹论来展示。心迹论正是偏重于从客观面立意的道物论落在人之主体自身方面而言。既然道物论与心迹论是根本一致的，即皆贯穿着中道思想，而胡寅在道物论中坚持以道为本，并十分注重道物之间的圆融性（道物一体），那么在心迹论中，他必然主张以心为本，并强调心迹之间的统一性（心迹不二）。②

在胡寅的心迹论中，"心"主要是指人之内在固有的道德本心，但有时也就统摄人的认知、情感、意志、欲求、思想观念等内容的经验实然之心而言；"迹"则是指人之表现于外的言行举止或行事作为及其所产生的结果。二者被视为源与流、里与表、实与名的关系。胡寅坚持源流一贯、表里一如、名实相符的观点，从而力主心迹一体不二之论，强调心迹的内在统一性、不可分割性。他指出："夫天人无二道，心迹不可判，此孔孟之

---

① 胡寅：《崇正辩》卷一，第 29 页。
② 胡寅云："圣学以心为本，佛氏亦然，而不同也。"（《崇正辩》卷一，第 48 页。）无论在心迹论还是在身心观中，胡寅都始终坚持以心（主要指道德本心）为本。

学也。"①而他之所以认为心迹不可相离,主要基于以下两点认识:

其一,心为迹之本。在胡寅看来,"心"是"迹"产生的根源,"迹"以"心"为本。他说:"尧、舜、禹、汤、文、武之德衣被天下,仲尼、子思、孟轲之道昭觉万世。凡南面之君,循之则人与物皆蒙其福,背之则人与物皆受其殃,载在方册之迹著矣。其原本于一心,其效乃至于此,不可御也。"②此处尧、舜、禹、汤、文、武衣被天下之德,即是仁德;仲尼、子思、孟轲昭觉万世之道,即是仁道。胡寅认为,凡是君王依循仁道行事则可以造福天下苍生,背离仁道作为则会祸害天下生灵,相关事迹在书册之中都有明显的记载。而人君为政治国之所以会产生"人与物皆蒙其福"与"人与物皆受其殃"两种截然不同的结果,其根本原因即在于君心仁与不仁。也就是说,人君本于仁心而行,则可以造福天下;本于不仁之心(非本心不仁)而行,则会祸害天下。可见,为政者的行事作为(迹)如何取决于(或根源于)其心仁与不仁。这就彰显出迹本于心之意,即所谓"其原本于一心,其效乃至于此"。

正因为君心仁与不仁对于为政治国具有关键性的影响,所以"正心"或"格君心之非"便成为治道之根本。胡寅云:"乾坤之元,万物所资;而人君治国,正心为本也。万物资焉,其仁普矣;心无不正,其仁不可胜用矣。"③此即主张以正心为人君治国之本。而人君正心也就是要革除君心之非以显明人之本心(仁心善性),亦即孟子所谓"求放心"。胡寅又云:

> 莫难强如怠心,莫难制如欲心,莫难降如骄心,莫难平如怒心,莫难抑如忌心,莫难开如惑心,莫难解如疑心,莫难正如偏心,然皆放心也。大人格君心之非者,格此等也……君心怠则强之,欲则制之,骄则降之,怒则平之,忌则抑之,惑则开之,疑则解之,偏则正之。要使君心常收而不放,则善日起,恶日消,治可立,安可保矣。夫水

---

① 胡寅:《读史管见》卷二九,第1060页。
② 胡寅:《致堂先生崇正辩序》,《崇正辩》,第3页。
③ 胡寅:《读史管见》卷二九,第1071页。

> 源浊则流污,源清则流洁,古之人所以恶夫逢君之恶者,为病其源也。①

在他看来,"君心之非"乃是人君放失其本心所造成的,如果能够将怠惰、私欲、骄傲、愤怒、忌妒、疑惑、偏邪等君心之非革除掉,以使人君之本心常存而不放失,那么就可以兴善去恶,从而治国安邦。他还将君心与人君为政治国的事迹比作水源与水流的关系,认为水源浑浊则水流必污秽,即君心不仁则必行恶政;水源清澈则水流必洁净,即君心仁则必行善政。这就凸显出君心仁善与否对于为政治国所产生的根本性作用。而在这里,心与迹被视为源与流的关系,此即表明迹根源于心,乃是由心所生发。胡寅之"心澄迹自洁"②与"源清者流澄,本端者末正,有诸内必形诸外"③等说法,也都可以体现出这一点。既然心为迹之本源,那么由仁心则必然产生善迹,由不仁之心则必然产生恶迹。所谓"根诸良心必形诸仁术"④"存诸心者仁,则形诸事者义"⑤,以及"心不仁则事不义"⑥"心体既差,其用遂失"⑦正指明此意。由此可知,心与迹具有明显的内在一致性(或统一性),并非可以截然分割的两物,且心对于迹具有决定性、统摄性和主宰性。依胡寅之见,以仁心为本的心迹一体论正是儒学的基本特质,而佛、道、玄等诸家的学说则都存在着心迹分离的弊病。他说:"佛之术以慈为先,而其行则忍;其道以空为至,而其迹则泥。虽泥而观之以空,虽忍而号之以慈,盖名实不相副者也。圣人之道则异乎此矣。实有是心,故实有是事;实有是事,故实有是德。表里同符,隐显一致,所以能成己而成物也。"⑧这就是站在心迹不二的立场上来辟佛立儒,指出佛氏

---

① 胡寅:《读史管见》卷二五,第 928—929 页。
② 胡寅:《题单令双清阁》,《斐然集》卷二,第 44 页。
③ 胡寅:《乙卯上殿劄子》,《斐然集》卷一〇,第 214 页。
④ 胡寅:《澧州谯门记》,《斐然集》卷二〇,第 431 页。
⑤ 胡寅:《读史管见》卷三〇,第 1113 页。
⑥ 胡寅:《读史管见》卷二九,第 1071 页。
⑦ 胡寅:《乙卯上殿劄子》,《斐然集》卷一〇,第 214 页。
⑧ 胡寅:《读史管见》卷一二,第 449 页。

之学存在割裂心与行或道与迹之统一性的问题,而儒家之道则是心迹一体不二,即实有是心(仁心)则实有是事(善迹),实有是事则实有是德,心与迹是内外一如、隐显一致的。这就充分表明心迹之间具有不可分割的内在统一性。当然,这种统一是以心(仁心)为本的统一,"实有是心,故实有是事"即可以体现出"心"的根本性地位。因此,胡寅所主张的是以心(仁心)为本的心迹不二论,这是正确合理的取向。唯有先立定根本,确立原则,明确方向,才能实现心迹之间的良性互动与统一。

其二,迹为心之显。在心迹论中,胡寅不仅从心为迹之根源的角度来凸显心迹之间的内在统一性,而且也从迹为心之显现的方面来强调心迹之间的根本一致性。他在批评佛教时说道:

> 师之为名,教我而我效法之者也。兴于鸠摩罗什,师其言乎?则梵语胡言,译而后明,非所以出教令、修法度也。师其行乎?则不饮酒,不茹荤,非所以待臣下、训军旅也。师其威仪乎?则髡首偏袒,服坏色衣,非人君所当为也。师其道乎?则无父子、夫妇、君臣,三纲沦绝,非治国所当用也。抑曰:"吾遗其外而师其内,舍其迹而师其心乎?"则外者内之表,迹者心之显,非有二致也。①

在他看来,佛教的言行、威仪、道法等一切内容都是违背为政治国之常道的,人君不应当去效法。如果舍弃其言论行事和威仪法度等具体表现(迹),而只是效法其内在精神(心),那么也是不可取的。因为表露于外的"迹"即是隐藏在内的"心"的显现,内与外、心与迹是一致不二的。可见,"心"是通过"迹"来显现其自身的,"迹"即是"心"本身的呈现、发用。既然"迹"是"心"之具体表现,那么也就可以"以迹揆心"②。由此可知,胡寅既充分肯定了"心"对于"迹"的决定性作用,同时也颇能正视"迹"对于"心"的重要性,即"迹"能使"心"得以具体、真实地呈现。而他说"外者内之表,迹者心之显,非有二致",则主要是为了强调心迹之间的内在一致

---

① 胡寅:《读史管见》卷九,第 320 页。
② 胡寅:《读史管见》卷一〇,第 346 页。

性、不可分割性。

胡寅正是从心为迹之本和迹为心之显两个方面来把握心迹之间的统一性的,这也是他力主心迹不二之论的根本理据所在。胡寅对于佛、道、玄等诸家的批评即以心迹不二作为其立论的基本依据。如他批评佛教,谓其"以心、迹为两途"①;批评玄学,谓其"以心与迹二,道与事殊"②;批评荆公新学,谓其"以行与言二,以迹与心判"③等。这些都足以表明,胡寅颇为强调心迹之间的不可分割性。他甚至通过"心即是迹,迹即是心"这样的强势表达来凸显这一点,他说:"如彼所说,真空无相。以相见我,事障理障。如我所说,一阳一阴。心即是迹,迹即是心。谓迹非近,道终不近。于行必诐,于辞必遁。"④这里的"心即是迹,迹即是心",意在强调心迹之间是内在统一、圆融不二的关系,而并不是说"心"与"迹"的内容和意义完全等同。显然,依胡寅之见,心与迹必定是圆融相即、一体不离的。当然,他所主张的是以心为本的心迹不二论。

第四节　以史论政

司马光《资治通鉴》问世之后,其门人范祖禹受理学家程颐影响,著《唐鉴》表达了不同意见,然而作为史家的范祖禹在义理之学上造诣不深,其论断在朱熹看来还说理不透,失之于弱。而理学家在重新解释经典义理之后,进入史学也只是时间早晚之事。两宋之际的胡寅,在父师胡安国及程门高弟杨时的教养下,于程氏学长期浸淫、颇有心得,有感于《资治通鉴》"事虽备而立义少"的缺憾,毅然承担起评论《资治通鉴》所载1362年历史的任务,撰成了理学家评史的第一部有重要影响的著作《读史管见》。《读史管见》洋洋洒洒数十万字,内容庞杂,涵盖极广,凡治道、

---

① 胡寅:《崇正辩》卷二,第 85 页。
② 胡寅:《致堂读史管见》卷七,《续修四库全书》第 448 册,第 515 页。
③ 胡寅:《致堂读史管见》卷三〇,《续修四库全书》第 449 册,第 265 页。
④ 胡寅:《元公塔铭》,《斐然集》卷二六,第 568 页。

君臣、华夷、君子小人、天理人欲等议题都有涉及。陈寅恪曾称:"胡致堂之史论,南宋之政论也。"①胡寅是以论史的形式,表达自己的政治见解。政论不能没有宗旨,《读史管见》作为理学家第一部评史巨著,曾备受理学集大成者朱熹的推崇。朱熹称:"致堂(胡寅)《管见》方是议论。"②"胡致堂说道理,无人及得他。"③其《资治通鉴纲目》采纳胡氏议论颇多,全文引用胡寅《读史管见》评论的达 77 条,节录或转述多达 341 条。④ 胡寅《读史管见》一出,理学家才真正进入史学,矫正了司马光的大量学说,夺取了在史学上的话语权,为朱熹编纂《资治通鉴纲目》奠定了基础。朱熹的评语也为胡寅《读史管见》的学术地位定下了基调,其为理学家论史的大著作,基本成为史学家的共识。

一、公原则:从公心到公领域的扩展

作为程门后学,胡寅继承了二程以天理为最高理则的学说。天道与性命相贯通,人世间的道德便也确立了天理的根源。在重视道德的儒家传统之中,史论中的人物评价也特重道德一面,在理学产生之后,这种批评也进而溯及天理。天理本身含有价值义、秩序义,可以作为评论史事的标准,但历史是一个无所不包的系统,涉及面极广,对人事皆以天理为准的,难免失之空泛。而作为传统史学核心内容的政治史,涉及的基本是公共生活领域,于史论中评价的"人物",是公共政治生活中的人物,对其评价并不能仅仅局限在道德评价上。换一句话说,专用道德评价,不足以言明道尽丰富的政治领域。对政治领域的评价需要一种原则,既能与天理及个人道德相沟通,又能全尽理学所理解的政治精神。在胡寅,他确立的是"公"的原则。在二程学说中,"公"虽然不是最高原理,但在其理论体系之中仍然占据重要地位。程颢《识仁篇》以万物一体说仁,仁

---

① 陈寅恪:《冯友兰中国哲学史上册审查报告》,《三松堂全集》第 2 卷,第 613 页。
② 黎靖德编:《朱子语类》卷一三四,第 3207 页。
③ 黎靖德编:《朱子语类》卷一〇一,第 2581 页。
④ 参见尹业初:《胡寅历史政治哲学研究——以〈致堂读史管见〉为中心》,第 250 页。

者达到的境界是"廓然大公,物来顺应","公"在程颢的理学思想体系的基础架构中是作为仁的一种境界出现的。程颐则以公说仁:"仁道难名,惟公近之,非以公便为仁。"①"仁者用心以公。"②公本身不是仁,心理合一才是仁,依程颐之见,"公"是实践和体现最高理则天理的功夫和方法。从胡寅的相关文献来看,胡寅似乎并没有接受程颢以万物一体言仁的思路,而是更倾向于接纳程颐将"公"作为功夫和方法的学说。

　　正如陈乔见先生所说:"宋明理学家把义利之辨理解为公私之辨,但他们所谓的公与私主要是就行为主体的动机而论。"③所谓"行为主体的动机",也就是公心和私心,胡寅的一套公原则都是从公心衍生出来的。胡寅说:"义者,天理之公也,华夏圣贤之教也。利者,人欲之私也,小人蛮貊之所喻也。"④也就是说,义是出于公心,符合天理的,利是出于私心,不符合天理。将义利之辨理解为公私之辨,是宋明理学家的普遍意见。⑤　他们谈论公私话题,最主要的特征是将"公"与"天理"联系在一起,出现"天理之公"的说法,程颐之后的理学家多习用此语。符合天理即是出于公心,出于公心即当符合天理。而天理为人人所具足,天理的公共性,决定了公心的普遍性,则公心可作为道德判断的普遍尺度。在胡寅看来,历史上的一切社会文化现象、历史事件背后,无一不潜藏着历史人物的用心,是否出于公心,也理所当然成为评价一切社会文化现象和历史事件背后之人的标准。胡寅《读史管见》发展出一整套以公原则为标准的评价历史的话语。其中议论较多的职位、制度,以及天道祸福等话题,大抵可概括为公器论、公制论和公报论。

---

① 程颢、程颐:《二程集》上册,第 63 页。
② 同上书,第 372 页。
③ 陈乔见:《公私辨:历史衍化与现代诠释》,第 224 页,北京,生活·读书·新知三联书店,2013。
④ 胡寅:《桂阳监学记》,《斐然集》,第 430 页。
⑤ 宋明理学家将义利之辨等同于公私之辨,亦即公心与私心之辨、公利与私利之辨,这与孟子对义利之辨的理解是有距离的。孟子固然多有重功利、轻私利的言论,但并未一概抹煞私利,所以义利之辨在孟子那里是不能化约为公利、私利之辨的。关于这一点,可参见李明辉:《儒家与康德》,第 152—155 页。

进一步言之,天理、公原则归根结底是一个正义问题。公原则从公心到公领域扩展,亦即道德正义向社会正义的延伸。社会正义当然是理学家实现外王理想的必然要求,而实现社会正义又必须以实现政治正义为前提,政治正义是社会正义理念从理想变为现实的决定力量;而制度正义又是实现社会正义的必要途径,社会正义是在政治正义的前提下,通过合理制度的安排和设计来实现的。因而,要充分展开理学家的正义理念,必须从政治正义开始,进至制度正义。除了要求政治人物遵循公原则去实现政治正义、制度正义乃至社会正义,还必须建立一定的约束机制,也就是必须证成报应正义。

二、寻求政治正义的公器论

在传统君主制国家,政治反省的第一个问题当然是作为权力之源的君主。何以有君主? 立君为何? 对这一问题的回答,关乎胡寅政治正义学说乃至其整个政治哲学的前提。胡寅认为,君主的存在是以人民的存在为前提的,若无人民,君主便无存在的必要。胡寅称:"天地之道,养万物而已。人君之德,养万民而已。"[①]又说:"所为立君者,为人群而争也。不务德化而以力从事,是与之争也。"[②]君主的存在意义,从消极面讲,是为防止人民纷争的无序状态,建立相对安定的人间秩序。人民的集合体必然要凭借某种政治体制来维持一定秩序,而这种体制就是君主制。若无君主掌握权力之源,通过百官治理天下,人民之间的纷争将无有已时。从积极面讲,君主的存在意义,是为将养百姓。为民治生,是西周以来"敬德保民""保民而王"的思想传统,是君主不可推卸的政治责任。胡寅以人民作为其政治正义学说的前提,就将作为权力源头的君主纳入了正道,从理论上确立了民本政治的正当性。

在胡寅看来,衡量君主的首要标准就是他是否能够实现保民养民。

---

① 胡寅:《读史管见》卷一,第 9 页。
② 胡寅:《读史管见》卷二,第 53 页。

在君主的产生机制上,胡寅推崇尧、舜所实行的禅让制。原因无他,禅让制是不以天下为私有、简选贤能之人为君的机制,体现了"官天下"的精神。"官天下者,享国之日虽浅,而子孙以安;家天下者,享国之日虽长,而子孙以危。理势然也。"①只有以君位为天下公器的人才肯放弃本有的君位,禅让给贤能的人,而不传自己的子孙。家天下者,则以君位为自家私有,担心其位其权被他人所夺所掩,即使子孙之间也难免为争位而同室操戈,处境自然也就岌岌可危了。尽管胡寅从价值上判别了官天下和家天下的高下,但家天下已历经数千年的历史延续,成为既定的难以改变的事实,对这一事实除接受以外别无办法,所以胡寅并没有要求从家天下模式回归到官天下模式,而只是要求家天下模式下的君主,仍旧要树立天下为公的观念,从形式正义和实质正义上接近天下为公的理想。他说:"君臣以天位为私惠,父子以神器为私宝,人欲肆行,天理沦灭,其所以异于夷狄者几希矣。"②家天下之事实不可改变,但这并不妨碍君主以尧、舜为法,不以天下为一家一人所私有,在行使权力之时做到公正无偏。如果能做到不图一姓之私利,保证公正行使权力的形式正义,也就更有可能实现保民养民的实质正义。

胡寅要求君主能够以公心行事,做到保民养民,则作为国之公器的官职、爵位亦应以公心处之,不能曲徇私恩。③ 胡寅以为:"官爵,公器也。"④"建国家而以私意行事,不足服人心矣。"⑤官爵是国家的公器,君主应当效法二帝三王,完全以公心封赐官爵,而不能将官爵作为君主施恩的工具。胡寅举叔孙昭子和汉高祖的例子说明遵循公义的重要性:

---

① 胡寅:《读史管见》卷一一,第 400 页。
② 胡寅:《读史管见》卷八,第 267 页。
③ 义的概念在孔孟那里主要与个人道德相关,荀子则将义与公私问题结合起来,将义从个人道德引向政治范畴,提出了公义的概念。公义是政治人物行使权力的基本准则。参见黄俊杰:《孟学思想史论》第五章"义利之辨及其思想史的定位",第 111—159 页,台北,东大图书公司,1991。
④ 胡寅:《读史管见》卷五,第 173 页。
⑤ 胡寅:《读史管见》卷七,第 237 页。

"夫匹夫行私,不可自立于乡里,一命行私,无以信服于吏民,而况天子乎？是故叔孙昭子不赏私劳而杀竖牛,汉高祖不赏私劳而诛丁公,君子美之,美其公心,不以一身而废天下之义也。"[①]对于帝王通常会重用在登基之前的幕僚的情况,胡寅也提出批评:"后世有自诸侯王入继大统者,汲汲施恩于其故邸之属,又致隆焉,曾不知示狭于天下,本以为荣,适以表私也。"[②]此种情况历代多有,但注意到此点而提出批评的人不少概见,胡寅之语可谓空谷足音。

三、寻求制度正义的公制论

在现代民主社会,一切政治正义的观念都需要以法律的形式来体现。政治正义的价值理念引导着法律正义观念,法律正义观念又维护和保障政治正义理念的实现。可以说,现代社会制度正义的核心就是法律正义。然而在古代中国社会,法律的作用要弱小得多,法律正义的实现是以政治正义的实现为前提的。只有当政治正义得以实现,包括法律正义在内的制度正义才有可能得以实现。上文胡寅对君位、官天下的看法可谓是政治正义的准则。而在与制度正义密切相关的政治制度、经济制度、法律制度等方面,胡寅也有相应的论述。

在法律制度方面,胡寅认为法律是维护公平正义的工具:"法与天下为平者也。"[③]传统等级社会中的各阶层享有的权利大有差别,底层人民的权利极易受到侵犯,将法律作为维护公平正义的工具,就为最弱势的底层人民的权利做出了基本保障,建立了法律的正义性。在政治制度上,胡寅极力推崇三代的封建之法。在胡寅看来,封建既不是偶然出现的,也不是必然出现的,是圣人根据公天下原则而制定的维持国家公义和人民生计的万世不易之法。"夫封建与天下共其利,天道之公也,郡县

---

① 胡寅:《读史管见》卷一一,第782页。
② 胡寅:《读史管见》卷一,第37页。
③ 胡寅:《读史管见》卷一七,第614页。

之以天下奉一人,人欲之私也。"①胡寅认为,封建制在天下建立众多诸侯国,能使贤才皆得任用。只要天子圣明在位,则必定封贤能之人为诸侯,有贤能之人在上,在下的人才就可以通过乡举里选、贤能之贡、奏言之试、明扬侧陋等多种途径进入中央和诸侯国政权,各展其才。在经济制度上,胡寅指出井田制度是圣人出于公心,不以天下自奉一人、为民制产的设计。"井田之法,以义取利,公天下而致和平者也。"②井田制度为处于最不利地位的平民提供了基本的土地资源作为生活保障,仅凭这一点已可表明封建井田制本身的正义性。

对于历史上出现的制度,胡寅提出以义理标准来评断:"凡断天下之大法度,舍义理之辨,则何以处是非之决,敢问古者封建,其利心耶?秦之兼并,其义心耶?"③他将制度出现的动因归结于制度制订者的存心,而排斥了制度演化中的必然性因素。因为他要将三代美化成公天下的典范,所以三代的制度在他看来也都是出于公心制定的。封建变为郡县,柳宗元认为是大势所趋、不得不然的,胡寅则以为是在上者出于私心,为兼并天下而造成的,而出自公心建立的封建制度,只要在上者能秉持公心,也一定能够恢复起来。胡寅与其弟胡宏一样,以封建井田为圣人出于公心制作的万世之法,似乎出于公心制定的制度就必然可行,为理之必然,对时势的因素、历史演变的客观必然性则缺乏考虑。

四、寻求报应正义的公报论

幸福是人类全体的共同目的,是具有普遍性的追求。儒家虽特重道德,但德福一致同样是儒家学者的美好愿望。《尚书·汤诰》已有"天道福善祸淫"之说,《尚书·伊训》也称"惟上帝不常,作善降之百祥,作不善

---

①③ 胡寅:《读史管见》卷一七,第 624 页。
② 胡寅:《成都施氏义田记》,《斐然集》卷二一,第 438 页。

降之百殃"，但这种"天道无亲，常与善人"的信条在司马迁《史记·伯夷列传》中却遭到质疑。而且，在经验事实层面上，德福不一致似乎更是人们显见的常识。对于儒家而言，秉持道德信念的他们讲究义命分立，强调"莫非命也，顺受其正"的理性精神和"知其不可而为之"的行义精神。这作为个人态度自无不可，儒者也可以在义的层面上安身立命。然而，对于世上报应正义的大问题，人终究是不能置若罔闻的，德福一致的追求也具有现实的意义。如果要求一切权力、制度背后的人都按照道德或公原则行事，进而形成道德的政治、道德的社会，那么就必须以一种机制对为善有善报做出保证。胡寅即希望论证出德福一致，并通过德福一致为其政治学说的实际政治运行提供保障。

胡寅坚持天道公报论，相信报应正义是一定会实现的。他继承和发展了董仲舒的天人感应学说，在报应理论方面有一番新探索。胡寅说："天者，公也，非有所亲疏而取舍之者也……天者，理也，非有所利害而去就之者也。"[1]天代表着公和理，依照公理，为善为恶必有报应。天是人间公平、公正的最终保证，但胡寅心中的天已不具有董仲舒的天的人格神意义，而仅仅是一种抽象的主宰，是"天理"的另外一种表达。他在评价东汉杨震"天知，地知，你知，我知"一语时说："愚谓天地非惟不可以二言，盖亦不可以知论……知者，有血气心思之性也。"[2]天不具有任何自然人的属性，其主宰义等同于抽象的天理的主宰，冥冥不可言说，是一种信仰。

由于天不具有人格神特征，无法主动报施善恶，所以人间的报应另有原理，此原理即是董仲舒所说的"同类相动"。胡寅说："天地之间，形运于气。气，阴阳也，纲缊浑沦，未尝相离，故散为万物，消息而不穷，形气合而理事著。"[3]气分阴阳，同类感应，自然万物的活动都是由于气类相

① 胡寅：《读史管见》卷二，第51页。
② 胡寅：《读史管见》卷四，第130页。
③ 胡寅：《读史管见》卷八，第271页。

感而成。人类也分善恶之类，圣贤与愚不肖之类。万物以类相聚，灾祥以类感应。善人、善事会招致善人、善事，恶人、恶事也会招致恶人、恶事。胡寅举后赵石虎为例。石虎杀害叔父石勒的妻儿，自己的妻儿也为亲儿子石遵所杀；石虎前后坑杀数十万人，冉闵也趁乱诛杀羯人二十余万，石虎之孙三十八人，无一幸存。石虎以及羯人的罪恶，终究得到报应。而且，从报应时间上看，并不是为善之人在其有生之年必然受福，为恶之人在其有生之年必然受祸；从报应对象上看，施报的对象未必是本人，也未必是其子女。何时、何人受报，是整个家族为善为恶的累积效应。胡寅说："人之为善与恶，天未必逐逐然从而祸福之也。尧之子朱，何恶而致之？瞽之子舜，何善而来之？然尧、舜之后不绝者数千年，盖尧之德盛，非朱所能迄，黄帝之德远，非瞽所能遏也。"①所谓"积善之家，必有余庆。积不善之家，必有余殃"，正像善、恶、圣、贤、愚不肖根据各自的道德性质各成其类一样，一个家族也因其整体的道德性质而为一类，一个恶的家族成员未必能改变积善之家的善的性质，一个善的家族成员也未必能改变积不善之家的恶的性质。善恶之气以类相感，有如神在，报应机制的微妙之处是人所难言的。但胡寅坚信一点："天之报施，无言可闻，无象可见，而理不可诬，或大或小，或迟或速，未有不以类而应者也。"②这就是说，尽管报应的大小、迟速难以确定，但报应正义是必然会到来的。

传统的德福一致论，既用以解释长时段后裔凋零或繁盛的祸福之报，也用以解释本人及其子女的祸福之报，但两方面似乎都有不少解释不了的个案。如西汉酷吏张汤，用法严酷，不当有后，但其后人却繁衍盛大。至于人们更关注的本人或其子女报应问题，如尧之子丹朱品行不好，但没有受祸，瞽叟为恶人，却养育了圣王大舜，也没有受祸。这些如何解释？胡寅将整个家族作为一个类，放在一个较长的时段来解释，就

---

① 胡寅：《读史管见》卷二，第50—51页。
② 胡寅：《读史管见》卷八，第272页。

为天道公报论注入了新的活力：张汤虽为恶，或许其祖宗或子孙为善，故而其家族免受其祸。尧之德盛，黄帝之德远，丹朱（尧之子）、瞽叟（黄帝后裔）的为恶，皆不能断绝尧、黄帝之后裔（包括丹朱、瞽叟）的福报。这样就解释通了。

第十七章　胡宏的哲学

胡宏,字仁仲,福建崇安人,生于徽宗崇宁四年(1105),卒于宋高宗绍兴三十一年(1161),享年五十七岁,因长期寓居湖南衡山五峰之下,学者称其为五峰先生。

胡宏是南宋著名道学家胡安国之子,胡氏父子皆为当时有名的学者。胡安国是著名的经学家,所著《春秋传》为南宋治《春秋》者所宗仰,明初被定为科举取士的教科书。胡宏的兄弟胡宪、胡实均是南宋有名的学者。朱熹、吕祖谦、张栻号称东南三贤,而朱、吕是胡宪的学生,张栻则从学于胡宏,可见胡氏兄弟在当时思想界的地位。胡宏幼承家学,自觉地以弘扬道学为己任。他说:

> 道学衰微,风教大颓,吾徒当以死自担。①

胡宏是北宋道学向南宋道学过渡的关键人物之一,全祖望编著《宋元学案》,对胡宏评价很高:

> 绍兴诸儒,所造莫出五峰之上。其所作《知言》,东莱以为有过于《正蒙》,卒开湖湘学统,今豫章以晦翁故祀泽宫,而五峰缺焉,非

---

① 黄宗羲原本,全祖望补定:《五峰学案》,《宋元学案》第二册,第 1366 页。

公论也。①

在中国古代学术思想史上，胡宏应占有一席之地。他终生不事科举，致力于学术，游学于衡山之下二十余年，湘衡一带士人影从。他先后讲学于碧泉、道山等书院，张栻、杨大异、彪居正、吴翌、孙蒙正、赵孟、赵棠、方畴、向吾等都是他的高足，朱熹虽未直接师从于他，但在思想上也颇受他的影响，故《宋元学案》将其列为胡宏的私淑弟子。明人彭时称胡氏父子"俱为大儒，遂启新安朱氏、东莱吕氏、南轩张氏之传，而道学遂盛以显"（《嘉靖建宁府志》卷一七）。朱熹也称胡宏学识丰富，节操高洁，"当时无有能当之者"②。可见胡宏在北宋道学向南宋道学转变的过渡时期起了承上启下的作用。然而现代人在叙述宋代学术思想史时很少注意到胡宏，近现代研究中国哲学思想史者如胡适、冯友兰先生在其哲学史著作中即未曾提到胡宏其人其学，港台学者较早注意到了胡宏在道学中的地位，新儒家代表人物之一牟宗三先生给胡宏以极高的评价，当代大陆学者所著哲学史著作也开始予胡宏思想以一定的地位。但是，这些研究成果或浅尝辄止，或言而不当，或失于片面，远未达到全面、系统、科学论释胡宏其学，理解胡宏其人的目的。因此对胡宏的思想仍有深入研究的必要。本章不拟全面阐释胡宏的思想，而是力图在宋明道学演进的大背景中重新诠释胡宏的道学思想，从本体论这一特定领域重新理解胡宏的道学思想，试图阐明其思想的独特性与继承性，并对胡宏的思想予以重新评价。

胡宏的思想无疑是继承北宋道学而来，但其思想与其他道学家相比有其自身的特色。他提出的一些颇具特色的命题发前人所未发，如"性立天下之大本"的性本论，"未发只可言性，已发乃可言心""心以成性"的心性论，"天理人欲同体而异用"的理欲观，"善恶不足言性"的人性论等。这些命题在宋明道学中的意义并非特别清楚，在当代不同学者间也产生

① 黄宗羲原本，全祖望补定：《五峰学案》，《宋元学案》第 2 册，第 1366 页。
② 黎靖德编：《朱子语类》卷一一一，第 2582 页。

了一些争议。笔者认为,胡宏这些命题、思想必须置于宋明道学的大背景中去理解,即必须阐明北宋道学的基本精神,并澄清胡宏对北宋道学的继承关系,才有望认识胡宏思想的内涵与意义。因此,我们首先分析胡宏对北宋道学的继承关系,再以此为基础较系统地诠释胡宏的本体论思想。

第一节　胡宏道学思想的渊源及其基本特征

宋代学术思想有两种主要的称谓,即道学和理学,两种称谓在二程的思想中都可找到根据,大程子比较强调"道",而小程子更注重"理"。胡宏却很少提理学,而经常以"道学"自居,所以还是以道学称呼胡宏的思想较为妥当。

胡宏的思想承接北宋五子的思想而来,据本人研究,他虽属二程一系的师承,却也深受周敦颐思想的影响,邵雍和张载的观念在其思想中也时有表现。大体而言,北宋道学家的基本原则与基本思路是胡宏道学思想形成的主要源泉。

一、胡宏的师承

胡宏研究与弘扬道学,首先得力于其父胡安国的影响。他本人回忆说:

> 愚晚生于西南僻陋之乡,幼闻过庭之训,至于弱冠,有游学四方、访求历代名公遗迹之志,不幸戎马生于中原,此怀不得申久矣。①

正是其父的影响使胡宏从小产生了志学的愿望。

胡安国是二程的私淑弟子,即未曾亲聆二程的教诲,但与二程弟子谢良佐、杨时、游酢过从甚密。全祖望说:

---

① 胡宏:《题司马温公贴》,《胡宏集》,第190页。

私淑洛学而大成者，胡文定公其人也。文定从谢、杨、游三先生以求学统，而其言曰："三先生义兼师友，然吾之得于遗书者为多。"然则后儒因朱子之言，竟以文定列谢氏门下者，误矣。①

胡安国与二程三大弟子的关系，黄宗羲、全祖望说得明白：

先生为荆门教授，龟山代之，因此识龟山，因龟山方识杨、谢，不及识伊川。自荆门入为国子博士，出来便为湖北提举。是时上蔡（即谢良佐）宰本路一邑，先生却从龟山求书见上蔡。上蔡既受书，先生入境，邑人皆讶知县不接监司。先生修后进礼见之。先生之学，后来得于上蔡者为多。盖先生气魄甚大，不容易收拾。朱子云"上蔡英发，故胡文定喜之"。想见与游、杨说话时闷也。②

因受其父影响，胡宏对洛学非常推崇，年仅十五岁，即自撰《论语说》，编《程子雅言》并为之作序，在《程子雅言·序》中表达了归依洛学的思想倾向："予小子恨生之晚，不得洒扫于先生之门，始集其言，行思而坐诵，息养而瞬存。因其言而得其所以言，因其言而得其言之不可及者，则与侍先生之坐而受先生之教也，又何异焉？"可见胡宏对洛学用力之深。

家庭教育奠定了胡宏的基本思想倾向。因其父的关系，胡宏也有机会拜见程门弟子杨时，向他学习道学。宣和七年（1125），胡宏年满二十，随父至京师，入太学就学，得以拜见杨时。胡宏追随杨时的时间很短，入京第二年金兵南侵，徽钦二宗被掳，二十一岁的胡宏只能随父离京，寓居荆门，按其父的意旨师事侯师圣，学习理学。《宋元学案·刘李诸儒学案》为侯师圣立有小传，传中说："侯仲良，字师圣，河东人，二程子舅氏华阴先生无可之孙。"侯氏是程颐的外侄，其思想观念应属程氏一系。胡宏本人对侯师圣有所评说：

按河南夫子，侯氏之甥，而师圣又夫子犹子夫也。师圣少孤，养

---

① 全祖望：《武夷学案序录》，《宋元学案》第 2 册，第 1170 页。
② 同上书，第 1172 页。

> 于夫子家,至于成立,两夫子之属行,皆在其左右,其从夫子最久,而
> 悉知夫子文章为最详。其为人守道义,重然诺,言不妄,可信。①

据胡宏自述,其从侯氏学习道学,颇得《中庸》之旨,其心性之学将中庸作
为核心概念,可能与此有关。但胡宏只称侯仲良之字而不称先生,大概
是没有师徒关系的。

　　胡宏所从游从学之人几乎都是程氏一系的弟子门人,这使他有机会
广泛接触北宋道学各代表人物的著作。据现有文献,胡宏曾为二程语
录、周子《通书》、张载《正蒙》作序,表彰之情溢于言表。尤其是他曾重编
张载《正蒙》,并称"虽得罪于先生之门人,亦所不辞也"②。可见其对张载
的重视。正是因为广泛接触北宋五子及其门人弟子的著作,胡宏能够不
拘于一家一派之言,广泛吸取各家各派的长处,并且就其求学过程可以
看出,他从师的时间很短暂,以自学为主,故能不拘一格,独树一帜,成一
家之言。

　　对于胡宏思想的渊源,《宋元学案》认为他"卒传其父之学",但胡宏
的思想与其父显有区别,不足为凭。牟宗三先生认为:

> 五峰早年师事侯师圣,然其学实绕明道、上蔡而转出者。③

此说忽视了胡宏思想不拘一格广吸博纳的精神,实际上北宋五子的思想
在胡宏这里都有所体现,其思想并非一家一派之言。

　　尤其需要指出,胡宏思想的大纲与周敦颐有惊人的相似,以诚言命,
是天之道,周氏说"诚者,天之道也"(《通书》);以中言性,周氏说"性者,
刚柔善恶,中而已矣"(《通书》);以仁言心,周氏说"圣人定之以中正仁
义,而主静",又说"心纯,则贤才辅;贤才辅,则天下治。纯心要矣!"并且
以生为仁,此乃宋儒之通义,自不待言,只是胡宏对心的重视远超于周敦
颐,这却可看作他的创造性阐释。

---

① 胡宏:《题吕与叔中庸解》,《胡宏集》,第 189 页。
② 胡宏:《横渠正蒙序》,《胡宏集》,第 162 页。
③ 牟宗三:《心体与性体》中,第 430 页。

二、北宋道学的问题意识与胡宏的问题意识

要理解某一特定时代的思想家及其思想,最好的起点莫过于了解这个时代所面临的问题,然后才能理解思想家们试图解决它们的思路及方法,才能真正深入思想家们的思想。

北宋道学家们面临的首要问题是佛学给儒学带来的冲击及其导致的对儒家社会传统价值观的颠覆,相应地,社会的政治、经济、文化等都会受到影响。唐末的韩愈反佛的宗旨于此可见一斑,他最先提出的道统观,即禹、汤、文、武、周公、孔、孟的思想传承,开启了宋明道学的先河,这已经成为常识。可是唐末天下大乱,难民们都归依佛门以求自保,正是佛教兴盛的时代,韩氏却在此时坚决反佛。其根本的原因在于,他将唐末天下大乱归咎于佛教的兴盛,归因于佛教思想对儒家思想的侵蚀。今天看来,这是倒果为因,正如在魏晋南北朝时期天下大乱,大批难民都归依佛门以求自保,前后如出一辙。但韩氏的观点在宋朝统一之后却有了很大的反响,从宋初三先生弘扬儒学,到后来北宋五子各自建构其思想体系,都出于同样的诉求。

他们的问题意识是一样的,即如何恢复和建立稳定的合理的社会秩序,如何确立人生、社会的基本价值,以及如何通过修养实现和保持这些人生价值。思想路径也有共通之处,即他们认为只能从儒家先贤们的思想中去寻找救世良方。他们从不认为过去可考的社会是理想社会,汉唐盛世也不是,只有不可考的所谓三代是理想社会,正如战国时代的思想家们动辄称三代一样。这是中国古代思想家们的传统,以至近代的康有为仍在使用托古改制的策略,从中可以看出儒家传统的理想性、超越性。

儒家基本的价值观是什么,韩愈所讲的道统是什么,其实并不特别清楚,孔子与孟子的思想有很大差异,荀子的思想与他们的差别更大,而孔子与文王、武王、周公的思想已大不相同,至于禹、汤的观念,则已经不可考了。因此宋儒重建儒学价值观的过程其实是一个重新阐释、重新论证的过程,而阐释的重心最后被确定在四书五经上,这是到朱熹才完成

的一个漫长的过程，北宋的理学家们主要的资源大体上也依赖于这些文献。

宋儒面临的最重要的问题是：为什么佛教的教义是错误的？为什么要遵从儒学的价值观？这是真正的哲学问题，它大概始于魏晋玄学关于名教与自然的争论，那时儒、道、佛三教已经出现了矛盾与争论，也有各种不同的解决方案。宋儒对这个问题的解答始于周敦颐，它延续了魏晋的观点，即名教与自然并不相悖，名教正是出于自然，并且借助了道家的观念。《太极图说》之所谓太极阴阳五行，是道家、道教的观念，周敦颐却将中正仁义建立在这些概念之上，显然是儒道观念之结合，通过这种方式，他为名教出于自然的命题创制了一个理论根据，也就是将天道与人道结合起来。但他的哲学与孔子的观念已经有了很大区别，因为孔子是文化至上主义者（这是本文作者对孔子思想的理解，是孔子人本主义思想的最高成就），而周子却是一个自然主义者，所谓"诚者，天之道也，诚之者，人之道也"，道家顺应自然的思想倾向表现得非常明显。二程曾在周子门下学习过，知道了周氏的思路，估计是因为对周子道家气息的不满，所以也不以之为师。大程子就说，"天理二字，是自家体贴出来"，其所谓的"天理"，也还是延续了周子的理路，天理也不过是太极的转化形式。朱熹大概是意识到了，所以对周子太极特别重视，并且与陆象山有长篇的争论。

二程发明"天理"的实质本极明显，是在存在论的意义上论证儒家伦理的合理性，换言之，"仁""义""礼""智"等儒家坚持的人生社会价值是天所赋予的，是与生俱来的，与孟子以来的儒家传统也接续得上，所以人性论成为儒家哲学的中心问题也就顺理成章。

这种理路是哲学的，而且也确有其独创性的内涵，但这种自然主义的伦理观却导致了一个困局，即，善是天理，恶却从何而来？整个宋明道学大概都为此难解之题目所困扰，自二程至朱熹至王阳明，莫不皆然。程颢为此问题所迷惑，以至于不得不说"恶亦不可不谓之性也"，这却使问题复杂化，而且没有得到解决。其兄弟程颐却简捷明了，他的答案是，天理是善的，而恶皆来源于气，这甚至让我们联想到柏拉图的理念论，理气二元论实极明显。

胡宏对北宋道学家们的问题非常熟悉,但似乎对他们解决问题的方式不太满意,所以提出"善恶不足言性"的观念。他的意图在于摆脱二元论的纠缠,意在以一种新的一元论的观点解决此困局,这一层意思极其明显。他认为善恶皆是相对的,而人性本来是不分善恶的,所谓"谓之恶者非本恶,但过与不及耳"。如果作一合理的推论,那么可以说,胡宏认为人性是先天的,而善恶之分却是后天的,先天的人性本无善恶,只是感物而动,有过有不及,于是有了善恶。如果这是成立的,那么胡宏是否认为,善恶的区分是人为的,并没有先天的根据呢? 这却是一个值得深思的问题。但有一点可以肯定,即胡宏的观点与佛教教义极其接近,因为佛教认为一切皆是幻影,善恶皆属虚幻,而本真的存在是无分善恶的。胡宏甚至可使人联想到人性无善无恶的早期观点。朱熹于是追问,这过与不及的标准不是先天的吗? 他对胡宏的批驳是出于其二元论的立场,故对胡宏的观点不可能持肯定的态度,但胡宏的观念是否就是一种合理答案,却须另作专论。

三、天道与人道的贯通:北宋道学与胡宏道学的基本精神

北宋道学重建儒学价值观的方式基本上是将人道归于天道,以此贯通天道与人道,以便重新肯定儒家的价值观,并以此批判佛教的价值观,这就是所谓的天人合一。程颢的表达最清楚:"只此便是天,或者别立一天……"人性便是天性,所谓天理,不过是说,人性之理即是天理,人性即是天性,是本来如此的。只不过,程颢摆脱了一个困扰,却陷入另一个困惑,既然人性即是天性,却何以有善有恶?

善恶问题且暂时放在一边,我们讨论天人合一的问题。这个提法很奇怪,极易导向神秘主义,究其原因,语言表达含混不清是一个重要原因。在中文里,"天"的意指过多,其中有不少都带有原始宗教的意味,先秦典籍如《尚书》《诗经》甚至《论语》中都有人格化的天,所以天道的提法极易混淆,但宋人基本上摆脱了宗教之天,在周敦颐那里已经完成了这

一过程,他是借助道家的观念。虽然如此,今天的学者们讲天人合一时,仍然染上了一些神秘主义的恶习,以致把所谓的天人合一看作中国古代哲学的根本特征,将其提升到一个不可理喻的高度,这是很无趣而且害人害己的理论取向!

所以,必须还原天道人道合一的本来面目。程颢的表达最为清楚,"只此便是天",人性即是天性,天性即是人性,这种自然主义的观念不能不说源于道家的自然观。只不过,道德活动、道德意识的先天性并非那么容易得到论证的,进而言之,社会秩序,包括道德秩序、政治秩序,其实不是先天的,所以宋儒论证道德先天性的任务注定不可能完成。

但宋儒并非开创者,魏晋时期为了对抗佛教的观念,提出了名教出于自然的观点,魏晋玄学也是在这个背景下发展起来的。

四、从体用范畴看胡宏本体论的特征

"体""用"是北宋道学家使用极为普遍的一对范畴,也是他们的本体论的重要范畴。通过分析这对范畴的不同用法有助于理解各道学家本体论的基本性质,可在一定程度上澄清各道学家建立的本体论的基本特征,因为不同道学家那里体用范畴的含义不尽相同,其差别正可显示不同道学家本体论的特色。

体用范畴在宋代以前的含义,张岱年在《中国哲学大纲》中有较详尽的分析,这里需略加申述。大体而言,宋代以前,体指形体,用指功能、效用,体用指形质之体与形质之用,并且是一物之体用而非存在之体用。至宋明道学才有了存在之体用的观念,他们借助佛教的观念建立了儒家的本体论。张岱年先生说:

> 所谓体,即永存常在者,体亦称"本体",本体指本来而恒常者。在宋明道学中,所谓体或本体,亦非专指宇宙之最究竟者。①

① 张岱年:《中国哲学大纲》,第 7 页,北京,中国社会科学出版社,1987。

显然,体用已经发展为宇宙论、存在论的范畴,当然,这两者是有区别的。

宇宙论、本体论意义上的体用范畴,其内涵相当复杂,不同的道学家的用法不尽相同。概而言之,大体指三种不同的对立关系,以下略作分疏。

其一,指实体与功能、属性的关系,略相当于亚里士多德之实体与属性范畴。张载说:"未尝无之谓体,体之谓性。"①"未尝无"就是实有,所以体就有、无而言,体的称谓就是"性",所以性属体,显然是存在论的范畴。"太虚无形,气之本体,其聚其散,变化之客形尔。"②太虚之气是永恒的实体存在,是本源之体,万事万物都是此实体的特殊样式,都源于气的聚散。张载以气为存在之本体,却不能归结为唯物论,因为他说:"湛一,气之本,攻取,气之欲。"③前者是天地之性的根源,而后者则属气质之性。与张氏不同,二程兄弟以理为体:"夫诚者,实而已矣。实有是理,故实有是物,实有是物,故实有是用,实有是用,故实有是心,实有是心,故实有是事。"④理作为体是用的根据,葛瑞汉更说二程所谓理"不是用来描述一物的某一方面的特性,而是说明它完成的某方面的功用,以便在自然秩序中占据某个位置"⑤。二程理解的体用关系有这层含义,但不是全部,这点葛瑞汉的观点是有所偏颇的。

其二,指本质与现象的对立,或根据与实存、普遍与特殊、抽象与具体的对立,体之形质之义被完全取消,代之以某种普遍的本质、规律、秩序。二程之理本体典型地表现了这种关系。程颢说:

> 所谓万物一体者,皆有此理,只为从那里来。⑥

万物之所以同体,因为万物皆有理,皆以理为其本质和存在的根据,万物

① 张载:《正蒙·诚明篇》,《张载集》,第 21 页。
② 张载:《正蒙·太和篇》,《张载集》,第 7 页。
③ 张载:《正蒙·诚明篇》,《张载集》,第 23 页。
④ 程颢、程颐:《河南程氏经说·中庸解》,《二程集》下册,第 1160 页。
⑤ 葛瑞汉:《二程兄弟的新儒学》,第 54 页,郑州,大象出版社,2000。
⑥ 程颢、程颐:《河南程氏遗书·元丰己未吕与叔东见二先生语录》,《二程集》上册,第 33 页。

只是理本体表现出来的现象。"天者理也"①，天以理为其本质。程颐的表述更为清楚：

> 至微者理也，至著者象也，体用一源，显微无间。②

理是体象是用，理至微而象至著，理为本质象为现象。"体用一源"即是说体是用的本质和根据，用是体的显现，理是一切事物的本质，而一切事物是理的体现。

本体与现象的对立关系和实体与功能的对立关系有显著的不同，不能混为一谈，它们从不同侧面反映了事物的关系。实体与功能的关系没有摆脱形质之体的含义，如张载的气本体，正因如此，实体尚有活动之意，气是充满生机与活力的。而以天理为体，是完全抽象的意义上言体用，理是形而上之道，是抽象存在，它是纯静态的存在，是万物之形而上的根据，是不能活动的，也是永恒常在的。程颐说：

> 冲漠无朕，万象森然已具，未应不是先，已应不是后，如百尺之木，至根本至于枝叶，皆是一贯。③

万物之理是常在的，就像种子与树木，树木之理在种子之中，由发芽到长成参天大树，这理既不增一分，也不减一分。程颐以万物之所以然释理，意思也不外乎如此：

> 凡物有本末，不可分本末为两段事，洒扫应对是其然，必有所以然。④

理是万物存在的根据，具体事物有生灭，理作为万物的根据无生灭，没有事物之理，则无事物。冯友兰先生以共相释理，即与此相关。

体用被理解为抽象的本质与现象的关系，普遍与特殊、一般与个别

---

① 程颢、程颐：《河南程氏遗书·师训》，《二程集》上册，第132页。
② 程颢、程颐：《周易程氏传·易传序》，《二程集》下册，第689页。
③ 程颢、程颐：《河南程氏遗书·入关语录》，《二程集》上册，第153页。
④ 同上书，第148页。

的对立关系自然也就进入了道学家们的视野。程颐提出"理一分殊"的理论,虽然有为等级制寻求理论根据的意图,但也自有其理论上的必然性。现在,体与用被规定为理一与分殊的关系:

> 物虽异而理本同,故天下之大,群生之众,暌散万殊,而圣人为能同之。①

自然世界的事物各各不同,显示了极强的多样性,但差异中有同一,也就是事物的普遍性。冯友兰先生以共相和殊相讲体用,应该说是体用关系的一个非常重要的侧面。程颐也用理一分殊的理论解释人伦道德关系:

> 分殊之敝,私胜而失仁,无分之罪,兼爱而失义,分殊而推理一,以止私胜之流,仁之方也;无别而兼爱,至于无父之极,义之贼也。②

在道德生活中要处理好一般之仁与分殊之义的关系,所谓爱无等差,施从亲始。

其三,体用指称潜能与现实的关系。本质是具体事物的抽象,不能看作潜能,但就实体与其功能属性的关系而言,实体却可以同时看作是潜能,因为实体并不完全现实地表现为各种功能属性,它具有现实化为功能属性的多种可能性。实际上道学家们以成圣成贤为其最高理想,其本体论即是为此设定形而上的根据,由本体的理想性到现实化必须有一个过程,即本体现实化的过程,需要通过修养工夫才能实现。本体只是一种可能性,一种潜能,不能说即是现实。本体现实化的过程即是由体达用。朱熹说:"见在的便是体,后来生的便是用。"③"先有体后有用。"明确肯定由体达用是一个过程,有先后顺序。"自太极至万物化生,只是一个道理包括。但统体是一大源,由体而达用,由微而至著耳。"④太极本体只是潜在的存在,并非实有一物,"只是一个道理",是万物化生的根源。

---

① 程颢、程颐:《河南程氏易传·周易下经上》,《二程集》下册,第 889 页。
② 程颢、程颐:《河南程氏文集·答杨时记西铭书》,《二程集》上册,第 609 页。
③ 朱杰人等主编:《性理三》卷六,《朱子语类》一,《朱子全书》第 14 册,第 239 页。
④ 朱杰人等主编:《周子书》卷九四,《朱子语类》一,《朱子全书》第 17 册,第 3133 页。

由体达用即是由微至著,由潜在到现实,但本体并不在万物化生的现实之外。他说:"故语道体之至极则谓之太极,语太极之流行则谓之道。虽有二名,初无两体。周子谓之无极,正以其无方所无形状,以为在阴阳之外而未尝不行乎阴阳之中,以贯通全体,无乎不在,而又初无声嗅影响之可言也。"①太极本体与其流行发用之间的关系不即不离,太极本体的理想性与其万物流行的现实性、具体性之间始终存在矛盾,体之流行发用即包含有理想性的本体到不那么理想的发用流行之间的矛盾,由体达用的理论可以看作这一矛盾的必然结果,其目的是使现实达至本体的理想性。

以上是体用关系内涵的三个主要方面,但体用关系内涵并不只限于这三个方面,它还可能指称全体与部分、有限与无限等对立。道学家们在使用体用范畴时往往因具体语境而指称不同的意义,也因各自本体论的特征而各有侧重,因此而各自有各自的特色。

体用范畴是宋学本体论的基本范畴,也是胡宏本体论的基本范畴,这既是对其前辈思想的继承,也有他自己的特色与创新。

第二节　胡宏本体论的现实性层面——心范畴

本体论是北宋道学的主要特色之一,他们将人生观、价值观提升到存在论、宇宙论的高度。胡宏在研究前人思想的基础上建立了自己颇具特色的本体论,其本体论结构相当清楚,即他在《知言》中反复申说的天命(诚)—性(中)—心(仁)的逻辑结构。《知言》开篇即说:"诚者,命之道乎;中者,性之道乎;仁者,心之道乎,惟仁者为能尽性至命。"②这个整体架构是胡宏本体论的特色所在,它有明确的逻辑层次,最高层次是"天命(诚)",是天道,天道与人道的中间环节是"性(中)",性(中)通过"心(仁)"现实化为人道,人道的根本归依是实现"尽性至命"而上达天道,人

---

① 朱杰人等主编:《答陆子静》卷三六,《朱文公文集》二,《朱子全书》第 21 册,第 1568 页。
② 胡宏:《知言・天命》,《胡宏集》,第 1 页。

道的根据是天道,但其实现只能是尽心成性,只有心是现实的可把握的层次,尽性至命只能通过尽心才能实现,所谓"心以成性者也"①。

一、心范畴的内涵——仁者,心之道乎

宋代心性论是孟子心性论的发展。孟子论心,就形式而言,"心之官则思",指知觉、思虑、情感、意志等活动,就内容言,指道德良心,即仁义礼知之心:"恻隐之心,人皆有之,羞恶之心,人皆有之,恭敬之心,人皆有之……"(《孟子·告子上》)这是形而下的层面,但孟子将其提升到人性与天命的层面,即"尽其心者,知其性也,知其性则知天矣"(《孟子·尽心上》)。只是"天"却并未摆脱人格神的意味,指天的意志,不过"天"与"命"相关联,则有去人格化的趋势,并且孟子对性与命的区分隐约透出将人道与天道合一的意图。

应该说,将心性提升至存在论、本体论的高度,是宋人的贡献。他们将"天"看作存在的最终根据,当然也是心、性的最终根据,而心性范畴也实现了理论的转化,成为存在论本体论范畴,而不再仅仅是价值论范畴。心、性范畴获得了更普遍的内涵,心范畴的普遍化抽象化因张载的"大心说"最初得以实现。他说:

> 大其心则能体天下之物,物有未体,则心为有外。世人之心,止于闻见之狭,圣人尽性,不以闻见梏其心,其视天下无一物非我。②

又说:

> 人本无心,因物为心,若只以闻见为心,但恐小却心。今盈天地间皆物也,如据己之见闻,所接几何? 安能尽天下之物? 所以欲尽其心也。③

---

① 胡宏:《宋朱熹胡子知言疑义》,《胡宏集》,第 328 页。
② 张载:《正蒙·大心篇》,《张载集》,第 24 页。
③ 张载:《语录下》,《张载集》,第 333 页。

此大心说超越了孟子的道德良心，而将天地万物都看作是"心"之所本有，通过主客观转化使主观的"心"与天地万物合为一体，于是形成了心本体的概念，它已不仅是价值论、人性论的范畴，而上升为存在论、宇宙论的范畴。

"心"本是主观性范畴，但其内容有客观性，西方式的思维强调思维内容的客观性，包括感觉与观念或理念，中国式的思维也注意到意识的内容，所以感知觉也属于"心"的应有之意。但张载说不能仅将感知觉当作心的内容（若只以闻见为心），"人本无心，因物为心"。此语非常深刻，以古人的观念，天地之间无非物也，则天地之物无非心也。所以张载将天地之性与闻见之性区别开来，"天地之性，不滞于见闻"，"心"并不仅是抽象概念，不只是一种观念式、理念式的存在，它也是万物一体的直觉体验。程颐也说：

> 不当以体会为非心，以体会为非心，但恐小却心，故有心小性大之说……不可将心滞在知识上，故反以心为小。①

将直觉式体验与价值融为一体，这不是知识，不是理念，而是存在，是活生生的存在体验。心的一切体验活动都是"心"的应有之义，正是有心的体验活动才有了与天地万物为一体的认识（其实是一种体验），对此，程颢说得最好：

> 仁者与天地万物为一体，莫非己也。认得为己，何所不至？若不有诸己，自不与己相干，如手足不仁，气已不贯，皆不属己。②

以万物为一体的体验首先源于主体间的情感体验，推之于万物，所以是直觉体验而非抽象思维达到的物与物之间的逻辑联系。

万物一体的直觉式思维方式是"心"范畴本体化的重要基础，在此基

---

① 程颐、程颢：《河南程氏遗书·元丰己未吕与叔东见二先生语录》，《二程集》上册，第22页。
② 同上书，第15页。

础上他们能够对"仁"作新的界定,将"仁"上升到存在论、宇宙论的高度,而不仅只是人的经验之心的规定性。周敦颐已经说:"生,仁也。"(《通书·顺化》)而二程以"生之理"释仁,也是超越了人心之仁,而成为天地万物之仁。程颐说:

> 心譬如谷种,生生之理便是仁也。①
>
> 所以谓万物一体者,皆有此理,只为从那里来。②
>
> "生生之谓易",生则一时俱生,皆完此理。③
>
> "天地之大德曰生","天地絪缊,万物化醇","生之谓性",万物之生意最可观,此元者善之长也,斯之谓仁也。人与天地一物也,而人特自小之,何也?④

天地万物生生不息之理即是仁,而人心之仁与天地之仁是一体的,仁不能被局限于人的爱心,而应是天地万物的本质。朱熹以"爱之理"释仁,完全继承了二程的思路。

既然仁是天地之德,以仁为本质特征的人心自然也就转化为本体论范畴。这种转化以直觉体验为基础,通过有机论的思维方式得以实现,并且要通过有机目的论才能得到合理解释。天地生生之德既是天地万物的本质,也是天地万物的潜在目的性,它只能通过具体万物现实的生长发育体现出来,但万物现实的生成并非仁体,作为本体的仁只能是潜在的,是潜能。

万物一体的直觉体验是宋儒心性本体论的基础性观念,这样说一点也不夸张,它是心体的本质内容,同时它也是性体的基础。我们敢于这样说,是因为,它是一种有机论的思维方式,将天地看作一个有机整体,更重要的是,在此基础上他们建立了一种天地秩序的观念。以今天的话说,是一种有机的自然秩序的观念,其实就是二程所说的"天理"。这个

---

① 程颐、程颢:《河南程氏遗书·刘元承手编》,《二程集》上册,第184页。
②③ 程颐、程颢:《河南程氏遗书·元丰己未吕与叔东见二先生语录》,《二程集》上册,第33页。
④ 程颐、程颢:《河南程氏遗书·师训》,《二程集》上册,第120页。

秩序的根本内容大概就是《中庸》所说的万物各得其所的中和之境,胡宏将其看作性本体的根本属性,即"性者,中之道乎"。

这个天地秩序最重要的原则被称作"天地之心",也就是"生生之德",也就是"仁"。研究这个理论构造是非常有趣的,可以揭示宋明道学的根本取向、精神实质,可以显露宋儒理论体系建构的基本方式及其各个环节,宋学的思维方式也由此可见。有一点可以直截了当地指出,他们认为,人类社会的道德秩序、政治秩序是由自然秩序即天地秩序所决定的,这不是人类可以改变的。所以可以肯定,宋代的道学家基本上是为已有的儒家政治、道德秩序作论证的。

胡宏对心范畴的界定明显继承了北宋五子的思想,特别是继承了程颢《仁说》中的思想,将仁看作心本体的根本内容。他说:

> 仁者,心之道乎。①

说"仁"是"心之道",则仁是心体的一个动态的过程,心体的现实化过程即是仁,或者用熊十力的话说,心体的显现即是仁。这样看来,牟宗三所说熊十力与胡适的那一重公案中,熊的观点确有根据,即他认为仁是显现,而不是假设,这种说法比较符合古人的思维方式。可是仁没有显现出来的时候,它不还只是潜在的,是潜能吗? 因此胡适说心体之仁只是假设,也并不错,毕竟心体之仁不可能是完全现实的存在,它还是需要证明。胡宏说:

> 人尽其心,可以言仁矣。②

似乎心体本具仁德,人不仁,只是人不尽心而已,与程氏所说"万理具备"的意思是一致的。

胡宏对仁的规定的主要内容也是讲天地生生之德,他说:

---

① 胡宏:《知言·天命》,《胡宏集》,第 1 页。
② 胡宏:《知言·纷华》,《胡宏集》,第 26 页。

> 仁者,天地之心也。①

所谓"天地之心"则是:

> 天地之心,生生不穷者也,必有春夏秋冬之节,风雨霜露之变,
> 然后生物之功遂。②

> 乾元统天,健而无息,大明终始,四时不忒,云行雨施,万物生
> 焉,察乎是,则天心可识矣。③

这些说法在肯定天地生物之心的同时,比较强调万物生长的节律,以古
人的联想,这里面就包含了"义",仁和义都是天地的本质。胡宏以天地
生生不穷解仁,与北宋诸子在本质上是一致的。但有一点区别,即胡宏
不以理言仁,这一点似乎不是偶然的,它源于理气的二元对立在胡宏的
体系中不再有重要地位。他倒是说过性与气的关系,"气之流行,性为之
主",其意义留待后文详析。

在对心体之仁的规定中,胡宏特别强调了心体与其充分实现之间的
区别,心体的本质是仁,但只是潜在的,必须尽心才可实现仁,所谓"人尽
其心,则可以言仁矣"。由此看来,心又可分体用:

> 仁者,天地之心也,心不尽用,君子而不仁者有矣。④

心不尽用,即是说心体可能不会完全现实化,不能充分地实现,心体的显
现就是"心之用",体隐而用显,所谓"体用一源",并不意味着"体"必显现
为"用",体用因此还是有了间隔。所谓"心无死生",讲的是心之"体",所
谓"心不尽用"则指心之显现,说到了心之"用"。心之体用说表明胡宏本
体论存在一些内在的冲突与紧张关系,比如这里的体用,这也是整个宋
明理学存在的一些内在冲突。

---

① ④ 胡宏:《知言·天命》,《胡宏集》,第 4 页。
② 胡宏:《知言·修身》,《胡宏集》,第 6 页。
③ 胡宏:《知言·复议》,《胡宏集》,第 38 页。

二、性体心用——心之体用

"心"与"性"是宋明道学本体论的根本范畴,因此又被称为心性之学,自周敦颐开创儒学本体论直至明末王学,不同思想家对本体的理解与建构各有不同,如张载较注重"气",二程则重"理",而程颐的弟子谢良佐已开始重视心之明觉,而胡宏之父与谢氏关系密切,五峰可能受其影响,故五峰之学特别重视心的作用,也算是其来有自。

在胡宏本体论中,"心"被赋予了一个非常重要的地位,其重要性甚至超过了"性"范畴,"性"是万事万物的存在根据,但性体却只能通过人心才能被理解,才能显现出来、实现出来,所以在"命"—"性"—"心"的本体论结构中,心处于最现实的层面,它是性体之流行发用,也是道体之流行发用,这就是胡宏提出"性体心用"的原因。

胡宏阐释心性关系的基本概念是已发与未发的区分,这个观念最早出于《中庸》,后来二程作了新的解释,以之谈论本体论。胡宏的解释则与二程也有所不同:

> 窃谓未发只可言性,已发乃可言心。故伊川曰"中者,所以状性之体段",而不言状心之体段也。心之体段,是圣人无思也,无为也,寂然不动感而遂通天下之故是也。未发之时,圣人与众生同一性,已发,则圣人无思无为,感而遂通天下之故,圣人之所独。夫圣人尽性,故感物而通,无有远近幽深,遂知来物。众生不能尽性,故感物而动,然后朋从尔思,而不得其正矣……伊川先生以未发为真心,然则圣人立天下之大本也,成绝世之至行,举非真心耶?[1]

胡宏的观点很明确,即认为未发指性而言,已发指心而言,心性绝

---

[1] 胡宏:《答曾吉甫书三首》,《胡宏集》,第115页。

然有别。关于未发已发的本义,胡宏与程颐没有争议,指隐与显、潜藏与显现的区别。有争论的是,胡宏以未发指性,而程颐以未发为真心。程颐说:"心一也,有指体而言(小注:寂然不动之时也),有指用而言(小注:感而遂通天下之故是也)。"①杨时更说:"中也者,寂然不动之时也。"②两人都以未发为意识在某一时间内的特定状态,即寂然不动之时,也就是"喜怒哀乐"未发之时也是心的一种状态,这倒比较符合《中庸》的原意。胡宏却认为,无论"寂然不动"或"感物而动",都只是心的不同状态,都不是未发之中,未发之中只可指性。所谓"中者,性之道乎",性与心的区别恰恰在于性是未发而心是已发。也即是说,心是意识的各种状态,它是可以直接体验到的现实性、活动性,而性却是不可能直接体验到的,只能通过心而被认识,它是无声无臭的,是形而上的,虽然是心的根据,却只是潜在的,必须通过心体现出来。

这段话还有几点特别值得注意,其一,胡宏对小程的体系颇有不满,他们对心性的理解大有不同,也可以说小程子"性即理"的观点是胡宏不赞成的,就理具于心而言,心性的差别就模糊了,胡宏有意要强调这种差别。其二,尤其值得注意的是,无思无为感物而通,是圣人独有的,众人却感物而动不得其正,不能尽性,表明性体不能自发地通过心得以实现,这不是个小问题,尽性当以尽心为基础,众人何以不能尽性、尽心呢? 对整个宋明道学来说,这都是一个问题,既要说体用不二,又不得不承认本体不能完全显现出来,解决之道只有一个,即将其原因解释为心体、性体受到遮蔽,不能完全显现出来,所以必须通过修养以尽心尽性。可是心体、性体为什么会受到遮蔽呢? 各人的解释就会有所不同了,但终归不会是机械论的解释。

正因如此,胡宏又以体用阐明心性之别:

---

① 程颐、程颢:《河南程氏文集·与吕大临论中书》,《二程集》上册,第 609 页。
② 胡宏:《答曾吉甫书三首》,《胡宏集》,第 115 页。

> 圣人指明其体曰性,指明其用曰心,性不能不动,动则心矣。①

朱熹与吕祖谦都认为心性分体用是错的,理由是性动为情,当改为"心妙性情之德",其实胡宏以心性分体用,只是说心是性之显现,且性心通过心方才显露出来,而且就性体是心体的根据与本源来说,性体是心体的本质,心性分体用是合理的,而这层意思朱熹是赞成的。他说:

> 自性之有形者谓之心,自性之有动者谓之情。②

无非也是说心是性的显现,他所反对的是将心看作是"用"而非体,可是胡宏没有这个意思。胡宏以心性分体用,只就隐显而言,在他的观念中,其实心也是本体。

因为心体是性体的显现,性体必须通过心体得以实现,所以胡宏又说:

> 气之流行,性为之主,性之流行,心为之主。③

其意思并非说心决定性、主宰性,而只是说性体流行发用而为心,通过心得以现实化,所以在这点上牟宗三先生是对的,他说:"此性之流行指性体现为心,而非心主宰性。"可是有一点却是牟先生没看到的,即心也可分体用,"心为性之主"当与"心不尽用"合看,此"心"显然是体而非用,所谓"心不尽用,君子而不仁者有矣夫"。可以清楚地看出,尽性必须通过尽心,而尽心是一个能动的过程,它不是现成地摆在那里,不通过努力就可达到的,此理后文还将详说。

虽有"性体心用"说,但心有体用,并不如朱子所说只就功用上说:

> 今观此书之言尽心,大抵皆就功用上说,又便以为圣人之事,窃疑未安。④

---

① 胡宏:《宋朱熹胡子知言疑义》,《胡宏集》,第336页。
② 同上书,第337页。
③ 胡宏:《知言·事物》,《胡宏集》,第22页。
④ 胡宏:《宋朱熹胡子知言疑义》,《胡宏集》,第329页。

心并非形而下的范畴，胡宏以一种特殊的方式表达了这种观点，也被朱子所批判：

> 或问："心有死生乎？"曰："无死生。"曰："然则人死，其心安在？"曰："子既知其死矣，而问安在邪？"或曰："何谓也？"曰："夫唯不死，是以知之，又何问焉！"或者未达，胡子笑曰："甚哉子之蔽也。子无以形观心，而以心观心，则知之矣。"①

心是永恒常在的，这是就体而言，且此体乃观念之体，非以形质而言，朱子其实知道这一点，只不过他强调"所谓心者，乃夫虚灵知觉之性"，且以理一分殊解释永恒常在与变动不居之间的关系，也是贴切的，并不与胡宏的观点相左。正因所谓不死之"心"指心体，指纵贯古今而无成坏的心之道，所以他也说：

> 心无不在，本天道变化，为世俗酬酢，参天地，备万物。②

心性体用的问题是道学家们的根本问题之一，在第一节我们已作了一些梳理，在此我们对胡宏的体用观做一概括。

首先可以肯定，胡宏体用观的最具特色的部分是强调体用作为潜能与现实的矛盾、作为理想与现实的矛盾、作为全体与部分的矛盾，因此体用既统一又对立，不可偏废，并且它也提供了对善恶之别的一种合理的解释，恶非本恶，只是本体的显现有偏全而已。这显然与小程子不同，小程说"体用一源，显微无间"，强调体用的一致性，胡宏提出"性体心用""心不尽用"，都在强调体用之差异乃至对立，这是非常有意义的，它实际上在为道德修养提供理论根据。而朱子对胡宏最大的不满恰恰集中在这个观念上，这是值得深思的。其根源在于朱子是理气二元论者，而胡宏是一元论者，所以他认为天理人欲的区别不是本体的区别，而是用的差别，"天理人欲同体而异用，同行而异情"的观念

---

① 胡宏：《宋朱熹胡子知言疑义》，《胡宏集》，第333页。
② 同上书，第331页。

也就是胡宏本体论的应有之义,乃至"善恶不足言性"的观念也与此有关,所有这些观念构成一个统一的整体。

其次,体用之别躲开了二元论的结论,为道德修养建立了一个合理的基础。这就是胡宏强调人物之性有偏全、体之显现有偏全的原因。因此胡宏提出的修养方法是先察识而后涵养,即认得何者为体,然后在实践中尽可能完全地将心体、性体实现出来。

第三节　胡宏的存在论——性体

宋儒的本体论有宇宙生成论的成分,如周敦颐的《太极图说》中的太极生阴阳,朱熹的太极论也还保留着这层含义。但宋儒的本体论也是存在论,张载的气本体属存在论,二程的理本体虽未将天道与人事区别开来,但存在论也是其根本的取向之一。

胡宏的本体论已经明确地意识到天道与人道的区别,并且试图对存在论与人性论加以区分。大体而言,"命"与"性"主要属于天道、存在论的范畴,而"心"则更多地属于人道、人性论的范畴。他明确地划分了本体论范畴的层次结构,即命—性—心之由天道至人道的逻辑结构,并且规定了命与性的存在论意义,最清楚的表达莫过于说:"性立天下之有。"

胡氏本体论体系的大纲非常清楚,因为他自己进行了反复的强调。《知言》开篇即说:

> 诚者,命之道乎;中者,性之道乎;仁者,心之道乎,惟仁者为能尽性至命。①

又说:

> 人尽其心,可以言仁矣;心穷其理,则可以言性矣;性存其诚,则

---

① 胡宏:《知言·天命》,《胡宏集》,第1页。

可以言命矣。①

这三个最重要的范畴"命""性""心"的关系,"性"居于中间层次,但实际上性与命属同一层次,属天道的范畴,所谓"天命为性,人性为心"②,而人心则属人道的范畴,但尽心到尽性至命仍是统一的。

一、胡宏存在论的基本观念——性立天下之大本

先秦儒家只有人性论而没有宇宙论、存在论,虽然孟子有"尽心是知性,知性则知天"的提法,但仍然属于人性论,最多只有存在论的萌芽。宋儒最重大的贡献即在于开创、发展了宇宙论、存在论哲学,"性"范畴不再局限于人性论,这在张载的哲学中已经非常清楚。他说:

> 由太虚,有天之名,由气化,有道之名,合虚与气,有性之名。③

太虚与气都属于客观存在,性是它们的本性,故张载又说:

> 性与天道合一,存乎诚。④

"诚"的意义只能解释为实有、实存,它不是人性论范畴,这一点非常清楚,所以他又说:

> 性者,万物之一源,非有我之所得而私也。⑤

万物皆源于其性,不是人所独有的。而二程对"性"的规定更为简捷明了:"性即理也",又说"天下无性外之物",则万物的存在都是由性决定的,也即由理决定的。

上述张氏、程氏的观点胡宏是很清楚的,所以他对"性"的使用当然是超出了人性论的领域,"性"在他这里是纯粹的存在论范畴,比之其前

---

① 胡宏:《知言·纷华》,《胡宏集》,第 26 页。
② 胡宏:《知言·天命》,《胡宏集》,第 26 页。
③ 张载:《正蒙·太和篇》,《张载集》,第 9 页。
④ 张载:《正蒙·诚明篇》,《张载集》,第 20 页。
⑤ 同上书,第 21 页。

辈更为清楚和纯粹。性是万事万物存在的根据，一切事物皆因性而有，理也因性而有，性比理更为根本，是存在的最终根据，气也由性决定：

> 天命之谓性，性，天下之大本也。①
>
> 性也者，天地之所以立也。②
>
> 非性无物，非气无形，性其气之本乎。③
>
> 万物皆性所有也，圣人尽性，故无弃物。④
>
> 探视听言动无息之本，可以知性……性立天下之有。⑤

已上各条均足以说明，胡宏已将"性"上升到存在论的高度，可以恰当将其本体论称为性本体论。但是胡宏是如何界定"性"的呢？其实在宋儒的心中，一说到"性"，首先出现的意象就是"生"，性与生语出同源，甚至可说性就是生，"生之谓性"的说法是宋儒可以赞成的，因此性与生命天然地联系在一起，所谓的万物，常常是指有生命之物，"万物各得其所"之万物，指的是一切生物。这是宋儒有机论宇宙观的基本意象。

与"性"相关联的另一个重要意象是天命，即天之所赋。"天命不已，故人生无穷，具耳目口鼻而成身，合父子、君臣、夫妇、长幼、朋友而成世，非有假于外而强成之也，是性然也。"⑥实则还是讲生而有之，所以"夫目之于五色，耳之于五声，口之于五味，其性固然，非外来也"⑦。

还有一个基础性的意象，那就是性与形的区分，也就是形上与形下的区分。性是无形的，抽象的，是道，而物是有形的，所以程颐能说"性即理也"。程颐还说过"天下无性外之物"，但"性"并非二程的核心范畴，二程也没有将"性"看作最高本体。以性为最高本体，是胡宏本体论的特色。

---

① 胡宏：《宋朱熹胡子知言疑义》，《胡宏集》，第 328 页。
② 同上书，第 333 页。
③ 胡宏：《知言·事物》，《胡宏集》，第 22 页。
④ 胡宏：《知言·一气》，《胡宏集》，第 28 页。
⑤ 胡宏：《知言·事物》，《胡宏集》，第 21 页。
⑥ 胡宏：《知言·修身》，《胡宏集》，第 6 页。
⑦ 胡宏：《知言·阴阳》，《胡宏集》，第 9 页。

细绎胡宏性本论的内容，可以清楚地发现，这个观念是在综合考量其前辈本体论优劣的基础上提出的，可谓用心良苦，其中有不少观点是胡宏自己独创的观念。原因可能是，北宋道学没有一个本体论是能让胡宏完全满意的。

在胡宏的本体论诸范畴中，"性"是客观性原则，作为万物存在的根据，其中有理，这与二程是一致的，他说：

> 人尽其心，则可以言仁矣；心穷其理，则可以言性矣；性存其诚，则可以言命矣。①

性是理的根据，是客观的，心只有穷理才可尽性。因为静态的理具有持久性、永恒不变性，所以能作为万事万物存在的根据：

> 天下莫大于心，患在不能推之耳；莫久于性，患在不能顺之耳；莫成于命，患在不能信之耳。②

他甚至说过"物成其性，万古不变"的话，可见"理"是"性"的本质内容之一。但穷理只是尽性的前提条件，性不仅只是理：

> 大哉性乎，万理具焉，天地由此而立矣。世儒之言性者，类指一理而言尔，未见天命之全体者也。③

万理与一理的差别的具体之所指并不特别清楚，程氏曾提出"理一分殊"，以为万理可归于一理，胡宏不曾这样表达。他也讲万物之同异，讲物之共性与个性，他的表达与程氏不同：

> 故观万物之流形，其性则异，察万物之本性，其源则一。④

只讲性之统一与差别，不讲理之同异。至于"天命之全体"的意义，则似乎是与天道有关，因为理与道必须加以区别。这里对以理言性深表不

---

① 胡宏：《知言·一气》，《胡宏集》，第 26 页。
② 胡宏：《知言·纷华》，《胡宏集》，第 25 页。
③ 胡宏：《知言·一气》，《胡宏集》，第 28 页。
④ 胡宏：《知言·往来》，《胡宏集》，第 14 页。

满,其批评矛头之所指,似乎就是程氏兄弟的理本论。

理是静态的条理、秩序、规则等等,它是静态的,而性却是活动的,不能不动,牟宗三先生说性体是即存有即活动的,是切合胡宏的观念的。他说:

> 孔子曰:"人生而静,天之性也,感物而动,性之欲也。"知天性感物而通者,圣人也;察天性感物而节者,君子也;昧天性感物而动者,凡愚也。①

可见性是物之相感的根据。再联系到胡宏另一观点就更清楚了:

> 圣人指明其体曰性,指明其用曰心,性不能不动,动则心矣。②

这就是朱子批判的"性体心用"说,性之动为心,"性之流行,心为之主",指性流行发用而为心。从活动义讲性体,则性体当看作潜能而非现实,它蕴含着无数的可能性,它既是万物已成之性,也是万物之性的本源:

> 性有大体,人尽之矣,一人之性,万物备之矣,论其体,则混沦乎天地,博洽乎万物,无得而名焉;论其生,则散而万殊,善恶吉凶百行俱载,不可掩遏,论至于是,则知物有定性,而性无定体矣,乌得以不能自变之色比而同之乎?③

性作为万物之本体,蕴含着万事万物的所有可能性,其生成的可能性也存在于性的生成能力之中,这就是作为最高本体的性体,显然我们称其为潜能是恰当的。

能不能用实体来理解"性"体呢?应该也可以,因为它是存在的本质和根据。

但有一点是清楚的,就具体内容而言,"性"其实还是没有超越儒家

---

① 胡宏:《释疑孟·性》,《胡宏集》,第 318 页。
② 胡宏:《宋朱熹胡子知言疑义》,《胡宏集》,第 336 页。
③ 胡宏:《释疑孟·辨》,《胡宏集》,第 319 页。

仁义礼知的那一套道德规范：

> 万事万物，性之质也，因质以致用，人之道也。人也者，天地之
> 全也。何以知其全乎？万物有父子之亲焉，有君臣之统者焉，有极
> 本反始之礼者焉。至于知时御盗如鸡犬，犹能有功于人，然谓之禽
> 兽而不与人为类，何也？以其不得其全，不可与为类也。①

在比较了人性与动物之性后，他说人性具天地之全，很明显，人性当下即
被宣称为天地之性。

二、性物统一的一元论

程朱理学严格区分理气，尤其是朱子更是将天地之性与气质之性的
区分推到极致，以之作为区分天理人欲的基础，不能不说是一种二元论
的哲学。

与程朱不同，胡宏显然持有一元论的立场，他基本上抛开了二程理
气对立的观点，而代之以性物统一的观点，他说：

> 道之有物，犹风之有动，犹水之有流，夫孰能间之？②

> 河南先生举世以为得圣人之道者，其言曰："道外无物，物外无
> 道。"是天地之间无适而非道也。兄不事科举，闭门读书，有晨昏之
> 举，家室之好，嗣续之托，夏葛冬裘，渴饮饥食。必如是行之，而后慊
> 于心，此释氏所谓幻妄粗迹，不足为者，曾不知此心本于天性，不可
> 磨灭，妙道精义俱在于是。③

> 气之流行，性为之主。④

> 气有性，故其运不息。⑤

---

① 胡宏：《知言·往来》，《胡宏集》，第 14 页。
② 胡宏：《知言·修身》，《胡宏集》，第 4 页。
③ 胡宏：《书·与原仲兄书二首》，《胡宏集》，第 120—121 页。
④ 胡宏：《知言·事物》，《胡宏集》，第 22 页。
⑤ 胡宏：《知言·好恶》，《胡宏集》，第 11 页。

三、性与道——中者,性之道乎

性体是理,是潜能,是实体,所有这些意义都必须与道相关,因为,求道、得道才是目的,以今天的语言来说,研究的目的是寻求社会人生的指引,是确立人生观价值观和社会历史观。性与道的关系的讨论源于《中庸》"天命之谓性,率性之谓道,修道之谓教",这个提法为儒家性道关系的讨论定下了基调,胡宏应该知道这一点。顺应天性而为即是道,性是体而道是体的活动过程、显现过程,归根结底,道无非是人的合乎道德的活动,这是性道的基本关系,中国人的道德讨论与西方的一个重要差别是,西方的伦理学主要研究行为规范而儒家却强调行为本身,强调行为过程。

但胡宏对道的理解与规定似乎并未完全遵从《中庸》的教导,他认为道有体用:

> 中者,道之体,和者,道之用。中和变化,万物各正性命而纯备者,人也,性之极也。[1]

胡宏以中和分体用,其理论原因是清楚的,只需对儒学关于"中"的解说略作疏理即可明了。中或未发之中源于《中庸》:"喜怒哀乐未发,谓之中,发而皆中节,谓之和。中也者,天下之大本也;和也者,天下之达道也。"这本是对人的心理结构的分析,甚至可能涉及潜意识。但是中却有另一层含义,即孔子所说"过犹不及",与中外之"中"的意义完全不同。程颐说:

> 无过也,无不及也,此中之所以名也。

又说:

> 且谓之中,若以四方之中为中,则四边无中乎? 若以中外之中

---

[1] 胡宏:《知言·往来》,《胡宏集》,第14页。

为中,则外面无中乎? ……中者,且谓之中,不可捉一个中来为中。[1]
程颐对中外之中的意义解释得很清楚,它就是两端之中。窃以为宋儒是纠缠在以上两种不同的意义上,试图调和它们,但还是常常混淆。由中外之中发展了体用的观念,由两端之中发展了中和的观念,这两种观念被同时强调,于是有了胡宏中是体而和是用的观念,这样,中和之中与中外之中也就统一起来了。

道之分体用,究其所指,大约涉及抽象与具体的分别、总体与部分的区别、隐与显的区别、实体与显现的区别、本质与现象的区别等,具体是哪种分别,要想确定非常困难,恐怕得因说话的语境而定,也许哪一种解释都可成立。如以中和分体用,中是抽象的而和是具体的,中是实体而和是显现,中是天地总体之道而和是具体活动的效验,等等,也许胡宏自己也不一定说得清楚。

但道之分体用主要的意义在于,它表明胡宏将道看作天地之总体,既是静态的本体也是本体之发用、显现,所以他又说:

> 道者,体用之总名,仁其体,义其用,合体与用,斯为道矣。[2]

既以中和言体用,又以仁义言体用,大意虽然相通,意思却并不完全相同,大概也是其直觉思维的体现。

撇开具体文字的解读,胡宏以中和、仁义规定道的内容,其所持有的观念还是非常明显的,这个观念在整个儒家思想中也是长期居于统治地位的观念,就是所谓中和、仁义的观念及两者的贯通,仁义行于天下,则天下必是中和之天下,反之,天下处于中和状态,则必是行仁义之效。那么,什么是中和的状态呢?

中和的具体意义也是非常清楚的,实际上就是万物各得其所。这是胡宏不厌其烦地强调的观念:

---

[1] 程颢、程颐:《河南程氏遗书·戌冬见伯淳先生洛中所闻》,《二程集》上册,第135页。
[2] 胡宏:《知言·阴阳》,《胡宏集》,第10页。

> 至哉,吾观天地之神道,其时无愆,赋形万物,各足其分,太和保
> 和,变化无穷也。①

万物都各足其分,处于极度和谐状态。再如他说:

> 天地高下而位定,万物各正性命而并育,成位乎其中,与天地
> 参矣。②

万物各正性命,如果他看到达尔文的进化论,他也许会说,万物每一个特征、每一种性能都是老天早就安排好了的,所以各得其所,无比和谐,而不会承认生存竞争的事实。

以中状性之体段,以中和为道,其所指涉的真正领域是人与人之间的关系,"不使一物失其所"的主要意义是不使一人失其所。这个理想其实由来已久,张载《西铭》更是将其推到极致,胡宏以之作为其本体论的基础性观念,以之作为道体的根本内容,包括以之作为政治合理与否的标准,是对儒家社会人生价值观的一个集中表达。兹举一例说明以中和为道体的实践意义,就是胡宏对井田封建的看法。

在中国古代的政治思想中,封建与郡县之争由来已久,而胡宏非常鲜明地反对郡县制,赞成封建,其理由即是封建制可使万物各得其所,他认为:

> 圣人理天下,以万物各得其所为至极,井田封建,其大法也。暴
> 君污吏既已废之,明君良臣历千五百年未有能复之者,智不及邪,才
> 不逮邪,圣道不传,所谓明君良臣也,未免以天下自利,无意于裁成
> 辅相,使万物各得其所邪。③

胡宏赞成封建制的主要原因在于,井田封建之法是将天下之利与天下人共之,所谓兴灭国继绝世,也是胡宏经常提到的,关于井法的一条语录清楚地表明了胡宏赞成封建制的原因:

---

① ② 胡宏:《宋朱熹胡子知言疑义》,《胡宏集》,第332页。
③ 胡宏:《知言·事物》,《胡宏集》,第21页。

井法行,而后智愚可择,学无滥士,野无滥农,人才各得其所,而游手鲜矣。君临卿,卿临大夫,大夫临士,士临农与工商,所受有分制,多寡均而无贫苦者矣。人皆受地,世世守之,无交易之侵谋,无交易之侵谋,则无争夺之狱讼。无争夺之狱讼,则刑法省而民安。刑法省而民安,则礼乐修而和气应矣。①

关于封建制与郡县制的优劣,古人争论极多,明末黄宗羲、全祖望的观点极有代表性。胡宏赞成封建制,根本原因在于它是分权而治的体制,所以黄宗羲、全祖望讨论封建与郡县的宗旨落脚在公天下与私天下,并非偶然,胡宏也算是开其先河。

让我们回到胡宏的理论建构,回到概念间的理论关系。既然道有体用,性与道的关系也就清楚了。"中者,性之道乎。"中是性体的特征,从这个意义上讲,中是潜在的,这就合乎《中庸》所说"喜怒哀乐之未发,谓之中,发而皆中节,谓之和"的经典表述,中是体而和是用,性体的显现就是"和","保合太和"的存在论根据就是性体之"中"。中除了前述的两种本体论意义,还有另一层含意,即人性备万物之性,具天地之全,不偏不倚,这才可以使万物各得其所:

凡人之生,粹然天地之心,道义全具,无适无莫,不可以善恶辨,不可以是非分,无过也,无不及也,此中之所以名也。②

因为人备万物之性,所以才能尽人之性,尽物之性,而与天地相参。

综上所述,可以认为胡宏以中状性的性本论既有存在论的理论建构,也有实践方面的制度设计,在道学家们不同的理论体系中,也可算得独树一帜的理论建构。

四、善恶不足言性、理欲同体而异用

在对性体的认识上,胡宏有几个很有特色也很鲜明的观点遭到朱熹

---

① 胡宏:《知言·阴阳》,《胡宏集》,第8页。
② 胡宏:《宋朱熹胡子知言疑义》,《胡宏集》,第332页。

的严厉批评,对此我们作一个疏理。"善恶不足性"是其中之一。这段文字现存于朱熹的《知言疑义》,不见于今本《知言》,说明《知言》肯定经过了朱熹、张栻、吕祖谦等所谓南宋三杰的删节。朱子批驳的重点即是胡宏"善恶不足言性"的观点,所引胡宏原文如下:

> 或问性,曰:"性也者,天地之所以立也。"曰:"然则孟轲氏、荀卿氏、扬雄氏以善恶言性也,非欤?"曰:"性也者,天地鬼神之奥也,善不足于言之,况恶乎?"或者问曰:"宏闻之先君子曰:'孟子所以独出诸儒之表者,以其知性也。'"宏请曰:"何谓也?"先君子曰:"孟子道性善云者,叹美之词,不与恶对。"①

性善性恶,属于人性论的问题,其根据却在天性。胡宏所言之"性",是存在论本体论范畴,即是"天地之所以立也",是天地万物存在的根据,概莫能外。在这个意义上,性体不可以善恶言,不存在善恶之相对,显然是合理的,因此他又说人性"不可以善恶辨,不可以是非分",而只是"中"。

朱子将胡宏的观点称之为性无善恶论,并从胡宏的观点中拣出几条主要观点加以驳斥。

其一,胡宏说:

> 天理人欲同体而异用,同行而异情。②

朱熹认为人之初生,即有天理,人欲是后来有的,并说:

> 既谓之"同体",则上在便著"人欲"两字不得,此是义理本源极精微处,不可少差。试更仔细玩索,当见本体实然只一天理,更无人欲。故圣人只说"克己复礼",教人实下功夫,去却人欲,便是天理,未尝教人求识天理于人欲泯没之中也。③

———————————

① 胡宏:《宋朱熹胡子知言疑义》,《胡宏集》,第333页。
② 同上书,第329页。
③ 同上书,第330页。

意思极明确，即性只是天理，更无人欲，这是出于其理气二元论的立场，恶只可归于气。然而胡宏是一元论者，所以他说"性外无物，物外无性"，一切存在皆性使然，人欲既然存在，故与天理一样也以性为存在的根据。

其二，胡宏说：

> 好恶，性也。小人好恶以己，君子好恶以道。察乎此，则天理人欲可知。①

此条已涉及性与情的关系，性体现在人情之中。朱熹批评说：

> 此章即性无善恶之意。若果如此，则性但有好恶，而无善恶之则矣。②

又说：

> 熹谓好恶固性之所有，然直谓之性则不可。盖好恶，物也，好善而恶恶，物之则也。有物必有则，是所谓形色天性也。③

朱子的意思非常清楚，好善恶恶才是性，才是天理。与前一条意思一般。

朱子的观点是，善恶皆有所本，性只是善的，而恶则来源于后天气之汩没，这显然出于其理气二元论的立场。善如果性只是善的，恶却从何而来，换一种立场，性若不分善恶，善的根据却又何在？朱子持前一种立场，而胡宏持后一种立场，其实程颢也有与胡宏类似的立场。程颢说：

> "生之谓性"，性即气，气即性，生之谓也。人生气禀，理有善恶，然不是性中原有此两物相对也……善固性也，然恶亦不可不谓之性也。④

---

① ② 胡宏：《宋朱熹胡子知言疑义》，《胡宏集》，第 330 页。
③ 同上书，第 331 页。
④ 程颢、程颐：《河南程氏遗书·端伯传师说》，《二程集》上册，第 10 页。

区分了本原之性与气质之性,然都是性中本有的,所以他又说:

> 盖"生之谓性",人生而静以上不容说,才说性时,便已不是性
> 也。凡人说性,只说"继之者善"也,孟子言人性善是也。夫所谓"继
> 之者善"也者,犹水流而就下也……水之清,则性善之谓也。①

程颢的观点其实比较暧昧,既然已经肯定了气也是性之所有,而气有善
恶,那么就不能说性善,所以他将"性"善之性规定为是"继之者善",是既
生以后之事,生之前只是理。②

胡宏的观点可能直接来源于程颢的说法,程颢说过"天下善恶皆天
理,谓之恶者非本恶,但过与不及尔"。这也是胡宏的观点。还有更明显
的证据是,胡宏说:

> 性譬诸水乎,则心犹水之下,情犹水之澜,欲犹水之波浪。③

这似乎直接脱胎于程颢前述以水喻性的文字。这段文字比之程颢更为
清楚地表明,他是一元论者,情与欲不是性之外的存在,而就是性的表现
形式。这进一步证明,胡宏不认为人欲是性外之物。

但是一元论始终有一个根本问题需要解决,即善恶之分从何而来,
善恶的根据是什么。朱熹的回答是善恶各有各的来源,这样比较直截了
当,但将存在打为两截。胡宏与程颢都是一元论者,善恶之分似乎变得
比较模糊,大概这就是为什么朱熹不满意胡宏的观点。

正因善恶之界限不太分明,胡宏只能以"中节"与否确定善恶:

> 凡天命所有者,圣人皆有之。人以情为有累也,圣人不去情;人
> 以才为有害也,圣人不病才;人以欲为不善也,圣人不绝欲;人以术
> 为伤德也,圣人不弃术;人以忧为非达也,圣人不忘忧;人以怨为非
> 宏也,圣人不释怨,然则何以别于众人乎? 圣人发而中节,而众人不

---

① 程颢、程颐:《河南程氏遗书·端伯传师说》,《二程集》上册,第10—11页。
② 参见葛瑞汉:《二程兄弟的新儒学》,第206页。
③ 胡宏:《知言·往来》,《胡宏集》,第13页。

中节也。中节者为是，不中节者为非……而世儒以善恶言性，邈乎
辽哉。①

朱熹批判说：

> "圣人发而中节"，故为善，"众人发而不中节"，故为不善……然
> 不知所中之节，圣人所自为邪，将性有之邪？谓圣人所自为邪，则必
> 无是理，谓性所固有，则性之本善也明矣。②

这个批评是切中要害的，如果以今人的观点和思维方式来看，朱子的逻
辑其实是不成立的，因为善恶可以是后天的，甚至是人为的，何况，善恶
是非不只是一人之善恶是非，而是千百人之是非，本来就有相对性，但在
本体论上却完全可以是一元论的。

　　前述张载与二程都有其存在论，胡宏的存在论有没有自己的特色
呢？要回答这个问题，必须先回答另一个问题，即胡宏在综合研究其
前辈的本体论时，有没有自己独特的问题意识？回答是肯定的，胡宏
意识到，并且亟欲解决的最根本的问题是天道与人道的关系问题，这
其实也是北宋道学的一个根本问题，只是他们的解决方式是胡宏不满
意的。

　　何以见得胡宏的根本问题是天道与人道的关系问题呢？首先，胡宏
在大纲中已明确地区分了天道与人道，性与心有明确的界限，存在论与
人性论是不同的，后者有善恶而前者无善恶，所以才有性无善恶之说，后
将详论。其次，他多次强调"性"的多样性，强调物性与人性的区别，性既
是普遍的共性，也是特殊的个性：

> 中者，道之体，和者，道之用，中和变化，万物各正性命而纯备
> 者，人也，性之极也。故观万物之流形，其性则异，察万物之本性，其

---

① 胡宏：《宋朱熹胡子知言疑义》，《胡宏集》，第329页。
② 同上书，第334页。

> 源则一……调理万物,使各得其所,此人之所以为天地也。①

这段话有几层意思,其一,万物各有其性,这是个性,但万物之性源于同一性,这是普遍性。其二,性有偏全,人性具天地之全体:

> 万事万物,性之质也,因质以致用,人之道也。人也者,天地之全也。何以知其全乎?万物有父子之亲焉,有君臣之统者焉,有极本反始之礼者焉。至于知时御盗如鸡犬,犹能有功于人,然谓之禽兽而不与人为类,何也?以其不得其全,不可与为类也。②

既然人性与物性有别,则人道与万物之道是有区别的。再次,胡宏提出"理欲同体而异用"的命题,其原因在于他对体用的区分,性是体,理欲皆是用,体不尽显现为用。

第四节　天命与天道

命或天命是胡宏本体论的重要范畴之一,是其本体论三大原则之一,因而与心、性并列为三。整个宋明道学都很强调天命的观念,而胡宏将命明确地提升为本体论的一条基本原则却是非常独特的。本章试图分析理解胡宏的天命的观念。

一、胡宏的天命观

原始儒家所说天或天命多指人格神及其意志,特别是《尚书》中的天或天命。孔子所说之大有人格神意味,而命或天命则已具有客观必然性的含义,同时也指神秘莫测的命运,他说"道之不行也,命也夫"即是此意。孟子进一步将命理解为"莫之致而至者"(《孟子·万章上》),也是一种客观必然性,并对命和性作了严格区分。性是"求在我者也",命是"求

---

① 胡宏:《知言·往来》,《胡宏集》,第9页。
② 同上书,第14页。

在外者也"。同时他又认为性与命有密切关系:"口之于味也,目之于色
也,耳之于声也,鼻之于嗅也,四肢之于安佚也,性也,有命焉,君子不谓
性也。仁之于父子也,义之于君臣也,礼之于宾主也,知之于贤者也,圣
人之于天道也,命也,有性焉,君子不谓命也。"(《孟子·万章上》)命可以
是性,性也可以是命,只是由于价值取向不同而有不同说法,区分性命的
根据是以仁义礼智为性的根本内容。更为重要的是,孟子提出"正命"的
思想,《易传》提出"穷理尽性以至于命",与孟子的正命思想很接近,宋儒
喜言"穷理尽性以至于命",正是来源于这一传统。而《中庸》"天命之谓
性"则更清楚地规定了性与命的关系,认为性源于命,命已具有本体论
地位。

宋儒言命,基本上来源于《孟子》《中庸》《易传》,而特别强调"天命之
谓性"的观念,而因为道学家的性范畴有本体论含义,已不是单纯的人性
论范畴,故有性命合一的趋势。这并非说性与命没有区别,而是指性与
命都指涉整个存在领域,命作为客观必然性当然指涉存在的全体,个体
的命来源于宇宙全体,而性作为本体则更是全体存在的本性。但性与命
又有明确的界限,性着重于人的道德意识、道德根源,而命着重于外在的
客观必然,有主观与客观、内在与外在之分。性着重于宇宙万物的普遍
本性,而命则涉及个体的差异、特殊性。例如张载说:

> 天授于人为命(自注:亦可谓性),人受于天则为性(自注:亦可
> 谓命)。①

命是就天的角度而言,而性更多地是以人立论,因此有"性可必而命不可
必"的思想。

胡宏言命,其含义非常确定,乃是对张载以"不息"为天命的继承与
改造,张载说:

---

① 张载:《语录中》,《张载集》,第 324 页。

人能至诚则性尽而神可穷矣，不息则命行而化可知矣。①

天命有流行不息的意思，天命发育流行，生生不息，正是人与万物生成的根源，也是人性的根本来源。胡宏以不息为天命，将其作为本体论的根本原则之一，因此他反复将命、性、心排列在一起，作为其思想的大纲。

胡宏对诚范畴加以改造，以之规定天命不息的思想。命或天命的本质是诚，这一点被反复申说："诚者，命之道乎。""诚，天命。""诚者，天之道也。""性存其诚，则可以言命矣。""诚，天道也，人心合乎天道，则庶几于诚乎！"此诚范畴虽与《中庸》和北宋道学家的理解有相似之处，但其中心含义已经过了胡宏的改造。

《中庸》已将诚作为本体论范畴，"诚者，万物之本，不诚无物"，"自诚明，谓之道，自明诚，谓之教"。就字义讲，诚是诚实无欺，它可以从主观与客观两方面理解，既是客观实在，同时也是主观上对客观实在的诚实无欺的心理状态，因而是标志天人合一的范畴，既是天道（自诚明），又是人道（自明诚）。北宋道学家无不讲诚，并突出了诚的本体论地位，这本体既是宇宙本体，又是人的主体精神。如周敦颐说："诚者，圣人之本，大哉乾元，万物资始，诚之源也，乾道变化，各正性命，诚斯立矣。"（《通书》）诚来源于宇宙本体，同时又体现为人性。张载表达得更明确，他说：

性与天道合一存乎诚。②

对张载而言，性是从主体方面说明宇宙的本质存在，天道是从客观自然界的普遍规律和法则说明宇宙的本质存在，只有两者合一，才是诚的境界。

对胡宏而言，诚也是一标志主客统一的范畴，他说：

诚，天道也。人心合乎天道，则庶几于诚乎……失道而曰诚，吾

---

① 张载：《正蒙·乾称篇》，《张载集》，第63页。
② 张载：《正蒙·诚明篇》，《张载集》，第20页。

未之闻也,是故明理居敬,然后诚道得。①

诚既是天道,也是人道的根本要求,因此诚也是一标志主体精神的范畴,他说:

> 感应,鬼神之性情也,诚则能动,而鬼神来格矣。②
>
> 人之于天地,有感必通,如心之于身,疾痛必知焉。③

此感应不仅是客观存在的本性,也是主体精神的特性,而诚的本质是感:

> 感而无息者,诚之谓欤。④

　　但胡宏之所以特别强调诚范畴,更为重要的是他强调诚是宇宙生生不息的根源,"感而无息者,诚之谓欤"。此感既指主客之间的相感,也指客体内部的对立斗争,是运动、变化的根源。张载说过:"两端故有感,本一故能合。"感是对立面的相感,是对立面的斗争与依存。胡宏说"感则能动""诚则无息",与张载是同一意思,以感应作为事物运动变化的动力原则。

　　诚的本质是感而无息,以诚规定天命,即是强调天命的生生不息。诚是天地万物生生不息的根源,天命是天地万物生生不息的整体,既是运动变化的过程,也是这一永恒变化过程的根据。因此对这一原则胡宏不厌其烦地反复强调,将其作为其本体论的根本原则之一。他说:

> 皇皇天命,其无息乎,体之而不息者,圣人也。⑤

天命不息是人生不息的根源,当然也是人的一切道德活动的根源,他还以此说明《易经》重卦的根据。天命不息之诚即是天道:"诚,天道也。"此天道同时是客观事物的发展变化过程,也是主体的道德活动过程,是主

---

①④ 胡宏:《知言·一气》,《胡宏集》,第28页。

② 胡宏:《知言·义理》,《胡宏集》,第29页。

③ 胡宏:《知言·纷华》,《胡宏集》,第25页。

⑤ 胡宏:《知言·义理》,《胡宏集》,第30页。

体精神与客体存在的统一。天命既然是天地万物生生不息的过程和人的道德活动过程,也是其根据,无怪乎胡宏要将天命无息作为其本体论的基本原则之一。

二、天命与心性的关系

命、性、心三个范畴在胡宏本体论体系中都具有本体论地位。但三个范畴代表三个不同的原则,命是天地万物生生不息的运动变化过程,也是运动变化的根据、动力。性作为本体以静态的方式表明客观万物存在的根据,也表明人的一切道德活动的客观的、先天的根据。心则是主体精神,它是性的现实化的体现。对三个范畴之间的关系,胡宏有清楚的说明。他说:

> 诚成天下之性,性立天下之有,情效天下之动,心妙性情之德。①

诚作为运动变化的原则是万物各成其性的根源。性是天地万物存在的根据,而心则是性的实现。由此可以看出天命之诚居于特殊重要的地位。诚作为运动变化的过程及其动因,是万物之性的来源,即相对静止的万物之性的根源,万物各有其性,然归根到底都是命的表现,因此性可以归结为命。道学家以"穷理尽性至命"为理想,其最后归宿是"至命",即安自立命,充分实现各自的"命",类似于孟子的正命。

性作为本体是万物存在的根据,但并不是最高的根据,而是相对静止的万物的存在的根据,但不是万物化生的根据。"性立天下之有"是说天下万物的具体存在是性使然,但性也有其根源,即天命之诚。性表示的是万物各成其性而为万物,所谓"非性无物"。物的存在由性决定,物的活动也来源于性,但其活动的最后根据是命。因此笔者的观点是,性代表天地万物的相对静止的、相对特殊化、具体化的存在,当然万物有其共性,也可指一般存在,是一般性与特殊性的存在的统一。

---

① 胡宏:《知言·事物》,《胡宏集》,第 21 页。

性是万物存在的根源，命是万物生成的根源，是万物运动变化的根源，性以天地万物的静态存在立论，命以万物生成、变化立论，是两种不同的原则。对此我们加以较为详细的分析。胡宏说：

> 有而不能无者，性之谓欤。①

性是有而非无，此有既指一般性存在，也指具体物的存在。通过进一步分析，可以看出，此"有"，更倾向于指具体物的存在，他说：

> 有聚而可见者谓之有，故散而不可见者谓之无。②

"聚而可见"显然指具体的有形质之物，散而无形则是无，因此性是由无到有的基本环节，万物各成其性使万物成其为"有"，但性并不表示由无到有的过程，此变化过程是天命之诚的生生不息。

心作为主体性原则与命、性并列为三，它是性的现实化，性体作为静态的未发的存在实现出来即是心，由性到心是由客观存在到主体活动的过程，性是心的根据。性处于命与心的中间层次，性成于命，通过心而得以实现，由性到心的现实化过程即是尽性，尽性的根本内容是人的道德活动过程，此过程即是命的体现，因此尽性即能至命，且只有尽性才能至命。天命即存在于人性之中，只有尽性才能立命，"本诸身者有性，假诸人者有命，性可必而命不可必，性存则命立"③。命是客观必然性，必须通过性才能把握。因此胡宏认为要"理性以立命"④。他说：

> 诚，天命，中，天性，仁，天心。理性以立命，惟仁者能之。委于命者，失天心，失天心者，兴用废。⑤

命作为天地万物生生不息的客观性原则，只能通过"理性""尽性"才能实

---

① 胡宏：《知言·一气》，《胡宏集》，第28页。
② 胡宏：《知言·阴阳》，《胡宏集》，第8页。
③ 胡宏：《知言·仲尼》，《胡宏集》，第16页。
④⑤ 胡宏：《知言·汉文》，《胡宏集》，第41页。

现,故强调人的主观的努力。命成为只能通过性的充分实现才能达到的原则。

总之,性是命与心的中间环节,胡宏说:

> 人尽其心,则可以言仁矣。心穷其理,则可以言性矣,性存其诚,则可以言命矣。①

尽心才可尽性,尽性才可立命。此三大原则被胡宏概括为:

> 天下莫大于心,患在不能推之尔,莫久于性,患在不能顺之耳,莫成于命,患在不能信之耳。②

三、胡宏的天道观

道本是道家发明的范畴,是自然哲学范畴,既指宇宙创生的实体又指创生的过程,在儒家经典中只有《易传》与《中庸》对道作出过规定,即"一阴一阳之谓道""形而上者谓之道,形而下者谓之器"。前者从阴阳的矛盾对立说明道,后者从抽象与具体、有形与无形说明道。《中庸》的规定涉及人的道德活动过程:"中也者,天下之大本也,和也者,天下之达道也。"

宋明道学接过道家的道,其指宇宙本体也指宇宙生生不息的过程,最根本的含义则是道德活动过程,在宋明理学看来,宇宙的活动过程本是有道德意义的过程,宇宙生生不息的过程与人的道德活动是一致的。前已论述过宋明道学的潜在目的论思想使之认为宇宙的生生不息有一个潜在目的,宇宙的活动过程有一潜在目的,符合这一目的的过程即是道,人的活动也必须合于这一目的,即合乎天道。

胡宏继承了宋明道学这一传统,对道的规定首先是从道与物的关系出发,确立道与物的差别:

---

① 胡宏:《知言·纷华》,《胡宏集》,第26页。
② 同上书,第25页。

> 形形之谓物，不形形之谓道。物拘于数而有终，道通于化而
> 无尽。①

道无形质，同有形之物有别。同时物有生有灭，而道是无限的。这与"形
而上者谓之道，形而下者谓之器"是一致的，是抽象与具体的区别，甚至
是规律与具体物的区别。他说：

> 造车于室，而可通天下之险易，铸剑于冶，而可定天下之妍丑，
> 得其道而握其要也。②

这里的道显然指规律而言，道与物是抽象与具体、特殊与普遍的关系，两
者相互依存，不可分离。他说：

> 道不能无物而自道，物不能无道而自物，道之有物，犹风之有
> 动，犹水之有流，夫孰能间之？故离物求道者，妄而已矣。③

两者虽不可分离，然而道显然处于主导地位，道决定物而不是物决定道，
物是道的表现。

从抽象与具体区分道与物并非胡宏道论的主要方面，更重要的是从
阴阳矛盾对立的方面，从功能、活动、过程方面规定道：

> 一阴一阳之谓道，有一则有三，自三而无穷矣。老氏谓"一生
> 二，二生三"，非知太级之蕴者也。④

太极的统一体本身包含阴阳的矛盾对立，这即是道，道是既对立又统一
的生生之道。他还说：

> 或往或来，天之所以为道也，或语或默，士之所以为仁也，或进
> 或退，臣之所以事君也，或擒或纵，兵之所以为律也，或驰或张，王之

---

① 胡宏：《知言·纷华》，《胡宏集》，第 26 页。
②④ 胡宏：《知言·修身》，《胡宏集》，第 7 页。
③ 同上书，第 4 页。

所以化成天下也。①

无论天或人都以对立的方式活动，他甚至说：

> 一嘘吸，足于察寒暑之变，一语默，足于著行藏之妙，一往来，足以究天地之理。②

天地之理可在一往一来之中显现出来，因为天地是矛盾运动过程，天地万物的矛盾运动被概括为诚："诚者，天之道也。"诚即是感而无息，由阴阳二端相感而生生不息。

矛盾的对立决定了事物运动变化的过程，统一体的对立决定了事物的功能、活动、过程，道既是本体也是功能、活动、过程。他说：

> 道者，体用之总名。仁，其体，义，其用，合体与用，斯为道矣。③

道以仁为体，以义为用，而义在这里不是静态规范，而是活动。"义者，权之行也，仁，其审权者乎！"④义是权衡具体情况作出合乎仁的行为，故其并非从静态的道德规范作出的理解，而是具体的道德活动，所谓"义有定体，仁无定用"⑤。仁是本体，而义是本体的活动、功能。胡宏又以中和规定道之体用：

> 中者，道之体，和者，道之用，中和变化，万物各正性命而纯备者，人也，性之极也。⑥

实际上胡宏更强调道的活动、功能、过程的一面，他说：

> 道之明也，道之行也，或知之矣，变动不居，进退无常，妙道精义未尝须臾离也。⑦

① 胡宏：《知言·往来》，《胡宏集》，第13页。
② 胡宏：《知言·好恶》，《胡宏集》，第11页。
③ 胡宏：《知言·往来》，《胡宏集》，第10页。
④ 胡宏：《知言·天命》，《胡宏集》，第3页。
⑤ 胡宏：《知言·修身》，《胡宏集》，第5页。
⑥ 胡宏：《知言·往来》，《胡宏集》，第14页。
⑦ 胡宏：《知言·仲尼》，《胡宏集》，第15页。

道总是活动的,体不可见,可见的只是活动与过程。

道是功能、活动、过程,而且这过程有价值论意义,但这意义必须从宇宙总体的活动过程去看,而不可拘于一事一物。"道充乎身,塞乎天地,而拘于躯者不见其大,溺于流者不知其精。"①道是整个天地之道。"尧舜禹汤文王仲尼之道,天地中和之至;非有取而后为之也,是以周乎万物,通乎无穷,日用而不可离也。"②道本不可以个别具体事而言,是贯通天地万物之总体的道,因而一旦拘于一事一物的形体,则不可与万物相通,不可称为道。

天道本是有潜在目的的活动过程,这过程本身即有价值意义,自然而然,不假人为。所谓"无为之为,本于仁义,善不以名而为,功不以利而劝,通于造化,与天地相始终"③。又说天地中和之道"非有取而后为之也"。天道本出于自然,但人之为道又必须经过努力修养和实践方可达到。"人虽备天道,必学然后识,习然后能,能然后用,用无不利,唯乐天者能之。"④"人道主敬,所以求合乎天也。"⑤天道之自然无为与人之必通过努力学习与修养方可合道似乎存在矛盾。可以想象的解决办法即是将这矛盾看成宇宙全体和个别人与物的矛盾,宇宙全体的活动过程即是道,而个别人与物只是道的部分,各部分因与全体不相应,与宇宙全体隔绝孤立出来而失道,即失去宇宙活动的价值意义,故必须通过努力与道相通。胡宏以中和规定道的本质,正提供了以上解释的依据。中是各对立面的统一,和是各方面的协调平衡地发展,所谓"万物并育"。天道并非机械的自然过程,而是矛盾对立发展的过程,人与天道之间也不例外,人虽可合乎天道,但亦可背离天道,这是局部与整体的矛盾对立。

胡宏本体论是综合北宋道学家的理论之后形成的,他继承了北宋道

① 胡宏:《知言·天命》,《胡宏集》,第 3 页。
② 同上书,第 2 页。
③ 胡宏:《知言·好恶》,《胡宏集》,第 12 页。
④ 同上书,第 11 页。
⑤ 胡宏:《知言·一气》,《胡宏集》,第 28 页。

学家的基本精神,为仁义道德作理论论证是其理论的基本宗旨。经过综合,胡宏以三个基本范畴作为其本体论的基本线索,建立了本体论的三条基本原则,即天命流行的生生不息的原则,性立天下之大本的原则,尽心以成性的原则,从而以心、性、命为基本框架建立其本体论。

通过心、性、命三个本体论范畴,胡宏较好地贯通了道学家的基本理论观点,并对这些基本理论作出了独具特色的理解,提出了与北宋道学家颇不相同的命题。其最重要的命题包括"性立天下之大本""善恶不足言性"的性本体论,"未发只可言性、已发乃可言心"的性体心用说,"心以成性"的工夫论,"天理人欲同体异用"的理欲观等,胡宏把这些命题统一在天命流行的宇宙生生不息的理论之下。他把由性到心理解为由体到用的现实化过程,这是一个充满矛盾的发展过程,其充分实现有待于发挥主体心的能动性,因此胡宏又强调主体能动性,将主体精神提高到更高的层面。

胡宏的本体论体系性较强,提出了一些与北宋道学家大不相同的命题,因此受到朱熹的批判,结果其理论未能取得显赫的地位,但是笔者认为,胡宏的本体论在道学史上是应占有重要地位的。

第十八章　朱熹的理学

朱熹(1130—1200)，字元晦，号晦庵，徽州（今属安徽）婺源（今属江西）人，出生于福建尤溪。朱熹出身于"以儒名家"的"著姓"，少小苦读经典，后师事武夷三先生（胡原仲、刘致中、刘彦冲），出佛入老，泛滥于百家。及至师从杨时再传弟子李侗，体验未发之中道后，始立定脚跟。此后，在与同时代诸哲的激烈辩论过程中，朱熹以二程理学为宗，吸引和融会了周敦颐、张载、邵雍等人的学说，承继孔孟道统，构筑起博大精深的理学体系。朱熹的著作颇丰，遍及经学、史学和文学等领域，其哲学思想主要集中在《朱文公文集》(100 卷，《续集》11 卷，《别集》10 卷)，《朱子语类》(140 卷)和《四书章句集注》等著作中，今人将朱子的著作及其年谱等编为《朱子全书》①，颇便使用。朱熹所建立的学派被后人称为"闽学"。

---

① 朱熹撰，朱杰人、严佐之、刘永翔主编：《朱子全书》。按：下文引用该书时，变动了一些标点符号。

第一节　理气论

一、"无极而太极"

朱熹哲学的核心观念无疑是继承和发展了二程伊洛之学的"天理"范畴,不过其哲学体系的大框架却是继承周敦颐《太极图说》所确定的思路而来,这就是他把《太极图说》看得比《通书》重要,同时与江西陆氏兄弟辩论"无极而太极"的渊源与统系,久久不肯舍弃的原因。"无极而太极",对于朱熹整个理学体系来说确实太重要了,其一是与整个道统是否正传密切相关,其二是与朱熹自己思想的思辨基础是否坚实可靠密切相关。

陆九渊兄弟训"极"为"中",据此认为"无极而太极"在字面上都言不成义。又认为先秦儒家旧典都只讲"太极"而不讲"无极","无极"出于老氏,正是反儒家中庸之学的异端邪说,因此以"无极而太极"作为儒家思想体系的基础,正是背离了孔孟道统之传。况且如解"太极"为"天理",则在"天理"的圆满规定中不必附加"无极"以修饰,所以言"无极而太极"无异于叠床架屋。由此否定"无极而太极"为周敦颐写定的最终文本。

朱熹哲学思想的核心及其出发点无疑是"太极","太极"即"理";不过与陆氏不同的是,他训"极"为"至"。"太极"指"理","无极"则是对"太极"的修饰。他说"无极"有三义。其一,针对有形、具体的器物界而言,"无极"即"无形",它表明"太极"不是事物类属链条上同质的一物,"太极"无形无象,不可以事物言。其二,针对形上界而言,"无极"肯定了"太极"之上并没有一超然的绝对存在者,由此肯定了"太极"为逻辑在先的最高者,是确凿真实的,不因形象的变动而迁流,不因事物的幻现而虚无。其三,从贯通形上形下两界而言,"无极"既是对有形的否定,同时也是"太极"自身内涵的否定因素,"太极"不是于事物之外别有一事物，"太极"即本然之理："谓之'无极'，正以其无方所、无形状；以为在无物之前，而未尝不立于有物之后；以为在阴阳之外，而未尝不行乎阴阳之中；以为通贯全体，无乎不在，则又初无声臭影响之可言也。"①此外，朱熹面对陆氏兄弟的一再批评而能坚持"无极而太极"的说法，是因为他在周敦颐《太极图说》的文本校勘上确有所据，当陆九渊猜测"无极而太极"的说法是周子少年时代的观点时，朱熹立即拿出文本上的对证予以有力的批驳。总的看来，朱熹在无极、太极之辩中能够不拘泥于文字，对"无极"加以理会、理解。通过对"无极而太极"的诠释，他一方面维护了周敦颐开创的道学体系，另一方面也深化了程朱理学的思想内涵。他说："不言无极，则太极同于一物，而不足为万化之根；不言太极，则无极沦于空寂，而不能为万化之根。"②在当时，朱熹所面对的不仅是儒家内部的道统之传，而且肩负批驳释老的任务，他批评地吸取佛家、道家思想，开创性地发展儒家思想，重新为整个儒学系统奠定了坚实而可靠的基石。

二、"理"与"气"不离不杂

太极只是一个"理"，只是天地万物之理；理不离气，气不离理，理气相即，所谓太极正表明理气一体浑成的特点。气是形成事物的形质之体的根源，形器实质的存亡生灭，都是气的聚散；而气之聚散的根据，则是理。理在气中，理气一体浑成，理与气是构成此世界的两大根据。有此理此世界有了存在的根据、价值和意义，理是此世界有差别相的统一者，此理是庄严肃穆，洁净空阔的。有此气则形成了此形质的世界，气是一个永无终止的流行之物，它聚散、障蔽，充满随机性和偶然性。理气一体浑成是在此世界上看。太极是天地万物之理，在天地言，则天地中有太极；在万物言，则万物中各有一太极，浑成之理备

---

① 朱熹:《答陆子静》五,《朱子全书》第 21 册,第 1568 页。
② 朱熹:《答陆子美》一,《朱子全书》第 21 册,第 1560 页。

于天地间万事万物。

朱子云:"天下未有无理之气,亦未有无气之理。"①又说:"天地之间,有理有气。理也者,形而上之道也,生物之本也;气也者,形而下之器也,生物之具也。是以人物之生,必禀此理然后有性,必禀此气然后有形。"②有理必有气,有气必有理,才能生成真切实际的天地和万事万物。不过理为形上之道,是生物之本原;气为形下之器,是生物之资具。人与物禀受此理而成自身之人性或物性,禀受此气而成就自身之形体器质。正因为理气对于此世界中人物之生成作用不同,所以理气虽一体浑成,却不妨将二者相区别开来。朱子云:"所谓理与气,此决是二物。但在物上看,则二物浑沦,不可分开各在一处,然不害二物之各为一物也;若在理上看,则虽未有物而已有物之理,然亦但有其理而已,未尝实有是物也。"③"在物上看",就是从具体而真实的事物来看,这可以说是一种常识的看;"在理上看",则是从事物的本原根据上看,这可以说是一种哲学的看。从具体而真实的事物来看,理气浑沦一体不可分开,"理"与"气"不离,但从事物的本原根据上看,理是理,气是气,理为形而上者,气为形而下者,理气不同类,理与气"绝是二物",并且,较之气,理则更为根本,理是事物存在的根据。这就是朱子的理气既不相离又不相杂的思想。

三、"理""气"先后的问题

《朱子语类》卷一载:

> 或问:"理在先,气在后。"曰:"理与气本无先后之可言。但推上去时,却如理在先,气在后相似。"④
>
> 或问:"必有是理,然后有是气,如何?"曰:"此本无先后之可言。

---

① 朱熹:《朱子语类》卷一,《朱子全书》第14册,第114页。
② 朱熹:《答黄道夫》一,《朱子全书》第23册,第2755页。
③ 朱熹:《答刘叔文》一,《朱子全书》第22册,第2146页。
④ 朱熹:《朱子语类》卷一,《朱子全书》第14册,第115—116页。

然必欲推其所从来,则须说先有是理。"①

　　或问先有理后有气之说。曰:"不消如此说。而今知得他合下是先有理后有气邪?后有理先有气邪?皆不可得而推究。然以意度之,则疑此气是依傍这理行。及此气之聚,则理亦在焉。盖气则能凝结造作,理却无情意,无计度,无造作。"②

这三则语录基本代表了朱子晚年对理气先后关系问题探索的最后结论。由上述可知,对朱子来说,理构成了万物的性,气构成万物的形,人物的生成是"理与气合",故从此世界的构成或理气一体浑成的角度看,理不可生气,气亦不可能生理,理与气只是两种不同的存在,并无生成关系与时间先后的间隔可言。在这几则语录中朱子所谓的"理与气本无先后之可言"也说明了这一点,由此看来,朱子是主张理气无先后可言的。然而,在"理""气"先后问题上,朱子及其门人又都不以这种人们所皆能接受的常识理解为满足,总是要不断地追问理与气究竟何者为先。从这几则语录中朱子所谓的"推上去""推其所从来"之意来看,他们这种刨根究底所追问的"先"显然不是时间先后的"先",而是理与气何者更为根本。当朱子及其门人从理与气何者更为根本的意义上说"先有理后有气"时,他们对理与气究竟何者为先的理解则无疑为一种哲学理解,"先有理后有气"这一命题也无疑为一哲学命题。下面且来看朱子究竟是如何从哲学理解的角度对"先有理后有气"这一命题作出具体说明的。朱子云:"要之也,先有理。只不可说是今日有是理,明日却有是气,也须有先后。且如万一山河大地都陷了,毕竟理却只在这里。"③朱子在这里明确指出,在理先气后的说法上不可以掺杂"今日""明日"这些时间概念。要之,理气先后是指逻辑上的先后,而不是指时间上的先后。理与气,在此世界要有一起有,无无理之气、

---

① 朱熹:《朱子语类》卷一,《朱子全书》第 14 册,第 115 页。
②③ 同上书,第 116 页。

无气之理。但"也须有先后","山河大地"都是物,物有生存毁灭,理却常存不息,而天地之理的常存不息,故又能再生出天地万物来,朱子在此是从天地之理的恒常性来说明"先有理后有气"这一哲学命题的。朱子云:"以本体言之,则有是理,然后有是气。"①朱子在此所谓的"本体"即事物存在或发生的根据。对朱子来说,"以本体言之",理是本、是体,是事物存在或发生的根据,理决定气,朱子在此是从本体、本原的角度来推论和说明理气的先后问题的。朱子云:"理未尝离乎气。然理形而上者,气形而下者。自形而上下言,岂无先后?"②尽管与气,犹呼吸,犹终始,循环无端,"理未尝离乎气",但"理"毕竟属形而上者,"气"属形而下者,故由上及下,由理言气,自是理在先,气在后,朱子在此是从形上、形下之分的角度来说明理先气后的。如上所说,"先有理后有气"这一哲学命题所显示的是:理是终极的实在,是万事万物的本原与根据,理决定气而非气决定理。

当然,朱子对"先有理后有气"作一哲学理解和说明也是为了给儒家的人伦道德提供宇宙本体论的论证:

> 未有君臣,已先有君臣之理在这里。不是先本无,却待安排也。
>
> 未有这事,先有这理。如未有君臣,已先有君臣之理;未有父子,已先有父子之理。不成元无此理,直待有君臣父子,却旋将道理入在里面?③

对朱子来说,君臣父子之间的忠孝之理决定君臣父子关系,是处理君臣父子关系的根据,故在此意义上,朱子认为:"未有君臣,已先有君臣之理;未有父子,已先有父子之理。"并且,朱子哲学体系中的人伦道德之理与作为终极实在的宇宙本体论的"理"是贯通和一致的,而作为终极实在

---

① 朱熹:《孟子或问》卷三,《朱子全书》第6册,第934页。
② 朱熹:《朱子语类》卷一,《朱子全书》第14册,第115页。
③ 朱熹:《朱子语类》卷九五,《朱子全书》第17册,第3204页。

的宇宙本体论的"理"具恒常性、普遍性,故儒家的人伦道德之理亦具恒常性、普遍性,朱子哲学体系从而为儒家的人伦道德提供了一种宇宙本体论的论证和说明。毫无疑问,朱子这种对儒家人伦道德的宇宙本体论论证与说明,不仅是对二程"理"本论的一种继承,而且也是对二程"理"本论的一种发展,使其更具思辨性和理论深度。

四、"理一分殊"

"理一分殊"的观念始于程颐,在朱熹的哲学中则得到了进一步的丰富和发展,他主要是用"太极"的观念来论述这一思想的:

> 盖合而言之,万物统体一太极也;分而言之,一物各具一太极也。①
> 太极只是天地万物之理。在天地言,则天地中有太极;在万物言,则万物中各有太极。②
> 本只是一太极,而万物各有禀受,又自各全具一太极尔。如月在天,只一而已,及散在江湖,则随处而见,不可谓月已分也。③

在朱子看来,天地万物总体而言只有一个太极或一理,此太极此理散在万物,使万物各具一太极一理,此即"理一分殊"。故在此意义上,朱子认为:"只是此一个理,万物分之以为体。"④"是有天下公共之理,未有一物所具之理。"⑤这表明对朱子来说,理都是普遍的,没有特殊的,"理一"与万物所各具之"理"的关系也并非我们所说的一般与个别、抽象与具体、全体与部分的关系,而是具统一性、普遍性的本体之"理"与此"理"在万物上的用的关系,万事万物之理皆是此统一性、普遍性的本体之"理"的

---

① 朱熹:《太极图说解》,《朱子全书》第13册,第74页。
② 朱熹:《朱子语类》卷一,《朱子全书》第14册,第113页。
③ 朱熹:《朱子语类》卷九四,《朱子全书》第17册,第3167—3168页。
④ 同上书,第3126页。
⑤ 同上书,第3124页。

体现。朱子常以"月映万川"和"随器取量"二例来阐明理一分殊之内涵。"月印万川"本是释氏用来阐明真假两界一多相摄理论的例子,朱子在此随手借用,已涤除其间的佛家理论内涵,而代之以程子"体用一源,显微无间",以此为背景,认为太极之理统摄人物分殊之理。在"随器取量"的例子中,朱子说:"人物之生,天赋之以此理,未尝不同,但人物之禀受自有异耳。如一江水,你将勺去取,只得一勺;将碗去取,只得一碗;至于一桶一缸,各自随器量不同,故理亦随以异。"①从性质来说,随器取量之水虽分量不同,但皆为水,也即譬况人物所禀受之理为一;然而器有大小,故水在不同器中也就有多少之别,此即比喻:人物所禀受之理虽一,但因受各自所禀受的气的粹驳不同的影响,故此"理一"在各个具体的人与物上的表现则有偏有全。总的来说,朱熹无非想说明"万个是一个,一个是万个"②的道理。

朱子之师李侗曾说:"吾儒之学,所以异于异端者,理一分殊也,理不患其不一,所难者分殊耳。"③朱子正是通过对这种"理一分殊"思想的阐发来抵御佛老思想和维护儒家的人伦规范的:

> 理只是这一个。道理则同,其分不同。君臣有君臣之理,父子有父子之理。④

> 万物皆有此理,理皆同出一原,但所居之位不同,则其理之用不一。如为君须仁,为臣须敬,为子须孝,为父须慈。物物各具此理,而物物各异其用,然莫非一理之流行也。⑤

对朱子来说,万物所同出的"一理"亦即具统一性、普遍性的本体之"理"是通过"分殊"以见其用的,各种具体的人伦道德规范都是此"一理"的体现,如果不能了解此"一理"之用之"分殊"亦即各种具体的人伦道德规

---

① 朱熹:《朱子语类》卷四,《朱子全书》第 14 册,第 185 页。
② 朱熹:《朱子语类》卷九四,《朱子全书》第 17 册,第 3167 页。
③ 赵师复:《跋延平答问》,《朱子全书》第 13 册,第 354 页。
④ 朱熹:《朱子语类》卷六,《朱子全书》第 14 册,第 237 页。
⑤ 朱熹:《朱子语类》卷一八,《朱子全书》第 14 册,第 606 页。

范,那么,此"一理"即是"空"理,与佛老无别,故他强调道:"盖能于分殊中事事物物、头头项项理会得其当然,然后方知理本一贯。不知万殊各有一理,而徒言理一,不知理一在何处?"①并且,朱子尤为注重"理一"在"分殊"或"用"中的那种差序之爱以及个人对不同对象所承担的义务的差别,他说:"自天地言之,其中固自有分别;自万殊观之,其中亦自有分别。不可认是一理了,只衮做一看,这里各自有等级差别。且如人之一家,自有等级之别。所以乾则称父,坤则称母,不可弃了自家父母,却把乾坤做自家父母看。且如'民吾同胞',与自家兄弟同胞,又自别。"②一个人首先是爱自己父母,然后再及他人和物,一个人对父母、兄弟、他人及万物所负有的义务也自有等级差别,这是次第自然如此。朱子对"理一分殊"思想的阐发正是为了揭示和凸显儒家差序之爱以及个人对不同对象所承担的义务自有差别这些"儒家性"品格。

第二节　心性论

朱熹由泛滥于佛老,而复归于儒学,是与他对已发、未发中和气象的体认密不可分的。朱熹对中和的体认经过了丙戌(1166)之悟和己丑(1169)之悟两个重要阶段。丙戌之悟的结果是觉悟到了"人自婴儿以至老死,虽语默动静之不同,然其大体莫非已发,特其未发者为未尝发尔"③的道理。这实际上是认为人自生至死,虽有语默动静的不同,但人生基本上属于喜怒哀乐莫非已发的情感世界,只是未发之本体却未曾发展开来,依然凝敛含蓄在内罢了。这里,未发之性与已发之情截然分开。他又认为"心为已发,性为未发"④,对心性情三者的关系尚未有真切确实的把握。

---

① 朱熹:《朱子语类》卷二七,《朱子全书》第 15 册,第 975 页。
② 朱熹:《朱子语类》卷九八,《朱子全书》第 17 册,第 3317 页。
③ 朱熹:《中和旧说序》,《朱子全书》第 24 册,第 3634 页。
④ 朱熹:《与湖南诸公论中和第一书》,《朱子全书》第 23 册,第 3130 页。

己丑之悟,朱熹已经过与张栻等湖湘学者的辩论,对"中和"问题有了长足的认识。在《与湖南诸公论中和第一书》①《已发未发说》②《胡子知言疑义》③《仁说》④等著作中,朱子认为未发之中为性,是心之体;已发为情,是心之用;心主(统)性情,贯通于已发未发之间。仁义礼智,性也;恻隐羞恶辞让是非,情也;以仁爱,以义恶,以礼让,以智知者,心也。仁者,心之德,爱之理,是天地生物之心,即物而在。以其本体言,性无不善;以其发用言,则有时而善。因此要通达已发未发之旨、中和之道,心必以敬主性情,在日用处省察推明,这就是"用敬""致知"的为学工夫。根据丙戌之悟及其后思想的转进过程,朱子的心性论可以比较详细地梳理如下。

一、朱子中和旧说与新说的确立过程

中和问题之所以复杂,原因在于它涉及心性情中的已发未发、动静、内外等诸问题,此问题又直接关联着工夫论,即究竟如何真切修养的问题。朱子在师从李延平及延平过世后很长一段时间内都为求此妥当的工夫而困扰,朱子一方面求之于北宋以来诸子之书,另一方面亦不惜转益多师问道于友朋,但究要自己切身体会,这一过程伴随着朱子对心之理解的逐渐深入,对心、性和情之间关系的重新理会与调整。此历程既反映出心性问题的复杂性,也现出朱子求学和求道的真诚与坚毅,可以说此问题定,则朱子思想的梗概亦随之而大定,理气、工夫、仁说等一系列问题皆由此而有了展开的坚实基础,朱子的修身行己、讲学论道和遍注群书等诸项事业也由此而渐次成就。

---

① 朱熹:《与湖南诸公论中和第一书》,《朱子全书》第 23 册,第 3130—3131 页。
② 朱熹:《已发未发说》,《朱子全书》第 23 册,第 3266—3269 页。
③ 朱熹:《胡子知言疑义》,《朱子全书》第 24 册,第 3555—3563 页。
④ 朱熹:《仁说》,《朱子全书》第 23 册,第 3279—3281 页。

（一）中和旧说

朱子开始参究中和问题，虽然有家学渊源、读书讲论、切身修养和佛学刺激等诸项因素的影响，但最原初转进的促缘在延平，朱子称："余蚤从延平李先生学，受《中庸》之书，求喜怒哀乐未发之旨。"①可见，朱子之参悟中和问题实与延平所授为学方式有关。延平是程门后学②，据朱子所讲，延平曾教其观"大本未发时气象分明"，但当时朱子对此问题并没有切身的感受，以致在延平逝世后，朱子重新回到这一问题时，对延平之精义已不能领会。③朱子追忆道："旧闻李先生论此最详，后来所见不同，遂不复致思。今乃知其为人深切，然恨已不能尽记其曲折矣……但当时既不领略，后来又不深思，遂成蹉过，辜负此翁耳。"④朱子曾闻听延平关于中和问题的论说，延平所论虽详，但朱子当时并不能相契与领会，并且还逐渐形成对此问题与延平不同的看法，由此可见，延平提供的问题实际上已经开启了朱子自身苦参中和的历程，朱子虽然不能尽记延平论述的曲折详尽处，但朱子在中和问题上却隐然常与延平展开"对话"，经由最初的疑转进到对延平为人深切的敬，从而有不能领略把握延平之意的悔憾，无怪乎牟宗三先生称朱子受了延平给出的一个题目⑤。刘述先先生对此概括道："朱子既未学得延平之精粹，延平的遗教乃变成了一种触媒，促使朱子不断前进去寻求他自己的答案。"⑥刘先生之见可谓精当。

朱子之所以会回到中和问题，原因在于他欲寻求真正的修身工夫，

---

① 朱熹：《中和旧说序》，《朱子全书》第 24 册，第 3634 页。

② 二程传杨时，时传罗从彦，从彦传李侗（延平）。

③ 朱熹《答何书京》："李先生教人，大抵令于静中体认大本未发时气象分明，即处事应物自然中节，此乃龟山门下相传指诀。然当时亲炙之时贪听讲论，又方窃好章句训诂之习，不得尽心于此，至今若存若亡，无一的实见处，辜负教育之意。每一念此，未尝不愧汗沾衣也。"参见朱熹《答何叔京》二，《晦庵先生朱文公文集》卷四〇，《朱子全书》第 22 册，第 1802 页。

④ 朱熹：《答林择之》二十，《朱子全书》第 22 册，第 1979—1980 页。

⑤ 牟先生认为："延平虽供给朱子一入路，一题目，而文章却是朱子自己作。"参见牟宗三：《心体与性体》三，《牟宗三先生全集》第 7 卷，第 12 页。

⑥ 刘述先：《朱子哲学思想的发展与完成》，第 76—77 页，长春，吉林出版集团有限责任公司，2015。

通过此修养工夫而日进不已。对于延平观未发前气象的工夫,朱子迟迟不能有所得,因为延平观未发前气象之论实是要直接契入性体,朱子乃以经验的动静视之,故终嫌延平之学偏于静。换言之,延平欲通过暂时隔离的方式,通过静中观察未发前气象的方式,来实现对"大本"与"性体"的契入,朱子此时(从其稍后即有得于中和旧说来看)于此不能领会。从这一点看,好似朱子对延平未有所得才转而寻求中和说。但朱子之所以不契延平的原因,从其后来的发展看正在于朱子本身对心的理解隐约为经验的,为属气的,此近于朱子之生命性情,所以始终不能与延平相契,使得朱子要求之于北宋以来诸子之书。其中,伊川曾与吕大临和苏季明论商"中"的问题,尤其与吕大临的对话最启发朱子①,朱子依据程子所论"凡言心者皆指已发而言"②,而对北宋以来关于未发已发的问题的观点皆能有所摒弃,即是在"求之于喜怒哀乐未发之际而已"③、"善观者不如此,却于喜怒哀乐已发之际观之"④和"体认大本未发时气象分明"⑤等不一致的论说中有所取舍,可见,这并不意味着朱子完全受北宋以来诸子之说的影响,因为诸子关于已发未发的论说本身已是复杂繁复而包含相异处的。所以,朱子此时深深认同中和旧说的原因,还在于与他自身修养的体验亦即切身体会相关,乃"自以为安矣"⑥,他甚至自信地认为程子对于此问题的前后不一致处,乃是因为那些与此不一致的观点是程子少作。同时,这也并不意味着前贤的学说对朱子无所征验,因为朱子在确立中和旧说的见解与湖湘之行后,得见胡宏与曾吉甫论中和的书

① 陈来先生指出:"心为已发、性为未发的思想固然主要出于朱熹自得,但按他后来的说法,除自我体知之外,这个思想的确立与在程颐答吕大临论中书得到印证有关联。"参见陈来:《朱子哲学研究》,第 191 页。
② "又因'程子凡言心者,皆指已发而言',遂目心为已发、性为未发。"参见朱熹:《与湖南诸公论中和第一书》卷六四,《朱子全书》第 23 册,第 3130 页。
③ 吕大临语,参见程颢、程颐:《论道篇》,《二程粹言》卷一,《二程集》下册,第 1183 页。
④ 程颐语,参见程颢、程颐:《二程遗书》卷一八,《二程集》上册,第 201 页。
⑤ 此为"龟山门下相传指诀"。参见朱熹:《答何叔京》二,《朱子全书》第 22 册,第 1802 页。
⑥ 朱熹:《已发未发说》,《朱子全书》第 23 册,第 3266 页。

信,见其所论与己相合,即愈加自信。

朱子后来将其中和旧说概括为"心为已发,性为未发",无论语默动静皆是心的活动,这些都是已发,而在已发之心的背后则存在未发之性,此性和心显然不在同一个层面,性和心不啻是一种体用关系,相应地,人做工夫就应该或只能在已发之心的层面亦即在已发上做工夫,朱子有言,"若不察于良心发见处,即渺渺茫茫,恐无下手处"①。牟宗三先生认为此中涵着"一逆觉之工夫",此工夫"表示一种本体论的当下体证"②,本可成就道德实践的本领工夫,不是仅仅察识心在经验层面的动静而已。然朱子终对此有隔,对此不能相契,这种"有隔"与"不能相契"其后乃表现为朱子对此时的工夫所导致的气象有所不安。朱子反省道:"向来讲论思索,直以心为已发,而所谓致知格物,亦以察识端倪为初下手处,以故缺却平日涵养一段工夫。其日用意趣,常偏于动,无复沉潜纯一之味,而其发之言语事为之间,亦常躁迫浮露,无古圣贤气象,由所见之偏而然尔。"③可见,朱子认为其在中和旧说时期躁迫浮露,缺乏沉潜纯一的气象,反思出的原因为旧说时期的工夫偏向于动中察识而缺少静中涵养,并认为这是中和旧说的观点之偏颇所致。

由此可知,中和旧说虽然一度使朱熹非常自信,但朱子最终于此感到不安,这种不安、忧虑主要在于两个方面。其一,中和旧说相较于延平则偏向于动的一面。朱子以为这只能在已发上做工夫,不能必定保证已发皆能中节。这就必然关联于第二方面,这是更深一层的忧虑,即朱子始终认为心体会受到气质偏杂的影响,应该以工夫对治它并以之为入手处。朱子声称:"未发之前不可寻觅,已发之后不容安排,但平日庄敬涵养之功至,而无人欲之私以乱之,则其未发也,镜明水止,而其发也,无不中节。"④依朱子之见,涵养未发的工夫能够对治人欲之私,如此才能保

---

① 朱熹:《答何叔京》,《朱子全书》第 22 册,第 1822 页。
② 牟宗三:《心体与性体》三,《牟宗三先生全集》第 7 卷,第 158 页。
③ 朱熹:《已发未发说》,《朱子全书》第 23 册,第 3268 页。
④ 朱熹:《与湖南诸公论中和第一书》,《朱子全书》第 23 册,第 3131 页。

证发而中节,这意味着其中和旧说未能照顾到未发的阶段,不能保证发而皆能中节,终会认欲作理而躁迫张狂,唐君毅先生曾对朱子之意有精当的论述:"唯在吾人心之发用上,从事察识等工夫,而忽吾人之心之发用,恒不能无气禀物欲之杂之一方面;乃未知于如何对治此杂处,建立一由下学以自然上达之工夫。人之沿此用功者,乃不免与气禀物欲夹杂俱流,泥沙并下,终成狂肆,流弊无穷矣。"①所以,朱子必要再次寻求突破,必要使工夫能兼顾已发未发、动静和内外的各个方面才能自安,这就要求其对心性的性质、结构与关系有新的理解,重新确立已发未发、动静和内外各自新的含义。从这个意义上而言,朱子中和旧说固是其苦参中和的第一个中转站,朱子以此为支撑点又向更加合理的新说发展,与此同时,朱子对中和旧说之弊病的反省也时刻警醒着自己,朱子其后之所以屡屡批评上蔡、龟山、五峰甚至象山,皆与朱子关于中和旧说的反省相关,"盖所以深惩前日之病,亦使有志于学者读之,因予之可戒而知所戒也"②。

由此而言,朱子中和旧说的意义,在于朱子对中和旧说的反省使得朱子之前关于气质给心性带来的影响由不自觉而进一步自觉化,促进其对心之未发已发关系有了更加深入的理解和安排,同时也进促使他重新思考与理解"气质之性"的含义③。朱子之所以感到依其旧说而行时有躁

---

① 唐君毅:《中国哲学原论·原性篇》,第 361 页。
② 朱熹:《中和旧说序》,《朱子全书》第 24 册,第 3635 页。
③ 钱穆先生认为朱子"气质之性"的形成较晚,他认为:"此条金去伪乙未所闻,朱子年四十六。谓本善之性堕入气质中便熏染得不好,此似不必再有'气质之性'之一名。不必把性分作两截看,此乃朱子较早时之看法……似是朱子较早时,并不欲确认'气质之性'一语,至是(按:钱先生指朱子五十八至六十这三年间)乃意态大变。"参见钱穆:《朱子新学案》第二册,第 7—8 页,北京,九州出版社,2011。陈来先生认为对于钱穆先生据以立论的依据可有不同的解读,陈先生对金去伪所录之语解读道:"这里朱熹所反对的只是把二者视为并立的人性,并不是反对人有气质之性,这里所表达的正是上述本然之性是气质之性的本体的思想。按《语录姓氏》,金去伪所录在淳熙二年乙未,朱子时年 46 岁。如果上引金录之语确实在乙未,那么说关于上述气质之性与本然之性的思想在那个时期已经基本形成了。"陈来:《朱子哲学研究》,第 241—242 页。

迫浮露感,原因在于朱子本人对气质问题有着或明或暗的感受,当朱子对气质问题有了充分的自觉,尤其对气质对心之不同阶段的影响有其独到的把握时,这实际上已经预示着他要将心区分出不同的活动阶段,这也就意味着朱子已经快逼近其中和新说了。进一步而论,朱子其后论学之所以要屡屡与人论辩,固然是为了论理之是非,但论此理之是非的依据则不能不与朱子关于中和旧说的反思相关。换言之,朱子以为他人尚陷在其业已反省过的中和旧说状态之中,亦即别人尚处于他的中和旧说状态而自安,所以,朱子之辩实在又可言是今之朱子与昔之朱子之间的论辩,而朱子能深入把握中和新旧说其内在理路之含义与特质,故能持之坚而辩之力。如朱子屡屡指责别人为禅①,指责象山为告子,所谓:"象山死,先生率门人往寺中哭之。既罢,良久,曰:'可惜死了告子!'"②告子的主要论点有两个,即"食色性也"和"仁内义外",朱子批评象山为告子显然是在第一个观点上,即象山认知觉为性,误认私欲作天理。可以说,这与朱子对于中和旧说的反省是直接相关的,朱子致力于反对"先察识",认为此不能免于认欲为理。因此,朱子对中和旧说的反省时刻警醒朱子不要懈怠修养工夫,不要将工夫只偏重于一个层面,竭力避免认私欲作天理,终于形成其中和新说的观点。

(二)中和新说

中和新说的形成,朱子自述是在其与蔡季通书信问辨论学的时候,"予忽自疑斯理也"③,并进而质疑此前对程子之言的轻忽,"程子之言出其门人高弟之手,亦不应一切谬误,以至于此。然则予之所自信者,其无乃反自误乎?"④在朱子看来,自己之前的所谓自信,很可能是自以为是,此前的不容置疑亦为可疑之处,自己的修身工夫可能已为此自信所赖

---

① 朱子甚至指责湖湘学派中学者的谈论也近乎禅,"胡氏子弟及他门人亦有语此者,然皆无实得,拈搥竖拂,几如说禅矣"。参见朱熹:《答石子重》五,《朱子全书》第 22 册,第 1923 页。

② 朱熹:《朱子语类》卷一二四,《朱子全书》第 18 册,第 3889 页。

③ 朱熹:《中和旧说序》,《朱子全书》第 24 册,第 3634 页。

④ 同上书,第 3635 页。

误。就中和新说而言,朱子之所以能够进展至此境,实在于朱子对气质有深切的体味——在旧说时已隐隐感到不安,这种不安即是未能充分重视气质对心性的影响以及未有相应的工夫而引起的不安,至中和新说时朱子才将此不安化除,即已经对气质对心性的影响有了充分的自觉和考量。由此而言,朱子之学非口耳之学,实亦由切身体会而得进展,这是朱子的优长处,然此优长亦对朱子有所限,即朱子极能重视气质对心的影响。而中和新说虽对旧说心性情之间关系的理解有所改变,但终未改变对心之属性的看法。朱子称:

> 《中庸》未发已发之义,前此认得此心体流行之体,又因程子"凡言心者,皆指已发"之云,遂目心为已发,而以性为未发之中,自以为安矣。比观程子《文集》《遗书》,见其所论多不符合,因再思之,乃知前日之说,虽于心性之实未始有差,而未发、已发命名未当,且于日用之际欠缺本领一段工夫,盖所失者不但文义之间而已。①

此处朱子认为中和旧说对性与心之已发未发的分属有差失,因此使得修养工夫偏于已发和动的那一面,而欠缺一段关于本领的工夫,这就使得工夫不得切实,不能真有所进益。但这并不意味着新说相较于旧说已经对心性的性质的认识与理解有了质的区别。朱子认为中和新旧说对于"心性之实"的认识是一致的,并没有错失,这即意味着新说虽然相对于旧说使得心性之名有了不同的分疏和安置,但并未改变心性本身的性质。

心性之实虽然没有改变,但中和新说终究使得朱子认为修养工夫有了安妥的归属与依据,其原因乃在于心性及其未发已发之名已有了正确的分属与划定,此即心统性情的观点(详见下文)。由此,可以具体论述朱子中和新说确立后的心性论。

---

① 朱熹:《已发未发说》,《朱子全书》第 23 册,第 3266 页。

二、继善成性：本然之性与气质之性

"性"这一概念有多重含义，朱熹所谓的"性"，一是指天命之性、本然之性，此性乃人物所禀受"天理"而成的性，故也可说是"天理之性"；二是指气质之性，气质之性相对于天命之性，并非别有一性，不过是从气质之禀受而言，指理气一体浑成而在人物之性。天命之性从本然上言，从理上说；气质之性兼理气而言，是从每个人直接发生作用的现实的人性上说。

孔子云"性相近，习相远"，但并未推明"性相近"之所以然。孟子以心言性，性无有不善，但并没有指明本然之性与气禀之性的差别。荀子言性恶，却背弃天理，以情欲说性，把性等同于气质之恶，从告子性论上进一步滑落下去。但孔子之后，《中庸》直契天道与性命，开篇即言"天命之谓性"，上继《诗经》"惟天之命，於穆不已"吟咏，下启《易传》"继之者善，成之者性"之宏论，把一个净洁纯一的本然之性当下指出来。在此基础上朱熹对"性"论述道：

> "继之者善，成之者性。"这个理在天地间时，只是善，无有不善者。生物得来，方始名曰"性"。只是这理，在天则曰"命"，在人则曰"性"。[1]
>
> 伊川言："天所赋为命，物所受为性。"理一也，自天之所赋与万物言之，故谓之命；以人物之所禀受于天言之，故谓之性。其实，所从言之地头不同耳。[2]

在朱子看来，天地之理流行于天地间，恒常不已，无有片刻间断，人与万物皆禀此天道天理以生，故人与物都具此无有不好之纯善之性，而人作为万物之灵，不仅禀受此天道天理为性，而且能继复而呈现此天理此"无有不善"之性，此亦即所谓"继之者善也，成之者性也"。刘述先先生对此阐述道："对朱子来说，性是理之内在化的结果，人得之为人性……朱子

---

[1] 朱熹：《朱子语类》卷五，《朱子全书》第14册，第216页。
[2] 朱熹：《朱子语类》卷九五，《朱子全书》第17册，第3184页。

的说法始终有一宇宙论的背景。故曰："在天地言则善在先性在后。"但人既有生,则成乎性,善成为后天修养工夫的结果,故曰:"在人言,则性在先,善在后。"①当然,此天理此天命之性有"所从言之地头不同",但二者之间是一致的。"性即理",只解释了"性相近"之一面。性之所以相近,还有使其不可全同的因素。朱子从自身的经验中体会到:"人之性皆善。然而有生下来善底,有生下来便恶底,此是气禀不同。"②朱子认为人性从其本然来看,无有不善,但人却有善恶之别,这是因为气禀不同。由此他对孟子先善后恶的陷溺之说作出批评,认为孟子的缺陷乃在于"'论性不论气',有些不备"③,不能解释恶之来源及人生即有恶这一事实。并进一步指出,董仲舒所谓"贪性",扬雄所谓"性善恶混",韩愈所谓"性三品说",都在一定程度上歪曲了圣人的性命之理,对气禀之作用也未曾正视。朱子则从他的理气观出发,对"性"作了"天命之性"与"气质之性"的分析和说明。

朱熹的理气观主张理气各为一物,体现在人性论中,则为"天命"与气虽未尝相离,但也不与气相杂,朱熹指出,"虽其方在气中,然气自是气,性自是性,亦不相夹杂"④。所以,"其本体元未尝离,亦未尝杂"⑤。从理气一体浑成来看,则天命与气质"亦相滚同,才有天命便有气质,不能相离。若阙一,便生物不得。既有天命,须是有此气,方能承当得此理。若无此气,则此理如何顿放"⑥。"性离气禀不得,有气禀,性方存在里面;无气禀,性便无所寄搭了。"⑦然而,尽管每个人的"天命之性"无不同亦无不善,但气则有别,朱熹说,"盖气是有形之物,才是有形之物,便

---

① 刘述先:《朱子哲学思想的发展与完成》,第 199 页。
② 朱熹:《朱子语类》卷四,《朱子全书》第 14 册,第 198 页。
③ 同上书,第 193 页。
④ 同上书,第 196 页。
⑤ 朱熹:《朱子语类》卷九五,《朱子全书》第 17 册,第 3196 页。
⑥ 朱熹:《朱子语类》卷四,《朱子全书》第 14 册,第 192—193 页。
⑦ 朱熹:《朱子语类》卷九五,《朱子全书》第 17 册,第 3134 页。

自有美有恶也"①。正因为人之气质之禀有清明昏浊、纯粹驳杂之别,故与"天命之性"浑成一体时其则有透明或障蔽的作用,此作用对于天命之性来说便有善恶的区别。朱子与张载程颐二人所理解的气质之性并不相同,张载认为气质之性就是气质本身的攻取缓急之性,是经验层面的材质之性,伊川同样就人所禀的气来论述气质之性而非就本然的超越之性即天地之性立论,可以说张载程颐二人所言的气质之性都是气质的性,这就意味着气质的性和天地之性相互独立,分属不同领域。朱子则不取这种观点,他主张气质之性实际上就是天地之性坠在气质之中后,受到气质的遮蔽后所表现出来的性,所以气质之性是兼有本然之性(天地之性)和气质两方面而言的,正如李明辉先生所指出的"在横渠、伊川,'气质之性'与'天地之性'(性之本)是两个各自独立的概念,各属于不同的领域。在朱子,'气质之性'与'天地之性'却不是两种'性',而根本是同一'性'"②。也就是说朱子的本然之性和气质之性在本质上是一样的,只是其表现有所不同罢了,气质之性只是本然之性受到气质的影响后所显现出来的样态。朱熹常把本然之性和气质之性的关系以如珠在水、如灯在笼作譬喻,珠与灯,随水之清浊、纸之厚薄不同而著见有异。性之发见亦复如是,所谓"气质之性"即兼气质之作用而言,连带"天命之性"一滚说了。

详而论之,朱子认为:"论天地之性则专指理言,论气质之性则以理与气杂而言之,非以气为性命也。"③理与气本不相杂,理是理,气是气,不妨为二物;但从理气浑成一体言之,则可以"杂"言理气共成一物。其次,朱子认为,才说性便已是兼乎气质而言,本然之性即在气质之性中,气质之性不是"用气为性"传统下所说的气性,而是"性坠在气质之中,故随气

---

① 朱熹:《朱子语类》卷四,《朱子全书》第 14 册,第 197 页。
② 李明辉:《朱子论恶之根源》,钟彩钧主编:《国际朱子学会议论文集》,第 559 页,台北,"中央研究院"中国文哲研究所筹备处,1993。
③ 朱熹:《答郑子上》十四,《朱子全书》第 23 册,第 2688 页。

质而自为一性"①。也就是说气质之性是天命之性受气质熏染后的一种转化形态。再次,朱子认为,天命之性无有不善,气质之性有善有恶;人物既生来已具气质,因此亦必天生即有善有恶,而无有不善的天命之性则是一超越的存在者。在此基础上,朱子进一步认为仁义礼智之性体,因恻隐、羞恶、辞让、是非之情用而发见于外。由未发之性体到已发之情用,朱子特重发明"心主性情"之道。

三、朱子论"心":人心和道心

在朱子哲学中,他论"心"主要有下列几种说法:

> 心者,人之神明,所以具众理而应万事者也。②
>
> 心者人之知觉,主于身而应事物者也。③
>
> 性者,心之理也;情者,心之用也;心者,性情之主也。④

朱子认为,"心"具有"神明知觉""具众理""主于身""应万事""统性情"等特性。对于"心"的"神明知觉""主于身""应万事"的特性及其功能,他常以镜鉴作喻说明道:"人之一心,湛然虚明,如鉴之空,如衡之平,以为一身之主者,固其真体之本然。"⑤"人心如一个镜,先未有一个影象,有事物来,方始照见妍丑。若先有一个影象在里,如何照得!人心本是湛然虚明,事物之来,随感而应,自然见得高下轻重,事过便当依前恁地虚方得。"⑥从朱子以镜鉴作喻对"心"的说明来看,心之所以能"主于身""应万事",主要在于"人心本是湛然虚明",可见,"虚灵"亦即"神明知觉"是"心"的主要特性。

既然"心"是以"虚灵"亦即"神明知觉"为主要特性,那么,又何以说

---

① 朱熹:《答徐子融》三,《朱子全书》第 23 册,第 2768 页。
② 朱熹:《孟子集注·尽心上》,《四书章句集注》,《朱子全书》第 6 册,第 425 页。
③ 朱熹:《大禹谟解》,《朱子全书》第 23 册,第 3180 页。
④ 朱熹:《元亨利贞说》,《朱子全书》第 23 册,第 3254 页。
⑤ 朱熹:《大学或问》下,《四书或问》,《朱子全书》第 6 册,第 534 页。
⑥ 朱熹:《朱子语类》卷一六,《朱子全书》第 14 册,第 538 页。

"心""具众理"呢？据《朱子语类》载："心之所以具是理者，以有性故也。"①"问：'心是知觉，性是理，心与理如何得贯通为一？'曰：'不须去贯通，本来贯通。''如何本来贯通？'曰：'理无心，则无着处。'"②"心与理一，不是理在前面为一物，理便在心之中，心包蓄不住，随事而发。"③天地万物统体一太极亦即"一理"，此"一理"在天为天之道，在人与物为人物之性，然而，人与物又有不同，人是有"心"的，故此理此人之性体现于人的"心"中，也正因为如此，"理得于天而具于心"成了朱子习用的表达方式。显然，对朱子来说，"心"与"理"是相分别有所不同的，他在此所谓的"心与理一"并不是说"心"与"理"无别是同一的，而只是在"理便在心之中""本来贯通"的意义上说"心与理一"的，朱子所谓的"心大概似个官人，天命便是君之命，性便如职事一般。此亦大概如此……性虽虚，都是实理。心虽是一物，却虚，故能包含万理"④也表明了这一点。

　　朱子在对心的这种理解的基础上又区分出人心和道心，朱子称："盖尝论之，心之虚灵知觉，一而已矣。而以为有人心、道心之异者，则以其或生于形气之私，或原于性命之正，而所以为知觉者不同，是以或危殆而不安，或微妙而难见耳。"⑤依朱子之见，人之心都具虚灵知觉的功能，而之所以会有人心和道心的区别，就在于虚灵知觉的对象与内容有所不同，若心以形气之私为所知觉者则为人心，若以性理为其对象即是道心，实则只存在一心，道心与人心之分乃在于"所以为知觉者不同"，或"生于形气之私"，或"原于性命之正"。换言之，道心人心的区分并未改变心本身的性质，因为这种区分只涉及心所知觉的对象与内容，在此心超脱利欲的熏陶、缠绕而向于性理或道时，则为道心，当心陷溺于利欲之中时，就会有私心的产生。因此，道心与人心不是两种性质的心，由此即可以理解朱子屡屡言及的道心人心之间的相互转化。与此同时，朱子又认为

① 朱熹：《朱子语类》卷五，《朱子全书》第 14 册，第 223 页。
②③ 同上书，第 219 页。
④ 同上书，第 222—223 页。
⑤ 朱熹：《中庸章句序》，《四书章句集注》，《朱子全书》第 6 册，第 29 页。

人心也"不是全不好底",他又在人心中区分出"人欲",朱子宣称：

> 人心，尧舜不能无；道心，桀纣不能无。盖人心不全是人欲，若全是人欲，则是直是丧乱，岂止危而已哉！只饥食渴饮，目视耳听之类是也，易流故危。道心即恻隐羞恶之心，其端甚微故也。①

朱子在区别了道心与人心之后，进而又在人心之中区分出人欲，人心并不等同于人欲。唐君毅先生曾对这种道心、人心和人欲的划分有所评论："朱子之说，乃将一心开为道心、人心与具不善之人欲之心三者。"②唐先生更言及人心容易陷溺，道心常微弱，而私心常表现，当能得朱子之心声。李明辉先生认为："朱子所理解的'人心'是指人的自然欲望。就人的生存必须依赖其自然欲望而言，他们不能说是不善。在一般情况下，他们在道德上是中性的。唯有在它们违背天理时，它们才成为'人欲'或'私欲'。"③可以说，朱子实际上已经洞见到人心本身并非善或恶的，与此同时，朱子虽然认为道心人心相互对立，人心和人欲亦不相同，但他并未将心分裂为道心和人心两个心，它们实在只是一心的陷溺与否所致，由心所知觉的内容决定。就上述意义而言，人心在道德上本是中性的，无所谓善恶，或它自身不能论善恶，只有当它和性产生联系时才能言善恶，当此心向于道时则能合于性而善，当此心陷溺于利欲而不遵循本性时则有人欲或私欲的产生。

于此，又可进一步论朱子对心之属性看法，这就是心虽然有虚灵的特征，但它终究是属气的④，心深受气质的影响，这也是朱子虽言心之本体却不能认可"本心"的原因所在。朱子所言的"心体"，诚如陈来先生所论，朱子的"心体"是指心的本来状态，具体而言是指心在未曾思虑、未曾

---

① 朱熹：《朱子语类》卷一一八，《朱子全书》第 18 册，3746 页。
② 唐君毅：《中国哲学原论·原性篇》，第 265 页。
③ 李明辉：《朱子对"人心""道心"的诠释》，黄俊杰主编：《东亚朱子学的诠释与发展》，第 82 页，上海，华东师范大学出版社，2012。
④ 李明辉：《朱子论恶之根源》，钟彩钧主编：《国际朱子学会议论文集》，第 565—571 页；李明辉：《朱子对"人心""道心"的诠释》，黄俊杰主编：《东亚朱子学的诠释与发展》，第 71—77 页。

受外物干扰时的状态,而非象山、阳明所言意义上的"本心"①,如此朱子说心统性情,心具理,而非心即理。朱子对心的这种看法,心之本体也必然连着气说,使得朱子的工夫论显得格外坚毅,这意味着人生修养之艰苦,化解人生中存在的恶之艰难,这表明恶的问题对朱子来说显得格外引人瞩目。对朱子来说,修养工夫的坚毅、人生的坚苦,即体现在一般气禀物欲的普遍存在使得不善随时可能发生,这当然与朱子所认为的恶之存在的根源有关。关于朱子之学中恶的根源问题,李明辉先生认为此中的关键在于朱子所理解的"心"不能挺立道德主体。

按照李明辉先生的看法,依道德观点而言的恶,其根源要出自实践主体,而不能将恶之根源放到其他地方,否则很难避免决定论甚或命定论,在恶的问题上若不能避免决定论,就很难责人以道德责任;朱子的气质之性在本质上同于天地之性而纯善,不能在此发现恶之根源;因而,要在"气禀"或"气质"对"本然之性"的影响中探求此根源,气质似应对人之恶负责,因为理要安顿于气,理本身无偏全,所安顿之气有偏全。朱子也曾屡屡言及气质,"人所禀之气,虽皆是天地之正气,但衮来衮去,便有昏明厚薄之异。盖气是有形之物,才是有形之物,便自有美有恶也"②。但这将避免不了决定论,因为它即使能说明恶之存在的"时间上的根源",也仍然不能说到其"理性上的根源",若依此而论恶之根源,终将不能责人以道德责任。进一步而论,朱子的心是实践主体,且具有自主性,似能对恶负责,朱子亦曾宣称:"熹谓感于物者心也,其动者情也,情根乎性而宰乎心,心为之宰,则其动者无不中节矣,何人欲之有?惟心不宰而情自动,是以流于人欲而每不得其正也。然则天理人欲之判,中节不中节之分,特在乎心之宰与不宰,而非情能病之,亦已明矣。盖虽曰中节,然是

---

① 陈来先生认为:"在朱子哲学中,也承认意识活动有其内在的根据,就是说,如果意识活动是'用',那么也有决定意识活动的'体',这个体就是'性'而不是什么'本心'。因而事实上在朱熹哲学的结构中并不需要'本心'这一类概念……质言之,朱熹所说的'心体'指未发时心,它与已发时心并不是不同层次的东西,而是同一层次上不同时态的表现而已。"参见陈来:《朱子哲学研究》,第 289—290 页。
② 朱熹:《朱子语类》卷四,《朱子全书》第 14 册,第 197 页。

亦情也;但其所以中节者,乃心尔。"①"性只是理,情是流出运用处,心之知觉,即所以具此理而行此情也。"②如此,朱子所理解的心是自主自觉的主体,心实应该是恶之出现的根源,然而心之自主在于其"知觉",而有无此"知觉"以及其昏明情况皆为气所决定,如此亦将不能免于决定论。故而,李先生认为只要朱子的心属气,它虽然能有相对的自由,却缺少先验自由,虽然有"经验的性格",却缺少"智思的性格",不能超脱经验的限制,就将不免于决定论,亦即此心不能成为对此"道德之恶"负责的道德主体。③ 根据李先生对于朱子的恶之根源的深刻阐释,朱子虽然对修身工夫有切身的感受和体验,并有其坚毅卓绝的工夫论,但其所创获的哲学架构对道德主体的挺立,以及对恶之问题的探索与化解实亦有其限制。

四、心统性情

正因为朱子所谓的"心"具"虚灵"或"神明知觉"的特性且又有"人心"与"道心"之分别,故他极为强调"心统性情",强调心依据性理而调节情的活动。"心统性情"本是张载所提出来的,但张载并未多作说明,朱子则认为:"伊川'性即理也',横渠'心统性情'二句,颠扑不破。"④朱子之所以如此重视和赞赏张载这一说法,是因为在朱子看来,张载"心统性情"之语最能说明和表达心、性、情三者之间的关系,按朱子己丑(1169)之悟中对心、性、情三者之间关系的看法和理解:"在天为命,禀于人为性,既发为情。此其脉理甚实,仍更分明易晓。唯心乃虚明洞彻,统前后而为言耳。"⑤"'心统性情',统犹兼也。"⑥"性,其理;情,其用。心者,兼

---

① 朱熹:《问张敬夫》一,《朱子全书》第 21 册,第 1395 页。
② 朱熹:《答潘谦之》一,《朱子全书》第 23 册,第 2590 页。
③ 李明辉:《朱子论恶之根源》,钟彩钧主编:《国际朱子学会议论文集》,第 551—580 页。
④ 朱熹:《朱子语类》卷五,《朱子全书》第 14 册,第 229 页。
⑤ 同上书,第 224 页。
⑥ 朱熹:《朱子语类》卷九八,《朱子全书》第 17 册,第 3304 页。

性情而言。兼性情而言者，包括乎性情也。"①对朱子来说，性为体，乃未发；情为用，乃已发，心因具"虚明洞彻"的特性与功能，故能统性情，而"心统性情"也就是"心包性情"。并且，朱熹通过与张栻的切磋亦极为赞成其"心主性情"的说法，他说："性者，理也。性是休，情是用，性情皆出于心，故心能统之。统，如统兵之统，言有以主之也。"②"心主性情，理亦晓然，今不暇别引证据，但以吾心观之，未发而知觉不昧者，岂非心之主乎性者乎？已发而品节不差者，岂非心之主乎情者乎"③"心，主宰之谓也，动静皆主宰，非是静时无所用，及至动时方有主宰也。"④朱子在把性与情按体用、静动、未发已发的层次架构加以二分的基础上，认为心在性情于体用、静动、未发已发处皆为主宰，故"心统性情"既指"心包性情"又指"心主性情"。

于此仍待讨论朱子"心统性情"之性究竟是天地之性还是气质之性的问题。朱子的气质之性如上所述，非与天地之性相对反之性，非如横渠、伊川所谓的材质之性，而是天命之性堕在气中之性，人所具有的都是气质之性。在这个意义上所谓的性之未发似应是指气质之性而言，然就气质之性和天命之性的本质内涵而言，气质之性和天地之性同质，气质只是影响天地之性的表现而已，在此意义上，仍应当说性之未发中的性为天地之性。刘述先先生认为："针对具体的心或情而言，由于性本身没有气的夹杂，所以是纯善，故凸显其超越义，乃成为朱子思想在建立中和新说之后不可动摇之一贞定的基础。在这样的情形之下所谈到的性极明显地即一般所谓义理之性，这不成疑问。"⑤依据刘先生之见，在与心和情对举而言的情况下，此性是指纯然善的义理之性即本然之性，换言之，在"心统性情"的语境中所言的"性"是指"本然之性"。陈来先生在考察

---

① 朱熹：《朱子语类》卷二〇，《朱子全书》第 14 册，第 704 页。
② 朱熹：《朱子语类》卷九八，《朱子全书》第 17 册，第 3304 页。
③ 朱熹：《答胡广仲》五，《朱子全书》第 22 册，第 1902 页。
④ 朱熹：《朱子语类》卷五，《朱子全书》第 14 册，第 229 页。
⑤ 刘述先：《朱子哲学思想的发展与完成》，第 200 页。

朱子的性发为情以及性情分体用之中存在的矛盾时,提到一种化解的思路,即"如果广义地把情理解为一切情,则未发之性就不能是仁义礼智本然之性,而应当是气质之性。因为朱熹哲学中的气质之性既体现有理的作用又体现有气的作用,气质之性有善有恶,从这里才能使体用一致,不过这又是朱熹不曾说过的"①。依陈先生之见,性发为情何以解释发而不善之情,若是将此"性发为情"之"性"理解为"气质之性",将能很好地对此进行解释,因为"气质之性"本身就包含了理和气两种要素,从理而发的为四端之情,受气质影响的为不善之情。陈先生认为这虽然很合理,"不过这又是朱熹不曾说过的"。总之,依据刘述先与陈来先生所论义理与文本上的证据,朱子"心统性情"的语境下所言之"性"应为"本然之性"而非"气质之性"。另外,朱子学说中的情也非一般意义上的情感,朱子对情的理解比较宽泛,即朱子所说的情,有时也并非只指七情,甚至还包括思虑、欲望等,陈来先生已经指出朱子的"'情'已不止于一般的喜怒哀乐情感活动,而且包括其他许多思维活动在内……情在朱熹哲学中的意义至少有三种,一是指作为性理直接发见的四端,二是泛指七情,三是更包括某些具体思维在其内"②,可见,朱子对情还未有更加清晰的界定,这也是后来学者们深入探讨"四端"和"七情"问题的契机之一。

具体而言,"心统性情"这一观点认为性为未发,情为已发,心统性情或心主性情,性未发时万理森然,未尝不能发;已发时性行于其中,未尝离乎已发;心则贯乎已发未发。朱子曾对心统性情的关系分疏如下:

> 元亨利贞,性也。生长收藏,情也。以元生,以亨长,以利收,以贞藏者,心也。仁义礼智,性也。恻隐、羞恶、辞让、是非,情也。以仁爱,以义恶,以礼让,以智知者,心也。性者,心之理也;情者,心之用也;心者,性情之主也。程子曰:"其体则谓之易,其理则谓之道,

---

① 陈来:《朱子哲学研究》,第 246 页。
② 同上书,第 245 页。

其用则谓之神。"正谓此也。①

程子所说的"体"是指体段或活动的总体过程，"其理"和"其用"则是就体用意义而言的，即是性情对言而分体用、已发未发，性情是异质的，而心则是流行与活动的总体，此体是贯通于未发已发的。在这一总体中，性则是情之所以如此的根据，情则是依据性而表现出的活动，即仁是爱的根据，而爱则是仁的表现，义恶、礼让和智知亦是如此。与性情之未发已发平行的则是心的未发已发，性情的未发已发是就活动的依据与发用而言，心之未发已发是就心之是否应物而动而言，而非就情之依据和表现而言的。因此，这两者具体的含义并不相同，正如陈来先生所论："己丑之悟所谓未发已发包含两个方面的意义，一是指心的未发已发，一是指性情的未发已发。这两方面并不是一回事。"②相对于中和旧说时，性和心之间的体用关系背景下的心为已发，中和新说中的心之未发已发不再是体用的含义，因为这里并不存在一个"本心"，亦即不是本体与发用的关系，而是指心的不同阶段和状态。陈来先生概括为"思虑未萌被规定为心体流行的寂然不动阶段或状态，思虑已萌被规定为心体流行的感而遂通阶段或状态，前者是未发，后者是已发"③。由此可知，心的这一不同阶段实际上就是其在时空中的前后不同的状态。因此，中和新说相较于中和旧说变化最大的是心之结构与情。朱子区分出心之未发已发状态，使性情对言而成体用关系，但性为未发则始终未变，对心之属性亦未尝改变，此即心性情三分，而性属理，心与情属气。

朱子之所以会发展出这种心统性情的观点，原因在于他此前注意和自觉到气质对人之心性的影响可能使人认私欲为天理，所以他要避免先察识，始终对逆觉的工夫不相契，认为未有任何工夫保障而任由察识，结果很可能是私欲肆行。这使得朱子对湖湘学派的察识不能有

---

① 朱熹：《元亨利贞说》，《朱子全书》第 23 册，第 3254 页。
② 陈来：《朱熹哲学研究》，第 209 页。
③ 同上书，第 204 页。

更多同情的理解,认为必要有涵养主敬工夫,由此线索步步转进出其心统性情的学说,这与他的切身体验密切关联。与此同时,这一思想无疑也与朱子对延平和湖湘学派的继承关联,在朱子看来,如果说延平静中观未发气象是偏向于静了,那么湖湘学派则又偏向于动了;若偏向于静的延平较关注于内了,那么湖湘学派的先察识又偏向于外了;偏向于静关注于内的延平若过多地留心于未发,那么湖湘学派则更多地关注于已发了。虽然延平和湖湘学派不尽然如朱子所理解的那样①,但朱子依照其自身的理解将内外、动静和未发已发问题作了更加精微的整合,使得内外、动静和未发已发都得到关注,这就是"合内外"和"贯乎已发未发"等的问题。

总之,朱子结合自身体验而来的这一继承和融贯使得朱子的工夫能够兼顾到内外、动静和已发未发等各个方面,这与朱子对气质的深入体会是深切相应的。唯有工夫够了,工夫涉及各个方面了,朱子才感觉到踏实,能够克服认欲作理的不足。即如旧说时,只能在已发上做工夫,但未必能保证已发皆能发而中节。若要保证发而中节,必定要保证未发时的心之本体状态不受损害,否则就会"几善恶",即是发而中节为善、不中节为恶。因此,朱子要通过工夫来保证未发时不受私欲的干扰,这就是新说要求"先涵养后察识",朱子认为这不是可以颠倒的事情,此关系到工夫能否真实有效的问题。若没有针对未发的涵养工夫,那么,所察识的又是什么呢? 必不免认欲为理,并且以之自安自得。这就意味着,在朱子看来,唯有在中和新说对心性情所包含的未发已发关系的重新理解与分疏之下,亦即对此命名妥当之后,才能将工夫凑泊到内外、动静和未发已发各个方面,才能化除掉旧说所产生的张皇失态感。可以看出,偏向于平实工夫的朱子,一依其工夫的修养问题的渐次深入和展开而取得

---

① 刘述先先生对朱子关于延平与湖湘之学的理解有所保留,他称:"朱子是否真正了解衡山之学或延平遗教,这是另一问题……朱子从此皈依伊川之教,由此而发展出他自己的成熟思想架构。此系思想自成一路说,然对衡山之学与延平遗教之义实,则未必真有所得。"参见刘述先:《朱子哲学思想的发展与完成》,第89页。

了使其心安的对心性问题的成熟看法。

朱子晚年时曾对延平、南轩的为学作过评述："但程先生云：'涵养于未发之前则可，求中于未发之前则不可。'此语切当，不可移易。李先生当日用功，未知其于此两句为如何，后学未敢轻议。但今当只以程先生之语为正，则钦夫之说亦未为非。但其意，一切要于闹处承当，更无程子涵养之意，则又自为大病耳。"[1]朱子确立中和新说的过程，可谓以延平的"观大本未发前气象"为其起点，途经湖湘学派"先察识，后涵养"的切磋琢磨，终于确立"心统性情"的学说架构，此学说可谓是对延平和湖湘学派的综合吸收与推进。刘述先对此有清晰的洞察："从朱子本人思想体验发展的过程中，则这两方面确对他发生过巨大的影响。"[2]到后来朱子以其关于心性论的成熟观点即中和新说来反观延平和张栻的观点时，以为他们均不免有些许不尽之处，即按照朱子的看法，他们都只顾及修养工夫的一个层面而有所遗漏。对此朱子深有所感，因他已经对此问题有了较为全面的理解。

第三节　工夫论

朱子的工夫论相应于其对心性论的探求过程，一定程度上是工夫论问题及其切身的感受与体验促使朱子在和北宋以来诸子对话的同时，也逐渐调整其对心、性、理、气及其动静、内外、已发未发等关系的看法，最终有了对心性问题的成熟观点即中和新说。反过来说，中和新说确立后，朱子的工夫论也随之有了确定的表述，朱子认为要体验未发之中，理会已发之情，以及"明明德"而"止于至善"，必须在尽心的工夫上操存涵养，精一执中，才能发道心之微，去人心之危。人心之危，道心之微概由物欲诱蔽，因此又必须在格物穷理中"明天理"。朱子继承伊川"涵养须

---

① 朱熹：《答吕士瞻》，《朱子全书》第 22 册，第 2122 页。
② 刘述先：《朱子哲学思想的发展与完成》，第 89 页。

用敬,进学则在致知"①的观点,既重"尊德性",亦重"道问学"的两全之道,发展出一套属于自己的"居敬穷理"论,即居敬涵养论与格物致知论,所谓"主敬以立其本,穷理以进其知"②。因此,对朱子工夫论需要从理气、心性及其动静、内外、本末关系等角度来把握,才能见出朱子所关注的问题及其工夫论的细密之所在。

刘述先曾论述道"朱子哲学思想的枢纽点是在心"③,原因在于朱子的哲学系统中"性是理,对朱子言是一必要的形上基础。然而理不能起任何作用。情虽说是用,但情是已发,可以漫荡无归,不必一定中理纯善,故必须加以节制驾御才行。情既是被节制驾御者,它不可能是自己的主宰,此实际主宰者也不能是理,因为理只是一些道理,本身不能有任何作为,必另有一作主宰者用这些道理来节制驾御情才行。这一主宰就朱子看来就是心。此所以心的观念在朱子的思想之中乃占一枢纽性的地位"④。刘先生继承牟宗三先生的看法,认为朱子的"理"本身缺乏活动义,它须借助于心才能够对情产生影响,才能避免情的因无所节制而漫无所归。就此而言,"心"之贯穿于"性情"能够据"性"节"情",在朱子的思想中,心无疑处于"枢纽性的地位"。既然如此,我们似也可承刘先生所论而言在朱子的工夫论中处于关键地位的仍然是"心",所谓"心者,主乎性而行乎情。故'喜怒哀乐未发则谓之中,发而皆中节则谓之和',心是做功夫处"⑤。

然而,刘先生的论述虽能显示出朱子思想的整体形态,但具体到朱子的工夫论问题情况则稍显复杂一些。朱子作为一位以求道为己任的学者,他所关切的是如何成圣的问题,诚如牟宗三先生对宋明理学的这

---

① 程颢、程颐:《二程遗书》卷一八,《二程集》上册,第188页。
② 朱熹:《程氏遗书后序》,《朱子全书》第24册,第3625页。
③ 刘述先:《朱子哲学思想的发展与完成》,第223页。
④ 同上书,第223—224页。
⑤ 朱熹:《朱子语类》卷五,《朱子全书》第14册,第230页。

一问题的讨论，它主要包括两个问题①。其一，何以能成圣，亦即人之成圣的根据是什么；其二，如何去成圣，亦即通过何种工夫来成圣。前者由心性或理来说明，朱子工夫论的目的在于实现此性、此理。至于如何成圣则是工夫的问题，朱子认为"盖为此心此理虽本完具，却为气质之禀不能无偏。若不讲明体察极精极密，往往随其所偏，堕于物欲之私而不自知"②。在朱子看来，心与性理虽然为人所本来具备，但它们难免会受到气禀与私欲等气质之偏的影响，人们可能会不自觉地把私欲当作天理，因此朱子强调要有对此心此理进行细密的讲明体察的工夫。可见，修养工夫是朱子充分地考虑到气禀物欲对此心此性此理的影响后的必然要求。就此而言，工夫就是要对治气质之偏而使本来具有的此性此理得以呈现。然而，我们仍有必要联系到心性的结构和性质才能进一步知晓工夫论所要对治的气质之偏具体影响心性的哪一部分或阶段，才能对居敬涵养和格物致知的意义有更加真切的把握，从而对朱子的工夫论有更为清晰和深入的理解。

一、居敬涵养

朱子的本然之性无所谓"结构"可言，因为"本然之性"是"'人生而静'以上不容说"③之事，现实中存在的性则是"气质之性"，也就是本然之性堕在气质之中的性，既然如此，这里要讨论的性之结构，实际上就是气质之性的结构。在朱子之前，气质之性是和天地之性或本然之性相对立的。天地之性所论的是人的形上的超越之性，而气质之性是人的材质之性即气性。如张载认为"形而后有气质之性，善反之则天地之性存焉。

---

① 牟宗三先生认为："自宋、明儒观之，就道德论道德，其中心问题首在讨论道德实践所以可能之先验根据（或超越的根据），此即心性问题是也。由此进而复讨论实践之下手问题，此即工夫入路问题是也。前者是道德实践所以可能之客观根据，后者是道德实践所以可能之主观根据，宋、明儒心性之学之全部即是此两问题。以宋、明儒词语说，前者是本体问题，后者是工夫问题。"参见牟宗三《心体与性体》一，《牟宗三先生全集》第 5 卷，第 10 页。
② 朱熹：《答项平父》五，《朱子全书》第 23 册，第 2543 页。
③ 程颢、程颐：《二程遗书》卷一，《二程集》上册，第 10 页。

故气质之性,君子有弗性者焉"①,这种"气质之性"是指"人之刚柔、缓急、有才与不才"②等属性,这与"天地之性"不在同一层次上,它们本身谈不上善或恶,由"气质之性"到"天地之性"中间必要经过一种跳跃或逆察的工夫,即所谓"善反之"的工夫。朱子改变了前贤关于"气质之性"的理解,使它不再和"本然之性"相互独立分属不同的层面,所谓气质之性就是本然之性在气质之中所表现的样子,这两个名字只不过表述了同一种性的不同表现。刘述先敏锐地意识到朱子气质之性为朱子所带来的影响,"性即为内在化以后的理,它虽与气不杂,然也与气不离,由是而逼得朱子往老年走必须正视所谓气质之性的问题,其中所牵连的理论效果,就不能为'性即理'这样一个简单的公式所得以范围的了"③,"似乎越往朱子晚年走,就越倾向于由经验实然的观点看气的成分,而不要悬空谈性理的观念"④。进一步而言,朱子所改变的不仅仅是"气质之性"的含义这么简单,他同样也改变了工夫论的形态。何以朱子改变了"气质之性"的含义就蕴含着工夫的改变呢? 这是因为,朱子的气质之性与本然之性在本质上为一而非异质异层。在朱子看来,"虽熏染得不好,然本性却依旧如此,全在学者用力"⑤,这表明本性虽然受到气质的影响,但它仍然存在,只要用力做工夫恢复此性即可。至于如何用力,朱子的气质之性包含了理和气两个方面的意涵,"论天地之性则是专指理言,论气质之性则以理与气杂而言之"⑥。可以说,其中的性之本体乃人之成圣的根据,而气质则说明了工夫论所要克治的对象。这就意味着朱子的气质之性具有工夫论的意义,或者说气质之性本就要在工夫论中才能显出其意义。这同时也表明了朱子何以会改变其工夫论形态,他不再主张经由逆察的工夫返回本然之性,因为"朱子并不相信有一离存的性之本体,它是因气

---

① 张载:《张载集》,第 20 页。
② 同上书,第 23 页。
③ 刘述先:《朱子哲学思想的发展与完成》,第 200 页。
④ 同上书,第 194 页。
⑤ 朱熹:《朱子语类》卷九五,《朱子全书》第 17 册,第 3199 页。
⑥ 朱熹:《答郑子上》一四,《朱子全书》第 23 册,第 2688 页。

质而见,却又不与气质相杂,与之形成一种不离不杂的微妙关系"①。朱子不再将天地之性和气质之性看作异质异层的两种性,而认为二者根本就是同一种性。那么,他所考虑的主要工夫,要么是减少气质之性中气质的遮蔽作用,亦即减少这种气禀物欲的干扰,使得此本然之性能够如实地被表现,要么通过认识天理来照察气质对天理的遮蔽。前者是通过约束气质以见本性,可归为居敬涵养的工夫,后者则是通过明理以见其所受气质的遮蔽,此乃格物致知的工夫。由此可见,朱子居静涵养和格物穷理这两种修养论,是朱子所理解的气质之性本身所要求的工夫。②

与气质之性的双重要素相较,朱子所理解的心同样涉及理与气两个方面。在朱子的心统性情思想中,性为理,情属气,心则周流于性情,关于心的属性,诚如牟宗三、刘述先③和李明辉等先生所认为的,在朱子义理系统中"心"属于气;性理虽是工夫所指向的目标,但性又需要通过心与情来表现。按照朱子的看法,心能够依据理调节情,为摆脱气禀干扰的"关辖",处于一"枢纽性的地位"。属气之心虽处于"枢纽性的地位",然而它本身的属性却又使其深受气禀的影响,何以能够避免认私心为公心、认私欲作天理,从而真正能调节情而不出现偏颇呢? 如此一来,修养工夫主要就是减少气质对心的影响,使其能够兼顾到理气与性情的各个部分,从而由未发之性到发而中节之和。朱子之所以如此强调涵养的重要性,正在于朱子对此气禀的障蔽有切身的感受,朱子感到中和旧说时期"察识"的工夫使他的言语和行为变得躁迫浮浅又张狂,他称:"其发之言语事为之间,亦常躁迫浮露,无古圣贤气象。"④他对此的反省为,"向来

---

① 刘述先:《朱子哲学思想的发展与完成》,第 201 页。
② 杨儒宾先生针对朱子的"气质之性"与其工夫论之间的关系指出:"朱熹这种气质之性的观念大概是他首创的,除了他以外,很少人这样使用。他这种解释一方面可以配合理气的形上学理论,一方面可以配合他格物穷理的认识论与工夫论……气质之性的气质如果要变得清明,使性在清明之气中朗现,学者必须借助格物穷理的认知活动及主敬的收敛心气工夫,双管齐下,乃克有成。"参见杨儒宾:《儒家身体观》,第 362—363 页,台北,"中央研究院"中国文哲研究所,1999。按:理之朗现或呈现应通过心的活动才能实现。
③ 刘述先:《朱子哲学思想的发展与完成》,第 223—250 页。
④ 朱熹:《已发未发说》,《朱子全书》第 23 册,第 3268 页。

讲论思索，直以心为已发……以故缺却平日涵养一段工夫"①。在朱子看来，已发时受到气禀影响的原因在于未发时的工夫不够，未发之心若受气禀的影响必然导致其不能如理如实地发而为情。由此而言，对心的工夫主要是对事物未至思虑未萌时的心之本体所做的工夫。从这个角度而言，朱子居敬涵养首先所要对治的是未发之时心之本体所受到的气禀影响，这是首要的工夫，其次才是关于已发的工夫。由此看来，居敬涵养的工夫是与朱子对于心的性质以及将心区分为未发已发状态的理解相关，甚至此后朱子对涵养和致知之间先后关系的区分也要追溯到心的属性和结构。

由此可知，朱子在己丑之悟后反对湖湘学派"先察识，后涵养"的工夫，其原因正在于依朱子之见，察识实际上是针对已发之情和已发之心。这种针对已发的工夫并不能保证发而中节，"未发之前不可寻觅，已发之后不容安排，但平日庄敬涵养之功至而无人欲以乱之，则其未发也，镜明水止，而其发也无不中节矣。此是日用本领工夫，至于随事省察，即物推明，亦必以是为本。而于已发之际观之……向来讲论思索，直以心为已发，而日用工夫亦止以察识端倪为最初下手处，以故缺却平日涵养一段工夫"②。朱子认为中和旧说时只把心看作已发，以察识端倪为先，才导致缺乏一段涵养的工夫。中和新说相对于旧说则区分出未发的心之本体，这是一个重要改变，如此命名恰当，即可有一段涵养主敬的工夫，以对治气禀物欲之杂，以致"其未发也镜明水止，而其发也无不中节"。那么，唯有涵养之工夫在前，才能有发而中节的效果，也就是朱子当时所主张的要先涵养后察识，只有以涵养主敬的工夫为纲领，然后才能够随时随事省察。

进一步而论，无论气质之性还是心的结构，之所以都蕴含着居敬涵养的要求，原因在于心性无不同时涉及理的存在以及气的因素，人们又

① 朱熹：《已发未发说》，《朱子全书》第 23 册，第 3268 页。
② 朱熹：《与湖南诸公论中和第一书》，《朱子全书》第 23 册，第 3131 页。

不能免于受到气禀物欲的影响。如上所述，心性本身的结构和属性具体表明了心性所受气质影响的可能部分与阶段，那么，这也就必然昭示相应的具体工夫。其中通过对心性涵养于未发的工夫来克治气禀物欲的偏颇，减少物欲对心的遮蔽而使理能被更好地呈现，心亦能更好地应事接物，这即是居敬涵养的工夫。居敬涵养的工夫强调的"克己"即要约束气质提撕此心，从而使性理作主宰，可以说兼顾到理气两个层面。具体而言，居敬的工夫有以下几方面的含义①：

第一，收敛。朱子说："只收敛身心，整齐纯一，不恁地放纵，便是敬。"②这说明朱子所说的居敬要求人将身心收向内不使其放纵或散逸，此亦即收拾精神。

第二，谨畏。朱子说："敬有甚物？只如'畏'字相似。"③这说明朱子所说的居敬要求人内心时时处于一种敬畏的状态，而这种畏又并非对某一特定对象的畏惧。

第三，惺惺。朱子说："敬只是常惺惺法，所谓静中有个觉处，只是常惺惺在这里，静不是睡著了。"④这说明朱子所说的居敬要求人内心时时处于一种警觉、警省的状态。

第四，主一。伊川曾说："主一之谓敬。"⑤朱子则说："主一又是'敬'字注解。"⑥"主一只是专一，盖无事则湛然安静而不骛于动，有事则随事应变而不及乎他。"⑦这说明朱子直接继承了小程"主一之谓敬"的主张，他们都认为，敬即主一，主一即专一、无适。

第五，整齐严肃。朱子说："持敬之说，不必多言，但熟味'整齐严肃''严威俨恪''动容貌、整思虑''正衣冠，尊瞻视'此等数语，而实加工焉，

---

① 对于朱子所说的居敬这几种意义，此处所依据的是陈来先生的概括和总结。参见陈来：《宋明理学》，第 194 页。

②③ 朱熹：《朱子语类》卷一二，《朱子全书》第 14 册，第 369 页。

④ 朱熹：《朱子语类》卷六二，《朱子全书》第 16 册，第 2031 页。

⑤ 程颢、程颐：《河南程氏遗书》卷一五，《二程集》上册。

⑥ 朱熹：《朱子语类》卷一二，《朱子全书》第 14 册，第 367 页。

⑦ 朱熹：《答吕子约》八，《朱子全书》第 22 册，第 2175 页。

则所谓直内,所谓主一,自然不费安排,而身心肃然,表里如一矣。"①这说明朱子与小程一样将整齐严肃作为人之居敬不可或缺的一部分。

从朱子所说的居敬的这几种意义来看,朱子所主张的居敬工夫要求人身心并重、内外交修,做到内无妄思、外无妄动,但又并非断念息虑而入寂的"枯木禅"。他所谓的"敬不是万事休置之谓,只是随事专一,谨畏,不放逸耳"②即表明这一点。而朱子之所以如此强调和重视这种居敬涵养的工夫,其目的当然是使人做到一种自觉的提撕和警省,同时更是为了使人追问心性之体,故他说:"只是提撕此心,教它光明,则于事无不见,久之自然刚健有力。"③"人之心性,敬则常存,不敬则不存。"④在朱子看来,人只有通过居敬涵养、存心养性,才能使其自身之心性光明纯洁,仁心仁性发辉朗照,从而做到"吾心湛然,天理粲然,无一分着力处,亦无一分不着力处"⑤。

居敬涵养虽然强调对行为、体态等的约束,然而,其意则在心性之体的追问与唤醒,要在外物未至时做此工夫的原因,就是尽可能地减少气禀物欲对心、性的干扰,使得心能够如实地表现与呈露此性、此理。朱子明快地指出:"敬只是自家一个心常醒醒便是,不可将来别做一事。又岂可指擎跽曲拳,块然在此而后为敬"⑥,"敬只是提起这心,莫教放散。恁地,则心便自明"⑦。所以居敬涵养虽然包括对身体动作的约束,但并不能仅以此为敬,最主要的还是在此心能保持常惺惺的警觉状态。至于居敬、主敬和持敬所论虽然侧重点不同,但并不能超出使此心常惺惺的含义。具体而论,主敬是强调此心的主宰性;居敬强调此心常在于敬而不移,这更多的是从心处于何处而论,犹如"天地之间,亭亭当当,直上直下

---

① 朱熹:《朱子语类》卷一二,《朱子全书》第 14 册,第 373 页。
②⑤ 同上书,第 372 页。
③ 同上书,第 370 页。
④ 同上书,第 371 页。
⑥ 朱熹:《朱子语类》卷一一五,《朱子全书》第 18 册,第 3631 页。
⑦ 同上书,第 3638 页。

之正理,出则不是,唯敬而无失最尽"①;而持敬则言此心常在于敬而不失,这则是从心在此处的时间而论,亦如"'天地设位而易行乎其中',只是敬也。敬则无间断,体物而不可遗者,诚敬而已矣,不诚则无物也"②。可见,它们所强调的都在于此心的常惺惺,亦即分别从不同的角度强调了这一工夫的不同状态。

居敬涵养虽然多是涵养于未发即涵养本原,但居敬涵养并非只为心之未发时的工夫,实际上无论涵养还是主敬皆可无关乎动静、已发未发,各个状态皆能有涵养和主敬的工夫。陈来先生指出朱子的涵养也包括已发时的涵养,所谓"涵养无间于动静,未发已发都须涵养"③。居敬工夫同样能够贯通于已发未发、动静、本末等的各个阶段,朱子认为"大抵敬有二:有未发,有已发。所谓'毋不敬''事思敬'是也"④。若考虑到居敬涵养的目的是在人的提撕和警醒亦即心性之体的追问,那么,无论已发动静本末等皆应有此工夫。朱子曾论述道:"或云:'主一之谓敬。敬莫只是主一?'曰:'主一又是敬字注解。要之,事无小无大,常令自家精神思虑尽在此。遇事时如此,无事时也如此。'"⑤可见,无论有事无事都需要主敬,敬则贯穿于动静、已发未发、本末之中,若无未发之时的涵养居敬,则心体不免于受气禀物欲的干扰,若无已发过程中的涵养主敬,则此心昏聩亦不能保持常惺惺的警觉状态,亦很难依据性理来应事接物。因此,陈来先生就把朱子的主敬涵养区分为广义与狭义两种,"朱熹的主敬涵养说有广狭两义,狭义的主敬涵养专指未发功夫而言,与穷理致知相对;广义的主敬涵养则贯通未发已发,贯通动静内外的全过程"⑥,陈先生的这一论断很确当,但这种区分并不意味着这两种敬的性质不同,因为

---

① 程颢、程颐:《河南程氏遗书》卷一一,《二程集》上,第 132 页。
② 同上书,第 118 页。
③ 陈来:《朱子哲学研究》,第 380 页。
④ 朱熹:《朱子语类》卷一七,《朱子全书》第 14 册,第 572 页。
⑤ 朱熹:《朱子语类》卷一二,《朱子全书》第 14 册,第 367 页。
⑥ 陈来:《宋明理学》,第 193 页。

敬的这一区别仅就适用的范围而言。人们往往把居敬涵养仅仅视为未发时工夫,虽然其确实较多地偏向于未发,但那种观点并不是恰当而全面的看法。

二、格物致知

与心性的结构和性质相应的工夫,其一是居敬涵养,其二则为格物致知。涵养终究是较多地偏向于对此心的涵养与提撕。无论是涵养未发之心体,还是此心已发时的警觉,所谓"涵养于未发""毋不敬",皆未离于自身而较多地偏向于内做存养与警省的工夫,强调通过克己而使此心清明从而更好地呈现此性理,从而能更好地应事接物。朱子认为这还不能够完全地克治认私欲为天理的问题,他称:"儒者之学,大要以穷理为先。盖凡一物有一物之理,须先明此,然后心之所发,轻重长短,各有准则。"①在朱子看来,还需要对理本身有更加直接的认知,通过对理的更加仔细的体会来对治受人欲已私汨乱已久的弊病,才能使心的活动有准则可以遵循,这就是格物致知的工夫。可以看到,相较于涵养主敬,格物致知更加直接地关注性理,要通过对理的如实把握来实现对气禀物欲的对治。或者说,居敬涵养主要是由心的结构和性质所引发的工夫,而格物穷理则主要是"气质之性"导致的必然要求。因为居敬涵养更多地偏向于此心尤其心之未发时的工夫,通过减少气禀对心的干扰从而实现心的清明,来保证由未发之中到已发之和的活动过程,从而避免为物欲所影响。而格物致知则更偏向于强调对性理的认识,避免认粗气为妙理。当然,依据朱子对这两种工夫之间我中有你、你中有我的看法,这一划分并不能绝对化。

具体到格物致知,则涉及修养论的一个问题,即朱子的认识论和工夫论之间的关系。刘述先指出:"朱子对于分殊之理的探究只不过是一

---

① 朱熹:《答张钦夫》二,《朱子全书》第 21 册,第 1314 页。

个跳板，最后终于体现到，通天下实在只是同一生理、生道的表现。此所以他必然要讲豁然贯通，这种贯通并不是科学层面上找到一个统一的理论来说明事象的关联，而是隐指一异质的跳跃，为世间的万事万物找到一超越的形上学的根据。"①刘先生认为朱子的格物所要证成的就是依据理一分殊关系探究此生理或生道，通过对具体的不同事物上所体现出的理的探究，从而认知与体悟到这些具体事物上的理是同一生理、生道的表现。朱子所讲的"豁然贯通"就是要能够返回到"理一"，它是万事万物形上学的根据。这就意味着朱子的格物穷理不是要认识事物具体的情况以获得科学的知识，而是考察心、物和理之间的关系。那么，朱子所认为的格物致知的内容、方式与过程等到底为何呢？ 先看朱子对格物的看法：

> 人之生也，固不能无是物矣，而不明其物之理，则无以顺性命之正而处事物之当，故必即是物以求之。知求其理矣，而不至夫物之极，则物之理有未穷，而吾知亦未尽，故未至其极而后已，此谓"格物而至于物，则物理尽"者也。物理皆尽，则吾之知识廓然贯通，无有蔽碍，而意无不诚、心无不正矣。②

在朱子看来，格物的目的在于明事物之理，然后才能依之合理地应事接物，具体而言，格物先要即物，其次要求其理，最后达到物理尽的境地，陈来先生对此概括为三个要点，"即物"、"穷理"和"至极"，并对此解释道："格物思想的核心是穷理，但穷理不能离开具体事物，穷理又必须穷至其极。"③牟宗三先生对此格物穷理阐释道："'即物穷理'以致知并不是留住于物自身之曲折之相上而穷究其形构之理以成经验知识（见识之知、科学之知），乃是即之而越过其曲折之相以穷究其超越的、形而上的'所以然'之'存在之理'，以便使吾人之心气全凝聚于理上，使其发动全如理。

---

① 刘述先：《朱子哲学思想的发展与完成》，第517页。
② 朱熹：《答江德功》二，《朱子全书》第22册，第2037—2038页。
③ 陈来：《朱子哲学研究》，第330页。

故此知仍是'德性之知',其目标仍在指向于道德行为上,使吾人之行为皆如理。"①所以,朱子的格物是要明此生生之理,而非考察事物所蕴含的规律。那么,这种"即物穷理"何以可能? 这是因为在朱子看来事事物物即使枯槁之物亦具此性理,所谓"天下之物,则必各有所以然之故,与其所当然之则,所谓理也"②。关于如何即物穷理,朱子曾称:

> 若其用力之方,则或考之事为之著,或察之念虑之微,或求之文字之中,或索之讲论之际,使于身心性情之德,人伦日用之常,以至天地鬼神之变、鸟兽草木之宜,自其一物之中,莫不有以见其所当然而不容已,与其所以然而不可易者。③

朱子所理解的格物的范围很广泛,包括事情、思虑、文字、讲论等。朱子甚至对它们的程度有进一步的说明:"要之,内事外事,皆是自己合当理会底,但须是六七分去里面理会,三四分去外面理会方可。"④其所要获得的是对人的身心、性情和人伦的认识,最后要达到无论在天地鬼神的变化还是鸟兽草木生长发育的时节之中,都能对所应做且不能不做以及所以要如此做而不可改变的原因有清楚的把握。"所当然"是指具体的道德规范,"所以然"则是道德规范背后的根据即"理",因此,格物不仅要践行"所当然",而且还要理会"所以然",从具体的道德规范上升到规范背后的"理"。这种格物穷理和穷理至极的过程为何会有"物理皆尽,则吾之知识廓然贯通、无有蔽碍,而意无不诚、心无不正矣"的效果呢? 原因就在于朱子的格物穷理正如牟宗三和刘述先等先生所言,其意并不在客观知识,而在"所当然之则"与"所以然"之理。这种理并不为一物所独有,实为万物的公共之理。经过格物达到此"豁然贯通"亦即穷理到至极

---

① 牟宗三:《心体与性体》一,《牟宗三先生全集》第 5 卷,第 109—110 页。
② 朱熹:《大学或问》上,《朱子全书》第 6 册,第 512 页。
③ 朱熹:《大学或问》下,《四书或问》,《朱子全书》第 6 册,第 527—528 页。
④ 朱熹:《朱子语类》卷一八,《朱子全书》第 14 册,第 616 页。

的境地,心自知其所当行与有不容已之情①,可不受气质的遮蔽,然后心能够据理而发,所谓"须穷极事物之理到尽处,便有一个是,一个非。是底便行,非底便不行。凡自家身心上,皆须体验一个是非"②。

　　关于此即物穷理至其极以及依之而有的践履行为,还可从对"豁然贯通"的理解中得到更好的把握。格物过程所要达到的"豁然贯通",其含义为通过对分殊之理(天理流行)的认知以见此"理一"(天理)。"豁然贯通"必然要明此天理,然而"豁然贯通"的含义又不止于仅仅明此天理。关于"豁然贯通"与事物及理之间的关系,朱子有所说明:

> 　　盖为道理出来处,只是一源,散见事物,都是一个物事做出底。一草一木,与他夏葛冬裘、渴饮饥食、君臣父子、礼乐器数,都是天理流行,活泼泼地,那一件不是天理中出来! 见得透彻后,都是天理。理会不得,则一事各自是一事,一物各自是一物,草木各自是草木,不干自己事。③

依朱子之见,格物穷理要达到豁然贯通,正是要经过对具体事物的穷究而见其皆是天理的流行,皆从天理中出来,亦即是指各种事物并非绝然悬隔、相互独立的,而都是天理流行中的事物,本都包含、体现着天理。就此而言,万事万物气脉相通都是同一生理、生道的体现和流行。那么,这里的"贯通"的含义是就事物和理而言的,是从万物的分殊之理中理会此理一。然而,朱子格物论中"豁然贯通"的含义除此之外,还有与此相关的其他面向,所谓"见得透澈后,都是天理。理会不得……不干自己

---

① 李明辉先生认为在朱子的义理架构之中,不能很好地说明道德践履的动机,李先生认为:"'知行合一'之说意谓:良知是道德法则底制定者,而其本身即兼为判断原则与践履原则。故良知在其立法中即涵著能实现其所立的道德法则的力量,而非如在康德底系统中,令这种力量旁落于属于感性层面的道德情感……唯有在'心即理'底义理间架下,承认道德主体本身具有自我实现的力量,我们才能真正说明'道德责任'底意义。若根据朱子心、性、情三分的义理间架来理解孟子底'四端之心',则其系统上的地位类乎康德底'道德情感'概念,因为康德在其二元的主体性架构中将道德情感完全归诸感性。就这点而言,康德近于朱子,而远于陆、王。"参见李明辉:《儒家与康德》,第144页。
② 朱熹:《朱子语类》卷一五,《朱子全书》第14册,第463页。
③ 朱熹:《朱子语类》卷四一,《朱子全书》第15册,第1456页。

事"。在朱子看来,天理并非与己不相干而皆是切己的,分殊之理与"理一"都与自己相关。这种切己和相关在朱子《大学章句》的补传中有详尽的表述:

> 所谓致知在格物者,言欲致吾之知,在即物而穷其理也。盖人心之灵莫不有知,而天下之物莫不有理,惟于理有未穷,故其知有不尽也。是以《大学》始教,必使学者即凡天下之物,莫不因已知之理而益穷之,以求至乎其极。至于用力之久,而一旦豁然贯通焉,则众物之表里精粗无不到,而吾心之全体大用无不明矣。此谓格物,此谓知之至也。[1]

具体而言,这种切己相关表现为对此天理有所把握之后理与心之间的贯通,这种贯通包含两层含义:

其一,心与外物的分殊之理及天理之间的贯通。心具有"知"的功能,人之知限于气禀的遮蔽并不能尽数表现。若能通过格物对此理有充分的把握,实现理与心知的贯通,则知道如何恰当地应事接物,从而能够烛照出气禀对此性和心的影响;若是未能穷尽此理而不能对此性理有如实的把握,那么心知亦不能依据真正的性理而活动。人们必要通过此前对万物之理的认知、考察,见出万物和此生理之间的关系,从而见出万物之理背后的生生之理,亦即有对"众物之表里精粗无不到"的理解。这里对"表里精粗"的理解显然并不是指对各个事物自身的规律、材质等的认识,而是对事物与天理关系的把握。朱子曾用具体的例子解释"表里精粗":"向来说'表里精粗'字。如知'为人子止于孝',这是表;到得知所以必着孝是如何,所以为孝当如何,这便是里。见得到这般处,方知决定是着孝,方可以用力于孝,又方肯决然用力于孝。人须是扫去气禀私欲,使胸次虚灵洞彻。"[2]在朱子看来,"表"是所当然亦即具体的行为规范,而"里"则是这些规范背后的所以然之理。若能见得道理精熟真切理会了

---

[1] 朱熹:《大学章句》,《四书章句集注》,《朱子全书》第6册,第20页。
[2] 朱熹:《朱子语类》卷一六,《朱子全书》第14册,第523页。

此理,才能依理而行。反之,若内心为气禀物欲所遮蔽,则不能如此。亦即见得道理粗疏,所以要祛除气禀私欲的干扰,使此心要与此理相贯通,实际上即是要此心能对此性理有如实的把握。由此可见,"众物之表里精粗"是要从行为规范深入到其背后之理,增加对此理的自觉与理会,其意义主要还是在于通过对事物背后之理的认知与把握来克治气禀物欲之杂,尤其是克治气禀对此心与此性的遮蔽作用。

其二,心之体用的贯通则是"未发之中"和"已发之和"两者之间的贯通,是心据理而发的过程,亦即经过心与理之间的贯通而对未发之性或理有更多、更确切的认识或自觉后,心能够依据此性此理活动,实现心之依据理调节情而避免其漫无所归。换言之,心与理之间的"贯通"在一定程度上是"明体",那么此处关于心之体用的贯通,则是在"明体"基础上的"达用",乃一种承体起用的过程①,一种将心知对性理的认知推广到具体的事情,使此心性之体呈露展现出来的过程。可以说,"豁然贯通"兼有上述三层含义,亦即万物和理之间、心理之间和心之体用的贯通,可以看出,这三个过程是对治误认气禀私欲作天理的切实工夫,它经穷理而明气禀物欲之偏,实现以理御情,使心之体用畅达,这不啻一个内外兼顾、相互促进的合内外的工夫。

实际上,关于心的这两种"贯通"也正是致知的内容,因为在朱子看来,之所以要致知,原因就在于人之心若不能对理有充分的把握,很可能会受到私欲的干扰,所谓:

> 以一人之心,而于天下万物之理无不能知;以其禀之异,故于其理或有所不能穷也。理有未穷,故其知有不尽,知有不尽,则其心之所发,必不能纯于义理,而杂乎物欲之私。此其所以意有不诚,心有不正,身有不修,而天下国家不可得而治也。②

---

① 此处的体用非指心之本体和心之发用,因为朱子的心之本体与发用所指的是同一层面上心的两种不同活动状态,而此处的体用更多地是就性情而论,亦即心之依据性来调节情。

② 朱熹:《大学或问》下,《四书或问》,《朱子全书》第6册,第527页。

依朱子之见,穷理至极后心知对理有如实的掌握,那么心就可以不受物欲的干扰而纯然地依据义理而活动。可见,这实际上正是心的两种贯通,因为心知对理的如实把握就是心和理之间的贯通,心不受物欲的干扰而依据义理活动就是心之体用的贯通,由此亦可清楚地见出朱子的格物穷理论的工夫论意义。由此可知,格物致知论①的主要含义也就是这三层贯通之意,或者说,这三种贯通缺一不可地构成格物致知这一工夫论。唐君毅先生曾极富洞见地阐述道:"朱子所谓格物穷理之事,实当自三面了解:其一是:吾人之心之向彼在外之物;二是:知此物之理,而见此理之在物,亦在我之知中;三是:我之'知此理',即我之心体之有一'知此理'之用。"②唐先生将格物穷理划分出的这三个阶段③,实为的见。格物致知论中这三种"豁然贯通"的工夫论含义表明其固然会有偏向知识论的面向,但其不重在对客观知识的求取,而是要把握万物如何体现此理,正是通过考察、理会这种理气之间的关系和作用而见出理之本然的样子,此本然之理或理一即是所说"贯通"的本质之所在,迥异于对事物的具体规律与属性的关注。

朱子在格物穷理论中之所以注重从分殊之理中见出其背后的生理,固然可能受到延平的影响,朱子曾对延平关于理一分殊的见解有所回忆:"吾儒之学,所以异于异端者,理一分殊也。理不患其不一,所难者分殊耳。"④但朱子后来逐渐对此问题有了自己的认识,表现出对分殊之理的浓厚兴趣则是不争的事实,这无疑也与其自身的学说有关,更明确地说这与他对"气质之性"的理解相关。朱子曾有比喻,若没有绳索又不知要怎么贯穿、贯穿什么,"或问'一贯'。曰:'如一条索,曾子都将钱十十数了成百,只是未串耳。若他人则零乱钱一堆,未经数,便把一条索与

---

① 关于格物与致知之间的关系,陈来先生阐述道:"格物致知只是认识过程的不同方面,格物是就主体作用对于对象而言,致知则就认识过程在主体方面引起的结果而言……格物与致知并不是分别以物与心为对象的两种不同'工夫'。"参见陈来:《朱子哲学研究》,第336页。
② 唐君毅:《中国哲学原论·原教篇》,第174页。
③ 唐先生此处"见此理之在物,亦在我之知中"是对朱子有不同解读的关键所在。
④ 赵师复:《跋延平答问》,《朱子全书》第13册,第354页。

之,亦无由得串得。'"①可以看出,朱子否认直下即能见到理与性的本然
状态、本有状态。换而言之,现实中人必然受到气质的影响,一定要通过
格物的过程,从各种分殊之理和各种有限事物中理会出其背后之理,经
由格物穷理这一种渐教的工夫形态,才能真正把握此"气质之性"和"本
然之性"。朱子认为:"识得,即事事物物上便有大本。不知大本,是不曾
穷得也。若只说大本,便是释、老之学。"②在朱子看来,若是只说大本或
直接把握大本,显然未能正视气禀物欲的存在,有流入佛学的可能。

由"豁然贯通"的三层含义可知,朱子的格致论的意义,不仅在于朱
子要通过分殊之理而明理一,强调这种"理一"之"理"绝非抽象的悬空之
理,它不能被空悬而直接地把握;而且作为不能悬空之理,它一定还要落
实于现实之中,实际上即是心能够据之因应具体事情,亦即经由格物穷
理的过程,使心知对此理有清楚的自觉,然后一定要承体起用,使此性此
理复现于万事万物。故而,朱子认为要先"明其物之理"然后"顺性命之
正而处事物之当",然而,"人多把这道理作一个悬空底物,《大学》不说穷
理,只说个格物,便是要人就事物上理会,如此方见得实体"③。"今人但
守一个'敬'字,全不去择义,所以应事接物处皆颠倒了"④,在朱子看来,
《大学》之所以说格物而非穷理就是为了防止人们把理看作一个悬空的
事物,说格物就是要人在事物之中来理会此理。同样地,持敬本来也是
为了更好地格物致知,更好地把握此性此理,若只空言提撕此心不使其
懈怠,却未有择义的工夫亦即格物穷理的工夫,那么,犹如空谈心性仍然
不能很好地应事接物。换言之,未有格物穷理的过程而要悬空地理解性
理,就不能使心知对此性此理有清楚的把握,心亦不能承体起用,使此性
此理复现于万事万物。

概而言之,朱子之所以主张"格物穷理",是因为他考虑到:"此理堕

① 朱熹:《朱子语类》卷二七,《朱子全书》第 15 册,第 966 页。
② 朱熹:《朱子语类》卷一五,《朱子全书》第 14 册,第 471 页。
③ 同上书,第 469 页。
④ 朱熹:《朱子语类》卷二三,《朱子全书》第 14 册,第 802 页。

在形气之中,不全是性之本体矣"①,除了"气极清而理无蔽"的"生而知者"②圣人外,众人自身所本有的"性"或"理"则被所禀之昏浊偏驳之气质所障蔽,根本无法像圣人那样"于天地之性,无所间隔,而凡义理之当然,有不待学而了然于胸中"③。因此,他强调一般人必须通过"格物穷理"来"学以求其通"。在此须特别指出的是,朱子所谓"格物穷理"的"理"并非指事物自身的特殊原则和特殊规律,因为对他来说,理只有"天下公共之理,未有一物所具之理"④。这就是说天地万物都是同一理,只是散在万物使万物各具一理而已,此即"理一分殊"。此"理一"与万物所各具之"理"的关系乃具统一性、普遍性的本体之"理"与此"理"在万物上的用的关系。并且,依朱子之见,此具统一性、普遍性的本体之"理"为人所本具亦即人自身所本有的仁义之"性",故他所谓"物理"也就无非儒家的道德原则和人伦规范,而"格物"即"格"与伦理有关的事物,"穷理"即"穷"与伦理有关的理。他说:"格物之论,伊川意虽谓眼前无非是物,然其格之也,亦须有缓急先后之序,岂遽以为存心于一草木、器用之间而忽然悬悟也哉!且如今为此学而不穷天理、明人伦、讲圣言、通世故,乃兀然存心于一草木、一器用之间,此是何学问!如此而望有所得,是炊沙而欲其成饭也。"⑤"君臣、父子、兄弟、夫妇、朋友,皆人所不能无者,但学者须要穷格得尽。事父母,则当尽其孝,处兄弟,则当尽其友,如此之类,须是要见得尽,若有一毫不尽,便是穷格不至也。"⑥如果说朱子所谓的穷事物的"所当然之则"是为了使人知晓孝悌忠信等人伦规范,那么,他所谓知"其所以然,则莫不原于天命之性"⑦则是为了使人觉悟和体认孝悌忠信等人伦规范乃本于普遍性的"天理"和人自身所本有的"天命之性",并且,朱

---

① 朱熹:《答严时亨》一,《朱子全书》第 23 册,第 2961 页。
② "生而知者,气极清而理无蔽也",参见朱熹《答郑子上》十五,《朱子全书》第 23 册,第2691 页。
③ 朱熹:《论语或问》卷一六,《四书或问》,《朱子全书》第 6 册,第 871 页。
④ 朱熹:《朱子语类》卷九四,《朱子全书》第 17 册,第 3124 页。
⑤ 朱熹:《答陈齐仲》,《朱子全书》第 22 册,第 1756 页。
⑥ 朱熹:《朱子语类》卷一五,《朱子全书》第 14 册,第 464 页。
⑦ 朱熹:《论语或问》卷八,《四书或问》,《朱子全书》第 6 册,第 763 页。

子对人如何通过"格物穷理"来达到"豁然贯通""吾心之全体大用无不明"①,提出了如积累与贯通、远近、精粗、深浅等许多细密的工夫。显然,对朱子而言,人一旦达到"豁然贯通""吾心之全体大用无不明"之境,即能自觉地、主动地服从和践履孝悌忠信等人伦规范。

三、工夫论之间的关系

朱子的工夫论主要包括居敬涵养和格物致知,既然如此,它们之间的关系仍待进一步的说明,这主要包括:其一,涵养主敬和格物穷理两种工夫之间的关系;其二,朱子从早期的涵养察识并言到居敬涵养与格物致知对举的转变。先就第一种关系而论,朱子对此两种工夫确信不移,对于它们的关系也多有议论,也没有将两者孤立起来理解,而是将两者看作一个整体,然后又从中区分出二者的先后关系。在朱子看来,涵养主敬和格物穷理之间是不容分割的关系:

> 学者工夫,唯在居敬、穷理二事。此二事互相发,能穷理则居敬工夫日进,能居敬则穷理工夫日益密。譬如人之两足,左足行则右足止,右足行则左足止。②

> 涵养中自有穷理工夫,穷其所养之理;穷理中自有涵养工夫,养其所穷之理,两项都不相离。才见成两处,便不得。③

> 择之问:"且涵养去,久之自明。"曰:"亦须穷理。涵养、穷索,二者不可废一,如车两轮,如鸟两翼。"④

> 穷理涵养,要当并进。盖非稍有所知,无以致涵养之功;非深有所存,无以尽义理之奥。正当交相为用,而各致其功耳。⑤

> 涵养、体认、致知、力行……曰:"四者据公看,如何先后?"曰:"据道夫看,学者当以致知为先。"曰:"四者本不可先后,又不可无先

---

① 朱熹:《大学章句》,《四书章句集注》,《朱子全书》第 6 册,第 20 页。
② 朱熹:《朱子语类》卷九,《朱子全书》第 14 册,第 301 页。
③④ 同上书,第 300 页。
⑤ 朱熹:《答张游诚之》二,《朱子全书》第 22 册,第 2061—2062 页。

后,须当以涵养为先。若不涵养而专于致知,则是徒然思索;若专于涵养而不致知,却鹘突去了。"①

依朱子之见,居敬涵养和格物穷理两者之间犹如车的两轮、鸟的两翼和人之两足,不可分隔,缺一不可,两种工夫能相互发明、交相促进。格物穷理则理明心知而能使居敬涵养日进不已,居敬涵养则使人减少私欲的干扰,自觉的提撕和警醒亦可使得格物穷理的工夫更加细密。居敬涵养之中包含格物穷理之功,所谓涵养即是要存养此心以更好地把握格物穷理所明之理,格物穷理中也含居敬涵养之效,所谓的格物穷理即是要此心穷究那所要追问的此性此理。反之,若对此性此理无自觉,也不会知为何存养而无以达到存养的效果,如没有深厚的存养涵养的工夫,亦将不能极尽义理的精微之处。因而,居敬涵养和格物穷理两者不可偏废,正当相资为用、相互促进。若论二者之间的先后,朱子认为它们本无所谓先后,皆指向共同的修养目的,要因机而发,但具体到修养工夫,又不可无先后之分,应该以居敬涵养为先,亦即涵养是致知的基础。这并非轻视格物致知,而是在朱子看来,格物致知要先有一个自我约束和警觉的条件,否则会有近于"徒然思",实则离开了涵养的条件,亦不能真正达到此思的目的。

进一步而言,有必要对朱子对居敬涵养和格物穷理的这种看法作更深入的省察,朱子之所以要强调这两种工夫如鸟之两翼、车之两轮并强调居敬涵养在格物穷理之前,其意乃在于只有通过居敬涵养才能使此心保持常惺惺的状态亦即此心常清明,从而能更好地认知与呈现性理。因为"气质之性"必然连着气质而非能够直下把握的,必要经过格物穷理的过程不可,但此过程又不可须臾离开心。不仅对性理的认识过程不可以离开此心,就是依据性理而应事接物的过程也同样不可以离开此心的警觉,所以敬要贯穿于未发已发。同样地,经由对此性理的认知后,又能反

---

① 朱熹:《朱子语类》卷一一五,《朱子全书》第 18 册,第 3631 页。

过来体察出气禀对此心的影响,经过心知对性理的正确把握这一工夫来
实现心之据理而发,因此朱子认为:"人之所以为学,心与理而已矣……
然或不知此心之灵,而无以存之,则昏昧杂扰,而无以穷众理之妙。不知
众理之妙,而无以穷之,则偏狭固滞,而无以尽此心之全。此其理势之相
须,盖亦有必然者。"①可以看到,居敬涵养和格物穷理交相促进的过程何
以要居敬涵养在先,正在于即使格物穷理的工夫也不能缺少心知的作
用,心若昏昧扰攘亦不能穷尽众理之实,更遑论静涵要先于动察了,由此
而论,我们才可承刘述先先生所论"朱子哲学思想的枢纽点是在心"②,而
言心在朱子的工夫论中的基础性地位。实际上,朱子的这两种工夫之间
如此的关系正显明出其工夫论的关键即在于心和性,居敬涵养更多地在
于使此心清明与警省,而格物穷理则使此性理显豁,只有二者合璧才能
实现心的据理而发。否则,若无格物穷理对性理的认识,则会误认气禀
作天理;若仅有格物穷理而无居敬涵养亦即缺少于心之未发已发时涵养
主敬的工夫,心受气禀的影响,缺乏据理而发的能力,亦不会去据理而
发;若既无格物穷理亦无居敬涵养,则既无对性理的真切之知又无心的
据理而发之能,则漫无所归矣。因此,朱子强调"持敬观理,不可偏废"③。

朱子在确立其中和新说后,针对中和旧说时期的工夫,明确主张要
先涵养后察识。其后,朱子又扩充和丰富其工夫论的内涵,终于确定了
其居敬涵养和格物致知并重的修养论,由此区别于涵养和察识并言的工
夫论。那么,就有必要对这种变化作一个说明,尤其集中在察识何以就
发展成格物致知并为其所代替了。朱子在其中和新说确立之后,区分出
心的未发已发,并将察识视作已发后的工夫,朱子认为:"若曰于事物纷
至之时,精察此心之所起,则是似更于应事之外别起一念,以察此心。以
心察心,烦扰益甚,且又不见事物未至时用力之要。"④"未发自是一心,体

---

① 朱熹:《大学或问》,《四书或问》,《朱子全书》第 6 册,第 528 页。
② 刘述先:《朱子哲学思想的发展与完成》,第 223 页。
③ 朱熹:《大学或问》下,《朱子全书》第 6 册,第 531 页。
④ 朱熹:《答张钦夫》二,《朱子全书》第 21 册,第 1313 页。

认又是一心，以此一心认彼一心，不亦胶扰而支离乎！"①（此语虽非出于朱子，但颇能代表朱子之意）依朱子之见，察识有以心察心、以心识心的弊病，会使此心烦乱扰攘、支离不堪。不仅如此，朱子还指出这种以心察心"则前面方推这心去事亲，随手又便去背后寻摸取这个仁；前面方推此心去事兄，随手又便著一心去寻摸取这个义，是二心矣。禅家便是如此"②，朱子认为以心识心是分心为二，有流入禅学的可能③，这是朱子所不能接受的。

况且，察识的目的本在于经过对已发的察知来认识未发之性，而朱子中和新说背景下的工夫论尤其格物穷理，其意正在于实现对此性此理的认知与把握，亦即它代替和实现了察识的功能，这就避免了他们所认为的五峰他们"不于原本处理会，却待些子发见"④的弊端。如朱子的一次问答中提到格物和发见后理会的问题："傅问：'而今格物，不知可以就吾心之发见理会得否？'曰：'公依旧是要安排，而今只且就事物上格去。如读书，便就文字上格；听人说话，便就说话上格；接物，便就接物上格。精粗大小，都要格它。久后会通，粗底便是精，小底便是大，这便是理之一本处。而今只管要从发见处理会。且如见赤子入井，便有怵惕、恻隐之心，这个便是发了，更如何理会。若须待它自然发了，方理会它，一年都能理会得多少！圣贤不是教人去黑淬淬里守着。而今且大着心胸，大开着门，端身正坐以观事物之来，便格它。'"⑤可见，朱子在这里已将格物穷理的认识方式看作比已发后理会和省察等察识的工夫更为合适了，他

---

① 朱熹：《朱子语类》卷一一五，《朱子全书》第 18 册，第 3633—3634 页。

② 朱熹：《朱子语类》卷三五，《朱子全书》第 15 册，第 1303—1304 页。

③ 唐君毅先生认为朱子所以将象山视作禅的原因之一就在于"以此心识心，以心觉心，以心观心，求心体，更为朱子之大忌。朱子意禅学之精神即如是……其后之攻陆象山，则更纯因朱子断定其学近禅之故也"。参见唐君毅：《中国哲学原论·原性篇》，第 383 页。

④ 朱熹：《朱子语类》卷一一〇，《朱子全书》第 17 册，第 3396 页。此处对湖湘学派的批评有些不相应，湖湘学派的察识是就本心而言的，非是喜怒哀乐之情的发动，前者有本心的存在，后者则不存在。

⑤ 朱熹：《朱子语类》卷一五，《朱子全书》第 14 册，第 466 页。

不仅认为已发后的工夫不仅时间上有所阻滞，甚至认为对已发的工夫并不能够认识性理，所谓"这个便是发了，更如何理会"。不仅如此，格物致知的工夫论还能避免认私欲为天理的弊病。在这方面，朱子强调格物时"须是表里精粗无不到。有一种人只就皮壳上做工夫，却于理之所以然者全无是处。又有一种人思虑向里去，又嫌眼前道理粗，于事物上都不理会。此乃谈玄说妙之病，其流必入于异端"①。可知朱子的格物穷理的工夫避免直接谈玄说妙的弊病，它要经由对所以然之理有真实的把握，如此亦将避免流入禅学的可能。正是因为察识有其弊病，而且其功能也已为格物穷理所代替，那么它之发展为格物致知甚至为其所替代即可想而知了。

如果说，格物穷理可以代替此前察识的认识性体的功能，那么格物穷理还多出了致知的功能，即将心知表现于事情之中。相对于察识这一逆的工夫，致知则是一种直接推广心知与性理的工夫。这种推广是建立在居敬涵养和格物穷理的基础上，对此性此理有了更为真切的把握后所呈现的工夫，自然比直接察识的行为多了更加细密的约束与反省，自然不会有张狂放肆之失。朱子虽然将为学工夫的重点转向了格物致知，但他仍然强调"省察"的工夫，如"若能常自省察警觉，则高明广大者常自若，非有所增损之也"②。"心存时少，亡时多。存养得熟后，临事省察不费力。"③"今人无事时，又却恁昏昏地；至有事时，则又随事逐物而去，都无一个主宰。这须是常加省察，真如见一个物事在里，不要昏浊了他，则无事时自然凝定，有事时随理而处，无有不当。"④可见朱子此处所强调的省察主要不是通过逆反的工夫来认识性理，而是更加强调对此性理的觉知提撕，是直接就此性理而为言了，已经是与其居敬涵养和格物穷理相配合的工夫了。唐君毅先生曾对朱子的工夫论概括道："涵养主敬，在朱

---

① 朱熹：《朱子语类》卷一六，《朱子全书》第 14 册，第 513 页。
② 朱熹：《朱子语类》卷一二，《朱子全书》第 14 册，第 362 页。
③ 同上书，第 364 页。
④ 朱熹：《朱子语类》卷一六，《朱子全书》第 14 册，第 502—503 页。

子又初为致知之本,应属第一义,致知以穷理属第二义,而其前诸儒所谓察识之功,在朱子,乃应位居第三矣。"①

四、小结

朱子的工夫论以成圣成贤为目标,以克治气禀私欲对性理的障蔽为要,无疑其工夫在兼顾到不同的层面后呈现出极其细密的形态。朱子的工夫论中无论居敬涵养还是格物致知,都贯穿周流于理气、内外、动静和体用等所涉及的各个层面。对自身行为的约束是为了提撕与唤醒此心而保持其常惺惺,格物穷理是为了使心知对此性理有真实的把握而无所不尽。然而此心的常惺惺和心知的无所不尽还要表现于应事接物之中,可见其工夫论是未发已发、内外、动静等各个方面相互发明、交相为用、彼此促进的工夫系统。虽然如此,朱子的不同工夫之间又可说对这一工夫系统有不同的侧重,从内外的角度而言,涵养主要针对内心的方面,从而由内而外,而格物致知则强调通过即事穷理等过程,实现对性理的把握,并将此性理呈现出来表现于外的应事接物;从动静的角度而言,涵养主敬多强调针对心之本体未受扰动时候的工夫,格物致知则更多强调即事穷理的工夫,从而心能够依据性理而动,而省察则多在与物交感思虑萌动时;从未发已发而言,则涵养多是对于未发之心的工夫,省察则在已发之时或之后;从体用而言,涵养之意多在心之本体的清明,然后能更好地把握性理,格致则在先明性理,而后经由心性之间的贯通而实现承体起用的过程。由理气关系的角度而论,涵养则意在"克己"、制气以更好地认知与表现理,格致则要由理在气中的不同表现中见出其背后的理之本然,复由此本然之理来克治气质之偏对心的影响,从而使心能够据理而发,达到理如实地发为中节之情。当然这种区分只是强调工夫的不同入路和对治的不同对象,并不能绝对化这种差异,因为,实际上无论居敬涵养还是格物致知都是无间于动静、贯穿于已发未发的。

---

① 唐君毅:《中国哲学原论·原性篇》,第 361 页。

朱子的工夫论无疑以居敬涵养和格物致知为中心，朱子尤其使格物致知论获得了前所未有过的重视。它虽然和居敬涵养同样是要使性理能够如实表现，但它更加强调对天理的认知以减少气禀物欲的干扰，亦即它并非完全地依赖心的自知、自察，而是通过对万事万物的省察与把握，形成对理之本然及其所受气质的影响的充分认识，进而以性理与心的融会贯通，克治气禀对心的影响，从而使得心能够主宰性情，实现心之依据性理而调节情，所谓"吾心之全体大用无不明"的意涵即在于此，此是变化气质而日迁于善的成圣成贤的道路。由此而言，朱子的格物致知在其工夫论中有独特的地位，它能使"人之秉懿"更加显豁，能对治认私欲为天理的弊病，无怪乎朱子对之极为重视。虽然如此，朱子仍然强调居敬涵养在修养工夫中的优先性，毕竟无论是对格物穷理的过程还是依据性理而节制情的过程，二者皆不能离开心的警醒与提撕。对于两种工夫的关系，朱熹《与孙敬甫书》曾总结道："程夫子之言曰：'涵养必以敬，而进学则在致知。'此两言者，如车两轮，如鸟两翼，未有废其一而可行可飞者也。"①朱子认为这两种工夫之间相辅相成，不可偏废。

朱子的工夫论极其细密，这里还要讨论朱子所创立的避免认欲为理的方式亦即工夫论，是否切实有效。唐君毅先生认为，朱子的涵养致知工夫是否有蔽，在于以何种心情涵养及何所得，此项工夫固可变化气质，若刻意、着意于养成动容貌、齐颜色等相关习惯，亦未免人欲之私，同样也可把"敬"当作一对象来持守、把捉，此也不免人欲之私。② 至于格物穷理沦为驰于外求而不知返亦为人所常有之失，不赘论。对于这些可能的过失，唐先生曾论述道："然人之用任何其他之德性工夫者，同不能保证其必然无误而无自欺。如人之用格物穷理之工夫者，固亦可于此工夫中误认欲为天理，而造作似是而非之义理以自欺；人即在自谓是客观观物时，仍可由其私欲意见之蔽，以主观所构想，视为客观的义理所在。"③诚

---

① 朱熹：《答孙敬甫》一，《朱子全书》第23册，第3061页。
② 唐君毅：《中国哲学原论·原性篇》，第394—395页。
③ 唐君毅：《中国哲学原论·原教篇》，第218页。

如唐先生所言,人之任何德性工夫,皆要善用,并不能保证必然无所贻误,诚使无法病,亦不能保证无人病之失。李明辉先生更指出,在朱子的哲学系统里,心"并非真能为'道德之恶'负责的道德主体"①,这就意味着真诚求道的朱子将不免于其坚毅卓绝的工夫。

第四节 朱陆之辩

朱陆异同在朱子和象山生前已成为当时学界所关注的问题,吕祖谦为了和会朱陆而召集了一场鹅湖之会。然而,深自服膺儒学的朱子与象山在鹅湖相会之前皆已学有所主与所成,又因各自相见前的误解及会后的种种原因②致使双方在"禅"和"不见道"的指责声中,最终失去了"疑义共与析"的机会。他们的及门弟子之间的争论无论矣,其后朱陆异同成为理学史上一大关节,或宗朱,或宗陆,或主和会二家,如陈建认为朱陆二人早同而晚异③,章学诚更把朱陆之间的差异称之为"千古不可合之同异,亦千古不可无之同异"④。当然,人们之宗主朱陆实际上是对朱陆的问题取向有同情和切身的领会,即如阳明虽和象山并称为陆王,然并不碍其正视朱子所面对的问题而与朱子对话,并非是简单地回到象山。同样地,在一定程度上阳明后学中也有一股吸收朱子学的潮流,然而他们也并非要简单地回到朱子。时至近现代,此一问题同样是学术界关注的重要论题而引起了广泛论述,其中尤为优异者如牟宗三、唐君毅和陈来

---

① 李明辉:《朱子论恶之根源》,钟彩钧主编:《国际朱子学会议论文集》,第 579 页。
② 如不能同情理解对方的理路,门人弟子不免于负气相争,以及吕祖谦等人的过早离世等诸原因。陈来先生认为:"张栻、陆九龄、吕祖谦的相继死去,对朱陆之争是有影响的。由于三人之死,南宋学术界的主流由东南三贤过渡为朱陆分野。特别是吕祖谦和陆九龄的死,大大削弱了朱熹一边促使陆九渊彻底转变旧见的力量。而另一方面,张、吕之死使朱熹处于一种'举天下无不在下风'(陈亮语)的境地,这对他虚心听取各方意见也有不利影响。"参见陈来:《朱子哲学研究》,第 432 页。
③ 陈建认为:"朱陆早同晚异之实,二家谱集具载甚明。""朱子早年尝出入禅学,与象山未会而同,至中年始觉其非而返之正也。"参见陈建撰,黎业明点校:《学蔀通辨》,《陈建著作二种》,第 80、83 页,上海,上海古籍出版社,2015。
④ 章学诚撰,叶瑛校注:《文史通义校注》,第 306 页,北京,中华书局,2014。

等学者的观点,这些是后来者所不可能绕过去的学术资源。下文将就朱陆鹅湖相会之前的异同,以及相会时及其后相互指责的最主要问题和原因作阐述,然后再主要根据牟宗三和唐君毅的解读来论述和会朱陆的可能途径。至于朱陆之间无极太极之辨,已于第一节的"无极而太极"部分有所论及,又如陈来先生所论:"无极太极之辨在当时及以后都被视为思想界的一大事件。但是,无极之辨并未直接涉及二人多年来的重大分歧。"①故而,此节不再赘述。

一、鹅湖会前朱陆之异同

陈来先生指出陈建朱陆早同晚异的观点是错误的,因为朱子在鹅湖之会前已经开始辩禅学之非,并已形成与象山不同的为学宗旨。② 然而,在纠正了陈建的错误之外,我们仍可对此问题有进一步的探究与追问,即中和旧说时期的朱子和象山之间的异同,此是在已经辩驳陈建之论的基础上来讨论朱陆异同时所可涵有的问题,此处"鹅湖会前朱陆之异同"即指朱子中和旧说时期的看法与象山的观点之间的异同。

朱子在延平逝世后,仍不懈地探寻儒学的修养工夫,在读北宋以来诸子之书和切身体会的过程中逐渐确立了其中和旧说,并经湖湘学派的印证后益加自信,在心性论的问题上以心为已发性为未发,为学工夫主先察识后涵养。朱子此时认为:"人自婴儿以至老死,虽语默动静之不同,然其大体莫非已发,特其未发者为未尝发耳。"③依朱子之见,人从幼时至老年的所有活动,虽然各式各样,但这种差异并不能掩盖这些活动都属于"已发",都是心未尝中断的表现,然这些外在的已发有其内在的未发之性为体,可以说性和心之间就是一种体用的关系,此体一定要通过心的活动来表现。那么,工夫问题则在"良心萌蘖,亦未尝不因事而发

---

① 陈来:《朱子哲学研究》,第 454 页。
② 陈来:《朱子哲学研究》,第 398—406 页。
③ 朱熹:《中和旧说序》,《晦庵先生朱文公文集》卷七五,《朱子全书》第 24 册,第 3634 页。

见,学者于是致察而操存之,则庶乎可以贯乎大本达道之全体而复其初矣"①。对于此先察识后涵养的工夫,朱子此后终觉其无古圣贤的气象,并在对气禀物欲之杂的问题更加重视与自觉后,终于舍弃了此项工夫以及关于中和旧说的观点。然而,正如在第二节所已言的,朱子也正因为其对中和旧说下的工夫有切身感受上的缺憾,遂对先察识后涵养辩驳不已,无论对上蔡、五峰还是象山皆是如此。那么,在考察朱子对象山的批评前就有必要先分析中和旧说时期的朱子与象山的异同,由此亦可见朱子此后对象山的批评是否相应。

朱子在心为已发性为未发背景下所蕴含的工夫论与象山发明本心的工夫似乎一致,因为按照湖湘学派先察识后涵养之论,其所要察识的当是本心的流露和善端的发见,而非经验层面的意识活动,否则何以能够经由对经验层面的察识来理会形上之性理呢? 如朱子此时亦主张要"致察于良心之发见"。但牟宗三先生(刘述先亦持同样的看法②)经过对朱子旧说时期文献的细密梳理和义理阐发,指出朱子:"混'良心发见'之发与喜怒哀乐未发已发之发而为一。因此即函:对于孟子四端之心与《中庸》喜怒哀乐之情之混扰。因此复函:对于本心体悟之不足……表示对于体上工夫有欠缺。"③这意味着朱子虽然与象山同样主张察识(在象山为发明本心),但朱子对良知的发见与情之已发未能划定分限,虽然仍在言"察识端倪"但实际上对"本心体悟不足",亦即未能对此"本心"真有所自觉与自信。具体而言,中和旧说时期朱子的心与性之间,就其体用关系而言本可上提进至心与性为一亦即"心即理"的境地,可以由此而言本心,进而可与象山相沟通。但朱子未能真切地契入本心,就性心仍然分属未发已发而言。朱子此时所理解的心性之间可谓仍然有别,性之体

---

① 朱熹:《答张钦夫》三,《朱子全书》第 21 册,第 1315—1316 页。
② 刘述先先生认为:"朱子并不了解,五峰所谓察识实乃察识本心之发见而当下体证之,是先识仁之体,是肯认一本心,非察于喜怒哀乐之已发也。"参见刘述先:《朱子哲学思想的发展与完成》,第 88 页。
③ 牟宗三:《心体与性体》三,《牟宗三先生全集》第 7 卷,第 138 页。

是"未发者为未尝发"已经显示出很强的迥异乎心的活动义。朱子后来对此有所概述，"旧在湖南……又理会动静，以为理是静，吾身上出来便是动"①。当然作为形上之理其本身并不能用活动等词描述，这是就心与理之间是否为一而言的，在象山则心与理一故心即理，在朱子则心与性有别，可以说朱子在旧说时期亦未能真切地把握住本心。

朱子的察识是在已发未发的语境下言说的，因此朱子的察识所注重的是在动中或动后察识端倪（混良知发见和情之已发）以达到察知良心萌蘗发露处，入手工夫只能在此已发上做，然后就所察知的大本而涵养，朱子曾对此有所说明：

> 向来妄论持敬之说，亦不自记其云何。但因其良心发见之微，猛省提撕，使心不昧，则是做工夫底本领。本领既立，自然下学而上达矣。若不察于良心发见处，即渺渺茫茫，恐无下手处也……所喻多识前言往行，固君子之所急，熹向来所见亦是如此。近因反求，未得个安稳处，却始知此未免支离。如所谓因诸公以求程氏，因程氏以求圣人，是隔几重公案。曷若默会诸心，以立其本，而其言之得失自不能逃吾之鉴耶！②

朱子此时认为先要经过对良心萌蘗之处的察识，使此心不昏昧，这才是修养工夫的关键之所在，由此才可说下学而上达。朱子显然认为相对于工夫的"本领"而言，多识前言往行和读书不免支离之病，那么不经由此心而求之于别人即使如求之于程子亦不能免于支离，未能找到真正的关键。这些看法和后来朱子对象山不读书等的指责何其相似，陈来先生指出："这些见解在许多方面都与后来的陆学相近，如专主求乎良心发现，猛省提撕，而以日用持敬为不然。以为由博观多识以求道不若默会于心以立本等等。"③可见，朱子此时主张要先察识后涵养，主张工夫要先有

---

① 朱熹：《朱子语类》卷一四〇，《朱子全书》第 17 册，第 3435 页。
② 朱熹：《答何叔京》十一，《朱子全书》第 22 册，第 1822 页。
③ 陈来：《朱子哲学研究》，第 201 页。

"本领",反对"多识前言往行"以及通过他人而认识圣人。

象山同样主张要先见道和发明本心,然后才可辅以格物穷理、剥落意见、读书等工夫,即学问要先有头脑然后更兼用其他工夫来对治现实中的种种意见和私欲等。但象山并非如朱子一样将心放在"已发"的语境和脉络下,即使一定要用"已发未发"来限定此心,象山所主的本心也是贯穿于未发已发的,不可仅执定于已发一面。牟宗三和唐君毅先生均对陆王一系的逆察工夫有所论述:

> 若无法肯认此本心,则真正之道德行为即不可能。此一逆觉之工夫当下即判开感性界与超感性界而直指超越之本心,此则决不容含糊者。是故"察识端倪之发"单指超越之本心而言,其义理根据完全在孟子。此察识不是朱子所说之施于已发之察识,而"端倪之发"是本心发见之发,亦不是喜怒哀乐已发之发。两者混而同之,遂纠缠不清矣。①

> 朱子之谓识字即涵捕捉之义,亦明非其前之宋儒用此一字之通义。此字之义,在宋儒自明道言识仁以降,盖皆当顺孔子所谓默识之识去了解。孔子之默识,正当为一无言之自识,而自顺理以生其心者,固非往识事一物、一对象、而涵把捉或捕捉意味之认识也。②

牟先生(唐先生此处所指出"识"之意虽非为象山而发,实可以此明象山之意,至少为我们理解象山的"察识"提供了一个助缘)指出象山的工夫是直就本心而言,工夫的入手对象为本心的流露,不能混同于朱子就"已发"之心(非本心)所呈现的端倪而来的察识工夫。相对于象山直就本心而言,朱子则要经过对心之端倪的察知来把握本体亦即未发之性,所以象山和此时的朱子虽皆要逆察或察识,然其具体察知的对象并不相同,亦即入手处有异。再就察知的目的而论,象山直就此本心而论,朱子显然则是要针对性而论,然象山的本心是有活动义的,朱子的本性却缺少

---

① 牟宗三:《从陆象山到刘蕺山》,《牟宗三先生全集》第 8 卷,第 104 页。
② 唐君毅:《中国哲学原论:原性篇》,第 391 页。

此活动义,就此而言,象山和此时朱子所要察知的最终目的也不同。但察知对象与目的不同,又不碍象山的"逆察"和朱子的"察识"为相近的工夫形态。

由此可说,象山和中和旧说时期的朱子在工夫论方面分享着相类的工夫形态,这是二者之间最为相近处,然而他们工夫论的具体内容,无论工夫的对象与目的皆有所差异,归根到底还是对本心有不同认识,才导致工夫论中不同的察知对象与目的。所以,只能说此时的朱子与象山在一定意义上分享了工夫论的一种共法形态。至于朱子改变其中和旧说的看法后,其中和新说和象山之间的差异更加明显了,这已是朱子和象山鹅湖相会后以"禅"和"不见道"相互指责的问题了。

二、朱子以禅视象山

朱子在鹅湖之会前即对象山有禅学之想①,鹅湖之会上对二陆兄弟所做之诗不置可否,乃在于朱子对象山"辨只今"的为学方式及其行为举止不能认同。所谓的"辨只今"在象山是本心的呈现,而在朱子看来则未免于认粗气为妙理、认私欲为天理。这种担忧即表现于朱子对象山之学为禅学的疑虑与批评。

鹅湖之会是吕祖谦为齐同朱陆而召集的讲会,此会朱陆争论的焦点据言是在为学工夫的异同,象山主张先发明本心,然后博览,朱子认为象山之教太简,象山则视朱子之学为支离。对于读书,象山认为要有一个先后次序,发明本心要在先,朱子认为这种看法实际上是"其病却是尽废讲学而专务践履"②,双方均未能就此说服对方。鹅湖之会已经展现出朱

---

① 陈来先生提到鹅湖之会前朱子关于象山为禅的疑虑,如"陆子静之贤,闻之盖久,然似闻有脱略文字、直趋本根之意,不知其与《中庸》学问思辨然后笃行之旨又如何耳","近闻陆子静言论风旨之一二,全是禅学,但变其名号耳。竞相祖习,恐误后生。恨不识之,不得深扣其说,因献所疑也"等。参见陈来:《朱子哲学研究》,第 410 页。这两条材料的原文分别见于朱熹:《答吕子约》十五,《朱子全书》第 22 册,第 2190 页;朱熹:《答吕子约》十七,《朱子全书》第 22 册,第 2191 页。

② 朱熹:《答张敬夫》十八,《朱子全书》第 21 册,第 1350 页。

陆为学方式的不同以及其背后的深层原因,当然,在朱子看来这次聚会未免更进一步地证实了此前他对象山"脱略文字"和"直趋本根"的看法。其后,当其在南康与象山再次相见后,朱子在与吕祖谦的通信中对象山之学评论道:

> 子静旧日规模终在,其论为学之病,多说:"如此即只是意见","如此即只是议论","如此即只是定本"。熹因与说:"既是思索,即不容无意见;既是讲学,即不容无议论;统论为学规模,亦岂容无定本? 但随人材质病痛而救药之,即不可有定本耳。"渠却云:"正为多是邪意见、闲议论,故为学者之病。"熹云:"如此即是自家呵斥亦过分了,须著'邪'字、'闲'字方始分明,不教人作禅会耳。又教人恐须先立定本,却就上面整顿,方始说得无定本底道理,今如此一概挥斥,其不为禅学者几希矣。"①

据朱子所言,象山认为朱子的讲学多是议论、意见和定本,俱在挥斥之列,朱子则认为教人为学应该先确立一定的道理,然后才能"说得无定本道理",象山对此一概挥斥则又近于禅学了。此后,朱子则正式挑明象山之学为禅学,他记述道:

> 向来正以吾党孤弱,不欲于中自为矛盾,亦厌缴纷竞辩若可羞者,故一切容忍,不能极论。近乃深觉其弊,全然不曾略见天理仿佛,一味只将私意东作西捺,做出许多诐淫邪遁之说。又且空腹高心,妄自尊大,俯视圣贤,蔑弃礼法,只此一节,尤为学者心术之害,故不免直接与之说破。渠辈家计已成,决不肯舍,然此说既明,庶几后来学者免堕邪见坑中,亦是一事耳。②

---

① 朱熹:《答吕伯恭》四十四,《朱子全书》第 21 册,第 1515 页。
② 朱熹:《答赵几道》一,《朱子全书》第 23 册,第 2573 页。

这是朱子直接批评象山为禅时期的书信。① 朱子一如既往地批评象山为禅,但这里指出象山未曾或不能领会天理,只任其私欲流行,同时以此自尊自大,所谓"不曾略见天理仿佛,一味只将私意东作西捺,做出许多诐淫邪遁之说"。在朱子看来,这分明是对认私欲为天理的问题未能正视,分明是禅学。这一公开指责,是此前朱子一直未曾中止过的对象山近禅的疑虑与屡屡言及象山的学风和修养方式类禅之议论的进一步发展的自然结果,与此同时,它还表明朱子批评象山为禅的原因不止于学风与行止,而是认为象山对天理未有真切如实的把握,不能免于认私欲为天理。

由此而论,朱子之所以批评象山为禅,原因在于朱子经由对中和旧说的反省后已经确立了其中和新说的思想,其对禅学的警惕和批评也早已展开,所谓释氏"不见天理而专认此心以为主宰,故不免流于自私"②即是如此。他认为象山与异学同病,皆不知有气禀物欲之杂而不免于认私欲为天理,而这正是其工夫论所要对治的主要问题。按照朱子的看法,人之心和圣人之心之间有差异,不能简单认为二者之间相同,否则既掩盖了涵养的工夫,同时也遗留下了以私意作公理的自以为是的弊病。朱子还宣称:"陆子静之学,看他千般万般病,只在不知有气禀之杂,把许多粗恶底气都把做心之妙理,合当恁地自然做将去。"③依朱子之见,象山未能注意到气禀之杂的影响,把本属于粗恶的气当作心所应遵循的天理,若误将此粗恶之气作为心之妙理,循之而行必然会有象山的那些弊病。由此可知,朱子不仅认为象山不知心,亦是在指责象山对"气质之性"未能有真切的认识,不知气质对天地之性的影响,却要直接把握大本。"事事物物上便有大本。不知大本,是不曾穷得也。若只说大本,便是释、老

---

① 据陈来先生考证,"朱熹把他一二年来深切意识到的陆学流弊及其对陆门弟子的尖锐批评向陆九渊和盘端出,丁未一年朱陆的争端急剧激化和明朗了"。参见陈来:《朱子哲学研究》,第451页。
② 朱熹:《答张钦夫》二,《朱子全书》第21册,第1314页。
③ 朱熹:《朱子语类》卷一二四,《朱子全书》第18册,第3866页。

之学。"①在朱子看来,象山要直接把握本根实在不免流入于释、老之学。换言之,依据朱子的看法,既不知心又不知性的象山,却对其关于心性等的命名之当与分疏定本之合理深不以为意,指其为"邪意见""闲议论",却不知这些命名与定本所关者不仅在名词而已,实则直接关系到修养工夫。其由中和旧说到新说的转变,一大改变即是对心性之名的重新划定,才感慨"其他有合理会者,渠理会不得,却禁人理会"②,如此不能理会"全看得不子细"③,就鲜有相应的工夫以对治气禀物欲之私,那么,流入禅学亦可想而知。因此,朱子才始终对象山之学有所疑虑与批评,以至于公开指其为禅、为告子。

关于朱子对象山为禅的批评,陈来先生认为:"就朱熹具体所指的'脱略文字,直趋本根'、'一概挥斥'来看,说明朱熹主要是从陆学的一些外部特征、为学方式、修养风格上与禅学类比,并不是从内在的本质上来理解双方的差异。"④依陈先生之见,朱子主要根据象山重内轻外、简易直接、不重文字、直求本心等特点来批评象山为禅,批评的主要是为学方式。与此同时,陈来先生又指出朱子这一批评背后实际上是"朱熹以陆子静之学为禅学,为告子之学,除了在为学的外在方式、修养风格上的类比外,即指三者都是以知觉作用为性"⑤。陈荣捷先生对此的看法为:"朱子批评禅家作用是性,不遗余力,亦即批评象山。无论其理论是否正确,其从内在的本质上立论,则无可疑也。"⑥

牟宗三先生认为朱子未能正视象山的理路,而只根据象山挥斥议论、意见和定本以及重视依据道德本性的践履而做出禅学的联想,牟先生称:

---

① 朱熹:《朱子语类》卷一五,《朱子全书》第14册,第471页。
② 朱熹:《朱子语类》卷一六,《朱子全书》第14册,第511页。
③ 同上书,第511—512页。
④ 陈来:《朱子哲学研究》,第461页。
⑤ 同上书,第474页。
⑥ 陈荣捷:《评陈来的〈朱子哲学研究〉》,陈来:《朱子哲学研究》,第492页。

象山亦并非不讲学,亦并非不读书。只是相应道德本性而为道德实践确是以孟子义理为谛为实,读书讲学亦不过是启发此义理,深明此义,以期至乎"人品"之挺立耳。此是读书、讲学、明理之第一义,当然主旨不在客观研究作学究也。象山及其门人之气象好皆本于此,而朱子不肯正视也。却以其不肯客观研究作学究,便认为是禅,天下宁有此理耶?……顺孟子之义理,相应道德本性而为道德实践,崇朴实、黜议论,有何不可,而必以为如此便是禅耶。①

在牟先生看来,象山之学要在先明本心、明此义理,然后才可辅之以读书、讲学等工夫,这符合孟子学的义理结构,以此立论为学毫无疑问不应该被视为禅,况且象山并非不讲学和不读书,只是要有先后、分主次,主张应当以发明本心和明义理为先。至于挥斥议论的问题,牟先生有进一步的说明:"挥斥议论及非分解方式之为共法,尚不是'无心为道'之为共法。"②"作用义之'无'本是大家俱可说者,故实可说是共法,何必定是禅耶? 即如此,象山亦并不说此义,或可说尚不暇说此义。彼之挥斥'闲议论''邪意见',乃是就言内圣之学之不正当的端绪而期扭转之而然。"③依牟先生之见,"无心为道"本是一"共法",儒释道皆能自发地表现,不能以之判别归属。况且象山尚未言及"无心为道"这一作用层面的工夫,其所谓呵斥议论实在只是为了扭转内圣之学方面所存在的不能把握"端绪"的状况,以此回到孟子学发明本心先立其大的坦途。因为在象山看来,"今天下学者唯两途:一途朴实,一途议论"④,其挥斥议论正是要返归朴实之学。因此,牟先生认为朱子以之为禅是"把象山之挥斥议论与非分解方式所示之精神与风格同一化于禅了"⑤"望风捕影咬定

<hr>

① 牟宗三:《从陆象山到刘蕺山》,《牟宗三先生全集》第 8 卷,第 129—130 页。
②⑤ 同上书,第 13 页。
③ 同上书,第 44—45 页。
④ 陆九渊:《陆九渊集》,第 489 页。

其为禅"①。

唐君毅先生认为:"朱子所言之涵养主敬与穷理致知之工夫,其精切之义之所存,亦初纯在对治此气禀物欲之杂……今吾人若能识得朱子之工夫论,意在对治气禀物欲之杂,则于所以疑于其前诸贤之言及对象山之言论,即亦皆可先加以一真正同情的了解。"②唐先生认为气禀物欲之杂的问题是朱子所正视与对治的问题,在朱子看来,象山未能重视此问题,缺少对治此气禀物欲的工夫,则不免于狂肆,因之不能免于朱子的批评,由此才能对朱子之所以批评象山有真正同情的了解。唐先生进而指出朱子之所以批评象山为禅,还在于"彼复意言察识者……乃是直接以心为所对,欲求直接沿心之发用,以见得此心之体为工夫。以此心识心,以心觉心,以心观心,求心体,更为朱子之大忌。朱子意禅学之精神即如是……其后之攻陆象山,则更纯因朱子断定其学近禅之故也"③。在唐先生看来,朱子所认定的禅学精神就是以心观心这种求心体的工夫,他之所以断定象山为禅而力攻象山,就在于其认为象山发明本心先立其大的为学方式亦是如此。唐先生又对朱子辟佛攻象山的理由深入地作了四层分疏:初看,禅对四端五典之理不能详备,实则心外有法;象山不务穷理,言察识者不以穷理为先。进一步看,朱子认为此种以心观心之说,皆在心之发用处下工夫,有裂心为二之病。再进一步看,此中有一心的自我把捉,会造成纷拏迫切,使工夫不能成就。自最深层看,以心识心、观心、觉心而加以把捉者是一种私欲。④ 唐先生对此中问题的分析,层层深入,鞭辟入里,指出朱子之所以辟佛和攻击象山的根本原因正在于他们皆未能正视其中的气禀物欲之杂、私欲的存在。

综述以上分析,朱子认为象山未能正视气禀物欲对心性以及工夫的影响,其所主张的发明本心,在朱子看来将不免于认私欲为天理,其行止

---

① 牟宗三:《从陆象山到刘蕺山》,《牟宗三先生全集》第 8 卷,第 13 页。
② 唐君毅:《中国哲学原论·原性篇》,第 361—362 页。
③ 同上书,第 382—383 页。
④ 同上书,第 383 页。

亦不免于张狂；同时，朱子认为象山所强调的直接把握本根，实际上并不能对天理有切实的把握，亦不能免于认粗气为妙理，实是不能把握"气质之性"，从而不能有相应的工夫。这一气禀物欲对心性的影响问题既曾困扰着朱子本身对修养工夫的追寻，他曾道："学问亦无个一超直入之理，直是铢积寸累做将去。某是如此吃辛苦，从渐做来。若要得知，亦须是吃辛苦了做，不是可以坐谈侥幸而得。"①同样，朱子也以此问题质疑和批评象山为禅学。然而，正如牟先生所分析的，象山之学由读《孟子》深造自得而来，义理结构顺孟子之学展开，为学主发明本心然后博览，此固不同于朱子之为学方式，然二者并非泾渭分明，亦不可视之为禅，无论唐君毅先生指出了朱子多么精微的工夫论的深意，然究不碍象山对儒学价值的持守，为学工夫的次第固可不必相同。

三、象山以朱子为不见道

朱子以禅学视象山，如上所述，朱子之意在象山未能正视气禀物欲之杂，未免于认粗气为妙理、认私欲为天理，故朱子注重对治此问题的涵养主敬与格物致知的工夫。在朱子看来，既然人心和圣人之心并非直接相同，那么，如何从这样的人心入手来面对所要克治的问题则是必要的，因而，读书讲学属于必不可少的为学途径。这就引起了象山对朱子这种工夫的质疑，认为朱子之学陷于条分缕析的名相分别之中而自安，务于读书驰于外求而轻视了自身的践履，更忽视了对本心的确认、对义理的把握，这就不能免于支离之病。

鹅湖之会前象山同朱子一样已对对方有先入的看法，象山兄弟鹅湖之会的诗词即可证明他们已经对朱子的为学宗旨不以为然，陆九龄与象山统一认识后，曾用诗将他们为学的特征表述为："孩提知爱长知钦，古圣相传只此心。大抵有基方筑室，未闻无址忽成岑。留情传注翻蓁塞，

---

① 朱熹：《朱子语类》卷一一五，《朱子全书》第18册，第3631页。

着意精微转陆沉。珍重友朋相切琢,须知至乐在于今。"①陆九龄表明他们的为学宗旨,要以此心为主,这不同于世人所强调的"留情传注"和"着意精微",还表达了对同道之间切磋琢磨的珍重之意。鹅湖之会时象山和诗道:"墟墓兴哀宗庙钦,斯人千古不磨心。涓流滴到沧溟水,拳石崇成泰华岑。易简工夫终久大,支离事业竟浮沉。欲知自下升高处,真伪先须辨古今。"②象山表明其要发明的本心,能够随时呈现并且具有恒常性,是道德之基价值之源,他们的为学方式较之"留情传注"和"着意精微"的工夫更为简易和得要领,由此简易的发明本心的工夫才能成就可长可久的真正的学问事业。相反,"留情传注"和"着意精微"只能算是一种"支离事业",但它却偏偏是人们竞相追求的方式,象山不免感叹"真伪先须辨古今"。鹅湖之会后,朱陆之间虽然并未一直对此问题有所争论,但这种看法却是象山此后的定见,即认为朱子为支离,象山曾道:"吾尝与晦翁书云:'揣量模写之工,依放假借之似,其条画足以自信,其节目足以自安。'此言切中晦翁之膏肓。"③

朱子一段时间里想要和会双方的长处,认为应取两长而避所短,朱子声称:"大抵子思以来,教人之法惟以尊德性、道问学两事为用力之要。今子静所说专是尊德性事,而熹平日所论却是问学上多了。所以为彼学者多持守可观,而看得义理全不子细,又别说一种杜撰道理遮盖,不肯放下。而熹自觉虽于义理上不敢乱说,却于紧要为己为人上多不得力。今当反身用力,去短集长,庶几不堕一边耳。"④在朱子看来,象山的长处在于能尊德性,其问题在"专是尊德性事"却不免对义理的把握不太准确,他本人"却是道问学上多了",其意在于其未尝不"尊德性",既然偏重于道问学方面出现了工夫上的弊病,那么就要在"尊德性"方面用些工夫。对于这种观点,象山评论道:"元晦欲去两段,合两长。然吾以为不可,既

---

① 陆九渊:《语录》上,《陆九渊集》,第 427 页。
② 同上书,第 427—428 页。
③ 同上书,第 419—420 页。
④ 朱熹:《答项平父》一,《朱子全书》第 23 册,第 2541 页。

不知尊德性,焉有所谓道问学?"①象山认为朱子虽想要集合两长,但若不更改其为学的宗旨,这一合两长的设想就根本不能实现。

那么,在象山看来,朱子主要的问题在于何处呢?"包敏道侍,问曰:'先生何叹?'曰:'朱元晦泰山乔岳,可惜学不见道,枉费精神,遂自担阁,奈何?'"②这里象山以"不见道"论朱子,可以说是对他认为的朱子所存在的问题的最为有力的表述,无论支离、意见等批评皆可视为此"不见道"的表现。在象山看来,朱子不见道,他想要合"尊德性"和"道问学"之两长,通过"道问学"来融合"尊德性"是不可能的,因为既无纲领不明本心,读书讲学只能漫无所归。依象山之意,所谓"见道"就是要"辨端绪""辨志""辨只今""发明本心""先立其大",就是要让本心作主宰,象山本人并不反对读书讲学,但读书讲学相对于"发明本心"只是一种助缘工夫,而非相应道德本性的本质工夫。

牟宗三先生对象山之意有很好的阐述,牟先生认为:"此就道德实践言为不中肯。不中肯由于不见道。不见道者即是不明本心自发自律之实事实理也。"③在牟先生看来,就道德实践的本性而言,有中肯和不中肯两种形态,不见道会造成对道德的不中肯的理解。具体而言,不见道就是未能把握住本心自发自律的道理,象山的发明本心是真能够把握住此点而无所偏移的。牟先生对此有进一步的论述:

> 不知象山之"心地工夫"正在辨端绪得失下本《孟子》而来者,非泛泛之"心地工夫"也。此是内圣之学之端绪问题、第一义问题,正是绍孔、孟之统,指出实事实理之学,并未陵跨古今,高谈大论,以人欲为天理也。"穷理细密工夫"则是知识问题,是第二义以下者,此不相干,象山并不否认。其所挥斥者是依此路讲道德(讲内圣之学),此正是端绪之迷失(支离歧出),非挥斥知识本身也。其言论之

<hr>

① 陆九渊:《语录》上,《陆九渊集》,第 400 页。
② 同上书,第 414 页。
③ 牟宗三:《从陆象山到刘蕺山》,《牟宗三先生全集》第 8 卷,第 30 页。

重点只在此端绪之扭转，而朱子终不自省也。①

象山亦非不重视第二义之助缘工夫者。象山亦讲涵养操存，亦重讲明，亦重博学、审问、慎思、明辨，亦重格物致知，亦重智之事，亦非不读书，不理会文字（当然不必限于此），然必以本心之直贯，沛然莫之能御，为头脑，并非空头而成为纯然之智之事。故养是养此，存是存此，讲明是讲明此，博学、审问、慎思、明辨，亦无非明辨乎此，格物致知亦无非是格此、知此，读书、理会文字亦无非为的是了解此，而仍归于本心直贯沛然莫之能御之践履。而朱子于此直贯却甚不能正视，且甚厌恶，视为禁忌，动辄以无谓之遐想而予以责斥，此朱子之过也。自此而言，象山谓其不见道、见道不明，亦非无故。②

依牟先生之见，象山正是本着《孟子》的"本心"而来的"先立其大""发明本心"工夫，并非由具有气禀物欲之杂的人心而来的发明如此之心的工夫。"发明本心"是孔孟内圣之学的第一义的工夫，而非将人欲作天理，与此相对的条分缕析的知识问题则是第二义以下的问题，所谓第二义是相对于内圣之学的相应与否而言。象山并非要否定知识，但象山不认同以讲知识的方式来讲道德，象山虽然同样重视涵养操存、讲明、博学、审问、慎思、明辨，重格物致知和重智之事，也并非不要读书，不讲求文字，但他更重视本心的发明与呈现，以此作为道德践履的主宰，这是道德实践的本质工夫之所在。因此，对象山来说，第二义的工夫实际上是明第一义的工夫的助缘，而非第一义的本质工夫。朱子不能相应于象山这种本心的直贯形态的工夫，认为此中存在私欲天理夹杂的弊病，会流为狂肆而不自知，把这种工夫形态看作禅学，由此而言，象山指责朱子"不见道"亦即见道不明、不能把握住本心亦有他的根据。

可以说，象山正是在这个意义上指责朱子为"不见道"，亦即朱子不能直就本心立论，把握相应道德本性的本质工夫。在象山看来，朱子的

---

① 牟宗三：《从陆象山到刘蕺山》，《牟宗三先生全集》第8卷，第40页。
② 同上书，第74—75页。

"揣量模写之工，依放假借之似，其条画足以自信，其节目足以自安"是枉费精神不见道的具体表现。然而，朱子是否驰于此而不知返？朱子虽然并没有象山本心存在，但其居敬穷理的工夫亦是要明此性理，使此性理得到如实的表现即作主宰，亦不必然要驰于知识而不知返，此中固有不同的阐释与解读的空间存在。

四、和会朱陆

朱子与象山彼此皆不满于对方的为学方式，朱子视象山为禅，象山以朱子为不见道，然而这种指责本身皆有所见，同样也有所误解，象山和朱子二人本有当面论学的机缘，但又未能就双方的核心问题有所论定。陈来先生不无感慨地写道："朱陆间的争论却常常离开了两家分歧的主要之点。"[1]既然朱陆本人未能对为学方式达成一致见解，那么，后来者所想要致力于齐同朱陆的努力，也只能就朱陆双方所最主要关注的问题来进行比较，化解所受指责中的误解，或通过对朱陆二人的重新解读来达到和会朱陆的工作。

在这方面，牟宗三和唐君毅两位先生可谓作出了独到的阐述，二人的解读又呈现出相反相成的一种效果，即二人虽然对朱子的解读差异较大，但所呈现出的为学的态势又有其相类、相同之处。具体而言，就认私欲为天理的问题，牟先生在论述陆象山时认为：

> 此当下呈露之端倪何以知其即是本心之端倪？焉知不是私欲之端倪？曰：即由孟子所说"非要誉于乡党，非纳交于孺子之父母，非恶其声而然"，而知其为本心之端倪，而知此时即为本心之发见，即，由其"不为任何别的目的而单只是心之不容已，义理之当然"之纯净性而知其为本心之端倪，为本心之发见。若无法肯认此本心，则真正之道德行为即不可能。此一逆觉之工夫当下即判开感性界

① 陈来：《朱子哲学研究》，第404页。

与超感性界而直指超越之本心,此则决不容含糊者。是故"察识端倪之发"单指超越之本心而言,其义理根据完全在孟子。此察识不是朱子所说之施于已发之察识,而"端倪之发"是本心发见之发,亦不是喜怒哀乐已发之发。两者混而同之,遂纠缠不清矣。①

　　所谓"觉悟"者,即在其随时透露之时警觉其即为吾人之本心而肯认之耳。肯认之即操存之,不令放失。此是求其放心之本质的关键。一切助缘工夫亦无非在促成此觉悟。到有此觉悟时,方是求其放心、复其本心之切要处。一切积习工夫、助缘工夫并不能直线地引至此觉悟。由积习到觉悟是一步异质的跳跃,是突变。光是积习,并不能即引至此跳跃。跃至此觉悟,其本质之机还是在本心透露时之警觉……本质的关键或主因唯在自己警觉—顺其呈露,当下警觉而肯认之。除此以外,再无其他巧妙办法。②

依牟先生之见,此种察识是就本心而言的,非就一般有气禀物欲之杂之心而言的。并且,这种本心是一种人人皆有的事实,让此本心做主宰即是最本质的工夫,其他一切别的工夫,无论读书、师友讲学只能起到助缘作用,不能代替自己稍一警觉即有的本心呈露的工夫,而且这就是唯一本质的工夫,其他再无可能。既如此,在牟宗三先生看来,朱陆和会的途径就很清楚,牟先生对此的阐述为:

　　是以若于朱、陆同异而欲得一决定答复,则说:同者同讲道德(内圣之学),异者端绪之异,而朱子所取之端绪决定是错。若于两家各取其长,则朱子须放弃其所取之端绪,依从象山之劝告,"不作孟子以下学术",定端绪于《孟子》(此须改变其对于《孟子》之误解),非只泛言之尊德性,亦非只泛言之方法上之简易也。至于象山,既不抹杀知识,则须随时正视知识,随机作"穷理细密工夫",以增益其知识,此即取朱子之长。但此不待言,何以故?此非根本问题所在

---

① 牟宗三:《从陆象山到刘蕺山》,《牟宗三先生全集》第8卷,第103—104页。
② 同上书,第136—137页。

故，虽圣人亦不能尽知故。如是，则朱陆可以大通，其同异可以解决。此盖为本末问题，非两本平行而可以取长补短也。若是两本平行，则必争吵不已，永世不得解决。①

朱子重后天工夫以学圣所特别彰著之横列形态，而非孔孟立教之直贯形态也（以直贯横、非无横也）。而象山则直承此直贯形态而立言，故尤近于孔孟也（此自形态言，当然不自造诣境界言）。悠悠之口视之为禅者，真诬枉之见也。此两形态显然有异，但以直贯横，则融而为一矣。但朱子若不肯认直贯形态，则不足与言融一，此象山之所以总斥其"见道不明"也。②

牟先生给出的和会朱陆的方式，就是让朱子重返孔孟之教的直贯形态，此形态并非简单的直贯，而是"以直贯横、非无横也"，既讲本心的呈现，同时亦不轻视知识的独立价值；而象山要向朱子取益之处，即是在发明本心的同时，能够不轻视知识的价值，以此作细密的工夫。可以说，象山正要兼容朱子之长，对此二者间的关系做一个合理的融合才能达到更圆成的境地，以让两者融合为一，因为在牟先生看来，象山和朱子所注重的是一个系统中的两个不同层面③。就尊德性和道问学而言，两者并非平行的关系，而是一种本末关系，尊德性事第一义的，道问学是第二义的，但道问学并非因此就无价值，其价值要在合适的范围内，而非相应于道德本性而显现。可见，牟先生认为象山的先立其大和发明本心方式，可以避免所谓认私欲为天理的问题，而且和会朱陆的关键就是给德性和知识划出分界，要以尊德性为道德实践的本质工夫之所在，此是纵贯系统。与此同时，议论、定本则为第二义的知识问题属横摄系统，然后要以纵摄横，回归孔孟的为学立教传统。

---

① 牟宗三：《从陆象山到刘蕺山》，《牟宗三先生全集》第 8 卷，第 40—41 页。
② 同上书，第 80 页。
③ 牟先生认为："以吾观之，实是一个系统之两层，而落于第二义者不能自足独立也。而孔孟仁教之精神究是以立体直贯为本质也。"参见牟宗三：《从陆象山到刘蕺山》，《牟宗三先生全集》第 8 卷，第 73 页。

唐君毅先生对朱子有不同的解读,他认为朱陆二人皆要尊德性,二人的差异之处在于他们的工夫论,"朱陆异同之原,应首在工夫论上看。而重在以心理之一不一……以言朱陆异同在心与理之一不一,亦未至真问题所在。此真问题乃在毕竟气与心及理之关系,当如何看"①。在唐先生看来,朱子所要面对和对治的问题即是气禀物欲之杂的问题,心与理是否为一并非问题之所在,真正的问题还是在于气与心及理之间的关系。因此,朱子的工夫论要对治这些气禀物欲的问题。与此同时,唐先生又指出,"朱子虽言人心有气禀物欲之杂,然亦屡言心体之原有明德,原为一光明之体,非一切气禀物欲之所能全蔽。而其涵养主敬之工夫所以当为本,亦正在此工夫乃直接与心之本体之光明之扩充、昏昧之减少,为相应者"②。依唐先生之见,气禀物欲之杂虽然会遮蔽心之本体的呈露,但并非完全能遮蔽此心体本有明德的显现,涵养主敬的工夫就是为了扩充此心之本体的明德与减少其昏昧的工夫,亦即在朱子之涵养时有此心体之自明自在。由此可见,朱子并非不见道,朱子也是讲尊德性要扩充此心体。唐先生又将朱子的"涵养主敬"具体解读为:"先有一段涵养主敬,而后方有深义之觉知,善端昭著;即意谓:必涵养主敬,以使心恒虚灵不昧,而后义理昭著,方能察识不谬,而有深义之觉知……人之心灵之清明,首赖于此心之有主乎此身之一面,以种种规矩约束此身一面,方能使此心惺惺了了。此种种规矩,有其机械的形式性,然其意义,则纯是消极的为对治气质物欲之机械的形式而有,其目标只在呈现心灵之清明,使浑然之天理,得粲然于中。"③依据唐先生的理解,朱子涵养主敬的工夫所要克治的对象是气禀物欲,但其目的旨在使善端昭著、义理昭著、心灵清明,是要通过减除各种干扰屏去不当的欲望而使天理呈现使心的本体呈露。由此可见,在唐先生看来,朱陆异同之在工夫论上,朱子所主张的涵养主敬和格物致知的工夫实际上也是要使天理得以呈现,也要尊

---

① 唐君毅:《中国哲学原论·原教篇》,第132页。
② 唐君毅:《中国哲学原论·原性篇》,第407页。
③ 同上书,第380—381页。

德性,所异只在尊德性的工夫,此自可免于象山对朱子不见道的指责。

唐先生对朱子和象山如何会通亦作了论述,他认为依据朱子的心性论而言,"朱子与象山之言本心,皆有本体论上之自存义"①。对此唐先生又将朱子的"主敬"具有的针对心体的意义作了解释:

> 朱子言敬之工夫,则一方本伊川之言,而谓主一无适之谓敬,并本伊川使身心整齐严肃之旨……然在另一方面,则在朱子之言敬,尚不只是一所用之"法"或"工夫",在心之发上用者;而是以敬涵养心之未发之体。朱子言"敬为心之贞",又言"未发,浑然是敬之体","敬字只是自心自省当体"。以此言敬之工夫,即此工夫只是心之自体之贞定于自己,或"见此未发时之浑然的敬之体"之别名;而敬之一工夫,只在使此心体常存,而除此心体常存之外,亦可说别无敬之工夫……依朱子意,收紧此心,应即是敬,此敬即已是此心体之炯然醒觉在此。②

在唐先生看来,依据朱子的心性论来看这种针对心体的敬之工夫实际上和象山所主张的使此心自作主宰的工夫是相同的,敬也是从此心体上而论,是此心体贞定于其自身,为"此心体之炯然醒觉在此"。故而唐先生又进一步论断"朱子亦实正是趋向于:依本心之心体之建立,而以一切工夫,不外所以自明此心体之说者"③。若论朱陆所言心之区别,只在于朱子将心区分未发已发、体用、动静等,因而朱子一面言此心体的自存自在,又言人要承体而起用,在象山则工夫只视为本心的呈现流露、自明自立,可以说二人的差异只在毫厘之间。④ 但若以朱子宇宙论的观点而言,则未必能有基于心体之明的工夫,因为连着气说此心,唐先生认为:"则此所谓本心之明,其依理而生生者,亦可只指吾人之有生之初,所受于天

---

① 唐君毅:《中国哲学原论·原性篇》,第406页。
② 同上书,第407—408页。
③ 同上书,第409页。
④ 同上书,第409—410页。

之气,原有其虚灵上说。而工夫则皆为后起,以求遥契吾人有生之初,所受于天者。则由此工夫所致之此本心之'明',即皆为修成,不能皆说为原有之本心自身之自明自立之表现。"①因此,唐先生认为应该从朱子心性论的角度而非从其宇宙论的角度来会通朱陆。

唐先生不仅指出朱子与象山发明本心有相类处,同时表明象山发明本心工夫也可含有朱子的涵养工夫,他认为:

> 象山所谓发明本心,此本心之自明自立,亦即其所以自保养。此保养,即是本心之自己涵养其自己之事,而具有朱子之所重涵养工夫在。此中二贤之不同,亦唯在朱子之言涵养,乃是相对于此气质之昏蔽,而用此工夫为对治,却未能信此工夫即此本心之自呈用,或本心所自起。然象山之发明本心,则要在自种种限隔中拔出,既能拔出,即可不见有气禀物欲之蔽,为所对治……此发明本心之工夫,亦即当为贯彻于动静之中,亦贯彻于静中之察识,以及致知格物之工夫中,而不能自悬绝,以只为一静中之工夫者矣。由此而吾人可进而言象山之发明本心之工夫,所以能通于朱子所谓心之未发之体之静,心之已发之用之动,而贯彻统摄涵养以及省察穷理等工夫之故。②

唐先生认为象山发明本心的工夫,实际上也就是一种涵养工夫,因为朱子所谓的涵养工夫也是要使心体自明自在,象山则直接就此本心而言自明自在以及本心的自我保养。唐先生进而认为象山这种发明本心的工夫可以贯通于朱子所区别出的分别针对心体未发已发时的涵养、省察和格物致知的工夫中。唐先生之所以这样讲,原因在于他认为依据朱子的理解,无论心体未发已发,均有此未发存在,已发之时未发的心体仍贯彻于其中,并为之主,因此,"言发明本心之工夫,亦不当只是求在静时涵养得

---

① 唐君毅:《中国哲学原论:原性篇》,第 410 页。
② 同上书,第 413—415 页。

一未发之本心,而当是即在人之思虑之中,亦应可时时发明其本心者"①。

综此,唐先生认为朱陆二者并非完全不同的两种类型,在其看来无论朱陆均要尊德性发明"本心",只不过二人所作的工夫不同,但此又不碍两者能"自然会通"。唐先生对此分析道:"吾人如知无论在静时或动时,有思虑时或无思虑时,用涵养工夫时或用省察等工夫时,皆有此本心之自明,即知人无论作何工夫之时,皆可同时作象山所言之工夫,以时时有其本心之自明自立……克就此发明本心之工夫,遍在于未发已发涵养省察等中而言,则此涵养省察以及一切致知穷理之工夫之细密处,亦无足与此发明本心之工夫相悖者。此一切细密之工夫,皆同可为此一工夫之所贯彻。此其所以为大纲。大纲提掇来,其余固皆可由此大纲之所贯注,而细细理会去。则朱子与其他贤者所言之其他种种细密工夫,象山亦不须更加以反对,而皆可于不同意义上,加以承认,而人用任何工夫,亦皆可如'鱼龙之游于江海之中,沛然无碍'。"②在唐先生看来,朱陆皆要以扩充本心或心体之明使其能贯穿于各种工夫之中,则此本心即起到"大纲"的作用,大纲立定后则其他细密工夫亦可为其用,亦可细细理会。

可见,牟先生和唐先生虽然对于朱子的解读存在差异,但他们对朱陆如何会通又有着相类的见解,即是以本心作大纲然后以细密工夫充实之。他们和会朱陆的方式,虽然和他们对朱子的解读相关,但最后呈现出的会通的方式又如此一致,可以说,以本心作大纲为内圣之学的本质工夫之所在,不碍其兼容其他细密工夫,这是齐同朱陆的一条可能途径。如此虽对朱子有不同的理解,但亦可不碍对内圣之学的理解。

五、小结

朱陆二人同讲内圣之学,但二人的入路不同,朱子虽然也知心性之理为人完具、内在自足,但他强调现实中心性会受到气禀物欲的影响,并

---

① 唐君毅:《中国哲学原论·原性篇》,第 416 页。
② 同上书,第 417 页。

对心性理气作了细密的分别，由此而有其居敬涵养和格物穷理的修养论；象山就人之本心立论，虽也注意到现实中气禀物欲的存在，但并不将它们作为本质的存在，认为其只是一心的陷溺所致，所以强调先立其大、发明本心。朱陆二人从由的路径既然相异，又未能就对方的核心问题作出如实而同情的理解，隔膜既生而又不免于负气心起，终于不可避免地陷到对彼此的指责之中。

朱子对认私欲作天理的担忧实际上是很有道理的，现实中人们很容易陷入自以为是之中，并且如庄子所论的"彼亦一是非，此亦一是非"之事常所多有，又皆能"持之有故"。所以康德不要在经验层面寻求道德的根据，要为道德奠定形而上学的基础，良有以也。若如此，象山亦很难摆脱朱子的批评。然而，如牟宗三先生所言，依儒学传统所讲的本心和良知的主流看法，其并非经验之物，而具有普遍的涵盖性与超越性，如阳明所言其能将草木瓦砾等涵盖其中。牟宗三先生所论的"道德的形上学"对此有深刻的阐发，象山之意亦不外此。象山所呵斥的不见道亦自有其道理。知识本身当然有其独立的价值，但人若陷入对知识的驰求于外而不知返，以讲知识的方式讲道德，以此而求天道性命之理，与身心性命之学终究还是有隔，禅宗"'从门入者，不是家珍'，须是自己胸中流出"①差可形容。若以尊德性而言，朱子的居敬涵养做提撕此心此性和格物致知的工夫以使此性此理得以被呈现出来，亦非不要见道，但和象山相比终究无其"本心"的概念。

诚如牟宗三和唐君毅两位先生所做的工作，内圣之学要以本心为大纲，然后细密其工夫，即使对朱子有不同的理解，容有争论，亦不碍对此内圣之学的把握。朱子从气禀私欲汩乱心性的角度立论，寻求怎样达到心之能如实地依据性理而调节情；象山则从本心的角度立论，看怎样发明此心而使此本心不陷溺于私欲意见。二者可以相互借鉴、相资为用，阳明曾对朱陆之辩有所评论，"仆尝以为晦庵之与象山，虽其所以为学者

---

① 圆悟克勤著，尚之煜校注：《碧岩录》卷一，第 31 页，郑州，中州古籍出版社，2011。

若有不同,而要皆不失为圣人之徒"①,诚哉斯言!

第五节　朱熹在中国哲学与文化史上的地位

中国哲学与文化自东周以来,几经起伏,终至于宋明则理学昌盛。理学昌盛实有赖于理学诸家,其中朱子之功尤为显赫、关键。朱子批评佛老,融会诸家,总结儒学,追尊道统,无往不成绩斐然。其于政事治道、教育师道、经史博古与文章子集的各方面,有全面的开拓。他既重思想的开创,亦重统系的建构,在当时及以后堪称峰巅。朱子成就的程朱理学统系,因其蓬勃广大的生命力最终深入民族意识的深处,扎下根来。

朱子有贡献于儒学。在对儒学的重新诠释中,朱子在前贤的基础上,做了文化下移的工作。有宋一代,中国精英文化之取向发生了重心的转移,适应了社会文明化的需要。朱子在学风上重现了先秦子学好尚论辩批判的学术精神。他不但批评佛老,而且在当时儒家诸派的内部也展开了激烈的思想争论,他与湖湘学派、江西陆氏心学、浙东事功之学的辩论,都深深地体现了一代大哲的"思想"品性。此外他对书院的积极支持与建设,对儒学的传播,乃至学问的下移,都作出了功不可没的贡献。朱子总结了有宋以来的道学,乃至孔孟以来的整个儒学,建立了一套思想精深、体系庞大的儒学系统,其中尤以他的经学与理学为代表。

朱子理学是两宋理学的总结和发展的最高峰。宋初周敦颐的濂学开道学的风气,确立了儒家所谓"诚体",构建了一套贯通宇宙与人生的"无极而太极"的思辨框架,朱子之学于后者尤有创发和充实。张载的关学阐发了一套"太虚即气"的学问,在气论的基础上对鬼神进行了消融。而朱子则以理会气,理气一体浑成,对横渠之学实有补阙;且在"鬼神者,二气之良能"的基础上,认为鬼神人我具有感通之理,于是儒家的礼学及宗教精神有了一个稳固的寄托处。对于二程,朱熹通过对道南指诀的反

----

① 王守仁撰,吴光等编校:《王阳明全集》下,第 1360 页。

思,直接上承伊洛之学,其中尤以伊川为正统。二程曰"天理",曰"性即理""心即理",朱子则除以"天理"作为自己学问的核心观念外,在心性论上还着重传承与创发横渠"心统性情"的观点,认为"性即理",心性"固共一理",但心不是性;"心统性情",性情为心之体用;心之自体为神明知觉,性之自体为仁德,"心与理一",心性在其根源处会通于"天理"。在历史观上,朱子构建了人心与道心、人欲与天理对战的两分结构,并在取益邵雍易数学的基础上,对历史作出了一治一乱,三代以王道胜,三代之后则以霸道胜的霸胜王、力胜德的道德退化论,其中包含了这样的观念:道心人心,天理人欲,王霸德力,正是历史曲折变化的原因与动力。但是无往不复,终始若环,从道德理想主义的立场出发,朱子深信历史总会有贞下起元的时刻,未来将是天理、道心与王德主宰、流行的光明世界。

当然朱子理学与北宋五子之学也有差别。周程张邵大都注重就儒家生命之气象与境界上立言与体认,如周子玩心于"孔颜乐处",二程希图"与物同体",张载倡扬"民胞物与",邵雍则以易与诗筑居,生活在理学家空阔而自在的国度里。朱子则与他们不同,他充分发挥《中庸》"尊德性而道问学,极高明而道中庸"之旨,认为圣贤气象与人格生命的培养,乃在于涵养用敬、进学致知的双重工夫上,其中尤为强调格物穷理和具体的社会、政治、伦理之实践一面。他反对空谈性理、不肯下学的空疏学风,正是这一点,使朱子不但成为一个伟大的理学家,同时也成为一个伟大的经学家,是集学者与哲人于一身的一代宗师。

第十九章　张栻的哲学

张栻(1133—1180),字敬夫,又字钦夫、乐斋,号南轩,学者称南轩先生,谥号宣,又称张宣公,魏国公张浚之子,南宋汉州绵竹(今四川绵竹)人。他既是一位勤政爱民、政绩卓著的官员,同时也是个在内圣与外王之学两方面皆有所创获的儒者,与朱熹、吕祖谦并称"东南三贤",被陈亮誉为"一世学者宗师"①。张栻具有良好的家学渊源,自小即从其父学习儒家忠孝仁义之道,并受到二程洛学的熏陶。其后他又师事湖湘学派的大宗师胡宏,随之研习孔孟儒学精义和北宋诸儒之思想,这对其理学的形成和发展产生了重大影响。张栻直承孔孟道统,接续周、程道学之正脉,在吸收和融会周敦颐、张载、二程、胡宏等先贤之思想的基础上,又与朱熹、吕祖谦等同时代的大学者反复论辩切磋,不断研习义理和践履道学,从而建立了既深广而又颇具特质的理学体系。张栻一生精研理学而著述颇丰,主要有《南轩先生论语解》《南轩先生孟子说》《南轩易说》《南轩先生文集》等著作。他作为湖湘学派的中坚力量,不仅对湖湘学和蜀学有振兴之功,而且对整个宋代理学的丰富与发展也产生了重要影响。

张栻儒学建构的问题意识主要有三:一是如何回应佛老思想的挑

① 陈亮:《与张定叟侍郎》,《陈亮集》(上册)卷二九,第 383 页,北京,中华书局,1983。

战,二是如何救治当时儒学内部所出现的空谈心性而不务实际的弊病,三是如何在世衰道微、内外交困的严峻社会局势下救亡图存、经邦济世。为了解决这些问题,张栻一方面积极建构形上世界,以此为儒家的纲常伦理以及合理社会秩序的重建确立形上根基;另一方面则大力开拓人生实践论,以使超越的形上本体或天道性命之理能够真正贯彻落实于人生日用之中,即将其真实意义在修齐治平的人生实践当中开显出来。这其实也就是要将超越追求与现实关怀、本体论与人生实践论有机地统一起来。张栻在本体论上强调本体生生不已的活动性以及形上与形下的相涵统一,在工夫论上注重存养与体察、持敬与穷理的相资互发,在外王论中则力主仁心与仁政、学与治(或道德与政事)的相依互成。也就是说,张栻颇为注重形上与形下之间、本体与工夫之间、知与行之间、内圣与外王之间的平衡统一与互动融通,这就使得他的整个理学充满了圆融、务实、辩证的色彩。

第一节 天道论

张栻对天道观念的阐发,继承和发挥了周敦颐、张载、程颢、胡宏等先贤的相关思想,要点有三:其一,就天道之义涵与特征而言,他尤为注重天道的本源性及其生生不已的能动性、创生性;其二,就天道与性命的关系而言,他主张太极即性,将太极与性互诠互释,直接赋予"性"以天道层面的意涵;其三,就天道与万物的关系而言,他十分强调二者之间相涵互摄、相依互成的辩证统一性。以上三点可见之于其太极论、性气论和道器论。

一、太极论

宋初,为回应佛老思想的挑战,推动儒学的复兴,周敦颐著《太极图说》与《通书》阐发太极学说,积极建构儒学本体论,以此为儒家的纲常伦理和道德实践奠立形上根基。张栻精研周敦颐的太极论说,并与朱熹等学者往复论辩，著成《太极图说解义》一书以阐发其太极思想。在他看来，周敦颐《太极图说》的宗旨即在于，"穷二气之所根，极万化之所行，而明主静之为本，以见圣人之所以立人极"①。他继承了周敦颐的太极学说既"深明万化之一原"而又极尽"本体之流行发见"的宗义②，力主太极乃"兼有无、贯显微、该（赅）体用者也"③，从而坚持以"体用合一"的观念来发明太极之义，强调太极本体的根源性、活动性以及太极之体与太极之用的内在统一性。

（一）太极乃所以生生者

"太极"在张栻的理学中，既是指宇宙万有之根源，也是指天地万物存在及运化的根据，兼具宇宙论与本体论的双重意义。张栻论太极的特点，首先体现在他颇为注重太极的本体义、根源义。他说："太极混沦，生化之根……"④"易也者，生生之妙也；太极者，所以生生者也。"⑤"盖何莫而不由于太极，何莫而不具于太极，是其本之一也。"⑥显然，在他看来，太极乃"所以生生"之体，即天地生生不息之妙用得以显发的来源和根据。易言之，太极就是天地万物产生的根源，就是天地万物存在及运化的本源和根据。在此，"所以生生"所显明的本源义、根据义，乃是"太极"观念的第一义、根本义。

张栻对太极的论说，不仅注重阐发其本源性的意义，而且还十分强调太极本体的能动性、创造性。他说："夫生生不穷，固太极之道然也……有太极则有两仪，生生而不穷焉。"⑦在他看来，太极固有其活动性，乃是生生不已的宇宙本体。而当他认为性体生生不已之妙用须通过

---

① 张栻：《濂溪周先生祠堂记》，《新刊南轩先生文集》卷一〇，《张栻集》，第 914 页，北京，中华书局，2015。
② 张栻：《周子太极图解序》，《张栻集》，第 1603 页。
③ 张栻：《太极图说解义》，《张栻集》，第 1605 页。
④ 张栻：《扩斋记》，《新刊南轩先生文集》卷一一，《张栻集》，第 934 页。
⑤ 张栻：《答吴晦叔》第五书，《新刊南轩先生文集》卷一九，《张栻集》，第 1057 页。
⑥ 张栻：《南轩先生孟子说》卷六，《张栻集》，第 540 页。
⑦ 张栻：《答吴晦叔》第一书，《新刊南轩先生文集》卷一九，《张栻集》，第 1054 页。

太极之说来发明时,就更加彰显了太极本体的活动义。张栻曰:"太极所以形性之妙也,性不能不动,太极所以明动静之蕴也……若只曰性而不曰太极,则只去未发上认之,不见功用,曰太极则性之妙都见矣。体用一源,显微无间,其太极之蕴欤!"①他认为,太极之说是用来彰明性体生生不已之妙用的。性体虽具有不已的能动性,但其能动作用必须通过"太极"这一观念来发明。如果只论性而不论太极,那么就只是体认其未发之体,却不能明识其已发之功用。而一旦论及太极,则性体之能动作用即可得以昭显。太极之所以能彰明性体的活动性,就在于其本身即是"体用一源,显微无间"的,也就是说,太极兼赅体用,且太极之体与太极之用相涵互摄、一体不离。张栻力主以太极之说来发明性体的活动义,即彰显了太极本体的能动性、创生性。而太极何以能生生不已?在他看来,这是因为太极内含动静交感互运之理。他说:"太极涵动静之理者也。有体必有用……一动一静,互为其根,动为静之根,而静复为动之根,非动之能生静,静之能生动也。动而静,静而动,两端相感,太极之道然也。"②正因为太极内在具有动静相互交感运作之理,所以必具有不已的能动创造性。而太极所固有的动静交相互运之理即在于:一动一静,一静一动,动静两端交感运作不已;即动即静,即静即动,动静两端相互涵摄、相互作用、相互生成。这就决定太极必具有生生不已之功用。

(二)太极即性

天道性命相贯通,乃是宋明儒的基本共识或共法。湖湘学派讨论天道与性命的关系问题,既秉持了这一共法,同时又具有其自身的特质,这就体现在他们从本体论的意义上将天道与性命直下通而为一,主张天道即性或性即天道。如胡宏即继承和发挥了《礼记·中庸》"天命之谓性"

---

① 张栻:《答吴晦叔》第一书,《新刊南轩先生文集》卷一九,《张栻集》,第1054页。
② 张栻:《太极图说解义》,《张栻集》,第1605页。

的观念,认为性即是天命。① 他说:"天命为性,人性为心。"②又说:"性,
天命也。"③此即是直接从天道、天命的意义上来把握"性",以"性"为宇宙
万化之本原。这是胡宏论"性"的独到之处,天道性命相贯通固然是宋明
儒之共法,但很少有理学家直接从宇宙本体的意义上言"性"。④ 胡宏将
性与天道直通为一,颇为强调"性"的宇宙本体地位。他说:"性,天下之
大本也。"⑤"性也者,天地之所以立也。"⑥在他看来,"性"即宇宙万有产
生的根源,是天地间万事万物存在及运化的根据,一切存在者皆因"性"
而获得其客观存在性。既然"性"是宇宙万有之本原,那么它就直接获得
了天道的意义,必具有超越性、绝对性、普遍性、客观性。

　　张栻继承和发挥了胡宏直通性与天道的性本论观点,这就体现在他
力求融会《周易》与《中庸》的思想,以及贯通周敦颐的太极论和二程的性
理学说,从而主张以性释太极,以太极论性,将太极与性相互发明、相互
诠释。对张栻而言,性与太极均属于本体性范畴,二者的义涵根本相通。
他说:"太极不可言合,太极性也。惟圣人能尽其性,太极之所以立也。"⑦
这就直接、明确地表达了太极即性的观念,表明太极与性具有相同的实
质,二者完全可以互诠互释。张栻颇为重视以太极来论性、解性,比如他
说:"盖论性而不及气……太极之用不行矣;论气而不及性……太极之体
不立矣。用之不行,体之不立,焉得谓之知性乎?"⑧又说:"太极所以形性
之妙也,性不能不动,太极所以明动静之蕴也……若只曰性而不曰太极,

---

① 向世陵认为,"从作为理论来源的《中庸》的'天命之谓性'的观点来说,胡宏不是解作由天所
　　命(气或理)而构成性,而是天命就是性"。(向世陵:《善恶之上——胡宏·性学·理学》,第
　　113页,北京,中国广播电视出版社,2000。)
② 胡宏:《知言·天命》,《胡宏集》,第4页,北京,中华书局,2009。
③ 同上书,第6页。
④ 张载曰:"性者万物之一源,非有我之得私也。"(《正蒙·诚明篇》,《张载集》,第21页,北京,
　　中华书局,1985。)
⑤ 胡宏:《宋朱熹胡子知言疑义》,《胡宏集》附录一,第328页。
⑥ 同上书,第333页。
⑦ 张栻:《答周允升》,《新刊南轩先生文集》卷三一,《张栻集》,第1234页。
⑧ 张栻:《南轩先生孟子说》卷六,《张栻集》,第540页。

则只去未发上认之，不见功用，曰太极，则性之妙都见矣。"①可见张栻认为，"性"本身就完整的蕴含着"太极之体"与"太极之用"这两个方面的义涵，易言之，就其实质内涵来讲，性即太极或太极即性。只不过在张栻看来，如果只是就"性"论"性"，恐只能体现其本体义，而不能彰显其功用义或活动义。正是基于这种考量，张栻强调以太极的观念来发明和凸显性本体生生不已的能动创造性。当他说"若只曰性而不曰太极，则只去未发上认之，不见功用，曰太极，则性之妙都见矣"，即是要表明此意。张栻有关太极与性之关系的这些论述，绝不是说"性"只是一个本身不具有活动性的未发之体，而"太极"则是体用兼赅的大全，故需以太极的观念来补救性体的缺失（无性之用），而是要表明太极与性之间不存在何种根本性的差异，是为了通过太极的观念来彰明性体的活动义。显然，对张栻而言，在本体论的意义上，太极与性并不具有什么实质性的分别，二者是直通为一的。这种注重将"太极"与"性"互诠互释、直通为一的主张，便是其天道论的一大特色，同时使得其太极学说兼具天道论与心性论两个方面的意蕴。

（三）太极之体用相涵互摄

在张栻看来，既然太极本即具有活动性，那么它也就必然会发用流行而产生二气五行万物。张栻说："太极动而二气形，二气形而万物化生，人与物俱本乎此者也。"②他认为，有太极则必有二气五行万物之化生，即有体则必有用。这也就意味着，二气五行万物皆根源于太极、统摄于太极，皆以太极为其存在及运化之根据。张栻云："太极混沦，生化之根，阖辟二气，枢纽群动。"③又云："二气五行，乃变化之功用，亦非先有此而后有彼。盖无不具在于太极之中，而命之不已者然也。"④此即是说，太极乃是二气五行万物之本体，而二气五行万物即是太极本体的作用和表

---

① 张栻：《答吴晦叔》第一书，《新刊南轩先生文集》卷一九，《张栻集》，第 1054 页。
② 张栻：《存斋记》，《新刊南轩先生文集》卷一一，《张栻集》，第 931 页。
③ 张栻：《扩斋记》，《新刊南轩先生文集》卷一一，《张栻集》，第 934 页。
④ 张栻：《太极图说解义》，《张栻集》，第 1606 页。

现，它们无不为太极所统摄、涵具。这一方面表明太极本体具有生化二气五行万物之功用，另一方面则意味着二气五行万物之用皆根源于太极之体。张栻所说的"只于不息验端倪，太极分明涵万象"①，即是在发明太极本体必涵能动创生作用之义；而所谓"太极立，则天地、日月、四时、鬼神之理其有外是乎？故无所不合也，则以其一太极而已矣"②，即可以表明万事万物皆本于太极而产生。由此即彰显出太极本体的活动性及其本源性地位。

对张栻而言，一方面，太极具有生生不已之功用，必然产生二气五行万物，二气五行万物皆以太极为本原；而另一方面，太极就存在于二气五行万物之中，二气五行万物各都完整地涵具一太极。他说："五行生质虽有不同，然太极之理未尝不存。"③又说："既曰物莫不皆有太极，则所谓太极者，固万物之所备也。惟其赋是气质而拘隔之，故物止为一物之用，而太极之体则未尝不完也。"④在他看来，天地万物的形质或所禀之气虽存在种种差异，但无一不完整地涵具太极本体，即便是那些禀气昏浊之物也同样如此。针对有人所认为的"天命独人有之，而物不与焉"的看法，张栻批评道：

> 为是说者，但知万物气禀之有偏，而不知天性之初无偏也；知太极之有一，而不知物物各具太极也。故道与器离析，而天地万物不相管属，有害于仁之体矣，谓之识太极可乎？不可不察也。⑤

对他而言，太极作为宇宙万有之本原，必然普遍地存在于万事万物之中，而万事万物也都必然涵具太极本体。若以为人备具太极而物不备具太极，则是只知万物之气禀有偏却不知其天性（太极）本来无偏，只知太极本体为一却不知天地万物各都涵具一太极。这也就是割裂了太

---

① 张栻：《春风楼上梁文》，《张栻集》，第1495页。
② 张栻：《太极图说解义》，《张栻集》，第1608—1609页。
③ 同上书，第1606页。
④ 张栻：《答周允升》，《新刊南轩先生文集》卷三一，《张栻集》，第1234页。
⑤ 张栻：《答胡伯逢》，《新刊南轩先生文集》卷二九，《张栻集》，第1211页。

极与天地万物之间的内在统一性,而没有认识到太极体用相涵的真实意蕴。

二、性气论

既然张栻主张太极即性,那么他的性气论与其太极论一定是内在贯通的。既然他在太极论中强调太极之体与二气五行万物之用相依互涵、一体不二,则亦必然在性气论中力主性之体与气之用相即互摄、一体不离。

在性气论中,张栻以性为本体,以气为性体发用流行之具体表现,十分强调二者的辩证统一性。在他看来,一方面,性为气之本,故气不离于性;另一方面,性由气来显现,且性即在气之中,故性亦不离于气。性与气乃是相依不离、互为一体的关系。"性"是宇宙万有之本根,那么"气"作为宇宙万有也就必当以性为其本原,自不可离于性而存在。同时张栻又指出,性就体现并内在于气之中,并不离于气而别有所在。他说:"观天下之物,就其形气中,其生理何尝有一毫不足者乎? 此性之无乎不在也。"[1]"盖如饥食渴饮、手持足履之类,固莫非性之自然形乎气体者也。"[2]这就是认为,性普遍地存在于天地万物的形气之中,而并不在一切形气之外,并且性是通过气来显现其自身的。由此,性气之间必定相互依存、相互统一而不可分割。

张栻对性气之间的辩证统一关系的发明,充分体现在其"性体气用""性一气殊"的思想当中。他说:

> 论性之本,则一而已矣;而其流行发见,人物之所禀,有万之不同焉。盖何莫而不由于太极,何莫而不具于太极,是其本之一也。然有太极则有二气五行,絪缊交感,其变不齐,故其发见于人物者其气禀各异,而有万之不同也。虽有万之不同,而其本之一者亦未尝

---

[1] 张栻:《答胡伯逢》,《新刊南轩先生文集》卷二九,《张栻集》,第 1211 页。
[2] 张栻:《南轩先生孟子说》卷七,《张栻集》,第 595 页。

不各具于其气禀之内。故原其性之本一，而察其流行之各异；知其流行之各异，而本之一者初未尝不完也，而后可与论性矣。故程子曰："论性而不论气，不备；论气而不论性，不明。"盖论性而不及气，则昧夫人物之分，而太极之用不行矣；论气而不及性，则迷夫大本之一，而太极之体不立矣。用之不行，体之不立，焉得谓之知性乎？异端之所以贼仁害义，皆自此也。[1]

在他看来，性之体是一，而性体之流行发见（即人、物所禀之气）千差万别。性之体之所以为一，乃在于性体（即太极）是宇宙万有之本原，天地间禀气不同的万事万物无不根源于性体、统摄于性体；而性体之所以有万殊之表现，则是因为性体具有不已的活动性，其流行发用、变化万端，从而使得人、物所禀之气产生种种差异。张栻又进一步指出，虽然人物所禀之气存在各种差异，但作为大本的性体始终备具于不同的气禀之中。由此，论性必及气，论气必及性，唯有深明性气之间相涵相依、互动互成的一体关系，方能确当把握"性"的真实义涵。否则，如果只是认识到性之本为一，而不知性之流行发见各异，那么就无法辨明人物之间的分别，如此性之用便无从显现，性即成为无用之体；同样，如果只知万物之气禀存在种种差异，而没有认识到万物之本原为一，那么就是不明性之大本，如此性之体便无从挺立，气即成为无体之用。[2] 这两种情况无疑都割裂了性体与气用之间的统一性，只是看到其中一面，而没有真正明识性体气用相须相涵之义。可见，张栻颇为注重性体与气用之间的相互统一关系。

三、道器论

道器关系问题发端于《周易·系辞》，涉及形上世界与形下世界之关

---

① 张栻：《南轩先生孟子说》卷六，《张栻集》，第 540 页。
② 对于张栻理学中的性气关系问题，蔡方鹿、杨柱才等学者皆有探讨，但主要不是从体用论的角度立意。参见蔡方鹿：《一代学者宗师：张栻及其哲学》，第 83—84 页，成都，巴蜀书社，1991；杨柱才：《张栻太极体性论》，第 61—62 页，《船山学刊》2014 年第 1 期。

系等基本哲学问题,历来备受中国古代思想家们的关注。张栻通过阐释
《周易·系辞上》"形而上者谓之道,形而下者谓之器"这一命题,也对道
器关系问题提出了自己的看法。其道器论的重要特点是,在肯定道器之
间存在形上、形下之分别的基础上,着重强调道与器相互依存、相互成就
的一体性。这与其太极论和性气论中的立场是根本一致的。张栻说:
"知太极之有一,而不知物物各具太极也。故道与器离析,而天地万物不
相管属,有害于仁之体矣。"①据此可知,道即太极(体),器即天地万物
(用),于是道器关系也就是太极与万物相须相涵的关系。②

张栻论道器关系,在肯定道器之差异性的前提下,着重凸显二者的
内在统一性。他说:"形而上曰道,形而下曰器,而道与器非异体也。"③形
而上者称之为道,形而下者称之为器,道与器虽存在形上、形下之分别,
但二者并非截然分割、彼此孤立,而是相互依存、一体不离的。而道器之
间何以具有这样一种统一性,以及这种统一性又是如何体现的? 这可以
通过张栻的以下论述来加以认识:

> 道不离形,特形而上者也;器异于道,以形而下者也……离形以
> 求道,则失之恍惚,不可为象,此老庄所谓道也,非《易》之所谓道也。
> 《易》之论道、器,特以一形上下而言之也。然道虽非器,礼乐刑赏,
> 是治天下之道也;礼虽非玉帛,而礼不可以虚拘;乐虽非钟鼓,而乐
> 不可以徒作。刑本遏恶也,必托于甲兵,必寓于鞭扑;赏本扬善也,

---

① 张栻:《答胡伯逢》,《新刊南轩先生文集》卷二九,《张栻集》,第 1211 页。
② 蔡方鹿先生对张栻的道器观早有讨论,他指出:"张栻哲学的道,一方面作为宇宙的本体……
　与物的关系是本体与作用、本原与派生的纵向联系;另一方面,道作为天地万物的规律,与器
　(物)范畴相联系,道器一体,不相分离,但道以器为存在的前提,有了具体事物(器),才有了
　具体事物之道(规律),舍器则无所谓道。张栻道器关系说是从他道为事物规律的思想逻辑
　演变而来的理论,这是张栻有别于朱熹哲学道论的地方……张栻在论述道器关系时所说的
　道,是指事物规律、规则之道,而不是宇宙本体之道,这是特别需要加以指出的。"(蔡方鹿:
　《一代学者宗师:张栻及其哲学》,第 89 页。)笔者认为,根据张栻所云"知万物气禀之有偏,而
　不知天性之初无偏也;知太极之有一,而不知物物各具太极也。故道与器离析,而天地万物
　不相管属"可知,其道器论中的"道"仍具有宇宙本体的意义。道即太极,是体是本;器即天地
　万物,是用是末。显然,道具有本源性的地位。
③ 张栻:《南轩先生论语解》卷五,《张栻集》,第 181 页。

> 必表之以旂常,必铭之以钟鼎。是故形而上者之道讬于器而后行,
> 形而下者之器得其道而无弊。①

在这里,张栻首先抓住"形"这一勾连"形而上者"与"形而上者"的中介语词,来显明道器之间的辩证统一性。他认为,《周易》论道器,特别以"形"上与"形"下来加以言说,即在于强调道器的不可分割性。道不离于"形",只是"形"而上者而已;器不同于道,也只是"形"而下者而已。道和器既以"形"上、"形"下来加以区分,同时又通过"形"而获得其内在关联性,二者都不可脱离于"形"而论。当然,这主要是从名言概念上来说,其实质意义乃在于凸显道器之间的内在一体性,强调"道"就体现于、内在于"形""器"之中,并不离于"形""器"而别有所在。"形""器"在张栻的思想中都是就形而下的具体事物而言,也是指代现实世界。他说:"夫乾坤者,生成万物之体也;变化者,乃乾坤生化万物之用也。其覆载范围之中可得而见者谓之象也,可指其形者谓之器也。"②这就是将天地间一切有形的具体事物皆视之为"器"。另外,张栻也将"形""器"二字连言以指称形而下的具体事物,所谓"太极之体各全于其形器之内"以及"扫去形而下者而自以为在形器之表"③,即是如此。因而"道不离形"即是指"道不离器",意在表明道就存在于现实世界之中,而并不在现实世界之外。这也就在于指出,道既具有超越性和普遍性,同时又是具体而真实的,绝非抽象空洞、虚无缥缈之物。④ 张栻以"道不离形"来推明儒家的根本精

---

① 张栻:《系辞上》,《南轩易说》卷一,《张栻集》,第 25 页。

② 同上书,第 18 页。

③ 张栻:《答彪德美》,《新刊南轩先生文集》卷二五,《张栻集》,第 1140 页。

④ 向世陵指出:"张栻将'形'的概念严格化了。'上下'既然只能依形而判,否定了形也就根本无从谈上下之分。离开形象去求道,也就只能是老庄的虚无恍惚之道,而不可能是《周易》亦即儒家的实在确定之道。他以为,《周易》论道器,专门立足于'形'来谈上下,道理就在儒家之'形'从来就是以丰富充实的内容为前提的,绝非空洞虚无之形。"(向世陵:《理学与易学》,第 99 页,长春,长春出版社,2011。)苏铉盛认为:"他(张栻—引者注)在道和器之间还要设一个'形'这个中介概念,其目的是区别老庄之道和《易》之道之间的不同。由此他想强调所谓'道'者系存在于'现在这个世界之内'。我们无法怀疑现在这个世界的实在性,伦理价值和其他丰富意义。这是儒家哲学的存在论的理论基础。"(苏铉盛:《张栻哲学思想研究》,第 139 页,北京大学 2002 年博士学位论文。)

神,并据此以批评老庄之道的虚无。他说"离形以求道,则失之恍惚,不可为象",即是在指斥老庄之道超离于现实世界的空洞虚浮之弊失。而由此所凸显的正是儒家之道直面现实生活的本质和积极入世的精神。

张栻不仅通过"道不离形"之说来发明道即在器、道不离器之义,而且借助对"礼、乐、刑、赏"之道与"玉帛、钟鼓、甲兵、鞭扑、旂常、钟鼎"等具体器物之关系的讨论来阐明道器一体的原因。在他看来,道虽然不是器,但礼、乐、刑、赏都是治理天下之道,也就是说,要由道以治理天下,就必须采取礼、乐、刑、赏等方面的举措,并且礼、乐、刑、赏作为治天下之道须依赖于具体器物实现来说明。基于此,张栻总结道:"是故形而上者之道讬于器而后行,形而下者之器得其道而无弊。""在道不泥于无,在器不堕于有,微妙并观,有无一致。"①可见,在他看来,道器之间必定是相互依待、相互成就而一体不二。

当然,张栻在此主要是强调道不可离于器,而对于器不可离于道未加详细论析。关于器不离道的方面,可以用《南轩先生论语解》和《南轩先生孟子说》中的相关论述来加以说明。如张栻曰:"玉帛固所以行礼也,钟鼓固所以为乐也。谓玉帛钟鼓为非礼乐则不可,然礼乐岂止乎玉帛钟鼓之间哉? 得其本,则玉帛钟鼓莫非吾情文之所寓,不然,特虚器而已。"②又曰:"有其本,而后法制不为虚器也。"③这里的"本"是指道或仁道,玉帛钟鼓之于礼乐,法制之于为政治国,只有得其道或合于道,才真正成为道的表现与落实,才能实现其应有的价值和意义,否则就只是徒有形式而无实质的虚器。这就表明,器必须以道为本,不可离于道而存在。

总之,在天道论中,无论是其太极说,还是其性气论和道器观,张栻都十分强调天道本体的根源性与活动性,以及形上天道与形下事物之间

---

① 张栻:《系辞上》,《南轩易说》卷一,《张栻集》,第 25 页。
② 张栻:《南轩先生论语解》卷九,《张栻集》,第 279 页。
③ 张栻:《南轩先生孟子说》卷二,《张栻集》,第 379 页。

相依互涵、相即互摄的辩证统一性。另外,主张以太极解性,以性释太极,将太极与性互诠互释、直通为一,也是张栻天道论的重要特点。

第二节　心性论

张栻心性论的一个核心观点即是"心主性情"。这一观点,从哲学史的角度而言,乃是张栻对张载"心统性情"①之论、程颐"心一也,有指体而言者,有指用而言者"②和"自性之有形者谓之心,自性之有动者谓之情"③之说、胡宏"性体心用"④和"心妙性情之德"⑤之观念的吸收、融会与改造;而从张栻理学发展的内在逻辑来讲,则主要是其"太极即性"的天道论思想在心性论中的推演和贯彻。在天道论中,张栻以性解太极、以太极论性,将"太极"诠释为一个统摄、赅贯性之体与性之用(或形上之性与形下之气)的范畴。⑥ 又因在张栻看来,"太极"内在于人即为"心",心体即太极,所以其天道论之太极统赅性气或性之体用的观念下落到心性论之中,则必然表现为"心"对性(体)、情(用)二者的主宰和赅贯,即必然推演出"心主性情"的思想。此一思想与朱子的"心统性情"之论有所不同,它蕴含着张栻对"心""性""情"之义涵及其相互关系的较为独到而深

---

① 张载曰:"心统性情者也。有形则有体,有性则有情。发于性则见于情,发于情则见于色,以类而应也。"(《性理拾遗》,《张载集》,第 374 页。)

② 程颢、程颐:《伊川先生文五·与吕大临论中书》,《河南程氏文集》卷九,《二程集》上册,第 608 页。

③ 程颢、程颐:《伊川先生语》十一,《河南程氏文集》卷二五,《二程集》上册,第 318 页。

④ 胡宏曰:"非圣人能名道也,有是道则有是名也。圣人指明其体曰性,指明其用曰心。性不能不动,动则心矣。"(《胡宏集》附录一《宋朱熹胡子知言疑义》,第 336 页。)

⑤ 胡宏曰:"诚成天下之性,性立天下之有,情效天下之动,心妙性情之德。性情之德,庸人与圣人同,圣人妙而庸人所以不妙者,拘滞于有形而不能通尔。"(《知言·事物》,《胡宏集》,第 21 页。)

⑥ 张栻云:"盖论性而不及气……太极之用不行矣;论气而不及性……太极之体不立矣。用之不行,体之不立,焉得谓之知性乎?"(《南轩先生孟子说》卷六,《张栻集》,第 540 页。)据此可知,"太极"与"性"必然涵具体用两面。就"太极"而言,可以说它统摄、兼赅性之体与性之用或者说形上之性(体)与形下之气(用)。在此,"气"是指性体本身之流行发用。

刻的理解和把握。[①]

一、"心"之义涵

"心"乃张栻理学中的一个核心范畴,主要涵具着"本体"义、"道德"义和"主宰"义。

(一)"心"之"本体"义

"心"在张栻的理学中,与"太极""道""理""性"诸范畴"所取则异,而体则同"[②],具有本体性的意义。张栻云:"人受天地之中以生,有是心也。"[③]又云:"人皆有良心,能存而养之,则生生之体自尔不息。"[④]他认为,人皆先天本有此心,此心乃生生不已的本体,唯有力行存养功夫,才能使人皆固有的生生不已之本心常存不息。本心之为"生生之体",在张栻看来,实则是作为"所以生生者"的"太极"在人身上的体现与落实,易言之,太极本体内在于人,即成就人之本心。就此而言,人心即太极。张栻云:

> 太极混沦,生化之根,阖辟二气,枢纽群动。惟物由乎其间而莫之知,惟人则能知之矣。人之所以能知者,以其为天地之心,太极之动,发见周流,备乎己也。然则心体不既广大矣乎? 道义完具,事事物物无不该(赅)、无不遍者也。[⑤]

这就指出,太极是天地万物产生的根源,是天地万物存在及运化的根据。只是物生于其中,却不自知其所从来,而人则能觉知其得以生化之本源。

---

① 前人有关张栻心性论的研究,可参见蔡方鹿:《一代学者宗师:张栻及其哲学》,第 79—81、135—140 页;陈谷嘉、朱汉民:《湖湘学派源流》,第 223—230 页,长沙,湖南教育出版社,1992;苏铉盛:《张栻哲学思想研究》,北京大学 2002 年博士学位论文,第 87—115 页;曾亦:《本体与工夫——湖湘学派研究》,第 233—261、281—288 页,上海,上海人民出版社,2007;张琴:《论张栻理学体系的逻辑结构》,《中国哲学史》2014 年第 2 期,第 72—75 页;等等。
② 张栻:《南轩先生孟子说》卷六,《张栻集》,第 585 页。
③ 张栻:《送曾裘父序》,《新刊南轩先生文集》卷一五,《张栻集》,第 989 页。
④ 张栻:《南轩先生孟子说》卷六,《张栻集》,第 549 页。
⑤ 张栻:《扩斋记》,《新刊南轩先生文集》卷一一,《张栻集》,第 934 页。

人之所以能体认、明识太极本体,主要在于人为天地之心,太极之体完整地涵具于或内在具足于人之本心。在这里,太极内在于人心,则使本体主体化;而人心具足太极,则使主体本体化。既然主体与本体相融为一,那么就可以说心体即太极,二者同为既超越而又内在的本体性范畴。因此,"张栻是主张'心'为体的,'心'与'太极''性''理'等范畴一样,具有宇宙本体的意义"①。当然,"心"在张栻的理学中,不仅具有宇宙本体的意义,且更具有道德本体的内涵。

(二)"心"之"道德"义

张栻以"仁"规定"心"的内涵,认为"心"的实质即"仁"。他说:"人之心,其德亦有四云云,而统言之,则仁为人之心。"②这就是指出,人之心即仁心,内在具足道德义涵,乃纯粹至善的道德本心。张栻反复论说此意:

> 仁者心之所为妙也。③

> 仁者天地之心,天地之心而存乎人,所谓仁也。④

> 仁,人心也。人皆有是心,放而不知求,则其本不立矣。⑤

> 夫人之心,天地之心也,其周流而该遍者,本体也。在乾坤曰元,而在人所以为仁也。⑥

在张栻看来,人之心即天地之心亦即仁,此心内含万德,乃一切道德和价值的根源。此心既为万德生发之根源,则由其所直接显发者必为善。此种善性或道德性乃是人心所先天本具或内在固有的,而绝非由后天外力所强加。所以,张栻说道:"义理素具于人心……人心本无不善。"⑦

当然,张栻不仅要强调人心本善的观念,而且要凸显出此仁心善心

① 陈谷嘉:《张栻与湖湘学派研究》,第29页,长沙,湖南教育出版社,1991。

② 张栻:《答朱元晦秘书》第九书,《新刊南轩先生文集》卷二○,《张栻集》,第1069页。

③ 张栻:《送曾裘父序》,《新刊南轩先生文集》卷一五,《张栻集》,第989页。

④ 张栻:《洙泗言仁序》,《新刊南轩先生文集》卷一四,《张栻集》,第970页。

⑤ 张栻:《南轩先生孟子说》卷四,《张栻集》,第482页。

⑥ 张栻:《桂阳军学记》,《新刊南轩先生文集》卷九,《张栻集》,第888页。

⑦ 张栻:《南轩先生孟子说》卷六,《张栻集》,第547页。

对于人道的根本性价值和意义。他说："仁者，人也。仁谓仁之理，人谓人之身。仁字本自人身上得名，合而言之，则人而仁矣，是乃人之道也。"①在他看来，"仁"即是人之道，是人之所以为人的本质规定性。因"仁"即"人之心"，故决定人之所以为人者即在于人之本心。张栻云："人与万物同乎天，其体一也，禀气赋形则有分焉。至若禽兽，亦为有情之类，然而隔于形气，而不能推也。人则能推矣。其所以能推者，乃人之道，而异乎物者也，故曰几希，言其分之不远也。人虽有是心，而必贵于能存，能存而后人道立。不然，放而不知求，则与庶物亦奚以异哉?"②人与万物皆根源于天，本来同体同源，只是因为禀气赋形的不同，所以才产生人、物之分别。人之所以为人而异于他物的根本，即在于人皆有其心能够尽其人之性。当然，人人虽都有可以尽性之心，但唯有存养得本心者，才能够尽其性，从而实现人道、挺立人之所以为人之根本；如果放失其本心而不知求，则必然失却其为人之根本从而沦为一物。这样，挺立人道的关键就落在了存养本心的功夫上。

（三）"心"之"主宰"义

张栻论"心"，承续其师胡宏"心也者，知天地，宰万物以成性"③之说，尤为强调"心"的主宰作用，对"心"之"主宰"义多有阐发。这一点贯穿于其整个理学之中。他在《潭州重修岳麓书院记》中说："仁，人心也，率性立命，知天下而宰万物者也。"④又于《存斋记》云："惟人全夫天地之性，故有所主宰而为人之心，所以异乎庶物者，独在于此也。"⑤张栻认为，人之心具有"率性立命"、主宰天地万物之大用，而这正是人之所以为人而异于物的根本所在。可见，他是以是否具有能作主宰的"心"来从根本上区分人与物的，即以主宰性的"心"规定人的本质。在张栻看来，"心"的主

① 张栻：《南轩先生孟子说》卷七，《张栻集》，第632页。
② 张栻：《南轩先生孟子说》卷六，《张栻集》，第483页。
③ 胡宏：《宋朱熹胡子知言疑义》，《胡宏集》附录一，第328页。
④ 张栻：《潭州重修岳麓书院记》，《新刊南轩先生文集》卷一〇，《张栻集》，第900页。
⑤ 张栻：《存斋记》，《新刊南轩先生文集》卷一一，《张栻集》，第931页。

宰性主要体现在以下三个方面：

其一，心主宰万事万物及其所以然之理。张栻云："心宰事物。"①"事有万变，统乎心君。"②"心也者，万事之宗也。"③这些无疑是在强调心对万事万物具有统摄、主宰作用。而心之所以能主宰万事万物，乃是因为心统摄、赅贯万事万物之所以然之理。张栻在《敬斋记》中说：

> 天下之生也久矣，纷纭轇轕，日动日植，变化万端。而人为天地之心，盖万事具万理，万理在万物，而其妙著于人心。一物不体则一理息，一理息则一事废。一理之息，万理之紊也；一事之废，万事之堕也。心也者，贯万事，统万理，而为万物之主宰者也。④

对张栻而言，天地之间的万事万物皆各有其理，理即是事事物物之所以然，即是万事万物存在及运化的根本原则，⑤万事万物都应当本于其所以然之理而去流行、运化。又在张栻看来，此具有客观性、规范性的事事物物之理并不超离于人心之外，而是内在于人之本心的。也就是说，人之本心统摄、赅贯万理，即内在具足万事万物之所以然之理。

其二，心主宰性。张栻云："理之自然，谓之天命，于人为性，主于性为心。"⑥又云："主宰处便是心，故有主于性、主于身之言。"⑦显然，对他而言，心具有主宰性的作用，并且也只有心才能够主宰性。

在张栻的理学中，"性"既具有宇宙本体的意义，同时又是指人与物所共同具有的纯粹至善之本性。在张栻看来，"人与物均本于天而具是性"⑧，并且"性无有不善"⑨。他所强调的心对性的主宰作用，主要可以

---

① 张栻：《敬简堂记》，《新刊南轩先生文集》卷一二，《张栻集》，第 947 页。
② 张栻：《敬斋铭》，《新刊南轩先生文集》卷三六，《张栻集》，第 1309 页。
③ 张栻：《静江府学记》，《新刊南轩先生文集》卷九，《张栻集》，第 881 页。
④ 张栻：《敬斋记》，《新刊南轩先生文集》卷一二，《张栻集》，第 938 页。
⑤ 张栻云："事事物物，皆有所以然。其所以然者，天之理也。"（《南轩先生孟子说》卷六，《张栻集》，第 558 页。）
⑥ 张栻：《南轩先生孟子说》卷六，《张栻集》，第 585 页。
⑦ 张栻：《答胡伯逢》，《新刊南轩先生文集》卷二九，《张栻集》，第 1211 页。
⑧ 张栻：《南轩先生孟子说》卷七，《张栻集》，第 588 页。
⑨ 同上书，第 596 页。

从以下三个方面来把握:首先,心主宰性旨在尽性、成性。对张栻而言,虽然人和万物都具有纯粹至善之本性,但只有人才能自知自觉其道德本性的存在,并能将其道德本性充分地实现出来。何以人能够如此而物不能呢? 此中关键即在于人有"虚明知觉之心""以推之",从而"万善可备,以不失其天地之全"①,此中"虽然,所以成性而立命者何欤? 一则不谓性,一则不谓命,而心之道行乎其中矣,非知仁者其孰能明之?"②也就是说,正因为人有虚明之心,所以能够尽其性、全其性,并且张栻认为只有通过其"心"之自觉能动作用,才能把客观潜存的善性充分地实现出来,亦即性体必须通过心体的能动作用来彰显、实现。因此,他力倡心主宰性的观念,首先即是从成性、尽性的意义上来把握的。其次,心主宰性意在表明本心能够统摄、兼赅性之体用两面。这一点主要体现在张栻"心主性情"的观念中,如他说:"此性情之所以为体用,而心之道则主乎性情者也。"③在此,性与情互为体用关系,即性为情之体,情为性之用,而心则是"主乎性情者也"。所谓心"主乎性情",也就是指心统贯、兼摄性体与情用两面。对于这一点,后文再详述。最后,心主宰性是指心对性体在与外物相交接过程中的流行发用加以引导、规约、调节和控制,使之能够发而中节。这主要是为了防止人性在感物而动的过程中被情欲所陷溺以致流于恶这种情况的发生。张栻云:

> 性不能不动,感于物则动矣,此亦未见其不善,故曰"性之欲",是性之不能不动者然也。然因其动也,于是而始有流为不善者。盖物之感人无穷,而人之好恶无节,则流为不善矣,至此则岂性之理哉,一己之私而已……譬诸水,泓然而澄者,其本然也,其水不能不流也,流亦其性也;至于因其流激,汩于泥沙,则其浊也,岂其性哉!④

---

① 参见张栻《南轩先生孟子说》卷六,《张栻集》,第 539 页。
② 张栻:《答吴德夫》,《新刊南轩先生文集》卷三一,《张栻集》,第 1245—1246 页。
③ 张栻:《仁说》,《新刊南轩先生文集》卷一八,《张栻集》,第 1032 页。
④ 张栻:《答吴晦叔》第八书,《新刊南轩先生文集》卷一九,《张栻集》,第 1059—1060 页。

在他看来,人之性不能不与外物相交感,在与外物相交感的过程中又必然会作用发动而产生情。若人性感物而动之时,人不能发挥其心之主宰作用加以范导、节制,则性之动(即情)必然泛滥而不可止息,以致良心善性被陷溺、遮蔽,恶便由此产生。所以,须于人性感物而动之际,以心主性来掌控性体之流动发用,从而令其发而中节,以防止恶的产生。

其三,心主宰气。张栻以"心"为形而上者,以"气"为形而下者,主张以形而上之"心"主宰形而下之"气",如此则心有主而不被气牵扰、移易。他说:"口、耳、目丽乎气,故有形者皆得其同,而心则宰之者也,形而上者也。"①又说:"心为之主,则耳目不能以移,有以宰之故也。"②张栻之所以主张以心宰气,亦因为在他看来,"心"乃人之所以为人之大且贵者,而"气"则为人身之小且贱者。张栻指出:

> 人有是身……欲考察善不善之分,则在吾身所取者何如耳。所取有二端焉,体有贵贱、有小大是也。以小害大,以贱害贵,则是养其小者,所谓不善也。不以小害大,不以贱害贵,则是养其大者,所谓善也。何以谓大且贵?人心而已。小且贱则血气是已。血气亦禀于天,非可贱也,而心则为宰之者也。不得其宰,则倍天遁情,流为一物,斯为可贱矣。③

这就是说,人之一身,心、气俱存,心乃人身之贵且大者,而气乃人身之贱且小者,养其大且贵者为善,养其小且贱者为不善。人若能养其大者,以心主宰血气之流动,使其发而中节,则禀受于天之血气亦不可贱;若养其小者,以致血气无心加以主宰而妄动乱发,则血气即因其遁天悖情而流于一物,此时则可贱。所以,在张栻看来,人必须以心宰气,令情气之流动时时发而中节,才能守得住人之根本,成就人之所以为人之大且贵者。

---

① 张栻:《南轩先生孟子说》卷六,《张栻集》,第 548 页。
② 同上书,第 558 页。
③ 同上书,第 557 页。

二、"性"之义涵

张栻论"性",第一,他主张性本论,以性为天地万物存在及运化的本原根据。第二,他坚持彻底的性善论,认为人、物皆本具天命之性,人性、物性之本然都是纯粹至善的。

(一)"性"之"本体"义

张栻理学"性"范畴的第一层含义,即宇宙万有存在及运化之本原根据。这显然是对其师胡宏思想的继承。胡宏论"性","性"乃天下之大本,是宇宙万有之本原,他说:"天命之谓性。性,天下之大本也。"①张栻承继其师之说,亦以"性"为宇宙万有之本根,他称:"有是性,则具是形以生。"②"天命之谓性,万有根焉。率性之谓道,万化行焉。"③"天命之谓性者,大哉乾元,人与物所资始也。"④显然,在这些论述中,张栻都是将"性"视为天地万物产生的根源及其存在和运化的根据。另外,在天道论中,张栻以"性"解太极,主张太极即性,将太极与性互诠互释、融贯相通,也可以充分表明他所谓"性"具有宇宙本体的意义。

(二)"性"之"道德"义

张栻不仅以"性"为宇宙本体,而且主张性善论,认为人和万物皆具有善性,人性、物性都是纯然至善的。由此,"性"作为纯粹至善之道德本性便是张栻所谓"性"的另一层含义。

张栻尤为重视性善之义。他说:"善也者,根于天性者也。"⑤又说:"原性之理,无有不善,人物所同也。"⑥又说:"太极动而二气形,二气形而万物化生,人与物俱本乎此者也。原物之始,亦岂有不善者哉!其善者

---

① 黄宗羲原本,全祖望补定:《五峰学案》,《宋元学案》,第 1370 页。
② 张栻:《南轩先生孟子说》卷七,《张栻集》,第 614 页。
③ 张栻:《南轩先生孟子说》卷四,《张栻集》,第 490 页。
④ 张栻:《答胡伯逢》,《新刊南轩先生文集》卷二九,《张栻集》,第 1211 页。
⑤ 张栻:《南轩先生孟子说》卷四,《张栻集》,第 458 页。
⑥ 张栻:《南轩先生论语解》卷九,《张栻集》,第 275 页。

天地之性也。"①在他看来，天性本然纯粹至善，无论人还是万物，皆本具此纯然至善之性。既然如此，那么为何往往只言人性善而不言物性善呢？他指出：

> 原人之生，天命之性，纯粹至善，而无恶之可萌者也……何独人尔？物之始生，亦无有不善者，惟人得二气之精，五行之秀，其虚明知觉之心有以推之，而万善可备，以不失其天地之全，故性善之名独归于人，而为天地之心也。②

> 而孟子道性善，独归之人者何哉？盖人禀二气之正，而物则其繁气也。人之性善，非被命受生之后，而其性旋有是善也。性本善而人禀夫气之正，初不隔其全然者耳。若物则为气所昏，而不能以自通也。③

张栻认为，虽然人与万物之性皆本即纯粹至善，但是因为人所禀受的是精气、秀气、正气，有虚明知觉之心可以尽性，能得其纯然至善之天性全体，而物所禀受的是昏气、浊气，往往为气所障蔽而不能尽其本然至善之性，所以一般只言人性善而不言物性善。张栻虽然明确肯定了物性本善，但他的性善论显然主要是针对人而言的。

在张栻看来，不仅人与物之间所禀之气有不同，而且人与人之间禀气也有清浊、厚薄、刚柔等差异。他说："气之在人在物固有殊矣，而人之气禀亦有异乎。"④"论性之存乎气质，则人禀天地之精，五行之秀，固与禽兽草木异。然就人之中不无清浊厚薄之同，而实亦未尝不相近也，不相近则不得为人之类矣。"⑤正因为人之禀气存在各种差异，所以才使得现实中人往往有智愚、贤不肖之别，有为善、为恶之差殊。由此张栻将现实中种种不善或恶存在的根源归结于人之气禀或形体，他

---

① ③ 张栻：《存斋记》，《新刊南轩先生文集》卷一一，《张栻集》，第 931 页。
② 张栻：《南轩先生孟子说》卷六，《张栻集》，第 538—539 页。
④ 张栻：《南轩先生孟子说》卷六，《张栻集》，第 541 页。
⑤ 张栻：《南轩先生论语解》卷九，《张栻集》，第 275 页。

说："然人之有不善，何也？盖有是身，则形得以拘之，气得以汩之，欲得以诱之，而情始乱，情乱则失其性之正，是以为不善也。"①人之所以有不善，是因为人皆本有其身，有身则有形、气、欲、情，这些虽为人所固有，但是人往往容易受到形体之拘束、气禀之汩没、私欲之诱惑、情感之迷乱，于是丧失其性之正、遮蔽其性之本然，所以才导致现实中恶或不善的发生。

张栻一方面把现实中之不善或恶的根源归结于气禀，同时他又一再强调性之本然是纯粹至善的，现实中的一切恶绝非性之本恶。他说：

> 性无有不善，其为善而欲善，犹水之就下然也。若所谓不善者，是其所不为也，所不欲也。②

> 然人之有不善……岂性之罪哉？告子以水可决而东西，譬性之可以为善，可以为不善，而不知水之可决而东西者，有以使之也。性之本然孰使之邪？故水之就下，非有以使之也，水之所以为水，固有就下之理也。若有以使之，则非独可决而东西也，搏之使过颡，激之使在山，亦可也，此岂水之性哉？搏激之势然也。然搏激之势尽，则水仍就下也，可见其性之本然而不可乱矣。故曰：人之可使为不善。然虽为不善，而其秉彝终不可殄灭，亦犹就下之理不泯于搏激之际也。③

在张栻看来，人有不善并不是因为人性之不善，性本即是纯粹至善之性，为善和欲善乃性之本然，而不善或恶是性之所不为、所不欲者。天命之性即性之本然，若依顺性之本然而为，即无所为而然，则可得其性情之正而为善；若悖逆性之本然而为，即有所为而然，则必然失其性情之正而为恶。张栻始终强调天命之性或性之本然是纯粹至善的，而且此善并非善恶相对之善，乃是超越于一切道德伦理价值之上的绝对至善，而善恶相

---

①③ 张栻：《南轩先生孟子说》卷六，《张栻集》，第 539 页。
② 同上书，第 596 页。

对只是就气禀之性来说。所谓"善固性也,恶亦不可不谓之性也"①"谓恶亦不可不谓之性者,言气禀之性也"②,即是在点明此意。可见,张栻实际上是把"性"区分为天命之性和气禀之性,认为天命之性纯然至善,而气禀之性则有善有恶。他说:"夫血气固出于性,然因血气之有偏而后有不善,不善一于其偏也。故就气禀言之,则谓善固性也,恶亦不可不谓之性也则可;即其本源而言之,则谓不善者性之所不为,乃所以明性之理也。"③可见,血气根源于性,其本身无所谓善恶。所谓不善,乃是因为血气之偏所致,若血气得正,则是为善。因此,相对之善恶是就气禀之性而言,恶只能就气禀之性上来说;若就性之本源即天命之性而言,则必然是纯粹至善而无恶之可萌,故不可于此言恶。

三、心与性之关系

心性关系在整个张栻的理学中大体可以从三个层面来把握:第一,就本体论的层面而言,张栻主张心即性,他说:"天也,性也,心也,所取则异,而体则同。"④第二,就工夫论的层面而言,张栻主张以心尽性、成性,注重通过"心"之自觉能动性的发挥来彰显、实现性体,他称"所以成性而立命者何欤? 一则不谓性,一则不谓命,而心之道行乎其中矣"⑤。第三,就心性论的层面而言,张栻力倡心主性情之论,强调心对性(情即性之用)的统摄、主宰作用。这正是张栻心性论的核心主张。

"心主性情"乃是张栻心性论的基本观念,在这样一种观念结构中,"心"为一方,"性""情"为另一方,双方之间的关系直接来讲就是一种"主"与"被主"的关系。由于在这里,"性"与"情"是体用的关系,即性为情之体、情为性之用,所以心、性、情三者之间的关系,乃是心性关系的一

①② 张栻:《南轩先生孟子说》卷六,《张栻集》,第 539 页。
③ 张栻:《答胡伯逢》,《新刊南轩先生文集》卷二九,《张栻集》,第 1211 页。
④ 张栻:《南轩先生孟子说》卷六,《张栻集》,第 585 页。
⑤ 张栻:《答吴德夫》,《新刊南轩先生文集》卷三一,《张栻集》,第 1245—1246 页。

种深化和拓展,归根结底仍然为心与性之关系。既然如此,那么要把握心、性、情之具体结构以及领会"心主性情"之真实义涵,就必须首先从性情关系的分析入手,然后再阐明心性之间的关系。

宋儒论性情关系大体上有两种路线:一种是沿着孟子"恻隐之心,仁之端也;羞恶之心,义之端也;辞让之心,礼之端也;是非之心,智之端也"的说法,就仁义礼智之性与四端之心论性情;另一种则是沿着《中庸》"喜怒哀乐之未发谓之中,发而皆中节谓之和"的说法,就喜怒哀乐之未发和已发论性情。张栻"心主性情"论中的性情关系主要是就前一种方式而言。

就人之性而言,张栻指出:"其所性之实,谓仁义礼智也,四者具于性而根于心,犹木之著本,水之发源,由是而生生不息也。"①在他看来,仁、义、礼、智即是人性固有的实质内容,此四者乃是万德之本、万善之源。这就意味着仁、义、礼、智四德具有本源性的意义。张栻说:"人均有是性,仁义礼智之体,无不完具于一性之内,天道初亦无所亏欠也。"②此处称"仁义礼智之体",也就是从根本的意义上来看待仁、义、礼、智四德。就此而言,人之所以为人之性即是指仁义礼智之性,亦即人所固有的道德本性。这也就是从道德本体的意义上来论"性"。

"情"在张栻的理学中有时指七情六欲之情,有时亦指四端之心。张栻将后一意义的"情"视为人之道德本性,即仁义礼智之性的直接呈现。他说:"情即性之发见也,虽有发与未发之殊,而性则无内外耳。"③这就是认为,"情"即是性体之发用、显现,虽然有未发与已发之别,但性必然是贯通未发已发而一体无间的。张栻指出:"虽然,恻隐、羞恶、恭敬、是非,其发见者也,以此为仁义礼智之体则未可,然固仁义礼智之端也。"④他认为,恻隐、羞恶、恭敬、是非四端之情只是仁义礼智之性的具体呈现,而并

① 张栻:《南轩先生孟子说》卷七,《张栻集》,第 599—600 页。
② 同上书,第 637 页。
③ 张栻:《答朱元晦秘书》第九书,《新刊南轩先生文集》卷二〇,《张栻集》,第 1070 页。
④ 张栻:《南轩先生孟子说》卷六,《张栻集》,第 546 页。

不直接就等同于仁义礼智之性本身。也就是说,仁义礼智之性与四端之情仍存在未发、已发或体、用之别,不可完全混同。当然,张栻在肯定性、情存在分别的基础上,又颇为强调二者的辩证统一性。

根据张栻对"性""情"的以上界定,可知性情必然是相须相成、一体不离的关系:一方面,性是情的根源,情须依性而立;另一方面,情是性的呈现,性须待情而显。这其实就是以仁义礼智之性为体,以四端之情为用,主张性体与情用相依相待、互动互成。张栻云:

> 人之性,仁、义、礼、智四德具焉:其爱之理则仁也,宜之理则义也,让之理则礼也,知之理则智也。是四者虽未形见,而其理固根于此,则体实具于此矣。性之中只有是四者,万善皆管乎是焉……惟性之中有是四者,故其发见于情,则为恻隐、羞恶、是非、辞让之端,而所谓恻隐者亦未尝不贯通焉。此性情之所以为体用,而心之道则主乎性情者也。①

在他看来,人之性本即涵具仁、义、礼、智四德,其爱之理即是仁,宜之理即是义,让之理即是礼,知之理即是智。这也就是从理体的意义上来把握人性固有的仁、义、礼、智四德,亦即以仁、义、礼、智四德为体,其显发出来则必然表现为恻隐、羞恶、辞让、是非四端之情。由此,仁义礼智之性与四端之情也就必定是体用的关系。

在此基础上,张栻又进一步通过"体用互为相须"之论来推明性情之间的辩证统一关系。他说:

> 仁义理知具于性,而其端绪之著见,则为恻隐、羞恶、辞让、是非之心。人之良心具是四者,万善皆管焉,外此则非性之所有,妄而已矣。人之为人,孰不具是性? 若无是四端,则亦非人之道矣。然分而论之,其别有四,犹四体然,其位各置,不容相夺,而其体用互为相须;合而言之,则仁盖可兼包也。故原其未发,则仁之体立,而义、

---

① 张栻:《仁说》,《新刊南轩先生文集》卷一八,《张栻集》,第 1031—1032 页。

礼、知即是而存焉；循其既发，则恻隐之心形，而其羞恶、辞让、是非亦由是而著焉。[1]

张栻指出，人皆本有仁义礼智之性，此性之发见即为恻隐、羞恶、辞让、是非四端之心。这是人之所以为人的根本所在。其中仁义礼智之性是未发之体，四端之心乃已发之用，即仁义礼智之性具体而真实的显现。对于这四德之体与四端之用，若分而论之，则四德与四端中的任何一者都有其独立的意义和价值，不容混淆，不可替代。但是它们又并非可以相离，而是处于互为相须、一体无间的关系当中。所谓"互为相须"是指：四德之体是四端之用得以生发的根源，四端之用是四德之体的具体呈现。若合而言之，则仁可以兼包四德，恻隐可以统摄四端。性体未发之时，仁之体立，则义、礼、智之德皆由此而存；性体已发之际，恻隐之心呈现，则羞恶、辞让、是非之心亦随之而彰显。而仁之所以能兼包四德，恻隐之所以能统摄四端，主要是因为仁即天地生物之心（生生之体），乃是一切道德和价值产生的根源。由此张栻说："所谓爱之理者，是乃天地生物之心，而其所由生者也。故仁为四德之长，而又可以兼能焉……所谓恻隐者亦未尝不贯通焉。"[2]

既然四德皆统摄于仁，四端皆统摄于恻隐之心，而恻隐之心又即仁体之发用，那么四德与四端也就全然归结为仁之体用。张栻曰：

> 夫其所以与天地一体者，以夫天地之心之所存，是乃生生之蕴，人与所公共，所谓爱之理者也。故探其本则未发之前，爱之理存乎性，是乃仁之体者也；察其动则已发之际，爱之施被乎物，是乃仁之用者也。体用一源，内外一致，此仁之所以为妙也。[3]

他认为，人之所以与天地万物一体，乃是因为人本即具有天地之心，天地之心内在于人即为仁。此天地之心乃生生之体，是宇宙万有的存在根

---

① 张栻：《南轩先生孟子说》卷二，《张栻集》，第373页。
② 张栻：《仁说》，《新刊南轩先生文集》卷一八，《张栻集》，第1031—1032页。
③ 张栻：《答朱元晦秘书》第九书，《新刊南轩先生文集》卷二〇，《张栻集》，第1069页。

据,为人和物所共同具有,所谓爱之理者正是就此而言。若探究其本原,则未发之时爱之理存于性,此即为仁之体(本体);若体察其动用,则已发之际仁爱施与万物,此即为仁之用(显现、发用)。仁之体与仁之用相即不离、圆融不二,这就是仁之所以为仁的精妙所在。在这里,仁义礼智之性可归结为仁之体,四端之情可归结为仁之用,因体用相依不离、一体无间,故四德与四端也就圆融地统摄于仁之体用。又因张栻认为仁即是心[①],所以仁之体用即是心之体用。这也就意味着,仁义礼智之性即心之体,四端之情即心之用,性与情皆圆融地统摄于一心。于是张栻说:"此性情之所以为体用,而心之道则主乎性情者也。"又说:"'自性之有动谓之情',而心则贯乎动静而主乎性情者也。"[②]心之体为性,心之用为情,一心贯通于未发之体与已发之用而无间。由此也就表明,张栻所谓"心主性情",即是指"心"统摄、融贯、兼赅性体与情用(即性之体与性之用)两面。这正是其"太极即性"的天道论思想在心性论中的体现与落实。

总之,张栻心性论的要点和特质如下:首先,就心论而言,张栻认为"心"即生生之体,乃太极之内在于人者,直接具有本体的意义;并且此"心"即人皆固有的道德本心,是人之所以为人而异于他物的根本所在。正因为如此,此"心"具有统摄、主宰性、理、气及万事万物之大用。其次,就性论而言,张栻既主张性本论,以"性"为宇宙万物存在及运化之本原根据;又坚持彻底的性善论,主张人性、物性都是本然纯粹至善的,且十分强调人性本善,指明恶的根源在气而不在性。最后,就心性关系而言,张栻力倡"心主性情"之说,认为人之本心统摄、兼赅性体与情用(或性之体与性之用)两面,是贯通于性之体用(或未发之静与已发之动)两面而一体无间的。

---

① 张栻曰:"仁,人心也。"(《南轩先生孟子说》卷四,《张栻集》,第482页。)"仁者心之所为妙也。"(《送曾裘父序》,《新刊南轩先生文集》卷一五,《张栻集》,第989页。)"仁者天地之心,天地之心而存乎人,所谓仁也。"(《洙泗言仁序》,《新刊南轩先生文集》卷一四,《张栻集》,第970页。)这就是认为仁即是心、心即是仁,将仁与心相互发明、相互诠释。

② 张栻:《答吴晦叔》,《新刊南轩先生文集》卷二九,《张栻集》,第1206页。

第三节 工夫论

张栻之工夫论的形成、演变与他对未发已发问题(即中和问题、心性问题)的探讨和认识是密不可分的,其心性论的立场即决定了其工夫论的立场。在心性问题上,他开始接受了胡宏"性体心用"或"未发为性,已发为心"之论,于是在工夫论上主张"先察识后涵养"说。张栻将此说介绍给朱熹,对其丙戌之悟产生了很大影响,促进了其"中和旧说"的形成。但不久朱熹便对旧说加以检讨,在进行多方面的反省之后,终于获得己丑之悟,从而形成了其"中和新说"。后来张栻受到朱熹"中和新说"一定的影响,对其早期心性论和工夫论加以反思、省察,晚期遂转变为主张"心性兼赅体用"之心性论和"存养体察并进"之工夫论。当然,这种转变主要是其理学自身逻辑推演、运化的结果。张栻的工夫论虽然经历了由"先察识后涵养"到"存养体察并进"说的转变,但居敬工夫始终贯穿其中,并且随着工夫论的转变,其敬论之地位和作用也逐渐得以提升,最终成为存养体察之根本工夫。可见,张栻的工夫论实有其一贯的内容和思路。①

一、察识涵养说

存养与体察(或涵养与察识)是宋明儒学工夫论中的重要观念,它源于宋明儒对《中庸》之中和问题(即未发已发问题)的思考,牵涉到对"中

---

① 对于张栻的工夫论,前贤时彦多有研究,见蔡方鹿:《一代学者宗师:张栻及其哲学》,第 110—122、135—144 页;陈谷嘉:《张栻与湖湘学派研究》,第 32—43 页,长沙,湖南教育出版社,1991;曾亦:《本体与工夫——湖湘学派研究》,第 169—193 页;苏铉盛:《张栻哲学思想研究》,第 52—61、116—128 页;王丽梅:《张栻哲学思想研究》,南京大学 2004 年博士学位论文,第 47—76 页;邢靖懿:《张栻理学研究》,河北大学 2008 年博士学位论文,第 85—124 页;陈瑛:《张栻与朱熹的"居敬"说》,《岳麓书院一千零一十周年纪念文集》1986 年第 1 辑;王丽梅:《张栻早期工夫论考》,《社会科学家》2006 年第 1 期;王丽梅:《"己丑之悟"新考:张栻晚期工夫论》,《求索》2006 年第 4 期;王丽梅:《察识与涵养相须并进——张栻与朱熹交涉论辩管窥》,《孔子研究》2006 年第 4 期;刘原池:《张栻修养工夫论的内涵及其意义》,蔡方鹿主编:《张栻与理学》,第 344—361 页,北京,人民出版社,2015。

和”的理解,同时也与《礼记·乐记》"人生而静"一章的内容密切相关,因而这一观念深切关系到宋明儒学颇为重要的心性论问题。张栻的"存养体察"说正是随着他对未发已发等心性问题的探讨而逐渐形成并演进的。随着他对未发已发问题探讨的深入,其工夫论经历了从倡导"先察识后涵养"说到力主"存养体察相须并进"说的变化历程。

(一) 先察识后涵养

张栻的工夫论,就直接渊源上来说,其师胡宏的"先察识后涵养"观念对他的影响最大,这一观念即成为其早期工夫论的基本主张。胡宏主张"先察识后涵养"的工夫论,根本上乃是由其"未发只可言性,已发乃可言心"(即性体心用)的心性观所决定的。"未发""已发"出自《礼记·中庸》:"喜怒哀乐之未发,谓之中;发而皆中节,谓之和。"[1]胡宏不同意心兼未发已发的观点,而认为喜怒哀乐未发之时只能言性,已发之际方可言心,即主张性为未发、心为已发。这与他强调圣凡之别在"心"而不在"性"的看法是密切关联的。他说:

> 窃谓未发只可言性,已发乃可言心……未发之时,圣人与众生同一性;已发,则无思无为,寂然不动感而遂通天下之故,圣人之所独。夫圣人尽性,故感物而静,无有远近幽深,遂知来物;众生不能尽性,故感物而动,然后朋从尔思,而不得其正矣。若二先生以未发为寂然不动,是圣人感物亦动,与众人何异?尹先生乃以未发为真心,然则圣人立天下之大业,成绝世之至行,举非真心耶?[2]

显然,胡宏主张以性为未发,以心为已发。他不同意以未发为"寂然不动"的看法,认为"寂然不动感而遂通天下之故"只是在已发之心上来说。这是因为在他看来,圣、凡在未发之性(即本体)上一定是相同的,但在已发之心(即本体之作用和表现)上则存在不同。既然如此,众人成圣立本

---

① 郑玄注,孔颖达疏:《礼记正义》,阮元校刻:《十三经注疏》(三),清嘉庆刊本,第1422页,北京,中华书局,2009。
② 胡宏:《与曾吉甫书三首》,《胡宏集》,第115页。

之工夫就应当在已发之心上来做。胡宏的"先察识后涵养"论正是就此而发，它是指就现实生活中本心之发见处直下体证本心，并就此加以操存涵养，直至充分开显本心。因为只有先对本心之发见有所察识，然后存养工夫才有可施之地，所以察识工夫具有逻辑上的优先性，在其中发挥着根本性的作用。这样一种"先察识后涵养"的观念对张栻的工夫论产生了深刻影响。

张栻早期的工夫论即力倡其师之"先察识后涵养"说，尤为注重在已发之心上下工夫。这主要体现在他早年所作的《潭州重修岳麓书院记》及《艮斋铭》二文中。《潭州重修岳麓书院记》曰：

> 指乍见孺子匍匐将入井之时，则曰："恻隐之心，仁之端也。"于此焉求之，则不差矣。尝试察吾事亲从兄、应物处事，是端也，其或发见，亦如其所以然乎？苟能默识而存之，扩充而达之，生生之妙，油然于中，则仁之大体岂不可得乎？及其至也，与天地合德，鬼神同用，悠久无疆，变化莫测，而其则初不远也。[1]

这即是说，恻隐之心乃本心仁体之发见，就此发见处下工夫以求其所以然之体，则功到自然成。本心仁体就作用表现于侍亲从兄、应物处事的日用常行之中，诚能在生活日用中觉察到本心仁体之发见，并就此发见处体证其所以然之体，再加以操存涵养扩充，用力之久，则可以明识本心仁体，从而达到天人一体的境界。此即是在推明先察识后涵养的工夫论。又，《艮斋铭》曰：

> 天心粹然，道义俱全。是曰至善，万化之源。人所固存，曷自违之。求之有道，夫何远而。四端之著，我则察之。岂惟虑思，躬以达之。工深力到，大体可明。匪由外铄，如春发生。[2]

这是认为，人皆本具天心，天心充塞道义，纯粹至善，乃是宇宙万有之根

---

① 张栻：《潭州重修岳麓书院记》，《新刊南轩先生文集》卷一〇，《张栻集》，第 903 页。
② 张栻：《艮斋铭》，《新刊南轩先生文集》卷三六，《张栻集》，第 1308 页。

源。此心生生不已，必有其萌发处，恻隐、羞恶、辞让、是非四端即是此心之萌发。若能察识此心之发见，并就其发见处下工夫，则"工深力到"，即可以明识此心之体。这绝非外力强加所致，而是本心的自我开显。可见，"先察识后涵养"乃是一种返本体证、向内用力的工夫。所谓"先察识"，是指在现实生活中体察、觉识本心仁体之发见（用），并就此发见处体证本心仁体（体）；"后涵养"是指对本心仁体有所体认之后，再对之加以操存涵养，以使本心仁体常存不失。这样一种察识本体之发见并就其发见处体证本体的工夫，显然具有即用求体的特征。如此则必然重视在已发之心上下工夫，从而主张"先察识后涵养"的工夫论。

（二）存养体察并进

张栻后来反省旧学，对早期工夫论作了修正，提出了"存养体察并进"说，强调未发时之存养与已发时之体察兼修并进。这固然受到了朱子"中和新说"的影响，但主要是因为张栻思想的发展有其内在逻辑，所以才有此转变。

张栻工夫论发生转变的时间大概是在乾道八年（1172），而转变发生的原因主要在于他对未发已发问题有了新的认识。[①] 他在写给游诚之的信中说："未发已发，体用自殊，不可溟涬无别，要须精析体用分明，方见贯通一源处。有生之后，皆是已发，是昧夫性之所存也。"[②]在他看来，未发为体，已发为用，二者之间存在体、用之别。唯有明辨此一分别，才能真正把握未发之体与已发之用的内在统一性。既然未发之体与已发之用内在贯通、一体无间，那么也就意味着未发之体必涵已发之用，已发之用必涵未发之体，二者相互涵摄、不可分割。这就决定心性必然贯通于未发、已发而无间，不再只是性为未发、心为已发。[③] 张栻所云"有生之

---

① 王丽梅、邢靖懿等学者对此都有讨论。参见王丽梅：《察识与涵养相须并进——张栻与朱熹交涉论辩管窥》，《孔子研究》2006年第4期，第45—46页；邢靖懿：《张栻理学研究》，河北大学2008年博士学位论文，第99—102页。

② 张栻：《答游诚之》，《新刊南轩先生文集》卷二六，《张栻集》，第1163页。

③ 参见曾亦：《本体与工夫——湖湘学派研究》，第286—288页。

后,皆是已发,是昧夫性之所存也",即表明性必是贯通于未发与已发的。同时,他又说:"未发之前,心妙乎性;既发,则性行乎心之用矣。"①此是认为,未发之时性之体必涵心之用,已发之际心之用必涵性之体,性体与心用乃是相涵互摄、贯通未发已发而一体无间。这就充分彰显了心性之间相依相须的辩证统一性。既然心性贯通于未发和已发,那么挺立心性本体之工夫就不能只注重于已发之时体察本体之发见,还必须注重于未发之时操存涵养本体。也就是说,工夫修养必须于未发、已发或体、用两面兼用其力,如此才能将人所固有的道德心性充分地实现出来。由此,张栻即转变为主张存养与体察兼修并进的工夫论。

张栻晚期工夫论(即"存养体察并进"说)的形成,可明确体现在他与吴翌(即吴晦叔)的一场论辩当中:

> 吴晦叔曰:"若不令省察苗裔,便令培壅根本,夫苗裔之萌且未能知,而遽将孰为根本而培壅哉? 此亦何异闭目坐禅,未见良心之发,便敢自谓我已见性者。"
>
> 南轩云:"不知苗裔,固未易培壅根本;然根本不培,则苗裔恐愈濯濯也。此话须兼看。大抵涵养之厚,则发见必多;体察之精,则本根益固。未知大体者,且据所见自持(自注:如知有整衣冠、一思虑,便整衣冠、一思虑,此虽未知大体,然涵养之意已在其中),而于发处加察,自然渐觉有功。不然,都不培壅,但欲省察,恐胶胶扰扰,而知见无由得发也。"②

在此,吴翌认为,若不先察识本心之发见,就欲开展操存涵养工夫,则无异于闭目坐禅。因为不明察本心之发见,存养工夫就根本无处可施、无从下手。这显然是在强调察识工夫的优先性和重要性。张栻也同样肯定察识本心发见对于开展存养工夫的重要性,但他又认为,如果不对本

---

① 引自朱熹:《与张敬夫》,《晦庵先生朱文公文集》卷三〇,朱杰人、严佐之、刘永翔主编:《朱子全书》第 21 册,第 1317 页。
② 张栻:《答吴晦叔》,《新刊南轩先生文集》卷二九,《张栻集》,第 1207 页。

心加以操存涵养，那么本心发见者就会被斲丧，从而察识工夫也就无从施展。也就是说，在他看来，察识与涵养工夫相互作用、相互影响，二者不可缺一：一方面，存养本心越深厚，则本心之发见必多，如此就更有利于对本心的体察；另一方面，体察本心越精微，则本心愈发澄明，从而也就更有助于对本心的存养。可见，对张栻而言，存养与体察乃是相资互发、相须并进的关系。所以他说："存养体察，固当并进。"①同时，张栻又认为，在尽心知性、明心见性的工夫实践中，存养与体察并非完全平列、并重的关系，而是应当以存养为根本。他说："存养是本，工夫固不越于敬……"②"如三省、四勿，皆持养、省察之功兼焉。大要持养是本，省察所以成其持养之功者也。"③在他看来，存养与体察固然应当兼重并修，但存养才是根本，体察工夫也是用来成就存养之功的。这就明确肯定了存养工夫的根本性地位。

对于晚期工夫论的转变，张栻曾反思和总结道："某读书先庐，粗安晨夕。顾存养省察之功固当并进，然存养是本。觉向来工夫不进，盖为存养处不深厚（自注：存养处欠，故省察少力也），方于闲暇，不敢不勉。"④所谓"向来工夫"，主要是就他早期所主张的"先察识后涵养"工夫而言。与早期工夫论相比，晚期工夫论不仅强调存养与体察兼修并进、相资互发，而且工夫的重心及作用时节也发生了变化。"先察识后涵养"说主张先于本心之发见处察识、体认本心，然后再加以操存涵养，此工夫只在已发时做，且更为注重对本心的察识；而"存养体察并进"说则主张未发时之存养与已发时之体察工夫兼重并修、相促互发，此工夫贯通于未发和已发，且更为注重未发时对本心的操存涵养。张栻的工夫论经历了从"先察识后涵养"说到"存养体察并进"说的转变，引发这样一种转变的主要原因在于其思想发展的内在逻辑，尤其是其"体用相须"的观念对此产

---

① ② 张栻：《答乔德瞻》第一书，《新刊南轩先生文集》卷二七，《张栻集》，第 1180 页。
③ 张栻：《与吴晦叔》第十一书，《新刊南轩先生文集》卷二八，《张栻集》，第 1201 页。
④ 张栻：《寄吕伯恭》第一书，《新刊南轩先生文集》卷二五，《张栻集》，第 1133 页。

生了重大影响。

二、敬论

张栻的工夫论虽然经历了从"先察识后涵养"到"存养体察并进"的转变,但"敬"始终贯穿于其工夫论,发挥着存养本心的重要作用,并且随着其工夫论的转变,"敬"的地位和作用日益凸显,最终成为道德心性修养的根本工夫。故"察识涵养"说经张栻的改造,终被归结为持敬工夫论。敬论乃张栻理学的核心内容,贯穿于其整个思想体系,与其心性论、工夫论、理欲论和义利之辨等都有着十分密切的关联,乃其理学体系之内在义理得以显明和落实的关键。张栻之敬论不仅在其自身的理学体系中具有重要的地位和作用,而且在整个宋明理学中都具有重要的价值和意义,其敬论凝结了理学家所持有的核心观念及内涵,充分反映了宋代理学家有关"敬"的思想,推动了宋明理学工夫论的发展和完善,对当时及后世理学家的心性修养论都产生了一定的影响。

(一)"敬"之义

张栻之学承续孔孟道统,始终以明善存心为根本宗旨。他主张学者为学即在变化气质以挺显人之所以为人之本,即彰明人皆本有之善心。[①]张栻之所以如此主张,是因在他看来,人之所以为人而异于他物的根本即在人皆本有之善心,而人在现实中往往被情欲所陷溺,常常放失其本心而不知求。他说:"放其心而不知求,则人亦何以异于庶物?是可哀也……是以学问之道,以求放心为主。"[②]由此,他十分强调本心之操存涵养,以此来挺立人之所以为人之根本。而对于如何存养本心,他则主

---

① 如他说:"人之性善,然自非上智生知之资,其气禀不容无所偏。学也者,所以化其偏而若其善也。"(《送方耕道序》,《新刊南轩先生文集》卷一五,《张栻集》,第 990 页。)又云:"学所以明善也。"(《南轩先生论语解》卷九,《张栻集》,第 278 页。)又云:"心也者,万事之宗也。惟人放其良心,故事失其纪纲。学也者,所以收其放而存其良也。"(《静江府学记》,《新刊南轩先生文集》卷九,《张栻集》,第 881 页。)显然,南轩主张学者为学即在变化气质以挺显人之所以为人之本,即彰明人皆本有之善心。

② 张栻:《南轩先生孟子说》卷六,《张栻集》,第 554 页。

张以"敬"为本。所谓"夫敬者宅心之要,而圣学之渊源也"①,即指明了居敬工夫对于存养本心的重要价值和意义。

在张栻看来,"敬"即是一种直接作用于心性本体的操存涵养工夫。这一认识与其对孟子心性思想的深切服膺从而强调存心养性的重要性密不可分。他在《爱身堂记》中说:

> 夫人位天地之中,而为万物之灵,岂不至贵至重矣哉?其惟心乎!放其良心,自流于物而不知,反为失其身矣。人其可不自知爱,爱之则思所以养之矣。养之奈何……持敬以为本,穷理以为要,涵泳浸渍,致知力行,放心可求,而身得其养矣。②

张栻承继孟子的心性观,认为只有道德本心才是人之所以为人而异于他物的根本所在。人一旦放失其本心而不知求,则必将失却其为人之根本而沦为一物。因此他十分强调求放心的工夫,以此来挺立人之所以为人之本。对于如何求放心,张栻主张开展持敬与穷理的工夫。持敬工夫在于存养本心,穷理工夫在于明识本心,二者兼重并修,则放心可求,而人之根本即得以挺立。由此可知,持敬工夫实质上也就是一种存养本心的工夫。张栻云:"敬者所以持是心而勿失也。"③这就明确指出,"持敬"即是操存涵养本心而不令其放失。

张栻十分重视持敬工夫对于本心的存养作用。他说:

> 敬便是养也,敬者心之道,所以生生也。④
>
> 非敬则是心不存,而万事乖析矣,可不畏欤!⑤
>
> 人皆有良心,能存而养之,则生生之体自尔不息。放而不知存,则日以斵丧矣。⑥

---

① 张栻:《敬斋铭》,《新刊南轩先生文集》卷三六,第 1309 页。
② 张栻:《爱身堂说》,《张栻集》,第 1488 页。
③ 张栻:《敬斋记》,《新刊南轩先生文集》卷一二,《张栻集》,第 938 页。
④ 张栻:《答李季修》第一书,《新刊南轩先生文集》卷二七,《张栻集》,第 1172 页。
⑤ 张栻:《敬简堂记》,《新刊南轩先生文集》卷一二,《张栻集》,第 947 页。
⑥ 张栻:《南轩先生孟子说》卷六,《张栻集》,第 549 页。

> 盖心生生而不穷者道也，敬则生矣，生则乌可已也；怠则放，放则死矣。①

> 盖心宰事物，而敬者心之道所以生也。生则万理森然，而万事之纲总摄于此。②

在他看来，人皆固有道德本心，此心乃生生之体，具有生生不已之功用。人在现实生活中能否将此心主事宰物之大用实现出来，关键即在于是否能力行持敬工夫，即能否对本心加以操存涵养。持敬则本心得到存养，故心体发用流行、生生不已，此时心之主宰性即可得以充分显发，从而能统摄、主宰万事万物；反之，不能持敬则本心放失，故心之生道止息，无以发挥其主宰作用，以致万事万物将不得统御。可见，持敬工夫对于本心之存养及切实显发心体之主宰大用具有关键性的影响。就此而言，持敬即心之所以能生生不已之道，乃是操存涵养本心从而立体以致用的关键所在。

显然，依张栻之见，"敬"对于本心的存养具有十分关键性的作用，甚至可以说，"敬"与"心"相即不离，二者是俱存俱立的关系。张栻在《答李季修》第一书中说：

> 以直养之说，要将直来养气，便是私意，有害于养，故孟子只说养而无害，不是将一物养一物也，与涵养以敬自大不同。敬便是养也，敬者心之道，所以生生也，与直字义异，须细味之。③

他在此指出，"敬"虽为对本心的操存涵养工夫，但这并不是说以"敬"为一物，"心"为另一物，而以"敬"去存"心"。这是因为"敬"即心之敬，只"敬"心便在。所以，张栻又说："方其存时，则心之本体固在此，非又于此外别寻本体也。子约又谓当其存时，未能察识而已迁动，是则存是一心，察识又是一心，以此一心察彼一心，不亦胶扰支离乎？但操之则存，操之

---

① 张栻：《敬斋记》，《新刊南轩先生文集》卷一二，《张栻集》，第 938 页。
② 张栻：《敬简堂记》，《新刊南轩先生文集》卷一二，《张栻集》，第 957 页。
③ 张栻：《答李季修》第一书，《新刊南轩先生文集》卷二七，《张栻集》，第 1172—1173 页。

之久且熟,则天理浸明,而心可得而尽矣。"①据此可知,"敬"(工夫)与"心"(本体)实则处于一种相即不离的关系当中。易言之,居敬工夫与心体是相涵互摄、一体不离的,居敬工夫所至,即是心体之所在。

"心"既为人皆固有的道德本心,具有绝对性、普遍性、超越性与恒常性,那就无所谓存亡出入可言,但是何以论"敬"时却屡屡言及本心之存亡呢?对此,张栻云:"心非有存亡出入,因操舍而言也。操则在此,舍则不存焉矣。盖操之者乃心之所存也。以其在此,是则谓之入可也;以其不存焉,则谓之出可也。"②又云:"心本无出入,然操之则在此,舍之则不在焉。方其操而存也,谓之入可也(本在内也),及其舍而亡也,谓之出可也(非心出在外,盖不见乎此也)。"③在他看来,"心"本无存亡出入可言,"心"之存亡出入,只是就人之操舍所造成的效验或结果来说的,操则本心存在于此,可谓之入,此时本心显明;舍则本心放失而不在于此,可谓之出,此时本心蒙蔽。故所谓存与亡、出与入,实则只是就人之或操或舍所造成的本心之或显或隐的情况来说的。

总之,张栻继承了孟子的心性思想,明确肯定道德修养贵在存心养性,而存心养性之道则在于"敬"。在他看来,"敬"即为一种存养本心的道德修养工夫,存心养心不可离于"敬","敬"即作为生生之体的"心"之所以能生生的根本之道,"敬"与"心"相即不离。因为"心"即道德本心、道德本体,故"敬"作为存心工夫乃是直接就本体而言,是以直指本体为大要的上达工夫。这一点与朱熹的敬论有别,因为朱熹主要是从实然之气的层面来论"心"。朱熹云:"人心是知觉。"④"心者,气之精爽。"⑤"人心者,气质之心也。"⑥"所觉者,心之理也。能觉者,气之灵也。"⑦"问:灵

---

① 张栻:《答朱元晦秘书》第一书,《新刊南轩先生文集》卷二〇,《张栻集》,第 1063 页。
② 张栻:《南轩先生孟子说》卷六,《张栻集》,第 436 页。
③ 张栻:《答朱元晦秘书》第一书,《新刊南轩先生文集》卷二〇,《张栻集》,第 1062 页。
④⑥ 黎靖德编:《尚书一》,《朱子语类》卷七八,第 2013 页。
⑤⑦ 黎靖德编:《性理二》,《朱子语类》卷五,第 85 页。

处是心,抑是性? 曰:灵处只是心,不是性,性只是理。"①"人物之生,莫不有是性,亦莫不有是气。然以气言之,则知觉运动,人与物若不异也,以理言之,则仁义礼智之禀,岂物之所得而全哉。"②显然,朱子是以"气"言"心",认为"心"即气之灵,人心即气质之心,具有认知、知觉的能力。此"心"不是"性"、不是"理",只是就"气"上而言的实然的、经验的认知、知觉之心,它与"性""理"对言,并非与"性""理"同质同层的本体性范畴,亦非人所固有的道德本心。然而在张栻的思想中,"心"即生生本体,乃人皆固有的道德本心。虽然朱、张二人都以"敬"为存心之工夫,但朱子的居敬工夫是从实然的经验之心上来说的,而张栻的居敬工夫则是就纯粹至善的道德本心而言,所以二者的"敬"论因其"心"论之差异而有所不同。

(二)"敬"之方

根据张栻对"敬"之如此这般的界定,便可知他十分重视"敬"在道德修养中的作用。而问题的关键在于如何持敬,从而落实此居敬工夫,并体达"敬"的境界,这就必然涉及居敬之方。对此,张栻主张内外兼修:既须把捉于中,又须检束于外。具体而言,则可从"克欲存理""穷理致知"以及"内外兼修"等方面来展开和落实居敬工夫。

第一,克欲存理。理欲关系是张栻理学着力探讨的问题,其理欲观十分明确地将天理与人欲区分开,认为二者有霄壤之别,绝不可有丝毫之混同。张栻所谓"天理只是天理,人欲只是人欲,都无夹杂念虑。毫厘之间,霄壤分焉"③,即是要泾渭分明地判别天理与人欲二者。当然,这里的"人欲"并非泛指人的一切欲望,而是特指人之私欲,即背离了天理之大公的各种欲求。正因为"天理、人欲不并立"④,所以张栻十分强调克人欲而存天理。所谓"己私克则天理存"⑤"己私既克,无所蔽隔,而天理晬

---

① 黎靖德编:《性理二》,《朱子语类》卷五,第 85 页。
② 朱熹:《孟子集注·告子章句上》,《四书章句集注》,第 326 页。
③ 张栻:《答胡季随》,《新刊南轩先生文集》卷三二,《张栻集》,第 1263 页。
④ 张栻:《勿斋说》,《新刊南轩先生文集》卷一八,《张栻集》,第 1034 页。
⑤ 张栻:《答吕季克》,《新刊南轩先生文集》卷二六,《张栻集》,第 1163—1164 页。

然"①等,无不都是在反复推明克私欲存天理之意。

张栻尤为强调天理、人欲之别,极力主张克人欲、存天理,而在他看来,克欲存理则敬立。他在《敬简堂记》中说:

> 若何而能敬?克其所以害敬者,则敬立矣。害敬者莫甚于人欲。自容貌颜色辞气之间而察之,天理人欲丝毫之分耳。遏止其欲而顺保其理,则敬在其中,引而达之,扩而充之,则将有常而日新,日新而无穷矣。②

张栻认为,克人欲而存天理则可以立敬,因为人欲乃"害敬"之最大因素,遏止"害敬"之人欲而存天理,则自可以居敬。而之所以如此,是因为去除人欲之蔽则天理昭著,天理明则意味着本心得以操存而未失,而"敬"与"心"相即不离,所以克欲存理则"敬"自在其中。

当然,在张栻的理学中,一方面,克欲存理则敬立,而另一方面,居敬也有助于克欲存理。他说:"君子居敬以为本,造次克念,战兢自持,旧习浸消,则善端易著。及其至也,私欲尽而天理纯,舜之所以圣者,盖可得而几矣。"③因为"敬"即存养本心的工夫,"敬"则心存,而天理本就内在于人心,人心本即完具天理,心存则天理显明昭著,必无人欲之私存于其中,所以居敬则可以克欲存理。总之,克欲存理则敬立,而持敬又可以克欲存理,"敬"与"克欲存理"是统一的,二者相辅相成、互促互发。

第二,穷理致知。在张栻看来,穷理、致知对于居敬工夫的施行与落实也具有促发作用。他说:"穷理持敬工夫,盖互相资耳。"④又说:"盖居敬有力,则其所穷者益精;穷理浸明,则其所居者益有地。二者盖互相发也。"⑤穷理与居敬工夫相互促发、相须并进。又在张栻看来,致知亦即穷理,故穷理、致知皆有助于居敬工夫的施展与落实。

---

① 张栻:《南轩先生孟子说》卷七,《张栻集》,第 632 页。
② 张栻:《敬简堂记》,《新刊南轩先生文集》卷一二,《张栻集》,第 947 页。
③ 张栻:《南轩先生孟子说》卷七,《张栻集》,第 603—604 页。
④ 张栻:《与吴晦叔》第二书,《新刊南轩先生文集》卷二八,《张栻集》,第 1195—1196 页。
⑤ 张栻:《答陈平甫》,《新刊南轩先生文集》卷二六,《张栻集》,第 1157 页。

依张栻之见,"穷理"或"致知"是指穷究事物的所当然之则及其所以然之故,其实质乃在于返本体察以明识本心天理。他说:"若何而为仁义礼智之道? 若何而为喜怒哀惧爱恶之节? 若何而为耳目鼻口手足四肢之则? 若何而为君臣父子夫妇长幼朋友之常? 探其所以然,求所当然,是之谓穷其理。"①在他看来,"穷理"就是"探其所以然,求所当然"。"所当然"是指仁、义、礼、智等具体的道德伦理规范,即天理在人伦日用中的具体表现(分殊之用);"所以然"是指这些具体道德伦理规范的来源和根据,即天理本体(理一之体)。因而"穷理"就是指察识天理本体之发见,并就其发见处体认天理本体。可见,穷理工夫是从本体之发见处用功以体证本体,具有即用以明体的特征。

因为对张栻而言,天理本即内在于人之本心,所以穷理工夫归根结底就是反求诸己、察识本心的工夫。就心与理的关系,他说:

> 人心天理初无欠,正本端原万善生。②
>
> 心与理一,不待以己合彼……③
>
> 心之所为一者,天理之所存,而无意、必、固、我加乎其间……④

在他看来,人心本即涵具天理,天理本就内在于人心,人心与天理相互发明、本来为一。这也就是在推明本心即天理之义。既然心即是理,万事万物之理皆统摄于人之本心,⑤那么穷理在根本上就是返本向内以明识本心天理,而并非向外探求一事一物之理。张栻云:"所谓穷理者,贵乎能有诸己者而已。在己习之偏、意之私亦不一矣,非反而自克,则无以会其理之归。"⑥他认为,穷理贵在"能有诸己",也就是说,穷理的关键在于

---

① 张栻:《自修铭》,《张栻全集》,第 1190 页,长春,长春出版社,1999。
② 张栻:《律诗·元日》,《新刊南轩先生文集》卷七,《张栻集》,第 828 页。
③ 张栻:《南轩先生孟子说》卷七,《张栻集》,第 588 页。
④ 张栻:《南轩先生孟子说》卷四,《张栻集》,第 493 页。
⑤ 张栻说:"万事具万理,万理在万物,而其妙著于人心……心也者,贯万事,统万理,而为万物之主宰者也。"(《敬斋记》,《新刊南轩先生文集》卷一二,《张栻集》,第 938 页。)
⑥ 张栻:《补〈约斋记〉》,《新刊南轩先生文集》卷一二,《张栻集》,第 943 页。

能返本向内体证本心,确信其真实存在于己身从而做到实有诸己。就此而言,穷理实质上就是一种体认本心的工夫。张栻说:"致知所以明是心也……"①"明尽心体之本然为尽其心,非善穷理者莫之能也。"②这就是将"穷理"归结为一种明识本心的工夫。此外,张栻还说:"盖乍见而怵惕恻隐形焉,此盖天理之所存……虽然,怵惕恻隐,盖其苗裔发见耳。由是而体认其所以然,则有以见大体,而万理可穷也。"③这即是说,人之怵惕恻隐之心乃是本心天理的呈现,若就此而体认其所以然,则可以明识本心而穷尽万理。在这里,穷理与察识完全被视为同一工夫来看待。总之,"穷理""致知"对张栻来说,即是指明察本心天理之发见,并就此发见处体认本心天理,这主要是一种返本体证的工夫。

既然穷理、致知是为了明识本心,而居敬是为了存养本心,都以体证道德本心为工夫所指向的目标,那么它们之间就应当是相须并进、相资互发的关系。因此,张栻主张"君子之学,持敬以为本,穷理以为要,涵养浸渍,致知力行,放心可求,而身得其养矣"④。总之,对他而言,致知、穷理是以明心见理为依归,与旨在存心的居敬工夫相互作用为力,必有助于推动居敬工夫的实行、开展。

第三,内外兼修。张栻认为,"敬"兼具内外工夫,既包括内在的心性修养,又包括外在的端庄整肃之功,只有内外兼修方可真正做到"敬"。这一点他吸收了程颐的居敬思想。程颐的居敬工夫是贯通内外的,他说:"所谓敬者,主一之谓敬;所谓一者,无适之谓一。且欲涵泳主一之义,一则无二三矣。"⑤"严威俨恪,非敬之道,但致敬自此入。"⑥又云:"动容貌,整思虑,则自然生敬。"⑦可见,程颐的主敬工夫强调内外兼修,要求

---

① 张栻:《敬斋记》,《新刊南轩先生文集》卷一二,《张栻集》,第 938 页。
② 张栻:《答彭子寿》,《新刊南轩先生文集》卷三一,《张栻集》,第 1242 页。
③ 张栻:《答直夫》,《南轩集》卷二七,《张栻集》,第 1177 页。
④ 张栻:《爱身堂说》,《张栻集》,第 1488 页。
⑤ 程颢、程颐:《入关语录》,《二程遗书》卷一五,《二程集》上册,第 169 页。
⑥ 同上书,第 170 页。
⑦ 同上书,第 149 页。

人在外在的容貌言行举止和内在的思虑情感方面约束自己，落实居敬工夫。张栻的持敬工夫论也强调内外兼修。如他在《敬铭》中说："维人之心，易于放逸。操存舍亡，或入或出。敬之一字，其义精密。学者所当，服膺弗失……把捉于中，精神心术。检束于外，形骸肌骨。常令惺惺，又新日日。"①持敬则既须"把捉于中"，又须"检束于外"，只有内外兼修方可实现"敬"。

其一，把捉于中：主一无适、专心致志。

对张栻而言，"主一无适"既为"敬"的内涵，同时也体现了持敬工夫的内在要求，指明了持敬之方。他说："欲从事于敬，惟当常存主一之意，此难以言语尽，实下工夫，涵泳勿舍，久久自觉深长而无穷也。"②又说："主一、无适，敬之方也。无适则一矣，主一则敬矣。"③践行持敬工夫，则应当常存"主一"之意，使内心常处于一种"主一无适"的状态。"主一无适"乃居敬之方，强调内心的恭敬与专注。如何"主一"？张栻在《答潘叔昌》第一书中云：

> 来书所谓思虑时扰之患，此最是合理会处。其要莫若主一。《遗书》中论此处甚多，须反复玩味。据目下看底意思，用工譬如汲井，渐汲渐清。如所谓未应事前，此事先在，既应之后，此事尚存，正缘主一工夫未到之故。须是思此事时只思此事，做此事时只做此事，莫教别底交互出来，久久自别。④

可见，要做到主一无适，则须于遇事接物之时，精神收敛集中，能专心一

---

① 《敬铭》之全文为："维人之心，易于放逸。操存舍亡，或入或出。敬之一字，其义精密。学者所当，服膺弗失。收敛方寸，不容一物。如入灵祠，如奉军律。整齐严肃，端庄静一。戒慎恐惧，兢业战栗。如见大宾，罔敢轻率。如承大祭，罔敢慢忽。视听言动，非礼罔勿。忠信传习，省身者悉。把捉于中，精神心术。检束于外，形骸肌骨。常令惺惺，又新日日。"（《敬铭》，《张栻全集》，第1188页。）
② 张栻：《答曾致虚》，《新刊南轩先生文集》卷二六，《张栻集》，第1158页。
③ 张栻：《存斋记》，《新刊南轩先生文集》卷一一，《张栻集》，第931页。
④ 张栻：《答潘叔昌》第一书，《新刊南轩先生文集》卷二七，《张栻集》，第1183页。

处而不为他事所干扰,这并非指专心执着于某一具体的事物,而是指心有主而不外纵、不放逸、不走作,能够随事专注。因而,张栻认为,"专心致志,学之大方,居敬之道也"①。

不仅如此,在他看来,居敬还要求人内心时时处于一种警觉、警醒的状态。张栻云:"戒慎恐惧,兢业战栗。如见大宾,罔敢轻率。如承大祭,罔敢慢忽。视听言动,非礼则勿。忠信传习,省身者悉。把捉于中,精神心术……常令惺惺,又新日日。"②又云:"所论居敬,虽收敛此心,乃觉昏昏不活,而懈意自生,夫敬则惺惺,而乃觉昏昏,是非敬也,惟深自警厉,以进主一之功,则幸甚。"③"戒慎恐惧""兢业战栗",不敢"轻率""慢忽",以及"常惺惺",这些都是居敬工夫内在方面的要求。持敬则要求人收敛精神而使其不放纵不散逸,令内心常常处于主一无适、警觉警醒、敬畏谨慎的状态。

其二,检束于外:动容貌、整衣冠。

在张栻看来,持敬虽当以内在修养为主,但外在工夫也十分重要,居敬不仅须"把捉于中,精神心术"④,还须"检束于外,形骸肌骨"⑤。如他在《敬铭》中所言"整齐严肃,端庄静一"⑥,便包含着"敬"之外在方面的要求,其中"整齐""端庄"即是就外在容貌而言。张栻在同朱子讨论居敬工夫时说:

> 盖动容貌、整思虑,则其心一,所以敬也。今但欲存心,而以此为外,既不如此用工,则心亦乌得而存? 其所谓存者,不过强制其思虑,非敬之理矣,此其未知内外之本一故也。今有人容貌不庄,而曰吾心则存,不知其所为不庄者,是果何所存乎? 推此可见矣。⑦

---

① 张栻:《南轩先生孟子说》卷六,《张栻集》,第 552 页。
②④⑤⑥ 张栻:《敬铭》,《张栻全集》,第 1188 页。
③ 张栻:《答戚德锐》,《新刊南轩先生文集》卷二七,《张栻集》,第 1187 页。
⑦ 张栻:《答朱元晦》,《新刊南轩先生文集》卷三〇,《张栻集》,第 1223 页。

他认为，人之动容貌、整思虑，则表明其心主一无适，所以为"敬"。因为内在与外在本来是统一的，所以存养本心的工夫应当从内外两个方面入手。若不注重于内外两面下功夫，则本心难以得到操存涵养。因为容貌不庄即意味着本心未存，而本心未存即是不"敬"。由此，持敬也需从外在修养方面下功夫，"敬"本身就是内外贯通一致的，既须内存恭敬之心，又须于外动容貌、整衣冠，内外工夫交相互养。

张栻十分重视"敬"之外在修养工夫。他在《寄吕伯恭》第二书中说："向来每见衣冠不整，举止或草草，此恐亦不可作小病看。古人衣冠容止之间，不是要作意矜持，只是循它天则合如是，为寻常因循怠弛，故须着勉强自持。外之不备，而谓能敬于内，可乎？此恐高明所自知，但不可以为小病耳。"[1]在他看来，衣冠容貌不齐整端庄以及言行举止草率都不是小病，因为外在的修养工夫不足，则无法存恭敬之心于内。动容貌、整衣冠等虽然只是一种是外在修养，但通过这种外在的修养，也能使人身心收敛，时时存持敬之心。这就是张栻所谓："如知有整衣冠、一思虑，便整衣冠、一思虑，此虽未知大体，然涵养之意已在其中。"[2]

总之，"敬"既包括人内在的修养，也包括人外在的修养，"敬"本身即是内外本末贯通一致的工夫。因此，持敬既须于内在修养方面下功夫，如"主一无适""专心致志""戒慎恐惧""常惺惺"等，以收敛内心而令其不放逸不走作，并使内心常常处于警觉警醒、敬畏谨慎的状态；又须于外在修养方面下功夫，如动容貌、整衣冠等，以保持外在的端庄、整齐、严肃。如此内外兼修，方能真正落实持敬工夫。

（三）"敬"之功

张栻认为，道德心性修养须从本源上下功夫："工夫须去本源上下沉潜培植之功。"[3]之所以须如此，是因为"本立则临事有力也"[4]"大本立而

---

① 张栻：《寄吕伯恭》第二书，《新刊南轩先生文集》卷二五，《张栻集》，第1135—1136页。
② 张栻：《答吴晦叔》，《新刊南轩先生文集》卷二九，《张栻集》，第1207页。
③ 张栻：《答萧仲秉》第二书，《新刊南轩先生文集》卷二六，《张栻集》，第1160页。
④ 张栻：《答乔德瞻》第三书，《新刊南轩先生文集》卷二七，《张栻集》，第1182页。

达道行"①。本体之挺立如此重要，而关键在于如何立本，在张栻看来，立本之道在于"敬"。他说："要须本源上用功，其道固莫如敬。若如敬字有进步，则弊当渐可减矣……惟主敬以立本，而事事必察焉，学之要也。"②可见，"主敬"乃达道至德、为学成圣之根本。这一点具体展现在"敬"之"宅心""达仁""至诚"等功用上。

其一，宅心。张栻云："夫敬者宅心之要，而圣学之渊源也。"③他以"敬"作为存养本心之根本工夫。在张栻看来，人皆本具纯粹至善之道德心，此心乃人之所以为人而异于物之根本所在。他说："仁，人心也。"④"仁者，人之道而善之长。"⑤"人受天地之中以生，有是心也。"⑥人虽本具善心，但在现实中往往有不善，这主要因为气禀之桎梏、意欲之牵累，导致道德本心被陷溺、蒙蔽。张栻云：

> 夫人之心，天地之心也，其周流而该遍者，本体也……而人之所以私伪万端，不胜其过者，桎于气，动于欲，乱于意，而其本体陷溺也。虽曰陷溺，然非可遂殄灭也……故其于是心也，治其乱，收其放，明其蔽，安其危，而其广大无疆之体可得而存矣。⑦

人之本心虽被气禀、意欲陷溺，但若能于日用常行中察识本心之发见，去除气禀之蔽、意欲之乱而收其放心，则人所固有的道德本心亦可重新得以显明。此中关键即在于如何求放心。对此，张栻指出：

> 人具天地之心，所谓元者也。由是而发见，莫非可欲之善也。其不由是而发，则为血气所动，而非其可矣……今欲用工，宜莫先于敬。用工之久，人欲浸除，则所谓可者亦可得而存矣。⑧

---

① 张栻：《南轩先生孟子说》卷七，《张栻集》，第 605 页。
② 张栻：《答吕子约》第三书，《新刊南轩先生文集》卷二五，《张栻集》，第 1142 页。
③ 张栻：《敬斋铭》，《新刊南轩先生文集》卷三六，《张栻集》，第 1309 页。
④ 张栻：《潭州重修岳麓书院记》，《新刊南轩先生文集》卷一〇，《张栻集》，第 900 页。
⑤ 张栻：《南轩先生论语解》卷二，《张栻集》，第 125 页。
⑥ 张栻：《送曾裘父序》，《新刊南轩先生文集》卷一五，《张栻集》，第 989 页。
⑦ 张栻：《桂阳军学记》，《新刊南轩先生文集》卷九，《张栻集》，第 888—889 页。
⑧ 张栻：《答宋伯潜》，《新刊南轩先生文集》卷三一，《张栻集》，第 1231—1232 页。

这就是说，人本具天地之心，若循顺天地之心而为，则皆为善；若不由天地之心而发，反为血气所动，则人皆本有之善心被私欲陷溺，遂流于不善。这就需要力行持敬工夫，以去除人欲之蔽从而彰明人之道德本心。因此，"敬"则可以去除私欲、操存本心，从而挺显人之所以为人之道。

其二，达仁。仁学是张栻理学的重要组成部分，其所探讨的核心问题即"仁"之义涵及求仁之方。张栻认为，"仁"即生生之德，乃宇宙万有生化之本，亦为一切道德和价值之根源，而察识、体认仁体以及达至天地万物一体之仁者境界的根本工夫即在于"敬"。

张栻论"仁"，主要通过阐明仁与心、仁与爱、仁与义礼智等的关系以及万物一体的仁者境界来彰显"仁"的内涵。他说："夫人之心，天地之心也，其周流而该遍者，本体也。在《乾》《坤》曰元，而在人所以为仁也。"①又云："人之性，仁、义、礼、智四德具焉：其爱之理则仁也……而所谓爱之理者，是乃天地生物之心，而其所由生者也。"②又云："仁者视万物犹一体。"③"仁者与亿兆同体，无不爱也。"④在他看来，"仁"即"心"，亦即爱之理，乃宇宙万有生化之根本；同时"仁"也是一切道德和价值的创发之源，根本上高于义礼智等具体的德目；并且"仁"即生生之德、生生之理，人与万物皆由其所化生，都具此生德、生理，故仁者与天地万物为一体。

张栻吸收了二程的思想，主张以"敬"为求仁之根本工夫。他说："伊川先生曰：'主一之谓敬。'……求仁之方，孰要乎此。"⑤又云："盖居敬有力，则其所穷者益精；穷理浸明，则其所居者益有地。二者盖互相发也。为仁之要，孰尚于此。"⑥又云："学者致为仁之功，则仁之体可得而见，识

---

① 张栻：《桂阳军学记》，《新刊南轩先生文集》卷九，《张栻集》，第 888 页。
② 张栻：《仁说》，《新刊南轩先生文集》卷一八，《张栻集》，第 1031—1032 页。
③ 张栻：《南轩先生论语解》卷六，《张栻集》，第 223 页。
④ 张栻：《南轩先生孟子说》卷五，《张栻集》，第 407 页。
⑤ 张栻：《主一箴》，《新刊南轩先生文集》卷三六，《张栻集》，第 1318 页。
⑥ 张栻：《答陈平甫》，《新刊南轩先生文集》卷二六，《张栻集》，第 1157 页。

其体矣,则其为益有所施而亡穷矣。然则答为仁之问,宜莫若敬而已。"①可见,"敬"对于本心仁体的显明、挺立具有关键性的作用。这主要是因为,"仁"即"心",而"敬"即对本心的操存涵养,故"敬"则心存,于是仁体也就得以觉识、体证、昭显。此即张栻所云:"嗟尔君子,敬之敬之! 用力之久,其惟自知……鱼跃鸢飞,仁在其中。"②

其三,至诚。张栻不仅以"敬"存心、达仁,且以"敬"作为达至"诚而天"之最高修养境界的根本工夫。他说:"诚者天之道,敬者人事之本。敬道之成,则诚而天矣。然则君子之学,始终乎敬者也。"③"诚"乃天之道,而"敬"为人事之本,通过人道之努力以求合于天道,敬道之成,则可达至诚而天的境界。因此"敬"在这里已上升到与天道、天理融为一体的工夫,可谓亦工夫亦本体亦境界。张栻所谓"惟敬之功,协乎天德"④,即可以充分体现此意。又因天德、天道即天之生德、生道,故"敬"则可以尽己、尽人之性,乃至赞助天地化育万物:

> 修己之道,不越乎敬而已。敬道之尽,则所为修己者亦无不尽,而所以安人、安百姓者皆在其中矣。盖一于笃敬,则其推之家以及于国、以及于天下,皆是理也。极其至,天地位焉,万物育焉。⑤

张栻认为,修己之道当以居敬为本。若能尽此敬道,则修己之功效无穷,可使家齐、国治、天下平,乃至于令天地安于其所、运行不息,万物各遂其性、生生不已。所以敬道之尽,不仅可以尽内圣外王之道,修身、齐家、治国、平天下;还可以尽天地万物之性,参赞天地之化育,以至于上达"诚而天"之天地万物一体的圣境。由此可知,"敬"在张栻理学中具有十分重要的地位和作用,乃上达宇宙人生之最高境界的切要工夫,而"敬"在与天道、天德融为一体的过程中,其本身也就成为一种道德心性修养所需

---

① 胡宏:《宋朱熹胡子知言疑义》,《胡宏集》附录一,第334—335页。
② 张栻:《敬斋铭》,《新刊南轩先生文集》卷三六,《张栻集》,第1309页。
③ 张栻:《补〈敬斋记〉》,《新刊南轩先生文集》卷一二,《张栻集》,第939页。
④ 张栻:《敬斋铭》,《新刊南轩先生文集》卷三六,《张栻集》,第1309页。
⑤ 张栻:《南轩先生论语解》卷七,《张栻集》,第249—250页。

上达的境界。

综上所言,张栻的早期工夫论以"性体心用"或"性为未发,心未已发"的心性论为义理根据,力倡"先察识后涵养"说,即主张先于本心之发见处察识、体证本心,然后直下就其所体证者加以操存涵养。此工夫只在已发时做,且以对本心的察识为根本;其晚期工夫论则以"心性兼赅体用、融贯未发已发"的心性论为义理根据,转变为强调"存养体察并进"说,即主张未发时之涵养与已发时之察识工夫相须并进、相资互发。此工夫贯通未发和已发,且更为注重对本心的涵养。张栻的工夫论虽经历了从"先察识后涵养"说到"存养体察并进"说的转变,但居敬工夫始终贯穿于其中,发挥着存养本心的重要作用,并且随着其工夫论的演变,居敬工夫的地位和作用日益提升,逐渐成为道德心性修养的根本工夫。所以,敬论也是其工夫论的重要内容。张栻将"敬"与孟子的心性论加以融通,认为"敬"即对本心的操存涵养工夫,且以"敬"为"心"之生道,强调"敬"与"心"相即不离。张栻之所以大力阐扬敬论,是因为在他看来,"敬"在道德心性修养中具有宅心、达仁、至诚之大用,是"立本"乃至上达"诚而天"之道德至上境界的根本工夫。至于如何居敬,张栻主张内外兼修,强调既须"把捉于中",以内在修养为本;又须"检束于外",不可轻忽外在修养。

第四节　理欲论与义利之辨

义利之辨,系张栻理学所着力探讨的问题①,关涉其整个学问的宗旨和价值取向等重大问题。因张栻认为"义"即天理之公,"利"即人欲

---

① 张栻云:"学者潜心孔、孟,必求其门而入,愚以为莫先于明义利之辨……嗟乎!义利之辨大矣。岂特学者治己之所当先,施之天下国家,一也。"(《南轩先生孟子说》"讲义发题",《张栻集》,第311—312页。)可见,在张栻看来,义利之辨既是学者为学明道、修身治己的首要任务,也是治国者为国行政的头等大事。不明乎此,则无以为人、为学、为政。

之私①,所以其义理之辨的实质也就是理欲之辨。张栻从"意之所向"即行为的动机处,以顺性之"无所为而然"与逆性之"有所为而然"十分精微地辨析义利之分、理欲之别,并且在存天理、遏人欲的工夫论上,力主以"反躬"为本,提出了自己独到的见解,备受朱子、真德秀、杨万里等学者的称颂与推崇②,对宋代理欲思想的丰富和发展产生了颇为重要的影响。本节从理欲之义涵、理欲之关系、存理遏欲之工夫及其目的四个方面来展示张栻的理欲思想。③

一、"天理""人欲"之义涵

在对理欲问题的处理中,张栻所谓"天理""人欲"主要就道德和价值

---

① 张栻曰:"无所为者天理,义之公也。"(《汉家杂伯》,《新刊南轩先生文集》卷一六,《张栻集》,第 1007 页。)又曰:"至于利,则一己之私而已。"(《南轩先生孟子说》卷七,《张栻集》,第 603 页。)"有所为者人欲,利之私也。"(《汉家杂伯》,《新刊南轩先生文集》卷一六,《张栻集》,第 1007—1008 页。)又曰:"凡有所为而然者,皆人欲之私,而非天理之所存,此义利之分也。"(《南轩先生孟子说》"讲义发题",《张栻集》,第 311 页。)

② 朱子云:"公(张栻)之教人,必使之先有以察乎义利之间,而后明理居敬,以造其极。盖其常言有曰:'学者莫先于义利之辨,而义也者,本心之当为而不能自已,非有所为而为之者也。一有所为而后之,则皆人欲之私,而非天理之所存矣。'呜呼,至哉言也! 其亦可谓扩前圣人之所未发,而同于性善养气之功者欤!"(朱熹:《右文殿修撰张公神道碑》,《朱子全书》第 42 册,第 4131—4132。)真西山云:"《大学》所谓利,专指财利而言。伊川先生云:'利不独财利之利,凡有一毫自便之心即是利。'此论尤有补于心术之微。南轩先生又谓:'无所为而为皆义也,有所为而为即利也,其言愈精且微,学者不可不知也。'"(真德秀:《问治国平天下章》,《西山先生真文忠公文集》(十五)卷三〇,第 17 页,上海,商务印书馆,四部丛刊初编本。)杨诚斋云:"栻之言曰:'学莫先于义利之辨。义者,本心之所当为也。有为而为之,则皆人欲,非天理。'此栻讲学所得之要也。"(杨万里:《张左司传》,《诚斋集》卷一一六,第 479 页,《文渊阁四库全书》第 1161 册。)

③ 目前学界对张栻理欲思想的研究主要是从其义利之辨入手,着重涉及天理、人欲的内涵及其关系这两个问题。参见侯外庐、邱汉生、张岂之主编:《宋明理学史》(上卷),第 324—328 页;蔡方鹿:《一代学者宗师:张栻及其哲学》,第 100—109 页;卢钟锋:《张栻与南宋理学》,《天府新论》1992 年第 2 期,第 7—9 页;刘蕴梅:《张栻"义利之辨"探析》,《天府新论》1992 年第 2 期,第 38—41 页;苏铉盛:《张栻哲学思想研究》,北京大学 2002 年博士学位论文,第 129—138 页;王丽梅:《张栻哲学思想研究》,南京大学 2004 年博士学位论文,第 93—108 页;苏铉盛:《理学家的义利观——以张栻为中心》,李诚主编:《巴蜀文化研究》第 1 期(2004 年 5 月),第 185—193 页。邢靖懿:《张栻理学研究》,河北大学 2008 年博士学位论文,第 124—144 页;何英旋:《张栻伦理思想研究》,中南大学 2008 年硕士学位论文,第 20—24 页。

的意义层面立论,乃是对纯粹至善的性体之表现层上的事(或说人之表现其道德本性的实践行为)所作的价值判断,而性体自身则是判断的绝对标准。因此在这里,"天理"并非一个纯从本体宇宙论意义上空言或泛言的概念,而是道德律令、道德法则、道德性的天理,为善、为公、为正。"人欲"也并非一个抽象地一般地所言之中性概念,乃是相对"天理"而言,专指逆性悖理的人之私欲,为恶、为私、为邪。而张栻对"天理""人欲"的理解颇具特色之处在于,他紧扣人皆固有道德本性这点,从人的实践工夫上,以顺性之"无所为而然"与逆性之"有所为而然"来界分"天理"和"人欲",并从"意之所向"即行为的动机处来判定"无所为"与"有所为"。

(一)顺性之"无所为者"即"天理",逆性之"有所为者"即"人欲"

张栻所谓"天理""人欲"紧扣着人的"道德本性"来说,并且是就"性"之表现或发用而言。[①] 他说:"人之良能良知,如饥而食、渴而饮,手持足履之类,固莫非性之自然形乎气体者也。形乎气体,则有天理,有人欲,循其自然,则固莫非天理也。然毫厘之差,则为人欲乱之矣。"[②]在他看来,人的良知良能如同饥食渴饮、手持足履之类,都是"性之自然形乎气体者"。此处"性"当然是指人的道德本性,而"性之自然形乎气体"则是指性体通过气体真实具体地表现出来。"性无不善也"[③],性体自身是纯粹至善的,然而一旦表现出来,则会有天理、人欲之别。而之所以有这种差异,主要是因为人所禀受的气有清浊、厚薄等不同,张栻云:"论性之存乎气质,则人禀天地之精,五行之秀,固与禽兽草木异。然就人之中不无清浊厚薄之不同。"[④]虽然人人都具有道德本性,但是人的气禀有种

---

① 注意侯外庐等主编的《宋明理学史》和卢钟锋在《张栻与南宋理学》中的意见,他们认为"无所为而然"是指性的未发状态,而"有所为而然"指性的已发状态。这种观点有待商榷,笔者以为张栻所谓"天理""人欲"之分辨都是就性的表现或发用上来说的。
② 张栻:《南轩先生孟子说》卷七,《张栻集》,第595页。
③ 张栻:《洁白堂记》,《新刊南轩先生文集》卷一三,《张栻集》,第954页。
④ 张栻:《南轩先生论语解》卷九,《张栻集》,第275页。

种差异,而此性又须通过人的气禀发用呈露,所以当人所固有的善性混杂在气禀中表现出来的时候就会产生天理、人欲的不同。而其中性之表现合顺其自然者为天理,悖逆其自然者则为人欲。因为性之自然是纯粹至善的,故"天理"代表着"善"的价值,为人的道德本性所固有;而人欲则代表着"恶"的价值,根源于人的气禀之偏邪。① 就此而言,张栻所谓"天理""人欲"乃是就性体表现上的事所做的价值判断,而并非直就性体本身而言,性本身乃是纯粹至善的,恰恰是价值评判的绝对标准。张栻云:

> 《乐记》"人生而静"一章曰"静",曰"性之欲",又曰"人欲"。静者,性之本然也。然性不能不动,感于物则动矣,此亦未见其不善,故曰"性之欲",是性之不能不动者然也。然因其动也,于是而始有流为不善者。盖物之感人无穷,而人之好恶无节,则流为不善矣,至此则岂性之理哉,一己之私而已。于是而有人欲之称,对天理而言,则可见公私之分矣。②

可见,性之本然是纯粹至善的,并且性不能不动,即必然能够流行发用从而有所表现,但是性体在实际表现出来的时候,因为人的好恶没有节制,常常不能顺性称体而发,于是便流为不善,"不善"并非性之自然、性之本然,而只是人的一己私欲。因而便有"人欲"之称,乃相对大公至正的天理而言。故张栻所谓"人欲"专指人的私欲,它往往遮蔽、陷溺了人所固

---

① 张栻云:"有是性则具是理。"(《南轩先生孟子说》卷六,《张栻集》,第542页。)又云:"人皆有是性,则其理未尝不具也。"(《南轩先生孟子说》卷四,《张栻集》,第490页。)又云:"失其大者则役于血气而为人欲,先立乎其大者则本诸天命而皆至理。"(《南轩先生孟子说》卷六,《张栻集》,第557页。)又云:"夫血气固出于性,然因血气之有偏而后有不善,不善一于其偏也……即其本源而言之,则谓不善者性之所不为,乃所以明性之理也。"(《答胡伯逢》,《新刊南轩先生文集》卷二九,《张栻集》,第1211页。)又云:"人之有不善,皆其血气之所为,非性故也。"(《南轩先生孟子说》卷三,《张栻集》,第398页。)这些都可以用来补充说明此意:"天理"本具于人性,而"人欲"则根于血气之偏,绝非人之道德本性所固有。
② 张栻:《答吴晦叔》第八书,《新刊南轩先生文集》卷一九,《张栻集》,第1059—1060页。

有的道德本性,是人在道德实践当中必须克制的对象。① 而他又说:"人性本善,由是而发,无人欲之私焉,莫非善也,此所谓顺也。情有不善者,非若其情故也。无不足者,天理之安也,本心也。若有不足,则是有所为而然,杜撰出来,此人欲也,有外之心也。"②人性之自然、本然是纯粹至善的,若顺性称体而发,则必无人欲之私,而皆为天理之流行;否则,若违逆性之自然、本然而有所为,则是人欲之私,而为有外之心。所以在张栻看来,就道德和价值意义上所言天理、人欲之分判的产生,关键在于人在具体生活实践当中表现其固有的善性时是否能够顺性称体而发:顺之则为天理;逆之则为人欲。据此,张栻便从实践工夫的角度,以顺性之"无所为而然"与逆性之"有所为而然"来界分天理和人欲。他说:"无所为而然者,命之所以不已,性之所以不偏,而教之所以无穷也。凡有所为而然者,皆人欲之私,而非天理之所存,此义利之分也。"③又说:"无所为者天理,义之公也;有所为者人欲,利之私也。"④这就直接点明:无所为而然者即天理,有所为而然者即人欲。也就是说,人在道德修养实践中,循顺其本性之自然而为,则是合乎天理的,一切行为和表现皆天理之所存;而违逆其本性之自然而为,则是不合于天理的,一切行为和表现皆为人的私欲。

---

① 张栻云:"所谓善者,盖以其仁义礼知之所存,由是而发,无人欲之私乱之,则无非恻隐、羞恶、辞让、是非之心矣。"(《南轩先生孟子说》卷三,《张栻集》,第 398 页。)又云:"君子不谓性,所以遏人欲之流,而保其天性者也。"(《南轩先生孟子说》卷七,《张栻集》,第 637 页。)由此可见,人欲是悖逆于人之纯粹至善、大公至正的道德本性的,为恶、为私、为非、为邪。而在张栻的理学中,"人欲"往往又被称为"私欲"或"物欲"。他说:"惟夫局于气禀,迁于物欲,而天理不明……"(《郴州学记》,《新刊南轩先生文集》卷九,《张栻集》,第 887 页。)又说:"众人迷于物欲,而君子存其良心故也。"(《南轩先生孟子说》卷五,《张栻集》,第 534 页。)又说:"物欲蔽之,而不知善之所以为善故耳。"(《雷州学记》,《新刊南轩先生文集》卷九,《张栻集》,第 893 页。)又说:"及其至也,私欲尽而天理纯……"(《南轩先生孟子说》卷七,《张栻集》,第 604 页。)又说:"人皆有是心,然为私欲所蔽,则不能推而达之,而失其性之所有者。"(《南轩先生孟子说》卷二,《张栻集》,第 372 页。)又说:"惟夫动于私欲,则有所忿懥,有所恐惧,有所好乐,有所忧患,而其正理始昧矣。"(《南轩先生孟子说》卷七,《张栻集》,第 605 页。)这里的"物欲""私欲"显然都是指人的私欲,也就是张栻所谓"人欲"。总之,在张栻看来,"人欲"是与纯粹至善、大公至正的"本性"亦即"天理"相违逆的,特指人的私欲。
② 张栻:《答吴晦叔》,《新刊南轩先生文集》卷二九,《张栻集》,第 1206 页。
③ 张栻:《南轩先生孟子说》"讲义发题",《张栻集》,第 311 页。
④ 张栻:《汉家杂伯》,《新刊南轩先生文集》卷一六,《张栻集》,第 1007—1008 页。

那么，又何谓"顺性""逆性"？何谓"无所为""有所为"呢？张栻云："性无有不善，其为善而欲善，犹水之就下然也。若所谓不善者，是其所不为也，所不欲也……虽然，其所不为而人为之，其所不欲而人欲之，则为私欲所动，而逆其性故耳。善学者何为哉？无为其所不为，无欲其所不欲，顺其性而已矣。"①既然性之自然、本然是纯粹至善的，那么为善、欲善则是性分之所固有，而不善则是性之所不为、所不欲者。所以善学者应当无为性之所不为、无欲性之所不欲，这就是所谓"顺性"，所谓"无所为"。但人在现实中往往拘限于一己私欲而违逆其本有的善性，故对于性之所不为、所不欲者而却为之、欲之，这就是所谓"逆性"，所谓"有所为"。据此可知，"顺性"即是指为其所为而不为其所不为，此即"无所为"，也就是指为善去恶；而"逆性"则是指为其所不为而不为其所为，"为其所不为"即"有所为"，也就是指为恶去善。因此，张栻对于"天理""人欲"的界定和分判是紧扣着"道德本性"来进行的，在他看来，这是儒学之所以为儒学的根本所在，不明乎此，则无法真正界分"天理"和"人欲"，以致陷入异端之教当中。故张栻批评异端举物而遗则，不能认识到天理、人欲分判的根据，以致混淆了这两者②，并进而指出，有些学者正因为不明儒学的宗旨所在，所以往往自陷于异端而不自知，只是知晓有天理、人欲二端，却不知天理、人欲究竟为何物，自然也就无法真正去存天理、遏人欲了。③

（二）"无所为"与"有所为"于"意之所向"处分判

张栻对"天理""人欲"的界分无疑是就人之表现其道德本性的实践行为来说的，但必须指出的是，顺性之"无所为"与逆性之"有所为"并非从行为的结果上去分判，而是以行为的动机即张栻所谓"意之所向"是否

---

① 张栻：《南轩先生孟子说》卷七，《张栻集》，第596页。
② 张栻云："若异端举物而遗则，则天理人欲混淆而莫识其源，为弊有不可胜言者矣。"（《南轩先生孟子说》卷七，《张栻集》，第595页。）
③ 张栻云："世固有不取异端之说者，然不知其说乃自陷于异端之中而不自知，此则学之不讲之过也。试举天理、人欲二端言之。学者皆能言有是二端也，然不知以何为天理而存之，以何为人欲而克之，此未易言也。"（《答直夫》，《新刊南轩先生文集》卷二七，《张栻集》，第1177页。）

顺性称体作为评判根据的。他说：

> 人受天地之中以生，仁义礼知皆具于其性，而其所谓仁者，乃爱之理之所存也。惟其有是理，故其发见为不忍人之心。人皆有是心，然为私欲所蔽，则不能推而达之，而失其性之所有者……虽然，何以知人皆有是心？以其乍见孺子而知之也。必曰"乍见"者，方是时，非安排作为之所可及，而其端发见也，怵惕恻隐者悚动于中，恻然有隐也。方是时，非以内交，非以要誉，非以恶其声而怵惕恻隐形焉，是其中心不忍之实也。此非其所素有者邪？若内交、要誉、恶其声之类一毫萌焉，则为私欲蔽其本心矣。①

在张栻看来，人皆本具仁义礼智之性，而仁即爱之理，其发见则为不忍人之心。人皆本有此仁心，由乍见孺子入井之事便可知：一见孺子匍匐将掉落于井中，人的怵惕恻隐之心即刻萌生，于是便去救助，此乃人皆固有的道德本性的当下自然呈现，无丝毫人为造作、私欲夹杂在其中，这便是人性之所固有而天理之所存。若见孺子匍匐将入于井，因考虑到内交或者为了要誉或者因为恶其声才去救助，而并非根据其道德本性的必然律令和当然法则去施为，此即是人欲之私。乍见孺子入井一事，从救助行为的结果来看，并无二致，但就行为的动机而言，则迥然相异。所以张栻云："孟子析天理人欲之分，深切著明。如云人乍见孺子匍匐将入于井，皆有怵惕恻隐之心，非所以内交于孺子之父母也，非所以要誉于乡党朋友也，非恶其声而然也。盖乍见而怵惕恻隐形焉，此盖天理之所存。若内交，若要誉，若恶其声，一萌乎其间，是乃人欲矣。"②可见，张栻正是从行为的动机而非行为的结果来分判天理和人欲的：一念发动处为道德本性的当下自然呈现，则是天理；而一念发动处若有丝毫人为造作、私心杂念，便是人欲。所以天理、人欲之分别关键在于人心最初一念发动处是否合于、顺于道德本性之自然。而"人心一念发动处"即是张栻所谓"意

---

① 张栻：《南轩先生孟子说》卷二，《张栻集》，第 372—373 页。
② 张栻：《答直夫》，《新刊南轩先生文集》卷二七，《张栻集》，第 1177 页。

之所向"①,他说:

> 斯须之顷,意之所向,一涉于有所为,虽有浅深之不同,而其徇己自私则一而已。②

> 凡一日夕之间,起居饮食,遇事接物,苟私己自便之事,意之所向,无不趋之,则天理灭而人道或几乎息矣。③

在他看来,若人心一念发动处即意之所向逆性悖理而涉于有所为,虽然程度有浅深的不同,但无疑都是徇己自私的行为。此即张栻所云:"即其所为者而视之,其事善矣,则当观其所从由之道果为善乎? 为利乎? 人固有同为一事,而所发有善利之分者矣。其所由者是,则又当察其所安者焉。所安,谓心之所主。"④这就是说,从道德和价值的意义上对一个行为加以评定,不能依据行为本身或行为的结果,而必须根据行为动机或出发点来进行。只有这样,对行为的评判才是真正合理的。

二、"天理""人欲"之关系

在"天理""人欲"的关系问题上,张栻显然主张二者之间是截然对立的,这由其以人的"意之所向"是顺性之"无所为而然"还是逆性之"有所为而然"来界分"天理"和"人欲"这点便可以推知。虽然张栻根据人的行为动机顺性与否明确肯定了天理、人欲的分别与对立,但是他并没有否定人的一切欲求。他所谓"人欲"专指人的私欲,而对于维持人的生存与发展的基本欲求和人之发于公心的公欲等顺性合理之欲,他恰恰是积极肯定的。在他看来,这些欲求本身就是天理的体现,故当直接以"天理"称之,而不可以"人欲"甚至不可以"欲"去言说。所以他是在肯定合理之

---

① 在张栻看来,心之所发便是意,此可从其所云"圣人岂独无意哉? 盖发于心者莫非实理,无一毫私意也,若有所作为,皆私意耳"(《南轩先生论语解》卷五,《张栻集》,第 180 页)推知。于是人心一念发动处即其所谓"意之所向"。

② 张栻:《南轩先生孟子说》"讲义发题",《张栻集》,第 311 页。

③ 张栻:《送刘圭父序》,《新刊南轩先生文集》卷一五,《张栻集》,第 991—992 页。

④ 张栻:《南轩先生论语解》卷一,《张栻集》,第 106 页。

欲的前提下来推明"天理"与"人欲"之间的对立性的。

（一）"天理""人欲"不可两立并存

根据上文的分析便可知，张栻所谓"天理"与"人欲"是决然对立的，二者不可两立并存，毫无相融统一性可言。对于天理与人欲之间的这种对立关系，张栻极力凸显、反复推明之，他说："天理、人欲不两立也"①；"天理、人欲不并立也"②；"苟非天理，即人欲已"③。显然，"天理"与"人欲"是绝对对立的。而二者实处于一种此消彼长、此生彼灭的关系状态当中。张栻云："天理存则人欲消，固不两立也，故以水胜火喻之……天理寖明，则人欲寖消矣。及其至也，人欲消尽，纯是天理，以水胜火，不其然乎"④；"人欲愈肆，而天理愈灭钦"⑤；"私欲浸消，天理益明"⑥。可见，天理、人欲之间势同水火，正因为天理与人欲的消长是完全相反的，所以二者无法并立共存。

"天理""人欲"不可两立并存，这是张栻一以贯之的主张。然而张栻的"天理人欲，同行异情"⑦之论，却容易让人误以为这是在肯定"天理""人欲"之间可以相互融合，二者具有统一性。⑧ 究其原因，主要有二：其一，对于

---

① 张栻：《南轩先生论语解》卷七，《张栻集》，第 233 页。
② 张栻：《南轩先生论语解》卷一，《张栻集》，第 108 页。
③ 张栻：《勿斋说》，《新刊南轩先生文集》卷一八，《张栻集》，第 1034 页。
④ 张栻：《南轩先生孟子说》卷六，《张栻集》，第 561 页。
⑤ 张栻：《答喻郎中》，《新刊南轩先生文集》卷二六，《张栻集》，第 1152 页。
⑥ 张栻：《洙泗言仁序》，《新刊南轩先生文集》卷一四，《张栻集》，第 971 页。
⑦ 张栻：《潭州重修岳麓书院记》，《新刊南轩先生文集》卷一〇，《张栻集》，第 900 页。
⑧ 苏铉盛："在早期的作品中，张栻采取天理人欲同行异情说。日后他更积极地主张天理之优越性……在早期天理人欲说中，他仍然保留天理和人欲之间的融合余地，但在尔后的探讨中，他扬弃这个观点，而强调两者之间的严格区别，并越来越重视道德原理的价值和意义。"（苏铉盛：《张栻哲学思想研究》，北京大学 2002 年博士学位论文，第 132—133 页；苏铉盛：《理学家的义利观——以张栻为中心》，李诚主编：《巴蜀文化研究》2004 年第 1 期，第 187 页。）王丽梅："张栻将天理与人欲之关系规定为'同行异情'，一方面强调天理与人欲的区别，一方面注意强调二者之间的联系，即一方面保证道德世界的先验性与纯粹性，一方面又在道德世界中开显现实世界，在现实世界中奋争道德世界。"（王丽梅：《张栻哲学思想研究》，南京大学 2004 年博士学位论文，第 108 页。）刑靖懿："就在宋代理学家大倡'存天理去人欲'，天理人欲相对立的过程中，张栻秉承、修正了胡宏'同体异用，同行异情'说，从天理人欲互相包容、统一的角度出发，提出天理人欲'同行异情'的独特的理欲观。"（邢靖懿：《张栻理学研究》，河北大学 2008 年博士学位论文，第 126 页。）

张栻理欲论中的"人欲"概念缺乏全面、精准的了解，往往将其与一般所谓"人欲"概念等同看待。张栻所谓"人欲"并不是指人的一切欲求，更不是指那些顺性合理之欲，而是特指人的私欲。在这个地方必须加以区分和辨析，才能准确把握张栻所谓"天理""人欲"之间的关系。其二，对于"天理人欲，同行异情"这个命题的意义理解不够确当。该命题的义涵必须联系张栻之师胡宏的相关思想，并将其置于张栻理学的整个脉络才能恰切理解。

张栻在《潭州重修岳麓书院记》中云："虽然，天理人欲，同行异情，毫厘之差，霄壤之缪，此所以求仁之难，必贵于学以明之与？"①"天理人欲，同行异情"本为张栻师胡宏的主张，后为张栻所吸收、继承。胡宏云："天理人欲，同体而异用，同行而异情，进修君子宜深别焉。"②目前学界对这段话有不同解释。③在牟宗三先生看来，"'同体'者'同一事体'之谓，非

---

① 张栻：《潭州重修岳麓书院记》，《新刊南轩先生文集》卷一○，《张栻集》，第 900 页。
② 胡宏：《胡宏集》附录一《宋朱熹胡子知言疑义》，第 329 页。
③ 陈来："天理人欲虽属同一事体，而表现上却显示其不同之用；虽属同一事行，而其情实确有溺与不溺之异。例如，夫妇之道，圣人行之，有道而安，便是天理；庸人溺之无节，便是人欲，这就是'同体异用，同行异情'。胡宏要人在生命欲望的活动中注意循其当然之则，即是说，欲的正当展开就是'天理'，'欲'的不合准则的放荡才是'人欲'。因而天理、人欲的分别并不意味着要排斥或禁绝人的正常的自然欲望，而是如何按照社会通行的准则合理地加以展开。胡宏坚持人的生命活动是不能否认的，不仅两性关系，人生的衣食住行与其他的活动莫不有其所当遵行的准则与规范。"（陈来：《宋明理学》，第 153 页，沈阳，辽宁教育出版社，1995。）向世陵："胡宏把'同体而异用'与'同行而异情'前后意思相关，'同体''同行'是说理欲双方共存于同一人体及其事物活动之中，'异用''异情'则表明了天理人欲的作用和表现情形不同，即天理立足于道义的要求，人欲服务于生存的需要。何为天理，何为人欲，取决于人们评价的出发点和动机。所以，胡宏强调君子的修身养性，需要在同体、同行去去认真地分辨异用和异情……从'同体''同行'去辨别'异用''异情'，实际上只能从价值观念上来进行，从客观事实上是区分不开的。正因为如此，这种分辨才十分地不易，所以他要求'进修君子，亦深别焉。'"（向世陵：《善恶之上——胡宏·性学·理学》，第 183、219 页。）曾亦："牟宗三先生说得是。然而'同体'之体作本体解亦可通，所谓'同体而异用'，即天理、人欲这种伦理上的价值都是由那无善无恶之性派生出来，是同一个本体的不同发用而已。明道'恶亦不可不谓之性'之说，正是说明这个道理。"（曾亦：《本体与工夫——湖湘学派研究》，第 111 页。）邓辉、周大欢："天理人欲是同一本体的不同显用，是本体流行的不同表现，未发之时用在体中，已发之后体在用中，体用本是一源。根据胡宏'性不能不动，动则心矣'和道物不两离的思想，本体之流行必见之于人，行之于事，因此不同的人行同一事务或同是一人行不同的事务，因心各异必然会异其情实而表现出天理或人欲之别，天理人欲既不相同也不并立，进修德业的君子实应深自辨别反省。"（邓辉、周大欢：《胡宏理欲观辨正》，《哲学研究》2011 年第 4 期，第 38 页。）

同一本体也。'异用'是异其表现之用,非体用之用。'同行而异情'与上句同意语。'同行'者,同一事行也。'异情'者,异其情实也。正因同体异用,同行异情,故'进修君子,宜深别焉'"[①]。故"同体而异用"与"同行而异情"的义涵相同,都是指在同一事体或事行上其表现有天理与人欲的差异。既然在同一事体、同一事行中都有天理、人欲之不同表现,所以胡宏希望"进修君子宜深别焉"。因此,"天理人欲,同体而异用,同行而异情"并不能说明"天理""人欲"具有相容性,而恰恰在于强调必须区别二者的不同。张栻在"天理人欲,同行异情"后紧接着说"毫厘之差,霄壤之缪,此所以求仁之难,必贵于学以明之与",即是在点明此意。而他所谓"天理只是天理,人欲只是人欲,都无夹杂念虑。毫厘之间,霄壤分焉,此昔人所以战兢自持不敢少弛也"[②],则更明确地指出了天理与人欲之间的对立性,也可以说是对这段话的最好注脚。

纵观张栻的相关著述,与此处大意相同的内容屡见不鲜、比比皆是,完全可以互诠互释、对照理解,如其云:"自容貌、颜色、辞气之间而察之,天理人欲丝毫之分耳。"[③]又云:"盖出义则入利,去利则为善也,此不过毫厘之间,而有白黑之异、霄壤之隔焉……夫善者,天理之公……至于利,则一己之私而已……夫义、利二者相去之微,不可以不深察也。"[④]"盖事一也,而情有异"等正是表达"同行异情"的意思,而张栻又常用"丝毫之分""毫厘之间霄壤之分""此不过毫厘之间,而有白黑之异、霄壤之隔"等来描述天理与人欲的分别,这充分体现出其所谓"天理""人欲"是截然对反、势不两立的,二者之间绝无任何包容性、融合性可言。其所谓"天理人欲,同行异情,毫厘之差,霄壤之缪",无疑也指明了此意。但如果孤立地单提此一句,而不能贯通张栻理欲论的整个思路,那么就会据此认

---

① 牟宗三:《心体与性体》第 2 册,第 454 页,台北,正中书局,1968。
② 张栻:《答胡季随》,《新刊南轩先生文集》卷三二,《张栻集》,第 1263 页。
③ 张栻:《敬简堂记》,《新刊南轩先生文集》卷一二,《张栻集》,第 947 页。
④ 张栻:《南轩先生孟子说》卷七,《张栻集》,第 603 页。

为张栻主张"天理""人欲"之间具有融合性或包容性，这显然是误解了张栻的意思。

（二）顺性合理之欲亦即天理

张栻虽然从道德和价值的意义上截然分判天理和人欲，但是他并没有否定人的一切欲求，他所否定的只是与道德本性相违逆而不合于天理的人之私欲，其所谓"人欲"特指人的私欲而言。对于维持人的生存与发展的基本欲求和人之发于公心的公欲等顺性合理之欲，张栻是积极肯定的。他说："人饥渴而饮食，是亦理也"[1]，"饮食有正味，天下之公也"[2]，"夏葛而冬裘，饥食而渴饮，理之所固存，而事之所当然者"[3]。在这里，张栻指出人的饥食渴饮等正常欲求是合乎天理的，乃天理之所当然。[4] 这就明确肯定了人的基本欲求的合理性。并且在他看来，人人都有饥食渴饮等基本欲求，即便君子、圣人也不能例外。他说："众人有喜怒哀乐，圣人亦未尝无也；众人夏葛冬裘，饥食渴饮，圣人亦不能违也。"[5]既然圣人都不能没有正常欲求，那么这些欲求的存在必是不可否认而合情合理的。不仅如此，张栻还积极肯定了那种发于公心、合于天理的公共欲求。他说：

> 夫好货与好色，人欲之流，不可为也。今王自谓疾在于好货，而告之以公刘好货；王自谓疾在于好色，而告之以大王好色，是则有深意矣。夫公刘果好货乎哉？公刘将迁国于豳，使居者有积仓，行者

---

① 张栻：《南轩先生孟子说》卷六，《张栻集》，第 557 页。
② 张栻：《南轩先生孟子说》卷七，《张栻集》，第 605 页。
③ 张栻：《静江府学记》，《新刊南轩先生文集》卷九，《张栻集》，第 881 页。
④ 王丽梅、刑靖懿等学者皆引"饥而食，渴而饮，天理也；昼而作，夜而息，天理也。自是而上，秋毫加焉，即为人欲矣"这段文本来证明张栻亦主张理、欲之间具有统一性和包容性，而实则此乃陈平甫所言，并非张栻之语。原著为：（陈平甫云）"吾心纯乎天理，则身在六经中矣。或曰何谓天理？曰饥而食，渴而饮，天理也；昼而作，夜而息，天理也。自是而上，秋毫加焉，即为人欲矣。人欲萌而六经万古矣。"（张栻针对其说云）"此意虽好，然饥食渴饮，昼作夜息，异教中亦有拈出此意者，而其与吾儒异者何哉？ 此又不可不深察也。孟子只常拈出爱亲敬长之意，最为亲切，于此体认即不差也。"（《答陈平甫》，《新刊南轩先生文集》卷三〇，《张栻集》，第1227 页。）
⑤ 张栻：《南轩先生孟子说》卷四，《张栻集》，第 498 页。

有裹粮,弓矢斧钺备而后启行,是其所谓好货者,欲己与百姓俱无不足之患而已。大王果好色乎哉? 大王与其妃来相宇于岐下,方是时也,内外无有怨旷焉,是其所谓好色者,欲己与百姓皆安于室家之常而已。夫其为货与色者如此,盖天理之公且常者也,故再言"与百姓同之,于王何有"。夫与百姓同之,则何有于己哉? 人之于货与色也,惟其有于己也,是故崇欲而莫知纪极。夫其所自为者,不过于六尺之躯而已,岂不殆哉? 苟惟推与百姓同之之心,则扩然大公,循夫故常,天理著而人欲灭矣。①

于此,张栻辩证地分析了人对于货、色的欲求。在他看来,为了满足一己私意的好货与好色行为乃人之私欲的流行,这是不可为的;而为了满足广大百姓需求的好货与好色行为则是天理之公且常,这是值得积极肯定并大力推举的。因此,那种基于人的公心所发的公益性欲求也是合乎天理的。显然,张栻是从行为的动机判断行为是否符合天理的,欲求什么并不重要,关键在于为何而欲求,其动机是立足于大公之天理还是一己之私欲:基于大公之天理所发的欲求,则是合于天理的,乃是"天理"之发用;否则,便是"人欲"即人的私欲之流行。②

三、存理遏欲之工夫

至于如何存天理而遏人欲,张栻主张反躬即反求诸己。这是其理欲论颇有特色的地方。张栻云:"反躬则天理明,不能反躬则人欲肆,可不

---

① 张栻:《南轩先生孟子说》卷一,《张栻集》,第 339—340 页。

② 同样的观念亦体现在"梁惠王顾鸿雁麋鹿而谓孟子,孟子若告之曰,贤者何乐乎此? 则非惟告人之道不当尔,而于理亦有未完也。对曰'贤者而后乐此,不贤者虽有此不乐也',辞气不迫,而理则完矣。盖王之所谓乐者,人欲之私,期以自逸者也。孟之所谓'贤者而后乐此'者,天理之公,与民偕乐者也……嗟乎! 民一也,得其心则子来而乐君之乐,失其心则害丧而亡君之亡。究其本,则由夫顺理与徇欲之分而已。人君若常怀不敢自乐之心,则足以遏人欲矣;常怀与民皆乐之心,则足以扩天理矣,可不念哉"(《南轩先生孟子说》卷一,《张栻集》,第 314—315 页)。此文本当中,这也表明张栻实质上是以公、私来辨明天理、人欲之别的,只不过他主张根据行为的动机或出发点是否合于道德来分判二者。

念哉!"①又云:"绅绎其性之端以之,使之晓然知反躬之要,则天理可明,而人欲可遏矣。"②又云:"人为物诱,欲动乎中。不能反躬,殆灭天理。"③又云:"反躬而去其蔽,则斯见其大同者矣。其所同然者,理也。"④可见,反躬则天理可明而人欲可遏,不能反躬则天理殆灭而人欲肆行。所以存天理而遏人欲当以"反躬"为要。

在张栻看来,所谓"反躬"也就是指反求本心、向内用力做工夫,即操存涵养人所固有的道德本心。他说:"天理人欲不并立也,操舍存亡之机,其间不能以毫发。"⑤又说:"仁与不仁,特系乎操舍之间,而天理人欲分焉。"⑥天理、人欲之分立即在对本心的操存舍亡之间:操则存,即是天理,因为天理本具于人心,心存则天理明;舍则亡,便是人欲,因为本心放失,天理被人欲障蔽而无法得以显明。因此,遏欲存理的关键便在于存养本心。张栻云:

> 虽然,人饥渴而饮食,是亦理也,初何罪焉? 然饮食之人人所为贱之者,为其但知有口腹之养,而失其大者耳。如使饮食之人而不失其大者,则口腹岂但为养其尺寸之肤哉? 固亦理义之所存也。故失其大者则役于血气而为人欲,先立乎其大者则本诸天命而皆至理。人欲流,则口腹之需何有穷极? 此人之所以为禽兽不远者也。天理明,则一饮一食之间,亦莫不有则焉,此人之所以成身而通乎天地者也。然则可不谨其源哉。⑦

张栻认为,人饥而食、渴而饮,这也是天理之所当然。只是饮食之人若只知满足口腹之欲,而不能先立定人之所以为人之大者即道德本心,以致

---

① 张栻:《南轩先生孟子说》卷四,《张栻集》,第445页。
② 张栻:《南轩先生孟子说》卷一,《张栻集》,第329页。
③ 张栻:《艮斋铭》,《新刊南轩先生文集》卷三六,《张栻集》,第1308页。
④ 张栻:《跋西铭示宋伯潜》,《新刊南轩先生文集》卷三三,《张栻集》,第1274页。
⑤ 张栻:《勿斋说》,《新刊南轩先生文集》卷一八,《张栻集》,第1034页。
⑥ 张栻:《南轩先生孟子说》卷六,《张栻集》,第561页。
⑦ 同上书,第557—558页。

为血气所主宰,则口腹之养遂沦为人的私欲。若能先立乎其大者,本心得以存养而天理昭然呈露,则口腹之欲的满足必循天理之所当然而为,而此时口腹之欲亦即天理的流行发见,绝非人之私欲。故当先立定人之所以为人之大者,以心主宰血气,克制人的欲望,则人欲消而天理可存。对于张栻而言,存天理遏人欲须以"反躬"为本,而至于如何具体地展开和落实此工夫,他则主张格物致知与持敬。要言之,"反躬"乃是存天理遏人欲的工夫要领所在,而格物致知与持敬则是对此工夫的具体展开与落实,其最终目的即在于彰明人之道德本心而尽显人之道德本性,从而挺立人之所以为人之道。

四、存理遏欲之目的

张栻之所以明分天理与人欲并竭力主张反躬以存理遏欲,其宗旨即在于实现内圣成德,彰明人皆固有的道德本心,从而挺立人之所以为人之根本、昭显人之所以为人之道;并进而因此立定王道之本,由内圣至于外王,达到国治而天下平的理想境地。

(一)立人道

张栻认为,人之所以为人而异于他物者,即在于人皆固有本心以尽其性、全其性。他说:"原人之生,天命之性,纯粹至善,而无恶之可萌者也……何独人尔? 物之始生,亦无有不善者,惟人得二气之精,五行之秀,其虚明知觉之心有以推之,而万善叮备,以不失其天地之全,故性善之名独归于人,而为天地之心也。"[①]人与物虽然都具有道德本性,但人得二气之精、五行之秀,有虚明知觉之心以推之而能够尽性全性。也就是说,人可以通过"心"的能动作用,把客观潜存的善性具体真实地实现出来,所以"性善之名独归于人,而为天地之心也"。可见,张栻实际上是从"心"上来区分人与物的,就"性"上而言,人与物并无不同,人之所以为人

---

① 张栻:《南轩先生孟子说》卷六,《张栻集》,第538—539页。

而异于物的根本在"心"而不在"性"。① 因此他说："惟人禀得其秀,故其心为最灵而能推之,此所以为人之性,而异乎庶物者也。"②

在张栻看来,虽然人人都本有此心,但此心常被人的一己私欲陷溺、障蔽而无法得以彰明、呈露,以致失却人之为人之道。他说："人皆有是心,然为私欲所蔽,则不能推而达之,而失其性之所有者。"③人虽皆有道德本心,但为私欲所蔽隔,故无法推而达之以尽其性之所有。因而张栻主张遏人欲而存天理,以去除本心的障蔽,从而令其得以显明昭著。他说:

> 盖人之生,其爱之理具其性,是乃所以为人之道者。惟其私意日以蔽隔,故其理虽存,而人不能合之,则人道亦几乎息矣。惟君子以克己为务,己私既克,无所蔽隔,而天理睟然,则人与仁合而为人之道矣。④

> 盖欲有以蔽之,而羞恶之端陷溺而莫之萌也。故曰:此之谓失其本心。嗟乎! 举世憧憧,以欲为事。于得失之际,盖不能以自择也,而况于死生乎? 是故君子遏人欲而存天理……而人道立矣。⑤

张栻认为,人之所以失却其为人之道,是因为现实中人往往有私欲,障蔽

---

① 张栻云:"惟人全夫天地之性,故有所主宰,而为人之心所以异乎庶物者独在于此也。"(《存斋记》,《新刊南轩先生文集》卷一一,《张栻集》,第 931 页。)由此亦可知,张栻以心能尽心全性这点从根本上区分人与物,即以心规定人的本性。而张栻又云:"人与万物同乎天,其体一也,禀气赋形则有分焉。至若禽兽,亦为有情之类,然而隔于形气,而不能推也。人则能推矣。其所以能推者,乃人之道,而异乎物者也,故曰几希,言其分之不远也。人虽有是心,而必贵于能存;能存而后人道立。不然,放而不知求,则几庶物亦奚以异哉? 故庶民之所以为庶民者,以其去之;君子之所以为君子者,则以其能存之耳。曰'去之'者,为其去而不反也;曰'存之'者,为其存而不舍也。去而不返,则无以自别于禽兽。存之之极,虽圣亦可几也。去与存,其几本于毫厘之间,可不谨哉? ……嗟乎! 人皆可以为舜,其本在乎存之而已矣。"(《南轩先生孟子说》卷四,《张栻集》,第 483 页。)可见,他十分重视对本心的操存涵养,以此来尽性全性,从而成就人之所以为人者。
② 张栻:《答胡伯逢》,《新刊南轩先生文集》卷二九,《张栻集》,第 1211 页。
③ 张栻:《南轩先生孟子说》卷二,《张栻集》,第 372 页。
④ 张栻:《南轩先生孟子说》卷七,《张栻集》,第 632 页。
⑤ 张栻:《南轩先生孟子说》卷六,《张栻集》,第 554 页。

了其固有的道德本心,从而无法以心尽性,具体真实地体现出人之所以为人之道。故须克尽一己私欲而存大公之天理,以去除本心的障蔽,从而彰明人所固有的道德本心、挺立人之所以为人之道。因此,遏人欲而存天理,则本心可明,本性可尽,而人道可立。当然,换一个角度也可说,明心尽性则可使天理得存而人欲得遏,从而人之所以为人之道亦可得以挺立、昭显。因为心即理,心能主宰性、气,故这两个方面实际上是互涵互摄的,也就是说,存天理遏人欲的过程亦即一个存养本心的过程。总之,明心尽性以立人道乃张栻理欲论的宗旨,也是其主张反躬以存理遏欲的根本原因所在。

（二）行王政

张栻极力主张存天理而遏人欲,在内圣方面乃是为了彰明人之所以为人之道、挺立人之所以为人之本,而在外王方面则是为了实行王道政治以治国平天下。

张栻以天理、人欲之分明王、霸之辨,竭力推行王道而贬抑霸道,充分体现出其理欲论在外王方面乃是为施行王道政治服务的。

在张栻看来,立人道乃施行王道政治之本,而人之为人之道即在于人皆固有其道德本心,故王道政治的施行必有赖于道德本心的存养。他说:"尧舜之道固大矣,而其平治天下,必以仁政……惟夫行仁政,是所以为尧舜之道也……先王有不忍人之心,斯有不忍人之政。所谓不忍人之政者,即其仁心所推,尽其用于事事物物之间者也……盖仁心之存,乃王政之本;而王政之行,即是心之用也。"①张栻认为,为国者平治天下,必须施行仁政,而仁政的施行必须端赖于仁心的存养,治国者有仁心方能行仁政,所以存养仁心乃王道政治之本,而王政的实行也即是仁心本体的流行发用。又在张栻看来,仁心为人人所固有,贵在能够存养之。而反躬以存理遏欲的过程也就是一个操存涵养本心的过程,故存天理而遏人欲则可以立定王政之本,从而推动仁政之施、王道之行,最终实现王道政

---

① 张栻:《南轩先生孟子说》卷四,《张栻集》,第441页。

治的理想。所以张栻在外王经世的层面也十分重视天理、人欲之辨，他说："嗟乎！义利之辨大矣。岂特学者治己之所当先，施之天下国家，一也。王者所以建立邦本，垂裕无疆，以义故也；而霸者所以陷溺人心，贻毒后世，以利故也。孟子当战国横流之时，发挥天理，遏止人欲，深切著明，拨乱反正之大纲也。"①可见，天理人欲之辨不仅为学者修身治己的首要任务，并且也是治国者为国行政的头等大事：王者循顺天理而行，所以能建立邦本、垂域无疆；而霸者拘限于一己私欲，所以才陷溺人心、贻害后世。因此，治国者必须存天理而遏人欲，以为王道政治的实现立定根基。

张栻将其理欲论运用于王、霸之辨，以天理、人欲判别二者，并极力推举王道而贬抑霸道，亦可反映出其理欲论落在外王方面是以实现王道政治为最终目的的。他说："大抵王者之政，皆无所为而为之，伯者则莫非有为而然也。无所为者天理，义之公也；有所为者人欲，利之私也。"②在张栻看来，王道之所以为王道，即在于王者能本于大公至正之天理为政治国；而霸道之所以为霸道，即在于霸者常基于一己私欲为国行政。故王、霸之别即在顺理与徇欲之间，甚至可以说王道即天理，而霸道即人欲。因此，张栻以天理、人欲分判王道、霸道，其目的便在于希望统治者能去除利欲之心，全然本于大公之天理为政治国，从而实现国治而天下平的王道政治理想。

由上可知，张栻的理欲论强调"天理""人欲"之分并力主存天理遏人欲，此乃为宋儒所共许，与宋儒的基本立场是一致的，也与先秦儒学是一脉相承的。而张栻理欲论的特质主要体现在如下两个方面：

其一，根据顺性之"无所为而然"与逆性之"有所为而然"，从"意之所向"即行为动机上十分精微地界定和分判天理与人欲，认为"天理"即顺性之"无所为而然者"，而"人欲"即逆性之"有所为而然者"。并以"人欲"

①　张栻：《南轩先生孟子说》"讲义发题"，《张栻集》，第 312 页。
②　张栻：《汉家杂伯》，《新刊南轩先生文集》卷一六，《张栻集》，第 1007—1008 页。

特指人的私欲而对之加以彻底的否定和贬抑;以顺性合理之欲即为"天理"而对之加以极大的肯定和褒扬。

其二,竭力主张反躬以存天理遏人欲,即强调反求本心、向内用力以作存理遏欲的工夫。因为在张栻看来,心即是理,而心对理、性、气乃至万物万事都具有统摄、主宰作用,此即人之所以为人而异于他物之根本,亦即人道之所在,故存天理遏人欲必须反本向内用功,对本心加以操存涵养方可。而实际上对张栻来说,存理遏欲的过程也就是一个存养本心的过程。

总而言之,张栻的理欲论在继承先贤思想的基础上,对一些关键性的问题提出了自己颇为独到而又深刻的见解,显然有助于推动宋代理欲思想的发展和完善,对当时及后世的学者都产生了一定的影响。朱子、真德秀、杨万里等学者对其义利之辨大加赞颂和推举,而义利之辨的实质即理欲之辨,这无疑体现出张栻的理欲论和义利之辨在宋代理学中的重要价值和影响。

第五节　张栻理学的影响

张栻作为南宋著名的理学家,其儒学直承孔孟之道统,延续周(敦颐)、张(载)、二程、胡子(宏)之学,融会理学与心学,既注重本体论之建构,又强调实行践履之工夫,并且兼重内圣成德之教与外王经世之治,因而颇具圆融、开放、包容、务实的性格与特征。这不仅极大地丰富和深化了湖湘学派的理学思想,而且对蜀学和闽学的发展亦产生了重要影响。因此,张栻的理学在整个宋明理学发展史中实具有其重要的地位和作用。

张栻总体上继承了从程颢、谢良佐至胡宏这一系的学问路向,他在努力吸收和融会北宋诸儒以及胡氏父子之理学的基础上,又积极与湖湘学派内部的学者以及朱熹、吕祖谦等理学家反复论辩切磋,从而创发出既深厚且又颇具特质的理学思想。如在天道论中,张栻主张太极即性,将太极与性互诠互释、直通为一，并尤为强调太极不离于二气五行万物或性不离于气；在心性论中，他既着力显明"心""性"之本体义和道德义，肯定"心"即是"性"，同时又大力阐扬心体的主宰性，倡导"心主性情"之论，而"心主性情"之实义乃在于表明心体统摄、兼赅、融贯性体与情用两面，其中性即仁义礼智之性，情即四端之情，二者互为体用关系；在工夫论中，他则力主察识涵养并进、持敬穷理相资以及致知力行互发，既注重返本体证，又强调践履务实；在外王论中，他既坚持以内圣成德为本，又颇为强调儒学"真可以经世而济用"①。以上这些都能体现出张栻理学的创发与特点，此不仅推动了湖湘哲学、湖湘文化的发展，而且对于整个宋代理学的丰富与完善亦具有颇为重要的作用。南宋周密云："伊洛之学行于世，至乾道、淳熙间盛矣。其能发明先贤旨意，遡流徂源，论著讲解卓然自为一家者，惟广汉张氏敬夫、东莱吕氏伯恭、新安朱氏元晦而已……盖孔孟之道，至伊洛而始得其传，而伊洛之学，至诸公而始无余蕴。必若是，然后可以言道学而已。"②杜杲亦云："中兴以来，文公朱先生以身任道，开明人心，南轩先生张氏，文公所敬。二先生相与发明，以绪周、程之学，于是道学之升，如日之升，如江汉之沛。"③由此可见张栻对理学的传承与发展具有重要的意义和影响。具体而言，体现为以下几个方面：

首先，张栻的理学促进了湖湘学派的发展，提升了湖湘学派在宋代理学中的地位和影响。湖湘学派自胡安国开创并奠定初步的基础，经由胡寅、胡宏兄弟而获得了较为充分、深入的发展，至于张栻则达到了繁荣兴盛的地步。胡宏去世后，张栻成为湖湘学派的宗师。乾道初年，张栻受湖南安抚使刘珙之邀主教岳麓书院，在此研究和传播理学，吸引了一大批学子。从此，湖湘学派的重心即从湘潭、衡山一带转移到长沙。乾

---

① 张栻：《严州召还上殿札子》，《张栻集》，第 1458 页。
② 周密：《齐东野语》卷一一，第 202 页，北京，中华书局，1983。
③ 杜杲：《重修张南轩先生祠堂记》，《张南轩先生文集》卷七，丛书集成本，上海，商务印书馆，1936。

道、淳熙之际,张栻充分利用岳麓、城南两大书院开展理学的研究和讲习活动,并与朱熹、吕祖谦等学者广泛地交流互动,使得湖湘学派无论在理论建构上,还是在人才规模和社会影响上都盛极一时。黄宗羲云:"南轩之学,得之五峰。论其所造,大要比五峰更纯粹,盖由其见处高,践履又实也。"①在他看来,张栻之学既直契大本大源,又注重实行践履、经世致用,彻上彻下、圆融赅贯,这无疑丰富和推进了胡宏的学说。黄宗羲又云:"湖南一派,当时为最盛,然大端发露,无从容不迫气象。自南轩出,而与考亭相讲究,去短集长,其言语过之者裁之归于平正。"②可见,张栻对于湖湘学派理学的发展确实具有颇为重要的影响。

第二,张栻的理学对当时以朱熹为代表的闽学、以吕祖谦为代表的金华学派、以陈亮为代表的永康学派以及诗人杨万里等的思想发展都产生了一定的影响,而其中尤以对朱子理学的推进作用最大。南宋乾道、淳熙年间,张栻与朱熹、吕祖谦就理学中的诸多重大问题相互切磋论辩,推动了各自理学的发展与完善,从而开拓出宏大、精密且又各具特质的理学体系,由此被后世誉为"东南三贤"。其中尤以张栻与朱熹之间的学术交往最为频繁和密切,并且效力最大。从隆兴二年(1164)至淳熙七年(1180),朱、张二人进行了长达十余年的学术交往,在此期间,两人就太极、中和(未发已发)、察识涵养、知行关系、义利之辨、仁说等重要的理学问题展开了诸多讨论,这对朱熹理学的发展与成熟产生了很大的推动作用。

根据《南轩先生文集》所载,张栻写给朱熹的书信多达七十三封,另有答问四篇,其中关于理学问题辩难的最多。③ 在《朱文公文集》当中,朱

---

① 黄宗羲原本,全祖望修定:《南轩学案》,《宋元学案》第 2 册,第 1635 页。
② 同上书,第 1611 页。
③ 《四库全书总目提要》云:"栻与朱子交最善,集中《与朱子书》凡七十有三首,又有《答问》四篇。其间论辨斷斷,不少假借。如第二札则致疑于辞受之间;第三札辨墓祭、中元祭;第四札辨《太极图说注》;第五、六、七札辨《中庸注》;第八札辨《游酢祠记》;第十札规朱子言语少和平;第十一札论社仓之弊,责以偏袒王安石;第十五札辨胡氏所传《二程集》不必追改,戒以平心易气;第二十一札辨论仁之说有流弊;第四十四札论山中诸诗,语未和平;第四十九札论《易说》未安,是从来许多意思未能放下;第五十四札规以信阴阳家言,择葬地;与胡季随第五札又论朱子所编《名臣言行录》未精细。朱子并录之集中,不以为忤。"

熹寄给张栻的书信答问，也有五十四篇之多，其中包含大量有关理学问题的讨论。这可以充分体现出张、朱二人的学术交往之频仍、道友关系之密切。然而颇为遗憾的是，张栻不幸于淳熙七年(1180)四十八岁时即英年早逝。这无疑给朱熹带来了巨大的损失和哀痛，他在《答吕伯恭》一书中说道："钦夫之逝，忽忽半载，每一念之，未尝不酸噎。同志书来，亦无不相吊者，益使人慨叹。盖不惟吾道之衰，于当世亦大有利害也。盖钦夫向尝有书来，云见熹诸经说，乃知闲中得就此业，殆天意也。因此略述向来讲学与所以相期之意，而叹吾道之孤且穷，于钦夫则不能有所发明也。"①在此，朱子深切地表达了他对张栻的沉痛哀思，并直接指明了张栻对他以及当时南宋理学的重大影响。另外，朱子在《祭张敬夫殿撰文》之中，更是精详地记叙了张栻与他之间的互动来往关系及其对他的学思演进所产生的重要影响。如他云："我昔求道，未获其友。蔽莫予开，吝莫予剖。盖自从公，而观于大业之规模，察彼群言之纷纠，于是相与切磋以究之，而又相厉以死守也。"②由此足见张栻对他的学问影响之深。他又云："嗟惟我之与兄，吻志同而心契。面讲而未穷，又书传而不置。盖有我之所是，而兄以为非；亦有兄之所然，而我所议。又有始所共乡，而终悟其偏；亦有蚤所同挤，而晚得其味。盖缴纷往返者十余年，末乃同归而一致。由是上而天道之微，远而圣言之秘，近则进修之方，大则行藏之义，以兄之明固已洞照而无遗，若我之愚，亦幸窃窥其一二……盖虽显之或殊，实则交须而共济。"③在他看来，他与张栻志同道合，曾就理学中的诸多问题进行了长达十余年的切磋、论辩，虽然起初有不少意见分歧，但是最终则达成一致。朱子还进一步指出，他同张栻在学问上乃是"交须而共济"即相资互发、相须并进的关系，其理学思想的推进与成熟离不开张栻的问难、指引和启发。这显然可见张栻对朱熹理学之演进具有十分深刻的影响。

---

① 朱熹：《答吕伯恭》，《朱子全书》第 12 册，第 1503 页。
② 朱熹：《祭张敬夫殿撰文》，《朱子全书》第 42 册，第 4074 页。
③ 同上书，第 4075—4076 页。

第三,张栻的理学推动了蜀学(即四川理学)的发展。《宋元学案·二江诸儒学案》载:"宣公居长沙之二水,而蜀中反疏。然自宇文挺臣、范文叔、陈平甫传之入蜀,二江之讲舍不下长沙。黄兼山、杨浩斋、程沧州抵柱岷、峨,蜀学之盛,终出于宣公之绪。"①当时张栻在湖湘之地讲学论道,不少蜀人多信从之,从而成为其弟子。这些蜀中弟子有及门的宇文绍节、陈概、杨知章、李修己、张仕佺、范仲黼等人,当然也包括魏了翁、虞刚简等私淑张栻的四川学者,他们从学张栻之后,又回到四川去讲学布道,从而形成了四川学派,以传播和发展张栻的理学为己任,这就使得张栻的理学大盛于巴蜀之地。显然,张栻的理学作为蜀学的重要来源,对于蜀学的发展无疑具有开启和振兴之功。

第四,张栻的理学不仅在当时影响甚大,而且对后世儒学的发展也产生了一定影响。如宋末的魏了翁与真德秀、元代的吴澄和方回、明清之际的王船山,以至于近代的曾国藩、左宗棠、胡林翼、谭嗣同等人的思想都在一定程度上受到了张栻的影响。

在南宋理学发展史上,魏了翁(鹤山先生)和真德秀(西山先生)无疑是继张栻、朱熹之后颇为重要的两位理学家。黄百家云:"从来西山、鹤山并称,如鸟之双翼,车之双轮,不独举也。"②魏了翁与真德秀并称于世,皆为南宋中后期具有一定影响力的儒家学者。其中魏鹤山是张栻理学的私淑者,深受张栻之学行的影响。全祖望云:"嘉定而后,私淑朱张之学者曰鹤山魏文靖公,兼有永嘉经制之粹而去其驳。"③据此可知,魏了翁之学乃是本于朱熹和张栻。与鹤山先生齐名的理学家真德秀对张栻其人其学也十分推崇,其思想亦深受湖湘学的影响。据《宋史》所载,西山先生自嘉定末年至绍定初年任潭州知州兼湖南安抚使之时,即是"以周敦颐、胡安国、朱熹、张栻学术源流勉其士"④,大力宣扬湖湘之学,其时影

① 全祖望:《二江诸儒学案》,《宋元学案》第 3 册,第 2407 页。
② 黄宗羲原本,全祖望修定:《西山真氏学案》,《宋元学案》第 4 册,第 2696 页。
③ 黄宗羲原本,全祖望修定:《鹤山学案》,《宋元学案》第 4 册,第 2650 页。
④《宋史·真德秀传》卷四三七,第 12960 页。

响甚大。他认为："窃惟方今学术源流之盛,未有出湖湘之右者。盖前则有濂溪先生周元公……昭示来世……中则有胡文定公,以所闻于程氏者设教衡岳之下……熙宁以后……其子致堂、五峰二先生,又以得于家庭者,进则施诸用,退则淑其徒……近则有南轩先生张宣公寓于兹土,晦庵先生朱文公又尝临镇焉。二先生之学源流实出于一,而其所以发明究极者,又皆集诸老之大成,理义之秘,至是无复余蕴。此邦之士,登墙承謦者甚众,故人才辈出,有非他郡国所可及。今二先生虽远,所著之书具存,皆学者所当加意。"①在此,真德秀明晰、精详地阐述了湖湘学的统绪和发展脉络,并对其学术地位和影响给予了很高的评价,尤其是显扬了朱熹、张栻二人集大成的理学思想。由此足以显示出整个湖湘学派对他所产生的深刻影响。

张栻理学的影响虽于宋时最盛,但并非止于宋时,其后仍余响不绝,直至此时今日。如元延祐元年(1314),郡别驾刘安仁和主簿潘必大重修岳麓书院,当时元代著名理学家吴澄与刘安仁交好,于是为之作记。吴澄在《重修岳麓书院记》中云:"张子之记,尝言当时郡侯所愿望矣,欲成就人才,以传道济民也,而其要曰仁……呜呼! 仁,人心也,失此则无以为人。曾是熟于记诵、工于辞章、优于进取而足以为人乎? 学于书院者,其尚审问于人,慎思乎己,明辨而笃行之哉!"②可见,吴澄对张栻以求仁为本,强调实行践履、经世致用的为学旨趣和为治理念尤为赞许。另,元代方回在《南轩集钞序》中指出:"孟轲氏没,由秦汉以来,士未有知道之为何物,而学之为何事者也……至本朝诸大儒出,而后道与学之要大明于天下。衣冠南渡,得其传而尤亲切者,吾晦庵与南轩尔。"③在这里,方回充分肯定了朱熹和张栻在道学南传过程中所发挥的重要作用。此外,在元代脱脱等主持编纂的《宋史》当中,张栻与朱熹共举并称,一同被列入《道学传》,这也可以体现出张栻的重要地位和影响。

---

① 真德秀:《劝学文》,《西山先生真文忠公文集》(十九)卷四〇,第2—3页。
② 吴澄:《重修岳麓书院记》,《吴文正集》卷三七,《文渊阁四库全书》第1197册,第392页。
③ 方回:《南轩集钞序》,《张栻集》,第1236页。

作为明清之际湖湘学的集大成者的王船山,其思想在一定程度上也受到了张栻理学的影响。如王船山在其知行观、体用观等方面,就与张栻的相关思想具有一致性。就知行观而言,王船山主张以力行为重,并强调致知与力行乃是相资互发的关系。如他说:"知行相资以为用,唯其各有致功,而亦各有其效,故相资以互用。"①又说:"学者之于道,知之非艰,行之维艰。知而不行,犹无知也,况乎因知而有言,而徒求之言,则有非真知而可以言者。故学者切于力行,而言为不足贵。"②对于知行问题,张栻亦同样强调实行践履的重要性,并主张致知与力行相须并进。如所云"学固是贵力行"③"致知力行,盖互相发也"④,即是如此。另外,在体用观上,王船山与张栻也有一致的主张。船山体用思想的最大特点即在于强调体用之间的辩证互动性及体用二者的平衡统一。所谓"体用相函"⑤"体用相因"⑥"体以致用,用以备体"⑦"体者所以用,用者即用其体"⑧等论述,即充分表明船山尤重体用二者之间相涵互摄、相因互济、相依互成的辩证统一关系。这与张栻的"体用相须"⑨观念显然具有共同的特点。由此可见,作为湖湘学的集大成者,船山的思想无疑受到了张栻等湖湘学派先贤的影响。

张栻的理学影响十分深远,其注重实行践履和经世致用的务实精神和性格,对于近代以来曾国藩、左宗棠、胡林翼、谭嗣同等湖湘大地的诸

---

① 王夫之:《礼记章句》卷三一,《船山全书》第 4 册,第 1256 页,长沙,岳麓书社,2011。
② 王夫之:《四书训义》(上)卷九,《船山全书》第 7 册,第 408 页。
③ 张栻:《答周颖叔》第二书,《新刊南轩先生文集》卷二七,《张栻集》,第 1187 页。
④ 张栻:《南轩先生孟子说》卷五,《张栻集》,第 521 页。
⑤⑦ 王夫之:《周易外传》卷五,《船山全书》第 1 册,第 1023 页。
⑥ 王夫之:《礼记章句》卷一九,《船山全书》第 4 册,第 914 页;《周易内传》卷五下,《船山全书》第 1 册,第 556 页;等等。
⑧ 王夫之:《张子正蒙注》卷二,《船山全书》第 12 册,第 76 页。
⑨ "体用相须"是张栻体用论思想的基本观念,此观念直接见于张栻的以下论说:"盖仁义,体用相须者也"(《南轩先生孟子说》卷七,《张栻集》,第 644 页);"礼乐分而言之,则为体为用,相须而成"(《南轩先生论语解》卷一,《张栻集》,第 101 页);"人之为人,孰不具是性? 若无是四端,则亦非人之道矣。然分而论之,其别有四,犹四体然,其位各置,不容相夺,而其体用互为相须"(《南轩先生孟子说》卷二,《张栻集》,第 373 页)。

多仁人志士都产生了较大的影响。此正如梁启超所云:"湖湘学派,在北宋为周濂溪,在南宋为张南轩,中间消沉,至王船山而复盛……近世的曾文正、胡文忠都受他的熏陶,最近的谭嗣同、黄兴亦受他的影响。"①

　　总而言之,张栻的理学承前启后、继往开来,不仅大大推动了湖湘学、湖湘文化的进步和完善,而且对蜀学、闽学的发展与成熟亦产生了重要的促进作用。张栻的思想学说既博大而又深邃,颇具开放性、包容性、辩证性、务实性和生命力,影响了一代又一代的学人,对丰富和发展宋明理学乃至整个中国儒学都具有重要的意义。张栻作为湖湘学派的宗师、南宋时期与朱熹齐名的理学家,无疑在宋明理学史以至于整个中国儒学发展史上都有其重要的价值和地位。

---

① 梁启超:《饮冰室文萃·儒家哲学》,第 169—170 页,天津,天津古籍出版社,2003。

第二十章　吕祖谦的理学

　　吕祖谦（1137—1181），字伯恭，号东莱，浙江婺州（今金华）人。吕祖谦出生于宋代的书香门第、世宦之家，家学渊源深厚，号称"中原文献之传"。一门之中，被全祖望选入《宋元学案》者，计七世十七人，其家学积淀之深厚，于此可见。

　　吕祖谦的思想除了深受家学的浸润濡染，还受到师友的相与和勉励之影响。吕祖谦年少时曾先后师从知名学者林之奇、汪应辰、胡宪。其中，林之奇系吕祖谦的叔祖吕本中的高弟，崇尚笃实，尝建议宋高宗"损思以益德，损用以益本，损华以益实"；汪应辰则"博综诸家，粹然为醇儒"，尝师事吕本中，以至诚为本治学，强调尽其在我，视学问之道为"揆于心而安，稽于古而合，措于事而宜"，把学问当成是使心安、与古合而处事合宜的事业；至于胡宪（号绩溪），作为胡安国的从子，把为学视为以克己工夫成就为己之学，朱熹亦曾问学于胡绩溪。胡宪为人宽厚平和，这一点深深影响了吕祖谦，是吕祖谦能够从容交游于朱熹、陆九渊和陈亮之间的重要原因。

　　吕祖谦宽容平和，同时与朱熹、陆九渊、陈亮等思想立场非常不同的学者从容交游，并深受朋友的推重。

　　吕祖谦与朱熹先后游学于胡宪之门，由意气相投，故而能求同存异，保持着密切的学术交往。朱熹的许多著作,初成之后,都会与吕祖谦商讨,听取意见,而吕祖谦亦经常与朱熹相与往来问学,《近思录》虽署名朱熹,实际上是他们二人合作、编辑而成。对于陆九渊的思想、文章,吕祖谦颇为欣赏。他熟悉陆氏文风,曾于乾道八年(1172)主持礼部考试时得一文,读后曰"此必江西小陆之文也",后来试卷拆封,果然是陆九渊的文章。朱熹、陆九渊虽然在学术上有较大分歧,但其于"本体"上毕竟没有显著的体现,而只是在"工夫论"有明显的争论,吕祖谦与同属"道学"阵营的朱、陆二人交好,似乎还不能表现出其为人之宽容、平和。但是,吕祖谦能与倡言事功之学的陈亮成为至交,以致吕祖谦去世之后陈亮还慨叹说:

> 亮平生不曾会与人讲论,独伯恭于空闲时,喜相往复,亮亦感其相知,不知其言语之尽。伯恭既死,此事尽废。①

此足见其心胸之阔、交游之广、性格之平。

全祖望在《同谷三先生书院记》中说:

> 宋乾淳以后,学派分而为三:朱学也,吕学也,陆学也。三家同时,皆不甚合。朱学以格物致知,陆学以明心,吕学则兼取其长,而复以中原文献之统润色之。门庭径路虽别,要其归宿于圣人则一也。②

吕祖谦之"兼取其长"不仅包括他兼收并蓄朱、陆之学,甚至也指他收蓄了永康学派陈亮的事功之学,其学说带有非常浓厚的"经世致用"的务实色彩。"他将儒分为真儒和愚儒:'徒诵训诂,迂缓拘挛,自取厌薄,不知内省'者是愚儒,而真儒是'不为俗学所汩者',唯'实学'是求。'实学'者,乃济世之学、功利之学也。"③这些说法概括了吕祖谦哲学思想的主要

---

① 陈亮:《复朱元晦秘书书》,《陈亮集》,第 354 页,北京,中华书局,1987。
② 黄宗羲原本,全祖望修定:《东莱学案》,《宋元学案》第 3 册,第 1653 页。
③ 吕祖谦著,黄灵庚、吴战垒主编:《吕祖谦全集·前言》,《吕祖谦全集》第 1 册,第 4—5 页,杭州,浙江古籍出版社,2008。

内容和特点。下面将分别简述之。

第一节　吕祖谦的本体论——"理"与"心"

　　吕祖谦的哲学思想深受其家学的影响，而其家学之渊源深植于二程之学。例如，吕希哲曾拜程颐为师，而吕好问、吕切问受业于程氏门人尹焞，吕本中则求教于杨时、游酢和尹焞。吕祖谦本人的老师中也有不少深深浸润于理学的学者。因此，在吕祖谦的思想中，理学思想是首先要重点予以介绍的。

一、理

　　吕祖谦接续二程，尤其是程颐（伊川）的"天理"论，亦以"天理"或"理"为其最高的"本体"①范畴。概括起来，吕祖谦思想中的"天理"或"理"有以下几层含义：

　　首先，"理"是天地万物的总根源、世间万事的至上法则。作为天地万物的总根源，"实然之理"是"天地万物所同得"，"圣人与天地万物同由之也"②。他说：

> 　　理之在天下，犹元气之在万物也。一气之春，播于品物，其根其茎，其枝其叶，其华其色，其芬其臭，虽有万不同，然曷尝有二气哉！理之在天下，遇亲则为孝，遇君则为忠，遇兄弟则为友，遇宗庙则为敬，遇军旅则为肃。随一事而得一名，名虽至于千万，而理未尝不一也。③

---

① 此处所说的"本体"，不是西方哲学意义上的"on"或"be(being)"，而是中国思想世界中与"工夫"相对的"事物的本身"。如黄宗羲、全祖望《明儒学案序》所说的"盈天地皆心也。变化不测，故不能不万殊，心无本体，工夫所至，即其本体"的"本体"。今人一见到"本体"或"本体论"，便说这是西方哲学的名词，一见到中国哲学中使用"本体论"，便说是用西方哲学来裁割中国哲学，此甚无谓也。须知"本体""上帝"等都是中国思想世界中固有的名词。
② 吕祖谦：《增修东莱书说》卷八，《吕祖谦全集》第3册，第126页。
③ 吕祖谦：《左氏博议》卷三，《吕祖谦全集》第6册，第58页。

这就是说，理像元气造成万物的各种表现（根茎、枝叶、花色、芬臭）一样，创造天下各种各样的事物，成为世间各种事情——孝、忠、友、敬、肃，以及其他种种实践的根据或行动的指南。

其次，理完满自足、周流不息、万世不易、永恒长存，并存在于天下万有之中。吕祖谦说，"极正之理，增分毫则为赘，过分毫则为过"，"至理之极，不可加一毫人伪于此，而犹有行焉，则乃妄而有眚矣。天理所在，损一毫则亏，增一毫则赘。无妄之极，天理纯全，虽加一毫不可矣"①。意思是说，天理是自足、完满的，对于"极正"的天理，任何的人为增损都是不合适的，"天理上不可添一件，添一件则是安排，其入人必有限量"②。不仅如此，天理还"与乾坤周流而不息"③，任凭血气赫然勃然，也不能使天理有一毫之损。它不因天下之有道或无道而或存或废。"道初不分有无时，自有污隆。天下有道时，不说道方才有。盖元初自有道，天下治时，道便在天下；天下无道时，不说道真可绝。盖道元初不曾无，天下不治，道不见于天下尔。"④这里，吕祖谦说，"天下无道"并不是真的"无道"，而只是"道"没有表现出来而已。不过，由此也可以见得，"天理"是可以被遮蔽而不能表现出来的，当"忿戾之时，天理初无一毫之损也。特暂为血气所蔽耳"，也就是说，"天理"是可以被血气障蔽的，但即使这样，天理也仍然"在"而不绝。吕祖谦说，"庄公自绝天理，天理不绝庄公"⑤。"道"或"理"不仅永恒存在，而且"遍在"于"天地万物"之中，"大抵天下之至理，浑浑乎在天地万物之间，人自以私意小知阻隔障蔽。舜……则无工夫，洋洋在天地间，与天地同体"⑥。总之，"天理之自然本不会失"⑦，其无始无终、不生不灭，大行不加、穷居不损，是常在与遍在。

---

① 吕祖谦：《丽泽论说集录》卷一，《吕祖谦全集》第 2 册，第 47 页。
② 吕祖谦：《丽泽论说集录》卷七，《吕祖谦全集》第 2 册，第 208 页。
③ 吕祖谦：《左氏博议》卷一，《吕祖谦全集》第 6 册，第 5 页。
④ 吕祖谦：《丽泽论说集录·孟子说》卷七，《吕祖谦全集》第 2 册，第 210—211 页。
⑤ 吕祖谦：《左氏博议》卷一，《吕祖谦全集》第 6 册，第 5 页。
⑥ 吕祖谦：《丽泽论说集录·孟子说》卷七，《吕祖谦全集》第 2 册，第 179—180 页。
⑦ 同上书，第 201 页。

第三,"理"只有一个,却有万千不同的表现。这也就是说,在"理"与万物的关系上,吕祖谦也坚持"理一分殊"的立场。他说:

> 天下事有万不同,然以理观之则未尝异。君子须当于异中而求同,则见天下之事本未尝异。①

意思是说,天下万物、世间万事,虽然千差万别,但若从"理"的角度看,其实质并无不同,而终归本于"理"。"理"是万事万物的本质。

当然,吕祖谦谈"理",对宇宙论或生成论的兴趣不大,要之,还是要落脚于人生的修养和社会国家的治理。因此,吕祖谦把社会和人生的法则,即"典"提升到"理"的高度,并说"典即万世常行之理,能如此(即率厥典—引者注)则能奉顺天命矣"②。"典"就是"万世常行之理",遵循典与理,就是奉顺或遵循天命。"命者,正理也,禀于天。而正理不可易者,所谓命也。使太甲循正理而行,安有覆亡之患哉。"③也就是说,遵循天命、正理,王权可以得到稳固,个人可免于祸患。

如何能知道天命、正理呢? 吕祖谦认为,这要落在圣人之身或圣贤之心与万民之心之"如一"上。因为对吕祖谦来说,"圣人身便是天命"(《严修能手写宋本东莱书说·汤誓》),而"圣贤之心,与万民之心如一,则公心也。公者,天之心也"(《增修东莱书说·汤诰》)。因此,吕祖谦坚持一种"天人无间"的观念。在这里,他所说的"天",并非指"覆物之天",而是"无外"的、至大而无所不包的"义理之天"。他认为,人无论处于何种境地,或顺或逆、或向或背,均是由这种"义理之天"约束和支配的。他说:

> 抑不知天大无外,人或顺或违,或向或背,或取或舍,徒为纷纷,实未尝有出天之外者也。顺中有天,违中有天,向中有天,背中有天,取中有天,舍中有天,果何适而非天耶? ……人言之发,即天理

---

① 吕祖谦:《丽泽论说集录·易说·睽》卷二,《吕祖谦全集》第 2 册,第 92 页。
② 吕祖谦:《严修能手写宋本东莱书说》卷七,《吕祖谦全集》第 3 册,第 578 页。
③ 吕祖谦:《增修东莱书说》卷八,《吕祖谦全集》第 3 册,第 134 页。

之发也,人心之悔,即天意之悔也,人事之修,即天道之修也。无动非天,而反谓无预于天,可不为大哀耶!①

在这笼罩一切的"天"之下,人的"能动性"也被收摄于其中。然而,此处的问题是,吕祖谦究竟是抬高了人,以人来规定天,还是贬低了人,埋没了人的能动性? 抑或是发挥能动性便是"人之天"? 正如吕祖谦自己所说:

> 凡出于自然,而莫知其所以然者,天也……止者,土之天也。②

这意思是说,可以有各种各样的"天",土之天是止,水之天是动,人之天或许也就是以其"仁心"发挥能动性而与"天理"同一。

人因何能发挥其能动性而与"天理"同一? 吕祖谦一方面认为"圣人身便是天命",另一方面又认为,凡人"求(学)舜",当于"目之所见,身之所履"求之。他说,"大抵惟是识圣人者,方始说得圣人分明,若不识圣人者,皆不敢于平常处看圣人。惟孟子识圣人破,故敢指日用平常事言圣人"。而像那些"不见圣人"的人,只好用"聪明渊懿,冠乎群伦"这样的大言语(大词)来包装。③ 至于圣人之所以为圣人,吕祖谦说,其根据就在《尚书·大禹谟》中的"汝惟不怠",他进一步解释说,"'天行健',天之不怠也。圣道运而无积,圣人之不怠也"。具体而言,"尧之所以为尧,允恭克逊尔。舜之所以为舜,温恭允塞尔"④,这就意味着圣人也在凡人之中,圣之有别于凡不在其"聪明渊懿,冠乎群伦",而在其"允恭逊塞"且"不怠"。

而不懈怠地"允恭逊塞",其关键在于"心"。

---

① 吕祖谦:《左氏博议·鲁饥而不害》卷一二,《吕祖谦全集》第 6 册,第 299—300 页。
② 吕祖谦:《颖考叔还武姜》卷一,《吕祖谦全集》第 6 册,第 5 页。
③ 吕祖谦:《丽泽论说集录·孟子说》卷七,《吕祖谦全集》第 2 册,第 195 页。
④ 吕祖谦:《增修东莱书说·大禹谟》卷三,《吕祖谦全集》第 3 册,第 57、66 页。

二、心

吕祖谦不仅受到二程"天理"说和朱熹"心即性、性即理"的影响,同时也(更)认可陆九渊的"心即理"的观点。一般可能会认为,"心即性、性即理"与"心即理"从根本上说没有差别,都同属道学;他们的差别只在于"工夫论"方面。对于这个观点,我们要需要辩证地看:朱、陆虽同属道学,但他们在本体与工夫方面,都存在着较大差别。对于陆九渊来说,心就是理,是本体;但对于朱熹而言,心并不即是性(理),而是凑泊地与理合一。

但在吕祖谦这里,"心"也是本体,而且,"心"作为本体,与"理"本一,而非凑泊式的合一①。然而,问题是,"理"与"心"毕竟是两个范畴,虽然从其内容意义上可以说二者"本一",但是,它们终究还是应该有所区分,所以,探讨"心"的含义及其与"理"的关系,便成为一个重要的论题。

首先,吕祖谦的"心",不仅是"我固有"的仁、义、礼、智之心,而且是天、是神、是道。他说:

> 心即天也,未尝有心外之天;心即神也,未尝有心外之神:乌可舍此而他求哉。②

既没有心外之天,也没有心外之神,因此,不能舍心而外求"天"与"神",同样,"心"与"道"之间的同一是"无待"的。吕祖谦说:

> 举天下之物,我所独专而无待于外者,其心之于道乎! 心外有道,非心也;道外有心,非道也。心苟待道,及已离于道矣。待道且不可,况欲待于外哉!③

当然,这确实只是一种"理想的应然状况"。历史和现实中多有让"心"待

---

① 这显然与陆九渊同调。也正因此,朱熹在吕祖谦身后评论吕学为"博杂"。关于朱熹对吕学如此评价之不公允处,下文将会有所辨析。
② 吕祖谦:《左氏博议·楚武王心荡》卷五,《吕祖谦全集》第 6 册,第 107 页。
③ 吕祖谦:《左氏博议·齐桓公辞郑太子华》卷一〇,《吕祖谦全集》第 6 册,第 239—240 页。

于道、待于血气甚至待于外而不出于我者,则其"有所慕而作""有所畏而止"之"为善""既无本矣"。"无本之善,朝锐夕堕,是乌可恃耶!"吕祖谦此处所说实际上是反映了"圣贤"与众人的差别:

> 气听命于心者,圣贤也;心听命于气者,众人也。凡气之在人,逸则肆,劳则怠,乐则骄,忧则慑,生则盈,死则涸,气变则心为之变,有不能自觉焉。①

无论圣人还是"众人","心"都与天、神、道同一。但圣贤与众人的差别,就在于圣贤能"以心御气"、其志为"气之帅"而气为心之役。所以,吕祖谦说,"圣贤君子以心御气,而不为气所御,以心移气,而不为气所移"②,使其心自若而与天理神复归于一。

其次,吕祖谦的"心",是"神明之舍",备万物而映照万物。他继承了孟子"万物皆备于我"的观点,并进一步发挥说:"圣人备万物于我,上下四方之宇,古往今来之宙,聚散惨舒,吉凶哀乐,犹疾痛痾痒之于吾身,触之即觉,干之即知。清明在躬,志气如神;嗜欲将至,有开必先。"因我心兼备万物,因而亦能映照万物,甚至万物"皆吾心之发见"。他接着说:

> 仰而观之,荣光德星,欃枪枉矢,皆吾心之发见;俯而视之,醴泉瑞石,川沸木鸣,亦吾心之发见也;玩而占之,方功义弓,老少奇耦,亦吾心之发见也。③

在这里,他提出像"荧惑"这样的不祥之星与"景星""岁星"等德星或像彗星(欃枪)与流星(枉矢)的交替出现④、醴泉瑞石与川水沸腾、树木鸣叫等

---

① ② 吕祖谦:《左氏博议·楚武王心荡》卷五,《吕祖谦全集》第 6 册,第 107 页。

③ 吕祖谦:《左氏博议·巴人伐楚卜师》卷八,《吕祖谦全集》第 6 册,第 180 页。此段的引文,与潘富恩、徐余庆《吕祖谦评传》下册(南京,南京大学出版社,2011)第 234 页的引文有所不同。此处的"荣光德星",潘富恩等引作"荧惑德星",据文意判断,潘引确当。荧惑,即火星,在古代中国被认为是"不祥"的象征。

④ 欃枪,即彗星,见《尔雅·释天》;枉矢,即流星,《史记·天官书》有"枉矢,类大流星,蛇行而仓黑,望之如有毛羽然",亦可见荀悦《汉纪·高祖纪一》"是时,枉矢西流,如火流星"。

自然或不自然的现象，都是"吾心之发见"，而龟卜蓍筮，也不过是验证"心"的先断。因此，吕祖谦接着说："未灼之前，三兆已具，未揲之前，三易已彰。龟既灼矣，蓍既揲矣，是兆之吉，乃吾心之吉；是易之变，乃吾心之变。心叩心酬，名为龟卜，实为心卜；名为蓍筮，实为心筮……蓍龟之心，即圣人之心也。"这实际上是说，天地间万事万物都是相互感应的，"我（心）"不仅兼备万物，而且万物的变化运行也备于我（心），上下四方、古往今来、聚散惨舒、吉凶哀乐等之于我（心），就像疾痛痾痒之于我（身），一旦触及便能觉察、一旦干犯便能知晓。由此可知，"心"就是万事万物（因此当然也包括"吾身"）的主宰。

最后，由前文对"心"的陈述可知，"心"不仅主宰和支配"气"，而且囊括了整个宇宙，故有"圣人之心，万物皆备，尚不见有内，又安得有外耶！史，心史也；记，心记也"①之说。当然，此处所说的"心"其实很难直接就说是"人的主观意志"，毋宁说，它是世界上能动的力量，是能动的道德之力、道德之理。因此，吕祖谦强调，唯有本之善才是可以依赖的，那种因为畏惧"简册之毁誉"而造成的"善"，是"以物制心""以外而制内"的结果，是"果待于外"的，它将使"善行"依赖于"幸而"发生的"好名之心易好利之心"；否则，纵有左右之史以记言动，亦不过残编腐竹耳。也正是在这个意义上，吕祖谦才说，史是心史，记是心记；史、记只对具善心、善意的人才具有史、记的意义，并真正成为史、记。

从这个意义上讲，吕祖谦其实是把"心"当作是具现"理""天理""天命"的能动力量，尤其是能动的道德之力，因而，其内在又包含着道德之理。人的所言所动、所思所想、修养教化，都是为了存守自己的"本心"，使其能真正具现天理、天道。

第二节　吕祖谦的工夫论

吕祖谦以"理"与"心"为其本体，认同陆九渊的"心即理"之说，并努

---

① 吕祖谦：《左氏博议・齐桓公辞郑太子华》卷一〇，《吕祖谦全集》第 6 册，第 241 页。

力使"理"与"心"综合统一。吕祖谦的这一努力,体现在其"工夫论"中。在"工夫论"方面,吕祖谦却又赞同朱熹,非常看重修养的工夫,而以陆九渊仅强调"先立其大"和"发明本心"为过简。吕祖谦在"工夫论"上的努力是非常值得认真梳理的。

一、明心穷理

由于"心即理",但众人之"心听命于气",因此,要使"心"能够真正具现"天理"或"天道",就要发挥人"自昭明德"的能动性,做"守本心"且"扩而充之"的工夫。吕祖谦说:

> 且如日出乎地,烜赫光明,凡舟车所至,无不照临,人之一心,其光明若是,若能扩而充之,则光辉灿烂,亦日之明也。然人有是明而不能昭著,非人昏之,是自昏之也,故曰'自昭明德'。盖昭之于外,亦是自昭,非人昭之也。①

这意思是说,人心之于万事万物,尤其是自身德业的意义,就像太阳之于"舟车所至"之物一样,其明"无所不照"。但总有"有是明而不能昭著"者,其不能昭著,并非他人使之"昏",而是"自昏之"。为了真能对自身的德业乃至万事万物的本真意义"无所不照",就需要"自昭明德",并"扩而充之"。

人若能"自昭明德"并"扩而充之",具备"仁者之心",就能"既公且一",从而"所见至明而此心不变。譬如镜之照物,唯其无私,而物之妍丑自不能逃,虽千百遍照之,其妍丑固自若也。惟仁者能好恶人,亦如是而

---

① 吕祖谦:《丽泽论说集录·易说·晋》卷二,《吕祖谦全集》第 2 册,第 80 页。潘富恩等在《吕祖谦评传》下册(第 271 页)引此段文字,然后评论说"'人之一心'像太阳一样'烜赫光明',只要不断扩充内心固有的'光辉灿烂',即能准确地认识客观世界的一切"。这其实是把工夫论误置为"认识论"的结果。吕祖谦在此谈的"昭明",并不是知识论上的认识,而是在工夫论、价值论上去了解事物对人的意义。因此,人心之"昭明",并不是"准确地认识客观世界的一切",而是认识"客观世界对人的意义"。

已"。① 总之，须是自家镜明，然后才能见得美恶；秤平，然后才能等得轻重。

但是，"欲得称平、镜明，又须是致知格物"②，这就回到朱熹的立场上来了。吕祖谦在工夫论的总原则上是与陆九渊一致的，但是，在具体的修养上，又不同意陆九渊视"存心""养心""求放心"为"易简""直接"的做法，而认为"明心"是一个"依次""涵蓄"的过程，需要具体地做"致知格物"的工夫，而不能"躐等陵节"，否则就会"流于空疏"。因此，在工夫论上，吕祖谦强调要把"明心"与"穷理"综合起来。

"明心"，即是"明理"。吕祖谦强调，要通过自存本心、反求诸己或反视内省以"明心"。实在说来，吕祖谦关于"明心"的这些修养工夫都其源有自，而非其首创。远在先秦时期，儒家就非常重视"存心养性""反求诸己"。吕祖谦继承并发扬了先秦儒家的这一修养工夫。他说：

> 心犹帝，性犹天，本然者谓之性，主宰者谓之心。工夫须从心上做，故曰"尽其心者知其性"③。

> 凡人未尝无良知良能也。若能知所以养之，则此理自存至于生生不穷矣。④

尽管心、性、天、帝异名同谓，但要真正使个人的心、性与天、帝同一，工夫还得从"心"上做，这就是"尽心知性知天"。这是问题的一方面。由于"天下之事不外于心"，若"人于善心发处便充长之，自可欲之善，信以至于圣而不可知之之神，亦自性中所固有者"⑤。但另一方面，"人善心悔处，日用甚多"，就像"复"之初九，一阳潜伏于五阴之下，要"尽心知性知天"，还必须要"存心养性"、知所以养之，因为"无养则不能存息"⑥。若

---

① 吕祖谦：《丽泽论说集录·论语说》卷六，《吕祖谦全集》第 2 册，第 155 页。
② 吕祖谦：《丽泽论说集录·杂说二》卷一〇，《吕祖谦全集》第 2 册，第 259 页。
③ 吕祖谦：《丽泽论说集录·杂说一》卷九，《吕祖谦全集》第 2 册，第 244 页。
④⑥ 吕祖谦：《丽泽论说集录·易说·颐》卷一，《吕祖谦全集》第 2 册，第 51 页。
⑤ 吕祖谦：《丽泽论说集录·易说·复》卷一，《吕祖谦全集》第 2 册，第 43 页。

能存养固有的"良知良能"，则"此理"便可存有，并至于生生不穷。吕祖谦说，"或听言而于心有悔，或因观书而于心有动，或于应接事物而有警悟于心"，至于"日用间复处甚多"，则"虽大奸大恶之人"，其能"利有攸往"者，亦能"复"而"明其心"。① 吕祖谦说，"才复便有亨通之理"。

"自存本心"需要"集义""致知"。吕祖谦说：

> 致知与求见不同。人能朝于斯，夕于斯，一旦豁然有见，却不是端的易得消散。须是下集义工夫，涵养体察，平稳妥帖，释然心解乃是。②

其之所以强调要"致知"和"集义"，乃是因为，尽管"人身本与天地无间"，但是"有私意间之，故与天地相远。苟见善明，用心刚，去私意之间，则自与天地合"。类似地，上文所说"听言""观书""应接事物"等"日用间复处"，皆所以"去私意之间"。这是个"涵泳渐渍"的过程：

> 为学工夫，涵泳渐渍，玩养之久，释然心解，平帖的确，乃为有得。③

这是启发内在固有的觉悟，反求诸己。他说：

> 圣门之学，皆从自反中来。后世学者，见人不亲、不治、不答，只说枉做了许多工夫，或说好人难做，此所以工夫日退一日。圣门之学，见人不亲、不治、不答，反去根源上做工夫，所以日进一日。盖仁者爱之原，敬者礼之原……凡事有龃龉，行有不得处，尽反求诸己，使表里相应而后可。④

这"反求诸己"就是在"根源上做工夫"。总之，凡是事有龃龉、行有不得处，都应当要反求诸己；因为外有龃龉，必因内有窒碍；此时，反视内省，

---

① 吕祖谦：《丽泽论说集录·易说·复》卷一，《吕祖谦全集》第 2 册，第 42、43 页。
② 吕祖谦：《丽泽论说集录·杂说一》卷九，《吕祖谦全集》第 2 册，第 243 页。
③ 吕祖谦：《东莱吕太史别集·与潘叔昌》卷一〇，《吕祖谦全集》第 1 册，第 498 页。
④ 吕祖谦：《丽泽论说集录·孟子说》卷七，《吕祖谦全集》第 2 册，第 190 页。

皆是进步处,不敢拿时异事殊之说来做"自恕"的借口。

除了"明心",还有"穷理"。"明心"是正面的工夫,或说是接"利根之人"的工夫;而"穷理"则是常人、任私心(或私意)而行者或气质有偏者应该要做的辅助性工夫。因为这样的人,"私心所喜则感,不喜则不感,所见者感,所不见者不感:如此则所感浅狭","至诚方能感人"①,要具备"至诚"之德,就需要"致知格物"而"穷理",需要"去私意小智",以便"见天地正大之情"。吕祖谦主张,要通过"应物涉事"的体验、存养体察的工夫,甚至法语格言的暂时排遣等来"穷理",他说:

> 今既应物涉事,步步皆是体验处。若知其难,而悉力反求,则日益精明。若畏其难,而日益偷惰,则向来意思悉冰消瓦解矣。习俗中易得汩没,须常以法语格言时时洗涤。然此犹是暂时排遣,要须实下存养体察工夫,真知所止,乃有可据依,自进进不能已也。②

当然,归根结底,还是要"实下存养体察工夫"并"真知所止"有所依据,才能真正使"心"能够真正具现"天理"或"天道"。"持养之久则气渐和,气和则温裕婉顺,望之者意消忿解,而无招咈取怒之患矣。体察之久,则理渐明,理明则讽导详款。听之者心谕虑移,而无起争见却之患矣。"③

对吕祖谦来说,工夫论并不止于使"心"能具现"天理"或"天道",还在于把"致知"综合于"力行"之中。

二、致知力行

吕祖谦学术的特色,非常重要的一点是"讲实理、育实才而求实用",这就意味着其修养工夫不会仅止于让"心"具现"理",而是要进一步把这至极的"理"实现出来。因此,把"致知"综合于"力行",也是吕祖谦为学工夫的重要内容。

---

① 吕祖谦:《丽泽论说集录·易说·咸》卷二,《吕祖谦全集》第2册,第66—167页。
② 吕祖谦:《东莱吕太史外集·与郭养正》卷五,《吕祖谦全集》第1册,第710—711页。
③ 吕祖谦:《东莱吕太史别集·与学者及诸弟》卷一○,《吕祖谦全集》第1册,第506—507页。

吕祖谦认为，研读圣贤经书，获取各种知识，尤其是道德性命之"理"，须以致用为目的。他说：

> 学者须当为有用之学。①

> 百工治器，必贵于有用。器而不可用，工弗为也。学而无所用，学将何为也邪？②

由此可知，吕祖谦非常重视"实用"之学；同时，还强调要身体力行"就实"的切要工夫：

> 切要工夫莫如"就实"，身体力行。乃知此两字甚难而有味也。③

由此观之，关于"知"与"行"的关系，吕祖谦是把"实行"当作"致知"的出发点和目的。他用知路和行路来比喻知与行——"知犹识路，行犹进步。若谓但知便可，则释氏'一超直入如来地'之语也"④。"致知"与"力行"应当相辅相成、不可偏废，吕祖谦在给邢邦用的书信中说：

> 大抵论致知则不可偏，论力行则进当有序。并味此两言，则无笼统零碎之病矣。⑤

也就是说，致知要综合平衡、剔除私意，力行则应循序渐进，如此才能避免笼统零碎的问题。而且，吕祖谦认为：

> 徒事威仪而不察其所以然，则非礼之本。若致其知，则所以正、所以谨者，乃礼之本也。⑥

"致知"，了解礼仪威仪的"所以然"，知"所以正、所以谨"，才能知"礼之本"，如此，才能使行为真正、必然合宜。但是，由于"所闻不敢不尊，而恐

---

① 吕祖谦：《左氏传说·令尹蒍艾猎城沂使封人虑事》卷五，《吕祖谦全集》第7册，第68页。
② 吕祖谦：《丽泽论说集录·杂说二》卷一〇，《吕祖谦全集》第2册，第263页。
③ 吕祖谦：《东莱吕太史别集·与乔德瞻》卷一〇，《吕祖谦全集》第1册，第499页。
④ 吕祖谦：《东莱吕太史别集·与学者及诸弟》卷一〇，《吕祖谦全集》第1册，第507页。
⑤ 吕祖谦：《东莱吕太史别集·与邢邦用》卷一〇，《吕祖谦全集》第1册，第501页。"全集本"此处作"大抵论'致知则不可偏，论力行则进当有序'"，似误。引者径改。
⑥ 吕祖谦：《东莱吕太史别集·与朱侍讲元晦》卷七，《吕祖谦全集》第1册，第399页。

未必的;所知不敢不行,而恐知未必真"①,所以,于学问当"以致知为本,知不至,则行必不力也"②。尽管平居时所思似皆近理,但仍需下得力工夫,"平居数日,凡所思量多近于理,只为此念不续处多,而临境忘了。今若要下工夫,莫若且据所闻,亦须得力"③。所以,吕祖谦主张:

> 致知、力行不是两事,力行亦所以致其知,磨镜所以镜明。④

但上述关于"致知"与"力行"关系的论述只是问题的一方面,问题的另一方面是:"致知"是当否"力行"的根据。也就是说,在具体的事务是否应当被执行的问题上,不应该盲目地依照个人见闻或共见共闻,而应该以是否合"理"为依据。吕祖谦在解说《易·大过》时,曾如此说过:

> 《象》:"君子以独立不惧,遁世无闷。"盖大过虽本于理不过,然其事皆常人数百年所不曾见,必大惊骇,无一人以我为是,非有大力量何以当之? 若见理不明者,见众人纷纷,安得不惧? 见理明者,见理而不见人,何惧之有! 我所行者,左右前后,纵横颠倒,无非此理,又何尝独立乎? 彼众人纷纷之论,人数虽众,然其说皆无根蒂,乃独立也。至此则我反为众,众反为独矣。⑤

在这里,"为大过人之事者",其所谋之事乃常人数百年不曾见者,要坚持做这样的事情,若非有大力量、见理明者⑥,不能办此。因为,见理明者,见理而不见人,故能不惧众人纷纷无根之议,以巽顺和悦、不大声以色,办此大过人之事。由此观之,"理"才是支撑君子"力行"的依据,而"称理力行"则是真正"实现"此理的"工夫"。

"称理力行",见理而不见人,非去除私意、无私无我者,谁能如是? 但去除私意、无私无我,也并非毫无主见、一味附和他人。在"致知力行"

---

① 吕祖谦:《东莱吕太史别集·与朱侍讲元晦》卷七,《吕祖谦全集》第 1 册,第 398 页。
② 吕祖谦:《东莱吕太史别集·与学者及诸弟》卷一〇,《吕祖谦全集》第 1 册,第 504 页。
③ 吕祖谦:《丽泽论说集录·杂说二》卷一〇,《吕祖谦全集》第 2 册,第 264 页。
④ 同上书,第 260 页。
⑤ 吕祖谦:《丽泽论说集录·易说·大过》卷一,《吕祖谦全集》第 2 册,第 53 页。
⑥ 有大力量者,见理明是因,有大力量是果。

的过程中,或有"变以随人",但这并非内无主宰的"一向随人"。他说:

> 大率随人必胸中先有所主宰,若无主宰,一向随人,必入于邪。
> 至于变所守以随人,尤非小事,若所随不得其正,则悔吝而不得其吉
> 矣。此随人之初,尤不可忽。故圣人教人以随之本,言人先内有所
> 主,然后可以随人,或变而随人,惟正而后吉也。①

圣人以"随"教人的根本在于个人内有所主——且其所主正大如理,如此
方能(变而)随人而无悔吝之吉。

第三节 吕祖谦的实践哲学

前文只是从"工夫论"的角度,叙述了吕祖谦如何通过"明心穷理"
"致知力行"解决其"心"具现"理"的问题。但是,"心"具现"理"其实有不
同的含义和层次:一个是知的层次,即心与理相契;一个是行的层次即如
何修己安人,在道德和政治的层面上把"理"实现出来。吕祖谦的实践哲
学所欲讨论的就是在道德和政治的层面把"理"实现出来的问题。

一、矫揉气质

在道德的层面把"理"实现出来,实际上就是要通过个人的"力行"修
养,矫揉气质,造就理想的人格。吕祖谦认为人性虽然在根本上是善的,
但是由于气质有偏,所以,现实的人也不免有偏,"性本善,但气质有偏,
故才与情亦流而偏耳"②。为了矫正现实的人在"才"与"情"上的"流而
偏",吕祖谦说,"大凡人之为学,最当于矫揉气质上做工夫。如懦者当
强,急者当缓,视其偏而用力焉。以吾丈(朱熹)英伟明峻之资,恐当以颜
子工夫为样辙。回禽纵低昂之用,为持养敛藏之功,斯文之幸也"③。这

---

① 吕祖谦:《丽泽论说集录·易说·随》卷一,《吕祖谦全集》第2册,第24页。
② 吕祖谦:《丽泽论说集录·杂说一》卷九,《吕祖谦全集》第2册,第248页。
③ 吕祖谦:《东莱吕太史别集·与朱侍讲元晦》卷七,《吕祖谦全集》第1册,第399页。

就是说,要根据个人的气质上的偏狭处,朝相反的方向做"矫揉气质"的工夫,如怯懦者使之强,急迫者使之缓,等等。

但是,矫揉气质并不止此一端。实在说来,矫揉气质更加强调要"求其放心"、诚敬求仁和做"集义工夫"。

"求其放心"本是孟子提出的,其后宋明儒都明确地把"求放心"当作自己工夫论中重要的修养践履方法,吕祖谦也不例外。他说:

> 如《孟子》所谓"学问之道无他,求其放心而已矣"。此所谓内心,学者不可不关防也。[①]

吕祖谦认为,孟子所求的"放心",乃是被人遗失掉了的"道心",如父子之间的"天属之爱"、天性等。此类"内心"可能被人、物引诱向外,以至泯灭殆尽,所以,为学者对于这"内心"或道心,不可不严加提防,一旦外心(如追求开拓疆土之心等)萌蘖,内心日销,便须做"求其放心"的工夫。而"求其放心"无须向外,而应反求诸己,因为"圣门之学,皆从自反中来……凡事有龃龉,行有不得处,尽反求诸己,使表里相应而后可"。以上所说,均是就"道心"或"内心"放失、事有龃龉行有不得处而为言;如果从更为整全的角度角度看,"求其放心"应该要包含着一个守护"本心"的维度。吕祖谦说:

> 盖天地发生之初,最是于萌蘖始生之时,要人营护保养。且如草木萌动,根芽初露,易被摧残,惟能于将生之际遮覆盖护,则枝枝叶叶渐渐条达。人之善端初发,亦多为众恶陵铄。惟是于出入将发之时养而无害,然后自然"朋来"。朋,谓助也……凡善类皆朋也。[②]

这就是说,人应该要在"善端初发"的时候营护保养它,一方面"养之"而"无害",另一方面使它免受各种可能的"恶"所摧残。这样才有可能有善类朋襄助,使此善端最终能"枝枝叶叶渐渐条达",从而让"善""理"真正

---

① 吕祖谦:《左氏传说·费无极言于楚子》卷一四,《吕祖谦全集》第 7 册,第 153 页。
② 吕祖谦:《丽泽论说集录·易说·复》卷一,《吕祖谦全集》第 2 册,第 43 页。

实现。

关于"诚敬求仁"。对于吕祖谦来说，"仁"是目的，是与天、理、道、心等同一的范畴，求仁，也就是求"理"与"道"的实现，而"诚"与"敬"则是具体的方法。吕祖谦说：

> 仁者，天下之正理也，是理在我，则习矣而著，行矣而察。否则，礼乐虽未尝废于天下，而我无是理，则与礼乐判然二物耳。①

仁是天下之正理，"是人之本心，浑然一体②；而"仁者之心，既公且一，故所见至明，而此心不变"，它是仁者之为仁者、实现心与理一的根据。不仅如此，"仁"还是"识见明"的关键，"要识见明如何？且看'仁'字。以'博爱之谓仁'，与'樊迟问仁'，子曰：'居处恭，执事敬，与人忠，虽之夷狄不可弃也。'一段同看，看得仁则识见自明矣"③。"仁"既如此关键，求仁亦为必然之选。然而，如何能做到"仁"的境界呢？吕祖谦认为，其关键在"诚"与"敬"。在回答或人问"五峰何以为学"时，吕祖谦回答说是"求仁"，然而，"何以求仁"？"曰：'居敬。''何以居敬？'曰：'心不在焉，便是不敬。'"④在这里，吕祖谦并没有直接回答"何以居敬"，而是讲"不敬"，但他同意张南轩"心在焉，则谓之敬"的说法。同时，由于诚、敬两字，只是一般，"所谓'存诚'，'存'便是敬"⑤。所以，诚敬是求仁的关键。

在为学求仁的过程中，个人主观上的"诚""敬"的态度，对于"成德"非常必要。吕祖谦认为，不诚之人，"讳过而自足"，此最"学者之患"，"使其不讳过、不自足，则其成德夫岂易量！譬诸人之成室……或失其道，唯恐旁观者之不言，随言随改，随改随正，略无所惮。其心以谓吾知良吾室而已，凡所以就其良而去其不良者，无所不至，此善学而逊志之说也"⑥，

---

① 吕祖谦：《丽泽论说集录·论语说》卷六，《吕祖谦全集》第 2 册，第 155 页。
② 吕祖谦：《丽泽论说集录·孟子说》卷七，《吕祖谦全集》第 2 册，第 193 页。
③ 吕祖谦：《丽泽论说集录·杂说二》卷一〇，《吕祖谦全集》第 2 册，第 253 页。
④ 同上书，第 266 页。
⑤ 同上书，第 260 页。
⑥ 同上书，第 255 页。

善学逊志、诚以向学而求仁，其成德不可限量。而同时，"'敬'之一字，乃学者入道之门。敬也者，纯一不杂之谓也。事在此而心在彼，安能体得敬字"①，强调"纯一不杂"之"敬"是学者入道（求仁）之门，但入得门后，也要坚持而不懈，故"'敬而无失'，此言甚好。但体此理，便见得中，便见得《易》，'鸢飞''鱼跃'皆在"②。吕祖谦强调，这种"诚"与"敬"要体现为"信得及"，"信之及者，虽识见卑，过失多，习气深，日损一日，无不变也。信之不及，虽聪明才智，徒以为贼身之具，无术以救之"③。要"存不已之心"，因为"持养之功甚妙：常常提起，自有精神；持养之久，自有不可撝者。当以居敬为本"。

总之，"矫揉气质"需要"求仁"之功，而"求仁"则在于"诚""敬"。

最后，矫揉气质，还需要"集义工夫"。在给叶适（字正则）的信中，吕祖谦说：

> 静多于动，践履多于发用，涵养多于讲说，读经多于读史。工夫如此，然后能可久可大。④

结合吕祖谦在《丽泽论说集录卷九·杂说一》的说法，使事业可久可大的集义工夫，应该是静中涵养、动中体察，兼重经史而更重视读经，践履与发用同时，但以践履为本。具体而言，有以下几个方面。

1. 克己

所谓"克己"，就是惩忿窒欲，胜己之私。吕祖谦要人"寻病源起处克将去，若强要胜他，克得一件，一件来。要紧是观过。人各有偏处，就自己偏处，寻源流下工夫。克只是消磨令尽，所谓'见睨曰消'。如扬子云'胜己之私之谓克'，恐未尽。又云：要知病处，须是日用间常体察"⑤。克

---

① 吕祖谦：《丽泽论说集录·杂说二》卷一〇，《吕祖谦全集》第 2 册，第 256 页。
② 吕祖谦：《丽泽论说集录·杂说一》卷九，《吕祖谦全集》第 2 册，第 239 页。
③ 同上书，第 256 页。
④ 吕祖谦：《东莱吕太史外集·与叶侍郎正则》卷五，《吕祖谦全集》第 1 册，第 710 页。
⑤ 吕祖谦：《丽泽论说集录·杂说二》卷一〇，《吕祖谦全集》第 2 册，第 259 页。句读、标点与原文有所出入和调整。

己就是由观过、找到个人偏私之病源处，然后胜己之私，消磨令尽，而不是勉强"胜他"。若未找到病源处便求"胜他"，则克得一件，一件又来，如何能彻底？因此，惩忿窒欲只是暂时的权宜之计，从根本上讲，克己工夫还是要"拔本塞源，然后为善"，就好像人纠正自己的过错，"断得九分，留一分未改，此一分恶终久必发见。不特是发见，又且是支离蔓延，未必不连此九分坏了"①。就具体的践履而言，克己工夫又不可太急迫，而应该"宽而不迫"：窒欲之道当宽而不迫。譬如治水，若骤遏而急绝之，则横流而不可制矣。故诗人不禁欲之起，而速礼之复……心一复则欲一衰，至于再，至于三，则人欲都忘而纯乎天理矣。②

2. 日用

吕祖谦非常重视在日用常行中做工夫。他曾说："为学要须日用间实下工夫乃得力。"③吕祖谦对日用常行的重视，体现在他甚至强调要从日用常行中来理解圣人，体现在他往往从居处、治家等处来谈为学。他说：

> 只是一个"敬"字，随大小都用得。正容色，整衣冠，就此推而上之，即易行乎其中矣。④

又说：

> 今人须是就治家上理会，这里不治，如何是为学？尧称舜，让以天下，如何止说"刑于二女"？四岳举舜，不及其他，止言"克谐以孝"。若是今人，须说舜有经纶大业，济世安民之事。"钦哉"两字最要看，看得这个，便见得"天命"二字不易。⑤

这是强调"治家"即是为学，尧称舜、四岳荐舜，均以其治家而为言。吕祖

---

① 吕祖谦：《丽泽论说集录·孟子说》卷七，《吕祖谦全集》第 2 册，第 210 页。
② 吕祖谦：《丽泽论说集录·诗说拾遗》卷三，《吕祖谦全集》第 2 册，第 114—115 页。
③ 吕祖谦：《东莱吕太史别集·与学者及诸弟》卷一〇，《吕祖谦全集》第 1 册，第 504 页。
④ 吕祖谦：《丽泽论说集录·杂说一》卷九，《吕祖谦全集》第 2 册，第 241 页。
⑤ 吕祖谦：《丽泽论说集录·杂说二》卷一〇，《吕祖谦全集》第 2 册，第 260 页。

谦在与朱熹的书信中曾说,"向来所论智、仁、勇,终恐难分轻重。盖三者,天下之达德,通圣贤常人而言之也"①,像智、仁、勇此三达德,非圣贤所专有,而是通圣贤常人而言的。

这些都可以见得吕祖谦强调在日用常行中做"集义工夫"。此无他,乃因"登高自下,发足政在下学处"②。

3. 就实切要

"集义工夫",不仅是在日用常行中"克己",更要求要"就实切要"。吕祖谦说:

> 切要工夫莫如"就实",身体力行。乃知此两字甚难而有味也。③

他认为,做事须着实去做,"主一无适,诚要切工夫。但整顿收敛,则易入于著力;从容涵泳,又多堕于悠悠。勿忘、勿助长,信乎其难也"④,要切工夫,主一无适,要着实去做,信乎其难也,但若"讲实学者多,则在下移俗,在上美政,随穷达皆有益"⑤。

4. 坚定持久

但是,无论做什么工夫,都要坚定、持久和彻底。吕祖谦在写给朱熹的信中说:大抵而言,人的禀赋若有偏处,即使他能消磨其九分,这剩下的一分(气禀之偏)在触事遇物时,仍然会使他像以前一样张皇失措。因此,矫揉气质的关键是要把这些气质之偏"融化得尽,方可尔"。

二、理政治国

对于吕祖谦来说,为学做工夫的目的并不仅仅是修养自己、成就自

---

① 吕祖谦:《东莱吕太史别集·与朱元晦》卷七,《吕祖谦全集》第 1 册,第 401 页。原文做"通圣贤,常人而言之",非,当如所引。
② 吕祖谦:《东莱吕太史别集·与陈同甫》卷一〇,《吕祖谦全集》第 1 册,第 470 页。"政"同"正",吕祖谦的书信中,表示恰好、正好等意思的"正"字,都写作"政"。
③ 吕祖谦:《东莱吕太史别集·与乔德瞻》卷一〇,《吕祖谦全集》第 1 册,第 499 页。
④ 吕祖谦:《东莱吕太史别集·与朱元晦》卷七,《吕祖谦全集》第 1 册,第 409 页。
⑤ 吕祖谦:《东莱吕太史别集·与学者及诸弟》卷一〇,《吕祖谦全集》第 1 册,第 505 页。

己,同时还要通过理政治国,建构良好的政治秩序来养护人民、成就他人,甚至"尽物之性"。使物得以完成。从这个意义上讲,"理政治国"也应该成为吕祖谦哲学思想的重要构成。吕祖谦的理政治国思想,主要有以下几个方面的内容。

（一）政在养民,民资于政

吕祖谦认为,"理政治国"的目的在于养民,而民得其养,也有赖于"政"的资藉。在其《书说·大禹谟》中,吕祖谦说:

> 发号施令,莫非政也,惟有德行乎其中,则为善政。政之所在,主乎养民。"德惟善政",政本于德也;"政在养民",民资于政也。后世富国强兵,非养民之政也。①

凡发号施令,都是"为政",但唯有这些"号令"中包含有德行,才能成就善政。"政"的目的所在,以"养民"为其宗主。"德惟善政",意思是理想的"政"要以（君主之）"德"为根据和根本;"政在养民",其意思是民生的安乐,有赖于良治善政。后世的那些追求富国强兵的政治政令,并不是养民生之安乐的"善政"。

当然,"政在养民"并非吕祖谦首创的新解,这一传统可以远溯至《尚书·大禹谟》出现的年代。在此,吕祖谦根据"政在养民"这一观念对后世"富国强兵"的政治追求予以评价,认为其并非善政。这是大有启发意义的。至于民之得其养,固然有赖于"百亩之田、数口之家和鸡豚狗彘之微",但由于"民政出于人君之心",因而,更需君之返本、格君心之非;君心既正,则民政无有不善。由此观之,吕祖谦理想中的"养民之政"既要"养民之生",更要"正民之心","所谓'日用饮食','遍为尔德'也"②。这就是说,"养民之政"除了养民之生,还要在德性上塑造有德之民。这其实也是儒学自孔孟以来"庶—富—教"和"制民之产、谨庠序之教"等传统的继承和发挥。

_____

①② 吕祖谦:《增修东莱书说·大禹谟》卷三,《吕祖谦全集》第 3 册,第 55 页。

（二）君臣相与，养君之德

要行"养民"的"善政"，须要正君之心。然而，如何正君之心？吕祖谦认为，"养君之德"与"规君之过"，不可偏废。他说：

> 伊川先生曰："后世事君，知规过而不知养德。"师氏以媺诏王者，专以从容和缓养君之德，不幸而君有过，则有保氏之官。盖二官朝夕与王处，一则优游容与，以养君之德，不使有一毫矫拂；一则秉义守正，以止君之邪，不肯有一事放过。故人君既有所养，又有所畏，所谓礼乐不可斯须去身。若一于从容，则是有乐而无礼；一于矫拂，则是有礼而无乐。所以不可偏废。①

这是主张用礼"规君之过"，用乐"养君之德"，使人君既有所养，又有所畏，从而君心得正。

同时，人臣在同人君的交往中，也应有其恰当的方式。吕祖谦认为，屈原爱君之心固善，然而却用愤怨激切的方式来表达，不像孟子，孟子周游列国时，与各国国君相处，则始终和缓，皆出于正。但即使是孟子，其与齐王说"草芥""寇仇"时，似觉峻厉无温厚和缓之气。但孟子如此说法，有其不得已处，孟子之专求于王，盖因齐王专求于臣，所以孟子以猛药治深病，"使孟子不苦其言，则其（齐王）病不瘳"。即使如此，吕祖谦仍然认为"君臣本非论施报之地，君虽不仁，臣不可以不忠；父虽不慈，子不可以不孝：此天下之常理"②。因此，吕祖谦强调"君当求臣，臣不可先求君"，这里的"求"，意思是"索求"，说的是在君臣之间，主动索求者应该是君而非臣，"若不待五（咸之九五一爻）求而先自动"，那就是不安分，是谄谀冒进。③ 所以，在君臣之间，"君当量力，臣当尽力；君当畏难，臣当徇难。君之患常在于太自任，臣之患常在于不自任"④。这意思就是说，君

① 黄宗羲原本，全祖望修定：《东莱学案》，《宋元学案》第3册，第1656页。
② 吕祖谦：《丽泽论说集录·孟子说》卷七，《吕祖谦全集》第2册，第193—194页。
③ 吕祖谦：《丽泽论说集录·易说·咸》卷二，《吕祖谦全集》第2册，第65页。
④ 黄宗羲原本，全祖望修定：《东莱学案》，《宋元学案》第3册，第1654页。

宜尊而臣当劳,因为君是"为天守名分者",君臣不可并称而乱其分;君臣之分,在于君"既得尊位,又为离之主,明之盛者",却能不"用明太过,虑事太详,恤其失得而凡事迟疑",反而以其"所见,一无所悔,不须更顾虑得失,但据所见而往,则'吉,无不利也'"[1];而臣则"巽顺而从"、勇于自任;因此,君得其尊,臣以其巽顺且忠而得其信[2]、任其事,这才是君臣相与之道。

（三）臣任其事,思不出位

吕祖谦认为,"使天下皆为君子,是人君本分职事"[3],而人臣便是要尽力辅助人君完成其本分职事。那么,臣要如何才能既辅助人君完成其本分职事,而又不引起人君的忌惮呢？吕祖谦的答案是,像伊尹、周公和孔明那样"明哲而诚,故可处危疑之地"。他说:

> 居人臣之位、处多惧之地,若有心于得民之说,此固奸臣所为,不可论。至如中正之大臣,为民心所随,虽贞犹凶,要必有处之之道,"有孚在道以明,何咎"是也。"有孚在道"……盖有孚诚于中,即所谓合道,见善又明,则何咎之有。[4]

这就是说,为民心所随的大臣,其有孚诚于中、合于尊君之道,并且又能彰明自己之尊君,那也就能处危疑之地而无咎了。

对于大臣来说,其除了"明哲而诚"、巽顺尊君之外,最重要的是要能自任其事,也就是要做好个人的职分,对于"职分之内,不可惰谕"。吕祖谦坚持,如果不能做好自己的本分职事,那就是"旷职","当官者不可徇其私意,忽而不治"。但这只是问题的一方面。另一方面,作为辅佐君主尽其"使天下为君子"的大臣,又必须要"敬事尊长,思不出位"。这也就

---

[1] 吕祖谦:《丽泽论说集录·易说·晋》卷二,《吕祖谦全集》第2册,第82页。

[2] 臣得其信,意思是君信任大臣。正所谓君"俨然在上,总其大纲,委任大臣而失得勿问,使在下者得尽力为之",如此,则能无往而不利。见吕祖谦《丽泽论说集录·易说·晋》卷二,《吕祖谦全集》第2册,第82页。

[3] 吕祖谦:《丽泽论说集录·易说·观》卷二,《吕祖谦全集》第2册,第34页。

[4] 同上书,第25—26页。

是说,他不能随便去要求高于其职位的礼遇与待遇,也不能做超越其职分的事情。他说:"大抵在上之人,有势有位,犹可以有为,既处卑下、居贫贱,而恃其强壮,躁于求进,信乎其凶也。"①所以,"君子思不出其位,此位随在随有"②,哪怕只是暂时领有"一时职权",也"不宜引嫌,便当以正官自处……但不可妄有支用尔"。

(四)莅民之道,宽简为本

吕祖谦认为,大臣所自任之事,便是依照法度"治民",使天下皆为君子。"(法度)不独政事纪纲之谓也,凡一身之间,一动一作,饮食起居之际,莫不有法度,动容周旋,皆中礼而已……既随事随物而尽其理矣,则凡心有所之,皆广而明。"③他告诫人们,不要把"法度"看得太狭隘了,所谓"法度",下至一身之间、一动一作、饮食起居之"中礼",上至政事纪纲之"尽其理"。大臣依此"尽理"的法度治民,宜以"简""宽"为本。他说:

> 好多事者必不能好生,好苛刻者必不能好生。惟以"简""宽"为本,故罚弗及嗣,罪止其身,犹不得已,况其后乎! 赏延于世,报功之意宁过于厚。人之或丽于罪,本于过者虽大必宥,本于故者虽小必刑。罪之疑则惟轻,功之疑则惟重。好生之德,随寓而著,而于刑故无小,足以深见圣人好生之心。何者? 过慈则近于姑息,反所以害仁。④

无论君主还是大臣,都应该以"好生之心",避免多事、苛刻,努力做到"罚弗及嗣,赏延于世",从而体现其重功轻罪的好生之心。但是,大臣在审判案件的时候,也应有一些需要注意的问题:首先,要区分"本于过"与"本于故",也就是区分无心之罪、过与有意为之,对于前者,"过虽大必宥",对于后者,"故虽小必刑";其次,不可先有所主,若心先有所主,"以

---

① 吕祖谦:《丽泽论说集录·易说·大壮》卷二,《吕祖谦全集》第 2 册,第 77 页。
② 吕祖谦:《丽泽论说集录·杂说二》卷一○,《吕祖谦全集》第 2 册,第 266 页。
③ 吕祖谦:《增修东莱书说·大禹谟》卷三,《吕祖谦全集》第 3 册,第 54 页。
④ 同上书,第 59 页。

此心而听讼,必有所蔽。若平心去看,便不偏于一,曲直自见"①。

除此而外,吕祖谦还主张通过"均田""取民有制"和"富恤贫"等措施,养民之生,加上此处以"宽简之道"莅民,以育民德,庶几能"尽人之性""尽物之性",使"理"真正实现。

吕祖谦的哲学思想当然还有更丰富的内容,例如其经世致用之学、辩证法、历史哲学、伦理思想、教育哲学等,本章挂一漏万,并未将其全部展现出来。这确实是件有点遗憾的事情。不过,目前学术界对于吕祖谦哲学思想的研究也有不少颇有分量的成果,如潘富恩和徐余庆合作的《吕祖谦评传》和《吕祖谦的实学思想述评》、潘富恩的《大家精要·吕祖谦》、蔡方鹿的《论吕祖谦的经世致用思想》和《吕祖谦的易学思想》、任锋的《秩序、历史与实践:吕祖谦的政治哲学》以及其他的博硕士论文等,有兴趣的读者可以进一步阅读和研究。当然,浙江古籍出版社 2008 年出版了《吕祖谦全集》,这是学习和研究吕祖谦哲学思想最为权威的资料。

最后,我们必须看到,吕祖谦的哲学思想毕竟打上了深刻时代烙印,因而必定有其局限性的。我们在学习其哲学思想,尤其是"理政治国"方面的思想时,要注意分辨其中一些思想、做法,如维护等级名分制度等,其所包含的复杂多样的意义,对于增强我们自身的辨析能力不无裨益。不过,有一点必须要说明的是,后世学者在评论吕祖谦思想的特色时,深受朱熹的影响,而总以"博杂"明之,意谓其学经、史、子、集无所不包,既广博又杂而无统。但这其实恐怕是出于朱熹不公允的偏见。关于吕祖谦思想有根柢、有心解、有体系的具体论述,请参见黄灵庚先生为《吕祖谦全集》所写的"前言"。

---

① 吕祖谦:《丽泽论说集录·杂说二》卷一〇,《吕祖谦全集》第 2 册,第 261 页。

第二十一章　陆九渊的心学

陆九渊(1139—1193),字子静,号存斋,抚州金溪(今江西临川)人。因常讲学于贵溪应天山(象山),学者称其为象山先生。陆九渊从小颖悟,三四岁思天地何所穷际,至忘寝食;十余岁,又因"宇宙"二字笃志圣学。他后来所创立的心学,是他自己通过"读《孟子》而自得之"①。其"于北宋诸家学问则不甚用心"(牟宗三语),又谓:"韩退之言:'轲死不得其传。'固不敢诬后世无贤者,然直是至伊洛诸公,得千载不传之学。但草创未为光明,到今日若不大段光明,更干甚事?"②其承当可知。陆九渊与朱熹并世而稍小,二人相遇前,各自学术基调已定。淳熙二年(1175),陆九渊应吕祖谦的邀请与朱熹论学于鹅湖寺。当时朱学已初具规模,而陆九渊的心学尚在草创阶段,但他以"发明本心"与"泛观博览"的为学工夫先后问题以及"尊德性"与"道问学"的不同趋向与朱熹发生了论争。自此之后,朱陆之争便成为宋明理学中一大公案,而陆九渊的心学也在与朱熹的往复辩难中日益明确,成为南宋理学中与朱学并立的学派。

---

① 陆九渊:《语录下》,《陆九渊集》卷三五,第 471 页。
② 同上书,第 436 页。

第一节　"本心"与"心即理"

一、"本心"的内涵

"本心"是象山之学的核心观念,其学即围绕此"本心"观念而展开。那么,"如何是本心"? 不仅我们现代人,就是象山高弟杨简当时也在这样追问:

> 四明杨敬仲时主富阳簿,摄事临安府中,始承教于先生。及反富阳,三月二十一日,先生过之,问:"如何是本心?"先生曰:"恻隐,仁之端也;羞恶,义之端也;辞让,礼之端也;是非,智之端也。此即本心。"对曰:"简儿时已晓得,毕竟如何是本心?"凡数问,先生终不易其说,敬仲亦未省。偶有鬻扇者讼至于庭,敬仲断其曲直讫,又问如初。先生曰:"闻适来断扇讼,是者知其为是,非者知其为非,此即敬仲本心。"敬仲忽大觉,始北面纳弟子礼。故敬仲每云:"简发本心之问,先生举是日扇讼是非答,简忽省此心之无始末,忽省此心之无所不通。"先生尝语人曰:"敬仲可谓一日千里。"①

象山开始之所以"终不易其说",是因为面对"如何是本心"的追问,他的这种回答已实在是一种最直截了当的正面回答了。之所以说象山以四端之心来说明"本心"是对"本心"的一种最直截了当的正面说明,这是因为人一旦对自身所本有的道德意识有一种真切的感受和体会时,就有可能觉悟到此"本心"即"四端之心","四端之心"即"本心"。当杨简屡屡追问"毕竟如何是本心"而不得其解时,象山指出在断扇讼中他"是者知其为是,非者知其为非"之心即他的"本心",杨简即"大觉":原来自己的是非之心就是"本心",此心无所不通。象山可谓善教,而杨简亦善悟。象山就"本心"发用处或具体呈现处来指示"本心",这与孟子以"怵惕恻隐

---

① 陆九渊:《年谱》,《陆九渊集》卷三六,第 487 页。

之心"来指出"不忍人之心"是一个路头。

这里需要讲明的是,"本心"是根源义之心,而"四端"则是"本心"之应事而发用或道德意识的自觉,但这并不是说"本心"就只这"四端"而已。这一点在当时学者就有不能相应地把握,所以象山云:

> 孟子就四端上指示人,岂是人心只有这四端而已? 又就乍见孺子入井皆有怵惕恻隐之心一端指示人,又得此心昭然,但能充此心足矣。①

更云:

> 近来论学者言:"扩而充之,须于四端上逐一充。"焉有此理? 孟子当来只是发出人有是四端,以明人性之善,不可自暴自弃。苟此心之存,则此理自明,当恻隐处自恻隐,当羞恶当辞逊,是非在前,自能辨之。又云:当宽裕温柔,自宽裕温柔;当发强刚毅,自发强刚毅。所谓"溥博源泉,而时出之"。②

最后一句非常形象地说明了"本心"与"四端"的关系,"四端"是"本心"的内容,以"四端"来指示"本心",其旨在明示"本心"才是发出"四端"的根源,"本心"与"四端"的关系是一对典型的体用逻辑。

若"本心"只是应事而发,限于眼前,则"本心"只成为仁术,而非仁道,故象山又云:

> 济溱洧之车,移河东之粟,可以谓之仁术,不可以谓之仁道,以是而同乎民,交乎物,吾见其浅焉而胶矣。③

这当然是梁惠王不能将此不忍人之心扩而充之之故,然而用象山的话说则是,为私心私感所害,所以又说"盖未为私感所害,则心之本然,无适而

---

① 陆九渊:《语录上》,《陆九渊集》卷三四,第 423 页。
② 同上书,第 396 页。
③ 陆九渊:《圣人以此心退藏于密吉凶与民同患神以知来知以藏往》省试,《陆九渊集》卷二九,第 341 页。

不正,无感而不通"①;或者说是此心不能无蔽,因为在象山看来"诚者,非自成己而已也,所以成物也。此心之灵,苟无壅蔽昧没,则痛痒无不知者"②。由此可见,"本心"之应物发见或感通在理想情况下是无限的,这才是仁道。

上述是就寻常人所能见到的道德意识的自觉的一面谈"本心",过此以往,"本心"尚有"密微之地"的一面或境界,而这才是"本心"的本来面目。象山云:

> 涤人之妄,则复乎天者自尔微;尽己之心,则交乎物者无或累。著卦之德,六爻之义,圣人所以复乎天交乎物者,何其至耶。以此洗心,则人为之妄涤之而无余。人妄既涤,天理自全,退藏于密微之地,复乎天而已。由是而吉凶之患与民同之,而己之心无不尽。心既尽,则事物之交,来以神知,往以知藏,复何累之有哉? 妄涤而复乎天者自尔微,心尽而交乎物者无或累,则夫著卦六爻之用,又其岂可以形迹滞? 而神知之说,又岂可以荒唐窥也哉?
>
> ……内外合、体用备,非人之所可毫末加而斯须去也。圣人洗心于著卦六爻之间,退藏于隐密精微之地,而同乎民,交乎物者,虽吉凶往来之纷纷,而吾之心未尝不退藏于密。
>
> ……至诚如神,受命如响,事物之来,神以知之,无以异于著之圆也;物各付物,所过者化,事物之往,知以藏之,无以异于卦之方也。③

上文讲到心之本然无感不通,这其实就是人妄既涤之后的密微之地。密微之地天理自全、自见、自明,到此地步,"本心"已无物欲之累,而其神知之用亦彻底敞开,全幅呈现,所谓"本心"之大用流行。此神知即"本心"

---

① 陆九渊:《圣人以此心退藏于密吉凶与民同患神以知来知以藏往》省试,《陆九渊集》卷二九,第 342 页。
② 陆九渊:《与郑溥之》,《陆九渊集》卷一三,第 178 页。
③ 陆九渊:《圣人以此心退藏于密吉凶与民同患神以知来知以藏往》省试,《陆九渊集》卷二九,第 340—342 页。

之化育万物、妙万物、生生不已；此神知是静而无静、动而无动，所谓"虽吉凶往来之纷纷，而吾之心未尝不退藏于密"也。此时的"本心"无内外之分，即体即用。"本心"的这种神知、密微之地，也就是天，只有涤除了人妄才能见得到。象山云：

> 某闻诸父兄师友，道未有外乎其心者，自可欲之善至于大而化之之圣，圣而不可知之神，皆吾心也。①

此不只是听说了，而且是印证了。

关于这一密微之地的其他方面的内涵，象山尚有许多其他的阐释。象山常用"宇宙"二字来发挥"本心"，《年谱》十三岁下记载：

> 后十余岁，因读古书至宇宙二字，解者曰："四方上下曰宇，往古来今曰宙。"忽大省曰："元来无穷，人与天地万物，皆在无穷之中者也。"乃援笔书曰："宇宙内事乃己分内事，己分内事乃宇宙内事。"又曰："宇宙便是吾心，吾心即是宇宙……"故其启悟学者，多及宇宙二字。②

谓宇宙内事即己分内事，两者不异，这是一种大承当，也是"本心"的万物一体之感。至于谓吾心即是宇宙，此稍有不同，俟下文再讲。关于"本心"的这种一体之感，象山发挥之处颇多，如：

> 人共生乎天地之间，无非同气……安得有彼我之意？又安得有自为之意？③
>
> 宇宙不曾限隔人，人自限隔宇宙。④

又谓：

> 宇宙之间，如此广阔，吾身立于其中，须大做一个人……且如

---

① 陆九渊：《敬斋记》，《陆九渊集》卷一九，第 228 页。
② 陆九渊：《年谱》，《陆九渊集》卷三六，第 482—483 页。
③④ 陆九渊：《语录上》，《陆九渊集》卷三四，第 401 页。

"天命之谓性",天之所以命我者,不殊乎天,须是放教规模广大。①

这种"弥宇宙身"②的说法,宋儒发自张横渠(《西铭》),而明道言之尤详,象山虽非承此传统而来,然其所见却与之遥契,真所谓先圣后圣一揆。故象山又云:

> 心之体甚大,若能尽我之心,便与天同。③

又云:

> 孟子言"知天",必曰"知其性,则知天矣";言"事天",必曰"养其性,所以事天也"。《中庸》言"赞天地之化育",而必本之"能尽其性"……诚以吾一性之外无余理,能尽其性者,虽欲自异于天地,有不可得也。④

在象山,心性是一非二,而心性与天不异,此所以能万物一体。

以上所述,无论是就道德意识一面,还是就密微之地一面谈"本心",都主要是对"本心"的内容的正面了解、全幅揭露,除此之外,象山对"本心"的形式特征也有说明。像其他地方通过征引《孟子》来对"本心"的内容作说明一样,象山也喜欢引用《孟子》来说明"本心"的形式特征以侧面了解之,他说:

> 孟子曰:所不虑而知者,其良知也;所不学而能者,其良能也。此天之所与我者,我固有之,非由外铄我也。故曰"万物皆备于我矣,反身而诚,乐莫大焉"。此吾之本心也。⑤

谓"万物我备"自然是谈"本心"之内容一面,然而依象山之见,所谓"本心"是"天之所与我者"之心,是人之不虑而知、不学而能之心。"天之所

---

① 陆九渊:《语录下》,《陆九渊集》卷三五,第 439 页。
② 陆九渊:《盱坛直诠》,罗汝芳:《罗汝芳集》,第 397 页,南京,凤凰出版社,2007。
③ 陆九渊:《语录下》,《陆九渊集》卷三五,第 444 页。
④ 陆九渊:《天地之性人为贵论》,《陆九渊集》卷三〇,第 347 页。
⑤ 陆九渊:《与曾宅之》,《陆九渊集》卷一,第 5 页。

与我者"指"本心"为天所赋与我者亦即其为人先天所具有,是一个先验之心;不虑而知、不学而能指"本心"具一种无须后天反省的辨别能力与行为能力,当然这并不是说不需要后天反省的工夫。显然,无论是"天之所与我者"还是"所不虑而知者,其良知也;所不学而能者,其良能"都只不过是对"本心"的一种间接或侧面的说明而已,而未涉及"本心"之"内容"。又如象山说:

> 孟子曰:"存乎人者,岂无仁义之心哉?"又曰:"我固有之,非由外铄我也。"愚不肖者不及焉,则蔽于物欲而失其本心;贤者智者过之,则蔽于意见而失其本心。①

仁义固然是本心之内容,而人若蔽于物欲或意见则将失其"本心",这却不是对"本心"的一种直接而明确的说明。又象山说:

> 理乃天下之公理,心乃天下之同心,圣贤之所以为圣贤者,不容私而已。②

> 心,只是一个心。某之心,吾友之心,上而千百载圣贤之心,下而千百载复有一圣贤,其心亦只如此。心之体甚大,若能尽我之心,便与天同。③

> 东海有圣人出焉,此心同也,此理同也。西海有圣人出焉,此心同也,此理同也。南海、北海有圣人出焉,此心同也,此理同也。千百世之上至千百世之下,有圣人出焉,此心此理亦莫不同也。④

对于象山而言,"本心"并非人的一种生理意义、心理意义以及社会学意义的心,而是为每个人所本有、具普遍性与恒久性的"同心"或"大心",同于天之心,不同于私欲的心。"某之心,吾友之心,上而千百载圣贤之心,下而千百载复有一圣贤,其心亦如此",意味着此"本心"为人人所本有;

---

① 陆九渊:《与赵监》,《陆九渊集》卷一,第 9 页。
② 陆九渊:《与唐司法》,《陆九渊集》卷一五,第 196 页。
③ 陆九渊:《语录下》,《陆九渊集》卷三五,第 444 页。
④ 陆九渊:《年谱》,《陆九渊集》卷三六,第 483 页。

"东海有圣人出焉,此心同也,此理同也。西海有圣人出焉,此心同也,此理同也。南海、北海有圣人出焉,此心同也,此理同也",表明此"本心"不受空间限制;"千百世之上至千百世之下,有圣人出焉,此心此理亦莫不同也",表明此"本心"不受时间限制。正是基于此"本心"不受时空限制而具普遍性、恒久性这一特点,象山宣称:此"本心"乃"天之所与我者","心之体甚大,若能尽我之心,便与天同","本心"乃天人不异的根本所在,此可因推类而知。又象山在《鹅湖和教授兄韵》中云:

> 墟墓兴哀宗庙钦,斯人千古不磨心。①

此是内容与形式兼有。

由于象山对文字概念的使用比较松散,他在论说过程中对"心"与"本心"的内涵并未作出严格的界定和区分,以至于在其论说中出现"心"与"本心"混用的文字现象,当然象山自身对这两概念的不同内涵有着清楚明白的意识。"心"通常指经验意识之心和思虑知觉之心,象山也常在这两层面上使用"心"这一概念,如:

> 人生天地间,气有清浊,心有智愚,行有贤不肖。②
> 有所蒙蔽,有所移夺,有所陷溺,则此心为之不灵。③
> 故心当论邪正,不可无也,以为吾无心,此即邪说矣。④

此心有智有愚,有灵与不灵,有邪有正之分,此心即是个体经验意识之心,象山承认此心之所发有不即是理者,并且认为需要"洗心",他说:

> 以此洗心,则人为之妄涤之而无余。⑤

"洗心"即涤除人为之妄,也即是要去除心之所发中不即是理者。

---

① 陆九渊:《鹅湖和教授兄韵》,《陆九渊集》卷二五,第301页。
② 陆九渊:《与包详道》,《陆九渊集》卷六,第80页。
③④ 陆九渊:《与李宰》,《陆九渊集》卷一一,第149页。
⑤ 陆九渊:《圣人以此心退藏于密吉凶与民同患神以知来知以藏往》省试,《陆九渊集》卷二九,第340页。

> 人非木石，安得无心？心于五官最尊大。《洪范》曰："思曰睿，睿作圣。"《孟子》曰："心之官则思，思则得之，不思则不得也。"[1]

此心即是思虑知觉之心，其功能为思，是人区别于木石之所在。此外，象山还经常不加任何说明地用"心"来指代"本心"，如：

> 盖心，一心也，理，一理也，至当归一，精一无二，此心此理，实不容有二。[2]

> 人心至灵，此理至明，人皆有是心，心皆具是理。[3]

此心即指"本心""心即理"之心，此心之所发未尝不即是理。这是我们在理解象山"心"与"本心"概念时需要特别注意和谨慎之处。

二、心即理

毫无疑问，象山的"本心"观念承自孟子，但同时他又接着孟子往下讲，提出了"心即理"的思想。这一命题的正式提出是在其《与李宰》书中：

> "吾何容心"之说，即无心之说也，故"无心"二字亦不经见。人非木石，安得无心？心于五官最尊大。《洪范》曰："思曰睿，睿作圣。"《孟子》曰："心之官则思，思则得之，不思则不得也。"又曰："存乎人者，岂无仁义之心哉？"又曰："至于心，独无所同然乎？"又曰："君子所以异于人者，以其存心也。"又曰："非独贤者有是心也，人皆有之，贤者能勿丧耳。"又曰："人之所以异于禽兽者几希，庶民去之，君子存之。"去之者，去此心也，故曰"此之谓失其本心"。存之者，存此心也，故曰"大人者，不失其赤子之心"。四端者，即此心也；天之所以与我者，即此心也。人皆有是心，心皆具是理，心即理也，故曰

---

① 陆九渊：《与李宰》，《陆九渊集》卷一一，第 149 页。
② 陆九渊：《与曾宅之》，《陆九渊集》卷一，第 4—5 页。
③ 陆九渊：《杂说》，《陆九渊集》卷二二，第 273 页。

"理义之悦我心,犹刍豢之悦我口"。①

从《孟子》中的"思则得之"之心、"仁义之心"、理义同然之心到君子所存之心、人皆有之而别于禽兽之心、"赤子之心"、"四端"、"天之所以与我者",象山皆以"此心"即"本心"称之。牟宗三先生谓象山"其读《孟子》之熟,可谓已到深造自得,左右逢源之境"②,观此处象山之征引《孟子》,非虚言也,可谓于提出"心即理"一命题外,补出一段《孟子》心之诸说,便于学者类聚而观之。关于象山"心即理"这一命题之提出,牟宗三先生以为,这是"本于孟子之言'仁义内在'以及'心之所同然'乃至'理义悦心'等"③。然而本章以为,就直接的文本证据来说,并不能说象山"心即理"说有取于"仁义内在"说,尽管前者可以必然推出后者。这是因为,以象山此处所言之"理"为与"四端"同一意义上的道德规范,毋宁以之作为根源意义上的理。尽管我们也不能否认象山曾从道德实践、价值自觉的意义上来谈此理之应物发见,但我们也知道象山不怎么强调理之殊相性这一层含义,而是认为有本自然有末,"根本既壮"不怕不枝叶扶疏。所以,我们认为,象山此处所言之理亦不是本心应物而发的一殊相之道德规范,如孝,而是总持义的、根源义的理,亦即兼为道德法则与宇宙秩序的超越原理。象山常云"此心本灵,此理本明"④,只一"明"即点出"此理"绝不只是一殊相之道德规范,若不然,吾不知其自身如何能"明"。又象山云"学苟知本,六经皆我注脚"⑤,这也与他要求学者先发明本心、后泛观博览的工夫论是相应的——发明本心的工夫相应于根源义的理,泛观博览的工夫相应于此理之应物发见、道德自觉之道德规范。象山的另一段话可以证明此处之理为根源义之理非虚。

> 古圣贤之言,大抵若合符节。盖心,一心也;理,一理也。至当

① 陆九渊:《与李宰》,《陆九渊集》卷一一,第149页。
② 牟宗三:《从陆象山到刘蕺山》,第58页,上海,上海古籍出版社,2001。
③ 同上书,第2页。
④ 陆九渊:《与刘志甫》,《陆九渊集》卷一〇,第137页。
⑤ 陆九渊:《语录上》,《陆九渊集》卷三四,第395页。

归一,精义无二,此心此理实不容有二。故夫子曰:"吾道一以贯之。"孟子曰:"夫道一而已矣。"又曰:"道二,仁与不仁而已矣。"仁即此心也,此理也。求则得之,得此理也;先知者,知此理也;先觉者,觉此理也;爱其亲者,此理也;敬其兄者,此理也;见孺子将入井而有怵惕恻隐之心者,此理也;可羞之事则羞之,可恶之事则恶之者,此理也;是知其为是,非知其为非,此理也;宜辞而辞,宜逊而逊者,此理也;敬此理也,义亦此理也;内此理也,外亦此理也。故曰:"直方大,不习无不利。"孟子曰:"所不虑而知者,其良知也;所不学而能者,其良能也","此天之所以与我者","我固有之,非由外铄我也"。故曰:"万物皆备于我矣,反身而诚,乐莫大焉。"此吾之本心也。[1]

在这一段话中,象山先总说此心此理,认为仁即此心此理,它至当归一、精义无二;紧接着又分说此理此心。关于此理,象山认为:"求则得之"是得此理,先知先觉也是知此理觉此理,爱亲与敬兄是此理的体现,"四端"也都是此理的体现,内外均充塞此理,这都是从根源义、总持义上谈此理,将一切道德自觉、四端万善收摄于此理之呈现或活动中以言之。在上文中,象山已明确指出"四端"都是"本心"所发,此处又说"四端"皆是此理的体现,可见在象山,此心此理与仁的确是同一的。既然此理就是"本心",谓"心即理"岂非多余? 非也。谓"心即理",其实是强调本心之为道德法则的一面。如果说象山所谓的"本心"即"四端之心"所表明的是此"本心"作为道德情感的向度,那么,他"心即理"的思想所表明的则可以说是此"本心"作为道德法则的向度。四端之情使普遍的理具体化,从而使儒家所言之仁、本心、天理为具体的理性。正因为此"本心"既提供道德法则,又发动道德情感,从而为真实的道德实践提供了可能。

接着,象山认为孟子所说的"良知良能""天之所以与我者""万物皆备"之我,连同前面的"此理"即是"吾之本心"。谓"万物皆备于我"则意味着,此心此理不仅是道德实践可能的根据、价值自觉的根源,同时也是

---

[1] 陆九渊:《与曾宅之》,《陆九渊集》卷一,第4—5页。

宇宙万物存有论的依据,是宇宙万物创造之源、生化之理,此即牟宗三先生所说的"道德秩序"即"宇宙秩序"。就成己方面而言,此心此理是道德创造之原理,其目的在于成就庄严整饬、纯之又纯的道德行为;就成物方面而言,此心此理是宇宙万物实现之原理,其目的在于使宇宙万物皆各得其所、各遂其生、各适其性、各得其宜。在"心即理"下,道德创造与宇宙生化合而为一。关于这一点,象山常云"此理塞宇宙"①,且主要表明其为天地人三极所共由之道,但这"塞"并不是说此理静态地平铺在万事万物身上,而是动态地从此理之流行之绝对普遍而言之,如同上文所言,这是一密微之地。这一点由其言心可知:

> 苟充养之功不继,而乍明乍灭,乍流乍滞,则渊渊其渊,浩浩其天者,何时而可复耶?②

能明能流者不仅是心,亦是此理,故云"此理本天所以与我,非由外铄。明得此理,即是主宰"③,不然怎么能主宰!故"心即理"并非只是说两者之作为道德实践可能的根据、价值自觉之根源而为一,而且兼意味着两者之作为一创生、妙用的宇宙秩序是一。

象山云"万物森然于方寸之间"④,"森然"者,秩序之谓也;"万物森然于方寸之间"即照见此心之为"宇宙秩序"义,当然这是本心之自照自见。此语全句为"万物森然于方寸之间,满心而发,充塞宇宙,无非此理"⑤。所谓"满心而发"无非指使"本心"或"心之体"充其极而全体朗现,而对象山来说,此"本心"或"心之体"充其极而全体朗现则"便与天同",心布满宇宙,理也布满宇宙。显然,与此道德"本心"相融为一的宇宙,已不再是与我相对的仅具物质结构身份的宇宙,而是道德的宇宙,故在此意义上,象山说:

---

① 详见陆九渊:《陆九渊集》,第 142、161、163、201、257、270、418、423、435、452、461、474 页。
② 陆九渊:《与戴望舒》,《陆九渊集》卷五,第 63 页。
③ 陆九渊:《与曾宅之》,《陆九渊集》卷一,第 4 页。
④⑤ 陆九渊:《语录上》,《陆九渊集》卷三四,第 423 页。

> 宇宙便是吾心,吾心即是宇宙。①
>
> 宇宙内事乃己分内事。己分内事乃宇宙内事。②

又上文曾提到"吾心即宇宙"尚未阐释,此实只是本心之充塞宇宙之自照自见,只见此心只见此理而不见殊别之万物,所谓心外无物。由此可见,象山在此"本心"或"心即理"之心的基础上,对孟子"万物皆备于我"之境作了进一步的说明和阐发。牟宗三先生说:

> 然不得已,仍随时代之所需,方便较量,象山亦有超过孟子者。然此超过亦是孔孟之教之所涵,未能背离之也。此超过者何? 曰:即是"心即理"之达其绝对普遍性而"充塞宇宙"也。③

诚哉斯言! 如果说要用一句话凝练地概括象山关于心、理、物、宇宙的四者关系的思想的话,莫过于"万物森然于方寸之间,满心而发,充塞宇宙,无非此理"。

"理"在象山哲学中具有丰富的内涵。上述所说的"心即理"之理是一种根源义之理,"天下正理不容有二。若明此理,天地不能异此,鬼神不能异此,千古圣贤不能异此"④。此根源义之理是纯一,天地、鬼神、千古圣贤也不能与此理相违背,且"此理在宇宙间,固不以人之明不明、行不行而加损"⑤。同时,此"理"也不可以通过具体的认知活动来认识和把握,因为它不在"闻见之知"的范围,象山说:

> 此理塞宇宙,古先圣贤常在目前,盖他不曾用私智。"不识不知,顺帝之则。"此理岂容识知哉? "吾有知乎哉?"此理岂容有知哉?⑥

---

①② 陆九渊:《年谱》,《陆九渊集》卷三六,第 483 页。
③ 牟宗三:《从陆象山到刘蕺山》,第 13 页。
④ 陆九渊:《与陶赞仲》,《陆九渊集》卷二,第 194—195 页。
⑤ 陆九渊:《与朱元晦》,《陆九渊集》卷二,第 26 页。
⑥ 陆九渊:《与张辅之》,《陆九渊集》卷一二,第 163—164 页。

此理是一真实的呈现,据《语录》记载:

> 某因此无事则安坐瞑目,用力操存,夜以继日。如此者半月,一日下楼,忽觉此心已复澄莹。中立窃异之,遂见先生。先生逆目视之曰:"此理已显也。"某问先生"何以知之?"曰:"占之眸子而已。"因谓某:"道果在迩乎?"某曰:"然。昔者尝以南轩张先生所类洙泗言仁书考察之,终不知仁,今始解矣。"先生曰:"是即知也,勇也。"①

此理虽不能通过"识智"来把握,但是通过夜以继日的操存涵养工夫,此理却可以在人们身上真实地呈现。此理属于"德性之知",需要自信自立,信得及此,当下认取才可以把握,象山说:

> 今既见得此理,便宜自立。②
>
> 余于是益信此心此理充宇宙,谁能间之?③

当然,"理"除了作为此根源义之理外,还有作为一般性的运用义之理。象山说:

> 人情物理之变,何可胜穷,若其标末,虽古圣人不能尽知也。稷之不能审于八音,夔之不能详于五种,可以理揆。夫子之圣,自少而多能,然稼不如老农,圃不如老圃,虽其老于论道,亦曰学而不厌,启助之益,需于后学。④
>
> 天下之理无穷,若以吾平生所经历者言之,真所谓伐南山之竹,不足以受我辞。⑤
>
> 夫子以仁发明斯道,其言浑无罅缝。孟子十字打开,更无隐遁,盖时不同也。自古圣贤发明此理,不必尽同。如箕子所言,有皋陶之所未言;夫子所言,有文王周公之所未言;孟子所言,有吾夫子之

---

① 陆九渊:《语录下》,《陆九渊集》卷三五,第471页。
② 陆九渊:《与朱济道》,《陆九渊集》卷一一,第143页。
③ 陆九渊:《朱氏子更名字说》,《陆九渊集》卷二〇,第252页。
④ 陆九渊:《与邵书宜》,《陆九渊集》卷一,第2页。
⑤ 陆九渊:《语录上》,《陆九渊集》卷三四,第397页。

　　所未言。理之无穷如此。①

上述材料中所说之理即是作为一般性的运用义之理，它是根源义之理在具体层面上的运用和表现。它是杂多的、无穷的，属于"闻见之知"的范围。此理需要通过后天的学习、具体的认知活动才能够认识和把握，其主要内容可分为两大层面：一是作为自然界宇宙万物的运行之理，一是作为人文世界的运作之理。"人为学甚难，天覆地载，春生夏长，秋敛冬肃，俱此理。人居其间要灵，识此理如何解得。"②自然界万物的生长、运动、变化并不是杂乱无章的，而是遵循一定的次序和规律，春生夏长，秋敛冬肃，宇宙万物皆得其所而然其然，此即是作为自然界宇宙万物的运行之理。"典礼爵刑，莫非天理，洪范九畴，帝实锡之，古所谓宪章、法度、典则者，皆此理也。"③"宇宙之间，典常之昭然，伦类之粲然，果何适而无其理也。"④宪章、法度、典则以及各种具体的伦理规范皆是根源义之理的具体运用和表现，此理是人类在社会实践过程中所形成的，人类社会也是在遵循这些具体的秩序、法则、伦常规范下有序地运作和发展的。虽然这些运用义之理不可胜穷，"真所谓伐南山之竹，不足以受我辞。然其会归，总在于此"⑤，所以象山说：

　　　　吾尝言天下有不易之理，是理有不穷之变，诚得其理，则变之不穷者，皆理之不易者也。⑥

这也即是说运用义之理虽杂多、无穷，但是它们皆源于一共同不易之根源义之理，所谓理一而分殊。

　　这里还需要再进一步说明的是象山所言的"万物皆备于我"与"万物森然于方寸之间"中的"物"并非指现象界的客观自然之物，而是指本体

---

① 陆九渊：《语录上》，《陆九渊集》卷三四，第 398 页。
② 陆九渊：《语录下》，《陆九渊集》卷三五，第 450 页。
③ 陆九渊：《荆国王文公祠堂记》，《陆九渊集》卷一九，第 233 页。
④ 陆九渊：《则以学文》，《陆九渊集》卷三二，第 378 页。
⑤ 陆九渊：《语录上》，《陆九渊集》卷三四，第 397 页。
⑥ 陆九渊：《易数》，《陆九渊集》卷二一，第 259 页。

宇宙论意义上的一种价值之物、道德之物。对象山而言，"心即理"之心不仅仅是道德实践的根据，其不仅仅只是成就道德行为，此心此理本身内在蕴含着一种"沛然莫之能御"的推扩力量，它必然要由价值领域推扩到存有领域，来进一步说明宇宙万物的存有。象山此处所说的"物"是在与主体感应、交融、互动之中所呈现之物，是一种价值之物、道德之物，也即是在"仁心"的无限感通下，宇宙万物皆在"仁心"的朗照、润泽之中并赋予宇宙万物道德价值和意义。在此心此理的普遍朗照、润泽之下，万物皆得其位而无失所之差，所以在这个层面上，象山说"万物皆备于我""万物森然于方寸之间"。而且，上文所提到的此心此理作为宇宙万物创造之源、生化之理也是就此心此理赋予宇宙万物道德价值和意义的创造和生化而言的，而非指其能够创造和生化客观自然物之本身。对于自然界的万事万物，象山并不否认它们存在的客观性和真实性，只是暂时撇开客观存有层不谈，而着力开显主体价值层。然而，这些客观自然之物虽不是象山哲学关注的重点所在，但他也对其生成演化过程作了一番详细的论述。象山说：

> 震居东，春也。震，雷也，万物得雷而萌动焉，故曰"出乎震"。"齐乎巽"：巽是东南，春夏之交也。巽，风也，万物得风而滋长焉，新生之物，齐洁精明，故曰"万物之洁齐也"。"相见乎离"：离，南方之卦也，夏也。生物之形至是毕露，文物粲然，故曰"相见"。"致役乎坤"：万物皆得地之养，将遂姙实，六七月之交也。万物于是而胎实焉，故曰"致役乎坤"。"说言乎兑"：兑，正秋也。八月之时，万物既已成实。得雨泽而说怿，故曰"万物之所说也"。"战乎乾"：乾，是西北方之卦也。旧谷之事将始，乾不得不君乎此也。十月之时，阴极阳生，阴阳交战之时也，龙战乎野是也。"劳乎坎"：坎者，水也，至劳者也。阴退阳生之时，万物之所归也。阴阳未定之时，万物归藏之始，其事独劳，故曰"劳乎坎"。"成言乎艮"：阴阳至是定矣。旧谷之事于是而终，新谷之事于是而始，故曰"万物

之所成终成始也"。①

从这段文献中我们可以看出,象山运用古代传统的阴阳五行学说解释自然界万事万物的生成演化过程,显然,象山对于自然界万事万物的客观真实性是持肯定态度的。其实,象山对于"物"的两种看似截然不同的看法并不矛盾,其中一种物是属于"德性之知"之物,另一种是属于"闻见之知"之物,借用康德的话来说即其中一种物属于本体界,另一种物属于现象界,两者并行不悖,只是历来儒者偏重于对"德性之知"之物、本体之物的探讨,而忽视或不太重视对"闻见之知"之物、现象之物的探讨,但他们亦未否认其存在的客观性和真实性。

第二节 "发明本心"的工夫论

象山在"本心"基础上建立了"心即理"的本体论,其工夫论也以"心"作为修养对象。象山哲学中的"心"具有多层内涵,在第一节中已经提到,兹不赘言。象山认为在本然状态下,每个人之心都是完满自足、纯善无恶的,也即是"本心",此时,"本心即理",一切坦然明白。但是,在现实生活中,人之心易受到主客观条件("人之所以病道者:一资禀,二渐习"②)的限制而"有所蒙蔽,有所移夺,有所陷溺,此心为之不灵,此理为之不明"③。即使人与宇宙产生限隔,也即是"失其本心"。当然,"本心"自身是一自由无限之心,唯一义理之当然,其无所谓限隔,但是在物欲、意见的蔽固之下,人不能完满地体认到自身所固有之"本心",也即是人不能相应其道德本性而为道德实践。此时,此心此理割裂为二,经验之心占据人的主体地位,成为人的主宰。

前面在讲"本心"的时候已经提到,象山除了言心即是理之心外,也承认有经验意识之心,即此心有智有愚,有灵与不灵,有邪有正之分。他

---

① 陆九渊:《语录上》,《陆九渊集》卷三四,第415—416页。
② 陆九渊:《语录下》,《陆九渊集》卷三五,第448页。
③ 陆九渊:《与李宰》,《陆九渊集》卷一一,第149页。

也并不否认人心之所发中有不即是理者,认为其不能作为价值判断、道德实践的根据,故需要"洗心",将人心之所发中不即是理者涤除殆尽,这也即是其"发明本心"的修养工夫。通过"发明本心"的工夫将此限隔、蔽固之"本心"重新光复,使经验之心恢复为超越之"本心",即使心与理达至圆融无碍,即心即理的状态,象山说:

> 人妄既涤,天理自全,退藏于密微之地,复乎天而已。①

但是,"本心"发明、呈现之后,人并不一定就真正能依此"本心"所本具自发之义理而当然地实践之,故还需要进一步地存养和扩充"本心",使之充沛流行,主宰一切而无非是理。

象山的工夫论主要围绕"本心"的发明、存养与扩充来进行和展开,他侧重于从正面入手,即直接教人自悟自觉、自信自立,"本心即理","此心此理,实不容有二。"②,并在此基础上教人进一步存养、扩充此心此理,使之日充日明,充塞宇宙,"沛然莫之能御"。除此以外,象山也认为须要从反面入手,即通过剥落减担等工夫去发明陷溺之"本心",使之从物欲、意见等蔽固之中超拔出来,成为人之主宰。

一、先立乎其大者

孟子说:"耳目之官不思,而蔽于物,物交物,则引之而已矣。心之官则思,思则得之,不思则不得也。此天之所与我者,先立乎其大者,则其小者弗能夺也。此为大人而已矣。"(《孟子·告子上》)"因读《孟子》而自得之"③的象山不仅继承了孟子的"本心"观念,而且其心学也是以孟子的"先立乎其大者"作为为学宗旨的。他说:

> 孟子曰:"先立乎大者,则其小者不能夺也。"人惟不立乎大者,

---

① 陆九渊:《程文》,《陆九渊集》卷二九,第 340 页。
② 陆九渊:《与曾宅之》,《陆九渊集》卷一,第 4—5 页。
③ 陆九渊:《语录下》,《陆九渊集》卷三五,第 471 页。

故为小者所夺，以叛乎此理，而与天地不相似。①

> 吾之学问与诸处异者，只是在我全无杜撰，虽千言万语，只是觉得他底，在我不曾添一些。近有议吾者云："除了'先立乎其大者'一句，全无伎俩。"吾闻之曰："诚然。"②

既然象山心学以"先立乎其大者"作为为学宗旨，那么，究竟何为"大者"？象山曾指出"此理即是大者。"③而对象山来说，理与心，至当归一，精义无二，"心即理也"，故象山所谓的"先立乎其大者"即先立乎其"心即理"之心。

人之所以能"先立乎其大者"亦即先立乎其"本心"，是因为在象山看来，此"本心"为人自身所固有且完满自足，他说：

> 四端皆我固有，全无增添。④

> 某之所言，皆吾友所固有。且如圣贤垂教，亦是人固有。岂是外面把一件物事来赠吾友？但能悉为发明：天之所以予我者，如此其厚，如此其贵，不失其所以为人者耳。⑤

并且，对象山而言，他之教人先立乎其"本心"也就是"发明本心"，是为了使人之学有本而不致为末所累。他说：

> 凡物必有本末。且如就树木观之，则其根本必差大。吾之教人，大概使其本常重，不为末所累。然今世论学者却不悦此。⑥

> 今吾友既得其本心矣，继此能养之而无害，则谁得而御之。如木有根，苟有培浸而无伤戕，则枝叶当日益畅茂。如水有源，苟有疏浚而无壅窒，则波流当日益充积。所谓"源泉混混，不舍昼夜，盈科

---

① 陆九渊：《与朱济道》，《陆九渊集》卷一一，第142页。
② 陆九渊：《语录上》，《陆九渊集》卷三四，第400页。标点有改动。
③ 陆九渊：《与朱济道》，《陆九渊集》卷一一，第143页。
④ 陆九渊：《语录下》，《陆九渊集》卷三五，第461页。
⑤ 同上书，第440页。
⑥ 陆九渊：《语录上》，《陆九渊集》卷三四，第407页。

而后进,放乎四海",有本者如是。①

依象山之见,一个人若能先立乎作为人之"本"的"本心"就如同有源之流,混混不舍、取之不尽、用之不竭、盈科而放乎四海。可见,"先立乎其大"作为象山心学的为学宗旨,实际上是要人在人品上立根基,即首先确立道德践履的根本立足点。

　　显然,"先立乎其大"不仅是象山心学的为学宗旨,而且也是象山心学的"为学工夫",此"工夫"虽简易直截,但对欲以"先立乎其大"为工夫者来说,如果没有对"本心"的肯定与确信,那么,将根本无法从事此工夫,象山曾说:

　　　　不是见理明,信得及,便安不得。②

故肯定和"信得及"此"本心"是"先立乎其大"这种工夫的前提。正因为如此,象山力图从不同的方面、不同的角度来启迪和唤起人们对此"本心"的觉悟和信念。例如:

　　　　汝耳自聪,目自明,事父自能孝,事兄自能弟,本无欠阙,不必他求,在自立而已。③

　　　　人精神在外,至死也劳攘。须收拾作主宰。收得精神在内时,当恻隐即恻隐,当羞恶即羞恶。谁欺得你? 谁瞒得你?④

　　　　请尊兄即今自立,正坐拱手,收拾精神,自作主宰。万物皆备于我,有何欠阙? 当恻隐时自然恻隐,当羞恶时自然羞恶,当宽裕温柔时自然宽裕温柔,当发强刚毅时自然发强刚毅。⑤

象山在此力图从正面直截了当地唤起人对自身所固有的"本心"的自觉与自信,人若能自觉与自信此"本心",即能自立、自作主宰,不必他求。

---

① 陆九渊:《与邵中孚》,《陆九渊集》卷七,第 92 页。
② 陆九渊:《语录下》,《陆九渊集》卷三五,第 468 页。
③ 陆九渊:《语录上》,《陆九渊集》卷三四,第 399 页。
④ 陆九渊:《语录下》,《陆九渊集》卷三五,第 454 页。
⑤ 同上书,第 455—456 页。

> 人之有是四端,而自谓不能者,自贼者也。暴谓自暴,弃谓自
> 弃,侮谓自侮。①
>
> 道大,人自小之;道公,人自私之;道广,人自狭之。②
>
> 此理在宇宙间,何尝有所碍? 是你自沉埋,自蒙蔽,阴阴地在个
> 陷阱中,更不知所谓高远底。③

象山在此从反面说明道:人如果不能自觉、自信自身所固有的"本心"或
"理",那么,则是自贼自暴自弃自侮、自小自私自狭、自沉埋自蒙蔽。

由上可见,无论象山是从正面还是从反面来启迪和唤起人们觉悟此
"本心",体认此"本心",都无非要求人们对自身所固有的"本心""须是信
得及乃可"。④ 换言之,也就是要求人对自身所固有的"本心"直下承当而
无疑,当下认定而不动摇。"先立乎其大"以信念为前提和基础,在具体
实践层面主要通过"立志"与"辨志"来体现。志向即一个人的价值取向,
其地位相当于佛家剃度出家之决心,"立志"即在于确保道德修养、道德
实践的方向和决心。象山说:

> 人要有大志。常人汩没于声色富贵间,良心善性都蒙蔽了。今
> 人如何便解有志,须先有智识始得。⑤
>
> 人惟患无志,有志无有不成者。然资禀厚者,必竟有志。⑥
>
> 志小不可以语大人之事。⑦
>
> "吾十有五而志于学",今千百年无一人有志也。是怪他不得,
> 志个甚底? 须是有智识,然后有志愿。⑧

依象山之见,人只有志于良心善性才算是大志,才可语大人之事,才"无

---

① 陆九渊:《语录上》,《陆九渊集》卷三四,第 427 页。
② 陆九渊:《语录下》,《陆九渊集》卷三五,第 448 页。
③ 同上书,第 452 页。
④ 同上书,第 434 页。
⑤⑧ 同上书,第 450 页。
⑥ 同上书,第 439 页。
⑦ 同上书,第 433 页。

有不成者"，否则，"志于声色利达者，固是小"①。同时，象山认为人之立
"志"还须有"智识"，即在于要人志于大而不志于小，这也即是要人"辨
志"。虽说立志是大事，但立志却不是一立便完，因为立志的真正目的正
是要尽可能地保证今后之思虑言行皆能够合乎良心善性，故初学者立志
之后还须时常自我反省点检，以保证此志是真正地志于良心善性的大
志。他说：

> 世不辨个小大轻重，既是埋没在小处，于大处如何理会得？②
> 今且未须去理会其他，且分别小大轻重。③
> 人不辨个小大轻重，无鉴识，些小事便引得动心，至于天来大事
> 却放下着。④

在象山看来，人如果不辨个小大轻重不知何者为大何者是小，那么，就不
可能真正志于"大者"——"良心善性"。

"辨志"的内容即公私义利之辨，据傅子渊记载：

> 傅子渊自此归其家，陈正己问之曰："陆先生教人何先？"对曰：
> "辨志。"正己复问曰："何辨？"对曰："义利之辨。"若子渊之对，可谓
> 切要。⑤

又詹阜民记载：

> 初见先生，不能尽记所言，大旨云："凡欲为学，当先识义利公私
> 之辨。"⑥

总之，不管是"先立乎其大者"还是"立志""辨志"，其目的都是使人不埋
没于小处而能真正志于"大者"——"良心善性"，也即是确信吾人所固有
之"本心"是一真实的呈现，这是其"发明本心""存养本心""扩充本心"工

---

① 陆九渊：《语录下》，《陆九渊集》卷三五，第 452 页。
② 同上书，第 452 页。
③④ 同上书，第 450 页。
⑤ 陆九渊：《语录上》，《陆九渊集》卷三四，第 398 页。
⑥ 陆九渊：《语录下》，《陆九渊集》卷三五，第 470 页。

夫的前提和基础。

二、发明本心

"发明本心"即孟子的"求放心",但孟子对如何来"求放心"并未多加说明,而象山则不仅将此"发明本心"作为"为学工夫",而且他还对这种"为学工夫"作了颇为详细的说明和各种规定,具体条目如下。

（一）静坐体认

静坐是宋明儒者修养工夫的共法。象山虽然没有专门论述静坐的程序和方法,但从他的相关言论中可以看出他也非常重视静坐的修养工夫,静坐是其正面直接体认、发明"本心"的重要方法。象山说:

> 凡所谓不识不知,顺帝之则,晏然太平,殊无一事。然却有说擒搦人不下,不能立事,却要有理会处。某于显道,恐不能久处此间。且令涵养大处,如此样处未敢发。然某皆是逐事逐物考究练磨,积日累月,以至如今,不是自会,亦不是别有一窍子,亦不是等闲理会,一理会便会。但是理会与他人别。某从来勤理会,长兄每四更一点起时,只见某在看书,或检书,或默坐。常说与子侄,以为勤,他人莫及。今人却言某懒,不曾去理会,可笑。[1]

由此观之,象山是个特别勤奋之人,他并非不理会事,也并非一理会便会,只是他理会之处与常人不一样,他经常练习静坐,而静坐就是他理会事的一种不一样的方法。

在现实生活中,人之心无时无刻不在进行思虑知觉活动。我们有五官,五官的职能彼此各异,我们的心很容易被外物胡乱牵引而去,即孟子所说的"物交物,则引之而已矣"（《孟子·离娄下》）,故象山说:"人有五官,官有其职。某因思是便收此心,然惟有照物而已。"[2]象山认为在纷繁杂乱的念虑之中我们需要"收心",即通过闭目塞听,五官

---

① 陆九渊:《语录下》,《陆九渊集》卷三五,第463页。
② 同上书,第471页。

不与外物相接的方法,使人之心从已发的纷乱状态中超拔出来,用直觉的方式去观照万物。此时万物皆如如地呈现,由此便能使此心达至"澄莹中立"的境界,进而体认、发明吾人自身中所固有之"本心",所以象山说:

> 此道非争竞务进者能知,惟静退者可入。①
> 学者能常闭目亦佳。②

象山也用此方法教导学生,据其弟子詹阜民记载:

> 他日侍坐无所问。先生谓曰:"学者能常闭目亦佳。"某因此无事则安坐瞑目,用力操存,夜以继日。如此者半月,一日下楼,忽觉此心已复澄莹。中立窃异之,遂见先生。先生逆目视之曰:"此理已显也。"某问先生"何以知之?"曰:"占之眸子而已。"因谓某:"道果在迩乎?"某曰:"然。昔者尝以南轩张先生所类洙泗言仁书考察之,终不知仁,今始解矣。"先生曰:"是即知也,勇也。"③

詹阜民按照象山的方法,无事之时安坐瞑目,用力操存,夜以继日。这样坚持了半个月,一日下楼,内心感到非比寻常,体验到此心特别澄澈、光洁、透明,于是就去问象山。象山看了一下他的眼睛说他的"本心"已经呈现了。这就是象山通过静坐从正面直接体认、发明"本心"的方法。而象山之所以采取这种方法,是因为"大紧要处说不得"④,一切积习、文字义理工夫最终都无不是为了加强人的警觉,使人对所呈露之"本心"当下警觉,当下肯认之,而静坐体认无疑是对于本体"本心"直接把握的一种非常好的方法。这种方法与禅宗的"顿悟"说在形式上极为相似,但在根本处又完全不同,因为象山所发明的"本心"内容为儒家的仁、义、礼、智,这种方法也绝非是神秘主义的体验,而是在信得此心此理乃一真实的呈

---

① 陆九渊:《语录上》,《陆九渊集》卷三四,第 399 页。
②③ 陆九渊:《语录下》,《陆九渊集》卷三五,第 471 页。
④ 同上书,第 456 页。

现且完满地具足于我之后，再经由日积月累的操存涵养工夫，对于本体"本心"的直接体认。

虽然象山重视静坐的工夫，但他对"动"的工夫也不偏废，认为需要在"人情物理上做工夫"①，他反对将工夫分个动静，他说：

> 若得平稳之地，不以动静而变。若动静不能如一，是未得平稳也。涵泳之久，驰扰暂杀，所谓饥者甘食，渴者甘饮，本心若未发明，终然无益。若自谓已得静中工夫，又别作动中工夫，恐只增扰扰耳。何适而非此心，心正则静亦正，动亦正；心不正则虽静亦不正矣。若动静异心，是有二心也。②

由此可知，象山"发明本心"的工夫是贯通动静、动静合一的。

（二）格物致知

"格物致知"也是象山正面体认、发明"本心"的工夫，但是有别于前面所讲的静坐体认工夫。静坐体认是正面直接法，直指"本心"，当下认取；"格物致知"则是正面迂回曲通法，它是通过学习、研磨、考察等后天积习工夫来促使人醒悟，使人醒悟到"本心"乃内在具足于吾人，是人之所固有，"本心"即理。象山对"格物"的解释和朱熹大体一样，他说：

> 格，至也，与穷、究字同义，皆研磨考察，以求其至耳。学者孰不曰"我将求至理"，顾未知其所知果至与否耳。所当辨、所当察，此也。③

但是，由于他们思想性格的差异，其"格物致知"的内涵也大异其趣，在象山看来，"盖心，一心也，理，一理也，至当归一，精一无二，此心此理，实不

---

① 陆九渊：《语录下》，《陆九渊集》卷三五，第435页。
② 陆九渊：《与潘文叔》，《陆九渊集》卷四，第57页。
③ 陆九渊：《格矫斋说》，《陆九渊集》卷二〇，第253页。

容有二"①,"义理之在人心,实天之所与,而不可泯灭焉者也"②。所以象山说:

> 所谓格物致知者,格此物致此知也,故能明明德于天下。《易》之穷理,穷此理也,故能尽性至命。《孟子》之尽心,尽此心也,故能知性知天。③

象山认为"理"乃内在于心中,是人心之所固有,"格物致知"并不是去逐渐积累、增加知识,而是去去除心之蔽,明心之理,即"明明德",也即"发明本心",所以象山的"格物致知"实是"格心明理"。

虽然象山"格物致知"实是"格心明理",但他也并不反对为学工夫,也认为须日积月累,逐事逐物考究练磨,他说:

> 然某皆是逐事逐物考究练磨,积日累月,以至如今,不是自会,亦不是别有一窍子,亦不是等闲理会,一理会便会。④

象山也有很多言论表明其"格物"是逐事逐物考究练磨的过程,他说:

> 《中庸》言博学、审问、慎思、明辨,是格物之方。⑤

> 或曰:"介甫比商鞅如何?"先生云:"商鞅是脚踏实地,他亦不问王霸,只要成事,却是先定规模。介甫慕尧舜三代之名,不曾踏得实处,故所成就者,王不成,霸不就。本原皆因不能格物,模索形似,便以为尧舜三代如此而已。所以学者要先穷理。"⑥

显然,《中庸》中所说的博学、审问、慎思、明辨是关于如何穷究外物之理的方法,象山也以这些方法作为其格物之方。象山在评价介甫和商鞅变法时,认为商鞅脚踏实地,最终成就了一番事业,而介甫不曾踏得实处,

---

① 陆九渊:《与曾宅之》,《陆九渊集》卷一,第4—5页。
② 陆九渊:《思则得之》,《陆九渊集》卷三二,第376页。
③ 陆九渊:《武陵县学记》,《陆九渊集》卷一九,第238页。
④ 陆九渊:《语录下》,《陆九渊集》卷三五,第463页。
⑤ 陆九渊:《学说》,《陆九渊集》卷二一,第262页。
⑥ 陆九渊:《语录下》,《陆九渊集》卷三五,第442页。

故王不成,霸不就。而此中根本原因在于介甫不能格物,不能明尧舜三代之所以如此之理。由上观知,象山的"格物"并非只是"格心",也涉及穷究外在物理。

但是,象山认为这些并不是"格物"之本,他说:

> 诸公上殿,多好说格物,且如人主在上,便可就他身上理会,何必别言格物。①
>
> 欲明理者,不可以无其本。本之不立,而能以明夫理者,吾未之见也。②

"格物"先要"立本",需要知所先后,明其端绪得失,况且天下万物之理不胜其繁,研究不尽,象山认为"万物皆备于我",不须别处言格物,只须就身上理会,明心中之理,所以他说:

> 学者之为学,固所以明是理也。③
>
> 宇宙间自有实理,所贵乎学者,为能明此理耳。④

象山认为学者之为学目的并非在于追求知识本身,知识也只不过是为了促使人的醒悟而使人见得此心、明得此理,因为知识本身对于道德实践、对于成圣成贤并没有本质的关联作用,只是辅助性的助缘工夫。如果一味专注于知识本身,只会使得人精神疲惫,担子越重,所以象山进一步明确地指出:

> 某读书只看古注,圣人之言自明白。且如"弟子入则孝,出则弟",是分明说与你入便孝,出便弟,何须得传注。学者疲精神于此,是以担子越重。到某这里,只是与他减担,只此便是格物。⑤

由此可知,象山主张的"格物"虽然也有穷究事物之理的为学工夫,但其

---

① 陆九渊:《语录上》,《陆九渊集》卷三四,第 404 页。
②③ 陆九渊:《则以学文》,《陆九渊集》卷三二,第 378 页。
④ 陆九渊:《与包详道》,《陆九渊集》卷一四,第 182 页。
⑤ 陆九渊:《语录下》,《陆九渊集》卷三五,第 441 页。标点有改动。

根本目的与宗旨并不是增加、积累知识，而是"减担"，即为醒悟、发明"本心"服务。

（三）剥落减担

象山认为"发明本心"须经历一番"剥落"的工夫。"剥落"工夫是从反面入手，即通过克服蔽固"本心"的种种物欲、意见使"本心"得以发明、呈现并沛然流行。他说：

> 人心有病，须是剥落。剥落一番即得一番清明；后随起来又剥落，又清明；须是剥落净尽，才是。①

为了发挥这种"剥落"工夫的作用，象山曾对导致"本心"被蒙蔽的各种人心之病也有所说明，他说：

> 欲良心之存者，莫若去吾心之害。吾心之害既去，则心有不期存而自存者矣。夫所以害吾心者何也？欲也。欲之多，则心之存者必寡，欲之寡，则心之存者必多。故君子不患夫心之不存，而患夫欲之不寡，欲去则心自存矣。然则所以保吾心之良者，岂不在于去吾心之害乎？②

> 人无不知爱亲敬兄，及为利欲所昏便不然。欲发明其事，止就彼利欲昏处指出，便爱敬自在。③

> 惟夫陷溺于物欲而不能自拔，则其所贵者类出于利欲，而良贵由是以寖微。④

依象山之见，障蔽人之"本心"之"害"为"欲"或"物欲"，"发明本心"即去此"欲"或"物欲"。并且，在象山看来，人之各种成见私见也同样是障蔽"本心"之害，他说：

> 愚不肖者之蔽在于物欲，贤者智者之蔽在于意见，高下污洁虽

---

① 陆九渊：《语录下》，《陆九渊集》卷三五，第 458 页。
② 陆九渊：《养心莫善于寡欲》，《陆九渊集》卷三〇，第 380 页。
③ 陆九渊：《语录下》，《陆九渊集》卷三五，第 453 页。
④ 陆九渊：《天地之性人为贵论》，《陆九渊集》卷三〇，第 347 页。

有不同,其为蔽理溺心而不得其正,则一也。①

　　某屡言"先立乎其大者",又尝申之曰:"诚能立乎其大者,必不相随而为此言矣。"屡言"仁以为己任",又尝申之曰:"诚仁以为己任,必不相随而为此言矣。"盖后世学者之病,多好事无益之言,假令记忆言辞尽无差爽,犹无益而有病,况大乖其旨,尽失其实邪?②

对于资质较低的人来说,最大的障蔽在于贪恋物欲;而对于资质较高的人来说,其蔽虽不在物欲,但津津于自己的一得之见、"好事无益之言"则也同样使"本心"陷溺。

　　究竟如何来"剥落"障蔽"本心"的"物欲""意见"呢? 据《语录》载:

　　傅子渊自此归其家,陈正己问之曰:"陆先生教人何先?"对曰:"辨志。"正己复问曰:"何辨?"对曰:"义利之辨。"若子渊之对,可谓切要。③

这说明象山是先从公私义利之辨入手来教人"剥落"私欲的。《语录》又载:

　　一学者听言后,更七夜不寝。或问曰:"如此莫是助长否?"答曰:"非也。彼盖乍有所闻,一旦悼平昔之非,正与血气争寨作主。"④

"剥落"私欲就是"与血气争寨作主"。"学者须是打叠田地净洁,然后令他奋发植立。若田地不净洁,则奋发植立不得。"⑤"剥落"私欲就如同"打叠田地净洁"。"圣人之言自明白。且如'弟子入则孝,出则弟'是分明说与你入便孝,出便弟,何须得传注。学者疲精神于此,是以担子越重,到某这里,只是与他减担。"⑥"剥落"一己之成见、私见就如同"减担"。"人

---

① 陆九渊:《与邓文范》,《陆九渊集》卷一,第11页。
② 陆九渊:《与邵叔谊》,《陆九渊集》卷一〇,第138页。
③ 陆九渊:《语录上》,《陆九渊集》卷三四,第398页。
④ 同上书,第429页。
⑤ 陆九渊:《语录下》,《陆九渊集》卷三五,第463页。
⑥ 同上书,第441页。标点有改动。

之精爽,负于血气,其发露于五官者安得皆正?不得明师良友剖剥,如何得去其浮伪,而归于真实?又如何得能自省、自觉、自剥落?"①人之"剥落"障蔽"本心"的"物欲""意见",虽在于人之"自省、自觉、自剥落",但也须明师良友的剖剥。"私意是举世所溺、平生所习,岂容以悠悠一出一入之学而知之哉?必有大疑大惧,深思痛省,决去世俗之习,如弃秽恶,如避寇仇,则此心之灵自有其仁,自有其智,自有其勇,私意俗习,如见晛之雪,虽欲存之而不可得,此乃谓之知至,乃谓之先立乎其大者。"②人只有在"大疑大惧,深思痛省"的基础上,才能真正脱落一切歧出与假借,"剥落"一切的私意、私见而使"本心"彰显、朗现。

三、存养本心

经过"发明本心"的工夫之后,"本心"既现,此理已明,至此,并不意味着修养工夫可以结束了,象山认为还须要进一步地"存养本心",他说:

> 古人教人,不过存心、养心、求放心。此心之良,人所固有,人惟不知保养而反戕贼放失之耳。③

"存心",即对"本心"长存不放,从消极的意义上说,就是要使"本心"不被"戕贼放失";从积极的意义上说,就是要使本心真正主宰人生并显现于人生的一切方面,故他对此"存心"反复说明和强调道:

> 只"存"一字,自可使人明得此理。此理本天所以与我,非由外铄。明得此理,即是主宰。真能为主,则外物不能移,邪说不能惑。④
>
> 弃去谬习,复其本心,使此一阳为主于内,造次必于是,颠沛必于是,无终食之间而违于是。此乃所谓有事焉,乃所谓勿忘,乃所谓

---

① 陆九渊:《语录下》,《陆九渊集》卷三五,第 464 页。
② 陆九渊:《与傅克明》,《陆九渊集》卷一五,第 196 页。标点有改动。
③ 陆九渊:《与舒西美》,《陆九渊集》卷五,第 64 页。
④ 陆九渊:《与曾宅之》,《陆九渊集》卷一,第 4 页。

敬。果能不替不息,乃是积善,乃是积义,乃是善养浩然之气。①

并且,对以"发明本心"为工夫者而言,象山不仅要求其存其"本心",而且要求其养其"本心"。他说:

> 既知自立,此心无事时,须要涵养,不可便去理会事。②
> 存养是主人,检敛是奴仆。(家兄所闻:考索是奴仆。)③
> 精神全要在内,不要在外,若在外,一生无是处。④

对象山来说,养心是积极的存心,是对本心的充实涵养,而"检敛""考索""理会事"则是精神在外,其不仅与人的身心性命、道德践履、人格完成了无关涉,而且根本就是歧出、假借与支离。象山"存养本心"的工夫具体包含以下几个方面。

(一) 内思其本

与"先立乎其大者"一样,象山认为"存养本心"工夫首先也须要以信得"本心"为源泉,只要真信得及此,工夫积久,"本心"自会"沛然莫之能御"。在象山,这种真信得"本心"的信念在"存养工夫"层面的具体表现就是内思其本。此"本"是什么呢?"本"即是此心此理,是天之所与我者,是不异于天者。象山说:

> 伯敏云:"伯敏于此心能刚制其非,只是持之不久耳。"先生云:"只刚制于外而不内思其本,涵养之功不至。若得心下明白正当,何须刚制?"⑤

在象山看来,不内思其本,仅仅通过外在的措施去克制心中的"邪念"、昏惑,这样的修养工夫是不到位的,因为这种外在的规范措施属于他律原则,其根据不在我,虽一时有效,但持之不久,最终必定会落空。如若内

---

① 陆九渊:《与曾宅之》,《陆九渊集》卷一,第 6 页。
② 陆九渊:《语录下》,《陆九渊集》卷三五,第 454 页。
③ 同上书,第 450 页。
④ 同上书,第 468 页。
⑤ 同上书,第 438 页。

思其本,"本心"当下明白正当,坦然充沛,一切依"本心"而行,实事实理皆由此而出,所谓"溥博源泉而时出之",则根本不需外在的规范措施。象山又说:

> 须思量天之所以与我者是甚底? 为复是要做人否?①

> 人须是闲时大纲思量:宇宙之间如此广阔,吾身立于其中,须大做一个人……且如"天命之谓性",天之所以命我者不殊乎天,须是放教规模广大。若寻常思量得,临事时自省力,不到得被陷溺了。②

象山认为人须思量天之所与我者是什么,在闲时应该大纲思量,"须大做一个人"。"思量天之所与我者"与"大做一个人"实即通过内思其本,要求我们真正挺立道德主体,做到"宇宙内事乃己分内事,己分内事乃宇宙内事""宇宙便是吾心,吾心即是宇宙",这是一种大承当,不是小家相。能够如此承当,则"本心"不容易被私心所隔所害,自会如如地呈现和沛然地发用流行,所以象山才能说"若寻常思量得,临事时自省力,不到得被陷溺了"。

象山也常要求学者,"存养工夫"须常惺惺,所谓"心官不可旷职"③。因为即使"本心"已显,在实际过程中,我们也很难知道我们的"本心"是否受到障蔽,我们又是否真正地纯任"本心"而行,所以须要通过时常性的反思、内省活动,确保我们的"本心"真正未受到任何蔽固,且是真正地纯任"本心"而行。还需再提及一点,象山这里所说的"思"并非指思虑营为,因为自私用智恰恰是象山所反对的,而是指对"本心"的存养和觉醒。

(二)收拾精神

"精神"一词在象山的"存养工夫"中有着核心的地位。他认为涵养(与存养同义)正是为了完聚精神,使之在处理事情之时可以用之不竭,

---

① 陆九渊:《语录下》,《陆九渊集》卷三五,第438页。
② 同上书,第439页。
③ 同上书,第435页。

并以此精神居广居,立正位,行大道。象山也有很多关于"精神"的说法,他说:

> 人心本来无事,胡乱被事物牵将去。若是有精神,即时便出便好。若是一向去,便坏了。①

> 既知自立,此心无事时,须要涵养,不可便去理会事。如子路使子羔为费宰,圣人谓'贼夫人之子'。学而优则仕,盖未可也。初学者能完聚得几多精神,才一霍便散了。某平日如何样完养,故有许多精神难散。②

> 人不肯心闲无事,居天下之广居,须要去逐外,着一事,印一说,方有精神。③

> 有一段血脉,便有一段精神。有此精神,却不能用,反以害之。非是精神能害之,但以此精神,居广居,立正位,行大道。④

> 人心只爱去泊着事,教他弃事时,如鹘狲失了树,更无住处。⑤

> 今人欠个精专不得。⑥

> 人精神千种万般,夫道一而已矣。⑦

象山认为人心本来无事,但人不肯心闲无事,居天下之广居,非要去追逐外物,着一事,印一说,方才认为有精神,人心也爱去泊着事,容易胡乱被事物牵将去,导致精神散乱、不专一,不能居广居,立正位,行大道。然而,对于道德践履,逐物、务外必定会导致道德主体的缺失或者塌陷。尤其是初学者,因为初学者所聚之精神少,一驱即散,"本心"容易陷溺于种种物欲和意见之中而导致此心不灵、此理不明。所以象山要求初学者收拾精神,专心致志,唯精唯一地完养此心,使之力量宏大,充沛流行,做得

① 陆九渊:《语录下》,《陆九渊集》卷三五,第 456 页。
② 同上书,第 454—455 页。
③ 同上书,第 455 页。
④ 同上书,第 450 页。
⑤ 同上书,第 454 页。
⑥⑦ 同上书,第 450 页。

主宰,即一切皆以"本心"作为价值判断和道德实践的准则。不然,一生无所是处,至死也劳攘,所以象山说:"精神全要在内,不要在外,若在外,一生无是处。"①"人精神在外,至死也劳攘,须收拾作主宰。"②

因此,象山认为"本心"既立之后,"存养本心"的工夫必须扭转一切务外的倾向而使之向内,所谓"收拾精神,自作主宰"③"首诲以收敛精神,涵养德性"④。"收拾精神"或者"收敛精神"即是把精神向里收摄、凝聚,使吾人集中精神去存养、护持此心,断却一切闲牵引,不将精神耗散在对外物的追逐上,直指"本心",使"本心"达至"无思无为,寂然不动,感而遂通天下之故"⑤之境。此时,"本心"自然昭著、朗现无遗,一切坦然明白,物各付物,故象山说:

> 收得精神在内时,当恻隐即恻隐,当羞恶即羞恶。谁欺得你?谁瞒得你?⑥

> 收拾精神,自作主宰,万物皆备于我,有何欠缺。当恻隐时自然恻隐,当羞恶时自然羞恶,当宽裕温柔时自然宽裕温柔,当发强刚毅时自然发强刚毅。⑦

(三)读书涵泳

象山强调"尊德性",要求人"自得、自成、自道,不倚师友载籍"⑧,但又并非教人完全抛开"道问学"或"束书不观",他说:

> 人谓某不教人读书……何尝不读书来?只是比他人读得别些子。⑨

---

① 陆九渊:《语录下》,《陆九渊集》卷三五,第468页。
② 同上书,第454页。
③ 同上书,第455页。
④ 陆九渊:《年谱》,《陆九渊集》卷三六,第501页。
⑤ 陆九渊:《语录下》,《陆九渊集》卷三五,第456页。
⑥ 同上书,第454页。
⑦ 同上书,第455—456页。
⑧ 同上书,第452页。
⑨ 同上书,第446页。

象山读书"比他人读得别些子"之处,在于他不是为读书而读书,也就是说他读书不是为了著书立说,不是为了理会字句,而是为了达到"存养本心"的目的。他曾援引一学者的诗说明道:

> 读书切戒在荒忙,涵泳工夫兴味长。未晓莫妨权放过,切身须要急思量。自家主宰常精健,逐外精神徒损伤。寄语同游二三子,莫将言语坏天常。①

正因为象山认为读书只是为了"涵泳"本心,故他常常告诫学者道:

> 大抵读书,诂训既通之后,但平心读之,不必强加揣量,则无非浸灌、培益、鞭策、磨励之功。或有未通晓处,姑缺之无害。且以其明白昭晰者日加涵泳,则自然日充日明,后日本原深厚,则向来未晓者将亦有涣然冰释者矣。②

> 读书不可晓处,何须苦思力索?……不若且放下,时复涵泳,似不去理会而理会。③

> 引用经语,乃是圣人先得我心之所同然,则不为侮圣言矣。今终日营营,如无根之木,无源之水,有采摘汲引之劳,而盈涸荣枯无常,岂所谓"源泉混混,不舍昼夜,盈科而后进"者哉?终日簸弄经语以自傅益,真所谓侮圣言者矣。④

依象山之见,读书无非一种"浸灌、培益、鞭策、磨励之功"亦即"涵泳工夫",引用经语也无非引用圣人先得我心之所同然之言,否则,只是"终日簸弄经语以自傅益"的无本之学。由此,象山提出了他那著名的"学苟知本,《六经》皆我注脚"⑤的观点。可见,象山所主张的"道问学"是"尊德

---

① 陆九渊:《语录上》,《陆九渊集》卷三四,第408页。
② 陆九渊:《与邵中孚》,《陆九渊集》卷七,第92页。
③ 陆九渊:《语录下》,《陆九渊集》卷三五,第438页。
④ 陆九渊:《与曾宅之》,《陆九渊集》卷一,第6页。
⑤ 陆九渊:《语录上》,《陆九渊集》卷三四,第395页。

性"的"道问学",是"存养本心"的"道问学",是为了成就人之德性人格的
"道问学"。

四、扩充本心

象山之所以强调"先立乎其大""发明本心""存养本心",其根本目的
正是扩充此"本心",即使人能真正地依此"本心"而践履笃行。他说:

> 要常践道,践道则精明。一不践道,便不精明,便失枝落节。①

> 宇宙间自有实理,所贵乎学者,为能明此理耳。此理苟明,则自
> 有实行,有实事。②

> 我说一贯,彼亦说一贯,只是不然。天秩、天叙、天命、天讨,皆
> 是实理,彼岂有此?③

> 做得工夫实,则所说即实事,不话闲话,所指人病即实病。④

依象山之见,天秩、天叙、天命、天讨,都是宇宙间的实理,当人明"理"亦
即"本心"后,依"本心"而践履实行自能落实于天秩、天叙、天命、天讨这
些实事实理之上。并且,在他看来,"发明本心"的工夫只有真正落实到
实事实理上才不至于"失枝落节",才是"做得工夫实"。他曾对自己所做
之工夫如此介绍道:

> 复斋家兄一日见问云:"吾弟今在何处做工夫?"某答云:"在人
> 情、事势、物理上做些工夫。"⑤

> 吾于践履未能纯一,然才自警策,便与天地相似。⑥

> 我无事时,只似一个全无知无能底人。及事至方出来,又却似

---

① 陆九渊:《语录下》,《陆九渊集》卷三五,第449页。
② 陆九渊:《与包详道》,《陆九渊集》卷一四,第182页。
③ 陆九渊:《语录下》,《陆九渊集》卷三五,第464页。
④ 同上书,第457页。
⑤ 陆九渊:《语录上》,《陆九渊集》卷三四,第400页。
⑥ 同上书,第411页。

个无所不知,无所不能之人。①

这表明:象山既先立其大以"本心"为道德践履之本,尽心知性知天,又时时使自己的道德践履落实到人情、事势、物理等实事实理上;其无事时"存养本心",就像一个无知无能的人,有事时依"本心"而行,又像一个无所不知无所不能的人。正因为其"发明本心"的工夫既要求人"先立乎其大者""存养本心",又要求人"扩充本心",也即要求人归于道德践履的平与实,所以,象山宣称:"吾平生学问无他,只是一实。"②

---

① 陆九渊:《语录下》,《陆九渊集》卷三五,第 455 页。
② 陆九渊:《语录上》,《陆九渊集》卷三四,第 399 页。

第二十二章　陈亮的事功之学

宋室南渡之后经过了近半个世纪的休整,到南宋孝宗乾道、淳熙年间(1165—1189),政权进一步稳固,社会经济、文化等各方面呈现一片安定繁荣的景象。高宗时"元祐党禁"和秦桧死后"绍兴学禁"的解除,为乾淳年间学术思想的发展提供了一个比较宽松的环境,使得乾淳年间成为理学丰富、发展乃至歧出的一个关键时期。南宋文学家周密称"伊洛之学行于世,至乾道、淳熙间盛矣"①。周程伊洛性理之学的传人内部之间相互激荡、辩难,丰富和发展出了许多学派,如以吕祖谦为代表的浙东学派,以张栻为代表的湖湘学派,以朱熹为代表的闽学、理学,以陆氏兄弟为代表的赣学、心学,等等。浙东学派在南宋初期分为永嘉和金华两大支,永嘉一支创始于许景衡和周行己而中兴于郑伯熊和薛季宣,而以陈傅良、叶适继之,金华一支则以吕祖谦、陈亮和唐仲友为代表。②吕祖谦虽为金华一支的代表,但因为他的声望很高和兼采众长的学术特点,所以在他的时代往往被视为整个浙东学派的代表。朱熹说:"其学合陈君举、陈同甫二人之学问而一之。"③以至于清纪昀在《四库全书总目·永嘉

---

① 周密:《道学》篇,《齐东野语》卷一一,第 202 页。
② 何炳松:《浙东学派溯源》,第 162—163 页,长沙,岳麓书社,2011。
③ 黄宗羲原本,全祖望修定:《东莱学案》,《宋元学案》第 3 册,第 1676 页。

八面锋提要》中误以吕祖谦为永嘉学派的创始人和首领。不过,浙东学派虽有分支,而其学术有共同之处,即由重史学而来的主张学以致用,明理躬行,反对空谈心性。因而浙东学派在两支分派的代表吕祖谦、郑伯熊于同一年去世之后,渐渐发展成了事功学派(功利学派),成为北宋诸子以来性理之学的歧出,是儒家内部发展出的自己的思想对抗力量。浙东事功学派的主要代表人物是陈亮和叶适。以陈亮为代表的学派又称永康学派,因为陈亮是婺州永康(今浙江省金华永康市)人;以叶适为代表的学派又称永嘉学派,因为叶适是温州永嘉(今浙江省温州市永嘉县)人。

陈亮、叶适的事功之学继承和发展了浙东学派的传统,而浙东学派的开创者与代表人物的学术思想均有程氏的渊源。全祖望说:"伊川讲学,浙东之士从之者自先生(许景衡)始。"[1]许景衡传周行己,周行己传郑伯熊。吕祖谦幼承家学,而其家学得中原文献之传,其五世祖吕希哲转益多师,亦"归宿于程氏"[2]。所以,南宋事功学派是宋代新儒学自身发展的结果,而北宋诸子之学尤其是程子之学以高谈性理为主流,不注重实际事功,因而事功学派的出现既可以看作是北宋儒学的歧出与反动,亦可以看作是对性理之学发展流弊的纠偏和补救。他们一方面激烈地批判了当时理学的空疏,另一方面又对二程、孔孟表示尊敬;一方面极力主张事功,另一方面仍以儒家道德性命为"根本工夫"[3],因而对事功之学之为程朱正学之补济,是有一种自觉意识的。叶适就曾如此评论陈亮的学问,说他研修皇帝王霸之学,发现了"圣贤之精微常流行于事物"[4]的原理。程朱性理之学即圣贤精微处,可见,陈亮叶适的事功之学并非简单地反对性理之学,而是反对只尚内返、空谈心性。

---

① 黄宗羲原本,全祖望修定:《周许诸儒学案》,《宋元学案》第 2 册,第 1134 页。
② 黄宗羲原本,全祖望修定:《荥阳学案》,《宋元学案》第 2 册,第 902 页。
③ 陈亮:《又乙巳春书之二》,《陈亮集》(增订本),第 350 页,北京,中华书局,1987。
④ 叶适:《龙川文集序》,《叶适集》,第 207 页,北京,中华书局,1961。

第一节　陈亮的生平与著述

陈亮,字同甫,世称龙川先生。南宋高宗绍兴十三年(1143)九月生于婺州永康龙窟村(在今浙江省永康市桥下镇),宋光宗绍熙四年(1193)状元及第,授金书建康府判官厅公事,翌年四月,病逝于赴任途中,享年五十二岁。

陈亮生于一个衰败清贫的农家。陈亮的曾祖投身行伍,战死于靖康之难。祖父陈益任情使气、豪放不羁。曾从事科举,但从未中过,后又习武,亦无所成,乃自放于杯酒之间。而孙子陈亮的出生让他看到了希望。据《宋史·陈亮传》载,陈亮"生而目光有芒"①。因此,陈益对这个孩子抱有无限期望。有一次他梦见一位状元,名叫童汝能。他认定这位状元就是他的孙子,于是为陈亮取名"汝能",字同甫,颇为乡人取笑,但他不在乎。五十年后,陈亮果然高中状元,圆了祖父的状元梦。

陈亮幼时,由祖父启蒙,秉承了祖父那种粗率豪放、落拓不羁的性格。他所接受的启蒙教育不是科举之路,他最喜欢读的不是儒家经典,而是历代史策。历代史策所载种种王霸业绩陶冶了他的豪迈性格。陈亮追慕历代英雄事迹,少时就"独好伯王大略,兵机利害"②,"慨然有经略四方之志"③。大约在十八九岁时,陈亮参稽史策,考述十九位历史人物用兵成败之迹,著成《酌古论》,强调人谋在重大事变过程中的决定性作用,显示出他超迈的才气与远见卓识。《酌古论》也成为陈亮步入社会结识名流的媒介。婺州知州周葵看到《酌古论》,极为赞赏,遂与陈亮相见,相与论难,奇之,称为"他日国士"④,并请为上客。陈亮年少时对史策的注重和对英雄人物的崇拜,不只是培养了他的豪侠之气,而且奠定了他后来思想的基本格调,使他得以融入浙东学派而创发事功之学。

---

① ④《宋史·陈亮传》卷四三六,第 12929 页。
② 陈亮:《酌古论序》,《陈亮集》(增订本),第 50 页。
③ 陈亮:《论正体之道》,《陈亮集》(增订本),第 30 页。

　　事功之学毕竟是儒学自身的逻辑发展，是针对理学之偏弊而兴起，陈亮对理学的了解比较晚，到二十岁时与金华吕祖谦（字伯恭）一道参加科考而失利，客居周葵家中才开始了解理学的思想。陈亮从周葵那里得到理学启蒙，初闻学庸要义和"道德性命之学"。但在政治见解上，他与周葵相左。周葵是坚定的主和派，主张军民休息，以待中原之变。而陈亮则是坚定的主战派。《宋史·陈亮传》云："隆兴初，与金人约和，天下忻然幸得苏息，独亮持不可。"[①]因有知遇之恩，所以未见陈亮对周葵有直接批评。但很快陈亮以婚事离开周葵、离开客居了三年的临安，回到家乡永康。这三年，是陈亮一生很光辉的一段时期。他的声名此时渐渐传播出去。

　　陈亮在结婚之后的九年时间里，生计艰难，穷得连安葬母亲与祖父母的钱都没有。但在此期间，陈亮依然不忘天下事，婚后第二年即乾道二年（1166），他编成了《英豪录》，搜集纂辑了古代英雄豪杰之事迹，以佐证他在《酌古论》中的观点。乾道四年（1168），陈亮因慕诸葛亮之英豪，不再用"陈汝能"这一名字，而更名为"亮"，参加了婺州乡试，一举中了解元。次年春参加礼部会试，落第。陈亮之所以要不懈地参加科举考试，屡试屡败，屡败屡试，一方面固然有世俗功名心的驱使，另一方面是因为他希望有机会对策大廷而"试之以事"[②]，推行自己的思想主张。他在科考中往往不合程式，借题发挥一己之思想，被人目为狂妄。科考不成，他就作《中兴五论》上书孝宗，为孝宗进献平定中原恢复故国之长策。这是陈亮三十岁之前的思想的集中体现。可是这些思想为但求苟安的大臣所不喜，故虽奏入而不报，孝宗根本没看到。无奈之下陈亮再次落魄东归，决意闭门不出，专心读书著述。后来，陈亮又多次上书孝宗，孝宗终于看到并"赫然震动，欲榜朝堂以励群臣"[③]，但终因大臣的阻挠而无果。陈亮也因此遭当道者忌恨，以致两

---

① 《宋史·陈亮传》，转引自《陈亮集》（增订本），第 547 页。
② 陈亮：《英豪录序》，《陈亮集》（增订本），第 240 页。
③ 《宋史·陈亮传》卷四三六，第 12938 页。

次被诬入狱,受尽屈辱和折磨。

自乾道五年(1169)至淳熙五年(1178)的十年间,是陈亮讲学进修的十年,也是其思想获得成熟发展的时期。此时学术界发生了巨大变化,理学因张栻、吕祖谦、朱熹等人的努力而成为显学。但陈亮以道德性命之学无补于世事而大为不满,并开始一面读书钻研理学,一面讲学传播自己的学术思想。与此同时,他还撰成了《三国纪年》,依然醉心于英雄事迹。不过其思想获得进一步的理论化。乾道八年(1172),陈亮开始聚徒讲学,家境也开始好转。淳熙元年(1174)之后,他开始脱贫,渐至富裕,几年后开始营建房屋,十分投入。陈亮积极地脱贫致富亦是其事功思想的一种反映。

陈亮的事功思想是在与朱熹的通信往复辩难之中集中表述的。淳熙九年(1182)夏,陈亮致书朱熹,以《杂论》十篇中的五篇寄请朱熹评阅。这是陈亮正式与朱熹讨论问题之始。直至光宗绍熙四年(1193)陈亮高中状元之时,即陈亮去世的前一年,朱熹发贺函给陈亮,论由吾身以至天下国家之意,仍是辩论口吻。可知,朱陈之争虽不如朱陆之争严重,然亦终未有相合处。集中的辩论在淳熙十一年到淳熙十二年(1184—1185)达到高潮,淳熙十三年(1186)后以双方都难以达成共识而告结束,历时四五年之久,曾引起当时学术界的普遍关注,是中国思想史上一件大事。

除了与朱熹的交往,陈亮与当时词坛领袖辛弃疾(1140—1207)亦有很深的交情,两人性情相近,反对偏安,力主恢复。此外,陈亮与浙东师友郑伯熊(字景望,1124—1181)、郑伯英(字景元,1130—1192)、薛季宣(字士龙,号艮斋,1134—1173)、陈傅良(字君举,号止斋先生,1137—1203)、叶适(字正则,号水心,1150—1223)等都有比较密切的交往、良好的友谊和思想的交流。

陈亮的著作最初由其子陈沆于嘉定初年编成《龙川集》40卷,叶适作序。稍后由知婺州侯寿隽(字真长)刊刻于州学。另外有《外集》诗词4卷并行于世。此两种书是目前所知南宋末年至明初陈亮著作的唯一版本。从明中叶起,陈亮著作版本日增。1974年中华书局以清同治七年

(1868)胡凤丹刻本为底本并参照成化本等,又增补了一些诗文,重编《龙川集》,改名为《陈亮集》30 卷。1987 年,邓广铭先生依据美国国会图书馆藏《龙川水心二先生文粹》(宋刻本)和《永乐大典》残卷作了进一步的增补和校订,合成《陈亮集》增订本 39 卷。2005 年河北教育出版社出版了《邓广铭全集》,其所收《陈亮集》乃据邓广铭先生对 1987 年版文字的校补重排。2012 年 3 月北京大学出版社出版了《儒藏》精华编第 238 册,此册收有《陈亮集》,此本在《邓广铭全集》本的基础上,依照《儒藏(精华编)》编纂体例对校勘记和标点作了适当修订和补正,并将全书文字对照底本、校本重作校勘、订正,纠正了原有版本的文字讹误。

第二节　陈亮事功之学的世界观基础:道常行于事物之间

一个哲学家、思想家立论要稳,其学必有根本,而最为根本者是世界观,即要有一种对这个世界的总的看法。世界观本身从形式上看有形上性。哪怕是像陈亮这种注重实际事功的思想家,他们对于具有形上性的世界观也有自觉的观念,他们可以不多谈,但必定是有。这种世界观是他们思想其他各层次观点的基础。

陈亮说:

> 昔者圣人以道揆古今之变,取其概于道者百篇,而垂万世之训。其文理密察,本末具举,盖有待于后之君子。而经生分篇析句之学,其何足以知此哉!……夫盈宇宙者无非物,日用之间无非事。古之帝王独明于事物之故,发言立政,顺民之心,因时之宜,处其常而不惰,遇其变而天下安之。今载之《书》者皆是也。要之,文理密察之功用,至于尧而后无慊诸圣人之心。是以断诸《尧典》而无疑。由是言之,删《书》者非圣人之意,天下之公也。[1]

陈亮之讲究事功,从现实层面看,是希望执政者发言立政要有实效。他

---

[1] 陈亮:《六经发题·书》,《陈亮集》(增订本),第 103 页。

认为《尚书》所载"古之帝王"之政事颇有成效,堪为典范。能产生这种成效或说功用,必有其道理。《尚书》诸篇"文理密察",这个道理就藏在其中。要深入理解和发明此"道",非儒生的纸上章句之学所能为,必须"明于事物之故",了解实际情形才行。那么,对于上古帝王行政之道的理解就要从《尚书》所载帝王行事上去看,而不能只从文字上看一个空的道理。若要应用上古帝王之"道"于当世,亦不可从一个空的道理出发,而应该明白当时国家事物的实际情形,"因时之宜",从实际出发,通变以安天下。陈亮亦承认有一个超越于古今之变的"道"存在,而且这个"道"是客观的,即它是出于"天下之公",而非出于某人乃至圣人一己的主观私意。以"道"为最高思想范畴,是先秦以来,各家各派的共识和思想传统。不过各家各派赋予它的内涵和特征不同。在陈亮看来,这个具有超越性的"道"既不能脱离具体变化的事物而存在,亦不能作为思考行事的出发点,这是与以朱熹为代表的理学家思想的根本不同处。

陈亮认为:"道之在天下,平施于日用之间。"[1]"夫道,非出于形气之表,而常行于事物之间。"[2](《勉强行道大有功》)结合上文引到的陈亮"盈宇宙者无非物,日用之间无非事"等思想,我们可以知道陈亮在世界观上的一些基本看法。

其一,世界分为自然宇宙和人类社会两个领域,自然宇宙的根本存在是"物",人类社会的根本存在是"事"。显然陈亮所谓"盈宇宙者无非物"是受了《易传·序卦传》"盈天地之间者唯万物"这一思想的影响。不过陈亮对自然领域不大感兴趣,所以并没有花力气论证他的自然宇宙观。这一点跟叶适不一样,叶适有自己的自然宇宙观。在"事"与"物"两个领域中,陈亮更看重的是"事"这个与人类社会相关的领域,因而事功也主要体现在国家社会上。

其二,道与事物都是客观存在的,但是事和物的存在比道的存在更

---

① 陈亮:《六经发题·诗》,《陈亮集》(增订本),第 104 页。
② 陈亮:《勉强行道大有功》,《陈亮集》(增订本),第 100 页。

根本。道虽然具有超越性,但它不能离开具体事物,而必须行于事物之间才能存在,若离开了具体事物它就不能存在。而当时的理学家是认为超越性的道和理是可以脱离具体有形的事物而独立存在的,乃至于也在构成一切事物之质料基础的气之先而存在,它可以多于具体事物,具体事物要依它而存在。这就是理学家理在气先、道先于物的观点。对此,陈亮有如下批评:

> 世之学者,玩心于无形之表,以为卓然而有见,事物虽众,此其得之浅者,不过如枯木死灰而止耳。得之深者,纵横妙用,肆而不约,安知所谓文理密察之道? 泛乎中流,无所底止,犹自谓其有得,岂不可哀也哉![①]

"玩心者"是对于事物的存在"得之浅者"。"玩心者"当是指以陆九渊为代表的心学学者。他们主张向内自返发明本心,从人心之内而不是从外在事物找根据,这样对于外在事物就可以完全视而不见了,最后直到如《庄子》所说的心如死灰之境。以朱熹为代表的理学家还能够通过读书思索道理,在陈亮看来,这比之于纯任内心的心学还是进了一层了,但是靠读书思索道理,还是就道理本身思索道理而没有实际事物相约束,因而也只会是泛滥无归而无所得。

其三,对于道的认识就是对于事物存在之道的认识,必须从客观的具体事物本身出发,不能脱离事物单独去分析和认识出一个什么道来。陈亮说:"故格物致知之学,圣人所以倦倦于天下后世,言之而无隐也。"[②]"夫渊源正大之理,不于事物而达之,则孔孟之学真迂阔矣。"[③]朱熹理学也大讲"格物致知",虽然也有从具体事物去认识把握道和理的意思,但在具体实践中,终因理对于具体事物的先在性和规范性,而使得格物致知的出发点不是"物"而是"知",因已知之理推未知之理,而非"于事物达之",具体事物于是就被虚置了。所以,陈亮在世界观上,要把具体

---

① ② 陈亮:《与应仲实》,《陈亮集》(增订本),第 319 页。
③ 陈亮:《勉强行道大有功》,《陈亮集》(增订本),第 102 页。

事物放在最根本的地位,道的存在要依乎具体事物,同时还要强调对道的认识必须通过对具体事物本身的认识来达到,以便真正把具体事物的客观存在落到实处。不过,陈亮在特别强调具体事物之存在的同时,又有把道的存在虚置之嫌。

第三节　陈亮事功之学的基本主张:事功有理、勉强行道

在陈亮的世界观中,具体的事物是最根本的存在,道存在于事物之中,依赖于事物的存在而存在。这是其事功之学的理论基础。由此,执政者要想使其立言行政在国家社会中产生实际效果,就必须从具体存在的实际情形出发,分析具体情况,找到立言行政的根据,然后见诸实际行动。若是从一个抽象的道理出发,甚至只停留在抽象的道理而不见诸行动,当然就不会产生实际效果。这就是陈亮事功之学的基本主张,概括起来就是:事功有理、勉强行道。

陈亮事功学说的基本思想是在与朱熹的书信辩论中展开的,他们辩论的一个主题是历史道德问题,由此引出王霸、义利的关系问题。陈亮反对自程氏以来重三代之道德而轻汉唐之事功的思想倾向。他说:

> 而近世诸儒,遂谓三代专以天理行,汉唐专以人欲行,其间有与天理暗合者,是以亦能久长。信斯言也,千五百年之间,天地亦是架漏过时,而人心亦是牵补度日,万物何以阜蕃,而道何以常存乎?[1]

与其他理学家们一样,陈亮亦承认道和天理为常存。既然常存,则不能认为颇有事功的汉唐是专以人欲行,亦不能说做得成处只是与天理有偶然的暗合,做得成处一定是必然就有其天理。若说千五百年间这么长一段时间里,汉唐事功从总体上不合天理处、不合天理时,则天理就会有不存处、有不存之时。这就与天理常存相矛盾了。永嘉学派代表人物陈傅

---

[1] 陈亮:《又甲辰秋书》,《陈亮集》(增订本),第340页。

良在读了陈亮和朱熹之间往复辩论义利、王霸问题的书信之后，致书陈亮，谈了他对陈亮思想的理解。他认为陈亮的基本主张就是："功到成处，便是有德；事到济处，便是有理。"①事情只要做成了，便有义理在，做成事的人便是有德。陈傅良对陈亮这一主张的概括是恰当的。这就是"事功有理"。但我们发现，这与陈亮的世界观出现了一点偏差。若是从陈亮的世界观出发，事功有理的意思就是事情只要做成功了，有成效，就有它之所以成功的道理。这个观点本没有错，但它属于本体存在的领域，不属于伦理道德领域。陈亮"事功有理"的思想之所以会卷入伦理道德领域而引起巨大争议，一方面是由于陈亮本人的意愿，他就是要针对理学家思想的弊端立论，另一方面是因为理学家立言论事悉以伦理道德为基，必然会将此议题引入伦理道德领域。而陈亮事功有理这个思想直接触及的是儒家传统中的一个老论域，即义利关系问题。

从某种意义上说，"事功"属"利"，功利；"德"和"理"属"义"，义理。从孔子提出"君子喻于义，小人喻于利"（《论语·里仁》）的思想开始，如何区分义利便成为一个很严重的问题。以至于宋儒程颢说："天下之事，唯义利而已。"②朱熹说："义利之说，乃儒者第一义。"③又由于孔子明确将义归于君子一类，将利归于小人一类，重义轻利的思想便成为后世儒家思想的主流。孟子则以反身内求，以尽心知性知天的内在超越理路，从理论上建构起了一套在现实生活中"何必曰利，亦有仁义而已矣"（《孟子·梁惠王上》）的道德理想主义。到后世就发展成只要内圣不要外王，只要义不要利了。程颐说："利害者，天下之常情也。人皆知趋利而避害，圣人则更不论利害，惟看义当为与不当为。"④所以，陈亮之世的理学家们特别讲究惩忿窒欲、迁善改过的道德修养，讲究在义理、在伦理道德

---

① 陈傅良：《致陈同甫书》，转引自《陈亮集》（增订本），第 393 页。
② 程颢、程颐：《河南程氏遗书》卷一一，《二程集》上册，第 124 页。
③ 朱熹：《与延平李先生书》，朱杰人、严佐之、刘永翔编：《朱子全书》第 21 册，第 1082 页，上海，上海古籍出版社，2010。
④ 程颢、程颐：《河南程氏遗书》卷一七，《二程集》上册，第 176 页。

上不能亏欠，而对于具体事务则不屑为之，在理论上亦极轻视功利。功利在理学家那里是个贬义词。在这样一种情形之下，陈亮举起事功和功利的大旗，是需要理论勇气的。

陈亮事功有理的思想，突显了义利之辨，揭示了理学思想中存在的一个问题，即道德与功利的关系问题。理学家之所以要重义轻利，乃是为了维护道德的纯粹性，害怕功利破坏这种纯粹性，从而使道德堕落。所以朱熹特别崇信董仲舒的一个观点："正其谊不谋其利，明其道不计其功。"[1]而在陈亮看来，完全没必要讳言功利，功利并不会破坏道德，反而足以彰显道德，利不但不会破坏义，反而会实现义。

陈亮在给朱熹的信中举例论证道：

> "不失其驰，舍矢如破"，君子不必于得禽也，而非恶于得禽也。范我驰驱而能发必命中者，君子之射也。岂有持弓矢审固而甘心于空返者乎！御者以正，而射者以手亲眼便为能，则两不相值而终日不获一矣。射者以手亲眼便为能，而御者委曲驰骤以从之，则一朝而获十矣。非正御之不获一，射者之不以正也。以正御逢正射，则"不失其驰"而"舍矢如破"，何往而不中哉！孟子之论不明久矣，往往返用为迂阔不切事情者之地。[2]

"不失其驰，舍矢如破"是《诗经·小雅·车攻》中的两句诗，意思是御者按照规矩驾马驱驰，站在车上的射者按规矩射箭，一射便中。《孟子·滕文公下》亦尝引论之。在陈亮看来，君子狩猎并非心里只想着获禽之多而不择手段，但也不至于讨厌收获猎物。若是按规矩能获得很多猎物，难道不是好事吗？有谁会甘心出猎而空手而归呢？御者按规矩驾车，车上的射者不按规矩射箭，于是获利少，原因不在于御者按规矩驾车，而在于射者不按规矩射箭。若是御者按规矩驾车，射者也按规矩射箭，怎么会不多获猎物呢？按照这个思路，在陈亮看来，只要是合乎义则必定有

---

① 《汉书·董仲舒传》卷五六，第 2524 页，北京，中华书局，1964。
② 陈亮：《又乙巳春书之一》，《陈亮集》（增订本），第 345 页。

利,不能获利,则必定不合乎义。也就是说有理则必定有事功,无事功则必定不合理;合乎道德则必定有功利,无功利则必定无道德。有学者认为,在陈亮看来,"不谋不计所导致的就不仅是实际事功的失败,而且也是道德上的失败"①。这是不准确的。从以上的分析我们可以看到,陈亮只是说有道德的君子没必要有"不谋不计"这样一种心理,但他并不会认为不谋不计的纯粹道德会导致实际事功的失败,相反,他认为这必定会导致实际事功的实现。而实际事功的失败则恰恰表明道德上的失败。其实在这一点上,陈亮与理学家们并无根本上的冲突。他若是要真正证成"事功有理"的思想,就必须论证有功必有理,有利必有义,而不是如同此处论证的,有理必功,有义必有利。毕竟这是两个问题。有义必有利,在逻辑上不等于说有利必有义。有理必有功,在逻辑上不等于说有功必有理。正如陈亮在此段中的论证,关键是如何解释不按规矩却反而获猎多这种现象呢? 这种现象是陈亮所承认的,即存在利多而不义,有功而无理的现象。可惜陈亮虽然看到了这个现象,但并没有在理论上注意到这个问题,也就没有展开论证,于是在与朱熹的义利之争中,于理论上毕竟稍逊一筹。

朱熹把陈亮在这方面的思想概括为"义利双行,王霸并用",这一概括就陈亮一方面重视天理之常存,一方面重视事功而言,是对的。但是从陈亮本人的理论自觉来看,又是不对的。陈亮本人并不承认自己是"义利双行,王霸并用",因而也就不承认自己是事功与天理并行论者。从理论自觉上来说,陈亮认为自己是王霸、义利、事功、天理的一元论者。他说:

> 谓之杂霸者,其道固本于王也。诸儒自处者曰义曰王,汉唐做得成者曰利曰霸,一头自如此说,一头自如彼做;说得虽甚好,做得亦不恶;如此却是义利双行,王霸并用。如亮之说,却是直上直下,

---

① 董平、刘宏章:《陈亮评传》,第 315 页,南京,南京大学出版社,1996。

只有一个头颅做得成耳。①

若从陈亮本人的理论自觉来看,他是主张"本末具举"②"本末感应,只是一理"③的。他反而认为朱熹理学割裂义利、王霸、事功与天理,是本末打断、义利双行了。陈亮之说确实触及了理学在理论上的弊端,可惜他并没有很清楚地意识到或者自觉到如何在理论上明确地把这个问题点明,如何去论证和改造。朱熹等理学家亦不曾意识到自身理论上的问题。因而这场辩论依然是各说各话,不太看得出双方通过辩论各自有何理论上的修正和进步。

陈亮提出事功学说,回应了朱熹理学中的理论问题,但通过以上的分析我们发现他并没有很好地从理论上解决理学中的理论问题,反而让人觉得他在理论上与理学并无根本上的冲突。他没有论证好有事功必有理,却较好地论证了有理必有事功。不过我们还要知道,陈亮之提出事功学说,不能仅仅从理论上看,还要从他的现实意义来看。事功学说不仅仅是提倡一种理论、一种思想,它更强调注重社会实际和改造社会状况的实践行为。事功,就意味着要做事、行事,在社会现实中实践,而且还要有功,有成效。这才是事功学说对于后世的更大影响力所在,因而成为明清之际颜元重习行的实学思想的先导之一。陈亮提出事功学说,首先正是针对理学家们空谈心性、不办实际事务这样一种实际情形有感而发,然后才进入理论上的探讨。

陈亮指出:

> 今世之儒士,自以为得正心诚意之学者,皆风痹不知痛痒之人也。举一世安于君父之仇,而方低头拱手以谈性命,不知何者谓之性命乎!④

---

① 陈亮:《又甲辰秋书》,《陈亮集》(增订本),第 340 页。
② 陈亮:《六经发题·书》《陈亮集》(增订本),第 103 页。
③ 陈亮:《又乙巳春书之二》,《陈亮集》(增订本),第 348 页。
④ 陈亮:《上孝宗皇帝第一书》,《陈亮集》(增订本),第 9 页。

自道德性命之说一兴，而寻常烂熟无所能解之人自托于其间，以端悫静深为体，以徐行缓语为用，务为不可穷测以盖其所无。一艺一能皆以为不足自通于圣人之道也。于是天下之士始丧其所有，而不知适从矣。为士者耻言文章、行义，而曰"尽心知性"；居官者耻言政事、书判，而曰"学道爱人"。相蒙相欺以尽废天下之实，则亦终于百事不理而已。①

在陈亮看来，那些高谈性命义理的理学家们把学界风气、社会人心弄坏了，使得天下之士以"尽心知性""学道爱人"相欺蒙，不愿意干实事，"终于百事不理"。正是有感于国恨家仇和腐儒的麻木，陈亮大力提倡以"堂堂之阵，正正之旗，风雨云雷交发而并至，龙蛇虎豹变见而出没，推倒一世之智勇，开拓万古之心胸"②这样一种具有豪杰气概的人格，正与陈亮自小崇尚英雄，有豪侠气密切相关。而这种人格正是关注社会现实、建立事功所必需。关注和建立现实事功正是陈亮事功学说的题中要义，即"勉强行道大有功"。大有功的表现就是："贤者在位，能者在职，而无一民之不安，无一物之不养。"③这不是安坐空谈能实现的，必须力行，不力行就不会有功。所以说，陈亮的事功学说是含有"力行"之义的。而且这"力行"主要是指去实现现实的社会事功，而不是仅指个人的力行道德。陈亮提出要"各务其实"④，"为士者"要有良好的德行，"居官者"要能处理好政事，各种岗位上的人都要能发挥他的具体才干和作用，这样社会才能安定和发展，国家才能抗敌雪耻恢复中原。

第四节　陈亮事功之学的历史观与人性论

上文提到，陈亮是在与朱熹的书信辩论中展开他的事功学说的，而

---

① 陈亮：《送吴允成运干序》，《陈亮集》（增订本），第 271 页。
② 陈亮：《又甲辰秋书》，《陈亮集》（增订本），第 339 页。
③ 陈亮：《勉强行道大有功》，《陈亮集》（增订本），第 101 页。
④ 陈亮：《送吴允成运干序》，《陈亮集》（增订本），第 271 页。

辩论的主题之一是历史道德问题,由此牵涉到义利、王霸以及天理人欲等方面的理论之争。同时,也可以这样说,陈亮对于事功之学的论证是在历史观和人性论等问题上展开的,或者说历史观和人性论是集中展开和表现其事功之学的两大论域。因为是从道德评判的角度讨论历史问题,而道德涉及人性,所以其历史观与人性论这两个论域往往是纠缠在一起的。

北宋程颢就已经以道德的观点来评论三代与汉唐的历史了。他说:"三代之治,顺理者也;两汉以下,皆把持天下者也。"[①]顺理,就是顺乎天理。"把持天下",就是以谋略、以力、以霸道经营天下,而不以道德治理天下。这种观点到陈亮之世,被理学家们进一步推进并明确概括为"三代专以天理行,汉唐专以人欲行"[②]。意思是三代圣王纯粹以道德治理天下,开创了三代的盛世;而汉唐虽然也很强大,亦是"极其盛",却是专以人欲之私来治理的,因而不足为训。这里包含了两个方面的问题,一是历史发展观,一是历史评价论。而历史之发展又有赖于历史评价的标准。从某种评价标准看,历史可能是进步的,如果从另外一种评价标准看,同一段历史又可能是退步的。所以,要理解历史的发展,就要看历史评价标准。宋儒是以道德作为历史评价标准的。合乎道德就是进步的,不合乎道德就是落后的。因而三代是进步的,汉唐是落后的,尽管汉唐创造了很多的物质财富,有很大的事功。陈亮虽然也承认三代之盛,承认三代以天理行,但他反对贬低汉唐,他认为汉唐是可以接续三代道统的,汉唐的事功从总体上也是合乎天理,合乎道德的。陈亮的学问和思想本是从历史入手,他自己心中亦充满了对历史英雄人物的向往之情。我们从陈亮对历史的认识,尤其在他与朱熹关于历史看法的书信讨论中,可以知道陈亮对历史有如下看法。

其一,历史是在变通中绵延的,义理上的道统不会中断。历史是在

---

① 程颢、程颐:《河南程氏遗书》卷一一,《二程集》上册,第 127 页。
② 陈亮:《又甲辰秋书》,《陈亮集》(增订本),第 340 页。

时间中绵延的,这种绵延是一种什么样的性质,有什么样的特征,在中国古代哲学家那里有不同的理解。一讲到历史在时间中绵延,我们就会想到历史是变化发展的。其实变化和发展是两个概念,发展固然内涵着变化,而变化却未必是发展。从总体上来看,中国古代哲学家是不大讲历史的发展观的,也就是说没有明确的关于历史是在进步这样一种观念。古人讲得更多的是循环的历史观、变化的历史观,还有倒退的历史观。

朱熹就是倒退的历史观的代表,他就明确主张汉唐不如三代,因为朱熹判断历史是否倒退的标准是道德。道德一进入现实就不纯粹,就夹杂着人欲。纯粹的道德只能在理想中。汉唐的历史载诸史册,朱熹从史册上看到的历史,也是我们能看到的历史。朱熹如此评论汉高祖之取天下:"汉高祖取天下所谓仁义者,岂有诚心哉!其意本谓项羽背约。及到新城,遇三老董公遮道之言,方假此之名,以正彼之罪。所谓缟素发丧之举,其意何在?似此之谋,看当时未必不是欲项羽杀之而后罪之也。"[①]朱熹又认定:"唐太宗一切假仁借义以行其私。"[②]"唐太宗分明是杀兄劫父代位,又何必为之分别说!"[③]那些所谓的道德人物,在历史事件中的表现往往并不那么光彩,于是就只有塑造一个上古三代的理想之世以保障道德的纯粹性,这就是道德理想主义的儒家对于历史的基本态度。上古三代史料不足,正好便于儒家根据自己的理想来塑造。正如陈亮指出的,上古三代这样一个理想的社会是因为经过了孔子的删述,"而后三代之文灿然大明,三王之心迹皎然不可诬矣",后人只知道尊慕之,"而不知孔氏之劳盖若此也"。[④] 这与其说是一种历史观,不如说是一种道德观。若以历史观视之,"三代"之后的历史似乎是倒退的,但这种想法在现实上又未尝不具有进步的作用。即,人们怀抱希望,将"三代"的理想作为社会未来发展的方向,并努力践行之,此亦正如宋儒以接续道统为自己的

---

① 黎靖德编:《朱子语类》卷一三四,第 3210 页。
② 黎靖德编:《朱子语类》卷一三五,第 3219 页。
③ 黎靖德编:《朱子语类》卷一三七,第 3259 页。
④ 陈亮:《又乙巳春书之一》,《陈亮集》(增订本),第 344 页。

宏愿。

　　理学家认为,三代的道统在汉唐是中断了的。陈亮不同意这个观点,他认为道统在汉唐并没有中断。他说:"夫心之用有不尽而无常泯,法之文有不备而无常废。"①后世对上古圣王的义理心传,虽然有可能做得不好,但不可能一直泯灭;后世对上古理想的制度,虽然继承得不好,但也不可能全都废弃。朱熹认为,既然是"无常泯",那就会"有时而泯";既然是"无常废",那就是"有时而废"。这个"有时而泯""有时而废"之时,就是汉唐之时。正因为汉唐把道统中断了,所以朱熹才提出要超越时代,把上古圣王"人心惟危,道心惟微,惟精惟一,允执厥中"的十六字心传接续下来。道心就是义理之心,人心就是利欲之心。陈亮和朱熹都承认道的永恒性,可是朱熹却说汉唐把道统给中断了,那么道的永恒性何在呢? 这是陈亮提出的诘难。在朱熹看来,道统中断了,不等于道消亡了。道依然"未尝息""未尝亡",不但永恒地存在于那里,而且还超越了具体的汉唐时代。陈亮认为,道的永恒存在不可能是一种超越具体事物和时代的永恒存在,道的永恒存在必在具体的事物和时代之中。所以,他一定要充分肯定汉唐的意义,否则道不能延续。

　　由此,朱熹认为陈亮是:

　　　　推尊汉唐,以为与三代不异;贬抑三代,以为与汉唐不殊。而其所以为说者,则不过以为古今异宜,圣贤之事不可尽以为法,但有救时之志,除乱之功,则其所为虽不必尽合义理,亦自不妨为一世英雄。然又不肯说此不是义理。②

朱熹对陈亮的评论是准确的。但我们不要由陈亮"推尊汉唐"和"贬抑三代",就认为陈亮所持的历史观是进步、发展的历史观。我们现代讲发展,往往以经济发展水平高,创造财富多为标准。但即使是重事功如陈亮者,也没有以汉唐规模宏大、经济发达,就判定为比三代进步和发展。

---

① 陈亮:《又乙巳春书之一》,《陈亮集》(增订本),第 345 页。
② 朱熹:《寄陈同甫书》,转引自《陈亮集》(增订本),第 363 页。

他之所以要"推尊汉唐",是因为宋儒贬之太甚;他之所以要"贬抑三代",是因为宋儒尊之太过。他认为三代的人不能都无利欲之心,而我们现代将三代看得如此洁净,是因为"经孔子一洗,故得如此净洁"[1]。汉唐固然多有利欲,但也不能说全是利欲都无义理。但他还是肯定,三代是理想之世,是做得尽者,汉唐是未做得尽者。陈亮没有明确的历史之为发展抑或倒退的观念,但有历史之为变化、变通的观念则是非常明确的。他说:"自麟止以来,上下千五六百年,其变何可胜道,散诸天地之间,学者自为纷纷矣。"[2]"自伏羲、神农、黄帝以来,顺风气之宜而因时制法。"周公"变通之理具在"。[3]

其二,充分肯定英雄人物的事功对于历史的意义和作用,以霸道通于王道。陈亮承认历史的变通,是为他对历史霸道事功之承认作准备的。因为世异时移,上古圣王亦不能不用霸道以成就事功、安定天下。他举例说:

> 汤放桀于南巢而为商,武王伐纣,取之而为周。武庚挟管蔡之隙,求复故业,诸尝与武王共事者,欲修德以待其自定,而周公违众议,举兵而后胜之。夏、商、周之制度定为三家,虽相因而不尽同也。五霸之纷纷,岂无所因而然哉。[4]

《论语》曾记载孔子对管仲的评价,管仲辅佐齐桓公称霸,因为他匡扶天下、造福百姓,所以孔子对他的功业赞赏的,并许以之"如其仁"。由此,陈亮认为孔子也是承认一定形式的霸道的,这样的霸道是与王道相通,可以助成王道。为此,他为汉高祖和唐太宗"谋位"的霸道行为辩解,说他们本意不在帝位,只是为了推行仁政才去谋求帝位。"彼其初心未有以异于汤武也……虽或急于天位,随事变迁,而终不失其初救民之心,

① 陈亮:《又乙巳秋书》,《陈亮集》(增订本),第352页。
② 陈亮:《三国纪年·序》,《陈亮集》(增订本),第177页。
③ 陈亮:《六经发题·周礼》,《陈亮集》(增订本),第104页。
④ 陈亮:《又乙巳春书之一》,《陈亮集》(增订本),第344页。

则大功大德固已暴著于天下矣。"①陈亮并不承认自己是王霸并用论者，他还是承认王道是根本，霸道是实现王道的手段。因为以王道为根本，所以霸道虽杂有人欲之私，但不是专任人欲之私，而是服务于一个更高的善的目的，所以霸道的行为也就有了其合理性。在王道之下承认霸道行为的合理性，也就是承认事功的合理性。这与朱熹把霸道与王道截然对立起来并否定霸道的思路是很不一样的。正是针对理学家这样一种思维取向，陈亮才要极力肯定霸道和事功在历史上和现实中的价值。

能成就大功业的是英雄人物，陈亮特别重视历史英雄人物对于历史发展的意义和作用。他认为，"道在事中"，英雄人物正是"道"行之于现实事物世界的担当者，是他们使得道永恒不息。他说：

> 人之所以与天地并立而为三者，非天地常独运而人为有息也，人不立则天地不能以独运，舍天地则无以为道矣。夫"不为尧存，不为桀亡"者，非谓其舍人而为道也，若谓道之存亡非人所能与，则舍人可以为道，而释氏之言不诬矣。②

这充分肯定了人的主观能动性的积极意义，既与他"道行于事物之间"的世界观和事功学说相符，同时对其所处时代也是极有针对性的。他的事功学说本就有强烈的现实经世的指向，他希望有气概的人奋起挺立担当这个世界，有所贡献于国家社稷，建立自己的事功。

从历史和社会现实来看，陈亮的事功之说是颇有积极意义的。为什么朱熹要极力反对呢？就是因为在朱熹看来，陈亮的事功学说内在地有一条线索，即关于人性的看法，义有未安。这条线索与历史、社会、现实的视角是不一样的。它诉诸人类个体却又通于人类全体，而具有普遍性。前面所论道物、事功、义利、王霸，无不有一个人性、道德修养的问题或明或暗地藏于其中。

陈亮毕竟是儒家，其事功之学也毕竟是儒家理学自身的发展，所以，

① 陈亮：《问答》上，《陈亮集》（增订本），第 34 页。
② 陈亮：《又乙巳春书之一》，《陈亮集》（增订本），第 345 页。

尽管说王说霸、说义说利,谈治国理政以安天下,尽管他总是试图摆脱理学家那种性命义理之学的束缚,但他在骨子里头还是以性命义理之学为根本。这从他对最高范畴"道"的进一步具体的界定就可以看出来。他说:

> 夫道岂有他物哉,喜、怒、哀、乐、爱、恶得其正而已;行道岂有他事哉,审喜、怒、哀、乐、爱、恶之端而已。①

> 天下岂有道外之事哉,而人心之危不可一息而不操也。不操其心,而从容乎声、色、货、利之境,以泛应乎一日万机之繁,而责事之不效,亦可谓失其本矣。此儒者之所甚惧也……盖人心之危,道心之微,出此入彼,间不容发,是不可一息而但已也。②

这不是与他所批评的理学家同一论调吗? 确实,由此可以看出,陈亮依然是道德义理为本的,只不过他同时还要对事情"责之以效",也即要求事功。在这里,他认为事功与道德的关系是:没有道德就不会有事功。这与上文论及的"事功有理"在逻辑上是相符的。因为"无道德即无事功"在逻辑上等价的逆反命题就是"有事功必有道德"。可是,正如我们在上文已经指出的,实际情形是有事功未必有道德,这个现象陈亮在论正御正射那一段也已经注意到了,却忽视了它在理论上的逻辑关系。他心里所想其实是:有道德则必会有事功。还是以道德为本,也就是以义理性命为本。由此,他提出了自己的"性命说":

> 耳之于声也,目之于色也,鼻之于臭也,口之于味也,四肢之于安佚也,性也,有命焉。出于性,则人之所同欲也。委于命,则必有制之者而不可违也。富贵尊荣,则耳目口鼻之与肢体皆得其欲,危亡困辱则反是。故天下不得自徇其欲也,一切惟君长之为听。君长非能自制其柄也,因其欲恶而为之节而已。叙五典,秩五礼,以与天

---

① 陈亮:《勉强行道大有功》,《陈亮集》(增订本),第 101 页。
② 同上书,第 100—101 页。

下共之。①

这与理学家一样是要求作道德修养的。可是当朱熹对陈亮期之以"从事于惩忿窒欲、迁善改过之事,粹然以醇儒之道自律"②时,为何陈亮被激怒,以"腐儒之谈"目之,反过来希望朱熹做"一世人物"③之英雄呢?因为他的人性论思想毕竟与其他理学家们不一样。陈亮是充分肯定了人的自然欲望的。道德修养也必然是"因其欲恶而为之节而已"。他在《勉强行道大有功》这篇文章中特别论及了孟子是如何循循善诱,将齐宣王的好色、好货、好勇的自然欲望转化为善,扩充为仁义道德之心的。这与完全否定人的自然欲望的"惩忿窒欲"之修养自然是不一样的。也正是由于对人的自然欲望之合理性的承认,对社会事功之讲求也就有了自然人性的基础,社会事功正是人的自然欲利之心的一种体现和推扩。可见,陈亮是极希望通过性命道德的修养使人的自然性与社会性统一起来的。在他看来,能如此统一起来的人,才能叫"成人"。只是安坐不动地修养,以醇儒自律,毫不理会世事,毫无事功,实际上是偏枯的人生,是腐儒。

不可否认,陈亮的思想对以朱熹为代表的理学家的道德性理学说是一种冲击,因为它揭示了性理学说的根本弊端,但同时也显示了他自己的事功学说的根本局限。性理学说为了高扬人的道德本性,使之成为每个人得以存在的普遍的道德基础,就要竭力使道德纯粹化。所以朱熹说:"盖天理人欲之并行,其或断或续,固宜如此。至若论其本然之妙,则惟有天理而无人欲。是以圣人之教人,必欲其尽去人欲而复全天理也……立心之本,当以尽者为法,而不当以不尽者为准。"④现实情形是,人往往是天理人欲并存的。但是若从理想的状况来说,只能依靠纯粹的天理,而一毫不能依靠人欲。人有人欲是现实,但这不是可以依赖人欲的理由。人欲是不可恃的,若恃人欲则会导致堕落,而天理是足够让人

---

① 陈亮:《问答》下,《陈亮集》(增订本),第42页。
② 朱熹:《寄陈同甫书》,转引自《陈亮集》(增订本),第359页。
③ 陈亮:《又癸卯秋书》,《陈亮集》(增订本),第336页。
④ 朱熹:《寄陈同甫书》,转引自《陈亮集》(增订本),第364—365页。

依赖而无一毫害处的,所以要主张天理、依赖天理。只有依赖天理,依天理行事,人性才能向上、才能光明。而且朱熹主张:"'天理''人欲'二字,不必求之于古今王霸之迹,但反之于吾心义利邪正之间,察之愈密则其见之愈明,持之愈严则其发之愈勇。"①为什么不必求之于古今王伯之迹呢?因为古今王伯之迹是历史上的现实,历史的现实是充满着人欲的,不容易使人在读了后有人格上的提升。所以朱熹是反对读史的,还说陈亮就是被读史给害了。他说:"看史只如看人相打,相打有甚好看处?陈同父一生被史坏了。"②所以,道德修养只要反身内求就行了。因为人同此心,心同此理,由此可以达到适用于所有人的普遍性的道德,而杂有人欲的道德是不具备这样一种普遍性的。由此可以看出,以朱熹为代表的理学家们忽略了历史、社会情形,完全是由个体而通之于普遍人性,他们的这种思维方式也就必然会导致空谈性命、不理世事之弊。陈亮之事功学说正欲矫此之弊。但是陈亮之重历史社会和现实事功,又必然要承认和依赖于人的自然欲望,不能不于人性问题上有所妥协,不能不于理想的道德价值上有所让步。所以,尽管陈亮在主观上不想以成败论是非,但在客观上,他的事功学说必然会导致以成败论是非。概言之,陈亮的事功学说本欲纠理学之弊,在历史和社会现实领域开辟一条新路,但可以看出,他的问题和论域依然没有超出理学的樊篱,所以在理论上举步维艰。而在事功理论这条道路上,叶适显然比他走得更远些。

---

① 朱熹:《寄陈同甫书》,转引自《陈亮集》(增订本),第 360 页。
② 黎靖德编:《朱子语类》卷一二三,第 2965 页。

第二十三章　叶适的功利之学

　　同为浙东事功学派代表人物,我们在上一章将陈亮(字同甫)的思想称为"事功之学",而本章将叶适的思想称为"功利之学"。两者是有联系与区别的。《宋元学案》云:"永嘉以经制言事功,皆推原以为得统于程氏。永康则专言事功而无所承,其学更粗莽。"[1]两者都重事功、重实效,此其同。但是叶适又"基本上与同甫不同,他是由制度着眼的事功,不但与英雄主义的事功不同,也与儒家传统着眼于君德与道德动机的德治主义不同,这在政治问题的思考上是一大转进。他所表现的客观心态,与理学家是对立的,他在外王问题上的思考,有重大的历史意义"[2]。陈亮所重是英雄主义的事功,而且只讲到重事功这一层,主观性较强,而叶适所重事功有进一步具体的限定,即社会制度层面的事功。社会制度层面的事功必重社会大利,是为功利。功,是指达到具体的某种结果;利,是指增大政府提供给社会的利益和好处。[3] 叶适显然比陈亮更注重从社会制度层面加大社会财富的积累,因而称叶适的思想为功利之学比事功之

---

① 黄宗羲原本,全祖望修定:《龙川学案》,《宋元学案》第3册,第1830页。
② 韦政通:《中国思想史》下,第868页。
③ 田浩:《功利主义儒家:陈亮对朱熹的挑战》,姜长苏译,第5—6页,南京,江苏人民出版社,1997。

学应该更合适。而且叶适曾明确谈到主张"功"与"利",这一点我们将在下文论及。当然,陈亮与叶适又同属事功学派,事功与功利并无本质区别,事功作为实效与结果亦含有利益这重内涵,只是没被点明,而功利则很明确地包含实效结果与利益。这也是叶适比陈亮在事功思想上更精细和深入之处。

需要特别注意的是,应该将这里的事功或功利之学与现代西方伦理学上的功利主义区分开来,两者有本质上的不同。19世纪英国著名哲学家约翰·穆勒(John Stuart Mill,1806—1873)在其名著《功利主义》一书中对"功利主义"给出了一个很有名的定义:"把'功利'或'最大幸福原理'当作道德基础的信条主张,行为的对错,与它们增进幸福或造成不幸的倾向成正比。所谓幸福,是指快乐和免除痛苦;所谓不幸,是指痛苦和丧失快乐。"[①]这是把功利当作最大幸福的伦理学原理,是与快乐的情感体验密切相关的。而陈亮和叶适的事功或功利之学根本没有讨论幸福或快乐与否的问题,它是指实际的业绩和成效,尤其是就国家富强、社会发展而言。所以,我们不能机械地以西方学术概念来附会传统学术思想,这会导致误解和曲解。

第一节　叶适的生平与著述

叶适,字正则,世称水心先生,温州永嘉(今浙江省温州市永嘉县)人,生于南宋高宗绍兴二十年(1150),卒于宋宁宗嘉定十六年(1223)。浙东永嘉学派代表人物。其一生大体可分三个阶段,从幼年到孝宗淳熙五年(1178)中进士,为求学阶段;中进士到宁宗开禧三年(1207)被劾罢官,为从政阶段;宁宗嘉定元年(1208)后,回永嘉水心村著书讲学,为学术研究阶段。

叶适出身于一个仍然保持着"士人之风"的贫穷知识分子家庭,很早

---

① 约翰·穆勒:《功利主义》,徐大建译,第7页,上海,上海人民出版社,2008。

就从游于薛季宣、郑伯熊、陈傅良等永嘉学术巨子,耳濡目染,心知其意,受到很大影响。孝宗乾道九年(1173),叶适二十四岁,尚就学于太学,即上书言事,提出一系列改革措施,以改变南宋积弱之势。此次上书已颇见叶适的学问与思想,显示出永嘉学派重事功、务实际的特点。

淳熙五年(1178),叶适二十九岁,考中进士第二名,授职平江节度推官。这使得他的人生比陈亮幸运很多。叶适长期在朝为官,他与陈亮一样,坚决主张抗金复国。陈亮因为一直不被任用,所以他的抗金主张多停留于纸上理论,文字呼号。叶适因为很早在朝为官,所以不仅仅是在言论中攻击苟且偷安的妥协派,而且有机会在实际的抗金斗争中立功。

淳熙十二年(1185),叶适被诏进京,授太学正,迁博士,第一次论对时,即对以抗金复国之事:"二陵之仇未报,故疆之半未复,而言者以为当乘其机,当待其时。然机自我发,何彼之乘?时自我为,何彼之待?非真难真不可也,正以我自为难,自为不可耳。于是力屈气索,甘为退伏者于此二十六年。"而孝宗皇帝给出了一个无可奈何的回应:"朕此志已泯。"在朝廷这种苟安的风气中,叶适也只能无可奈何空怀报国之志,但还是极力为朝廷举荐人才,有一次一口气上书举荐了 34 人。这些人"后皆召用,时称得人"[1]。

虽然叶适极力主张抗金复国,但他并不是鲁莽之徒。当权臣韩侂胄为巩固自己的地位,盲目发动对金战争时,叶适上奏,认为这是"至险至危事",主张"必备成而后动,守定而后战"。[2] 结果在开禧北伐中韩侂胄兵败被诛。在宋军溃败,金兵大举挺进两淮,南宋再一次处于危亡之际,叶适受命知建康府,兼沿江制置使,收拾残局。叶适不负所望,镇守建康,在长江沿线挡住了金兵主力的攻势,扭转败局,连战连捷,迫使金兵退却。金兵退后,朝廷妥协派又急于求和,而叶适以为不必。他措置屯田,建立堡坞,安集流民,建立兵民共守的防御体系,足以振奋人心、抵御

---

[1] 《宋史·叶适传》卷四三四,第 12889—12890 页。
[2] 叶适:《上宁宗皇帝札子》,《水心文集》卷一,《叶适集》第 1 册,第 6 页。

金兵的进攻。叶适此功,可推开禧之首,再一次显示出永嘉学术重实务、能成就事功的特点。明代李贽高度评价了叶适的作为:"此儒者,乃无半点头巾气,胜李纲、范纯仁远矣,真用得,真用得。"①可是,由于朝中妥协派急于求和,叶适最终还是被削职还乡。《宋元学案》对这一事件的评说颇为公允:"是役也,不用先生之言以取败。事急而出先生以救之……而金人卒以此去。时中朝方急于求和,先生以为不必,但请力修堡坞以自固,乃徐为进取之渐。而韩侂胄死,朝事又一变。许及之、雷孝友本韩党也,至是畏罪,乃反劾先生附会侂胄起兵端,并以此追削辛弃疾诸人官,而先生前此封事,具在庙堂,竟莫能明其本末,盖大臣亦藉此以去君子。"②叶适被免官后,回乡居永嘉城外水心村,著书立说,与程朱理学立异,成为永嘉学术的集大成者。

跟陈亮一样,叶适虽然从总体上不赞成朱熹的理学思想,但对朱熹的学问和人品依然是尊重的,或者对其思想的某些方面在某种程度上还是赞成的。毕竟永嘉学术与朱熹思想同源并出。淳熙十五年(1188),孝宗任命朱熹为兵部郎官,朱熹力辞不就,因此遭到侍郎林栗的弹劾。叶适闻言,上书为朱熹辩护称:"栗劾熹罪无一实者,特发其私意而遂忘其欺矣!"③并称赞朱熹是"洁修"的"道学""善类"。④

叶适的著作有《水心文集》《水心别集》《习学记言序目》,前两种已于1961年由中华书局点校合编为《叶适集》,后一种已于1976年由中华书局出版。中华书局《叶适集》分三册出版,收入叶适所作札、状、奏议、记、序、诗、铭及经传了史之作和其他杂著。《文集》与《别集》二书名及卷目一仍其旧,唯在内容上将《文集》中与《别集》重复的文章删去,只存目录。

---

① 李贽:《藏书》卷一四,张建业主编:《李贽文集》第2卷,第286页,北京,社会科学文献出版社,2000。
② 黄宗羲原本,全祖望修定:《水心学案》,《宋元学案》第3册,第1743页。
③《宋史·叶适传》卷四三四,第12890页。
④ 后来,宁宗朝宗室宗亲赵汝愚为相。赵汝愚坚定拥护朱熹道学,而反对韩侂胄。韩侂胄与京镗联手得揽大权,为巩固势力而禁道学反朋党。宁宗也因听信"(赵汝愚)以同姓居相位,将不利于社稷"之言,依靠韩侂胄将赵汝愚罢相出朝。朱熹亦因附合赵汝愚,已先被免职。

其中《水心文集》乃以清光绪年间孙衣言刻本为底本,孙刻本乃据钱桂森所藏明正统年间黎谅所刻二十九卷本校正重刊,并增入重辑的《补遗》一卷,成三十卷。《水心别集》十六卷乃以清同治年间李春和刻本为底本,而李刻本是据其师孙依言所藏本重刊,保存了宋本的原貌。《习学记言序目》是叶适摘录和评论历代学术著作的专著,共五十卷,凡经十四卷,诸子七卷,史二十五卷,宋文鉴四卷。中华书局 1976 年版乃以清光绪年间黄体芳刻本为底本,参校以民国年间黄群校本,以及北京图书馆藏瞿氏明抄本和上海图书馆藏叶氏清初抄本,分两册出版发行。

第二节　叶适功利之学的世界观:"物之所在,道则在焉"与 "中庸之道"

与陈亮的事功之学一样,叶适的功利之学亦有其世界观基础。在传统学术思想中,对世界的总体看法离不开道物关系这一论域。陈亮以"道常行于事物之间"作为其思想的世界观基础,叶适则以"物之所在,道则在焉"作为其思想的世界观基础。世界观,作为对世界的总体看法,本身具有形上性。不过这是就问题的性质而言,就对此一形上问题的回答而言,可以是形上的,也可以是形下的。叶适反对从"形上"的角度来看待这个世界。《易传·系辞上》有"形而上者谓之道"之说,叶适认为"若夫言形上则无下,而道愈隐矣"①。他认为,如果将"道"分属于形上界,反而会使道隐而不彰。所以他极力反对老子"道先天地生"的思想。他说:

> "有物混成,先天地生",老氏之言道如此。按自古圣人,中天地而立,因天地而教、道可言,未有于天地之先而言道者。②
>
> 夫有天地与人而道行焉,未知其孰先后也。老子私其道以自喜,故曰"先天地生"。③

---

① 叶适:《周易·系辞上》,《习学记言序目》卷四,第 47—48 页,北京,中华书局,1977。
② 叶适:《律赋》,《习学记言序目》卷四七,第 700 页。
③ 叶适:《老子》,《习学记言序目》卷一五,第 213 页。

叶适承认"道"的存在,亦承认"道可言",即"道"可以认识和把握,但不能在天地之先的纯形上领域,而必须在具体的事物之域加以认识和把握,因为"物之所在,道则在焉"。叶适说:

> 物之所在,道则在焉,物有止,道无止也,非知道者不能该物,非知物者不能至道;道虽广大,理备事足,而终归之于物,不使散流。①

叶适认为,物是有限的存在,道是无限的存在,也就是说具体事物是特殊性的存在,而道是普遍性的存在。一定要把握到了普遍性的道,才能把握到所有事物。但是对于普遍性的道的把握,又非从具体事物入手不可。如果不从具体事物入手就不可能达到对道的把握。可见,在叶适看来,道虽然具有普遍性,但并不具有超越性。这是叶适与理学家思想的一个根本不同之处。理学家不但认为道是普遍的,而且是具有超越性的,可以独立于具体事物而存在。叶适认为,道是不能离开物而独立存在的,它必依存于物,并且不能超越物。最终还是要归之于具体的物的世界,这个世界才能统一起来而不纷乱散流。所以,叶适说:

> 夫形于天地之间者,物也;皆一而有不同者,物之情也;因其不同而听之,不失其所以一者,物之理也;坚凝纷错,逃遁谲伏,无不释然而解,油然而遇者,由其理之不可乱也。②

"归之于物",并不意味着排斥道与理。"归之于物"之所以能把这个世界统一起来,就在于"物之理"。具体事物各不相同,呈现出存在的多样性,同时事物之间又具有统一性,每一事物都是"一而有不同",这是"物之情",事物的实际情形。承认事物的多样性,同时事物又不失其统一性,而不同事物之所以能统一起来的原因,即"物之理"。多样性的事物统一起来,就呈现出一种秩序来,纷繁复杂的事物之所以能呈现出一种秩序来,是因为事物内在之理是有秩序而不可乱的。道和理是内在于具体事

---

① 叶适:《四言诗》,《习学记言序目》卷四七,第 702 页。
② 叶适:《进卷·诗》,《水心别集》卷五,《叶适集》第 3 册,第 699 页。

物的,就是事物的内在秩序。

我们在谈陈亮思想的世界观基础的时候,讲到他把这个世界分为人类社会的"事"的领域与自然宇宙的"物"的领域。而他的重点还是落在"事"的领域,不谈自然的物质世界的存在问题。叶适在世界观上显然比陈亮更彻底,他把这个世界彻底归于物的世界,又把物的世界归于物质世界。

叶适认为,比具体多样的物更根本的和具普遍性的存在是由五行与八卦象征的五物与八物。他说:

> 五行之物,遍满天下,触之即应,求之即得。[1]
>
> 日与人接,最著而察者为八物,因八物之交错而象之者,卦也。[2]
>
> 卦所象惟八物,推八物之义为乾、坤、艮、巽、坎、离、震、兑。[3]

五行之物,即金木水火土;八卦所象之八物,即天地水火雷风山泽。叶适对于世界物质性的认识并未止于或归结于五物八物这样的具体存在物,他更进一步把世界的物质性归于"气",以及阴阳的变化。他说:

> 夫天、地、水、火、雷、风、山、泽,此八物者,一气之所役,阴阳之所分,其始为造,其卒为化,而圣人不知其所由来者也。因其相摩相荡,鼓舞阖辟,设而两之,而义理生焉,故曰卦。[4]

事物的存在推至八物,而八物又由于一气阴阳摩荡鼓舞之所造化。在叶适看来,物的根本存在只能推到此处打止了,不能再推,再推连圣人也不知其所由来。我们不能因此认为叶适对于世界持一种不可知论,所谓"圣人不知其所由来",是说阴阳之气及其相互关系的存在状态已经是最根本的存在了,它是普遍而永恒的,不能在它之上再添加一个虚玄的本体。所以他说:

---

① 叶适:《唐书二》,《习学记言序目》卷三九,第 580 页。

② 叶适:《周易·上下经总论》,《习学记言序目》卷三,第 34 页。

③ 叶适:《周易·系辞上》,《习学记言序目》卷四,第 47 页。

④ 叶适:《进卷·易》,《水心别集》卷五,《叶适集》第 3 册,第 696 页。

> 后世学者,幸六经之已明,五行八卦,品列纯备,道之会宗,无所变流,可以日用而无疑矣,奈何反为太极无极、动静男女、清虚一大,转相夸授,自贻蔽蒙?①

叶适所反对的所谓"太极无极""动静男女"诸说,是宋代道学鼻祖周敦颐在《太极图说》中提出的思想。其实,叶适否定的是在万物之上的"无极"的存在,因为在他看来,纯形上地讲,容易蹈虚涉旷。但他并不否定"极"和"太极"的存在。他所谓"极",其实就是事物的准则,而且"极之于天下,无不有也"②,天下万物都有其"极",也即都有其理。此理非在万物之上,而是在万物之中,且必须由万物实有的存在"自有适无"③才能认识和把握到。也就是说,不是事先有个"理",用来规范万物。这又是与理学家思想根本不同之处。

叶适所谓"极",即具体事物存在之"理",其所谓"太极"即事物存在之"道"。前者是基于具体存在物立论,而后者则是基于更根本的物质性的一气阴阳之存在立论。他在解《易传》"易有太极"章时说:"有卦则有易,有易则有太极,太极立而始终具矣,因而两之而变生焉。"④事物总是在变化之中,事物之变化以及对变化的事物产生种种认识之义理和思想,都是由于阴阳的变化,而阴阳统于太极。所以把握到了太极,也即把握到了事物变化发展之始终,也即事物存在的整个过程,而非把握事物某一个静止的存在点,因而把握太极也就是对事物的全面认识。把握到"太极"也即把握到"道"了。但是要把这个"道"讲出来,不能抽象浑沦地讲,又必须于阴阳两者的关系上讲,一切的道理都要在阴阳两者的关系上讲,此即所谓"设而两之,而义理生焉"⑤。在叶适看来,不如此,就会导致玄虚。所以,他说:

> 道原于一而成于两。古之言道者必以两。凡物之形,阴、阳、

---

① 叶适:《子华子·阳城胥渠问》,《习学记言序目》卷一六,第 220 页。
②③ 叶适:《进卷·皇极》,《水心别集》卷七,《叶适集》第 3 册,第 728 页。
④⑤ 叶适:《进卷·易》,《水心别集》卷五,《叶适集》第 3 册,第 696 页。

刚、柔，逆、顺，向、背，奇、偶，离、合，经、纬，纪、纲，皆两也。夫岂惟此，凡天下之可言者，皆两也，非一也。一物无不然，而况万物；万物皆然，而况其相禅之无穷者乎！①

在叶适看来，对"道"是不能抽象地讲的，必须在事物"两"的存在中来讲。无论是把握万物的存在，还是把握万物的无穷变化，都要如此。可见，不仅事物存在和变化的内在原因在于"两"（"因而两之而变生焉"），而且事物的外在表现皆为"两"（"凡物之形……皆两也"）。道的真正完成与表现在于"两"，因而必于"两"来认识和把握。如此认识和把握到的"道"即是"太极"，也是"中庸"。"中庸之道"更明确地包含了"两"的存在，更清楚地表现了"道"和"太极"的特征。所以他说：

中庸者，所以济物之两而明道之一者也，为两之所能依而非两之所能在者也。水至于平而止，道至于中庸而止矣。②

所以，叶适对于存在于事物之中的"道"的认识可以归结为"中庸之道"。能成就"物之两"能表明"道之一"的，就是"中庸"。事物之阴阳、刚柔之类表现为"两"的存在必须依乎"中庸"才能存在，没有"中庸"的状态，就没有标准判断"两"的存在。而"两"一旦达到"中庸"状态，道就在那里了。这种状态就是一种诸种对立因素的平衡状态。所以叶适说：

中和之道致于我，而天地万物之理遂于彼矣……中庸之书，过是不外求矣。③

这个中和之道又并非如宋代道学的心性内返之理，而是普遍存在于天地万物之中的理。所以他说：

日月寒暑，风雨霜露，是虽远也而可以候推，此天之中庸也，候至而不应，是不诚也，艺之而必生，凿之而及泉，山岳附之、人畜附之

---

① ② 叶适：《进卷·中庸》，《水心别集》卷七，《叶适集》第 3 册，第 732 页。
③ 叶适：《礼记·中庸》，《习学记言序目》卷八，第 109 页。

而不倾也,此地之中庸也。是故天诚覆而地诚载。①

由此可见,叶适所谓"中庸之道"是指天覆地载、日月往来、寒暑相推、风雨霜露之类的自然规律,也就是"诚"的状态。若是"候至而不应"、风雨不调、寒暑错乱,那就是违反"中庸"的"不诚"的状态。所谓把握到了天地万物之理也就把握到了中和之道。所以说,叶适的"中庸之道"与陈亮"夫道岂有他物哉?喜怒哀乐爱恶得其正而已"的心性内返之"道"是有性质之别的。由此性质之别,可以看出,同是事功或功利学派,其实陈亮与程朱理学思想更近,而叶适则走得更远。

第三节　叶适功利之学的认识论:"格物致知"与"内外交相成"

"道在物中","道至于中庸而止",是叶适对于这个世界的总的看法,是其功利之学的世界观的基础。既然"道在物中",那么要认识和把握作为"道"的"天地万物之理",就应该从天地万物自身之中去寻求。基于此种观念,叶适对《大学》的"格物致知"提出了自己的理解,从而初步形成了自己的认识论思想。

程朱理学非常推崇《大学》,以其为"入德之门""为学纲目""修身治人底规模"②。《大学》的八条目有一个很明确的先后次序。《大学》对于"由正心而修身""由修身而齐家""由齐家而治国""由治国而平天下"这五条目之间相邻两条的关系作了思想上的详尽阐释,但是没有对"由格物而致知""由致知而诚意""由诚意而正心"这三条目相邻两条目之间的关系作出思想上的阐释。其中对"诚意"有论述,但未明确述及它与前后两条目之间的关系,而"格物"与"致知"两条目的思想内涵则竟付阙如。这就为后世对《大学》"格物致知"思想的解读提供了巨大的空间。其中,程朱理学对"格物致知"的理解影响最大。朱熹根据程颐的思想补上了

---

① 叶适:《进卷·中庸》,《水心别集》卷七,《叶适集》第 3 册,第 733 页。
② 黎靖德编:《朱子语类》卷一四,第 250 页。

《大学》这段有关"格物致知"思想的阙文。他说：

> 所谓致知在格物者，言欲致吾之知，在即物而穷其理也。盖人心之灵莫不有知，而天下之物莫不有理，惟于理有未穷，故其知有不尽也。是以《大学》始教，必使学者即凡天下之物，莫不因其已知之理而益穷之，以求至乎其极。至于用力之久，而一旦豁然贯通焉，则众物之表里精粗无不到，而吾心之全体大用无不明矣。此谓物格，此谓知之至也。①

这段话对于程朱理学非常重要，是以"即物穷理"来解释"格物致知"，它包含了程朱理学之为程朱理学在认识论上的根源。也就是说，程朱理学的思想内容与特点都可以从这里找到其认识论上的根据。朱熹在这里承认了人有认识能力，事物有可以被人认知之理，并且人可以通过穷尽天下万物所有的理来穷尽对于这个世界的认识。而天下之物无穷，如何能穷尽其理呢？朱熹认为可以通过两条途径来实现，一是由已知之理推未知之理，二是由积累认识而至贯通。由理而理，其实就离开了"物"。而"一旦豁然贯通"则类似于佛禅的"顿悟"了。而这两条途径之所以能实现的根本原因，其实就在于"人心之灵"的妙用。所以，理学必然地要走上极重"心性"的路上去，最终不免于被人视为"道德性命"的"空谈"。于是，在具体的思想实践中，本来有着科学认知因素的"格物致知"也就成了纯粹的道德认知，所格之"物"也便成了讲伦理道德的"事"。格"客观知识之物理"也便成了格"伦理道德之事理"。

叶适对程朱理学这种以"即物穷理"解释"格物致知"的思想，提出了明确的批评。他说：

> 程氏言："格物者，穷理也。"按此篇，心未正当正，意未诚当诚，知未至当致，而君臣父子之道各有所止，是亦入德之门尔，未至于能穷理也。若穷尽物理，矩矱不逾，天下国家之道已自无复遗蕴，安得

---

① 朱熹：《四书章句集注》，第6—7页。

意未诚、心未正、知未至者而先能之？《诗》曰："民之靡盈，谁夙知而莫成！"疑程氏之言亦非也。若以为未能穷理而求穷理，则未正之心，未诚之意，未至之知，安能求之？又非也。然所以若是者，正谓为《大学》之书者自不能明，故疑误后学尔；以此知趋诣简捷之地未能求而徒易惑也。①

在叶适看来，《大学》所讲的八条目，都还只是一个"入德之门"，而没有谈到"穷理"，而"穷理"必须以"格物"与"心""意"之"诚""正"以及八条目的依次实践为前提条件。所以说，"穷理"不是一蹴而就的事，需要慢慢积累。他说："智者知之积。"②也就是肯定认识有一个积累的过程。而程朱理学也是承认认识的积累的。朱熹在《大学章句》里讲的"至于用力之久，而一旦豁然贯通焉"来自程颐的思想。程颐说："须是今日格一件，明日又格一件，积习既多，然后脱然自有贯通处。"③同样讲究的是积累，叶适与程朱理学有何不同呢？根本性的不同在于叶适讲的是知识性的积累，而程朱理学讲的是道德理性上的积累。知识性的积累每一项都从"物"来，而道德理性上的积累却是可以脱离物而从"已知之理"来。而"已知之理"乃是"人心之灵"作用的结果。因为"心包万理，万理具于一心"④，所以，穷理，最终只要从心上下工夫就行了。对此，叶适批评道："仁必有方，道必有等，未有一造而尽获也；一造而尽获，庄、佛氏之妄也。"⑤所谓"一造而尽获"是说理学这种只从心上下工夫以穷理的方法。即如叶适所说："今世之学，以心起之，推而至于穷事物之理，反而至于复性命之际。"⑥在叶适看来，这种"简捷"方便之法类似于禅宗的顿悟，知识性的认识上的积累被消解于道德心性的修养之中。而如果没有对事物

---

① 叶适：《礼记·大学》，《习学记言序目》卷八，第 113—114 页。
② 叶适：《周易·困》，《习学记言序目》卷三，第 28 页。
③ 程颢、程颐：《河南程氏遗书》卷一八，《二程集》上册，第 188 页。
④ 黎靖德编：《朱子语类》卷九，第 155 页。
⑤ 叶适：《陈叔向墓志铭》，《水心文集》卷一七，《叶适集》第 2 册，第 326 页。
⑥ 叶适：《进卷·总述》，《水心别集》卷七，《叶适集》第 3 册，第 727 页。

的知识性的认识,则实际事功、功利如何能实现?

　　所以,叶适要特别强调知识性的学习,而这种学习要通过一点一滴的积累、上下古今全面考察和亲身实践才能实现。所以他说:"将深于学,必测之古,证之今,上该千世,旁括百家,异流殊方,如出一贯,则枝叶为轻而本根重矣。"①这种知识性的学习是要下苦工夫钻研的,是艰难的。叶适说:"今世之士,曰知学矣。夫知学未也,知学之难可也;知学之难犹未也,知学之所蔽可也。"②其实叶适批评的就是当时的理学家们只讲究心性修养上的简捷方便,而不知道知识性的学习之艰难,因而也就不能真正理解这个世界。而理解了为学之难还不够,还要理解是什么原因障蔽了知识性的学习和认识。这就需要一个"解蔽"的过程,而这个"解蔽"的过程就是解除理学之蔽的过程,从而回到"格物致知",实现"内外交相成"。

　　首先,叶适要求回到"格物致知"。而回到"格物致知",叶适要特别强调的是回到被理学家们忽略的"物"本身。他说:

　　　　人之所甚患者,以其自为物而远于物。夫物之于我,几若是之相去也,是故古之君子,以物用而不以己用……自用则伤物,伤物则己病矣,夫是谓之格物。《中庸》曰:"诚者物之终始,不诚无物。"是故君子不以须臾离物也。夫其若是则知之至者,皆物格之验也。有一不知,是吾不与物皆至也;物之至我,其缓急不相应者,吾格之不诚也。③

这就是说,要对这个世界有所认识,就片刻都不能离开物,要以我就物,就事物本身去认识事物。不就事物本身去认识,就想实现朱熹所谓的"众物之表里精粗无不到",是不可能的事。理学思路的一大弊病就在于

━━━━━━━━━━━━━━━

① 叶适:《宜兴县修学记》,《水心文集》卷一一,《叶适集》第1册,第195页。
② 叶适:《赠薛子长》,《水心文集》卷二九,《叶适集》第2册,第608页。
③ 叶适:《进卷·大学》,《水心别集》卷七,《叶适集》第3册,第731页。

"远于物"。认识要与事物本身的情形相符（"验"），认识不到位就是因为与事物本身的情形"不相应"。所以，一切都要以事物本身为转移。圣贤也正是因为认识到了这一点，才能做到"不恃其力之足以致物，而忧其心之未能通物"①。

其次，认识需要"内外交相成"。对于认识的实现而言，上文所言"格物致知"强调的是"物"，即从认识对象的角度来说的，而认识的实现还要从认识主体之认识能力的角度来看。叶适所谓"内外交相成"正是从这个角度来说的，是把认识能力分为了内外两种。他在评论《孟子》"心之官则思"时，提出了这一思想。

> 按《洪范》，耳目之官不思而为聪明，自外入以成其内也；思曰睿，自内出以成其外也。故聪入作哲，明入作谋，睿出作圣，貌言亦自内出而成于外。古人未有不内外交相成而至于圣贤，故尧舜皆备诸德，而以聪明为首。②

"耳目之官"是外在的认识器官，"心之官"是内在的认识器官。"耳目之官"的认识能力是"聪明"，"心之官"的认识能力是"思考"。叶适的这一思想已经有了感性认识与理性认识之别的意识。他说：

> 夫欲折衷天下之义理，必尽考详天下之事物而后不谬。③
>
> 观众器者为良匠，观众方者为良医，尽观而后自为之，故无泥古之失、而有合道之功。④

"考详天下之事物"需要具体而细致的观察，主要是通过耳目之官的作用形成感性认识；"折衷天下之义理"需要抽象概括的思考，主要是通过心之官的作用形成理性认识。"观众器""观众方"之"观"是耳目之官的作

---

① 叶适：《进卷·傅说》，《水心别集》卷八，《叶适集》第 3 册，第 734 页。
② 叶适：《孟子》，《习学记言序目》卷一四，第 207 页。
③ 叶适：《题姚令威西溪集》，《水心文集》卷二九，《叶适集》第 2 册，第 614 页。
④ 叶适：《外稿·法度总论一》，《水心别集》卷一二，《叶适集》第 3 册，第 787 页。

用,"尽观而后自为之"则需要自己"心之官"的思考概括形成自己的理解才不会泥古。可见,叶适已经模糊地产生了由感性认识上升到理性认识的思想,不过尚不十分明确。因为他尤重由耳目之官得来的感性认识,要以之为"首",并不强调两者之间有一个"上升"的过程。因为一旦强调这个上升的过程,那么感性认识就会从属于理性认识,而有可能弱化感性认识的作用,为理学"专以心性为宗主"①的思路张本。所以,叶适强调的是内外两种认识能力是平行的,而且"内外"要"交相成",相互依赖,不能独立形成认识。在外者要"入以成其内",在内者要"出以成于外"。也就是说,在内的心之官的思考需要在外耳目之官的观察来成全,其实就是理性认识需要感性认识提供思考的材料;在外的耳目之官的观察需要在内的心之官的思考来成全,其实就是感性认识需要理性认识的促成。在这里,理性认识不是对感性认识的提升,而是形成感性认识的一个条件。两者可以有首次、先后的关系,但没有上下提升的关系。也就是可以以感性认识为首为先,以理性认识为次为后。在认识能力上以外在的耳目之官的认识为首,正是叶适对"格物致知"重外在客观之"物"思想的贯彻。所以,叶适认为:"致知格物在心、意之先,为大学之要。"②

叶适的"内外交相成"思想是针对认识能力提出来的,即是将人的认识能力分为内外两种,目的在于强调从事物本身的情形来认识事物。但他同时又从另一种角度阐发了认识上要发挥人的主观能动性的思想,即以人的整个包含内外的认识能力为内,而以"物"为外。这又是"内外交相成"的一种内涵。他说:

> 今日存亡之势,在外而不在内;而今日堤防之策,乃在内而不在外。③

① 叶适:《孟子》,《习学记言序目》卷一四,第 207 页。
② 叶适:《进卷·大学》,《水心别集》卷七,《叶适集》第 3 册,第 731 页。
③ 叶适:《唐书六》,《习学记言序目》卷四三,第 634 页。

时自我为之,则不可以有所待也;机自我发之,则不可以有所乘也。不为、则无时矣,何待? 不发、则无机矣,何乘?①

"存亡之势"即事物本身的客观情形,"堤防之策"则是人提出解决问题的主观方案。而方案的形成要经过以耳目之官的认识为先导的内外两种认识能力的作用。虽然存亡之势"在外不在内",堤防之策"在内不在外",但堤防之策的形成要以对存亡之势的认识为首要前提。而一旦形成此策,就应该积极实施,而不能消极等待。所谓"自我为之""自我发之",强调的正是这样一种积极行动的主观能动性。行动是发于外的,但积极从事则需要内在的动力。所以,不仅是内在的认识要发挥人的主观能动性,而且外在的行动亦是如此。这样一种思想不但在当时矫理学欲"安坐感动"天下之弊,而且极大地影响了明清之际重习行的实学思潮。

第四节 叶适功利之学的实学内涵:务实不务虚

宋代理学家们特别推崇董仲舒"正其谊不谋其利,明其道不计其功"(《汉书·董仲舒传》)的观点,叶适对此却颇不以为然。他说:

"仁人正谊不谋利,明道不计功",此语初看极好,细看全疏阔。古人以利与人而不自居其功,故道义光明。后世儒者行仲舒之论,既无功利,则道义者乃无用之虚语尔。②

董仲舒之论突显了四个方面的内容:道义、功利、动机、效果。所谓"正""明",所谓"谋""计",都属于内心的思虑,所以是动机。功利,也就是效果。董仲舒的意思是人的心思和动机不要放在获取功利和达致效果上,而要放在是否正大光明地彰显了道义。只要守住道义就行,可以不计效果。尽管不计效果属于动机,未必表示没有现实效果,但是由于毕竟不重视现实效果,无心于现实功利,并且明确把现实功利置于道义

---

① 叶适:《外稾·息虚论二》,《水心别集》卷一〇,《叶适集》第 3 册,第 766 页。
② 叶适:《汉书三》,《习学记言序目》卷二三,第 324 页。

之下,也就不可避免地在后世导致贬抑功利的思想和行为。这是自孔子提出"君子喻于义,小人喻于利"以来的"重义轻利"的传统。"重义轻利"是传统儒家在义利关系这一问题上的基本价值取向,它并不是一般地否定利的合理性,而是在义利发生冲突的时候,要求人们分清孰重孰轻,孰先孰后,坚持以义为先、为重。这种思想本身是不否定利的,只是要求"见利思义"。即在"利"的面前要首先考虑其取舍是否符合"义"。正如孔子所谓"义然后取,人不厌其取"(《论语·宪问》),"不义而富且贵,于我如浮云"(《论语·述而》)。从社会、国家的层面看,先秦儒家主张利民、富民,可见是相当重视公利的。所以义利之辨,不仅仅表现为个人的道德修养,也是社会政治经济问题。但是,由于后儒片面强调个人道德修养意义上的义利关系,以及在义利关系上片面强调义,甚至把义利对立起来,所以不可避免地助长了蹈虚不实、不务事功乃至遏制合理利益和欲望的流弊。

在叶适看来,理学片面强调道德性命之学,对于国家社会而言正有此弊。他反对把义利对立起来,主张"以利与人而不自居其功"[①],实现社会公利就是道义,而且若无此社会公利,道义也就是一句空话。也就是说,道义不是通过个人的道德修养而是要通过社会公利来实现的,个人的道德修养也要表现在能否带来社会公利上。

因而,叶适主张"务实而不务虚,择福而不择祸""课功计效,一事一物,皆归大原"。[②] 使其功利之学明确表现出一种实学的内涵。也就是说,叶适的功利之学并没有停留在理论上的讲求事功,而是必须为国家和社会带来实际的利益。上文所论叶适的世界观,即以"物"为本的"物之所在,道则在焉"的道物观,归于阴阳平衡之自然规律的"中庸之道",以及"格物致知""内外交相成"的认识论思想,这些理论上的主张,最终都要落实到带来社会公利,办成实际事务,如此才能使事物归本大原,实

---

① 叶适:《汉书三》,《习学记言序目》卷二三,第 324 页。
② 叶适:《历代名臣奏议》,《水心文集》补遗,《叶适集》第 2 册,第 617 页。

现其存在的价值。因而，叶适思想中的这重"实学"内涵，正是其功利之学在理论上的完成。叶适对实学的讲求具体表现在社会政治、经济、军事和外交等方方面面。

在政治方面，叶适首先大倡君德，次则大谈人君当把握天下大势与国本，并论及君臣关系、君民关系等。叶适认为："人君必以其道服天下，而不以名位临天下。"① 若是不以道服天下，而只以名位临天下、威服天下，则不能"服天下之心"，臣民都只是迫于其名威而不敢抗争。那么，人君当以何道服天下？"人主之实德见于天下，而天下服矣。"② 人主之实德就是"容受掩覆，大度不疑，有以深结其臣民之心"③。人君一定要确信并充实自己的这种实德并施之于天下，而不要以"近功浅利"④ 动心。人君具备实德之后，要把握天下大势。若是不能把握这种大势，就不可治理好天下。而把握"天下之势"的关键在于认识到"天下之势在己而不在物"，如果做到了使天下之势在己而不在物，则"天下之事惟其所为而莫或制其后"⑤。使天下之势"在己而不在物"并非指人君可以主观任意地作为，而是指通过认识时势以合乎时势来作为，所以他说："故夫势者，天下之至神也，合则治，离则乱。"⑥ 把握了天下大势，使天下大势在己，然后还要具体落实如何治国。叶适认为首先要认识到立国之本是什么。他认为，国之本不在于"民""重民力""厚民生""惜民财"之类，而在于"礼臣""恤刑"，实现"不以刑法御臣下而与臣下共守法"⑦，从而使民"自爱而畏法"⑧。也就是说立国之本首先在于改善君臣关系，即协调和稳定统治集团内部的关系，然后才能协调君民关系。叶适并非不重视"民"，他也

---

① 叶适：《进卷·君德一》，《水心别集》卷一，《叶适集》第 3 册，第 633 页。
② 同上书，第 634 页。
③ 叶适：《进卷·君德二》，《水心别集》卷一，《叶适集》第 3 册，第 635 页。
④ 叶适：《进卷·君德一》，《水心别集》卷一，《叶适集》第 3 册，第 633 页。
⑤ 叶适：《进卷·治势上》，《水心别集》卷一，《叶适集》第 3 册，第 637 页。
⑥ 同上书，第 639 页。
⑦ 叶适：《进卷·国本中》，《水心别集》卷二，《叶适集》第 3 册，第 648 页。
⑧ 叶适：《进卷·国本下》，《水心别集》卷二，《叶适集》第 3 册，第 650 页。

主张君民一体,主张治国要得民,要与民为善,但仅仅停留在这一层面是抽象的,应该具体化,应该找到其中间环节以实现之。这个中间环节就是君臣关系,于是君臣关系就成了处理君民关系的前提条件。

在经济方面,叶适认识到"财用"是当时一件大事,一定要认真研究古今财用之本末,然后才能施用于政事上。通过对历代财赋制度的考察,他发现"古者财愈少而愈治,今者财愈多而愈不治;古者财愈少而有余,今者财愈多而愈不足"①。所以,他认为:"夫财之多少有无,非古人为国之所患。"②真正善于治国者,乃只"计治道之兴废而不计财用之多少"③,而当时的统治者乃以为最大的问题是财用不足,于是就有许多以征利和聚敛财富为目的的制度和措施。叶适认为,"聚敛"和"理财"是有性质之别的,他说:"理财与聚敛异,今之言理财者,聚敛而已矣。"④他强烈反对当时"取诸民而供上用"⑤的与民争利的"聚敛"行为,认为真正的理财要以仁义之心来进行,使财贷畅通,扩大社会再生产,增加社会财富,使民富国强。可见,叶适的功利之学虽然反对董仲舒"正谊不谋利,明道不计功"的思想,但他并非反对道义只讲功利。他是主张在社会和国家治理层面实现道义与功利的结合,社会公利即是道义所在,由此使得正义谋利、明道计功两不冲突,从而推动社会的进步和发展。

在军事和外交方面,叶适是主张抗金、反对议和的,认为议和就会陷入政治是非的泥淖中,使得国家不振、民心不畅,最终导致民族、国家灭亡。叶适主张通过用兵来完成恢复中原的大业。为了实现大业,叶适对兵制改革和军事战略问题作了深入的研究。叶适首先考察了当时的军政情形,揭示了其中的腐败。他说:"养兵以自困,多兵以自祸,不用兵以自败,未有甚于本朝者也。"⑥兵多且弱,无战斗力,养兵成为南宋财政困

① ③ 叶适:《外稿·财总论二》,《水心别集》卷一一,《叶适集》第 3 册,第 773 页。
② 叶适:《外稿·财总论一》,《水心别集》卷一一,《叶适集》第 3 册,第 770 页。
④ 叶适:《进卷·财计上》,《水心别集》卷二,《叶适集》第 3 册,第 657 页。
⑤ 同上书,第 657—658 页。
⑥ 叶适:《外稿·兵总论二》,《水心别集》卷一一,《叶适集》第 3 册,第 782 页。

难的重要原因之一。所以,他主张改革兵制。首先要改变的是单纯的募兵制及一律由国家财政供应给养的制度,然后"由募还农"①,改以税养兵为以田养兵,精兵以强兵,从而从根本上减轻以国家财政养兵的负担。在军事战略思想方面,他主张作全面和长远的谋画,通过总结历史经验和研究现实形势,以定进取与防守之策。在这方面,叶适提出了不少切合实际的具体策略和办法,并且颇见成效。"他对军事问题的研究是相当深入的,他所提出的兵制改革的方案和军事战略思想,是相当完备并且大部是切合实际的,可以说,这是叶适思想中最精彩的一部分。"②

从以上各方面的思想主张来看,叶适颇重视通过总结历史经验教训和考察现实情形,以提出具体可行的施政方案,但又并非急功近利,而总是以宏阔的视野和胸怀以实现长远的目标。更为重要的是,他明确反对"近功浅利",而是置道义于首要位置,进而把道义与长远的功利效果以及社会公利统一起来。

因为叶适之学大谈功利和实效,强调结合耳目之官和心之官内外两种认识能力,从物本身去认识和把握道,重视自然的中庸之道,要求解决实际问题,反对空谈,所以颇为理学所排斥。朱熹就认为陈亮叶适的事功之学和功利之学"大不成学问"③。实际上,从叶适重视人君实德,仍把道义置于首位等思想主张来看,其学与理学在根本上并无冲突。他只不过是反对"专以心性为宗主",而主张把入德落于实处,把解决社会现实问题落于实处以实现道义。所以,他的观点与陈亮的事功之学一样都可以视为儒学自身的发展和对理学的纠偏。但是,由于叶适的功利之学在解决现实问题和获取功利方面比陈亮更加具体、精细和深入,所以,他能比较少地受理学形上思想的纠缠而能更好地补理学玄虚之弊,并对明清之际的实学思潮产生重大影响。

---

① 叶适:《唐书二》,《习学记言序目》卷三九,第 586 页。
② 张义德:《叶适评传》,第 218 页,南京,南京大学出版社,1994。
③ 黎靖德编:《朱子语类》卷一二二,第 2957 页。

第二十四章　杨简的心学

杨简（1141—1226），字敬仲，慈溪（今浙江省宁波市西北）人，晚年筑室于德润湖（慈湖）上，世称"慈湖先生"。杨简从小就受到比较严格的庭训，他的父亲杨庭显（1107—1188）不仅因德行闻名于乡里，且与陆九渊（1139—1193）相交善。此外，杨庭显兼好佛禅之学。这些对杨简思想的形成产生了十分重要的影响。南宋乾道五年（1169），杨简进士及第，初调富阳县主簿，时陆九渊过富阳，杨简受其指点，遂有"扇讼之悟"，并归附象山之学。虽然陆九渊仅年长杨简两岁，但后者仍向前者执定师生礼。他们师徒的这段交往，成为心学史上乃至宋明理学史上的重要事件。杨简一生为官有方，但仕途不显，最终"寻以宝谟阁学士、太中大夫致仕，卒，赠正奉大夫"①。

随着"庆元党禁"（1195）的发生，杨简因支持赵汝愚（1140—1196）而被罢黜，从此之后，他"家食者十四年"（《慈湖遗书》卷一八），再也没有实质性的从政经历。赋闲的日子里，杨简在思想上创作颇丰。据《宋史》记述，他一生著有《甲稿》《乙稿》《冠记》《昏记》《丧礼家记》《家祭记》《释菜礼记》《石鱼家记》，又有《己易》《启蔽》等，现存主要整理著述有《慈湖遗

---

① 《宋史·杨简传》卷四〇七，第 12292 页。

书》《先圣大训》《慈湖诗传》《杨氏易传》《五诰解》等。杨简秉承和发挥其师陆九渊"六经皆我注脚"的学问精神,对于四书、五经大都有自己的一套阐释。就根本而言,杨简的心学思想主要展现为一系列"觉悟"的历程,并以"觉"和"不起意"为本体—工夫论系统,最终贯穿和落实于他所肯认的仁学思想之中。

在正式讨论杨简的以"觉"和"觉悟"为核心的心学思想之前,我们有必要对"觉"和"觉悟"做一点简要交代。"觉"的观念最初出现在《孟子》中:"天之生此民也,使先知觉后知,使先觉觉后觉也。"(《孟子·万章上》)赵岐注释道:"觉,悟也。"许慎在《说文解字》中说:"觉,寤也。从见,学省声。一曰发也。"寤即从睡梦中醒来之意,所谓"使先觉觉后觉",就是使人民都有关于尧舜之道的觉悟,能认识到尧舜之道。"悟"的说法最早在《尚书》中就已经出现:"今天降疾,殆弗兴弗悟。"(《尚书·顾命》)这里的"悟"通"寤",指成王身患重病,不能起、卧。后来,由于"觉""悟"二词在表达观念上的一致性,二者往往互相训释,并且构成同义复合词。

"觉悟"一词最早在《荀子》和《韩非子》等篇目中就可以找到,其基本含义无非指"醒悟""明白",从而引申为对道的认识和体认。张岱年先生就曾指出,在中国古代哲学中,所谓觉和悟,都是说对于"道"有比较明确的认识。儒家、道家都有讲"闻道",觉悟即"闻道"。用现代的语言来说,就是达于对真理的认识。[①] 张先生可谓揭示出"觉"在中国古典思想中的真义,然而他并没有细致区分"觉"和"悟"的内在差别。随着汉语字词义的发展和稳定,"觉"基本有两层含义:一方面指感官的认知(认识),即"感觉""知觉"等;另一方面指心灵内在的认知(认识),即"觉悟""感悟"等。"觉"的两种意涵是互有关联的,心灵的感知、认知和醒悟往往始于或发于外在的感觉、感触。中国化的佛教即禅宗用"本觉""觉悟"来指众生先天具有的智慧,即人人皆可成佛,使得"觉"成为一种普遍的可能性

---

① 参见张岱年:《说觉悟》,《中国青年政治学院学报》1991 年第 1 期,第 31—32 页。

即修养目标。杨简就是在这种思想背景之下,以"觉"和"觉悟"来创造性地阐发和展现其心学思想。

第一节　杨简的觉悟历程

一、"循理斋之悟"

《慈湖先生年谱》辑录了乾道四年(1168)杨简生平第一次觉悟,彼时他二十八岁,正适"太学时期"。后来杨简回忆道:

> 某之行年二十有八也,居大(太)学之循理斋。时首秋,入夜,斋仆以灯至。某坐于床,思先大夫尝有训曰"时复反观"。某方反观,忽觉空洞无内外、无际畔,三才、万物、万化、万事、幽明、有无,通为一体,略无缝罅。[①]

杨简体验到心体无内外、无际畔,三才、万物、万事、幽明、有无等通为一体,这种"万物一体"的体验与孟子"万物皆备于我"、陆九渊"宇宙内事乃己分内事,己分内事乃宇宙内事"的表述极为相似。相较而言,杨简的体验更倾向于泯灭和消除一切物与事的差别,并由之所达到的精神状态。"循理斋之悟"基本上是受乃父"或自觉,则见本心"思想的诱发而成。对于"则见本心"的"本心"为何,对于从"事即道"的"事"中如何证得"道",对杨简而言,都需要更进一步的省思。

二、"三十有一而又觉"

乾道五年(1169),杨简举进士,授富阳县主薄,此时陆九渊还未进士及第,因此可判定"三十有一而又觉"亦发生于师事陆九渊之前,然而,不能借此就认定杨简全然未闻象山之学。杨简除了有可能从乃父杨庭显处得知陆九渊及其学问之外,太学时期还曾与陆九渊之兄陆九龄

---

① 杨简:《炳讲师求训》,《慈湖遗书》卷一八,《景印文渊阁四库全书》第1156册,第898页。

(1132—1180)有短暂的交往(《慈湖先生年谱》卷一)。杨简自述：

> 某二十有八而觉,三十有一而又觉,觉此心清明虚明,断断乎无过失。过失皆起乎意,不动乎意,澄然虚明,过失何从而有? 某深信此心之自清明,自无所不通,断断乎无俟乎![1]

这一"又觉"紧承"循理斋之悟"而来,杨简"觉此心清明虚明",似乎是他对"此心"即吾人既有之道德本心为何的扣辩所得。他用"清明虚明"来指涉"此心","清明"指"此心"清清澈澈地存有的本然面目,"虚明"则指倘无过失时"此心"空灵的状态。这可能就是杨简对本心在存有论上和境界论上交融性的体认和表述,但他并没有作出更一步的说明。"三十有一而又觉"其实更主要的是觉悟到"此心"对"过失"和"意"的超拔,这种对"过失"和"意"的超拔当然可能导致连此心的当下性、现实性也一并超脱。如此,杨简的思想形态中就呈现出切近佛禅之学的倾向,而非儒家立于当世、落在现实的思想志趣。

三、"扇讼之悟"

在有关杨简的觉悟的文献记载中,"扇讼之悟"无疑是焦点。对杨简心学的形成来说,"扇讼之悟"最受人关注也最为关键,是心学史上最为著名的公案之一。陆九渊于乾道八年(1172)进士及第,时杨简始从其游。"扇讼之悟"即发生于这一时期。关于这次事件,有两则重要材料,一个是《陆九渊集》的记述,一个是杨简弟子的载述,且将它们录出：

> 杨敬仲问："如何是本心?"先生曰："恻隐,仁之端也;羞恶,义之端也;辞让,礼之端也;是非,智之端也。此即是本心。"对曰："简儿时已晓得,毕竟如何是本心?"凡数问,先生终不易其说,敬仲亦未省。偶有鬻扇者讼于庭,敬仲断其曲直讫,又问如初。先生曰："闻适来断扇讼,是者知其是,非者知其非,此即敬仲本心。"敬仲忽大

---

[1] 杨简:《永嘉郡治更堂亭名》,《慈湖遗书》卷二,《景印文渊阁四库全书》第 1156 册,第 620 页。

觉,始北面纳弟子礼。①

  陆文安公新第归来富阳,长先生二岁,素相呼以字为交友。留斗月,将别去,则念天地间无疑者。平时愿一见,莫可得,遂语离乎。复留之,夜集双明阁上,数提本心二字,因从容问曰:"何谓本心?"适平旦,尝听扇讼,公即扬声答曰:"且彼扇讼者,必有一是有一非,若见得孰是孰非,即决定谓某甲是某乙非矣! 非本心而何?"先生闻之,忽觉此心澄然清明,亟问曰:"止如斯耶?"公竦然端厉,复扬声曰:"更何有也?"先生不暇他语,即揖而归。拱达旦质明,正北面而拜,终身师事焉。②

杨简虽然已"觉此心清明虚明",在此基础之上"改过"却仍有"旧习未易释"的感受,故产生更深的困惑。又,虽然"不动乎意,过失何处而有",但是"旧习"显然不等于"过失":前者侧重的是"此心"在障蔽状态下个人方面或群体方面的经验积累,它表现为时间上的凝固状态。在杨简看来,"动乎意始有过",只需对未发之际的"意"进行惩治,就可保证"此心澄然清明",因为"意"是"过失"之所以造成的本根或逻辑起点。

  对于"意",杨简基本有两种说法:其一,"然则心与意奚辨? 是二者未始不一,蔽者自不一,一则为心,二则为意,直则为心,阻则为意"③。在杨简看来,心与意本是"未始不一"的,当"蔽者"蒙蔽、障蔽本心时,心、意分而为二。其二,"凡动乎意皆害道"④。此时的"意"主要指涉"意虑""邪念"等,或相当于杨简所说的"过失"。不难推知,慈湖在觉悟状态下所谓的"意"大体指"心与意为一"层次上的"意",即将"意"收摄于心体,使心所发之意纯然无害。但如我们所指出的,杨简这次的困惑在于如何"改过",本心何以使其所发之意无过。可见,杨简与陆九渊在往复讨论时似

<hr>

① 陆九渊:《年谱》,《陆九渊集》卷三六,第 487 页。
② 杨简:《宝谟阁学士正奉大夫慈湖先生行状》,《慈湖遗书》附录,《景印文渊阁四库全书》第 1156 册,第 928 页。
③ 杨简:《绝四记》,《慈湖遗书》卷三,《景印文渊阁四库全书》第 1156 册,第 638 页。
④ 杨简:《咏春堂记》,《慈湖遗书》卷二,《景印文渊阁四库全书》第 1156 册,第 613 页。

乎并没有处于同一问题焦点之上。

不论如何，"扇讼"事件的确是促成"扇讼之悟"的必要条件，对于这类的顿悟事件，牟宗三先生说："其实顿悟亦并无若何神秘可言，只是相应道德本性，直下使吾人纯道德的心体毫无隐曲杂染地（无条件地）全部朗现，以引生道德行为之'纯亦不已'耳，所谓'沛然莫之能御'也。'直下使'云云即是顿悟也。"①唐君毅先生也认为，陆九渊的"随机指点"，究其实质是要杨简"乃要在人直下提升其精神，以会得'宇宙即吾心'之一整全之意，而自其所溺者拔起，更奋发直立，乃为强度的说，凝聚的说，总摄的说者"②。撮其要而言，唐先生的侧重点在于杨简与陆九渊对"心性"合"天道"的继承与二者修养工夫的区别，如果说陆九渊的警策是要杨简"以会得'宇宙即吾心'之一整全之意"，那么以杨简的问题意识来说，"改过"或"旧习"当如何"会得"，在"此心即道"中彻底去除"意虑""私意"岂不更为简便和彻底。从这个视域看，杨简之悟可能更多地与乃父之教亦即与佛禅的修习有关，而非得自于陆九渊短暂的"随机指点"，或者说，杨简把乃师的"当机指点"当作一次佛禅修习的经历了，因为对他而言，佛家的禅定工夫和修习路数无疑在解决"改过"和"旧习"的问题上更为直接、更具效力，也更容易契入。

四、"山谷夜坐之悟"

"山谷夜坐之悟"是"扇讼之悟"的继续，杨简自述：

> 后因承象山陆先生扇讼是非之答，而又觉某澄然清明，安得有过？动乎意始有过。自此虽有改过之效，而又起此心与外物为二见。一日，因观外书有未解而心动，又观而又动，愈观愈动；掩书夜寝，心愈窘，终不寐。度至丁夜，忽有如黑幕自上而下，而所谓窘者

① 牟宗三：《心体与性体》中，第 196 页。
② 唐君毅：《中国哲学原论·原性篇》，第 428 页，香港，新亚书院研究所，1995。

扫迹绝影，流汗沾濡，泰然，旦而寤，视外物无二见矣。①

这则材料表明杨简似乎并未因陆九渊的"本心之教"于"此心"就全然无疑虑，完全"信得及"。杨简回顾"扇讼之悟"，其体会是"虽有改过之效，而又起此心与外物为二见"，不满之情溢于言表。关于"山谷夜坐之悟"，杨简的弟子钱时(1175—1244)交代了具体时间、地点及事件的主要情况：

> 八年秋，七月也，已而讼檄，宿山谷间，观故书犹疑，终夜坐不能寐。天曈曈欲晓，忽洒然如物脱去，乃益明。②

杨简对"扇讼之悟"不满，不得已重新诉诸"故书"，即异教之书，足见佛禅之学对其影响之深。显然，他依照"本心之教"这一权法来"改过"，且取得一定的效果，但是因为外物无关涉"此心"，"改过"无非具体经验项的累积，与其所证得的"天地万物无非一体，非吾心外事"相悖，所以又不得其解。

不能否认的是，这与杨简家学和佛禅之学存在密切联系有关，陆九渊曾言：

> 自谓不逮乃翁远甚，恨其未闻余言。后简自以告公，公果大然之，于是尽焚所藏异教之书。③

杨简夜观佛家典籍，可知其家中"所藏异教之书"或并未"尽焚"，他所"犹疑"所求解之事在于"而又起此心与外物为二"，也就是说，他的"学问头脑"乃在于心性的本体论与工夫论的融合。

杨简对儒家之道虽有自觉皈依意识，如他有诗云：

> 儒风一变至于道，此是尧夫未识儒。除却儒风如更有，将驴骑了复求驴。④

---

① 杨简：《家记五》，《慈湖遗书》卷一一，《景印文渊阁四库全书》第 1156 册，第 817—818 页。
② 杨简：《宝谟阁学士正奉大夫慈湖先生行状》，《慈湖遗书》附录，《景印文渊阁四库全书》第 1156 册，第 928 页。
③ 陆九渊：《墓志铭》，《陆九渊集》卷二八，第 326 页。
④ 杨简：《偶作》，《慈湖遗书》卷六，《景印文渊阁四库全书》第 1156 册，第 673 页。

然而他不仅观佛书,并且还以佛譬喻"此心",如其谓:

> 孔子曰"心之精神是谓圣",即达摩谓从上诸佛,惟以心传心,即
> 从心是佛,除此心外更无别佛。①

佛徒"即从心是佛,除此心外更无别佛",向往儒道之人亦莫不如此:倘若在儒道中正求得道了,还要更外别求,便是"除却儒风如更有,将驴骑了复求驴"。

或许因为家学之禅学色彩浓厚且杨简又常往来于佛典而不自觉,故而朱熹批评说:

> 陆子静、杨敬仲自是十分好人,只似患净洁病底;又论说道理,
> 恰似闽中贩私盐底,下面是私盐,上面以鲞鱼盖之,使人不觉,盖谓
> 其本是禅学,却以吾儒说话遮掩。②

牟宗三先生认为:

> 当吾人一旦归于朴实之途,进一步想把这"本心即理"之本心如
> 如地呈现之,则不起一毫作意与执着之时,这便有禅之风格之出现。
> 实事实理之如如地呈现,即自然地流行(所谓天理流行),即涵蕴着
> 这种风格之必然地可出现。此即禅家所谓"无心是道"是也。此"无
> 心是道"之无心是作用义的无心,不是存有义的无心。此作用义之
> 无心既可通于道家之玄智,亦可通于佛家之般若与禅。③

"作用义的无心"即是一权法即禅之风格而已,并非真是禅家。杨简大概就是"作用义的无心"之典型代表。

五、"居丧之悟"

淳熙元年(1174),杨简之母臧氏去世,他在丁忧期间有一次觉悟:

---

① 杨简:《炳讲师求训》,《慈湖遗书》卷一八,《景印文渊阁四库全书》第 1156 册,第 898 页。
② 黎靖德编:《朱子语类》卷一二四,第 2978 页。
③ 牟宗三:《从陆象山到刘蕺山》,第 14 页,台北,台湾学生书局,1984。

> 淳熙元年春,丧姚氏,去官,居恶室,哀毁尽礼后,营圹车厩,更觉日用酬应未能无碍,沉思屡日,偶一事相提触,亟起旋草庐中,始大悟变化云为之旨,纵横交错万变,虚明不动,如鉴中象矣。学不疑不进,既屡空屡疑,于是乎大进。①

杨简特别看重这次"居丧之悟",之所以说"学不疑不进,既屡空屡疑,于是乎大进",似乎是因为他体认到了"寂然不动"之心。孟子有著名的"不动心"之说。孟子所言"不动心"乃指心能不受外在物欲的诱惑,即心不会妄动,通过"知言养气"(《孟子·公孙丑上》)、"尽心知性"(《孟子·尽心上》)等工夫即可顺适而成。杨简的"寂然不动"之心是他"少读《易大传》"深埋下的祈愿,在其觉悟体验之下的实现,主要表现为一种心学工夫境界即类似于禅宗所谓的万物及其变幻不过是"鉴中象",于念中不起念。也就是说,杨简所谓的"寂然不动"之心不同于孟子所谓的"不动心"。

杨简在慈母丧时,其孝悌之心应然自发,以致他自己"不自知",而这种仁心孝心的发用流行状态就是"无思无为""变化云为""交错万变"。"无思无为"的工夫境界并不是也不可能是消灭思虑(从他对其母的追思就可以看到),而是使思虑成为仁心本心的自然发用。由此见出,杨简在肯认本心"虚明不动"的同时,亦强调了"交错万变"的"动"的工夫。

六、"圣训之悟"

关于"圣训之悟",还看杨简的说法:

> 予自三十有二微觉已后,正堕斯病。后十余年,念年迈而德不加进,殊为大害。偶得古圣遗训,谓学道之初,系心一致,久而精纯,思为自泯。予始敢观省,果觉微进,后又于梦中获古圣面训,谓简未离意象。觉而益通,纵所思为,全体全妙。其改过也,不动而自泯,

---

① 杨简:《宝谟阁学士正奉大夫慈湖先生行状》,《慈湖遗书》附录,《景印文渊阁四库全书》第1156册,第928页。

泯然无际，不可以动静言。①

杨简把自己三十二岁从陆九渊"本心之教"而发的"扇讼之悟"看作是"微觉"，可见其评价不高，这并不仅仅是自谦，更可能是对自己实在有所不满。"扇讼之悟"后的十余年，恰是杨简正式归入陆九渊之门，同陆九渊等人有所交往的时期，他把这一段的学问归结为"正堕斯病""德不加进"，不快之意跃然纸上。究其根源，或许在于杨简自身觉悟的"吾心即道"与陆九渊所主的本心之学没有完全相契，退一步说，至少与杨简惯于运用禅定的方式来修养心性之学有关。杨简这次并没有再次诉诸"故书"（或"外书"，即佛门典籍），而是返回到"古圣遗训"之中，"圣训之悟"也就由此而发。"圣训之悟"的具体时间较难确定，根据"后十余年"的说法以及杨简的经历来看，应该可以断定是在他知乐平（1192—1194）之后。关于"圣训之悟"，杨简还曾描述：

> 一日内明忽开，方悟吾性本与圣贤同，殊不相远。"心之精神是谓圣"，乃孔子所以告子思，此可谓圣人至言。②

这一则材料对前一则材料有所补充，可见"圣训之悟"所谓的"圣"即孔子，"圣训"即"心之精神是谓圣"。"心之精神是谓圣"一语出自《孔丛子》，杨简对此书的真实性是持怀疑态度的，唯独对"心之精神是谓圣"一句不辞笔墨、百般辩解，除了该句着实深得杨简心意这一缘由之外，我们实在找不出更合适的解释。杨简的这些做法让他遭受到当时以及后来学者的诟病，但他本人却"自以为是"。站在研究者的角度看，可能是杨简终于找到了印证自己觉悟的经典依据（即"先圣遗训"）的缘故，对已经失去乃父和先师的杨简而言，没有什么比"圣人之言"更能得到他的竭力拥护和诚心阐扬的了。

"圣训之悟"是杨简"自三十有二微觉已后"十余年里始终"用其力"

---

① 杨简：《家记九·泛论学》，《慈湖遗书》卷一五，《景印文渊阁四库全书》第 1156 册，第 846 页。
② 杨简：《论〈论语〉上》，《慈湖遗书》卷一〇，《景印文渊阁四库全书》第 1156 册，第 794 页。

所得,由于"用其力"甚笃,竟于梦中再获"古圣面训"的肯认与指点。先圣的肯认表现为"谓学道之初,系心一致,久而精纯,思为自泯",这是对杨简心即道的肯认;先圣的指点表现为"谓简未离意象",即在圣道与心体为一体之下改过,脱离"意象"的桎梏,达至"即本体以为工夫"的境地。所谓"意象",与"动乎意"相一致,都是"意"活动的表现。古圣先训启悟杨简"此心澄然清明"也只是一种"意象",切勿因微觉到"此心澄然清明"而产生"昏蔽",表明杨简惩治"意"的工夫的严密性。"不动而自泯,泯然无际"是指"改过"作为"心体"的践履工夫并无损于"心体",如此"心体"才不至于有所欠陷;若"改过"的工夫一遇"过"即动,未见"过"即静即废弃,这是消极地做,则"改过"终是缺乏稳定无可赖依的,所以说,"不可以动静言"。

质言之,"圣训之悟"是在"偶得古圣遗训"的机缘之下、由杨简一贯的问题意识即"未离意象"和其特具的心学觉悟工夫之下所共同促成的觉悟。在杨简以圣人之语再一次确证其心学内涵的过程中,圣训文本真伪问题已经不在他的视域之内了,这也是他秉承"六经皆我注脚"的生动体现。

第二节　杨简论"觉"

正如思想史所呈现的,人们开始注意到杨简,往往是以之为陆九渊的附带。当进入到对杨简的注意或考察之后,其"觉悟"又最先为人所知,故他很容易被认定为禅。如钱穆就指出,"简之后学又张扬师说,谓其师尝大悟几十,小悟几十,真俨然成了禅宗一祖师"[1]。第一代新儒家,如熊十力、马一浮和梁漱溟,也注意到杨简受佛禅的影响,却不认为他是禅。[2] 暂且不论杨简到底是儒还是禅,有一点是事先必须要探究的,即杨简的"觉悟"是否仅是一种"神秘体验"。如果不是,他这种以"觉悟"为显

---

[1] 钱穆:《宋明理学概述》,《钱宾四先生全集》第9册,第219页,台北,联经出版事业股份有限公司,1993。

[2] 参见熊十力:《十力语要初续》,第241页,上海,上海书店出版社,2007;马一浮著,丁敬涵校点:《马一浮集》第2册,第43—44页,杭州,浙江古籍出版社、浙江教育出版社,1996;艾恺采访,梁漱溟口述,一耽学堂整理:《这个世界会好吗?》,第126页,上海,东方出版中心,2006。

迹的心学是否蕴藏着更为丰富的思想内容？在心学的脉络中，如何来定位杨简及其"觉悟"？

只有对以上诸问题进行重审和辨正，思想史研究的推进或进步才有可能。从研究者的角度来看，只有努力回到文本，进入杨简那些引人注目、聚讼不已的觉悟事件的内在，亦即他论"觉"的思想言说系统，以上关于杨简"觉悟"的诸多问题或许才可能获得善解。以下对杨简论"觉"的话语进行集中分疏和辨析。

一、"有觉"与"未觉"

我们需要先看看杨简对"觉"的基本界定：

> 圣语昭然，而学者领圣人之旨者在孔门已甚无几，而况于后学乎？比来觉者何其多也，觉非言语心思所及。季思已觉矣，汨于事而昏。[1]

"觉非言语心思所及"是杨简对"觉"的一个初步的否定式的规定，这表明，他所认为的"觉"与感官功能上的"觉"，即知觉，并不完全在同一层次。"觉"并非仅靠言辞思虑所能达到。因此杨简同时又主张，"觉"即"日用平常实直之心，事亲自孝，事君自忠，于夫妇自别，于长幼自序，于朋友自信"[2]。这种"日用平常实直之心"就表现在事亲、事君等道德条目和伦常关系的应物接物上。不难看出，材料中杨简主要从外在限制与规范和日常道德层面来谈"觉"，这似乎与其父的说法无多大区别。由此，就需要给出杨简心学视域下对"觉"的根本分判。对此，他有自己的体验和阐述，它们被称之为"有觉"与"未觉"。这正是杨简对"觉"的根本分判。

---

[1] 杨简：《默斋记》，《慈湖遗书》卷二，《景印文渊阁四库全书》第 1156 册，第 630 页。
[2] 杨简：《谒宣圣》，《慈湖遗书》卷二，《景印文渊阁四库全书》第 1156 册，第 640 页。

关于"有觉",杨简说道:

> 某位乐平首,得邹梦遇,某字之曰"元祥"。元祥自有觉,某从而涤其滓。①

> 永嘉徐良甫与德渊至稔熟,言其喜怒不形于色。同徐良甫从少保坟所,从容几日,德渊忽于早食前惊曰:"异哉!"良甫问状,于是知其有觉。②

邹梦遇(?—1211)、赵德渊(生卒年不详)皆为杨简意许的弟子,他之所以对此二人评价颇高,是因为他们做到或达到杨简所认可的"有觉",所以才说"某从而涤其滓"。比如,杨简就曾自述:

> 某后见德渊,德渊曰:"今于日用应酬都无一事,只未知归宿之地。"某曰:"不必更求归宿之地。"孔子曰"心之精神是谓圣",人皆有是心,心未尝不圣,何必更求?③

不难看出,杨简所谓的"有觉"即指在"道心人所自有"的基础之上觉解、省悟此"道心",即人所共有的仁心仁体。因此,只有在领会"有觉"和杨简为何说"有觉"的前提之下,才可能契合他进一步论及的"既觉"(或"已觉")和"未觉"。

杨简说:

> 某于淳安,钱子名时字子是,至契,子是已觉,惟尚有微碍。某划其碍,遂清明无内外、无始终、无作止。④

可见,相对于邹、赵二弟子,他更加称许子是(即钱时),谓其"已觉",只需

---

① 杨简:《墓志铭·邹鲁卿墓铭》,《慈湖遗书》卷五,《景印文渊阁四库全书》第 1156 册,第 656 页。
② 杨简:《跋·书云萍录赵德渊亲书后》,《慈湖遗书》卷五,《景印文渊阁四库全书》第 1156 册,第 662 页。
③ 同上书,第 662—663 页。
④ 杨简:《跋·钱子是请誌姒徐氏墓》,《慈湖遗书》卷五,《景印文渊阁四库全书》第 1156 册,第 660 页。

应机划除其体道之阻碍,这颇似禅宗教法。不可否认,由于杨简与钱时已经"至契",即深有所契、心性相通,方才有似"棒喝"的说教。如果他们难有所契、心性不通、道体不明,即所谓"未觉",恐怕杨简绝非有如此表示。如杨简就曾说:

> 子曰"学而不思则罔",为未觉者设也;又曰"君子有九思",为未觉及觉而未全者设也。①

事实上,孔圣所谓的"学而不思则罔",并非特指为哪类人而发,而是指一切学者。杨简的阐述固然有不当之处,却不妨碍我们对他所说的"未觉者"有所了解。在他看来,"未觉者"尽管学道,却不即时反思或穷索,此仍为"未觉";要从"未觉"达到"异质性的跳跃"(牟宗三语)即达至"有觉"或"顿觉""既觉""已觉",则应该在学道的同时至少做到"君子有九思"。

由以上讨论可知,杨简论"觉",以"有觉"为"人心即道""吾心即道"的基点,其精进而为"既觉""已觉",其否弃则为"未觉",这表明他对"觉"的分判是十分清晰的。这也是他对学者进行判认的依凭。由此可知,杨简论"觉"的思想,已初步展开于他对"觉"的界定与分判之中;而作为杨简心学显迹的"觉悟",也将进一步贯彻和落实于他自身整个的对"觉"的思想言说的系统中。

二、"微觉"

在对"觉"有一本质性的规定和划分("有觉""未觉")之后,才能讨论杨简所说的"微觉"。讨论"微觉",首先容易让人想到杨简本人反省其"扇讼之悟"的话头:

> 予自三十有二微觉已后,正堕斯病,后十余年念年迈而德不进,殊为大害。②

---

① 杨简:《家记一》,《慈湖遗书》卷八,《景印文渊阁四库全书》第 1156 册,第 705 页。
② 杨简:《家记九》,《慈湖遗书》卷一五,《景印文渊阁四库全书》第 1156 册,第 846 页。

照字面的意思，"微觉"即"细微之觉"或"稍有所觉"。杨简将"扇讼之悟"所得归之为"微觉"，一方面显出他自己对"扇讼之悟"评价不高、不甚满意；另一方面则可理会到，他在此之前的"觉悟"，只是做到"有觉"而已。透过陆九渊在扇讼中的指点及与之相往来，杨简始于"有觉"更进一步，因此才会既肯认自己所悟得的"此心"，同时又对自己有所警悟，从而深感尚处"微觉"的阶段。

这样再看"扇讼之悟"，其中的意蕴就更清楚明白不过，并且杨简归入陆九渊之门的内在理由也由此呈露出来。对此，杨简本人说得明白：

> 所谓一贯之旨，亦未明白无隐之诲，亦不终告。岂圣人不轻出其秘耶？何其莫可晓也？及微觉后，方悟道非心外。此心自善，此心自神，此心无所不通。①

杨简坦言，"及微觉后，方悟道非心外"，他这话的根本意旨，无非是认可"吾心即道"。他也正是在陆九渊指点的机缘之下，方确证此心体之根，亦即真正归附陆九渊心学一脉。由此可知，杨简所谓的"微觉"在其心学历程中并非不足道，而是一个关键环节。不只于此，杨简甚至有时谦逊地将自己一生所觉都视之为"微觉"，如他就称：

> 臣觉虽微，亦粗安止。曷未精一，有愧纯明。②

可以说，"微觉"是杨简觉悟事件的触发点，在他而言，"微觉"不是不可捉摸的，倒是需要说明可以澄明之处。

从杨简以上话语还能推知，即使真如他自己所言，他是"曷未精一，有愧纯明"，然透过这一点却可以得出一个重要的信息，即杨简学思的焦点在于"觉"之精一、纯明。显然，"微觉"并不足以达至此目标。杨简一生不仅以"觉悟"为学者所知，而且他还以觉悟教人即施行"觉悟之教"，这在他给其他学者特别是同乡、弟子撰写的记文、书信、墓志铭中有不同

---

① 杨简：《家记二》，《慈湖遗书》卷八，《景印文渊阁四库全书》第 1156 册，第 718 页。
② 杨简：《祈雨青词》，《慈湖遗书》卷一八，《景印文渊阁四库全书》第 1156 册，第 907 页。

程度、不同方式的反映。杨简对他的"觉悟之教"颇为满意,但这种做法也招致质疑和批评。可能杨简意识到"觉悟之教"会引起学者的误解,所以在觉悟历程中所兴发的一整套关乎"觉"的论说,就更有学理上的必要。为此,杨简主要诉诸"常觉常明"。

三、"常明常觉"

如前所言,杨简一生觉悟不断,用"常觉"来概括实非虚夸之辞。要看到的是,"常明常觉"正是杨简的用心语,这是他达至澄明心体并确保其不滑落的最重要保障。杨简称:

> 人心即道,是谓道心无体无方,清明静一,其变化云为虽有万不同,如水镜之毕照万物而非动也,如日月之溥照万物而非为也……呜呼至矣! 子又曰:"我学不严者,此也。"又曰:"用力于仁者,此也。"仁者,道心常觉常明之称。常觉常明者,常不昏而已,非思也。[1]

无论是"有觉"还是"微觉"或是"常觉",其共同点除却"人心即道"别无他物,此"道心"不寓于任何形体与时空,其性状是澈透的。作为杨简心学中最基本最实在的工夫路数的"常觉常明",即即觉即明、觉而益明,绝非觉而无忧、一觉百当;"常觉常明"是要用工夫在心体上去践履,而非于半途中积力,要时时刻刻回返到本心,印证心体。在杨简看来,只有"常觉常明"方能称之为"仁"。那么,"常明常觉"如何才能达到? 或者说,能不能做到? 对此,杨简透过颜回的例子阐解得较为充分:

> 颜子三月不动乎意,故曰三月不违仁。[2]
> 盖知者虽觉而旧习未能顿释,必纯明无间、所觉无亏而后曰仁。
> 颜子三月不违仁者,三月澄然,非思非为、照用无方、纯明无间也。

---

[1] 杨简:《论〈论语〉下》,《慈湖遗书》卷一一,《景印文渊阁四库全书》第1156册,第804—805页。

[2] 杨简:《墓志铭·蒋秉信墓铭》,《慈湖遗书》卷五,《景印文渊阁四库全书》第1156册,第655页。

> 三月之外不无微违，不远及复。孔子发愤忘食，为之不厌，犹曰"若圣与仁，则吾岂敢"。[1]

杨简最取颜子（颜回），以其无违于仁，故达至"觉"的最高境地，即"纯明无间"。又如他所说，"仁者，道心常觉常明之称"。这说明在杨简看来，"常明常觉"不仅能够做到，而且其根本的方法就在于"不动乎意"。不难看到，杨简心学最重要的两个方面，即"常明常觉"和"不动乎意"，本来就是紧密地结合在一起的。

通观杨简论"觉"的话语，将会发现，他论"觉"似乎除了"顿觉"，即牟宗三先生所说的"异质的跳跃，是突变""觉到如此即是如此耳"之外，还有一系列渐修式的"觉"说。它们与杨简的觉悟历程相辅相成，构成一个"觉"的思想系统。这也就是杨简心学"即本体以为工夫"的丰富内涵和潜藏之义。当然，这一系列的"觉"说与他对"觉"的本质规定并不相悖，因为它们大体是基于"有觉"而言的。杨简的这类渐修式的"觉"说，是其觉悟事件乃至其心学之所以独具特色的原因所在，也是其觉悟历程和"觉悟之教"生长的土壤，甚为关键却最容易为学者所忽视。

杨简认为"觉"必须通过"常明常觉"达到"纯明无间"，方为"觉"的完成。因此他告诫道："孔子以觉为知及之，又必仁能守之。漆雕开虽已觉此不可容言之妙，可曰'知及'，而用力于仁，蒙养之功，未至纯明。虽颜子三月不违，而三月之外亦或违。虽不远复，终未纯明。"可见，杨简认为孔子既能知及之"觉"，又能守之，而漆雕开与颜子倘若未能"信得及"和"能守之"，那么都不能看作"觉之纯"。在他而言，这种"觉之纯"的状态是一种在"即本体（心体）以为工夫"的长期操存、修习下臻至的境地。杨简将这种境地描述为"永"：

> 意虑不作，澄然虚明，如日月之光，无思无为而万物毕照，此永

---

[1] 杨简：《论〈论语〉下》，《慈湖遗书》卷一一，《景印文渊阁四库全书》第 1156 册，第 817 页。

也。一日意虑不作,澄然虚明,如日月之光,无思无为而万物毕照,此一日之永,是谓日至;一月意虑不作,澄然虚明,如日月之光,无思无为而万物毕照,此一月之永,是谓月至;三月意虑不作,澄然虚明,如日月之光,无思无为而万物毕照,此三月之永。①

质言之,"永"之境或"无思无为"之旨是杨简一贯的追求,它是杨简心学视野下论"觉"的最终理想。而他所说的"无思无为"并非"不思不为""妄思妄为",而是"知及之""能守之"吾人之仁心、道心所表现出的妙用云为,如他所指出的,"自古学者率求于无思无为之说,而不悟无思无为之实乃人心之精神妙用"。

经过这种"常明常觉"所达至的"永"之境、"无思无为"之旨,在杨简的诗作中有精练、纯熟的表达:

> 新年七十七,是虚不是实。我心包太空,有无混然一。比日腑脏作,示病而无疾。凭栏拱翠峰,可咏不可诘。②

从现有的文献材料看,此诗极有可能是杨简最后的诗作。所谓"有无混然一",正是"觉"之工夫践履与境界涵养通融体透的展现。

第三节　杨简"以觉训仁"的仁说思想

如所周知,理学家普遍强调和注重识仁、践仁和论仁,以致几乎每一个时代的理学家都有自己的仁说。"仁"之所以成为宋明理学史上最富影响的话语之一,究其实质,原因在于它是自孔孟以来儒学最重要的概念,故面对佛老的挑战,致力于复兴儒学的宋儒或理学家就不得不专意于阐发各自的仁说,由此,便形成了丰富的仁说思想。而起源于大程(1032—1085)的"以觉训仁"的仁说,经谢上蔡(1050—1103)和张九成

---

① 杨简:《永嘉郡学永堂记》,《慈湖遗书》卷二,《景印文渊阁四库全书》第 1156 册,第 622—623 页。
② 杨简:《丁丑偶书》,《慈湖遗书》卷六,《景印文渊阁四库全书》第 1156 册,第 673 页。

(1092—1159)的承续与发展,成为其中独具特色和颇有影响的一脉。杨简基于自身对"觉"的独特理解,将他的仁学思想归于"以觉训仁"一路,阐发出了思想新意。

一、杨简仁说的思想前缘

所谓"以觉训仁",其最原初和最基本的要义,无非指通过人的知觉和体验来诠释仁,这种说法以大程最为著名,他称:"医书言四体不仁,最能体仁之名也。"①"医家以不识痛痒谓之不仁,人以不知觉不认义理为不仁,譬最近。"②从大程之说可知,他是从为学践履中的感受体知和具体经验来说明仁的。这种譬喻性的言说及其思想,在谢上蔡和张九成那里有所承续和发展,如谢、张就说:"仁是四肢不仁之仁,不仁是不识痛痒,仁是识痛痒。"③"今医家以四体不觉痛痒为不仁,则觉痛痒处为仁矣。"从此可见,他们二人对大程论仁颇有会心。与谢、张以知觉训仁相似,杨简说道:

> 仁者,知觉之称,疾者以四体不觉为不仁。所谓仁者,何思何虑,此心虚明,如日月之照尔,亦非有实体也。④

从材料中可以看出,杨简以身体的知觉感受来论仁与不仁,这与谢、张并无二致。然而他更明确地说道,"所谓仁者",是"非有实体也"。这句看似普通的话,其实并不好理解。质而言之,就是说,尽管宋儒以各种方式来讨论仁,但并不能将他们所说的仁仅仅看作是一种本质主义的概念而已。⑤ 这应该就是杨简说仁"非有实体也"的意蕴。

通观杨简的为学历程,可以说,他肯认此本心、仁心、仁体,这与陆九渊的提点密切相关。关于这方面的材料,无疑以著名的"扇讼之悟"最为

---

① 程颢、程颐:《河南程氏遗书·师训》,《二程集》上册,第120页。
② 程颢、程颐:《河南程氏遗书·元丰己未吕与叔东见二先生语》,《二程集》上册,第33页。
③ 朱杰人等主编:《朱子全书外编》,第20页,上海,华东师范大学出版社,2010。
④ 杨简:《家记三》,《慈湖遗书》卷九,《景印文渊阁四库全书》第1156册,第756—757页。
⑤ 陈来:《有无之境:王阳明哲学的精神》,第83页。

人所熟知。这里尚要说明的是,经历"扇讼之悟"后的杨简,对"所谓仁者"的理解,不太可能没有受到乃师的影响。与此同样不容忽视的是,杨简的家学教养对他论仁的思想与方法的形成也起着十分重要的作用。这方面的作用,和宋儒以觉论仁的仁说一脉以及陆九渊的影响相比,或有过之而无不及。杨简本人从小就受到乃父的严格教育和引导,而杨庭显对佛禅思想观念的接受程度,在相当长的时间内,似乎丝毫不亚于其思想中的儒家伦理部分。因而从这个视域看,就并不难理解,为何杨简的学说与佛禅的理论总是如此亲近。如一般所知,"觉"作为佛禅思想的核心概念,实蕴藏着丰富的工夫论和本体论的内涵,更何况对于耳濡目染佛禅的杨简,其影响可想而知。杨简以佛禅的"觉"来讨论、言说儒家的"仁",是有其思想来源与充分积累的。

杨简之所以会以"觉"论"仁",主要有三个方面的思想前缘:其一,宋儒"以觉训仁"一脉的思想先导;其二,与陆九渊的交往及其指点;其三,杨简自身的家学教养。这三方面并非同等地灌进杨简的学说当中,它们各自所起的影响或作用,还需要辨析,在此可以先指明的是,其中后二者较为重要,特别是最后的一点,因为它为杨简对"觉"作出系统性论述,提供了直接的理论准备。在以上三方面的交融之下,杨简仁说所呈现的思想内容就值得注意。

二、杨简仁说的主要内容

在论述杨简仁说思想之前,有必要再次提及他对"觉"的认识。他论"觉"的思想系统,以"有觉"为根本前提,从"微觉""既觉"出发,并经过"常明常觉"的工夫,最终达至"觉"的最高境地。那就是杨简上述所说的"何思何虑""如日月之照尔"。并且,如下所论,杨简还反复将这种"纯明不已"的"觉"称之为"仁"。由于他念兹在兹地以"觉"的思想言说来论"仁",所以把他的仁说看作是"以觉训仁"的一种的做法,不能说不符合其思想实际。

杨简"以觉训仁"的话语,在他讨论《论语》的材料中有集中表述,这

些表述最为重要也最具代表性,如在下面两则材料中,他就说:

> 诵先圣之言者满天下,领先圣之旨者有几? 先圣曰:"知及之,
> 仁不能守之,虽得之必失之。"知者,觉之始;仁者,觉之纯。不觉不
> 足以言知。觉虽非心思之所及,而犹未精一,精一而后可以言仁。①

> 仁,觉也。医家谓肌体无所知觉曰不仁。知者亦觉,而不同其
> 仁,何也? 孔子曰:"若圣与仁,则吾岂敢?"仁几于圣矣。知者虽觉
> 虚明而旧习未尽消。意念微动即差,未能全所觉之虚明,必至于纯
> 明不已,而后可以言仁。②

从以上所说可知,杨简的讨论主要是围绕"知(智)""仁""觉"三者进行
的。这里他讲得明白,"仁,觉也""知者亦觉",就是说,他承认"知(智)"
和"仁"都是"觉",这是从性质上说。不论是"知(智)"还是"仁",都是在
"有觉"的前提下而言的。然而与此同时,杨简更明确以"觉"为标尺区分
了"知(智)"和"仁",认为它们是不同的,分属"觉"的不同层次。所谓"知
(智)者",只是"觉"的开始,就是说,有最终成为"觉"的逻辑可能;而"仁
者",才能称为真正的"觉"。

结合杨简自身对"觉"的思想言说系统来说,在他看来,"知(智)"
"仁"二者,都是就"有觉"的基础上而言,所以他才说,"不觉不足以言
知";但"知(者)"需要不断地进行工夫践履,返回并觉解此本心,才能成
为"觉之纯"。这种"即工夫以为本体"的践履,也就是杨简说的"精一"。
"精一"就是《尚书·大禹谟》所言"人心惟危,道心惟微。惟精惟一,允执
厥中"。这被宋明儒视为儒学道统的"十六字心传",也是他们对儒家精
神的用心之处。因此杨简这里说的"精一",无非指仁。相反,如果被旧
习裹挟,意念偏差,那就难以达至"仁"。如此一来,杨简在他论"觉"的思
想言说系统这一视域的阐释之中,创造性地提出了"知(智)"与"仁"这两
个层次区别和思想内容。在他"仁,觉也""知者亦觉"的意域中,一方面,

---

① 杨简:《愤乐记》,《慈湖遗书》卷二,《景印文渊阁四库全书》第 1156 册,第 628 页。
② 杨简:《论〈论语〉下》,《慈湖遗书》卷一一,《景印文渊阁四库全书》第 1156 册,第 796 页。

就"觉"之可能性而论,德者、智者、仁者等都具备觉解到本心之能力;另一方面,就"觉"之完满性或纯粹性而言,"知(智)者"等尚未除尽旧习的羁绊,以此来看,"知(智)者"之类就不能称之为"觉者"。简言之,杨简论"觉",虽以"仁"为矩矱,但并非缺乏逻辑上的区分、意义上的次第。

那么,如何达至"精一"、达至"纯明不已"。在杨简看来,关键在于做到"常明常觉",他称:

> 人皆有是明德而不能以自明,能自明而又不能常明。有时乎昏则不可以为仁,仁者,觉之谓。医家者流谓四肢不觉为不仁,先儒尝举此以明仁无一物之不觉,无一事之不觉。无斯须之不觉,如日月中天,如水鉴昭明,常觉常明,自觉自明,昼夜通贯。①

显然,杨简认为人皆本具明德之性,关键在于能做到自明其德、常明其德,"觉者"只有做到"常明常觉"才能称为"仁"或"仁者"。那么对杨简如何能够做到"常明常觉",就应当会有所讨论。这就要回到他论"觉"的"即工夫以为本体"的系统中去考察了。

合此而言,足见杨简的"以觉训仁",乃是他仁说思想的会心之见。而他之所以能"以觉训仁",则与他论"觉"的思想言说系统紧密相扣。也就是说,"以觉训仁"在某种意义上是杨简"以觉言心"的心学思想的核心表述,所以对他这种融合不同思想资源,又有其自身特色的仁说予以定位,不能说是一件没有意义、无关紧要的事。

三、杨简仁说的思想定位

基于以上内容的说明和考察,对杨简仁说思想进行定位的条件就基本形成。也就说是,他的仁说,虽然与以大程为起源的"以觉训仁"的仁说一脉有着外在体貌上的相似,然而任何一种学问体貌的呈现,根本上还是由该学者其学术本身的内在理路所决定。杨简自然也不例外。如

---

① 杨简:《孔子闲居解》,《慈湖遗书》卷一九,《景印文渊阁四库全书》第 1156 册,第 924 页。

前所提,既然杨简思想的内在源头主要在于他与陆九渊之间的交往以及他的家学教养,那么,现在首要做的,就是说明清楚他的仁说与这两者的关联。

透过陆九渊的言说,似乎不难肯定,杨简如此强调仁、申说仁,与陆九渊对仁的论述有重要联系。因此,就要考察他们师弟二人对仁的言说。陆九渊反复强调仁,并认为恶是可以避免的,这一点,只要立志于仁即可办到,"苟志于仁矣,无恶也"(《论语·里仁》)。为此,他专门阐释夫子之言"志于道,据于德,依于仁,游于艺",并提出其"仁"说的主要思想。陆九渊说:

> 仁,人心也,从心所欲不逾矩,此圣人之尽仁。孔门高弟如子路、冉有之徒,夫子皆曰"不知其仁",必如颜渊、仲弓,然后许之以仁。常人固未可望之以仁,然亦岂皆顽然而不仁?圣人之所为,常人固不能尽为,然亦有为者……使能于其所不能泯灭者而充之,则仁岂远乎哉?仁之在人,固不能泯然而尽亡,惟其不能依乎此以近于仁,而常违乎此而没于不仁之地,故亦有顽然而不仁者耳。士志于道,岂能无其仁?故夫子诲之以"依于仁"。①

从以上阐释可以体会到,陆九渊言道、德、仁、艺,完全是直下说来,即以"非分解以立义"的方式说,他论仁又自认是承孔孟而来:"夫子以仁发明斯道,其言浑无罅缝。孟子十字打开,更无隐遁,盖时不同也。"②杨简无疑领会并承继了乃师的精神,故他说"孔子之本旨非并列而为四条也"。陆九渊当下直认"仁,人心也",这是他仁说的要脉,他之所以说"仁之在人,固不能泯然而尽亡",是因为在他看来,仁是人人所具有的那一点"灵根明觉",如牟宗三先生所言,"'仁'是人之所以为人、所以发展完成其德性人格之超越的根据、内在的实体",亦即人之"本心"③。不仅如此,陆九

①　陆九渊:《杂著》,《陆九渊集》卷二一,第264页。
②　陆九渊:《语录上》,《陆九渊集》卷三四,第398页。
③　牟宗三:《心体与性体》中,第187页。

渊还强调要"尽仁",即不能停滞于"知仁"的层面,需进一步做到"践仁",既知仁体仁且践仁成仁。由此不难看到,陆九渊在"本心"之上对"知仁""尽仁"的论述与杨简在"觉"的基础上说"知者""仁者"是存在思想理路上的一致的。因为如前所述,"觉"对杨简而言,就是觉解到此"本心"。所以说,仅就这根本一点来看,他们师弟对仁的论述是相通的。

如果说上述论断还有欠依据的话,那么可以再引下面一段杨简的话作为印证:

> 圣门讲学,每在于仁。圣人曰:"知及之仁,不能守之;虽得之,必失之。"又曰:"力行近乎仁。"以此知仁,非徒知不行之谓。吾目视耳听鼻嗅口尝手执足运,无非大道之用,而有一私意焉,隔之不觉不知谓之不仁,可也。然则仁者谓己常觉之,非徒知而已……惟仁者乃能寿,为其念虑闲静,气凝而意平,长年之道也。此固非徒知者能到。学而不仁,非儒者也。[1]

从此段材料可见,杨简与陆九渊一样,以旨归于仁作为儒者之所以为儒者的根本所在。之所以说"学而不仁,非儒者也",是因为他自认是以达于仁为自觉追求的。但是也要看到,同是阐释"志于道,据于德,依于仁,游于艺",陆、杨的说法看上去相似,后者这里的说法,与前者已经有所不同。他们的不同之处,正在于后者将"觉"的言说融贯到论"仁"的思想话语中。下面一则材料可以使杨简的不同之处显豁出来:

> 有德者虽实有道,而或不能常觉常明,或转移于事物。虽能旋觉,其未觉也,犹为不仁。仁,觉也。觉非思为,故《易》曰:"无思也,无为也。寂然不动,感而遂通天下之故。"草木之实曰仁,政以明无思无为、感而遂通之妙。此古圣之寓教也。草木无思为而自发生,孔子曰:"知及之,仁不能守之。虽得之,必失之。"德即知,知与仁一

---

① 杨简:《论〈论语〉下》,《慈湖遗书》卷一一,《景印文渊阁四库全书》第1156册,第816页。

也，皆觉也。惟常觉而后可以言仁。①

遍察杨简的思想材料后就会发现，这种说法在他论仁的话语中的典型性是显而易见的。在杨简的心学视域中，"德、知、仁"皆"觉"也，但他强调的是，即使是"有德者"，如果没溺于事事物物，仍只是"旋觉"，而非"常觉常明"。此"常觉常明"即仁。可以推知，杨简所指的"仁，觉也"的"觉"其实更多地是特指"常觉常明"。这就是他虽然也认可"有德者""知者"皆能觉，但他们的觉主要是指"有觉""微觉"罢了，并不是"常明常觉"。因此，"德、知、仁"三者所指的"觉"，其实是有所不同的。换个说法，这也正表明研究所论的"觉"是一个"即工夫以为本体"的系统，蕴含有丰富的思想内容。

由此就比较清晰地看到，杨简这种以"觉"论"仁"的思想言说，与陆九渊的仁说存在着相当的差别。因此，尽管前者在仁道这一根本点上与陆九渊保持不悖，并且后者也不是完全不用"知觉"的字眼来谈仁，但就学说的体貌特征来看，从大程到谢、张一系的"以觉训仁"的思想言说，似乎更应该是杨简仁说应该归属的序列。

其实，自大程在著名的《识仁篇》中开出论仁的话头以来，在以知觉训仁的同时，也存在着以天地万物一体言仁和以生意论仁。也就是说，以不同方式强调仁、申说仁，至少在大程那里，是一并存在的。而即使是后来者，如谢上蔡、张九成，虽说丰富和发展了以知觉训仁的仁说，但他们各自的言说，似乎也很有不同。如果说谢上蔡基本还能承接大程而来，即以生意论仁、以知觉论仁，那么到了张九成，他的说法便有不小转变和发挥，他说："仁即是觉，觉即是心。因心生觉，因觉有仁。"张九成"以觉言心"之说是他入禅甚深后的自得，他这一以佛禅论儒的做法，其实是宋明诸儒的普遍经历，这一点已毋庸讳言。张九成之所以受到包括朱子在内的多数批驳，主要是由于批驳者认为，他从根本上颠倒了儒佛的位置。

① 杨简：《论〈论语〉下》，《慈湖遗书》卷一一，《景印文渊阁四库全书》第 1156 册，第 801 页。

而在这个根本性的问题上,杨简没有步张九成的后尘。这一点,上述考察已经辨明,即前者虽也以禅说儒,但并没有颠倒二者。"学而不仁,非儒者也",杨简还是以儒家仁学精神为旨归的。但即使如此,也不能保证,杨简就不会有与张九成类似的遭遇。毕竟依照"效果历史"的角度看,杨简学说与佛禅相亲近的事实,是无可否认的。

作为思想史上的人物,杨简似乎总是以陆九渊心学接续者的形象和身份而被认识和评价的。四库馆臣就说:"简则为象山弟子之冠,如朱门之有黄干。"(《四库全书总目》)这种说法成为一种比较有代表性、普遍被接受的看法。这种看法的流行势必造成两种结果:其一,杨简作为象山之学的重要传人,其思想应予以注意;其二,人们容易对杨简心学形成一种"前理解"(pre-understanding),以为它不过是象山之学的极端发展而已,没有什么特别之处。这两种结果并非分裂为二、互不相干,而总是交织在一起,于是,学界对于杨简思想的态度,就难免会陷入这样的境地:杨简固然重要,不过他只是象山之学的注脚而已,并不值得深入探讨。陆九渊后学的研究之所以难以深入和拓展,恐怕与这种心态不无关系。现在看来,这种心态应当破除。

经过以上一番梳理、分疏与辨析,杨简关于"觉"的论述呈现一幅丰富而有序的思想图景。从他论"觉"的言说系统,即从"有觉""微觉"到"常明常觉",以至最终达于"永"和"无思无为"的"觉"之境,不难确知,杨简论"觉"是兼摄工夫与和本体两面的,而他对"意""不起意"的论述,也同时蕴含其中。这对重新审视杨简的觉悟历程与其心学思想意义重大。从杨简心学整体而言,如果说"心之精神是谓圣"是其塔尖的话,那么论"觉"的思想言说系统,则与"不起意"说一道,组成了强有力的支撑。因此,就杨简思想自身来看,其论"觉"的思想言说的意义自然就显现出来,它是其心学的一个必要部分。那种把杨简的"觉悟"停留在"神秘体验"的看法,无疑是十分肤浅且不符合思想史实际的。

更需指出的是,杨简通过这样一整套论"觉"的思想言说,向后来学者展示了心学在宋代开展的一种可能。那就是,在心学的视域中创造出一个融摄佛禅、融通二教的努力。这种思想实践,特别体现于杨简"以觉训仁"的仁说中。或许由于这方面的原因,杨简才得以在明代中叶特别是阳明学的鼓动之下重新出场。故一定意义上,杨简论"觉"的思想言说已经为阳明学及其展开,准备了思想资源与理论条件,它是陆王心学发展的一个必要过程。这样一整套论"觉"的思想言说,无疑是从家学的教养以及与陆九渊的交往中,结合自身的问题意识而生发出来的。如此来"以觉训仁",是在心学视野下对儒家仁学传统进行创造性诠释。① 值得注意的是,就体貌特征而言,杨简的仁说无疑属于大程以降的"以觉训仁";但从思想旨归上看,它却是象山之学的某种发展。这种仁说在一定程度上使心学乃至宋明儒学的某些层面得到了深化与推进,其思想地位与历史作用或许就在这里。综而言之,无论是考察陆王心学还是宋代儒学,杨简都是不可或缺的一环。

---

① 参见胡栋材:《"觉":杨慈湖对心学的创造性诠释》,《中州学刊》2014 年第 9 期,第 125—128 页。

第二十五章　元代道学的演变与发展

　　元代道学在中国哲学史上有其特殊性。这一特殊性就是在元初即有的地域(或者是南北)不平衡性。黄百家曾说,"自石晋燕、云十六州之割,北方之为异域也久矣,虽有宋诸儒叠出,声教不通"[1],这种南北不平衡性与南北"声教不通"有密切关联。有宋诸儒的"声教"不能影响北方,而"二程"之后,道学南传(即所谓"道南"),加上更多学者随宋祚南移而南迁,道学的南北发展不平衡性进一步加剧。元代初年,南方的"道学"尚未传到北方,此时在北方流传的儒学,不过经生章句之学,像当时严实东平兴学,所用的亡金儒士,所授亦只是"章句";而许衡早岁所学,亦只是金之"落第老儒"的"句读"。蒙古人入主中原之后,其社会文化形态亦有重大变化。他们一方面吸取了以儒学为主的汉族思想文化,另一方面也把自己民族的思想传统传播到中原来,促进了民族间的思想文化交流与融合。与此同时,南方的道学则经过朱熹的发扬光大,思想更趋圆熟;其后,朱熹、陆九渊后学也努力推进各自思想的进展。需要指出的是,尽管北方诸儒在学术上严守经学章句的藩篱,远离了道学的形上思辨和精致化,但他们同时也保存了汉民族文化,为汉、蒙思想文化的交流与融合

---

① 黄宗羲原本,全祖望修定:《鲁斋学案》,《宋元学案》第 4 册,第 2995 页。

以及后来蒙古攻占南宋时对南方儒家知识人的保护起到了一定的积极作用。

　　除了道学之南北发展不平衡外，元代道学的另一个重要特点是，诸多（但并非全部）学者，无论是出自朱学还是陆学，都能正视朱、陆学说的不足，而主张打破门户，综汇朱、陆两家之长。如出自陆学方面的学者，既能坚持其反求诸己、自悟本心、先立其大的"尊德性"之路，同时也兼取朱学致知、笃实的"下学"工夫；而朱熹的后学亦一面坚持笃实守敬的工夫，一面吸收陆学简易直接的心本论，以避免自身可能存在的"支离"泛滥。这便是当时的学风所趋，即和会朱、陆，兼长避短，补两家之未备。不过，在实际上，此时的"和会朱陆"乃是以陆学的"心本论"兼取朱学的理气论、理欲之辨，以及其笃实的学风。由此观之，宋明道学中不同学者在"本体"与"工夫"之间畸轻畸重（具体表现为德性与道问学、诚敬与致知、约取与博观等的矛盾），经过南宋朱、陆的争论，到了元代呈现出折衷融合的合流倾向，这其实开启了明代阳明学"范围朱陆而进退之"的端倪。从表面上看，阳明似乎更近象山，但须知阳明最初尊崇的乃是朱子学说，其学说乃是从朱学的堂奥中走出来的。从这个意义上说，元代道学，是宋、明之间的过渡环节。[①]

　　元代道学，其在北方之传播，源自湖北德安（今湖北省孝感安陆市）的赵复，赵复本是元军俘虏，幸得杨惟中、姚枢的保护，被礼送至燕京太极书院，并在书院"原羲、农、尧、舜所以继天立极，孔子、颜、孟所以垂世立教，周、程、张、朱所以发明绍续者，作《传道图》，而以书目条列于后"[②]。其后，受教于赵复的姚枢退隐苏门山（在今河南省新乡市辉县），传播赵复之学，而许衡、郝经、刘因等从学于姚枢者，则因赵复所荐书而崇信赵复，并广传赵复教授的道学，道学自此始传于北方。

　　赵复之后，间接受教于赵复的许衡传授道学于北方，影响最大。许

---

①　参见侯外庐、邱汉生、张岂之等主编：《宋明理学史》上册，第 681 页，北京，人民出版社，1997。不过，需要指出，我们虽在此处借鉴了侯外庐等先生的结论，但立论的基础有很大不同。
②　黄宗羲原本，全祖望修定：《鲁斋学案》，《宋元学案》第 4 册，第 2994 页。

衡曾私淑朱熹,被全祖望誉为"元时实赖之"的"大宗"。许衡注重普及道学,而对于其"奥义"则不甚措意。此点由其"主此书(即《小学》)开导学者"可知。[①] 与此同时,他还"力劝元帝兴儒学,以作为推行'汉法'的重要内容。朱学在元代能成为官学,与许衡父子有很大关系",因此许衡被明清理学家称颂为"道统的接续者""朱子之后一人"。[②]

刘因,初从章句之学,后改宗道学。刘因不愿出仕为官,消极用世,把道学中的"主静""不动心"与庄子之学结合,倡导消极避世的生活方式。但是,他提出"古无经史之分"和道学本于六经等思想,有一定的积极意义。

元代南方的道学乃是由朱熹的再传弟子接续传播。江右饶鲁,其生活的年代虽属南宋,但由于其一生"不事科举,一意经学",仅在南宋理宗庚申(1620)"补迪功郎、饶州教授"[③],未有显赫声名;但其"和会朱陆"的思想在元代由于再传弟子吴澄而获得身后令名,所以,我们仍然将其纳入元代道学的演变与发展过程中来。

吴澄,江右饶鲁的再传弟子,抚州崇仁(今江西省抚州市崇仁县)人,是元代中期著名道学家,与北方的许衡并称"南吴北许"。他于经学、理学,乃至天文、历算等,均有广泛涉猎,被誉为"辩传注之得失,而达群经之会同;通儒先之户牖,以极先圣之阃奥;推鬼神之用,以穷物理之变;察天人之际,以知经纶之本、礼乐制作之具、政刑因革之文。考据援引,博极古今,各得其当,而非夸多以穿凿……近世以来,未能或之先也"[①]。吴澄主张"和会朱陆",但其曾在元至大年间对学者强调"尊德性"重于"道问学",故被议者以为"陆氏之学",但是,全祖望的主张是"草庐之著书,则终近乎朱"[⑤]。

[①] 黄宗羲原本,全祖望修定:《鲁斋学案》,《宋元学案》第4册,第3001页。亦可参见侯外庐、邱汉生、张岂之等主编《宋明理学史》上册,第680页。

[②] 侯外庐、邱汉生、张岂之等主编:《宋明理学史》上册,第680页。

[③] 同上书,第721—722页。

[④] 虞集:《送李扩序》,《道园学古录》卷五,第25页,摛藻堂四库全书荟要本。

[⑤] 黄宗羲原本,全祖望修定:《草庐学案》,《宋元学案》第4册,第3036页。

元代道学,除上述赵复、许衡、刘因、吴澄等代表人物之外,尚有浙西金华北山何基及其弟子金履祥、许谦等人。他们在入元之后,隐迹不出,讲学授徒,坚守朱学门户,继续与陆学代表,如陈苑、赵偕等对峙。由于这些学派在当时和后世学术的影响有限,故本章不多介绍这些学者的思想,只讨论道学北传和南方饶鲁——吴澄的"和会朱陆"。

第一节　赵复与理学传介

赵复,生卒年不详①,字仁甫,德安(今湖北孝感安陆市)人,学者称"江汉先生"。南宋理宗端平二年(元太宗)乙未(1235),元军在元太宗窝阔台的太子阔出的率领下攻陷德安。因德安曾经坚守抗战,元军根据其"军法"(凡城邑以兵得者,悉阬之),决定屠戮所俘虏的数十万德安军民。但是,儒、道、释、医、卜等方面身占一艺者,均可得保性命。这是因为姚枢当时受诏为元廷网罗相关方面的人才。他在众多的相关俘虏当中发现了赵复,并坚信其为"奇士"。但是,赵复由于"九族俱残"而"不欲北"。姚枢恐其轻生,故留赵复于帐中,并与之共寝。半夜,姚枢发现赵复离开帐中后,到处寻找,并在水边发现赵复"披发跣足"、呼天而泣,欲投水而未入。姚枢劝赵复说:"汝存,则子孙或可以传绪百世;随吾而北,必可

---

① 关于赵复的生卒年,侯外庐先生等主编的《宋明理学史》主张他"大约生于南宋宁宗嘉定八年(1215),而卒年则在元大德十年(1306)以后,享年在八十岁以上"(见该书 1997 年人民出版社第二版之第 683 页)。但是,邱居里和魏崇武则分别指侯外庐等考证的赵复生卒年有误。他们认为,《宋明理学史》仅依据赵复《杨紫阳先生文集序》中的"遗稿"二字和杨奂卒于 1255年,就断定该序中的"丙午"是公元 1306 年,证据不足。他们则根据赵复与杨奂、元好问、姚枢、郝经等人的交游状况,推测赵复的生年应该在 1190 年前后。而《杨紫阳先生文集》中的"丙午",应当是杨奂去世前的 1246 年,所谓"遗稿"当是"兵火流离"中的遗稿,但关于赵复的卒年,二人则有较大的不同。此外,邱居里还考证姚燧的《序汉上赵先生死生》作于 1289 年,径称"其时赵复已死"。但是,姚燧在其中只是说"燧生也后,不及拜其履前",据此得出赵复已死似乎证据不足(且姚燧生于 1238 年,三岁失怙,得伯父姚枢收养,由此可推测,姚燧所谓"生也后,不及拜其履前"或并不是生死睽违,而是因赵复隐居,不知所踪或不欲见人),而关于赵复生年仅以与其交游之人的相互称谓作判断,证据似也不足。总之,赵复的生卒年确实是一个谜题,还需要更有力的证据,才能得出最后的结论。

无他。"①在姚枢的劝说下,赵复终于同意随姚枢到燕京。

赵复北上燕京之后,杨惟中与姚枢商议,筹建太极书院。他们"立周子祠,以二程、张、杨、游、朱六君子配食,选取遗书八千余卷,请复讲授其中"②。赵复则以为在周敦颐和二程兄弟之后,文献过于广博,"乃原羲、农、尧、舜所以继天立极,孔子、颜、孟所以垂世立教,周、程、张、朱氏所以发明绍续者,作《传道图》,而以书目条列于后"③,从而吸引了百余学子从学,其中就有姚枢。后来,赵复隐居,终老于河北真定(今河北保定),但他在北方"播下"的道学"种子",在姚枢退隐苏门,吸引许衡、刘因、郝经等从学之后,终于开花结实,蔚然成章。故,史书称"北方知有程、朱之学,自复始"④。

据《元史》载,赵复除了作《传道图》外,还著有《伊洛发挥》,标示《传道图》之宗旨;又作《师友图》,以"见诸登载与得诸传闻"为据,搜罗朱子散在四方的门人计五十三人,"以寓私淑之志";又"取伊尹、颜渊言行,作《希贤录》",使学者"知所向慕"与"求端用力之方"。

不过,赵复的这些著作,终究还是没能流传下来。今人对赵复思想的了解,只能依据赵复本人散见于各处的少数传世文章和元人的文集、《元史》《宋元学案》等资料进行研究。

一、道学的旨归

赵复曾为杨奂(号紫阳)的文集作序,该文是赵复少数传世文献之一,现存于《全元文》中。在这篇序文中,赵复开篇即说:"君子之学,至于王道而止。学不至于王道,未有不受变于流俗也。"⑤这表明,在赵复看

---

① 《元史·赵复传》卷一八九,第 4314 页,北京,中华书局,1973。但姚燧《牧庵集·序江汉先生死生》中记载的姚枢劝赵复的话有所不同。在《牧庵集·序江汉先生死生》中,姚枢是这样说的:"果天不君与,众已同祸。爰其全之,则上承千百年之统,而下垂千百世之洪绪者,将不在是身耶!徒死无义可。除君而北,无他也!"(姚燧:《序江汉先生死生》,《牧庵集》卷四)。
②③④ 《元史·赵复传》卷一八九,第 4314 页。
⑤ 李修生主编:《赵复·杨紫阳文集序》,《全元文》2,第 203 页,南京,江苏古籍出版社,1999。

来,道学或君子之学,其旨归在于实现"王道",如果偏离了"王道"之正轨,学术一定就会随流俗而变。问题是,赵复所说的"王道"究竟是一种什么样的理想状态呢?由于赵复本人的著作传世者少,已有的材料不能让我们窥其"王道"理想之全貌,但其仅有的传世文献仍然可以让我们推想其"王道"理想之一斑。

首先,赵复的王道理想重视"心学"①之传。他曾说:"三代圣人,以心学传天下后世,见于伊尹、傅说之训,君子将终身焉。"②据此,我们参考《尚书》之《伊训》、《太甲》(诸篇)和《说命》(诸篇),了解赵复心目中的"王道"理想,在于"得君行道"。伊尹曾训示太甲说,成汤"布昭圣武,代虐以宽,兆民允怀",因此,太甲应"立爱惟亲,立敬惟长,始于家邦,终于四海",要学习"先王肇修人纪,从谏弗咈"的做法,使民众顺若,并做到"居上克明,为下克忠,与人不求备,检身若不及",从而才能够"有万邦"。伊尹进一步用成汤的话,总结"三风十愆"③,告诫太甲说:"惟兹三风十愆,卿士有一于身,家必丧;邦君有一于身,国必亡。"(《尚书·商书·伊训》)由此可知,在伊尹(也包括赵复)的"王道"思想中,统治者首先要有内在的"德",所以,他说"尔惟德罔小,万邦惟庆;尔惟不德罔大,坠厥宗",其次要有能使"兆民允怀"的施政风格。具体而言,即"代虐以宽"、爱亲敬长、"居上克明,为下克忠,与人不求备,检身若不及"(《尚书·商书·伊训》)等。伊尹认为,君主和民众的关系是"民非后,罔克胥匡以生;后非民,罔以辟四方"(《尚书·商书·太甲中》),也就是相辅相成的。因此,他要求君王要像"虞人"一样"省括于度,则释",要诚恳地修身、敬德,使自己具备诚、敬、仁等品质,这样才能获得上天的亲爱、民众的怀向和鬼

---

① 需要说明的是,此处所说的"心学",与后世称象山、阳明之"心学"不同。此"心学"乃是宋明道学所共享的"十六字心传"而为"学"。

② 李修生主编:《赵复·杨紫阳文集序》,《全元文》2,第203—204页。

③ 所谓"三风十愆",是指巫风"恒舞于宫""酣歌于室"、淫风"殉于货、色""恒于游、畋"和乱风"侮圣言""逆忠直""远耆德""比顽童"等与统治者身份不相应的行为方式。

神的享食。

武丁为殷商天子时,求傅说于版筑之间。傅说为武丁朝贤辅,强调君、臣、民众各有其行为矩范:天子和大夫师长须奉顺天道、勿思逸豫;民众要顺服而得治理;故"惟天聪明,惟圣时宪,惟臣钦若,惟民从乂"(《尚书·商书·说命中》)。傅说告诫君王在政令发布、军事征伐和官职任免等方面要恭谨、慎重,须经常反躬自省,不要夸赞或自恃其德与能,同时要效法古训、善学逊志。

伊尹、傅说或训诫或劝谏,都是要君王加强内心德性的修养,精察、专一、恭谨、谦逊,省括于度,如此才能学而成人,各得其所。这也就是"人心惟危,道心惟微,惟精惟一,允执厥中"的具体内涵。

其次,赵复的"王道"理想还希望避免以功利之说"冒充"王道之说。所以,他感叹说:

> 明王不兴,诸子各以其意而言学,学者不幸而不得见古人之全体。盖桓、文功利之说兴而羲、尧、舜、文之意泯矣。[1]

由于功利霸道有"速效"之利,颇能吸引从学不深、资质不足的人。

最后,赵复强调"王道"理想的恢复,需要各种因素——如时代的客观形势和需求、个人的志向与资具等——相互综合才有可能。所以,他品题历史人物说:

> 叔向、子产、蘧伯玉、季札之流,以夏、商君子之资,不得少效于王官,去而为列国之名卿材大夫……贾生、仲舒,有其具而不得其施,或者每为之掩卷而深悲;玄龄、如晦有其时而亡具,已甚惭德于斯文多矣! 凛然正气,惟诸葛孔明、王景略诸人,不为流俗之所回夺,然而随世就功,周旋于散微之末,已又不能无偏而不起之患。大抵君相造命之地,既已暧昧不明,而黉宗米廪教养之法,因以废格不举。故虽有命世绝异之材,卒亦不能迩也。非其不能迩也,而其故

---

[1] 李修生主编:《赵复·杨紫阳文集序》,《全元文》2,第204页。

则可知已。虽然,"待文王而后兴者,凡民也;若夫豪杰之士,虽无文王,犹兴"。①

从这个意义上说,赵复看到了"王道"理想与个人境遇存在着一种相互成就的关系:"王道"理想须以"诚"与"学"为根基。所以,赵复说:

> 呜呼!学之为王者事,犹元气之在万物,作之则起,抑之则伏。然莫先于严诚伪之辨,诚伪定而王霸之略明矣。②

总之,赵复主张道学的宗旨或目的在于实现王道理想。他虽然没有明确描述自己的王道理想的状态,但为我们提供了理解其王道理想的线索,并讨论了实现王道理想的主客观条件。

二、天理人性之说

对赵复而言,道学之旨归在"王道",而"王道"的实现亦有赖于天理人性之说得到澄清。因为,赵复的"王道"理想与"心学"之传密切关联,而"心学"之传又与对天人关系的理解密不可分。当然,对于赵复的天理人性之说,我们亦只能通过有限的资料提供线索,推测其一二。

《元史·赵复传》载:

> 复为人,乐易而耿介,虽居燕,不忘故土。与人交,尤笃分谊。元好问文名擅一时,其南归也,复赠之言,以"博溺心、末丧本"为戒,以"自修、读《易》,求文王、孔子之用心"为勉。③

这是对赵复为人和交友之道的简单描述。从他赠别元好问的"戒勉"来看,他对于从《易》中"求文王、孔子之用心"非常重视,而且有较大可能是走简约、崇本的道路。

侯外庐先生等主编的《宋明理学史》指出,赵复在理学上是近于简易

---

① 李修生主编:《赵复·杨紫阳文集序》,《全元文》2,第 204 页。句读和标点有所不同。
② 同上书,第 205 页。
③《元史·赵复传》卷一八九,第 4315 页。标点有所改动。

直截的一路，认为赵复戒勉元好问的"约"与"本"就是直求圣人之心，简在心得，而不旁骛，并且认为"他的'简易'之论和朱熹思想并不相同，但也并不就是陆九渊的直求本心的思想"[1]。他们的讨论以郝经的《与汉上赵先生论性书》为据，读来确实颇能给人启发。郝经在该《论性书》中表示，他曾经读过赵复的《伊洛发挥》，且"日幸一拜，得闻高谊"，但对赵复的相关论述有不同看法。他说：

> 夫道之在人谓之性，所谓仁义中正而主静焉者也。统而言之，则太极之全体也；分而言之，则命阴而性阳也、命静而性动也、天命而人性也、人性而物理也。合而言之，只一道尔，又何有论说之多乎哉？道之在人，一而静，纯粹至善，充实之理而已，又焉有异端之多乎哉？[2]

从郝经这段文字推测，他似乎认为，赵复质疑他"论说"过多，且不纯粹，有"异端"思想掺杂其间，他于是写了《论性书》来为自己辩护。他的意思似乎是说，从根本上讲，"道""性""太极之全体"都是一样的，只不过因不同的对象而异名。这是从抽象和整体上说，具体而言，则有天人、性命、阴阳、动静、性理、人物等的分别。或许郝经自己并没有意识到，正是在这"分而言之"处，赵复不同意他的认识。[3] 赵复似乎认为，强分天人、性命、动静、阴阳、性理，是不合理的，他之所以说郝经"论说之多"，原因正在此"分而言之"处。事实上，"统而言之"与"合而言之"，或者笼而统之的漂亮话头、论说之终极旨归，是谁都会说、而难分轩轾的。但是，在具体的"分而言之"处，思想的差异就显现出来了，就好像当年延平先生对朱子说道学与佛、老的区分"难在分殊"一样。至于说到异端，郝经虽然能明确地将自己与佛、老分开，但对于儒学内部思想的差异，却缺乏明确的意识，这可以从他在后文称颂荀子、扬雄和韩愈、李翱，并把他们同

---

[1] 侯外庐、邱汉生、张岂之主编：《宋明理学史》上册，第 685—686 页。
[2] 李修生主编：《郝经·与汉上赵先生论性书》，《全元文》4，第 162—163 页。
[3] 由于没有文献佐证，我们也只能推测赵复与郝经思想的差异所在。

周敦颐、张载、二程和朱熹等同视之可以看出。也正是从这里,我们可以看出赵复不仅严辟佛老,而且对于儒学正统或道统也有强烈的意识。

总之,今人已难见赵复天理人性方面思想之全貌,但从其仅存的有限线索亦可推知,赵复恪守道学之矩矱,谨守简易直截之路,认为天理、人性均有阴阳动静的表现,其具体内容即"仁义中正"之道或太极全体。不仅如此,赵复还非常强调道学之正统或道统,亦即他不仅严辟佛老,也在儒学内部区分醇疵。至于他的"简易"之论与朱、陆的关系,由于史料阙如,姑不置论,但从赵复后学的思想倾向推测,其大体还是以朱学为据,吸取了部分陆学之优长。

三、"王道"理想与夷夏之辨

赵复在思想上强调儒学的正统或道统,其在政治上的表现,就是严夷夏之辨。这或许也是他最初被俘时"一心求死"的原因。在赵复北上燕京之后,他也同样表现了对父母之国的维护。

据《元史》记载,忽必烈曾经见赵复于潜邸。忽必烈问赵复说:

> 我欲取宋,卿可道之乎?

赵复回答说:

> 宋,吾父母国也。未有引他人以伐吾父母者。

对赵复的回答,忽必烈的反应是"悦","因不强之仕"[1]。

也正是由于这种"他人"和"吾父母国"之间的抉择,赵复拒不事元,因为元乃是"他人":我可以寄寓他人之所,但亦绝不会忘了父母之国,更不会"引他人以伐吾父母"。赵复的这种华夷之辨,使得他不愿用世,并认为功利、霸道之学,学者当戒除之。

当赵复南归真定时,郝经曾作《送汉上赵先生序》,力劝赵复转变观念,不要仅从某种消极的眼光来判断穷达。郝经指出,赵复被俘,到了北

---

[1]《元史·赵复传》卷一八九,第 4314 页。

方,"伴异俗而茌异声,茹腥衣毳,而不获安土敦化",这确实是"穷";但是,如果转变观念,赵复被俘北上,却使他改变了"蹈乎常,而未蹈乎变""行乎一国,而未行乎天下"的状况,得有机会"由常而达变,由一国而达天下",超越江、汉、荆、衡,而"仰嵩高,瞻太华,涉大河之惊流,视中原之雄浸,太行、恒、碣,脊横天下",能"观华夏之故墟,睹山川之形势,见唐虞三代建邦立极之制、齐鲁圣人礼义之风",这些都开拓了胸襟和眼界。因此,郝经进一步劝说:

> 昔之所学者,富一身而已,今也传正脉于异俗,衍正学于异域,指吾民心术之迁,开吾民耳目之蔽……俾"六经"之义、圣人之道,焕如日星、沛如河海、巍如泰华,充溢旁魄,大放于北方。

如果从这个角度说,赵复之被俘北上,非但不是"穷",反而是"达"了。时、事、遇,有穷有达;但"居中守正"之士于"理"则"恒达而不穷"[1]。这些劝解固然是从个人之"穷""达"来着眼,但又何尝不是劝赵复放下夷夏之辨,致力于传播圣人之道? 当然,赵复随后还是继续南归,似乎曾到过济南,后又回到燕京,其后隐居,不知所终。

受赵复影响,姚枢和赵复的其他学生,如梁枢、赵彧、刘因等,也隐居乐道,拒不事元。

最后,需要指出的一点是,元代自仁宗延祐二年(1315)正式以朱熹集注的"四书"为标准开科取士,朱注自此成为"官学","定为国是"。道学在元代的这一发展与赵复传道学于北方有莫大关联。此后,明、清两代延续元朝以朱学为官学的做法。虞集称赵复在北方之传介道学,"于天理民彝,诚非小补"[2],正以此也。

第二节　许衡的理学

许衡(1209—1281),字仲平,怀州河内(今河南沁阳)人,学者称鲁斋

---

① 李修生主编:《郝经·送汉上赵先生序》,《全元文》4,第 177 页。
② 李修生主编:《虞集·跋济宁李璋所刻九经四书》,《全元文》26,第 333 页。

先生。据《元史》和《宋元学案》记载,许衡七岁始受章句之学,但读书每求其旨义,并以此求教于其章句之师,曾经教过他的三位老师都因此"诎而辞去"。其中有一位老师曾对许衡的父母说,"儿颖悟不凡,他日必有大过人者"。年龄稍长后,许衡"尝从日者家见《书》疏义,因请寓宿,手抄归",又在避难徂徕山时得王弼所注《周易》。他对这些书"夜思昼颂,身体而力践之,言动必揆诸义而后发",以致在暑中过河阳时能约束自己,不取所谓"无主"之梨解渴。

后来,许衡往来河、洛之间,从姚枢处得二程和朱熹的著作,学问颇有进益。姚枢退隐苏门山后,许衡亦移居苏门,"与枢及窦默相讲习。凡经传、子史、礼乐、名物、星历、兵刑、食货、水利之类,无所不讲,而慨然以道为己任"[1]。许衡听过姚枢讲学之后,曾对他的学生说:

> 昔者授受殊孟浪也,今始闻进学之序,若必欲相从,当率弃前日所学,从事小学之洒扫应对,以为进德之基。[2]

因此,后世有人说许衡"自得《小学》,则主此书以开道学",许衡也教导其子说:

> 《小学》、"四书",吾敬信如神明,能明此书,虽他书不治可也。[3]

由此可见,许衡其实是忠实继承了伊川朱子"涵养须用敬,进学则在致知"的观点:重视践履,在小学工夫中努力地"涵养""持敬"[4]。

尽管许衡重视小学"洒扫应对"的力行践履,但是,他的"力行践履"背后的本体论思想,仍然没有突破道学的藩篱。不过,这种学风也在工夫论和实践哲学中为道学带来了一些新的特点。

忽必烈总理漠南汉地军国庶事后,于1254年(甲寅)召许衡为京兆

---

[1]《元史·许衡传》卷一五八,第3717页。
[2] 黄宗羲原本,全祖望修定:《鲁斋学案》,《宋元学案》第4册,第2995页。
[3] 同上书,第3001页。
[4] 刘述先先生在《朱子哲学思想的发展与完成》中提出,朱子以"涵养"为小学工夫,以格物致知为大学工夫。这个观点与许衡的学说遥相呼应。

提学，其后历任国子祭酒、左丞。许衡之出任元朝高官，说明他的"夷夏之辨"的观念淡薄。此时，他向忽必烈疏陈《时务五事》，建议元朝统治者推行"汉法"，重视儒学，与徐世隆、刘秉忠、张文谦一起，为元朝定朝仪、官制，并以集贤大学士兼国子祭酒领太史院与太史令郭守敬同定《授时历》，以儒学六艺教蒙古子弟。其所著之书有《小学大义》《读易私言》《孟子标题》《四箴说》《中庸说》《语录》等，后世辑录有《鲁斋遗书》，是今人研究许衡道学思想的原始资料。

一、许衡的本体论思想

许衡的求学经历，虽从章句之学开始，但其并不满足于"章句"，而是"每受书，即求其旨义"，他于"流离世乱"中，也"嗜学不辍"，这也是他后来在从学于姚枢之后，能成为北方儒学之大宗的原因。许衡在姚枢处得到二程兄弟和朱熹的著作，其关于本体的思想大体上属于伊川朱子的理学一派。

在关于"理"的问题上，许衡与理学一派其他哲人是一样的。但是，其于"理"亦多有发挥。《宋元学案》载：

> 或问："'穷理'至于天下之物，必有所以然之故与其所当然之则，所谓理也？"曰："博学、审问、慎思、明辨，此解个'穷'字；其所以然与所当然，此说个'理'字。所以然者，是本原也；所当然者，是末流也。所以然者，是命也；所当然者，是义也。每一事、每一物，须有所以然与所当然。"[1]

在此，他同前人一样，把"理"视为"所以然之故与所当然之则"，且必定存在于每一事、每一物中；但更进一步指出"所以然者"是本原、是命，"所当然者"是末流、是义。这其实是把自然与价值统一于"理"中。它虽然也是道学的基本立场，但许衡对此进行了较为细致的分疏。

---

[1] 黄宗羲原本，全祖望修定：《鲁斋学案》，《宋元学案》第 4 册，第 2997 页。

关于"道"与"太极"的关系,许衡在《稽古千文》中是这样说的:"太极之前,此道独立。道生太极,函三为一。一气既分,天地定位。万物之灵,惟人为贵。"①这意思是说,"道"在"太极"之前就独立存在,是道派生出太极的混沌之气,而此混沌的"一气"却同时包含着"三"(即天、地、人),但是,万物之灵,却以"人"因其有"灵"故最为贵。许衡在此汲取了道家的一些说法,糅合儒、道两家之说,突出了"道"的绝对性和先天独立性。

太极混沌之气,分阴分阳、为天为地,故"天地阴阳精气,为日月星辰"。这就是说,"道"衍生出原始的"太极"一气,再进一步分化出天地万物。许衡依据其所具有的科学知识,对日、月和其他自然现象作出了这样的说明:

> 日月不是有轮廓生成,只是至精之气,到处便如此光明。阴精无光,故远近随日所照。日月行有度数,人身气血周流亦有度数。天地六气运转亦如是,到东方便是春,到南方便是夏,行到处便主一时。日行十二时亦然,万物都随他转,过去便不属他。②

在这里,他强调日月之行、人身气血周流皆有"度数"的观念,他的"过去便不属他"的边界意识是很值得思考的。

在"理"与"物(形)"的关系问题上,许衡坚持了理学家们的立场,主张:

> 凡物之生,必得此理然后有是形,无理则无形。③
> 有是理而后有是物。④

---

① 载李修生主编:《许衡·稽古千文》,《全元文》2,第 424 页。其中"函三为一"句,《全元文》作"亟三为一",也许是因为其所据古代各刻本《鲁斋遗书》中"函"字写成函之故。此处依照侯外庐、邱汉生、张岂之主编《宋明理学史》和字义、文意改为"函"字。
② 黄宗羲原本,全祖望修定:《鲁斋学案》,《宋元学案》第 4 册,第 2998 页。
③ 许衡:《语录上》,《许衡集》,第 3 页,北京,东方出版社,2007。
④ 同上书,第 2 页。

> 未有无理之物。①

即理在物（形）先。与此同时，理在派生万物之后，并未脱离事物，而是与万物相即不离。"理"无物则无所表现、无所寄托，如朱熹所言"无挂搭处"。故许衡说：

> 事物必有理，未有无理之物，两者不可离，无物则理何所寓。②

也就是说，物是理的体现，理是万物之源。

对于"理"与"心""性""情"的关系，许衡主张，作为万物之源的"理"，根本上讲，就是"性"，所以说"率性便是循理，循理便是率性"③。"性"与"理"一样，是天所赋予。④ 正所谓"'大哉乾元，万物资始'，是天赋以德性，虚灵不昧，人皆有之"，此"德性""物我皆得"，不过，对于人而言，其"所得深浅、厚薄、分数在人，而其始本同是理一"。从这些说法看，许衡的思想并未脱离朱熹思想的藩篱，他像朱熹一样主张"心统性情"，并认为"性者心之体，情者心之用也"⑤。

由此出发，他强调"人与天地同"。他认为，尽管"人不过有六尺之躯"，但"其大处、同处，指心也，谓心与天地一般"。也就是说，人如果能"大其心"，就能"与天地同"，因为"心与天地一般"。但这只是从理上说，就现实而言，"心之所存"的"理一"，难保"身之所行"的"分殊"。由于人兼有"本然之性"（虚）与"气质之性"（气），也就是张载所说的"合虚与气，有性之名"，但常人的"气质之性"常常会浸染、遮蔽其"本然之性"。因此，他说"圣贤以理为主，常人以气为主"。他甚至从"理一分殊"的角度来讨论人与人之间的差异："仁义礼智信，是明德，人皆有之，是本然之性，求之在我者也，理一是也。贫富、贵贱、死生、修短、祸福禀于气，是气

---

① ② 许衡：《语录上》，《许衡集》，第 3 页。
③ 同上书，第 26 页。
④ 但是，"天"在根本上实是把其所有的"理"赋予人，因此，天也就是性、就是理，就是道。在此，"天"就不再是那个与"地"相对的"自然之天"，而是本源的"义理之天"。
⑤ 许衡：《语录下》，《许衡集》，第 23 页。

禀之命,一定而不可易者也,分殊是也。"①

此外,许衡还讨论过"仁"在"五常"中的地位,并将其与"元"在"易"之"四德"中的地位进行类比。当然,这在宋明道学其实也是一种常识,但许衡所做的细致分疏也有其殊胜之处。他说:

> 仁为四德之长,元者善之长。前人训"元"为广大,直是有理。心胸不广大,安能爱敬? 安能"教思无穷容,保民无疆"? 仁与元俱包四德,而俱列并称,所谓合之不浑,离之不散。仁者,性之至而爱之理也;爱者,情之发而理之用也;公者,人之所以为仁之道也;元者,天之所以为仁之至也。仁者,人心之所固有,而私或蔽之,以陷于不仁。故仁者必克己,克己则公,公则仁,仁则爱。未至于仁,则爱不可以充体。若夫知觉,则仁之用,而仁者之所兼也。元者,四德之长,故兼亨利贞。仁者,五常之长,故兼义理智信。此仁者所以必有知觉,不可便以知觉名仁也。②

在这里,许衡认为,仁具有"元"的"广大"意,暗示仁者心胸广大,这也正是仁者能"爱敬"的根由。仁者能爱,但爱却未必都是"仁",因为仁是"性之至而爱之理","爱"却是"仁"的表现和发用,即"情之发而理之用"③。要使"爱"或"情"这样的表现、发用真正成为"仁"或"理"的表现与发用,就需要"公",需要克己,需要义、理、智、信。

总之,许衡关于天、道、理、性、命等本体的思想吸收了道家学派的成分,把道家关于"道"的绝对性和先天独立性糅进儒家的思想中。经过认真的梳理,我们发现,许衡所使用的"天"的概念,是有不同的含义的:其一是与"地"相对的"自然之天";其二是作为道学根本范畴的,与道、理、性等"同谓而异名"的"义理之天"。它们既是万物的"所以然之故",也是

---

① 许衡:《语录下》,《许衡集》,第 27 页。
② 黄宗羲原本,全祖望修定:《鲁斋学案》,《宋元学案》第 4 册,第 2996 页。
③ "爱"即是"情",是"仁"或"理"的发用。因此,说"爱"是"情之发而理之用也",大致可以理解为:爱,像"情"一样是"仁"的表现、理的"发用"。

万事的"所当然之则",是自然与价值合一的根源。我们认为,许衡笔下、口中的"性"表示的是人们应该遵循的"所当然之则",而"命"则是人们遵循此"当然之则"后的贫富、贵贱、死生、修短、祸福等人生境遇,是属于"气禀"之自然。正是由于人有性有命、有本然之性与气质之性,所以人必须加强自身的修养,做扎实的修养工夫。

二、许衡的修养工夫论

尽管从理上说,"人与天地同""心与天地一般",但是,从现实的角度看,人的"气质之性"常常会浸染、遮蔽其"本然之性",使人"临事对人,旋安排把捉;未临事之前,无人独处,却放肆为恶"①。因此,许衡认为,人需要做"存养省察"的修养工夫。不过,许衡把"存养"和"省察"分作两截,说"静时德性浑全,要存养;动时应事接物,要省察"。从这个角度看,许衡的工夫论也是上承朱熹"静养动察,敬贯动静"的修养工夫论。

具体而言,许衡的修养工夫包括以下几个方面:

(一)格物致知

关于格物致知,许衡在《大学直解》中解释说,"格字,解做至字,物是事物","致是推极的意思,知是知识",合在一起,"致知在格物"就是"若要推极本心的知识,又在穷究天下事物之理,直到那至极处,不可有一些不到"。② 他进一步解释说,人本心的知识,是"自然知识",而天下事物之理,是其"当然的道理"。这些说法中,需要注意的是,所谓"自然知识",并非外部自然界的知识(否则,怎么能说是本心所有),而是人心自然而然就有的灵明知觉能力(如知仁义礼智,知孝悌忠信之类)。所谓"当然的道理",当只能是就人而言的,亦即天下之物对人而言所具有的意义。如此理解许衡的"格物致知"之说,便能与其"不要逐物"之说相融贯。

不仅如此,许衡还把《大学》的"格物致知"贯彻至《孟子》中众多说法

---

① 许衡:《语录下》,《许衡集》,第28页。
② 许衡:《大学直解》,《许衡集》,第68页。

去理解,谓"尽其心者,知其性也,知其性,则知天矣"是《大学》的"物格知至也",并说"知其性是物格,尽其心是知至也。先知其性然后能尽心,非尽其心然后知其性"①,但"知"须"到十分善处",才算是"知其性",也才能"尽其心"。许衡虽然像朱熹那样,把"知性"说成是"物格",把"尽心"说成是"知至",但他又进一步补充,强调"先知其性然后能尽心",则有进于朱熹。且朱熹以"物格"释"知性"时,强调要"穷理",未曾明确此"理"之何所指,这才引得后来的青年阳明去逐物、格竹。

由上可知,许衡的"格物致知",与朱熹的"格物致知"之说微有不同,但也不是后世阳明学所主张的"格物致知"之说。他虽如朱熹那样讲"即物而穷其理",但强调"不要逐物",而要去"知其性""尽其心"。也就是说,"格物致知","知"的是天所赋予的个人自己之"性",了解个人自己的良知善端;"知至",则是达到充分发挥和实现自己的心、性之能这样的目的。许衡认为,"良知良能",是哪怕至愚、至不肖的普通人(夫妇)都具有的。只要人能至诚以求,便可以"体道"而得天理,了解并掌控自己的"性",充分发挥和实现自己的心的"由不安不忍达于能安能忍"的能力。

（二）存养与省察

关于存养,许衡说,"存其心,养其性,所以事天也"是《大学》的"意诚心正","行到十分善处"。他进一步解释说:

> 存谓操存不舍,养谓顺而不害,事谓奉承而不违。常存养其德性,而发为恻隐、羞恶、是非、辞让之情,不使少有私意变迁。夫如是,乃所以事天也。②

这即是说,要操存人之"本心",不可少舍;要"顺"人之性而不可少害。许衡的存养,尤其是"顺而不害"的"养",其"顺"并不是勉强去"排遣",而是要"心无愧怍、内省不疚,乃无疑惧"。"养性"与养"浩然之气"并无不同,因为"浩然之气"乃是"集义所生"。因此他说:

---

① 许衡:《语录下》,《许衡集》,第22页。
② 同上书,第26页。

"浩然之气"所以当养者，盖说"不动心"由于无疑惧。而惟"浩然之气"乃是"集义所生"，心无愧怍、内省不疚，乃无疑惧，不是强排遣。①

关于"省察"，许衡将其与"持敬"联系在一起。说"凡事一一省察，不要逐物去了。虽在千万人中，常知有己。此持敬大略也"。而"持敬"就是要提升自己，使如"圣人之心"与"明镜""止水"，"物来不乱，物去不留，用工夫主一也，主一是持敬也"②。这就是把"持敬"之功贯穿于动静之中，使"物来不乱，物去不留"。

（三）慎思

许衡非常重视"思"。他说：

视之所见，听之所闻，一切都要个"思"字。君子有九思，"思曰睿"是也。要思无邪。目望见山，便谓之青，可乎？惟知故能思。或问："心中思虑多，奈何？"曰："不知所思虑者何事？果求所当知，虽千万思虑可也。若人欲之萌，即当斩去，在自知之耳。人心虚灵，无槁木死灰不思之理，要当精于可思虑处。"③

意思是说，人心的根本是"虚灵"，它不会像槁木死灰那样，因而，人心不去思虑的情况并不存在，不必去担心"思虑"之多。真正需要认真对待的是"可思虑处"，即思虑的对象（包括情境、时机等），正所谓"果求所当知，虽千万思虑可也"；以及思虑的恰当方式，即"思曰睿"与"思无邪"，不能"目望见山，便谓之青"。

（四）提策

许衡说：

日用间若不自加提策，则怠惰之心生焉。怠惰心生，不止于悠

---

① 许衡：《语录下》，《许衡集》，第24页。
② 同上书，第23页。
③ 黄宗羲原本，全祖望修定：《鲁斋学案》，《宋元学案》第4册，第2996页。

悠无所成,而放辟邪侈随至矣。①

意思是说,在日用常行中,人必须要经常提撕、策勉自己,否则就容易滋生怠惰心理。而怠惰心理的危害,并不仅仅是让人安闲暇适、无有所成,而且更会使人随之而有放辟邪侈的思想与行为。

一方面是要"提策"(提撕与策勉)自己,另一方面是"汲汲焉毋欲速也"。许衡强调,不仅是学问如此,日用事为之间,都应该既不要追求"速效",也不能"怠惰",如此才能有所成。

（五）乐天知命

在提出了许多修养工夫之后,许衡还强调,要转变观念,学会"乐天知命"。要学会与天相协和,"顺性一于为善"。他在回答或问"乐善,所以乐天也,贫贱患难不忧,所以知命也"时说:

> 天赋与万物,无不尽善;譬若父母养育幼子,少与饮食衣服、多与饮食衣服,皆是;爱惜,固是,嗔责教训、使之成人,亦是;无不是底父母,无有错了的天。自古老天造化,岂有错了处?只有人错了。天与富贵福泽,教人行善;天与贫贱,亦教人行善,是天降大任之说。若父母爱之,喜而不忘;父母恶之,劳而不怨,顺性一于为善,此是乐天者也。乐天者,乐性中之善也;知命者,是"天道流行之命""不知命无以为君子"也。知有天命,不敢违;虽得贫贱患难亦不为忧,可谓以顺受也。乐天便是知命,知命便能乐天,此说君子之事也。孔子"五十而知天命","穷理尽性以至于命",圣人之事也。②

乐天,是"乐性中之善",此"性中之善"即天赋予人、赋予万物的。天无论以何种方式"造化",其性质都是"善"的,正如父母,无论他们以何种方式(如与饮食衣服之多寡、爱惜或者嗔责教训)养育幼子,因其动机是"使之成人",故"皆是"。因此,他说,老天的造化是不会错的,只有人才错了。

---

① 黄宗羲原本,全祖望修定:《鲁斋学案》,《宋元学案》第4册,第2997页。
② 许衡:《语录下》,《许衡集》,第24—25页。

天无论予人何种境遇,都教人要行善。所以说,"知有天命,不敢违,虽得贫贱患难亦不为忧",当人们"于患难间有个处置、放下,有天之所为,有人之所为。合处置者,在乎人之所为以有义也;合放下者,在乎天之所为以有天命也。先尽人之道义,内省不疚,然后放下,委之于命也"。这就是"知命""顺受"。

许衡认为,通过以上所述的修养工夫,现实的、受气质之性浸染与干扰而有所偏至与不足的人,几乎可以"与天地同",其"心与天地一般"。

三、许衡的实践哲学

许衡在元代屡屡被征召为官,其屡屡出仕也一依道学之义出处。他的"夷夏之辨"的观念要稍微淡薄一些,这使得他在实践上也取得不小的成就。当然,许衡在实践上的成就背后,是许衡的实践哲学观念在支撑。

（一）知行观

讨论实践哲学,必得涉及知行关系。许衡通过"开物成务"和"穷神知化"等来讲解"知"与"行"。有问:

> "开物成务",传云:物,凡物也;务,事也;开明之也,成处之也。事无大小不能明,则何由能处?曰:"此是圣人之事也。在《大学》,开物是知也,成务是行也。非但开发自己,要开发他人,只要开发得是。"[1]

在这里,开明凡物,即彰显凡物的意义,成处事务,即成就事情（功业）,归根结底,是要按照"是"的标准,来开发自己和他人。而他对"穷神知化"之问的回答是,"在《大学》,穷神,是知也;知化,是行也。穷尽天地神妙处,行天地化育之功"[2],亦即强调要"穷尽天地神妙处",从而能"行天地

---

[1][2] 许衡:《语录下》,《许衡集》,第25页。

化育之功"。

上述只是知与行的顺适相合；另一方面，许衡强调，行之"不力"在"知之不真"。倘若"知"得"真"且"坚"，其行亦"力"。史载，许衡自听闻道学，尤其是"小学"起，便坚定有力地践履和执行。前文说过，许衡得到《尚书疏义》和《周易王弼注》，便"日思夜颂，言动必揆诸义然后发。尝暑中过河阳，渴甚，道有梨，众争取啖，先生独危坐树下。或问之，曰：'非其有而取之，不义。'或曰：'此无主。'曰：'梨无主，吾心独无主乎？'"①当他知道"不义"之事不当为时，哪怕"渴甚"也能克制自己，使合于义。许衡非常重视"礼"，"凡丧祭嫁娶，必征诸古礼，以倡其俗……家贫躬耕，粟熟则食，粟不熟则食糠核菜茹，处之泰然。有余即以分族人及诸生之贫者。人有所遗，一毫非义，弗受也"②。

由上述可知，许衡的"知行观"，实是一种道德的认知和践履，他不仅强调"知"，更重视"行"，不仅"成己（开发自己）"，更重视"成人（开发他人）"，甚至欲图通过"穷尽天地之神妙"，来"行天地化育之功"。由此也可知，许衡所理解的"道德"其实并不仅仅是"礼义"，更重视的是"成己成物"。

（二）政治理想

许衡在《时务五事》中自述曰：

> 但迂拙之学，本非求仕。言论鄙直，不能回互，矫趋时好。③

意思是说，我的学术观点，本来不是用来追求仕进的。所以，我的言论浅陋而无文采，做不到曲折婉转，改变自己使媚于时好。他的出仕，乃是想如孔子和孟子一般，"孔子以道事君，不可则止""孟子责难于君、陈善闭邪"，努力使自己的以道学改造社会的主张和保存、发展中原的儒学道统

---

① 黄宗羲原本，全祖望修定：《鲁斋学案》，《宋元学案》第 4 册，第 2998 页。
②《元史·许衡传》卷一五八，第 3117 页。
③ 许衡：《时务五事》，《许衡集》，第 170 页。

与文化等理想得以实现。为此,他指出:

> 北方之有中夏者,必行汉法乃可长久。①
>
> 以是论之国家,当行汉法无疑也。②

许衡所陈"时务五事"中,首先是"立国规模"。他说:

> 为天下国家有大规模。规模既定,循其序而行之,使无过焉、无不及焉,则治功可期……古今立国规模,虽各不同,然其大要,在得天下心;得天下心无他,爱与公而已矣。爱则民心顺,公则民心服,既顺且服,于为治也何有?③

从这些说法来看,许衡的政治思想和主张,其实是得君行道,通过君主体现其"爱"与"公"的"仁政"得天下心。然后"因时顺理,与之夺之,进之退之……周还曲折,必吾之爱、吾之公达于天下而后已。至是则纪纲法度,施行有地,天下虽大,可不劳而理也"④。

此外,欲得天下民心,还需"齐一吾民,使之富实、兴学、练兵,随时损益,裁为定制"⑤。

其次,是"中书大要"。许衡认为,"中书管天下之务,固不胜其烦也,然其大要,在用人立法而已"⑥。但是,用人的关键有二,一是知人识人,二是善能用之。知人识人,是要了解人之智与愚、贤与不肖。他说:

> 贤者识事之体,知事之要,与庸人相悬,盖十百而千万也。⑦

但一个人是否是贤者,却难以"灼知其详",所以,中书大要,知人识人是艰难的第一步。但是,君主是否有胆魄用人,也是很关键的。一方面,如果君主"不先有司,直欲躬役庶务,将见日勤日苦而日愈不暇矣"⑧;另一

---

① ③ ④ 许衡:《时务五事》,《许衡集》,第171页。
② ⑤ 同上书,第172页。
⑥ ⑦ ⑧ 同上书,第173页。

方面,如果"已知其孰为君子、孰为小人,复畏首畏尾、患得患失,坐视其弊而不能进退之,徒曰知人而实不能用人,又何益哉"①。

中书除了选任"贤者",另外一件重要的事情是要"得法"。许衡说:

> 夫治人者,法也;守法者,人也。人法相维,上安下顺,而宰执优游廊庙之上,不烦不劳,此所谓省也。②

为此,"俸给之数,叙用之格,监司之条例,先当拟定。至于贵家世袭、品官任子、驱良抄数之便,宜续当议之,不可缓也。此其大凡"③。总之,用人、立法,关键要探古人之意、推而衍之。

第三,讨论"为君难"。由于"君"是上天为眷顾"有欲"且"无主乃乱"的"生民"而派来的"君师",为的就是"表正万邦",并让民众的欲求能得到满足,所以,为人君者,须有"聪明刚断之资"与"重厚包容之量"。人君所担负的是"至难之任",非安而娱之者,自古"圣帝明王莫不兢兢业业,小心畏惧,日中不暇,未明求衣……至难之任,初不可以易心处。知其为难而以难处,则难或可易;不知为难而以易处,则他日之难有不可为者矣"④。这是强调,作为君主,要在一开始就认识到"君主之任,至难",从而坚定其以难处之的心理。许衡并在其后列举"为君之难"之切要者六端,曰"践言""防欺""任贤""去邪""得民心""顺天道",举其要则为"修德、任贤、爱民三者而已"。

第四,为"农桑学校"。重视农桑学校,实质上是重视民生与民心。许衡说:

> 天之道,好生而不私。尧舜亦好生而不私。若"克明俊德"至"黎民于变","敬授人时"至"庶绩咸熙",此顺承天道之实也。稷播(布)五谷,以厚民生;契敷五教,以善民心,此辅导尧舜之

---

① ② 许衡:《时务五事》,《许衡集》,第173页。
③ 同上书,第174页。
④ 同上书,第174—175页。

实也。①

稷之播（布）五谷，是"生财之由"，应当要受到重视。然而，

> 今国家徒知敛财之功，不知生财之由。不惟不知生财，而敛财
> 之酷，又害于生财也。徒欲防人之欺，不欲养人之善，所以防者为欺
> 也，不欺则无事于防矣。欲其不欺，非衣食以厚其生、礼义以养其
> 心，则亦不能也。②

因此，许衡建议，"优重农民，勿使扰害；尽驱游惰之民，归之南亩（亩），
岁课种树，恳谕而督……自上都中都，下及司县，皆设学校，使皇子以
下，至于庶人之子弟，皆从事于学，日明父子君臣之大伦，自洒扫应对，
至于平天下之要道"③，如此，则"万目皆举"，庶几能实现"好生而不私"
之道。

最后是"慎微"，即谨慎对待细微之事。许衡在"慎微"之后注曰，"此
篇内皆非全文，所谓多削藁是也"，并明指"慎微"的十个方面：用晦、独
断、重农、兴学、经筵、节喜怒、省变更、止告讦、抑奔竞、欲速则不达等。

除了陈《时务五事》，许衡还主张"汰省冗官"，认为这是"重名器、抑
侥幸、厉廉能"的善政；建议设立枢密院，"与中书对持，号为二府"。

当然，许衡在政治方面还值得大书一笔的，是他为元朝定官制、立朝
仪。《宋元学案》卷九〇《鲁斋学案》说：

> 先生考古今分并统属之序，举省部、院台、郡县与夫后妃、储藩、
> 百司所联属统制，定为图，奏之。命集公卿议省院台行移之体，先生
> 曰："中书佐天子总国政，院台宜具呈。"时商挺在枢密，高鸣在台，皆
> 不乐，欲定为咨禀，因大言以动先生曰："台院皆宗亲大臣，若一忤，
> 祸且不测。"先生曰："吾论国制耳，何与于人！"遂以其言质帝前，帝
> 曰："朕意亦与衡合。"④

---

① ② ③ 许衡：《时务五事》，《许衡集》，第 181 页。
④ 黄宗羲原本，全祖望修定：《鲁斋学案》，《宋元学案》第 4 册，第 2999 页。

后来,他还建议元帝不要同意忽辛的"同签枢密院之请",因为忽辛之父阿马合时领尚书省六部事,掌有民与财之权,而"国家事权,兵、民、财三者而已。今其父典民与财,子又典兵,不可"。元帝问说:"卿虑其反耶?"许衡回答说:"彼虽不反,此反道也。"①

从以上关于许衡的政治思想的叙述中可以看出,他出仕确实是想实现"以道学改造社会"的理想。他的确并不是想做官,而是要借这样的机会,厚民生、善民心、保存中原的优秀文化,借道学改造社会。

(三)其他方面

除了前述道德与政治思想,许衡非常重视教育,并倡导理财②以厚民生。他关于化民成俗的方法也极富启发意义。他说:

> 圣人,是因人心固有良知良能上,扶接将去。他人心本有如此意思,爱亲敬兄,蔼然四端,随感而现,贤人只是与发达推扩,就他原有底本领上进将去,不是将人心上原无底强去安排与他。后世却将良知良能去断丧了,却将人性上原无底强去安排裁接,如雕虫小技。以此学校坏废,坏却天下人才。及去做官,于世事人情,殊不知远近,不知何者为天理民彝。似此民何由向方? 如何养得成风俗?他如风俗人伦,本不曾学,他家本性已自坏了,如何化得人?③

这就是说,制度、风俗的制定与形成,当如圣人贤人一般,就人心固有的良知良能或人心中本有的那些个"意思",扶接将去或发达推扩、上进将去,而不能"将人性上原无底强去安排裁接"。

许衡的这些实践哲学思想,为道学注入了务实的理念,突出了道学本有的与"日用常行"密切关联的本质。他的道学思想整体上以"成己成物"为终极追求。在他看来,"己"身虽然有限,但"心"却"与天地一般",成己其实就是要真正完全彻底地发挥和实现自己的性能,让自己无论是

---

① 黄宗羲原本,全祖望修定:《鲁斋学案》,《宋元学案》第 4 册,第 3000 页。
② 许衡的理财,是国家之大利,不是聚敛财货。
③ 许衡:《语录上》,《许衡集》,第 8 页。

在日用常行还是在任何具体的实践领域，都能展现本领和才干。当然，这些理想的实现需要做切实的修养工夫，需要做扎实的实践践履。

第三节 刘因的理学

刘因(1249—1293)，字梦吉(初名骃，字梦骥)，保定容城(今河北省保定市容城县)人，后因慕诸葛孔明"静以修身"语，自号"静修"。其与许衡并称"元北方两大儒"[1]。不过，此二人在"仕元"的问题上却态度迥异[2]。据陶宗仪《南村辍耕录》载，许衡应召，经过真定时，刘因责许衡说："公一聘而起，无乃速乎？"许衡很坦然、也很有担当地回答说："不如此，则道不行！"而刘因后来不接受元廷集贤学士的征召，有人问刘因，他回答说："不如此，则道不尊。"一人亟欲行道，一人恬然尊道，都是真诚地践行儒家道学的典范。

刘因早岁"天资绝人"，三岁识书，记忆力惊人，《元史》谓其"过目即成诵"，六岁能诗，七岁能属文，弱冠之年，作《希圣解》。早年在真定，从国子司业砚弥坚受经学章句，"究训诂疏释之说"。但是，他不满足于经学章句的训诂疏释，说："圣人精义，殆不止此。"后来，他得到南儒赵复所传的周敦颐、张载、二程兄弟、邵雍、朱熹、吕祖谦等人之书时，"一见而发其微，曰：'我固谓当有是也。'"并品评两宋道学人物思想的特色，说，"邵，至大也；周，至精也；程，至正也；朱子，极其大，尽其精，而贯之以正"[3]。刘因遂于此由经学章句转向道学。

刘因生性不愿"苟合"，对不合道义的事情坚决不做。《元史·刘因传》说他"家虽甚贫，非其义，一介不取。家居教授，师道尊严，弟子造其门者，随材器教之，皆有成就。公卿过保定者……往往来谒，(刘)因多逊

---

[1] 黄宗羲原本，全祖望补定：《静修学案》，《宋元学案》第4册，第3022页。
[2] 刘因亦尝为元"承德郎、右赞善大夫，教近侍子弟"，但很快就"以母疾辞归"。后来，元廷再以集贤学士、嘉议大夫征召刘因，后者"固辞不就"。前后算起来，刘因仕元的时间不过一年。因而，其态度总体上而言是不愿仕元。
[3] 《元史·刘因传》卷一七一，第4008页。

避,不与相见"。至元二十八年(1291),元廷以集贤学士、嘉议大夫征召刘因,刘因以疾病固辞,并上书宰相,阐述自己不能出仕的根由。朝廷和元帝忽必烈都未勉强他,后者还说:"古有所谓不召之臣,其斯人之徒欤!"至元三十年(1293),刘因病卒,时年四十五岁,欧阳玄(一名欧阳元)为其所作《像赞》曰:

> 微点之狂,而有沂上风雩之乐;资由之勇,而无北鄙鼓瑟之声。于裕皇之仁,而见不可留之四皓;以世祖之略,而遇不能致之两生。乌乎! 麒麟凤凰,固宇内之不常有也,然而一鸣而《六典》作,一出而《春秋》成。则其志不欲遗世而独往也明矣,亦将从周公、孔子之后,为往圣继绝学,为来世开太平邪![1]

人们认为欧阳元的这个评价,是没有任何"溢美"的"知言"。

刘因的著述,今存《静修集》,内有《丁亥集》五卷、《樵庵词》一卷、《遗文》六卷、《遗诗》六卷、《拾遗》七卷,以及《静修续集》诗、古赋、杂著等三卷。而苏天爵在刘因《墓表》中提到的《四书精要》三十卷、《易系辞说》以及门生辑录的《四书》语录等,均已失传。我们对刘因道学思想的研究,以摛藻堂四库全书荟要本《静修集》《静修续集》为据。

一、刘因的本体论思想

前文说过,刘因认为朱子之学"至其大,尽其精,而贯之以正",他还认为:

> 河图之说,朱子尽之矣。后人虽欲议之,不可得而议之也。[2]

从这些言论可以看出,刘因是朱熹理学的信奉者和继承者,并对朱熹的学说有所推进。

刘因对"本体"的看法,可以通过梳理他关于"理""道""心""性"等范

---

[1] 黄宗羲原本,全祖望补定:《静修学案》,《宋元学案》第4册,第3022页。
[2] 刘因:《河图辨》,《静修先生文集》,第8页,北京,中华书局,1985。

畴的言说来展示。

关于理。刘因说：

> 天地之间，理一而已。爰执厥中，散为万事，终焉而合，复为
> 一理。①

强调天地之间，不过一理；执"理"之中，遂有万事，但是，万事归根结底又复合而为此"一理"。这表明"此理"有"生物"之用。在《游高氏园记》中，刘因说：

> 夫天地之理，生生不息而已矣。②

这就在《希圣解》提出"理"有"生"物之用的基础上，更进一步强调"生生"之不息。所谓"生生不息"，其潜含着的意思就是，具体的"所生者"有限而不能久存。因此，刘因接着说：

> 凡所有生，虽天地亦不能使之久存也。若天地之心见其不能久
> 存也，而遂不复生焉，则生理从而息矣。③

假如天地生物之心（即理）看到所生者不能"久存"就不再创生，那么"生生"之"理"就停滞了，这就不是"生生不息"了。因此，刘因说，具体事物的"生灭"或"成毁""代谢"等，都是源自"理"与"势"的相互作用。这说明，"理"虽然有"生"物之用，但也不能"随心所欲"，其"生"物之用须在"势"的辅助之下才能具体实现。

刘因也谈到了"理"与天的关系。在《宣化堂记》中刘因说：

> 大哉化也，源乎天；散乎万物，而成乎圣人。自天而言，理具乎
> 乾元之始，曰造化。④

这是说，理的"生"物之用，即造化，是源于"天"的；这种"造化"之功分散

---

① 刘因：《希圣解》，《静修先生文集》，第2页。
②③ 刘因：《游高氏园记》，《静修先生文集》，第46页。
④ 刘因：《宣化堂记》，《静修先生文集》，第36页。

于万物之中，却在圣人那里有最终的成就和体现。究其实质，天就是"造化"，就是"理"在乾元之始；天、理、乾元（之始），名虽不同，所指则一，指的是创生者或造化之功的发出者。除了"化"，刘因还很重视"宣"。刘因说：

> 宣而通之，物付之物，人付之人，成象成形，而各正性命。化而变也，阴阳五行，运行乎天地之间，绵绵属属，自然氤氲而不容已……天化宣矣，而人物生焉；人物生矣，而人化存焉。[①]

"天—理"的"生化"之功分散且贯通到万事万物之中，属于"物"的交与物，属于"人"的交与人，从而"成象成形"，都能恰当地取得自己特有的性命、价值和地位。这个造化、变易的过程，通过阴阳五行等不同形态，运行于天地之间，连续不断，恭谨专一，都是自然氤氲的交会和合，没有止息。天的"宣化"作用，使得人与物不断生成，后者又进一步使得"人"的造化生成的能力不断发用。

不仅"理"如此，"道"在刘因那里，其实质也是司"造化生成"的实体。在《退斋记》中，刘因说：

> 老氏，其知道之体乎？道之体本静，出物而不出于物，制物而不为物所制，以一制万变而不变者也。[②]

他认为，老子只是了解"道之体本静"，但并不真正懂得："道"在根本上是"生成万物"而非由万物所生的，它能规定、制约万物却不被万物规定、制约，是单靠自己就能规定、制约各种变化的"不变者"。刘因通过这样的方式，既承认了老子之所见，亦指出儒家义理与道家学说的不同，这在客观上有"辟老"的效果。

同时，"道体"在根本上"周遍"于万物，人应该从"道之体"中学习。所以，刘因主张：

---

① 刘因：《宣化堂记》，《静修先生文集》，第36—37页。
② 刘因：《退斋记》，《静修先生文集》，第42页。

> 以理之相对、势之相寻、数之相为流易者而观之，则凡事物之肖夫道之体者，皆洒然而无所累、变通而不可穷也。①

当然，当刘因说"肖夫道之体"的事物能够"洒然而无所累、变通而不可穷"时，他其实已经在谈"修养工夫"了。关于修养工夫，我们将在后文详细讨论。

关于"心""性"问题。刘因认为，所谓太极便是"道与心"。在《太极图后记》中，刘因认为：

> 夫河图之中宫则先天图之所谓无极、所谓太极、所谓道与心者也。②

这就是说，太极之理，也就是道，也就是心，是"人之所以最灵者也"。但是，人不仅只有"心"这个"所以最灵者"，他还拥有"性"与"气"。刘因《叙学》说：

> 性无不统，心无不宰，气无不充，人以是而生，故材无不全矣。③

也就是说，在人的整体构成中，"性"是"统率"，其作用和功能是引领方向，"心"则是起主宰、管治作用的，"气"则充溢于人的身体、赋予其生理与精神两方面的力量。由此看来，刘因虽然对"性"说得较少，但是，他像宋明道学中的其他哲人一样，主张"心性合一"，而且它们与"血气"之间存在着相互转化的关系。《宣化堂记》有云：

> 人欲化而天理，血气化而情性，呻吟化而讴歌，暴夭化而仁寿。④

在这里，"化"是缓慢的、不显著的改变，这个过程，靠"明人伦、察物理、作礼乐、制行政，以修其道，以明其德"⑤来实现，但归根结底，是通过"心性"自我内在的转变，因为"天生此一世人，而一世事固能办也，盖亦足乎

---

① 刘因：《退斋记》，《静修先生文集》，第42页。
② 刘因：《太极图后记》，《静修先生文集》，第15页。
③ 刘因：《叙学》，《静修先生文集》，第3页。
④⑤ 刘因：《宣化堂记》，《静修先生文集》，第37页。

己而无待于外也"。所以，有什么样的血气，就会有相应的因素来对治，使其化而为"情性"。这就是刘因所说的"盖不能有以胜彼之气，则不能生于其气之中，而物之与是气具生者，夫固必使有用于是气也。犹朱子谓天将降乱，必生弥乱之人，以拟其后"①。

不过，问题是，人要发动什么样的内在因素来对治血气，使之"化而为情性"呢？这其中的关键，恐怕就在于"心之机"。在《驯鼠记》中，刘因指出：

> 心之机一动，而气亦随之。迫火而汗，近冰而慄，物之气能动人也，惟物之遇夫人之气也亦然。②

这就像孟子关于"志"与"气"关系的论述。孟子说："夫志，气之帅也；气，体之充也。夫志至焉，气次焉。故曰'持其志，无暴其气。'……志壹则动气，气壹则动志。"(《孟子·公孙丑上》)这就是说，虽然在人的"志"与"气"之间，"志"应当是起决定性作用的因素，但在实际上人的心志、意愿(即"志")与生理和精神动力(即"气")之间是互相影响的，因此，要加强人的"心志"对"气"的掌控。刘因借鉴了孟子的这一观点，主张"物之气能动人"，但物在遭遇"人之气"时，也会随之而动。当然，至为重要的是，要增强"心之机"对"气"的掌控，如此才能"化"血气为"情性"，也才能与蜂、鼠谐和共存。

从上述刘因对于"天""道""性""理""心"等范畴的认识和理解可以看出，刘因关于本体的理解是继承理学一脉而来。尽管从《静修集》来看，他较少谈到"性"，但是就现有文献提供的思想线索来看，他主张"性"是引领方向的统率，"心"是主宰和管治者，"天""理""道"等则是生生不息的创生者，万物皆从其而来，又皆受其主宰和管治。这些都与理学"性即理"的立场相一致。但是，刘因比较重视"心"的主宰、管治作用，这或许是他与理学有所区别，而又接近心学的地方。

---

① 刘因：《读药书漫记二条》，《静修先生文集》，第19页。
② 刘因：《驯鼠记》，《静修先生文集》，第39页。

二、刘因的修养工夫论

刘因的修养工夫论,也就是刘因借以使凡俗之人能接近或达到本体的修养工夫或方法。刘因的《静修集》较少直接谈论"修养工夫",但相关的思想、见解散见于《静修集》的许多地方。概略言之,刘因的修养工夫主要有:

(一)养气持谨、平心易气

前文提到的《驯鼠记》中,刘因指出,"心之机"与"气"(同时还有"物"与"人")相互间会产生影响,因此,如果希望"心"与"气"或"人"与"物"是以"心"或"人"为主,达到其所发之气"安静慈祥、与物无竞",使"物"之来去均"如相忘"而"莫之撄",那就要"平吾之心""易吾之气",使物之来去均"不激",才能办到。他说:

> 心之机一动,而气亦随之。迫火而汗,近冰而慄,物之气能动人也。惟物之遇人之气也亦然。鼠,善畏人者也。一日静坐,有鼠焉出入怀中,若不知予之为人者,熟视之而亦不见其为善畏人者。予因思先君子尝与客会饮于易水上,而群蜂近人,凡扑而却之者皆受螫。而先君子独坐不动,而蜂亦不迫焉。盖人之气不暴于外,则物之来不激之而去,其来如相忘,物之去不激之而来,其去亦如相忘。盖安静慈祥之气与物无竞,而物亦莫之撄也。平吾之心也,易吾之气也,万物之来,不但一鼠、蜂而已也。虽然,持是说以往,而不知所以致谨焉,则不流于庄周、列御寇之不恭而已也。①

但是,仅仅是"平心易气",很可能会"不流于庄周、列御寇之不恭而已也",因此,刘因为救此弊,提出了"致谨"的工夫要求,亦即理学家们"持敬"的工夫论。刘因一方面希望人能够做"平心易气"的"收敛"工夫,使"人之气不暴于外",但另一方面他也认识到只此不够,便进一步提出

---

① 刘因:《驯鼠记》,《静修先生文集》,第39页。

"持谨"的工夫。这一步"持谨"的工夫,才使得刘因修养工夫的目的——"物亦莫之撄",保全人的"其形虽微而有可以参天地者""其时虽无几而有可以与天地相终始者"——天理人心之不容已者能真正得以实现。从这个意义上讲,侯外庐等先生《宋明理学史》的"刘因是视物若无,专务其静,专一而不放逸""人与物便泯化为一,物我无别"的判断,是不能成立的①。

（二）遂初心而不及物

要实现"天理人心之不容已者",除了"养气持谨,平心易气"外,但求"遂初心",而不求"出以及物",也是非常重要的一种修养工夫。

刘因在《遂初亭说》中重点谈及了这一修养工夫：

> 君子立心之初,曰为善而不为恶,曰为君子而不为小人,如是而已。苟为善也、为君子也,则其初心遂矣。夫道无时而不有、无处而不在也,故欲为善、为君子,盖无时无处而不可,而吾之初心,亦无时无处而不得其遂也。若曰：吾之初心将出以及物也,苟时、命不吾与焉,则终身不得其遂矣。如是,则是道偏在乎出而处也,无所可为者矣。若曰：吾之初心欲处而适己也,苟时、命不吾释焉,则亦终身不得其遂矣。如是,则是道偏在乎处而出也,无所可为者矣。道果如是乎哉?②
>
> ……夫义当闲适、时在匡济,皆吾所当必为者。然其立心,则不可谓必得是也而后为遂。苟其心如此,则是心境本无外而自拘于一隅；道体本周遍,而自滞于一隅,其累也甚矣。③

在这里,刘因认为,人当把实现儒家之道、为善、为君子作为"初心",因此"道"无时不有、无处不在,故人之遂此"初心",亦"无时无处而不

---

① 不过,仍然需要指出的是,侯外庐等先生主张的、刘因深受庄子的影响,"借庄子学说逃避现实"的判断仍然是有其合理性的。请参见侯外庐、邱汉生、张岂之主编《宋明理学史》上册,第680页,709—710页。

②③ 刘因：《遂初亭说》,《静修先生文集》,第21页。

可"。唯人有"出以及物"或"处而适己"的偏滞，故有"终身不得其遂"的遗憾。因此，刘因希望人（尤其是筑遂初亭的张九思）能意识到"吾所当必为者"不必是"匡济"或"闲适"，而是"尊道""达道"。如此，则其"初心"可遂，而无"自滞于一隅"之累，人便可实现其"天理人心之不容已者"。

（三）希圣希天

据言，刘因读周敦颐《易通》，当读到"士希贤，贤希圣，圣希天"时，曾感叹说：

> 迂哉言！荡荡乎！浩浩乎！天高明神睿，孰可希焉？欺我后人。迂哉此言！①

随后，他吟风弄月、放浪形骸，歌太古沧浪之词，并坠入梦乡。在梦里，他与三位疑似高明贤达之人有过一番对话。其中，"拙翁先生"教育刘因说：

> 天地之间，理一而已，元执厥中，散为万事，终焉而合，复为一理。天地，人也；人，天地也。圣贤，我也；我，圣贤也。人之所钟，乃全而通。物之所得，乃偏而塞。偏而塞者，固不可移；全而通者，苟能通之，何所不至矣！圣希乎天，至则天，不至则大圣；贤希乎圣，过则天，不至则大贤；士希乎贤，过则圣、至则贤，不至则犹不失乎令名。此圣之所以为圣，贤之所以为贤也。子受天地之中，禀健顺五常之气，子之性，圣之质；子之学，圣之功。子犹圣也，圣犹子也。子其自攻，而反以我为迂。子迂乎？先生迂乎？苟子修而静之，勉而安之，践其形，尽其性，由思入睿，自明而诚，子希圣乎？圣希子乎？子其自弃，而反以我为欺。子欺先生乎？先生欺子乎？②

据说，刘因在梦中发愿说："駟虽不敏，钻仰之劳，岂敢负先生之知乎！"此《希圣解》是刘因弱冠时的"少作"，由之可见刘因当时便发愿、立

---

① 刘因：《希圣解》，《静修先生文集》，第1页。
② 同上书，第2页。

志要为圣贤。就一般的理解而言,圣贤似乎是高不可攀、遥不可及的,但在儒家一脉相承的看法是,圣贤是可以通过努力实现的,圣贤并不一定是建立不世功勋、博施济众的伟大人格,而是"依乎中庸,遁世不见知而不悔"(《中庸·第十一章》)的"疑似的"普通人。因此,刘因指出,"我"与天、地、圣、贤并无二致,因为我作为"人",聚集了天、地的全部质性且能贯通之,所以,"我"如果真的能够贯而通之,希贤、希圣、希天都能成功。

以上所述,是刘因修养工夫论比较重要的几个方面。除了上述几点,刘因还发挥和改造了庄子的"齐物"和邵雍"以物观物"的思想,使其与道学的思想追求相统一,这是值得提及的。不过,限于篇幅,再加上侯外庐等先生主编的《宋明理学史》对此已有深刻的论述①,此处不再赘述。

三、刘因的经学思想

刘因生性恬淡,加上其或出于蒙元灭金(包括宋)等原因,对于出仕和匡济世道等出处比较淡然,因而,其实践哲学颇难概括。但是,刘因却在其为学生讲"读书为学之次叙"的《叙学》中,阐述了异常丰富的"经学"思想。概括起来,刘因的经学思想主要有以下几个方面。

(一)经学以成就全材之人为旨

刘因认为,就理上言,人本身兼具性、心、气,故人之"材"全备而无或缺。但是,后来由于各种各样的因素而有所欠缺,因此,需要圣贤留下来的经典文献帮助人们去重新发现自己本身所具的"是性""是心""是气"。刘因说:

> 性无不统,心无不宰,气无不充。人以是而生,故材无不全矣。其或不全,非材之罪也。学术之差,品节之紊,异端之害,惑之也。今之去古,远矣;众人之去圣人也,下矣。幸而不亡者,大圣大贤惠世之书也。学之者以是性、与是心、与是气,即书以求之,俾邪正之

---

① 参见侯外庐、邱汉生、张岂之主编:《宋明理学史》上册,第711—716页。

术明、诚伪之辨分、先后之品节不差,笃行而固守,谓其材之不能全,吾不信也。保下诸生从余问学有年矣,而余梗于他故不能始,卒成失教育英才之乐。故其为陈读书为学之次叙,庶不至于差且紊,且败其全材也。①

刘因在此明说其《叙学》的缘起,是为"保下诸生"陈"读书为学之次叙",使其为学不至于次序颠倒混乱、效果有差,最终是要成就人之全材。当然,仅靠读书为学,确实不足以成就人之全材。但是,刘因认为,读书为学可以帮助学者明邪正之术、分诚伪之辨、齐先后之品节,在此基础上,笃行而固守,人之材信可得全。

这是刘因对经学之旨的说明。

(二) 经学之源流

在刘因看来,经学并不止是儒家的经典,同时也包括诸子之学和艺文之学,它们与儒家经典一起构成了经学的源流,共同构筑起成就人之全材的学问体系。

刘因认为,"先秦三代之书,'六经'、《语》《孟》为大",处世变日下、风俗日坏的当代学者,若欲得其材之全,"惟当致力'六经'、《语》《孟》"。不过,与世人以《语》《孟》为"问学之始"不同,刘因认为,《语》《孟》是"圣贤之成终者",是"博学而详说之,将以反说约"之"约"。因此,他批评当时人们的为学次第,说"未说圣贤之详,遽说圣贤之约,不亦背驰矣乎!所谓颜状未离于婴孩,高谈已及于性命者也"。话虽如此,刘因还是认为,"句读训诂,不可不通。惟当熟读,不可强解。优游讽诵,涵泳胸中。虽不明了,以为先入之主可也。必欲明之,不凿则惑耳。'六经'既毕,反而求之自得之矣"②。

同时,刘因也发表了治"六经"的顺序。他说:"治'六经'必自《诗》始。"古人从十三岁起诵诗,通过"诗"来导情性、开血气,"使幼而常闻歌诵之声,长而不失刺美之意"。《诗经》之后,就要学《尚书》。"《书》,

————————
① ② 刘因:《叙学》,《静修先生文集》,第 3 页。

所谓圣人之情见乎辞者也。即辞以求情,情可得矣。"《诗经》《尚书》之后,便要学"礼"。因为"血气既开,情性既得,大本立矣。本立则可以征夫用,用莫大于礼"。由于三代之礼已废,现存只有《礼记》和《周礼》可供学习。在学了《礼记》和《周礼》之后,就该学《春秋》。"《春秋》,以天道王法断天下之事业也。《春秋》既治,则圣人之用见。"概括起来,上述"四经",其功用在开血气、得情性,求其辞、节、断。其中,《诗》《书》《礼》为"学之体",《春秋》为"学之用"。如此一来,体用"一贯、本末具举,天下之理穷,理穷而性尽矣。穷理尽性以至于命,而后举夫《易》"。《周易》是圣人用以"成终而成始"者,须在"五经"明晓之后从事之,才能有良好的效果。

关于"六经"的传、疏,刘因的看法很值得重视,他说:

> "六经"自火于秦,传注于汉,疏释于唐,议论于宋,日起而日变。学者亦当知其先后,不以彼之言而变吾之良知也。[1]

他批评当时学者,认为他们"往往舍传注疏释,便发诸儒之议论。盖不知议论之学自传注疏释出,特更作正大高明之论尔"[2]。他对于汉、唐、宋之儒作持平之论,说"传注疏释之于经,十得其六七;宋儒用力之勤,剥伪以真,补其三四而备之也"[3]。基于这样的看法,他对于传注、疏释、议论有这样的次叙安排:"先传注而后疏释,疏释而后议论",如此才能"始终原委,推索究竟",并"以己意体察,为之权衡,折之于天理人情之至",不要去追求新奇、怪异,不要攻讦、穿凿,"平吾心,易吾气,充周隐微,无使亏欠",然后"六经"为得也。

"'六经'既治,《语》《孟》既精,而后学史。先立乎其大者,小者不能夺也。"[4]关于"史",刘因认为,它们是"经"所弘扬的治乱兴废之道的"迹":"胸中有'六经'、《语》、《孟》为主,彼兴废之迹不吾欺也。"学"史"也

---

① ② 刘因:《叙学》,《静修先生文集》,第 4 页。
③ 侯外庐等先生正是根据这一观点,概括出刘因"返求六经"的经学思想。
④ 刘因:《叙学》,《静修先生文集》,第 4 页。

有次第，刘因认为，"史"是从汉朝开始兴盛的。司马迁的《史记》大集群书，上下数千载，算是一部完整的史学著作。虽然其"议论驳而不纯"，但是，读者若善能去驳取纯，则亦能有得。因此，刘因认为，司马迁作为"良史"，其为后世"史记"提供了效仿的典范，刘因谓其"创法立制，纂承六经，取三代之余烬，为百世之准绳"①，其后班固的《汉书》"与迁不相上下"，因"其大原""出于迁而书稍加密"。不过，范晔的《后汉书》、陈寿的《三国志》，以及后世诸史均有这样或那样的不足。因此，善读史者有法：

> 必读全史历代，考之废兴之由，邪正之迹，国体国势，制度文物，坦然明白，时以"六经"旨要立论其间，以试己意，然后取温公之《通鉴》、宋儒之议论，校其长短是非。如是可谓之学史矣。②

在读、治"诸史"之后，可以读诸子之书。而"诸子既治，宋兴以来诸公之书：周、程、张之性理，邵康节之象数，欧、苏、司马之经济，往往肩汉唐而踵三代，尤当致力也"。最后，"艺亦不可不游也"，艺有古今之别，古者以礼乐射御书数为艺，今则以"诗文字画"为艺。学成之后，"则可以为君相，可以为将帅，可以致君为尧舜，可以措天下如泰山之安。时不与志，用不与材，则可以立德，可以立言、著书垂世，可以为大儒，不与草木共朽、碌碌以偷生、孑孑以自立尔"③。

以上，自"六经"（《诗经》）开始，然后是"诸史""诸子""宋兴以来诸公之书"，以及"诗文字画"之"艺"，它们构成了"六经的源流"。

（三）经与史之辩证

在讨论学"史"之次第时，刘因说到"古无经史之分"。侯外庐等先生认为这"是一个很有见地的看法"。刘因说：

> 古无经史之分，《诗》《书》《春秋》皆史也，因圣人删定笔削，立大

---

①② 刘因：《叙学》，《静修先生文集》，第5页。
③ 同上书，第8页。

经大典,即为经也。①

与此同时,如前文所言,诸史之中,亦载有治乱废兴之迹,若心中已有"六经"、《语》、《孟》为主,"情性既得、血气既开",且通过《书》《礼》《春秋》等已得其辞、节、断,对诸史之"驳而不纯"的议论、叙事之详略悉依《春秋》之"断",则亦可由诸史而通达"经"。从这个意义上说,经史之间确实有其相辅相成的关系。

刘因的"古无经史之分",上承文中子王通的"谓经为史",下启王阳明"以事言谓之史,以道言谓之经,事即道,道即事。《春秋》亦经,五经亦史"之论。清代章学诚"六经皆史",更是对刘因此说的进一步延伸。

不过,就刘因"古无经史之分"的本意而言,其并非否定"六经"载道,成就人之全材的意义。他其实是希望学者于经、史,均当重视,但仍以"六经"、《语》、《孟》为主。

第四节 饶鲁和吴澄的理学

饶鲁与吴澄,是元代在南方传播道学的两位著名代表。据考,饶鲁是朱熹的再传弟子,曾受学于朱熹高弟黄榦(勉斋先生)②。同时,尽管饶鲁一生均在南宋,但由于其学说的影响在其生前所及仅限于民间、地方,反倒是其再传弟子吴澄在元代大大发扬了他的学说。因此,本节把饶鲁的思想当作元代道学的一部分,予以介绍和讨论。

---

① 刘因:《叙学》,《静修先生文集》,第4—5页。
② 关于饶鲁的师承关系,冯兵和许家星曾经有过争论。冯兵认为,饶鲁或曾经问学于黄榦(勉斋先生),但其思想受黄榦(尚质先生)影响更深,因此,就师承关系而言,饶鲁师出尚质先生黄榦之门或更恰当。许家星则针锋相对地指出,饶鲁应该无疑问地师承黄勉斋先生。请参见冯兵《饶鲁师承渊源辨误》(载《中国社会科学报》,2013年1月28日,第A05版)和许家星《饶鲁师承渊源再论》(载《光明日报》,2014年9月30日,第016版)。我们综合各家看法,仍坚持认为饶鲁师出黄勉斋先生之门。

一、饶鲁的理学思想

饶鲁(1193—1264)[①],字伯舆,又字仲元,江西余干万年乡(今江西省上饶市万年县)人,因其长期讲学的石洞书院门前有双峰并峙,故号"双峰先生"。饶鲁虽于《宋史》无传,但其在地方志中却地位甚高:明、清两代均入余干、万年的乡贤祠,1512 年李梦阳等恢复东山书院时从祀理学祠。饶鲁之于《宋史》无传,原因大概是其无意于科举、仕宦所导致的缺乏功名,而饶鲁最多也就是做了短暂的饶州学教授。

但饶鲁本身在学术、教育等方面确实有其值得称道之处。据《宋元学案》,饶鲁自"髫龄有志于学,稍长,从黄勉斋榦、李宏斋燔学"。黄榦曾问饶鲁说:"《论语》首论'时习','习'是如何用功?"饶鲁回答说:"当兼二义,绎之以思虑,熟之以践履。"(据李伯玉《双峰先生行实》,饶鲁还接着说:"《集注》曰'实复思绎',欲人于思虑上习也;又曰'学者将以行之',欲人践履上习也。")饶鲁的回答令黄榦大为满意,"大器之"。后来,饶鲁曾"以《易》赴棘试"。但关于此次赴试的结果,《行实》的记载和《宋元学案》颇为不同。《宋元学案》认为是"不遇,遂归,专意圣贤之学",而《行实》则认为"考官得之,称为第一",但饶鲁无意于科第,"谢场归"。之后,饶鲁筑朋来馆以居学者,作石洞书院,授徒讲学;晚年曾被南宋朝廷授迪功郎、饶州州学教授,培养了许多著名的学者,如陈大猷(其子陈澔,所注《礼记集说》长期为科举取士之准)、吴中、赵良淳、程若庸等。程若庸后来又教育出吴澄,把饶鲁所开启的"和会朱陆"之风推进得更远。

饶鲁著有《五经讲义》《语孟纪闻》《学庸纂述》《西铭录》《近思录注》等,《宋元学案》称"其书不传"。清乾隆时期,王朝璩从许多经籍纂述中辑录《饶双峰讲义》十六卷。这是我们研究、讨论饶鲁哲学思想所可依凭

[①] 关于饶鲁的生卒年,由于饶鲁《宋史》无传,因而缺乏官方正式数据的支持。过去,人们一般认为饶鲁的生卒年不可考。但近来年,江西省万年师范学校的"万年羽人"根据余干、万年县志和《宋元学案》撰写《万年师范学区八县历史杂考(二)·历史文化名人》之"饶鲁"条,其主张饶鲁生于 1193 年,卒于 1264 年。

的材料。

（一）饶鲁的本体观

作为朱熹再传弟子、黄榦高弟，饶鲁的本体论以朱熹"理气二元、理主气辅"的立场为根基，对道、理、性、心等范畴的含义及其相互关系进行了探讨，并提出了一些不同于朱熹的观点。

饶鲁关于理气关系的论述，比较重要的，是在其讲解《孟子》之论"浩然之气"处。在此，饶鲁说：

> 浩然之气，全靠道义在里面做骨子。无这道义，气便软弱。盖缘有是理而后有是气，理是气之主。如天地二五之精气，以有太极在底面做主。所以他底当恁地浩然。[1]

这与朱熹的理先气后、以理为主是一致的。"气"作为一种生理和精神动力，若无"道义"或"理"，便软弱无力，其原因在于有"理"才有"气"，有何种具体的"理"才会有相应的"气"（动力）。"气"之"浩然"，乃在于其有"道义"或"理"为基底。

饶鲁接着说，

> 《集注》："配者，合而有助之意。"譬如妻之配夫，以此合彼，而有助于彼者。盖理气不相离，气以理为主，理以气为辅。大凡人不能勇于为善，为是无那气来衬贴。有那气来衬贴起，做得定是有力。[2]

这是继续解释"浩然之气"之"配义与道"。这个"配"就是合而有助，就像是妻之配夫，妻与夫相合且有助于夫，浩然之气也与"道义"相合并有助于"道义"。这是具体而言，抽象来讲，就是理气不相离：气配合理而以理为主。所以饶鲁说"气以理为主，理以气为辅"。不过，饶鲁进一步的解释就比较有意思：为善（这当然是"道义"、是"理"）需要"气"来衬贴，如果

---

① 饶鲁著，王朝璩辑录：《孟子一》，《饶双峰讲义》卷一一，《四库未收书辑刊》第2辑，第15册，第440页，北京，北京出版社，1998。

② 同上书，第441页。

有"浩然之气"来衬贴,人们的为善就能有力。也就是说,如果"气"能配合"理",成为"浩然之气",那么它就能大大地有助于"理",其具体表现就是使人能勇于为善,做得有力。

就理气关系而言,饶鲁的基本立场与朱熹一致,均是坚持"理气相即、理主气辅",但是,饶鲁进一步发挥了"气"的作用:"理"若无"气"这个辅助,其"实现"(具体表现为"为善")就无力。"气"无"理"(其所配者非"义与道")则馁;"理"无"气",也会"无力"。所以,他解释"二馁字不同"说:

> "无是,馁也",是无气则道义馁,"行有不慊则馁",是无道义则气馁,所指不同。盖二者相资:论其用,则道义非气无以行,论其体,则气非道义无以生。[1]

就道、太极和天理而言,饶鲁也认为它们是一致的。在解释朱熹《论语集注》中"子见南子"章中"否,谓不合于礼,不由其道也"时,饶鲁说:

> 礼是先王之制,道是天下事物当然之理。[2]

这是强调,"道"是"当然之理"。同样地,在《饶双峰讲义》卷一五《附录·道》中,饶鲁指出:

> 道者,天下当然之理,原于天之所命,根于人之所性,而著见于日用事物之间,如大路然,无难知难行之事。[3]

此处更进一步强调,道作为"当然之理",源于天之赋命,根于人的秉性,并在日用事物之间体现和实现出来,就好像大路一样,不存在难以知晓、难以践行的情况。这从根本上表达了饶鲁"道、理、性、命"相一致的观点。然而,人们觉得其难知难行,其原因有两个方面:一是因为"道虽至大,而其间节目至精至密,极其至小而无内"[4],故难知也;一是因为人自

---

[1] 饶鲁著,王朝璩辑录:《孟子一》,《饶双峰讲义》卷一一,第441页。
[2] 饶鲁著,王朝璩辑录:《论语二》,《饶双峰讲义》卷四,第375页。
[3] 饶鲁著,王朝璩辑录:《附录·道》,《饶双峰讲义》卷一五,第468页。
[4] 饶鲁著,王朝璩辑录:《中庸下》,《饶双峰讲义》卷一〇,第432页。

身有气禀之万殊，难免或受识见所限，"不得其门而入"，或为人欲所蔽、失其中正公允之质，故难行也。倘若人能"得其门而入，则由愚夫愚妇之可知可能，以至于尽性至命之地，无远之不可到也"①。

"道"作为"天下事物当然之理"，其在人则曰"道即率性之谓。虽天下之所共由，而非圣人不能尽。故独举而归诸圣人"②。人能"循守"其"天命之性"，即能"得道于己"，即有"德"，而"德者，得是道于己也。道之大小各极其至，故曰至道。德之大小各极其至，斯为至德。有是至德然后足以凝聚是至道而为己有"③。"德"一方面是"得道于己"，另一方面却能"体""吾道之大"，将"道"表现或实现出来。"德根于性"，而性就是"人所禀之天理"。他说：

> 天以至健而始万物，则父之道也。地以至顺而成万物，则母之道也。吾以藐然之身，生于其间，禀天地之气以为形，怀天地之理以为性，岂非子之道乎！④

人"怀天地之理以为性"，这是"人之为人"者，亦即是"仁"。饶鲁解释《中庸》"仁者，人也"时说：

> 人字之义极难训。但凡字，须有对待，即其所对观之，其义可识。此人字非对己之人、非对物之人、非对天之人。孔子曰："未能事人，焉能事鬼。"此人与鬼字相对。生则为人，死则为鬼。仁是生底道，以说人。人若不仁，便是自绝其生理。⑤

这些说法把"道、德、理、性、仁"等联系、统合在一起，显示出它们乃同谓之异名。

总之，在本体论方面，饶鲁大体上与朱熹的立场相似，而微有不同。

---

① 饶鲁著，王朝璩辑录：《附录·道》，《饶双峰讲义》卷一五，第 468 页。
② 饶鲁著，王朝璩辑录：《中庸下》，《饶双峰讲义》卷一〇，第 432 页。
③ 同上书，第 433 页。
④ 饶鲁著，王朝璩辑录：《附录·西铭》，《饶双峰讲义》卷一五，第 467 页。
⑤ 饶鲁著，王朝璩辑录：《中庸下》，《饶双峰讲义》卷一〇，第 427 页。

饶鲁主张"理气不离、理主气辅",而且认为"理"与"天""道""性""太极"等是同谓之异名。但是,在某些具体的论述上,许衡提出了一些朱熹没有谈过的观点。例如上文提到的许衡在处理《孟子》"浩然之气"中两"馁"字背后涉及的"理气关系"便是。除此之外,饶鲁还纠正了程朱"孟子论理不论气"的偏见,指出孟子所论兼及理与气,但其大体还是坚持朱熹所主张的"理只是个净洁空阔底世界"、能动者在"气"的立场。①

不过,在讨论"心"的意义问题上,饶鲁显示出其心学之倾向,反映了朱子之后"道学"合流的趋势。饶鲁认为,心是"身之主","心通于道"。当然,如此理解的"心"为道学所共享。但是,饶鲁更进一步强调"心与仁一体",显示出重综合而非分析的心学倾向。② 这一倾向最为明显地表现在饶鲁对《孟子》"仁,人心也"的解释上。饶鲁说:

> 上文说"仁,人心也",是把心做义理之心。不应下文"心"字又别是一意。若把"求放心"做收摄精神、不令昏放,则只说从知觉上去,恐与"仁,人心也"不相接了。曩尝以此质之勉斋,勉斋云:"此章首言'仁,人心也',是言仁乃人之心;次言'放其心而不知求',言'学问之道无他,求其放心而已矣',学问之事非指一端,如讲习、讨论、玩索、涵养、持守、践行、扩充、克治皆是。其所以如此者,非有他也,不过求吾所失之仁而已。此乃学问之道也。"三个"心"字,脉络联贯,皆是指仁而言。今学者不以仁言心,非矣。③

饶鲁在此直接说孟子的"心"就是"仁",而且回忆指出自己的老师黄勉斋也持相同的观点。此与朱熹的《集注》比较,有较大的不同。《集注》曰:"仁者心之德。程子所谓心如谷种,仁则其生之性是也。"也就是说,朱熹在作《孟子集注》时主张,仁并非"心"本身,而是"心之德",并把"人

---

① 饶鲁著,王朝璩辑录:《孟子四》,《饶双峰讲义》卷一四,第 464 页。亦可参见许家星:《饶鲁对朱子〈孟子集注〉的批判性诠释及其意义》,《中山大学学报》(社会科学版),2015 年第 1 期。
② 参见上注许家星《饶鲁对朱子〈孟子集注〉的批判性诠释及其意义》文。
③ 饶鲁著,王朝璩辑录:《孟子四》,《饶双峰讲义》卷一四,第 465 页。

心"理解为"气化的实体"(如谷种之类),"仁"则是此"气化之实体"的根本与实质(德)——其能动的创生之性。心与仁虽相即不离,却非必然合一,心与仁的统一有可能是"凑泊式"的统一。黄榦深得成熟时期朱子的器重,此时却提出了一个与《集注》颇为不同的观点。黄榦与饶鲁此说一方面开启了饶鲁、吴澄等"和会朱陆"之先河,另一方面也与后来王阳明的"朱子晚年定论"遥相呼应。

此外,饶鲁在解释《孟子·离娄上》"居下位而不获于上"章时,明言"明善即是思诚",这也是其走综合、简洁之路的又一明证。

(二) 饶鲁的修养工夫论

前文提到,饶鲁认为"道""理""太极""天""性"等,虽"原于天之所命",却是"根于人之所性,而著见于日用事物之间",就像是大路一样,在根本上并非难知难行者。但是,由于其中"节目至精至密,极其至小而无内",故其在现实中又并非必然可知可行。这就需要修养工夫。

首先,入门涵养须用"敬"的工夫。

> 或问:"入门涵养之道,须用敬否?"曰:"固是如此。但工夫熟时,亦不用说敬,只是才静便存。而今初学却须把敬来做一件事,常常持守,久之而熟,则忘其为敬矣。"[1]

饶鲁的这一修养工夫,当然可以追溯至程颐的"涵养需用敬,进学则在致知"。其后,又经朱熹的发展,明确为"涵养于小学,致知在大学"[2],而饶鲁则进一步将小学时入门的涵养工夫确定为"敬",并主张要把"敬"当作一件事来做,时时提起而不放下。同时,初学者之"敬"的工夫,可以通过"且静坐"以定心的方式来实行。饶鲁在回答或者之问"明道教人且静坐,是如何"时说:

> 此亦为初学者而言。盖他从纷扰中来,此心不定,如野马然,如

---

[1] 黄宗羲原本,全祖望修定:《双峰学案》,《宋元学案》第 4 册,第 2813 页。
[2] 参见刘述先《朱子哲学思想的发展与完成》,以及杜保瑞为该书所写,发表于《哲学与文化月刊》(2004 年第 8 期,总第 363 期)的书评。

何便做得工夫？故教他静坐,待此心宁后,却做工夫。然亦非教他终只静坐也,故下"且"字。①

并进一步解释说：

> 《调息箴》亦不可无,如释氏之念佛号,道家之数息,皆是要收此心,使之专一在此……调息亦然,人心不定者,其鼻息之嘘气常长,吸气常短,故须有以调之,息数停匀,则心亦渐定,调息又胜数息。②

这就是通过"静(坐)"以存敬、定心,通过调息以定心的工夫。

其次,饶鲁倡导"下学上达,意在言表"的工夫。"下学上达,意在言表"虽为程子所言,但饶鲁在此却有所发挥。他说：

> "下学上达,意在言表",程子此语,盖为读书者言。读书是下学之一事,盖凡下学者,皆可以上达。但恐下学得不是,则不能上达耳。且如读书,则圣人所以作经之意,是上面一层事,其言语,则是下面一层事,所以谓之"意在言表"。若读书而能求其意,则由辞以通理,而可上达。但若溺心于章句训诂之间,不能玩其意之所以然,则是徒事于言语文辞而已,决不能通其理也。③

这就是说,读书等下学工夫,须是、须得法,其要在领会"圣人作经之意",而不可沉溺于名言训诂(但章句训诂其实也有其必要性),否则,徒事于言语文辞,决不能通其理而得"上达"。至于"或问'上达而与天为一',是知行都到",饶鲁以为"知言",并说"及其既已上达,则吾心即天,天即吾心";饶鲁并说,学者与圣人之上达,有迟速之不同,"圣人才学便达,学者则今日格一物,明日格一物,久之方贯通"④。由此可知,"下学"不是目的,"上达与天为一"才是最终的追求。对于初学者而言,日格一物、循序渐进才是"上达"之正道。因此,后世学者说饶鲁的工夫论比较偏向禅

---

①②③④ 黄宗羲原本,全祖望修定:《双峰学案》,《宋元学案》第4册,第2813页。

学,恐非的论。

其三,饶鲁也很重视"戒惧慎独,存养省察"的工夫,因为它们是"敬"的具体体现。饶鲁在解释《中庸章句》时说:

> 道也者,率性之谓,其体用具在吾身。敬者,所以存养其体,省察其用,乃体道之要也。戒惧,存养之事;慎独,省察之事。《中庸》始言戒惧、慎独,而终之以笃恭,皆敬也。《中庸》以诚为一篇之体,惟其敬,故能诚。①

这是拿"戒惧慎独、存养省察"作"敬"的工夫,并通过"敬"实现"诚"。在其中,饶鲁以为要在"戒惧"中存养中庸之至德,此属行;在慎独中省察、识知中庸之道,此属知。饶鲁将《中庸》与《大学》作了对比:

> 《中庸》言戒惧不闻不睹与慎其独,《大学》只言慎其独,不言戒惧不闻不睹。初学之士,且令于动处做工夫。②

如何便要"于动处做工夫"? 饶鲁通过区分"不闻不睹"与"未闻未睹"进行了解释:

> 未闻未睹,是指事未至之前而言,不闻不睹,是指事已往之后而言。指事未至之前而言,是由静处说到动处去,指事已往之后而言,是由动处说到静处来。君子于日用应事接物之际,随处操存,到得事物既往、若无所用,戒惧之心犹不敢忘,是用工最密处。③

这是说,初学者应当在事物既往之后仍然保存其"戒惧之心"而犹不敢忘,这是"由动处说到静处来",是"用工最密处"。由此可知,饶鲁似乎认为《中庸》也为初学者提供了"用工"的门径。他还说:

> 戒慎恐惧便是慎独之慎,详言之则曰戒慎恐惧,约言之则慎

---

① 饶鲁著,王朝璩辑录:《中庸上》,《饶双峰讲义》卷九,第418—419页。
② 同上书,第419页。
③ 同上书,第418页。

之一字。①

关于"存养省察"。"存谓存其心,养谓养其性,省谓省诸身,察谓察于事物",饶鲁并为此四件事作"箴","《存箴》曰:心本至灵,放之则昏。敬以操之,物适不存。《养箴》曰:性本天赋,在得其养。根本常固,萌蘖渐长。《省箴》曰:孰无过察(原注曰'疑误'),贵在内省,时一警持,邪伪斯屏。《察箴》曰:在物为理,处物为义。精以察之,无俾或庱。"②此四件事兼赅知行,皆有"敬"贯其中。当然,"知行毕竟是二事,当各自用力,不可谓知了,便自能行"③。饶鲁颇重"行",《宋元学案》以为其学"以致知力行为本"。他勉力于明辨"公私、义利、是非、真妄于毫厘疑似之间,而不至于差谬",然后择其善、笃其行、践其实。

最后,饶鲁还重视"立志"与"反身"。饶鲁的"为学之方,其大略有四,一曰立志,二曰居敬,三曰穷理,四曰反身"④。这其实是把朱、陆的工夫论综合在一起⑤。饶鲁在具体论述这四个方面时,强调了"立志"的关键性,并指出"立志"之初,要辨"人品"。他说:

> 人之为学,莫先于立志;立志之初,莫先于分别古今人品之高下。孰为可尊、可慕而可法,孰为可贱、可恶而可戒,此为入德之先务也。非(原注"疑误",并径改为"其")志既正,然后讲学以明之,力行以充之,则德之进也,浩乎其不可御矣。⑥

其正志既立,为学便有准的,再加"博约"之功,则可得"体道之本"与"尽道体之全"。他批评时人,说:

> 今之学者所以不能学为圣贤者,其大患在于无志,其次在于无

---

① 饶鲁著,王朝璩辑录:《中庸上》,《饶双峰讲义》卷九,第418页。
② 同上书,第419页。
③ 饶鲁著,王朝璩辑录:《大学》,《饶双峰讲义》卷二,第356页。
④ 饶鲁著,王朝璩辑录:《附录·学》,《饶双峰讲义》卷一五,第468页。
⑤ 饶鲁作为朱熹的再传弟子,其认同程朱的"居敬穷理"并不值得特别标明。但"立志""反身"是有明确象山之学的特点,故特别标明此一工夫。
⑥ 饶鲁著,王朝璩辑录:《附录·学》,《饶双峰讲义》卷一五,第468页。

所守。盖人而无志,则趋向卑陋,不足与建高明光大之事业……人
而无所守,见利必趋,见害必避,平居非不粗知义理,至于临事则为
利欲所驱,而有所不暇顾,何足与有所立哉。①

因此,"立志"不仅要有"建高明光大之事业"之志,也需"有所守",即"守
约""守礼""守其志之正"。

关于"反身"。饶鲁认为,人在"未反时",其天地之性固存,但"人有
气质物欲之累,则此性不能常存。须于善反上做工夫,方存得性之本"②。
至于"善反"或"反身"的工夫,则囊括了"涵养、体认、克治、充广",简单
说,就是要"逆觉"到"天道性命"本具于吾身。

总之,恰如《宋元学案·双峰学案》所说,尽管"说者谓双峰晚年多不
同于朱子",且"以此诋之",但其"不同于朱子""未足以少双峰"。饶鲁的
道学立场未出朱子之学,但其中包含有不同于朱子之处。前文显示,无
论在本体论还是在工夫论上,饶鲁之学都包含着象山之学的因素,但也
仅此而已。因此,宋、元之际的周密讽刺饶鲁"自诡为黄勉斋门人,于晦
庵为嫡孙行"③,其言难免偏而不当。不过,黄榦、饶鲁在朱子后开启"和
会朱陆"的趋向,无可疑矣。

二、吴澄"和会朱陆"的道学思想

吴澄(1249—1333),字幼清,抚州崇仁(今江西省抚州市崇仁县)人,
因其所居草屋有程钜夫所题"草庐",故学者称其为草庐先生。据《元
史·吴澄传》载,吴澄天资聪颖,三岁学古诗,随口成诵;五岁读书,日受
千余言,曾经通宵读书,母亲担心他过度辛劳,便限制他膏火之量,吴澄
却待母寝后,燃火复诵习;九岁试乡校,每中前列。既长,习通经传,知用
力圣贤之学。虽亦尝举进士,不中。

---

① 饶鲁著,王朝璩辑录:《附录·学》,《饶双峰讲义》卷一五,第 468 页。
② 饶鲁著,王朝璩辑录:《孟子四》,《饶双峰讲义》卷一四,第 465 页。
③ 周密著,吴企明点校:《续集上》,《癸辛杂识》,第 116 页,北京,中华书局,1988。

至元十三年(1276),吴澄与郑松一起寓居布水谷,著《孝经章句》、校订《易》《书》《诗》《春秋》《仪礼》和大、小戴《礼记》。不久后,吴澄同奉诏求贤江南的程钜夫一起,北上京师,旋即以母老辞归。其后,程钜夫请求国子监搜集吴澄所著书,并置诸国子监以资学者。大德八年(1304),吴澄升任江西儒学副提举,三个月后因病辞官。至大元年(1308),近六十岁的吴澄为国子监丞,他尽心竭力,各因材质、训诱诸生,自旦至暮,寒暑不易。皇庆元年(1312),吴澄作"教法四条",分别为经学、行实、文艺、治事。他曾对诸生员说:

> 朱子于道问学之功居多,而陆子静以尊德性为主。问学不本于德性,则其弊必偏于言辞训释之末。故学必以尊德性为本,庶几得之。①

他的这一言论却引起了议论,说他主陆氏之学、非许衡尊信朱子本意,然亦莫知朱、陆之为何如也。吴澄本已有去意,便辞去国子监丞之职,而部分生员"不谒告而从之南"。元英宗时,吴澄迁翰林学士,进阶太中大夫;英宗诏命吴澄为佛教的《藏经》写序,吴澄推辞不受;同时,吴澄受命争议元廷的太庙之制,力主"天子七庙,庙各为宫,太祖居中,左三庙为昭,右三庙为穆,昭穆神主,各以次递迁"的古制,竟不被采行。后元英宗崩,吴澄为佛教《藏经》作序之事,因此而止。泰定元年(1324),元帝首开经筵讲席,吴澄为讲官之一。在主持修纂《英宗实录》完成之后,吴澄彻底离开了元朝的官场。

《元史》谓吴澄"于《易》《春秋》《礼记》各有纂言,尽破传注穿凿,以发其蕴,条归纪叙,精明简洁,卓然成一家之言"②。《宋元学案》有"草庐学案",其中,全祖望有按语曰:

> 草庐出于双峰,固朱学也,其后亦兼主陆学。草庐又师程氏绍

---

①《元史·吴澄传》卷一七一,第 4012 页。
② 同上书,第 4014 页。

开,程氏常(引者:原文如此,疑当为"尝"。)筑道一书院,思和会两家。然草庐之著书,则终近乎朱。①

其所著汇集为《吴文正集》(钦定四库全书版),是我们研究、讨论吴澄道学思想的第一手材料。

(一) 吴澄的本体论与道统说

作为饶鲁的再传弟子,吴澄在本体论上的主张,乃是承继饶鲁而来,并走得更远,为其"和会朱陆"的努力奠下坚实的基础。

吴澄"和会朱陆"的努力,在本体论上表现为对"心"的重视。他认为,仁就是人心。此说虽远溯自孟子,其在后世却是陆象山予以充分发扬出来。此外,如前文所示,黄榦、饶鲁对此亦有所继承与发明,对此,我们可以推测,朱、陆"鹅湖之会"后,朱熹显然汲取了象山学中的合理因素,影响了黄榦,并延及饶鲁、吴澄等。

吴澄认为,"夫人之一身,心为之主",但"心非心也,其所具者,性也"②。这是说,此心并非一般而言的心,因为它具"性"其中,这也正是心与仁合一的根源所在。但是,吴澄在此并未明确,心与仁合一,究竟是"二者是一",抑或心凑泊仁从而合一? 吴澄通过语言的不确定性,掩盖了他在朱、陆之间的摇摆,他的"和会朱陆"其实并没有真正厘清朱陆思想的边际。"仁,人心也,然体事而无不在。专求于心而不务周于事,则无所执着,而或流于空虚。圣贤教人,使其随事用力,及其至也,无一事之非仁,而本心之全德在是矣。"③这段话兼涵本体与工夫,自本体而言,吴澄强调"仁"即是"人心",且"体事而无不在";自工夫而言,因本体之"仁"(或心)"体事而无不在",故须"随事用功"而不能"专求于心而不务周于事",否则,"专求于心"的抽象、寡头的工夫无处安置,不免流于空虚;到得"工夫所至",则"无一事非仁","而本心之全德"便体现于工夫所

---

① 黄宗羲原本,全祖望修定:《草庐学案》,《宋元学案》第 4 册,第 2849 页。
② 同上书,第 3042 页。
③ 同上书,第 3045 页。

至的诸事之中。吴澄进一步以丧礼为例,来说明"心"之质与实。吴澄认为,丧礼中的"丧服之制"是"文",而不饮酒、不食肉、不处内等才是"实";中有其实,再文饰其外,则情文相称;情文不相称者,或"徒服其服,而无其实",此与"不服"没什么差别;或"不服其服,而有其实",这就是"心丧",这才是真正在服丧。

虽然吴澄如此重视"心",但他常常会不自觉地回到朱熹理学的立场。这是全祖望所说吴澄"终近乎朱"的根据所在。吴澄说:

> 夫人之生也,以天地之气凝聚而有形,以天地之理付畀而有性。心也者,形之主宰,性之郛郭也。①

在此,吴澄把"心"理解为身体的主宰,是"性"的住宅或居所。这在根本上与朱熹对心—性关系的理解一致,而不同于陆九渊。②

总之,由于语言本身的模糊性和词语的多义性,吴澄在朱、陆之间从

---

① 黄宗羲原本,全祖望修定:《草庐学案》,《宋元学案》第4册,第3046页。
② "郛郭",本义是外城,后泛指城郭、城市,引申为"屏障"。"心"为"性之郛郭",就其本义而言,意思是,"心"是"性"的住宅或居所。但是,如果就"郛郭"的引申义来说,也可以说成是"心"是"性"的屏障或保障,心是"性"能表现、实现自己的根据。正因"郛郭"一词含义的多样性,吴澄所说的自北宋便传承下来的"心为性之郛郭"似乎也不能完全说成是朱熹理学的表达。这或许是吴澄以为"朱、陆二师之为教一也"的原因。他甚至追溯儒家的"心"及其传承,说"此一心也,自尧、舜、禹、汤、文、武、周公传之,以至于孔子,其道同。道之为道,具于心,岂有外心而求道哉。而孔子教人,未尝直言心体,盖日用事物,莫非此心之用,于其用处,各当其理,而心之体在是矣。操舍存亡,惟心之谓,孔子之言也,其言不见于《论语》之所记,而得于孟子之传,则知孔子教人,非不言心也,一时学者未可与言,而言之有所未及耳。孟子传孔子之道,而患学者之失其本心也,于是始明指本心以教人,其言曰:'仁,人心也。放其心而不知求,哀哉!'又曰:'学问之道无他,求其放心而已矣。'又曰:'耳目之官不思,而蔽于物。心之官则思。先立乎其大者,则其小者不能夺也。'呜呼至矣!此陆子之学所从出也。夫孟子言心而谓之本心者,以为万理之所根,犹草木之有本,而苗径枝叶皆由是以生也。今人谈陆子之学,往往曰'以本心为学',而问其所以,则莫能知陆子之所以为学者何,如是'本心'二字,徒习闻其名,而未究竟其实也。夫陆子之学,非可以言传,况可以名求哉! 然此心也,人人所同有,反求诸身,即此而是。以心为学,非特陆子为然,尧、舜、禹、汤、文、武、周、孔、颜、曾、思、孟,以逮周、程、张、邵诸子,莫不皆然。故独指陆子之学为本心学者,非知圣人之道者也。应接酬酢,千变万化,无一而非本心之发见,于此而见天理之当然,是之谓不失其本心,非专离去事物,寂然不动,以固守其心而已也",由此可知,吴澄心中的儒学(道学),实质上就是(本)心学,而他所谓的"心",即是本体、是万理之根。但同时他又说"道之为道,具于心",这似又仅仅把"心"视为"理""道"的居所。

容周旋,这也是他倡导"和会朱陆"一个重要缘由。

除了重视"心",吴澄还非常强调"自立"。他说:

> 为人子孙者,思自立而已矣,族姓之或微或著何算焉! 能自立
> 欤,虽微而浸著;不能自立欤,虽著而浸微。盛衰兴替,亦何常之有,
> 惟自立之为贵。①

这里的"自立",就是要有所宗主,并懂得其所宗主者何在。对于吴澄这样的主张"和会朱陆"的道学家而言,其"所宗主者"就是要在人的生命历程中具现太极、天理和实现天命之性。

太极是吴澄道学思想的至上范畴。所谓"太极",即理、道(或/及至极)。吴澄说:

> 太极者何? 曰:道也。道而称之曰太极,何也? 曰:假借之辞
> 也。道不可名也,故假借可名之器以名之也。以其天地万物之所共
> 由也,则名之曰道;以其条泒缕脉之微密也,则名之曰理。理者,五
> 肤也,皆假借而称也。真实无妄曰诚,全体自然曰天,主宰造化曰
> 帝,妙用不测曰神,付于万物曰命,物受以生曰性,得此性曰德,具于
> 心曰仁,天地万物之统会曰太极。道也、理也、诚也、天也、帝也、神
> 也、命也、性也、德也、仁也、太极也,名虽不同、其实一也。极,屋栋
> 之名也。屋之脊檩曰栋……惟脊檩至高无上、无以加之,故曰极。
> 而凡物之统会处,因假借其义而名为极焉,辰极、皇极之类是也。②

这意思是说,太极与道、理、诚、神、天、帝、命、性、德、仁等,都是本体,"名虽不同、其实一也",都是至高无上、无以复加的"万物之统会处",因其为"统会处",故假借作为房屋之"脊檩"的"极"以为其名,又以其至高无上、无以加之,而有"太"的属性。"太之为名,大之至甚也",诚然,世上有众多"极",如屋极、辰极、皇极、"设官为民之极,京师为四方之极"

---

① 黄宗羲原本,全祖望修定:《草庐学案》,《宋元学案》第4册,第3046页。
② 吴澄:《无极太极说》,《吴文正集》卷四,《景印文渊阁四库全书》第1197册,第60页。

等,但这些都不过是指"一物一处"而言,但"道者,天地之极也",非指"一物一处"者,故"极"字"曾何足以拟议其仿佛哉"。因此,勉强用"太极"一词,以指"道"为"极之至大者也"。

实际上,在吴澄看来,道或者太极不仅是万物之统会,也是"生成造化"的根据。吴澄说:

> 自未有天地之前,至既有天地之后,只是阴阳二气而已。本只
> 是一气,分而言之,则曰阴阳。又就阴阳中细分之,则为五行,五行
> 即二气,二气即一气。气之所以能如此者何也? 以理为之主宰也。
> 理者非别有一物,在气中只是为气之主宰者即是。无理外之气,亦
> 无气外之理。[①]

这实际上与朱熹对于理气关系的看法是一致的。但吴澄更强调,理(包括太极等)的主宰作用是气变化为各种形态(二气五行乃至天地万物)的根源。

由于理气不离不杂、理为主宰,因此,当"人得天地之气而成形"时,"有此气即有此理",吴澄说,"所有之理谓之性,此理在天地,即元亨利贞是也,其在人而为性,则仁义礼智是也"。对于人而言,"性即天理",即仁义礼智。

因而,根据吴澄的本体论思想,他"所宗主者"即是主张每个人都能在自己的生命历程中具现太极、天理,去实现"仁"(或者仁义礼智)。质言之,吴澄的本体论思想强调的是人要通过作为"人心"的"仁"去具现太极或天理。

从这一本体论出发,吴澄构造了一个"原出于天"的"道统"。他说:

> 道之大原出于天,神圣继之,尧、舜而上,道之元也;尧、舜而下,
> 道之亨也;洙、泗、鲁、邹,其利也;濂、洛、关、闽,其贞也。分而言之,
> 上古则羲皇其元,尧、舜其亨,禹、汤其利,文、武、周公其贞乎! 中古

[①] 黄宗羲原本,全祖望修定:《草庐学案》,《宋元学案》第 4 册,第 3040 页。

之统,仲尼其元,颜、曾其亨,子思其利,孟子其贞乎! 近古之统,周子其元也,程、张其亨也,朱子其利也,孰为今日之贞乎?[①]

他通过"易"之四德来讲"原出于天"的"道之统绪",最后结穴于"孰为今日之贞"。《宋元学案·草庐学案》对此总结说,"其自任如此"。固然,吴澄以当时之"贞"自任,但如若人人都有"所宗主者"而能"自立",其又何尝不是"一时之贞"。

（二）吴澄的修养工夫论

吴澄的修养工夫论,以他关于理气关系的理解和心性论为基础。前文所示,吴澄在理气关系上与朱熹一致,认为理与气"不离不杂""理为主宰",理在人则为"性","性即天理,岂有不善!"但由于"人之生也,受气有或清或浊之不同,成质有或美或恶之不同",所以,此性"不能皆善而有万不同也"。虽是如此,哪怕于"气浊而质恶"中,亦有"理"存焉。因此,他指明孟子"道性善"乃是"就气质中挑出其本然之理而言",但"不曾分别性之所以有不善"的原因,从而"不足以解告子之惑",这就是"论性不论气,不备"。另一方面,像荀子、扬雄等因"指气质之不同而为性,而不知气质中之理谓之性"、主张性恶或性善恶混的,则是"论气不论性,不明"。因此,他推崇张载"形而后有气质之性,善反之,则天地之性存焉,故气质之性,君子有弗性焉"之说,认为"此言最分晓"。他解释张载的这句话,说"盖天地之性,气质之性,两性字只是一般,非有两等性也,故曰'二之则不是'"[②]。由于"人之性本是得天地之理,因有人之形,则所得天地之性,局在本人气质中,所谓'形而后有气质之性'也。气质虽有不同,而本性之善则一……故学者常用'反之'之功"[③],"反之,谓反之于身而学焉,以至于变化其不清不美之气质,则天地之性浑然全备,具存于气质之中,故曰'善反之,则天地之性存焉'"[④]。这就是吴澄的"反之于身而学焉"的

---

① 黄宗羲原本,全祖望修定:《草庐学案》,《宋元学案》第4册,第3038页。
② 同上书,第3039页。
③ 同上书,第3039—3040页。
④ 同上书,第3040页。

修养工夫。

"反之于身而学焉",具体而言,有如下两端:

首先是"主一持敬以尊德性"。这是就"反之"而言,即"反"(或逆觉)此天地之性、理或德性于身。吴澄任国子监丞时曾对生员说,"学必以尊德性为本",否则,"必偏于言辞训释之末"。所谓"德性",吴澄认为是"所闻所见之理",是使"记诵之博""闻见之知"所以有其真意者。在《评郑夹漈〈通志〉答刘教谕》中,吴澄说:

> 知者,心之灵而智之用也,未有出于德性之外者。曰德性之知,曰闻见之知,然则知有二乎哉? 夫闻见者,所以致其知也……盖闻见虽得于外,而所闻所见之理则具于心,故外之物格,则内之知致。此儒者内外合一之学,固非如记诵之徒博览于外而无得于内,亦非如释氏之徒专求于内而无事于外也。今立真知多知之目,而外闻见之知于德性之知,是欲矫记诵者务外之失,而不自知其流入异端也。圣门一则曰多学,二则曰多识,鄙孤陋寡闻而贤以多问寡,曷尝不欲多知哉! 记诵之徒,则虽有闻有见,而实未尝有知也。[1]

吴澄在此所说,虽判定郑樵的《通志》仅为"记诵之学"的代表,却认为其"亦卓然有以自见于世",因而批评刘庸斋(教谕)"真知者德性之知,多知者闻见之知"的"强分知为二"的做法。吴澄认为,德性之知与闻见之知,都源于"心之灵"而呈现为"智之用"。"闻见"固然是"致其知"的基础,但仅有"闻见"而无"所闻所见之理"(即德性),必会出现"徒博览于外而无得于内"之失(当然,刘庸斋"立真知多知之目"则有"流入异端"之虞)。因而,要达到朱熹所说"知愈博而心愈明"的结果,就必须坚持儒者"内外合一之学"。而"内外合一之学"的第一工夫,就是"尊德性",就是"反身穷理",以"究其本末是非之极致"[2]。

---

[1] 吴澄:《评郑夹漈〈通志〉答刘教谕》,《吴文正集》卷二,《景印文渊阁四库全书》第1197册,第25页。
[2] 黄宗羲原本,全祖望修定:《草庐学案》,《宋元学案》第4册,第3040页。

对于吴澄而言，"尊德性"就是"主一持敬"。他说：

> 学者工夫，则当先于用处着力，凡所应接，皆当主于一。主于
> 一，则此心有主，而暗室屋漏之处，自无非僻，使所行皆由乎天理。①

同时，"主一"须与"持敬"配合：动时"主一"，静时"持敬"以存其心。他说，"欲下工夫，惟'敬'之一字为要法"。"主一"与"持敬"，分别是动用和静修的工夫，二者相结合，即是儒者"内外合一之学"的"尊德性"的工夫。

其次是"读书穷理以道问学"。前文提到"反身穷理"，其实就是依据自身的德性来穷理。类似地，此处的"读书穷理"也是如此：无论读书还是穷理，都须先"反之吾身"，亦即是依据内在的德性来读书、穷理。这颇类似于朱熹当年与张南轩论涵养与察识之先后时，张南轩所坚持的"先察识后涵养"。所谓"先察识"，即是"先令其主一持敬以尊德性"，而"后涵养"即"然后令其读书穷理以道问学"。也就是说，在工夫论上，吴澄强调"尊德性"与"先立乎其大"，然后再以此"德性"为据，进一步做"读书穷理"的"道问学"工夫。但是，读书、穷理，皆须与"吾心"之德性相互印证，其要在切于人伦日用。吴澄说：

> 穷物理者，多不切于人伦日用；析经义者，亦无关于身心性情。
> 如此而博文，非复如夫子之所以教，颜子之所以学者矣。②

这就是说，吴澄的所谓"穷理"，并非"穷物理"，而是在应事接物中穷理，以"切于人伦日用"；所谓"读书"，也不只是"析经义"，而是要反之于身，从身心性情中体贴圣人作经之意。前文提及吴澄关于丧服的观点，正好与此相互印证。

关于"读书"，吴澄说：

> 读"四书"有法，必究竟其理而有实悟，非徒诵习文句而已；必敦
> 谨其行而有实践，非徒出口入耳而已。朱子尝谓："《大学》有二关，

---

① 黄宗羲原本，全祖望修定：《草庐学案》，《宋元学案》第 4 册，第 3040 页。
② 同上书，第 3044—3045 页。

格物者梦觉之关，诚意者人兽之关。"实悟为格，实践为诚。物既格者，梦醒为觉，否则虽当觉时犹梦也；意既诚者，转兽而为人，否则虽列入人群亦兽也……物之格在研精，意之诚在慎独，苟能是，始可为真儒，可以范俗，可以垂世，百代之师也。①

这说明，读书重"实悟""实践"，格物也就是切实"悟"了、"觉"了"人伦日用之理""天地之理"，而不是简单地去"穷物理"；诚意就是"敦谨其行"的实践。所以，吴澄认为，"所贵乎读书者，欲其因古圣贤之言，以明此理、存此心而已"，读书的真谛在于经由古圣贤之言，来发明天地之理、涵养仁心。而所谓"穷理"，非穷一物一处之理，而是穷天地之理。此天地之理，在人为"性"，"得此性曰德，具于心曰仁"，因而，"穷理"实质上是发明自身的德性，充分实现自己的"天命之性（德）"。

总之，吴澄的修养工夫论可以"反之于身而学焉"来概括。具体而言，"主一持敬以尊德性"是"反之于身"的工夫，"读书穷理以道问学"是"学"的工夫。做工夫须以"尊德性"为本，这就是吴澄所说的"先令其主一持敬以尊德性，然后令其读书穷理以道问学"的修养工夫。

（三）吴澄在经学，尤其是礼学上的贡献

吴澄年轻时曾校注五经，及其年迈，又探索朱熹"未尽之意"，"采拾群言"，断以己意，条加记叙，作成《五经纂言》，被黄百家称颂曰，"考朱子门人多习成说，深通经术者甚少，草庐《五经纂言》，有功经术，接武建阳（朱熹），非北溪（陈淳）诸人可及也"②。不仅如此，吴澄还作《四经叙录》《三礼叙录》，历考"五经"传承敷衍、注疏条例、经义得失，并与道学之义理对勘，发明诸经之义。吴澄的经学研究，以接续朱熹学统、完成其经学"未竟之业"为己任，据道学之意发明经学，同时援汉唐古注疏以矫宋学之务虚蹈空，兼重义理与制度名物之考订。

具体而言，吴澄于"三礼"之学所下工夫尤深，其接续朱熹完成"未竟

---

① 黄宗羲原本，全祖望修定：《草庐学案》，《宋元学案》第4册，第3046页。
② 同上书，第3037页。

之业"的意图尤为明显。自汉以来,"三礼""残篇断简,无复诠次",于"五经"之中号称难治。朱熹曾先后与李如圭、吕祖谦校订"三礼"、商定其篇次,但终老"不及为"。朱熹主张,《仪礼》为古"礼经",是礼之根本;《礼记》则是秦汉诸儒解释《仪礼》诸篇之汇集。因此,他"以《仪礼》为经,而取《礼记》及诸经史杂书所载有及于礼者,皆附于本经之下",成《仪礼经传通解》,但此书仅"草创之本",内多缺略。其后,朱门弟子亦尝致力于此,惜未能完成。

吴澄则以接续朱熹在这方面"未竟之业"为己任,他"本朱子未竟之绪而由之",依据朱熹的现成规模,"以《仪礼》为纲",分为正经、逸经和传三部分。其中,汉高堂生所传《仪礼》十七篇为正经,"二戴记中有经篇者离之为逸经",以礼各有之"义"为"经之传也","传"包括"戴氏所存兼刘氏所补",予以分类编次:"正经居首,逸经次之,传终焉,皆别为卷而不相紊,此外,悉以归诸戴氏之记;朱子所辑及黄氏丧礼、杨氏祭礼,亦参伍以去其重复,名曰朱氏记,而与二戴为三。"①

《仪礼逸经》八篇,吴澄纂次。他把《小戴礼记》(通行本《礼记》)中的《投壶》和《奔丧》,《大戴礼记》中的《公冠》《诸侯迁庙》和《诸侯衅庙》,郑玄注中的《中霤》《褅于太庙》和《王居明堂》等,抽取出来,纂次为《仪礼逸经》八篇。②《仪礼传》十篇,亦是吴澄纂次。该书因《仪礼》有士冠礼、士昏礼、乡饮酒礼、乡射礼、大射礼以及燕、聘等,而《礼记》亦相应有冠义、昏义、乡饮酒义、射义、燕义、聘义等,故将《礼记》中的这些篇章"正为《仪礼》之传,不以入《记》,依《仪礼》篇次秤为一编",并"更定""杂然无伦"的《射义》,析其为《乡射义》《大射义》,采用清江刘原父所补《士相见义》《公食大夫义》,得其中九篇。最后,所缺之《觐义》,吴澄则因《大戴礼记》之《朝事》"实释诸侯朝觐天子及相朝之礼",故以其"备觐礼之义",从而得《仪礼传》十篇。

---

① 吴澄:《三礼叙录》,《吴文正集》卷一,《景印文渊阁四库全书》第 1197 册,第 8 页。
② 此处对《仪礼逸经》篇目来源于《大戴礼记》和"郑玄注"中的哪些篇目,参考了侯外庐、邱汉生、张岂之等主编的《宋明理学史》(参见该书第 735 页)。

吴澄根据汉以来流传的《仪礼》《大戴礼记》《小戴礼记》和郑玄之"注"经分类解析，核定异同，重新纂次，作成《仪礼正经》《仪礼逸经》和《仪礼传》，其余篇次，皆归入"记"。吴澄的这些工作，不仅完成了朱熹生前的"未竟之业"，而且，使号称"难治"的《仪礼》现其崖略，"诚是经学史上的一大贡献"①。

吴澄不仅编次整理《仪礼》，还对"三礼"的其他著作以及《易》《书》《诗》《春秋》等加以整理和疏解，探其大义，张大朱熹的学说，变汉唐以来经学的训诂疏释为宋元道学的义理疏注，为"朱子门人所不及"。不仅如此，朱熹的"四经"纂疏与吴澄完成的"三礼纂言"（尤其是《仪礼》之正经、逸经和"传"的编次），还着重发挥了道学之义理，具有主观能动的探索精神，而不只是像汉唐经学一样的文字训诂。尽管此种主观能动的探索精神仅限于礼教，且不免穿凿臆断、横发议论，为后世经生们訾议，但其中含蕴的主观能动的探索精神，毕竟还是有思想解放的价值，促进了宋以后理论思维的发展。这些都是吴澄经学思想的意义。恰如侯外庐等先生在《宋明理学史》中所说：

> 吴澄在天道心性的理学上，虽然遭人物议，但他的经学，尤其是三礼，却一直被一些人所肯定。直到近代治经学的钱基博，谓"南宋入元"，其礼学"最著者崇仁草庐吴澄"，"疏解三礼，继往开来"（《经学通志·三礼志》）。②

第五节　元代的朱陆之学及其发展趋势

元代的道学发展呈现出地域不平衡的特点。就北方而言，自五代十国时石敬瑭割"燕云十六州"于辽始，南北声教不通，北方流传的儒学不过经生章句之学。赵复北上燕京之后，这一状况才渐渐发生改变。不

---

① 侯外庐、邱汉生、张岂之等主编：《宋明理学史》上册，第 735 页。
② 同上书，第 736 页。

过，这一过程也是缓慢地发生的。所以，许衡早岁所受的也不过是金"落第老儒"的"句读"。

赵复是将产生并兴盛于宋的道学传入北方的第一人。正是在赵复的影响下，杨惟中和姚枢谋建书院、宣传道学，影响了许衡、刘因、郝经、姚燧等一大批朱学的崇奉者。北方道学传衍中的这些代表人物，尽管在思想上比较相似，但在实践上却有很大的不同。这主要表现在他们对待蒙元朝廷的态度上，同时也与他们亟欲"行道"和淡然"尊道"的现实选择密切相关。所以，许衡因其亟欲"行道"的现实选择，淡化夷夏之防，积极出仕，任国子监祭酒，进《时务五事》，推行汉法，使朱熹的理学在北方得到发扬光大，并为元祐时期朱熹理学成为科举取士之标准奠定了坚实的基础；而刘因则志在"尊道"，故对于仕元并无特别的兴趣，但也正因如此，刘因对道学在北方的传衍，做了更扎实、细致的工作，其思想（在本体论和工夫论上）也越过理学的藩篱，呈现出靠近心学的特点，而其影响可能也更为深入。

北宋时期本就有"道南"之说，此后，南方道学的风气日益浓厚。朱熹长期在南方讲论，门下弟子众多。其中，黄榦乃是得其真传者。从前文所引饶鲁的讲义中可知，深得成熟时期朱熹器重的黄榦提出了一个与《孟子集注》颇为不同的观点——"仁"就是"心"。这一做法反映了朱熹之后道学发展的一个新的趋向——理学在本体与工夫上力图综合心学的努力。或许，此种努力正反映了朱熹晚年的变化。此后，受到黄榦影响，饶鲁进一步凸显其"和会朱陆"的倾向；到饶鲁的再传弟子吴澄时，其以朱熹理学为据"和会朱陆"的倾向更加明显，无论在本体论还是在工夫论上，都可以见到朱熹理学和象山心学的影子。

元代道学不仅是朱熹理学的一枝独秀，心学一脉亦有所传承。元代象山心学的传人主要以陈苑（静明先生）和赵偕（宝峰先生）为代表。他们坚持陆学门墙，与朱熹理学（及其传承）敌垒。《宋元学案·静明宝峰学案》叙赵偕和陈苑的生平及其言论精粹。黄宗羲、全祖望认为，正是陈苑对陆学的传播，"人始知陆氏学"。当然，陈苑倡陆学，与其人格有一种良性的互动。黄宗羲、全祖望谓陈苑"生平刚方正大,于人情物理靡不通练。强御无所畏,奸慝无所逃,浮沈里巷之间,而毅然以昌明古道为己任。困苦终其身,而拳拳于学术异同之辨。无千金之产,一命之贵,而有忧天下后世之心。人之所是,不苟是也;人之所非,不苟非也"[①],可见其能挺立独立自主之人格,显见其与象山"先立乎其大"的学风相互呼应。至于赵偕,黄宗羲、全祖望谓其学"以静虚为宗,然其堕于禅门者,则慈湖之余习,要其立身行己,自可师也"[②]。虽如此,黄宗羲、全祖望对静明、宝峰二先生亦有较高评价,说"若笃信而固守,以嗣槐堂之绪,静明、宝峰而已"[③]。

　　总的来说,元代朱陆之学各有传承。他们之间既有恪守各自门墙、相互敌垒者,亦有主张调和会通者。自元祐以朱学为科举取士标准之后,朱学大张,但其实际情况可能是,"士人但知有朱氏耳,然实非能知朱氏也,不过以科目为资,不得不从事焉"[④]。宗朱者未必真知朱氏学,其攻评陆学亦不免于意气,而宗陆者日益封闭和禅学化。此二极端,皆不能代表元代道学发展的趋势。与此相反,"和会朱陆"者虽然有不同的特点,如有援陆右朱者、有以朱补陆者,也有"出陆入朱"或"出朱入陆"的游龙走蛇者,却是元代道学发展的新趋向。不过,这些学者在"和会朱陆"的过程中,往往都未及体会朱、陆之间在本体论上的不同,而仅仅着眼于其"道问学"与"尊德性"、格物穷理与发明本心等为学宗旨或修养工夫上的争论,似乎仅靠这些显见的工夫论的差别,便足以区分朱、陆。因此,在朱、陆思想之边际未能厘清的情况下,他们"和会朱陆"的努力,很难说是成功的。不过,从元代道学发展的总趋势看,"和会朱陆"尽管难说成功,但毕竟开启了此种方向与可能性。更进一步,其时"和会朱陆"大体上是以陆学的本心论,兼取朱学的部分特点和理气论、理欲辨。从这个意义上讲,元代道学的发展趋势必然是心学之大张——最后即王阳明学说的兴起。因而,元代道学构成了宋、明之间的中介环节。

[①][③][④] 黄宗羲原本,全祖望修定:《静明宝峰学案》,《宋元学案》第 4 册,第 3097 页。
[②] 同上书,第 3098 页。

主要参考书目

（以征引先后为序）

[1] 梁启超. 儒家哲学[M]. 长沙：岳麓书社，2010.

[2] 陈来. 宋明理学[M]. 北京：生活·读书·新知三联书店，2011.

[3] 冯友兰. 三松堂全集[M]. 郑州：河南人民出版社，2000.

[4] 黄宗羲，全祖望. 宋元学案[M]. 北京：中华书局，1986.

[5] 王应麟. 困学纪闻[M]. 沈阳：辽宁教育出版社，1998.

[6] 赵一清. 东潜文稿[M]. 罗仲辉，点校. 沈阳：辽宁教育出版社，1998.

[7] 程颢，程颐. 二程集[M]. 北京：中华书局，2004.

[8] 陈钟凡. 两宋思想述评[M]. 北京：东方出版社，1996.

[9] 钱穆. 中国近三百年学术史[M]. 北京：商务印书馆，1997.

[10] 牟宗三. 心体与性体[M]. 上海：上海古籍出版社，1999.

[11] 侯外庐，邱汉生，张岂之. 宋明理学史[M]. 北京：人民出版社，1984.

[12] 颜元. 颜元集[M]. 北京：中华书局，1987.

[13] 脱脱，阿鲁图，贺惟一，等. 宋史[M]. 北京：中华书局，1977.

[14] 张载. 张载集[M]. 北京：中华书局，1978.

[15] 杨向奎. 宗周社会与礼乐文明[M]. 北京：人民出版社，1997.

[16] 陆九渊. 陆九渊集[M]. 北京：中华书局，1980.

[17] 任继愈，杜继文. 佛教史[M]. 南京：江苏人民出版社，2006.

[18] 刘师培. 刘申叔遗书[M]. 南京：江苏古籍出版社，1997.

[19] 吕思勉. 理学纲要[M]. 北京：东方出版社，2012.

[20] 李觏. 李觏集[M]. 北京：中华书局，1981.

[21] 邓广铭. 宋史十讲[M]. 北京：中华书局，2008.

[22] 余英时. 史学、史家与时代[M]. 桂林：广西师范大学出版社，2004.

[23] 朱杰人. 朱子全书[M]. 上海：上海古籍出版社，2002.

[24] 韩愈. 韩昌黎文集校注[M]. 上海：上海古籍出版社，2014.

[25] 韩愈. 韩昌黎诗系年集释[M]. 上海：上海古籍出版社，1984.

[26] 汤用彤. 隋唐佛教史略[M]. 北京：中华书局，1982.

[27] 柳宗元. 柳宗元集[M]. 北京：中华书局，1979.

[28] 刘禹锡. 刘禹锡集笺证[M]. 上海：上海古籍出版社，1989.

[29] 吴文治. 韩愈资料汇编[M]. 北京：中华书局，1983.

[30] 欧阳修. 文忠集[M]//纪昀，永瑢，陆锡熊，等. 景印文渊阁四库全书：第1102册. 台北：台湾商务印书馆，[1985].

[31] 汪荣宝. 法言义疏[M]. 北京：中华书局，1987.

[32] 王守仁. 王阳明全集[M]. 上海：上海古籍出版社，2011.

[33] 陈来. 有无之境：王阳明哲学的精神[M]. 北京：人民出版社，1991.

[34] 赵敦华. 现代西方哲学新编[M]. 北京：北京大学出版社，2010.

[35] 苏洵. 嘉祐集[M]//纪昀，永瑢，陆锡熊，等. 景印文渊阁四库全书：第1104册. 台北：台湾商务印书馆，[1985].

[36] 李翱. 李文公集[M]//纪昀，永瑢，陆锡熊，等. 景印文渊阁四库全书：第1078册. 台北：台湾商务印书馆，[1985].

[37] 黄晖. 论衡校释[M]. 北京：中华书局，1990.

[38] 欧阳修. 文忠集[M]//纪昀，永瑢，陆锡熊，等. 景印文渊阁四库全书：第1102册. 台北：台湾商务印书馆，[1985].

[39] 胡应麟. 少室山房集[M]//纪昀，永瑢，陆锡熊，等. 景印文渊阁四库全书：第1290册. 台北：台湾商务印书馆，[1986].

[40] 傅斯年. 傅斯年集[M]. 广州：花城出版社，2010.

[41] 陈弱水. 唐代文士与中国思想的转型[M]. 桂林：广西师范大学出版社，2009.

[42] 胡瑗. 周易口义[M]//纪昀，永瑢，陆锡熊，等. 景印文渊阁四库全书：第8册. 台北：台湾商务印书馆，[1982].

[43] 石介. 徂徕石先生文集[M]. 北京：中华书局，1984.

[44] 孙复. 孙明复先生小集[M]//舒大刚. 宋集珍本丛刊：第3册. 北京：线装书局，2004.

[45] 王文锦. 礼记译解[M]. 北京：中华书局，2001.

[46] 谢善元. 李觏之生平及思想[M]. 北京：中华书局，1988.

[47] 杜成娴，杨金国，班述文. 易学大师邵康节[M]. 石家庄：花山文艺出版社，1994.

[48] 邵雍. 邵雍集[M]. 北京：中华书局，2010.

［49］列宁. 列宁全集［M］. 北京：人民出版社，1959.

［50］郭彧. 邵雍全集［M］. 上海：上海古籍出版社，2015.

［51］黎靖德. 朱子语类［M］. 北京：中华书局，1986.

［52］周敦颐. 周敦颐集［M］. 北京：中华书局，2009.

［53］何宁. 淮南子集释［M］. 北京：中华书局，1998.

［54］刘师培，劳舒. 刘师培学术论著［M］. 杭州：浙江人民出版社，1998.

［55］纪昀，陆锡熊，邵晋涵，等. 四库全书总目提要［M］. 石家庄：河北人民出版社，2000.

［56］朱熹. 四书章句集注［M］. 北京：中华书局，1983.

［57］王夫之. 张子正蒙注［M］. 北京：中华书局，1975.

［58］《中国哲学史》编写组. 中国哲学史［M］. 北京：人民出版社，2012.

［59］潘富恩，徐洪兴. 中国理学［M］. 上海：东方出版中心，2002.

［60］张岱年. 中国哲学大纲［M］. 北京：商务印书馆，2015.

［61］杨伯峻. 论语译注［M］. 北京：中华书局，1980.

［62］喻博文. 正蒙注译［M］. 兰州：兰州大学出版社，1990.

［63］牟宗三. 牟宗三先生全集［M］. 台北：联经出版事业股份有限公司，2003.

［64］吕大临. 蓝田吕氏遗书辑校［M］. 北京：中华书局，1993.

［65］郑家栋. 断裂中的传统——信念与理性之间［M］. 北京：中国社会科学出版社，2001.

［66］姚名达. 程伊川年谱［M］. 北京：知识产权出版社，2013.

［67］欧阳修. 欧阳修诗文集校笺［M］. 上海：上海古籍出版社，2009.

［68］韦政通. 中国思想史［M］. 长春：吉林出版集团有限责任公司，2009.

［69］胡宏. 胡宏集［M］. 北京：中华书局，1987.

［70］庞万里. 二程哲学体系［M］. 北京：北京航空航天大学出版社，1992.

［71］朱熹. 朱熹集［M］. 成都：四川教育出版社，1996.

［72］文碧芳. 关洛之间——以吕大临思想为中心［M］. 北京：中华书局，2011.

［73］陈来. 朱子哲学研究［M］. 北京：生活・读书・新知三联书店，2010.

［74］何晏，邢昺. 论语注疏［M］. 北京：北京大学出版社，2000.

［75］王弼，韩康伯，孔颖达. 周易注疏［M］//纪昀，永瑢，陆锡熊，等. 景印文渊阁四库全书：第7册. 台北：台湾商务印书馆，［1982］.

［76］阮元. 十三经注疏［M］. 北京：中华书局，2013.

［77］王弼，韩康伯，孔颖达. 周易正义［M］. 北京：北京大学出版社，2000.

［78］王弼，韩康伯，孔颖达. 宋本周易注疏［M］. 北京：中华书局，1988.

［79］罗钦顺. 困知记［M］. 北京：中华书局，2013.

［80］李明辉. 儒家与康德［M］. 台北：联经出版事业股份有限公司，1990.

［81］程颐. 周易程氏传［M］. 北京：中华书局，2011.

［82］杨伯峻.孟子译注［M］.北京：中华书局，2010.

［83］段玉裁.说文解字注［M］.上海：上海古籍出版社，1988.

［84］王先慎.韩非子集解［M］.北京：中华书局，1998.

［85］朱熹，吕祖谦.近思录专辑［M］.罗争鸣，校点.上海：华东师范大学出版社，2014.

［86］司马光.司马光集［M］.李文泽，雷绍晖，校点.成都：四川大学出版社，2010.

［87］司马光，王云五.司马文正公传家集［M］.上海：商务印书馆，1937.

［88］司马光.易说［M］.北京：中华书局，1985.

［89］河上公，杜光庭，司马光，等.道德经集释［M］.北京：中国书店，2015.

［90］司马光.司马温公文集［M］.北京：中华书局，1985.

［91］司马光.司马氏书仪［M］.北京：中华书局，1985.

［92］扬雄，司马光.太玄集注［M］.北京：中华书局，1998.

［93］王云五.丛书集成初编［M］.北京：中华书局，1985.

［94］司马光.资治通鉴［M］.北京：中华书局，1956.

［95］韦伯.学术与政治［M］.冯克利，译.北京：生活·读书·新知三联书店，1998.

［96］王安石，李之亮.王荆公文集笺注［M］.成都：巴蜀书社，2005.

［97］苏轼.苏轼文集［M］.北京：中华书局，1986.

［98］蒙文通.道书辑校十种［M］.成都：巴蜀书社，2001.

［99］容肇祖.王安石老子注辑本［M］.北京：中华书局，1979.

［100］严灵峰.无求备斋老子集成初编［M］.台北：台湾艺文印书馆，1965.

［101］孔令宏.宋明理学与道家道教［M］.北京：中华书局，2006.

［102］刘成国.荆公新学研究［M］.上海：上海古籍出版社，2006.

［103］王安石.王安石全集［M］.秦克，巩军，点校.上海：上海古籍出版社，1999.

［104］张祥浩，魏福明.王安石评传［M］.南京：南京大学出版社，2006.

［105］贺麟，张学智.贺麟选集［M］.长春：吉林人民出版社，2005.

［106］罗振玉.罗振玉学术论著集［M］.上海：上海古籍出版社，2010.

［107］侯外庐，赵纪彬，杜国庠.中国思想通史［M］.北京：人民出版社，1959.

［108］刘一止.苕溪集［M］//纪昀，永瑢，陆锡熊，等.景印文渊阁四库全书：第1132册.台北：台湾商务印书馆，［1985］.

［109］李焘.续资治通鉴长编［M］.北京：中华书局，2004.

［110］王明荪.王安石［M］.台北：台湾东大图书公司，1994.

［111］包弼德.历史上的理学［M］.王昌伟，译.杭州：浙江大学出版社，2010.

［112］郭齐勇.宋明儒学与长江文化［M］.武汉：湖北教育出版社，2004.

［113］土田健次郎.道学之形成［M］.朱刚，译.上海：上海古籍出版社，2010.

［114］张宗祥.王安石《字说》辑［M］.曹锦炎,点校.福州:福建人民出版社,2005.

［115］邓小南.宋史研究论文集(2008)［C］.昆明:云南大学出版社,2009.

［116］彭永捷.朱陆之辩——朱熹陆九渊哲学比较研究［M］.北京:人民出版社,2002.

［117］王先谦.荀子集释［M］.北京:中华书局,1997.

［118］罗洪先,徐儒宗.罗洪先集［M］.南京:凤凰出版社,2007.

［119］张立文.走向心学之路——陆象山思想的足迹［M］.北京:中华书局,1992.

［120］章学诚,叶瑛.文史通义校注［M］.北京:中华书局,1994.

［121］谢良佐.上蔡语录［M］//纪昀,永瑢,陆锡熊,等.景印文渊阁四库全书:第698册.台北:台湾商务印书馆,［1984］.

［122］萧汉明.传统哲学的魅力［M］.北京:中华书局,2008.

［123］陈来.中国近世思想史研究［M］.北京:商务印书馆,2003.

［124］蔡仁厚.宋明理学·北宋篇［M］.台北:学生书局,1977.

［125］潘富恩,徐余庆.程颢程颐理学思想研究［M］.上海:复旦大学出版社,1988.

［126］陈鼓应.老子注译及评介［M］.北京:中华书局,1984.

［127］杨时.龟山集［M］//纪昀,永瑢,陆锡熊,等.景印文渊阁四库全书:第1125册.台北:台湾商务印书馆,［1985］.

［128］张岱年.张载:十一世纪中国唯物主义哲学家［M］.武汉:湖北人民出版社,1956.

［129］康德.纯粹理性批判［M］.2版.李秋零,译.北京:中国人民大学出版社,2004.

［130］唐明邦.周易评注［M］.修订版.北京:中华书局,2009.

［131］张载,王夫之.张子正蒙注［M］.上海:上海古籍出版社,2000.

［132］侯洁之.道南学脉观中工夫研究［M］.台北:花木兰文化出版社,2008.

［133］唐君毅.中国哲学原论:导论篇［M］.北京:中国社会科学出版社,2005.

［134］王叔岷.庄子校诠［M］.北京:中华书局,2007.

［135］纳兰成德.合订删补大易集义粹言［M］//纪昀,永瑢,陆锡熊,等.景印文渊阁四库全书:第45册.台北:台湾商务印书馆,［1982］.

［136］卫湜.礼记集说［M］//纪昀,永瑢,陆锡熊,等.景印文渊阁四库全书:第120册.台北:台湾商务印书馆,［1982］.

［137］张学智.心学论集［M］.北京:中国社会科学院出版社,2006.

［138］彭国翔.儒家传统:宗教与人文主义之间［M］.北京:北京大学出版社,2007.

[139] 郭晓东. 识仁与定性：工夫论视域下的程明道哲学研究[M]. 上海：复旦大学出版社,2005.

[140] 王先谦. 荀子集解[M]. 北京：中华书局,1997.

[141] 贾顺先. 退溪全书今注今译[M]. 成都：四川大学出版社,1992.

[142] 于浩. 宋明理学家年谱[M]. 北京：北京图书馆出版社,2005.

[143] 熊克. 中兴小纪[M]//纪昀,永瑢,陆锡熊,等. 景印文渊阁四库全书：第313册. 台北：台湾商务印书馆,[1983].

[144] 杨时. 杨龟山集[M]. 上海：商务印书馆,1936.

[145] 朱震. 汉上易传[M]. 北京：九州出版社,2012.

[146] 纳兰成德,康奉,李宏,等. 纳兰成德集[M]. 北京：北京出版社,2006.

[147] 陈振孙. 直斋书录解题[M]. 上海：上海古籍出版社,1987.

[148] 刘玉建. 两汉象数易学研究[M]. 南宁：广西教育出版社,1996.

[149] 林忠军. 象数易学发展史[M]. 济南：齐鲁书社,1998.

[150] 朱伯崑. 易学哲学史[M]. 北京：华夏出版社,1995.

[151] 李申. 易图考[M]. 北京：北京大学出版社,2001.

[152] 刘因. 静修集[M]//纪昀,永瑢,陆锡熊,等. 景印文渊阁四库全书：第1198册. 台北：台湾商务印书馆,[1985].

[153] 胡安国. 春秋胡氏传[M]. 杭州：浙江古籍出版社,2010.

[154] 胡寅. 斐然集[M]. 北京：中华书局,1993.

[155] 王立新. 开创时期的湖湘学派[M]. 长沙：岳麓书社,2003.

[156] 陈谷嘉,朱汉民. 湖湘学派源流[M]. 长沙：湖南教育出版社,1992.

[157] 刘荀. 明本释[M]//纪昀,永瑢,陆锡熊,等. 景印文渊阁四库全书：第703册. 台北：台湾商务印书馆,[1984].

[158] 胡寅. 崇正辩[M]. 北京：中华书局,1993.

[159] 胡寅. 读史管见[M]. 长沙：岳麓书社,2011.

[160] 尹业初. 胡寅历史政治哲学研究——以《致堂读史管见》为中心[M]. 北京：中国社会科学出版社,2013.

[161] 陈乔见. 公私辨：历史衍化与现代诠释[M]. 北京：生活·读书·新知三联书店,2013.

[162] 黄俊杰. 孟学思想史论[M]. 台北：东大图书公司,1991.

[163] 葛瑞汉. 二程兄弟的新儒学[M]. 郑州：大象出版社,2000.

[164] 刘述先. 朱子哲学思想的发展与完成[M]. 长春：吉林出版集团有限责任公司,2015.

[165] 唐君毅. 中国哲学原论：原性篇[M]. 北京：中国社会科学出版社,2005.

[166] 钱穆. 朱子新学案[M]. 北京：九州出版社,2011.

[167] 钟彩钧. 国际朱子学会议论文集[C]. 台北："中央研究院"中国文哲研究

所筹备处,1993.

[168] 黄俊杰. 东亚朱子学的诠释与发展[M]. 上海:华东师范大学出版社,2012.

[169] 杨儒宾. 儒家身体观[M]. 台北:"中央研究院"中国文哲研究所,1999.

[170] 陈建. 陈建著作二种[M]. 黎业明,点校. 上海:上海古籍出版社,2015.

[171] 唐君毅. 中国哲学原论:原教篇[M]. 北京:中国社会科学出版社,2006.

[172] 圆悟克勤. 碧岩录[M]. 尚之煜,校注. 郑州:中州古籍出版社,2011.

[173] 陈亮. 陈亮集[M]. 北京:中华书局,1983.

[174] 张栻. 张栻集[M]. 北京:中华书局,2015.

[175] 向世陵. 善恶之上:胡宏·性学·理学[M]. 北京:中国广播电视出版社,2000.

[176] 蔡方鹿. 一代学者宗师:张栻及其哲学[M]. 成都:巴蜀书社,1991.

[177] 向世陵. 理学与易学[M]. 长春:长春出版社,2011.

[178] 曾亦. 本体与工夫:湖湘学派研究[M]. 上海:上海人民出版社,2007.

[179] 陈谷嘉. 张栻与湖湘学派研究[M]. 长沙:湖南教育出版社,1991.

[180] 蔡方鹿. 张栻与理学[M]. 北京:人民出版社,2015.

[181] 张栻. 张栻全集[M]. 长春:长春出版社,1999.

[182] 真德秀. 西山先生真文忠公文集[M]. 四部丛刊初编本. 上海:商务印书馆,1937.

[183] 杨万里. 诚斋集[M]//纪昀,永瑢,陆锡熊,等. 景印文渊阁四库全书:第1161册. 台北:台湾商务印书馆,[1985].

[184] 周密. 齐东野语[M]. 北京:中华书局,1983.

[185] 杜杲. 张南轩先生文集[M]. 北京:商务印书馆,1936.

[186] 王夫之. 船山全书[M]. 长沙:岳麓书社,2011.

[187] 梁启超. 饮冰室文萃·儒家哲学[M]. 天津:天津古籍出版社,2003.

[188] 吕祖谦,黄灵庚. 吕祖谦全集[M]. 杭州:浙江古籍出版社,2008.

[189] 潘富恩,徐余庆. 吕祖谦评传[M]. 南京:南京大学出版社,2011.

[190] 罗汝芳. 罗汝芳集[M]. 南京:凤凰出版社,2007.

[191] 牟宗三. 从陆象山到刘蕺山[M]. 上海:上海古籍出版社,2001.

[192] 何炳松. 浙东学派溯源[M]. 长沙:岳麓书社,2011.

[193] 陈亮. 陈亮集[M]. 增订本. 北京:中华书局,1987.

[194] 叶适. 叶适集[M]. 北京:中华书局,1961.

[195] 班固. 汉书[M]. 北京:中华书局,1964.

[196] 董平,刘宏章. 陈亮评传[M]. 南京:南京大学出版社,1996.

[197] 田浩. 功利主义儒家——陈亮对朱熹的挑战[M]. 姜长苏,译. 南京:江苏人民出版社,1997.

［198］穆勒.功利主义［M］.徐大建,译.上海:上海人民出版社,2008.

［199］李贽,张建业.李贽文集［M］.北京:社会科学文献出版社,2000.

［200］叶适.习学记言序目［M］.北京:中华书局,1977.

［201］张义德.叶适评传［M］.南京:南京大学出版社,1994.

［202］杨简.慈湖遗书［M］//纪昀,永瑢,陆锡熊,等.景印文渊阁四库全书:第1156册.台北:台湾商务印书馆,［1985］.

［203］钱穆.宋明理学概述［M］.台北:联经出版事业股份有限公司,1993.

［204］熊十力.十力语要初续［M］.上海:上海书店出版社,2007.

［205］马一浮.马一浮集［M］.丁敬涵,校点.杭州:浙江古籍出版社,1996.

［206］艾恺,梁漱溟,一耽学堂.这个世界会好吗?［M］.上海:东方出版中心,2006.

［207］朱杰人,严佐之,刘永翔.朱子全书外编［M］.上海:华东师范大学出版社,2010.

［208］虞集.道园学古录［M］.摛藻堂四库全书荟要本.台北:世界书局,1985.

［209］宋濂,王祎,汪克宽,等.元史［M］.北京:中华书局,1973.

［210］李修生.全元文［M］.南京:江苏古籍出版社,1999.

［211］许衡.许衡集［M］.北京:东方出版社,2007.

［212］刘因.静修先生文集［M］.北京:中华书局,1985.

［213］饶鲁.饶双峰讲义［M］.王朝璩,辑录.北京:北京出版社,1998.

［214］周密.癸辛杂识［M］.吴企明,点校.北京:中华书局,1988.

［215］吴澄.吴文正集［M］//纪昀,永瑢,陆锡熊,等.景印文渊阁四库全书:第1197册.台北:台湾商务印书馆,［1985］.

后　记

　　《中国哲学通史》(学术版)"宋元卷"的写作,由田文军初拟全书章节纲目,文碧芳负责全书统稿工作。统稿工作重在按《中国哲学史》全书主编要求,统一本卷各章体例,校对本卷各章文字,对收入本卷各章的内容,取文责自负原则,不作改动;对原拟收入本卷的个别篇章,因内容与本卷要求距离太远,文稿由作者另行处理;对于已定收入本卷而内容与全卷要求尚有距离的个别篇章,则在重新充实加工后成稿,文稿改写者与原作者共同成为文稿署名作者。依照全书内容与章节顺序,各章作者姓名如下:导论,田文军;第一章(道学的先驱:韩愈与李翱),文碧芳;第二章(北宋道学的兴起),田文军;第三章(李觏的哲学思想),田文军;第四章(邵雍的象数易学),唐明邦;第五章(周敦颐的哲学思想),田文军;第六章(张载的哲学思想),田文军;第七章(程颢与道学),文碧芳;第八章(程颐的心性论与工夫论),洪明超、文碧芳;第九章(司马光的哲学),孙雨楼、孙颖涛、文碧芳、张智;第十章(王安石的哲学思想),萧平;第十一章(吕大临的哲学),文碧芳;第十二章(谢良佐的哲学思想),王巧生;第十三章(杨时的哲学思想),朱迪婧;第十四章(朱震及其《汉上易传》),唐琳;第十五章(胡安国的哲学思想),邹啸宇;第十六章(胡寅的哲学思想),邹啸宇、孙颖涛、文碧芳、张智;第十七章(胡宏的哲学),张洪波;第十八章（朱熹的理学），李想、文碧芳；第十九章（张栻的哲学），邹啸宇；第二十章（吕祖谦的理学），周恩荣；第二十一章（陆九渊的心学），范根生、文碧芳；第二十二章（陈亮的事功之学），陈仁仁；第二十三章（叶适的功利之学），陈仁仁；第二十四章（杨简的心学），胡栋材；第二十五章（元代道学的演变与发展），周恩荣。

博士生张智、范根生、鞠秋洋、李亚奇、李想协助文碧芳对全书后期的编校工作竭尽心力，贡献很多。

参与本卷各章写作的作者来自不同的工作单位与工作岗位，大都曾经或正在武汉大学中国哲学专业学习，具有共同的学术传承，为同门师友。师友之间"质有纯驳，学有深浅"，个人学术志向、理论意趣也存在差异。因此，本卷各章写作者的思想进路实不尽相同。但是，各章作者在写作过程中，对于自己的考察对象"毋私己意，毋主先入，虚心体察"，力图对自己考察的哲学家的思想学说"沂委穷源，彻其底蕴"，揭示其真实的学术价值的追求是同一的。因此，本卷写作，不求教科书式的章节形式与内容的统一，看重各章作者对各派哲学独具会心的具体评断，以不同作者对不同哲学家思想理论的解析与领悟来展现全卷内容的学术价值。经过数年努力，《中国哲学史》（学术版）宋元卷终于成稿。在本卷成稿之际，作为本卷写作的组织者，我们对于参与本卷各章写作的师友们的辛勤劳动与团结协作，谨致诚挚的谢意。

田文军　文碧芳

2017 年 10 月